HARALD WEINRICH

TEXTGRAMMATIK DER FRANZÖSISCHEN SPRACHE

ERNST KLETT VERLAG

CIP-Kurztitelaufnahme der Deutschen Bibliothek

Weinrich, Harald:
Textgrammatik der französischen Sprache /
Harald Weinrich. – 1. Aufl. – Stuttgart : Klett, 1982.
ISBN 3-12-520810-6

ISBN 3-12-520810-6

1. Auflage – Nachdruck 1985

Satz: Setzerei Lihs, Ludwigsburg
Druck: Gutmann + Co., Heilbronn

INHALT

KLEINE GESCHICHTE DER FRANZÖSISCHEN SPRACHE

Die französische Sprache hat ihre Anfänge, für uns erkennbar, in Rom. Als die Mundart der Stadt Rom, die wir die lateinische Sprache nennen, die Verkehrs- und Bildungssprache des Römischen Reiches wurde, gelangte sie mit Caesars Legionären auch nach Gallien (58–51 v. Chr.). Dort überlagerte und verdrängte sie in den ersten nachchristlichen Jahrhunderten die keltische Sprache der Gallier sowie einige andere einheimische Sprachen so vollständig, daß wir heute fast nichts mehr von ihnen wissen. Man muß jedoch annehmen, daß diese sprachlichen Substrate in einer Jahrhunderte währenden Phase des Bilinguismus auf die in Gallien gesprochene lateinische Sprache eingewirkt und dieses Vulgärlatein sehr verändert haben. So haben sie auch sicher erheblich dazu beigetragen, daß sich die galloromanische Variante des Vulgärlateins in ihrem Laut- und Formenbestand deutlicher als die meisten anderen romanischen Sprachen aus dem gesamtlateinischen Verband ausgliederte. Dieser Prozeß verstärkte und beschleunigte sich, als die galloromanischen Provinzen nach dem Untergang des Römischen Reiches ein starkes kulturelles Eigenleben entwickelten.

In der Zeit der Völkerwanderung war dieses galloromanische Vulgärlatein kraftvoll genug, sich gegenüber den germanischen Sprachformen zu behaupten, die mit den fränkischen Herren und anderen germanischen Eroberern ins Land kamen. Zu dieser Widerstandskraft gegenüber dem germanischen Superstrat trug wohl auch die Tatsache bei, daß die galloromanische Sprache im Bewußtsein ihrer Sprecher noch nicht scharf von der «klassisch»-lateinischen Sprache geschieden war, wie sie von den Gebildeten in Schule und Verwaltung weiterhin schlecht und recht gesprochen und häufiger noch geschrieben wurde. Erst die Karolingische Renaissance, jene folgenreiche Bildungsreform Karls des Großen (742–814), zu deren Zielen auch ein normengerechter Gebrauch der lateinischen (Schrift-)Sprache gehörte, machte den Bewohnern des (west-)fränkischen Reiches bewußt, daß ihre «bäuerliche» romanische Umgangssprache kein Latein mehr war. Es ist daher kein Zufall, daß eben zu dieser Zeit auch die frühesten literarischen Zeugnisse der französischen Sprache als einer nun nicht mehr lateinischen Sprache entstanden, als erstes die Straßburger Eide *(Serments de Stras-*

bourg) aus dem Jahre 842. Sie stehen in einem politischen Zusammenhang mit der Teilung des Frankenreiches im Vertrag von Verdun (843).

Die von der lateinischen Schulnorm abgelöste Sprache Galloromaniens zerfiel in viele Mundarten. Eine besonders scharf ausgeprägte Sprachgrenze, die Loire-Vogesen-Linie, teilte seit der Völkerwanderungszeit das Land in ein nördliches und ein südliches Sprachgebiet. Bis zur Loire etwa waren nämlich die Franken vorgedrungen. Südlich dieser Sprachgrenze orientierte sich der Sprachgebrauch stärker an der lateinischen Norm. Wir fassen diese südlichen Mundarten unter dem Namen des Okzitanischen *(l'occitan, la langue d'oc)* zusammen. Diese Bezeichnung, abgeleitet von dem Affirmations-Morphem *oc* 'ja' (aus lat. *hoc*) als Kennwort, ist treffender als der früher vielgebrauchte Sprachenname Provenzalisch *(le provençal)*. Als (Alt-)Provenzalisch bezeichnet man jedoch auch heute noch diejenige okzitanische Sprachform, die im 12. und 13. Jahrhundert durch die *trobadors* zur ersten nachlateinischen Literatursprache Europas wurde. Das Franko-Provenzalische, dessen Mundarten im Raum von Lyon eine gewisse Selbständigkeit gegenüber dem Okzitanischen bewahrt haben, hat hingegen keine vergleichbare Verkehrs- und Literatursprache ausgebildet.

Nördlich der Loire, im Herrschaftsbereich der Franken, sprach man eine andere Sprache, die im Mittelalter vielfach nach ihrem anders gebildeten Affirmations-Morphem *oïl* 'ja' (aus lat. *hoc illu*) die *langue d'oïl* («*Oui*-Sprache») genannt wurde. Diese altfranzösische Sprache bestand ebenfalls aus vielen Mundarten, unter denen im 12. und 13. Jahrhundert das Pikardische mit dem Alexiuslied (*Chanson de saint Alexis*, Ende 11. Jahrh.), das Anglo-Normannische mit dem Rolandslied (*Chanson de Roland,* Anfang 12. Jahrh.) und das Champagnische mit den höfischen Versromanen des Chrétien de Troyes (2. Hälfte des 12. Jahrh.) besondere literarische Bedeutung erlangten. Eine dieser Mundarten, das Französische *(le francien),* gesprochen im Gebiet um Paris (der Ile-de-France) und literarisch nicht einmal sehr bedeutend, setzte sich vom 12. Jahrhundert an immer stärker als Sprachmuster durch und wurde die Grundlage der französischen Nationalsprache. Das ist zweifellos darauf zurückzuführen, daß die Könige aus der Dynastie der Kapetinger (seit 987) die Stadt Paris zu ihrer festen Residenz gewählt hatten. Mit dem Prestige einer Hof- und Verwaltungssprache wurde die Sprache von Paris die Sprache Frankreichs. Die anderen Mundarten, die teilweise schon selber kanzleisprachliche Schriftformen entwickelt hatten, verloren demgegenüber ihr Prestige und sanken immer mehr zum Patois («Platt») herab.

So widerfuhr es im Süden auch den okzitanischen Mundarten, nachdem der König von Frankreich in den Albigenserkriegen (13. Jahrhundert) mit der Ketzerei der Katharer auch zugleich die Autarkie der südfranzösischen Landesfürsten brach und ganz Frankreich auf den Weg des Einheitsstaates brachte. Eine für das Französische sprachprägende Kraft ist seitdem vom Süden Frankreichs nicht mehr ausgegangen, und auch die Sprachgrenze zwischen dem Französischen und dem Okzitanischen hat sich im Laufe der Jahrhunderte immer weiter zum Süden hin verschoben und eine breite Übergangszone geschaffen. Gleichwohl ist noch heute ein rundes Drittel des französischen Sprachraums im Prinzip (nicht jedoch im tagtäglichen Sprachgebrauch) dem Okzitanischen zuzurechnen.

An der Formung und Verbreitung der französischen Landessprache auf der Grundlage der Pariser Mundart haben viele Kräfte mitgewirkt: der König und sein Hof, Schriftsteller und Poeten, Juristen und Verwaltungsbeamte, Gelehrte und Übersetzer, Händler und Schreiber, schließlich all die vielen einzelnen Sprecher dieser Sprache, die bereit waren, für ihren alltäglichen Sprachgebrauch gesellschaftliche Muster anzuerkennen, die nicht nur an einem Ort und nicht allein für eine Schicht galten. Die französische Sprache hörte dabei dennoch nicht auf, sich zu wandeln und sich neuen Kommunikationsbedürfnissen anzupassen. Nach der großen Literaturepoche des 11.–13. Jahrhunderts, deren Sprachstand noch von der heutigen französischen Orthographie ungefähr festgehalten wird, hat die französische Sprache insbesondere vom 13. Jahrhundert an starke Wandlungen erfahren, die zugleich den Übergang vom Altfranzösischen zum Mittelfranzösischen markieren. Nun richteten auch die ersten Grammatiker und Lexikographen ihre Aufmerksamkeit auf die französische Sprache, zuerst im Ausland, wo diese Sprache als Fremdsprache gesprochen und gelehrt wurde. Unter den Autoren der mittelfranzösischen Epoche wollen wir uns damit begnügen, den Liedermacher François Villon (15. Jahrhundert) ausdrücklich zu nennen.

Das 16. Jahrhundert, das Zeitalter der Reformation, der Renaissance und des Humanismus, veränderte von Grund auf das französische Sprachbewußtsein. Nun begannen die Franzosen, ihre Sprache an den großen Vorbildern der antiken Sprachen und an den anderen europäischen Sprachen zu messen. War nicht die französische Sprache mindestens ebensogut wie die italienische oder die spanische Sprache tauglich, die Erbfolge des Lateinischen anzutreten? Nur reicher und kraftvoller mußte das Französische noch werden, dann würde es schon dem Lateinischen und den modernen Kultursprachen nicht nachstehen. Und so drangen nun durch die Autoren dieser Zeit (Rabelais, Montaigne, Marot, Ronsard, Du Bellay …) viele Wörter und Wendungen aus den alten Sprachen, ferner aus den anderen romanischen Sprachen, aber auch Archaismen und Regionalismen aus der eigenen Tradition in die französische Sprache ein, die sich auf diese Weise als Literatursprache üppig entfaltete. Ein wichtiges Datum dieses Jahrhunderts, das von einigen noch zur mittelfranzösischen und von anderen schon zur neufranzösischen Epoche gerechnet wird, ist der Erlaß des Edikts von Villers-Cotterêts (1539), das die französische Sprache in ganz Frankreich, auch in Südfrankreich, als juristische Amtssprache verbindlich machte. Und was die reformierte Religion betrifft, so hatte die französische Sprache zwar keinen Luther, aber es war doch ein bedeutsames Zeichen, daß der Reformator Jean

Calvin von seiner theologischen Schrift *Institutio christiana* (1536) selber eine französische Übersetzung anfertigte (*Institution chrétienne* – 1541).

Das 17. Jahrhundert, zugleich das große Zeitalter der klassischen französischen Literatur, entwickelte eine andere Vorstellung von der französischen Sprache. Die allzu üppig wuchernden Sprachtriebe wurden nun wieder beschnitten und reguliert, besonders energisch von dem Dichter und Grammatiker Malherbe (Boileau: «*Enfin Malherbe vint*»). Die Grammatik brachte in diesem Jahrhundert das Kunststück fertig, zur gesellschaftlichen Passion zu werden, und den Gebildeten am Hof des Königs und in den Salons der Stadt Paris *(la cour et la ville)* war es eine Lust, richtig zu sprechen und gut zu schreiben. Grammatiker stellten zu diesem Zweck mit feinen Beobachtungen den guten Sprachgebrauch *(le bon usage)* fest, wie er bei dem «gesünderen Teil» der Hofleute und der Schriftsteller musterhaft anzutreffen war (Vaugelas: *Remarques sur la langue française,* 1647). Denn die französische Sprache hatte in dieser Epoche, so war die allgemeine Überzeugung, die ihr gemäße Vollkommenheit erreicht und brauchte nur noch in diesem glücklichen Zustand «fixiert» zu werden, um vielleicht sogar das Latein zur Zeit Ciceros übertrumpfen zu können. Die Académie Française widmete sich seit 1635 dieser nationalen Aufgabe und stellte in ihrem Wörterbuch (1. Auflage 1694) den Wortschatz der französischen Sprache normativ fest. Zugleich zeigten die großen Autoren dieses Jahrhunderts (Corneille, Racine, Molière, La Fontaine, Pascal, La Rochefoucauld, La Bruyère ...), wie man in dieser Sprache regelgerecht und zugleich gefällig schreiben kann. Und daß man auch auf französisch richtig denken kann, bewies Descartes in seinem *Discours de la Méthode* (1637).

Im 18. Jahrhundert öffnete sich die französische Sprache wieder stärker neuen Beobachtungen und Erfahrungen. Das literarische Publikum wandte sich nun, ohne jedoch der Schöngeisterei überdrüssig zu werden, lernbegierig den Wissenschaften und sogar den Naturwissenschaften (Newton) zu, und die intensive Lektüre weniger wichtiger Bücher machte der extensiven Lektüre vieler interessanter Bücher Platz. In diesem brillanten Jahrhundert der französischen Geistesgeschichte nahmen die Schriftsteller es als ihre große Aufgabe an, ihre Leser zu aufgeklärten Bürgern zu erziehen. In den Schriften dieser Aufklärer (Voltaire, Diderot, d'Alembert, Montesquieu, Rousseau, Condillac ...) wurde die französische Sprache zum ebenso scharfen wie glänzenden Instrument einer freisinnigen und ihre Freiheit nicht weniger als das eigene Raffinement genießenden Vernunft. Sie wurde gleichzeitig weit über Frankreichs Grenzen hinaus die allgemein bewunderte Verkehrs-, Verhandlungs- und Konversationssprache der europäischen Aristokratie und bald auch des aufstrebenden Bildungsbürgertums: *la langue universelle* (Rivarol). Mochte einer, der gelehrt sein wollte, weiterhin sein Latein lernen: wer als gesellschaftlich gebildet gelten und geselligen Umgang zumal mit schönen Damen pflegen wollte, mußte französisch parlieren und artige französische Briefe schreiben können. So bezeugt es selbst Friedrich der Große.

Im 19. Jahrhundert erprobte sich die französische Sprache an vielen neuen Ausdruckserfordernissen. Romantische Dichter zweifelten die restriktiven Normen der Klassiker an und «setzten dem alten Wörterbuch die Jakobinermütze auf» (Victor Hugo). In ihren Versen und in den weicheren Modulationen ihrer poetischen Prosa eroberte sich die französische Sprache stürmisch einen Ausdrucksreichtum zurück, der in der Dichtung lange Zeit durch Prüderie oder Pedanterie unterdrückt war (Chateaubriand, Vigny, Musset, Nerval ...), und neben der englischen wurde auch die deutsche Romantik zum Muster des poetischen Ausdrucks genommen (Mme de Staël). Zugleich aber entstanden neue Ausdrucksaufgaben ganz anderer Art, wie sie sich aus den expandierenden Wissenschaften, aus dem Fortschritt der technischen Zivilisation sowie aus der vertieften politischen, ökonomischen und sozialen Reflexion ergaben (Buffon, Pasteur, Michelet, Taine, Proudhon ...). Alle diese Gesichtspunkte beherrschten auch die Literatur und fanden in ihr einen reichen sprachlichen Niederschlag. Viele der großen Autoren dieses Jahrhunderts arbeiteten an der französischen Sprache (Balzac, Flaubert, Stendhal, Zola, die Brüder Goncourt ...), oder sie trieben diese Sprache zu neuen, kühnen Ausdrucksformen, die bis dahin nicht vorstellbar schienen (Baudelaire, Rimbaud, Mallarmé, Lautréamont, Jarry ...).

Diese Tendenzen setzen sich im 20. Jahrhundert vielfältig fort, mit kraftvollen neuen Impulsen, die häufig wieder von der Literatur ausgehen (Proust, Valéry, Apollinaire, Claudel, Gide, Giraudoux, Sartre, Camus, die Surrealisten ...). Aber die Literatur ist in diesem Jahrhundert nicht mehr die einzige Norminstanz. Neben der Presse sind Hörfunk und Fernsehen für viele Sprecher neue Norminstanzen geworden, von denen sie Vorbilder für das in der Sprache Richtige und Zulässige erwarten. Auch die Fach- und Wissenschaftssprachen wollen sich in ihren terminologischen Bedürfnissen vielfach nicht mehr von den Sprachnormen einer literarischen Prosa gängeln lassen. Dadurch entsteht – in Frankreich mehr als in anderen Ländern – ein spürbarer Abstand zwischen einer schulmäßig gelehrten und in der schönen Literatur schriftlich dargestellten Normsprache und einer volkssprachlich gesprochenen und mit vielen Internationalismen, hauptsächlich anglo-amerikanischer Herkunft *(«franglais»)*, angereicherten Umgangssprache, die sich um so lebendiger entfaltet, als es sie nach den strengen Regeln der Schulnorm eigentlich gar nicht geben dürfte. So bleibt die französische Sprache eine Sprache im Wandel.

Das Französische ist heute eine Weltsprache. In Europa wird sie außer in Frankreich auch in einem Teil Belgiens, in der Westschweiz und in Luxemburg als Landessprache gesprochen. Als Kolonisationssprache ist das Französische im 17. Jahrhundert auch in andere Erdteile getragen worden. Zum französischen Sprachgebiet im weiteren Sinne gehören seitdem insbesondere die franko-kanadischen Gebiete mit Québec und Montréal, ferner in der Karibik die Republik

Haiti sowie die Inseln Guadeloupe und Martinique, im westlichen Teil des Indischen Ozeans die Inseln Madagaskar, Mauritius und Réunion, in Ozeanien einige Inseln mit Tahiti und Neu-Kaledonien, auf dem südamerikanischen Kontinent Französisch-Guyana, schließlich auf dem afrikanischen Kontinent die arabischen Staaten Tunesien, Algerien und Marokko sowie mehrere Staaten in West- und Zentralafrika. Alle diese «frankophonen» Gebiete sind jedoch nur mit gewissen Einschränkungen dem französischen Sprachgebiet zuzurechnen, da in ihnen die französische Sprache, entweder als Staatssprache oder auch in Form eines kreolischen Französisch, nur eine Sprache neben anderen Sprachen ist, mit denen sie um die Gunst bilingualer Sprecher konkurriert. Insgesamt wird die französische Sprache heute von etwa 75 Millionen Sprechern als Erstsprache, von weiteren 100–150 Millionen (je nach dem Kompetenzmaßstab) als Zweitsprache gesprochen – nicht gerechnet die vielen Millionen Menschen, die überall in der Welt die französische Sprache lernen, weil diese Sprache eine nationale und übernationale Kultur erschließt, die zu den interessantesten und reizvollsten Hervorbringungen dieser Erde gehört.

1 GRUNDLAGEN DER GRAMMATIK

La grammaire étant l'art de lever les difficultés d'une langue, il ne faut pas que le levier soit plus lourd que le fardeau.

Da die Grammatik die Kunst ist, die Schwierigkeiten einer Sprache zu beheben, darf der Hebel nicht schwerer sein als die Last.

Rivarol

Grammatiken unterscheiden sich nach ihren Methoden und Begriffen. Die linguistische Methode, die dieser Grammatik zugrunde liegt, läßt sich in zehn methodologischen Grundsätzen beschreiben (1.1). Die Begriffe, die in ihr Verwendung finden, werden erst in den einzelnen Kapiteln der Grammatik eingeführt und jeweils bei ihrem ersten Auftreten definiert. Nur die linguistischen Grundbegriffe, die universale Bedeutung haben, das heißt, auf alle Sprachen anwendbar sind, werden vorab erläutert (1.2).

1.1 Methodologische Grundlagen

Die vorliegende Textgrammatik der französischen Sprache ist eine Neukonzeption. Sie versteht sich als eine Alternative zu den bisher bekannten nicht-textuellen Formen der grammatischen Beschreibung einer Sprache und wendet sich an Leser, die gerne über Sprache nachdenken. Dabei hat der Verfasser natürlich in erster Linie, außer an die fachwissenschaftlichen Linguisten, an die Lehrer, Studenten und (fortgeschrittenen) Schüler der französischen Sprache gedacht, die an dieser Grammatik – so hofft er – die französische Sprache besser kennenlernen können. Aber da es sich bei diesem Werk um eine erste voll ausgearbeitete Grammatik handelt, die konsequent textlinguistisch und kommunikationsanthropologisch verfaßt ist, dürfte ihre Lektüre auch für Nicht-Romanisten von einigem Interesse sein, wenn diese wissen wollen, welche Erkenntnishilfen sie als Lehrende oder Lernende in ihren Sprachen von der Linguistik zu erwarten haben. Aus diesem Grund sind auch sämtliche französischen Sprachformen, die in dieser Grammatik besprochen werden, ins Deutsche übersetzt, so groß oder so klein sie dem Umfang nach auch sein mögen. Selbst Anfänger können daher diese Textgrammatik lesen.

 Die methodologischen Grundlagen dieser Grammatik sind im einzelnen:

1 Text

Eine Grammatik, die sich als Textgrammatik versteht, ist ganz von (mündlichen oder schriftlichen) Texten her gedacht. Denn sie verfolgt ja den Zweck, zum Gebrauch der Sprache in Texten hinzuführen. Zu diesem Zweck geht die Grammatik auch überall da, wo es nötig und möglich ist, von authentischen Texten aus, die mündlich oder schriftlich geäußert worden sind und dementsprechend belegt sind. Es ist aber ohne Verstoß gegen die vertretbaren Proportionen einer Grammatik nicht möglich, alle sprachlichen Erscheinungen, die besprochen werden sollen, in Texten zu dokumentieren. Dort also, wo besondere Erscheinungen der Grammatik ohne erhebliche Einbußen für die Ökonomie der Beschreibung nicht mit authentischen Texten belegt werden können, hat der Verfasser selber geeignete Beispiele gebildet, die mit anderen Beispielen zusammen zu illustrativen, informativen und nicht immer tiefernsten Spieltexten zusammengestellt sind. Die Authentizität des französischen Sprachgebrauchs in diesen Beispielen und Spieltexten ist von mehreren Personen mit französischer Muttersprache überprüft worden.

2 Dialog

Dieser Grammatik liegt eine Linguistik zugrunde, die ihr Maß nicht vom Monolog, sondern vom Dialog nimmt. Nicht die einsamen Äußerungen eines isolierten Sprechers also, sondern das Gespräch von (mindestens) zwei Dialogpartnern als gemeinsames Sprachspiel ist das Modell, an dem sich diese Grammatik orientiert. Wenn dabei die Wahl besteht, zwischen der Perspektive des Sprechers und der des Hörers zu wählen, so wird der letzteren der Vorzug gegeben; denn nur diejenigen Nachrichten, die den Hörer erreichen, haben volle kommunikative Bedeutung.

3 Anthropologie

Das Dialog-Modell wird erst dann anschaulich, wenn man sich vorstellt, daß die Dialogpartner eines Gesprächs einander von Angesicht zu Angesicht gegenüberstehen. Denn der Leib mit dem naturgegebenen Sitz seiner Kommunikationsorgane ist das primäre System der Sprache. Die vorliegende Grammatik greift daher in ihren Erklärungen an vielen Stellen auf die leiblichen Bedingungen der Kommunikation zurück.

4 Instruktion

Der Sprecher macht in der Regel von der Sprache Gebrauch, um mit dem Hörer zusammen zu handeln. Das ist der «pragmatische» Einschlag im Sprachspiel. Diese Grammatik versteht daher die sprachlichen Bedeutungen als Instruktionen, das heißt, als Anweisungen, die ein Sprecher einem Hörer im Sprachspiel erteilt. Diese Anweisungen bedeuten dem Hörer, wie er sich in der gegebenen Situation verhalten soll. Es steht aber dem Hörer grundsätzlich frei, ob er den Anweisungen des Sprechers folgt oder nicht. Die Grundform der grammatischen wie auch der lexikalischen Beschreibung ist jedenfalls in der Instruktions-Linguistik ein hypothetischer Imperativ nach dem Muster: «Lieber Hörer, wenn dieser Text für dich Sinn haben soll, dann verhalte dich so und so!»

5   Semantische Merkmale

Alle syntaktischen Begriffe, die in dieser Grammatik verwendet werden, sind mit Hilfe von 32 elementaren semantischen Merkmalen konstruiert, die jeweils ein Paar bilden und zueinander in binärer, das heißt, zweigliedriger Opposition stehen. Jeder grammatische Begriff ist somit definierbar als die spezifische Verbindung einiger weniger semantischer Merkmale. Der Bestand dieser Merkmale bildet die universale Grundlage, die der französischen Sprache mit anderen Sprachen gemeinsam ist. Die (metasprachlichen) Ausdrücke, mit denen diese Merkmale bezeichnet werden, sind verschiedenen Sprachzeichenklassen entnommen. Diese Unterschiede sind deshalb irrelevant, weil diese Bezeichnungen ohnehin nur Kürzel sind und in ihrer vollständigen Bedeutung als Instruktionen des Sprechers an den Hörer und folglich als Imperative zu formulieren sind. Die Kurzformen der semantischen Merkmale werden grundsätzlich mit Großbuchstaben geschrieben, die in spitze Klammern gesetzt sind, z. B.: ⟨ANFANG⟩ und ⟨ENDE⟩, ⟨BEKANNT⟩ und ⟨UNBEKANNT⟩ ... Die Merkmale werden im Anhang zu einem Katalog zusammengefaßt und dort auch in ihren ausdrücklichen («expliziten») Bedeutungen erläutert (vgl. 10.2).

6   Beschreibung

Obwohl alle Bedeutungen, auch die der Merkmale, Anweisungen sind, die ein Sprecher einem Hörer im Sprachspiel gibt, ist diese Grammatik dennoch insgesamt eine deskriptive und keine normative Grammatik. Sie beschreibt Instruktionen, aber sie gibt selber keine Instruktionen. Ihr Thema ist das, was in der Sprache ist oder sein kann, und nicht, was in ihr sein soll.

7   Anordnung

Die Analyse der grammatischen Erscheinungen nach semantischen Merkmalen erlaubt eine Anordnung der Grammatik, in der die Grundfunktionen der Sprache sichtbar werden. Diese systematische Anordnung braucht sich jedoch nicht mit der Progression der Lernschritte zu decken, die bei verschiedenen Adressaten-Gruppen jeweils didaktisch zweckmäßig ist. Die Grammatik kann daher nach einer Lektüre des Kapitels I in beliebiger Reihenfolge der Kapitel gelesen oder befragt werden. Zahlreiche Verweisungen stellen zu diesem Zweck systematische Querverbindungen zwischen den verschiedenen Bereichen der Grammatik her.

[8]   Synchronie

Die Beschreibungen dieser Grammatik beziehen sich auf die französische Sprache der Gegenwart. Sie legen einen «Querschnitt» durch diese Sprache zum jetzigen Zeitpunkt. Es handelt sich also um eine synchronische Grammatik im Sinne Saussures. Der Verfasser hat nicht versucht, gleichzeitig auch noch einen diachronischen «Längsschnitt» durch die französische Sprache zu legen, um auf diese Weise die historische Entwicklung ihrer grammatischen Formen darzustellen. Er bittet aber, in dieser methodologischen Entscheidung zugunsten klarer und eindeutiger Beschreibungskriterien keine Mißachtung der Geschichte erkennen zu wollen.

[9]   Fremdsprache

Die französische Sprache besteht, wie jede Kultursprache, aus vielen regionalen, sozialen und zweckspezifischen Varianten. Es ist nicht das Ziel der vorliegenden Grammatik, alle diese Varianten abzubilden. Denn diese Grammatik ist für Leser geschrieben, denen die französische Sprache eine Fremdsprache ist. Zur Fremdenrolle gehört, daß man eine erlernte Sprache relativ neutral spricht und auf extravagante Spielarten (die leicht mißlingen können) verzichtet. Die Grammatik orientiert sich daher an einem relativ disziplinierten Sprachgebrauch, wie er bei gebildeten Franzosen im Gespräch mit ausländischen Gesprächspartnern üblich ist. In einigen Fällen werden Abweichungen nach oben («gepflegte Sprache») oder nach unten («lässige Sprache») als besondere (Stil-)Register gekennzeichnet. Sofern die gesprochene und die geschriebene Sprache im Kode voneinander abweichen, werden grundsätzlich der Sprechkode *(code oral)* und der Schriftkode *(code écrit)* als zwei verschiedene Varietäten gesondert beschrieben.

[10]   Verständlichkeit

Die Linguistik bedient sich, wie jede andere Wissenschaft, einer Fachsprache, und sie könnte ohne linguistische Fachsprache nicht existieren. Für die Grammatik insbesondere gibt es seit alters eine Terminologie, die den Nachteil vieler Inkonsequenzen, aber den Vorteil weltweiter Verbreitung hat. Deren Begriffe werden hier grundsätzlich übernommen, insoweit das möglich und wissenschaftlich vertretbar ist. Gelegentlich müssen sie jedoch durch eine genauere Analyse neu definiert werden. Einige zusätzliche Begriffe werden aus der neueren Linguistik, insbesondere der strukturalen Sprachwissenschaft und der Textlinguistik, neu eingeführt. Sie werden jeweils aus ihren semantischen Merkmalen definiert und sind im Anhang zu einem Register zusammengestellt (vgl. 10.4). Insgesamt ist diese Grammatik in ihrer Terminologie dadurch gekennzeichnet, daß e i n i g e neu eingeführte Begriffe (zum Beispiel: Text, Handlungsrolle, Partner, Kontakt-Morphem ...) v i e l e alte Begriffe, die nicht genau definiert sind (zum Beispiel Satz, Kasus, Dativ, Aspekt ...) überflüssig machen. Abweichende Terminologien anderer Grammatiken werden jedoch an vielen Stellen zitatweise erwähnt (zum Beispiel: «Thema», «Rhema»). Es ist daher vielleicht zu hoffen, daß die Leser und Benutzer von dieser Grammatik den Eindruck gewinnen werden, daß ihr Verfasser Verständlichkeit und Lesbarkeit zu den obersten Maximen des Grammatikmachens gerechnet hat.

1.2 Linguistische Grundbegriffe

Wir beobachten zwei Personen im GESPRÄCH. Das Gespräch ist eine Grundform der KOMMUNIKATION. Die beiden miteinander kommunizierenden Personen sind einander von Angesicht zu Angesicht zugewandt. Ihre KOMMUNIKATIONS-STELLUNG ist durch die Lage, Richtung und naturgegebene (gegebenenfalls elektronisch verstärkte) Reichweite der Kommunikationsorgane bestimmt. Eine der beiden Personen ist der SPRECHER (Kommunikationsorgan: Mund). Die andere Person ist der HÖRER (Kommunikationsorgan: Ohren). Im Gespräch werden diese beiden Rollen häufig getauscht. (Das wird in dieser Grammatik durch das Symbol „÷" ausgedrückt.)

Neben der mündlichen («oralen») Kommunikation gibt es die schriftliche («skripturale») Kommunikation. In die Rolle des Sprechers tritt nun der SCHREIBER («Autor», Kommunikationsorgan: Hand) ein, und die Rolle des Hörers hat der LESER (Kommunikationsorgan: Augen) inne. Mündliche und schriftliche Kommunikation unterscheiden sich grundlegend durch das MEDIUM, das heißt, durch den gewählten physischen Kommunikationskanal (Schallwellen/Lichtwellen). In dieser Grammatik wird jedoch das mündliche Gespräch als Grundform der Kommunikation angesehen. Bei solchen Begriffen wie Sprecher und Hörer, die von der mündlichen Kommunikation abgeleitet sind, sollen daher im folgenden die entsprechenden Begriffe der schriftlichen Kommunikation, nämlich Schreiber und Leser, immer mitgemeint sein, sofern es nicht ausdrücklich anders festgelegt wird.

Wenn zwei Personen miteinander sprechen, so ist dieses Gespräch für gewöhnlich in eine bestimmte lebensweltliche SITUATION («Sitz im Leben») eingebettet. In dieser Situation handeln die sprechenden Personen miteinander, wobei das Sprechen oft den Zweck hat, das Handeln zu steuern. Und umgekehrt wirkt das Handeln auf das Sprechen zurück. So greifen Sprechen und Handeln ineinander. Das Zusammenwirken von Sprechen und Handeln bezeichnen wir (mit Wittgenstein) als SPRACHSPIEL.

Zwei Personen können nur dann miteinander in ein Gespräch eintreten, wenn sie am KODE der gleichen Sprache Anteil haben und seinen NORMEN folgen. Sie gehören dann derselben Sprachgemeinschaft an. Der Kode einer Sprache besteht jedoch aus vielen VARIETÄTEN, die nach regionalen, sozialen und zweckspezifischen Kriterien differenziert sind. Im Hinblick auf das Medium unterscheiden wir den SPRECHKODE und den SCHRIFTKODE, die starke Unterschiede aufweisen können. Der Sprechkode gilt nicht nur für die tatsächlich gesprochene Sprache, sondern auch für gewisse schriftliche Sprachäußerungen, die dem mündlichen Sprachgebrauch nahestehen oder ihn bewußt nachahmen (zum Beispiel: alltägliche Briefe, Tagebuchaufzeichnungen ...). Desgleichen gilt der Schriftkode nicht nur für tatsächlich geschriebene Sprachäußerungen, sondern auch für solche Formen des mündlichen Sprachgebrauchs, die sich an einer schriftlichen Vorlage orientieren oder aus stilistischen Gründen den Normen des Schriftkodes folgen (zum Beispiel: Vorträge, Rundfunknachrichten ...). Die unterschiedliche Teilhabe am Kode der Sprache und seinen Varietäten schränkt die Möglichkeiten der Kommunikation in einer Sprachgemeinschaft ein. Andererseits gleichen alle Gespräche, die erfolgreich geführt werden, bestehende Unterschiede in der Beherrschung des Kode in gewissen Grenzen wieder aus.

Jedes Gespräch verläuft in der Zeit zwischen einem Anfang und einem Ende. Am Anfang nehmen die Gesprächspartner eine geeignete Kommunikations-Stellung ein. Das ist im Fall des mündlichen Gesprächs die Stellung von Angesicht zu Angesicht. Sie kann allerdings durch einen Wechsel oder eine (elektronische) Verstärkung des Mediums verändert werden, steht aber immer unter dem Gebot optimaler kommunikativer Erreichbarkeit. Am Ende des Gesprächs geben die Gesprächspartner ihre Kommunikations-Stellung wieder auf und gehen ihrer Wege. Auch auf andere Weise kann die LINEARITÄT des Gesprächs durch auffällige Unterbrechungen gegliedert werden. Wir bezeichnen als TEXT diejenige linear geordnete Äußerung, die im Zeitraum zwischen zwei auffälligen Unterbrechungen der Kommunikation von den Sprech- oder Schreiborganen des Senders zu den Hör- oder Sehorganen des Empfängers wandert. Einen bloßen Wechsel der Sprecherrolle im Gespräch wollen wir dabei nicht zu den auffälligen Unterbrechungen der Kommunikation rechnen. Auch ein Dialog kann also ein Text im Sinne der Textlinguistik sein. Desgleichen wollen wir im Einklang mit fast der gesamten Textlinguistik den Gebrauch des Begriffs Text nicht an die Bedingung schriftlichen Sprachgebrauchs knüpfen, sondern auch bei mündlichem Sprachgebrauch von Texten sprechen.

Der Text oder genauer der Text-in-der-Situation ist für die Textlinguistik die erste Gegebenheit («primum datum»). Von ihr geht die Linguistik analytisch aus, und zu ihr kehrt sie am Ende synthetisch zurück, da ihre Lehre dazu befähigen soll, Sprache in Texten zu gebrauchen. Ein vorrangiges Ziel der linguistischen Beschreibung ist daher, die TEXTUALITÄT eines Textes zu erfassen. Unter diesem

Begriff verstehen wir den Zusammenhalt, der einen Text zu einem Text macht.

In vielen Fällen ist es jedoch für die Sprachbeschreibung unpraktisch, immer an ganzen (und längeren) Texten zu operieren. Der Linguist wird daher häufig einen Text segmentieren, das heißt, ihn in kleinere Abschnitte oder SEGMENTE zerlegen wollen. Dabei muß er aber immer auf den SINN des Textes Rücksicht nehmen. Ein Text hat dann Sinn, wenn der Hörer sein Verhalten danach einrichten kann. Ein solcher Text hat Gestaltcharakter: er ist als Ganzes mehr als die Summe seiner Teile. Textsegmente sind daher nur dann sinnvolle Einheiten, wenn sie einen inhaltlichen Zusammenhang mit dem Gesamtsinn des Textes erkennen lassen. Von besonderem Interesse für die Grammatik sind die kleinsten sinntragenden Segmente eines Textes, die wir SPRACHZEICHEN («Moneme») nennen. Den Anteil, den ein einzelnes Sprachzeichen am Sinn des Gesamttextes hat, nennen wir seine BEDEUTUNG. (Bedeutungen werden in dieser Grammatik in einfache Anführungszeichen gesetzt, zum Beispiel: *levier* 'Hebel'.)

Jedes Sprachzeichen, wie auch jedes sonstige Zeichen, beruht auf dem Prinzip der Stellvertretung. Eine Bedeutung (das «Signifikat», *le signifié*) wird durch ein physisches Substrat (den «Signifikanten», *le signifiant*) vertreten. Dieses physische Substrat nennen wir den ZEICHENKÖRPER. Das ist, je nach dem Medium, entweder eine LAUTGESTALT oder ein SCHRIFTBILD. Die formale Analyse eines Zeichenkörpers wird von der MORPHOLOGIE oder Formenlehre geleistet. Für die inhaltliche Analyse ist die (TEXT-)SEMANTIK zuständig, die nach der Bedeutung der Sprachzeichen und dem (semantischen) Sinn der Texte fragt. In einem Zeichenkörper die Bedeutung erkennen, heißt dieses Zeichen VERSTEHEN («dekodieren»). Im SPRACHGEDÄCHTNIS des einzelnen Sprachteilhabers sind die Zeichenkörper zusammen mit ihren Bedeutungen gespeichert. Das WÖRTERBUCH («Lexikon») materialisiert das (Langzeit-)Gedächtnis der ganzen Sprachgemeinschaft.

Wenn der Hörer einen Zeichenkörper identifiziert und seine Bedeutung verstanden hat, kann er sich in seinem Handeln an dieser Bedeutung orientieren. Denn die Bedeutungen haben grundsätzlich den Charakter von INSTRUKTIONEN, das heißt, von Anweisungen, die der Sprecher dem Hörer im Sprachspiel gibt. Durch diese Anweisungen soll der Hörer dazu gebracht (nicht gezwungen!) werden, sich in einer gegebenen Situation so oder so zu verhalten. Er kann sich vielleicht mit ihrer Hilfe in der Situation besser zurechtfinden und somit sinnvoller handeln. Innerhalb der GRAMMATIK haben wir es jedoch fast nur mit solchen Anweisungen zu tun, die dem Hörer helfen wollen, sich in der Gesprächs-Situation, nämlich beim Verstehen des Textes, besser zurechtzufinden. Sie beziehen sich steuernd auf die Kommunikation und sind META-KOMMUNIKATIV. Die grammatischen Regeln machen diese Anweisungen ausdrücklich («explizit») bewußt und formulieren sie mehr oder weniger ausführlich. Da diese Regeln auch untereinander in einem bestimmten Strukturzusammenhang stehen, ist die Grammatik insgesamt ein SYSTEM von meta-kommunikativen Regeln zum sinnvollen Umgang mit Texten.

Sprachzeichen, die in Texten vorkommen, sind auf vielfältige Weise sowohl in ihren Zeichenkörpern als auch in ihren Bedeutungen miteinander verkettet. Denn im Text ist jedes Sprachzeichen vom KONTEXT aller anderen Sprachzeichen des Textes umgeben. Seine Bedeutung wird davon beeinflußt, und zwar im Sinne einer mehr oder weniger scharfen DETERMINATION oder Eingrenzung. So ist die TEXT-BEDEUTUNG («Meinung») eines Sprachzeichens im Text grundsätzlich enger und präziser als die im Sprachgedächtnis gespeicherte KODE-BEDEUTUNG eines isolierten Sprachzeichens, die weit und vage ist. Auch die einen Text umgebende Situation kann zur Schärfung der Bedeutungen beitragen. Unter dem Gesichtspunkt der Text-Bedeutung sind Kontext und Situation äquivalent. Schließlich ist zu berücksichtigen, daß die einzelnen («denotativen») Bedeutungen oft eine Aura von Begleitvorstellungen, häufig gefühlsmäßigen Nuancen, um sich haben, die man KONNOTATIONEN nennt.

Dem Hörer erschließt sich der Sinn eines Textes erst allmählich, im Maße, wie er im zeitlichen Ablauf des Textes die einzelnen Sprachzeichen nacheinander vernimmt. Das Verstehen wächst jedoch nicht gleichmäßig mit dem ÜBERGANG von Sprachzeichen zu Sprachzeichen, sondern bildet sich in ungleichmäßigen Phasen und Rhythmen, je nachdem wie der Hörer die Bedeutungen zu kleineren oder größeren Sinneinheiten zusammenschließen kann. Dabei treten unterschiedliche Übergangswahrscheinlichkeiten auf, aus denen der Hörer unterschiedliche ERWARTUNGEN ableitet, die dem Text als Vermutungen («Textfortsetzungs-Hypothesen») vorauseilen und das Verstehen des weiteren Textverlaufes vorsteuern. Diese Erwartungen werden im ganzen häufiger bestätigt als enttäuscht. So machen sie die Virtuosität des Verstehens möglich, wie sie bei normalem Sprechtempo erforderlich ist.

Der Linguist, der eine Grammatik macht, löst die Sprachzeichen segmentierend aus verschiedenen Texten heraus und vergleicht sie untereinander. Er stellt fest: sie sind sowohl in ihren Zeichenkörpern als auch in ihren Bedeutungen DISTINKT, das heißt, von allen anderen Sprachzeichen derselben Sprache verschieden. Manchmal sind allerdings zwei oder mehr Sprachzeichen HOMONYM: ein und derselbe Zeichenkörper vertritt dann mehrere Bedeutungen. Wenn nur die Lautgestalt mehrere Bedeutungen vertritt, sprechen wir von HOMOPHONEN Sprachzeichen (zum Beispiel: *faut* [fo] 'muß' und *faux* [fo] 'falsch'); hat jedoch außer der Lautgestalt auch noch das Schriftbild mehrere Bedeutungen (zum Beispiel: *faux* [fo] 'falsch' und *faux* [fo] 'Sichel'), so nennen wir diese Sprachzeichen HOMOGRAPH. Die Verständnishilfen des Kontextes sorgen aber in der Regel dafür, daß aus homonymen Sprachzeichen keine kritischen, weil das Verstehen erschwerenden Mehrdeutigkeiten («Ambiguitäten») entstehen. Wenn umgekehrt zwei verschiedene Zeichenkörper die gleiche oder fast die gleiche Bedeutung haben (*langue* 'Sprache' und *idiome* 'Sprache, Idiom'), so betrachten wir diese beiden Sprachzeichen als SYNONYM. Unterschiedliche Verwendungsregeln sorgen auch bei den synonymen Sprachzeichen gewöhnlich dafür, daß keine besonderen Verständigungsprobleme aus ihnen entstehen. Da aber alle Formen der Kommunikation durch STÖRUNGEN im Medium behindert werden können, werden viele Nachrichten mit mehr oder weniger REDUNDANZ gesendet. Von Redundanz spricht man dann, wenn eine Mitteilung mehr Informationen enthält, als für ihr Verständnis unbedingt erforderlich ist (zum Beispiel: *une lettre tapée à la machine à écrire* 'ein mit der Schreibmaschine getippter Brief'). Solche Redundanzen gleichen die zu erwartenden Störungen aus.

Ein Vergleich der Sprachzeichen nach unterschiedlichen Kriterien führt zu dem Ergebnis, daß manche von ihnen, unbeschadet ihrer grundsätzlichen Distinktivität, einander in gewisser Hinsicht ähnlich sind. Sie haben etwa, wie beispielsweise die französischen Sprachzeichen *le* 'der' und *la* 'die' einerseits, die Sprachzeichen *plus* 'mehr' und *moins* 'weniger' andererseits, eine Reihe von Verwendungsbedingungen gemeinsam, die eine Kombination mit gewissen Sprachzeichen im Kontext gestatten, mit anderen verbieten. Aufgrund solcher Beobachtungen kann man diejenigen Sprachzeichen, die gleiche oder ähnliche Verwendungsbedingungen erkennen lassen, zu SPRACHZEICHENKLASSEN zusammenfassen, hier etwa zu den Klassen der Artikel und der Adverbien. Innerhalb solcher Klassen kann man häufig noch SUBKLASSEN unterscheiden, bei der Sprachzeichenklasse des Artikels etwa die Subklassen der anaphorischen («bestimmten») Artikel (*le, la* ...) und der kataphorischen («unbestimmten») Artikel *(un, une ...)*. Alle Sprachzeichen, die einer und derselben Klasse oder Subklasse angehören, sind miteinander BEDEUTUNGSVERWANDT, da sie in ihrer Bedeutung mindestens ein semantisches MERKMAL («Sem») gemeinsam haben: die Artikel *le* und *la* beispielsweise die Eignung als Determinanten von Nomina, die Adverbien *plus* und *moins* die Eignung als Determinanten von Verben oder Adjektiven. In bezug auf andere Merkmale bleibt indes die generelle Distinktivität der Sprachzeichen bestehen, wird sogar innerhalb einer Klasse bedeutungsverwandter Sprachzeichen verschärft als OPPOSITION wahrgenommen: so stehen die Artikel *le* und *la* einander in der Opposition ihrer Genus-Merkmale ⟨MASKULIN⟩ vs. ⟨FEMININ⟩ gegenüber, die Adverbien *plus* und *moins* in der Opposition ihrer Merkmale ⟨STEIGERUNG⟩ vs. ⟨MINDERUNG⟩. (Die Opposition wird in dieser Grammatik immer durch vs. = VERSUS ausgedrückt.) Wenn eine Klasse oder Subklasse die Minimalbedingung erfüllt, nur zwei Sprachzeichen zu umfassen (zum Beispiel die Subklasse der Sprachzeichen *oui* 'ja' und *non* 'nein'), dann nennen wir die Opposition dieser beiden Sprachzeichen binär, das heißt zweigliedrig oder paarig. Unter den Bedingungen der BINARITÄT ist die Wahl des einen Sprachzeichens gleichbedeutend mit der Abwahl des anderen Sprachzeichens dieser Subklasse: wer *oui* sagt, kann nicht zu derselben Sache gleichzeitig *non* sagen.

Die Opposition zweier Sprachzeichen kann jedoch grundsätzlich durch NEUTRALISIERUNG aufgehoben werden, insbesondere bei binären Oppositionen. Die einzelnen Sprachen lassen Neutralisierungen in unterschiedlichem Umfang zu. Die Neutralisierung einer Opposition ist immer an bestimmte Kontextbedingungen gebunden. So wird beispielsweise im Französischen die Genus-Opposition der Artikel *le* und *la* unter den Kontextbedingungen des Plurals aufgehoben: es steht dann sowohl vor maskulinen als auch vor femininen Nomina die Form *les* als genus-neutrales Sprachzeichen.

Die Sprachzeichen einer Klasse haben bald deutlichere, bald weniger deutliche Klasseneigenschaften. Man kann eine – allerdings nicht ganz scharfe – Grenze zwischen den MORPHEMEN und den LEXEMEN ziehen. Morpheme sind grammatische Sprachzeichen; ihre Bedeutungen sind einfache Anweisungen zum Verständnis von Texten. Lexeme sind alle anderen Sprachzeichen; ihre Bedeutungen sind entweder (objektsprachliche) Anweisungen, sich in der Welt so oder so zu verhalten, oder aber Abstraktionen von grammatischen Sprachzeichen in Gestalt linguistischer Begriffe. Im Motto dieses Kapitels können unter anderem die folgenden Sprachzeichen als kommunikationssteuernde Morpheme angesehen werden: *la, de, les, une, il, le, plus, que* (...). (Das Zeichen der drei Punkte ... gibt hier und in der ganzen Grammatik die Unvollständigkeit der Aufzählungen an.) Es sind dies einige derjenigen Sprachzeichen, die vorwiegend in der Grammatik behandelt werden. Sie lassen sich jeweils auf Grund gemeinsamer Merkmale in bestimmte PARADIGMEN, das heißt, klar abgrenzbare und leicht überschaubare Klassen oder Subklassen, einordnen, etwa in die Morphem-Klassen der Artikel, Präpositionen, Konjunktionen und Adverbien. Aus demselben Motto können die folgenden Sprachzeichen als entweder objektsprachliche oder metasprachliche Lexeme angesehen werden: *grammaire, art, lever, difficultés, langue, levier, lourd, fardeau* (...). Es ist zwar nicht unmöglich, auch von diesen Lexemen wenigstens einige, soweit sie mindestens ein gemeinsames Merkmal aufweisen, zu Klassen zusammenzufassen (zum Beispiel die metasprachlichen Ausdrücke *grammaire, art* und *langue*), aber diesen Klassen könnte man dann noch viele weitere bedeutungsverwandte Lexeme zuordnen, so daß die zu bildenden Klassen sehr groß und unübersichtlich würden. Man spricht daher im Bereich der Lexeme eher von BEDEUTUNGSFELDERN und nimmt die oft unscharfen Grenzen dieser offenen Klassen in Kauf. Für die Grammatik ist diese Abgrenzung weniger problematisch; ihr eigentlicher Gegenstand sind die Morpheme. Deren Paradigmen bilden geschlossene Klassen, die immer mit ausreichender Schärfe abgrenzbar sind.

Während Lexeme in ihren Zeichenkörpern bald kürzer, bald länger sind (man vergleiche die Lexeme *art, langue, grammaire, difficultés*), findet man bei Morphemen in der Regel einen kurzen Zeichenkörper (zum Beispiel: *la, le, l', ne, que*). Die Kürze dieser Formen ist ökonomisch, da viele Morpheme eine sehr hohe FREQUENZ in der Sprache haben. Einige Morphemklassen, etwa die Klasse der Artikel, treten in Texten so häufig auf, daß wir geradezu von einer Obstination im Gebrauch sprechen können. Diese Morpheme sind für die Orientierung des Hörers beim Verstehen des Textes besonders wichtig.

Für alle Fragen der Grammatik und Semantik wird die Segmentierung eines Textes nicht weiter betrieben als bis zu den Sprachzeichen (Morphemen oder Lexemen) als kleinsten bedeutungtragenden Textsegmenten. Für die Zwecke der PHONOLOGIE oder bedeutungsbezogenen Lautlehre kann man jedoch diese Segmente noch weiter unterteilen. Man erhält dann die PHONEME. Als Phoneme bezeichnen wir diejenigen lautlichen Segmente eines Sprachzeichens, die dazu beitragen, daß dieses in seiner Besonderheit identifiziert und von allen anderen Sprachzeichen unterschieden werden kann. Phoneme sind nicht selber Zeichen, da sie keine Bedeutungen haben. Sie haben nur zeichendifferenzierende Aufgaben und sind KENNZEICHEN an Sprachzeichen. Innerhalb des Phonemsystems stehen sie in Opposition zueinander. So sind beispielsweise die beiden Morpheme *le* und *la* nur dadurch als bedeutungsverschieden identifizierbar, daß die lautlichen Segmente /ə/ und /a/ als Phoneme zueinander in Opposition stehen. Alle anderen lautlichen Eigenschaften, die nicht zur Bedeutungsdifferenzierung irgendwelcher Sprachzeichen beitragen, beispielsweise die Vokalquantitäten des Französischen, haben nur den Status von Lautvarianten und werden ALLOPHONE genannt. Sie werden auch in den phonetischen Transkriptionen dieser Grammatik nicht berücksichtigt. In diesem Sinne ist das Transkriptionssystem, das sonst mit dem System der *Association Phonétique Internationale (API)* identisch ist, hier phonologisch vereinfacht.

Bei den Phonemen kann man VOKALE und KONSONANTEN unterscheiden. Vokale und Konsonanten sind in Texten nach bestimmten Kombinationsregeln gemischt. Die nach der Tonhöhe und Tonstärke variable Stimmführung der INTONATION begleitet längere, mehrere Sprachzeichen umfassende Textverläufe («suprasegmental») und verleiht ihnen prosodische Konturen. Diese Intonationskonturen können den Status von Allophonen, von Phonemen oder von grammatischen Morphemen haben, letzteres insofern sie, etwa als Fragen, Träger von Bedeutungen sind.

Auch SPRECHPAUSEN werden zu den Gegenständen der Phonologie gerechnet. Sie tragen wesentlich zur Gliederung der Texte bei. So haben sie auch oft eine bestimmte Bedeutung und gehören – als Grenzsignale – mit zur Textgrammatik.

2 SYNTAX DER KONGRUENZ: GENUS UND NUMERUS

Kongruenz bedeutet übereinstimmende Determination im Text. Werden zwei verschiedene Sprachzeichen eines Textes syntaktisch gleich determiniert, so sind sie kongruent. Kongruenz gibt es daher nur in Texten. Im besonderen sprechen wir in der französischen Grammatik dann von Kongruenz, wenn zwei Sprachzeichen in der Determination durch Genus und Numerus übereinstimmen. Wir unterscheiden Genus-Kongruenz (2.1) und Numerus-Kongruenz (2.2).

2.1 Kongruenz im Genus

Der Begriff Genus umfaßt in der französischen Sprache die binäre Opposition der Merkmale ⟨MASKULIN⟩ vs. ⟨FEMININ⟩:

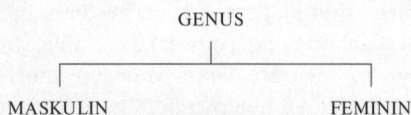

Das Genus hat seine Grundlage beim Nomen. Von jedem Nomen der französischen Sprache gilt grundsätzlich, daß es entweder maskulines oder feminines Genus h a t. Das ist im Kode der Sprache vorentschieden und steht für jedes Nomen im Wörterbuch. Wenn man also ein bestimmtes Nomen lernt, muß man dessen Genus mitlernen.

Dem Genus des Nomens passen sich im Text die Sprachzeichen einiger anderer Sprachzeichenklassen an. Von diesen Sprachzeichen gilt also grundsätzlich, daß sie entweder das maskuline oder das feminine Genus a n n e h m e n.

Durch die Genus-Markierung entsteht im Text zwischen den Nomina und den Sprachzeichen einiger Sprachzeichenklassen sowie zwischen diesen Sprachzeichen untereinander eine Genus-Kongruenz. Genus-Kongruenz besagt, daß zwei oder mehr Sprachzeichen der gleichen Sprachzeichenklasse oder verschiedener Sprachzeichenklassen im Text unter dem Gesichtspunkt des Genus übereinstimmend determiniert werden. Die Genus-Kongruenz trägt wesentlich zur Herstellung von Textualität in einem Text bei.

Der folgende Text entstammt einer Beschreibung der Stadt Reims. Dem Text ist eine Partitur unterlegt, welche die tatsächlichen Genus-Kongruenzen sichtbar machen soll, soweit sie in unmittelbarer Kontext-Nachbarschaft auftreten (Nah-Kongruenz – vgl. 2.1.2). Maskuline Kongruenzen werden durch miteinander verbundene rechteckige Symbole (■—□), feminine Kongruenzen durch miteinander verbundene runde Symbole (●—○) kenntlich gemacht. Die gefüllten Symbole (■, ●) werden bei den Nomina sowie bei dem als maskulin geltenden Pronomen on (l'on) 'man' verwendet zum Zeichen dafür, daß diese Sprachzeichen ein bestimmtes Genus h a b e n. Die nicht gefüllten Symbole (□, ○) verwenden wir für die anderen Sprachzeichenklassen, nämlich die der Artikel und Adjektive, die in der Kongruenz mit einem Nomen ein bestimmtes Genus a n n e h m e n. Die Genus-Markierungen der (Personal-)Pronomina *(elle)* und Kongruenz-Relative *(laquelle)* und die durch sie vermittelten Verb-Kongruenzen werden in dieser Partitur noch nicht berücksichtigt (vgl. jedoch 2.1.2 und die Textpartituren in 3.2).

Quel que soit le côté par lequel on arrive à Reims, c'est la cathédrale qui
apparaît d'abord. Elle accuse un relief dans la plate monotonie de la campagne au milieu de laquelle elle se dresse. On aperçoit de loin sa silhouette
imposante et gracieuse; c'est vers elle que l'on se dirige d'abord, instincti-
vement, dès que l'on est entré dans la ville. Parfaite et équilibrée, la cathédrale de Reims occupe un rang honorable et justifié parmi les autres cathé-
drales. Sa beauté architecturale, sa valeur artistique lui a assuré une universelle renommée et les souvenirs historiques qu'elle évoque l'ont rendue en
quelque sorte populaire. La gloire spirituelle et matérielle de Notre-Dame
de Reims n'a pas cessé de rayonner à travers les siècles.*

---

* Von welcher Seite man auch nach Reims kommt, immer fällt zuerst die Kathedrale ins Auge. Der flachen Gleichförmigkeit der Landschaft, in deren Mitte sie sich erhebt, gibt sie Relief. Von weitem schon erblickt man ihren großartigen und anmutigen Umriß; auf sie zu nimmt man instinktiv sogleich den Weg, sobald man die Stadt betreten hat. In ihrer Vollkommenheit und Wohlausgewogenheit nimmt die Kathedrale von Reims unter den anderen Kathedralen einen berechtigten Ehrenplatz ein. Ihre architektonische Schönheit und ihr künstlerischer Wert haben ihr weltweiten Ruhm eingetragen, und die geschichtlichen Erinnerungen, die sie wachruft, haben sie in gewisser Weise volkstümlich gemacht. Der geistliche und sinnliche Glanz des Marien-Doms von Reims hat durch die Jahrhunderte hindurch nichts von seiner Ausstrahlung eingebüßt. (Charles Sarazin: *Reims,* Paris 1948, S. 5 ff.)

Wir finden in diesem Textstück, wie die Partitur seines schriftlichen Erscheinungsbildes erkennen läßt, insgesamt 16 Kongruenzen. Davon sind fünf maskuline und elf feminine Kongruenzen. Das Übergewicht der femininen Kongruenzen erklärt sich aus der Thematik des Textes: leitender Begriff ist ein feminines Nomen *(la cathédrale)*. Neun Kongruenzen sind zweistufig, drei sind dreistufig, und vier sind vierstufig, so daß insgesamt 43 Sprachzeichen miteinander durch Kongruenzen verbunden sind – die durch (Personal-)Pronomina vermittelten «Fern-Kongruenzen» im Genus nicht gerechnet. Zu beachten ist, daß Adjektive wie *honorable* 'ehrenhaft' für die Genus-Kongruenz nicht berücksichtigt worden sind, da sie der Form nach genus-neutral sind.

In der bisherigen Rechnung ist die schriftliche Erscheinungsform zugrunde gelegt. Legt man die Erscheinungsform des mündlich vorgetragenen Textes zugrunde, in der man beispielsweise der Form [ekilibre] nicht anhören kann, ob sie die maskuline Form *équilibré* oder die feminine Form *équilibrée* vertritt, so vermindern sich die Kongruenzen nicht so sehr in der absoluten Zahl (es sind jetzt 14) als vielmehr in der Zahl ihrer Glieder. Es sind jetzt elf zweistufige, zwei dreistufige und nur eine vierstufige Kongruenz. Es bleiben jedoch immerhin noch 30 Sprachzeichen des Textes durch hörbare Kongruenzen verbunden. Man kann daran deutlich die textkonstituierende Leistung der Genus-Kongruenz ermessen. Sie wird durch die hier nicht berücksichtigten Fern-Kongruenzen der Personal-Pronomina noch beträchtlich erhöht.

2.1.1 Genus des Nomens

Vom Genus des Nomens hängt alle Genus-Kongruenz im Text ab. Aber das Genus ist bei den meisten Nomina semantisch nicht motiviert, sondern erscheint als willkürlich («l'arbitraire du signe»). Man muß das entweder maskuline oder feminine Genus der verschiedenen Nomina als geschichtliche Gegebenheit hinnehmen und am besten ohne weiteres Nachdenken lernen. Bei einigen Nomina ist die Bedeutung jedoch so motiviert, daß man aus ihr mit mehr oder weniger großer Wahrscheinlichkeit das Genus erschließen kann. Diese Motivation stammt hauptsächlich aus dem biologischen Geschlecht (2.1.1.1), wobei jedoch viele Abweichungen zu beachten sind (2.1.1.2). Außerdem ist für einige Bedeutungsfelder, insbesondere in Fachsprachen, ein bestimmtes Genus typisch (2.1.1.3).

2.1.1.1 Motivation des Genus durch das biologische Geschlecht

Lebewesen, die nach dem biologischen Geschlecht (Sexus) differenziert sind, werden in vielen Fällen durch Nomina, einschließlich Eigennamen, bezeichnet, die das männliche Geschlecht durch maskulines Genus, das weibliche Geschlecht durch feminines Genus abbilden. Das gilt insbesondere für Menschen, aber auch für viele Tiere.

1   Biologisch motiviertes Genus bei Menschen:

MASKULIN	FEMININ
le roi 'der König'	*la reine* 'die Königin'
Frédéric le Grand 'Friedrich der Große'	*Catherine la Grande* 'Katharina die Große'
un ami [œnami] 'ein Freund'	*une amie* [ynami] 'eine Freundin'
un instituteur 'ein (Grundschul-) Lehrer'	*une institutrice* 'eine (Grundschul-) Lehrerin'
(...)	(...)

2   Biologisch motiviertes Genus bei Tieren:

MASKULIN	FEMININ
le chien 'der Hund'	*la chienne* 'die Hündin'
le loup 'der Wolf'	*la louve* 'die Wölfin'
le bœuf 'der Ochse'	*la vache* 'die Kuh'
un ours [œnurs] 'ein Bär'	*une ourse* [ynurs] 'cinc Bärin'
(...)	(...)

Zur Bezeichnung männlicher oder weiblicher Lebewesen, insbesondere bei Menschen, können viele Nomina der französischen Sprache ein Suffix annehmen, das alternativ in einer maskulinen und einer femininen Form auftritt. Bei diesen Nomina wird die semantische Motivation, ebenfalls auf der Grundlage des biologischen Geschlechts, durch eine morphologische Motivation unterstützt. Einige Beispiele:

MASKULIN	FEMININ
l'Allemand [-ã] 'der Deutsche'	*l'Allemande* [-ãd] 'die Deutsche'
le Français [-ɛ] 'der Franzose'	*la Française* [-ɛz] 'die Französin'
le paysan [-ã] 'der Bauer'	*la paysanne* [-an] 'die Bäuerin'

le coiffeur [-œr]   'der Friseur'   *la coiffeuse* [-øz]   'die Friseuse'
le lecteur [-œr]   'der Leser'   *la lectrice* [-ris]   'die Leserin'
le patron [-õ]   'der Chef'   *la patronne* [-ɔn]   'die Chefin'
(...)   (...)

2.1.1.2   Nichtübereinstimmung zwischen dem Genus und dem biologischen Geschlecht

Man kann sich nicht darauf verlassen, daß alle Lebewesen mit ihrem biologischen Geschlecht das Genus der sie bezeichnenden Nomina motivieren. Bei menschlichen Lebewesen sind insbesondere die fachsprachlichen Bezeichnungen einiger Berufe, die bis in die jüngste Zeit hinein vorwiegend von Männern ausgeübt wurden, auf das maskuline Genus fixiert geblieben, zumal bei Prestigeberufen:

/*notre professeur de mathématiques est une excellente pédagogue*/   'unsere Mathematiklehrerin ist eine ausgezeichnete Pädagogin'
/*Josette Prot, ingénieur chimiste, est directeur technique chez Nord-Inter*/ 'Josette Prot, Chemieingenieurin, ist technische Direktorin bei Nord-Inter'
/*Brigitte Molé est chef du service de formation*/   'Brigitte Molé ist Leiterin der Ausbildungsabteilung'

Um Mißverständnissen vorzubeugen, kann man in solchen Fällen das maskuline Genus durch kontextuelle Zusätze auf das weibliche Geschlecht hin determinieren:

/*il a épousé une femme écrivain*/   'er hat eine Schriftstellerin geheiratet'
/*il y a très peu de femmes cadres supérieurs*/   'es gibt sehr wenige weibliche leitende Angestellte'

Im Unterschied zum mehr oder weniger formellen und fachsprachlichen Gebrauch der Berufsbezeichnungen bildet die Gemeinsprache bisweilen leichter feminine Formen von normalerweise maskulinen Berufsbezeichnungen. Unterscheide:

FORMELLE BERUFSBEZEICHNUNG   INFORMELLE BERUFSBEZEICHNUNG

/*elle a été nommée ambassadeur à Londres*/   'sie wurde zur Botschafterin in London ernannt'

/*elle est une ambassadrice de la civilisation française*/   'sie ist eine Botschafterin der französischen Kultur'

Im Beispiel der linken Spalte ist die offizielle, gesetzlich festgelegte Berufsbezeichnung des Botschafters gemeint. Das Beispiel der rechten Spalte zeigt demgegenüber einen fachsprachlich nicht festgelegten und gegenüber der offiziellen Bezeichnung metaphorischen Gebrauch der Berufsbezeichnung, der in der Wahl des femininen Suffixes freier ist.

In ähnlicher Weise wird auch bei Tieren das biologische Geschlecht nicht immer im grammatischen Genus abgebildet. Manche Tierbezeichnungen haben nur eine – bald maskuline, bald feminine – Form für das männliche wie für das weibliche Tier:

MASKULIN		FEMININ	
l'éléphant	'der Elefant'	*la baleine*	'der Wal'
le zèbre	'das Zebra'	*la fourmi*	'die Ameise'
le rossignol	'die Nachtigall'	*la tortue*	'die Schildkröte'
( )		(…)	

Zur genaueren Bezeichnung des Geschlechts kann man fachsprachlich *mâle* oder *femelle* hinzusetzen:

/*le zoo a acquis une guenon mâle et un chimpanzé femelle*/ 'der Zoo hat einen (männlichen) Rhesusaffen und eine Schimpansin erworben'

Andere Tierbezeichnungen haben zwar zwei verschiedene Formen für das männliche und das weibliche Tier. Wenn jedoch in einem Sprachspiel nicht ausdrücklich von dem biologischen Geschlecht des Tieres die Rede ist, so steht ohne besondere biologische Motivation entweder die maskuline oder die feminine Form, je nachdem wie es der Sprachgebrauch entschieden hat:

/*Baudelaire a écrit un poème sur les chats*/ 'Baudelaire hat ein Gedicht über die Katzen geschrieben' (sonst biologisch genau: *le chat* 'der Kater' vs. *la chatte* 'die Katze')
/*les dictateurs aiment les chiens*/ 'Diktatoren lieben Hunde' (sonst biologisch genau: *le chien* 'der Hund' vs. *la chienne* 'die Hündin')
/*j'ai acheté cette oie au marché*/ 'ich habe diese Gans auf dem Markt gekauft' (sonst biologisch genau: *le jars* [ʒar] 'der Gänserich' vs. *l'oie* 'die Gans')

In einigen seltenen Fällen hat der Sprachgebrauch entschieden, daß ein (meistens) männliches Lebewesen durch ein feminines Nomen oder ein (meistens) weibliches Lebewesen durch ein maskulines Nomen bezeichnet wird:

MÄNNLICHES GESCHLECHT, ABER FEMININES GENUS	WEIBLICHES GESCHLECHT, ABER MASKULINES GENUS
la recrue 'der Rekrut'	*le tendron* 'der Backfisch (junges
la sentinelle 'der Wachtposten'	Mädchen)'
l'ordonnance 'die Ordonnanz (der	*le trottin* 'das Laufmädchen'
Offiziersbursche)'	*le mannequin* 'das Mannequin'
la canaille 'der Lump (die Ka-	*le laideron* 'das häßliche Mädchen'
naille)'	*le bas-bleu* 'der Blaustrumpf'
la crapule 'der Schurke'	(…)
(…)	

2.1.1.3 Genus und Bedeutungsfelder

Nomina, die nicht Lebewesen bezeichnen, enthalten gewöhnlich in ihrer Bedeutung keinen Hinweis auf ihr Genus. In einigen Bedeutungsfeldern kann man jedoch bei allen oder fast allen Nomina, die dem gleichen Bedeutungsfeld zugerechnet werden können, auch das gleiche Genus finden, wie es dann meistens die Artikelform erkennen läßt (vgl. 5.1.1):

1 Maskulines Genus

– Wochentage: *(le) lundi, mardi, mercredi, jeudi, vendredi, samedi, dimanche*
– Monate: *(le mois de) janvier, février, mars, avril, mai, juin, juillet, août, septembre, octobre, novembre, décembre*
– Jahreszeiten: *le printemps, l'été, l'automne, l'hiver*
– Himmelsrichtungen: *le nord, l'ouest, le sud-est* (…)
– Musiknoten als Nomina: *le do* 'das c', *le mi* 'das e' (…)
– Metalle und chemische Elemente: *le fer* 'das Eisen', *le plomb* 'das Blei', *l'or* 'das Gold', *le platine* 'das Platin', *l'aluminium* 'das Aluminium', *l'oxygène* 'der Sauerstoff' (…)
  Aber: *la bauxite* 'das Bauxit'
– Bäume: *le chêne* 'die Eiche', *le hêtre* 'die Buche', *le saule* 'die Weide', *le poirier* 'der Birnbaum', *le cerisier* 'der Kirschbaum' (…)
  Aber: *une aubépine* 'ein Weißdorn' (Busch oder Baum)
– Kardinalzahlen als Nomina: *le un* 'die Eins', *le deux* 'die Zwei', *le trois* 'die Drei', *le zéro* 'die Null' (…)
– Buchstaben als Nomina: *le a* 'das a', *le b* 'das b', *le c* 'das c' (…)
– Farben als Nomina: *le blanc* 'Weiß', *le noir* 'Schwarz', *le rouge* 'Rot', *le vert* 'Grün', *un joli jaune* 'ein hübsches Gelb' (…)

2 Feminines Genus

- Viele Ländernamen: *la France* 'Frankreich', *l'Allemagne* 'Deutschland', *la Russie* 'Rußland', *la Chine* 'China', *l'Italie* 'Italien' (...)
  Aber: *le Japon* 'Japan', *le Portugal* 'Portugal', *le Mexique* 'Mexiko' (...)
- Viele Flußnamen: *la Seine* 'die Seine', *la Tamise* 'die Themse', *la Meuse* 'die Maas', *la Loire* 'die Loire', *la Saône* [son] 'die Saone' (...)
  Aber: *le Rhin* 'der Rhein', *le Danube* 'die Donau', *le Rhône* 'die Rhone' (...) (vgl. 5.1.4)
- Viele Früchte: *la pomme* 'der Apfel', *la poire* 'die Birne', *la cerise* 'die Kirsche', *la fraise* 'die Erdbeere', *la framboise* 'die Himbeere' (...)
  Aber: *le citron* 'die Zitrone', *le pamplemousse* 'die Pampelmuse' (...)
- Die meisten Wissenschaften: *la médecine* 'die Medizin', *la physique* 'die Physik', *la chimie* 'die Chemie', *la linguistique* 'die Linguistik, die Sprachwissenschaft', *les mathématiques pures* 'die reine Mathematik' (...)
  Aber: *le droit* 'die Rechtswissenschaft, Jura'
- Autonamen: *la (voiture) Citroën, la D.S., la 2 chevaux, la Mercedes, la Volkswagen* (...)

Bei Ländernamen und Flußnamen wie auch bei einigen anderen Nomina kann in den meisten Fällen (jedoch nicht immer!) der nicht hörbare Schlußbuchstabe *-e* («Feminin-e») als Indiz für feminines Genus angesehen werden. In der Kombination Vokal + *-e* (zum Beispiel: *la Russie*) ist das Indiz verläßlich.

2.1.2 Genus bei Morphemen

Eine Genus-Markierung findet sich bei den folgenden Morphem-Klassen:

- Artikel
- Pronomina
- Kongruenz-Relative

Die erstgenannte Morphem-Klasse bildet eine Genus-Kongruenz gewöhnlich im unmittelbar benachbarten Kontext (Nah-Kongruenz), die beiden letztgenannten Klassen lassen im Text auch eine Genus-Kongruenz zu, mit der ein kürzeres oder längeres Textsegment überbrückt werden kann (Fern-Kongruenz). Wir behandeln zuerst die Genus-Kongruenz der Artikel (2.1.2.1), dann die Genus-Kongruenz der Pronomina und der Kongruenz-Relative (2.1.2.2).

2.1.2.1 Genus beim Artikel

Da Nomina im Text in der Regel von Formen des Artikels begleitet werden, kann man das Genus eines Nomens am besten an seinem Artikel erkennen. Nach dem Genus differenziert sind in den meisten Fällen nicht nur die Formen des einfachen (vgl. 5.1), sondern auch die des gezielten Artikels (vgl. 5.2).

1   Einfacher Artikel

Wir finden eine Genus-Differenzierung sowohl beim anaphorischen («bestimmten») als auch beim kataphorischen («unbestimmten») Artikel (vgl. 5.1.2).

MASKULIN	FEMININ
le lit 'das Bett'	*la table* 'der Tisch'
un fauteuil 'ein Sessel'	*une chaise* 'ein Stuhl'

In der Stellung vor Vokal wird der anaphorische Artikel um seinen Vokal gekürzt (orthographisch: apostrophiert). Dabei geht die Genus-Markierung verloren:

MASKULIN	FEMININ
l'art 'die Kunst'	*l'idée* 'die Idee'
l'enthousiasme 'die Begeisterung'	*l'inspiration* 'die Inspiration'

Daß die Nomina der linken Spalte maskulines Genus, die der rechten Spalte feminines Genus haben, muß man wissen, man kann es nicht hören.

Vor einem Nomen, das in der Schriftform mit dem Buchstaben *h-* beginnt, richtet sich die Form des Artikels und damit die Erkennbarkeit der Genus-Kongruenz danach, ob es sich um ein «vokalisches *h-*» oder ein «konsonantisches *h-*» (*h aspiré*) handelt. Bei «vokalischem *h-*» wird der anaphorische Artikel wie vor vokalischem Anlaut apostrophiert, so daß keine Genus-Kongruenz erkennbar ist. Bei «konsonantischem *h-*» hingegen wird die Form des anaphorischen Artikels wie vor konsonantischem Anlaut gebraucht, so daß die Genus-Kongruenz erkennbar ist. Unterscheide:

«VOKALISCHES *h-*»	«KONSONANTISCHES *h-*»
l'homme 'der Mann'	*le héros* [ləero] 'der Held'
l'histoire 'die Geschichte'	*la haine* [laɛn] 'der Haß'

Ob der Buchstabe *h-* ein «vokalisches» oder ein «konsonantisches *h-*» repräsentiert, muß man dem Wörterbuch entnehmen.

Ist das Genus eines Nomens nicht willkürlich festgesetzt, sondern biologisch motiviert (vgl. 2.1.1.1), so kann man ausnahmsweise das Genus nicht nur an der Form des Artikels, sondern auch an der Form des Nomens hören:

MASKULIN   MASKULIN   FEMININ   FEMININ

le fermier 'der Bauer'   ·   *la fermière* 'die Bäuerin'

In den meisten Fällen ist jedoch das Genus des Nomens eine Sache des Wissens, und es bedarf eines beigestellten Artikels oder einer anderen genus-markierenden Form, um das Genus hörbar zu machen.

2   Gezielter Artikel

Den Ausdruck «gezielter Artikel» (vgl. 5.2) benutzen wir als Oberbegriff für Demonstrativ-Artikel, Possessiv-Artikel, Numeral-Artikel, Indefinit-Artikel sowie Interrogativ- und Exklamativ-Artikel (vgl. 9.3.6). Die meisten (nicht alle!) dieser gezielten Artikel lassen ebenfalls das Genus erkennen, wie die folgenden Beispiele zeigen:

MASKULIN		FEMININ	
ce sourire	'dieses Lächeln'	*cette grimace*	'diese Grimasse'
son plaisir	'sein Vergnügen'	*sa peine*	'sein Schmerz'
quel bonheur!	'welch ein Glück!'	*quelle horreur!*	'wie scheußlich!'

In diesen Beispielen sind die exklamativen Formen *quel* und *quelle* homophon [kɛl], so daß die Genus-Unterscheidung nur im Schriftbild markiert ist.

Die Form *ce* 'dieser' als maskuline Form des Demonstrativ-Artikels hat vor Vokal und vor «vokalischem *h-*» die Liaison-Form *cet*. Unterscheide:

MASKULIN	FEMININ
cet humour [sɛtymur] 'dieser Humor'	*cette humeur* [sɛtymœr] 'diese (schlechte) Laune'

Die anderen Subklassen des gezielten Artikels, nämlich die Numeral-Artikel (vgl. 5.2.3) und die Indefinit-Artikel (vgl. 5.2.4), lassen das Genus nur in vereinzelten Formen erkennen, zum Beispiel in den Formpaaren *un/une* und *tous/ toutes:*

les mille et une nuits 'tausendundeine Nacht'
toute la poésie orientale 'die ganze orientalische Poesie'

Weitere Angaben über Genus-Markierungen der Numeral- und Indefinit-Artikel findet man bei der Besprechung der einzelnen Formen des Artikels (vgl. Kap. 5).

Im Plural ist die Genus-Opposition bei allen Formen des einfachen Artikels und vielen Formen des gezielten Artikels neutralisiert. Vergleiche:

MASKULIN		FEMININ	
les repas	'die Mahlzeiten'	*les tables*	'die Tische'
ces couteaux	'diese Messer'	*ces fourchettes*	'diese Gabeln'.
nos verres	'unsere Gläser'	*nos assiettes*	'unsere Teller'

Nur bei den Interrogativ-Artikeln (und den gleichlautenden Exklamativ-Artikeln) wird die Genus-Differenzierung wenigstens im Schriftbild (nicht in der Lautgestalt!) beibehalten:

MASKULIN		FEMININ	
quels [kɛl] *poissons?*	'welche Fische?'	*quelles* [kɛl] *boissons?*	'welche Getränke?'

Durch das verschiedene Genus, ausgedrückt in den verschiedenen Formen des Artikels, kann man unter den Nomina der französischen Sprache eine beträchtliche Zahl von Homonymen gleicher Lautung (Homophonen) oder gleichen Schriftbildes (Homographen) unterscheiden und mit ihnen im Text unterscheidbare Genus-Kongruenzen bilden.

[1]   Genus-Unterscheidung bei Homonymen gleicher Lautung, aber ungleichen Schriftbildes (Homophonen):

MASKULIN		FEMININ	
le pot	'der Topf'	*la peau*	'die Haut'
le tout	'das Ganze'	*la toux*	'der Husten'
le cours	'der Lauf, Kurs'	*la cour*	'der Hof'
le chêne	'die Eiche'	*la chaîne*	'die Kette'
le mythe	'der Mythos'	*la mite*	'die Motte'
le champagne	'der Champagner'	*la Champagne*	'die Champagne'
le moral	'die Geistesverfassung'	*la morale*	'die Sittlichkeit, Moral'
le maire	'der Bürgermeister'	*la mère*	'die Mutter'
		la mer	'das Meer'
un air	'eine Luft, ein Aussehen'	*une aire*	'ein Areal'
		une ère	'eine Ära'
(…)		(…)	

☐2 Genus-Unterscheidung bei Homonymen gleicher Lautung und gleichen Schriftbildes (Homographen):

MASKULIN

le mort 'der Tote'
le vapeur 'der Dampfer'
le voile 'der Schleier'
le physique 'das Äußere (einer Person)'
le critique 'der Kritiker'
le manche 'der Griff, der Stiel'
le vase 'das Gefäß, die Vase'
le poste 'das Empfangsgerät'
le livre 'das Buch'
le page 'der Page'
le poêle 'der Ofen'
le mousse 'der Schiffsjunge'
un aide 'ein Gehilfe'
(...)

FEMININ

la mort 'der Tod'
la vapeur 'der Dampf'
la voile 'das Segel'
la physique 'die Physik'
la critique 'die Kritik'
la manche 'der Ärmel'
la vase 'der Schlamm'
la poste 'die Post'
la livre 'das Pfund'
la page 'die Seite'
la poêle 'die Bratpfanne'
la mousse 'das Moos, der Schaum'
une aide 'eine Hilfe'
(...)

2.1.2.2 Genus beim Pronomen und beim Kongruenz-Relativ

Nomina können im Text durch Pronomina («Personal-Pronomina») vertreten werden (vgl. 3.1). Diese werden vielfach, auch mit Überbrückung längerer Textabschnitte, mit den Nomina durch Genus-Kongruenz verbunden, und zwar sowohl im Singular als auch im Plural. Wir nennen diese Kongruenz Fern-Kongruenz und unterscheiden sie von einer Kongruenz in unmittelbarer Kontext-Nachbarschaft (zum Beispiel zwischen Artikel und Nomen), die wir Nah-Kongruenz nennen. Das folgende Beispiel zeigt eine Fern-Kongruenz:

MASKULIN   MASKULIN

Ulysse n'entend pas les sirènes, parce qu'il s'est bouché les oreilles

In diesem Beispiel wird das Subjekt *Ulysse* 'Odysseus' durch das Pronomen *il* 'er' fortgeführt. Zwischen Nomen und Pronomen besteht Genus-Kongruenz im Maskulin. Das garantiert (neben anderen textbildenden Faktoren) die Textualität dieses Textsegments mit der Bedeutung: 'Odysseus hört die Sirenen nicht, weil er sich die Ohren zugestopft hat'.

Nicht alle Formen des Pronomens lassen jedoch eine Genus-Differenzierung erkennen. In dem folgenden Beispiel mit der Bedeutung 'Odysseus hört nicht auf die Sirenen, weil er sie fürchtet' ist die Genus-Opposition beim Subjekt gewahrt, beim Objekt (Plural!) hingegen neutralisiert:

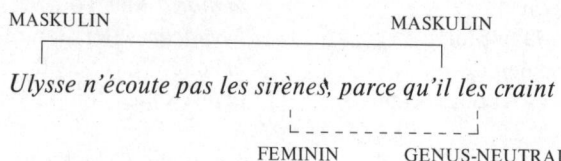

Über die Genus-Markierungen und Neutralisierungen bei den Formen des Pronomens unterrichtet im einzelnen das Kapitel über die Textrollen (vgl. 3.1.2).

Bei Junktionen mit *et* 'und' oder *ou* 'oder' (vgl. 8.2) kann der Fall eintreten, daß zwei Junktionsglieder mit unterschiedlichem Genus gemeinsam durch ein einziges Pronomen weitergeführt werden. Dann gilt die syntaktische Regel, daß als weiterführendes Pronomen eine maskuline Form gewählt wird:

/*mon père et ma mère, ils ne me comprennent jamais*/   'mein Vater und meine Mutter, die verstehen mich nie'

Widerspricht das grammatische Genus dem biologischen Geschlecht (vgl. 2.1.1.2), so herrscht das grammatische Genus nur in der Nah-Kongruenz; in der Fern-Kongruenz setzt sich das biologische Geschlecht durch:

/*cette vieille canaille nous a tous trompés et il en est même fier!*/   'dieser alte Schuft hat uns alle betrogen, und er ist auch noch stolz darauf!'

2.1.3 Genus des Adjektivs

Anders als bei den Nomina (vgl. 2.1.1) ist bei den Adjektiven das Genus nicht vom Kode vorentschieden, sondern je nach den Kontexterfordernissen wählbar. Jedes Adjektiv kann also sowohl maskulines als auch feminines Genus annehmen, und zwar in Kongruenz zu dem Nomen, zu dem es im Text in ein Determinationsverhältnis tritt. Die wichtigsten Formen, in denen eine Genus-Kongruenz zwischen Nomen und Adjektiv erscheint, sind die Prädikation (vgl. 3.4.1) und die Attribution (vgl. Kap. 6).

1. Prädikation

In einer Prädikation kann einem Subjekt durch die Vermittlung des Prädikations-Verbs *être* 'sein' (oder anderer Prädikations-Verben mit ähnlicher Bedeutung) ein Adjektiv als Prädikament zugesprochen werden (Prädikats-Adjektiv; vgl. 3.4.1.2.2). Auch das Verb *rendre* 'machen' (oder ein anderes Verb mit ähnlicher Bedeutung) erlaubt Prädikationen, bei denen die Prädikats-Adjektive dann allerdings dem Objekt zugesprochen werden. Im ersten Fall ist das Adjektiv dem (nominalen oder pronominalen) Subjekt, im zweiten Fall dem Objekt im Genus kongruent.

– Subjekt-Prädikation mit *être*:

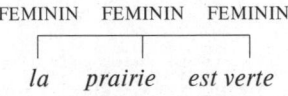

FEMININ FEMININ FEMININ

la   prairie   est verte

In diesem Beispiel weiß man, daß das Subjekt-Nomen *prairie* 'Weide' feminines Genus hat. Das zeigt sich an der Kongruenz mit dem femininen Artikel *la* 'die' wie auch an der Kongruenz mit dem Prädikats-Adjektiv *verte* 'grün', so daß eine dreistufige Genus-Kongruenz entsteht. Diese trägt erheblich zum grammatischen Zusammenhalt dieses Textsegments mit der Bedeutung 'die Weide ist grün' bei.

– Objekt-Prädikation mit *rendre*:

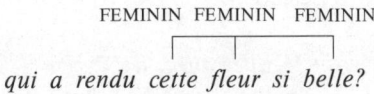

FEMININ FEMININ FEMININ

qui a rendu cette fleur si belle?

In diesem Beispiel mit der Bedeutung 'wer hat diese Blume so schön gemacht?' kommt ebenfalls eine dreistufige Genus-Kongruenz zustande. Sie greift vom Objekt, bestehend aus dem femininen Nomen *fleur* 'Blume' und seinem femininen Demonstrativ-Artikel *cette* 'diese' durch die Vermittlung des zweiwertigen Prädikations-Verbs *rendre* 'machen' auf das Prädikats-Adjektiv *belle* 'schön' über.

2. Attribution

Eine andere Determinationsart zwischen Nomen und Adjektiv ist die Attribution (vgl. Kap. 6). In der Attribution eines Adjektivs, gleich ob dieses dem Nomen voran- oder nachgestellt ist, wird ebenfalls das Genus des Nomens in der Genus-Form des Adjektivs abgebildet:

MASKULIN

FEMININ

un grand spectacle 'ein großes Schauspiel'

une grande fête 'ein großes Fest'

le parc municipal 'der Stadtpark'

la bibliothèque municipale 'die Stadtbücherei'

Auch durch die Adjektiv-Attribution kann eine dreistufe Kongruenz entstehen, wie das folgende Beispiel mit der Bedeutung 'das neue Schwimmbad' zeigt:

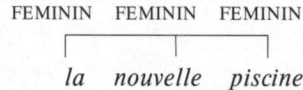

FEMININ   FEMININ   FEMININ

la   nouvelle   piscine

In diesem Textstück bestimmt das Nomen *piscine* 'Schwimmbad', obwohl es am Ende steht, die ganze Genus-Kongruenz. Wer dieses Segment äußert, muß also das (gewußte) Genus des Nomens planend vorwegnehmen und dementsprechend schon beim vorangestellten Artikel und beim vorangestellten Adjektiv das kongruente Genus wählen. Umgekehrt kann der Hörer, wenn er in einem Text einen femininen Artikel und ein feminines Adjektiv vernimmt, bereits ein feminines Nomen im nachfolgenden Kontext erwarten.

Auch in textueller Fernstellung oder bei anderer Trennung von seinem Nomen oder Pronomen, beispielsweise als Apposition (vgl. 6.6), bleiben die Kongruenzbedingungen für das Adjektiv bestehen:

/situées entre l'Atlantique et la Méditerranée, les Pyrénées forment une frontière naturelle entre la France et l'Espagne/ 'zwischen dem Atlantik und dem Mittelmeer gelegen, bilden die Pyrenäen eine natürliche Grenze zwischen Frankreich und Spanien'

Man beachte, daß das pluralische Nomen *les gens* 'die Leute' mit einem vorangestellten Adjektiv eine andere Genus-Kongruenz bildet als mit einem nachgestellten Adjektiv:

VORANGESTELLTES ADJEKTIV:
FEMININE KONGRUENZ

NACHGESTELLTES ADJEKTIV:
MASKULINE KONGRUENZ

les vieilles gens 'die alten Leute'

les gens oubliés 'die vergessenen Leute'

Die maskuline Kongruenz gilt auch in der Prädikation.

Ebenso wie die Adjektive verhalten sich hinsichtlich der Genus-Kongruenz ferner die Verbal-Adjektive und unter bestimmten Bedingungen auch die Partizipien und Rück-Partizipien, was bei der Vorstellung dieser Formen im einzelnen besprochen wird (vgl. 6.7).

Nun gilt jedoch nicht für alle, sondern nur für viele Adjektive der französischen Sprache, daß sie nach dem Genus differenziert sind (2.1.3.1). Manche andere Adjektive verhalten sich gegenüber dem Genus neutral (2.1.3.2).

2.1.3.1   Genus-markierte Adjektive

Die Adjektive mit maskulinem Genus sind meistens um ein Phonem (orthographisch: meistens um einen Buchstaben) kürzer als die entsprechenden Adjektive mit femininem Genus-Suffix. Es empfiehlt sich daher beim Erlernen und Memorieren, bei den Adjektiven von den femininen Formen auszugehen und die maskulinen Formen durch Kürzung zu gewinnen. In den nachfolgenden Übersichten sind dennoch grundsätzlich die maskulinen Formen an erster Stelle aufgeführt, weil sie gleichzeitig auch genus-neutral gebraucht werden (zum Beispiel: *c'est bon* 'das ist gut').

Wir unterscheiden die Genus-Markierungen der Adjektive nach zwei morphologischen Typen:

1 Bei dem ersten Typus von Adjektiven ist das Genus-Suffix einem unveränderlichen Adjektiv-Lexem angefügt.

LAUTGESTALT	SCHRIFTBILD	BEDEUTUNG
[grã/grãd]	*grand/grande*	'groß'
[pəti/pətit]	*petit/petite*	'klein'
[lõ/lõg]	*long/longue*	'lang'
[gro/gros]	*gros/grosse*	'dick'
[blã/blãʃ]	*blanc/blanche*	'weiß'
[ʒãti/ʒãtij]	*gentil/gentille*	'nett'
[frãsɛ/frãsɛz]	*français/française*	'französisch'
(...)		

Bei der Lautgestalt der maskulinen Form ist zu beachten, daß es neben der oben verzeichneten Form, die für die Stellung vor Konsonant oder vor Pause gilt, bei einigen Adjektiven noch eine Variante gibt, die vor Vokal (orthographisch: vor Vokal und vor «vokalischem *h*-») gesprochen wird. Unterscheide bei den Ausdrücken *un grand concert / un grand orchestre* und *un long printemps / un long hiver:*

2.1.3.1 Genus-markierte Adjektive

VOR KONSONANT ODER PAUSE	VOR VOKAL
[œ̃grãkõsɛr] 'ein großes Konzert'	[œ̃grãtɔrkɛstrə] 'ein großes Orche-ster'
[œ̃lõprɛ̃tã] 'ein langer Frühling'	[œ̃lõkivɛr] oder (weniger gepflegt): [œ̃lõŋgivɛr] 'ein langer Winter'

Vor vokalischem Anlaut des Nomens kommt es in der französischen Sprache in Ansätzen zu einer besonderen Form hörbarer Genus-Kongruenz (Liaison). Unterscheide:

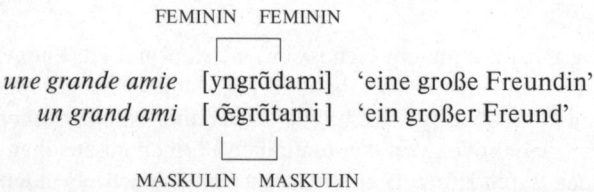

FEMININ   FEMININ

une grande amie [yngrãdami] 'eine große Freundin'
un grand ami [œ̃grãtami] 'ein großer Freund'

MASKULIN   MASKULIN

Insgesamt tritt diese Genus-Liaison verhältnismäßig selten auf; bei dem Adjektiv *grand/grande* hat sie jedoch in der Form [-t-/-d-] eine recht hohe Frequenz. Man beachte auch die lexikalisierten Formen:

la grand-mère [lagrãmɛr] 'die Großmutter'
ce n'est pas grand-chose [grãʃoz] 'das hat nicht viel zu sagen'

[2]   Bei einem zweiten Typus von Adjektiven ist das Genus-Suffix teilweise mit dem Adjektiv-Lexem verschmolzen, so daß dieses je nach dem Genus unterschiedliche Vokalqualitäten zeigt. Wir unterscheiden nach verschiedenen morphologischen Mustern.

– Adjektive mit Nasal:

LAUTGESTALT	SCHRIFTBILD	BEDEUTUNG
[bõ/bɔn]	*bon/bonne*	'gut'
[plɛ̃/plɛn]	*plein/pleine*	'voll'
[plã/plan]	*plan/plane*	'eben, flach'
[fɛ̃/fin]	*fin/fine*	'fein'
[divɛ̃/divin]	*divin/divine*	'göttlich'
(…)		

Auch bei den Adjektiven dieses Bildungsmusters gibt es im Maskulin eine Genus-Liaison je nach der Stellung vor Konsonant/Pause oder vor Vokal. Unterscheide bei den Ausdrücken *un bon mari / un bon époux* und *en plein soleil / en plein air*:

VOR KONSONANT ODER PAUSE	VOR VOKAL
[œbõmari] 'ein guter Ehemann'	[œbõnepu] oder: [œbɔnepu] 'ein guter Gatte'
[ãplẽsɔlɛj] 'in der vollen Sonne'	[ãplẽnɛr] oder: [ãplɛnɛr] 'unter freiem Himmel'

– Einige Adjektive auf [-ɛl] und [-ɔl] im Feminin:

LAUTGESTALT	SCHRIFTBILD	BEDEUTUNG
[bo/bɛl]	*beau/belle*	'schön'
[nuvo/nuvɛl]	*nouveau/nouvelle*	'neu'
[fu/fɔl]	*fou/folle*	'verrückt'
[mu/mɔl]	*mou/molle*	'weich'

Auch bei diesen Adjektiven gibt es im maskulinen Genus neben der für die Stellung vor Konsonant oder Pause gültigen Form eine Variante für die Stellung vor Vokal (orthographisch: vor Vokal oder «vokalischem *h*-»). Unterscheide bei den Ausdrücken *un beau gamin* / *un bel homme* und *le nouveau tarif* / *le nouvel an:*

VOR KONSONANT	VOR VOKAL
[œbogamẽ] 'ein schöner Junge'	[œbɛlɔm] 'ein schöner Mann'
[lənuvotarif] 'der neue Tarif'	[lənuvɛlã] 'das neue Jahr (oder: Neujahr)'

Eine Differenzierung des Genus in der Genus-Liaison gibt es bei den Adjektiven dieses Typus nur im Schriftbild, nicht in der Lautgestalt. Unterscheide orthographisch:

MASKULINE LIAISON	FEMININE LIAISON
un bel [bɛl] *enfant* 'ein schönes Kind (Junge)'	*une belle* [bɛl] *enfant* 'ein schönes Kind (Mädchen)'
un fol [fɔl] *aventurier* 'ein verrückter Abenteurer'	*une folle* [fɔl] *aventure* 'ein verrücktes Abenteuer'

– Einige weitere Adjektive:

LAUTGESTALT	SCHRIFTBILD	BEDEUTUNG
[nœf/nœv]	*neuf/neuve*	'neu'
[vjø/vjɛj]	*vieux/vieille*	'alt'
[sɛk/sɛʃ]	*sec/sèche*	'trocken'
[malẽ/maliɲ]	*malin/maligne*	'boshaft, schlau'

51

Beachte bei dem maskulinen Adjektiv *vieux* [vjø] die Liaison-Variante *vieil* [vjɛj], die vor vokalisch anlautendem Nomen gebraucht wird und mit der femininen Form dieses Adjektivs gleichlautend ist: *un vieil homme* [œ̃vjɛjɔm] 'ein alter Mann'. Beachte ferner, daß das maskuline Genus-Suffix *-eur* [-œr] vier verschiedenen femininen Genus-Suffixen entsprechen kann:

MASKULIN	FEMININ	BEDEUTUNG
antérieur [-œr]	*antérieure* [-œr]	'vorig, Vor-'
menteur [-œr]	*menteuse* [-øz]	'lügnerisch'
conservateur [-œr]	*conservatrice* [-ris]	'konservativ'
enchanteur [-œr]	*enchanteresse* [-rɛs]	'bezaubernd'
(…)		

Im Plural werden beim Artikel, wie wir gesehen haben, alle Genus-Oppositionen neutralisiert (vgl. 2.1.2.1). Nicht so beim Adjektiv. Im Maße wie das Adjektiv in seinen Formen überhaupt die Genus-Opposition abbildet, wird diese grundsätzlich auch im Plural beibehalten, zumindest in der Schrift. Vergleiche:

KONGRUENZ IM SINGULAR

la belle excursion [labɛlɛkskyrsjõ]
   'der schöne Ausflug'
le beau voyage [ləbovwajaʒ] 'die
   schöne Reise'

KONGRUENZ IM PLURAL

les belles excursions [lebɛlzɛkskyr-
   sjõ] 'die schönen Ausflüge'
les beaux voyages [lebovwajaʒ]
   'die schönen Reisen'

2.1.3.2 Genus-neutrale Adjektive

Gut die Hälfte aller Adjektive der französischen Sprache ist jedoch gegenüber dem Genus neutral. Diese Adjektive nehmen kein eigenes Morphem zur maskulinen oder femininen Markierung an, und zwar für gewöhnlich weder in ihrer Lautgestalt noch in ihrem Schriftbild:

jeune	'jung'	*facile*	'leicht'
libre	'frei'	*possible*	'möglich'
simple	'einfach'	*politique*	'politisch'
pauvre	'arm'	*économique*	'wirtschaftlich'
(…)			

Genus-neutrale Adjektive stellen im Text keine Kongruenz mit dem Nomen her. Unterscheide:

GENUS-MARKIERENDES ADJEKTIV: KONGRUENZ ZUM NOMEN	GENUS-NEUTRALES ADJEKTIV: KEINE KONGRUENZ ZUM NOMEN
le discours bref [lədiskurbrɛf] 'die kurze Rede'	*le compte-rendu critique* [ləkõt-rãdykritik] 'der kritische Bericht'
la vie brève [lavibrɛv] 'das kurze Leben'	*la situation critique* [lasityasjõkritik] 'die kritische Situation'

Einige Adjektive sind jedoch nur in der Lautgestalt gegenüber dem Genus neutral. Im Schriftbild wird bei ihnen das Genus wohl abgebildet:

LAUTGESTALT	SCHRIFTBILD	BEDEUTUNG
[sœl]	*seul/seule*	'allein'
[ʃɛr]	*cher/chère*	'lieb, teuer'
[ʒɔli]	*joli/jolie*	'hübsch'
[blø]	*bleu/bleue*	'blau'
[pase]	*passé/passée*	'vorüber, vorbei'
[fjɛr]	*fier/fière*	'stolz'
[amɛr]	*amer/amère*	'bitter'

Die Adjektive dieses Typus bilden mit dem Nomen, das sie im Text determinieren, nur eine orthographische und keine hörbare Kongruenz. Vergleiche:

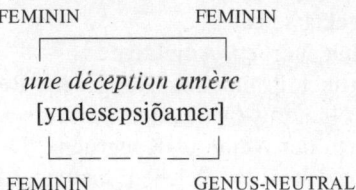

```
   FEMININ           FEMININ
   ┌──────────────────────┐
   une déception amère
   [yndesɛpsjõamɛr]
   └ ─ ─ ─ ─ ─ ─ ─ ─ ─ ┘
   FEMININ           GENUS-NEUTRAL
```

Während das Schriftbild dieses Ausdrucks mit der Bedeutung 'eine bittere Enttäuschung' zwei Genus-Markierungen erkennen läßt, zwischen denen Kongruenz besteht, kann man in der Lautgestalt lediglich eine einzige Genus-Markierung vernehmen, so daß das Ohr keine Kongruenz hört.

Genus-neutral sind schließlich alle Farb-Adjektive, die in ihrer Farbqualität durch ein weiteres Lexem determiniert sind. Bei ihnen ist die maskuline Form unveränderlich:

une robe bleu clair   'ein hellblaues Kleid'
une jupe vert émeraude   'ein smaragdgrüner Rock'

Sofern Farb-Adjektive aus Nomina gebildet sind und diese Bildung noch im Sprachbewußtsein lebendig ist, unterbleibt erst recht eine Genus-Kennzeichnung – wie allgemein bei Appositionen (vgl. 6.6).

Idiomatischer Ausdruck:
aller nu-tête (aber auch: *tête nue*)   'ohne Hut gehen'

2.2   Kongruenz im Numerus

Der Begriff Numerus umfaßt die binäre Opposition Singular vs. Plural:

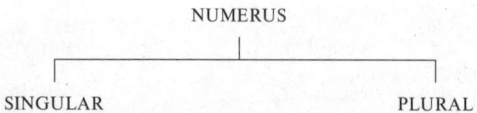

Im Gegensatz zum Genus (vgl. 2.1.1) ist der Numerus bei keiner Sprachzeichenklasse durch lexikalischen Zwang festgelegt. Er kann je nach den Erfordernissen des Textes bei jedem einzelnen Sprachzeichen grundsätzlich frei gewählt werden, so daß alle diejenigen Sprachzeichen, die überhaupt eine Numerus-Charakterisierung zulassen, ebensowohl im Singular wie im Plural «stehen» können. Man braucht also für den Numerus in der Regel kein Wörterbuch zu befragen (vgl. jedoch 2.2.3.3 und 2.2.3.4).

Die Numerus-Opposition tritt in der französischen Sprache regelmäßig bei den folgenden Sprachzeichenklassen auf:
– Lexemklassen: Nomina, Verben, Adjektive
– Morphemklassen: Artikel, Pronomina, Kongruenz-Relative.
Das Vorkommen der Numerus-Opposition bei verschiedenen Sprachzeichenklassen ist die Grundlage der Numerus-Kongruenz. Diese besagt, daß im Text zwei oder mehr Sprachzeichen der gleichen Sprachzeichenklasse oder verschiedener Sprachzeichenklassen in Hinsicht des Numerus übereinstimmend determiniert werden. Singular-Formen werden dadurch mit anderen Singular-Formen, Plural-Formen mit anderen Plural-Formen kongruent.

Wir haben zunächst zu besprechen, welches die Bedeutung der Numerus-Opposition ist (2.2.1), sodann ist zu erörtern, was diese Opposition im Text leistet (2.2.2). Danach sind die Numerus-Formen im einzelnen vorzustellen, und zwar zunächst bei den Nomina und Artikeln (2.2.3), sodann bei den Adjektiven (2.2.4) und schließlich bei den Verben in Verbindung mit den Pronomina und Kongruenz-Relativen (2.2.5). Die Plural-Liaison findet sich unter bestimmten Bedingungen bei all diesen Klassen (2.2.6).

2.2.1 Singular und Plural

Auch die Morpheme des Numerus sind ihrer Bedeutung nach Anweisungen, die der Sprecher dem Hörer zum richtigen Verständnis des Textes gibt. Der Singular weist den Hörer an, die Bedeutung eines Nomens als Menge (von Elementen) aufzufassen. Wieviele unterscheidbare Elemente eine Menge auch umfassen mag, der Hörer soll von ihrer Zahl und Verschiedenheit absehen, sich die Menge als Bündel vorstellen. Wir beschreiben die syntaktische Bedeutung des Singulars daher mit dem Merkmal ⟨BÜNDELUNG⟩.

In binärer Opposition zum Singular weist der Plural den Hörer an, die Bedeutung eines Nomens als Elemente (einer Menge) aufzufassen. Er soll diese Elemente nicht zu einer Menge bündeln, sondern sie in ihrer Verschiedenheit einzeln ins Auge fassen. Zur Beschreibung der syntaktischen Bedeutung des Plurals dient uns das Merkmal ⟨VEREINZELUNG⟩.

Aus dieser Auffassung ergibt sich ferner: Singular bedeutet nicht ohne weiteres «Einzahl». Es ist für diese grammatische Kategorie gleichgültig, aus wievielen Elementen eine Menge besteht. Singular heißt ja gerade, daß man bei der Bildung einer Menge nicht darauf achten soll, ob sie möglicherweise aus mehreren unterscheidbaren Elementen besteht. Diese Elemente sollen eben gebündelt werden, und nur auf die Einheit des Bündels kommt es an. Im Einzelfall kann das Bündel eine sehr umfangreiche Menge von Elementen umfassen, im oberen Grenzfall die größte vorstellbare Menge, die der Kode der Sprache bei einem bestimmten Nomen zuläßt («Gesamtmenge»). Im unteren Grenzfall kann die Menge auch nur aus einem einzigen Element bestehen («Einermenge»). Das, alles ist für die Numerus-Kategorie Singular, die nur an der Menge als Bündel interessiert ist, gleichgültig.

Umgekehrt ist für die Numerus-Kategorie Plural, die nur an den unterscheidbaren Elementen einer Menge interessiert ist, jede Bündelung zur Menge irrelevant. Sofern verschiedene Elemente zu einer Menge gebündelt sind, wird diese Bündelung in der Vorstellung aufgelöst, und die Elemente werden einzeln für sich genommen, vom oberen Grenzfall aller möglichen Elemente, die überhaupt unterscheidbar sind, bis zum unteren Grenzfall zweier unterscheidbarer Elemente einer Menge. Die Einermenge läßt keine Betrachtung von unterscheidbaren Elementen mehr zu und ist daher mit der Kategorie Plural grundsätzlich unvereinbar.

Syntaktische Anmerkung: Die aus der Mathematik bekannte «leere Menge» ist für die Grammatik keine reine Numerus-Kategorie, sondern eine Kombination aus den syntaktischen Kategorien Numerus und Negation (vgl. 9.2.2.2.2).

2.2.2 Numerus-Kongruenz im Text

Neben der Genus-Kongruenz (vgl. 2.1) ist die Numerus-Kongruenz für die Textualität eines Textes von großer Bedeutung. Das zeigt die folgende Numerus-Partitur eines Textstückes. Es handelt sich um den Anfang eines Prosagedichtes von Baudelaire. Kongruenzen im Singular werden durch rechteckige Symbole (■—□), Kongruenzen im Plural durch runde Symbole (●—○) ausgedrückt. Wenn diese Kongruenzen sowohl am Schriftbild als auch an der hörbaren Lautgestalt erkennbar werden, sind die Symbole gefüllt (■, ●); wenn sie nur am Schriftbild und nicht auch zugleich an der Lautgestalt wahrgenommen werden können, sind sie nicht gefüllt (□, ○). Und wenn sie weder am Schriftbild noch in der Lautgestalt wahrgenommen werden können (zum Beispiel: *les mauvais temps*), sind sie gar nicht bezeichnet.

Ebenso wie bei der Genus-Kongruenz (vgl. 2.1.2), ist auch bei der Numerus-Kongruenz zwischen einer Nah-Kongruenz (die im Text durch ein eingeschobenes Segment unterbrochen sein kann) und einer Fern-Kongruenz zu unterscheiden. Letztere wird durch (Personal-)Pronomina (zum Beispiel als Singular-Kongruenz: *le peuple ... il*) oder Kongruenz-Relative (zum Beispiel als Plural-Kongruenz: *ces solennités ... lesquelles*) vermittelt; sie ist in der folgenden Partitur nicht berücksichtigt.

Ebensowenig werden hier die Numerus-Kongruenzen berücksichtigt, die durch den Junktor *et* 'und' bewirkt werden, dessen Bedeutung durch das Plural-Merkmal ⟨VEREINZELUNG⟩ konstituiert ist (vgl. 8.2.1), zum Beispiel: *la contention et la lutte universelles* 'der allgemeine Kampf und Streit'.

Partout s'étalait, se répandait, s'ébaudissait le peuple en vacances. C'était une de ces solennités sur lesquelles, pendant un long temps, comptent les saltimbanques, les faiseurs de tours, les montreurs d'animaux et les boutiquiers ambulants, pour compenser les mauvais temps de l'année. En ces jours-là il me semble que le peuple oublie tout, la douleur et le travail; il devient pareil aux enfants. Pour les petits c'est un jour de congé, c'est l'horreur de l'école renvoyée à vingt-quatre heures. Pour les grands c'est un armistice conclu avec les puissances malfaisantes de la vie, un répit dans la contention et la lutte universelles. L'homme du monde lui-même et l'homme occupé de travaux spirituels échappent difficilement à l'influence de ce jubilé populaire. Ils absorbent, sans le vouloir, leur part de cette atmosphère d'insouciance. Pour moi, je ne manque jamais, en vrai Parisien, de passer la revue de toutes les baraques qui se pavanent à ces époques solennelles.*

Ähnlich wie es die Partitur der Genus-Kongruenzen gezeigt hat (vgl. 2.1), läßt auch die Numerus-Partitur dieses Textes erkennen, wie stark die textuelle Bindung ist, die durch die Kongruenz im Numerus zustande gebracht wird – selbst ohne Berücksichtigung der Fern-Kongruenzen (vgl. aber die Textpartituren in 3.2). Eine kleine statistische Übersicht, zunächst für die schriftliche Erscheinungsform des Textes, macht das schon sichtbar. Da finden wir im Singular 27 und im Plural 12 Kongruenzen. Daß der Singular viel häufiger vorkommt als der Plural, ist die allgemeine Regel, variiert aber nach den Textsorten. Von den 27 Kongruenzen im Singular sind siebzehn zweistufige, sieben dreistufige, zwei vierstufige und eine fünfstufige, so daß insgesamt 68 singularische Formen des Textes miteinander durch (Nah-) Kongruenzen verbunden sind. Bei den 12 Kongruenzen im Plural finden wir, wenn wir den Junktor *et* 'und' nicht als kongruenzbildend mitrechnen, acht zweistufige, zwei dreistufige, eine vierstufige und eine zehnstufige, welche durch eine lange parallele Reihung bedingt ist. So sind im Plural insgesamt 36 Formen des Textes durch Nah-Kongruenzen miteinander verbunden.

Ein ganz anderes Bild ergibt sich, wenn man die mündliche Erscheinungsform des Textes zugrunde legt. Nun erfährt die Numerus-Kongruenz einen spürbaren Rückgang (vgl. die ausgefüllten Symbole). Wir finden im Singular nur noch sechs zweistufige Kongruenzen mit insgesamt zwölf miteinander durch Kongruenz verbundenen Formen, und im Plural bleibt sogar von den im Schriftbild verzeichneten Kongruenzen keine einzige übrig. Wir müssen daraus den Schluß ziehen, daß die Numerus-Kongruenz vorwiegend die geschriebene französische Sprache

---

* Überall waren die Freizeitler, überall stellten sie sich zur Schau, machten sich breit, ergötzten sich. Es war eine jener Festlichkeiten, auf welche für eine lange Zeit die Gaukler, Trickkünstler, Tiervorführer und Wanderkrämer hoffen, um die schlechten Zeiten des Jahres auszugleichen. An jenen Tagen scheint mir das Volk alles zu vergessen, Schmerz und Arbeit; es wird den Kindern gleich. Für die Kleinen ist es ein Urlaubstag: der Schrecken der Schule vierundzwanzig Stunden aufgeschoben! Für die Großen ist es ein Waffenstillstand, abgeschlossen mit den unheilvollen Mächten des Lebens, ein Aufschub im allgemeinen Kampf und Streit. Selbst der Mann von Welt und derjenige, der sich mit geistigen Arbeiten beschäftigt, entziehen sich schwer dem Einfluß dieser volkstümlichen Jubelfeier. Sie nehmen, ohne es zu wollen, ihren Teil von dieser sorglosen Stimmung in sich auf. Was mich angeht, so versäume ich es als echter Pariser niemals, an all den Buden vorbeizuschlendern, die zu diesen Festzeiten ihre Pracht zur Schau stellen. (Baudelaire, *Le vieux saltimbanque,* in: *Le Spleen de Paris XIV.*)

kennzeichnet. Allerdings verändert sich das Bild etwas, wenn man auch die Junktionen und die Fern-Kongruenzen berücksichtigt.

Methodisch ist aus diesem Befund zu folgern, daß man bei den Formen des Numerus stets scharf zwischen der Lautgestalt und dem Schriftbild unterscheiden muß. Das morphologische System der hörbaren Numerus-Unterscheidungen ist in der französischen Sprache grundverschieden von dem orthographischen Numerus-System. Wir werden daher bei der Besprechung der verschiedenen Sprachzeichenklassen oft doppelt beschreiben müssen.

2.2.3 Numerus des Nomens

Am wichtigsten sind die Numerus-Kennzeichnungen für die Sprachzeichenklasse des Nomens. Gerade bei ihr klaffen aber die Strukturen der gesprochenen und die der geschriebenen Sprache am weitesten auseinander, und es sind überdies eine Reihe von Unregelmäßigkeiten zu berücksichtigen (2.2.3.1). Ob ein Nomen im Singular oder im Plural gebraucht wird, ist hauptsächlich an den begleitenden Artikelformen hörbar (2.2.3.2). Besondere Numerus-Regeln gelten für die Eigennamen (2.2.3.3). Bei einigen Nomina und Arten von Nomina ist die freie Wahl des Numerus durch lexikalische Zwänge oder andere Besonderheiten eingeschränkt (2.2.3.4).

2.2.3.1 Numerus-markierte Nomina

Legt man die schriftliche Erscheinungsform der französischen Sprache zugrunde, so ist die Sprachzeichenklasse des Nomens durch ein charakteristisches Numerus-Morphem sehr deutlich markiert. Das Nomen erhält nämlich im Plural eine besondere Endung, meistens den Buchstaben -*s*, das sogenannte «Plural-*s*». Im Singular fehlt hingegen diese Endung (Null-Signal). Unterscheide:

SINGULAR

ville 'Stadt'
village 'Dorf'

PLURAL

villes 'Städte'
villages 'Dörfer'

Statt der Endung -*s* findet man bei einigen Nomina auch die Variante -*x*, und zwar gilt das für die meisten Nomina auf -*al*, auf -*eau*, auf -*eu* und auf -*œu* sowie für sieben Nomina auf -*ou:*

les canaux 'die Kanäle'
les eaux 'die Gewässer'
les feux 'die Feuer'
les vœux 'die Wünsche'
(...)

les bijoux 'die Schmuckstücke'
les cailloux 'die (Kiesel-)Steine'
les choux 'die Kohlköpfe'
les genoux 'die Knie'
les hiboux [leibu] 'die Eulen'
les joujoux 'das Spielzeug'
les poux 'die Läuse'

Aber sonst: *les clous* 'die Nägel', *les fous* 'die Narren' (...).

Hörbar ist die Endung *-s* oder *-x* jedoch in der Regel nicht. Es lauten also in der gesprochenen Sprache völlig gleich:

SCHRIFTFORM	LAUTFORM	BEDEUTUNG
ville – villes	[vil]	'Stadt – Städte'
village – villages	[vilaʒ]	'Dorf – Dörfer'
eau – eaux	[o]	'Wasser – Gewässer'
(...)		

Somit kann hier keine Numerus-Opposition hörbar ausgedrückt werden.

Einige («unregelmäßige») Nomina haben jedoch eigene Numerus-Suffixe, an denen die Opposition Singular vs. Plural doch hörbar wird. Von der Art sind beispielsweise die folgenden Nomina:

SINGULAR	PLURAL
journal [ʒurnal] 'Zeitung'	*journaux* [ʒurno] 'Zeitungen'
animal [animal] 'Tier'	*animaux* [animo] 'Tiere'
(...)	(...)

Manche Kontexte sind in ihrer Lautgestalt so beschaffen, daß der Hörer für das Erkennen des Numerus auf diese Suffixe angewiesen ist. Vergleiche:

SINGULAR	PLURAL
/*il n'y a pas de journal*/ [ilnjapad(ə)ʒurnal] 'es gibt keine Zeitung'	/*il n'y a pas de journaux*/ [ilnjapad(ə)ʒurno] 'es gibt keine Zeitungen'
/*quel drôle d'animal!*/ [kɛldroldanimal] 'was für ein komisches Tier!'	/*quels drôles d'animaux!*/ [kɛldroldanimo] 'was für komische Tiere!'

Eigene Numerus-Suffixe haben, außer den genannten Beispielen, einige weitere Nomina, und zwar die nachfolgenden.

1 Die meisten Nomina auf -al [-al]:

le cheval – les chevaux 'das Pferd – die Pferde'
le signal – les signaux 'das Signal – die Signale'
le canal – les canaux 'der Kanal – die Kanäle'
le local – les locaux 'der Raum (die Räumlichkeit) – die Räume'
le général – les généraux 'der General – die Generäle'
(...)
Aber: *les bals* 'die (Fest-)Bälle', *les festivals* 'die Festspiele', *les chorals* 'die Choräle', *les récitals* 'die (Gedicht-, Lied-)Vorträge' (...).

2 Einige Nomina auf -ail [-aj], insbesondere:

le travail – les travaux 'die Arbeit – die Arbeiten'
le vitrail – les vitraux 'das Kirchenfenster – die Kirchenfenster'
le soupirail – les soupiraux 'das Kellerfenster – die Kellerfenster'
le corail – les coraux 'die Koralle – die Korallen'
l'émail – les émaux (neben *émails*) 'die Emaille – die Emaillearbeiten'
le bail – les baux 'der Mietvertrag – die Mietverträge'
(...)
Die meisten Nomina auf -*ail* haben jedoch als Plural-Endung die Form -*ails,* zum Beispiel: *les détails* 'die Einzelheiten', *les chandails* 'die Pullover' (Trikots), *les rails* 'die Schienen' (...).

3 Die folgenden Nomina mit dem Vokal [ø] im Plural:

l'œil [lœj] – *les yeux* [lezjø] 'das Auge – die Augen'
l'œuf [lœf] – *les œufs* [lezø] 'das Ei – die Eier'
le bœuf [ləbœf] – *les bœufs* [lebø] 'der Ochse – die Ochsen'
le ciel [ləsjɛl] – *les cieux* [lesjø] (klimatisch: *les ciels*) 'der Himmel – die Himmel'
l'aïeul [lajœl] – *les aïeux* [lezajø] 'der Vorfahr – die Vorfahren'

4 Lehnwörter aus anderen Sprachen behalten bisweilen die Plural-Markierung der Herkunftssprache bei, so daß bei ihnen ebenfalls die Numerus-Opposition hörbar ist:

le maximum [ləmaksimɔm] – *les maxima* [lemaksima] (auch: *les maximums*) 'das Maximum – die Maxima'
le lied [ləlid] – *les lieder* [lelidɛr] (auch: *les lieds*) 'das (Kunst-)Lied – die (Kunst–) Lieder'
le leitmotiv [ləlajtmɔtif] – *les leitmotive* [lelajtmɔtivə] 'das Leitmotiv – die Leitmotive'
(...)

Im einzelnen unterrichtet man sich über die Pluralbildung in den Wörterbüchern.

Umgekehrt gibt es in der französischen Sprache eine Reihe von Nomina, deren Schriftformen bereits im Singular auf -*s*, -*x* oder -*z* enden. Diese können nicht einmal im Schriftbild nach dem Numerus unterschieden werden. Wenn sie dann im Text überdies von keinem Artikel begleitet werden, kann der Numerus in vereinzelten Fällen überhaupt nur aus dem weiteren Kontext erschlossen werden:

/ *une maison sans souris* /   'ein Haus ohne Mäuse (oder: ohne Maus)'
/ *c'est un luxe de paresseux* /   'das kann sich nur ein Faulenzer leisten (oder: können sich nur Faulenzer leisten)'
/ *des poupées sans nez* /   'Puppen ohne Nasen (oder: ohne Nase)'
(...)

2.2.3.2   Numerus-Markierungen durch den Artikel

Von den erwähnten hörbaren Numerus-Suffixen abgesehen (vgl. 2.2.3.1), ist die Numerus-Opposition bei den meisten Nomina der französischen Sprache nicht direkt hörbar. Sie wird jedoch indirekt hörbar gemacht dadurch, daß die Nomina normalerweise von Formen des Artikels begleitet sind (vgl. 5.1.1). Diese sind in aller Regel sowohl in der Schriftform als auch in der Lautform nach Singular und Plural unterschieden, so daß man über sie auch den Numerus des zugehörigen Nomens erschließen kann. Vergleiche:

SINGULAR	PLURAL
la ville [lavil] 'die Stadt'	*les villes* [levil] 'die Städte'
un village [œ̃vilaʒ] 'ein Dorf'	*des villages* [devilaʒ] 'Dörfer'

Wenn der Numerus, wie oben gezeigt, außerdem noch durch ein Suffix des Nomens bezeichnet ist, wird eine hörbare Numerus-Kongruenz zwischen dem Artikel und dem Nomen möglich. Vergleiche:

SINGULAR   SINGULAR

le journal   [ləʒurnal]   'die Zeitung'
les journaux   [leʒurno]   'die Zeitungen'

PLURAL   PLURAL

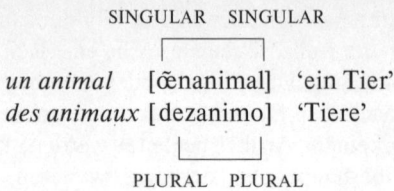

SINGULAR SINGULAR

un animal [œ̃nanimal] 'ein Tier'
des animaux [dezanimo] 'Tiere'

PLURAL PLURAL

2.2.3.3 Numerus von Eigennamen

Eigennamen («nomina propria») sind Nomina, die einen zu identifizierenden Gegenstand – Person oder Sache – bezeichnen. Bei den Eigennamen kann man verschiedene Typen unterscheiden. Es werden die folgenden Typen von Eigennamen in der Regel nur im Singular gebraucht («singularia tantum»):

1 Personennamen

Je nach dem Bekanntheitsgrad der gemeinten Person gebraucht man entweder nur den Vornamen oder nur den Familiennamen oder aber die Verbindung von Vornamen und Familiennamen, gegebenenfalls mit weiteren Determinanten:

/ *les comédies de Molière ne vieillissent pas* / 'die Komödien Molières altern nicht'
/ *Edmond de Goncourt était l'aîné de son frère Jules* / 'Edmond de Goncourt war der ältere Bruder von Jules'

2 Ortsnamen

Man unterscheidet sie nach Städtenamen, Flußnamen, Ländernamen sowie sonstigen geographischen oder kosmographischen Angaben; sie stehen ebenfalls in der Regel im Singular:

/ *Paris vaut bien une messe* / 'Paris ist wohl eine Messe wert' (Heinrich IV.)
/ *la France d'autrefois n'est plus* / 'das Frankreich von früher gibt es nicht mehr'

3 Warenzeichen («Markennamen»)

Sie sind in den verschiedenen Fachsprachen sowie in den Verteilersprachen des Handels und der Werbung gebräuchlich:

/ *parmi les grands dictionnaires de la langue française chacun connaît le «Robert»* / 'unter den großen Wörterbüchern der französischen Sprache kennt jeder den «Robert»'
/ *le Boeing 727 est un avion à réaction* / 'die Boeing 727 ist ein Düsenflugzeug'

62

[4]   Namen einmaliger historischer Ereignisse:

/*la Saint-Barthélemy (1572) fut le signal pour la persécution des protestants en France*/   'die Bartholomäusnacht (1572) war das Signal für die Verfolgung der Protestanten in Frankreich'
/*l'Édit de Nantes (1598) accorda aux protestants la liberté de conscience*/   'das Edikt von Nantes (1598) gewährte den Protestanten die Gewissensfreiheit (das Recht der freien Religionsausübung)'

Unter bestimmten Bedingungen werden Eigennamen jedoch im Plural gebraucht. Das ist insbesondere dann der Fall, wenn sie tatsächlich mehrere unterscheidbare Elemente – Personen oder Sachen – bezeichnen. Unter den Personennamen ist das insbesondere bei Familiennamen der Fall, wenn diese nicht weiter spezifiziert sind:

les Dupont   'die Familie Dupont (oder: die Duponts)'
les Goncourt   'die (Brüder) Goncourt'
les Rothschild   'die (Bankiers des Hauses) Rothschild'
les Bach   'die (Musiker der Familie) Bach'
les Bourbons   'die Bourbonen'
les Stuarts   'die Stuarts'
(...)

Orthographische Anmerkung: Ein Plural-*s* wird im Französischen gewöhnlich nur bei einigen historisch gut bekannten Dynastien geschrieben.
    Unter den Ortsnamen werden einige regelmäßig im Plural gebraucht, wenn nämlich die Elemente der politischen, geographischen oder kosmographischen Struktur im Namen erkennbar bleiben sollen:

les États-Unis d'Amérique   'die Vereinigten Staaten von Amerika'
les Pays-Bas   'die Niederlande'
les Indes   '(Vorder- und Hinter-)Indien'
les Alpes   'die Alpen(-ketten)'
les Pyrénées   'die Pyrenäen(-züge)'
les Vosges [voʒ]   'die Vogesen'
les Cévennes   'die Cevennen'
les Antilles   'die (Inselgruppe der) Antillen'
les Canaries   'die Kanarischen Inseln'
les Poissons   '(das Sternbild der) Fische'
les Gémeaux   '(das Sternbild der) Zwillinge'
(...)

In vielen Fällen ist hier der Gebrauch der pluralischen Form zur reinen Gewohnheit geworden, zumal ihr keine singularische Form entgegensteht und durch ihre Opposition an die Mehrzahl der Elemente erinnert.

Semantisch gesehen, zeichnen sich Eigennamen durch eine sehr hohe Zahl lexikalischer Merkmale aus. Bei einem Personennamen wie «Beethoven» kann man sich die Bedeutung durch alle diejenigen Merkmale bestimmt denken, die aus der bekannten Lebensgeschichte Beethovens als Stichworte herausgezogen werden können, zum Beispiel: ⟨KOMPONIST⟩, ⟨BEDEUTEND⟩, ⟨KLASSIKER⟩, ⟨GEBOREN IN BONN⟩, ⟨1770–1827⟩, ⟨IN WIEN LEBEND⟩, ⟨IM ALTER TAUB⟩ (...). Die Liste dieser lexikalischen Merkmale ist prinzipiell unabgeschlossen *(«Individuum est ineffabile»)* und kann bei Bedarf verlängert werden, je nachdem wie sich im Einzelfall die Kenntnisse von der Lebens- und Werkgeschichte dieses Komponisten anreichern. Je reichhaltiger die entweder aus dem Kontext oder aus der Situation bekannte Liste der Merkmale ist, um so deutlicher tritt die Individualität der Person zutage. Eben darum ist auch ein Eigenname wie dieser vorzugsweise für den Gebrauch im Singular geeignet.

Dennoch kann dieser Eigenname, ebenso wie alle anderen Eigennamen, zusätzlich auch im Plural gebraucht werden:

/ *les Beethoven(s)* [betɔv(n)] *sont rares* /　'die (bedeutenden Komponisten wie) Beethoven sind selten'

Pluralisiert kommt dem Eigennamen *Beethoven* nicht mehr die reichhaltige, virtuell unabgeschlossene Liste lexikalischer Merkmale zu, die für seinen Gebrauch im Singular festzustellen war. Im Plural ist hier die Zahl der Merkmale scharf reduziert, und wir können nur noch wenige Merkmale ansetzen, etwa: ⟨KOMPONIST⟩, ⟨BEDEUTEND⟩, ⟨KLASSIKER⟩. Mit dieser reduzierten Zahl lexikalischer Merkmale ist dieses Nomen stereotypisiert und damit auf viele Personen anwendbar. Es hat nun den Charakter eines Eigennamens, der nur einen individuellen Träger bezeichnet, verloren. Unterscheide weiterhin entsprechend:

EIGENNAME IM SINGULAR

/ *César fut assassiné aux Ides de mars* / 'Caesar wurde an den Iden des März ermordet'

/ *depuis 1871, la France est restée une république* / 'seit 1871 ist Frankreich eine Republik geblieben'

/ *la Floride est une péninsule de l'Amérique du Nord* / 'Florida ist eine Halbinsel Nordamerikas'

PLURALISIERTER EIGENNAME

/ *l'histoire se souvient des Césars* / 'die Geschichte erinnert sich der Caesaren'

/ *depuis 1789, il y a deux France(s)* / 'seit 1789 gibt es zwei Frankreich (teilt sich Frankreich in zwei Lager)'

/ *j'ai vu bien des Florides* / 'ich habe viele (Landschaften wie) Florida gesehen' (Rimbaud: *Bateau ivre*)

Die Pluralisierung von Eigennamen ist also ein Verfahren der Stereotypenbildung und macht aus einem Eigennamen («nomen proprium») einen Gattungsnamen («nomen commune»). Denn nur Gattungsnamen lassen im Plural eine Mehrzahl von Elementen zu.

2.2.3.4 Zwänge und Besonderheiten des Plurals von Nomina

Während es für die meisten Eigennamen charakteristisch ist, daß sie (fast) immer im Singular gebraucht werden, gilt umgekehrt für einige Nomina der französischen Sprache, daß sie (fast) immer im Plural gebraucht werden («pluralia tantum»). Hier ist also die Wahl des Numerus durch lexikalische Zwänge vorentschieden, wie das bei der Wahl des Genus grundsätzlich der Fall ist (vgl. 2.1.1). Die folgenden Beispiele stellen eine Auswahl dar:

/ *il travaille aux archives* / 'er arbeitet im Archiv'
/ *elle étudie les sciences naturelles* / 'sie studiert Naturwissenschaften'
/ *ils se promènent aux alentours (aux environs) de Paris* / 'sie gehen in der Umgebung von Paris spazieren'
/ *ils cherchent les ténèbres* / 'sie suchen die Dunkelheit'
/ *les gens causent toujours* / 'die Leute reden (oder: klatschen) immer'
/ *on discute des mœurs* / 'man diskutiert über die Sitten'
/ *les fiançailles sont pour bientôt* / 'die Verlobung findet bald statt'
/ *les frais sont énormes* / 'die Kosten sind beträchtlich'
/ *et ce n'est pas tout, il y a encore les épousailles!* / 'und dann noch die Eheschließung!'
/ *il faut faire des économies* / 'man muß sparen'
(...)

Der Plural bestimmt in diesen Fällen auch die Numerus-Kongruenz mit dem Verb (vgl. 2.2.5).

Eine weitere Besonderheit betrifft die abstrakten Nomina. Als abstrakt bezeichnen wir solche Nomina, deren Bedeutung im Singular sich aus nur sehr wenigen lexikalischen Merkmalen zusammensetzt. Abstrakt ist beispielsweise die Bedeutung der folgenden Nomina:

la propriété: ⟨RECHT⟩, ⟨GÜTER⟩, ⟨DISPOSITION⟩ 'Eigentum'
la liberté: ⟨RECHT⟩, ⟨HANDLUNG⟩, ⟨DISPOSITION⟩ 'Freiheit'
l'honneur: ⟨WERT⟩, ⟨ANERKENNUNG⟩ 'Ehre'
(...)

Aus diesen wenigen lexikalischen Merkmalen kann man nach bestimmten, von den Wissenschaften festgesetzten Regeln kurze Mustertexte bilden und auf diese Weise die Bedeutungen durch abstrakte Definitionen als «Begriffe» normieren:

/ la propriété fonde le droit de disposer de biens /   'Eigentum begründet das Recht, über Güter zu verfügen'

/ la liberté est le droit de disposer de ses actions /   'Freiheit ist das Recht, über seine Handlungen zu verfügen'

/ on appelle honneur la reconnaissance, par les autres, de la valeur morale d'une personne /   'man bezeichnet als Ehre die Anerkennung des moralischen Wertes einer Person durch andere'

Nomina nun, die im Singular eine abstrakte Bedeutung haben, werden dadurch, daß sie in den Plural gesetzt werden, mehr oder weniger konkretisiert. Die Aufmerksamkeit des Hörers wird nämlich durch das Plural-Signal auf die unterscheidbaren Elemente in der abstrakten Menge gelenkt und auf diese Weise zu verschiedenen Konkretisierungen angehalten, etwa den folgenden:

ABSTRAKTER SINGULAR

/ la propriété, c'est le vol /   'Eigentum ist Diebstahl' (Proudhon)

/ vive la liberté! /   'es lebe die Freiheit!'

/ l'honneur est perdu /   'die Ehre ist verloren'

/ vérité au deçà des Pyrénées, erreur au delà /   'Wahrheit diesseits der Pyrenäen, Irrtum jenseits' (Pascal)

/ l'athéisme n'a pas aboli la religion /   'der Atheismus hat die Religion nicht abgeschafft'

/ l'amour est très loin de l'amour-propre /   'die Liebe ist sehr weit von der Eigenliebe entfernt'

KONKRETER PLURAL

/ je vends toutes mes propriétés /   'ich verkaufe alle meine Besitztümer (oder: Ländereien)'

/ je prends toujours mes libertés /   'ich nehme mir immer meine Freiheiten heraus'

/ je vous fais les honneurs de la maison /   'ich mache Ihnen die Honneurs (das heißt: die Ehrenerweisungen) des Hauses'

/ il faut que je vous dise vos quatre vérités /   'ich muß Ihnen ein paar (unangenehme) Wahrheiten sagen'

/ on connaît trois grandes religions monothéistes: le judaïsme, le christianisme et l'Islam [lislam] /   'man kennt drei große monotheistische Religionen: das Judentum, das Christentum und den Islam'

/ son amour-propre est le moteur de tous (oder poetisch: toutes) ses amours /   'seine Eigenliebe ist der Antrieb all seiner Liebesaffären'

2.2.4 Numerus des Adjektivs

Adjektive tragen, ebenso wie Nomina, im allgemeinen keine hörbaren Numerus-Markierungen. Im Schriftbild wird der Plural jedoch bei den meisten Adjektiven, analog zu den Nomina, durch die Endung -*s* (Variante: -*x*) gekennzeichnet, und zwar sowohl im maskulinen wie im femininen Genus:

	LAUTFORM NUMERUS-NEUTRAL	SCHRIFTBILD SINGULAR/PLURAL	BEDEUTUNG
MASKULIN	[bõ] [bo] [spɔrtif] [fɔrmidabl(ə)]	*bon-bons* *beau-beaux* *sportif/sportifs* *formidable-formidables*	'gut' 'schön' 'sportlich' 'toll'
FEMININ	[bɔn] [bɛl] [spɔrtiv] [fɔrmidabl(ə)]	*bonne-bonnes* *belle-belles* *sportive/sportives* *formidable-formidables*	'gut' 'schön' 'sportlich' 'toll'

Einige Adjektive, insgesamt etwa 300, die für die maskuline Form im Singular das Suffix [-al], geschrieben -*al,* haben, bilden die maskuline Form im Plural mit dem Suffix [-o], geschrieben -*aux.* Auf diese Weise wird die Numerus-Opposition hörbar. In den entsprechenden femininen Formen ist sie nicht hörbar. Unterscheide:

	SINGULAR	PLURAL
MASKULIN	*le rapport amical* [lərapɔramikal] 'die freundschaftliche Beziehung'	*les rapports amicaux* [lerapɔr(z)amiko] 'die freundschaftlichen Beziehungen'
FEMININ	*l'équipe nationale* [lekipnasjɔnal] 'die Nationalmannschaft'	*les équipes nationales* [lezekipnasjɔnal] 'die Nationalmannschaften'

Man kann sich jedoch nicht darauf verlassen, daß alle Adjektive auf [-al] im Maskulin ihren Plural nach diesem Muster bilden. Einige andere Adjektive dieses Typus behalten das Suffix [-al], geschrieben *-als*, auch im Maskulin Plural bei, so daß bei ihnen die Numerus-Opposition Singular vs. Plural nicht hörbar ist, zum Beispiel:

SINGULAR	PLURAL
un événement fatal 'ein schicksal- haftes Ereignis'	*des événements fatals* 'schicksalhaf- te Ereignisse'
un incident banal 'ein belangloser Zwischenfall'	*des incidents banals* 'belanglose Zwischenfälle'
(...)	

Es sind dies jedoch, wie auch die Beispiele zeigen, Adjektive, die weniger häufig gebraucht werden.

Schließlich gibt es einige Adjektive dieses Typus, bei denen der Sprachgebrauch zwischen einer maskulinen Plural-Endung auf [-o] und einer solchen auf [-al] schwankt. Es handelt sich insbesondere um die Adjektive *final* 'Schluß-', *idéal* 'ideal' und *pénal* 'Straf-'. Im einzelnen orientiert man sich darüber im Wörterbuch.

2.2.5   Numerus des Verbs

Auch das Verb wird nach dem Numerus markiert und somit entweder im Singular oder im Plural gebraucht, je nachdem ob das Subjekt im Singular oder im Plural steht. Der Numerus des Verbs ist an den verbalen Suffixen der Subjekt-Konjugation (vgl. 3.1.1) ablesbar, jedoch meistens nur im Schriftbild. Hörbar sind die verbalen Numerus-Suffixe nur selten. Zusätzlich ist der Numerus aber an den Pronomina ablesbar, die das Verb nach den Gesprächsrollen charakterisieren (vgl. 3.1.3). Mit diesen Pronomina sind die Numerus-Morpheme verschmolzen. Ist die Numerus-Kategorie am Pronomen und zusätzlich noch am Verb-Suffix zu erkennen, so entsteht eine verbale Numerus-Kongruenz. Diese tritt aber viel häufiger im Schriftbild als in der Lautung auf. Das Erscheinungsbild dieser Numerus-Kongruenz ist außerdem unterschiedlich je nach dem Tempus des Verbs, wie sich im einzelnen aus den Konjugationstafeln des Anhangs ergibt (vgl. 10.1). Hier werden die Verhältnisse der Numerus-Kongruenz nur an einigen typischen Beispielen besprochen.

[1]   Hörbare Numerus-Kongruenz zwischen dem Pronomen und dem Verb:

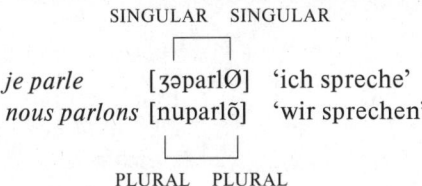

Beachte, daß die singularische Verbform im Vergleich zu der pluralischen Verbform ein Null-Morphem [Ø] als Suffix aufweist. Numerus-markiert sind beispielsweise auch die folgenden Verbformen:

SINGULAR

tu écoutes [tyekut] 'du hörst zu'

il veut [ilvø] 'er will'
elle comprend [ɛlkõprã] 'sie versteht'
il est parti [ilɛparti] 'er ist weggegangen'
elle reviendra [ɛlrəvjẽdra] 'sie wird wiederkommen'
(...)

PLURAL

vous écoutez [vuzekute] 'ihr hört zu/Sie hören zu'
ils veulent [ilvœl] 'sie wollen'
elles comprennent [ɛlkõprɛn] 'sie verstehen'
ils sont partis [ilsõparti] 'sie sind weggegangen'
elles reviendront [ɛlrəvjẽdrõ] 'sie werden wiederkommen'
(...)

Die unregelmäßigen Verben sind insbesondere darin unregelmäßig, daß sie häufiger als die regelmäßigen Verben die Numerus-Opposition in der Verbform hörbar werden lassen.

[2]   Nur orthographische Numerus-Kongruenz zwischen dem Pronomen und dem Verb:

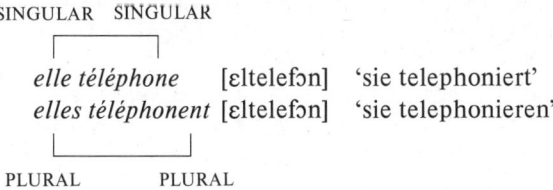

Die Numerus-Opposition ist hier nicht hörbar. Ebensowenig ist sie bei den folgenden Verben hörbar:

SINGULAR	PLURAL
il siffle [ilsifl(ə)] 'er pfeift'	*ils sifflent* [ilsifl(ə)] 'sie pfeifen'
elle se fâche [ɛlsəfaʃ] 'sie ärgert sich'	*elles se fâchent* [ɛlsəfaʃ] 'sie ärgern sich'

2.2.6   Plural-Liaison

Das «Plural-*s*», geschrieben -*s* oder -*x,* tritt als Endung am Nomen und seinem begleitenden Artikel sowie am Pronomen, Adjektiv und am Kongruenz-Relativ auf. Es charakterisiert ein Sprachzeichen in der Regel nur im Schriftbild als pluralische Form. Vor vokalischem Anlaut des nachfolgenden Sprachzeichens kann diese Endung jedoch auch hörbar zur Numerus-Markierung beitragen, und zwar in der Lautform [-z-]. Vor konsonantischem Anlaut und vor einer Sprechpause ist dieser Laut nicht hörbar. Unterscheide:

VOR KONSONANT ODER PAUSE: KEINE LIAISON	VOR VOKAL: LIAISON
les siècles [lesjɛkl(ə)] 'die Jahrhunderte'	*les années* [lezane] 'die Jahre'
les mois [lemwa] 'die Monate'	*les heures* [lezœr] 'die Stunden'

Zu beachten ist hier wieder, wie schon beim Genus (vgl. 2.1.2.1), die im Schriftbild der Nomina zu treffende Unterscheidung zwischen einem «vokalischen *h-*» und einem «konsonantischen *h-*». In beiden Fällen wird zwar der Buchstabe *h*- nicht gesprochen, aber der Artikel hat unterschiedliche Formen, je nachdem, ob das folgende Nomen mit dem einen oder dem anderen *h*- beginnt. Das hat auch Folgen für die Markierung des Numerus, die nur vor Vokal und vor «vokalischem *h-*», nicht aber vor Konsonant und «konsonantischem *h-*» durch eine [-z-]-Liaison im Plural unterstützt wird (vgl. 5.1.1). Unterscheide:

VOR VOKAL UND «VOKALISCHEM *h-*»: [-z-]-LIAISON	VOR KONSONANT UND «KONSONANTISCHEM *h-*»: KEINE [-z-]-LIAISON
les avions [lezavjõ] 'die Flugzeuge'	*les pilotes* [lepilɔt] 'die Piloten'
les hôtesses [lezotɛs] 'die Stewardessen'	*les hangars* [leãgar] 'die (Flugzeug-)Hallen'

Die Plural-Liaison mittels [-z-] läßt dem Sprecher einen gewissen Spielraum des Beliebens. In den folgenden Verbindungen ist sie jedoch obligatorisch:

[1]   Artikel + Nomen

les adultes [lezadylt] 'die Erwachsenen'
ces imbéciles [sezɛ̃besil] 'diese Dummköpfe'

Diese Regel gilt auch, wie das letzte Beispiel zeigt, für die verschiedenen Formen des gezielten Artikels, hier des Demonstrativ-Artikels *ces* 'diese' (vgl. 5.2.1).

[2]   Artikel + Adjektiv (+ Nomen)

les âpres vérités [lezɑprəverite] 'die bitteren Wahrheiten'
deux abominables bêtises [døzabɔminabləbɛtiz] 'zwei abscheuliche Dummheiten'

Auch hier gilt die Regel ebenso für die Formen des einfachen wie die verschiede-nen Formen des gezielten Artikels, hier des Numeral-Artikels *deux* 'zwei' (vgl. 5.2.3).

[3]   (Artikel +) Adjektiv + Nomen

les durs efforts [ledyrzɛfɔr] 'die harten Anstrengungen'
de grandes actions [dəgrɑ̃dzaksjõ] 'große Taten'

Fakultativ, das heißt, dem stilistischen Empfinden des Sprechers anheimgestellt ist die Plural-Liaison hingegen bei der Verbindung Nomen + Adjektiv:

les vérités éternelles [leverite(z)etɛrnɛl] 'die ewigen Wahrheiten'
les dogmes inexorables [ledɔgm(əz)inɛgzɔrabl] 'die unerbittlichen Dogmen'

Unterscheide je nach der Stellung des Adjektivs (vgl. 6.1):

VORANGESTELLTES ADJEKTIV:	NACHGESTELLTES ADJEKTIV:
OBLIGATORISCHE LIAISON	FAKULTATIVE LIAISON
vos énormes erreurs [vozenɔrmzɛrœr] 'eure gewaltigen Fehler'	*toutes vos erreurs énormes* [vozɛrœr(z)enɔrm] 'alle eure ge-waltigen Fehler'

Wer von der Plural-Liaison zwischen einem Nomen und einem nachgestellten Adjektiv Gebrauch macht, gibt damit einen gepflegten Sprechstil zu erkennen.

Zwischen einem Nomen als Subjekt und seinem Verb macht man keine Plural-Liaison:

/les renards aiment les raisins/ [lerənarɛmlerɛzɛ̃] 'Füchse lieben Trauben'
/les corbeaux adorent le fromage/ [lekɔrboadɔrləfrɔmaʒ] 'Raben essen für ihr Leben gerne Käse'

Pluralische Pronomina, die im Schriftbild auf *-s* enden und dem Verb vorangestellt sind *(nous, vous, ils, elles, les)*, werden mit einem vokalisch anlautenden Verb regelmäßig durch eine Plural-Liaison verbunden:

nous avons joué [nuzavõʒue] 'wir haben gespielt'
ils ont triché [ilzõtriʃe] 'sie haben gemogelt'
on nous a trompés [õnuzatrõpe] 'man hat uns betrogen'
je vous ai pardonné [ʒəvuzepardɔne] 'ich habe euch verziehen'

Auch außerhalb der Numerus-Kongruenz gibt es eine Liaison mit [-z-], zum Beispiel: *dans un an* [dɑ̃zœ̃nɑ̃] 'in einem Jahr', *sans exception* [sɑ̃zɛksɛpsjõ] 'ohne Ausnahme', *de pis en pis* [dəpizɑ̃pi] 'immer schlimmer'. Man vermeidet jedoch eine solche [-z-]-Liaison dann, wenn dadurch ein Singular fälschlich als Plural aufgefaßt werden könnte, etwa in den folgenden Beispielen:

un homme gros et gras [œ̃nɔmgroegrɑ] 'ein dicker (und) fetter Mann'
le bras élevé [ləbrael(ə)ve] 'der erhobene Arm'
le nez aquilin [ləneakilɛ̃] 'die Adlernase'
(...)

Bei der Rezitation von Versen und beim Singen macht man von der Liaison mit [-z-] einen sehr viel reicheren Gebrauch als in gewöhnlicher Rede, zum Beispiel am vielzitierten Anfang der Marseillaise:

/Allons, enfants de la patrie .../ [alõzɑ̃fɑ̃dəlapatri(ə)] 'Vorwärts, Kinder des Vaterlandes ...'

3 ZWISCHEN NOMEN UND VERB: DIE TEXTROLLEN

Wir verstehen den Ausdruck Textrollen als Oberbegriff für Gesprächsrollen und Handlungsrollen.

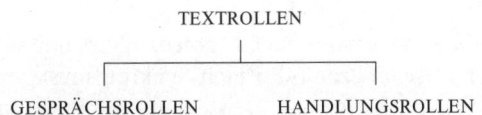

Die Gesprächsrollen («grammatische Personen») leiten sich aus einer elementaren Gesprächssituation ab. Diese ist dann gegeben, wenn eine Person die Rolle des Sprechers (in schriftlicher Kommunikation: des Schreibers oder Autors) und eine andere Person die Rolle des Hörers (in schriftlicher Kommunikation: des Lesers) einnimmt. Unabhängig vom Medium, können wir diese Gesprächsrollen die des Senders («1. Person») und die des Empfängers («2. Person») nennen. Alle weiteren Gegenstände – Personen oder Sachen –, die sonst noch zur Gesprächssituation gehören, fassen wir in einer großen Restkategorie zusammen, die wir die Gesprächsrolle des Referenten («3. Person») nennen. Durch die Bezeichnung «Referent» soll zum Ausdruck gebracht werden, daß diese Gesprächsrolle als Restkategorie nur negativ definiert ist, insofern sie alles das enthält, was in einer Gesprächssituation nicht Sender und nicht Empfänger ist. Positiv bestimmt wird diese Kategorie erst durch weitere Informationen im Kontext oder in der Situation, die durch Referenz eingeführt wird:

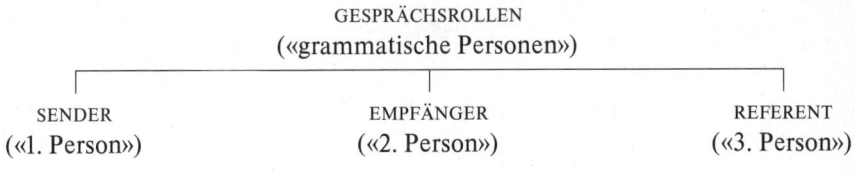

73

Die Handlungsrollen («Aktanten», «Kasus») leiten sich aus einer elementaren Handlungssituation ab, die freilich gleichzeitig kommunikativ gesehen werden muß, also als Miteinanderhandeln («Interaktion»). Von einer solchen Handlungssituation kann man dann sprechen, wenn mindestens zwei Personen gegenstandsbezogen zusammen handeln. Diejenige Person, von der die Handlung ausgeht, wollen wir das Subjekt der Handlung nennen. Der Mithandelnde ist der Partner («Dativ-Objekt»). Der Gegenstand ihres Handelns – Person oder Sache – soll Objekt («Akkusativ-Objekt») heißen:

HANDLUNGSROLLEN
(«Aktanten», «Kasus»)

SUBJEKT	PARTNER	OBJEKT
(«Subjekt im Nominativ»)	(«Dativ-Objekt»)	(«Akkusativ-Objekt»)

In der französischen Sprache sind die Gesprächsrollen und die Handlungsrollen immer miteinander verschmolzen («Formen-Synkretismus», «amalgamierte Formen»). So sind in dem nachfolgenden Beispiel mit der Bedeutung 'Sie werden es mir sagen' die Pronomina *vous* 'Sie', *me* 'mir' und *le* 'es' gleichzeitig Ausdruck der drei verschiedenen Gesprächsrollen und der drei Handlungsrollen:

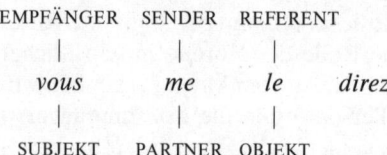

EMPFÄNGER   SENDER   REFERENT

vous   me   le   direz

SUBJEKT   PARTNER   OBJEKT

Es sind maximal neun verschiedene Kombinationen aus Gesprächsrollen und Handlungsrollen möglich:

SENDER SUBJEKT	SENDER OBJEKT	SENDER PARTNER
EMPFÄNGER SUBJEKT	EMPFÄNGER OBJEKT	EMPFÄNGER PARTNER
REFERENT SUBJEKT	REFERENT OBJEKT	REFERENT PARTNER

Für die Gesprächsrollen wie für die Handlungsrollen, also für die Textrollen schlechthin, gilt die Feststellung, daß sie strukturell zwischen dem verbalen Bereich (vgl. Kap. 4) und dem nominalen Bereich (vgl. Kap. 5) stehen, weil sie mit ihren Formen, besonders den Pronomina, zwischen diesen beiden Bereichen der Grammatik zahlreiche Kongruenz-Brücken schlagen (vgl. Kap. 2). Wir betrachten die Textrollen in der Folge genauer und sprechen zunächst von ihrer Besetzung (3.1), dann vom Zusammenspiel der Nomina und Pronomina in Texten (3.2). Danach behandeln wir im einzelnen zuerst die Gesprächsrollen (3.3) und dann die Handlungsrollen (3.4).

3.1 Besetzung der Textrollen

Die Textrollen können auf verschiedene Weise bezeichnet werden. Am Verb werden sie durch die Formen der Subjekt-Konjugation zum Ausdruck gebracht (3.1.1). Die beiden anderen Handlungsrollen, Partner und Objekt, werden bei dieser Konjugation nicht berücksichtigt. Redundant zu den Formen der Subjekt-Konjugation kommen die Textrollen außerdem in den Nomina oder Pronomina zum Ausdruck, die diese Rollen im Text besetzen. Die nominale Besetzung einer Textrolle betrifft unter den Gesprächsrollen fast nur die Rolle des Referenten (3.1.2). Die beiden anderen Gesprächsrollen, Sender und Empfänger, werden in der Regel nicht nominal besetzt. Nur bei pronominaler Besetzung der Textrollen können alle drei Gesprächsrollen (Sender, Empfänger, Referent) mit allen drei Handlungsrollen (Subjekt, Partner, Objekt) frei kombiniert und morphologisch verschmolzen werden (3.1.3). Die Textrollen, seien sie nun nominal oder pronominal besetzt, können jeweils durch Präsentativ-Morpheme im Text hervorgehoben werden (3.1.4).

3.1.1 Subjekt-Konjugation

Die Verben der französischen Sprache unterliegen der Subjekt-Konjugation, und das heißt, sie nehmen im Prinzip unterschiedliche Formen (meist Suffixe) an, je nach bestimmten grammatischen Eigenschaften ihrer Subjekte. Grammatische Eigenschaften der anderen beiden Handlungsrollen, Objekt und Partner, werden in der Konjugation der französischen Sprache nicht gespiegelt (keine «Objekt-Konjugation»).

Von der Subjekt-Konjugation wollen wir später die Tempus-Konjugation unterscheiden, der die Verben der französischen Sprache ebenfalls unterliegen.

75

Diese besagt, daß die Verben mit ihren unterschiedlichen Formen (ebenfalls meistens mit ihren Suffixen) die verschiedenen Tempora ausdrücken (vgl. 4.1.1).

Subjekt-Konjugation heißt: unterschiedliche Verbformen je nach der Gesprächsrolle und dem Numerus des Subjekts. Das ergibt im Höchstfall 3 × 2 = 6 unterschiedliche Verbformen, wie sie aber nur die geschriebene Sprache bei einigen hochdifferenzierten («unregelmäßigen») Verben tatsächlich ausgebildet hat. Vergleiche am Beispiel der Verben *aller* 'gehen' und *être* 'sein':

SENDER/SINGULAR	*je vais*	'ich gehe'	*je suis*	'ich bin'
EMPFÄNGER/SINGULAR	*tu vas*	'du gehst'	*tu es*	'du bist'
REFERENT/SINGULAR	*il va*	'er geht'	*il est*	'er ist'
SENDER/PLURAL	*nous allons*	'wir gehen'	*nous sommes*	'wir sind'
EMPFÄNGER/PLURAL	*vous allez*	'ihr geht'	*vous êtes*	'ihr seid'
REFERENT/PLURAL	*ils vont*	'sie gehen'	*ils sont*	'sie sind'

Die neutrale Form *on* 'man' geht zusammen mit der gleichen Verbform wie die Referenten-Rolle im Singular: *on va* 'man geht, wir gehen'. Man kann sie als weitere Form im Paradigma der Konjugation berücksichtigen (vgl. 3.3.3.1).

Die Subjekt-Konjugation ist jedoch in der französischen Sprache unvollständig ausgebildet. Sie ist «defektiv». Bei den meisten Verben finden wir homonyme Konjugationsformen, so daß bestimmte Gesprächsrollen- oder Numerus-Oppositionen des Subjekts von den Verbformen nicht ausgedrückt werden. In dem nachfolgenden Paradigma des Verbs *donner* 'geben' ist weiterhin die geschriebene Sprache zugrunde gelegt; es sind dann drei Konjugationsformen homonym (homograph):

SENDER/SINGULAR	*je*	*donne*	'ich gebe'
REFERENT/SINGULAR	*il*	*donne*	'er gibt'
NEUTRALE FORM	*on*	*donne*	'man gibt, wir geben'
EMPFÄNGER/SINGULAR	*tu donnes*		'du gibst'
SENDER/PLURAL	*nous donnons*		'wir geben'
EMPFÄNGER/PLURAL	*vous donnez*		'ihr gebt'
REFERENT/PLURAL	*ils donnent*		'sie geben'

In der gesprochenen Sprache ist die Konjugation noch schwächer ausgebildet. Legt man deren Kode zugrunde, so sind in dem gleichen Paradigma fünf Konjugationsformen homonym (homophon):

SENDER/SINGULAR	[ʒə dɔn]]	*je donne*	'ich gebe'
EMPFÄNGER/SINGULAR	[ty dɔn]]	*tu donnes*	'du gibst'
REFERENT/SINGULAR	[il dɔn]]	*il donne*	'er gibt'
REFERENT/PLURAL	[il dɔn]]	*ils donnent*	'sie geben'
NEUTRALE FORM	[õ dɔn]]	*on donne*	'man gibt, wir geben'
SENDER/PLURAL	[nudɔnõ]	*nous donnons*	'wir geben'
EMPFÄNGER/PLURAL	[vudɔne]	*vous donnez*	'ihr gebt'

Die Formen der Subjekt-Konjugation können jedoch, auch wo sie optimal differenziert sind, nicht für sich allein Gesprächsrolle und Numerus des Subjekts bezeichnen. Sie werden – außer im Telegrammstil – immer nur in Verbindung mit einem Nomen oder Pronomen gebraucht. Auf diese Weise entsteht textuelle Redundanz. Beachte in dem folgenden Beispiel, wie nur die geschriebene Sprache sowohl die Gesprächsrolle (Referent) als auch den Numerus (Plural) redundant kennzeichnet. Die gesprochene Sprache kennt bei dem gleichen Beispiel keine Redundanz. Unterscheide also:

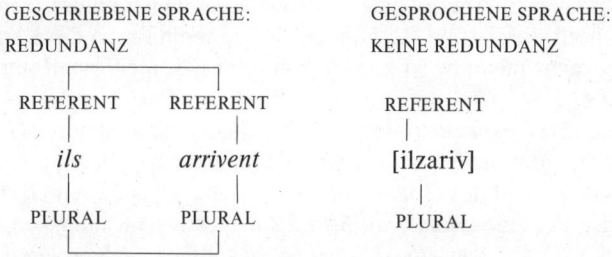

An der Bedeutung 'sie kommen an' ändert sich dadurch nichts. Für den Text ist die Redundanz jedoch nicht unwichtig; sie ist durch ihre zwei- oder mehrstufigen Kongruenz-Brücken eine Sicherung gegen mögliche Störungen in der Kommunikation und trägt auf diese Weise erheblich zur Textualität des Textes bei.

Die Konjugationsformen ergeben insgesamt ein ziemlich farbiges Bild, weil die französische Sprache mehrere Konjugationsmuster und darüber hinaus eine Reihe von unregelmäßig gebildeten Verben kennt. Wir unterscheiden die folgenden drei Konjugationsmuster:

Konjugationsmuster «*donner*» ('geben')
Konjugationsmuster «*finir*» ('Schluß machen, beenden')
Konjugationsmuster «*rendre*» ('zurückgeben').

Dem an erster Stelle genannten Konjugationsmuster gehören die meisten, nämlich ungefähr neun von zehn Verben der französischen Sprache an. Es ist ferner, von wenigen Ausnahmen abgesehen, das einzige produktive Konjugationsmuster, das heißt, fast alle Verben, die heute in der französischen Sprache neu gebildet werden (zum Beispiel: *programmer* 'programmieren'), folgen in ihrer Konjugation diesem Muster. Die beiden anderen Konjugationsmuster sind wesentlich schwächer besetzt.

Die Formen dieser drei Konjugationsmuster wie auch die Formen der unregelmäßigen Verben findet man in den Konjugationstafeln des Anhangs (vgl. 10.1).

3.1.2 Textrollen nominal besetzt

In den Textrollen sind grundsätzlich die Gesprächsrollen und die Handlungsrollen verschmolzen, und in den meisten Fällen sind auch noch die Signale des Genus und Numerus miteingeschmolzen. Das gilt auch für die Besetzung dieser Textrollen durch nominale Lexeme.

Was zunächst die Gesprächsrollen betrifft, so ist hier allerdings die wichtige Einschränkung zu beachten, daß die Rollen des Senders und des Empfängers in der Regel nicht durch Nomina, sondern durch Pronomina besetzt werden (vgl. 3.1.3). Wenn daher überhaupt eine Textrolle nominal besetzt ist, so besagt das in der Regel schon: dies ist die Referenten-Rolle. Wollte man die Redundanz der Bezeichnung nicht meiden, so könnte man jedes Nomen ein Referenz-Nomen nennen.

Die (primären!) Gesprächsrollen des Senders und Empfängers benötigen demgegenüber keine nominale Charakterisierung. Zumindest dann, wenn die Personen des Sprechers und des Hörers (und es müssen ja bei diesen Gesprächsrollen normalerweise Personen sein!) im Sprachspiel anwesend oder sonstwie ausreichend bekannt sind, reicht eine Besetzung dieser Gesprächsrollen durch Pronomina aus. Zu dieser Bekanntheit gehört auch die Kenntnis des Namens. Sofern dieser Name noch nicht bekannt ist, wird die Bekanntschaft am Anfang des Sprachspiels im kommunikativen Ritual des Vorstellens herbeigeführt (vgl. 9.1). Man nennt dann, falls nicht ein Dritter die Vorstellung besorgt, seinen eigenen Namen. Den Namen des Gesprächspartners nennt man auch bisweilen im Verlauf des Gesprächs, wenn man diesen nämlich anredet. In der Selbstvorstellung wird die Gesprächsrolle des Senders, in der Anrede («Apostrophe») die Gesprächsrolle des Empfängers durch Nomina ausgefüllt. Dazu dienen hauptsächlich die Eigennamen («nomina propria») und nur gelegentlich, hauptsächlich in Form von Titeln, die sonstigen Nomina oder Gattungsnamen («nomina communia», «nomina appellativa»). Vielfach stehen diese Nomina zusätzlich zu den Pronomina, die diese Gesprächsrollen bezeichnen, und man sagt dann: als Apposition dieser Pronomina (vgl. 6.6). Im Plural stehen vor Nomina meistens statt der Pronomina *nous* 'wir' und *vous* 'ihr' die erweiterten, sonst aber gleichbedeutenden Formen *nous autres* und *vous autres*:

/moi, Néron, empereur et artiste, je déclare ... /   'ich, Nero, Kaiser und Künstler, erkläre ...'

/toi, Sénèque, conspirateur plutôt que précepteur, prépare-toi à mourir/   'du, Seneca, mehr Verschwörer als Erzieher, bereite dich auf den Tod vor!'

/nous autres humanistes, nous connaissons l'Antiquité/   'wir Humanisten kennen die Antike'

/vous autres adultes, vous ne comprenez rien à la vie/   'ihr Erwachsenen versteht nichts vom Leben'

Idiomatischer Ausdruck der Verwaltungssprache:
je soussigné   'ich Unterzeichneter'

Die Beispiele lassen gleichzeitig erkennen, daß Nomina als Appositionen von Pronomina den Gesprächsrollen des Senders und des Empfängers in der Regel besonderen Nachdruck («Emphase») verleihen.

Was des weiteren die Handlungsrollen betrifft, so können alle drei Handlungsrollen (Subjekt, Partner, Objekt) bei nominaler Besetzung zum Ausdruck gebracht werden, und zwar nach den folgenden drei Regeln:

1   Die Opposition der Handlungsrollen Subjekt vs. Objekt wird nur durch die Stellung der Nomina zum Verb ausgedrückt: das Subjekt steht vor dem Verb (prädeterminierende Stellung), das Objekt steht nach dem Verb (postdeterminierende Stellung):

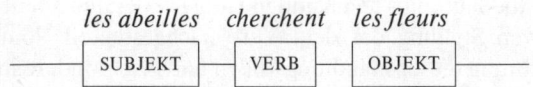

les abeilles   cherchent   les fleurs

SUBJEKT — VERB — OBJEKT

An ihrer Form kann man weder den beiden Nomina noch den sie begleitenden Artikelformen ansehen, welche Handlungsrollen sie ausdrücken sollen. Nur ihre Stellung zum Verb *cherchent* 'suchen' gibt darüber Auskunft. Die Voranstellung (Prädetermination) des artikulierten Nomens *les abeilles* 'die Bienen' kennzeichnet dieses als Subjekt, während die Nachstellung (Postdetermination) des artikulierten Nomens *les fleurs* 'die Blumen' dieses als Objekt ausweist. So kommt die Gesamtbedeutung zustande: 'die Bienen suchen die Blumen'.

2   Die Opposition Subjekt vs. Partner wird dadurch kenntlich gemacht, daß der Partner das Morphem *à* bei sich hat, das formal mit der Präposition *à* (vgl. 8.3.3.1) identisch ist und wie diese mit dem anaphorischen Artikel im Maskulin Singular zu der Form *au* und im Plural beider Genera zu der Form *aux* verschmilzt. Der Partner steht in der Regel nach dem Verb:

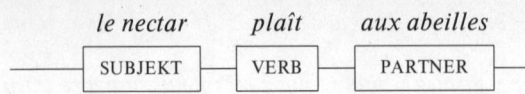

Das artikulierte Nomen *le nectar* 'der Nektar' ist hier als Subjekt erkennbar, weil es vor dem Verb *plaît* 'gefällt' steht. Außer dem Subjekt hat das Verb einen Partner bei sich, nämlich den Ausdruck *aux abeilles* 'den Bienen', der für diese Handlungsrolle ausgewiesen ist durch die Stellung nach dem Verb und das mit dem anaphorischen Artikel zu der Form *aux* verschmolzene Partner-Morphem *à*. Subjekt, Verb und Partner bedeuten zusammen: 'der Nektar gefällt den Bienen'.

[3]   Die Opposition Objekt vs. Partner, zweier Handlungsrollen also, die beide dem Verb nachgestellt werden, ist dadurch aufrechterhalten, daß nur der Partner, nicht hingegen das Objekt das Morphem *à* bei sich hat (Opposition *à* vs. Null):

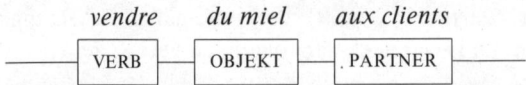

Das (infinite) Verb *vendre* 'verkaufen' geht hier seinen beiden Handlungsrollen vorauf. Es folgt dann zuerst das durch seine bloße Nachstellung gekennzeichnete Objekt *du miel* 'Honig', sodann der durch die Nachstellung und das Partner-Morphem *à* doppelt gekennzeichnete Partner *aux clients* 'den Kunden'. So entsteht die Gesamtbedeutung: 'den Kunden Honig verkaufen'.

In der relativen Stellung der dem Verb nachgestellten Nomina kommt die textuelle Gewichtung dieser Handlungsrollen und insbesondere ihr unterschiedlicher Neuigkeitswert («Thema-Rhema-Struktur») zum Ausdruck. Als für die Dosierung der Information neutrale Stellung kann die Abfolge Objekt – Partner gelten. Wenn das Objekt jedoch dem Partner gegenüber in seiner kontextuellen Bedeutung hervorgehoben werden soll oder auch nur mehr Zeichenkörper hat als dieser, kann auch die Abfolge Partner – Objekt gewählt werden:

/ *le marchand vend la marchandise au client* /   'der Händler verkauft dem Kunden die Ware'
/ *le marchand a vendu au client toute la marchandise de son stock* /   'der Händler hat dem Kunden die ganze Ware seines Lagers verkauft'

Die Funktionen des Genus und des Numerus sind ebenfalls mit den Nomina in den syntaktischen Rollen verschmolzen, wie die folgende Matrix zeigt:

NUMERUS	GESPRÄCHS-ROLLE	HANDLUNGS-ROLLE	SUBJEKT VORANGESTELLT	OBJEKT NACHGESTELLT	PARTNER NACHGESTELLT
SINGULAR	REFERENT	MASKULIN	*le facteur* 'der Briefträger'	*le facteur* 'den Briefträger'	*au facteur* 'dem Briefträger'
		FEMININ	*la poste* 'die Post'	*la poste* 'die Post'	*à la poste* 'der Post'
PLURAL	REFERENT	MASKULIN	*les timbres (-poste)* 'die Briefmarken'	*les timbres (-poste)* 'die Briefmarken'	*aux timbres (-poste)* 'den Briefmarken'
		FEMININ	*les lettres* 'die Briefe'	*les lettres* 'die Briefe'	*aux lettres* 'den Briefen'

3.1.3   Textrollen pronominal besetzt

Außer durch Nomina können die Textrollen auch durch Pronomina besetzt werden. Bei den Gesprächsrollen des Senders und Empfängers ist das sogar die Regel, denn bei diesen primären Gesprächsrollen ist meistens schon durch die Evidenz des Sprachspiels klar, wer der Sprecher (Schreiber) und wer der Hörer (Leser) ist (vgl. 3.1.2). Anders verhält es sich mit der Gesprächsrolle des Referenten, die häufig nominal besetzt ist. Wenn diese nun aber pronominal besetzt ist, so verweist das betreffende Pronomen in der Referenten-Rolle auf ein (gewöhnlich im Kontext voraufgehendes) Nomen, dessen Bedeutung es vertritt und textuell fortführt, oder auf ein Element der Situation, das sich im Sprachspiel selber erklärt (vgl. 3.2).

Wir können die Pronomina nach ihren Verwendungsbedingungen in zwei Subklassen einteilen: die gebundenen und die freien Formen:

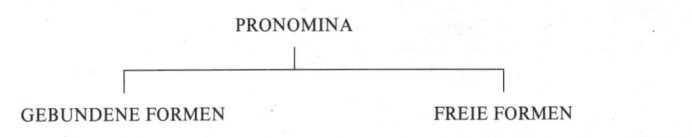

PRONOMINA

GEBUNDENE FORMEN   FREIE FORMEN

81

Die gebundenen Formen der Pronomina können nur in enger Kontextnachbarschaft eines Verbs gebraucht werden. Die freien Formen kennen solche Gebrauchsbeschränkungen nicht. Freie Pronominalformen sind, außer im nahen Kontext eines Verbs, auch weit entfernt von einem Verb zugelassen. Sie können etwa für sich allein als Antwort auf eine Frage gebraucht werden. Sie kommen sogar isoliert von jedem sprachlichen Kontext in einer reinen Situations-Umgebung vor. Unterscheide:

GEBUNDENE FORMEN

/*je pense, donc je suis – tu connais cette phrase?* / 'ich denke, also bin ich – kennst du diesen Satz?'

FREIE FORMEN

/*qui a dit cela, toi? ÷ non, pas moi, c'est Descartes*/ 'wer hat das gesagt, du? ÷ nein, ich nicht, (das war) Descartes'

Im Beispiel der linken Spalte sind die Pronomina *je* 'ich' und *tu* 'du' gebundene Formen. Sie stehen unmittelbar vor ihren zugehörigen Verben *pense* 'denke', *suis* 'bin' und *connais* 'kennst' und könnten nicht ohne sie verwendet werden. Die Pronomina *toi* 'du' und *moi* 'ich' in dem Beispiel der rechten Spalte sind demgegenüber freie Formen, da sie zwar nicht völlig isoliert vom Sinnzusammenhang des Textes, aber doch ohne unmittelbare Koppelung an das Verb *a dit* 'hat gesagt' gebraucht werden.

[1] Matrix der gebundenen Pronominalformen:

NUMERUS	GESPRÄCHS-ROLLEN \ HANDLUNGS-ROLLEN	SUBJEKT		OBJEKT		PARTNER	
SINGULAR	SENDER	*je*	'ich'	*me*	'mich'	*me*	'mir'
	EMPFÄNGER	*tu*	'du'	*te*	'dich'	*te*	'dir'
	REFERENT — MASKULIN	*il*	'er'	*le*	'ihn'	*lui*	'ihm'
	REFERENT — FEMININ	*elle*	'sie'	*la*	'sie'	*lui*	'ihr'
PLURAL	SENDER	*nous*	'wir'	*nous*	'uns'	*nous*	'uns'
	EMPFÄNGER	*vous*	'ihr, Sie'	*vous*	'euch, Sie'	*vous*	'euch, Ihnen'
	REFERENT — MASKULIN	*ils*	'sie'	*les*	'sie'	*leur*	'ihnen'
	REFERENT — FEMININ	*elles*	'sie'	*les*	'sie'	*leur*	'ihnen'

Die Matrix gibt deutlich die Verschmelzung der vier syntaktischen Funktionen Gesprächsrolle, Handlungsrolle, Genus und Numerus zu erkennen. Das Genus nimmt an dieser Verschmelzung allerdings nur in der Gesprächsrolle des Referenten («3. Person») teil, denn nur in dieser Gesprächsrolle sind die Pronomina nach Maskulin und Feminin unterschieden. Die Matrix ist daher so zu lesen, daß beispielsweise die Form *je* 'ich' gleichzeitig die Gesprächsrolle des Senders, die Handlungsrolle des Subjekts und als Numerus den Singular ausdrückt. Sie ist Träger von drei Funktionen. Die Form *la* 'sie' hingegen drückt gleichzeitig die Gesprächsrolle des Referenten, die Handlungsrolle des Objekts, den Singular und zusätzlich das feminine Genus aus. Sie ist Träger von vier Funktionen.

Vor vokalisch anlautendem Verb (auch bei «vokalischem *h-*» – vgl. 2.1.2.1) sowie vor *en* 'davon' und *y* 'daran' werden verschiedene Formen des gebundenen Personal-Pronomens normgerecht verkürzt (in der Schrift: apostrophiert). Es sind die folgenden:

/*on m'appelle, on m'envoie une lettre*/ 'man ruft mich an, man schickt mir einen Brief'

/*cela t'intéresse, je t'en parlerai*/ 'das interessiert dich, ich werde mit dir darüber sprechen'

/*il finit par l'écouter*/ 'er hört ihn/sie schließlich an'

Beim Referenz-Pronomen in der Objekt-Rolle wird, wie das letzte Beispiel zeigt, die Genus-Opposition Maskulin vs. Feminin (*le* vs. *la*) durch die Apostrophierung aufgehoben (neutrale Form: *l'*). In der Partner-Rolle (*lui* 'ihm/ihr') besteht diese Opposition ohnehin nicht.

Die mündliche Umgangssprache kennt darüber hinaus weitere Verkürzungen, und zwar bei der Form *tu* 'du' vor Vokal und bei den Formen *il* 'er, es' und *ils* 'sie' vor Konsonant:

/*t'as faim?* [tafɛ̃]/ 'hast du Hunger?'

/*i'paraît* [iparɛ]/ 'scheint so'

Diese beiden Schreibungen erscheinen jedoch im Unterschied zu den oben verzeichneten Schreibungen *m'*, *t'* und *l'* nur dann in schriftlichen Texten, wenn die mündliche Umgangssprache registergetreu abgebildet werden soll. Sie gelten nicht als normgerecht.

Das Paradigma der Gesprächsrollen wird durch neutrale Formen, insbesondere *on* 'man, wir', ergänzt, wie an anderer Stelle im Zusammenhang dargestellt wird (vgl. 3.3.3).

Die gebundenen Formen des Pronomens sind auch in ihrer Stellung gebunden. Sie stehen grundsätzlich vor dem Verb (Prädetermination). Unter bestimmten

Bedingungen, insbesondere in der Frage, sind jedoch Inversionen möglich (vgl. 9.3.1.2.2). Geregelt ist auch die Reihenfolge, wenn im Text mehrere gebundene Pronominalformen nacheinander vorkommen. Das ist dann der Fall, wenn ein Verb mehrwertig ist (vgl. 3.4), also im Text mehrere Handlungsrollen bei sich hat. Es gelten dann unterschiedliche Stellungsregeln je nach der Besetzung der Partner-Rolle, nämlich:

Erster Fall: Wenn die Partner-Rolle von einem Sender-Morphem oder von einem Empfänger-Morphem besetzt ist, folgen die Handlungsrollen aufeinander in der Reihenfolge Subjekt – Partner – Objekt:

/ *tu me les expliqueras, les photos* /   'du wirst sie mir erklären, die Photos'
/ *je te l'expose, l'histoire* /   'ich setze sie dir auseinander, die Geschichte'

In diesen Beispielen ist die Partner-Rolle einmal vom Sender (*me* 'mir') und einmal vom Empfänger (*te* 'dir') besetzt: daher die Stellung des Partners v o r dem Objekt.

Zweiter Fall: Ist die Partner-Rolle, statt von einem Sender- oder Empfänger-Morphem, von einem Referenten-Morphem besetzt, so folgen die Pronomina aufeinander in der Reihenfolge Subjekt – Objekt – Partner:

/ *je le lui ai donné* /   'ich habe es ihm/ihr gegeben'
/ *il fallait la leur rendre* /   'man mußte sie ihnen zurückgeben'

In diesen Beispielen ist die Partner-Rolle jeweils von einem Referenten-Morphem besetzt, und zwar im ersten Fall im Singular (*lui* 'ihm/ihr'), im zweiten Fall im Plural (*leur* 'ihnen'). Deswegen die Stellung des Partners n a c h dem Objekt.

   Man pflegt die Stellungsregeln der Personal-Pronomina durch ein Dreieck zu veranschaulichen, bei dem auch schon das Reflexiv-Pronomen *se* 'sich' (vgl. 3.4.7) sowie das Pro-Adverb *y* 'da, dahin, daran' (vgl. 7.3.2.5) und das Pro-Adjunkt *en* 'davon, darüber' (vgl. 8.3.2.1.7) berücksichtigt werden:

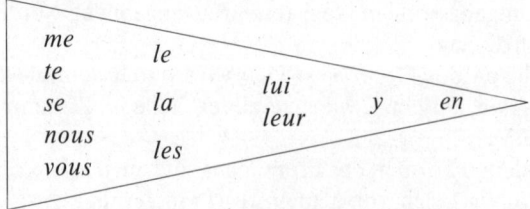

Es stehen also in erster Stellung die Partner-Pronomina der Sender- und Empfänger-Rolle (sowie das Reflexiv-Pronomen), in zweiter Stellung die Objekt-Pronomina der Referenten-Rolle, in dritter Stellung die Partner-Pronomina der Referenten-Rolle, in vierter Stellung das Pro-Adverb *y* und in fünfter und letzter Stellung schließlich das Pro-Adjunkt *en.* In einem gegebenen Text können jedoch im Höchstfall nicht mehr als drei dieser Stellungen besetzt werden, zum Beispiel:

/ *tu me les y amèneras* /   'du wirst sie mir dorthin bringen'

Im Regelfall vermeidet der Sprachgebrauch eine solche Häufung von Personal-Pronomina und anderen gebundenen Morphemen im Text.

2 Matrix der freien Pronominalformen:

NUMERUS	GESPRÄCHS-ROLLEN / HANDLUNGS-ROLLEN		SUBJEKT	OBJEKT	PARTNER
SINGULAR	SENDER		*moi* 'ich'	*moi* 'mich'	*à moi* 'mir'
	EMPFÄNGER		*toi* 'du'	*toi* 'dich'	*à toi* 'dir'
	REFERENT	MASKULIN	*lui* 'er'	*lui* 'ihn'	*à lui* 'ihm'
		FEMININ	*elle* 'sie'	*elle* 'sie'	*à elle* 'ihr'
PLURAL	SENDER		*nous* 'wir'	*nous* 'uns'	*à nous* 'uns'
	EMPFÄNGER		*vous* 'ihr, Sie'	*vous* 'euch, Sie'	*à vous* 'euch, Ihnen'
	REFERENT	MASKULIN	*eux* 'sie'	*eux* 'sie'	*à eux* 'ihnen'
		FEMININ	*elles* 'sie'	*elles* 'sie'	*à elles* 'ihnen'

Auch diese Matrix ist wieder in der Weise zu lesen, daß man beispielsweise in der Form *à vous* drei syntaktische Funktionen verschmolzen findet: die Gesprächsrolle des Empfängers, die Handlungsrolle des Partners und als Numerus den Plural. In der Form *à elles* sind sogar vier Funktionen verschmolzen: die Gesprächsrolle des Referenten, die Handlungsrolle des Partners, das feminine Genus und als Numerus der Plural. Die freien und die gebundenen Formen des Pronomens können im Text nebeneinander gebraucht werden, und zwar beim Subjekt meistens unmittelbar nebeneinander (zum Beispiel: *toi tu sais* 'd u weißt'), beim Objekt und Partner meistens durch die Verbform getrennt (zum Beispiel: *je te connais, toi* 'd i c h kenne ich'). Dadurch entsteht Redundanz.

Diese Redundanz bringt den Vorteil mit sich, daß man mit ihrer Hilfe einige (nicht alle!) Homonymien beseitigen («disambiguieren») kann, die unvermeidlich auftreten, wenn man nur gebundene oder nur freie Formen des Pronomens gebraucht. Das zeigt die kombinierte Matrix der freien und der gebundenen Pronominalformen:

NUMERUS	HANDLUNGS-ROLLEN GESPRÄCHS-ROLLEN		SUBJEKT	OBJEKT	PARTNER
SINGULAR	SENDER		*moi (...) je*	*me...moi*	*me...à moi*
	EMPFÄNGER		*toi (...) tu*	*te...toi*	*te...à toi*
	REFERENT	MASKULIN	*lui (...) il*	*le...lui*	*lui...à lui*
		FEMININ	*elle (...) elle*	*la...elle*	*lui...à elle*
PLURAL	SENDER		*nous (...) nous*	*nous...nous*	*nous...à nous*
	EMPFÄNGER		*vous (...) vous*	*vous...vous*	*vous...à vous*
	REFERENT	MASKULIN	*eux (...) ils*	*les...eux*	*leur...à eux*
		FEMININ	*elles (...) elles*	*les...elles*	*leur...à elles*

Das folgende Beispiel zeigt, wie eine Unklarheit, die durch den Gebrauch einer gebundenen Form entstanden ist, durch den Rückgriff auf freie Formen beseitigt werden kann:

/ *tu pourrais lui téléphoner de temps en temps ÷ à lui ou à elle? ÷ à elle, bien sûr* /
'du könntest ihn/sie von Zeit zu Zeit anrufen ÷ ihn oder sie? ÷ sie, natürlich'

Wenn eine freie Pronominalform im Text zusammen mit einer gleichbedeutenden gebundenen Form gebraucht wird, so steht sie in der Regel entweder mit dieser zusammen vor dem Verb oder von ihr getrennt nach dem Verb. In den Gesprächsrollen des Senders und des Empfängers können die freien Formen überhaupt nicht ohne ihre gleichbedeutenden gebundenen Formen ein Verb determinieren; man sagt also, wenn auf die Rolle ein gewisser Nachdruck gelegt werden soll:

/ *vous pouvez penser ce que vous voulez, mais moi je suis d'avis que ...* /   'Sie können denken, was Sie wollen, aber i c h bin der Ansicht, daß ...'
/ *vous n'avez donc pas compris que je vous ai donné cette indication à vous personnellement?* /   'haben Sie denn nicht begriffen, daß ich diesen Hinweis I h n e n persönlich gegeben habe?'

In der Referenten-Rolle hingegen kann die freie Form auch ohne den Beistand der gleichbedeutenden gebundenen Form ein Verb determinieren:

/*je l'ai promis, lui (il) est témoin*/   'ich habe es versprochen, e r ist Zeuge'
/*pas seulement lui, mais elle aussi a été présente*/   'nicht nur e r, sondern auch s i e war anwesend'

Die gesprochene Umgangssprache macht aus textphonetischen Gründen, auch ohne daß ein besonderer Nachdruck vorzuliegen braucht, von der redundanten Kombination *moi je* [mwaʒ(ə)] 'ich' einen reichlichen Gebrauch. Normbewußte Sprecher reagieren darauf nicht selten mit Mißbilligung: «*Moi-je est un vilain personnage*» 'I c h ist ein häßlicher Kerl'.

3.1.4   Hervorgehobene Textrollen

Unabhängig davon, ob sie durch Pronomina oder durch Nomina besetzt sind, können Textrollen aus ihrem Kontext durch Präsentativ-Morpheme hervorgehoben werden. Das häufigste Präsentativ-Morphem lautet *c'est*. Es ist gebildet unter Beteiligung des Fokus-Morphems *ce* 'das', dessen Bedeutung durch das semantische Merkmal ⟨AUFFÄLLIGKEIT⟩ konstituiert wird (vgl. 5.2.1.4). Das auf diese Weise «fokussierende» Präsentativ-Morphem *c'est* steht vor dem Nomen oder Pronomen. Hervorgehoben wird beim Pronomen immer die freie Form, nicht die gebundene Form:

/*qui a cassé la vitre? ÷ c'est moi (qui l'ai fait)*/   'wer hat die Fensterscheibe zerbrochen? ÷ ich (habe es getan)'
/*qui t'a dit de t'excuser? ÷ c'est mon père (qui l'a dit)*/   'wer hat gesagt, daß du dich entschuldigen sollst? ÷ mein Vater (hat das gesagt)'

Die Form dieses Präsentativ-Morphems bleibt für gewöhnlich auch im Plural unverändert. Das ist beim Plural der Sender-Rolle *(c'est nous)* und der Empfänger-Rolle *(c'est vous)* immer der Fall. Beim Plural der Referenten-Rolle gibt es jedoch neben der Form *c'est eux* noch die Variante *ce sont eux*. Die letztere erlaubt, auch mit dem Ohr zwischen den hervorgehobenen Rollen *c'est elle* [sɛ(t)ɛl] und *ce sont elles* [səsõ(t)ɛl] zu unterscheiden und gilt als stilistisch etwas gepflegter.

Nach einer hervorgehobenen Rolle wird das nachfolgende Verb mit einem Relativ-Junktor («Relativ-Pronomen» – vgl. 8.5) angeschlossen. Dabei wird auch die Handlungsrolle berücksichtigt. Soll ein Nomen oder Pronomen in der Handlungsrolle des Subjekts hervorgehoben werden, so gebraucht man die zweigliedrige Form *c'est ... qui*. Die Handlungsrolle des Partners wird durch die Form *c'est à ... que* und die des Objekts durch die Form *c'est ... que* kenntlich gemacht.

HERVORGEHOBENES SUBJEKT	HERVORGEHOBENER PARTNER	HERVORGEHOBENES OBJEKT
c'est toi qui m'as écrit une lettre? 'du hast mir einen Brief geschrieben?'	*c'est à moi que tu as écrit une lettre?* 'mir hast du einen Brief geschrieben?'	*c'est une lettre que tu m'as écrite?* 'einen Brief hast du mir geschrieben?'

Die (Subjekt-)Konjugation der Verben (vgl. 3.1.1) wird von der Hervorhebung der Subjekt-Rolle nicht beeinflußt. Vergleiche:

EINFACHE SUBJEKT-ROLLE

je vais 'ich gehe'
tu vas 'du gehst'
il va 'er geht'
nous allons 'wir gehen'
vous allez 'ihr geht'
ils vont 'sie gehen'

HERVORGEHOBENE SUBJEKT-ROLLE

c'est moi qui vais 'ich gehe'
c'est toi qui vas 'du gehst'
c'est lui qui va 'er geht'
c'est nous qui allons 'wir gehen'
c'est vous qui allez 'ihr geht'
c'est (oder: *ce sont*) *eux qui vont* 'sie gehen'

/ *vous avez eu tant de difficultés et c'est moi qui en suis responsable* / 'Sie haben so viele Schwierigkeiten gehabt, und dafür bin ich verantwortlich'
/ *mais non, ce n'est pas à vous que je dois ma mauvaise chance* / 'aber nein, nicht Ihnen verdanke ich mein Pech'
/ *alors c'est peut-être le diable qui s'en est mêlé* / 'dann hat vielleicht der Teufel seine Hand im Spiel gehabt'

Die beiden letzten Beispiele zeigen, daß die Hervorhebung der Rollen durch einige weitere Morpheme (*ne ... pas* 'nicht', *peut-être* 'vielleicht' ...) modifiziert werden kann.

Mit dem Präsentativ-Morphem *c'est ... que* können neben Nomina und Pronomina auch andere Sprachzeichen und Gruppen von Sprachzeichen im Text hervorgehoben werden, wie die folgenden Beispiele zeigen:

/ *c'est maintenant que vous voulez venir?* / 'wollen Sie jetzt kommen?'
/ *c'est de Berlin que vous venez?* / 'von Berlin kommen Sie?'

/*c'est donc à trois heures que je vous attends*/   'um drei Uhr erwarte ich Sie
also'

Neben dem Präsentativ-Morphem *c'est* ... *que* kennt die französische Sprache
noch einige andere Morpheme, die gleichfalls zur Hervorhebung dienen, und
zwar wiederum meistens zur Hervorhebung einer Textrolle. Vergleiche die Beispiele:

/*voici M. Lefèvre qui veut vous parler*/   'hier ist (oder: kommt) Herr Lefèvre, der
Sie sprechen will'
/*voilà le procès-verbal que vous avez cherché*/   'da ist das Protokoll, das Sie
gesucht haben'
/*il n'y a que vous qui êtes si tenace!*/   'nur Sie sind so hartnäckig!'

Alle genannten Beispiele setzen in der Regel eine gleichzeitige Situations-Determination voraus.

3.2   Rollen-Referenz im Text

Da die Textrollen ebensowohl nominal wie pronominal besetzbar sind, können
die Nomina und die Pronomina einander auch in ihren jeweiligen Rollen ablö-
sen. Es muß dann jedoch gesichert sein, daß auch im Wechsel der nominalen und
pronominalen Besetzung einer Rolle die Referenz eindeutig bleibt, das heißt,
man muß immer wissen, wer oder was genau gemeint ist. Das geschieht durch
eine Reihe von zusätzlichen Signalen, insbesondere durch die Kongruenz im
Genus und Numerus, die auf jeden Fall gewahrt sein muß, wenn im Text ein
Nomen durch ein Pronomen vertreten oder ein Pronomen wieder durch das
Nomen ersetzt werden soll. Die Stellvertretung eines Nomens durch ein Pronomen oder durch eine Kette von Pronomina nennt man Pronominalisierung
(3.2.1). Der umgekehrte Prozeß liegt dann vor, wenn nach einem Pronomen
oder einer Kette von Pronomina dieselbe Textrolle wieder von dem gleichen
oder einem gleichbedeutenden Nomen besetzt wird. Dieser Prozeß soll Renominalisierung heißen (3.2.2).

3.2.1   Pronominalisierung

Die semantische Kohärenz eines Textes beruht auf einer gewissen Konstanz
seiner Lexeme, insbesondere seiner Nomina (vgl. 1.2). Diese kann auf dreierlei
Weise gewährleistet werden, nämlich:

– durch Wiederholung eines Nomens *(la guerre ... la guerre):*
  /ceux qui ont vu la guerre sont à jamais contre la guerre / 'die den Krieg erlebt
  haben, sind für immer gegen den Krieg'

– durch Variation des Nomens *(tant de guerres ... un conflit):*
  */après tant de guerres on connaît bien le prix d'un conflit sanglant entre deux
  nations /* 'nach so vielen Kriegen kennt man zur Genüge den Preis eines bluti-
  gen Konfliktes zwischen zwei Nationen'

– durch Pronominalisierung eines Nomens *(la guerre ... elle):*
  /la guerre de Troie a déjà eu lieu, elle ne se répétera pas / 'der Trojanische
  Krieg hat schon stattgefunden, er wird sich nicht wiederholen'

Pronominalisierung bedeutet Stellvertretung eines Nomens durch ein Pronomen
oder durch mehrere Pronomina im weiteren Verlauf des Textes. In unserem
letzten Beispiel wird also das Nomen *la guerre* 'der Krieg' durch das Pronomen
elle (hier:) 'er' fortgesetzt und semantisch vertreten. Vorausgesetzt ist dabei, daß
dieses Pronomen mit dem Nomen, dessen Stelle es im Text einnimmt, im Genus
und im Numerus kongruent ist: beide sind in der Tat dem Genus nach als Feminin und dem Numerus nach als Singular gekennzeichnet. Der Vollständigkeit
halber muß noch erwähnt werden, daß ein Pronomen, um im Text ein Nomen
vertreten zu können, dieselbe Gesprächsrolle ausfüllen muß wie dieses. Es handelt sich jedoch, da immer Nomina mit im Spiel sind, so gut wie ausschließlich –
so auch in unserem Beispiel – um die Referenten-Rolle (vgl. 3.1.2). Eine Konstanz der Handlungsrolle zwischen Nomen und stellvertretendem Pronomen ist
nicht unbedingt vonnöten, sie begünstigt jedoch die Pronominalisierung. Vergleiche:

PRONOMINALISIERUNG BEI GLEICHER HANDLUNGSROLLE	PRONOMINALISIERUNG BEI WECHSELNDER HANDLUNGSROLLE
/si vous voulez la paix, vous l'aurez / 'wenn ihr den Frieden wollt, werdet ihr ihn haben (oder: erhalten)'	*/si vous voulez la paix, elle viendra /* 'wenn ihr den Frieden wollt, wird er (auch) kommen'

Im Beispiel der linken Spalte haben das Nomen (*la paix* 'den Frieden') und das
Pronomen (*l'* = *la* 'ihn') die Handlungsrolle des Objekts gemeinsam. Das ist die
häufigere Art von Pronominalisierung. Im Beispiel der rechten Spalte drücken
sie hingegen eine verschiedene Handlungsrolle aus; das Nomen (*la paix* 'den
Frieden') hat die Handlungsrolle des Objekts inne, während das Pronomen, das
dieses Nomen vertritt (*elle* 'er'), die Handlungsrolle des Subjekts inne hat. Das
ist die seltenere Art von Pronominalisierung.

Für alle Arten von Pronominalisierung ist enge Kontextnachbarschaft erforderlich, so daß die Bedeutung des Nomens bis zum Auftreten des Pronomens, das seine Stelle einnimmt, im Textgedächtnis gespeichert werden kann. Da nun einem Pronomen im Text normalerweise immer schon mehrere Nomina voraufgegangen sind, gilt grundsätzlich die Regel, daß ein Pronomen das letzte voraufgehende Nomen vertritt, welches die Bedingungen der Genus- und Numerus-Kongruenz erfüllt und möglichst auch die gleiche Handlungsrolle inne hat.

Gelegentliche Abweichungen von dieser Regel werden durch die semantische Kohärenz des Textes aufgefangen (vgl. 1.2), wie der folgende Beispieltext zeigt. Er stammt aus dem Theaterstück *La Guerre de Troie n'aura pas lieu* von Giraudoux. Das pluralische Nomen *chefs* (Symbol: ●) wird durch eine lange Kette von Pronomina der Form *ils* (Symbol: ○) fortgeführt und vertreten.

A la veille de toute guerre, il est courant que deux chefs des peuples en conflit se rencontrent seuls dans quelque innocent village, sur la terrasse au bord d'un lac, dans l'angle d'un jardin. Et ils conviennent que la guerre est le pire fléau du monde, et tous deux, à suivre du regard ces reflets et ces rides sur les eaux, à recevoir sur l'épaule ces pétales de magnolias, ils sont pacifiques, modestes, loyaux. Et ils s'étudient. Ils se regardent. Et, tiédis par le soleil, attendris par un vin clairet, ils ne trouvent dans le visage d'en face aucun trait qui justifie la haine, aucun trait qui n'appelle l'amour humain, et rien d'incompatible non plus dans leurs langages, dans leur façon de se gratter le nez ou de boire. Et ils sont vraiment combles de paix, de désirs de paix. Et ils se quittent en se serrant les mains, en se sentant des frères. Et ils se retournent de leur calèche pour se sourire... Et le lendemain pourtant éclate la guerre...*

---

* Kurz vor Kriegsausbruch ist es jeweils üblich, daß zwei Staatsmänner der miteinander im Streit liegenden Völker sich alleine in irgend einem harmlosen Dorf, auf der Terrasse am Ufer eines Sees, im Winkel eines Gartens treffen. Und sie stimmen darin überein, daß der Krieg die schlimmste Weltgeißel ist, und beide, wie sie da mit dem Blick den Spiegelungen und Kräuselungen des Wassers folgen und sich die Blütenblätter der Magnolienbäume auf die Schulter rieseln lassen, sind sie friedlich, bescheiden, anständig. Und sie studieren einander. Sie schauen sich an. Und von der Sonne durchwärmt, vom Rosé milde gestimmt, finden sie im Gesicht gegenüber keinen einzigen Zug, der Haß rechtfertigen würde, keinen einzigen, der nicht nach Menschenliebe riefe, und auch in ihrer Art zu reden, sich die Nase zu kratzen oder zu trinken, finden sie nichts Unvereinbares. Und sie sind wirklich voller Frieden, voller Friedens-

Die Thematik und semantische Kohärenz des Textes ist so stark, daß die Pronominalisierung des Nomens *chefs* eine ganze Reihe von anderen Nomina mit den gleichen Kongruenz-Merkmalen Maskulin und Plural *(peuples, reflets, pétales, magnolias, langages, frères)* überspringen kann, ohne daß dadurch die eindeutige Referenz zwischen dem Nomen und seinen acht Stellvertretungen beeinträchtigt würde. Dazu trägt aber auch nicht wenig die Tatsache bei, daß die Handlungsrolle des Subjekts in der ganzen Pronominalisierungskette konstant bleibt.

Wenn in einem Text, aus welchen Gründen auch immer, die pronominale Referenz unklar zu werden droht, so gebraucht man anstelle eines einfachen Pronomens in der Regel ein Demonstrativ-Pronomen. Die Demonstrativ-Pronomina sind freie Formen des Demonstrativ-Artikels und werden zusammen mit deren Klasse im einzelnen besprochen (vgl. 5.2.1). Hier nur ein Beispiel:

PRONOMINALISIERUNG MIT
EINEM EINFACHEN PRONOMEN

/ *la paix, pas moins que la guerre, exige des efforts; elle exige même des sacrifices/* 'der Friede fordert nicht weniger als der Krieg Anstrengungen; er fordert sogar Opfer'

PRONOMINALISIERUNG MIT
EINEM DEMONSTRATIV-PRONOMEN

/ *la guerre, dit-on, exige des sacrifices tandis que la paix n'exige que des efforts; mais celle-ci n'exige-t-elle pas aussi parfois des sacrifices?/* 'der Krieg, so sagt man, fordert Opfer, der Friede hingegen nur Anstrengungen; aber fordert dieser nicht auch manchmal Opfer?'

3.2.2 Renominalisierung

Wenn ein Nomen im Text durch ein Pronomen oder eine Kette von Pronomina fortgesetzt und vertreten wird, so ist es wichtig, daß dabei die referentielle Verbindung mit dem Nomen, dessen Bedeutung ja weitergelten soll, nicht abreißt. Diese Referenz ist grundsätzlich durch alle dazwischentretenden anderen Nomina gefährdet, insbesondere wenn diese mit dem pronominalisierten Nomen im Genus und im Numerus kongruent sind. Sobald diese Gefährdung ein gewisses kritisches Maß übersteigt, wird die Pronominalisierung abgebrochen und das

---

wünsche. Und wenn sie sich trennen, drücken sie sich die Hand und fühlen sich als Brüder. Und von ihrem Wagen aus wenden sie sich noch einmal um, um einander zuzulächeln ... Und am nächsten Tag bricht dann doch der Krieg aus ... (Giraudoux, *La Guerre de Troie n'aura pas lieu* II,13).

Nomen wieder restituiert. Diesen Vorgang nennen wir Renominalisierung. Dabei ist es nicht unbedingt erforderlich, daß das Nomen wörtlich wiederaufgenommen wird. Es kann bei der Renominalisierung auch semantisch variiert werden, sofern nur gesichert ist, daß man die in Frage stehende Person oder Sache zweifelsfrei identifizieren kann. Die Renominalisierungen sind gleichzeitig wichtige Verfahren der Textgliederung: sie markieren Abschnitte im Text.

Der nachfolgende Text enthält einige Pronominalisierungsketten und zugleich einige textgliedernde Renominalisierungen. Er stammt aus Jean-Paul Sartres Memoiren *Les mots*. In diesem Textabschnitt erzählt der Autor als Ich-Erzähler von sich und bezeichnet seine Person dabei, wie allgemein üblich, mit Pronomina der Sender-Rolle *(moi, je, me)*. Außerdem ist in dem Text jedoch noch von mehreren anderen Personen aus der Familie des Autors die Rede, nämlich vom Großvater (Symbol: ■), von der Großmutter «Louise» (Symbol: ▲) und von der Mutter (Symbol: ▼). Diese drei Personen werden teilweise nominal, teilweise pronominal bezeichnet. Die Pronominalisierungen sind durch die Merkmale der Kongruenz nur unvollkommen voneinander unterschieden, denn alle Personen treten im Singular auf, und nur der Großvater ist durch das maskuline Genus seiner Namen von der Großmutter und der Mutter, deren Namen feminines Genus haben, abgesetzt. So macht das gemeinsame Handeln dieser Personen im Text nur kurze Pronominalisierungsketten und häufigere Renominalisierungen nötig. Die Nomina sind durch gefüllte Symbole (■, ▲, ▼), die Pronomina durch leere Symbole (□, △, ▽) gekennzeichnet:

Chaque matin, je m'éveillais dans une stupeur de joie, admirant la chance folle qui m'avait fait naître dans la famille la plus unie, dans le plus beau pays du monde. Les mécontents me scandalisaient : de quoi pouvaient-ils se plaindre? C'étaient des mutins. Ma grand-mère, en particulier, me donnait les plus vives inquiétudes : j'avais la douleur de constater qu'elle ne m'admirait pas assez. De fait, Louise m'avait percé à jour. Elle blâmait ouvertement en moi le cabotinage qu'elle n'osait reprocher à son mari : j'étais un polichinelle, un pasquin, un grimacier, elle m'ordonnait de cesser mes «simagrées». J'étais d'autant plus indigné que je la soupçonnais de se moquer aussi de mon grand-père : c'était «l'Esprit qui toujours nie». Je lui *répondais,* elle exigeait des excuses; sûr d'être soutenu, je refusais d'en faire. Mon grand-père saisissait au bond l'occasion de montrer sa faiblesse : il prenait mon parti contre sa femme qui se levait, outragée, pour aller s'enfermer dans sa chambre. Inquiète, craignant les rancunes de ma

grand-mère, ma mère parlait bas, donnait humblement tort à son père qui
haussait les épaules et se retirait dans son cabinet de travail; elle me sup-
pliait enfin d'aller demander mon pardon. Je jouissais de mon pouvoir :
j'étais saint Michel et j'avais terrassé l'Esprit malin. Pour finir, j'allais
m'excuser négligemment.*

Wenn wir die Erwähnung der Personen im Text verfolgen, so ergibt sich dieses
Bild: Die Großmutter wird, nachdem sie im Text nominal eingeführt ist *(ma
grand-mère)*, noch dreizehnmal genannt, und zwar zehnmal pronominal *(elle, la,
lui, se)*, dreimal renominalisiert *(Louise, sa femme, ma grand-mère)*. Der Großvater wird ebenfalls nominal eingeführt *(son mari)* und dann noch fünfmal
erwähnt, davon zweimal pronominal *(il, se)* und dreimal renominalisiert *(mon
grand-père, mon grand-père, son père)*. Am Ende des Textstückes wird als dritte
Person die Mutter ebenfalls nominal eingeführt *(ma mère)* und dann noch einmal
pronominal erwähnt *(elle)*. Zu beachten ist auch, wie der Autor die Renominalisierungen zugleich für einen Wechsel des Erzählerstandpunktes ausnutzt: *ma
grand-mère – Louise – sa femme; mon grand-père – son mari – son père*.

Von den «echten» Renominalisierungen, wie sie an diesem Text beschrieben
worden sind, wollen wir die scheinbaren Renominalisierungen unterscheiden, die
in verbalen Junktionen dann auftreten können, wenn die Junktionsglieder in
kataphorischer Stellung stehen, das heißt, wenn sie die Abfolge Junktor –

---

* Jeden Morgen wachte ich starr vor Freude auf, voller Bewunderung für das irre Glück, dem
ich es verdanke, in der einträchtigsten Familie und im schönsten Land der Welt geboren zu sein.
Die da noch unzufrieden waren, waren mir anstößig: worüber konnten sie sich nur beklagen?
Das waren alles Aufwiegler. Insbesondere meine Großmutter erregte meine lebhafteste Besorg-
nis: ich mußte mit Schmerzen feststellen, daß sie mich nicht genug bewunderte. Tatsächlich
hatte Louise mich durchschaut. Offen tadelte sie an mir das theatralische Wesen, das sie ihrem
Mann nicht vorzuwerfen wagte: ich war für sie ein Clown, ein Possenreißer, ein Fratzenschnei-
der, sie verwies mir meine «Faxen». Ich war darüber um so entrüsteter, als ich sie schon in
Verdacht hatte, daß sie auch meinen Großvater lächerlich machen wollte: der war für sie «der
Geist, der stets verneint». Ich gab ihr *Widerworte;* sie verlangte, daß ich mich entschuldigte; in
der Gewißheit, Unterstützung zu finden, weigerte ich mich. Mein Großvater ließ sich diese
Gelegenheit, seine Schwäche zu zeigen, nicht entgehen: er ergriff für mich Partei gegen seine
Frau, die beleidigt aufstand, um sich in ihrem Zimmer einzuschließen. Voller Unruhe und aus
Furcht vor dem nachtragenden Wesen meiner Großmutter sprach meine Mutter dann immer
leise und gab ihrem Vater zaghaft Unrecht. Der zuckte darauf mit den Schultern und zog sich in
sein Arbeitszimmer zurück. Schließlich flehte sie mich an, um Verzeihung zu bitten. Ich genoß
meine Macht: ich war der heilige Michael, und ich hatte den bösen Geist zerschmettert. Zu guter
Letzt bequemte ich mich dann, mich zu entschuldigen. (Jean-Paul Sartre: *Les mots,* Paris 1964,
S. 24 f.)

Adjunkt – Basis haben (vgl. 8.1.2). In Junktionen dieses Stellungstypus kann es, zusammen mit dem vorweggenommenen Adjunkt, zu einer Vorwegnahme («Antizipation») der Pronominalisierung oder Prä-Pronominalisierung kommen, so daß ein Pronomen dem Nomen, das es im Text vertritt, voraufgeht statt nachfolgt. Unterscheide:

PRONOMINALISIERUNG	PRÄ-PRONOMINALISIERUNG UND SCHEINBARE RENOMINALISIERUNG
/*ma fille est infatigable, quand elle veut l'être*/ 'meine Tochter ist unermüdlich, wenn sie es sein will'	/*quand elle (le) veut, ma fille est infatigable*/ 'wenn sie (es) will, ist meine Tochter unermüdlich'

Die Schriftsteller der neueren Zeit lieben es darüber hinaus bisweilen, und zwar gerade am Textanfang, die Pronominalisierungen umzukehren und das Nomen an das Ende einer pronominalen Kette zu setzen oder sogar eine pronominale Kette ohne Auflösung durch ein Nomen in der Schwebe zu lassen. Der folgende (selbständige) Text ist ein Stück poetischer Prosa von Henri Michaux:

> Il entretenait, avec un arrosoir, un jardin de boue. Et de jour, sous le soleil, c'est un jardin d'or. La nuit, le jardin d'or est dans son rêve. C'était l'homme le plus riche de la terre.*

Das Pronomen *il* wird hier ohne Erklärung eingeführt und erhält erst nachträglich eine gewisse Deutung durch das Prädikats-Nomen *homme* und seine Determinanten. Dieser kleine Text steht mit einer Reihe von anderen ähnlichen Texten unter der Überschrift: *Énigmes* 'Rätsel'.

3.3   Die Gesprächsrollen

Die Gesprächsrollen, die bisher nur im Hinblick auf ihre Besetzung betrachtet worden sind, sollen in diesem Abschnitt genauer auf ihre Bedeutungen hin analysiert werden (3.3.1). Die Bedeutungen der Gesprächsrollen stellen sich im Singular und im Plural unterschiedlich dar (3.3.2). Diese Unterscheidungen werden jedoch durch Neutralisierungen zum Teil wieder eingezogen (3.3.3).

---

* Er hielt mit einer Gießkanne einen Schlammgarten instand. Und bei Tage, unter der Sonne, ist es ein goldener Garten. Nachts ist der goldene Garten in seinem Traum. Das war der reichste Mann der Erde. (Henri Michaux: *Dichtungen, Schriften I*, Frankfurt 1966, S. 12.)

3.3.1   Die Bedeutung der Gesprächsrollen

Die Gesprächsrollen («grammatische Personen») orientieren sich in ihren Bedeutungen an der kommunikativen Grundform des Dialogs. Diese Grundform ist dann gegeben, wenn zwei Personen einander von Angesicht zu Angesicht gegenüberstehen und miteinander reden. Die eine Person ist dann für eine gewisse Zeit der Sprecher, die andere Person der Hörer. Der Sprecher hat die Gesprächsrolle des Senders («1. Person»), der Hörer die Gesprächsrolle des Empfängers («2. Person») inne. Das drückt sich auch in dem Merkmalpaar ⟨SENDER⟩ vs. ⟨EMPFÄNGER⟩ aus, durch das diese beiden Gesprächsrollen konstituiert werden.

Aber die beiden Gesprächspartner sind nicht allein auf der Welt. Während sie miteinander sprechen, gibt es anderes um sie herum: Personen und Sachen. Alles das, was in einem Sprachspiel um den Sprecher und den Hörer herum ist, fassen wir in dem Sammelbegriff Referent («3. Person») zusammen. Dieser Begriff bezeichnet also eine Restkategorie. Er ist syntaktisch nur negativ definiert, denn er umfaßt alles, was in einem Sprachspiel n i c h t die Gesprächsrolle des Senders und n i c h t die Gesprächsrolle des Empfängers inne hat. Über die positive Bedeutung dieser Gesprächsrolle ist damit noch nichts ausgesagt. Wenn man Näheres darüber erfahren will, muß man weitere Referenz heranziehen: das soll mit der Bezeichnung Referent und dem für diese Gesprächsrolle konstitutiven Merkmal ⟨BESTIMMBAR⟩ ausgedrückt werden. Die heranzuziehende Referenz besteht aus zusätzlicher Information, wie man sie meistens entweder dem voraufgehenden Kontext entnehmen oder vom nachfolgenden Kontext erwarten kann. Für diese zusätzliche Referenz ist folglich das Merkmal ⟨BESTIMMEND⟩ maßgeblich. Aber auch der umgebenden Situation kann zusätzliche Information entnommen und als Referenz in die Rede eingeführt werden.

Sämtliche Gesprächsrollen müssen als Rollen des Sprachspiels angesehen werden. Ausdrücklich und nach den expliziten Regeln der Instruktions-Linguistik formuliert (vgl. 1.1), ergehen also mit den Bedeutungen der Gesprächsrollen folgende Anweisungen des Sprechers an den Hörer:

1. Gesprächsrolle des Senders:
   «Wenn du das Verb im Sinne des Sprachspiels verstehen willst, so beziehe es auf mich, den Sprecher oder Schreiber!»
2. Gesprächsrolle des Empfängers:
   «Wenn du das Verb im Sinne des Sprachspiels verstehen willst, so beziehe es auf dich, den Hörer oder Leser!»
3. Gesprächsrolle des Referenten:
   «Wenn du das Verb im Sinne des Sprachspiels verstehen willst, so beziehe es

weder auf mich, den Sprecher oder Schreiber, noch auf dich, den Hörer oder Leser, sondern ziehe weitere Information aus dem Kontext oder der Situation hinzu, und zwar entweder die schon bekannte Vorinformation oder eine noch zu erwartende Nachinformation!»

Die Unterscheidung der drei Gesprächsrollen ist auch die linguistische Grundlage der Unterscheidung von Personen und Sachen. Da die Gesprächsrollen des Senders und des Empfängers nämlich unmittelbar aus dem elementaren Sprachspiel «von Angesicht zu Angesicht» abgeleitet sind, können diese Textrollen grundsätzlich nur von Ausdrücken für Personen, das heißt, für sprachfähige Lebewesen besetzt werden. Das sind in der Regel Pronomina mit der Bedeutung 'ich' und 'du'. Die Gesprächsrolle des Referenten hingegen kennt diese Einschränkung nicht, da sie ohnehin eine Restkategorie für «alles übrige» ist. Sie läßt daher auch Ausdrücke zu, die alles andere als sprachfähige Lebewesen bedeuten. Die Bezeichnung «Sache», die man dafür einsetzen kann, ist daher ebenfalls eine negativ definierte Restkategorie und umfaßt alles, was n i c h t sprachfähiges Lebewesen ist. Es ist jedoch anzumerken, daß diese Grenze zwischen Personen und Sachen gelegentlich, insbesondere unter den Bedingungen symbolischer oder poetischer Rede, durch «Personifikation» überspielt werden kann. Haus- und Schoßtiere («pets») können auch in der Alltagssprache ohne weiteres als sprachfähige Lebewesen behandelt werden.

3.3.2 Die Gesprächsrollen im Singular und Plural

Zwischen Singular und Plural besteht eine binäre Numerus-Opposition. Singular bedeutet Menge (von Elementen), Plural bedeutet Elemente (einer Menge). Wir haben die Bedeutung des Singulars mit dem Merkmal 〈BÜNDELUNG〉, die des Plurals mit dem Merkmal 〈VEREINZELUNG〉 beschrieben (vgl. 2.2.1).
Die Numerus-Kennzeichnung nach Singular und Plural ist auch mit der Kennzeichnung der drei Gesprächsrollen Sender, Empfänger und Referent verschmolzen. Die einzelnen Gesprächsrollen sind also grundsätzlich entweder als singularisch oder als pluralisch gekennzeichnet. Wenn sie «im Singular stehen», sprechen wir einfach von den Gesprächsrollen des Senders, des Empfängers oder des Referenten. Wenn sie jedoch «im Plural stehen», wollen wir den Numerus eigens nennen und sprechen dann vom Sender-Plural, Empfänger-Plural und Referenten-Plural.
Das Minimum von Elementen, das bei der Numerus-Kategorie Plural gefordert ist, liegt bei zwei Elementen. Dieses Minimum wollen wir daher auch der anschließenden Strukturbeschreibung der Gesprächsrollen im Plural zugrunde

legen. Die beschriebenen Strukturen bleiben folglich für eine Erweiterung nach einer größeren Zahl von Elementen hin offen.

Beim Sender-Plural (Bedeutung: 'wir') ist gefordert, daß eines der beiden Elemente, die für die Kategorie des Plurals minimal notwendig sind, der Sender (Sprecher oder Schreiber) ist. Das andere Element kann der Empfänger (Hörer oder Schreiber) sein oder auch ein Referent oder beide. Je nachdem ob nun der Empfänger beteiligt ist oder nicht, kann man zwischen einem Inklusiv-Plural (Sender + Empfänger) und einem Exklusiv-Plural (Sender + Referent) unterscheiden. Diese Unterscheidung ist aber in der französischen Sprache (im Unterschied zu vielen anderen Sprachen) folgenlos für den Gebrauch dieser Form.

Beim Empfänger-Plural (Bedeutung: 'ihr') ist für die Bildung dieser pluralischen Rolle als Minimum gefordert, daß entweder die Empfänger-Rolle doppelt besetzt ist (Empfänger + Empfänger) oder daß zum Empfänger (Hörer oder Leser) ein Referent hinzutritt (Empfänger + Referent). Aber auch diese Unterscheidung ist für den Gebrauch des Empfänger-Plurals in der französischen Sprache unerheblich. Unerläßlich ist hingegen für den Gebrauch des Empfänger-Plurals, daß der Sender (Sprecher oder Schreiber) an ihm nicht Anteil hat.

Für den Referenten-Plural (Bedeutung: 'sie') gilt die minimale Strukturbedingung, daß innerhalb der Restkategorie des Referenten mindestens zwei verschiedene Elemente (Personen oder Sachen) auszumachen sind (Referent + Referent). Negativ ausgedrückt besagt dieselbe Bedingung, daß auf keinen Fall der Sender oder der Empfänger beteiligt sein dürfen.

Die genannten minimalen Strukturbedingungen können in einfachen Formeln zusammengefaßt werden. Dabei besagen die Symbole + und −, daß ein bestimmtes Element entweder gefordert oder ausgeschlossen ist; und das Symbol / zwischen zwei Gesprächsrollen drückt schließlich aus, daß die Bildung des Plurals fakultativ, das heißt, wahlweise von der einen oder von der anderen Gesprächsrolle her zugelassen ist. Die Formeln lauten:

Sender-Plural: + Sender, + Empfänger/Referent
Empfänger-Plural: + Empfänger, + Empfänger/Referent, − Sender
Referenten-Plural: + Referent, + Referent, − Sender, − Empfänger

Da die Zahl der Elemente, die für die Pluralisierung der Gesprächsrollen gefordert sind, nur nach unten hin begrenzt ist, nämlich durch den Grenzwert von zwei Elementen, während sie nach oben hin offen ist, sind die Gesprächsrollen im Plural grundsätzlich weniger scharf konturiert als im Singular. Diese generelle Unschärfe aller Gesprächsrollen im Plural ist auch die Grundlage für die Höflichkeitsform in der französischen Sprache. Die allgemeine Regel zur Erzeugung von Höflichkeit mit sprachlichen Mitteln besagt, daß unscharfe Konturen höflicher sind als scharfe Konturen, insbesondere in der Anrede. Man will den Gesprächspartner mit seinen Fixierungen und Abgrenzungen nicht zu sehr einengen. Aus diesem Grunde wird in der französischen Sprache die singularische Empfänger-Rolle in höflicher und distanzierter Rede durch den Empfänger-Plural ersetzt. So wird aus der entweder singularischen (*tu* 'du') oder pluralischen Vertrautheits-form (*vous* 'ihr') die immer pluralische Höflichkeitsform (*vous* 'Sie'), die sowohl singularische wie pluralische Bedeutung haben kann. Unterscheide:

FORM BE-DEUTUNG	VERTRAUTHEIT: SINGULARISCHE ODER PLURALISCHE FORM	HÖFLICHKEIT: IMMER PLURALISCHE FORM
SINGULAR. BEDEUTUNG	*je t'aime, mon amour* 'ich liebe dich, mein Schatz'	*je vous admire beaucoup, Madame* 'ich bewundere Sie sehr, gnädige Frau'
PLURAL. BEDEUTUNG	*vous me plaisez toutes* 'ihr gefallt mir alle'	*je vous apprécie tous, Messieurs* 'ich schätze Sie alle, meine Herren'

Die genaueren Regeln zum Gebrauch dieser beiden Anredeformen gehören zur Dialog-Syntax (vgl. Kap. 9).

3.3.3 Neutralisierte Gesprächsrollen

Wenn ein Sprachspiel weniger genaue Anweisungen erfordert, als sie von den Strukturen der Sprache bereitgestellt werden, so können einzelne Oppositionen neutralisiert werden. Eine neutrale Form vertritt dann beide Glieder der Opposition. Im Bereich der Gesprächsrollen gibt es eine umfassende Neutralisierung durch das neutrale Pronomen *on* 'man' (3.3.3.1) und eine Teil-Neutralisierung durch das Horizont-Morphem *il* 'es' (3.3.3.2).

3.3.3.1 Neutralisierung von Personen: *on*   'man'

Die umfassendste Neutralisierung im Bereich der Gesprächsrollen wird von dem neutralen Pronomen *on* 'man' geleistet. Es neutralisiert die folgenden Oppositionen:

- die Opposition der drei Gesprächsrollen Sender vs. Empfänger vs. Referent,
- die damit verschmolzene Numerus-Opposition Singular vs. Plural,
- die ebenfalls (teilweise) damit verschmolzene Genus-Opposition Maskulin vs. Feminin.

Da diese Neutralisierung auch die Gesprächsrollen des Senders und des Empfängers umfaßt, die nur von Sprachzeichen für Personen besetzt werden können (vgl. 3.3.1), gilt auch für das neutrale Pronomen *on*, daß es nur Personen bezeichnen kann.

Das Pronomen *on* 'man' ist eine gebundene Form; es tritt nur zusammen mit einem finiten Verb auf. Eine entsprechende freie Form gibt es nicht. Ferner wird dieses Pronomen nur in der Handlungsrolle des Subjekts gebraucht; es gibt kein direkt vergleichbares Pronomen für Neutralisierungen im Bereich der Handlungsrollen des Objekts und des Partners.

Aus dem weiten Umfang der von dem Pronomen *on* 'man' bewirkten Neutralisierung ergibt sich eine gewisse Unschärfe in der Bedeutung dieses Pronomens. Häufig ist nun ein Sprachspiel so geartet, daß diese Unschärfe nicht nur geduldet wird, sondern den Gesprächspartnern oder einem von ihnen sogar willkommen ist. Das kann verschiedene Gründe haben, etwa die folgenden:

- Ein Sportler erzählt von einem Fußballspiel. Seine Mannschaft hat verloren. Er sucht nach einem unbestimmten Schuldigen:
  /*ah, on ne nous a pas bien soutenus aujourd'hui!*/ 'ach, wir sind heute nicht gut unterstützt worden!'

- Ein überbeschäftigter Beamter will einen Antragsteller abwimmeln. Er kann sich eine unverbindliche Antwort leisten, denn hinter ihm steht – unscharf konturiert – die Behörde:
  /*soyez sûr, Monsieur, qu'on fait ici ce qu'on peut*/ 'Sie können sich darauf verlassen, (Herr X,) man tut hier, was man kann (oder: von uns aus wird schon das Mögliche getan)'

- Ein Lehrer erwischt einen Schüler beim Mogeln. Er nimmt der Situation die Schärfe durch eine Nuance von Humor oder Ironie:
  /*alors, mon cher, on n'a pas de veine ce matin, hein?*/ 'na, mein Lieber, heute morgen hat man (oder: haben wir) wohl kein Glück, was?'

Es sind viele andere Situationen dieser Art vorstellbar, in denen die Kunst des Umgangs mit *on* zur sprachlichen Nuancen-Kompetenz gehört.

Eine besondere Verwandtschaft besteht in der französischen Sprache zwischen dem neutralen Pronomen *on* und der Gesprächsrolle des Senders im Plural. In der gesprochenen Umgangssprache wird der Sender-Plural («wir»), und zwar sowohl als Inklusiv- wie auch als Exklusiv-Plural (vgl. 3.3.2), in der Mehrzahl der Fälle durch das Pronomen *on* und nicht durch *nous* ausgedrückt. Denn der Sender-Plural ist unter allen pluralischen Gesprächsrollen die grammatische Kategorie mit der größten Unschärfe (vgl. 3.3.2). Das verbindet *on* 'wir' mit *on* 'man'. Es handelt sich also nicht um zwei verschiedene Bedeutungen eines Morphems (Homonymie), sondern um zwei Nuancen einer und derselben Bedeutung. Das kommt auch in der Subjekt-Konjugation zum Ausdruck. Das Pronomen *on* verlangt zwar sowohl mit der Bedeutungsnuance 'man' als auch mit der Bedeutungsnuance 'wir' ein Verb mit Singular-Suffix in der Referenten-Rolle, aber die Bedeutungsnuance 'wir' läßt zu, daß nach dem Verb *être* oder anderen Prädikations-Verben ein Prädikats-Nomen oder Prädikats-Adjektiv mit Plural-Morphemen angeschlossen wird. Vergleiche:

on 'man'	*on* 'wir'
/ *on vit bien à Paris* / 'man lebt gut in Paris'	/ *on habite depuis longtemps à Paris* / 'wir wohnen schon lange in Paris'
/ *on est esthète, comme on est catholique: par naissance* / 'man ist Ästhet, wie man Katholik ist: von Geburt'	/ *tu verras, on est tous* [tus] *copains ici* / 'du wirst sehen, wir sind hier alle gute Freunde (Kumpels)'
/ *quand on est riche, il faut l'être discrètement* / 'wenn man reich ist, muß man es diskret sein'	/ *prends un verre, on n'est pas très riche(s), mais ce n'est pas le vin qui manque* / 'nimm ein Glas, wir sind nicht sehr reich, aber Wein haben wir noch genug'

Wenn in einem Sprachspiel Unklarheit besteht, ob bei dem Pronomen *on* die Bedeutungsnuance 'man' oder die Bedeutungsnuance 'wir' gelten soll, kann man bei der letzteren zusätzlich auf die freie Form *nous* zurückgreifen, so daß zugleich eine stark betonte Form entsteht. Diese Verbindung ist recht häufig:

/ *tu penses peut-être qu'on a triché, mais nous(,) on ne triche jamais* /   'du denkst vielleicht, daß wir gemogelt haben, aber w i r mogeln nie'

Da das Pronomen *on* in der gesprochenen Umgangssprache überaus häufig mit der Bedeutungsnuance 'wir' gebraucht wird und in diesem Register fast als die Normalform des Sender-Plurals angesehen werden kann, hat die Form *nous* als gebundene Form (zum Beispiel: *nous allons* 'wir gehen' statt *on va* 'wir gehen') einen gewissen Beigeschmack von Korrektheit und penibler Genauigkeit angenommen.

Für eine andere Form der Neutralisierung von Personen benutzt man das Morphem *ils* 'sie, die' als neutrale Form. Von dieser Form macht man Gebrauch, wenn unbestimmte Personen gemeint sind, unter denen sich nicht der Sender und nicht der Empfänger befindet:

/*ils ont dit à la radio que l'essence allait encore augmenter*/   'sie haben im Rundfunk gesagt, das Benzin würde noch (wieder) teurer'

Diese Neutralisierung ist jedoch verhältnismäßig selten und bleibt im allgemeinen auf die gesprochene Umgangssprache beschränkt.

3.3.3.2   Das Horizont-Morphem *il* 'es'

Das Horizont-Morphem *il* 'es' darf nicht mit dem Referenz-Pronomen *il* 'er' verwechselt werden. Letzteres dient dazu, im Text die Referenz zu einem Nomen oder zu einem anderen Pronomen herzustellen (vgl. 3.2.1). Im Unterschied zum Referenz-Pronomen *il* 'er', dessen Bedeutung auf dem Merkmal ⟨BESTIMMBAR⟩ beruht, stellt das Horizont-Morphem *il* 'es' keinerlei inhaltliche Referenz her, sondern läßt die Gesprächsrolle des Referenten leer. Diese kann dann im weiteren Kontext nachträglich ausgefüllt werden. Wir charakterisieren die Bedeutung des Horizont-Morphems *il* 'es' mit dem semantischen Merkmal ⟨UNAUFFÄLLIGKEIT⟩. Unterscheide:

REFERENZ-PRONOMEN *il* 'er'	HORIZONT-MORPHEM *il* 'es'
/*le Roi était fâché parce qu'il n'avait pas d'enfants*/ 'der König war böse, weil er keine Kinder hatte'	/*dans un conte de Perrault, il est question d'un roi qui n'avait pas d'enfants*/ 'in einem Märchen von Perrault ist die Rede von einem König, der keine Kinder hatte'

Im Beispiel der linken Spalte bezieht sich das Pronomen *il* als textuelle Referenz auf das im Kontext voraufgehende Nomen *le Roi* und hat daher die Bedeutung 'er'. Im Beispiel der rechten Spalte hingegen hält das Horizont-Morphem *il* die Referenten-Rolle leer und bereitet auf diese Weise den Hörer auf eine s p ä t e r e und gerade deshalb besondere Aufmerksamkeit verdienende Ausfüllung dieser Rolle vor. Das Horizont-Morphem *il* 'es' eröffnet somit für die nachfolgende Handlung einen semantischen Horizont. Wir unterscheiden je nach dem Kontext vier Arten Horizont:

1   Natürlicher Horizont

Mit dem Horizont-Morphem *il* verbinden sich viele Verben, die ein Naturgeschehen, insbesondere eine Witterung bezeichnen. In seltenen Fällen wird bei diesen
Verben die gebundene Form *il* mit verstärkender Wirkung durch die freien Formen des Demonstrativ-Artikels *ça* oder *cela* ersetzt (vgl. 5.2.1.3–4):

/ *il pleut* /   'es regnet'
/ *il neige* /   'es schneit'
/ *il grèle* /   'es hagelt'
/ *il fait beau (temps)* /   'es ist schön (schönes Wetter)'
/ *il fait mauvais (temps)* /   'es ist schlechtes Wetter'
/ *il fait du vent* /   'es ist windig'
/ *il y a du soleil* /   'die Sonne scheint'
/ *il fait jour* /   'es ist hell (oder: es ist Tag)'
/ *il fait nuit* /   'es ist dunkel (oder: es ist Nacht)'
/ *il fait chaud* /   'es ist warm (oder: heiß)'
/ *il fait froid* /   'es ist kalt'
/ *ah, ce que ça tonne!* /   'was das donnert!'

Die Witterungserscheinungen, die in diesen Beispielen ausgedrückt sind, unterscheiden sich dadurch von anderem Geschehen, daß sie weder einem Sprecher
noch einem Hörer in einem Sprachspiel als Handlungen zugeschrieben werden
können. So bleibt nur die Referenten-Rolle als Restkategorie übrig. Diese ist
syntaktisch normalerweise wenigstens noch nach Genus und Numerus differenziert. Aber auch diese Oppositionen werden bei dem Horizont-Morphem *il* 'es'
vernachlässigt und fallen durch Neutralisierung weg. So findet der Hörer bei
diesem Morphem keinerlei inhaltlich ausführbare Referenz-Anweisung vor, und
er muß sich bei seinen Verstehensbemühungen auf den weitesten Horizont beziehen, der ihm von der Bedeutung dieser Verben her nahegelegt wird. Das ist hier
der Horizont des Naturgeschehens.

   Auch bei solchen Verben, die von ihrer Bedeutung her eine Beziehung zum
Horizont des meteorologischen Naturgeschehens nicht nahelegen, kann dennoch
durch das Horizont-Morphem *il* 'es' ein natürlicher Horizont eröffnet werden,
beispielsweise als zeitlicher Horizont. Hier findet man besonders häufig das Prädikations-Verb *être* 'sein' mit nominalem oder adjektivischem Prädikament (vgl.
3.4.1):

/ *il est* (oder: *c'est*) *midi* /   'es ist 12 Uhr (mittag)'
/ *il est (grand) temps* /   'es ist (höchste) Zeit'
/ *il est trop tôt (trop tard)* /   'es ist zu früh (zu spät)'
/ *il y a une heure (il y a longtemps)* /   'vor einer Stunde (vor langer Zeit)'

Im letzten Beispiel ist die Verbindung *il y a* + Ausdruck mit zeitlicher Bedeutung lexikalisiert und kann als (komplexe) Präposition angesehen werden (vgl. 8.3.2.2.5).

☐2 Situations-Horizont

Eine weitere Gruppe von Verben, die sich gerne mit dem Horizont-Morphem *il* 'es' verbindet, bezeichnet in allgemeiner Form eine Situation schlechthin oder ein in ihr waltendes zufälliges oder schicksalhaftes Geschehen, das ebenfalls Horizontstruktur hat, insofern es in seinen Bedingungen (noch) nicht identifizierbar ist:

/ *il se produit un bruit terrible ici* /   'es entsteht hier ein furchtbarer Lärm'
/ *qu'est-ce-qu'il se passe?* /   'was ist los?'
/ *de quoi peut-il s'agir?* /   'worum kann es sich handeln?'
/ *il m'arrive parfois d'avoir peur* /   'es kommt vor, daß ich Angst habe'

In all diesen Beispielen wird die Referenten-Rolle leer gehalten, und es wird auf einen allgemeinen Situations-Horizont verwiesen, weil das Geschehen (noch) nicht klar als Handlung identifiziert ist und folglich auch (noch) keinem Urheber zugeschrieben werden kann.

☐3 Gesellschaftlicher Horizont

Das Horizont-Morphem *il* 'es' kann auch einen gesellschaftlichen Horizont eröffnen. Dieser Horizont wird gebildet von den – häufig moralischen – Konventionen und Normen, die in der Gesellschaft Geltung haben und folglich für eine bestimmte Handlung mehr oder weniger berechtigte Beurteilungskriterien liefern. Diese Beurteilungskriterien kommen in Verbindung mit dem Horizont-Morphem *il* entweder in dem Modalverb *il faut* 'man muß' oder in verschiedenen qualifizierenden Adjektiven zum Ausdruck, die dem Prädikations-Verb *être* 'sein' als Prädikamente zugeordnet werden. Hier einige Beispiele:

/ *il faut manger pour vivre* /   'man muß essen, um zu leben'
/ *il est bon de faire des économies* /   'es ist gut zu sparen'
/ *il est nécessaire de se débrouiller* /   'es ist nötig, daß man sich (irgendwie) durchschlägt'
/ *il importe* (oder: *il est important*) *de se connaître* /   'es ist wichtig, sich zu kennen'
/ *il est indispensable que vous vous rendiez compte de votre situation* /   'es ist unerläßlich, daß Sie sich über Ihre Lage klar werden'

Die konventionelle oder normative Geltung, die in diesen Verben ausgedrückt ist, wird dem anstehenden Sprachspiel bereits zugrunde gelegt und soll nach dem Willen des Sprechers vom Hörer hier nicht in Frage gestellt werden. Das Horizont-Morphem *il* 'es' lenkt daher die Aufmerksamkeit des Hörers auf keine einzelne der Gesprächsrollen, sondern auf einen undifferenzierten Werthorizont, dessen intersubjektive Postulate den gesellschaftlichen Hintergrund für den weiteren Kontext abgeben.

In einem abgeschwächten Sinne kann von einem gesellschaftlichen Horizont auch dann gesprochen werden, wenn das mit dem Horizont-Morphem *il* 'es' verbundene Verb keine moralischen Vorschriften, sondern individuelle oder kollektive («moralistische») Lebenserfahrungen ausdrückt, die für eine einzelne Handlung in einer bestimmten Hinsicht maßgeblich sind und insofern ebenfalls Horizontstruktur haben, beispielsweise:

/ *il n'est pas facile de maigrir* /   'es ist nicht leicht, (an Gewicht) abzunehmen'
/ *il est rare qu'on maigrisse tout seul* /   'es kommt selten vor, daß man von selber abnimmt'
/ *il est vrai que la vie est dure, mais ...* /   'das Leben ist zwar hart, aber ...'

Das letzte Beispiel läßt wiederum eine Lexikalisierung erkennen, die zur Bildung der zweiteiligen Konjunktion *il est vrai que ... mais* 'zwar ... aber' geführt hat.

Verben mit dem Horizont-Morphem *il* 'es', zumal wenn sie als Prädikations-Verben mit qualifizierenden Prädikats-Adjektiven von einem intersubjektiven Wert- oder Erfahrungshorizont her ein «unpersönliches» Urteil abgeben, sind häufig gleichzeitig Konjunktiv-Auslöser (vgl. 4.5.3).

[4]   Textueller Horizont

Das Horizont-Morphem *il* 'es' kann auch einen textuellen Horizont eröffnen. Dieser Horizont gibt den Hintergrund («Thema») für eine im Text nachfolgende Handlung ab, welche dann die volle Aufmerksamkeit des Hörers auf sich ziehen soll (Fokus, «Rhema»). Eine textuelle Horizontbildung mit Hilfe des Horizont-Morphems *il* ist ein Verfahren der Aufmerksamkeits-Steuerung mit dem Ziel, dem Text ein bestimmtes Informationsprofil zu verleihen. Es ist nämlich auf diese Weise möglich, ein bestimmtes Nomen, meistens in der Referenten-Rolle, vor einem gegebenen Horizont als besonders bedeutungsvoll hervortreten zu lassen. Das Horizont-Morphem *il* verbindet sich dann gerne mit einem Verb von relativ allgemeiner Bedeutung, welches in vielen Fällen durch eine anschließende Relativ-Junktion präzisiert wird. Zu beachten ist dabei, daß das von einem Horizont-Morphem begleitete («unpersönliche») Verb immer im Singular steht, auch wenn es die Aufmerksamkeit des Hörers auf ein nachfolgendes pluralisches Nomen lenken soll (das dann, im Falle einer anschließenden Relativ-Junktion, auch von einem pluralischen Verb weitergeführt wird):

/ *il me vient à l'esprit quelques observations que je voulais toujours vous communiquer* / 'mir fallen einige Beobachtungen ein, die ich Ihnen immer schon mitteilen wollte'

/ *il se présente parfois des gens qui connaissent tout et qui ne savent rien* / 'es treten manchmal Leute auf, die alles kennen und nichts wissen'

/ *il existe des enfants qui sont plus cultivés que les adultes* / 'es gibt Kinder, die gebildeter sind als die Erwachsenen'

/ *il se trouve des adultes qui ne font qu'imiter les jeunes gens* / 'es finden sich (manche) Erwachsene, die immer nur die Jugendlichen nachahmen'

/ *il vous appartient de corriger mes impressions* / 'es ist Ihre Sache, meine Eindrücke zu korrigieren'

In dem Präsentativ-Morphem *il y a* 'es gibt' sowie seiner gleichbedeutenden, aber seltener gebrauchten und einem höheren Stilregister angehörenden Variante *il est* 'es gibt, es ist, es sind' ist die textuelle Horizontbildung des Horizont-Morphems *il* 'es' lexikalisiert. Dieses Präsentativ-Morphem kann auch im Tempus (jedoch nicht im Numerus!) variiert und mit Hilfe verschiedener Negations-Morpheme verneint werden. Einige Beispiele:

/ *il y a toujours quelqu'un qui vous regarde de travers* / 'es gibt immer jemand, der einen schief (oder: scheel) ansieht'

/ *il n'y aura rien à objecter à cette thèse* / 'gegen diese Auffassung wird man nichts einzuwenden haben'

/ *il est pourtant quelques philosophes qui ...* / 'immerhin gibt es einige Philosophen, die ...'

Im Falle einer textuellen Horizontbildung durch das Horizont-Morphem *il* 'es' kann das auf diese Weise geschaffene Informationsprofil («Thema-Rhema-Struktur») im Text recht weit gestreckt werden. Unter bestimmten Bedingungen, zumal in formelhaften Wendungen, können nämlich Ausdrücke mit dem Horizont-Morphem *il* als makro-syntaktische Gliederungssignale einen ganzen Text einleiten, wie man das insbesondere vom Märchen her kennt. Französische Märchen beginnen also meistens: *Il était une fois ...* 'Es war einmal ...'. Diese bekannte Eröffnungsformel, die sich nicht zufällig des Horizont-Morphems *il* (und des kataphorischen Artikels – vgl. 5.1.2.5) bedient, richtet einen gattungstypischen Erwartungshorizont auf, der die Aufmerksamkeit des Hörers oder Lesers so sammelt, daß sie voll auf die anschließende Erzählung fällt.

Das Horizont-Morphem *il* 'es' steht in vielen Fällen in einem komplementären Zusammenhang mit dem Fokus-Morphem *ce* 'das' (vgl. 5.2.1.4).

3.4   Die Handlungsrollen und ihre Valenzen

Während die Gesprächsrollen aus einer elementaren Gesprächssituation abgeleitet sind, ergeben sich die (mit ihnen verschmolzenen) Handlungsrollen aus einer elementaren Handlungssituation, in der (mindestens) zwei Personen gegenstandsbezogen miteinander handeln. Wir haben drei Handlungsrollen («Aktanten», «Kasus») unterschieden:

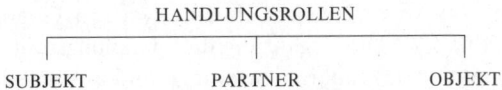

HANDLUNGSROLLEN

SUBJEKT   PARTNER   OBJEKT

Dieser Handlungsbegriff wird jedoch nicht bei allen Verben der französischen Sprache voll erfüllt. Denn bei vielen Verben sind nicht alle drei möglichen Handlungsrollen am Geschehen beteiligt. Dennoch wollen wir auch bei diesen Verben von Handlung (im weiten Sinne des Wortes) sprechen.

Die Verben der französischen Sprache unterscheiden sich also danach, wie viele und welche Handlungsrollen sie bei sich haben können. Diese Unterschiede werden in dem Begriff Valenz («Wertigkeit») ausgedrückt. Die spezifische Valenz eines jeden Verbs charakterisiert die in diesem Verb ausgedrückte Handlungssituation nach einem bestimmten Grundmodell. Welche Valenz ein Verb jeweils hat, ist im Kode vorentschieden und im Wörterbuch, speziell im «Valenz-Wörterbuch», festgelegt. Wir unterscheiden die folgenden vier Valenzen:

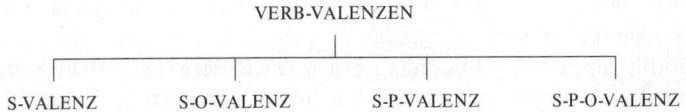

VERB-VALENZEN

S-VALENZ   S-O-VALENZ   S-P-VALENZ   S-P-O-VALENZ

Diese Ausdrücke bedeuten:

– S-Valenz: Das Verb kann nur eine Handlungsrolle bei sich haben (Einwertigkeit), und zwar das Subjekt (3.4.1); es ist S-wertig, zum Beispiel: *il vit* 'er lebt', *il neige* 'es schneit'
– S-O-Valenz: Das Verb kann zwei Handlungsrollen bei sich haben (Zweiwertig-

keit), und zwar Subjekt und Objekt (3.4.2); es ist S-O-wertig, zum Beispiel: *je t'aime* 'ich liebe dich'
– S-P-Valenz: Das Verb kann zwei Handlungsrollen bei sich haben (Zweiwertig-keit), und zwar Subjekt und Partner (3.4.3); es ist S-P-wertig, zum Beispiel: *il lui plaît* 'er gefällt ihm/ihr'
– S-P-O-Valenz: Das Verb kann alle drei Handlungsrollen bei sich haben (Drei-wertigkeit), also Subjekt, Partner und Objekt (3.4.4); es ist S-P-O-wertig, zum Beispiel: *elle lui écrit une lettre* 'sie schreibt ihm/ihr einen Brief'

Es ist nicht gefordert, daß die einzelnen Verben im Text immer genau mit der Valenz gebraucht werden, die ihnen im Kode der Sprache jeweils zugebilligt wird. Sie können überwertig oder unterwertig gebraucht werden (3.4.5). Das Passiv ist eine besonders produktive Form der Unterwertigkeit (3.4.6). Auch die Reflexivität kann in gewisser Hinsicht als unterwertiger Gebrauch eines Verbs angesehen werden (3.4.7). Die Ergänzung der Handlungsrollen durch (präpositionale oder konjunktionale) Junktionen wird gesondert behandelt (vgl. Kap. 8).

3.4.1 Prädikation (S-Valenz)

Bei einer Reihe von Verben der französischen Sprache ist bereits durch das Wörterbuch, das einige Aspekte des Sprachbesitzes repräsentiert, vorentschieden, daß sie nur eine einzige Handlungsrolle bei sich haben können, und zwar das Subjekt. Die Handlungsrollen des Objekts und des Partners sind bei diesen Verben in der Regel nicht zugelassen. Sie sind einwertig und haben eine Subjekt-Valenz (abgekürzt: S-Valenz). Wenn ein Verb eine S-Valenz hat, so soll also damit gesagt werden, daß dieses Verb als einzige Handlungsrolle ein Subjekt bei sich haben kann. Das Determinationsgefüge, das aus Subjekt und Prädikat besteht, wollen wir eine Prädikation nennen. In einer Prädikation ist das Subjekt Prädikatsträger und das Verb Prädikat.

Die Prädikation ist eine besondere Form der Determination. Von der Determination haben wir allgemein gesagt, daß die Bedeutungen der Sprachzeichen im Text durch die Bedeutungen anderer Sprachzeichen in der kontextuellen Nachbarschaft eingegrenzt und dadurch präzisiert werden (vgl. 1.2). Im Hinblick auf die wechselnden Determinationen in verschiedenen Texten erfahren wir also die Bedeutungen der Wörter in gewissen Grenzen als wechselhaft. Die Besonderheit der prädikativen Determination, kurz Prädikation genannt, liegt nun darin, daß diese Bedeutungseingrenzung nicht beiläufig geschieht, sondern ausdrücklich festgestellt wird, so daß der Hörer dazu Stellung nehmen kann. Als Glieder einer Prädikation können wir daher das Subjekt als Prädikatsträger mit dem

Merkmal ⟨FESTSTELLBAR⟩, das Verb als Prädikat mit dem Merkmal ⟨FESTSTEL-LEND⟩ kennzeichnen.

Insofern alle Verben mit S-Valenz das Vermögen haben, eine Prädikation zu bilden, können wir sie Prädikations-Verben nennen. Wir unterscheiden die Prädikations-Verben nach zwei Subklassen, und zwar danach, ob das Verb für sich allein das Prädikat ausdrückt (3.4.1.1) oder ob es für die Zwecke der Prädikation um ein Prädikament erweitert wird (3.4.1.2).

3.4.1.1   Prädikation mit einfachem Prädikat

Das Prädikat, das bei den Verben mit Subjekt-Valenz (S-Valenz) die Bedeutung des Subjekts textuell feststellt, kann mit dem Verb identisch sein. Wir sprechen dann von einem einfachen Prädikat:

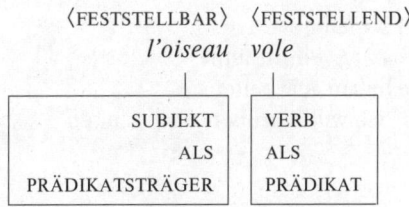

Das Verb *vole* 'fliegt' ist einwertig, es hat als einzige Handlungsrolle das Subjekt *l'oiseau* 'der Vogel' bei sich (S-Valenz). Das besagt in einer Valenz-Analyse, daß dieses Verb als (einfaches) Prädikat für den im Subjekt ausgedrückten Prädikatsträger gelten und seine Bedeutung textuell feststellen soll. Es heißt semantisch: dem Vogel soll hier die Handlung des Fliegens ausdrücklich als Merkmal zugeschrieben werden. Die S-Valenz eines Verbs kann daher in ihrer Bedeutung erschöpfend durch die Feststellungs-Anweisung der Prädikation ausgedrückt werden. Diese ist das Grundmerkmal in der lexikalischen Bedeutung aller einwertigen Verben.

In der Bedeutung des Verbs *être* 'sein' ist die S-Valenz rein, das heißt, ohne ein Mitwirken weiterer lexikalischer Merkmale ausgedrückt. Dieses Verb bedeutet Feststellung schlechthin. Es wird jedoch beim Gebrauch in Texten meistens kontextuell erweitert, und zwar, sofern es nicht durch die weiter unten zu besprechenden Prädikamente geschieht (vgl. 3.4.1.2), hauptsächlich durch Adverbien (vgl. Kap. 7) oder Junktionen (vgl. Kap. 8), zum Beispiel:

/ *j'ai été partout* /   'ich bin überall gewesen' (Adverb)
/ *je suis contre le tourisme* /   'ich bin gegen den Tourismus' (Junktion)

In diesen Beispielen wird die Prädikation durch den Kontext näher spezifiziert.

Bei den Bedeutungen der anderen Verben mit S-Valenz treten zu dem Grundmerkmal ⟨FESTSTELLUNG⟩ weitere lexikalische Merkmale hinzu, nach denen sich die einzelnen Verben differenzieren. Sie bleiben aber durch das genannte Grundmerkmal der Prädikation alle miteinander semantisch verwandt. Auch in den weiteren Merkmalen lassen sie darüber hinaus eine gewisse Verwandtschaft erkennen, so daß man sie nach eigenen lexikalischen Gruppen sortieren kann. Diese haben jedoch keine ganz scharfen Grenzen. Wir unterscheiden, abgesehen von dem Verb *être,* die folgenden drei lexikalischen Gruppen:

1 Verben des physischen und psychischen Lebens:

/*je vis*/ 'ich lebe'
/*tu as grandi*/ 'du bist groß geworden'
/*cela existe*/ 'das gibt es (oder: das existiert)'
/*on vieillit*/ 'man wird alt'
/*nous dormons*/ 'wir schlafen'
/*vous rêvez* (oder: *songez*)/ 'ihr träumt'
/*ils ont travaillé*/ 'sie haben gearbeitet'
/*je vais (y) réfléchir*/ 'ich will (darüber) nachdenken'
(...)

2 Verben der Bewegung (als spezifischer Ausdruck des physischen Lebens):

/*je vais*/ 'ich gehe'
/*tu viens*/ 'du kommst'
/*elle arrive*/ 'sie kommt an'
/*il ne part pas*/ 'er reist nicht ab'
/*on reste*/ 'wir bleiben'
/*je passerai*/ 'ich werde vorbeikommen'
/*nous sommes entrés*/ 'wir sind hereingekommen (oder: eingetreten)'
/*vous êtes sortis?*/ 'seid ihr (her-)ausgegangen?'
/*tu vas monter?*/ 'kommst du herauf?'
/*ils sont descendus*/ 'sie sind herunter-/hinuntergegangen'
(...)

3 Verben mit dem Horizont-Morphem *il* 'es', die ein Naturgeschehen, insbesondere die jeweilige Witterung, bezeichnen (vgl. 3.3.3.2):

/*il pleut*/ 'es regnet'
/*il neige*/ 'es schneit'

/il gèle (dégèle)/   'es friert (taut)'
(...)

Da auch die spezifischen Prädikations-Verben nur eine einzige Handlungsrolle, das Subjekt, bei sich haben, bieten sie oft, ebenso wie das Prädikations-Verb *être* 'sein', einer ergänzenden Determinierung durch Adverbien oder Junktionen günstige Bedingungen. Insbesondere die Verben der Bewegung sind fast regelmäßig durch Adverbien oder Junktionen erweitert, in denen die Bewegung durch die Angabe von Positionen näher determiniert wird (vgl. 7.3.2):

/viens un peu ici/   'komm mal her!'
/on va aller au cinéma?/   'gehen wir (gleich) ins Kino?'
/je préfère rester à la maison/   'ich bleibe lieber zu Hause'
/tu ne fais que penser à ton travail/   'du denkst immer nur an deine Arbeit'
/et toi tu ne veux que rêver d'une belle actrice/   'und du willst immer nur von einer
   schönen Schauspielerin träumen'

3.4.1.2 Prädikation mit Prädikamenten

Unter den Prädikations-Verben, also den Verben mit S-Valenz, hat das Verb *être* 'sein' einen besonderen Rang, da es diese Valenz rein, das heißt, unspezifiziert darstellt und folglich in seiner lexikalischen Bedeutung durch das Merkmal (FEST-STELLUNG) vollständig beschrieben werden kann. Zum Ausgleich für diese relativ «leere» Bedeutung, die sich darin erschöpft, ein Bedeutungsmerkmal des Prädikatsträgers in einem gegebenen Kontext ausdrücklich festzustellen, finden wir das Verb *être* gewöhnlich in seinen Kontexten reich determiniert, so daß die Prädikation von daher vielfältig spezifiziert werden kann. Von einer Erweiterung durch Adverbien oder Junktionen war schon die Rede (vgl. 3.4.1.1). Wichtiger für den Sprachgebrauch ist jedoch die Erweiterung durch Prädikamente.

Unter dem Oberbegriff des Prädikaments fassen wir das Prädikats-Nomen und das Prädikats-Adjektiv zusammen:

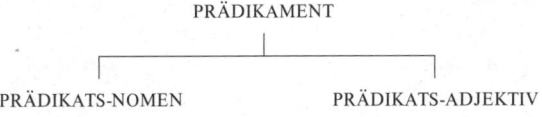

Prädikats-Nomina und Prädikats-Adjektive können ihrerseits noch durch geeignete Determinanten erweitert werden.

Außer dem Verb *être* 'sein' gehören noch einige andere Verben zu den Prädikations-Verben, die Prädikamente zulassen («Kopula»-Verben). Diese Verben enthalten in ihren Bedeutungen ebenfalls das Merkmal ⟨FESTSTELLUNG⟩, zusätzlich aber noch das eine oder andere lexikalisch spezifizierende Merkmal. Die wichtigsten Verben dieser Gruppe sind in den nachfolgenden Beispielen enthalten:

/ *il devient poétique* /   'er wird poetisch'
/ *elle reste sceptique* /   'sie bleibt skeptisch'
/ *il demeure stupéfié* /   'er steht verblüfft da'
/ *elle semble (être) irritée* /   'sie scheint gereizt (zu sein)'
/ *il paraît embarrassé* /   'er scheint verlegen'
/ *elle a l'air sévère* /   'sie sieht streng aus'
/ *il passe pour (être) naïf* /   'er gilt als naiv'
/ *elle se montre ironique* /   'sie zeigt sich ironisch'
/ *il se rend fou* /   'er macht sich verrückt'
/ *elle s'avère méchante* /   'sie erweist sich als böse'
/ *il se fait poète* /   'er wird (zum) Dichter'
(...)

Wir besprechen zunächst die Prädikation mittels Prädikats-Nomen (3.4.1.2.1), sodann die mittels Prädikats-Adjektiv (3.4.1.2.2).

3.4.1.2.1   *Être* mit Prädikats-Nomen

Die Prädikations-Anweisung, die von dem Prädikations-Verb *être* 'sein' oder einem verwandten Verb mit dem Valenz-Merkmal ⟨FESTSTELLUNG⟩ ausgeht und die ein Subjekt als Prädikatsträger kennzeichnet, kann durch ein Prädikats-Nomen näher spezifiziert werden. Dieses Prädikats-Nomen gibt dann mit seiner Bedeutung an, welches Merkmal oder Merkmal-Bündel in diesem Text ausdrücklich als kennzeichnend für die Bedeutung des Prädikatsträgers festgestellt werden soll. Am engsten ist die Verbindung zwischen Prädikations-Verb und Prädikats-Nomen, wenn dieses keinen Artikel bei sich hat:

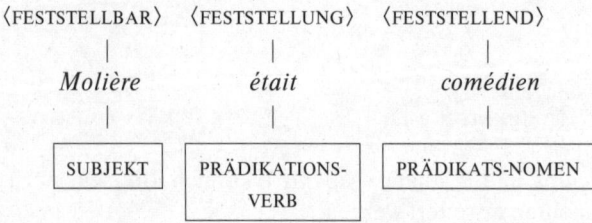

Das Verb *était* 'war' ist ein Prädikations-Verb. Es charakterisiert die Bedeutung seines Subjekts *Molière* als feststellbar durch das Prädikats-Nomen *comédien* 'Komödiant'. Natürlich kann diese Feststellung durch ein Negations-Morphem auch verneint werden:

/*Molière n'était pas académicien*/   'Molière war kein Akademie-Mitglied (Mitglied der Académie Française)'

Das Prädikats-Nomen wirkt in unterschiedlicher Weise bei der Prädikation mit, je nachdem wie es selber weiter determiniert ist, insbesondere je nachdem ob es einen anaphorischen («bestimmten») oder einen kataphorischen («unbestimmten») Artikel bei sich hat. Ein anaphorischer Artikel *(le, la, les)* verweist auf Vorinformation, ein kataphorischer Artikel *(un, une, des, du, de la)* verweist auf Nachinformation (vgl. 5.1.2).

Ein Prädikats-Nomen, das einen anaphorischen Artikel (Merkmal: ⟨BEKANNT⟩) bei sich hat, präzisiert die Prädikation des Verbs auf die Vorinformation hin und lenkt sie damit auf den (voraufgehenden) Prädikatsträger, was im Grenzfall bis zur Bedeutungs-Identifikation zwischen dem Prädikatsträger und dem Prädikats-Nomen gehen kann. Diese Identifikation kann noch durch ein Präsentativ-Morphem (*c'est* statt *est*) unterstrichen werden:

/*Louis XIV est le successeur de Louis XIII*/   'Ludwig XIV. ist der Nachfolger Ludwigs XIII.'
/*l'absolutisme, c'est le pouvoir absolu d'un monarque*/   'der Absolutismus (, das) ist die absolute Gewalt eines Herrschers'
/*l'État, c'est moi*/   'der Staat (, das) bin ich' (Ludwig XIV.)

Das letzte Beispiel zeigt, daß ein Prädikament auch pronominal besetzt sein kann.

Ist das Prädikats-Nomen hingegen durch einen kataphorischen Artikel ausgezeichnet, der auf Nachinformation verweist (Merkmal: ⟨UNBEKANNT⟩), so bleibt die Feststellung der Bedeutung offen und verhältnismäßig allgemein («generisch»). Dadurch nimmt die Prädikation den Charakter einer (Rahmen-)Definition an. Der Prädikatsträger wird dann zum Definiendum, das Prädikament zum Definiens. Der Rahmen dieser Definition («genus proximum») kann semantisch weiter oder enger gefaßt sein, je nachdem ob die durch den kataphorischen Artikel angekündigte Nachinformation («differentia specifica») im nachfolgenden Kontext sogleich mitgeliefert wird oder nicht:

/*un sonnet est un poème*/   'ein Sonett ist ein Gedicht'
/*un sonnet est un poème qui se compose de deux quatrains et de deux tercets*/   'ein Sonett ist ein Gedicht, das aus zwei Vierzeilern und zwei Dreizeilern besteht'

In all den Fällen jedoch, in denen ein Subjekt in der Referenten-Rolle nicht durch ein Nomen oder (Referenz-)Pronomen, sondern durch das Horizont-Morphem *il* 'es' ausgefüllt ist, so daß diese Rolle semantisch leer bleibt (vgl. 3.3.3.2), handelt es sich bei dem Nomen, das auf ein einwertiges Verb folgt, nicht um ein Prädikats-Nomen, sondern um das nunmehr semantisch gefüllte Subjekt. Unterscheide:

REFERENZ-PRONOMEN *il* 'er' MIT NACHFOLGENDEM PRÄDIKATS-NOMEN	HORIZONT-MORPHEM *il* 'es' MIT NACHFOLGENDEM SUBJEKT
/ *je connais cet homme, il est charpentier* / 'ich kenne diesen Mann, er ist Zimmermann'	/ *il existe dans ce quartier un charpentier qui . . .* / 'es gibt in diesem Stadtviertel einen Zimmermann, der . . .'

Im Beispiel der linken Spalte ist das Nomen *charpentier* 'Zimmermann' Prädikats-Nomen für das (im Text referentiell auf *homme* 'Mann' bezogene) Pronomen *il* 'er' als Prädikatsträger. Im Beispiel der rechten Spalte hingegen eröffnet das Horizont-Morphem *il* 'es' einen textuellen Horizont, auf den im nachfolgenden Kontext das Subjekt *un charpentier* 'ein Zimmermann' («rhematisch») projiziert wird. Die Handlungsrolle des Subjekts wird auf diese Weise zweimal ausgedrückt, einmal leer (mit horizontbildender Wirkung: «Thema») und einmal semantisch gefüllt (mit aufmerksamkeitssteigernder Wirkung: «Rhema»).

3.4.1.2.2 *Être* mit Prädikats-Adjektiv

Das Prädikament einer durch das Prädikations-Verb *être* 'sein' oder ein anderes geeignetes Prädikations-Verb (vgl. 3.4.1.2) vermittelten Prädikation kann auch ein Adjektiv sein, das wir dann im Hinblick auf diese Funktion Prädikats-Adjektiv nennen wollen. Das Prädikats-Adjektiv gibt mit seiner Bedeutung das Merkmal oder Merkmal-Bündel an, das in einem gegebenen Text als kennzeichnend für die Bedeutung des Prädikatsträgers festgestellt werden soll und das ihr in diesem Sinne textuell «zugeschrieben» werden kann.

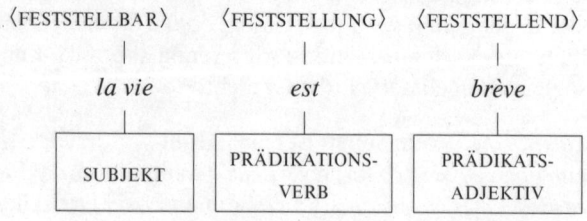

In diesem Beispiel wird die Bedeutung des Nomens *la vie* 'das Leben', die sonst in verschiedenen Texten mannigfaltig determiniert werden kann, für diesen Text ausdrücklich festgestellt, und zwar durch das ihm zugeschriebene (lexikalische!) Merkmal der Kürze.

Das Prädikats-Adjektiv ist dem Prädikatsträger immer in Genus und Numerus kongruent:

GENUS \ NUMERUS	SINGULAR	PLURAL
MASKULIN	*il est grand* 'er ist groß'	*ils sont grands* 'sie sind groß'
FEMININ	*elle est grande* 'sie ist groß'	*elles sont grandes* 'sie sind groß'

Zwischen Prädikation und Attribution (vgl. Kap. 6) ist scharf zu unterscheiden. In einer Attribution wird ein Nomen durch ein Adjektiv determiniert, jedoch beiläufig, das heißt, ohne daß diese Determination ausdrücklich festgestellt wird. In einer Prädikation hingegen wird die Bedeutungs-Determination, die ein Nomen oder Pronomen erfährt, ausdrücklich festgestellt, so daß der Gesprächs-partner dazu Stellung nehmen kann. Zu diesem Zweck muß das Nomen oder Pronomen die Subjekt-Rolle einnehmen, und das determinierende Adjektiv muß durch die Vermittlung eines Prädikations-Verbs («Kopula») diesem Subjekt aus-drücklich als Prädikament zugesprochen werden. Unterscheide:

ATTRIBUTION

/ *(je me plains de) la nature cruelle* /
'(ich beklage mich über) die grau-
same Natur'

PRÄDIKATION

/ *la nature semble cruelle et elle l'est
vraiment* / 'die Natur scheint grau-
sam, und sie ist es (auch) wirklich'

Das Beispiel der rechten Spalte (Prädikations-Verben *sembler* 'scheinen' und *être* 'sein') zeigt überdies, daß man das Prädikament, und zwar nicht nur als Prädi-kats-Nomen, sondern sogar als Prädikats-Adjektiv, durch ein neutrales Objekt-Pronomen *(le, l')* pronominalisieren kann (vgl. 3.3.3.2).

Vorverweis: Wird die Stelle des Prädikats-Adjektivs von einem Rück-Partizip (vgl. 6.7) eingenommen, so entsteht eine komplexe Verbform, die je nach der Valenz des partizipialen Verbs ein bestimmtes Tempus oder eine bestimmte Passivform ausdrückt. Vergleiche:

/ *il est parti* /　'er ist weggegangen' (Perfekt Aktiv – vgl. 4.3.4)
/ *elle est interrogée* /　'sie wird verhört' (Präsens Passiv – vgl. 3.4.6)

Die Adverbien *bien* 'gut, wohl', *mal* 'schlecht, übel' und *mieux* 'besser' können in der Stellung nach *être* oder einem verwandten Prädikations-Verb (sonst nicht!) als Quasi-Adjektive behandelt und als Prädikamente herangezogen werden. Unterscheide:

ADJEKTIVE	QUASI-ADJEKTIVE
/ *tu es très bonne* /　'du bist sehr gut (oder: gutherzig)'	/ *tu es très bien* /　'du bist prima (oder: sehr in Ordnung)'
/ *je suis assez mauvais en math(émati-ques)* /　'ich bin ziemlich schlecht in Mathe(matik)'	/ *je suis au plus mal* /　'es geht mir ganz schlecht'
/ *vous êtes meilleurs* /　'ihr seid besser (oder: die besseren)'	/ *vous êtes mieux comme ça* /　'so seht ihr besser aus'

Idiomatische Ausdrücke:

tout ça c'est très bien　'das ist alles sehr in Ordnung'
ce n'est (oder: *c'est) pas trop mal*　'das ist nicht so übel'
c'est mieux qu'avant　'das ist besser als vorher'
c'est ça　'so ist es'

3.4.2　Disposition (S-O-Valenz)

Die mehrwertigen Verben der französischen Sprache können sämtlich als Überformungen von einwertigen Verben angesehen werden. Das bedeutet: alle Verben, die zwei- oder dreiwertig sind, sind immer auch einwertig. Denn die anderen Handlungsrollen Objekt und Partner, die bei den zwei- oder dreiwertigen Verben entweder einzeln oder zusammen zugelassen sind, treten zum Subjekt als der immer zugelassenen Handlungsrolle hinzu. Wir besprechen zunächst diejenigen zweiwertigen Verben, die zusätzlich zur Handlungsrolle des Subjekts noch die Handlungsrolle des Objekts zulassen. Diese Verben bezeichnen wir als Verben mit einer Subjekt-Objekt-Valenz oder abgekürzt S-O-Valenz. Ob ein bestimmtes Verb diese Valenz hat, ist jeweils durch den Kode der Sprache vorentschieden und steht im (Valenz-)Wörterbuch verzeichnet.

Die S-O-Valenz eines Verbs gibt dem Hörer die Anweisung, das Subjekt als verfügend (Merkmal: 〈DISPONENT〉) und das Objekt als verfügbar (Merkmal: 〈DISPONIBEL〉) aufzufassen. Diese Valenz besagt also in ausdrücklicher Formulierung (der Sprecher instruiert den Hörer): «Betrachte die Bedeutung des Verbs so, daß das Subjekt hinsichtlich dieser Bedeutung über das Objekt verfügen kann!»

Wenn wir die S-O-Valenz als Überformung einer S-Valenz, die Anweisung der Disposition folglich auch als Überformung einer Prädikation ansehen, dann besteht bei Verben mit S-O-Valenz also weiterhin zwischen Subjekt und Verb die Prädikations-Anweisung, die dem Hörer bedeutet, das Subjekt als Prädikatsträger und das Verb als Prädikat aufzufassen. Das Subjekt bei den zweiwertigen Verben mit S-O-Valenz ist demnach gleichzeitig als ein Feststellbares (für das feststellende Verb) und als ein Disponent (für das disponible Objekt) aufzufassen. Wir erläutern diesen Zusammenhang an dem Verb *avoir* 'haben', dessen Bedeutung sich nur aus den beiden lexikalischen Merkmalen ⟨FESTSTELLUNG⟩ und ⟨DISPOSITION⟩ zusammensetzt, die zugleich die für die S-Valenz und die S-O-Valenz konstitutiven semantischen Merkmale sind:

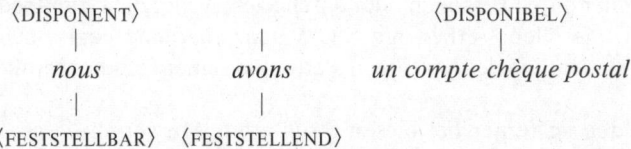

Dieses Beispiel mit der Bedeutung 'wir haben ein Postscheckkonto' organisiert sich um das zweiwertige Verb *avoir* 'haben'. Nach der S-O-Valenz dieses Verbs ist das Subjekt *nous* 'wir' als Disponent und das Objekt *un compte chèque postal* 'ein Postscheckkonto' als ein Disponibles aufzufassen. Diese S-O-Valenz überformt eine weiterbestehende S-Valenz, derzufolge dasselbe Subjekt als Träger des Prädikats *avoir* 'haben', also als Inhaber von etwas festgestellt wird. Diese Feststellung ist die Grundlage für die weiterreichende Disposition, die in der S-O-Valenz beschlossen liegt.

Die vielen anderen Verben der französischen Sprache, die mit dem Verb *avoir* das lexikalische Merkmal ⟨DISPOSITION⟩ teilen, unterscheiden sich von diesem durch mehr oder weniger zusätzliche Merkmale. Die Dispositions-Bedeutung bleibt dabei die semantische Grundlage, wird aber vor allem dadurch modifiziert oder nuanciert, daß die Handlungsrollen des Subjekts und des Objekts entweder durch Personen oder durch Sachen besetzt werden können. Man kann unter diesem Gesichtspunkt die Verben mit S-O-Valenz nach vier lexikalischen Gruppen differenzieren, die im folgenden durch je ein Beispiel erläutert werden sollen:

1. Gruppe: Die Rolle des Subjekts und die des Objekts sind von Personen besetzt:
   / *les lexicographes aident les grammairiens* /   'die Wörterbuchmacher helfen den Grammatikern'

2. Gruppe: Die Rolle des Subjekts und die des Objekts sind von Sachen besetzt:
/*la grammaire représente les structures de la langue*/   'die Grammatik stellt die Sprachstrukturen dar'

3. Gruppe: Die Rolle des Subjekts ist von einer Person, die Rolle des Objekts von einer Sache besetzt:
/*l'auteur corrige les épreuves*/   'der Autor korrigiert die Druckfahnen'

4. Gruppe: Die Rolle des Subjekts ist von einer Sache, die des Objekts von einer Person besetzt:
/*le livre caractérise l'auteur*/   'das Buch charakterisiert den Autor'

Außer durch diese unterschiedlichen Besetzungen der Subjekt- und Objekt-Rolle entweder durch Personen oder durch Sachen wird die Grundbedeutung der Disposition, die allen Verben mit S-O-Valenz zugrunde liegt, auch durch die spezifische Bedeutung des jeweiligen Verbs und seiner Handlungsrollen vielfältig beeinflußt.

Zu beachten ist ferner bei diesen Strukturen, daß verschiedene Verben der französischen Sprache eine mehrfache Valenz und dementsprechend eine mehrfache Bedeutung haben. Unterscheide zum Beispiel:

S-VALENZ	S-O-VALENZ
/*ma femme est sortie*/ 'meine Frau ist ausgefahren (oder: ausgegangen)'	/*ma femme a sorti la voiture du garage*/ 'meine Frau hat den Wagen aus der Garage gefahren'

Prädikationen sind, wie wir gesehen haben (vgl. 3.4.1), textuelle Bedeutungs-Feststellungen, die ein Subjekt in seiner Valenz-Eigenschaft als Prädikatsträger im Text erfährt. Dispositionen, wie sie zwischen einem Subjekt in seiner Valenz-Eigenschaft als Disponent und einem Objekt in seiner Valenz-Eigenschaft als Disponibles bestehen, sind etwas ganz anderes (vgl. 3.4.2). Nun gibt es aber unter den Verben mit S-O-Valenz einige, die einem Objekt, zusätzlich zu seinem Valenz-Merkmal ⟨DISPONIBEL⟩, noch das Subjekt-Merkmal ⟨FESTSTELLBAR⟩ zuweisen, so daß es gleichzeitig Prädikatsträger einer neuen Prädikation ist. Diese kann, wie wir es auch bei dem Prädikations-Verb *être* 'sein' gesehen haben, als Prädikament entweder ein Prädikats-Nomen oder ein Prädikats-Adjektiv bei sich haben. Im nachfolgenden Beispiel mit der Bedeutung 'ich nenne den Krieg ein Verbrechen' ist das Objekt *la guerre* 'den Krieg' gleichzeitig neuer Prädikatsträger für das Prädikats-Nomen *un crime* 'ein Verbrechen' (Merkmal-Kombination: ⟨DISPONIBEL⟩ + ⟨FESTSTELLBAR⟩).

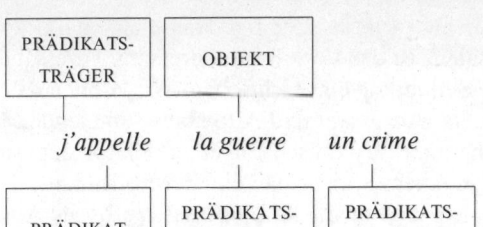

Die folgenden Beispiele sind danach unterschieden, ob die neue Prädikation, deren Prädikatsträger das Objekt eines anderen Subjekts ist, sich eines Prädikats-Nomens oder eines Prädikats-Adjektivs bedient:

☐1   S-O-Valenz mit Prädikats-Nomen:

/ *on l'a fait directeur général* /   'man hat ihn zum Generaldirektor gemacht'
/ *ils vont encore le couronner roi* /   'sie werden ihn noch zum König krönen'
/ *je l'appellerai toujours un fripon* /   'ich werde ihn immer einen Gauner nennen'

☐2   S-O-Valenz mit Prädikats-Adjektiv:

/ *je veux rendre votre vie la plus agréable possible* /   'ich will euer Leben so angenehm wie möglich gestalten'
/ *je déclare ce lycée indépendant* /   'ich erkläre dieses Gymnasium für unabhängig'
/ *je considère* (oder seltener: *regarde) mes devoirs comme terminés* /   'ich betrachte meine Aufgaben als beendet'

Zu beachten ist im letzten Beispiel die Verbindung des Verbs mit dem Junktor *comme* 'als' (vgl. 8.2.3.1).

3.4.3   Adresse (S-P-Valenz)

Zweiwertig sind außer den Verben mit S-O-Valenz (vgl. 3.4.2) auch die Verben mit S-P-Valenz, das heißt, mit Subjekt-Partner-Valenz. Diese Verben lassen neben der Handlungsrolle des Subjekts die Handlungsrolle des Partners zu. Es handelt sich bei diesen Verben gleichfalls um eine Überformung der S-Valenz, welche auch dann weiterbesteht, wenn als zusätzliche Handlungsrolle der Partner hinzutritt. Die überformende S-P-Valenz beruht nun auf einer Widmungs-Anweisung, durch die – in Merkmalen ausgedrückt – das Subjekt als ⟨ADRES-

SANT⟩, der Partner als ⟨ADRESSAT⟩ einer Handlung charakterisiert wird. Allen Verben mit S-P-Valenz ist das Verhältnis Adressant/Adressat als Grundmerkmal in die lexikalische Bedeutung eingeschrieben. Wir können daher alle Verben mit S-P-Valenz, da sie das Adressant und Adressat verbindende Merkmal ⟨ADRESSE⟩ gemeinsam haben, auch lexikalisch zu einer Klasse zusammenfassen. Wann immer der Hörer in einem Sprachspiel ein Verb vernimmt, das eine S-P-Valenz hat, weiß er zugleich, daß er das Subjekt des Verbs als Adressanten und den Partner als Adressaten derjenigen Handlung auffassen soll, die mit der lexikalischen Bedeutung dieses Verbs gemeint ist. Wir erläutern die Valenz-Struktur am Beispiel des Verbs *sourire,* das mit seiner Bedeutung 'zulächeln' (nur mit dieser!) eine S-P-Valenz hat. Dabei beachten wir wieder die Überformung einer zugrunde liegenden S-Valenz:

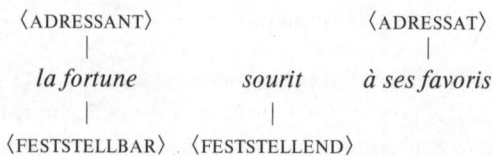

Die Bedeutung dieses Beispiels beruht auf der Valenz-Struktur des Verbs *sourire.* Zugrunde liegt zunächst, wie bei allen Verben, eine S-Valenz, die mit der Bedeutung 'lächeln' ausgedrückt werden kann. Durch sie erhält der Hörer die Anweisung, das Subjekt als Prädikatsträger und das Verb als Prädikat anzusehen. Überformt wird diese Valenz durch die S-P-Valenz dieses Verbs (Bedeutung: 'zulächeln'), derzufolge dem Hörer bedeutet wird, das Subjekt als Adressanten und den Partner als Adressaten der Handlung des Lächelns anzusehen. So kommt die Gesamtbedeutung zustande: 'Fortuna lächelt ihren Günstlingen zu'.

   Verhältnismäßig wenige Verben der französischen Sprache haben diese S-P-Valenz. Trotz der gemeinsamen Merkmal-Bedeutung ⟨ADRESSE⟩, welche die semantische Verwandtschaft der ganzen Subklasse gewährleistet, unterscheiden sich die einzelnen Verben dieser Subklasse erheblich voneinander, nicht nur durch zusätzliche lexikalische Merkmale, sondern auch vor allem danach, ob die beteiligten Handlungsrollen von Personen oder von Sachen besetzt werden. In weitaus den meisten Fällen ist die Handlungsrolle des Partners von Personen besetzt:

/*toutes les maisons lui appartiennent*/   'alle Häuser gehören ihm'
/*il ne me plaît pas*/   'er gefällt mir nicht'
/*personne ne peut lui échapper*/   'niemand kann ihm entgehen'
/*je ne lui céderai pas*/   'ich werde ihm nicht nachgeben'
/*il te nuira*/   'er wird dir schaden'

/je me sens assez fort pour lui résister/   'ich fühle mich stark genug, ihm zu widerstehen'
/il faudra lui obéir/   'man wird ihm gehorchen müssen'
/je vais lui téléphoner/   'ich rufe ihn gleich an'
/tu ressembles à ton père/   'du gleichst deinem Vater'
/(à) moi, il me semble que ... /   'm i r scheint, daß ...'
/il nous importe beaucoup que ... /   'es kommt für uns sehr darauf an, daß ...'
/il me suffit que ... /   'es genügt mir, daß ...'

Unterscheide:

S-O-VALENZ (DISPOSITION)

/je parle déjà très bien le français/
'ich spreche schon sehr gut französisch'

S-P-VALENZ (ADRESSE)

/il faut absolument que je lui parle/
'ich muß unbedingt mit ihm sprechen (oder: ich muß ihn unbedingt sprechen)'

Anmerkung: Das Verb *penser (à)* 'denken (an)', ebenso wie das Verb *songer (à)* 'denken (an), nachsinnen, bedacht sein (auf)' kann nicht mit einem gebundenen Pronomen in der Partner-Rolle kombiniert werden, sondern nur entweder mit einem freien Pronomen (bei Personen) oder mit dem Pro-Adverb *y* (bei Sachen und Sachverhalten – vgl. 7.3.2.5). Unterscheide:

PERSON

/je pense (oder: songe) à eux/   'ich denke an sie'

SACHE ODER SACHVERHALT

/j'y pense (oder: songe)/   'ich denke daran'

3.4.4   Interaktion (S-P-O-Valenz)

Eine nicht geringe Zahl von Verben der französischen Sprache ist dreiwertig. Diese Verben können im Text alle drei Handlungsrollen bei sich haben. Sie sollen daher Verben mit Subjekt-Partner-Objekt-Valenz oder abgekürzt S-P-O-Valenz genannt werden. Die S-P-O-Valenz kann als eine Vereinigung zweier Valenzen, der S-O-Valenz (Merkmal: ⟨DISPOSITION⟩) und der S-P-Valenz (Merkmal: ⟨ADRESSE⟩), aufgefaßt werden und insofern auch als doppelte Überformung der S-Valenz. Für das Subjekt eines dreiwertigen Verbs ergibt sich daraus: es ist gleichzeitig im Hinblick auf sein Verb ein in seiner Bedeutung feststellbarer Prädikatsträger, im Hinblick auf sein Objekt ist es Disponent und im Hinblick auf seinen Partner Adressant. Alle drei Strukturen, die in der S-P-O-Valenz zusammenkommen, wollen wir unter dem Begriff der Interaktion zusammenfassen, und wir können dementsprechend die Verben mit S-P-O-Valenz Interaktions-Verben nennen. Hier eine Merkmal-Partitur des dreiwertigen Verbs *donner* 'geben' in einem einfachen Kontext:

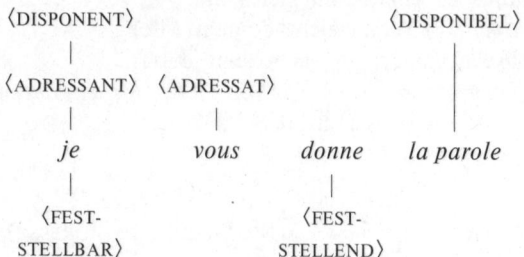

Das Verb *donne* 'gebe' ist dreiwertig; von ihm ergeht also eine dreifache Handlungsanweisung: Prädikation, Disposition und Adresse. Kraft dieser dreifachen Handlungsanweisung ist das Subjekt *je* 'ich' gleichzeitig Prädikatsträger (im Verhältnis zu seinem bedeutungsfeststellenden Prädikat *donne* 'gebe'), Disponent (im Verhältnis zu seinem disponiblen Objekt *la parole* 'das Wort') und Adressant (im Verhältnis zu seinem Partner *vous* 'Ihnen' als Adressaten). So entsteht die Gesamtbedeutung 'ich gebe (oder: erteile) Ihnen das Wort'.

Im Prinzip sind alle drei Handlungsrollen, die ein Verb mit S-P-O-Valenz bei sich haben kann, von Personen oder von Sachen besetzbar. In den meisten Fällen sind diese jedoch so verteilt, daß die Handlungsrollen des Subjekts und des Partners an Personen gehen, während die Handlungsrolle des Objekts von einer Sache eingenommen wird.

Die Verben mit S-P-O-Valenz haben in der französischen Sprache eine mittlere Frequenz. Man kann sie um der besseren Übersicht willen nach zwei Gruppen ordnen, die jedoch nicht scharf voneinander abgegrenzt sind.

[1] Bei den Verben der Mitteilung (Typus «*dire*» – vgl. 8.4.11.1) sind Subjekt und Partner für gewöhnlich Personen, die an einem Sprachspiel teilnehmen; das Objekt bezeichnet ihren Kommunikationsgegenstand:

/ *il m'a tout avoué* /   'er hat mir alles gestanden (oder: zugegeben)'
/ *je ne le lui ai pas défendu* /   'ich habe es ihm nicht verboten'
/ *vous le lui avez permis?* /   'haben Sie es ihm erlaubt?'
/ *je ne demande jamais rien à personne* /   'ich bitte nie jemand(en) um etwas'
/ *on peut vous jouer un mauvais tour* /   'man kann Ihnen einen schlimmen Streich
   spielen'
/ *ne me dites pas cela* /   'sagen Sie mir das (doch) nicht!'
/ *je vous raconterai tout ce que j'ai appris* /   'ich werde Ihnen alles erzählen, was
   ich erfahren habe'

/*est-ce qu'on pense me reprocher quelque chose?* /   'gedenkt man mir etwas vorzuwerfen?'
/*je ne vous le souhaite pas* /   'ich wünsche es Ihnen nicht'
(...)

2   Bei den Verben des Gebens und Nehmens (Typus *«donner»*, *«prendre»*)
sind Subjekt- und Partner-Rolle ebenfalls meistens von Personen besetzt; das
Objekt ist eine Sache, die zwischen den beiden Personen getauscht wird (im
Geben und Nehmen):

/*rends-moi donc vite le livre que je t'ai prêté* /   'gib mir schnell (mal) das Buch
wieder, das ich dir geliehen habe!'
/*je te l'apporterai la semaine prochaine* /   'ich bringe es dir nächste Woche mit'
/*tu ne peux pas me l'envoyer tout de suite?* /   'kannst du es mir nicht sofort (zu-)
schicken?'
/*quelqu'un me l'a pris* /   'jemand hat es bei mir mitgenommen (oder: mir weg-
genommen)'
/*alors procure-moi un autre exemplaire* /   'dann beschaff mir ein anderes Exemplar!'
/*veux-tu que je t'achète un nouveau livre?* /   'soll ich dir ein neues Buch kaufen?'
/*tu trouveras facilement quelqu'un pour te le payer* /   'du wirst leicht jemand
finden, der es dir bezahlt'
(...)

Diese beiden Gruppen sind deshalb verhältnismäßig schwierig gegeneinander
abzugrenzen, weil sie beide im Grunde das gleiche Handlungsmodell abbilden.
Es macht für die Struktur des Handlungsspiels nur einen geringen Unterschied,
ob ein Zeichen oder ein anderer Gegenstand getauscht wird. Zwischen den beiden Formen der Übermittlung einer Sache besteht zumindest eine Analogie:
zwei Personen treten mittels einer Sache miteinander in Verbindung und handeln
miteinander.

3.4.5   Kode-Valenz und Text-Valenz

Die Valenz eines Verbs gibt nicht an, wie viele und welche Handlungsrollen ein
Verb im jeweiligen Text tatsächlich bei sich hat, sondern wie viele und welche
Handlungsrollen es in einem beliebigen Text bei sich haben kann. Wir wollen die
mögliche Valenz eines Verbs seine Kode-Valenz, die tatsächliche Valenz eines
Verbs in einem gegebenen Text seine Text-Valenz nennen. Die Text-Valenz
kann von der Kode-Valenz entweder durch Überwertigkeit (3.4.5.1) oder durch
Unterwertigkeit (3.4.5.2) abweichen.

3.4.5.1 Überwertigkeit

Wir sprechen von Überwertigkeit, wenn eine der drei folgenden Bedingungen gegeben ist:

1. Ein Verb mit S-Valenz hat im Text zusätzlich zum Subjekt noch ein Objekt oder einen Partner oder beide bei sich.
2. Ein Verb mit S-O-Valenz hat im Text zusätzlich zum Subjekt und Objekt noch einen Partner bei sich.
3. Ein Verb mit S-P-Valenz hat im Text zusätzlich zu seinem Subjekt und Partner noch ein Objekt bei sich.

Dem überwertigen Gebrauch eines Verbs sind jedoch enge semantische Grenzen gesetzt, die keinen Zweifel daran lassen, daß sich trotz dieser okkasionellen Valenz-Erhöhung in einem gegebenen Text an der prinzipiellen Kode-Valenz nichts ändert. Es müssen nämlich bestimmte Bedingungen erfüllt sein, wenn der vom Kode gesetzte Valenz-Rahmen nach oben hin überschritten werden soll. Jeder der folgenden drei Fälle erlaubt einen überwertigen Gebrauch des betreffenden Verbs:

$\boxed{1}$ Das Verb hat ein inneres Objekt («figura etymologica»). Von einem inneren Objekt sprechen wir dann, wenn ein Verb und sein Objekt bedeutungsgleich oder in hohem Maße bedeutungsähnlich sind. Unter dieser Bedingung können Verben mit S-Valenz im Text überwertig gebraucht werden und eine S-O-Valenz annehmen:

/ *il vit sa vie* / 'er lebt sein Leben'
/ *tu as rêvé le rêve des rêves* / 'du hast den Traum der Träume geträumt'
/ *vous pleurez des larmes de crocodile* / 'ihr weint Krokodilstränen'
/ *nous allons notre chemin* / 'wir gehen unseren Weg'
/ *nous parlons la langue française* / 'wir sprechen die französische Sprache'

Bedeutungsgleich sind in diesen Beispielen, abgesehen von ihren unterschiedlichen Sprachzeichenklassen Verb und Nomen, jeweils die Ausdrücke *vit* und *vie, rêvé* und *rêve, pleurez* und *larmes;* bedeutungsähnlich sind *allons* und *chemin, parlons* und *langue.*

Ein Grenzfall des inneren Objekts liegt dann vor, wenn das Objekt die Bedeutung des Verbs inhaltlich auffüllt:

/ *voici la voiture que vous avez imaginée* / 'dies ist der Wagen, den Sie sich vorgestellt haben'

/*vous allez vivre de belles aventures*/ 'Sie werden schöne Abenteuer erleben'

Im ersten Beispiel ist der Wagen Inhalt der Vorstellung, im zweiten Beispiel sind die Abenteuer Inhalt des Erlebens.

2 Das Verb hat einen Kontakt-Partner («freier Dativ», «ethischer Dativ»). Von einem Kontakt-Partner sprechen wir dann, wenn ein Verb mit S-Valenz oder mit S-O-Valenz im Text um ein Pronomen (gebundene Form) erweitert wird, in dem die Gesprächsrolle des Empfängers (seltener des Senders) und die Handlungsrolle des Partners verschmolzen sind. Dieses Pronomen hat im Sprachspiel die Bedeutung eines Kontakt-Morphems mit der emphatischen Bedeutung 'stell dir vor!' (vgl. 9.1.3).

/*il t'est passé à une vitesse!*/ 'der ist (dir) da vielleicht vorbeigeflitzt!'
/*il te l'a mis à la porte tout de suite!*/ 'da hat der ihn dir sofort vor die Tür gesetzt!'
/*ils vous ont joué un match superbe!*/ 'Mann, haben die euch da ein herrliches Spiel gespielt!'

3 Das Verb ist als Infinitiv von einem Morphem-Verb abhängig und bezieht von ihm eine bedingte Überwertigkeit. Vorausgesetzt ist dabei, daß das Morphem-Verb selber eine S-O-Valenz hat: zum Beispiel *faire* 'machen, (veran-) lassen', *laisser* '(zu-)lassen', *voir* 'sehen', *entendre* 'hören' (...). Auf diese Weise kann die Valenz solcher einwertigen Verben wie *pleurer* 'weinen' und *dormir* 'schlafen' zur Zweiwertigkeit, und zwar zu einer S-O-Valenz erhöht werden. Vergleiche:

S-VALENZ	S-O-VALENZ
/*elle pleure*/ 'sie weint'	/*il la fait pleurer*/ 'er macht sie weinen (oder: bringt sie zum Weinen)'
/*il dort*/ 'er schläft'	/*elle le laisse dormir*/ 'sie läßt ihn schlafen'

Das Verb *faire* 'lassen, veranlassen' wird gewählt, wenn die Handlungsinitiative beim Subjekt liegt, das Verb *laisser* 'lassen, zulassen' dann, wenn die Handlungsinitiative beim Objekt bleiben soll und das Objekt ihr nur zustimmt.

Auf die gleiche Weise kann die Valenz zweiwertiger Verben mit Hilfe von *faire* oder *laisser* zu einer S-P-O-Valenz erhöht werden. In beiden Fällen wird die einzige noch freie Handlungsrolle ausgefüllt. Das ist bei einem Verb mit S-P-Valenz die Objekt-Rolle. Vergleiche:

S-P-VALENZ

/*il sourit à tout le monde*/ 'er lächelt
aller Welt zu'

S-P-O-VALENZ

/*je le laisse sourire à tout le monde*/
'ich lasse ihn aller Welt zulächeln'

Bei Verben mit S-O-Valenz (und das sind bei weitem die meisten zweiwertigen Verben) ist hingegen die Partner-Rolle noch frei. Wenn es nun in der Verbindung mit *faire* oder *laisser* zu einer Valenzerhöhung kommt, so wird diese freie Partner-Rolle ausgefüllt, und zwar sowohl bei nominaler als auch bei pronominaler Besetzung der Rolle. Vergleiche:

S-O-VALENZ

/*l'enfant ne boit pas son lait*/ 'das
Kind trinkt seine Milch nicht'

/*il ne mange pas sa soupe non plus*/
'es ißt auch seine Suppe nicht'

S-P-O-VALENZ

/*la mère fait boire le lait à l'enfant*/
'die Mutter läßt das Kind die Milch
trinken (oder: zwingt das Kind, die
Milch zu trinken)'

/*elle lui fait aussi manger la soupe*/
'sie läßt es auch die Suppe essen
(oder: zwingt es auch, die Suppe
zu essen)'

Bei dem Verb *laisser* '(zu-)lassen' wird jedoch eher die Objekt-Rolle doppelt besetzt:

/*elle le laisse manger sa soupe tout seul*/ 'sie läßt es seine Suppe ganz allein essen'

Dreiwertige Verben können nicht mehr nach diesem Muster in ihrer Valenz erhöht werden. Bei ihnen weicht man statt dessen meistens auf Junktionen aus, die zumal mit der Präposition *par* 'durch, von' angeschlossen werden (vgl. 8.3.3.3.3):

/*nous avons fait présenter nos condoléances à la famille du défunt par un messager*/
'wir haben den Hinterbliebenen unser Beileid durch einen Boten übermitteln lassen'

Zu beachten sind die folgenden, mit *faire* 'machen, tun' erweiterten Verben, die in dieser Verbindung (fast) lexikalisiert sind:

/*ils m'ont fait savoir leur date de mariage*/ 'sie haben mir ihr Hochzeitsdatum
  mitgeteilt'
/*il m'a fait connaître sa femme*/ 'er hat mich mit seiner Frau bekannt gemacht'

/*elle m'a fait voir leurs photos*/   'sie hat mir ihre Photos gezeigt'
/*ils m'ont tous deux fait comprendre qu'ils sont désormais très heureux*/ 'sie
  habcn mir beide zu verstehen gegeben, daß sie von nun an sehr glücklich sind'

Alle diese (und einige andere) mit *faire* 'machen, (veran-)lassen' erweiterten
Verben sind dreiwertig.

3.4.5.2 Unterwertigkeit

Die Text-Valenz kann die Kode-Valenz durch unterwertigen Gebrauch unter-
schreiten. Die Unterwertigkeit ist eine Form des «elliptischen» Sprachgebrauchs.
So kann ein dreiwertiges Verb (S-P-O-Valenz) zu einem zweiwertigen Verb (S-P-
Valenz oder S-O-Valenz) oder sogar zu einem einwertigen Verb (S-Valenz)
reduziert werden. Ein zweiwertiges Verb (S-P-Valenz oder S-O-Valenz) kann zu
einem einwertigen Verb (S-Valenz) reduziert werden. Einwertige Verben lassen
keinen unterwertigen Gebrauch mehr zu. Unterscheide:

AUSSCHÖPFUNG DER KODE-VALENZ	UNTERWERTIGER GEBRAUCH
/*je te le promets*/ 'ich verspreche es dir'	/*je le promets*/ 'ich verspreche es'
/*je le vois*/ 'ich sehe es'	/*je vois*/ 'ich sehe'
/*tu m'as plu*/ 'du hast mir gefallen'	/*tu as plu*/ 'du hast gefallen'

Der unterwertige Gebrauch eines mehrwertigen Verbs ist immer dann möglich,
wenn der Hörer die im Text nicht genannten Handlungsrollen aus dem Kontext
oder der Situation leicht ergänzen kann. Die Unterwertigkeit ist dann Ausdruck
eines ökonomischen Sprachgebrauchs.
   Gleichzeitig lenkt der Verzicht auf die Nennung bestimmter Handlungsrollen,
welche nach der Kode-Valenz eigentlich zugelassen sind, die Aufmerksamkeit
des Hörers auf die Bedeutung des Verbs, die dadurch häufig eine emphatische
Konnotation erhält:

/*c'est un dur (et) qui sait résister*/ 'das ist ein Dickschädel, der zu widerstehen
  weiß'
/*il apprend vite et n'oublie jamais*/ 'er lernt schnell und vergißt nie'
/*il emprunte mais n'aime pas rendre*/ 'er leiht (aus), aber gibt nicht gerne zurück'

In all diesen Beispielen bezeichnet das unterwertig gebrauchte Verb nicht eine
gelegentliche Handlung, sondern eine solche, die dem Handelnden eigentümlich
ist und ihn charakterisiert.
   Ein unterwertiger Gebrauch von Verben ist ferner für viele Fachsprachen zu

127

verzeichnen, die einen verhältnismäßig festgefügten Handlungsrahmen setzen, so daß die Handlungsrollen als selbstverständlich bekannt gelten können:

/*aller voter est une vertu civique*/ 'wählen (zu) gehen ist eine Bürgertugend'
/*un bon chirurgien se résoud difficilement à opérer*/ 'ein guter Chirurg entschließt sich schwer zu operieren'
/*une scie circulaire scie plus vite qu'une scie ordinaire*/ 'eine Kreissäge sägt schneller als eine gewöhnliche Säge'

Für den unterwertigen Gebrauch eines Verbs ist also allemal der Kontext (oder die umgebende Situation) zu beachten. Dort werden häufig die Handlungsrollen auch ausdrücklich genannt, die man bei einem unterwertig gebrauchten Verb vermißt.

Einige Verben lassen jedoch von ihrer Bedeutung her eine Reduktion ihrer Handlungsrollen durch unterwertigen Gebrauch nicht zu, zum Beispiel:

/*la colonne Vendôme, à Paris, ressemble à la colonne Trajane, à Rome*/ 'die Vendôme-Säule in Paris ähnelt der Trajanssäule in Rom'
/*il faut rendre à César ce qui appartient à César*/ 'man muß dem Kaiser geben, was des Kaisers ist'
(...)

Die Verben *ressembler* 'gleichen' und *appartenir* 'gehören' drücken eine Relation aus und würden ihren Sinn verlieren, wenn nicht beide Seiten der Relation genannt würden.

3.4.6 Das Passiv

Das Passiv ist eine besondere Form von Unterwertigkeit (vgl. 3.4.5.2). Sie betrifft die Handlungsrollen des Subjekts und des Objekts. Eine passive Form kann daher nur von solchen Verben gebildet werden, die von ihrer Kode-Valenz her ein Objekt zulassen. Das sind die Verben mit S-O-Valenz und mit S-P-O-Valenz, die wir unter diesem Gesichtspunkt als objektwertige («transitive») Verben zusammenfassen können. Die Verben mit S-Valenz und mit S-P-Valenz fassen wir demgegenüber als nicht-objektwertige («intransitive») Verben zusammen. Zur Übersicht:

S-Valenz S-P-Valenz	} nicht-objektwertig («intransitiv»)
S-O-Valenz S-P-O-Valenz	} objektwertig («transitiv»)

Von objektwertigen Verben kann man einen aktiven oder einen passiven Gebrauch machen. Unterscheide:

AKTIV

/ *on a souvent désavantagé les minorités* / 'man hat oft die Minderheiten benachteiligt'

PASSIV

/ *les minorités ont souvent été désavantagées* / 'die Minderheiten sind oft benachteiligt worden'

Im Beispiel der linken Spalte ist das Verb *désavantager* aktiv gebraucht *(a désavantagé)*. Im Beispiel der rechten Spalte finden wir dasselbe Verb als passive Form gebraucht *(ont été désavantagées)*. Formal ist ein Passiv in der Regel daran zu erkennen, daß es aus einer Form des Prädikations-Verbs *être* 'sein' (hier: *ont été* 'sind ... worden' – vgl. 3.4.1) und dem Rück-Partizip eines objektwertigen Verbs (hier: *désavantagées* 'benachteiligt' – vgl. 6.7.1) besteht. Dieses Rück-Partizip ist, wie unser Beispiel erkennen läßt, mit dem Subjekt in Genus und Numerus kongruent.

Wir betrachten zunächst die Leistungen des Passivs in einem Text (3.4.6.1). Sodann haben wir das Passiv nach seinen Merkmalen zu analysieren (3.4.6.2) und das einfache vom erweiterten Passiv zu unterscheiden (3.4.6.3). Ein Sonderfall ist das Partner-Passiv (3.4.6.4).

3.4.6.1   Das Passiv im Text

Der nachfolgende Text stammt aus einem Buch über das französische Steuerrecht. Er zeichnet sich durch einen verhältnismäßig hohen Anteil passiver Verbformen aus. Das ist kein Zufall. In fachsprachlichen Texten hat das Passiv eine sehr viel höhere Frequenz als in alltagssprachlichen oder literarischen Texten. Die Gründe dafür wollen wir zunächst fallweise besprechen und am Ende zusammenfassen.

Le bénéfice agricole comprend les revenus que procure l'exploitation de fonds ruraux par le propriétaire-exploitant, le métayer ou le fermier. Sont notamment regardés (1) comme des bénéfices agricoles les profits des éleveurs d'animaux de toute espèce, même si la nourriture des animaux ne provient pas d'une exploitation agricole de l'éleveur et est donc achetée (2). Les revenus procurés (*3) au propriétaire par l'affermage sont, nous l'avons vu, regardés (4) comme des revenus fonciers car il s'agit là de la rente du sol et non du profit d'exploitation. Les bénéfices agricoles de la plupart des exploitations sont déterminés (5) sur la base d'un forfait, très approximatif, dit (*6) «forfait collectif», qui est générateur d'inégalités et d'un faible rendement. Le forfait collectif consiste à déterminer, par région agricole et par type d'exploitation, des bénéfices moyens à l'hectare ou en fonction des quantités produites (*7) qui seront ensuite appliqués (8) à chaque exploitation. Les bénéfices moyens sont fixés (9) par la Commission départementale des Impôts. Le classement des exploitations de polyculture, dans les catégories établies (*10) par la Commission départementale, est opéré (11) par l'Inspecteur siégeant avec la Commission communale. L'une et l'autre commission comprennent des représentants des agriculteurs.*

Der ausgewählte Textabschnitt enthält insgesamt 15 Verben, von denen 8 aktiv und 7 passiv gebraucht werden. Zu den 7 passiven Verben kommen noch 4 passive Rück-Partizipien (in der laufenden Zählung durch ein * gekennzeichnet – vgl. 6.7.1).

(1) *sont regardés* 'werden angesehen': Der Sinn des Textes läßt keinen Zweifel daran, daß hier von der Art und Weise gesprochen wird, wie das Finanzamt bestimmte Gewinne landwirtschaftlicher Betriebe betrachtet. In der Rolle des grammatischen Subjekts erscheint jedoch nicht das Finanzamt, sondern eben diese Gewinne, als ob sich diese sozusagen von selber den Einteilungskriterien des

---

* Der landwirtschaftliche Ertrag umfaßt die Einkünfte, die aus der Bewirtschaftung von Grund und Boden durch den bewirtschaftenden Eigentümer, den Halbpächter oder den Pächter stammen. Als landwirtschaftliche Erträge gelten insbesondere die Gewinne von Viehzüchtern aller Art, selbst wenn das Viehfutter nicht aus einem landwirtschaftlichen Betrieb des Züchters kommt und folglich gekauft wird. Die durch Verpachtung erzielten Einkünfte des Eigentümers werden, wie bereits vermerkt, als Grundbesitzeinkünfte angesehen, denn es handelt sich hier um die Rendite des Grund und Bodens und nicht um den Gewinn aus seiner Bewirtschaftung. Die landwirtschaftlichen Erträge der meisten Betriebe werden auf der Grundlage einer sehr groben Pauschalierung festgesetzt, die «kollektiver Pauschbetrag» heißt und für allerhand Ungleichheiten und Leistungsschwächen verantwortlich ist. Der kollektive Pauschbetrag dient, je nach der landwirtschaftlichen Region und der jeweiligen Bewirtschaftungsart, zur Festsetzung der pro Hektar oder nach Maßgabe der produzierten Mengen berechneten mittleren Erträge, die sodann auf jeden einzelnen Betrieb angewandt werden. Die mittleren Erträge werden vom Steuerausschuß des Départements festgesetzt. Die Einordnung der Betriebe mit gemischter Erzeugung in die vom Ausschuß des Départements aufgestellten Kategorien wird von demjenigen Finanzbeamten vorgenommen, der bei dem Steuerausschuß der Gemeinde seinen Sitz hat. Beiden Ausschüssen gehören Vertreter der Landwirte an. (L. Mehl/P. Beltrame: *Le Système fiscal français,* Paris 1980, S. 39.)

Finanzamts fügten. Das Finanzamt (und der hinter ihm stehende Steuergesetz-geber) tritt hier also als Urheber der Handlung nicht in Erscheinung und läßt den Sachverhalt für sich sprechen. Zu beachten ist ferner die fachsprachliche Beson-derheit, daß das Verb in Spitzenstellung steht («Inversion») und den Formen landwirtschaftlicher Einkünfte, um deren Besteuerung es hier geht, die stärker an die Aufmerksamkeit des Lesers appellierende Nachstellung überläßt. Das ist ein aufmerksamkeitsheischendes («rhematisches») Informationsprofil: die Auf-merksamkeit wird von der Form auf den Inhalt des steuerrechtlichen Verfahrens gelenkt.

(2) *est achetée* 'wird gekauft': Vom Sinn des ganzen Textes her kann kein Zweifel daran bestehen, wer die Käufer des Viehfutters sind. Es sind offenbar die Viehzüchter, die hier besteuert werden sollen. Aber wiederum treten die Urheber der Handlung nicht in der grammatischen Rolle des Subjekts auf. Diese Rolle ist vielmehr der Sache, also dem Viehfutter, reserviert, und die Kaufhand-lung ist so dargestellt, als ob sich das Viehfutter ohne weiteres zum Kauf anböte und sich auf diese Weise auch von selber einer bestimmten Betrachtungsweise des Finanzamtes unterwürfe. Auch hier treten also die eigentlich handelnden Personen hinter dem Sachverhalt zurück und lassen diesen «objektiv» er-scheinen.

(*3) *procurés* 'verschafft': Hier haben wir ein passives Rück-Partizip vor uns, das als Attribut dem Nomen *les revenus* 'die Einkünfte' zugeordnet ist (vgl. 6.7.1.2). Die entsprechende passive Verbform würde lauten: *sont procurés* 'sind verschafft'. Das Partizip verknappt den Ausdruck.

(4) *sont regardés* 'werden betrachtet': Der Gebrauch dieser passiven Verbform ist ebenso zu beurteilen wie unter (1), mit dem einzigen Unterschied, daß dieses Verb nunmehr bei seinem zweiten Gebrauch nicht mehr in Spitzenstellung steht. Die Aufmerksamkeit des Lesers soll sich an dieser Stelle des Textes nicht auf das Subjekt *les revenus* 'die Einkünfte' richten, sondern auf eine besondere Betrach-tungsweise dieser Einkünfte, die steuerrechtlich als Einkünfte aus dem Grund und Boden *(revenus fonciers)* angesehen werden sollen.

(5) *sont déterminés* 'werden bestimmt': Die bestimmende Instanz ist wiederum das Finanzamt beziehungsweise der die Arbeit dieser Institution legitimierende Gesetzgeber. Aber eben diese Instanz nennt sich nicht als Urheber der Bestim-mungshandlung, sondern beläßt dem zu bestimmenden Sachverhalt (*les bénéfices agricoles* 'die landwirtschaftlichen Erträge') die grammatische Handlungsrolle des Subjekts. Auf diese Weise entsteht der Schein eines «Sachzwanges», der von den handelnden Personen der Finanzverwaltung nur nachvollzogen wird.

(*6) *dit* 'genannt, sogenannt': Dies ist wieder ein passives Rück-Partizip (vgl. 6.7.1.2). Es ist, ebenso wie das Adjektiv *approximatif* 'angenähert', dem Nomen *forfait* 'Pauschbetrag' zugeordnet und hat einen stark idiomatischen Charakter ('die sogenannte Kollektiv-Pauschale').

(*7) *produites* 'produziert': Abermals ein passives Rück-Partizip (vgl. 6.7.1.2), als Attribut dem Nomen *quantités* 'Mengen' zugeordnet. Der Gebrauch des passiven Rück-Partizips verknappt den Ausdruck und gibt dieser Form eine gewisse Beiläufigkeit im Vergleich zu der unmittelbar anschließenden finiten Verbform mit passiver Bedeutung.

(8) *seront appliqués* 'werden angewandt (werden)': Im Unterschied zu den vorher besprochenen passiven Verbformen steht diese im Futur. Handelnde Instanz ist nach dem Sinn des Textes wiederum das Finanzamt. Aber auch hier sagt das Finanzamt nicht 'ich' oder 'wir', und das ist auch verständlich, denn das Finanzamt als Behörde ist nicht identisch mit irgendeiner individuellen Person oder einer Gruppe von Personen. Da die Sprache aber neben den Gesprächsrollen des Senders, Empfängers oder Referenten nicht noch eine eigene «Amtsrolle» vorgesehen hat, muß man diese amtliche Handlungsrolle indirekt aus der passiven Konstruktion des Verbs erschließen. In der Rolle des grammatischen Subjekts erscheint also auch hier der steuerrechtlich relevante Sachverhalt, nämlich die mittleren Erträge *(bénéfices moyens)*, die sich sozusagen von selber zur Besteuerung anbieten. Zu beachten ist in diesem Kontext auch die Leistungsfähigkeit der Genus- und Numerus-Kongruenz: durch die Markierung der Passivform als maskulin und pluralisch scheiden als mögliche Referenten (in rückläufiger Folge zum Textverlauf) die Nomina *quantités, fonction* und *hectare* aus, bis schließlich das viertletzte Nomen *bénéfices moyens* als einzig möglicher Referent übrigbleibt.

(9) *sont fixés* 'werden festgesetzt': Hier erfahren wir nun durch den Kontext genau, wer für die Festsetzung der mittleren Erträge verantwortlich ist, nämlich der Steuerausschuß des Départements. Aber ebendieser Ausschuß, also eine Gruppe von Personen, erscheint wiederum nicht in der grammatischen Handlungsrolle des Subjekts. Verständlicherweise treten die Ausschußmitglieder in diese Rolle nicht ein, denn sie handeln nicht als individuelle Personen, sondern als Mandatsträger der staatlichen Steuerhoheit. Aus diesem Grunde ist die grammatische Subjekt-Rolle wieder dem Sachverhalt, hier den mittleren Erträgen *(bénéfices moyens)* überlassen, als ob diese ihre Besteuerbarkeit ohne Beteiligung von Personen feststellten. Der eigentliche Urheber der Rechtshandlung erscheint dann, gewissermaßen beiläufig, in einer präpositionalen Junktion, die von der Präposition *par* 'von, durch' (vgl. 8.3.3.3.3) regiert wird.

(*10) *établies* 'aufgestellt': Dieser Fall ist ebenso zu beurteilen wie der Fall (9), mit dem Unterschied, daß es sich hier wiederum um ein passives Rück-Partizip handelt (vgl. 6.7.1.2).

(11) *est opéré* 'wird vorgenommen': Hier erfahren wir aus dem Kontext sogar, daß eine Einzelperson eine bestimmte Handlung vornimmt, nämlich eine Klassifikation. Aber dieser Inspekteur ist, auch wenn er als Einzelperson handelt, ebenfalls nur Mandatsträger und erscheint daher nicht in der grammatischen

Handlungsrolle des Subjekts, sondern «nur» in der mehr oder weniger beiläufigen Anfügung einer *par*-Junktion. Die Subjekt-Rolle ist dem Verfahren der Besteuerung vorbehalten.

Zusammenfassend ist zu sagen, daß die Häufigkeit passiver Verbformen im Verein mit der Häufung passiver Rück-Partizipien in diesem fachsprachlichen Text nicht etwa einer Marotte oder gar einem sprachlichen Unvermögen des Autors entspricht, sondern im Rahmen der in der französischen Sprache gegebenen grammatischen Strukturen adäquat verschiedene zentrale Merkmale einer modernen Verwaltung zur Geltung bringt. In allen besprochenen Fällen passiven Sprachgebrauchs treten nämlich die handelnden Personen, weil sie nicht in eigener Machtvollkommenheit, sondern in gesellschaftlichem Auftrag handeln, hinter den administrativ zu ordnenden Sachverhalt zurück und überlassen diesem «objektiven» Sachverhalt die grammatische Handlungsrolle des Subjekts. Im folgenden Kapitel wird zu zeigen sein, auf welcher Bedeutungsgrundlage dieser eigenartige Rollentausch beruht.

3.4.6.2   Die Merkmale des Passivs

Wir haben bei der Analyse des fachsprachlichen Textes gesehen, daß das Passiv als eine Form des (finiten) Verbs oder auch als eine Form des Partizips auftritt (vgl. 3.4.6.1). Die passiven Formen des Partizips, die auch an der Bildung des passiven Verbs beteiligt sind, werden im Zusammenhang mit dem Partizip erörtert (vgl. 6.7.1.1). Hier werden nur die passiven Formen des finiten Verbs besprochen. Sie kommen zustande durch einen bestimmten unterwertigen Gebrauch objektwertiger Verben. Zu den objektwertigen («transitiven») Verben rechnen wir die Verben mit S-O-Valenz und mit S-P-O-Valenz.

Es ist zunächst an die S-Valenz zu erinnern. Diese haben wir definiert als die spezifische Bindekraft, die ein Verb und ein Subjekt zusammenbindet, so daß das Subjekt die Funktion eines Prädikatsträgers und das Verb die Funktion eines Prädikats übernimmt. Die auf diese Weise zustande gebrachte textuelle Determination haben wir Prädikation genannt und mit dem Merkmalpaar ⟨FESTSTELLBAR⟩ vs. ⟨FESTSTELLEND⟩ beschrieben (vgl. 3.4.1). Zur Erinnerung noch einmal ein Beispiel:

133

In diesem Beispiel ist das Prädikations-Verb *être* 'sein' mitsamt seinem Prädikats-Adjektiv *long* 'lang' ein einwertiges Verb (S-Valenz), das kraft dieser Valenz das Nomen *l'ordre du jour* 'die Tagesordnung' als Subjekt an sich binden kann. Auf diese Weise bilden das Subjekt als Prädikatsträger und das Verb als Prädikat eine Prädikation, deren semantische Leistung dadurch beschrieben werden kann, daß die Bedeutung des Subjekts von der Bedeutung des Verbs her «festgestellt» wird, und zwar so, daß man zu ihr Stellung nehmen kann. Diese Subjekt-Valenz ist nun für alle weiteren Valenzen grundlegend. Die weiteren Valenzen, nämlich die S-O-Valenz oder die S-P-Valenz oder die kombinierte S-P-O-Valenz, treten bei den Verben, die der betreffenden Valenz-Klasse angehören, zur grundlegenden S-Valenz nur hinzu und überformen diese. Bei einer S-O-Valenz beispielsweise wird das Subjekt zusätzlich zu seiner Valenz-Eigenschaft, Prädikatsträger zu sein, noch mit der Valenz-Eigenschaft ausgestattet, Disponent zu sein. Es hat dann als Prädikatsträger eine Valenz-Beziehung zum Verb als Prädikat und als Disponent eine Valenz-Beziehung zum Objekt als einem Disponiblen.

Der unterwertige Gebrauch eines passiven Verbs (das ja ein objektwertiges Verb sein muß) kommt nun dadurch zustande, daß von den beiden für die S-O-Valenz konstitutiven Merkmalen ⟨DISPONENT⟩ und ⟨DISPONIBEL⟩ das erste getilgt und das zweite dem Subjekt zugeschlagen wird. Auf diese Weise ist das Subjekt nicht mehr, wie sonst bei aktiven Verben mit S-O-Valenz üblich, durch eine Kombination der Merkmale ⟨FESTSTELLBAR⟩ und ⟨DISPONENT⟩, sondern durch eine Kombination der Merkmale ⟨FESTSTELLBAR⟩ und ⟨DISPONIBEL⟩ gekennzeichnet. Zu beachten ist auch hier, daß die zugrunde liegende S-Valenz durch die überformende passive S-O-Valenz ebensowenig aufgehoben wird, als wenn sie durch eine aktive S-O-Valenz überformt würde. Als sinnfälliges Zeichen dafür kann die Anwesenheit einer Form von *être* 'sein, werden' gelten, die als Prädikations-Verb (hier: «Hilfsverb», «Auxiliar-Verb») an der Bildung der passiven Verbform beteiligt ist:

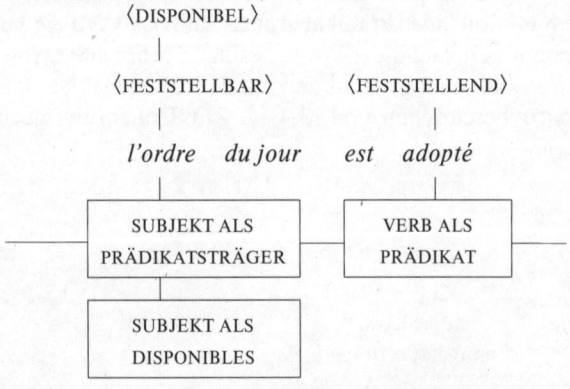

Auch von diesem Beispiel mit der Bedeutung 'die Tagesordnung wird/ist angenommen' ist zunächst zu sagen, daß hier eine Bedeutung festgestellt wird, wie das für alle Prädikationen gilt. Durch diese Feststellung erhält der Gesprächspartner die Möglichkeit, Stellung zu nehmen. Kennzeichen für diese zugrunde liegende S-Valenz ist das Prädikations-Verb *est* 'wird/ist'. Da nun das Verb *adopter* 'annehmen' ein objektwertiges («transitives») Verb ist, näherhin ein Verb mit S-O-Valenz, wird diese Prädikation durch eine Disposition überformt, jedoch in der für das Passiv konstitutiven Form, daß das Subjekt nicht als der Disponent, sondern als ein Disponibles erscheint. Tatsächlich steht ja die Tagesordnung zur Disposition der Sitzungsteilnehmer, die sich erst dann der Tagesordnung unterwerfen, wenn sie diese angenommen haben. Sie selber sind in Wirklichkeit die Disponierenden. Aber das bleibt bei einer passiven Konstruktion ungesagt, und man muß es dem Kontext oder der Situation entnehmen. Das Beispiel ist übrigens absichtlich wieder einer Fachsprache entnommen, hier der Fachsprache der Verwaltung, in der ebenso wie in der Fachsprache des Rechtswesens passive Verbformen besonders häufig gebraucht werden (vgl. 3.4.6.3).

Passive Verben können sich ebenso wie aktive Verben mit allen Tempora verbinden. Das wird jeweils durch die Tempusform des Prädikations-Verbs *être* 'werden, sein' ausgedrückt. Die Form des Rück-Partizips bleibt davon unberührt. Vergleiche:

AKTIV

/*le secrétaire général a ouvert la séance*/ 'der Generalsekretär hat die Sitzung eröffnet'
/*nous ne publierons aucun communiqué officiel*/ 'wir werden keinerlei offizielle Verlautbarung herausgeben'

PASSIV

/*la séance a été ouverte*/ 'die Sitzung ist eröffnet worden'
/*aucun communiqué officiel ne sera publié*/ 'es wird keine offizielle Verlautbarung herausgegeben (werden)'

Sowohl in den aktiven Beispielen der linken Spalte als auch in den passiven Beispielen der rechten Spalte können die Tempora Perfekt (*a ouvert* 'hat eröffnet'; *a été ouverte* 'ist eröffnet worden') und Futur (*nous publierons* 'wir werden herausgeben'; *sera publié* 'wird herausgegeben werden') wie auch alle anderen Tempora ausgedrückt werden.

Von der Bildung des Passivs, die ja auf einem Merkmaltransfer zwischen Subjekt und Objekt (nur diesen Handlungsrollen!) beruht, bleibt die Handlungsrolle des Partners grundsätzlich unbetroffen. Vergleiche:

AKTIV	PASSIV
/*le général de Gaulle a donné une nouvelle constitution à la République Française*/ 'General de Gaulle hat der Französischen Republik eine neue Verfassung gegeben'	/*une nouvelle constitution a été donnée à la République Française (par le général de Gaulle)*/ 'der Französischen Republik wurde (von General de Gaulle) eine neue Verfassung gegeben'

In beiden Beispielen ist die Handlungsrolle des Partners *à la République Française* 'der Französischen Republik' unverändert geblieben. Im Fall des Verbs *obéir* 'gehorchen' und seines Gegenteils *désobéir* 'den Gehorsam verweigern' kann jedoch der Partner wie ein Objekt behandelt werden:

/*en ceci vous ne serez pas obéi*/ 'dabei werden Sie keinen Gehorsam finden'
/*il y a des personnes qui méritent d'être désobéies*/   'es gibt Leute, die verdienen, daß man ihnen den Gehorsam verweigert'

Die Formen des Passivs erlauben in der französischen Sprache nicht, zwischen einem Vorgang («Vorgangs-Passiv») und einem Zustand, verstanden als Abschluß eines Vorgangs («Zustands-Passiv»), eindeutig, jedenfalls nicht syntaktisch eindeutig zu unterscheiden. Vergleiche:

EIN VORGANG	EIN ZUSTAND
/*le stock est renouvelé deux fois par an*/ 'der Vorrat w i r d zweimal im Jahr erneuert'	/*le stock est complètement renouvelé depuis la semaine dernière*/ 'der Vorrat i s t seit der vorigen Woche vollständig erneuert'

Wenn man das Beispiel der linken Spalte als Darstellung eines Vorgangs, das der rechten Spalte als Beschreibung eines Zustands auffassen will, so ist eindeutig zu erkennen, daß diese Unterscheidung ('w i r d erneuert' vs. 'i s t erneuert') in der französischen Sprache nicht mit den syntaktischen Ausdrucksmitteln der passiven Verbform, sondern durch die unterschiedlichen Adverbialien (Frequenz-Adverbiale vs. Tempus-Adverbiale mit Rückschau-Perspektive – vgl. 7.3.3–5) zustande gebracht wird.

3.4.6.3   Einfaches und erweitertes Passiv

Wir haben das Passiv als eine Form des unterwertigen Verbgebrauchs charakterisiert: die Handlungsrolle des Objekts, die bei objektwertigen Verben (S-O-

Valenz oder S-P-O-Valenz) zugelassen ist, wird nicht besetzt. Statt dessen wird das Objekt-Merkmal ⟨DISPONIBEL⟩ dem Subjekt zugeschlagen und verdrängt in ihm das Subjekt-Merkmal ⟨DISPONENT⟩ (vgl. 3.4.6.2).

Diese besondere Form der Unterwertigkeit ist einem Sprecher immer dann willkommen, wenn er über den Urheber einer Handlung keine genaue Auskunft geben will, sei es, daß er ihn nicht kennt, sei es, daß er ihn nicht nennen will. Man findet das Passiv daher vorzugsweise in solchen Sprachspielen, in denen eine Handlung nicht so sehr von ihrer Urheberschaft, als vielmehr von den Bedingungen ihres Verlaufs her, also als Vorgang, gesehen werden soll. Das ist zumal in Fachsprachen der Fall. In der technisch-industriellen oder naturwissenschaftlich-medizinischen Fachsprache findet man beispielsweise nicht selten Vorgänge beschrieben, die in ihrem Ablauf nicht ohne weiteres erkennen lassen, welche Person oder welche Kräfte (als «Disponenten») über sie verfügen:

/ *cette presse hydraulique a été installée il y a trois ans* /   'diese hydraulische Presse ist vor drei Jahren eingebaut worden'
/ *l'ulcère a été localisé à l'estomac* /   'das Geschwür ist im Magen lokalisiert worden'

Der passive Sprachgebrauch führt in beiden Beispielen dazu, daß die Aufmerksamkeit des Hörers nicht auf die handelnden Personen (die Monteure, den untersuchenden Arzt), sondern auf den Vorgang und sein Resultat gelenkt wird.

Die gleichen Beobachtungen gelten, sogar in verstärktem Maße, wie schon bei der Besprechung des Textes aus dem Gebiet des Steuerrechts zu vermerken war (vgl. 3.4.6.1), für die Fachsprachen des Rechts und der Verwaltung. Denn wenn die juristischen oder administrativen Handlungen auch im Einzelfall etwa von einem bestimmten Notar oder einem bestimmten Verwaltungsbeamten ausgeführt werden, so handeln diese Personen dennoch nicht aus eigener Macht und Autorität, sondern im Namen und Auftrag ihrer Institution. In diesem Sinne sind ein demokratisches Rechtswesen und eine moderne Verwaltung anonym. Diese Anonymität kommt adäquat durch passive Verben zum Ausdruck, wie sie sich ja auch dementsprechend häufig in Texten der Rechts- und Verwaltungssprache finden.

In indirekter Weise ist es jedoch auch beim Passiv möglich, den Urheber einer Handlung (das «Agens») zu nennen. Dann muß man das einfache Passiv, wie wir es bisher erörtert haben, durch eine präpositionale Junktion erweitern, die meistens mit den Präpositionen *par* 'durch, von' oder *de* 'von, durch' angeschlossen wird. Wir sprechen dann von einem erweiterten Passiv. Das einfache Passiv wird aber wesentlich öfter gebraucht als das erweiterte Passiv, und zwar im Durchschnitt des Sprachgebrauchs viermal bis fünfmal so oft wie dieses. Unterscheide:

EINFACHES PASSIV	ERWEITERTES PASSIV
/*le contrat n'a pas été renouvelé*/ 'der Vertrag ist nicht verlängert worden'	/*le contrat n'a pas été renouvelé par la direction*/ 'der Vertrag ist von der Direktion nicht verlängert worden'

Im Beispiel der linken Spalte ist die eigentlich handelnde Instanz, die Direktion, nicht ausdrücklich genannt. Sie ergibt sich aber aus dem Kontext oder aus der Situation. Wenn wir nun von diesem Textstück annehmen dürfen, daß es sich vielleicht um eine unangenehme Nachricht für den Betroffenen handelt, so verstehen wir auch, daß die verantwortlich handelnde Instanz ungenannt bleiben will. Die Handlung wird dargestellt, als ob der Vertrag sozusagen selber handelte, allerdings als verfügbar, nicht als verfügend. Im Beispiel der rechten Spalte liegt grundsätzlich die gleiche passive Konstruktion vor. Hier ist aber nun die eigentlich handelnde Instanz durch die Vermittlung der Präposition *par* 'durch, von' in Form einer Junktion angefügt. Wir können annehmen, daß das auf eine explizite oder implizite Anfrage hin geschehen ist.

In den meisten Fällen kommt das erweiterte Passiv durch eine *par*-Junktion zustande. Diese betont die (vermittelte) Handlung (vgl. 8.3.3.3.3.3). Bei einigen Verben erweitert man jedoch das Passiv mit einer *de*-Junktion. Dann wird eher das Resultat der Handlung in ihrem Referenz-Zusammenhang betont (vgl. 8.3.2.1.4.2). Unterscheide:

ERWEITERTES PASSIV MIT *par*-JUNKTION	ERWEITERTES PASSIV MIT *de*-JUNKTION
/*en 1940, la France a été sauvée par le général de Gaulle*/ 'Frankreich wurde 1940 durch General de Gaulle gerettet'	/*son mérite est reconnu du monde entier*/ 'sein Verdienst ist (oder: wird) von der ganzen Welt anerkannt'

Die unterschiedliche Bedeutung der beiden Erweiterungen ist eine Wirkung der bei diesen Erweiterungen beteiligten Präpositionen *par* und *de* und wird im einzelnen bei der Besprechung dieser Präpositionen mitbesprochen. Auch andere Präpositionen, etwa *avec* 'mit', können Junktionen herstellen, mit denen ein einfaches Passiv zu einem erweiterten Passiv weitergebildet wird:

/*les quatre murs de la maison en papier sont maintenus avec de la colle*/ 'die vier Wände des Papierhauses werden mit Klebstoff zusammengehalten'

Es ist jedoch nicht so, daß der Gebrauch eines erweiterten Passivs immer nur in der skizzierten Weise zu verstehen ist. In manchen Fällen dient das erweiterte Passiv auch dem textuellen Zweck, eine handelnde Person oder Instanz stärker der Aufmerksamkeit des Hörers zu empfehlen. Wenn nämlich ein Handelnder, wie beim aktiven Verbgebrauch üblich, die Subjekt-Rolle einnimmt, so wird er nach den Stellungsregeln der französischen Sprache gewöhnlich am Anfang einer Äußerung, nämlich vor dem Verb genannt. Das ist aber eine einleitende oder überleitende («thematische») Position, welche die Aufmerksamkeit des Hörers nicht so sehr auf sich zieht. Ein wesentlich stärkerer Appell an die Aufmerksamkeit des Hörers geht von einer Stellung am Ende einer Äußerung aus. Will man also eine handelnde Person oder Instanz in diese Aufmerksamkeit weckende («rhematische») Position bringen, so kann man das mit der Konstruktion eines erweiterten Passivs tun, bei der die handelnde Person oder Instanz in Form einer *par*- oder *de*-Junktion an das Verb und seine Handlungsrollen angeschlossen wird. Bei der folgenden Gegenüberstellung ist daher nicht nur der Unterschied zwischen der aktiven und der passiven Konstruktion zu bemerken, sondern zugleich auch das unterschiedliche Informationsprofil:

AKTIV	ERWEITERTES PASSIV
/*les États-Unis ont reconnu la République populaire chinoise*/ 'die Vereinigten Staaten haben die Volksrepublik China anerkannt'	/*la République populaire chinoise a été reconnue par les États-Unis*/ 'die Volksrepublik China ist von den Vereinigten Staaten anerkannt worden'

Im Beispiel der linken Spalte ist das Informationsprofil so geartet, daß die Aufmerksamkeit des Hörers vom Subjekt («Thema») auf das Objekt («Rhema») fällt, also auf die in diesem Zusammenhang neue Volksrepublik China. Im Beispiel der rechten Spalte hingegen wird die Aufmerksamkeit des Hörers, die sich vom Subjekt («Thema») her mit einer im Verlauf der Äußerung anwachsenden Erwartung aufbaut, auf die *par*-Junktion («Rhema») gelenkt, also auf die in diesem Zusammenhang neuen Vereinigten Staaten.

3.4.6.4   Das Partner-Passiv

Das bisher besprochene Passiv kann auch Objekt-Passiv genannt werden, da es nur von objektwertigen Verben gebildet werden kann und bei diesen Verben das Objekt-Merkmal ⟨DISPONIBEL⟩ dem Subjekt zuschlägt. Neben diesem Objekt-Passiv gibt es eine seltener gebrauchte Nebenform, die man Partner-Passiv nennen kann. Ebenso wie die Bildung des Objekt-Passivs die Handlungsrolle des Objekts betrifft, so betrifft die Bildung des Partner-Passivs die Handlungsrolle des Partners, mit der Besonderheit allerdings, daß beim Partner-Passiv immer auch die («katalysatorische») Anwesenheit eines Objekts gefordert ist. Daraus folgt, daß ein Partner-Passiv nur von Verben mit S-P-O-Valenz gebildet werden kann (vgl. 3.4.4).

Das Partner-Passiv ist eine dreiteilige Verbform. Sie besteht aus einer reflexiven Form des Verbs *voir* 'sehen', also *se voir,* in Verbindung mit einem Infinitiv. Bei dieser Konstruktion wird das Partner-Merkmal ⟨ADRESSAT⟩ (vgl. 3.4.3) dem Subjekt zugeschlagen. Dadurch erhält das Subjekt eines (dreiwertigen) Verbs zusätzlich zu seinen Subjekt-Merkmalen ⟨FESTSTELLBAR⟩ und ⟨DISPONENT⟩ noch das Partner-Merkmal ⟨ADRESSAT⟩, welches in ihm das sonst bei einem aktiven Gebrauch dieses Verbs auftretende weitere Subjekt-Merkmal ⟨ADRESSANT⟩ verdrängt, so daß eine neue Form passiver Bedeutung entsteht, eben das Partner-Passiv:

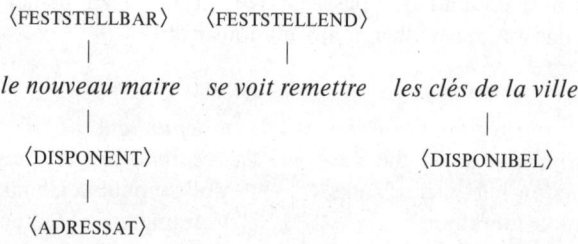

In diesem Beispiel, dessen Bedeutung wir mit einem ähnlich gebildeten deutschen Partner-Passiv wiedergeben können, nämlich 'der neue Bürgermeister bekommt (oder umgangssprachlich: kriegt) die Schlüssel der Stadt ausgehändigt' liegt ein partnerwertiges Verb zugrunde, nämlich das Verb *remettre* 'aushändigen', das als Verb mit S-P-O-Valenz außerdem ein Objekt bei sich hat. Die beiden Bedingungen für die Bildung des Partner-Passivs sind also erfüllt. An der Dispositions-Beziehung zwischen Subjekt und Objekt ändert sich dadurch nichts, weder in der Bedeutung noch in der Stellung. Weitere Beispiele:

/ *la jeunesse se voit accorder aujourd'hui une attention extraordinaire de la part des partis politiques* / 'die Jugend erfährt heute eine außerordentliche Aufmerksamkeit von seiten der politischen Parteien'

/ *les personnes âgées aimeraient souvent se voir attribuer une importance pareille* / 'die alten Leute möchten sich oft ebenso wichtig genommen wissen (oder mit deutschem Partner-Passiv: möchten oft eine ähnliche Bedeutung zuerkannt bekommen)'

Die Subjekt-Rolle eines Partner-Passivs ist, wie in diesen Beispielen gezeigt wird, meistens personal besetzt, wie ja auch die Partner-Rolle, von der das

Subjekt das Partner-Merkmal ⟨ADRESSAT⟩ übernimmt, meistens von einer Person (oder mehreren Personen) besetzt ist. Man findet jedoch gelegentlich auch ein Partner-Passiv mit sächlichem Subjekt:

/*le théâtre se voit assigner un nouveau sens*/ 'das Theater bekommt (oder umgangssprachlich: kriegt) einen neuen Sinn zugewiesen'

3.4.7 Reflexivität

Im allgemeinen können die verschiedenen Handlungsrollen (Subjekt, Partner, Objekt) nach Belieben mit den Gesprächsrollen (Sender, Empfänger, Referent) verschmolzen werden (vgl. 3 und 3.1). Auf diese Weise kann etwa das dreiwertige Verb *raconter* 'erzählen' zugleich mit den drei möglichen Handlungsrollen auch die drei möglichen Gesprächsrollen zeigen, beispielsweise in der folgenden Kombination:

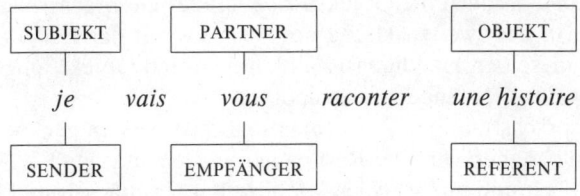

In diesem Textsegment mit der Bedeutung 'ich erzähle Ihnen (oder: euch) jetzt eine Geschichte' kommen alle drei Handlungsrollen wie auch alle drei Gesprächsrollen vor. Je eine Handlungsrolle ist mit je einer Gesprächsrolle verschmolzen. Sie könnten natürlich auch in anderen Kombinationen miteinander verschmolzen sein, zum Beispiel in dem folgenden Textsegment mit der Bedeutung 'Sie erzählen (oder: ihr erzählt) mir jetzt eine Geschichte':

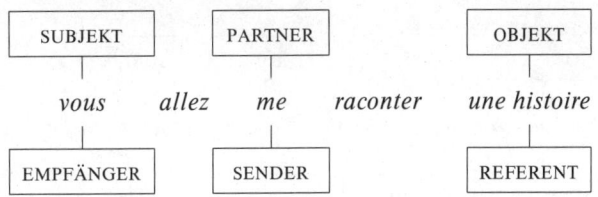

Bei diesen wechselnden Verschmelzungen von Handlungsrollen und Gesprächsrollen sprechen wir dann von Reflexivität, wenn zwei Handlungsrollen, und zwar entweder Subjekt und Objekt oder Subjekt und Partner, identisch besetzt sind. Was eine identische Besetzung zweier Handlungsrollen bedeutet, kann man am leichtesten an den Gesprächsrollen des Senders und des Empfängers (im Singular und im Plural) zeigen. In dem folgenden Beispiel sind jeweils die Handlungsrollen Subjekt und Objekt identisch besetzt, und zwar mit der Gesprächsrolle des Senders im ersten Teil und mit der des Empfängers im zweiten Teil des Beispiels:

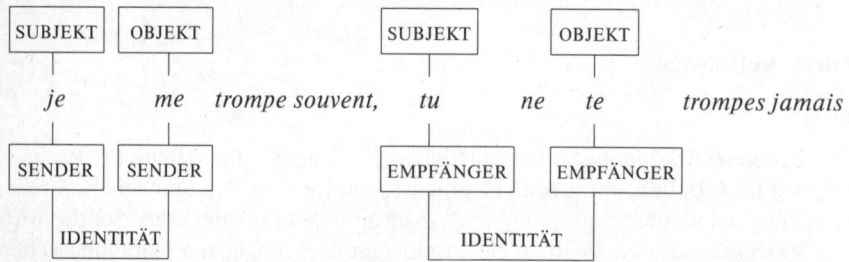

In der ersten Hälfte des Beispiels mit der Bedeutung 'ich irre mich oft' ist sowohl die Subjekt-Rolle als auch die Objekt-Rolle mit der Gesprächsrolle des Senders verschmolzen; in der zweiten Hälfte des Beispiels mit der Bedeutung 'du irrst dich nie' sind dieselben Handlungsrollen Subjekt und Objekt hingegen mit der Gesprächsrolle des Empfängers verschmolzen.

Bei der Gesprächsrolle des Referenten muß man jedoch genauer unterscheiden. Diese Rolle haben wir eine Restkategorie genannt (vgl. 3.3.1), weil innerhalb dieser großen und nur schwach konturierten Gesprächsrolle Platz für viele unterschiedliche Personen oder Sachen ist, die erst durch eine genauere Referenz im Kontext präzisiert werden. Wenn also in einem Text die Handlungsrollen Subjekt und Objekt beide mit der Gesprächsrolle des Referenten verschmolzen sind, so besagt das noch nicht unbedingt eine identische Besetzung dieser Rolle. Die Restkategorie des Referenten ist so ausgedehnt und vage, daß sie den Rahmen für unterschiedliche Referenzen abgeben kann, etwa in den folgenden Beispielen:

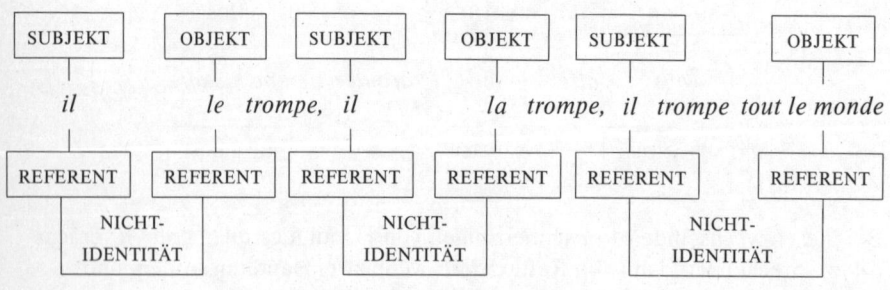

In allen drei Teilen dieses Beispiels kommt es jeweils zu einer Verschmelzung der Handlungsrollen Subjekt und Objekt mit der Gesprächsrolle des Referenten. Dennoch kommt keine identische Besetzung dieser beiden Handlungsrollen zustande, weil die beteiligten Pronomina, die wir in dieser Hinsicht Referenz-Pronomina genannt haben, zu erkennen geben, daß innerhalb der Restkategorie des Referenten verschiedene Personen oder Personengruppen gemeint sind, was in der Regel durch die weitere Referenz des Kontextes aufgeklärt wird.

Soll hingegen bei der Verschmelzung zweier Handlungsrollen mit der Gesprächsrolle des Referenten eine identische Besetzung signalisiert werden, so muß der Sprecher dafür ein eigenes Pronomen verwenden, und zwar das Reflexiv-Pronomen *se* (vor Vokal *s'*) 'sich'. Das Reflexiv-Pronomen *se* wird nur bei der Gesprächsrolle des Referenten verwendet und gibt innerhalb dieser Rolle an, daß es sich beim Subjekt und beim Objekt oder Partner um einen und denselben Referenten handelt.

Das Reflexiv-Pronomen *se* ist neutral gegenüber den Oppositionen des Genus und des Numerus. Man beachte also die gleiche Form des Reflexiv-Pronomens in den folgenden Formen trotz des unterschiedlichen Genus und Numerus in der Subjekt-Rolle:

GENUS-NEUTRALITÄT

/il s'en souvient, mais elle ne s'en souvient pas/ 'er erinnert sich daran, aber sie erinnert sich nicht daran'

NUMERUS-NEUTRALITÄT

/elle ne veut pas s'en souvenir, mais les autres s'en souviennent/ 'sie will sich nicht daran erinnern, aber die andern erinnern sich daran'

Im Beispiel der linken Spalte ist die Referenten-Rolle des Subjekts nach der Genus-Opposition Maskulin vs. Feminin unterschieden (*il* vs. *elle*), das Reflexiv-Pronomen *se* hingegen nicht. Ebenso wird im Beispiel der rechten Seite ein und dasselbe Reflexiv-Pronomen *se* (vor *en* zu *s'* verkürzt) verwendet, obwohl es sich beim ersten Gebrauch auf die singularische Form *elle* und im zweiten Fall auf die pluralische Form *les autres* bezieht. Auch auf das neutrale Pronomen *on* 'man' bezieht man sich mit dem Reflexiv-Pronomen *se* 'sich' zurück: *on se débrouille* 'man wurstelt sich durch'.

Neben den Oppositionen des Genus und des Numerus ist im Reflexiv-Pronomen *se* auch die Opposition zwischen der Objekt-Rolle und der Partner-Rolle neutralisiert. Vergleiche:

IDENTITÄT SUBJEKT – OBJEKT

/Narcisse se regarde (lui-même)/ 'Narziß betrachtet sich (selber)'

IDENTITÄT SUBJEKT – PARTNER

/Narcisse se plaît (à lui-même)/ 'Narziß gefällt sich (selber)'

Die in Klammern gesetzten Erweiterungen machen deutlich, daß es sich bei dem Reflexiv-Pronomen *se* im Beispiel der linken Spalte um ein referenz-identisches Objekt, im Beispiel der rechten Spalte hingegen um einen referenz-identischen Partner handelt. Gleichzeitig geben diese Beispiele bereits zu erkennen, wie man die im Reflexiv-Pronomen *se* gegebene Neutralisierung der Opposition zwischen den Handlungsrollen Objekt und Partner im Kontext wieder rückgängig machen kann, nämlich durch den zusätzlichen Rückgriff auf freie Formen des Reflexiv-Pronomens. Diese freien Formen stellen außer der Opposition der Handlungsrollen Objekt und Partner auch die Opposition des Genus und des Numerus wieder her. Im Plural kommt noch die Unterscheidung zwischen 'zwei' («Dual») und 'mehr' hinzu, wie die nachfolgende Matrix ausweist. Diese Matrix zeigt außerdem, daß das freie Reflexiv-Pronomen nach neutralem *on* 'man, wir', *il* 'es' oder einem anderen neutralen Ausdruck eine eigene Form hat:

HANDLUNGS-ROLLEN / NUMERUS UND GENUS	SUBJEKT + OBJEKT	SUBJEKT + PARTNER
SINGULAR — MASKULIN	*il se ... lui-même* 'er ... sich selber'	*il se ... à lui-même* 'er ... sich selber'
SINGULAR — FEMININ	*elle se ... elle-même* 'sie ... sich selber'	*elle se ... à elle-même* 'sie ... sich selber'
PLURAL — MASKULIN	*ils se ... eux-mêmes* 'sie ... sich selber'	*ils se ... à eux-mêmes* 'sie ... sich selber'
PLURAL — FEMININ	*elles se ... elles-mêmes* 'sie ... sich selber'	*elles se ... à elles-mêmes* 'sie ... sich selber'
NEUTRAL	*on se ... soi-même* 'man ... sich selber'	*on se ... à soi-même* 'man ... sich selber'

Sollen im Plural Subjekt und Objekt beziehungsweise Subjekt und Partner von zwei wechselseitig aufeinander bezogenen Elementen besetzt werden, so ergibt sich für die obige Matrix die Variante auf Seite 145.

Wenn diese Formen im Text zu unhandlich werden, so kann man auch auf das Adverb *mutuellement* 'gegenseitig' zurückgreifen:

/ *Montaigne s'est examiné lui-même dans ses Essais* /   'Montaigne hat sich in seinen Essays selber geprüft'

/ *les lecteurs de Montaigne apprennent à se connaître eux-mêmes* /   'die Leser Montaignes lernen sich selber kennen'

/*Voltaire et Rousseau se sont détestés l'un l'autre*/   'Voltaire und Rousseau haben
einander (oder: sich) verabscheut'
/*les génies s'ignorent les uns les autres* (oder: *mutuellement*)/   'Genies kennen
einander (oder: sich) nicht'
/*il ne faut jamais s'honorer soi-même*/   'man darf sich niemals selber ehren'

HANDLUNGS-ROLLEN NUMERUS UND GENUS	SUBJEKT + OBJEKT	SUBJEKT + PARTNER
PLURAL MASKULIN — ZWEI / MEHR	*ils se ... l'un l'autre* 'sie ... einander' *ils se ... les uns les autres* 'sie ... einander'	*ils se ... l'un à l'autre* 'sie ... einander' *ils se ... les uns aux autres* 'sie ... einander'
PLURAL FEMININ — ZWEI / MEHR	*elles se ... l'une l'autre* 'sie ... einander' *elles se ... les unes les autres* 'sie ... einander'	*elles se ... l'une à l'autre* 'sie ... einander' *elles se ... les unes aux autres* 'sie ... einander'

Die Tatsache, daß unter den Bedingungen der Reflexivität zwei Handlungsrollen
identisch besetzt werden, in Verbindung mit der Tatsache, daß bei dem Pronomen *se,* das diese Reflexivität anzeigt, die Oppositionen des Genus, des Numerus
und der beiden Handlungsrollen Objekt und Partner neutralisiert sind, kennzeichnet die sprachliche Reflexivität insgesamt als eine Form der Unterwertigkeit. Durch sie wird die Kombinationsfreiheit zweiwertiger Verben (entweder
S-O-Valenz oder S-P-Valenz) eingeschränkt, so daß reflexiv gebrauchte Verben
strukturell zwischen einwertigen und zweiwertigen Verben stehen. Diese Zwischenstellung wird in der französischen Sprache auch dadurch unterstrichen, daß
alle reflexiv gebrauchten Verben die Formen des Perfekts, Plusquamperfekts
und morphologisch verwandter Tempora nicht mit dem Dispositions-Verb *avoir*
'haben', sondern mit dem Prädikations-Verb *être* 'scin' bilden. Unterscheide:

PERFEKT EINES NICHT-REFLEXIV
GEBRAUCHTEN VERBS

/*elle a promené son bébé*/   'sie hat ihr
Baby spazierengeführt'

PERFEKT EINES REFLEXIV
GEBRAUCHTEN VERBS

/*elle s'est promenée avec ses enfants*/
'sie ist mit ihren Kindern spazierengegangen'

145

/elle m'a acheté des patins (à roulet-   */elle s'est acheté des patins (à glace)/*
tes)/ 'sie hat mir Rollschuhe ge-   'sie hat sich Schlittschuhe gekauft'
kauft'

Die Verben in den Beispielen der linken Spalte sind nicht-reflexiv gebrauchte Verben mit S-O-Valenz: *promener* 'spazierenführen', *acheter* 'kaufen'. Das Perfekt wird daher mit dem Dispositions-Verb *avoir* 'haben' gebildet. In den Beispielen der rechten Spalte hingegen werden dieselben Verben reflexiv gebraucht: *se promener* 'spazierengehen', *s'acheter quelque chose* 'sich etwas kaufen'. Dieser reflexive Gebrauch verlangt die Bildung des Perfekts mit dem Prädikations-Verb *être* 'sein'. Im ersten Beispiel der rechten Spalte handelt es sich dabei um eine Subjekt-Objekt-Reflexivität. Das Rück-Partizip des ersten Beispiels ist mit seinem vorangestellten (reflexiven) Objekt in Genus und Numerus kongruent *(promenée)*, während das Rück-Partizip des zweiten Beispiels mit dem vorangestellten (reflexiven) Partner eine solche Kongruenz nicht bildet *(acheté)*.

Wir unterscheiden im folgenden die Formen der Reflexivität noch genauer und betrachten zunächst die Subjekt-Partner-Reflexivität (3.4.7.1), sodann die Subjekt-Objekt-Reflexivität (3.4.7.2). Bei der letzteren ist weiterhin zu unterscheiden, ob die Subjekt-Rolle von einer Person oder von einer Sache besetzt ist. Einige Verben der französischen Sprache können im übrigen nur reflexiv gebraucht werden; bei ihnen ist die Reflexivität lexikalisiert (3.4.7.3).

3.4.7.1 Subjekt-Partner-Reflexivität

Bei den beiden Handlungsrollen, die identisch besetzt sind, kann es sich um die Rollen des Subjekts und des Partners handeln. Dann sprechen wir von einer Subjekt-Partner-Reflexivität (abgekürzt: S-P-Reflexivität). Da die Partner-Rolle meistens von Personen besetzt ist, tritt auch die Subjekt-Partner-Reflexivität so gut wie ausschließlich bei Personen auf. Sie ist jedoch bei allen drei Gesprächsrollen möglich; im Falle der Referenten-Rolle wird dann als Signal der Reflexivität das Reflexiv-Pronomen *se* 'sich' gebraucht:

/je m'obéis (à moi-même)/   'ich gehorche mir (selber)'
/tu te plais (à toi-même)/   'du gefällst dir (selber)'
/nous nous résistons (à nous-mêmes)/   'wir leisten uns (selber) Widerstand'
/elle se nuit (à elle-même)/   'sie schadet sich (selber)'
/on ne s'échappe pas (à soi-même)/   'man entgeht sich (selber) nicht'

In all diesen Beispielen nimmt die jeweilige Gesprächsrolle (und im Falle der Referenten-Rolle die jeweilige, durch Referenz festgelegte Person innerhalb dieser Rolle) eine doppelte Handlungsrolle wahr, nämlich die des Subjekts und die des Partners. Auf diese Weise wird der Adressant gleichzeitig zum Adressaten, und wir können dieses reflexive Verhältnis insgesamt als «Selbstadresse» bezeichnen.

Eine Subjekt-Partner-Reflexivität ist auch bei dreiwertigen Verben möglich. Dann wird die S-P-O-Valenz dieser Verben zwischen Subjekt und Partner reflexiv, zwischen Subjekt und Objekt hingegen nicht-reflexiv ausgefüllt, ohne daß sich dadurch an der Subjekt-Partner-Reflexivität etwas ändert:

/ *il se donne de la peine* /   'er gibt sich Mühe'
/ *elle s'explique les événements* /   'sie erklärt sich die Ereignisse'

3.4.7.2   Subjekt-Objekt-Reflexivität

Eine Subjekt-Objekt-Reflexivität (abgekürzt: S-O-Reflexivität) setzt ein objektwertiges («transitives») Verb voraus. Bei objektwertigen Verben können die beiden Handlungsrollen Subjekt und Objekt identisch besetzt werden. Sofern diese identische Besetzung durch die Referenten-Rolle zustande kommt, wird die Identität der Besetzung durch das Reflexiv-Pronomen *se* 'sich' ausdrücklich signalisiert. Hinsichtlich der Bedeutung von Verben mit Subjekt-Objekt-Reflexivität ist jedoch streng danach zu unterscheiden, ob die Subjekt-Rolle von einer Person oder von einer Sache besetzt ist.

[1]   S-O-Reflexivität bei personalem Subjekt

Wenn die Subjekt-Rolle eines Verbs mit S-O-Valenz von einer Person besetzt ist, so gibt das Reflexiv-Pronomen *se* zu erkennen, daß der Disponent gleichzeitig als disponibel angesehen werden soll. Wir können diese Relation als «Selbstdisposition» bezeichnen:

/ *je me blâme (moi-même)* /   'ich tadle mich (selber)'
/ *tu te contredis (toi-même)* /   'du widersprichst dir (selber)'
/ *nous nous critiquons (nous-mêmes)* /   'wir kritisieren uns (selber)'
/ *on s'humilie (soi-même)* /   'man demütigt sich (selber)'
/ *Narcisse s'aime (lui-même)* /   'Narziß liebt sich (selber)'

Eine Subjekt-Objekt-Reflexivität im angegebenen Sinne kann durch ein Prädikament erweitert werden. Das Prädikament kann, ebenso wie bei den Prädikations-Verben (vgl. 3.4.1.2), als Prädikats-Nomen oder als Prädikats-Adjektiv realisiert werden. Verben dieser Art werden also wie einwertige Prädikations-Verben behandelt:

/il s'appelle Julien Sorel/   'er heißt Julien Sorel'
/il veut se faire prêtre/   'er will Priester werden'
/il se montre habile/   'er erweist sich als geschickt'
/il s'affirme bonapartiste/   'er gibt sich als Bonapartist (= Anhänger Napoleon Bonapartes) aus'
/il s'avère meurtrier/   'er entpuppt sich als Mörder'

2   S-O-Reflexivität bei sächlichem Subjekt

Wenn bei einem Verb mit S-O-Reflexivität die Subjekt-Rolle von einem Nomen mit sächlicher Bedeutung besetzt ist, kann die Reflexivität in den meisten Fällen nicht als «Selbstdisposition» aufgefaßt werden. Eine Sache (wenn sie nicht gerade als eine «denkende Maschine» oder dergleichen vorgestellt werden soll) kann nicht zugleich Disponent und Disponibles sein. Die Bedeutung dieser durch das Morphem *se* als reflexiv gekennzeichneten Handlungsrollen Subjekt und Objekt wird dann vielmehr als Anweisung an den Hörer aufgefaßt, eine unbestimmte Instanz als impliziten Disponenten einzusetzen, so daß das sächlich besetzte Subjekt als disponibel aufgefaßt werden kann. Wann immer das von der Bedeutung des Verbs her möglich ist und naheliegt, wird diese Instanz als unbestimmte Person (*on* 'man') verstanden. In den nachfolgenden Beispielen ist das der Fall:

/le quatorze juillet se fête dans les rues/   'den vierzehnten Juli feiert man auf den Straßen'
/la Marseillaise se chante debout/   'die Marseillaise singt man stehend'
/ce vin blanc se boit frais/   'diesen Weißwein trinkt man kühl'
/le café se prend noir et sucré/   'Kaffee trinkt man schwarz und süß'

Alle diese Beispiele haben gemeinsam, daß die Subjekt-Rolle nicht von einer Person besetzt ist. Die Verben *fêter* 'feiern', *chanter* 'singen', *boire* 'trinken' und *prendre* 'nehmen (hier: trinken)' lassen jedoch als Handlungsrollen von ihrer Bedeutung her ein persönliches Subjekt und ein sächliches Objekt erwarten. Wenn nun bei Verben dieser Bedeutung eine Subjekt-Objekt-Reflexivität angezeigt wird, so ergänzt der Hörer aus der Bedeutungs-Erwartung dieser Verben eine unbestimmte Person als Disponenten, und die Subjekt-Nomina *le quatorze juillet* 'der vierzehnte Juli', *la Marseillaise* 'die Marseillaise', *ce vin blanc* 'dieser Weißwein' und *le café* 'der Kaffee' werden als disponible Objekte aufgefaßt.

Das gilt in ähnlicher Weise von solchen objektwertigen Verben, die von ihrer Bedeutung her keine klare Entscheidung nahelegen, ob ein persönliches oder ein sächliches Subjekt zu erwarten ist. Wenn eines dieser Verben reflexiv gebraucht wird, so kann der Hörer nicht ohne weiteres eine unbestimmte Person als impliziten Disponenten ergänzen. Es bleibt dann in der Schwebe, ob eine Person oder eine Sache als Disponent ausgemacht werden kann. Sicher ist nur, daß die Sache, welche die Subjekt-Rolle ausfüllt, nicht zugleich Disponent und Disponibles sein kann. Dieses sächliche Subjekt wird vielmehr allemal als Disponibles aufgefaßt, und es bleibt offen, wer oder was hier Disponent ist:

/ *la lumière s'éteint dans le couloir* /   'im Flur geht das Licht aus'
/ *un verre se casse* /   'ein Glas zerbricht'
/ *le rideau se déchire* /   'der Vorhang zerreißt'
/ *une catastrophe s'annonce* /   'eine Katastrophe kündigt sich an'

In all diesen Fällen bleibt es eine offene (und bei d i e s e m Kontext geheimnisvolle) Frage, welche Person oder welche Sache hier eigentlich der Disponent ist. Sicher ist nur, daß die Sachen oder Sachverhalte *la lumière* 'das Licht', *un verre* 'ein Glas', *le rideau* 'der Vorhang' und *la catastrophe* 'die Katastrophe' für irgend jemand oder irgend etwas disponibel sind.

Da also bei den Beispielen dieser und der vorhergehenden Gruppen der Disponent entweder unbekannt oder unbestimmt ist, können Verben mit Subjekt-Objekt-Reflexivität und sächlich besetzter Subjekt-Rolle als Verben mit quasi-passiver Bedeutung angesehen werden. Mit den anderen Formen des «richtigen» Passivs haben sie nämlich den unterwertigen Gebrauch und die Verschleierung des Disponenten gemeinsam. Unterscheide:

PASSIV

/ *cette rumeur est répandue dans toute la ville* /   'dieses Gerücht ist (oder: wird) in der ganzen Stadt verbreitet'

QUASI-PASSIV

/ *cette rumeur se répand dans toute la ville* /   'dieses Gerücht verbreitet sich in der ganzen Stadt'

In beiden Beispielen bleibt unklar, wer oder was der Disponent ist, der für die Verbreitung des hier gemeinten Gerüchtes sorgt. Im Beispiel der linken Spalte, einer «eigentlichen» Passiv-Konstruktion, bedient sich das Passiv des Prädikations-Verbs *être* 'sein', und dadurch erhält der Ausdruck den feststellenden Charakter einer Prädikation (vgl. 3.4.1). Im Beispiel der rechten Spalte hingegen kommt eine quasi-passive Reflexivitäts-Bedeutung zustande, weil der strukturelle Rahmen einer Disposition zwar nicht beseitigt, wohl aber durch die Reflexivität abgeschwächt wird.

3.4.7.3 Reflexive Verben

Es können grundsätzlich alle mehrwertigen Verben reflexiv gebraucht werden. Für die folgenden Verben ist jedoch besonders charakteristisch, daß sie in einer nicht-reflexiven und einer reflexiven Variante existieren, wobei die reflexive Variante durchaus die häufigere Form sein kann. Sie sind also fakultativ reflexiv («partimreflexiv»). Vergleiche:

NICHT-REFLEXIVE FORM	REFLEXIVE FORM
/comment l'appelez-vous?/ 'wie nennen Sie ihn/sie?'	/comment vous appelez-vous?/ 'wie heißen Sie?'
/vous me divertissez/ 'Sie amüsieren mich'	/vous vous divertissez/ 'Sie amüsieren sich'
/je vous ai fatigué/ 'ich habe Sie ermüdet'	/je me suis fatigué/ 'ich bin müde geworden'
/vous me découragez/ 'Sie entmutigen mich'	/vous vous découragez/ 'Sie verlieren den Mut'
/ils l'ont arrêté/ 'sie haben ihn festgenommen (oder: verhaftet)'	/il s'est arrêté/ 'er ist stehengeblieben'
/on couche les enfants/ 'man legt die Kinder schlafen'	/on se couche/ 'man legt sich hin'
/vous m'endormez/ 'Sie schläfern mich ein'	/vous vous endormez/ 'Sie schlafen ein'
/on éteint la lumière/ 'man macht das Licht aus'	/la lumière s'éteint/ 'das Licht geht aus'
/elle t'a effrayé/ 'sie hat dich erschreckt'	/elle s'est effrayée/ 'sie hat sich erschrocken'
/on va le réveiller/ 'wir wecken ihn jetzt'	/il va se réveiller/ 'er wacht gleich auf'
/il lèvera la main/ 'er wird die Hand heben'	/il se lèvera/ 'er wird aufstehen'
/il l'a sauvée/ 'er hat sie gerettet'	/elle s'est sauvée/ 'sie ist fortgelaufen'
/je termine cela/ 'ich beende das' (...)	/cela se termine/ 'das geht zu Ende' (...)

Während diese Verben (deren Liste hier nicht vollständig wiedergegeben ist) sowohl nicht-reflexiv als auch reflexiv gebraucht werden können, zeichnen sich einige andere Verben dadurch aus, daß sie obligatorisch reflexiv gebraucht werden. Diese nennt man reflexive Verben. Bei ihnen ist die Reflexivität lexikalisiert. Das lexikalische Sonderleben dieser reflexiven Verben hat auch in vielen Fällen dazu geführt, daß bei ihnen eine reflexive Bedeutung im angegebenen Sinne (vgl. 3.4.7.1–2) nicht mehr erkennbar ist. Reflexiv sind beispielsweise die folgenden Verben:

/ *je m'en vais* /   'ich gehe fort'
/ *puis-je m'asseoir?* /   'kann ich mich setzen (oder: Platz nehmen)?'
/ *tu t'enfuis* /   'du entfliehst'
/ *elle s'envole* /   'sie fliegt davon'
/ *vous vous évadez* /   'Sie brechen aus (oder: entfliehen)'
/ *nous nous réfugions* /   'wir flüchten'
/ *il s'est écrié* /   'er hat (aus-)gerufen'
/ *on s'efforce* /   'man bemüht sich'
/ *nous nous empressons* /   'wir beeilen uns'
/ *elle se soucie* /   'sie sorgt sich'
/ *je me souviens* /   'ich erinnere mich'
/ *nous nous repentons* /   'wir bereuen'
/ *vous vous êtes abstenus* /   'ihr habt euch enthalten'
/ *ils se moquent* /   'sie machen sich lustig'
/ *elles s'obstinent* /   'sie versteifen sich'
/ *je me méfie* /   'ich bin mißtrauisch'
(...)

Diese reflexiven Verben mit ihrer lexikalisierten Reflexivität sind trotz der formalen Besetzung zweier Handlungsrollen fast als einwertige Verben anzusehen und werden oft wie einfache Prädikations-Verben gebraucht (vgl. 3.4.1.1). Unterscheide:

REFLEXIVES VERB	REFLEXIV ODER NICHT-REFLEXIV GEBRAUCHTES VERB
/ *il se souvient de sa jeunesse* / 'er erinnert sich seiner Jugend'	/ *il se rappelle sa jeunesse* / 'er erinnert sich an seine Jugend' / *je lui rappelle sa jeunesse* / 'ich erinnere ihn an seine Jugend'

Die beiden Beispiele der rechten Spalte zeigen, daß es bei dem (objektwertigen) Verb *(se) rappeller* 'sich erinnern' eine reflexive und eine nicht-reflexive Variante gibt, während es von dem gleichbedeutenden (nicht-objektwertigen) Verb *se souvenir* nur die reflexive Form gibt.

4 SYNTAX DES VERBS

Die Syntax des Verbs ist zu einem guten Teil Tempus-Syntax. Mit der Tempus-Syntax sind die Phänomene des Imperativs, des Konjunktivs und des Infinitivs durch vielfältige Strukturähnlichkeiten verbunden, so daß wir sie im Zusammenhang der Tempus-Syntax behandeln können.

Der Begriff Tempus (Plural: Tempora) umfaßt in der französischen Sprache drei Bedeutungs-Dimensionen: Tempus-Perspektive, Tempus-Register und Tempus-Relief.

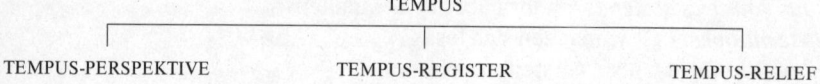

Bei den Formen des Tempus unterscheiden wir Tempus-Konjugation und Tempus-Komposition (4.1). Semantisch beruhen die drei Bedeutungs-Dimensionen des Tempus-Systems auf der Opposition dreier Merkmalpaare (4.2). Die Bedeutung jedes einzelnen Tempus wird durch eine Kombination mehrerer dieser semantischen Merkmale konstituiert (4.3). Den Imperativ (4.4), Konjunktiv (4.5) und Infinitiv (4.6) beschreiben wir sodann einerseits durch ihre Unterschiede zu den «indikativischen» Tempora, andererseits durch ihre eigentlichen, die Syntax des Verbs auf andere Weise bereichernden Merkmale.

4.1 Die Tempusformen

Die einzelnen Tempusformen werden mit den Ausdrucksmitteln der Tempus-Konjugation und der Tempus-Komposition unterschieden. Die Tempus-Konjugation ist mit der Subjekt-Konjugation (vgl. 3.1.1) verschmolzen. Im folgenden besprechen wir zunächst beispielhaft die allgemeinen Regeln der Tempus-Konjugation und Tempus-Komposition (4.1.1), sodann die besonderen Regeln zur Verteilung von *avoir* und *être* bei der Tempus-Komposition (4.1.2).

4.1.1   Tempus-Konjugation und Tempus-Komposition

Wir sprechen von Konjugation, wenn unterschiedliche, aber verwandte grammatische Funktionen durch Formveränderungen an der Lautgestalt oder auch «nur» am Schriftbild eines Verbs kenntlich gemacht werden. Die Subjekt-Konjugation wurde bereits an anderer Stelle besprochen (vgl. 3.1.1). Von ihr zu unterscheiden ist die Tempus-Konjugation.

KONJUGATION

SUBJEKT-KONJUGATION   TEMPUS-KONJUGATION

Wir sprechen von Tempus-Konjugation, wenn die verschiedenen Tempora durch Formveränderungen des Verbs kenntlich gemacht werden («synthetische Konjugation»). Diese betreffen bei den regelmäßigen Verben der Konjugationsmuster «donner», «finir» und «rendre» nur das Suffix, nicht das Verb-Lexem (den «Stamm des Verbs»). Bei den unregelmäßigen Verben greift die Formveränderung häufig zusätzlich auch in das Verb-Lexem ein. Unterscheide zum Beispiel:

REGELMÄSSIGE KONJUGATION   UNREGELMÄSSIGE KONJUGATION

il donne 'er gibt'   *elle voit* 'sie sieht'
il donnera 'er wird geben'   *elle verra* 'sie wird sehen'

Zusätzlich zu den Ausdrucksmitteln der Tempus-Konjugation macht die französische Sprache noch von den Mitteln der Tempus-Komposition («analytische Konjugation») Gebrauch und bildet auf diese Weise «zusammengesetzte Tempora». Sie bedient sich dabei vorzugsweise der Verben *avoir* 'haben', *être* 'sein', *aller* 'gehen' und *venir* 'kommen'. Diese Verben, die im Hinblick auf ihren Beitrag zur Tempus-Komposition Morphem-Verben genannt werden können, da ihre Bedeutungen auf grammatische Funktionswerte reduziert werden, verbinden sich mit dem Rück-Partizip (vgl. 6.7.1) oder dem Infinitiv (vgl. 4.6) anderer Verben, die ihre volle Lexembedeutung behalten. Mit ihnen bilden sie bestimmte Tempora, zum Beispiel:

TEMPUS-KOMPOSITION MIT   TEMPUS-KOMPOSITION MIT
DEM RÜCK-PARTIZIP   DEM INFINITIV

j'ai fini 'ich habe beendet'   *je vais continuer* 'ich werde weitermachen'

tu es arrivé 'du bist angekommen'   *tu viens de commencer* 'du hast gerade (erst) begonnen'

Im zweiten Beispiel der rechten Spalte nimmt außerdem der Junktor *de* an der Tempus-Komposition teil. Außer den hier beispielhaft genannten Formen kennt die französische Sprache weitere Formen der Tempus-Komposition, mit denen einzelne Tempus-Nuancen ausgedrückt werden können, zum Beispiel:

/*je suis en train de réfléchir*/ 'ich bin gerade dabei nachzudenken'

Im einzelnen findet man die wichtigsten Formen der Tempus-Konjugation und Tempus-Komposition in den Konjugationstafeln des Anhangs (vgl. 10.1).

4.1.2 Die Morphem-Verben *avoir* und *être*

Die wichtigsten Morphem-Verben im Dienste der Tempus-Komposition sind *avoir* 'haben' und *être* 'sein' (vgl. die Konjugationstafeln 10.1). Sie werden mit dem Rück-Partizip verbunden (vgl. 6.7.1). Die meisten Verben bilden die Tempus-Komposition mit dem Morphem-Verb *avoir*. Abweichend von diesem Normalfall bilden einige Verbgruppen die Tempus-Komposition mit *être*. Mit dem Morphem-Verb *être* werden gebildet:

1 Alle reflexiven Verben (vgl. 3.4.7.3) und alle Verben im Passiv (vgl. 3.4.6), zum Beispiel:

/*elle s'est maquillée*/ 'sie hat sich geschminkt'
/*elle a été prise pour sa sœur aînée*/ 'sie wurde für ihre ältere Schwester gehalten'

2 Von den einwertigen Verben (S-Valenz – vgl. 3.4.1) diejenigen, die eine einfache Veränderung des Daseins bedeuten. Einfach wollen wir eine solche Veränderung dann nennen, wenn sie nur insoweit gekennzeichnet ist, wie es für die Kommunikations-Situation relevant ist. Dazu gehören als Grenzfälle das Geborenwerden und Sterben und die einfachen, qualitativ nicht weiter markierten Veränderungen der Position (vgl. 7.3.2):

/*elle est née à Domremy*/ 'sie ist in Domremy geboren'
/*elle est allée à Chinon*/ 'sie ist nach Chinon gegangen'
/*elle est partie pour la guerre*/ 'sie ist in den Krieg gezogen'
/*elle est venue à Reims*/ 'sie ist nach Reims gekommen'
/*elle est morte à Rouen*/ 'sie ist in Rouen gestorben'

Ebenso: *arriver* 'ankommen', *entrer/rentrer* 'eintreten/wiedereintreten', *retourner* 'wiederkehren', *devenir* 'werden', *parvenir* 'gelangen', *provenir (de)* 'stammen (von)', *survenir* 'geschehen' und andere Verben ähnlicher Bedeutung. Mit *être* bildet die «zusammengesetzten Tempora» auch das Verb *rester* 'bleiben' (ferner das Verb *demeurer,* solange es 'bleiben' bedeutet); diese Verben bezeichnen zwar keine objektive Veränderung des Daseins, wohl aber eine subjektive Veränderung des Daseins für die Erwartung einer anderen Person («wider Erwarten noch da sein»).

Von den Verben, die eine einfache Veränderung des Daseins bezeichnen, sind diejenigen ebenfalls einwertigen Verben zu unterscheiden, die eine solche Veränderung über das hinaus, was für die Kommunikations-Situation relevant ist, qualitativ spezifizieren. Die letzteren bilden die Tempus-Kombination mit *avoir.* Unterscheide also:

EINFACHE VERÄNDERUNG		QUALITATIV SPEZIFIZIERTE VERÄNDERUNG	
/elle est née en 1961/	'sie ist im Jahre 1961 geboren'	*/elle a voyagé en 1982/*	'sie ist im Jahre 1982 gereist'
/elle est partie toute seule/	'sie ist ganz allein losgefahren'	*/elle a beaucoup marché/*	'sie ist viel zu Fuß gegangen'

Die Beispiele der linken Spalte betreffen die Kommunikations-Fähigkeit schlechthin, die durch die Geburt grundsätzlich hergestellt und durch eine Abreise situativ verändert wird. In den Beispielen der rechten Spalte wird demgegenüber die (Orts-)Veränderung qualitativ markiert, im ersten Fall als Reisen, das heißt, als Überwindung größerer Entfernungen und Besuch verschiedener Orte, im zweiten Fall als Fortbewegung mit den Beinen. Von diesem Unterschied hängt der Gebrauch der Morphem-Verben *être* und *avoir* ab.

Verschiedene Verben der französischen Sprache lassen eine Tempus-Komposition sowohl mit *avoir* als auch mit *être* zu. Es sind die beiden folgenden Gruppen:

1̄ Verben mit mehrfacher Kode-Valenz; als mehrwertige Verben (S-O-Valenz, S-P-Valenz, S-P-O-Valenz) bilden sie ihre zusammengesetzten Tempora mit dem Morphem-Verb *avoir,* als einwertige Verben (sofern sie die oben genannten Bedingungen erfüllen) mit *être.* Unterscheide:

MEHRWERTIGKEIT: KOMPOSITION MIT *avoir*		EINWERTIGKEIT: KOMPOSITION MIT *être*	
/j'ai monté la table/	'ich habe den Tisch hinaufgebracht'	*/je suis monté tout seul/*	'ich bin ganz allein hinaufgegangen'
/j'ai descendu l'armoire/	'ich habe den Schrank hinuntergebracht'	*/je suis descendu moi-même/*	'ich bin selber hinuntergegangen'

/*j'ai sorti la voiture du garage*/ 'ich habe den Wagen aus der Garage gefahren'

/*je suis sorti de la ville*/ 'ich bin aus der Stadt (heraus-)gefahren'

Die Mehrwertigkeit oder Einwertigkeit ist in diesen Beispielen an der Anwesenheit oder Abwesenheit eines Objekts eindeutig erkennbar.

2 Einwertige Verben, die ihrer Bedeutung nach Grenzfälle zwischen einer einfachen und einer qualitativ markierten Veränderung des Daseins bilden. Unterscheide die Bedeutungsnuancen:

QUALITATIV MARKIERTE VERÄNDERUNG: KOMPOSITION MIT *avoir*	EINFACHE VERÄNDERUNG: KOMPOSITION MIT *être*
/*il a énormément grandi*/ 'er ist sehr stark gewachsen'	/*comme il est grandi!*/ 'wie ist er groß geworden!'
/*il a demeuré à Orléans*/ 'er ist in Orleans wohnhaft gewesen'	/*il est demeuré un gamin*/ 'er ist ein Junge geblieben'
/*son livre a paru avec éclat*/ 'sein Buch ist glanzvoll erschienen'	/*son livre est paru*/ 'sein Buch ist erschienen'

Ebenso verhalten sich unter entsprechenden Kontextbedingungen verschiedene andere einwertige Verben, was man im einzelnen im Wörterbuch nachschlagen kann.

Die Genus- und Numerus-Kongruenz unter den Bedingungen der Tempus-Komposition mit dem Rück-Partizip richtet sich nach den folgenden beiden Regeln:

I Bei einer Bildung des Perfekts mit *être* folgt das Rück-Partizip in seiner Genus- und Numerus-Kongruenz dem Subjekt. Wir nennen diese Kongruenz die Subjekt-Kongruenz:

/*elle est venue*/ 'sie ist gekommen'
/*ils se sont rencontrés*/ 'sie haben sich getroffen'

Im ersten Beispiel bildet das Rück-Partizip *venue* 'gekommen' eine Subjekt-Kongruenz im Feminin/Singular mit dem Subjekt *elle* 'sie', und ebenso bildet im zweiten Beispiel das Rück-Partizip *rencontrés* eine Subjekt-Kongruenz im Maskulin/Plural mit dem Subjekt *ils* 'sie'.

☐ Bei einer Bildung des Perfekts mit *avoir* richtet sich das Rück-Partizip in seiner Genus- und Numerus-Kongruenz n i c h t nach dem Subjekt, sondern behält unverändert die Form Maskulin/Singular bei. Immer dann jedoch, wenn das Objekt dem Partizip voraufgeht, richtet sich das Rück-Partizip in seiner Genus- und Numerus-Kongruenz nach diesem Objekt. Wir nennen diese Kongruenz die Objekt-Kongruenz. Unterscheide:

KEINE KONGRUENZ

/ *nous avons visité l'exposition* / 'wir haben die Ausstellung besucht'

/ *on n'a jamais vu de pareils tableaux* / 'solche Bilder haben wir (noch) nie gesehen'

OBJEKT-KONGRUENZ

/ *l'exposition que nous avons visitée* / 'die Ausstellung, die wir besucht haben'

/ *ces tableaux qu'on n'a jamais vus avant* / 'diese Bilder, die man nie vorher gesehen hat'

In den Beispielen der linken Spalte hat das Rück-Partizip unverändert die Form Maskulin/Singular (*visité* 'besucht', *vu* 'gesehen'). In den Beispielen der rechten Spalte hingegen bildet das Rück-Partizip *visitée* 'besucht' eine Objekt-Kongruenz im Feminin/Singular mit dem voraufgehenden Objekt *exposition* 'Ausstellung', ebenso wie das Rück-Partizip *vus* 'gesehen' eine Objekt-Kongruenz im Maskulin/ Plural mit dem voraufgehenden Objekt *tableaux* 'Bilder' bildet.

Bei den zahlreichen Verben des Konjugationsmusters «donner» ist diese Objekt-Kongruenz nicht hörbar (*donné/donnés/donnée/données* = [dɔne]). Bei den anderen Konjugationsmustern und den unregelmäßigen Verben kann man die Objekt-Kongruenz jedoch in einigen Fällen hören (zum Beispiel: *pris* vs. *prise/prises* 'genommen', *écrit/écrits* vs. *écrite/écrites* 'geschrieben').

4.2   Die Tempus-Merkmale und das Tempus-System

Die drei Bedeutungs-Dimensionen, nach denen das Tempus-System organisiert ist, beruhen auf den folgenden semantischen Oppositionen:

Tempus-Perspektive: Rückschau vs. Vorausschau (4.2.1)
Tempus-Register: Besprechen vs. Erzählen (4.2.2)
Tempus-Relief: Vordergrund vs. Hintergrund (4.2.3)

Ein Tempus-Relief wird in der Regel nur in erzählender Rede gebildet; beim mündlichen Erzählen kann jedoch von dieser Regel abgewichen werden (4.2.4).

4.2.1 ˙ Tempus-Perspektive

Bei der Tempus-Perspektive geht es um die Unterscheidung von Textzeit und Handlungszeit. Textzeit ist die Zeit, die ein Text in seinem Ablauf verbraucht. In diesem Textablauf hat jedes einzelne Sprachzeichen sein «Jetzt». Das ist primär jener Augenblick, in dem dieses Sprachzeichen vom Sprecher ausgesprochen und vom Hörer aufgenommen wird. In geschriebenen Texten sind zwar das Jetzt des Schreibaktes und das Jetzt des Leseaktes zeitlich getrennt, werden aber durch die Imagination des Lesenden gleichzeitig gemacht («synchronisiert»). Wir können daher für die folgenden Beschreibungen ohne Rücksicht darauf, ob es sich um mündliche oder um schriftliche Texte handelt, von einer Textzeit ausgehen, die dem Sprecher/Schreiber und dem Hörer/Leser jeweils gleichzeitig ist.

Auch Handlungen laufen in der Zeit ab. Wir können daher diejenige Zeit, die eine Handlung verbraucht, ihre Handlungszeit nennen. Über diese Handlungszeit kann der Sprecher den Hörer unterrichten, beispielsweise durch ein Datum. Auch mit syntaktischen Mitteln kann der Sprecher dem Hörer Angaben über die Handlungszeit machen. Das sind jedoch immer relative Angaben, nämlich solche, die sich direkt oder indirekt auf das Verhältnis von Textzeit und Handlungszeit beziehen. Der Sprecher kann dem Hörer insbesondere aus der Perspektive seines Jetzt mitteilen, ob die Handlungszeit vor der Textzeit oder nach der Textzeit liegt. Wenn die Handlungszeit vor der Textzeit liegt, kann der Hörer auf die mitgeteilte Handlung als ein Stück Vergangenheit zurückschauen. Liegt aber die mitgeteilte Handlung nach der Textzeit, so muß der Hörer auf diese Handlung als ein Stück erwartbarer Zukunft vorausschauen, und dieser Perspektive haftet immer ein größeres oder geringeres Maß Unsicherheit an. Wir kennzeichnen diese beiden Perspektiven mit den semantischen Merkmalen der ⟨RÜCKSCHAU⟩ und der ⟨VORAUSSCHAU⟩ und fassen sie beide unter dem Oberbegriff der Differenz-Perspektive zusammen, da sie jeweils, aber in gegenläufiger Richtung, eine Differenz zwischen der Textzeit und der Handlungszeit angeben. Es kann für den Hörer sehr wichtig sein, über solche Differenz zwischen Textzeit und Handlungszeit unterrichtet zu werden, da er möglicherweise sein Handeln danach einrichten muß.

Es kann jedoch auch so sein, daß der Hörer nach der Meinung des Sprechers nicht ausdrücklich auf eine mögliche Differenz zwischen Textzeit und Handlungszeit aufmerksam gemacht zu werden braucht, sei es daß sie gar nicht besteht, sei es daß sie für den Hörer offensichtlich nicht relevant ist. Dann kann der Sprecher von einer Neutral-Perspektive («Null-Perspektive») Gebrauch machen, die dem Hörer davon Kenntnis gibt, daß zur Zeit weder eine Rückschau noch eine Vorausschau angezeigt ist. In dieser Neutral-Perspektive ist also die Opposition der semantischen Merkmale ⟨RÜCKSCHAU⟩ vs. ⟨VORAUSSCHAU⟩ neutralisiert.

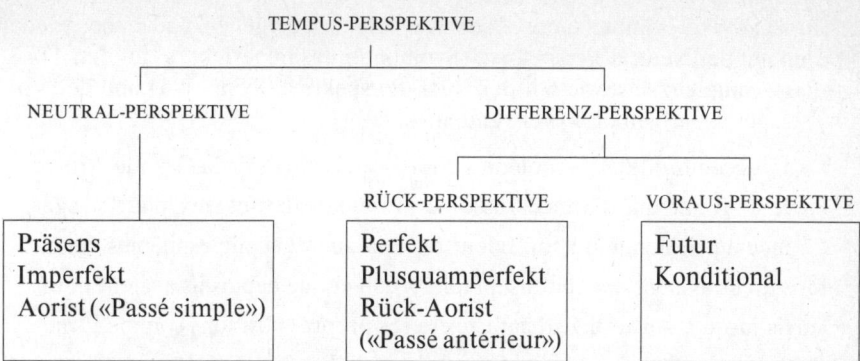

In dieser Übersicht sind einstweilen nur die wichtigsten Tempora berücksichtigt. Auch der Unterschied zwischen Sprechkode und Schriftkode bleibt hier einstweilen noch unberücksichtigt (vgl. 4.2.4).

Das folgende Textbeispiel ist einer Rede entnommen, die Napoleon im Jahre 1805 vor der Schlacht von Austerlitz an die Soldaten der *Grande Armée* gehalten hat. Der ausgewählte Textabschnitt enthält Verben mit der Neutral-Perspektive (Symbol: ○), mit der Rück-Perspektive (Symbol: ◁) und mit der Voraus-Perspektive (Symbol: ▷):

> Soldats! L'armée russe se présente devant vous pour venger l'armée autrichienne d'Ulm. Ce sont ces mêmes bataillons que vous avez battus à Hollabrunn, et que depuis vous avez constamment poursuivis jusqu'ici. Les positions que nous occupons sont formidables, et, pendant qu'ils marcheront pour tourner ma droite, ils me présenteront le flanc.*

In der Neutral-Perspektive (4 Formen des Präsens: *se présente, ce sont, occupons, sont*) stellt Napoleon die Ausgangssituation für die bevorstehende Schlacht dar. Diese Situation ist ihm und seinen Soldaten gegenwärtig; ein besonderer perspektivischer Hinweis ist daher nicht vonnöten. In der Rück-Perspektive erinnert der Kaiser an die vorausgegangenen Schlachten (2 Formen des Perfekts: *avez battus, avez poursuivis*). In der Voraus-Perspektive nimmt er die bevorstehende Schlacht vorweg (2 Formen des Futurs: *marcheront, présenteront*).

---

* Soldaten! Die russische Armee stellt sich euch, um die österreichische Armee von Ulm zu rächen. Es sind dieselben Bataillone, die ihr bei Hollabrunn geschlagen und die ihr seitdem pausenlos bis hierher verfolgt habt. Die Stellungen, die wir besetzt halten, sind phantastisch, und während sie aufmarschieren (werden), um mich rechts zu umgehen, werden sie mir die Flanke bieten. (*Mémoires et Œuvres de Napoléon,* hg. von T. Martel, Paris 1926.)

Ein Historiker könnte diese Rede wie folgt wiedergeben und dabei wieder Verben mit der Neutral-Perspektive (Symbol für das Imperfekt: ●, für den Aorist = «Passé simple»: ■) sowie mit der Rück-Perspektive (Symbol: ◄) und der Voraus-Perspektive (Symbol: ►) verwenden:

Le 1ᵉʳ décembre 1805, Napoléon s'adressa aux soldats de la Grande Armée en leur disant que l'armée russe se présentait devant eux pour venger l'armée autrichienne d'Ulm. Il leur rappela que c'étaient les mêmes bataillons qu'ils avaient déjà battus à Hollabrunn et que depuis ils avaient poursuivis jusqu'à Austerlitz. Il caractérisa ses propres positions comme formidables et prédit que les ennemis, pendant qu'ils marcheraient pour tourner sa droite, lui présenteraient le flanc.

Dieser Bericht hat zwar ein anderes Tempus-Register und dementsprechend andere Tempusformen als die authentische Rede, die Tempus-Perspektive ist jedoch trotz dieser Transposition unverändert geblieben. Die Neutral-Perspektive wird jetzt durch 4 Formen des in französischen Grammatiken «Passé simple» genannten Tempus Aorist *(s'adressa, rappela, caractérisa, prédit)* und durch 2 Formen des Imperfekts *(se présentait, c'étaient)* ausgedrückt. Die Rück-Perspektive wird durch 2 Formen des Plusquamperfekts *(avaient battus, avaient poursuivis),* die Voraus-Perspektive durch 2 Formen des Konditionals *(marcheraient, présenteraient)* vertreten.

Es gehört zu den Merkmalen der Rück-Perspektive und der Voraus-Perspektive, daß diese im Text in der Regel nur gelegentlich eingenommen werden. Meistens macht man von der Neutral-Perspektive Gebrauch, weil das Sprachspiel gewöhnlich so geartet ist, daß der Hörer über das Verhältnis von Textzeit und Handlungszeit nicht eigens unterrichtet zu werden braucht. Die Rück-Perspektive (nicht die Voraus-Perspektive!) kann auch mit den Formen des Konjunktivs (vgl. 4.5), des Infinitivs (vgl. 4.6) und des Partizips (vgl. 6.7) ausgedrückt werden.

4.2.2 Tempus-Register

Durch die Wahl des Tempus-Registers («Sprechhaltung») gibt der Sprecher dem Hörer zu verstehen, welche Rezeptionshaltung er für angemessen hält. Man kann wählen zwischen den Register-Merkmalen ⟨BESPRECHEN⟩ und ⟨ERZÄHLEN⟩. Diese beiden semantischen Merkmale bilden eine binäre Opposition.

Nach der Verteilung der beiden Register-Merkmale ordnen sich die Tempora nach zwei Tempus-Gruppen. Die eine umfaßt die besprechenden Tempora (auch: Tempora der besprochenen Welt), die andere umfaßt die erzählenden Tempora (auch: Tempora der erzählten Welt):

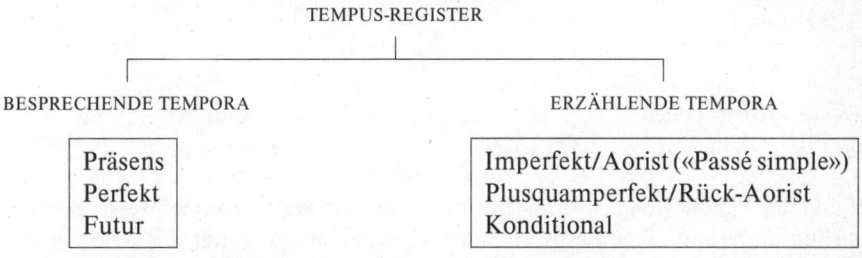

TEMPUS-REGISTER

BESPRECHENDE TEMPORA

Präsens
Perfekt
Futur

ERZÄHLENDE TEMPORA

Imperfekt/Aorist («Passé simple»)
Plusquamperfekt/Rück-Aorist
Konditional

Es sind in dieser Übersicht einstweilen wiederum nur die wichtigsten Tempora berücksichtigt, und der Unterschied zwischen Sprechkode und Schriftkode ist weiterhin vernachlässigt (vgl. 4.2.4).

Mit dem Tempus-Merkmal ⟨BESPRECHEN⟩, das allen besprechenden Tempora gemeinsam ist, weist der Sprecher den Hörer an, die Rezeptionshaltung gespannter Hinwendung zu wählen. Das ist diejenige Einstellung, die man gewöhnlich Handlungen gegenüber einnimmt. Besprechende Texte sollen also wie Handlungen aufgenommen und gegebenenfalls mit Handlungen beantwortet werden. Sie sind prinzipiell handlungsrelevant.

In binärer Opposition dazu bedeutet der Sprecher dem Hörer mit dem Merkmal ⟨ERZÄHLEN⟩, daß der Text mit entspannter Gelassenheit aufgenommen werden darf. Der Hörer braucht bloß Zuhörer zu sein. Er soll zwar nicht unaufmerksam sein, denn die Kommunikation soll ja nicht abreißen; dennoch ist bei der Rezeption des erzählenden Textes eine gewisse Entspanntheit des Hörers zulässig, weil eine unmittelbare Handlung als Reaktion auf das Gehörte nicht erwartet wird. Insofern ist der erzählende Text, im Gegensatz zum besprechenden Text, nicht einer Handlung gleichgestellt.

Als Ausgleich für diese verminderte Gespanntheit wird jedoch von erzählenden Texten die Vorstellungskraft des Hörers stärker gefordert. Mit ihr muß er, oft ohne jede Unterstützung durch eine umgebende oder erinnerte Situation, die erzählte Welt in seiner Phantasie hervorbringen, und zwar unabhängig davon, ob es sich um ein wirkliches («historisches») oder um ein erfundenes («fiktives», «fiktionales») Geschehen handelt. Wie lebhaft jedoch die Vorstellungskraft des (Zu-)Hörers auch ans Werk gehen mag, um das Bild der erzählten Welt zu erzeugen, allemal bleibt die erzählte Situation q u a l i t a t i v verschieden von der unmittelbar anstehenden und durch Handlungen gekennzeichneten Situation.

Besprechende und erzählende Tempusformen können im Text gemischt auftreten. Sie werden jedoch nicht wahllos gemischt. Vielmehr findet man in der

161

Regel entweder besprechende oder erzählende Tempusformen gehäuft, so daß deutlich eines der beiden Register vorherrscht. Im Grenzfall kann sich ein Sprecher ganz entweder für das eine oder für das andere Tempus-Register entscheiden. Dann sind die Instruktionen dieser syntaktischen Signale besonders deutlich zu erkennen.

4.2.2.1 Besprechen

Wenn ein Text nur oder fast nur besprechende Tempusformen aufweist, können wir ihn insgesamt einen besprechenden Text nennen. Von der Art ist beispielsweise die Rede, die der Schriftsteller Albert Camus 1957 bei der Verleihung des Nobel-Preises gehalten hat. Der folgende Textabschnitt ist dieser Rede entnommen. Er ist vor allem an seinen Tempusformen als besprechender Text erkennbar. Wir verzeichnen nämlich 18 Formen des Präsens (Neutral-Perspektive; Symbol: ○), 2 Formen des Perfekts (Rück-Perspektive; Symbol: ◁) und 2 Formen des Futurs (Voraus-Perspektive; Symbol: ▷). Das sind viele Formen der besprechenden Tempus-Gruppe. Ihnen steht nur e i n e erzählende Tempusform gegenüber (Imperfekt: *sentait;* Symbol: ●).

Je ne puis vivre personnellement sans mon art. Mais je n'ai jamais placé cet art au-dessus de tout. S'il m'est nécessaire au contraire, c'est qu'il ne se sépare de personne et me permet de vivre, tel que je suis, au niveau de tous. L'art n'est pas à mes yeux une réjouissance solitaire. Il est un moyen d'émouvoir le plus grand nombre d'hommes en leur offrant une image privilégiée des souffrances et des joies communes. Il oblige donc l'artiste à ne pas s'isoler; il le soumet à la vérité la plus humble et la plus universelle. Et celui qui, souvent, a choisi son destin d'artiste parce qu'il se sentait différent, apprend bien vite qu'il ne nourrira son art, et sa différence, qu'en avouant sa ressemblance avec tous. L'artiste se forge dans cet aller-retour perpétuel de lui aux autres, à mi-chemin de la beauté dont il ne peut se passer et de la communauté à laquelle il ne peut s'arracher. C'est pourquoi les vrais artistes ne méprisent rien; ils s'obligent à comprendre au lieu de juger. Et, s'ils ont un parti à prendre en ce monde, ce ne peut être que celui d'une société où, selon le grand mot de Nietzsche, ne régnera plus le juge, mais le créateur, qu'il soit travailleur ou intellectuel.*

Der Text hat 23 Tempusformen. Davon sind 22 Tempusformen besprechend. Der Text ist also in seiner Tempus-Struktur ziemlich homogen. Deshalb können wir ihn insgesamt einen besprechenden Text nennen. Tatsächlich bespricht Camus hier ein Problem seiner Existenz als Schriftsteller, nämlich die Frage, wie man als Einzelner schreiben und dennoch solidarisch mit allen leben kann. Der Hörer, durch die Tempora instruiert, kann diesen Text als eine Nachricht aufnehmen, die sein eigenes Handeln angeht, sei es daß er selber schreibt, sei es daß er sich an Geschriebenem im Leben orientiert.

In vielen Fällen (aber keineswegs immer!) ist das, was zur Besprechung ansteht, auch zeitlich gegenwärtig. Das ist auch ursprünglich mit der Tempus-Bezeichnung Präsens («Gegenwart») gemeint. Einen zuverlässigen Hinweis auf die zeitliche Gegenwart gibt aber dieses Tempus nicht für sich allein, sondern nur in Verbindung mit anderen textuellen oder situativen Signalen (zum Beispiel: Zeitansagen und Zeitmessungen), die das Besprechen als gegenwärtiges Besprechen festlegen.

Es gibt viele Sprachspiele und die entsprechenden Textsorten und literarischen Gattungen, in denen das besprechende Tempus-Register herrscht oder vorherrscht. Es sind insbesondere die folgenden: Absprache, Analyse, Ansprache, Aufsatz, Auskunft, Aussprache, Bedienungsanleitung, Befragung, Begründung, Bekanntmachung, Bekenntnis, Beratung, Berechnung, Bildbeschreibung, Debatte, Diagnose, Diskussion, Drama, Erklärung, Essay, Gebet, Gebrauchsanweisung, Geschäftsverkehr, Gesetzgebung, Grammatik, Hörspiel, Interpretation, Kauf, Kommentar, Konferenz, Kritik, Lyrik, Planung, Prognose, Protokoll, Rechenschaftsbericht, Regieanweisung, (mündliche) Reportage, Resümee, Streit, Überredung, Unterricht, Verhandlung, Vertrag, Vortrag, Werbung (...).

---

* Ich kann persönlich ohne meine Kunst nicht leben. Aber ich habe diese Kunst nie über alles gestellt. Wenn sie mir indes notwendig ist, so rührt das daher, daß sie sich von niemand abtrennt und mir, so wie ich bin, erlaubt, mit allen auf gleicher Ebene zu leben. Die Kunst ist in meinen Augen kein einsames Genießen. Sie ist ein Mittel, möglichst viele Menschen dadurch zu bewegen, daß man ihnen ein herausgehobenes Bild der gemeinsamen Leiden und Freuden vorstellt. Sie verpflichtet folglich den Künstler dazu, sich nicht zu isolieren; sie unterwirft ihn der demütigsten und allgemeinsten Wahrheit. Und wer, wie es oft geschieht, sein Künstlerschicksal gewählt hat, weil er sich verschieden vorkam, lernt schnell, daß er seine Kunst und seine Verschiedenheit nur nähren wird, indem er seine Ähnlichkeit mit allen eingesteht. In diesem ständigen Hin und Her von ihm zu den andern formt sich der Künstler, auf halbem Wege zwischen der Schönheit, ohne die er nicht auskommen kann, und der Gemeinschaft, von der er sich nicht losreißen kann. Darum verachten die wahren Künstler nichts; sie verpflichten sich zu verstehen anstatt zu urteilen. Und wenn sie in dieser Welt Partei ergreifen dürfen, so kann das nach einem denkwürdigen Wort Nietzsches nur für eine Gesellschaft sein, in der nicht mehr der Richter herrscht, sondern der Schöpfer, sei er nun Arbeiter oder Intellektueller. (A. Camus: *Essais*, Bibl. de la Pléiade, Paris 1965, S. 1071 f.)

4.2.2.2 Erzählen

Wenn die Tempusformen eines Textes ganz oder überwiegend dem erzählenden Tempus-Register angehören, können wir diesen Text insgesamt einen erzählenden («narrativen») Text oder kurz eine Erzählung nennen. Von der Art ist ein Text, der sich ebenfalls auf Albert Camus bezieht. Im Jahre 1963 hat der Literaturhistoriker Morvan Lebesque nämlich ein Buch über Camus geschrieben, in dem er auch auf die Verleihung des Nobel-Preises im Jahre 1957 zu sprechen kommt. Dieses Ereignis liegt sowohl für ihn, den Autor von 1963, als auch für uns, die heutigen Leser, in der Vergangenheit. Die Verleihung des Nobel-Preises an Camus ist ein erinnernswertes, nicht jedoch ein unmittelbar handlungsrelevantes Ereignis. So wird es also vom Autor erzählt. Daß der Text eine Erzählung ist, erfährt der Hörer (Leser) am zuverlässigsten aus den Tempusformen. Es sind vorwiegend erzählende Tempusformen, und zwar Formen des Imperfekts (Symbol: ●) und des Aorists («Passé simple« – Symbol: ▲). Zwei Tempusformen, beide Präsens (Symbol: ○), gehören der besprechenden Tempus-Gruppe an; es handelt sich im ersten Fall um ein wörtliches Zitat aus der Verleihungsurkunde, im zweiten Fall um eine Stellungnahme des Autors. Infinitive und Partizipien bleiben einstweilen außer Betracht (vgl. 4.6 und 6.7). Der Text lautet:

Le 17 octobre 1957, l'Académie suédoise décernait «à l'écrivain français Albert Camus» le prix Nobel de Littérature pour l'ensemble d'une œuvre qui «met en lumière les problèmes se posant de nos jours à la conscience des hommes». La nouvelle fit sensation dans les milieux littéraires. Camus avait quarante-quatre ans. Il recevait une récompense que seuls alors deux écrivains français vivants, Roger Martin du Gard et François Mauriac, partageaient avec lui. Applaudissements, ricanements. J'ai tout lieu de croire que, dans cette consécration, Camus vit surtout l'occasion de définir une nouvelle fois sa vocation d'écrivain: le 10 décembre à Stockholm, dans le discours d'usage, et le 14 décembre à l'université d'Uppsala, dans une conférence intitulée «l'Artiste et son temps».*

---

* Am 17. Oktober 1957 verlieh die Schwedische Akademie «dem französischen Schriftsteller Albert Camus» den Literatur-Nobelpreis für ein Gesamtwerk, das «die Probleme beleuchtet, die sich heute dem Bewußtsein der Menschen stellen». Die Nachricht wirkte in den literarischen Kreisen als Sensation. Camus war vierundvierzig Jahre alt. Ihm wurde eine Auszeichnung

Der Text hat insgesamt 8 Tempusformen: 4 Formen des Imperfekts, 2 des Aorists und 2 des Präsens. Imperfekt und Aorist (zusammen 6 Formen) repräsentieren das erzählende Register, die beiden Formen des Präsens das besprechende Register. Da die erzählenden Tempusformen der Zahl nach deutlich überwiegen, können wir den Text insgesamt einen erzählenden Text nennen. Aber die Unterbrechungen durch die besprechenden Tempusformen sind doch deutlich spürbar.

Der zitierte Text erzählt ein vergangenes Ereignis. Er ist eine «wahre Geschichte». Zu diesem Urteil kommt der Hörer jedoch nicht auf Grund der Tempora allein. Diese besagen nur, daß es sich um eine Erzählung handelt. Daß diese Erzählung historisch wahr ist und wirklich Vergangenes berichtet, ergibt sich erst aus den erzählenden Tempora in Verbindung («Konkomitanz») mit anderen syntaktischen und semantischen Signalen. Im Fall dieses Textes sind das insbesondere die genauen Zeit- und Ortsangaben sowie die wörtlichen Zitate, die sämtlich kontrollierbar sind und mit anderen Textzeugnissen übereinstimmen («historische Textkritik»). Auch die persönliche Meinungsäußerung des Autors in Verbindung mit den Gattungsmerkmalen eines literarhistorischen Buches können als beglaubigende Zeugnisse angesehen werden. Alle diese verschiedenen Signale kann der Hörer mit den Signalen der erzählenden Tempusformen zusammenziehen zu dem Urteil: Vergangenheit.

Viele erzählende Texte, zumal in mündlichen Sprachspielen, sind von dieser Art, so daß Erzählungen in vielen Fällen, ja in weitaus den meisten Fällen, ein Stück Vergangenheit mitteilen. Aber das muß nicht so sein. Oft, insbesondere in literarischen Texten, ist eine Erzählung auch erfunden («fiktional»). Es hat keinen Sinn, solche Erzählungen in der Vergangenheit anzusiedeln; die Ereignisse werden ja gerade erzählt, damit der Leser sie sich gleichzeitig macht (sie «vergegenwärtigt»). Ein «fiktionaler» Text ist beispielsweise der Roman *La peste* von Camus (1947). Im Schlußkapitel des Romans findet sich ein Abschnitt, der das gleiche Problem behandelt, das auch Gegenstand der Nobelpreis-Rede war: die Einsamkeit des Schriftstellers und die Solidarität der Menschen. Der Arzt Rieux denkt am Ende der Pestzeit über seine Erfahrungen nach. Das wird von Camus erzählt. Wieder signalisieren vorwiegend die Tempora, daß es sich um eine Erzählung handelt. Es sind fast ausnahmslos Formen des erzählenden Registers, und zwar Imperfekt (Symbol: ●) und Plusquamperfekt (Symbol: ◄). Nur die 2

---

zuerkannt, die damals nur zwei lebende französische Schriftsteller mit ihm teilten: Roger Martin du Gard und François Mauriac. Beifällige und hämische Reaktionen. Ich habe allen Anlaß zu glauben, daß Camus in diesem feierlichen Akt vor allen Dingen eine Gelegenheit sah, aufs neue seine Vokation als Schriftsteller zu bestimmen: am 10. Dezember in der Stockholmer Preisrede und am 14. Dezember an der Universität Uppsala in einem Vortrag unter dem Titel «Der Künstler und seine Zeit». (M. Lebesque: *Camus,* Paris 1963, Édition «Écrivains de toujours», Paris 1976, S. 119.)

Formen des Präsens (Symbol: o) gehören dem besprechenden Register an. Infinitive und Partizipien werden wiederum einstweilen nicht berücksichtigt (vgl. 4.6 und 6.7):

Pour la première fois, Rieux pouvait donner un nom à cet air de famille qu'il avait lu, pendant des mois, sur tous les visages des passants. Il lui suffisait maintenant de regarder autour de lui. Arrivés à la fin de la peste, avec la misère et les privations, tous ces hommes avaient fini par prendre le costume du rôle qu'ils jouaient déjà depuis longtemps, celui d'émigrants dont le visage d'abord, les habits maintenant, disaient l'absence et la patrie lointaine. À partir du moment où la peste avait fermé les portes de la ville, ils n'avaient plus vécu que dans la séparation, ils avaient été retranchés de cette chaleur humaine qui fait tout oublier. À des degrés divers, dans tous les coins de la ville, ces hommes et ces femmes avaient aspiré à une réunion qui n'était pas, pour tous, de la même nature, mais qui, pour tous, était également impossible. La plupart avaient crié de toutes leurs forces vers un absent, la chaleur d'un corps, la tendresse ou l'habitude. Quelques-uns, souvent sans le savoir, souffraient d'être placés hors de l'amitié des hommes, de n'être plus à même de les rejoindre par les moyens ordinaires de l'amitié qui sont les lettres, les trains et les bateaux. D'autres, plus rares, comme Tarrou peut-être, avaient désiré la réunion avec quelque chose qu'ils ne pouvaient pas définir, mais qui leur paraissait le seul bien désirable. Et faute d'un autre nom, ils l'appelaient quelquefois la paix. *

---

* Zum ersten Mal konnte Rieux dem vertrauten Ausdruck, den er monatelang auf allen Gesichtern der Passanten gelesen hatte, einen Namen geben. Er brauchte sich jetzt bloß umzuschauen. Jetzt, am Ende der Pest, bei soviel Elend und Entbehrungen, hatten sich alle diese Menschen schließlich in die Rolle eingekleidet, die sie schon seit langem spielten, die Rolle von Auswanderern nämlich, bei denen zunächst das Gesicht und nun auch das Gewand die Abwesenheit und die ferne Heimat aussprachen. Von dem Zeitpunkt an, als die Pest die Stadttore geschlossen hatte, hatten sie nur noch in der Trennung gelebt, waren sie von jener menschlichen Wärme, die alles vergessen macht, abgeschnitten gewesen. In verschiedenen Graden, in allen Winkeln der Stadt hatten diese Männer und diese Frauen nach einer Vereinigung gestrebt, die nicht für alle von der gleichen Art, aber für alle gleich unmöglich war. Die meisten hatten aus all ihren Kräften nach einem Abwesenden gerufen, nach der Wärme eines Leibes, nach Zärtlichkeit oder Gewohnheit. Einige, oft ohne es zu wissen, litten darunter, daß sie von der Freund-

Der Text hat 20 Tempusformen. Nur zwei von ihnen sind Formen des Präsens und gehören somit zum besprechenden Register. Die anderen 18 Tempusformen gehören zum erzählenden Register; es sind 10 Formen des Imperfekts und 8 Formen des Plusquamperfekts. Damit erweist sich der Text in seiner Tempus-Struktur wiederum als ziemlich homogen. Die beiden eingeblendeten besprechenden Tempusformen, deren Verben allgemeine Lebenserfahrungen angeben, beeinträchtigen nicht das einheitliche Bild eines insgesamt erzählenden Textes. Was der Arzt Rieux, der in dem Roman die Perspektive des Autors vertritt, in dieser Situation erlebt, erfährt und beobachtet und welche Folgerungen er daraus für das Solidaritätsbedürfnis der Menschen zieht: das alles wird erzählt. Es ist zweifellos der Wille des Autors, daß der Hörer oder Leser sich diese Überlegungen selber auch zu eigen macht, aber er darf es – so instruieren ihn die Tempusformen – mit einer gewissen Gelassenheit tun, in entspannter Rezeptionshaltung. Hören und Handeln brauchen bei ihm nicht unmittelbar ineinandergreifen; das Geschehen ist seiner Wirkwelt ein Stück weit entrückt, und das Sprachspiel ist vom unmittelbaren Handeln entlastet.

Es gibt viele verschiedene Typen von erzählenden Sprachspielen, zumal in schriftlicher Kommunikation. Insbesondere die Literatur ist in erheblichem Umfang erzählende («narrative») Literatur. Für den grammatischen Status der Tempora macht es jedoch keinen Unterschied, ob ein erzählender Text literarisch ist oder nicht. Wir werden daher bei unserem Versuch einer stichwortartigen Typisierung erzählender Sprachspiele auch nicht zwischen literarischen und nicht-literarischen Textsorten (Gattungen) unterscheiden. Vorwiegend erzählend sind also beispielsweise die folgenden Sprachspiele: Ballade, Botenbericht, Erlebnisbericht, Fabel, Geschichtsschreibung, Jugenderinnerung, Lebenslauf, Lügengeschichte, Märchen, Memoiren, Mythos, Nacherzählung, Novelle, Reisebeschreibung, (schriftliche) Reportage, Roman, Tatbericht, Utopie, Zeugenaussage, Zeitungsnachrichten (…).

---

schaft der Menschen abgesetzt waren, daß sie diese nicht mit den normalen Freundschaftsmitteln wie Briefen, Zügen und Schiffen erreichen konnten. Andere, seltener Anzutreffende wie vielleicht Tarrou, hatten sich eine Vereinigung mit etwas ersehnt, das sie nicht definieren konnten, aber das ihnen das einzig erstrebenswerte Gut erschien. Und mangels eines anderen Namens nannten sie es manchmal Frieden. (A. Camus: *La peste,* Kap. 5, in: *Théâtre, récits, nouvelles,* Bibl. de la Pléiade, Paris 1962, S. 1465 f.)

4.2.3 Tempus-Relief

Unter dem Gesichtspunkt des Tempus-Reliefs unterscheiden wir Vordergrund-Tempora und Hintergrund-Tempora. Diese Unterscheidung beruht auf der Opposition der semantischen Merkmale ⟨AUFFÄLLIGKEIT⟩ vs. ⟨UNAUFFÄLLIGKEIT⟩.

Die Merkmale des Tempus-Reliefs treten systematisch nur in Verbindung mit dem erzählenden Tempus-Register (vgl. 4.2.2.2) auf. Auch in Verbindung mit der Voraus-Perspektive (vgl. 4.2.1) findet man keine Relief-Merkmale.

Durch die Merkmale des Tempus-Reliefs werden die folgenden Tempus-Gruppen gebildet:

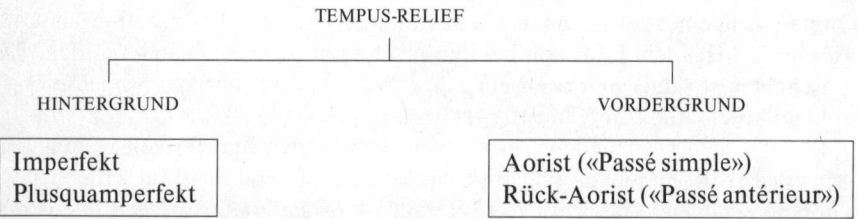

TEMPUS-RELIEF

HINTERGRUND   VORDERGRUND

| Imperfekt Plusquamperfekt | Aorist («Passé simple») Rück-Aorist («Passé antérieur») |

Auch in dieser Übersicht sind nur die wichtigsten Tempora berücksichtigt, und die Unterscheidung, die zwischen dem Sprechkode und dem Schriftkode zu machen ist, bleibt noch zurückgestellt (vgl. 4.2.4).

Die Merkmale des Tempus-Reliefs steuern die Vorstellungskraft des Hörers, die bei erzählenden Texten stärker gefordert wird als bei besprechenden Texten. Denn die erzählte Welt ist dem Hörer meistens nicht oder nicht mehr aus unmittelbarer Anschauung vertraut. Er braucht also eine Orientierungshilfe, damit die erzählte Welt für ihn ihre Fremdheit verliert. Diese «Hintergrundinformation» erhält er durch die Tempora des textuellen Hintergrunds mit ihrem Merkmal ⟨UNAUFFÄLLIGKEIT⟩. Solange der Sprecher solche Hintergrund-Tempora gebraucht, wird die erzählte Welt in ihrer Normalität und unauffälligen Zuständlichkeit dargestellt und mehr oder weniger detailliert beschrieben. So finden wir Hintergrund-Tempora besonders oft am Anfang von Erzählungen. Die Exposition der Ausgangslage entspricht einem dringenden Informationsbedürfnis des Hörers, der sich sonst in der mehr oder weniger fremden Erzählwelt nicht zurechtfindet. Für die «eigentliche» Erzählhandlung gibt diese Exposition dann den Horizont ab. Auch am Ende einer Geschichte, wenn die erzählte Handlung an ihr Ziel gekommen ist, kann der Erzähler den Hörer in die Stabilität einer beruhigten Situation zurückleiten. Auch dafür stehen ihm die Hintergrund-Tempora zur Verfügung. Schließlich bieten sich auch im ganzen Verlauf der Erzählung viele Gelegenheiten, die mit den Erzählabschnitten schrittweise veränderte Situation beschreibend zu registrieren oder sonstwie nützliche Zusatz-informationen einzublenden und bei ihnen länger oder kürzer zu verweilen. Das gibt der Geschichte ein verlangsamtes Erzähltempo («lento»).

Im Gegensatz zu den Tempora des erzählten Hintergrundes geben die Tempora des erzählten Vordergrundes mit ihrem Merkmal ⟨AUFFÄLLIGKEIT⟩ der Geschichte ein beschleunigtes Erzähltempo («presto»). Denn mit diesen Tempora setzt sich die Geschichte in Bewegung, wird erzählte Handlung, Geschehen, Ereignis. Das ist wohl in manchen Fällen, namentlich in der novellistischen Literatur, ein «unerhörtes Ereignis» (Goethe). Unerhört zu sein, ist jedoch nicht bei jedem Ereignis gefordert, damit es einem Erzähler als mitteilenswert und einem Zuhörer als bedenkenswert erscheint. Doch gehört zu jedem Ereignis, das überhaupt verdient, zum Gegenstand einer Erzählung gemacht zu werden, eine wenn auch noch so geringe Abweichung von der unauffälligen Gleichförmigkeit und Normalität eines bestehenden Zustandes («Alltäglichkeit»).

Charakteristisch für die Verteilung von Vordergrund- und Hintergrund-Tempora ist die folgende kleine Geschichte, die man bei Camus findet und die ihr erzählerisches Relief ganz von der Distribution der Tempora Imperfekt (Symbol: •) und Aorist («Passé simple» – Symbol: ▲) erhält:

> J'avais quinze ans quand je me rendis à Rome, par la mer. Une furieuse tempête survint et mon navire à la dérive heurta un écueil invisible. La mer mit alors en pièces le navire éventré. Mais je pus m'accrocher à une planche et regagner heureusement le rivage. Cette planche que j'embrassais, Lisardo, avait la forme de la croix.*

Wir finden in dieser Erzählung eine regelrechte Rahmenbildung durch die Formen des Hintergrund-Tempus Imperfekt, nämlich durch die Form *avais* 'hatte' in der Einleitung und die Formen *embrassais* 'umarmte' und *avait* 'hatte' in der Ausleitung der Geschichte. Die dazwischenliegenden Formen des Vordergrund-Tempus Aorist («Passé simple»), nämlich die Formen *(me) rendis* 'begab (mich)', *survint* 'kam auf', *heurta* 'lief auf', *mit (en pièces)* 'zerstückelte' und *pus* 'konnte', kennzeichnen phasenhaft den Ablauf der erzählten Handlung, also das eigentliche Ereignis, das diese Erzählung als solche konstituiert.

---

* Ich war fünfzehn Jahre alt, als ich mich auf dem Seeweg nach Rom begab. Da kam ein wütender Sturm auf, und mein abgetriebenes Schiff lief auf ein unsichtbares Riff auf. Nun zerstückelte die See das aufgerissene Schiff. Aber ich konnte mich an einer Planke festhalten und glücklich das Ufer erreichen. Diese Planke, die ich so umfaßte, Lisardo, hatte die Form des Kreuzes. (A. Camus: *Théâtre, récits, nouvelles*, Bibliotheque de la Pléiade, Paris 1962, S. 534.)

Wie man mit den Bedeutungs-Instruktionen des Tempus-Reliefs das Erzähl-tempo eines Textes bestimmen kann, zeigt auch der Anfang des Romans *Madame Bovary* von Gustave Flaubert. Dieser Text hat ebenso viele Hinter-grund-Tempora (3 Formen des Imperfekts; Symbol: •) wie Vordergrund-Tem-pora (3 Formen des Aorists; Symbol: ▲). Ihre Verteilung läßt deutlich erkennen, wie sich die einsetzende Handlung *(entra, se réveillèrent, se leva)* mit ihren Begleitumständen *(portait)* aus der vorgegebenen «alltäglichen» Ausgangslage *(étions, dormaient)* heraushebt:

Nous étions à l'étude quand le Proviseur entra, suivi d'un «nouveau» habillé en bourgeois et d'un garçon de classe qui portait un grand pupitre. Ceux qui dormaient se réveillèrent, et chacun se leva comme surpris de son travail.*

In manchen anderen Textabschnitten desselben Romans findet man jedoch auch wieder Ballungen von Tempusformen entweder des einen oder des anderen Merkmals. So beschreibt derselbe Flaubert beispielsweise eine Situation, in der Emma Bovary melancholisch und tatenlos ist, ausschließlich mit dem Hinter-grund-Tempus Imperfekt (Symbol: •):

Comme elle était triste, le dimanche, quand on sonnait les vêpres! Elle écoutait, dans un hébétement attentif, tinter un à un les coups fêlés de la cloche. Quelque chat sur les toits, marchant lentement, bombait son dos aux rayons pâles du soleil. Le vent, sur la grande route, soufflait des traînées de poussière. Au loin, parfois, un chien hurlait : et la cloche, à temps égaux, continuait sa sonnerie monotone qui se perdait dans la cam-pagne.**

---

* Wir saßen gerade in der Arbeitsstunde, als (plötzlich) der Direktor eintrat, gefolgt von einem bürgerlich gekleideten «Neuen» und einem Jungen aus der Klasse, der ein großes Pult trug. Die Schlafenden wachten auf, und jeder erhob sich wie überrascht von seiner Arbeit. (G. Flaubert: *Madame Bovary,* I, 1; in: *Œuvres,* Bibl. de la Pléiade, Paris 1951, S. 327.)
** Wie traurig sie sonntags war, wenn es zur Vesper läutete! Mit aufmerksamem Stumpfsinn hörte sie darauf, wie nacheinander die scheppernden Glockenschläge ertönten. Irgendeine Katze schlich langsam über die Dächer und machte in den bleichen Strahlen der Sonne einen Buckel. Auf der Landstraße wirbelte der Wind Staubfahnen auf. Manchmal heulte ein Hund in der Ferne: und gleichmäßig setzte die Glocke ihr eintöniges Läuten fort, das sich in den Feldern verlor. (G. Flaubert: *Madame Bovary,* I, 9; in: *Œuvres,* Bibl. de la Pléiade, Paris 1951, S. 383.)

Es passiert nichts in dieser trostlosen Provinzwelt: das eben ist der Sinn der Beschreibung. So steht auch nur das «Lento-Tempus» Imperfekt.

Ganz anders am Ende des Romans. Flaubert trägt nun, nachdem die Protagonisten tot sind, gerafft vor, wie es mit der Geschichte weitergeht. Die Handlung eilt jetzt im «Presto-Tempo» voran: eben dadurch entsteht der Eindruck der gerafften Erzählung. Der ausgewählte Abschnitt besteht nur aus Vordergrund-Tempora. Es sind 5 Formen des Aorists («Passé simple» – Symbol: ▲) und eine Form des Rück-Aorists («Passé antérieur» – Symbol: ◄):

Quand tout fut vendu, il resta douze francs soixante et quinze centimes qui
servirent à payer le voyage de mademoiselle Bovary chez sa grand-mère.
La bonne femme mourut dans l'année même; le père Rouault étant para-
lysé, ce fut une tante qui s'en chargea. *

Mit ihren spezifischen Struktureigenschaften findet man Hintergrund-Tempora vorwiegend in Erzählabschnitten wie den folgenden: Einleitungen, Schlußabschnitte, Beschreibungen, Erläuterungen, Deutungen, Vergleiche, Lokalkolorit, Panorama, indirekte Rede, erlebte Rede, innerer Monolog, Nebenumstände, pittoreske Details, Erzähler-Einreden, Bewußtseinszustände, Gefühle, Charakterisierungen, Portraits, Orts- und Zeitangaben, Naturschilderungen, Ursachen und Wirkungen (...).

Vordergrund-Tempora findet man demgegenüber vornehmlich in Erzählabschnitten wie den folgenden: einsetzende Haupthandlung, Wendepunkte, Zeitraffungen, Dialog-Umrahmungen (*dit-il* 'sagte er', *répondit-il* 'antwortete er' usw.), Handlungsfortschritte, Lageveränderungen, Entschlüsse, Beschlüsse, Taten, Bewußtseins- und Gefühlsveränderungen, Begegnungen, Glückswechsel, historische Ereignisse, Entdeckungen (...).

Grundsätzlich liegt die Entscheidung, ob ein bestimmtes Verb bei der Reliefgebung einer Geschichte zur Bildung des Hintergrunds benutzt werden soll oder nicht, beim Erzähler allein. Es gibt jedoch einige Verben, die schon kraft ihrer Zustands-Bedeutung («nicht-transitorische Aktionsart») mit einer gewissen Wahrscheinlichkeit (nicht Sicherheit!) eine Plazierung im textuellen Hintergrund erwarten lassen, sofern ihre Bedeutung im Text nicht ausdrücklich thematisiert wird. Es sind namentlich die folgenden (in der Reihenfolge ihrer durchschnittlichen Häufigkeit):

---

* Als alles verkauft war, blieben zwölf Francs und fünfundsiebzig Centimes, die dazu dienten, die Reise von Fräulein Bovary zu ihrer Großmutter zu bezahlen. Die gute Frau starb noch im gleichen Jahr; da Vater Rouault gelähmt war, nahm eine Tante sich ihrer an. (G. Flaubert: *Madame Bovary,* III, 11; in: *Œuvres,* Bibl. de la Pléiade, Paris 1951, S. 645.)

être	'sein'	*tenir*	'halten'
avoir	'haben'	*rester*	'bleiben'
savoir	'wissen, können'	*sembler*	'scheinen'
devoir	'sollen'	*penser*	'denken'
falloir	'müssen'	*vivre*	'leben'
vouloir	'wollen'	*aimer*	'lieben'
croire	'glauben'	*porter*	'tragen'
aller	'gehen'	*sentir*	'fühlen'
parler	'sprechen'	*attendre*	'warten'

(...)

In der gleichen Weise steht jedem Erzähler die Relevanz-Entscheidung frei, ob er ein bestimmtes Verb durch die Verbindung mit einem Vordergrund-Tempus in der Vorstellungskraft des Hörers hervorheben («fokussieren») will oder nicht. Hier legen jedoch ebenfalls einige Verben mit einer gewissen Wahrscheinlichkeit (nicht Sicherheit!) schon kraft ihrer Ereignis-Bedeutung («transitorische Aktionsart») eine Plazierung im textuellen Vordergrund nahe. Es sind insbesondere die folgenden Verben (in der Reihenfolge ihrer durchschnittlichen Häufigkeit):

dire	'sagen'	*répondre*	'antworten'
prendre	'nehmen'	*reprendre*	'wiederaufnehmen'
mettre	'setzen, stellen, legen'	*ouvrir*	'öffnen'
revenir	'zurückkommen'	*reconnaître*	'erkennen'
recevoir	'empfangen'	*arrêter*	'anhalten'
entendre	'hören'	*poser*	'(hin-)setzen'
partir	'fortgehen, abreisen'	*ajouter*	'hinzufügen'
entrer	'eintreten'	*obtenir*	'erhalten'

(...)

4.2.4 Relief im mündlichen Erzählen

Unter den Tempora der gegenwärtigen französischen Sprache ist der Aorist («Passé simple»), der in einer Erzählung den Vordergrund bezeichnet, stark gebrauchsbeschränkt (vgl. 4.3.3). Das gleiche gilt für den Rück-Aorist («Passé antérieur» – vgl. 4.3.6). Alles in allem kommt der Aorist nur in Sprachspielen des Schriftkodes vor. Das sind meistens ausgeformte Erzählungen, die nicht selten literarischen Rang haben (Romane, Novellen, Kurzgeschichten, Fabeln, Märchen ...), die aber auch nicht-literarische Erzählungen sein können (Geschichtsschreibung, Zeitungsnachrichten ...). Mündliche Erzähltexte (Erlebnisse, Reiseberichte, Anekdoten, Tätigkeitsberichte, Zeugenaussagen, Kurznachrichten im Hörfunk und Fernsehen …) haben demgegenüber nach den heutigen Kommunikationsgewohnheiten nur selten den literarischen Rang, den in frühen oder von der technischen Zivilisation nur gestreiften Kulturen mündlich vorgetragene Erzählungen (Epen, rhapsodische Lieder, Balladen …) gehabt haben. Es kommt daher heute in mündlichen Sprachspielen in den meisten Fällen nur zu kürzeren und weniger künstlerisch ausgeformten Erzählungen und Erzählfragmenten.

Da aber trotz dieses Sprachgebrauchs mündlich erzählt werden muß, fehlt für das mündliche Erzählen ein eigentliches Tempus zur Kennzeichnung des Vordergrunds. Die anderen Tempora mit dem Merkmal ⟨ERZÄHLEN⟩, insbesondere das Imperfekt, das den Hintergrund einer Erzählung kennzeichnet, stehen indes auch in Sprachspielen des Sprechkodes zur Verfügung. Daraus ergibt sich die Notwendigkeit, den Vordergrund einer mündlichen Erzählung auf andere Weise zu bezeichnen. Das geschieht durch das Perfekt oder das Präsens, die nun unter bestimmten textuellen Bedingungen den Vordergrund einer Erzählung bezeichnen können. Wir behandeln zunächst das erzählende Perfekt (4.2.4.1), dann das erzählende («historische») Präsens (4.2.4.2).

4.2.4.1   Mündliches Erzählen mit dem Perfekt

Das Perfekt ist ein Tempus mit den Merkmalen ⟨BESPRECHEN⟩ und ⟨RÜCKSCHAU⟩. Mit dem letztgenannten Merkmal besitzt es eine gewisse Eignung, das erzählende Tempus Aorist in mündlichen Sprachspielen zu ersetzen. Denn da mündliche Erzählungen unter modernen Kommunikationsbedingungen normalerweise keine literarischen Erzählungen, folglich auch selten in allen Teilen erfunden («fiktional») sind, ist die mündlich erzählte Welt in aller Regel in der realen Vergangenheit angesiedelt. Auf diese Vergangenheit kann ein Sprecher aber auch mit dem Tempus Perfekt zurückschauen. Er schafft damit, da er aus der Unmittelbarkeit des besprechenden Registers zurückschaut, einen Vordergrund für die Erzählung, in Opposition zu dem nach wie vor durch das Imperfekt signalisierten Hintergrund der Erzählung.

Das Perfekt hat aber auf Grund seines Merkmals ⟨RÜCKSCHAU⟩ die negative Eigenschaft, aus sich selbst heraus keinen rechten Erzählfluß herstellen zu können. Die Rück-Perspektive ist eine Perspektive für den gelegentlichen Gebrauch. Man kann das Perfekt daher verhältnismäßig problemlos verwenden, solange es sich um fragmentarische Erzählungen handelt, dergestalt daß nur eine oder zwei Formen des Perfekts im Wechsel mit Formen des Imperfekts gebraucht werden. Wenn jedoch in einer längeren Erzählung der Vordergrund durch eine Reihung von Perfektformen bezeichnet werden soll, wird dieses Tempus in der Regel durch bestimmte narrative Tempus-Partikeln wie *(et) puis, alors* und *et puis alors* oder andere Signale mit ähnlicher Bedeutung erweitert, was den erwähnten Mangel ausgleicht (vgl. 7.3.3). Solche Erzählsignale, stereotyp mit dem Perfekt verbunden, stellen dann den Erzählfluß her. Die narrativen Tempus-Partikeln (es handelt sich hier nicht um Adverbien! – vgl. Kap. 7) setzen in der Kombination mit den Formen des Perfekts dessen Beschränkung auf die nur gelegentlich einzunehmende Rück-Perspektive außer Kraft. Man kann fast von einem synthetischen Erzähl-Tempus sprechen, das aus dem (nicht-narrativen) Perfekt und solchen narrativen Tempus-Partikeln zusammengesetzt ist.

Der folgende Text ist die Nachschrift einer mündlichen Erzählung. Es handelt sich um einen Sportunfall. Der erzählerische Hintergrund wird durch 7 Formen des Imperfekts (Symbol: ●) gebildet. Den Vordergrund dieser (wahren, nicht erfunden!) Geschichte bezeichnen 15 Formen des Perfekts (Symbol: ⊲), die in dieser Funktion durch 7 narrative Tempus-Partikeln *(et puis, puis, et alors là)* unterstützt werden (Symbol: >). Die 2 Formen des Präsens *(ça fait, je crois)* sind erzählerbezogen und beglaubigen die Wahrheit der Geschichte (Symbol: ○):

> La première fois qu'elle s'est démis le genou c'était quand j'étais à la colonie avec elle à A. Ça fait bien cinq ou six ans. Elle faisait de la gymnastique, elle s'amusait, quoi! Elle faisait de la gymnastique, et puis, tout d'un coup son genou a été … s'est complètement … est complètement sorti, s'est déboîté. Et puis on [le] lui a remis comme ça. Et puis elle a eu un épanchement de synovie. Ça a traîné assez longtemps, puis je crois, après six mois, il repartait, quoi. Elle l'a soigné pendant très très longtemps; et puis y a quelque temps, elle sortait de chez elle quand elle a glissé : elle est tombée sur ce même genou, et alors là, elle a plus pu marcher, quoi. Elle a dû se coucher. Et puis elle a … elle est allée voir le rhabilleur.*

---

* Das erste Mal, daß sie sich das Knie verrenkt hat, das war, als ich mit ihr zusammen in A. im Ferienlager war. Das ist gut fünf oder sechs Jahre her. Sie war beim Turnen, es machte ihr ganz toll Spaß. Sie war beim Turnen, und da ging … hat sich … ist ihr Knie vollständig rausgekommen, hat sich vollständig ausgerenkt. Und dann hat sie es wieder eingerenkt gekriegt. Und dann hat sie eine Gelenkentzündung gekriegt. Das hat sich ziemlich lange hingezogen, dann, nach glaub ich sechs Monaten, ging die prima wieder weg. Sie hat das Knie sehr sehr lange schonen müssen; und dann vor einiger Zeit kam sie gerade aus ihrem Haus, als sie ausrutschte: sie ist auf dasselbe Knie gefallen, und da konnte sie nun wirklich nicht mehr gehen. Sie mußte sich ins Bett legen. Und dann hat sie … ist sie zum Flickschuster gegangen. (CREDIF-Text M 25, Disque e; abgedruckt bei E. Gülich: *Makrosyntax der Gliederungssignale im gesprochenen Französisch*, München 1970, A 25.)

Der Text ist, obwohl ziemlich anspruchslos formuliert, seiner Relief-Struktur nach deutlich gegliedert. Das Ereignis des Unfalls und der Fortgang der Krankheit werden durch das Perfekt charakterisiert, das hier durch die zahlreichen narrativen Tempus-Partikeln (etwa eine Tempus-Partikel auf zwei Tempusformen!) zu einem erzählenden Tempus umgeformt wird. In diesem (synthetischen) Tempus wird der Vordergrund der Handlung erzählt. Hintergrund-Informationen, einschließlich der scheinbaren (!) Heilung, werden durch das Tempus Imperfekt gekennzeichnet, das den unauffälligen erzählerischen Horizont repräsentiert.

Einen weiteren Text wollen wir uns noch genauer ansehen. Er stammt aus dem gleichen Corpus und ist ebenfalls ein mündlicher Bericht von einem Ereignis in der Ferienzeit. Erzählerin ist eine zwanzigjährige Eisenbahnangestellte. Die Symbole haben die gleiche Bedeutung wie bei dem voraufgehenden Text. Die Erzählung handelt von einem Autostop:

> Alors, on se met à nouveau au croisement des chemins, parce que là y avait deux ... deux routes possibles, une qui allait sur la Faute et puis une qui allait ... je ne sais plus, sur une autre direction. Alors on s'est mis sur la route de la Faute, et puis on attendait. Puis c'est que là, alors, c'était un petit chemin, c'était vraiment un petit chemin. La route est à peine ... elle est ... mais elle est pas très fréquentée. Alors on commençait à désespérer, on arrête ... on a arrêté plusieurs voitures qui s'arrêtaient toutes ... presque toutes tout de suite, ou qui tournaient, ou alors ... Enfin y en a une qui s'arrête. Elle était pleine, mais pleine. Et puis on ... Elle s'arrête. Puis alors ils nous ont fait monter derrière. On avait juste une toute petite place, et on était deux, oui. Les deux dames avaient déjà trois ou quatre gosses. Y avait ... ils étaient étendus dans des espèces de lits. C'était une fourgonnette aussi. Et puis ... y avait trois dames, et puis un ... un jeune homme; et puis devant y avait deux messieurs : c'étaient les maris des dames, je pense. Alors on s'est mis dans un coin pour ne pas tenir trop de place, parce qu'elles nous faisaient un peu des sales yeux! Et puis au bout d'un moment alors ... et elles avaient pas l'air contentes du tout ... on a commencé à lier conversation un peu, parce que c'était pas drôle de se regarder comme ça. Alors on leur a parlé un peu. Alors il y en a une qui me dit : «Je ne vois vraiment pas pourquoi mon mari s'est arrêté. Eh bien oui. D'habitude vous savez ... Vous avez eu beaucoup de chance qu'il vous

prenne.» C'était une chance, parce qu'autrement! ... Et ils habitaient juste
à côté de la colonie, ils étaient en vacances à la Faute. Alors on est arrivé
en même temps que le car, c'est bien simple, puisque y avait plusieurs
équipes qui étaient venues nous attendre au car, on les a retrouvées là-bas
en même temps que le car.*

Bei dieser kleinen, mündlich vorgetragenen und von der Schallplatte transkribierten Erzählung handelt es sich also um den Bericht von einem etwas abenteuerlichen Autostop in der Nähe eines Ferienlagers. Eine Gruppe von Mädchen ist bereits von einem anderen Wagen eine Strecke weit mitgenommen worden und wartet nun an einer wenig belebten Straße auf eine neue Mitfahrgelegenheit. Wir wollen den Text unter Tempus-Gesichtspunkten kommentieren und zählen zunächst die Tempusformen aus. Die Tempora der erzählten Welt sind repräsentiert durch das Imperfekt mit 26 Formen und das Plusquamperfekt mit 1 Form. Wir zählen weiter 15 Formen des Präsens und eine Konjunktivform *(prenne)*.

---

* Also wir stellen uns aufs neue an der Kreuzung auf, weil es da zwei ... zwei mögliche Landstraßen gab, eine, die auf La Faute und dann noch eine andere, die auf ..., ich weiß nicht mehr, in eine andere Richtung führte. Da haben wir uns an der Straße nach La Faute aufgestellt, und dann haben wir gewartet. Und da also, das war ein kleiner Weg, das war wirklich ein kleiner Weg. Die Straße ist kaum ... sie ist ... aber sie ist wirklich nicht sehr befahren. Da wollten wir schon die Hoffnung aufgeben, wir halten ... wir haben mehrere Wagen angehalten, die alle anhielten ... fast alle sofort, oder die wendeten, oder also ... Schließlich kommt einer, der hält an. Er war voll, aber wirklich voll. Und dann haben wir ... Er hält an. Also da haben sie uns hinten einsteigen lassen. Wir hatten gerade ein ganz klein bißchen Platz, und wir waren zu zweit, ja. Die beiden Damen hatten schon drei oder vier Gören. Es gab ... Sie lagen in so einer Art Betten. Das diente auch als Lieferwagen. Und dann ... waren da drei Damen und dann ... ein junger Mann; und dann saßen vorne zwei Herren: das waren die Ehemänner der Damen, glaub ich. Da haben wir uns also in eine Ecke gedrückt, um nicht zuviel Platz einzunehmen, denn die guckten uns ganz schön mies an! Und dann also nach einiger Zeit ... und die machten ein ganz schön unzufriedenes Gesicht ... da haben wir mal ein kleines Gespräch mit ihnen angefangen, weil das nämlich nicht so lustig war, sich so anzugucken. Da haben wir ein bißchen mit ihnen geredet. Da sagt eine zu mir: «Ich kann wirklich nicht begreifen, warum mein Mann angehalten hat. Wirklich nicht. Normalerweise, wissen Sie ... Sie haben ganz schön Glück gehabt, daß er Sie genommen hat.» Das war wirklich ein Glück, denn sonst! ... Und die wohnten gerade neben dem Ferienlager, sie waren in La Faute in Ferien. Da sind wir zur gleichen Zeit angekommen wie der Bus, ganz einfach, denn es gab da mehrere Gruppen, die uns am Bus erwartet hatten, wir haben sie dann da zusammen mit dem Bus wiedergetroffen. (CREDIF-Text M 25, Disque d, abgedruckt bei E. Gülich: *Makrosyntax der Gliederungssignale im gesprochenen Französisch*, München 1970, A 24.)

Hier interessieren nun insbesondere die Formen des Perfekts. Es sind 10. Das sind weniger als die Formen des Imperfekts und des Präsens. Dennoch sind diese Tempusformen besonders wichtig. Wenn man aus dieser kleinen Erzählung nur die Verbformen im Perfekt mitsamt ihrem näheren Kontext aneinanderreiht, so erhält man eine kleine Zusammenfassung des Inhalts mit allen wesentlichen Stationen der Geschichte. Hier sind diese Formen:

– *Alors on s'est mis sur la route de la Faute* ...
– *Puis alors ils nous ont fait monter derrière* ...
– *Alors on s'est mis dans un coin* ...
– *Et puis au bout d'un moment alors (...) on a commencé à lier conversation* ...
– *Alors on leur a parlé un peu* ...
– *«... pourquoi mon mari s'est arrêté ...»*
– *«Vous avez eu beaucoup de chance ...»*
– *Alors on est arrivé* ...
– *... on les a retrouvées là-bas* ...

Die Übersicht läßt erkennen, daß wir hier wirklich das Gerüst der kleinen Erzählung vor uns haben. Wir können daraus schließen, daß dem Perfekt hier die Aufgabe obliegt, die Vordergrund-Handlung darzustellen – und zwar genau in dem gleichen Sinne, wie diese Funktion in schriftlichen Erzählungen vom Aorist («Passé simple») wahrgenommen wird. Die Schilderung des erzählerischen Hintergrunds wird im Kontrast dazu vom Imperfekt gegeben, das mit seinen 26 Formen in dieser Geschichte reichlich vertreten ist. Das ist ein verhältnismäßig großer Formenaufwand für den erzählerischen Hintergrund, aber es hat der Erzählerin offenbar daran gelegen, die pittoreske Situation des überfüllten Wagens ausführlich zu schildern. Die 15 Formen des Präsens schließlich nehmen verschiedene Aufgaben wahr. Sie verteilen sich auf kommunikative Einschübe (zum Beispiel: *il y en a une qui me dit: «Je ne vois vraiment pas ...»*), auf Bemerkungen von allgemeiner Geltung (zum Beispiel: *La route (...) est pas très fréquentée*) und schließlich auf Passagen des erzählenden («historischen») Präsens an denjenigen Punkten der Erzählung, wo die Erzählerin ihrer Geschichte eine gewisse sinnliche Anschauung geben will (zum Beispiel: *enfin y en a une qui s'arrête*).

Die Tempus-Struktur dieser mündlichen Erzählung ist aber damit erst unvollständig dargestellt. Das Bild ist deshalb unvollständig, weil die narrativen Tempus-Partikeln noch nicht berücksichtigt sind, die diese Erzählung in ihrer Struktur ebenso kennzeichnen wie die vorher erwähnten verbalen Tempusformen. Der Text enthält insgesamt 19 narrative Tempus-Partikeln, also etwa halb so viele Partikelformen wie die verbalen Tempusformen Imperfekt und Perfekt zusammengenommen. Es sind im einzelnen die folgenden Formen: *alors* (9), *et puis* (7), *puis* (1), *puis alors* (1), *enfin* (1). Für die Verteilung dieser verschiedenen Formen auf die Erzählung kann man keine strengen Gesetzmäßigkeiten erkennen, wohl aber Tendenzen. Von den beiden am häufigsten gebrauchten Partikeln ist die Form *alors* deutlicher der erzählten Vordergrund-Handlung zugeordnet. Sie markiert in der Erzählung häufig einen neuen Handlungsschritt. Es ist daher kein Zufall, daß sie auch dem Tempus Perfekt als dem Vordergrund-Tempus dieser Erzählung deutlicher zugeordnet ist als die anderen narrativen Tempus-Partikeln. Das läßt auch die oben gegebene Übersicht über die 10 Formen des Perfekts mitsamt ihrem sie umgebenden Kontext erkennen. Wenn man in dieser Übersicht die in direkter Rede zitierten Formen des Perfekts nicht rechnet, so stehen alle Formen des Perfekts in einem kontextuellen Zusammenhang mit der (in einem Fall erweiterten und im Fall des letzten Beispiels weitergeltenden) Form der narrativen Tempus-Partikel *alors*. Auch dieser Text läßt also in seiner Tempus-Struktur deutlich die Berechtigung erkennen, das Perfekt in mündlichen Erzählungen, sofern es mit dem Imperfekt alterniert und durch eine gewisse Anzahl von narrativen Tempus-Partikeln gestützt wird, als ein neues, in gewissem Sinne «zusammengesetztes» Tempus der französischen Sprache anzusehen und als solches den Tempora der erzählten Welt zuzurechnen.

Literarische Anmerkung: Albert Camus hat in seinem Roman *L'Étranger* die nicht geringe Mühe auf sich genommen, seinen (geschriebenen!) Roman nicht mit den erzählenden Tempora zu schreiben, die der Schriftkode für diesen Zweck bereitstellt, also vornehmlich Imperfekt und Aorist, sondern mit jenen Tempora, deren man sich beim mündlichen Erzählen heute bedient. Das ist das Imperfekt für den Hintergrund und – im Wechsel – Perfekt und Präsens für den Vordergrund der Geschichte. Es ist bezeichnend für diese Form des Erzählens, daß der genannte Roman ebenfalls eine überdurchschnittlich große Anzahl von narrativen Tempus-Partikeln aufweist.

4.2.4.2 Mündliches Erzählen mit dem Präsens

Das durch die Verbindung mit narrativen Tempus-Partikeln (Typus *alors, et puis* ... – vgl. 4.2.4.1) für den reihenden Gebrauch zugerüstete Perfekt gilt normbewußten Sprechern vielfach als kindlich und stilistisch bedenklich. In manchen Erzählungen, insbesondere wenn sie eine gewisse Länge haben, nimmt man daher neben dem Perfekt oder statt des Perfekts auch das Präsens. Dieses ist in der Tempus-Perspektive neutral und kann ohne weiteres reihend gebraucht werden. Da es aber aus eben diesem Grund nicht Träger eines Rückschau-Merkmals ist, kann es nicht von sich aus eine erzählte Vergangenheit bezeichnen. Zuerst muß vielmehr auf andere Weise, nämlich etwa durch das Erzähltempus Imperfekt oder durch bestimmte Tempus-Adverbien, gegebenenfalls auch in Verbindung mit dem Rückschau-Tempus Perfekt, ein Erzählrahmen gebildet werden, der häufig am Ende der Erzählung noch einmal wieder aufgenommen wird. In diesen Erzählrahmen kann dann eine Vordergrund-Handlung im Präsens eingeblendet werden, die auf diese Weise zugleich den stilistischen Ausdruckswert besonderer Anschaulichkeit und Lebhaftigkeit erhält («historisches Präsens»).

Dies sind die syntaktischen Mittel, mit der die folgende Geschichte erzählt wird. Sie ist ebenfalls die Nachschrift einer mündlichen Erzählung. Es handelt sich um einen Diebstahl, und der Betroffene erzählt selber den Tathergang:

Eh bien, j'ai consacré dix années de ma vie à rédiger un traité de dames. Je suis un spécialiste. Ce traité comprenait des centaines et des centaines de problèmes et d'analyses, des dessins, une couverture en couleurs, il était relié par un excellent relieur – il a été premier ouvrier de France, et il pesait environ un kilo. Je le sortais pour la première fois, lundi, et je le proposais à un éditeur. Je l'avais dans une vieille serviette délabrée, et j'empruntais le métro, le métro en direction de la porte d'Orléans. Sur la station de métro débouchent deux escaliers de correspondance, et j'étais adossé contre l'un de ces escaliers, face aux rails, et tout à coup, je sens qu'on tire, qu'on tâte ma serviette, et d'un seul coup, comme j'avais le dos tourné, on me l'arrache de la main qui tenait la serviette par la poignée. J'ai failli tomber à la renverse. Je suis malade. Un filou m'a arraché donc cette serviette alors que j'allais chez l'éditeur, tout réjoui, satisfait d'avoir enfin terminé ce travail prodigieux.*

---

* Also ich habe zehn Jahre meines Lebens damit zugebracht, eine Abhandlung über das Damespiel zu schreiben. Ich bin Fachmann. Diese Abhandlung umfaßte Hunderte und Aberhunderte von Problemen und Analysen, Zeichnungen, einen farbigen Einband, er war von einem ausgezeichneten Buchbinder – dem ersten seines Faches in Frankreich – eingebunden, und sie wog ungefähr ein Kilo. Ich nahm sie am Montag zum erstenmal mit nach draußen und wollte sie einem Verleger anbieten. Ich hatte sie in einer alten, zerschlissenen Aktentasche, und ich nahm die Metro, die Metro in Richtung Porte d'Orléans. In die Metro-Station münden zwei Anschlußtreppen ein, und ich lehnte mit dem Rücken gegen eine dieser Treppen, den Schienen zugewandt, da spüre ich plötzlich, wie jemand zieht, wie jemand meine Aktentasche abtastet, und mit einem Schlag, als ich mich gerade umgedreht hatte, reißt man sie mir aus der Hand, mit der ich die Aktentasche an ihrem Griff festhielt. Ich wäre beinahe rückwärts hingefallen. Ich bin krank. Da hat mir also doch (so) ein Halunke diese Aktentasche weggerissen, während ich

Den äußeren Rahmen dieser Geschichte bilden am Anfang und Ende 3 Formen des Perfekts (Symbol: ◁), die den Erzähltext mit der besprechenden Umgebung (Textsorte: Interview) als Übergangssignale verknüpfen. Innerhalb dieses Rahmens wird die Erzählung am eindeutigsten von den 10 Formen des Imperfekts (Symbol: ●) bezeichnet, mit denen der Erzähler insbesondere die Vorgeschichte mitteilt, die aber auch bei einsetzender Vordergrund-Handlung zur Bezeichnung von Nebenumständen weiterlaufen. Die Wendung von der (glücklichen) Vorgeschichte zum (traurigen) Ereignis wird durch das textgliedernde Adverb («makro-syntaktisches Gliederungssignal») *tout à coup* 'plötzlich' markiert. Damit setzt der Vordergrund ein, ausgedrückt durch 3 Formen des Präsens (Symbol: ○). Diese geben dem erzählten Ereignis, das durch die fortlaufenden Formen des Imperfekts weiterhin als Erzählung erkennbar ist, gleichzeitig den Charakter eines lebhaft (und schmerzhaft) empfundenen Geschehens. Der Hörer erhält von der Geschichte einen Eindruck, wie wenn er als Augenzeuge präsent gewesen wäre. Danach wird die Erzählung mit dem Perfekt und Imperfekt wieder ausgeleitet.

Der Erzählrahmen im Perfekt, der erzählerische Hintergrund im Imperfekt und die Ereignisse des erzählerischen Vordergrunds schließlich im Präsens: diese (Makro-)Struktur kann beim Hörer keinen Zweifel daran belassen, daß es sich hier um eine Erzählung handelt. Der Hörer wird durch die Zusammenwirkung verschiedener und verschiedenartiger syntaktischer Signale zureichend über die zu erzählende Situation orientiert. Er kann der Geschichte in grundsätzlich entspannter Rezeptionshaltung, gleichzeitig aber mit einer gewissen Vorstellungskraft zuhören, die mit Hilfe verschiedener syntaktischer Signale nach wichtigen und weniger wichtigen Erzählgegenständen abgestuft ist.

4.3   Die einzelnen Tempora

Die einzelnen Tempora sind in ihrer jeweiligen Bedeutung durch unterschiedliche Kombinationen der Tempus-Merkmale (vgl. 4.2) gekennzeichnet. Wir besprechen sie in der folgenden Reihenfolge: Präsens (4.3.1), Imperfekt (4.3.2), Aorist (4.3.3), Perfekt (4.3.4), Plusquamperfekt (4.3.5), Rück-Aorist und Rück-Perfekt (4.3.6), Futur (4.3.7) und Konditional (4.3.8). Im Anschluß daran erörtern wir einige weitere Tempora, deren Bedeutungen sich aus einer Kombination der Tempus-Merkmale mit anderen semantischen Merkmalen ergeben. Das sind

---

gerade zum Verleger ging, frohen Sinnes und befriedigt darüber, daß ich diese gewaltige Arbeit beendet hatte. (Rundfunkmitschnitt nach H.-W. Klein: *Phonetik und Phonologie des heutigen Französisch*, München 1963, S. 176.)

die Tempora mit einer Abfolge-Perspektive, nämlich Vor-Futur und Vor-Konditional (4.3.9) und die Tempora mit einer Grenz-Perspektive, nämlich Grenz-Futur mit Grenz-Konditional und Grenz-Perfekt mit Grenz-Plusquamperfekt (4.3.10).

4.3.1 Präsens

Das Präsens, dessen Formen mit den Mitteln der einfachen Tempus-Konjugation gebildet werden (vgl. 4.1.1), ist das wichtigste Tempus der besprochenen Welt. Da das Präsens gegenüber dem Tempus-Relief wie auch gegenüber der Tempus-Perspektive neutral ist, fällt die Bedeutung dieses Tempus mit dem Register-Merkmal ⟨BESPRECHEN⟩ zusammen. Durch das Präsens erhält der Hörer also keine andere Anweisung als die, daß er den anstehenden Text in der gleichen Rezeptionshaltung aufnehmen soll, wie er sie gewöhnlich Handlungen gegenüber aufbringt, die sein Mitwirken oder seine Reaktion verlangen *(«tua res agitur»)*. Am deutlichsten kommt diese Bedeutung des Präsens in solchen Sprachspielen zum Ausdruck, in denen ein Text gleichzeitig eine Handlung ist. Das ist dann der Fall, wenn bestimmte mehr oder weniger formelhafte Ausdrücke, meistens in einem gegebenen Institutionsrahmen, durch Konvention ritualisiert und in den Rang von Handlungen erhoben worden sind. Man nennt solche Sprachspiele performative Sprechakte oder Sprechhandlungen. Eine der syntaktischen Bedingungen für performative Sprechhandlungen ist nämlich der Gebrauch des Präsens:

/ *j'ouvre la séance* /   'ich eröffne (hiermit) die Sitzung'
/ *je vous nomme mon successeur* /   'ich ernenne Sie (hiermit) zu meinem Nachfolger'
/ *je vous cède ma fonction* /   'ich trete Ihnen (hiermit) meine Aufgabe ab'
/ *nous vous félicitons* /   'wir beglückwünschen Sie (hiermit)'

Die in diesen Beispielen ausgedrückten Handlungen (Eröffnung der Sitzung, Ernennung zum Nachfolger, Übertragung der Funktion, Glückwunsch) werden sprechend vollzogen («performiert») und sind in diesem Sinne performative Sprechhandlungen. Sie haben daher auch, obwohl sie «nur» Reden sind, (mindestens) die gleichen Folgen wie «richtige» zurechenbare Handlungen.
   Damit ein performatives Sprachspiel zustande kommt, müssen außer der Verwendung des Präsens einige weitere Bedingungen erfüllt sein, zum Beispiel die Nennung des Senders und/oder Empfängers, oft auch der Gebrauch bestimmter performativer Adverbien wie *par la présente* (scil. *lettre*) 'hiermit' sowie meistens

eine bestimmte situative Konstellation, an der die Förmlichkeit des Sprachspiels erkennbar ist (Verhandlungsrunde, Betriebsversammlung, Festveranstaltung, Taufgesellschaft usw.). Sofern diese zusätzlichen Bedingungen nicht erfüllt sind, kommt ein performatives Sprachspiel durch das Präsens allein nicht zustande. Immerhin ist aber das Präsens eine der Bedingungen für performative Sprachspiele, so daß man von hier aus die engagierende Bedeutung verstehen kann, die das Präsens kraft seines Merkmals ⟨BESPRECHEN⟩ an sich hat. Jede Form des Präsens ist von daher potentiell performativ.

Häufig sind die durch ein Verb im Präsens ausgedrückten Inhalte in der Situation des Sprachspiels anwesend und also auch im zeitlichen Sinne «gegenwärtig». Die zeitliche Gegenwart ist aber nicht notwendiger Bestandteil der Präsens-Bedeutung. Oft ist der Inhalt eines Verbs im Präsens unter zeitlichen Gesichtspunkten gar nicht zu beurteilen («Zeitlosigkeit», «Ewigkeit»). Die folgenden Beispiele lassen den weiten zeitlichen Spielraum der Präsens-Bedeutung erkennen:

/ *qu'est-ce que vous lisez en ce moment?* /   'was lesen Sie zur Zeit?'
/ *je lis le «Père Goriot» de Balzac* /   'ich lese «Vater Goriot» von Balzac'
/ *vous trouvez que c'est un bon roman?* /   'finden Sie, daß das ein guter Roman ist?'
/ *Balzac est un très grand auteur et c'est à juste titre qu'on l'appelle le Napoléon des lettres* /   'Balzac ist ein sehr großer Autor, und mit Recht nennt man ihn den Napoleon der Literatur'

Wegen seiner Nähe zur Handlungswelt findet man das Präsens vielfach in Auskünften, Empfehlungen, Gebrauchsanweisungen, Kochrezepten, Bühnenanweisungen und bei allen Inhaltsangaben, die ja eine Erzählung oder sonstwie dargestellte Begebenheit für das Besprechen verfügbar machen. Auch Beschreibungen stehen oft im Präsens, sogar in Erzählungen; damit wird dann in Erzählungen der Erzählfluß unterbrochen. Erzähler gebrauchen das Präsens ferner, wenn sie eine Situation lebhaft schildern wollen, die der Hörer oder Leser sich unmittelbar vergegenwärtigen soll («historisches Präsens»). Dieser Gebrauch des Präsens hat sich in neuerer Zeit ausgeweitet; es kann nun in mündlichen Sprachspielen neben dem Perfekt (vgl. 4.2.4.1) als Ersatz des ungebräuchlich gewordenen Aorists überhaupt den Vordergrund der Erzählung bezeichnen (vgl. 4.2.4.2).

Wir beobachten im folgenden das Präsens in einem Text, der – wie es oft in besprechenden Texten geschieht – durch eine sehr hohe Proportion von Formen des Präsens im Vergleich zu anderen Tempora ausgezeichnet ist. Es handelt sich um ein Portrait der deutschen Frauen aus der Feder der französischen Schriftstellerin Mme de Staël [stal], die zu Beginn des 19. Jahrhunderts ihren französischen Landsleuten Deutschland bekannt und interessant gemacht hat. Die Symbole bedeuten: ○ = Präsens, ◁ = Perfekt, ⊗ = Konjunktiv Imperfekt:

Les femmes allemandes ont un charme qui leur est tout à fait particulier, un son de voix touchant, des cheveux blonds, un teint éblouissant; elles sont modestes, mais moins timides que les Anglaises; on voit qu'elles ont rencontré moins souvent des hommes qui leur fussent supérieurs, et qu'elles ont d'ailleurs moins à craindre des jugements sévères du public. Elles cherchent à plaire par la sensibilité, à intéresser par l'imagination; la langue de la poésie et des beaux-arts leur est connue, elles font de la coquetterie avec de l'enthousiasme, comme on en fait en France avec de l'esprit et de la plaisanterie. La loyauté parfaite qui distingue le caractère des Allemands rend l'amour moins dangereux pour le bonheur des femmes, et peut-être s'approchent-elles de ce sentiment avec plus de confiance, parce-qu'il est revêtu de couleurs romanesques, et que le dédain et l'infidélité y sont moins à redouter qu'ailleurs. *

Dieser Text scheint für einen Tempus-Kommentar kaum ergiebig zu sein. Fast alle Tempusformen, die überhaupt vorkommen, sind Formen des Präsens, nämlich 14 an der Zahl. Nur einmal taucht eine Form des Perfekts auf. Das ist dort der Fall, wo von der etwas kärglichen «Vergangenheit» der deutschen Frauen die Rede ist. Von der (Teil-)Negation *moins souvent* 'weniger oft' als Konjunktiv-Auslöser ist ferner eine Form des Konjunktiv Imperfekt *(fussent)* abhängig gemacht. Alle anderen Tempusformen also sind Formen des Präsens. Es ist aber nicht sinnvoll, an diese 14 Formen des Präsens das simple Konzept der «Gegenwart» heranzutragen. Welche Gegenwart sollte da gemeint sein? Etwa die Gegenwart des Jahres 1810, in dem das Buch *De l'Allemagne* der Frau von Staël erschienen ist? Aber Frau von Staël hat ihre sympathetischen Augen nicht des-

---

* Die deutschen Frauen haben einen ganz eigentümlichen Liebreiz, einen rührenden Klang in der Stimme, blonde Haare, eine blendende Hautfarbe; sie sind bescheiden, aber weniger schüchtern als die Engländerinnen; man sieht ihnen an, daß sie seltener Männern begegnet sind, die ihnen überlegen waren, und daß sie im übrigen vom strengen Urteil der Öffentlichkeit weniger zu befürchten haben. Zu gefallen suchen sie durch Empfindsamkeit, zu interessieren durch Phantasie; die Sprache der Dichtung und der schönen Künste ist ihnen bekannt, ihre Koketterien stammen aus der Begeisterung, so wie sie in Frankreich aus geistreichem Witz stammen. Die vollkommene Redlichkeit, die den deutschen Charakter auszeichnet, sorgt dafür, daß die Liebe für das Glück der Frauen weniger gefährlich ist, und vielleicht nähern sie sich diesem Gefühl auch mit mehr Vertrauen, weil es romanhaft eingefärbt ist und weil Geringschätzung und Untreue dort weniger zu befürchten sind als andernorts. (G. de Staël: *De l'Allemagne* I,3.)

halb auf die deutschen Frauen gerichtet, um eine Momentaufnahme des Jahres 1810 festzuhalten, sondern sie hat versucht, ein – natürlich romantisches – Bild des immerwährenden Deutschlands zu entwerfen, um es ihren eigenen Landsleuten entgegenzuhalten. Sie hat daher in diesem Kapitel ein Portrait der deutschen Frauen entworfen und die daraus sich ergebenden Probleme des zwischenmenschlichen Verhaltens mit ihren Lesern besprochen. Insofern ist dieser Text durch seine zahlreichen Formen des Präsens, die seine Tempus-Struktur bestimmen, deutlich als ein besprechender Text gekennzeichnet.

4.3.2 Imperfekt

Das Imperfekt wird formal ebenfalls mit den Mitteln der einfachen Tempus-Konjugation gebildet. Semantisch ist es durch die beiden Merkmale ⟨ERZÄHLEN⟩ und ⟨UNAUFFÄLLIGKEIT⟩ charakterisiert. Bezüglich der Tempus-Perspektive ist das Imperfekt neutral. Es dient daher in erster Linie dazu, in Erzählungen den Hintergrund zu bezeichnen. In reliefgebender Funktion alterniert es in schriftlichen Texten mit dem Aorist, in mündlichen Texten mit dem Perfekt und/oder dem Präsens (vgl. 4.2.4). Diese Funktion kommt auch in syntaktischen Kleinstrukturen, namentlich konjunktionalen Junktionen (vgl. 8.4), zur Geltung:

/ *au mois de mai 1968, le général de Gaulle se trouvait en Roumanie, quand la révolte des étudiants éclata* / 'im Mai 1968 befand sich General de Gaulle in Rumänien, als (auf einmal) die Studentenrevolte ausbrach'
/ *il rentra tout de suite en France, car il craignait une révolution* / 'er kehrte sofort nach Frankreich zurück, denn er fürchtete eine Revolution'
/ *il déclara qu'il comprenait les étudiants mais qu'il n'acceptait pas la chienlit* [ʃjãli] / 'er erklärte, er begreife die Studenten, aber er wolle keinen Mummenschanz'

Das letzte Beispiel ist gleichzeitig Beleg für eine Hintergrundbildung zur Kennzeichnung indirekter Rede (vgl. 9.4.2.1.1.2).
In den Sprachspielen der besprochenen Welt, etwa einem Alltagsdialog, wird zwischen Hintergrund und Vordergrund im Prinzip nicht mit den Mitteln der Tempus-Syntax unterschieden; die abgestufte Wahrnehmungs- oder Vorstellungsleistung ergibt sich gewöhnlich schon aus der Situation oder dem Argumentationszusammenhang. Gelegentlich kann jedoch auch in einen besprechenden Text ein Imperfekt zur Hintergrundbildung eingeblendet werden, zumal wenn zugleich ein zeitlicher Kontrast ausgedrückt werden soll:

/ *je vous avoue que pendant un certain temps j'étais partisan du centralisme politi-*

que, mais il m'arrive de plus en plus de penser qu'il faut s'orienter vers le régiona-
lisme/ 'ich gestehe Ihnen, daß ich eine Zeitlang Anhänger des politischen Zen-
tralismus war, aber es kommt mir immer häufiger der Gedanke, daß man sich
zum Regionalismus hin orientieren muß'
/autrefois, Paris était la France, aujourd'hui Paris est Paris et la France se diversi-
fie/ 'früher war Paris Frankreich, heute ist Paris Paris, und Frankreich wird
vielfältiger'

Bei dieser gelegentlichen Hintergrundbildung in besprechenden Sprachspielen
verbindet sich das Imperfekt, ebenso wie das Plusquamperfekt, mit dem es das
semantische Merkmal 〈UNAUFFÄLLIGKEIT〉 teilt (vgl. 4.3.5), häufig mit einer syntaktischen oder lexikalischen Einschränkung, die bis zur Negation gehen kann:
dieser Hintergrund gilt nicht mehr. Er kann sogar den Charakter des Unwirkli-
chen annehmen:

/pendant toutes ces années il souffrait beaucoup, il mourait même de temps en
temps, mais il n'a jamais fait à ses héritiers le plaisir de mourir pour de vrai/
'während all dieser Jahre hatte er viel zu leiden, er lag sogar von Zeit zu Zeit im
Sterben, aber er hat seinen Erben nie das Vergnügen gemacht, wirklich zu
sterben'

Als gelegentlich in besprechende Texte eingeblendetes Hintergrund-Tempus
kann das Imperfekt auch eine Nuance der Höflichkeit, insbesondere der unauffälligen Diskretion und Bescheidenheit, ausdrücken. In Kombination mit der
konditionalen Konjunktion *si* 'wenn' bezeichnet es die abwegige Bedingung
(«Irrealis»). Diese Bedingung kann, wenn ihr keine Folge nachgeordnet ist, auch
einen nicht oder nur schwer erfüllbaren Wunsch ausdrücken (vgl. 8.4.1.2):

/je voulais encore vous demander si vous avez bien reçu ma facture/ 'ich wollte
Sie noch fragen, ob Sie wohl meine Rechnung erhalten haben'
/si je l'avais, je l'aurais déjà payée/ 'wenn ich sie hätte, hätte ich sie schon
bezahlt'
/oh, si c'était vrai!/ 'ach, wenn das doch wahr wäre!'

In einer verkürzten Konditional-Junktion kann das Imperfekt auch die Folge
einer abwegigen («irrealen») Bedingung ausdrücken, insbesondere bei Modalverben:

/il ne fallait pas (oder: il n'aurait pas fallu) prendre ces comprimés sans me consul-
ter/ 'du hättest diese Tabletten nicht nehmen dürfen, ohne mich zu fragen'
/tu ne pouvais pas (oder: tu n'aurais pas pu) me dire ça plus tôt?/ 'hättest du mir
das nicht früher sagen können?'

4.3.2 Imperfekt

Für die Zwecke eines Tempus-Kommentars zum Gebrauch des Imperfekts in einem Text wählen wir eine erzählende Beschreibung, die Jean-Paul Sartre in seiner Autobiographie *Les mots* von der Bücherwelt seines Elternhauses gegeben hat. Der ausgewählte Abschnitt ist in der Mitte um ein geringes gekürzt. Die Symbole bedeuten: ○ = Präsens, ◁ = Perfekt, ▷ = Futur, ● = Imperfekt, ◀ = Plusquamperfekt, ▶ = Konditional, ○–= Grenz-Futur:

J'ai commencé ma vie comme je la finirai sans doute: au milieu des livres. Dans le bureau de mon grand-père, il y en avait partout; défense était faite de les épousseter sauf une fois l'an, avant la rentrée d'octobre. Je ne savais pas encore lire que, déjà, je les révérais, ces pierres levées: droites ou penchées, serrées comme des briques sur les rayons de la bibliothèque ou noblement espacées en allées de menhirs, je sentais que la prospérité de notre famille en dépendait. Elles se ressemblaient toutes, je m'ébattais dans un minuscule sanctuaire, entouré de monuments trapus, antiques, qui m'avaient vu naître, qui me verraient mourir et dont la permanence me garantissait un avenir aussi calme que le passé. Je les touchais en cachette pour honorer mes mains de leur poussière mais je ne savais trop qu'en faire et j'assistais chaque jour à des cérémonies dont le sens m'échappait: mon grand-père – si maladroit d'habitude, que ma mère lui boutonnait ses gants – maniait ces objets culturels avec une dextérité d'officiant. (...) Dans la chambre de ma grand-mère les livres étaient couchés; elle les empruntait à un cabinet de lecture et je n'en ai jamais vu plus de deux à la fois. Ces colifichets me faisaient penser à des confiseries de Nouvel An parce que leurs feuillets souples et miroitants semblaient découpés dans du papier glacé. Vifs, blancs, presque neufs, ils servaient de prétexte à des mystères légers. Chaque vendredi, ma grand-mère s'habillait pour sortir et disait: «Je vais *les* rendre»; au retour, après avoir ôté son chapeau noir et sa voilette, elle *les* tirait de son manchon et je me demandais, mystifié: «Sont-ce les mêmes?»*

---

* Ich habe mein Leben so begonnen, wie ich es wohl auch beenden werde: inmitten von Büchern. Im Arbeitszimmer meines Großvaters gab es überall welche; es war streng verboten, sie abzustauben, ausgenommen einmal jährlich vor Beginn des neuen Schuljahres. Ich konnte noch nicht lesen, da verehrte ich schon diese Denkmäler aus der Vorzeit: aufrecht oder geneigt,

Der Tempus-Kommentar zu diesem schönen, allerdings etwas preziösen und zugleich leicht ironischen Stück literarischer Prosa hat zunächst die hohe Frequenz der Formen des Imperfekts zu verzeichnen. Von 30-Tempusformen, die der Textabschnitt enthält, sind nicht weniger als 23 aus dem Imperfekt gebildet. Die anderen Tempora dienen bestimmten Nebenzwecken. Die Formen des Präsens *(sont-ce?)* und des Grenz-Futurs *(je vais les rendre)* stehen beispielsweise in der direkten Rede (zitierte Meinung). Die Formen des Perfekts und Futurs, die zur Einleitung des ausgewählten Abschnitts gehören, schaffen mit Rückblick und Ausblick einen perspektivischen Rahmen für die anschließende Erzählung. Eine weitere Form des Perfekts findet sich an späterer Stelle des Textes. Sie hat resümierenden Charakter. Das paßt gut zu den rückschauend besprechenden Aufgaben dieses Tempus.

Alle anderen Tempusformen sind erzählender Natur und schaffen das besondere Erzählklima dieses Textabschnittes. Unter den erzählenden Tempora finden sich zwei Tempusformen mit einem Perspektiven-Merkmal: Plusquamperfekt und Konditional. Sie schauen innerhalb der erzählten Welt ebenso zurück und voraus, wie der Autor am Anfang des Textabschnittes, bevor er mit dem Erzählen beginnt, mit dem Perfekt und Futur besprechend zurück- und vorausschaut. Der eigentliche «Leib» der Erzählung ist jedoch in den Passagen zu sehen, in denen der Erzähler mit einer langen und kaum unterbrochenen Sequenz von Formen des Imperfekts die Bücherwelt seiner Kindheit erzählend beschreibt. Diese Bücherwelt ist statisch. Das kindliche Bewußtsein nimmt kein

---

bald dicht gedrängt wie Backsteine auf den Regalen der Bibliothek, bald mit vornehmen Zwischenräumen als Alleen von Findlingen, gaben sie mir das Gefühl, daß der Wohlstand unserer Familie von ihnen abhing. Sie glichen einander alle, ich tummelte mich in einem ganz kleinen Heiligtum, umgeben von gedrungenen, antiken Denkmälern, die schon bei meiner Geburt zugesehen hatten, die mich sterben sehen würden und deren bleibende Gegenwart mir die Gewähr gab, daß die Zukunft ebenso ruhig sein würde wie die Vergangenheit. Ich berührte sie heimlich, um meine Hände mit ihrem Staub zu ehren, aber ich wußte so recht nichts mit ihnen anzufangen, und ich nahm tagtäglich an Zeremonien teil, deren Sinn mir entging: mein Großvater – gewöhnlich so ungeschickt, daß meine Mutter ihm die Handschuhe zuknöpfte – handhabte diese Kultgegenstände mit der Geschicklichkeit eines Zelebranten. (...) Im Zimmer meiner Großmutter lagen die Bücher übereinander; sie lieh sie in einer Leihbibliothek aus, und ich habe ihrer nie mehr als zwei auf einmal gesehen. Diese Glanzstücke erinnerten mich an Neujahrskonfekt, denn ihre schmiegsamen und spiegelnden Seiten schienen mir aus Glanzpapier ausgeschnitten zu sein. In ihrem lebhaften Weiß und wie neu dienten sie mir als Vorwand für leichte Mysterien. Jeden Freitag zog sich meine Großmutter zum Ausgehen an und pflegte dabei zu sagen: «Jetzt bringe ich s i e zurück»; und bei ihrer Rückkehr, wenn sie den schwarzen Hut mit seinem Halbschleier abgelegt hatte, zog sie s i e aus ihrem Muff, und ich stellte mir geheimnisumwittert die Frage: «Sind das wohl dieselben?» (Jean-Paul Sartre: *Les Mots,* Paris 1964, S. 30ff.)

Handeln wahr, das als Ereignis erzählt werden könnte. Die Bücher sind einfach da, zeitlos. Selbst die allwöchentlichen Bewegungen der Leihbücher im Zimmer der Großmutter stellen mehr ein Ritual dar als eine Geschichte von Ereignissen. So ist diese ganze geheimnisvolle Bücherwelt also wohl geeignet, für dieses Kinderleben einen unbewegten, aber gleichwohl tief prägenden Hintergrund abzugeben für eine Existenz, die dann in Handlungen aus personalen Entscheidungen mit diesen Büchern oder auch gegen diese Bücher zu ergreifen sein wird. Das allerdings wird in diesem Text nicht mehr erzählt.

4.3.3 Aorist («Passé simple»)

Der Aorist («Passé simple») wird formal ebenfalls mit den Mitteln der einfachen Tempus-Konjugation gebildet (vgl. 4.1.1). In seiner Bedeutung ist er durch die semantischen Merkmale ⟨ERZÄHLEN⟩ und ⟨AUFFÄLLIGKEIT⟩ gekennzeichnet. Mit diesen Merkmalen bezeichnet der Aorist in Erzählungen den Vordergrund. In der Tempus-Perspektive ist er, ebenso wie Präsens und Imperfekt, neutral. Zum Imperfekt (vgl. 4.3.2) steht er nur durch sein Relief-Merkmal ⟨AUFFÄLLIGKEIT⟩ in Opposition. Erzählungen können also dadurch Relief erhalten, daß der Erzähler zwischen dem Imperfekt und dem Aorist wechselt (vgl. 4.2.3).

Das erzählerische Relief mit der Opposition von Hintergrund und Vordergrund kann sich auch in Kleinstrukturen spiegeln. Der Aorist bezeichnet dann das Ereignis, das sich aus einer handlungsärmeren Umgebung heraushebt («Inzidenz-Schema»):

/ *le ciel était livide quand soudain l'orage éclata* / 'der Himmel war fahl, als plötzlich das Gewitter ausbrach'
/ *finalement éclata l'orage qui nous enseignait le langage du tonnerre* / 'schließlich brach das Gewitter aus, das uns die Sprache des Donners lehrte'

Das erste Beispiel zeigt einen Übergang von einer handlungsärmeren Umgebung zum Ereignis, das zweite Beispiel einen Übergang von dem Ereignis zu einer handlungsärmeren Umgebung. Für den raffenden Vortrag reiner Ereignisse oder rascher Ereignisabläufe benutzt man den bloßen Aorist unter Verzicht auf eine Alternation mit dem Hintergrund-Tempus Imperfekt («Veni-vidi-vici-Stil»):

/ *je le vis, je rougis, je pâlis à sa vue* / 'ich sah ihn, ich errötete, ich erbleichte bei seinem Anblick' (Racine, *Phèdre*)

Erzähltechniken dieser Art erlaubt der Sprachgebrauch jedoch nicht in allen Sprachspielen. Denn der Aorist ist in der gegenwärtigen Sprache drastisch gebrauchsbeschränkt. Die Gebrauchsregel besagt in allgemeiner Formulierung, daß der Aorist dem Schriftkode vorbehalten ist (vgl. 1.2). Er gehört – und zwar fest – zu schriftlich fixierten, wohlgeformten Erzählungen, insbesondere in der Literatur. Auch Zeitungen machen in ihrem Nachrichtenteil vom Aorist einen reichlichen Gebrauch. Das bedeutet umgekehrt, daß dieses Tempus von allen privaten, zumal mündlichen Sprachspielen ausgeschlossen ist. Diese Regel muß jedoch verfeinert werden. Der Aorist wird nämlich auch in denjenigen schriftlichen Sprachspielen vermieden, die der privaten mündlichen Sprache nahestehen (Briefe, Tagebuchaufzeichnungen, Notizen …). Andererseits kann der Aorist durchaus in solchen mündlichen Sprachspielen gebraucht werden, die der Schriftlichkeit nahestehen, insbesondere wenn sie förmlichen, rituellen oder traditionellen Charakter haben (Rede, Festvortrag, feierliche Ansprache, Predigt …), ferner in vorgelesenen oder vorgetragenen Erzähltexten.

Es sind jedoch auch in solchen schriftlichen Erzähltexten, die grundsätzlich den Aorist zulassen, einige Einschränkungen des Sprachgebrauchs zu beachten, die durch die Kombination dieses Tempus mit den verschiedenen Gesprächsrollen bedingt sind. Die Geschichten, die von einem Erzähler einem Zuhörer erzählt werden, handeln nicht immer von diesem Erzähler (Gesprächsrolle des Senders) und kaum von dem Zuhörer (Gesprächsrolle des Empfängers). Sie berichten vielmehr meistens von Ereignissen, die einem Dritten (Gesprächsrolle des Referenten) in der Wirklichkeit oder in der Phantasie widerfahren sind («Er-Sie-Es-Erzählungen»). Aus diesem Grunde hat sich auch die Verbindung des Tempus Aorist mit der Gesprächsrolle des Referenten – im Singular oder Plural – besonders eingespielt und verfestigt, insbesondere durch die erzählenden Gattungen der Literatur (Roman, Novelle, Fabel, Geschichtsschreibung sowie auch die Nachrichten der Zeitungen …). In dieser Tempus-Gesprächsrollen-Kombination (z. B. *il entra* 'er trat ein', *ils sortirent* 'sie gingen hinaus') verlangt der Sprachgebrauch in schriftlichen Erzählungen in der Regel den Gebrauch des Aorists.

Etwas seltener als Geschichten oder Nachrichten von Dritten, aber immer noch ziemlich häufig sind Geschichten, in denen der Erzähler von sich selber erzählt. In der Literatur machen insbesondere Autobiographien und Memoiren von dieser Erzählform Gebrauch. Es handelt sich dabei meistens um Erzählungen im Singular («Ich-Erzählungen»), selten im Plural («Wir-Erzählungen»). Aus diesem Grunde hat sich beim Aorist die Tempus-Gesprächsrollen-Kombination im Singular (z. B. *je regardai* 'ich betrachtete', *je vis* 'ich sah') sehr viel stärker gefestigt als im Plural (*nous écoutâmes* 'wir hörten zu', *nous entendîmes* 'wir hörten'). Der heutige Sprachgebrauch erlaubt daher in schriftlichen Erzählungen, die sich auch tatsächlich des Schriftkodes bedienen, ohne weiteres den

Aorist bei der Sender-Rolle im Singular, duldet hingegen dieses Tempus im Plural nur sehr zögernd, nämlich nur dann, wenn diese Kombination nicht durch irgendeine andere Fassung des Textes (zum Beispiel: *on aperçut* statt *nous aperçûmes* 'wir bemerkten') vermieden werden kann. Ein Aorist mit dem Sender-Plural verleiht dem Text daher immer einen sehr anspruchsvollen oder sogar zeremoniellen Ton.

Noch viel seltener als Er-Sie-Es- oder Ich-Erzählungen sind Erzählungen, in denen jemand einem Zuhörer erzählt, was eben diesem Zuhörer widerfahren ist («Du-Erzählungen»). Was ein Zuhörer durch die Erzählung eines andern von sich selber erfahren könnte, ist ihm in der Regel bekannt. Eine solche Erzählung ist daher in der Regel unnötig. Aus diesem Grund hat auch die Literatur die Erzählung aus der Empfänger-Perspektive (Singular oder Plural) nicht als eigene Gattung oder Untergattung entwickelt, sondern kennt diese Erzählform nur in einigen, bewußt von der Norm abweichenden Exemplaren. Die Kombination des Aorists mit der Empfänger-Rolle im Singular oder im Plural einschließlich der Höflichkeitsform (z. B. *tu dormis* 'du schliefest', *vous rêvâtes* 'ihr träumtet, Sie träumten'), ist daher am wenigsten, nämlich so gut wie gar nicht gefestigt. Diese Kombination wird vom heutigen französischen Sprachgebrauch auch in schriftlichen Erzähltexten, die sonst den Schriftkode nicht verschmähen, wenn es nur irgend möglich ist, gemieden. Sie wirkt in Texten nicht nur hochgestochen, sondern sogar in den meisten Fällen pedantisch-lächerlich.

Ältere Erzähltexte der französischen Literatur lassen gegenüber den beschriebenen Tempus-Gesprächsrollen-Kombinationen eine größere, jedoch keine absolute Unbefangenheit erkennen. Das hängt im einzelnen von der historischen Epoche und der literarischen Gattung ab.

Unter den französischen Autoren ist Voltaire besonders bekannt und berühmt für seinen kunstvollen Umgang mit dem Aorist. Wir wählen daher für einen Tempus-Kommentar zum Aorist einen Abschnitt aus Voltaires (Kurz-)Roman *Candide* aus. Candide, in schönster Naivität auf einem westfälischen Schloß aufgewachsen, begegnet ebendort der jungen Cunégonde, und wir werden sogleich sehen, was da passiert. Vorher aber sind noch für den anschließenden Tempus-Kommentar die Symbole zu nennen, durch die hier die Tempus-Struktur markiert wird. Es bedeuten: ● = Imperfekt, ▲ = Aorist, ⊥▲ = Rück-Aorist:

Elle rencontra Candide en revenant au château, et rougit; Candide rougit aussi; elle lui dit bonjour d'une voix entrecoupée, et Candide lui parla sans savoir ce qu'il disait. Le lendemain après le dîner, comme on sortait de table, Cunégonde et Candide se trouvèrent derrière un paravent; Cunégonde laissa tomber son mouchoir, Candide le ramassa, elle lui prit innocemment la main, le jeune homme baisa innocemment la main de la jeune

demoiselle avec une vivacité, une sensibilité, une grâce toute particulière;
leurs bouches se rencontrèrent, leurs yeux s'enflammèrent, leurs genoux
tremblèrent, leurs mains s'égarèrent. Monsieur le baron de Thunder-ten-
tronckh passa auprès du paravent, et, voyant cette cause et cet effet, chassa
Candide du château à grands coups de pied dans le derrière; Cunégonde
s'évanouit; elle fut souffletée par madame la baronne dès qu'elle fut revenue à elle-même; et tout fut consterné dans le plus beau et le plus agréable
des châteaux possibles.*

Der auffällige Eindruck dieses Textes ist ein unerhörtes Erzähltempo. Die Begebenheiten überstürzen sich, so daß die hübsche Affaire zwischen Candide und
Cunégonde als eine große Turbulenz erscheint, die gar nicht anders als in einer
großen Bestürzung enden kann. Das ist der bekannte *Veni-vidi-vici*-Stil, für den
Voltaires Prosa berühmt ist. Die Distribution der Tempora ist das wichtigste
Stilmittel, mit dem Voltaire diese kunstvolle Prosa auf den Weg bringt. Von den
22 Tempusformen des Textes sind nicht weniger als 19 Formen des Aorists zu
verzeichnen. Hinzu kommen 2 Formen des Imperfekts und eine Form des Rück-
Aorists. Die Formen des Imperfekts (*disait* 'sagte', *sortait de table* 'die Tafel
aufhob') bezeichnen Nebenumstände dieser westfälischen Liebesgeschichte und
geben der Haupthandlung einen spärlichen Hintergrund. Die einzige Form des
Rück-Aorists («Passé antérieur» – *fut revenue* 'war zu sich gekommen') bezeichnet eine Rückschau innerhalb der Erzählung und unterbricht nur kurz den
raschen Fluß der Begebenheiten. Alle anderen Tempusformen sind Formen des
Aorists. Sie kennzeichnen die kurzen, aber desto leichtfüßigeren Handlungs-
schritte, die für diese ebenso hurtige wie heitere Prosa charakteristisch sind.

---

* Sie traf Candide bei der Rückkehr zum Schloß und errötete; Candide errötete ebenfalls; sie
grüßte ihn mit versagender Stimme, und Candide sprach sie an, ohne zu wissen, was er sagte.
Am nächsten Tag nach dem Abendessen, als man gerade die Tafel aufhob, fanden sich Cunégonde und Candide hinter einem Wandschirm; Cunégonde ließ ihr Taschentuch fallen, Candide
hob es auf, sie ergriff unschuldig seine Hand, der junge Mann küßte unschuldig mit einer ganz
besonderen Lebhaftigkeit, Empfindsamkeit und Grazie die Hand des jungen Fräuleins; ihre
Lippen trafen sich, ihre Augen entflammten, ihre Knie zitterten, ihre Hände gerieten auf
Abwege. Da kam der Herr Baron von Thunder-ten-tronckh an dem Wandschirm vorbei und
vertrieb Candide angesichts dieser Ursache und dieser Wirkung mit kräftigen Tritten in den
Hintern aus seinem Schloß; Cunégonde fiel in Ohnmacht; sie wurde von der Frau Baronin
geohrfeigt, sobald sie wieder zu sich gekommen war; und in dem schönsten und angenehmsten
der möglichen Schlösser war alle Welt bestürzt. (Voltaire: *Romans et contes,* Paris 1954, Bibliothèque de la Pléiade, S. 151.)

4.3.4 Perfekt

Das Perfekt («Passé composé») wird in seiner Bedeutung durch die beiden Merkmale ⟨BESPRECHEN⟩ und ⟨RÜCKSCHAU⟩ bestimmt. Man könnte es daher auch «Rück-Präsens» nennen. In den meisten Fällen bezieht sich die Rück-Perspektive dieses Tempus auf Vergangenes; gelegentlich kann sie aber auch im Hinblick auf Zukünftiges eingenommen werden, wenn aus noch fernerer Zukunft eine Rückschau vorstellbar ist:

/*j'ai commencé mon travail il y a quinze jours*/ 'ich habe meine Arbeit vor vierzehn Tagen begonnen'
/*demain je l'ai* (oder: *je l'aurai) terminé*/ 'morgen habe ich sie fertig (oder: werde ich sie fertig haben)'

Im Unterschied zu den Tempora mit dem Merkmal ⟨ERZÄHLEN⟩ wird die Vergangenheit, wenn es sich denn um eine «wahre Geschichte» handelt, durch das Perfekt nicht so sehr in ihrem Eigenwert zur Geltung gebracht als vielmehr in den Informationshaushalt einer besprechenden Situation eingespielt. Ereignisse und Ereignisketten können daher im Perfekt zusammengefaßt und (als «Fazit») zum Thema eines besprechenden Sprachspiels gemacht werden. Aus diesem Grund findet man das Perfekt häufig als Tempus des Übergangs an den Gelenkstellen zwischen besprechender und erzählender Rede.

/*j'ai vu mon ancien professeur, il était tout pensif, il ne m'a pas reconnu*/ 'ich habe meinen alten Lehrer getroffen, er war ganz in Gedanken, er hat mich nicht erkannt'
/*j'ai fait huit années de lycée, mais le latin je ne l'ai jamais vraiment appris*/ 'ich bin acht Jahre auf das Gymnasium gegangen, aber Latein habe ich nie richtig gelernt'

Wir wollen diesen Gesichtspunkt besonders in einem Text betrachten, der einem mündlichen «Interview» nachgeschrieben worden ist und zum CREDIF-Corpus gehört. Ein paar etwa zehnjährige Jungen werden zu ihren Ferienerlebnissen ausgefragt. Die Interview-Situation selber gibt einen besprechenden Rahmen ab, in dem allerdings die Rückschau-Perspektive eine besondere Rolle spielt. Denn die Ferienzeit liegt schon um einiges zurück, und so wird die einleitende Rahmenfrage /*qu'est-ce que tu as fait là?*/ 'was hast du da gemacht?', die der Form nach eine Handlungsfrage ist (vgl. 9.3.3), im Perfekt, also mit der Rückschau-Perspektive, gestellt. Aber der Fragesteller weiß nicht so recht, wo er weiter mit seinen Fragen ansetzen soll, um eine richtige Geschichte zu erhalten (die er gerne erhalten möchte), und so bleibt der ganze Dialog zwischen dem Besprechen und dem Erzählen in der Schwebe. Für diese Zwischenzone zwischen den beiden Tempus-Registern ist nun der Gebrauch des Perfekts mit einer ziemlich hohen Frequenz des Vorkommens charakteristisch. Die Symbole bedeuten: o = Präsens, ◁ = Perfekt, ● = Imperfekt, ◀ = Plusquamperfekt:

- Moi au mois de Juin j'suis allé heu / non c'est au mois de Juillet j'suis allé à Soucy dans l'Yonne.
- Qu'est-ce que tu as fait là?
- Y avait un jardin puis on s'était fait des copains. On a / on allait s'promener on allait des fois dans les carrières.
- Ils avaient une canne à faire / on taillait du bois on faisait des choses.
- Vous n'alliez pas à la pêche?
- On y a été nous. Mais dans la Nièvre y a beaucoup d'étangs.
- Qu'est-ce que vous pêchiez?
- Oh on avait pêché une anguille.
- C'est difficile à attraper les anguilles?
- Oh oui.
- Nous on a attrapé un petit têtard. On l'a rapporté mais il s'est sauvé après.
- Comment vous l'avez attrapée votre anguille?
- A la ligne.
- Nous on l'a attrapé à la main le têtard. Il passait puis on l'a attrapé à la main.
- Et toi aussi, tu pêches?
- Non j'pêche pas.
- J'ai déjà pêché mais j'ai en / j'ai emmêlé ma ligne dans celle de mon père alors il était pas content.*

---

* Im Juni bin ich äh / nein das war im Juli, da bin ich nach Soucy gefahren, in der Yonne.
- Was hast du da gemacht?
- Da gab's 'nen Garten, und dann hatten wir da Freunde gefunden. Wir sind / wir waren spazieren, und wir sind auch mal in die Steinbrüche gegangen.
- Wir mußten eine Angelrute machen / wir haben Holz abgeschnitten und so Sachen gemacht.
- Seid ihr nicht zum Angeln gegangen?
- Sind wir. Aber in der Nièvre gibt's viele Teiche.

Im Text werden also ein paar zehnjährige Jungen über ihre Ferienerlebnisse ausgefragt. Sie sollen wohl erzählend antworten. Aber dennoch entsteht keine richtige Geschichte. Die Ereignisse geben vielleicht nicht genug her, oder die kleinen Erzähler werden durch den neugierigen Erwachsenen nicht genügend zum Erzählen angeregt oder sogar eingeschüchtert. So kommt also kein Erzählfluß zustande, und dementsprechend enthält der ganze Text fast keine narrativen Tempus-Partikeln (vgl. 4.2.4.1). Von dieser Besonderheit abgesehen, gelten die allgemeinen Regeln des mündlichen Erzählens. Der Hintergrund wird durch die 9 Formen des Imperfekts repräsentiert, denen sich 2 Formen des Plusquamperfekts zugesellen, ohne daß für diese Formen eine besondere Rückschau-Perspektive erkennbar wäre. Offenbar machen diese Kinder von der Rückschau-Perspektive in der erzählten Welt noch keinen konsequenten Gebrauch. Die 5 Formen des Präsens dienen verschiedenen Zwecken, nämlich (in der Reihenfolge ihres Vorkommens): Korrektur, Feststellung, Bewertung (als Frage), Gewohnheit (als Frage), Gewohnheit (als negative Antwort).

Besondere Aufmerksamkeit verdienen nun aber hier die 14 Formen des Perfekts. Sie gehorchen jedoch ebenfalls, da wir nicht eine kohärente Erzählung vor uns haben, verschiedenen Darstellungszwecken. Am Anfang des ausgewählten Textabschnittes wird in Frage und Antwort mit Hilfe der Formen des Perfekts ein Rahmen aufgebaut, der mit seiner Rückschau-Perspektive zwischen der besprechenden Situation des «Interviews» und der herauszulockenden Geschichte vermittelt. In diesem Erzählrahmen werden die Umstände der Zeit (Juni/Juli) und des Ortes *(Soucy dans l'Yonne)* festgelegt, so daß eigentlich im Anschluß an die Handlungsfrage *qu'est-ce que tu as fait là?* 'was hast du da gemacht?' die Geschichte der Jungen beginnen könnte (vgl. 9.3.3). Es folgt nun auch eine

– Was habt ihr denn geangelt?
– Och, wir hatten einen Aal geangelt.
– Ist so ein Aal schwer zu erwischen?
– Oh ja.
– Wir haben eine kleine Kaulquappe gefangen. Wir haben sie mitgebracht, aber sie ist uns nachher entwischt.
– Wie habt ihr ihn gekriegt, euern Aal?
– Mit der Angel.
– Wir / die haben wir mit der Hand erwischt, die Kaulquappe. Die schwamm gerade vorbei, da haben wir sie mit der Hand erwischt.
– Und du, angelst du auch?
– Nein, ich angel nicht.
– Ich hab schon mal geangelt, aber da hab ich / ich hab meine Angelschnur mit der von meinem Vater verheddert, da war der ganz schön böse.
(*Enquête sur le langage de l'enfant français,* Transcription de conversations d'enfants de 10 ans, Ier Volume, Paris, Ms. CREDIF 1968, S. 4 ff.)

Ballung von Hintergrund-Tempora, die den Anfang einer Geschichte abgeben könnten. Aber die beiden Jungen, die nacheinander antworten, haben sich wohl gegenseitig beim Erzählen gestort, und der Fragesteller geht auch nicht eben geschickt vor, da er allzu schnell eine ganz neue Frage stellt. Schließlich aber wird der Fragesteller doch noch fündig. Mit seinen Fragen nach dem Angeln, beharrlich wiederholt, angelt der Fragesteller nämlich doch noch ein paar Erzählfragmente, die jedoch jeweils so kurz sind, daß sich die Frage des Erzählflusses nicht stellt. Ganz charakteristisch für die Leistung des Perfekts ist der Schluß unseres Dialogs. Da gibt einer der Jungen auf die Frage, ob er auch schon einmal geangelt habe, eine resümierende Antwort: *j'ai déjà pêché* 'ich habe schon (mal) geangelt'. Auch das folgende, nach einem syntaktischen Fehlstart richtig herausgebrachte Perfekt *j'ai emmêlé* 'ich habe verwickelt' hat in dieser kontextuellen Vereinsamung eher den Charakter einer kleinen Beichte und Rechtfertigung als den einer wirklichen Geschichte, die sich hier vielleicht anschließen könnte.

Der Dialogtext zeigt also insgesamt, wenn auch unter den reduktiven Bedingungen der Kindersprache, einen schillernden Sprachgebrauch bei den Tempusformen, der einerseits sicher auf die schwierige Übergangzone zwischen dem Besprechen und dem Erzählen zurückzuführen ist, andererseits aber auch wohl die Schwierigkeiten erkennen läßt, die allzu leicht dann entstehen, wenn ein Erwachsener Kindern Fragen stellt mit dem Hintergedanken, diese Kinder irgendwie zum Sprechen zu bewegen. Sie sprechen dann zwar vielleicht, sprechen sogar für ihr Alter «richtig», aber es entsteht in ihren Antworten weder ein richtiges Besprechen noch ein richtiges Erzählen aus dieser «asymmetrischen Kommunikation».

4.3.5   Plusquamperfekt

Das Plusquamperfekt («Plus-que-parfait») – man könnte es auch gut «Rück-Imperfekt» nennen – ist in seiner Bedeutung durch die Merkmale ⟨ERZÄHLEN⟩, ⟨RÜCKSCHAU⟩ und ⟨UNAUFFÄLLIGKEIT⟩ charakterisiert. Man gebraucht es hauptsächlich, um beim Erzählen die Vorgeschichte mitzuteilen. Für die Haupthandlung der Geschichte ist die Vorgeschichte ein Hintergrund, den zu kennen für das Verständnis der Haupthandlung nützlich ist. Diese Rückschau ist häufig gleichzeitig eine Zusammenfassung oder eine zitierte Meinung («indirekte Rede» – vgl. 9.4.2):

/ ils discutaient et discutaient et ne se rendaient pas compte qu'ils avaient perdu depuis longtemps le contact avec la réalité /   'sie diskutierten und diskutierten und

bemerkten nicht, daß sie längst den Kontakt mit der Wirklichkeit verloren hatten'
/ *ils n'avaient jamais eu un véritable métier, c'est pourquoi ils ne comprenaient rien à la vie* / 'sie hatten nie einen richtigen Beruf gehabt, deshalb verstanden sie (auch) nichts vom Leben'
/ *ils étaient persuadés que la société les avait faits tels qu'ils étaient maintenant* / 'sie waren überzeugt, daß die Gesellschaft sie zu dem gemacht hatte, was sie nun waren'

In einem besprechenden Kontext findet man das Plusquamperfekt bisweilen mit der Aufgabe, eine Opposition zwischen Affirmation und Negation oder zwischen Negation und Affirmation zu verstärken. Dadurch entsteht ein Kontrast, der noch schärfer ist, als wenn er mit Hilfe des Imperfekts gebildet würde (vgl. 4.3.2). Der durch das Plusquamperfekt geschaffene Rückschau-Hintergrund erscheint dann grundsätzlich als ein Bereich der falschen, aber inzwischen korrigierten Meinung:

/ *je lui avais toujours fait confiance: (mais) il m'a tellement déçu* / 'ich hatte ihm immer Vertrauen geschenkt: (aber) er hat mich so (sehr) enttäuscht'
/ *je n'avais pas cru qu'il était le fripon qu'on me disait toujours, mais il l'est!* / 'ich hatte nicht gedacht, daß er so ein Lump wäre, wie man mir immer sagte, aber er ist es!'

Nach der konditionalen Konjunktion *si* 'wenn' bezeichnet das Plusquamperfekt die Rückschau auf eine abwegige Bedingung («Irrealis der Vergangenheit» – vgl. 8.4.1.2). Der abwegigen Bedingung entspricht eine hinfällige Folge; sie wird mit dem Konditional oder Vor-Konditional ausgedrückt. Ohne diese Folge wird aus der abwegigen Bedingung ein vergeblicher, im Ton des Bedauerns oder der Klage vorgetragener Wunsch:

/ *si Molière n'avait pas écrit son «Tartuffe», les faux dévots auraient eu la vie plus facile* / 'wenn Molière nicht seinen «Tartuffe» geschrieben hätte, hätten die Frömmler ein einfacheres Leben gehabt'
/ *ah! si seulement il avait écrit aussi une comédie sur les faux athées!* / 'ach, wenn er (doch) auch noch eine Komödie über die falschen Atheisten geschrieben hätte!'

Wir beobachten nun das Plusquamperfekt in einem Text. Es handelt sich um einen mündlichen Text, der nachgeschrieben wurde. Erzählerin ist eine zwanzigjährige Bahnangestellte. Die Erzählung spielt in einem Ferienlager. Der ausgewählte Abschnitt enthält jedoch nicht den Kern der Geschichte, sondern die

Vorgeschichte. Daher die ungewöhnlich große Zahl von Formen des Plusquamperfekts. Die Symbole bedeuten: o = Präsens, ◁ = Perfekt, • = Imperfekt, ◀ = Plusquamperfekt, ⋈ Vor-Konditional, > = narrative Tempus-Partikel:

> Alors, c'était un jour de congé. Deux cheftaines étaient de congé, alors on
> avait décidé d'aller aux Sables d'Olonne et alors on était parti en car. Et
> même déjà dans le car on s'était amusé parce qu'on préparait une ... on
> préparait une espèce de veillée, la fête du directeur était le lendemain, je
> crois. On avait fait une chanson avec des paroles adaptées, on s'était bien
> amusé. Alors donc on était allé passer la journée là-bas, puis le soir on
> avait ... on avait manqué le car, oui. Le car devait partir vers cinq heures,
> on s'était pas arrangé pour y être à temps, on avait manqué le car. Alors on
> se dit : «Il faut absolument rentrer ce soir à la colonie.» Évidemment, on
> aurait pu ... on aurait pu rester à la colonie de garçons qui était aux Sables
> d'Olonne, mais enfin il fallait rentrer à la colonie, quoi. Alors on a décidé
> de faire du stop.*

Wir wollen uns bei unserem Tempus-Kommentar zu diesem Text auf das Tempus Plusquamperfekt beschränken. Unter den insgesamt 24 Tempusformen des Textes sind nicht weniger als 10 Formen des Plusquamperfekts auszumachen. Das ist eine erstaunlich hohe Zahl, die weit über der durchschnittlichen Frequenz dieses Tempus liegt. Der Grund ist leicht einzusehen. Es handelt sich hier um die Vorgeschichte einer Erzählung, die von einem Abenteuer beim Autostop handelt. Ein Stück dieser Hauptgeschichte ist an anderer Stelle dieser Grammatik

---

* Also das war ein freier Tag. Zwei Jugendführerinnen waren beurlaubt, da hatten wir beschlossen, nach Sables d'Olonne zu fahren, und da waren wir im Bus hingefahren. Und sogar schon im Bus hatten wir Spaß gehabt, weil wir eine ... weil wir so ein abendliches Beisammensein vorbereiteten, der Leiter hatte am nächsten Tag Namenstag, glaube ich. Wir hatten ein Lied mit unterlegtem Text gemacht, das hatte uns viel Spaß gemacht. Also dann hatten wir dort den Tag verbracht, und dann am Abend hatten wir ... hatten wir den Bus verpaßt, tja. Der Bus sollte gegen fünf Uhr abfahren, wir hatten uns nicht so eingerichtet, um rechtzeitig dort zu sein, den Bus hatten wir also verpaßt. Da haben wir uns gesagt: «Wir müssen unbedingt heute abend noch zurück ins Ferienlager.» Natürlich hätten wir ... hätten wir in dem Lager der Jungen bleiben können, das es in Sables d'Olonne gibt, aber schließlich mußten wir ja zurück ins Lager, irgendwie. Da haben wir dann beschlossen, Anhalter zu machen. (CREDIF-Text M 25, Disque d, abgedruckt bei E. Gülich: *Makrosyntax der Gliederungssignale im gesprochenen Französisch,* München 1970, A 23 f.)

abgedruckt und wird dort auf seine narrativen Tempus-Partikeln hin kommentiert (vgl. 4.2.4.1). Auch bei diesem Textabschnitt ist wieder eine recht hohe Zahl von narrativen Tempus-Partikeln zu verzeichnen, nämlich die Formen *alors* (5), *et alors* (1), *puis* (1). Wir sehen daran, daß nicht nur das Rückschau-Tempus Perfekt, sondern auch das Rückschau-Tempus Plusquamperfekt eigentlich nicht für den reihenden Gebrauch geeignet ist und daß es, wenn es dennoch in einer längeren Vorgeschichte reihend gebraucht wird, für diese narrative Funktion durch eine reichliche Kombination mit narrativen Tempus-Partikeln gestärkt wird. Die rückschauenden Formen des Plusquamperfekts sind in unserem Text mit 8 Formen des Imperfekts gemischt; mit ihnen zusammen bilden sie als Vorgeschichte eine besondere Art Hintergrund, auf der sich dann ganz am Ende des ausgewählten Textabschnitts die Vordergrund-Handlung mit einer ersten Perfektform (wiederum in Verbindung mit einer narrativen Tempus-Partikel) heraushebt. Nun weiß der Hörer: jetzt kommt der Kern der Geschichte.

4.3.6 Rück-Aorist und Rück-Perfekt

Die Bedeutung des Rück-Aorists («Passé antérieur») ergibt sich aus den Merkmalen ⟨ERZÄHLEN⟩, ⟨RÜCKSCHAU⟩ und ⟨AUFFÄLLIGKEIT⟩. Nur durch das letztgenannte Merkmal steht dieses Tempus in Opposition zum Plusquamperfekt. Der Rück-Aorist verhält sich zum Plusquamperfekt wie der Aorist zum Imperfekt. Mit dem Aorist teilt er auch die Gebrauchsbeschränkungen. Er ist, grob gesprochen, nur im Schriftkode, also vorwiegend in öffentlichen und schriftlichen Sprachspielen zugelassen (vgl. 4.3.3).

Der Rück-Aorist wird so gut wie ausschließlich nach bestimmten Konjunktionen verwendet und auch dann nur, wenn ein Aorist nachfolgt. Geeignet für den Rück-Aorist sind hauptsächlich die folgenden Konjuktionen:

quand	'als'	*dès que*	'sobald'
lorsque	'als'	*sitôt que*	'sobald'
après que	'nachdem'	*aussitôt que*	'sobald'

Dieses Tempus hat insgesamt eine extrem niedrige Frequenz in der Sprache und gibt immer ein sehr gehobenes Stilniveau zu erkennen:

/ *lorsqu'il eut tout avoué, elle eut une crise de nerfs* /   'als er alles gestanden hatte,
    bekam sie einen Nervenzusammenbruch'

/ *sitôt qu'il fut acquitté, il recommença à mentir* / 'kaum war er freigesprochen, da begann er wieder zu lügen'

In solchen Sprachspielen, in denen man den Sprechkode wählt und daher auch den Aorist meidet (vgl. 4.3.3), wird entsprechend auch der Rück-Aorist gemieden und durch das Rück-Perfekt («Passé surcomposé») ersetzt:

/ *après qu'on l'a eu blâmé, il a promis de ne plus mentir* / 'nachdem man ihn getadelt hatte (wörtlich: getadelt gehabt hat), hat er versprochen, nicht mehr zu lügen'

Dieses Rück-Perfekt wird ebenfalls ziemlich selten gebraucht. Bei Gleichheit der syntaktischen Rolle geht man sowohl dem Rück-Aorist wie auch dem Rück-Perfekt gerne durch eine Infinitiv-Konstruktion aus dem Weg:

/ *après avoir été bernés par l'imposteur, les gens ont commencé à s'inquiéter* / 'nachdem sie von dem Betrüger gefoppt worden waren, begannen die Leute unruhig zu werden'

Wann immer diese Möglichkeit gegeben ist, wird sie vom Sprachgebrauch vorgezogen.

4.3.7 Futur

Die Bedeutung des Futurs konstituiert sich aus den Tempus-Merkmalen ⟨BESPRECHEN⟩ und ⟨VORAUSSCHAU⟩. Nach dem Tempus-Relief ist das Futur nicht markiert. In den meisten Fällen richtet sich die Vorausschau auf Zukünftiges. Die Zukunft kann zusätzlich («redundant») noch durch andere Signale kenntlich gemacht sein, beispielsweise durch bestimmte Tempus-Adverbien (*demain* 'morgen', *l'année prochaine* 'nächstes Jahr') oder durch Daten *(en 1990)*. Das entbindet in der Regel nicht von der Setzung des Futurs. Zu merken ist auch, daß nach *espérer* 'hoffen' regelmäßig das Futur und nicht eine Konjunktivform steht:

/ *bon, on se verra la semaine prochaine à la kermesse* / 'gut, wir sehen uns nächste Woche auf der Kirmes'
/ *j'espère que tu viendras me chercher* / 'hoffentlich holst du mich ab'
/ *penses-tu que tu ne pourras pas y aller tout seul?* / 'meinst du, daß du da nicht (ganz) allein hingehen kannst?'
/ *je suis sûr que je m'égarerai* / 'ich werde mich bestimmt verirren'

Es gibt ferner das vorausschauende Futur des (sonst erzählenden) Geschichts-
schreibers:

/ *le 17 octobre 1815, Napoléon arriva à Sainte-Hélène, son dernier exil; il ne reverra*
plus jamais la France / 'am 17. Oktober 1815 kam Napoleon auf Sankt Helena
an, seinem letzten Exil; er sollte (oder: wird) Frankreich nie mehr wiedersehen'

Da der Imperativ eine zukünftige Veränderung der Situation intendiert und
diese Veränderung in der Vorausschau vorwegnimmt (vgl. 4.4), kann das Futur
auch, ebenso wie der Imperativ, ein Gebot oder einen Befehl ausdrücken. Die
Zehn Gebote der Bibel sind so abgefaßt. Das ist eine archaische Sprache. Aber
auch die Alltagssprache kennt gelegentlich dieses imperativische Futur zum Ausdruck eines strengen Gebots, auch bei Schulaufgaben und militärischen Be-
fehlen.

/ *tu ne tueras point* / 'du sollst nicht töten'
/ *tes père et mère honoreras* / 'du sollst Vater und Mutter ehren'
/ *tu copieras cette page pour demain!* / 'du schreibst diese Seite für morgen
ab!'
/ *je te dis pour la dernière fois que tu ne toucheras plus au bien d'autrui!* /
'ich sage dir zum letzten Mal, du sollst nicht mehr anderer Leute Hab und Gut
anrühren!'

In konditionalen Junktionen steht das Futur gewöhnlich als Ausdruck einer
Folge, die eintritt, wenn eine annehmbare Bedingung (*si* 'wenn' + Präsens) erfüllt
ist (vgl. 8.4.1.1):

/ *si tu veux, nous nous reverrons* / 'wenn du willst, werden wir uns wiedersehen'

Eine gewisse Unsicherheit, die oft mit der vorausschauenden Perspektive verbunden ist, kann in den Dienst der Höflichkeit treten. Daraus ergibt sich eine
höfliche Nuance in den folgenden Beispielen:

/ *oserai-je demander un service à ma fille?* / 'darf ich (es) wagen, meine Tochter
um einen Gefallen zu bitten?' (ironisch)
/ *tout ce que tu voudras* / 'alles, was du willst'

Idiomatische Ausdrücke und Redensarten:

/ *qui vivra, verra* / 'kommt Zeit, kommt Rat'
/ *rira bien qui rira le dernier* / 'wer zuletzt lacht, lacht am besten'
/ *on verra bien* / 'man wird ja sehen'
/ *aide-toi, le ciel t'aidera!* / 'hilf dir selbst, so hilft dir Gott!'

Um den Gebrauch des Futurs in einem Text zu beobachten, wird hier ein Abschnitt aus dem französischen Strafgesetzbuch, dem *Code pénal,* ausgesucht. In französischen Gesetzestexten findet man nämlich eine besonders hohe Frequenz dieses Tempus. Das gehört zu den fachsprachlichen Eigenarten der französischen Gesetzessprache und wird im anschließenden Tempus-Kommentar miterklärt. Thema des ausgewählten Textabschnittes ist ein bekanntes Delikt: Trunkenheit am Steuer. Die Symbole bedeuten: ▷ = Futur, ⋈ = Vor-Futur (vgl. 4.3.9.1), ◁ = Perfekt, ● = Imperfekt:

Toute personne qui aura conduit un véhicule alors qu'elle se trouvait sous l'empire d'un état alcoolique, même en l'absence de signe manifeste d'ivresse, sera punie d'un emprisonnement d'un mois à un an et d'une amende de 500 F à 5000 F, ou de l'une de ces deux peines seulement.

Lorsqu'il y aura lieu à l'application des articles 319 et 320 du Code pénal, les peines prévues par ces articles seront portées au double.

A l'occasion de la constatation de l'une des infractions énumérées à l'article L. 14, ou à la suite d'un accident de la circulation, les officiers ou agents de la police administrative ou judiciaire pourront faire procéder, sur la personne de l'auteur présumé, aux vérifications médicales, cliniques et biologiques destinées à établir la preuve de la présence d'un taux anormalement élevé d'alcool dans l'organisme, lorsqu'il semblera que l'infraction a été commise, ou l'accident causé sous l'empire d'un état alcoolique, notamment au vu du résultat des mesures de dépistage prévues au sixième alinéa du présent article.*

---

* Wer in betrunkenem Zustand ein Fahrzeug lenkt, wird, auch wenn bei ihm keine sichtbaren Anzeichen von Trunkenheit festzustellen sind, mit einer Freiheitsstrafe zwischen einem Monat und einem Jahr sowie einer Geldstrafe zwischen 500 F und 5000 F oder mit jeweils einer dieser beiden Strafen bestraft. Bei gleichzeitiger Anwendung der Art. 319 und 320 des Strafgesetzbuches wird das in diesen Artikeln vorgesehene Strafmaß verdoppelt. Bei Feststellung eines der in Art. L. 14 angeführten Vergehen oder im Anschluß an einen Verkehrsunfall können die Polizei- oder Kriminalbeamten an der Person des mutmaßlichen Urhebers ärztliche, klinische und biologische Untersuchungen durchführen lassen, um dadurch den Beweis für das Vorhandensein eines zu hohen Alkoholgehalts im Organismus zu erbringen, wenn Anzeichen dafür vorliegen, daß das Vergehen oder der Unfall unter der Wirkung eines Zustands der Trunkenheit erfolgt sind, insbesondere angesichts eines positiven Ergebnisses der im 6. Absatz dieses Artikels vorgesehenen Alkoholtests. (*Code pénal,* Appendice: *Code de la route,* Art. L. 1er, Paris [65]1967/68 [Petits Codes Dalloz], S. 335 f.)

Bei diesem Text, der eine Strafbestimmung des französischen Strafgesetzbuches wiedergibt, ist die Tatsache zu berücksichtigen, daß es sich hier um einen fachsprachlichen Text handelt, der von Juristen im Hinblick auf äußerste logische («cartesianische») Klarheit geformt ist. Die Verfasser des *Code pénal* haben sich insbesondere klar gemacht, daß sie hier Gesetzesbestimmungen abfassen, die nur auf zukünftige Delikte anwendbar sind, das heißt, auf solche Delikte, die nach der Verkündung dieser Gesetze begangen werden. Sie haben daher grundsätzlich für die Beschreibung der im Gesetz festzulegenden polizeilichen und juristischen Maßnahmen die vorausschauende Perspektive gewählt und diese durch das Futur ausgedrückt. Dementsprechend finden wir an den entscheidenden Stellen dieses Textes, wie oben durch Symbole bezeichnet, 5 Formen des Futurs, in denen die zukünftigen Handlungen der staatlichen Mandatsträger vorweggenommen werden. Insofern der Text nun als Bestandteil des Strafgesetzbuches diese zukünftigen Handlungen nicht nur imaginativ beschreibt, sondern sie zwingend vorschreibt, hat die Vorausschau des Gesetzes gleichzeitig imperativen Charakter.

Für das Raffinement des «streng logischen» Umgangs mit der vorausschauenden Perspektive ist in der Fachsprache der französischen (nicht der deutschen!) Juristen auch charakteristisch, daß für die Beschreibung des Deliktes selber, das ja die Maßnahmen der Staatsgewalt erst auslöst, nicht das Futur, sondern das Vor-Futur gewählt wird. Eine solche Form des Vor-Futurs finden wir am Eingang unseres Textabschnittes: *toute personne qui aura conduit ...* (wörtlich:) 'wer ... gelenkt haben wird'. Das Delikt wird also zwar, ebenso wie die dadurch ausgelösten polizeilichen und gesetzlichen Maßnahmen, in der vorausschauenden Perspektive dargestellt. Gleichzeitig wird aber durch die Wahl dieses Vor-Tempus eine Abfolge zum Ausdruck gebracht, die durch die Merkmale ⟨FRÜHER⟩ und ⟨SPÄTER⟩ festgelegt ist (vgl. 4.3.9.1).

Man darf aber nicht glauben, daß die französische Gemeinsprache mit der vorausschauenden Perspektive genauso penibel umgeht, wie es die Tradition der französischen Juristensprache verlangt. So «sophistisch» verfährt die Gemeinsprache in der Regel nicht. Selbst unser Text läßt erkennen, wie schwer es ist, die gewählte Perspektive gegen «laxere» Sprachgewohnheiten durchzuhalten. Zum Ende des Textes hin zeigt ja die Perfektform *a été commise* 'ist begangen worden', die gleich darauf durch das weitere Rück-Partizip *causé* 'bewirkt' fortgesetzt wird, daß hier ein Delikt entgegen der eigentlich gewählten Perspektive nicht im Vor-Futur dargestellt wird. Es ist eben einfacher und entspricht auch mehr dem allgemeinen Sprachgebrauch, statt der komplizierten Merkmal-Kombination ⟨VORAUSSCHAU⟩ und ⟨FRÜHER⟩ das einfache Merkmal ⟨RÜCKSCHAU⟩ zu wählen. Auch am Anfang unseres Textes finden wir einen ähnlichen «Rückfall» in den Sprachgebrauch der Gemeinsprache. Die Wahl des Imperfekts in dem Ausdruck *alors qu'elle se trouvait* 'wenn (als) sie sich befand' ist sicherlich motiviert durch die Tatsache, daß es in der französischen Sprache neben dem Vor-Futur kein weiteres Tempus gibt, das sich von diesem bei gleicher Perspektive noch durch ein Relief-Merkmal unterschiede. So wählen die Autoren des Strafgesetzbuches an dieser Stelle einfach das Imperfekt, und zwar offensichtlich wegen seiner Relief-Eigenschaft, einen Hintergrund bezeichnen zu können, ungeachtet der (im juristischen Sprachbewußtsein nicht registrierten) Tatsache, daß das Imperfekt ein Tempus der erzählten Welt ist.

4.3.8 Konditional

Die Formen des Konditionals ähneln denen des Futurs. Seiner Bedeutung nach besteht das Tempus Konditional aus den Tempus-Merkmalen ⟨ERZÄHLEN⟩ und ⟨VORAUSSCHAU⟩. Vom Futur unterscheidet sich das Konditional also nur durch sein Register-Merkmal ⟨ERZÄHLEN⟩. Das Tempus-Relief wird beim Konditional ebensowenig wie beim Futur bezeichnet. In Erzählungen wird dieses Tempus hauptsächlich bei der Wiedergabe von Gedanken oder Redeäußerungen benutzt, die von der erzählten Handlung aus in die Zukunft dieser Geschichte vorgreifen. Das ist dann eine Vorausschau als zitierte Meinung (vgl. 9.4):

/*le 14 juillet 1789, on ne pouvait pas prévoir que la Révolution aboutirait si vite à la Terreur*/ 'am 14. Juli 1789 konnte man nicht vorhersehen, daß die Revolution so schnell in die Schreckensherrschaft einmünden würde'
/*sous la Terreur, personne ne songeait que la France aurait bientôt un Empereur*/ 'unter der Schreckensherrschaft ließ es sich niemand träumen, daß Frankreich bald einen Kaiser haben würde'

In diesen beiden Beispielen liegt ein einfacher Tempusübergang vor, der innerhalb der erzählten Welt nur die Tempus-Perspektive wechselt: von der Neutral-Perspektive zur Voraus-Perspektive *(pouvait – aboutirait, songeait – aurait)*. Wechselt der Sprecher gleichzeitig noch das Tempus-Register, und zwar vom besprechenden zum erzählenden Register, so verstärkt sich die Unsicherheit, die ohnehin mit jeder Vorausschau verbunden ist. So kann in der Journalistensprache das Konditional, wenn es unvermittelt in einem besprechenden Kontext gebraucht wird, die Unsicherheit einer Nachricht zum Ausdruck bringen:

/*quelques observateurs politiques soutiennent la thèse que le gouvernement serait déjà d'accord sur les nouveaux impôts*/ 'einige politische Beobachter vertreten die Auffassung, daß die neue Regierung sich bereits über die neuen Steuern einig ist (oder: sein soll)'

/d'après des rumeurs non confirmées, le premier ministre serait décidé d'assumer lui-même le ministère des affaires étrangères/ 'nach unbestätigten Gerüchten soll der Premierminister entschlossen sein, selber das Außenministerium zu übernehmen'

In konditionalen Junktionen drückt das Konditional die unwahrscheinliche Folge aus, die dann eintritt, wenn eine abwegige Bedingung trotz ihrer Abwegigkeit erfüllt wird. Eine solche Bedingung kann auch stillschweigend unterstellt werden; dann kommt im Konditional eine – ebenfalls ungewisse – Eventualität zum Ausdruck (vgl. 8.4.1.2):

/si toutes les nations étaient vraiment pacifiques, les Nations Unies ne seraient plus nécessaires/ 'wenn alle Nationen wirklich friedfertig wären, wären die Vereinten Nationen nicht mehr nötig'
/ce serait trop beau!/ 'das wäre zu schön!'

Mit dem Ausdruckswert der Ungewißheit kann das Konditional, mehr noch als das Futur (vgl. 4.3.7), in den Dienst der Höflichkeit treten (auch ironisch). Man verwendet es häufig in der höflichen Frage oder bescheidenen Bitte, insbesondere in Verbindung mit Modalverben (vgl. 4.6.3.1). Das Tempus Konditional gibt dann zu erkennen, daß man dem Gesprächspartner mit seiner Frage oder Bitte nicht zu nahe treten will:

/je voudrais voir le Proviseur, pourrais-je lui parler, s'il vous plaît?/ 'ich möchte den Direktor (der Schule) aufsuchen, könnte ich ihn bitte sprechen?'
/on dirait que vous avez quelque chose sur la conscience/ 'man könnte meinen, daß Sie etwas auf dem Gewissen haben'
/quoi! je n'aurais pas la conscience sereine?/ 'wie bitte (oder: was), ich sollte kein reines Gewissen haben?'
/il faudrait voir cela de plus près/ 'das müßte man sich mehr aus der Nähe ansehen'
/vous feriez bien de me laisser en paix/ 'Sie täten gut daran, mich in Ruhe zu lassen'
/je n'ai fait que plaisanter, vous devriez me connaître après tout/ 'ich habe (doch) nur gescherzt, Sie sollten mich schließlich kennen'

Besonders wichtig ist die Syntax der Höflichkeit bei der Eröffnung eines Sprachspiels, zumal mit einem unbekannten oder wenig vertrauten Gesprächspartner. Ihn will man nicht gleich mit einem schroff-entschiedenen Geltungsanspruch behelligen, und so tritt man ihm gerade anfangs eher bescheiden und mit untertreibender Rede entgegen. Man findet daher das Konditional in vielen formelhaften Wendungen im Dienst der Gesprächseinleitung:

/*excusez-moi, auriez-vous du feu, par hasard?*/ 'entschuldigen Sie bitte, hätten Sie vielleicht Feuer?'

/*pourriez-vous m'indiquer le chemin de la gare?*/ 'könnten Sie mir den Weg zum Bahnhof angeben?'

/*je voudrais encore vous demander quelque chose*/ 'ich möchte Sie noch etwas fragen (oder: bitten)'

/*j'aimerais faire une petite remarque*/ 'ich möchte (gern) eine kleine Bemerkung machen'

Auch wenn man nein sagen muß, ist es oft höflich, die Geltung der eigenen Negation einzuschränken oder sie jedenfalls durch eine höflich-vorsichtige Wendung zu mildern. Auch dafür eignet sich das Konditional:

/*je ne dirais pas comme ça*/ 'so würde ich nicht sagen'

/*je dirais plutôt*/ 'ich würde eher sagen'

/*je croirais plutôt*/ 'ich würde eher glauben'

/*j'aurais peut-être une petite objection à faire*/ 'ich möchte (vielleicht) einen kleinen Einwand machen'

/*je ne saurais approuver votre comportement*/ 'ich kann Ihr Verhalten nicht billigen'

Zum Gebrauch des Konditionals in einem Text schauen wir uns einen kurzen Abschnitt aus Jean-Paul Sartres autobiographischer Erzählung *Les Mots* an. In diesem Abschnitt schaut der Erzähler aus der erzählten Welt seiner Kindheit mit den Augen seiner Mutter auf eine erträumte Zukunft voraus. Die leichte Ironie dieser «erlebten» Vision liegt darin, daß diese sich, wie bekannt, ganz und gar nicht mit Sartres tatsächlichem Lebenslauf deckt. Die Tempus-Symbole bedeuten: ● = Imperfekt, ▶ = Konditional:

Ma mère ne perdait pas une occasion de peindre mes joies futures: pour me séduire elle mettait dans ma vie tout ce qui manquait à la sienne: la tranquillité, le loisir, la concorde; jeune professeur encore célibataire, une jolie vieille dame me louerait une chambre confortable qui sentirait la lavande et le linge frais, j'irais au lycée d'un saut, j'en reviendrais de même; le soir je m'attarderais sur le pas de ma porte pour bavarder avec ma logeuse qui raffolerait de moi; tout le monde m'aimerait, d'ailleurs, parce que je serais courtois et bien élevé.*

Der Autor malt in diesem Textabschnitt die Zukunftsvorstellungen aus, die seine Mutter von ihrem wohlgeratenen Sohn, dem jungen Jean-Paul Sartre, gehegt hat. Einleitend stellt er mit 3 Formen des Imperfekts die familiäre Situation dar, die man – als Hintergrund – kennen muß, um die daran anschließende mütterliche Vision zu verstehen. Diese Vision greift aus der erzählten Vergangenheit in die erzählte Zukunft aus. Sie hat den Charakter einer freien indirekten Rede («erlebte Rede» – vgl. 9.4.2.2). Signale der vorausschauenden Imagination sind die Formen des Konditionals, 8 an der Zahl. Das erzählende Register wird dabei nicht verlassen, denn alle diese Formen des Konditionals sind gleichzeitig Träger der semantischen Merkmale ⟨ERZÄHLEN⟩ und ⟨VORAUSSCHAU⟩.

4.3.9 Tempora mit einer Abfolge-Perspektive

Außer den bisher erörterten Tempora mit den Merkmalen der Perspektive (vgl. 4.2.1) gibt es am Rande des Tempus-Systems noch die ebenfalls perspektivischen Tempora Vor-Futur (4.3.9.1) und Vor-Konditional (4.3.9.2). Beide Tempora werden mit den Mitteln der Tempus-Komposition gebildet und unterscheiden sich dadurch von den Tempora Futur und Konditional, deren Formen mit den Mitteln der einfachen Tempus-Konjugation gebildet werden. In diesen Tempora, die aber beide verhältnismäßig selten vorkommen, wird die Perspektive der Vorausschau zeitlich versetzt, und zwar durch das zusätzliche Abfolge-Merkmal ⟨FRÜHER⟩. Das ist in beiden Tempus-Registern möglich, so daß wir ein besprechendes und ein erzählendes Tempus mit einer Abfolge-Perspektive haben.

4.3.9.1 Vor-Futur

Das Vor-Futur («Futur antérieur»), gebildet aus einer Futurform von *avoir* oder *être* und einem Rück-Partizip (vgl. 6.7.1), ist ein Tempus der besprochenen Welt

---

* Meine Mutter ließ keine Gelegenheit aus, mir meine zukünftigen Freuden auszumalen: um mich zu verlocken, packte sie in mein Leben alles, was ihrem Leben fehlte: Ruhe, Muße, Eintracht; als Junggeselle und junger Gymnasiallehrer würde ich von einer hübschen alten Dame ein gemütliches Zimmer zur Miete bekommen. Es röche nach Lavendel und frischer Wäsche; schnell würde ich einmal zum Gymnasium hinüberspringen und ebenso schnell zurückkommen; abends würde ich noch ein wenig auf der Türschwelle verweilen, um mit meiner Wirtin, die in mich ganz vernarrt wäre, zu plaudern; und überhaupt würden mich alle Leute lieben, weil ich höflich und gut erzogen wäre. (J.-P. Sartre: *Les Mots,* Paris 1964, S. 153.)

(vgl. 4.2.2.1). Es ist ferner ein Tempus mit vorausschauender Perspektive (vgl. 4.2.1). Vom Futur, das ebenfalls ein besprechend-vorausschauendes Tempus ist (vgl. 4.3.7), unterscheidet es sich jedoch dadurch, daß diese Perspektive in der Zeit versetzt ist. Das geschieht durch das zusätzliche Abfolge-Merkmal ⟨FRÜHER⟩, das dieses Tempus als vorzeitig gegenüber einem anderen Tempus, meistens einem Futur, charakterisiert. Die Bedeutung des Vor-Futurs konstituiert sich also aus den drei semantischen Merkmalen ⟨BESPRECHEN⟩, ⟨VORAUSSCHAU⟩ und ⟨FRÜHER⟩. Mehr als das Futur, in dessen Kontext es meistens auftritt, hat das Vor-Futur oft eine Bedeutungsnuance der Ungewißheit an sich.

/*quand vous aurez abandonné le sport de compétition, vous vivrez plus heureux*/ 'wenn Sie (erst) den Leistungssport aufgegeben haben, leben Sie (bestimmt) glücklicher'
/*voilà mon médecin, il sera venu pour me dire la même chose*/ 'da kommt (gerade) mein Arzt, er wird (wohl) gekommen sein, um mir dasselbe zu sagen'

In der Rechtssprache drückt das Vor-Futur formelhaft eine denkbare Handlung aus, die unter Strafe gestellt wird. Der Gesetzgeber schaut auf die Strafe voraus und von dieser zurück auf eine voraufgehende strafbare Handlung (vgl. 4.3.7):

/*quiconque aura commis un vol avec effraction, sera puni de deux à quatre ans de réclusion*/ 'Einbruchdiebstahl wird mit zwei bis vier Jahren Haft bestraft'

Da das Vor-Futur besonders oft in der juristischen Fachsprache gebraucht wird, hat es, wenn man es in der Umgangssprache verwendet, eine Nuance peinlicher Genauigkeit an sich.

Insgesamt kommt dieses Tempus aber ziemlich selten vor. Man kann es in vielen Fällen durch einen Rück-Infinitiv umgehen. Auch ein Perfekt kann es ersetzen:

/*après avoir terminé mes examens, je partirai en vacances*/ 'wenn ich meine Prüfungen hinter mir habe, fahre ich in die Ferien'
/*emmène-moi, et tu n'as jamais vu (un) homme plus heureux*/ 'nimm mich mit, und du hast nie einen glücklicheren Menschen gesehen'

4.3.9.2   Vor-Konditional

Das Vor-Konditional, zusammengesetzt aus einer Konditionalform von *avoir* oder *être* und einem Rück-Partizip, verhält sich zum Vor-Futur wie das Konditional zum Futur. Es ist wie dieses ein Tempus der versetzten Perspektive (vgl. 4.3.9.1), nur in der erzählten Welt. Wir beschreiben daher die Bedeutung des Vor-Konditionals mit den semantischen Merkmalen ⟨ERZÄHLEN⟩, ⟨VORAUS-SCHAU⟩ und ⟨FRÜHER⟩. Die Charakterisierung des Vor-Konditionals als ein Früheres läßt ein Späteres erwarten. Das ist dann meistens das Konditional. Mit diesem Konditional teilt das Vor-Konditional die Nuance der Unsicherheit und Ungewißheit; es drückt häufig eine erzählte Eventualität, in der Journalistensprache auch eine unsichere Nachricht aus. Mit dieser Nuance lassen sich auch Formen der Höflichkeit erzeugen, besonders in Verbindung mit Modalverben (vgl. 4.6.3.1):

/*après avoir vendu sa vieille maison, il pensait souvent qu'il n'aurait pas dû la sacrifier à ce nouveau building*/ 'nachdem er sein altes Haus verkauft hatte, dachte er oft, er hätte es doch nicht diesem neuen Hochhaus opfern sollen'
/*il savait toujours après coup ce qu'il aurait fallu faire*/ 'er wußte immer (erst) hinterher, was man hätte machen müssen'
/*d'après les journaux, il aurait cédé à des pressions politiques*/ 'den Zeitungen zufolge soll er politischem Druck nachgegeben haben'

In konditionalen Junktionen bezeichnet das Vor-Konditional die unwahrscheinliche Folge, die eingetreten wäre, wenn sich eine abwegige Bedingung trotz ihrer Abwegigkeit hätte verwirklichen lassen:

/*si l'on s'était toujours méfié des urbanistes, on aurait peut-être pu sauver le noyau historique de la ville*/ 'wenn man den Stadtplanern immer mißtraut hätte, hätte man vielleicht den historischen Stadtkern retten können'

Wenn der Kontext klar ist, kann das Vor-Konditional hier durch das Imperfekt ersetzt werden (vgl. 4.3.2).

4.3.10 Tempora mit einer Grenz-Perspektive

Die perspektivischen Tempora Futur und Konditional (diese beiden mit der Voraus-Perspektive) sowie Perfekt und Plusquamperfekt (diese beiden mit der Rück-Perspektive) können ein zusätzliches Merkmal annehmen, das diese Perspektive als eine Grenz-Perspektive charakterisiert. Das Grenz-Merkmal der vorausschauenden Perspektive lautet ⟨ANFANG⟩, das der rückschauenden Perspektive ⟨ENDE⟩. Mit Hilfe dieser Merkmale beschreiben wir zunächst das Grenz-Futur mitsamt dem Grenz-Konditional (4.3.10.1), sodann das Grenz-Perfekt mitsamt dem Grenz-Plusquamperfekt (4.3.10. 2).

Im Gegensatz zu den Tempora mit Grenz-Perspektive ist die Form *je suis en train d'écrire une lettre* 'ich bin dabei, einen Brief zu schreiben' durch eine Verlaufs-Perspektive *(«progressive form»)* gekennzeichnet. Es ist nicht üblich, diese («periphrastische») Form als eigenes Tempus zu rechnen; sie soll daher hier nur kurz erwähnt werden.

4.3.10.1 Grenz-Futur und Grenz-Konditional

Das Grenz-Futur («Futur proche») ist ein sehr häufig gebrauchtes Tempus, besonders in mündlichen Sprachspielen. Es wird gebildet durch eine besprechende Form des Verbs *aller* als Morphem-Verb und den Infinitiv eines Verbs, zum Beispiel: *vous allez voir* 'Sie werden gleich sehen'. Dieses Tempus teilt mit dem Futur die Merkmale ⟨BESPRECHEN⟩ und ⟨VORAUSSCHAU⟩, hat aber zusätzlich in seiner Bedeutung noch das Grenz-Merkmal ⟨ANFANG⟩. Der Sprecher kündigt auf diese Weise einen Sachverhalt an, dessen Anfang gleich bevorsteht. Es bleibt zwar, wie immer bei der Voraus-Perspektive, eine Ungewißheit bestehen, ob die Vorausschau auch tatsächlich von der Zukunft bestätigt wird. Aber diese Ungewißheit ist durch die Grenz-Perspektive des Anfangs vermindert. Man findet daher das Grenz-Futur besonders häufig in Verbindung mit der Sender-Rolle. Der Sprecher kann den Grenzbereich der Zukunft für seine Person meistens ziemlich sicher überschauen und die Chancen der Verwirklichung recht zuverlässig abschätzen. Das Grenz-Futur kündigt dann eine Handlung an, deren Ausführung auf dem Fuße folgt:

/écoute, je vais te proposer quelque chose/ 'hör zu, ich mach dir jetzt mal einen
  Vorschlag'
/je devine ce que tu vas me dire: on va au café boire un coup/ 'ich ahne, was du
  mir sagen willst: wir gehen ins Gasthaus und trinken einen Schluck'
/les copains vont venir aussi/ 'die Freunde kommen auch gleich'
/le patron va être content alors!/ 'da wird der Wirt sich (aber) freuen!'

Beachte im zweiten Beispiel: Der Ausdruck *tu vas me dire* ist Grenz-Futur von *dire* 'sagen', während der Ausdruck *on va au café boire* Präsens von *aller* 'gehen' ist (mit nachfolgendem Infinitiv *boire* 'trinken').

Idiomatischer Ausdruck:

/ça va aller/ 'das wird schon gehen'

In Erzählungen tritt an die Stelle des Grenz-Futurs das Grenz-Konditional. Es wird gebildet aus dem Imperfekt des Verbs *aller* als Morphem-Verb in Verbindung mit dem Infinitiv, zum Beispiel: *j'allais vous dire* 'ich wollte Ihnen gerade sagen'. Die Bedeutung dieses Tempus setzt sich zusammen aus den Merkmalen ⟨ERZÄHLEN⟩ und ⟨VORAUSSCHAU⟩, die auch die Merkmale des Konditionals sind, sowie zusätzlich dem Grenz-Merkmal ⟨ANFANG⟩. Das Grenz-Konditional bezeichnet also in der erzählten Welt – parallel zum Grenz-Futur in der besprochenen Welt – die Vorausschau auf den Anfang einer Handlung. Das kann aus der Bewußtseins-Perspektive des Erzählers oder auch einer erzählten Person geschehen:

/ *quand ils arrivèrent au bar, ils ne se doutaient pas encore de la bagarre qui allait se déclencher entre les clients* / 'als sie am Wirtshaus ankamen, ahnten sie noch nichts von dem Krawall, der alsbald unter den Gästen ausbrechen würde (oder: sollte)'
/ *j'allais me retirer quand soudain la police entra et ferma la porte à clé* / 'ich wollte mich gerade zurückziehen, als plötzlich die Polizei eindrang und die Tür verriegelte'

Die Grenz-Perspektive des Grenz-Futurs kann sich auch mit dem negierten Imperativ verbinden, wenn man von einem Verhalten suggestiv abraten will (vgl. 4.4):

/ *n'allez pas me dire que ...* / 'sagen Sie mir bloß nicht, daß ...!'
/ *et surtout n'allez pas croire que ...* / 'und glauben Sie vor allen Dingen nicht, daß ...!'

Nicht unter den Begriff des Grenz-Futurs und Grenz-Konditionals fallen die mit *aller* gebildeten komplexen Verben, in denen dieses Element lexikalisiert ist: *aller chercher* 'holen', *aller voir* 'besuchen', *aller trouver* 'treffen' (...). Diese können ihrerseits die Grenz-Perspektive annehmen:

/ *je vais aller la chercher* / 'ich hole sie gleich'
/ *bon, allez la trouver* / 'gut, suchen Sie sie auf!'

Eine verdeutlichende Variante des Grenz-Futurs, ebenso wie des Grenz-Konditionals, liegt vor in der Form:

/ *je suis sur le point d'abandonner* / 'ich bin kurz davor aufzugeben'
/ *j'étais sur le point d'abondonner, quand soudain ...* / 'ich war kurz davor aufzugeben, als plötzlich ...'

Wegen seiner hohen Frequenz in der gesprochenen Sprache ist es angebracht, das Grenz-Futur genauer in einem Text zu beobachten. Dazu eignet sich beispielsweise der nachfolgende Text aus dem CREDIF-Corpus, der einen Dialog von etwa zehnjährigen Kindern wiedergibt. Die Kinder spielen Eisenbahn. Die Symbole der Tempusformen bedeuten: o = Präsens, o- = Grenz-Futur, ◁ = Perfekt, ▷ = Futur, ⊕ = Imperativ:

- Vous attendez le train.
- Y a un monde fou on va l'manquer. Ça y est on l'a manqué … On va prendre le le train de … qua / quatorze heures vingt cinq quoi. Bon. (bruits de train)
- Bon allez on va prendre celui-là. Allez montons. Ah j'ai oublié ma carte d'identité.
- Allons vite la chercher.
- Non. On va / non on peut remplacer la carte d'identité … par des billets.
- Ben si on y allait tout de suite. Viens vite!
- Mais non on va louper l'train ça nous fera encore un autre train.
- Ah! Mais alors comment on va s'en sortir?
- C'est vrai ça. Allons la chercher! Ça y est je l'ai!
- Vite vite vite. Attention le train va partir!
- Ça y est. On y est … de justesse.*

- Was für 'n Gedränge, wir verpassen ihn noch. Da haben wir's, wir haben ihn verpaßt. Dann nehmen wir eben den Zug um – vier / vierzehn Uhr fünfundzwanzig, ja? Gut. (Zuggeräusch)
- Also los, wir nehmen den hier. Los, einsteigen. Ach, jetzt hab ich meinen Personalausweis vergessen.
- Gehn wir ihn schnell holen.
- Nein. Wir wollen / nein, wir können den Personalausweis durch Fahrkarten ersetzen.
- Ja, aber nur wenn wir sofort hingehn. Mach schnell!
- Aber nein, dann verpassen wir ja den Zug, dann müssen wir noch mal 'nen andern nehmen.
- Oh! Aber was machen wir dann?
- Klar, das stimmt. Gehen wir ihn holen [den Ausweis]. Schon fertig, ich hab ihn!
- Schnell, schnell, schnell! Vorsicht, der Zug fährt gleich ab!
- Fertig! Wir haben es geschafft, aber ganz knapp.

(*Enquête sur le langage de l'enfant français*. Transcription de conversations d'enfants de 10 ans, Ier Volume, Ms. CREDIF 1968, S. 170 f.)

Dies ist ein Dialog von Kindern, etwa 10 Jahre alt, die zusammen Eisenbahn spielen. Auffällig ist nun an diesem Textabschnitt die Häufung von Tempusformen mit Grenz-Perspektive. Ohne Grenz-Perspektive sind die folgenden Tempora vertreten: Präsens (9), Perfekt (2), Imperfekt (1), Futur (1). Dem stehen 7 Formen des Grenz-Futurs gegenüber. Hinzu kommen 2 Formen des Imperativs in der Gesprächsrolle des Sender-Plurals (*allons vite la chercher* 'holen wir ihn schnell!', *allons la chercher* 'holen wir ihn!'). Insgesamt lassen die Formen mit Grenz-Perspektive, hier allerdings in spielerischer Form, die Handlungsorientierung dieser Perspektive erkennen. Mit diesem Perspektiven-Merkmal werden diejenigen Verbformen ausgestattet, die den nächsten Handlungsschritt in diesem Sprach- und Handlungsspiel ausdrücken.

4.3.10.2   Grenz-Perfekt und Grenz-Plusquamperfekt

Das Grenz-Perfekt verhält sich zum Perfekt wie das Grenz-Futur (vgl. 4.3.10.1) zum Futur. Es wird durch Tempus-Komposition gebildet aus einer besprechenden Form des Verbs *venir* als Morphem-Verb, das über die Präposition *de* mit dem Infinitiv eines Verbs verbunden ist, zum Beispiel: *je viens de dire* 'ich habe gerade gesagt'. Dieses Tempus hat mit dem Perfekt die Merkmale ⟨BESPRECHEN⟩ und ⟨RÜCKSCHAU⟩ gemeinsam und unterscheidet sich von diesem durch das zusätzliche Merkmal ⟨ENDE⟩, das ebenso wie das Merkmal ⟨ANFANG⟩ ein Merkmal der Grenze ist. Das Grenz-Perfekt weist also den Hörer an, auf eine Handlung zurückzuschauen, die an ihr Ende gelangt ist:

/ *elle vient d'arriver* /   'sie ist soeben angekommen'
/ *on vient de me téléphoner* /   'man hat mich gerade angerufen'

Das Grenz-Perfekt wird viel seltener gebraucht als das Grenz-Futur. Es findet sich, wie dieses, eher in mündlichen als in schriftlichen Sprachspielen. Die Verbindung mit einem negierten Verb ist unüblich.

In Erzählungen tritt an die Stelle des Grenz-Perfekts das Grenz-Plusquamperfekt. Man bildet es aus dem Imperfekt des Verbs *venir* als Morphem-Verb, an das über die Präposition *de* der Infinitiv eines Verbs angeschlossen wird:

/ *quand il arriva à l'aéroport, il était trop tard: l'avion venait de décoller* /   'als er am Flugplatz ankam, war es zu spät: das Flugzeug war gerade gestartet'

4.4   Der Imperativ

Alle Sprachzeichen sind ihrer Bedeutung nach Instruktionen. Mit ihrer Hilfe weist der Sprecher den Hörer an, gewisse Ordnungen zu schaffen. Der Hörer soll entweder den Text oder die Situation nach den Vorstellungen des Sprechers ordnen. Die Morpheme und einige («metasprachliche») Lexeme laden zu Orientierungen im Text, die meisten («objektsprachlichen») Lexeme hingegen zu Orientierungen in der Situation ein.

Der Imperativ ist eine weitergehende Form der sprachlichen Instruktion. Er wendet sich in besonderer Weise an den Hörer, dessen Gesprächsrolle dem Imperativ eingeschrieben ist. Mit dem Signal des Imperativs weist der Sprecher nämlich den Hörer an, die Situation des Sprachspiels zu verändern. Wenn der Hörer etwas verändern soll, muß er handeln – entweder im Text («sprechhandeln») oder in der Situation («tathandeln»). Im einen wie im anderen Fall heißt Handeln, Gegebenheiten so zu verändern, daß diese Veränderung als Antwort auf die Instruktion eines Imperativs gedacht werden kann. Wir beschreiben die Bedeutung des Imperativs mit dem semantischen Merkmal ⟨GEBOT⟩. Im Falle eines Verbots tritt zum Merkmal ⟨GEBOT⟩ das Negations-Merkmal ⟨EINSPRUCH⟩ hinzu (vgl. 9.2.2).

In seiner Morphologie ist der Imperativ eine semi-finite Verbform. Diejenigen Oppositionen, deren Merkmal ein Verb finit machen, sind nämlich beim Imperativ nur schwach ausgebildet. So treten die Oppositionen der Tempus-Merkmale (vgl. 4.2) beim Imperativ gar nicht auf, und die Oppositionen der Textrollen lassen einige charakteristische Reduktionen erkennen (4.4.1). Auch darin kommt die Bedeutung des Imperativs als Anweisung zur Veränderung der Situation zum Ausdruck (4.4.2). Der Imperativ ist aber häufig aus Gründen der Höflichkeit abgeschwächt (4.4.3).

4.4.1   Die Textrollen des Imperativs

Wir haben die Textrollen nach Gesprächsrollen und Handlungsrollen unterschieden (vgl. Kap. 3). Beim Imperativ kommen diese Rollen in besonderer Weise zum Ausdruck, da die Handlungsanweisung eines Imperativs darauf hinausläuft, daß der Inhaber einer bestimmten Gesprächsrolle eine bestimmte Handlungsrolle einnehmen soll.

Gewöhnlich soll derjenige, der die Gesprächsrolle des Empfängers innehat, die Handlungsrolle des Subjekts übernehmen. Der Sprecher richtet also an den Hörer das Ansinnen, etwas Bestimmtes zu tun. Man vergleiche im folgenden

Beispiel eine imperativische Anweisung mit einer ausführenden (Sprech-)Handlung, die dieser Instruktion entspricht:

IMPERATIVISCHE INSTRUKTION   AUSFÜHRUNG DES ANSINNENS

/*dis-moi comment tu t'appelles*/ 'sag   /*je m'appelle Charles Bovary*/ 'ich
mir, wie du heißt!'   heiße Charles Bovary'

Der Imperativ *dis* 'sag' enthält in seiner Bedeutung bereits die Gesprächsrolle des Empfängers, der die erwünschte (Sprech-)Handlung als Subjekt ausführen soll und sie im Beispiel der rechten Spalte auch tatsächlich ausführt.

Der Imperativ hat eigene Formen, je nachdem ob es sich um einen Empfänger im Singular oder im Plural handelt:

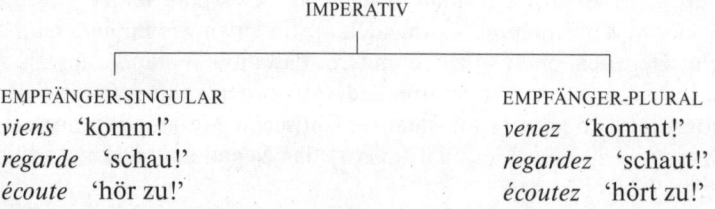

IMPERATIV

EMPFÄNGER-SINGULAR   EMPFÄNGER-PLURAL
viens 'komm!'   *venez* 'kommt!'
regarde 'schau!'   *regardez* 'schaut!'
écoute 'hör zu!'   *écoutez* 'hört zu!'

Der Imperativ des Empfänger-Plurals dient gleichzeitig als Höflichkeitsform, und zwar unabhängig von seiner Form mit singularischer oder mit pluralischer Bedeutung, je nach dem Kontext. Vergleiche:

/*écoutez, les gars* [gɑ]/ 'hört (mal) zu, Jung(en)s!'
/*écoutez, Mademoiselle*/ 'hören Sie zu, Fräulein (X)!'
/*écoutez, Mesdames*/ 'hören Sie zu, meine Damen!'

Unter bestimmten Bedingungen kann dem Imperativ auch die Sender-Rolle eingeschrieben werden. Allerdings nicht im Singular. Man braucht sich ja normalerweise nicht selber eine sprachliche Handlungsanweisung zu geben, sondern kann einfach handeln. Nur wenn man selber hin- und hergerissen ist, ob man handeln soll oder nicht, kann man sich im Selbstgespräch mit einem Imperativ selber zum Handeln drängen. Zum Zeichen dessen, daß hier möglicherweise Widerstände zu überwinden sind, steht dann immer der Sender-Plural, zum Beispiel: *bon, alors voyons!* 'na, schauen wir mal!'. Jene anderen Elemente, die mit dem Sender zusammen den Sender-Plural bilden (vgl. 3.3.2), repräsentieren die möglichen Widerstände, die eine Person, die zu handeln beabsichtigt, in sich selber finden kann. Der Imperativ des Sender-Plurals kann auch als höfliche Umschreibung des Empfänger-Imperativs im Singular oder Plural gebraucht werden:

/*soyons sages*/   'jetzt wollen wir (= du) mal artig sein!'

Schließlich kann eine Handlungsanweisung in Ausnahmefällen auch an eine dritte Person, syntaktisch gesprochen: an den Referenten, ergehen. Für diesen Zweck stehen jedoch keine eigenen Imperativformen zur Verfügung. Man gebraucht statt dessen ersatzweise Formen des imperativen Konjunktivs nach dem Muster *qu'elle vienne!* 'sie soll (oder: möge) kommen!', *qu'ils sortent!* 'sie sollen hinausgehen!' (vgl. 4.5.4). Das Imperativ-Paradigma ist hier also defektiv. Es wird in der Referenten-Rolle vom Konjunktiv her aufgefüllt («Suppletion»).

In der Sender-Rolle des Singulars bleibt im Paradigma die Lücke und wird nicht aufgefüllt. Allerdings kann man die performative Rede des Typus *je te baptise* 'ich taufe dich' (vgl. 4.3.1), die unmittelbar eine Handlung ausdrückt und nach ihren Verwendungsregeln (fast) nur die Sender-Rolle im Singular zuläßt, als Vervollständigung des defektiven Imperativ-Paradigmas auffassen.

Der Lautgestalt nach entsprechen die Imperativ-Formen den Formen des Präsens abzüglich aller Pronomina zur Bezeichnung der Gesprächsrolle, wie auch die morphologischen Solidaritäten der Konjugationstafeln erkennen lassen (vgl. 10.1). Bei dem Konjugationsmuster «donner» ist jedoch in der Orthographie zu beachten, daß der Imperativ im Singular in der Regel nicht den Endbuchstaben -*s* hat. Unterscheide:

IMPERATIV   PRÄSENS

/*mange*/   'iß!'   /*tu manges*/   'du ißt'

Anzumerken sind jedoch die (auch phonetischen!) Abweichungen von dieser (sonst nur orthographischen) Regel von *en* und *y*:

/*manges-en*/   'iß davon!'
/*penses-y*/   'denk daran!'
/*vas-y*/   'geh (dahin)!'

Aber, mit zweiteiligem Verb:

/*va y chercher le journal*/   'hol da mal die Zeitung!'

Das Verb *vouloir* hat unterschiedliche Formen des Imperativs, je nachdem ob es sich um das Vollverb oder das Modalverb handelt (vgl. 4.4.3 und 10.1).

Bei den Handlungsrollen in Verbindung mit dem Imperativ ist daran zu erinnern, daß der Imperativ sich grundsätzlich an den Empfänger wendet in der Absicht, ihn zum Handeln zu bewegen. Dem Empfänger wird daher in der Regel die Handlungsrolle des Subjekts angetragen. Diese ist also in jedem Imperativ enthalten. Zusätzlich können jedoch, sofern das Verb mehr als einwertig ist, noch die beiden anderen Handlungsrollen Objekt und/oder Partner ausgedrückt werden. Dabei gelten unterschiedliche Stellungsregeln, je nachdem ob sich der Imperativ mit einem Affirmations-Morphem oder mit einem Negations-Morphem verbindet.

☐1☐ Bejahter Imperativ

Bei den Handlungsrollen Objekt und Partner muß man unterscheiden, ob sie durch Nomina oder durch Pronomina ausgedrückt werden. Werden sie durch (referentielle oder reflexive) Pronomina ausgedrückt, so nimmt man deren freie Formen:

/*aide-moi*/ 'hilf mir!'
/*garde-toi*/ 'hüte dich!'
/*parle-lui*/ 'sprich mit ihm/ihr!'
/*donne-leur à penser*/ 'gib ihnen zu denken!'

Ausgenommen von dieser Regel ist die Rollen-Kombination Referent/Objekt, wo man die gebundenen Formen wählt:

/*renvoie-le*/ 'schick ihn weg!'
/*engage-la*/ 'stelle sie ein!'
/*occupe-les*/ 'beschäftige sie!'

Sofern bei dreiwertigen Verben Objekt u n d Partner mit dem Imperativ verbunden werden sollen, so steht bei pronominaler Besetzung der Handlungs-Rollen das Objekt i m m e r vor dem Partner; bei nominaler Besetzung steht es m e i s t e n s vor dem Partner.

/*fais voir ton poème à ton amie*/ 'zeig dein Gedicht deiner Freundin!'
/*ajoute-lui peut-être un petit commentaire*/ 'füg ihr vielleicht einen kleinen Kommentar bei!'
/*explique-le-lui*/ 'erklär es ihr!'
/*donne-moi une copie*/ 'gib mir eine Abschrift!'
/*dépêche-toi*/ 'mach schnell!'

Auch die Morpheme *en* und *y* werden, wie wir oben schon gesehen haben, dem bejahten Imperativ nachgestellt. Gebundene Pronominalformen gehen diesen Morphemen dann voraus, wenn statt der freien Formen *moi* und *toi* die zu *m'* und *t'* reduzierten («apostrophierten») gebundenen Formen stehen:

/*souvenez-vous-en*/ 'erinnern Sie sich daran!'
/*donnez-m'en un peu*/ 'geben Sie mir etwas davon!'
/*va-t'en*/ 'mach, daß du wegkommst!'

[2]   Verneinter Imperativ

Beim verneinten Imperativ stehen die gebundenen Formen des Pronomens zur Bezeichnung des Objekts und Partners sowie die Morpheme *en* und *y* im Unterschied zum bejahten Imperativ nicht nach, sondern vor dem Verb-Lexem:

/*ne nous trompons pas*/ 'täuschen wir uns nicht!'
/*ne me le demandez pas*/ 'bitten Sie mich nicht darum (oder: fragen Sie mich nicht danach)!'
/*ne le leur reprochez pas*/ 'werfen Sie es ihnen nicht vor!'
/*n'en parlons plus*/ 'sprechen wir nicht mehr darüber'
/*n'y pense pas*/ 'denk nicht daran!'
/*ne quittez pas*/ 'bleiben Sie am Apparat (Telephon)'

4.4.2 Der Imperativ in der Situation

Am deutlichsten kommt die Bedeutung des Imperativs zum Ausdruck, wenn sich seine Instruktion unmittelbar auf die Situation bezieht, in der das Sprachspiel stattfindet. Der Sprecher wendet sich dann mit dem Imperativ an den Hörer als Empfänger, damit dieser als Subjekt eine Handlung ausführt, welche die Situation verändert.

Von dieser Art ist die Situation, die der Schriftsteller Jules Romains in seiner Komödie *Knock ou le Triomphe de la Médecine* in Szene gesetzt hat. Zwei dreiste Burschen besuchen Dr. Knock in seiner ersten Sprechstunde: die entscheidende Herausforderung für den neuen (und falschen) Arzt. Beide Parteien versuchen, diese kritische Situation durch Imperative (Symbol: ⊕) zu verändern. Die übrigen Tempusformen haben das besprechende Register; es sind Formen des Präsens (Symbol: o), des Perfekts (Symbol: ◁) und des Grenz-Futurs (Symbol: ◔). Hinzu kommt ein Konjunktiv, mit dem einer der Burschen auf die Imperative reagiert (Symbol: ⊖). Die Regieanweisungen (ebenfalls im Präsens – vgl. 4.2.2.1) sind hier gekürzt.

Der Textabschnitt lautet:

Knock: Vous n'allez pas passer ensemble?

Le Premier: Si! si! Hi! hi! Si! si! (Rires.)

Knock: Je ne puis pas vous recevoir tous les deux à la fois. Choisissez. D'abord, il me semble que je ne vous ai pas vus tantôt. Il y a des gens avant vous.

Le Premier: Ils nous ont cédé leur tour. Demandez-leur. Hi! hi! (Rires et gloussements.)

Le Second: Nous deux, on va toujours ensemble. On fait la paire. Hi! hi! hi! (Rires.)

Knock: (Il se mord la lèvre et du ton le plus froid.) Entrez. (Au premier gars.) Déshabillez-vous. (Au second.) Vous, asseyez-vous là.

Le Premier: Faut-il que je me mette tout nu?

Knock: Enlevez encore votre chemise. Ça suffit. (Il lui désigne la chaise-longue.) Étendez-vous là-dessus. Allons. Ramenez les genoux. Allongez le bras. Bien. Rhabillez-vous. Vous avez encore votre père?

Le Premier: Non, il est mort.

Knock: De mort subite?

Le Premier: Oui.

Knock: C'est ça.*

---

* *Dr. Knock:* Sie wollen doch wohl nicht zusammen hereinkommen?

Der erste: Doch! doch! Hi! hi! Doch! doch! (Lachen.)

Dr. Knock: Ich kann Sie nicht alle beide zur gleichen Zeit hereinlassen. Entscheiden Sie sich! Zuerst mal: mir kommt es so vor, als hätte ich Sie vorhin gar nicht gesehen. Es sind noch Leute vor Ihnen dran.

Der erste: Die haben uns vorgelassen. Fragen Sie sie! Hi! hi! (Lachen und Glucksen.)

Der zweite: Wir beide gehen immer zusammen. Wir bilden ein Gespann. Hi! hi! hi! (Lachen.)

Dr. Knock: (Er beißt sich auf die Lippen und in möglichst eisigem Ton.) Treten Sie ein! (Zu dem ersten Burschen.) Ziehen Sie sich aus! (Zu dem zweiten.) Und Sie, setzen Sie sich dorthin!

Der erste: Muß ich mich ganz nackt ausziehen?

Dr. Knock: Ziehen Sie nur noch ihr Hemd aus! Das genügt. (Er zeigt ihm die Liege.) Legen Sie sich da drauf! Los! Ziehen Sie die Knie an! Strecken Sie den Arm aus! Gut. Ziehen Sie sich wieder an! Haben Sie noch Ihren Vater?

Der erste: Nein, er ist verstorben.

Dr. Knock: Plötzlich?

Der erste: Ja.

Dr. Knock: Da haben wir's. (Jules Romains: *Knock ou le Triomphe de la Médecine II, 6.*)

Der erste Imperativ geht von dem Arzt aus *(choisissez)*. Die beiden Burschen sollen nicht gemeinsam ins Behandlungszimmer kommen. Dieser Imperativ wird nicht befolgt. Der erste Bursche antwortet seinerseits mit einem Imperativ *(demandez-leur)*, der ebenfalls nicht befolgt wird. Während der erste Imperativ sich auf ein Tathandeln bezieht, ist der zweite Imperativ eine Anweisung, die ein Sprechhandeln zum Ziel hat. Beide Formen des Handelns können Gegenstand eines Imperativs sein. Mit der Aufforderung an den ersten Burschen, sich zu entkleiden, kommt die Berufsautorität des Arztes zur Geltung. Von nun an werden alle seine Imperative befolgt. Das Geschehen auf der Bühne, in den Regieanweisungen skizziert, läßt erkennen, auf welche Weise es dem Arzt gelingt, über die Kette seiner Imperative die Situation schrittweise zu verändern, bis sie am Ende von Grund auf verwandelt ist: der Arzt ist Herr der Situation.

Nicht immer hat ein Imperativ Veränderungen der unmittelbar anstehenden Situation zum Ziel. Es kann sich auch um mögliche, typische oder allgemeine Situationen handeln. Der Imperativ nimmt dann den Charakter eines Appells, einer Regel oder einer Maxime an:

/*prolétaires de tous les pays, unissez-vous*/   'Proletarier aller Länder, vereinigt euch!' (Karl Marx)
/*médecin, soigne-toi toi-même*/   'Arzt, heile dich selbst!' (biblisches Sprichwort)
/*cherchez la femme*/   'sucht die Frau (in der Affäre)!' (Redensart)
/*chassez le naturel, il revient au galop*/   'verjagt nur das Natürliche, es kommt im Galopp zurück!' (Molière)

Das letzte Beispiel läßt gleichzeitig erkennen, daß der Imperativ in einer Konditional-Junktion die (annehmbare) Bedingung ausdrücken und insofern ein Adjunkt mit der Kondition *si* (*si vous chassez le naturel* 'wenn ihr das Natürliche verjagt') vertreten kann (vgl. 8.4.1.1).

4.4.3   Der höfliche Imperativ

Der Imperativ ist diejenige sprachliche Form, durch die man seinem Gesprächspartner am meisten zumutet. Dieser soll ja zum Handeln gebracht werden und durch sein Handeln die Situation verändern. Das ist nur dann verhältnismäßig unproblematisch, wenn der Sprecher gegenüber dem Hörer über eine natürliche oder verliehene Autorität verfügt oder wenn die Handlungsanweisung offensichtlich dem Adressaten unmittelbar nützt. Auch wenn die Gesprächspartner miteinander sehr vertraut sind, können sie einander verhältnismäßig leicht Handlungsanweisungen durch Imperative geben, zumal wenn es sich um geringfügige Veränderungen der Situation handelt. Eine Nuance der Höflichkeit kann dann durch eine einfache Höflichkeitsformel hinzugefügt werden:

/ *passe-moi le sel, s'il te plaît* /   'reich mir bitte einmal das Salz herüber!'
/ *mais répondez donc, s'il vous plaît* /   'so antworten Sie doch bitte!'
/ *rappelez ce soir, si vous voulez bien* /   'rufen Sie (doch) bitte heute abend wieder an!'

Auf andere Weise kann man den Imperativ dadurch höflich abmildern, daß man die Anweisung in das Vorfeld der Handlung verlegt. Für diesen Zweck eignet sich insbesondere das Modalverb *vouloir,* das für den Gebrauch im Dienst der Höflichkeit die besondere Imperativ-Form *veuillez* 'wollen Sie (bitte)' ausgebildet hat (vgl. 4.6.3.1.3):

/ *veuillez vous asseoir un instant* /   'wollen Sie bitte einen Augenblick Platz nehmen!'

Noch höflicher, ja gelegentlich überhöflich klingen die folgenden Wendungen, in denen sich die Höflichkeit jeweils durch einen unfunktionalen Wortaufwand zu erkennen gibt:

/ *sachez que je suis votre fidèle ami* /   'Sie sollen wissen, daß ich Ihr treuer Freund bin!'
/ *faites-moi le plaisir d'accepter ce petit cadeau* /   'tun Sie mir den Gefallen, dieses kleine Geschenk anzunehmen!'
/ *soyez assez aimable et laissez-moi votre adresse* /   'seien Sie (doch) so freundlich, mir Ihre Anschrift dazulassen!'
/ *ayez la bonté* (oder: *la gentillesse) de me recommander à Madame une telle* /   'haben Sie die Güte (oder: die Freundlichkeit), mich Frau Soundso zu empfehlen!'

Der höflich oder überhöflich nuancierte Imperativ kann sich mit einer ironischen Nuance verbinden.
Zu merken sind in diesem Zusammenhang auch die mit *veuillez* ... eingeleiteten und je nach dem Charakter des Briefes variabel aufzufüllenden Briefschlußformeln (vgl. 9.1.1):

veuillez agréer, Monsieur (oder: Madame, Mademoiselle ...),
  – *mes salutations distinguées* (neutral)
  – *l'expression de ma (plus) haute considération* (förmlich)
  – *l'expression de mes sentiments (très) respectueux* (respektvoll)
    (...)

Außer durch die Imperativ-Formen geeigneter Modalverben kann ein Gebot oder Verbot jedoch auch durch die folgenden Formen höflich gemildert und abgeschwächt werden:

– Modalverben in der Frageform:
  /*peux-tu* (oder: *pourrais-tu*) *me dire l'heure qu'il est?* / 'kannst du (oder: könntest du) mir sagen, wie spät es ist?'
  /*veux-tu enfin cesser de raconter des histoires fausses* (oder: *pas vraies)?* / 'willst du endlich aufhören, unwahre Geschichten zu erzählen!'

– Infinitive, insbesondere in der Negation:
  /*pour toute information s'adresser au guichet d'en face* / 'für jegliche Auskunft bitte sich an den Schalter gegenüber wenden'
  /*ne pas toucher la marchandise, s.v.p.* (= *s'il vous plaît)* / 'bitte die Ware nicht anrühren!'
  /*ne pas ouvrir avant l'arrêt du train* / 'nicht öffnen, bevor der Zug hält!'

– Nominale Ausdrücke:
  /*prière de ne pas fumer* / 'Rauchen nicht erwünscht'
  /*défense de marcher sur la pelouse* / 'Betreten des Rasens verboten!'

Im letzten Beispiel wird die syntaktische Abschwächung allerdings durch die lexikalische Verschärfung *défense* 'Verbot' wieder wettgemacht.
  Außer durch nominale Ausdrücke können Handlungsanweisungen, insbesondere als (positive) Gebote, auch im Präsens oder Futur gegeben werden. Das Präsens wird gebraucht, wenn die Ausführung der Anweisung selbstverständlich ist oder im Belieben des Adressaten steht (vgl. 4.3.1). Das Futur ist hingegen Ausdruck eines Gebots, das kein Widerstreben duldet (vgl. 4.3.7):

/*vous prenez la première à droite, puis au feu rouge vous tournez à gauche ...* / 'Sie nehmen die erste (Straße) rechts, dann an der Ampel wenden Sie sich nach links ...'
/*vous prendrez cette lettre et la mettrez à la poste* / 'Sie nehmen jetzt diesen Brief und bringen ihn zur Post!'

Durch die Kombination mit der Grenz-Perspektive im Sinne des Grenz-Futurs erhält der Imperativ eine suggestive Nuance – es muß allerdings ein negierter Imperativ sein (vgl. 4.3.10.1):

/*ne va donc pas me raconter de telles sottises!* / 'nun erzähl mir doch bloß nicht so einen Quatsch!'

4.5   Der Konjunktiv

Wir haben die Bedeutungen der Sprachzeichen grundsätzlich als Anweisungen aufgefaßt, die der Sprecher dem Hörer im Sprachspiel gibt (vgl. 1.2). Von den grammatischen Morphemen haben wir weiterhin allgemein gesagt, daß sie Anweisungen sind, die dem Hörer helfen sollen, sich im Text zurechtzufinden. Vom Imperativ haben wir jedoch im besonderen festgestellt, daß seine Anweisungen über den Rahmen des Textes hinausgehen: sie fordern den Hörer auf, handelnd die Situation zu verändern (vgl. 4.4).

Der Konjunktiv steht zwischen dem Imperativ und den übrigen Morphemen der Grammatik. Seine Anweisungen wenden sich an das Interesse des Hörers. Alle Konjunktivformen enthalten daher in ihrer Bedeutung das Merkmal ⟨INTER-ESSE⟩. Wir definieren Interesse als Aufmerksamkeit für eine durch mögliches Handeln beeinflußbare Situation. Wenn der Sprecher den Hörer darauf aufmerksam machen will, daß eine Situation seiner Einschätzung nach durch mögliches Handeln beeinflußt werden kann, so kann er mit den Morphemen des Konjunktivs auf diese Beeinflußbarkeit aufmerksam machen. Der Hörer weiß dann, daß dieser Situation gegenüber Handeln möglich und vielleicht angezeigt ist, um auf das Beeinflußbare einzuwirken. Ob er jedoch dieser Anweisung Folge leistet und ob die Situation tatsächlich beeinflußt wird, ist eine andere Frage.

Durch die Kombination mit den Merkmalen ⟨ZUSPRUCH⟩ oder ⟨EINSPRUCH⟩ erhält das in den Formen des Konjunktivs (4.5.1) ausgedrückte Interesse entweder eine positive Akzentuierung (zum Beispiel als Wunsch-Interesse) oder eine negative Akzentuierung (zum Beispiel als Furcht-Interesse). Welche Nuancen des Interesses gemeint sind, zeigt sich am einzelnen Text (4.5.2). Nach bestimmten Sprachzeichen, insbesondere Verben, oder in bestimmten Kontexten wird der Konjunktiv automatisch ausgelöst (4.5.3). Im Grenzfall der Suppletion eines unvollständigen («defektiven») Paradigmas kann der Konjunktiv sogar ein Gebot ausdrücken und den Imperativ ersetzen (4.5.4).

4.5.1   Die Formen des Konjunktivs

Den Formen des Konjunktivs geht im Text sehr häufig die Konjunktion *que* 'daß, damit' voran. Es kann ihnen jedoch gelegentlich auch ein anderer Junktor (zum Beispiel *qui* oder *dont*) oder gar kein Junktor (vgl. 4.5.4) voraufgehen. Für die nachfolgenden Beschreibungen wollen wir als Konvention festsetzen, daß der Konjunktivform immer ein *que* vorangestellt wird (zum Beispiel *que je prenne* 'daß ich nehme, ich möge nehmen').

Wir unterscheiden einen besprechenden Konjunktiv (4.5.1.1) von einem erzählenden Konjunktiv (4.5.1.2). Beide Konjunktive haben eigene Formen zum Ausdruck der Rück-Perspektive. Hinzu kommt das Morphem *ne* als Quasi-Konjunktiv (4.5.1.3).

4.5.1.1 Formen des besprechenden Konjunktivs

Die Formen des besprechenden Konjunktivs sind nicht selten mit den Formen des Präsens homonym, besonders beim Konjugationsmuster «donner». Bei den anderen Konjugationsmustern und bei den unregelmäßigen Verben findet man öfter eigene, hörbar unterschiedene Konjunktivformen. Vergleiche einige Beispiele:

HOMONYMIE ZWISCHEN KONJUNKTIV UND PRÄSENS		KEINE HOMONYMIE ZWISCHEN KONJUNKTIV UND PRÄSENS	
/*que je donne*/	'daß ich gebe'	/*que nous donnions*/	'daß wir geben'
/*qu'il donne*/	'(daß) er gebe'	/*que vous donniez*/	'daß ihr gebt (oder: daß Sie geben)'
/*qu'ils mentent*/	'daß sie lügen'	/*qu'il mente*/	'daß er lüge'
/*qu'elles finissent*/ machen'	'daß sie Schluß	/*que tu finisses*/ machst'	'daß du Schluß
(...)		(...)	

Im einzelnen unterrichtet man sich über die Formen des besprechenden Konjunktivs in den Konjugationstafeln des Anhangs (vgl. 10.1).

Wenn sich eine Konjunktivform nicht hörbar von einer nicht-konjunktivischen Tempusform («Indikativ») unterscheidet, bietet die französische Sprache verschiedene Möglichkeiten der Umschreibung an, mit denen man – oft mit bestimmten zusätzlichen Bedeutungsnuancen – einen hörbaren Konjunktiv erzeugen kann:

NICHT HÖRBARER KONJUNKTIV		DURCH UMSCHREIBUNG HÖRBARER KONJUNKTIV	
/*que je reste*/	'ich möge bleiben'	/*que je puisse rester*/	'ich könne bleiben'
/*qu'il chante*/	'er singe'	/*qu'il veuille chanter*/	'er wolle singen'
/*qu'on travaille*/	'man arbeite'	/*qu'on se mette au travail*/	'man mache sich an die Arbeit'
/*qu'ils aiment*/ ten) lieben'	'sie mögen (möch-	/*qu'ils soient amoureux*/	'sie seien verliebt'

Von solchen – gleichzeitig nuancierenden – Umschreibungen kann ein Sprecher Gebrauch machen, wenn er auf ein hörbares Konjunktiv-Signal Wert legt. In vielen Fällen ist aber die notwendige Instruktion des Hörers durch Redundanzen mit anderen Signalen ausreichend gewährleistet, so daß der Sprecher auf ein hörbares Konjunktiv-Signal verzichten kann.

Die bisher verzeichneten Formen des besprechenden Konjunktivs sind durch kein Perspektiven-Merkmal charakterisiert. Die Rück-Perspektive kann man jedoch eigens kennzeichnen. Dann erhält man den besprechenden Konjunktiv Perfekt. Er ist den Formen des Perfekts ähnlich. Vergleiche:

PERFEKT
(= «RÜCK-PRÄSENS»)

/j'ai marché/ 'ich bin zu Fuß gegangen'
/je suis arrivé/ 'ich bin angekommen'

KONJUNKTIV PERFEKT
(= «RÜCK-KONJUNKTIV»)

/que j'aie marché/ 'ich sei zu Fuß gegangen'
/que je sois arrivé/ 'ich sei angekommen'

Träger des Konjunktiv-Signals sind also hier die Morphem-Verben *avoir* und *être*. Das Rück-Partizip als Bestandteil des Rück-Konjunktivs *(marché, arrivé)* wird in seiner Form vom Konjunktiv nicht beeinflußt.

4.5.1.2 Formen des erzählenden Konjunktivs

Die Formen des erzählenden Konjunktivs – Konjunktiv Imperfekt und Konjunktiv Plusquamperfekt – sind auf den Schriftkode beschränkt und kommen auch in diesem, soweit es sich um modernere Texte handelt, nur selten vor. Höchst selten sind sie insbesondere in Verbindung mit der Sender- oder der Empfänger-Rolle. Wir führen daher die Formen des erzählenden Konjunktivs im folgenden nur in der Verbindung mit der Referenten-Rolle vor. Hier zunächst einige Beispiele für den Konjunktiv Imperfekt:

/qu'il aimât/ 'er möchte lieben'
/qu'elle sentît/ 'sie möchte fühlen'
/qu'il fallût/ 'man müßte'
/qu'ils pensassent/ 'sie dächten'
/qu'elles eussent/ 'sie hätten'

Unterscheide die homophonen Formen *fut* und *fût:*

AORIST	KONJUNKTIV IMPERFEKT
/il fut présent/ 'er war anwesend'	*/on regrettait qu'il fût présent/* 'man bedauerte, daß er anwesend war'

Auch der erzählende Konjunktiv kann die Rück-Perspektive ausdrücken. Er gleicht dann, bis auf das Konjunktiv-Signal, dem Plusquamperfekt. Wir nennen ihn den Konjunktiv Plusquamperfekt. Er wird ebenfalls höchst selten gebraucht.

/qu'il eût sonné/   'er hätte geläutet'
/qu'elle fût descendue/   'sie wäre herabgestiegen'
/qu'ils se fussent rencontrés/   'sie hätten sich getroffen'

Unterscheide die homophonen Formen *eut* und *eût:*

AORIST	KONJUNKTIV IMPERFEKT
/elle eut faim/ 'sie hatte (oder: bekam) Hunger'	*/on ne voulait pas qu'elle eût faim/* 'man wollte nicht, daß sie Hunger hatte (oder: hätte)'

Für den Gebrauch des Konjunktivs macht es einen entscheidenden Unterschied aus, ob wir uns im Sprechkode oder im Schriftkode befinden. Denn nur im Schriftkode kennt die heutige französische Sprache die Opposition zwischen dem besprechenden und dem erzählenden Konjunktiv.

Für den Schriftkode gilt die Gebrauchsregel, daß der besprechende Konjunktiv grundsätzlich in syntaktischer Abhängigkeit von einem besprechenden Tempus gebraucht wird, das heißt, wenn er Adjunkt einer besprechenden Basis ist (vgl. 4.2.2.1); der erzählende Konjunktiv wird demgegenüber in syntaktischer Abhängigkeit von einem erzählenden Tempus gebraucht, das heißt, wenn er Adjunkt einer erzählenden Basis ist (vgl. 4.2.2.2). Unterscheide:

BESPRECHENDES TEMPUS UND BESPRECHENDER KONJUNKTIV	ERZÄHLENDES TEMPUS UND ERZÄHLENDER KONJUNKTIV
/que voulez-vous que je fasse?/ 'was soll ich (nach Ihrer Auffassung) tun?'	*/que voulait-il qu'on* (oder: *que l'on) fît?/* 'was sollte man (nach seiner Auffassung) tun?'

Im Beispiel der linken Spalte entspricht dem besprechenden Tempus mit der Form *voulez* (Präsens) der besprechende Konjunktiv *fasse.* In der rechten Spalte hingegen finden wir nach dem erzählenden Tempus mit der Form *voulait* (Imperfekt) den erzählenden Konjunktiv Imperfekt *fît.*

Der Sprechkode der gegenwärtigen französischen Sprache kennt jedoch die Opposition zwischen dem besprechenden und dem erzählenden Konjunktiv nicht (mehr). Der erzählende Konjunktiv ist hier außer Gebrauch gekommen, und der besprechende Konjunktiv übernimmt dessen Aufgaben mit. Vergleiche:

BESPRECHENDES TEMPUS UND BESPRECHENDER KONJUNKTIV	ERZÄHLENDES TEMPUS UND BESPRECHENDER KONJUNKTIV
/que voulez-vous que je vous dise?/ 'was soll ich Ihnen (nach Ihrer Auffassung) sagen?'	*/qu'est-ce qu'il voulait qu'on lui dise?/* 'was sollte man ihm (nach seiner Auffassung) sagen?'

Das Beispiel der linken Spalte ist in seinen Formen gegenüber dem voraufgehenden Beispiel unverändert. Im Beispiel der rechten Spalte finden wir hingegen nun nach dem erzählenden Tempus mit der Form *voulait* (Imperfekt) keinen erzählenden Konjunktiv, sondern den gleichen besprechenden Konjunktiv wie in der linken Spalte, also die Form *dise,* allenfalls die Form des Konjunktiv Perfekt *ait dit,* wenn das von der Perspektive her angezeigt ist.

Ausgenommen von dieser Gebrauchsregel des Sprechkodes, jedoch nur in gepflegter Rede, sind einige formelhafte Wendungen wie die folgenden:

/je le trouverai, dût-il se cacher dans les bois/ 'ich finde ihn bestimmt, und sollte er sich auch in den Wäldern verstecken'
/plût à Dieu que je le trouve!/ 'gebe Gott, daß ich ihn finde!'

Die Verwendung nicht-formelhafter Formen des erzählenden Konjunktivs, zumal in der Sender- oder Empfänger-Rolle, unter den Bedingungen des Sprechkodes ist ein Ironie-Signal.

4.5.1.3 Die Form *ne* als Quasi-Konjunktiv

Unter bestimmten Bedingungen wird das Interesse an einer beeinflußbaren Situation auch durch das Morphem *ne* signalisiert, das mit dem Vorsignal *ne* in den diskontinuierlichen Negations-Morphemen (zum Beispiel: *ne ... pas* 'nicht', *ne ... rien* 'nichts') homonym ist, selber aber keine negative Bedeutung hat (vgl. 9.2.2.2). Es tritt in den meisten Fällen, ausgenommen in lexikalisierten Wendungen, nur im schriftlichen Sprachgebrauch auf. Wir nennen dieses Morphem *ne* einen Quasi-Konjunktiv. Man findet den Quasi-Konjunktiv mit *ne* unter den folgenden Bedingungen:

[1]   Der Quasi-Konjunktiv *ne* ohne Stützung durch eine Konjunktivform

/ *vous pouvez aller plus loin que vous ne pensez maintenant* /   'Sie können weiter gehen, als Sie jetzt denken'
/ *vous avez déployé moins d'énergie que l'on n'attendait* /   'Sie haben weniger Energie entfaltet, als man erwartete'
/ *il faudra procéder autrement que vous n'avez fait jusqu'ici* /   'Sie müssen anders vorgehen, als Sie es bisher getan haben'

Diese Beispiele, in denen die Form *ne* mit den nicht-konjunktivischen («indikativischen») Tempora Präsens, Imperfekt oder Perfekt kombiniert ist, haben gemeinsam, daß in ihnen jeweils eine Erwartung beeinflußt wird, und zwar durch Überbietung, Unterbietung oder Abweichung. Auf diese Beeinflußbarkeit einer Erwartung richtet sich das Interesse, das durch den Quasi-Konjunktiv *ne* auch ohne redundante Stützung durch ein Konjunktiv-Signal geweckt wird.

[2]   Der Quasi-Konjunktiv *ne* mit Stützung durch eine Konjunktivform

Nach gewissen konjunktiv-auslösenden Ausdrücken, die eine Konjunktivform des Verbs verlangen, steht der Quasi-Konjunktiv *ne* redundant zu dieser Konjunktivform. Wir unterscheiden die beiden folgenden Fälle:
– Nach den konjunktiv-auslösenden Konjunktionen *avant que* 'bevor', *à moins que* 'es sei denn daß' und *de peur que* 'aus Furcht daß, damit nicht' (vgl. 4.5.3):

/ *cueillez les roses avant qu'il ne soit trop tard* /   'pflücken Sie die Rosen, bevor es zu spät ist!'
/ *je vous dis cela de peur que vous ne manquiez votre chance* /   'ich sage Ihnen das, damit Sie nicht Ihre Chance verpassen'

– Nach den Verben *craindre* 'fürchten', *empêcher* 'verhindern', *éviter* 'vermeiden', *ne pas douter* 'nicht zweifeln' und einigen anderen konjunktiv-auslösenden Verben mit synonymer Bedeutung:

/ *je crains que vous ne soyez un peu timide* /   'ich fürchte, daß Sie ein bißchen schüchtern sind'
/ *il s'en faut de très peu que les fruits ne vous tombent dans la bouche* /   'es fehlt nur sehr wenig (daran), daß Ihnen die Früchte in den Mund fallen'

Die Umgangssprache macht jedoch von dem Quasi-Konjunktiv *ne* einen recht seltenen Gebrauch.

4.5.2   Der Konjunktiv im Text

Mit dem Merkmal ⟨INTERESSE⟩, das allen Formen des Konjunktivs (und dem Quasi-Konjunktiv *ne*) gemeinsam ist, bedeutet der Sprecher dem Hörer im Sprachspiel, daß dieser ein Interesse für die Beeinflußbarkeit der Situation aufbringen soll. Von dieser Art ist beispielsweise die Situation, die Jean Cocteau in seinem Sketch *L'École des veuves* 'Die Schule der Witwen' auf die Bühne stellt. Die junge und schöne Witwe dieses Stückes hat sich nach dem Tod ihres ältlichen Mannes zusammen mit ihrer Amme in die Grabkammer einschließen lassen, um dem geliebten Toten nachzusterben, und zwar durch Verhungern. Jedoch – die Situation ist beeinflußbar (Konjunktiv-Symbol: ⊖):

LA VEUVE: C'est incroyable, incroyable … et justement, hier, je pensais …

(elle s'aperçoit qu'elle mange:) Oh!

LA NOURRICE: Quoi?

LA VEUVE: J'ai mangé distraitement des gâteaux du mort … Je parlais … Je rêvassais …

LA NOURRICE: C'est un sacrilège.

LA VEUVE: Et surtout je m'étais promis de ne rien manger, voilà le principal.

LA NOURRICE: Puisque Madame a mangé et que j'imite Madame, il n'y a plus aucune raison pour que je ne mange pas. Madame permet? *(Elle*
⊖
mange un gâteau.)

LA VEUVE: Tant pis. Ce premier jour ne comptera pas. Nous ferons partir le jeûne de demain. L'essentiel est que personne au monde ne s'en doute.
⊖
Il ne faut pas que notre garde sache que nous avons mangé.*
⊖

---

* DIE WITWE: Das ist unglaublich, unglaublich … und gerade gestern dachte ich noch … *(Sie merkt, daß sie ißt:)* Oh!

DIE AMME: Was ist?

DIE WITWE: Ich habe aus Zerstreutheit von dem Kuchen des Toten gegessen … Ich war im Gespräch … Ich war in Gedanken …

In dieser Szene wird die Situation, abgesehen von einigen Formen des Imperfekts zur Schilderung des Hintergrunds und der Begleitumstände, durch die besprechenden Tempusformen des Perfekts *(j'ai mangé, Madame a mangé)*, Präsens *(c'est un sacrilège, l'essentiel est, il ne faut pas)* und Futurs *(ne comptera pas, nous ferons partir)* gekennzeichnet. Nachdem also die schöne Witwe die Situation bereits durch ihr Essen beeinflußt hat (Rück-Perspektive), ist die Frage, wie die Situation weiter zu beeinflussen ist. Soll die Amme auch essen? Darf man draußen etwas davon erfahren? Auf diese Handlungsmöglichkeiten zur Einflußnahme auf die Situation richtet sich jetzt das Interesse der beiden Hungernden. Daher die Konjunktivformen *(que je ne mange pas, que personne ne s'en doute, que notre garde sache)*. Die Regieanweisung teilt uns dann mit, daß die Situation tatsächlich durch das Handeln der Personen beeinflußt wird: *elle mange un gâteau.*

Nach dem Essen kommt übrigens auch die Liebe wieder zu ihrem Recht, und am Ende des Stückes hat das Leben gesiegt.

Während der bisher erörterte Dialog ein besprechender Text ist, der überdies als Theaterszene bis zu einem gewissen Grad die charakteristischen Eigenschaften des Sprechkodes hat, ist der nachfolgende Text einem Roman entnommen. Es handelt sich also um einen erzählenden Text, der (wenigstens in dem Kapitel, dem dieser Ausschnitt entnommen ist) nach den Regeln des Schriftkodes verfaßt ist. Der Roman ist von Alain Robbe-Grillet, sein Titel lautet *Djinn*. Die Symbole bedeuten: • = Imperfekt, ▲ = Aorist («Passé simple»), ⊗ = (erzählender) Konjunktiv Imperfekt:

Tout cela paraissait[•] absurde à Simon Lecœur; pourtant il redoutait[•], obscurément, qu'il existât[⊗] une signification précise à ces simulacres, bien que celle-ci lui échappât[⊗] ... Le mannequin assassiné gisait[•] à l'endroit exact où se trouvait[⊗] Dijnn lors de leur brève entrevue de la veille; quoique Simon se rappelât[⊗] parfaitement l'avoir vu, cette fois-là, au rez-de-chaussée ... À

DIE AMME: Das ist ein Frevel.

DIE WITWE: Und vor allen Dingen hatte ich mir versprochen, nichts zu essen, das ist die Hauptsache!

DIE AMME: Da die gnädige Frau gegessen hat und ich sie (scil. in der Absicht zu sterben) nachahme, gibt es keinerlei Grund mehr dafür, daß ich nicht auch esse. Die gnädige Frau erlaubt (doch)? *(Sie ißt einen Kuchen.)*

DIE WITWE: Na ja. Dieser erste Tag wird nicht zählen. Wir lassen das Fasten mit morgen beginnen. Das wichtigste ist, daß keine Menschenseele etwas merkt. Unser Wächter darf nicht wissen, daß wir gegessen haben.

(Jean Cocteau: *L'École des veuves*, Nouveau Théâtre de poche, Monaco 1960, S. 54.)

moins qu'il ne confondît à présent les deux scènes successives, celle avec
Djinn et celle avec le mannequin. Il décida de s'en aller au plus vite, de
peur que d'autres énigmes ne vinssent encore compliquer le problème. *

Der Roman, aus dem dieser Abschnitt ausgewählt ist, erzählt die geheimnisvolle
Geschichte von einer ermordeten Gliederpuppe, von der Simon Lecœur, wider
seinen Willen Held der Geschichte, nicht genau weiß, in welchem Zusammenhang sie zu der geheimnisvollen Person Djinn (= engl. Jean) steht. Der ausgewählte Abschnitt ist nun unter Tempus-Gesichtspunkten vor allem deshalb
bemerkenswert, weil er ebenso viele Formen des erzählenden Konjunktivs, und
zwar des Konjunktivs Imperfekt, enthält wie nicht-konjunktivische Tempusformen der erzählten Welt. Es stehen nämlich 5 Formen des Konjunktivs Imperfekt
4 Formen des Imperfekts und 1 Form des Aorists («Passé simple») gegenüber.
Was zunächst die letzteren betrifft, so ist ihre Verteilung evident. Die 4 Formen
des Imperfekts stellen Hintergrund-Überlegungen dar, auf deren Grundlage
dann, ausgedrückt in der anschließenden Form des Aorists, die Entscheidung
getroffen wird. Daß nun aber so viele Formen des Konjunktivs Imperfekt auftreten, ist durchaus ungewöhnlich, auch für einen Roman. Es hängt, formal gesehen, damit zusammen, daß der Autor sehr viele Konjunktiv-Auslöser gewählt
hat (vgl. 4.5.3), und zwar einmal einen verbalen Konjunktiv-Auslöser (*il redoutait* 'er fürchtete') und viermal einen Junktor als Konjunktiv-Auslöser, nämlich
die Konjunktionen *bien que* 'obwohl', *quoique* 'oblgeich', *à moins que* 'es sei
denn daß', *de peur que* 'damit nicht'. Diese Häufung von verschiedenen Konjunktionen und überhaupt diese Ansammlung von Konjunktiv-Auslösern, die in
der erzählten Welt dieses Romans den Gebrauch des Konjunktivs Imperfekt
erzwingen, hat nun einen sehr einfachen Grund. Der Autor, Alain Robbe-Grillet, hat seinen Roman *Djinn* als einen sprachspielerischen Roman geschrieben,
dessen Kapitelfolge gleichzeitig eine grammatische Progression widerspiegelt.
Und in diesem, dem sechsten Kapitel ist eben der Konjunktiv Imperfekt an der
Reihe.

---

* Dies alles kam Simon Lecœur absurd vor; dennoch war eine dunkle Furcht in ihm, daß es
für diese Trugbilder eine genaue Bedeutung gäbe, obwohl diese ihm entging ... Die ermordete
Gliederpuppe lag genau an der Stelle, wo Djinn während ihrer kurzen Begegnung am Vortag
gestanden hatte; obwohl Simon sich ausgezeichnet daran erinnerte, daß er sie damals im Erdgeschoß gesehen hatte ... Oder war es etwa so, daß er jetzt die zwei nacheinander eingetretenen
Szenen verwechselte, die mit Djinn und die mit der Gliederpuppe? Er beschloß, sich möglichst
schnell zu entfernen, damit nicht andere Rätsel das Problem noch schwieriger machten. (Alain
Robbe-Grillet: *Djinn. Un trou rouge entre les pavés disjoints,* Paris 1981, S. 88.)

4.5.3   Konjunktiv-Auslöser

Der Konjunktiv spricht als syntaktisches Signal das Interesse des Hörers an. Der Sprecher bedeutet dem Hörer mit dem Konjunktiv, seine Aufmerksamkeit einer durch mögliches Handeln beeinflußbaren Situation zuzuwenden. Das geschieht meistens in Verbindung mit einem anderen, gewöhnlich voraufgehenden Sprachzeichen, das in seiner Bedeutung ebenfalls das Merkmal ⟨INTERESSE⟩ enthält. Von der Art ist beispielsweise das Verb *regretter* 'bedauern'. Man gebraucht dieses Verb, wenn man einen Sachverhalt beurteilen will, den man beeinflußt sehen möchte (im folgenden Beispiel die Handlung des Lügens: *mentir* 'lügen'). Das Verhältnis zwischen dem Akt des Bedauerns und dem bedauerten Sachverhalt ist ein «interessantes» Verhältnis, bei dem das erste Verb von seiner Bedeutung her als interesselenkend, das zweite Verb durch sein Konjunktiv-Signal als interessegelenkt gekennzeichnet wird. Wir können hier das interesselenkende Verb als Konjunktiv-Auslöser für das interessegelenkte Verb ansehen. Hinweis: Dieses Verhältnis kann noch genauer als interessante Junktion beschrieben werden: die Basis ist dann Konjunktiv-Auslöser für das Adjunkt der Junktion (vgl. 8.4.1):

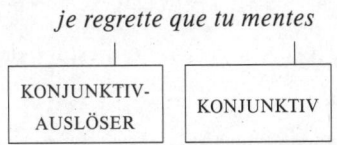

je regrette que tu mentes

KONJUNKTIV- AUSLÖSER	KONJUNKTIV

In diesem Textsegment mit der Bedeutung 'ich bedaure, daß du lügst' ist deutlich das Interesse der Gesprächspartner, mindestens das des Sprechers, im Spiel; denn der Sprecher möchte auf das falsche Verhalten des Hörers, nämlich sein Lügen, Einfluß nehmen. Ob dieser nun tatsächlich daraufhin sein Verhalten ändert, steht auf einem anderen Blatt.

Das Zusammenspiel von Konjunktiv-Auslöser und Konjunktiv kann unter dem Gesichtspunkt der Redundanz betrachtet werden. Dasselbe Merkmal ⟨INTERESSE⟩ kommt hier nämlich zweimal zur Geltung, einmal lexikalisch in der Bedeutung des Verb-Lexems *regretter* 'bedauern' und einmal syntaktisch in der Morphem-Bedeutung des Konjunktivs. Der Gegenstand der angestrebten Einflußnahme, hier das im Lexem des Verbs *mentir* 'lügen' ausgedrückte Verhalten, wird auf diese Weise von Signalen des Interesses eingeschlossen. Die Klasse der Konjunktiv-Auslöser ist also identisch mit der Klasse derjenigen Sprachzeichen, die in ihrer Bedeutung das Merkmal ⟨INTERESSE⟩ enthalten. Jedoch ist als Ausnahme anzumerken, daß das Verb *espérer* 'hoffen', obwohl das Merkmal ⟨INTER-

ESSE) offensichtlich zu seiner Bedeutung gehört, nicht Konjunktiv-Auslöser ist, sondern statt dessen meistens eine Form des Futurs nach sich zieht (vgl. 4.3.7).

/*j'espère que vous me fournirez un cautionnement*/   'ich hoffe, daß Sie mir eine Kaution stellen'

Wir können die Konjunktiv-Auslöser (die in Verbindung mit einem Negations-Morphem oder kraft eigener negativer Bedeutung natürlich auch das Interesse an der Verhinderung eines bestimmten Handelns ausdrücken können) nach den folgenden semantischen Gruppen aufgliedern:

1   Verben des Wünschens und Wollens

/*je veux que tu sois toujours prêt à me critiquer*/   'ich will, daß du immer bereit bist, mich zu kritisieren'
/*elle a demandé que je lui dise la vérité*/   'sie hat darum gebeten, daß ich ihr die Wahrheit sage'
/*je désire que tu sois sincère*/   'ich möchte, daß du aufrichtig bist'
/*je souhaite qu'il retrouve son courage*/   'ich wünsche, daß er seinen Mut wieder-findet'
/*il insistait pour qu'on ne lui cache rien*/   'er bestand darauf, daß man ihm nichts verbirgt'

Dieser Gruppe gehören ferner die folgenden, ein positives oder negatives Interesse ausdrückenden Verben an:

accorder	'gewähren'	*réclamer*	'beanspruchen'
attendre	'erwarten'	*requérir*	'verlangen'
concéder	'gewähren'	*supplier*	'anflehen'
exiger	'fordern'	*tolérer*	'dulden'
implorer	'anflehen'	*empêcher*	'verhindern'
prier	'bitten'	*éviter*	'vermeiden'
permettre	'erlauben'	*refuser*	'verweigern'
(...)			

Die Verben dieser Gruppe haben eine gemeinsame Bedeutungsgrundlage darin, daß zwischen der Absicht, eine Handlung verwirklicht (oder verhindert) zu sehen, und der Handlung selber, die häufig von einer anderen Person auszuführen ist, ein Spielraum der offenen Entscheidung liegt, den der Sprecher mit Interesse zu überbrücken sucht.

2 Verben des Fühlens und Empfindens

/ *j'aimerais bien (oder: mieux) que tu saches peindre* /   'ich möchte gern (oder: lieber), daß du malen könntest'
/ *je me réjouis que ce tableau te plaise* /   'ich freue mich, daß dieses Bild dir gefällt'
/ *tu t'étonneras que je l'expose?* /   'wirst du dich wundern, daß (wenn) ich es ausstelle?'
/ *nous sommes contents qu'il ait eu une bonne critique* /   'wir sind froh, daß er eine gute Kritik bekommen hat'
/ *ça le fâche* (oder: *l'ennuie*) *un peu que son tableau soit déjà vendu* /   'es ärgert ihn ein bißchen, daß sein Bild schon verkauft ist'

Zu dieser Gruppe gehören auch die folgenden Verben mit positiver oder negativer Bedeutung, unter denen sich viele reflexive Verben und Prädikations-Verben mit Prädikats-Adjektiv befinden:

admirer	'bewundern'	*être satisfait*	'zufrieden sein'
approuver	'billigen'	*être heureux*	'glücklich sein'
déplorer	'beklagen'	*être charmé*	'entzückt sein'
mériter	'(es) verdienen'	*être choqué*	'bestürzt sein'
souffrir	'(daran) leiden'	*être déçu*	'enttäuscht sein'
regretter	'bedauern'	*être dégoûté*	'angewidert sein'
désespérer	'(daran) verzweifeln'	*être effrayé*	'erschreckt sein'
douter	'zweifeln'	*être ennuyé*	'sich ärgern'
redouter	'fürchten'	*être fâché*	'verärgert sein'
trouver bon/mauvais	'gut/schlecht finden'	*être surpris*	'überrascht sein'
		être triste	'traurig sein'
s'inquiéter	'sich beunruhigen'	*avoir honte*	'sich schämen'
se féliciter	'sich beglückwünschen'	(…)	

Die Verben dieser Gruppe beziehen sich auf eine individuelle Wertordnung, deren überindividuelle Geltung für das jeweilige Sprachspiel nicht ohne weiteres feststeht, also beeinflußbar ist. Der Konjunktiv, der durch diese Verben ausgelöst wird, lenkt das Interesse des Hörers auf dieses Geltungsproblem.

3 Neutrale («unpersönliche») Ausdrücke

/ *il faut* (*faudrait*) *que vous preniez femme* /   'Sie müssen (sollten) sich eine Frau nehmen'
/ *c'est drôle que vous me disiez ça* /   'es ist komisch, daß Sie mir das sagen'
/ *il est bon qu'un homme soit marié* /   'es ist gut, wenn ein Mann verheiratet ist'

/ *il se peut que vous vous trompiez* / 'es kann sein, daß Sie sich täuschen'
/ *il vaut mieux que je me taise* / 'ich bin besser still'

Diese Gruppe umfaßt Verben mit dem Horizont-Morphem *il* 'es' (vgl. 3.3.3.2) oder seltener mit *ce* 'das' (vgl. 5.2.1.4). Die Form *il faut* 'man muß' und ihre Entsprechungen in anderen Tempora sind unter ihnen mit Abstand die häufigsten Konjunktiv-Auslöser. Zu dieser Gruppe gehören aber auch die folgenden Verben und verbalen Ausdrücke:

il convient 'es gehört sich'	*il est rare* 'es ist selten'
il est bien 'es ist richtig'	*il est raisonnable* 'es ist vernünftig'
il est mieux 'es ist besser'	*il est utile* 'es ist nützlich'
il est préférable 'es ist besser'	*il est regrettable* 'es ist bedauerlich'
il est naturel 'es ist (ganz) natürlich'	*il est dommage* 'es ist schade'
il est commode 'es ist bequem'	*il est merveilleux* 'es ist wunderbar'
il est dangereux 'es ist gefährlich'	*il est honteux* 'es ist eine Schande'
il est égal 'es ist gleich (egal)'	*il est faux* 'es ist falsch'
il importe, il est important 'es ist wichtig'	*il est fatal* 'es ist verhängnisvoll'
	il est (grand) temps 'es ist (höchste) Zeit'
il est nécessaire 'es ist notwendig'	
il est essentiel 'es ist wesentlich'	*il est urgent* 'es ist dringend'
il est normal 'es ist normal'	*il est scandaleux* 'es ist ein Skandal'
il suffit 'es genügt'	*il est possible* 'es ist möglich'
(...)	

Die neutralen Verben und verbalen Ausdrücke dieser Gruppe haben gemeinsam, daß sie eine fragliche Geltung so vorstellen, als ob sie gar nicht fraglich wäre, sondern im Horizont einer allgemeinen Konvention unbesehen normative Geltung beanspruchen dürfte. Diese Konvention als Einflußfaktor hat eine gewisse Bandbreite von dem Möglichen über das Wünschenswerte bis zum Notwendigen (oder deren Gegenteilen), wird dem Hörer aber mit dem Schein der («objektiven») Selbstverständlichkeit als normativ aufgedrängt.

$\boxed{4}$ Verben, die in bestimmten Kontexten Konjunktiv-Auslöser sind

Die Verben dieser Gruppe haben eine unterschiedliche Bedeutung, je nachdem, ob die Situation als beeinflußbar und in diesem Sinn als interessant angesehen wird oder nicht. Wenn eines dieser Verben in einem gegebenen Sprachspiel besagt, daß man einen Sachverhalt als feststehend oder gewiß annimmt, so erscheint die Situation als keiner Einflußnahme zugänglich. Es steht dann eine nicht-konjunktivische («indikativische») Verbform. Wenn man jedoch beim

Gebrauch eines Verbs dieser Gruppe in einem anderen Sprachspiel einen Sachverhalt als offen oder ungewiß annimmt, so gilt die Situation als beeinflußbar, und sei es nur durch Berücksichtigung zusätzlicher Informationen. In diesem «interessanten» Fall steht eine Form des Konjunktivs.

GEWISSE ANNAHME

/cet homme a toujours menti, c'est pourquoi je suppose qu'il mentira demain aussi/ 'dieser Mann hat immer gelogen, deshalb nehme ich (als sicher) an, daß er auch morgen lügen wird!'

UNGEWISSE ANNAHME

/tantôt il ment, tantôt il dit la vérité; supposons qu'il mente demain aussi, que ferons-nous alors?/ 'manchmal lügt er, manchmal sagt er die Wahrheit; nehmen wir einmal (vorsichtshalber) an, er lügt morgen auch, was machen wir dann?'

Auch in der Verbindung mit einer Negation ist hier der Konjunktiv möglich:

/après tout je ne suppose pas vraiment qu'il mente/ 'alles in allem nehme ich nicht ernsthaft an, daß er lügt'

Zu dieser Gruppe von Verben mit schwankendem Geltungsanspruch je nach dem Kontext gehören weiterhin die folgenden Verben:

dire 'sagen'
écrire 'schreiben'
faire savoir 'mitteilen'
prétendre 'behaupten/beanspruchen'

mettre '(an-)setzen/annehmen'
admettre 'zulassen/einräumen'
consentir 'zugeben/zulassen'
être d'avis 'meinen/dafür sein'
(...)

Unterscheide also:

ANKÜNDIGUNG EINER INFORMATION

/il m'a dit qu'on lui est venu en aide par un prêt/ 'er hat mir gesagt, daß man ihm mit einem Darlehen zu Hilfe gekommen ist'

AUSLÖSUNG EINES INTERESSES

/dis-lui qu'il me vienne en aide par un prêt/ 'sag ihm (oder: leg ihm nahe), er soll mir mit einem Darlehen zu Hilfe kommen!'

Im Beispiel der linken Spalte kündigt das Mitteilungsverb *dire* 'sagen' eine Information an. Das Verb ist daher nicht Konjunktiv-Auslöser. Im Beispiel der rechten Spalte erweist sich hingegen die Aufforderung, die mit dem Verb *dire* verbunden ist, als interessegelenkt, so daß dem imperativischen Verb in dieser

Situation das konjunktiv-auslösende Merkmal ⟨INTERESSE⟩ zugeschrieben werden kann. Häufiger verwendet man in einer solchen Situation jedoch den Infinitiv, sofern nur Subjektgleichheit zwischen den beiden Verben besteht:

/ *dis-lui de me venir en aide par un prêt* / 'sag ihm (oder: leg ihm nahe), mir mit einem Darlehen zu Hilfe zu kommen!'

In ähnlicher Weise kann auch mit anderen Mitteilungsverben verfahren werden. Bei dem neutralen («unpersönlichen») Horizont-Ausdruck *il semble* 'es scheint' wird von normbewußten Sprechern die Regel eingehalten, daß er den Konjunktiv dann nicht auslöst, wenn die Partner-Rolle angegeben ist (*il me/nous semble* 'mir/uns scheint'). Unterscheide:

KONJUNKTIV-AUSLÖSEND	NICHT KONJUNKTIV-AUSLÖSEND
/ *il semble qu'il n'y ait plus de pain à la maison* / 'es scheint kein Brot mehr im Haus zu sein'	/ *il me semble qu'il y en a encore* / 'mir scheint, es ist doch noch etwas da'

Beachte auch die unterschiedliche Beteiligung des Interesses in zwei verschiedenen Typen von Relativ-Junktionen:

ANKÜNDIGUNG EINER INFORMATION	AUSLÖSUNG EINES INTERESSES
/ *je cherche l'homme (comment s'appelle-t-il déjà?) qui sait programmer l'ordinateur* / 'ich suche den Mann (wie heißt er denn noch?), der den Computer programmieren kann'	/ *je cherche un homme qui sache programmer l'ordinateur* / 'ich suche einen Mann, der den Computer programmieren kann'

Wichtig für die Unterscheidung, ob das Verb *chercher* 'suchen' in diesen Beispielen als Konjunktiv-Auslöser dient oder nicht, ist der Kontext, insbesondere der Artikel, der entweder als anaphorischer («bestimmter») Artikel (*l'homme* 'den Mann') auf Bekanntes oder als kataphorischer («unbestimmter») Artikel (*un homme* 'einen Mann') auf Unbekanntes verweist (vgl. 5.1.2). Denn das Unbekannte läßt dem Interesse, verstanden als Aufmerksamkeit für mögliches Handeln als Beeinflussung einer Situation, mehr Raum als das Bekannte.

[5]   Negationen als Konjunktiv-Auslöser

Negationen setzen Erwartungen ein Halt entgegen (vgl. 9.2.2). Sie können durch Morpheme (zum Beispiel: *ne ... pas* 'nicht') oder durch Lexeme (zum Beispiel:

ignorer 'nicht wissen') ausgedrückt sein. Auch durch eine Negation gibt der Sprecher ein Interesse zu erkennen, das auf die Einhalt gebietende Beeinflussung einer (Kommunikations-)Situation gerichtet ist. Das gilt besonders dann, wenn die Negation syntaktisch oder lexikalisch mit einem Mitteilungsverb (zum Beispiel: *dire* 'sagen' oder *penser* in der Bedeutung 'meinen') verbunden ist. Nach einer Negation, zumal eines Mitteilungsverbs, steht daher meistens der Konjunktiv. Wenn abweichend von dieser Regel der Konjunktiv nicht gesetzt wird, so gibt der Sprecher mit einer solchen Ausnahme zu verstehen, daß es ihm um die uninteressierte Feststellung eines Sachverhalts geht.

/je ne pense pas que les dangers de l'énergie nucléaire puissent être négligés/   'ich meine nicht, daß die Gefahren der Kernenergie unterschätzt werden dürfen'
/je ne veux pas dire que ce soit un jeu d'enfants mais ... /   'ich will nicht sagen, daß es ein Kinderspiel ist, aber ...'
/moi je n'ai jamais dit que «l'énergie nucléaire est un je d'enfants» et pourtant ... /   'ich habe meinerseits nie gesagt, daß «die Kernenergie ein Kinderspiel ist», und dennoch ...'

Das letzte Beispiel hat zur Voraussetzung, daß der Sprecher durch eine besondere Intonation oder auf andere Weise zu erkennen gibt, daß er sich selber zitiert.
    Wenn die lexikalische und die syntaktische Negation bei einem und demselben Verb zusammen auftreten, so können sie einander neutralisieren. Gewöhnlich obsiegt dann die affirmative Gesamtbedeutung dieser «doppelten Negation», und der Konjunktiv wird nicht gebraucht:

/je n'ignore pas que les ressources de la terre ne sont pas infinies/   'ich weiß sehr wohl, daß die Bodenschätze nicht unbegrenzt sind'
/je ne doute pas que vous avez (oder: *ayez*) *raison/*   'ich zweifle nicht, daß Sie recht haben'
/je ne suis pas sûr (certain) que tout a (oder: *ait*) *été déjà dit à ce sujet/*   'ich bin (mir) nicht sicher, daß hierzu schon alles gesagt (worden) ist'

6 Fragen als Konjunktiv-Auslöser

Fragen beziehen sich, ebenso wie Negationen, auf Erwartungen (vgl. 9.3). Sie geben zum Ausdruck, daß ein Gesprächspartner andere Informationen oder Evaluationen erwartet, als der andere Gesprächspartner bisher gegeben hat. Insofern können sie ein kommunikatives (oder meta-kommunikatives) Interesse ausdrücken, das auf eine Beeinflussung des Kommunikations-Verhaltens zielt, zumal wenn sich das Frage-Morphem mit einem Mitteilungsverb oder einem anderen Verb der Formgebung verbindet. Es kann sich aber auch um einen schlichten Ausgleich der Informationsbilanz handeln. Der Sprecher hat also bei Fragen einen gewissen Spielraum, ob er durch den Gebrauch des Konjunktivs sein Interesse bekunden will oder nicht. Unterscheide bei dem Verb *penser* 'denken' die Nuance der Frage:

INFORMATIONS-AUSGLEICH

/pensez-vous que le mauvais temps durera encore?/ 'meinen Sie, daß das schlechte Wetter noch andauern wird?'

INFORMATIONS-INTERESSE

/pensez-vous que je sois assez bête pour prendre mes congés par un temps pareil?/ 'meinen Sie, ich sei so dumm, meinen Urlaub bei einem so schlechten Wetter zu nehmen?'

7   Junktoren als Konjunktiv-Auslöser

Unter den Junktoren (vgl. Kap. 8) gibt es einige Konjunktionen, die ebenfalls den Konjunktiv auslösen. Es sind diejenigen, die sich auf eine kommunikative Erwartung beziehen, zumal wenn diese Erwartung nicht oder nicht voll bestätigt wird. In den meisten Fällen wird dann der Konjunktiv automatisch ausgelöst:

/elle a perdu son poste bien qu'elle (oder: *quoiqu'elle, encore qu'elle,* seltener: *malgré qu'elle) soit très compétente/* 'sie hat ihre Stellung verloren, obwohl sie sehr fähig ist'
/on ne trouvera rien pour elle sans qu'elle fasse un effort elle-même/ 'man wird nichts für sie finden, ohne daß sie sich selber anstrengt'
/je pourrai l'employer à condition qu'elle (oder: *pourvu qu'elle) apprenne le français/* 'ich werde sie einstellen können, unter der Bedingung (oder: unter der Voraussetzung), daß sie Französisch lernt'
/elle pourra s'inscrire à un cours de français à moins que cela ne soit déjà trop tard/ 'sie kann sich bei einem Französisch-Kurs einschreiben, es sei denn, es ist schon zu spät'
/faites-moi le plaisir de prendre des renseignements sur le programme des cours de sorte (oder: *de façon, de manière) qu'elle en soit informée/* 'seien Sie so freundlich und ziehen Sie Erkundigungen über das Kursprogramm ein, so daß sie darüber informiert ist'
/je vais l'aider pour qu'elle (oder: *afin qu'elle) fasse de rapides progrès/* 'ich will ihr helfen, daß (oder: damit) sie schnelle Fortschritte macht'

Die Konjunktion *pour que* 'daß, damit' (vgl. letztes Beispiel) ist unter den konjunktiv-auslösenden Konjunktionen die häufigste.

Ebenso steht der Konjunktiv nach *de peur* (oder: *de crainte*) *que* 'daß (oder: damit) nicht'. Bei den Konjunktionen der Abfolge ist *avant que* 'bevor' (Ungewißheit der Vorausschau!) Konjunktiv-Auslöser, *après que* 'nachdem' (Gewißheit der Rückschau!) in der Regel nicht (vgl. 8.4.4). Unterscheide:

VORAUSSCHAU (UNGEWISS)	RÜCKSCHAU (GEWISS)
/*défends-toi avant qu'on (ne) puisse t'accuser*/ 'verteidige dich, bevor (oder: ehe) man dich anklagen kann'	/*j'ai commencé à me défendre après qu'on m'a accusé*/ 'ich habe angefangen, mich zu verteidigen, nachdem man mich angeklagt hat'

Die Nachbarschaft der beiden Konjunktionen im System der Junktoren hat jedoch dazu geführt, daß man auch nach *après que* nicht selten («analog») den Konjunktiv findet. Bei der Konjunktion *jusqu'à ce que* 'bis (daß)' kann der Konjunktiv gesetzt werden, wenn zugleich mit der Zielvorstellung ein Interesse ausgedrückt werden soll.

Der Konjunktiv steht ferner nach der Inhalts-Konjunktion *que* 'daß', wenn diese in Spitzenstellung steht, anders ausgedrückt, wenn die Aufmerksamkeit des Hörers auf die nachgestellte Basis gelenkt werden soll («rhematische Stellung»: Junktor/Adjunkt/Basis – vgl. 8.1.2). In dieser Stellung kann die Konjunktion *que* zu der Form *le fait que* [ləfɜ(t)kə] 'die Tatsache, daß' erweitert werden. Nach dieser erweiterten Konjunktion steht manchmal der Konjunktiv, und manchmal steht er nicht:

/*que vous soyez malin, c'est connu de tout le monde*/ 'daß Sie schlau sind, ist aller Welt bekannt'
/*le fait que je sois* (oder: *suis*) *malin semble vous inquiéter beaucoup*/ 'die Tatsache, daß ich schlau bin, scheint Sie sehr zu beunruhigen'

Ferner findet man den erzählenden Konjunktiv, vorzugsweise seine Plusquamperfekt-Form, bisweilen in konditionalen Junktionen, jedoch nur unter den Bedingungen des Schriftkodes und nicht ohne Anspruch auf stilistische Gepflegtheit:

/*un rire qui, si elle s'y fût abandonnée, l'eût conduit à l'évanouissement*/ 'ein Lachen, das bei ihr, wenn sie sich ihm hingegeben hätte, einen Ohnmachtsanfall ausgelöst hätte' (Proust)

Außerdem wird, wenn in gepflegter Prosa zwei Bedingungen aneinandergereiht werden sollen, die Konjunktion *si* 'wenn' nach dem Junktor *et* 'und' nicht wiederholt, sondern durch die Konjunktion *que* mit nachfolgendem Konjunktiv fortgeführt:

/ si vous avez des preuves et qu'elles soient convaincantes, je vais vous croire sur-le-champ / 'wenn Sie Beweise haben und (wenn) diese überzeugend sind, glaube ich Ihnen auf der Stelle'

Weitere Junktoren, die den Konjunktiv auslösen, sind:

/ qui que ce soit / 'wer (immer) es auch sei'
/ quoi qu'on fasse / 'was (auch immer) man macht'
/ où qu'on aille / 'wohin (auch immer) man geht'
/ soit qu'il entre, soit qu'il sorte / 'sei es daß er hereinkommt, sei es daß er hinausgeht'
/ si (oder: *quelque, pour*) *expérimenté que tu sois, tu ne comprendras jamais que . . . /* 'so erfahren du auch sein magst, du wirst nie begreifen, daß . . .'

Nach *tout . . . que* 'so sehr auch' steht hingegen meistens eine nicht-konjunktivische Tempusform.

8   Der Superlativ als Konjunktiv-Auslöser

Wird ein Superlativ-Morphem in einer Relativ-Junktion fortgeführt, so löst es (als Korrektur einer gesteigerten Erwartung – vgl. 5.2.4.2.2) den Konjunktiv aus. Das gleiche gilt oft auch für diejenigen Lexeme, die in ihrer numeralen Bedeutung dem Superlativ ähnlich sind, weil sie das untere Extrem der Zahlenskala bezeichnen (vgl. 6.3.4.2):

/ c'est le meilleur cognac qui soit dans le commerce / 'das ist der beste Cognac, der im Handel ist'
/ c'est le seul (oder: *l'unique*) *champagne dont on puisse écrire l'histoire /* 'das ist der einzige Champagner, dessen Geschichte man schreiben kann'

Unterscheide Quasi-Konjunktiv und Konjunktiv:

KOMPARATIV	SUPERLATIV
/ vous êtes un connaisseur plus fin que je ne pensais / 'Sie sind ein feinerer Kenner, als ich dachte'	*/ vous êtes le connaisseur le plus fin qui ait jamais existé /* 'Sie sind der feinste Kenner, der je existiert hat'

Wenn ausnahmsweise nach einem Superlativ nicht der Konjunktiv gesetzt wird, so hat der Sprecher offensichtlich von seiner Freiheit Gebrauch machen wollen, die Extremwerte der Skala nicht mit seinem Interesse zu besetzen.

4.5.4   Der imperative Konjunktiv

Der Imperativ wendet sich mit seinem Gebot (oder Verbot) grundsätzlich an einen Hörer, der Subjekt des Handelns werden soll (vgl. 4.4). Sofern sich nun aber der Imperativ an eine oder mehrere Personen wendet, die im Sprachspiel die Gesprächsrolle des Referenten innehaben, kann sich dieses Gebot nicht unvermittelt auswirken. Es muß das Interesse eines Vermittlers geweckt werden. Zum Ausdruck dieses vermittelten Gebots gebraucht man den Konjunktiv, den wir in dieser («Suppletiv»-)Funktion den imperativen Konjunktiv nennen wollen (vgl. 4.4.3). Der imperative Konjunktiv wird auch bei dem neutralen Pronomen *on* 'man' gebraucht.

Da der imperative Konjunktiv keine unmittelbare, sondern eine mittelbare Handlungsanweisung gibt, läßt sich die Bedeutung dieser Form bis zum frommen oder unfrommen Wunsch abschwächen, auch als Ausruf oder Verwünschung. Aus dem gleichen Grund kann der imperative Konjunktiv, insbesondere in seiner neutralen Form, in den Dienst der Ironie oder Höflichkeit treten.

/*mes clés, mes clés, qu'elles sortent immédiatement!*/   'meine Schlüssel, meine Schlüssel, wollt ihr wohl herauskommen!'
/*que le diable t'emporte avec tes clés!*/   'der Teufel soll dich holen mit deinen Schlüsseln'
/*ah, qu'il se fasse voir, le coquin qui me les a cachées, et qu'il me les rende sur-le-champ, sinon il va passer un mauvais quart d'heure!*/   'her mit dem Schuft, der sie mir versteckt hat, und er soll sie mir auf der Stelle zurückgeben, sonst geht's ihm schlecht'
/*que tes clés ressortent ou non, tu les perdras toujours*/   'ob deine Schlüssel nun wieder zum Vorschein kommen oder nicht, du wirst sie immer wieder verlieren'

In einigen wenigen lexikalisierten Wendungen tritt der imperative Konjunktiv auch ohne *que* auf:

/*sauve qui peut!*/   'rette sich wer kann!'
/*vive la vie!*/   'es lebe das Leben!'
/*comprenne qui pourra!*/   'das soll nun ein Mensch verstehen!'
/*Dieu vous garde!*/   'Gott beschütze (oder: bewahre) euch!'
/*plaise* (oder: *plût*) *à Dieu que* ...!/   'wolle Gott, daß ...!'
/*ainsi soit-il*/   'amen'
/*soit un triangle ABC*/   'gegeben sei ein Dreieck ABC' (Fachsprache der Mathematik)

4.6 Der Infinitiv und die Modalverben

Die Formen des Infinitivs unterscheiden sich nach den verschiedenen Konjugationsmustern:

- Konjugationsmuster «donner»: [-e]
- Konjugationsmuster «finir»: [-ir]
- Konjugationsmuster «rendre»: [-rə]
- Unregelmäßige Verben, zum Beispiel: *faire* [-r], *recevoir* [-war]

Der Infinitiv ist die neutralste, das heißt, die am schwächsten determinierte Form des Verbs. In den Formen des Infinitivs sind die folgenden syntaktischen Oppositionen neutralisiert:

- die Opposition der drei Gesprächsrollen: Sender vs. Empfänger vs. Referent (vgl. 3.3);
- die Numerus-Opposition: Singular vs. Plural (vgl. 2.2.1);
- die Opposition des Tempus-Registers: Besprechen vs. Erzählen (vgl. 4.2.2);
- die Opposition des Tempus-Reliefs: Vordergrund vs. Hintergrund (vgl. 4.2.3).

Durch eine Komposition von Formen des Infinitivs mit den Formen des Rück-Partizips (vgl. 6.7.1) können jedoch am Infinitiv wenigstens teilweise auch diejenigen Oppositionen ausgedrückt werden, die nicht neutralisiert sind. Zu beachten sind vor allem die folgenden reduzierten Oppositionen:

[1] Reduzierte Opposition der Tempus-Perspektive

Die Voraus-Perspektive wird beim Infinitiv von der Neutral-Perspektive mitvertreten, so daß sich die dreigliedrige Opposition der Tempus-Perspektive (vgl. 4.2.1) auf eine zweigliedrige Opposition reduziert. Wir unterscheiden demnach einen Neutral-Infinitiv und einen Rück-Infinitiv. Die Formen des Rück-Infinitivs werden mit den Morphem-Verben *avoir* und *être* gebildet, je nachdem ob auch sonst die Rück-Tempora der Verben entweder mit *avoir* oder mit *être* gebildet werden (vgl. 4.1.2):

NEUTRAL-INFINITIV		RÜCK-INFINITIV	
disposer	'anordnen'	*avoir disposé*	'angeordnet haben'
partir	'weggehen'	*être parti*	'weggegangen sein'
perdre	'verlieren'	*avoir perdu*	'verloren haben'
faire	'machen'	*avoir fait*	'gemacht haben'

recevoir 'bekommen'	*avoir reçu* 'bekommen haben'
s'abstenir 'sich enthalten'	*s'être abstenu* 'sich enthalten haben'
(...)	(...)

Wenn keine Verwechslung mit dem Rück-Infinitiv zu befürchten ist, werden wir den (häufigeren) Neutral-Infinitiv einfach Infinitiv nennen.

[2]   Opposition Aktiv vs. Passiv

Auch bei Infinitiven kann eine passive Bedeutung zustande kommen. Passive Infinitive werden gebildet aus dem Rück-Partizip eines objektwertigen Verbs und dem vorangestellten Infinitiv des Prädikations-Verbs *être* oder eines anderen Prädikations-Verbs. Unterscheide:

AKTIVER INFINITV	PASSIVER INFINITIV
regarder 'betrachten'	*être regardé* 'betrachtet werden'
cueillir [kœjir] 'pflücken'	*être cueilli* 'gepflückt werden'
rompre 'brechen'	*être rompu* 'gebrochen werden'
admirer 'bewundern'	*être admiré* 'bewundert werden'
jeter 'wegwerfen'	*être jeté* 'weggeworfen werden'
(...)	(...)

Es sind auch passive Rück-Infinitive möglich. Sie werden mit *avoir été* 'worden sein' gebildet: *avoir été déçu* 'enttäuscht worden sein'.

Bei Rück-Infinitiven und passiven Infinitiven nehmen die Rück-Partizipien die Kongruenz-Morpheme des Genus und Numerus an, wenn sie mit einer Form von *être* (nicht von *avoir*!) gebildet sind. Unterscheide:

KEINE KONGRUENZ BEI *avoir*	KONGRUENZ BEI *être*
/*elle se repent d'avoir volé*/ 'sie bereut, gestohlen zu haben'	/*elle a honte de s'être enfuie et d'avoir été attrapée*/ 'sie schämt sich, geflohen und erwischt worden zu sein'

Bezüglich der übrigen verbalen Morpheme verhalten sich die Formen des Infinitivs wie die Formen des finiten Verbs, mit der Besonderheit jedoch, daß die zweigliedrigen Formen der Negation den Infinitiv meistens nicht einrahmen, sondern ihm vorangestellt sind: *ne pas se pencher au dehors* 'nicht hinauslehnen'. Es ist jedoch auch – seltener – eine Einrahmung des Infinitivs möglich: *le luxe de ne travailler jamais* 'der Luxus, nie zu arbeiten'. Bei mehrgliedrigen Infinitiven sagt man: *le luxe de n'avoir jamais travaillé* 'der Luxus, nie gearbeitet zu haben' (vgl. 9.2.2.2.3).

Der Infinitiv steht bisweilen selbständig im Text (4.6.1) oder in der Situation (4.6.2). In den meisten Fällen nimmt man ihn jedoch zur Fortsetzung eines finiten Verbs, das dabei in seiner Bedeutung zum Morphem-Verb reduziert sein kann (4.6.3).

4.6.1   Der selbständige Infinitiv

Da der Infinitiv die am schwächsten determinierte Form des Verbs ist, benutzt man ihn immer dann, wenn ein Verb als Insgesamt aller seiner Formen (als «Lemma», engl. «type») gemeint ist. Das ist insbesondere im Wörterbuch der Fall. So lautet beispielsweise der Artikel *«orner»* im *Dictionnaire du français contemporain* (mit aufgelösten Abkürzungen):

> *orner* [ɔrne]. Verbe transitif. *Orner quelque chose,* l'arranger, l'embellir par un ou plusieurs éléments décoratifs: *Une pièce très bien ornée* (synonyme: *décoré*). *Orner un balcon avec des plantes vertes* (synonyme: *garnir*). *Orner un discours de citations* (synonyme: *enjoliver, émailler*). *Il faut orner cette robe d'un bijou* (synonyme: *égayer*). *Orner un livre de dessins* (synonyme: *illustrer*).

Die Infinitivform hat im Wörterbuch den Vorteil, daß sie den Benutzer nicht durch die Vielfalt der grammatischen Formen (engl. «tokens») abgelenkt und seine Aufmerksamkeit stärker auf die Bedeutung und die Bedeutungsnuancen des verbalen Lexems konzentriert.

Auch wenn sonst in einem Text (Sprichwörter, Sentenzen, Aphorismen …) die Bedeutung eines Verbs besprochen oder erklärt werden soll, verwendet man in der Regel den Infinitiv:

/*partir, c'est mourir un peu*/ 'Scheiden heißt (schon) ein bißchen sterben'
/*savoir est pouvoir*/ 'Wissen ist Können (oder: Wissen ist Macht)'
/*promettre et tenir sont* (oder: *font) deux*/ 'Versprechen und Halten ist (oder: sind) zweierlei'
/*mentir, c'est donner le faux pour vrai*/ 'Lügen heißt, Falsches für wahr ausgeben'

Einige Infinitive der französischen Sprache (bei weitem nicht alle, nur etwa 50!) haben sich lexikalisch verfestigt und werden in Texten wie Nomina behandelt. Sie nehmen insbesondere auch den Artikel an. Man findet sie einzeln im Wörterbuch aufgeführt, zum Beispiel:

le savoir 'das Wissen'   *le devenir* 'das Werden'
le pouvoir 'das Können, die Macht'   *le rire* 'das Lachen'
le devoir 'die Pflicht, die Aufgabe' *un sourire* 'ein Lächeln'
l'être 'das Sein'   (...)

Das Wörterbuch gibt auch im einzelnen darüber Auskunft, ob diese nominalisierten Infinitive nur im Singular gebraucht werden (zum Beispiel: *le savoir, le devenir*) oder ob sie auch einen Plural zulassen (zum Beispiel: *les êtres* 'die Wesen', *les devoirs* 'die Aufgaben'). Wenn das Wörterbuch einen Infinitiv nicht ausdrücklich auch als Nomen ausweist, kann man ihn nicht ohne weiteres, etwa durch Voranstellung eines Artikels, nominalisieren. Man muß statt dessen ein neutrales Nomen als Stütze einführen, etwa: *l'action de voler* 'das Stehlen'.

Es ist jedoch möglich, auch einen nicht nominalisierten Infinitiv (ohne Artikel!) zum Subjekt eines Verbs zu machen:

/ *voyager (, c')est toujours divertissant* /   'Reisen ist immer vergnüglich'
/ *voir Rome (, cela) a été mon rêve depuis mon enfance* /   'Rom zu sehen (, das) ist
  seit meiner Kindheit mein Traum gewesen'
/ *être ou ne pas être, voilà la question* /   'Sein oder Nichtsein, das ist die Frage'
  (Shakespeare, *Hamlet*)

Im Kontext einer Erzählung, besonders in der Literatur der klassischen Zeit, findet man ferner hier und dort eine Junktion mit der Verbal-Präposition *de* als «erzählenden (historischen) Infinitiv» (vgl. 4.6.1). La Fontaine liebt diesen Infinitiv sehr in seinen Fabeln, zum Beispiel in seiner Fabel *Le rat de ville et le rat des champs* (I, 9):

(...)
Le bruit cesse, on se retire :
Rats en campagne aussitôt;
Et le citadin de dire :
«Achevons tout notre rôt.»*
(...)

---

* Der Lärm läßt nach, man kehrt zurück: / Mäuse stracks wieder zur Schlacht; / Und die Stadtmaus sagt ganz schnell: / «Essen wir den Braten auf!»
(La Fontaine: *Fables* I, 9.)

4.6.2 Der Infinitiv in der Situation

Der Infinitiv wird oft gebraucht, wenn eine Situation bereits starke Determinanten enthält, so daß es keiner weiteren textuellen Determinanten bedarf, um das Verb genau der Situation einzupassen. Es ist dann ökonomisch, das Verb nicht überzudeterminieren. Der Infinitiv, durch die Situation determiniert, hat schon die gleiche Bedeutung wie ein finites Verb, das nicht von einer eindeutigen Situation determiniert ist.

Angenommene Situation: Zwei Freunde nähern sich im Eilschritt dem Bahnhof. Es besteht Gefahr, daß sie den Zug verpassen. Da schlägt der eine dem anderen vor:

/ *qu'est-ce qu'on va faire – courir?* / 'was sollen wir machen – laufen?'

Der andere glaubt nicht, daß die Zeit so drängt:

/ *moi, manquer un train? jamais de la vie!* / 'ich, einen Zug verpassen? Nie im Leben!'

Sie verpassen den Zug. Nun gibt es Vorwürfe zu hören:

/ *ah, oui oui, toujours partir à la dernière minute!* / 'ja, ja, immer in der letzten Minute aufbrechen!'

Der andere ärgert sich zwar auch über den verpaßten Zug, findet aber nicht, daß er hätte laufen müssen:

/ *bon, c'est bête de manquer le train, mais enfin: courir avec tous ces bagages!* / 'ja, es ist natürlich eine dumme Sache, den Zug zu verpassen, aber schließlich: mit diesem ganzen Gepäck (zu) laufen!'

Sie überlegen, was sie nun tun sollen:

/ *il n'y a plus qu'une seule solution: envoyer un télégramme!* / 'es gibt nur eine einzige Lösung: ein Telegramm schicken!'

Im Einklang mit dem Gebrauch in Situationen findet man den Infinitiv häufig in knappen Texten, die sich eng an bestimmte Situationen anlehnen. Sie vertreten dabei nicht selten in höflicher Abschwächung einen Imperativ. Es handelt sich insbesondere um die folgenden Textsorten:

– Verkehrsschilder und -hinweise:
  / *ralentir! travaux!* / 'langsam fahren! Bauarbeiten!'

– Gebrauchs- und Konstruktionsanweisungen:
  / *ne brancher que sur le courant alternatif; vérifier le voltage* / 'nur an Wechselstrom anschließen; Netzspannung beachten'

– Ärztliche Rezepte und Anwendungsvorschriften für Medikamente:
/*appliquer la crème* SANIFAC *deux à trois fois par jour, en couche mince*/ 'die Creme SANIFAC zwei- bis dreimal täglich dünn auftragen'

– Kochrezepte:
/*hacher finement le foie; faire avec le beurre, la farine et le lait une sauce très épaisse*/ 'die Leber feinhacken; aus Butter, Mehl und Milch eine Schwitze machen'

– Notizen und Aufzeichnungen:
/*penser à l'anniversaire de tante Émilie*/ 'an Tante Emilies Geburtstag denken'

4.6.3   Finites Verb + Infinitiv

In weitaus den meisten Fällen findet man den Infinitiv im textuellen Anschluß an ein finites Verb, von dem er syntaktisch abhängig ist. Die wichtigsten syntaktischen Determinanten des finiten Verbs (Textrolle, Tempus ...) gelten dann für den Infinitiv weiter. Das ist ein ökonomisches Verfahren. Der Infinitiv drückt nicht noch einmal aus, was das finite Verb schon ausgedrückt hat. Der Infinitiv kann daher als eine «Sparform» des Verbs angesehen werden.

Für alle finiten Verben, die einen Infinitiv bei sich haben können, gilt die allgemeine Stellungsregel, daß sie im Text möglichst eng mit diesem benachbart bleiben. Sie sind nur durch einige Morpheme trennbar, und zwar die folgenden:

– Pronomina der Partner- und Objekt-Rolle:

/*je peux te le dire*/ 'ich kann es dir sagen'

Historische Anmerkung: In der Sprache der klassischen französischen Literatur findet man diese Morpheme noch oft vor dem finiten Verb:

/*je vous veux retirer de votre aveuglement*/ 'ich will Euch aus Eurer Verblendung befreien' (Molière)

– das zweite Element einer zweigliedrigen Negation, meistens *pas*:

/*je ne veux pas le savoir*/ 'ich will es nicht wissen'

– die Pro-Formen *y* und *en*:

> /*il faut y aller*/   'man muß hingehen'
> /*il faut en finir*/   'man muß das zu Ende bringen'

– die morphematischen Adverbien (vgl. 7.1), jedoch nicht die Positions-Adverbien *ici* 'hier' und *là* 'da' und nicht die Tempus-Adverbien *hier* 'gestern', *aujourd'hui* 'heute', *demain* 'morgen' und deren Zusammensetzungen:

> /*il sait toujours se tirer d'affaire*/   'er versteht es immer, sich aus der Affäre zu ziehen'
> /*j'espère bien vous en convaincre*/   'ich hoffe sehr, Sie davon zu überzeugen'

Vergleicht man die Informationsverteilung zwischen dem finiten Verb und dem anschließenden Infinitiv, so stellt sich ihr Verhältnis folgendermaßen dar: Unter semantischem Gesichtspunkt ist der Infinitiv meistens das für den Sinn des Textes wichtigere Element. Er gibt die eigentliche Handlung an, während das voraufgehende finite Verb häufig nur das Vorfeld der Handlung absteckt. Manchmal sind die finiten Verben, die einen Infinitiv bei sich haben, zu bloßen Morphem-Verben reduziert, das heißt, zu Verben, deren Bedeutung auf eine begrenzte Liste sehr weniger semantischer Merkmale reduziert ist. Syntaktische und lexikalische Informationen sind also gegenläufig auf das finite und das infinite Verb verteilt.

	j'aimerais	*voyager*
	VORFELD DER HANDLUNG	HANDLUNG
SYNTAKTISCHE DETERMINATION	stark	schwach
LEXIKALISCHE DETERMINATION	schwach	stark

In diesem Ausdruck ist also das finite Verb *j'aimerais* 'ich möchte' syntaktisch stark determiniert (Sender-Rolle, Subjekt-Rolle sowie die Tempus-Merkmale des Konditionals), und diese Determinanten gelten für den syntaktisch schwach determinierten Infinitiv *voyager* 'reisen' weiter. Hingegen ist die Verbform *j'aimerais* hier lexikalisch weit von der möglichen Bedeutungsfülle des Verbs *aimer* 'lieben' entfernt und fast zu einem Konjunktiv-Morphem («Optativ») reduziert, während der Infinitiv *voyager* 'reisen' seine volle lexikalische Bedeutung ungehindert entfalten kann. Im Ganzen des Gefüges finites Verb + Infinitiv kommen dann die volle syntaktische Information (vom finiten Verb) und die volle lexikalische Information (vom Infinitiv) zusammen.

Das Gefüge finites Verb + Infinitiv ist unterschiedlich fest. Relativ fest ist es, wenn es ohne Dazwischentreten eines verbindenden Morphems (Junktors) zustande kommt (zum Beispiel: *on peut partir* 'man kann abreisen'). Weniger fest ist es, wenn die Verbindung zwischen dem finiten Verb und dem Infinitiv eines solchen Junktors bedarf (zum Beispiel: *il a cessé de pleuvoir* 'es hat aufgehört zu regnen'). Ein Gefüge dieser Art kann auch als Junktion analysiert werden, die mittels einer Verbal-Präposition zustande kommt (vgl. Kap. 8).

Am engsten ist die Verbindung eines finiten Verbs mit einem anschließenden Infinitiv bei einer Gruppe hochfrequenter Verben, die man Modalverben nennt. Unter diesem Begriff fassen wir die Verben *pouvoir* 'können, dürfen', *savoir* 'können, wissen zu, verstehen zu', *vouloir* 'wollen', *devoir* 'sollen' und das defektive Verb *falloir* 'müssen' zusammen. Diese Modalverben zeichnen sich – das hängt mit ihrem sehr häufigen Gebrauch zusammen – durch eine recht unregelmäßige Morphologie aus (vgl. die Konjugationstafeln im Anhang – 10.1).

Wir behandeln die Infinitiv-Verbindungen in der folgenden Reihenfolge:

– Modalgefüge (4.6.3.1)
– Quasi-modale Verbindungen (4.6.3.2)
– Objekt-Infinitive (4.6.3.3)

4.6.3.1 Modalgefüge

Modalgefüge sind Verbindungen, bestehend aus einem Modalverb und einem anschließenden Infinitiv. Modalverben zeichnen sich durch eine besonders hohe Frequenz in der Sprache aus. Wie alle Verben mit sehr hoher Frequenz (vgl. auch die Morphem-Verben *avoir* und *être* – 4.1.2) leisten sich auch die Modalverben eine erhebliche Mannigfaltigkeit und Unregelmäßigkeit im Paradigma der Verbformen. (Siehe dazu die Übersicht auf der folgenden Seite.) Das vollständige Paradigma dieser Formen findet man in den Konjugationstafeln des Anhangs (vgl. 10.1).

Da Modalverben grundsätzlich ihrer Bedeutung nach im Vorfeld des Handelns angesiedelt sind, lassen sie das Handeln selber in der Aufmerksamkeit etwas zurücktreten. Wer handeln will (kann, soll, darf, muß usw.), handelt eben noch nicht. Das Handeln selber bleibt fraglich. Bei geeigneten Kontextbedingungen können sämtliche Modalverben zum Ausdruck einer Unsicherheit oder Ungewißheit benutzt werden. Die Modalverben verbinden sich folglich besonders gerne mit solchen anderen Morphemen, die ebenfalls, jedoch auf andere Weise, das Vorfeld des Handelns abtasten, nämlich den Frage-Morphemen sowie den Morphemen der Negation. Die Fraglichkeit des Handelns wird auch häufig noch

FUNKTIONEN / MODAL-VERBEN	PRÄSENS SINGULAR	PRÄSENS PLURAL	IMPERFEKT SINGULAR	KONJUNKTIV SINGULAR	AORIST SINGULAR	KONDITIONAL SINGULAR
pouvoir	*peut* [pø]	*peuvent* [pœv]	*pouvait* [puvɛ]	*puisse* [pɥis]	*put* [py]	*pourrait* [purɛ]
savoir	*sait* [sɛ]	*savent* [sav]	*savait* [savɛ]	*sache* [saʃ]	*sut* [sy]	*saurait* [sɔrɛ]
vouloir	*veut* [vø]	*veulent* [vœl]	*voulait* [vulɛ]	*veuille* [vœj]	*voulut* [vuly]	*voudrait* [vudrɛ]
devoir	*doit* [dwa]	*doivent* [dwav]	*devait* [dəvɛ]	*doive* [dwav]	*dut* [dy]	*devrait* [dəvrɛ]
falloir	*il faut* [ilfo]	–	*il fallait* [ilfalɛ]	*qu'il faille* [kilfaj]	*il fallut* [ilfaly]	*il faudrait* [ilfodrɛ]

dadurch vergrößert, daß die Modalverben ins Futur oder Konditional gesetzt werden. Dieses Futur oder Konditional gilt dann auch für den folgenden Infinitiv weiter, der selber ja nicht das Merkmal ⟨VORAUSSCHAU⟩ annehmen kann (vgl. 4.6). Man stellt diese Ausdrucksweise gerne in den Dienst der Höflichkeit.

/*pourrais-je avoir votre moto?*/ 'könnte ich Ihr Motorrad haben?'
/*si vous en avez besoin, vous pourrez toujours la prendre*/ 'wenn Sie es brauchen, können Sie es jederzeit nehmen'
/*je ne voudrais pourtant pas vous incommoder*/ 'ich möchte Ihnen jedoch nicht zur Last fallen'
/*je ne saurais vous la refuser*/ 'ich kann es Ihnen unmöglich verweigern'

In Erzählungen, die eine Opposition des Tempus-Reliefs zulassen, verbinden sich die Modalverben wesentlich häufiger mit Merkmalen des Hintergrunds als denen des Vordergrunds. Sie stehen also meistens im Imperfekt oder Plusquamperfekt. Im Hintergrund wird dann das Vorfeld des Handelns, im Vordergrund das Handeln selbst erzählt:

/*il passa une nuit blanche dans la salle d'attente de la gare, parce qu'il ne voulait pas dépenser son argent pour une chambre d'hôtel*/ 'er verbrachte eine schlaflose Nacht im Wartesaal des Bahnhofs, weil er sein Geld nicht für ein Hotelzimmer ausgeben wollte'

/*comme il ne pouvait pas dormir, il vida une bouteille de vin rouge*/   'da er nicht
schlafen konnte, trank er eine Flasche Rotwein aus'

4.6.3.1.1   Das Modalverb *pouvoir*

Das Modalverb *pouvoir* 'können, dürfen' ist das häufigste Modalverb der französischen Sprache. Wir geben seine Bedeutung mit dem Merkmal ⟨DISPOSITION⟩ an.
Wenn dieses Modalverb vor einem folgenden Infinitiv steht, so ist eine Handlungs-Disposition gemeint. Es ergibt sich jeweils aus dem Kontext oder aus der
Situation, auf Grund welcher Bedingungen das Handeln verfügbar ist. Es können
die physischen Mittel verfügbar sein, die zur Ausführung der Handlung nötig
sind (Bedeutung 'können'), oder es besteht bei den an der Handlung beteiligten
Personen eine psychisch-moralische Disposition (Bedeutung 'dürfen'). In der
Gesamtbedeutung des Modalverbs *pouvoir* ist jedoch die Unterscheidung zwischen dem physischen und dem psychisch-moralischen Bereich nicht auseinandergelegt. Erst der Kontext gibt darüber nähere Auskunft. Wenn das Modalverb
pouvoir negiert ist, gibt es dem Hörer zu verstehen, daß eine von ihm erwartete
Disposition zu handeln nicht besteht:

/*personne ne peut parler toutes les langues*/   'niemand kann alle Sprachen sprechen'
/*si vous avez des doutes sur la signification d'un mot, vous pouvez* (oder: *pourrez*)
consulter un dictionnaire/   'wenn Sie über die Bedeutung eines Wortes im Zweifel sind, können Sie in einem Wörterbuch nachschlagen'

Wenn jedoch die bestehende oder nicht bestehende Handlungs-Disposition normativ geregelt ist, gebraucht man nicht das Modalverb *pouvoir/ne pas pouvoir*,
sondern den Ausdruck *avoir le droit de* 'dürfen' / *ne pas avoir le droit de* 'nicht
dürfen'.
Das Modalverb *pouvoir* hat eine wichtige Funktion in der Sprache der Höflichkeit. Als höflich gilt nämlich, dem Gesprächspartner möglichst nicht allzu nahe-
zutreten und das Gespräch möglichst lange im schonenden Vorfeld der Handlung
zu halten. Für diese Zwecke benutzt man abgeschwächte, das heißt, in ihrer
Geltung eingeschränkte Formen dieses Modalverbs. Mittel der Abschwächung
sind insbesondere:

– der Gebrauch erzählender (folglich ein geringeres Engagement des Hörers
verlangender) Tempusformen, insbesondere des Konditionals, in einem sonst
besprechenden Kontext (vgl. 4.3.8):

/ *pourriez-vous me passer le sucre, s'il vous plaît?* / 'könnten Sie mir bitte den Zucker herüberreichen?'

– der Gebrauch der schwachen Variante *je puis* 'ich kann' statt der starken Variante *je peux* 'ich kann', insbesondere in der Inversions-Frage (vgl. 9.3.1.2.2):

/ *puis-je vous aider?* / 'kann ich Ihnen behilflich sein?'

– in gepflegtem Stil, jedoch fast nur geschrieben, zusätzlich zur schwachen Variante *puis,* die zarte Negation mit der bloßen Negations-Partikel *ne:*

/ *ne puis-je savoir ce que vous pensez de moi?* / 'darf ich nicht wissen, was Sie von mir denken?'

Beachte: Die Konjunktiv-Form *puisse* ist häufig zum reinen Morphem abge-schwächt und dient dann nur noch als semantisch nuanciertes Konjunktiv-Mor-phem (vgl. 4.5.1.1).

4.6.3.1.2 Das Modalverb *savoir*

Das Modalverb *savoir* 'können, wissen zu, verstehen zu' wird in seiner Bedeu-tung durch das Merkmal ⟨HANDLICHKEIT⟩ konstituiert. Dieses Merkmal gibt an, daß man es in der («guten») Hand hat, eine Handlung zu vollbringen. Subjekt dieses Modalverbs ist fast immer eine Person. Von ihr sagt der Sprecher nicht, daß sie handelt, sondern nur daß sie fähig («kompetent») ist, eine bestimmte Handlung, die im Infinitiv näher bezeichnet ist, auszuführen. So bleibt auch hier die Aufmerksamkeit auf das Vorfeld des Handelns gerichtet:

/ *est-ce que vous savez jouer du piano?* / 'können Sie Klavier spielen?'
/ *je ne suis pas doué pour les arts, mais je sais écouter* / 'ich bin nicht begabt für die Künste, aber ich kann zuhören (oder: weiß zuzuhören)'
/ *savez-vous parler français au moins?* / 'können Sie wenigstens Französisch spre-chen?'

Unterscheide die Bedeutungen der beiden Modalverben *savoir* und *pouvoir*:

savoir	*pouvoir*
/ *je ne sais pas jouer du violon, car je*	/ *je ne peux pas jouer du violon, car je*

ne m'entends pas en musique / 'ich kann nicht Geige spielen, denn ich bin unmusikalisch'	*me suis fracturé le bras* / 'ich kann nicht Geige spielen, denn ich habe mir den Arm gebrochen'

Im Beispiel der linken Spalte ist die psychische Fähigkeit oder Kompetenz, im Beispiel der rechten Spalte das physische Vermögen gemeint.

In der nuancenreichen Sprache der Höflichkeit wie auch in der politisch-journalistischen Fachsprache spielt das Modalverb *savoir,* zumal wenn es im Konditional und in Verbindung mit der zarten Negation *ne* gebraucht wird, eine wichtige Rolle:

/ *je ne saurais vous dire ce qu'il pense de nos rapports* / 'ich vermag Ihnen nicht zu sagen, was er von unseren Beziehungen hält'
/ *les négotiations en cours entre les États-Unis et l'URSS ne sauraient remplacer une rencontre au sommet de toutes les grandes puissances politiques et économiques* / 'die laufenden Verhandlungen zwischen den USA und der UdSSR können ein Gipfeltreffen aller politischen und wirtschaftlichen Großmächte nicht ersetzen'

Dieser Gebrauch des Modalverbs *savoir* hat eine (höflich oder diplomatisch) verschleiernde Wirkung ebenfalls deshalb, weil es die Aufmerksamkeit des Hörers im Vorfeld der Handlung festhält. Das unterscheidet zugleich das Modalverb *savoir* von dem Vollverb *savoir* 'wissen'.

4.6.3.1.3 Das Modalverb *vouloir*

Das Modalverb *vouloir* 'wollen' gibt an, daß im Vorfeld des Handelns ein Handlungs-Interesse besteht oder angenommen wird. Wir beschreiben also seine Bedeutung mit dem Merkmal ⟨INTERESSE⟩. Das ist das gleiche Merkmal, mit dem wir auch die Bedeutung des Konjunktivs beschrieben haben (vgl. 4.5). Auch hier ist gewöhnlich eine Person als Subjekt vorausgesetzt. Ebenso wie die Modalverben *pouvoir* und *savoir,* dient auch dieses Modalverb oft den Spielregeln der Höflichkeit, wieder insbesondere wenn es in abgeschwächter Form (oft mit *bien* 'wohl, gerne') gebraucht wird:

/ *je voudrais (bien) vous poser une question* / 'ich möchte Ihnen (gerne) eine Frage stellen'
/ *que voulez-vous me dire?* / 'was wollen Sie mir sagen?'
/ *eh bien, je voulais seulement vous demander si vous avez déjà lu mon rapport* / 'ja, also, ich wollte Sie nur fragen, ob Sie schon meinen Bericht gelesen haben'

/je voulais le lire hier, mais je n'en ai pas encore eu le temps/   'ich wollte ihn gestern lesen, habe aber noch keine Zeit dafür gehabt'
/je vous prie de bien vouloir le lire le plus tôt possible, car j'ai besoin de votre assentiment sur un point assez important/   'ich bitte Sie, ihn so bald wie möglich zu lesen, denn ich brauche für einen recht wichtigen Punkt Ihre Zustimmung'

Idiomatische Wendungen:

/qu'est-ce que cela (oder: *ça) veut dire?/*   'was soll das heißen?'
/je vous prie de bien vouloir accuser réception de mon mandat-poste/   'ich bitte Sie (höflich), mir den Empfang der Postanweisung bestätigen zu wollen' (formeller Briefstil)
/veuillez agréer, Monsieur, l'expression de mes sentiments dévoués/   'mit ergebenen Grüßen' (höfliche Grußformel im Brief – vgl. 9.1.1)

Sofern in einem Sprachspiel das Handlungs-Interesse nur bei einem Gesprächspartner, nicht jedoch bei den anderen Gesprächspartnern besteht, kann das Verb *vouloir* auch dazu gebraucht werden, die anderen Personen zu dieser Bereitschaft zu bewegen. *Vouloir* ist dann nicht Modalverb, sondern (Voll-)Verb mit nachfolgender Konjunktion *que* und kraft seines lexikalischen Merkmals ⟨INTERESSE⟩ Konjunktiv-Auslöser (vgl. 4.5.3). Unterscheide:

MODALVERB BEI GLEICHER GESPRÄCHSROLLE	(VOLL-)VERB BEI UNGLEICHER GESPRÄCHSROLLE
/je veux prendre mes congés maintenant/ 'ich will meinen Urlaub jetzt nehmen'	*/je veux que tu prennes tes congés maintenant/* 'ich will, daß du deinen Urlaub jetzt nimmst (oder: du sollst deinen Urlaub jetzt nehmen)'

Im Imperativ unterscheidet sich das Modalverb *vouloir* besonders deutlich von dem (Voll-)Verb *vouloir*:

IMPERATIV DES MODALVERBS	IMPERATIV DES VOLLVERBS
/veuillez reculer un peu, s'il vous plaît/ 'treten Sie (doch) bitte ein bißchen zurück!'	*/un (bon) conseil: n'hésitez pas, voulez/* 'ein (guter) Rat: zögern Sie nicht, wollen Sie!'

Häufiger gebraucht wird der Imperativ des Vollverbs *vouloir* bei dem Ausdruck *en vouloir (à quelqu'un)* '(jemandem) böse sein', zumal in der Verbindung mit der Negation:

/ *ne m'en veux (voulez) pas* / 'sei (seien Sie) mir nicht böse!'

Zu Kindern sagt man bisweilen:

/ *veux-tu être sage!* / 'willst du wohl artig sein!'
/ *veux-tu!* / 'willst du wohl!'

4.6.3.1.4 Das Modalverb *devoir*

Wir verstehen die Bedeutung des Modalverbs *devoir* 'sollen' analog zur Bedeutung des Modalverbs *vouloir* 'wollen'. Der Unterschied in der Bedeutung der beiden Modalverben liegt nur darin, daß bei *vouloir* mit folgendem Infinitiv der an der Handlung Interessierte und der (vielleicht) Handelnde identisch sind, während bei dem Verb *devoir* 'sollen' der an der Handlung Interessierte und der (vielleicht) Handelnde nicht notwendig identisch sind (es aber im Grenzfall sein können). Das Interesse wird grundsätzlich an den Handelnden als Gebot vermittelt. Wir beschreiben daher die Bedeutung des Modalverbs *devoir* mit den zwei Merkmalen ⟨INTERESSE⟩ und ⟨GEBOT⟩. Unterscheide:

UNGEBOTENES INTERESSE	GEBOTENES INTERESSE
/ *je veux me reposer* / 'ich will mich ausruhen'	/ *je dois me reposer* / 'ich soll (oder: muß) mich ausruhen'

Wenn man hingegen mit *vouloir* ein gebotenes Interesse ausdrücken will, bei dem der Handelnde nicht mit dem Interessierten identisch ist, nimmt man dieses Verb nicht als Modalverb mit folgendem Infinitiv, sondern gebraucht es als (Voll-)Verb mit folgendem *que* + Konjunktiv. Dadurch kann ein Wechsel der Handlungsrolle ausgedrückt werden. In dieser Verwendung fallen dann die Bedeutungen von *vouloir* (mit wechselnder Handlungsrolle) und *devoir* (mit gleicher Handlungsrolle) zusammen. Vergleiche:

GEBOTENES INTERESSE	GEBOTENES INTERESSE
(*vouloir* + *que* + Konjunktiv)	(*devoir* + Infinitiv)
/ *que voulez-vous que je fasse?* / 'was soll ich tun (wörtlich: was wollen Sie, daß ich tue)?'	/ *que dois-je faire?* / 'was soll ich tun?'

Im Beispiel der linken Spalte kommt der Gesichtspunkt des gebotenen Interesses durch den Wechsel der Handlungsrolle *(vous/je)* zum Ausdruck, während im Beispiel der rechten Spalte die Vermittlung als Merkmal in der Bedeutung des Modalverbs *devoir* enthalten ist.

Das gebotene Interesse kann durch begleitende Morpheme im Kontext, etwa durch das Adverb *obligatoirement* 'obligatorisch', zur mehr oder weniger starken Verpflichtung präzisiert werden. Auch ein Kontext mit deutlich genannten Sender- und Empfänger-Rollen oder mit Frage-Morphem präzisiert die Bedeutung des gebotenen Interesses im Sinne einer deutlichen normativen Verpflichtung. Die Verpflichtung kann jedoch andererseits auch durch eine Verbindung mit erzählenden Tempus-Morphemen abgeschwächt und in ihrer Gültigkeit eingeschränkt werden. Diese Abschwächung steht häufig, wie auch von den anderen Modalverben her bekannt, im Dienste der Höflichkeit, insbesondere im Konditional und Vor-Konditional:

/ *qu'est-ce que je dois lui dire?* /   'was soll ich ihm/ihr sagen?'
/ *tu devrais lui expliquer ta conduite* /   'du solltest ihm/ihr dein Verhalten erklären'
/ *j'aurais dû m'excuser tout de suite* /   'ich hätte mich sofort entschuldigen sollen'
/ *oui, les choses ne doivent pas en rester là* /   'ja, so kann das nicht bleiben'

In vielen Fällen wird jedoch das gebotene Interesse vom Kontext her nicht als Verpflichtung zu handeln konkretisiert. Das gebotene Interesse kann nämlich, wenn ein entsprechender Kontext es nahelegt, statt als Handlungs-Interesse auch als Verständnis-Interesse aufzufassen sein. Das gebotene Interesse wird dadurch zu einem vermittelten Interesse abgeschwächt, was häufig auch in nuancierenden Begleitsignalen zum Ausdruck kommt. Dieses vermittelte Interesse setzt aber auch voraus, daß das Verständnis veränderbar, also fraglich ist. Das fragliche Handeln «soll» vielleicht nur stattfinden oder stattgefunden haben, weil jemand es so gesagt haben «will».

/ *elle doit avoir à peu près vingt ans* /   'sie dürfte (oder: muß wohl) ungefähr
    zwanzig Jahre alt sein'
/ *elle a dû avoir* (oder: *elle doit avoir eu) une jeunesse heureuse* /   'sie muß (oder:
    dürfte) eine glückliche Jugend gehabt haben'
/ *il doit y avoir un secret dans sa vie* /   'es muß (wohl) in ihrem Leben ein Geheimnis geben'
/ *ça doit être ça* /   'das muß es (wohl) sein'

Zu beachten sind auch die formelhaften Konjunktive, die jedoch nur auf gehobener Stilebene und fast nur in schriftlichen Texten gebraucht werden:

/ *je sortirai d'ici, dussé-je* [dysɛʒ(ə)] *m'évader* /   'ich werde hier herauskommen,
    und sollte ich auch fliehen'

/*il m'a promis de venir, dût-il* [dytil] *employer la violence*/   'er hat mir versprochen zu kommen, sollte er dabei auch Gewalt anwenden müssen'

In Erzählungen kann das Imperfekt des Modalverbs *devoir* eine (im erzählten Augenblick noch ungewisse) Zukunft ausdrücken:

/*après beaucoup d'hésitations, notre ami décida de ne pas s'excuser auprès de sa tante à héritage; cinq ans plus tard, le jour du partage successoral, il devait s'en repentir*/   'nach langem Zögern beschloß unser Freund, sich bei seiner Erbtante nicht zu entschuldigen; fünf Jahre später, am Tag der Erbteilung, sollte er es bereuen'

Neben *devoir* als Modalverb gibt es das gleiche Verb auch als Vollverb mit der Bedeutung 'schulden':

/*qu'est-ce que je te dois?*/   'was schulde ich dir?'

4.6.3.1.5 Das Modalverb *falloir*

Die Bedeutung des Modalverbs *falloir* 'müssen' kann mit dem Merkmal ⟨GEBOT⟩ beschrieben werden. Es ist dasselbe Merkmal, mit dem wir auch die Bedeutung des Imperativs beschrieben haben (vgl. 4.4). Es zielt darauf, den Hörer zu bewegen, Subjekt einer Handlung zu werden. Das Modalverb *falloir* tritt nur mit dem Horizont-Morphem *il* 'es' auf: *il faut* 'man muß' (mit Negation: *il ne faut pas* 'man darf nicht, man muß nicht' – vgl. 3.3.3.2). Darin kommt eine besondere Bedeutungsnuance dieses Modalverbs zum Ausdruck: es bezeichnet im Vorfeld des Handelns ein neutrales, überindividuelles Gebot, also eine Handlungsnorm. Wenn «man» nicht normgerecht handelt, wie man handeln muß, dann ist damit zu rechnen, daß die normgebende Instanz eine Sanktion («Bestrafung») verhängt. Ist das Modalverb *falloir* negiert, so daß «man» sich nicht normgemäß verhält, wenn man handelt, so richtet sich die Sanktion gegen das eventuelle («Doch»-)Handeln. In Verbindung mit den abschwächenden Tempus-Merkmalen als Konditional (vgl. 4.3.8) kann sich auch ein Wunsch normativ verkleiden:

/*il faut payer ses impôts*/   'man muß seine Steuern bezahlen'
/*s'il ne fallait pas payer d'impôts, les revenus nets* [nɛt] *seraient égaux aux revenus bruts* [bryt]/   'wenn man keine Steuern zu bezahlen brauchte, wären die Netto-Einnahmen gleich den Brutto-Einnahmen'
/*au Moyen Age il fallait donner la dîme à l'Église*/   'im Mittelalter mußte man den Zehnten der Kirche geben'

/ah, il faudrait vivre au pays de Cocagne!/   'ach, man müßte im Schlaraffenland leben!'

Wenn die Handlungsnorm nicht für alle Handelnden (in beliebiger Gesprächs-rolle) gilt, muß das eigens gesagt werden. Dann steht in den meisten Fällen nicht das Modalverb *falloir,* sondern das (Voll-)Verb *falloir,* das den Konjunktiv aus-löst. Es hebt zugleich die Neutralisierung der Gesprächsrolle auf und ermöglicht somit die Fokussierung eines konkreten Handelns vor einęm normativen Hand-lungshorizont:

ALLGEMEINE HANDLUNGSNORM	BESONDERE HANDLUNGSNORM
BEI NEUTRALER GESPRÄCHSROLLE	BEI UNGLEICHER GESPRÄCHSROLLE
(HORIZONT)	(FOKUS VOR HORIZONT)
/il ne faut pas mentir/ 'man darf nicht lügen'	*/il ne faut pas que tu mentes/* 'du mußt nicht (oder: du darfst nicht) lügen'

Manchmal wird der besondere Adressat der Handlungsnorm dem Modalverb auch als Partner-Morphem beigegeben:

/il te faut dire la vérité/   'du mußt die Wahrheit sagen'
/il te faut dire merci/   'du mußt danke sagen'

Unterscheide:

GEBOTENES INTERESSE	HANDLUNGS-GEBOT
/on doit se tenir dans les marges du code/ 'man soll sich an den Rahmen des Gesetzes halten'	*/il faut se tenir dans les marges du co-de/* 'man muß sich an den Rahmen des Gesetzes halten'

Im Beispiel der rechten Spalte kommt das Gebot unvermittelt zum Ausdruck. Im Beispiel der linken Spalte hingegen wird ein Interesse als Gebot vermittelt (vgl. 4.6.3.1.4).

In der Umgangssprache hört man oft die Redensarten:

/(il) faut attendre/   'mal abwarten!'
/(il) faut voir/   'mal sehen!'

Neben *falloir* als Modalverb gibt es dieses Verb auch als Vollverb ohne Ergän-zung mit der Bedeutung 'brauchen, nötig haben'. Es ist ebenfalls auf den Gebrauch mit dem Horizont-Morphem *il* 'es' eingeschränkt:

/j'ai tout ce qu'il (me) faut/   'ich habe alles, was man braucht (was ich brauche)'

4.6.3.2   Quasi-modale Verben mit dem Infinitiv

Außer den eigentlichen Modalverben gibt es viele andere Verben, die mit einem folgenden Infinitiv zu einer mehr oder weniger engen syntaktischen Gruppe zusammentreten können. Besonders eng ist die Verbindung dann, wenn diese Verben, ebenso wie das bei den eigentlichen Modalverben der Fall ist, ohne Mitwirkung eines Junktors (Verbal-Präposition – vgl. 8.3) einen Infinitiv nach sich ziehen können. Diese Verben wollen wir quasi-modale Verben nennen, da sie in ähnlicher Weise wie die Modalverben eine Handlung von ihrem Vorfeld her kennzeichnen, häufig unter dem Gesichtspunkt einer psychischen Handlungsbedingung. Ebenso wie die Modalverben sind auch die quasi-modalen Verben im Vergleich zu Voll-Verben semantisch reduziert und haben fast den Status verbaler Morpheme. In einigen Fällen kann ein und dasselbe Verb als Voll-Verb und als quasi-modales Verb gebraucht werden. Unterscheide:

VOLLVERB

/je pense toujours à mes dettes/   'ich denke immer an meine Schulden'
/je compte et recompte mon argent/ 'ich zähle immer wieder mein Geld nach'
/Montaigne a préféré une tête bien faite à une tête bien pleine/ 'Montaigne hat einen (recht) gebildeten Kopf einem (recht) gefüllten Kopf vorgezogen'

QUASI-MODALES VERB

/je pense vendre ma maison/ 'ich gedenke mein Haus zu verkaufen'
/je compte obtenir un bon prix/ 'ich rechne damit, einen guten Preis zu erzielen'
/je préfère vivre à la campagne/ 'ich lebe lieber auf dem Lande'

Weitere quasi-modale Verben mit dem Infinitiv (Auswahl):

/j'aime tellement entendre sa voix/   'ich höre so gern ihre Stimme'
/je n'ose (pas) lui parler/   'ich wage nicht, mit ihr zu sprechen'
/elle prétend ne pas me connaître/   'sie behauptet, mich nicht zu kennen'
/elle semble être heureuse/   'sie scheint glücklich zu sein'
/elle paraît n'avoir pas compris/   'sie scheint nicht verstanden zu haben'
/j'espère la revoir bientôt/   'ich hoffe, sie bald wiederzusehen'
/j'aimerais mieux mourir/   'ich möchte lieber sterben'
/j'ai failli me suicider/   'ich hätte mir beinahe das Leben genommen'
/il vaut mieux se taire/   'man schweigt besser'
(...)

259

4.6.3.2 Quasi-modale Verben mit dem Infinitiv

Die Verben *faire* 'machen, (veran-)lassen' und *laisser* '(zu-)lassen' in ihrem
Gebrauch als Morphem-Verben mit nachfolgendem Infinitiv wollen wir nicht als
Modalverben oder quasi-modale Verben ansehen. Sie haben als Morphem-
Verben die besondere Funktion der Valenzerhöhung (vgl. 3.4.6.1). Der beson-
dere Status dieser valenzerhöhenden Verben im Vergleich zu den Modalverben
oder quasi-modalen Verben kommt auch darin zum Ausdruck, daß sie vom
Infinitiv nicht durch ein Pronomen, das die zusätzliche Handlungsrolle aus-
drückt, trennbar sind. Unterscheide:

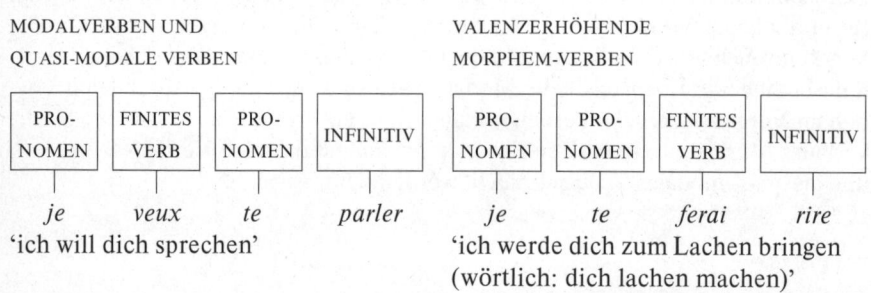

MODALVERBEN UND QUASI-MODALE VERBEN

PRO-NOMEN	FINITES VERB	PRO-NOMEN	INFINITIV
je	veux	te	parler

'ich will dich sprechen'

VALENZERHÖHENDE MORPHEM-VERBEN

PRO-NOMEN	PRO-NOMEN	FINITES VERB	INFINITIV
je	te	ferai	rire

'ich werde dich zum Lachen bringen
(wörtlich: dich lachen machen)'

Im Beispiel der linken Spalte sind das finite Verb und sein zugehöriger Infinitiv
durch ein Pronomen getrennt, im Beispiel der rechten Spalte sind sie es nicht.

Für Reflexiv-Pronomina gilt die liberale Regel, daß die Pronomina entweder
zwischen *faire/laisser* und dem Infinitiv stehen oder aber ganz wegfallen können:

/ le temps fait faner (oder: *se faner) toutes les fleurs /*   'die Zeit läßt alle Blumen
welken'

Viele weitere Verben können durch die Mitwirkung einer Verbal-Präposition mit
einem Infinitiv eine syntaktische Gruppe bilden, die man auch als Junktion analysieren kann (vgl. Kap. 8). Verbal-Präpositionen sind die Morpheme *de, à, par,
avant de, après, pour, afin de* und *sans*. Sie sind mit den entsprechenden Präpositionen gleichbedeutend.

/ il fait semblant de dormir /   'er tut so, als ob er schliefe'
/ il commence à (seltener: *de) se réveiller /*   'er wird langsam (oder: allmählich)
wach'
/ il finit par se lever /   'er steht schließlich auf'
/ il se rase avant de se laver /   'er rasiert sich vor dem Waschen'
/ il prend un café après avoir acheté un journal /   'er trinkt einen Kaffee, nachdem
er eine Zeitung gekauft hat'

/il se dépêche pour (oder: *afin d')attraper le bus/*   'er beeilt sich, (um) den Autobus zu erreichen'
/il arrive au bureau sans être en retard/   'er kommt im Büro an, ohne sich verspätet zu haben'

Man kann von diesen syntaktischen Gruppen in vielen Fällen nicht mehr sagen, daß das finite Verb nur einen Handlungszug im Vorfeld der durch den Infinitiv ausgedrückten Handlung zum Ausdruck bringt. Vielmehr kommt ein Handlungsgefüge zustande, zu dem sowohl das finite als auch das infinite Verb gleichermaßen beitragen. Dann ist es zweckmäßiger, die Gruppe finites Verb + Verbal-Präposition + Infinitiv als Junktion zu analysieren. Im einzelnen werden die Verbal-Präpositionen und die durch ihre Vermittlung gebildeten Junktionen bei den entsprechenden Präpositionen besprochen (vgl. 8.3).

4.6.3.3   Objekt-Infinitive

Die Verben mit S-O-Valenz (vgl. 3.4.2), die eine sinnliche Wahrnehmung ausdrücken (Typus *voir* 'sehen', *entendre* 'hören'), können zusätzlich zu ihrem Objekt, zumal wenn dieses eine Person bezeichnet, einen Infinitiv bei sich haben. Das personale Objekt des finiten Verbs ist dann gleichzeitig das Subjekt des Infinitivs. Wir bezeichnen syntaktische Gruppen dieser Art als Objekt-Infinitive («Akkusative mit dem Infinitiv», «A.c.I.»). Die Stellung des Objekts richtet sich nach der Besetzung dieser Handlungsrolle. Wird das Objekt durch ein gebundenes Pronomen (im ersten nachfolgenden Beispiel: *vous* 'Sie') ausgedrückt, so steht es vor dem finiten Verb. Wenn das Objekt jedoch durch ein Lexem ausgedrückt wird, so steht dieses je nach seiner Länge und Wichtigkeit für den Sinn des ganzen Textes bald vor und bald nach dem Infinitiv. Kurze Objekte (im zweiten nachfolgenden Beispiel: *une dame* 'eine Dame') werden ihm meistens vorangestellt, lange Objekte (im dritten nachfolgenden Beispiel: *le dieu du sommeil* 'der Gott des Schlafes') meistens nachgestellt. Dabei ist auch die Stellung der Partner-Rolle (im zweiten Beispiel: *à son mari* 'ihren Mann') zu berücksichtigen:

/je vous vois bâiller/   'ich sehe Sie gähnen'
/j'entends une dame demander à son mari: quelle heure est-il?/   'ich höre eine Dame ihren Mann fragen: Wie spät ist es?'
/je sens doucement arriver le dieu du sommeil/   'ich spüre langsam, wie der Gott des Schlafes kommt'

Objekt-Infinitive erlauben eine Besetzung zweier Objekt-Rollen, einmal als Objekt des Verbs der sinnlichen Wahrnehmung und einmal als Objekt des Verbs im Infinitiv:

/ *j'en vois plus d'un fermer les yeux* /   'ich sehe manchen die Augen schließen'

Es ist aber immer auch möglich, statt des Infinitivs eine Partizipial-Attribution (vgl. 6.7) oder eine Relativ-Junktion (vgl. 8.5) zu wählen. Diese sind noch ausdrucksstärker als die entsprechenden Objekt-Infinitive:

/ *regarde cette belle lune nous disant bonne nuit* /   'schau diesen schönen Mond,
   wie er uns gute Nacht sagt!'
/ *entends, ma chère, entends la douce nuit qui marche* /   'hör, meine Liebe, hör,
   wie die milde Nacht daherschreitet!' (Baudelaire)

5 SYNTAX DES ARTIKELS

Artikel sind Morpheme, die im Text die Aufgabe haben, Nomina auf andere Sprachzeichen zu beziehen und auf diese Weise zwischen ihnen ein Determinationsgefüge herzustellen. Sie können daher Nominal-Morpheme genannt werden. Artikel stehen in der Regel vor den Nomina, für deren textuelle Determination sie sorgen («Prädetermination»). Mit ihren zugehörigen Nomina sind sie im Genus und Numerus kongruent (vgl. Kap. 2).

Die Klasse der Artikel setzt sich aus den beiden Unterklassen der einfachen Artikel (5.1) und der gezielten Artikel (5.2) zusammen.

5.1 Der einfache Artikel

Der einfache Artikel bildet eine binäre Opposition zwischen dem anaphorischen («bestimmten») und dem kataphorischen («unbestimmten») Artikel.

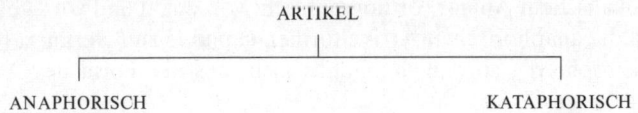

Der anaphorische Artikel *(le, la, les)* verweist den Hörer auf die Vorinformation, der kataphorische Artikel *(un, une, du, de la, des)* verweist ihn auf die Nachinformation. Beide Formen des Artikels sind mit den Kongruenz-Morphemen des Genus (vgl. 2.1) und des Numerus (vgl. 2.2) verschmolzen. Häufig sind in der französischen Sprache Genus und Numerus des Nomens nur an den Artikelformen hörbar zu erkennen.

Die Formen des einfachen Artikels unterscheiden sich erheblich nach den mit ihnen verschmolzenen Genus- und Numerus-Morphemen (5.1.1). Manchmal sind diese Oppositionen jedoch neutralisiert, insbesondere beim Numerus

(5.1.3). Die eigentliche grammatische Funktion des Subsystems der Artikelformen ist die textuelle Opposition Anaphorik vs. Kataphorik (5.1.2). Auch diese Opposition ist neutralisierbar; als neutrale Form steht der Null-Artikel. Man findet ihn besonders oft bei Eigennamen (5.1.4).

5.1.1 Die Formen des einfachen Artikels

Entsprechend den mit ihnen verschmolzenen Kongruenz-Morphemen treten der anaphorische und der kataphorische Artikel in verschiedener Lautgestalt auf:

NUMERUS	GENUS	ANAPHORISCHER ARTIKEL	KATAPHORISCHER ARTIKEL
SINGULAR	MASKULIN	*le jour* 'der Tag'	*un jour* [œ̃, ɛ̃] 'ein Tag'
	FEMININ	*la nuit* 'die Nacht'	*une nuit* 'eine Nacht'
PLURAL	GENUS-NEUTRAL	*les*$<$*mois semaines* 'die $<$Monate' Wochen'	*des*$<$*mois semaines* 'Monate' 'Wochen'
NUMERUS-NEUTRAL	MASKULIN	–	*du vent* 'Wind'
	FEMININ	–	*de l'eau* 'Wasser'

Die Matrix läßt erkennen, daß nur der kataphorische Artikel, nicht aber der anaphorische Artikel eine Neutralisierung der Numerus-Opposition (als «Teilungsartikel») zuläßt (vgl. 5.1.3). Die Genus-Opposition wird hingegen im Plural sowohl beim anaphorischen als auch beim kataphorischen Artikel neutralisiert. Beim anaphorischen Artikel sind außerdem folgende Regeln zu beachten:

1 Vor vokalischem Anlaut (orthographisch: vor Vokal und vor «vokalischem *h*-») werden die anaphorischen Artikelformen *le* und *la* zu *l'* verkürzt (orthographisch: apostrophiert), so daß ihr Genus nicht aus der Form des Artikels zu erkennen ist:

MASKULIN

l'été 'der Sommer'
l'hiver 'der Winter'

FEMININ

l'aventure 'das Abenteuer'
l'histoire 'die Geschichte'

Aber vor «konsonantischem *h*-»:

MASKULIN

le Hollandais [lɔɔlɑ̃dɛ] 'der Holländer'

FEMININ

la Hongroise [laõgrwaz] 'die Ungarin'

Merke als Mischform mit «konsonantischem *h-*» im Singular und «vokalischem *h-*» im Plural:

le héros [laero]   'der Held'   *l'héroïne* [leroin]   'die Heldin'

[2]   Mit einigen Formen des anaphorischen Artikels sind die Präpositionen *de* und *à* verschmolzen:

VERSCHMELZUNG MIT *de*   VERSCHMELZUNG MIT *à*

| *de + le > du* | | *à + le > au* |

le coucher du soleil   *au clair de la lune*
   'der Sonnenuntergang'   'bei Mondschein'

| *de + les > des* | | *à + les > aux* |

le vert des champs   *un pain aux raisins*
   'das Grün der Felder'   'ein Rosinenbrot'

Beim kataphorischen Artikel sind die folgenden Regeln zu beachten:

[1]   Steht der kataphorische Artikel im Plural vor einem Adjektiv, das selber seinem Nomen vorangestellt ist (prädeterminierende Stellung – vgl. 6.3), so wird er bei lockerer Nomen-Adjektiv-Determination zu *de* (vor Vokal und «vokalischem *h-*» zu *d'*) verkürzt:

VOLLE ARTIKELFORM   VERKÜRZTE ARTIKELFORM
VOR EINEM NOMEN   VOR EINEM ADJEKTIV

des amis 'Freunde'   *de vieux amis* 'alte Freunde'
des collègues 'Kollegen'   *d'anciens collègues* 'ehemalige Kollegen'
des histoires 'Geschichten'   *d'horribles histoires* 'schreckliche Geschichten'

Ist das Adjektiv jedoch mit seinem Nomen eine feste und mehr oder weniger lexikalisierte Verbindung eingegangen, so steht die volle Form *des* in beiden Fällen:

265

VOLLE ARTIKELFORM VOR EINEM NOMEN	VOLLE ARTIKELFORM VOR EINEM ADJEKTIV
des gens 'Leute'	*des jeunes gens* 'junge Leute'
des pains 'Brote'	*des petits pains* 'Brötchen (oder: Semmeln)'

Die gesprochene Umgangssprache macht von dieser Möglichkeit einen sehr reichlichen Gebrauch, auch dort, wo die Nomen-Adjektiv-Determination nicht so eng ist:

/*il faut toujours avoir du bon vin chez soi quand on attend des bons copains*/
'man muß immer guten Wein zu Hause haben, wenn man gute Freunde (oder: Kumpel) erwartet'

2̲ Geht dem kataphorischen Artikel eine Negation vorauf, so hat der Artikel die Form *de* (vor Vokal und «vokalischem *h-*» die Form *d'*), und zwar sowohl im Singular als auch im Plural:

AFFIRMATION	NEGATION
/*j'ai un jardin*/ 'ich habe einen Garten'	/*je n'ai pas de jardin*/ 'ich habe keinen Garten'
/*j'ai du travail*/ 'ich habe Arbeit'	/*je n'ai pas de travail*/ 'ich habe keine Arbeit'
/*je vends des herbes*/ 'ich verkaufe Kräuter'	/*je ne vends pas d'herbes*/ 'ich verkaufe keine Kräuter'

3̲ Geht dem kataphorischen Artikel bereits die Präposition *de* (vgl. 8.3.2.1) vorauf, so reduzieren sich die Artikelformen *des*, *du* und *de la* zu Null, und die Präposition *de* (vor Vokal und «vokalischem *h-*» lautet sie *d'*) vertritt den kataphorischen Artikel mit. Die Formen *un* und *une* des kataphorischen Artikels hingegen bleiben nach der Präposition *de*, die vor diesen vokalischen Morphemen immer die Form *d'* hat, erhalten:

/*ils sont criblés de dettes*/   'sie sind schuldenbeladen'
/*ils se nourrissent de pain et d'eau*/   'sie ernähren sich von Brot und Wasser'
/*ils ont peur d'une maladie*/   'sie haben Angst vor einer Krankheit'

Unterscheide das unterschiedliche Verhalten des anaphorischen und des kataphorischen Artikels nach *de*:

de + ANAPHORISCHER ARTIKEL

/*il s'est occupé de l'histoire médiévale de la France*/ 'er hat sich mit der mittelalterlichen Geschichte Frankreichs beschäftigt'

/*il est chargé des cours pour débutants*/ 'er ist mit den Anfängerkursen beauftragt'

de + KATAPHORISCHER ARTIKEL

/*il s'est occupé d'histoire*/ 'er hat sich mit Geschichte beschäftigt'

/*il est chargé de cours*/ 'er ist Lehrbeauftragter'

Auf die Bedeutung und Funktion des Artikels haben die verschiedenen Verschmelzungen keinen Einfluß. Unterscheide jedoch die folgenden homonymen Formen:

PRÄPOSITION *de* +
ANAPHORISCHER ARTIKEL *la*

/*il est fier* [fjɛr] *de la veine qu'il a toujours eue*/ 'er ist stolz auf das Glück (oder: Schwein), das er immer gehabt hat'

KATAPHORISCHER ARTIKEL *de la*

/*il est fier parce qu'il a toujours eu de la veine*/ 'er ist stolz, weil er immer Glück (oder: Schwein) gehabt hat'

5.1.2   Anaphorischer und kataphorischer Artikel

Ein Nomen kommt gewöhnlich an einer bestimmten Stelle eines Textes vor. Das kann im Grenzfall der Anfang oder das Ende eines Textes sein, im Regelfall ist sein Platz jedoch irgendwo im Textverlauf. Das Nomen hat also Kontext vor sich und nach sich. Dieser Kontext trägt dazu bei, die Bedeutung des Nomens zu determinieren. Der Hörer muß, wenn er den Text richtig verstehen will, die Determinanten des Kontextes berücksichtigen und mit ihrer Hilfe die Kode-Bedeutung des Nomens eingrenzen auf die präzise Text-Bedeutung hin, die das Nomen an dieser Stelle des Textes nach dem Willen des Sprechers haben soll. Hier erlaubt nun die Stellung des Nomens inmitten des Textverlaufes eine Trennung und Unterscheidung des umgebenden Kontextes (zuzüglich der ihn möglicherweise noch umgebenden Situation) nach den zwei Richtungen des voraufgehenden und des nachfolgenden Kontextes. Der Hörer kann folglich für ein zu determinierendes Nomen die geeigneten Determinanten in der einen oder in der anderen Richtung des Textes suchen. Das sind zwei gegenläufige Suchanweisungen, die für das Verstehen der Sprachzeichen durch den Hörer etwas grundsätzlich Verschiedenes bedeuten. Wir bezeichnen unter diesem Gesichtspunkt den voraufgehenden Kontext (zuzüglich der ihn umgebenden Situation) als Vorinformation, den nachfolgenden Kontext (zuzüglich der ihn umgebenden Situation) als Nachinformation. Auf dieser Unterscheidung beruht die Opposition zwischen dem anaphorischen und dem kataphorischen Artikel (5.1.2.1), durch die der Text ein spezifisches Informations-Profil erhält (5.1.2.2). Besondere Formen von Vorinformation und Nachinformation (5.1.2.3) bedingen auch einige Besonderheiten im Gebrauch des anaphorischen (5.1.2.4) und des kataphorischen (5.1.2.5) Artikels. Auch zu bestimmten Verblüffungszwecken kann der Artikel mit Geschick gebraucht werden (5.1.2.6).

5.1.2.1   Vorinformation vs. Nachinformation

Der anaphorische Artikel ist eine Anweisung des Sprechers an den Hörer, für das zugehörige und determinationsbedürftige Nomen geeignete Determinanten in der (bekannten) Vorinformation zu suchen. Alle Formen des anaphorischen Artikels haben daher das Merkmal ⟨BEKANNT⟩ gemeinsam.

Die Vorinformation ist also grundsätzlich die schon bekannte Information. Der Hörer hat sie bereits vernommen, verstanden und in seinem Textgedächtnis gespeichert. Der anaphorische Artikel weist nun, und zwar rückläufig zum Textverlauf, auf diese bekannte Vorinformation zurück und lädt den Hörer ein, die Bedeutung des Nomens in diesem Text als schon bekannt anzunehmen. Der Hörer erfährt somit, daß er sich zum Verständnis dieses Nomens nicht auf eine unerwartete Text-Bedeutung ein- und umzustellen braucht.

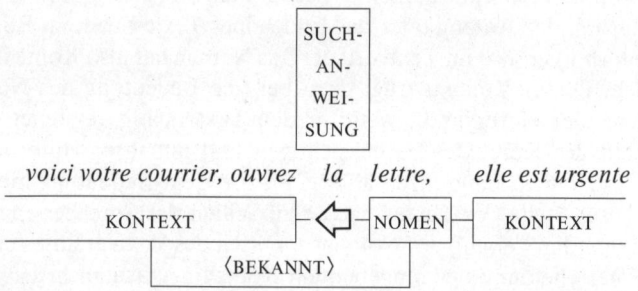

Der anaphorische Artikel *la* (Symbol: ◁) ist in diesem Beispiel eine Anweisung, die den Hörer anleitet, die im Textgedächtnis gespeicherte Vorinformation, und zwar rückläufig zur Textfolge, auf geeignete Determinanten für das determinationsbedürftige Nomen *lettre* 'Brief' abzusuchen. Folgt der Hörer dieser Anweisung, so findet er (in der zum Textverlauf umgekehrten Reihenfolge!) die

Sprachzeichen *ouvrez* 'öffnen Sie', *courrier* 'Post', *votre* 'Ihre', *voici* 'hier ist' und kann schon bei dem Nomen *courrier* die Suche abbrechen, da dieses Nomen auf Grund seiner verwandten Bedeutung offensichtlich besonders geeignet ist, als Determinant für das Nomen *lettre* zu dienen. Das nachfolgende Textsegment /*elle est urgente*/ 'er (scil. der Brief) ist eilig' wird hier nach der Anweisung des anaphorischen Artikels nicht zur Determination des Nomens herangezogen, sondern trägt nach der Anweisung anderer Morpheme, insbesondere des Pronomens *elle* 'er', auf andere Weise zur Gesamtdetermination des Textes bei.

Der einem Nomen nachfolgende Kontext unterscheidet sich von dem ihm voraufgehenden Kontext von Grund auf dadurch, daß er noch nicht bekannt ist. Die Nachinformation steht noch aus. Sie ist allenfalls als Erwartung gegenwärtig. Hier eröffnet nun der kataphorische Artikel die Möglichkeit, dem Hörer anzukündigen, daß er eine Nachinformation zu erwarten hat. (Es ist wahrscheinlich, daß diese Nachinformation dann auch tatsächlich eintrifft, doch ist das nicht absolut sicher und keine Bedingung für den Gebrauch des kataphorischen Artikels.) Wir definieren also den kataphorischen Artikel als ein Morphem, das dem Hörer für das zugehörige und determinationsbedürftige Nomen geeignete Determination in der Nachinformation ankündigt. Alle Formen des kataphorischen Artikels haben das Merkmal ⟨UNBEKANNT⟩ gemeinsam.

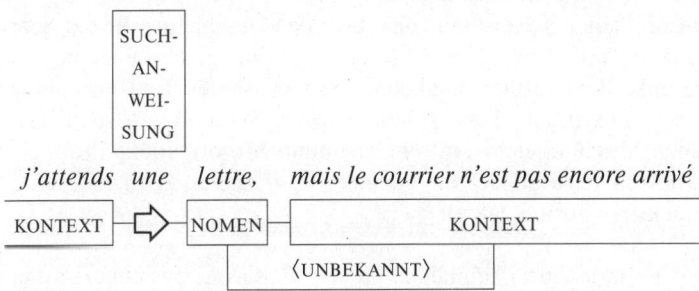

In diesem Beispiel wird der Hörer, der den Text verstehen soll, für das Verständnis des Nomens *lettre* 'Brief' auf die Nachinformation, also auf das ihm noch unbekannte Textsegment /*mais le courrier n'est pas encore arrivé*/ 'aber die Post ist noch nicht da' verwiesen. Das leistet der kataphorische Artikel *une* 'ein' (Symbol: ϸ). Wenn der Hörer dieser Anweisung folgt, wird er das Nomen *lettre* als seiner Textbedeutung nach nur provisorisch bekannt in seinem Textgedächtnis speichern und den nachfolgenden Text (diesmal in der Verlaufsrichtung des Textes!) mit einer Sucherwartung aufnehmen, die auf geeignete Determinanten für das Nomen *lettre* gerichtet ist. Wenn die Nachinformation dann tatsächlich so ausfällt, wie wir es in dem obigen Beispiel angenommen haben, wird diese Determinationserwartung durch das Nomen *courrier* 'Post' erfüllt. Die Vorinformation, wie sie in dem Textsegment /*j'attends*/ 'ich erwarte' enthalten ist, wird hingegen nach der Anweisung des kataphorischen Artikels hier nicht zur Determination des zugehörigen Nomens herangezogen. Sie trägt jedoch auf andere Weise zur Gesamtdetermination des Textes bei.

Man kann den anaphorischen Artikel, da er ja auf Bekanntes verweist, ein («thematisches») Routine-Signal nennen, während der kataphorische Artikel, da er Unbekanntes ankündigt und folglich Routine verbietet, als («rhematische») Ankündigung einer Neuigkeit und Aufmerksamkeits-Signal anzusehen ist. Der anaphorische Artikel wird um ein Mehrfaches häufiger gebraucht als der kataphorische Artikel. Dieser darf nicht allzu häufig vorkommen, sonst würde sich die Aufmerksamkeit des Hörers abnutzen.

5.1.2.2   Artikel im Text: das Informations-Profil

In einem Text wechseln gewöhnlich anaphorische und kataphorische Artikel nach bestimmten Regeln miteinander ab. Der Hörer wird im Wechsel bald auf die Vorinformation, bald auf die Nachinformation verwiesen. Man kann das in einer Artikel-Partitur sichtbar machen.

Der nachfolgende Text ist eine phantastische Geschichte, die der Schriftsteller Henri Michaux unter dem Titel *La jetée* 'Die Mole' geschrieben hat. Unter dem Gesichtspunkt der Aufmerksamkeitssteuerung ist der Text ein Gemenge von anaphorischen (Symbol: ◊) und kataphorischen (Symbol: ◊) Artikeln, die in ihrer spezifischen Mischung dem Text ein bestimmtes Informations-Profil geben. Der Text, in dessen Partitur hier die Formen des gezielten Artikels (vgl. 5.2) noch nicht berücksichtigt sind, lautet:

Depuis un mois que j'habitais Honfleur, je n'avais pas encore vu la mer, car le médecin me faisait garder la chambre. Mais hier soir, lassé d'un tel isolement, je construisis, profitant du brouillard, une jetée jusqu'à la mer. Puis, tout au bout, laissant pendre mes jambes, je regardai la mer, sous moi, qui respirait profondément. Un murmure vint de droite. C'était un homme assis comme moi les jambes ballantes et qui regardait la mer. «À présent», dit-il, «que je suis vieux, je vais en retirer tout ce que j'y ai mis depuis des années.» Il se mit à tirer en se servant de poulies.

Et il sortit des richesses en abondance. Il en tirait des capitaines d'autres âges en grand uniforme, des caisses cloutées de toutes sortes de choses précieuses et des femmes habillées richement mais comme elles ne s'habillent plus. Et chaque être ou chose qu'il amenait à la surface, il le regardait attentivement avec grand espoir, puis sans mot dire, tandis que son regard s'éteignait, il poussait ça derrière lui. Nous remplîmes ainsi toute l'estacade. Ce qu'il y avait, je ne m'en souviens pas au juste, car je n'ai pas de mémoire, mais visiblement ce n'était pas satisfaisant, quelque chose en tout était perdu, qu'il espérait retrouver et qui s'était fané.

Alors il se mit à rejeter tout à la mer.

Un long ruban qui tomba et qui, vous mouillant, vous glaçait.

Un dernier débris qu'il poussait l'entraîna lui-même.

Quant à moi, grelottant de fièvre, comment je pus regagner mon lit, je me le demande.*

Für den Gebrauch des anaphorischen Artikels in diesem Text ist maßgebend, daß der Ortsname Honfleur (ein Badeort in der Normandie) gleich zu Beginn einen Bekanntheitsrahmen absteckt, auf den zahlreiche Nomina des Textes mittels anaphorischer Artikelformen rückverwiesen werden können. Es ist insbesondere das Nomen *la mer* 'das Meer' (fünfmal), das damit als das bekannte Meer charakterisiert wird, wie man es eben bei Honfleur sehen kann. Zum Meer

---

* Seit einem Monat wohnte ich schon in Honfleur, aber ich hatte das Meer noch nicht gesehen, denn der Arzt hieß mich das Zimmer hüten. Gestern abend jedoch, solcher Isolierung müde, baute ich, vom Nebel begünstigt, eine Mole bis ans Meer. Dann ließ ich ganz hinten meine Beine hängen und betrachtete unter mir das tief atmende Meer. Von rechts kam auf einmal ein Murmeln. Das war ein Mann, der genau wie ich mit baumelnden Beinen dasaß und das Meer betrachtete. «Jetzt», sagte er, «da ich alt bin, will ich alles wieder herausziehen, was ich seit Jahren hineingeworfen habe.» Er fing mit Hilfe von Zugwinden zu ziehen an.

Er holte Reichtümer im Überfluß heraus. Es kamen zutage Kapitäne aus anderen Zeiten in großer Uniform, vernagelte Kisten mit allerhand kostbaren Sachen und Frauen, reich gekleidet, aber nicht wie sie sich heute kleiden. Und jedes Wesen, jedes Ding, das er da hochholte, schaute er sorgfältig und höchst hoffnungsvoll an; dann, ohne ein Wort zu sagen, während sein Blick erlosch, schob er das alles hinter sich. Auf diese Weise füllten wir das ganze Pfahlwerk aus. Was alles dabei war, daran erinnere ich mich nicht genau, denn ich habe kein Gedächtnis, aber es muß wohl nicht zufriedenstellend gewesen sein, im ganzen war wohl etwas verloren gegangen, das er wiederzufinden hoffte und das dahingewelkt war. Da fing er an, alles wieder ins Meer zu werfen. Ein langes Band von fallenden Dingen, die einen naß machten, die einen vereisten. Ein letztes Reststück, das er hineinstieß, zog ihn selber nach sich. Ich aber frage mich, wie ich, fieberbebend, wieder in mein Bett habe finden können. (Henri Michaux: *Dichtungen, Schriften I,* Frankfurt 1966, S. 132 ff.)

gehören ferner *la surface* 'die Oberfläche' und *le brouillard* 'der Nebel'. Zum Badeort Honfleur darf man ferner den Arzt *(le médecin)* rechnen als den auf übliche Weise praktizierenden, in seiner Individualität hier nicht weiter interessierenden Arzt. Zu diesem wiederum gehört die nicht ausdrücklich genannte Krankheit und das im Krankheitsfall üblicherweise zu hütende Zimmer: *la chambre*. Später, nachdem im Verlauf der Geschichte die Mole eingeführt ist, gibt auch sie einen Bekanntheitsrahmen ab, auf den der Erzähler mit dem anaphorischen Artikel zurückverweisen kann: *au bout (de la jetée)* 'am Ende (hinten auf der Mole)', *l'estacade* 'das Pfahlwerk (der Mole)'. Schließlich wird im Verlauf der Geschichte auch der Mann, der vom Erzähler bei seinem seltsamen Treiben beobachtet wird, zum Bekanntheitsrahmen für die Beschreibung seiner Leibesgestalt: *les jambes* 'die Beine'. Nimmt man alle Nomina dieses Textes zusammen, die durch anaphorische Artikel ausgezeichnet sind, so hat man damit den allgemeinen Rahmen (aber eben nur den Rahmen!) der zu erzählenden Geschichte.

Ganz anders die Formen des kataphorischen Artikels. Sie signalisieren nicht das Bekannte, sondern das Neue, Unbekannte, Seltsame. Nimmt man alle Nomina des Textes, die durch kataphorische Artikel ausgezeichnet sind, zusammen, so erhält man ungefähr den «roten Faden» der phantastischen Ereignisfolge, die in dieser Geschichte erzählt wird: *un tel isolement* 'eine solche Isolierung', *une jetée* 'eine Mole', *un murmure* 'ein Murmeln', *un homme* 'ein Mann', *des années* 'Jahre', *de poulies* '(von) Zugwinden', *des richesses* 'Reichtümer', *des capitaines* 'Kapitäne', *d'autres âges* 'anderer Zeiten', *des caisses* 'Kisten', *de choses* '(von) Sachen', *des femmes* 'Frauen', *pas de mémoire* 'kein Gedächtnis', *un long ruban* 'ein langes Band', *un dernier débris* 'ein letztes Reststück', *de fièvre* '(von) Fieber'. Diese Reihe von Nomina kann f a s t als Zusammenfassung und Inhaltsangabe der Geschichte gelten – nur f a s t deshalb, weil die wichtige Rolle des Erzählers selber nicht mit Nomina, sondern mit Pronomina *(je, moi, me)* bezeichnet ist. Dessen Handeln wird also von den Artikel-Signalen nicht erfaßt.

Unter den kataphorisch artikulierten Nomina verdienen eine besondere Erwähnung diejenigen, die mehr als die anderen aus der erzählten Begebenheit ein phantastisches (Traum-?)Ereignis machen: *une jetée* 'eine Mole' und *un homme* 'ein Mann'. Nachdem der Badeort Honfleur als Rahmen eingeführt ist, hätte das Nomen *jetée* 'Mole' auch mit dem anaphorischen Artikel versehen werden können: es wäre dann eine Mole gewesen, wie man sie normalerweise am Meer findet. Durch den kataphorischen Artikel, den dieses Nomen hier aber tatsächlich bei sich hat, wird es aus dem Rahmen des Gewöhnlichen herausgehoben und als eine ungewöhnliche und bemerkenswerte Mole gekennzeichnet. Der Hörer soll auf die erzählerische Nachinformation achten, aus der er dann ja auch wirklich allerhand Merkwürdiges von dieser Mole erfährt. Mit dem kataphorischen Artikel ist ferner der wunderliche Mann gekennzeichnet, den der Erzähler, auf der Mole sitzend, mit Verblüffung bemerkt. Auch hier liefert der Folgetext die angekündigte Nachinformation. Ein gleiches gilt schließlich für all die seltsamen Gegenstände, die der Unbekannte aus dem Meer herausholt und die er am Ende als ein langes Band wieder hineingibt – sich selber hinterher. Da wird ebenfalls durch den stereotyp wiederholten kataphorischen Artikel Unbekanntheit signalisiert und erzählerische Nachinformation als wahrscheinlich angekündigt (*des richesses* 'Reichtümer', *des capitaines* 'Kapitäne', *des caisses* 'Kisten', *des femmes* 'Frauen'). Die Nachinformation, die dann tatsächlich folgt, ist allerdings spärlich und wird in der Geschichte nicht weiter thematisiert. Die durch die kataphorischen Artikel geweckten Erwartungen werden also nur schwach erfüllt. Das ist im Bedeutungsrahmen der Syntax eine stilistische Nuance, die sehr zu dem geheimnisvollen Fluidum der Geschichte beiträgt. So erklärt sich auch die relativ hohe Frequenz des kataphorischen Artikels in dieser Geschichte, die weit über der durchschnittlichen Frequenz dieser Formen in der französischen Sprache liegt.

5.1.2.3   Formen der Vorinformation und der Nachinformation

Alle Formen des einfachen Artikels haben als syntaktisches Merkmal entweder das Merkmal ⟨BEKANNT⟩ oder das Merkmal ⟨UNBEKANNT⟩. Diese weisen den Hörer an, entweder die Vorinformation oder die Nachinformation auf geeignete Determinanten für das zu determinierende Nomen abzusuchen. Sowohl für die Vorinformation als auch für die Nachinformation gilt nun, daß sie in dreierlei Form vorliegen kann:

[1]   Vor- oder Nachinformation als Kontext

In den meisten Fällen kann man bei der Suche nach einem vor- oder nachinformierenden Determinanten den Kontext des (mündlichen oder schriftlichen) Textes absuchen.
  Beim anaphorischen Artikel ist diese Suche rückläufig gegen den Textverlauf gerichtet. Eine Begrenzung des Suchbereichs ist nicht ein für allemal festgelegt. In der Regel stößt man jedoch bei der rückläufigen Suche schon recht bald auf einen geeigneten Determinanten, und zwar noch in der Reichweite des Textgedächtnisses, das heißt, unter Überspringung von höchstens fünf bis sieben Lexemen, wie sie im Textgedächtnis ohne Untergliederung gespeichert werden können. Im Schriftkode kann diese Reichweite jedoch beträchtlich ausgedehnt werden.

Beim kataphorischen Artikel hat diese Suche die Form einer Erwartung, die sich auf den nachfolgenden Kontext richtet. In mündlichen Sprachspielen ist dieser nachfolgende Kontext noch gar nicht geäußert, in schriftlichen Sprachspielen ist er zwar meistens schon geschrieben, aber noch nicht gelesen. Allemal ist er noch unbekannt. Auch hier ist eine Begrenzung der Sucherwartung nicht ein für allemal festgelegt. Mit einiger Wahrscheinlichkeit kann man jedoch erwarten, einen geeigneten Determinanten für das zu determinierende Nomen in der Reichweite der Texterwartung zu finden. Die Texterwartung ist das Spiegelbild des Textgedächtnisses. Mit diesem teilt sie auch die Reichweite von höchstens fünf bis sieben Lexemen (in mündlichen Sprachspielen). Denn der Hörer muß ja, solange er die Determinanten des Nomens noch nicht kennt, seine Bedeutung als nur provisorisch gesichert in seinem Textgedächtnis speichern, bis ihm die nachgelieferten Determinanten erlauben, die Bedeutung des Nomens im Sinne des Textes richtig und definitiv zu verstehen. Auch hier kann bei schriftlichen Sprachspielen der Suchbereich erheblich ausgedehnt werden.

[2] Vor- oder Nachinformation als Situation

Ein Text ist gewöhnlich von einer Situation umgeben. Das ist die nichtsprachliche Umgebung, in der das Sprachspiel stattfindet. Der Text ist in diesem Sinne ein Text-in-der-Situation. Auch in der nichtsprachlichen Situation können Elemente enthalten sein, die als Determinanten eines Nomens im Text herangezogen werden. Das ist besonders in den Randbereichen der Texte zu erwarten, dort also, wo ein Text mit der ihn umgebenden Situation verzahnt ist. Man kann also am Anfang eines Textes mit einem anaphorischen Artikel über den Textrand hinaus auf die umgebende und vorher schon bestehende Situation zurückverweisen. Und man kann umgekehrt am Ende eines Textes mit einem kataphorischen Artikel über den Textrand hinaus auf die umgebende und im nachhinein weiterbestehende Situation vorverweisen.

Als Beispiel für einen anaphorischen Artikel, der am Textanfang auf eine determinierende Situation zurückverweist, kann der Anfang einer Rede dienen, die der Politiker Aristide Briand 1926 vor dem französischen Abgeordnetenhaus *(Chambre des Députés)* gehalten hat. Sie beginnt:

/ *La Chambre voudra bien reconnaître que je n'ai nullement cherché, à la faveur de l'acte en discussion, mon élévation au Capitole* /   'Die Kammer möge bitte anerkennen, daß ich keineswegs, begünstigt von dem zur Debatte stehenden Vertragswerk, meine Erhebung auf das Kapitol gesucht habe'

Die Situation, in der das Sprachspiel dieser Parlamentsrede ihren Grund hat, läßt keinen Zweifel daran, daß die Hörer nach der Anweisung des anaphorischen

Artikels das Nomen *la Chambre* auf die «Kammer» des Abgeordnetenhauses und das Nomen *l'acte* auf das auf der Tagesordnung der Parlamentssitzung stehende Vertragswerk (scil. des Locarno-Paktes) beziehen und die Bedeutung dieser Nomina von dorther determinieren sollen. Auch das Kapitol als ehrwürdiger Hügel des alten Roms und Symbol politischen Ruhms ist dieser Zuhörerschaft unabhängig von dem Text der fraglichen Rede natürlich bekannt. Sachtexte verfahren häufig in dieser Weise, daß sie starke situative Determinanten voraussetzen und aufnehmen. Die schöne Literatur macht demgegenüber nicht selten von dem umgekehrten Verfahren Gebrauch. Sie setzt einen kataphorischen Artikel an das Ende eines (meistens erzählenden) Textes. Ein nachfolgender Kontext bleibt also aus. Aber der Text ist für eine unbestimmte Lese-Situation geschrieben, von der der Autor wünscht, daß der Leser dem Gelesenen nachsinnt. Auf diese Weise endet beispielsweise die Novelle *Un cœur simple* von Gustave Flaubert. Die Heldin Félicité stirbt am Schluß der Novelle, jedoch ist dieser Tod vielleicht kein absolutes Ende für diese naive Heilige:

/ *quand elle exhala son dernier souffle, elle crut voir, dans les cieux entr'ouverts, un perroquet gigantesque, planant au-dessus de sa tête* / 'als sie ihren letzten Atemzug aushauchte, glaubte sie in den halbgeöffneten Himmeln einen riesiegen Papagei zu sehen, der über ihrem Kopf schwebte'

Von diesem Papagei war vorher in der Novelle nicht die Rede, und da der Text mit diesem Textsegment zu Ende geht, wird der Leser auch hinterher durch keinen Kontext erfahren, was es mit diesem seltsamen Papagei auf sich hat. Aber der Autor eröffnet mit dem kataphorischen Artikel *un,* der dem Nomen *perroquet* beigegeben ist, die Möglichkeit, daß der Leser, wenn er in seiner individuellen Lese-Situation vielleicht diesem geheimnisvollen Papagei nachsinnt oder nachträumt, eine geeignete Determination aus seinen eigenen Gedanken hinzugibt. Der kataphorische Artikel bewirkt also, daß der Text sich an seinem Ende zu einer möglicherweise anschließenden Situation hin öffnet. Unterscheide:

SITUATIONS-ANAPHORIK   SITUATIONS-KATAPHORIK

/ *au voleur!* / 'haltet den Dieb!'   / *un voleur!* / 'ein Dieb!'

Im Beispiel der linken Spalte ist die Situation vorausgesetzt, in der jemand einen Dieb verfolgt und andere auf diesen Dieb aufmerksam machen will. Die Situation, die bei dem Ausruf vorausgesetzt ist, determiniert das Nomen *voleur* mindestens ebenso eindeutig, wie das ein langer Kontext tun könnte. Das Beispiel der rechten Spalte bezieht sich in anderer Weise auf die Situation. Dieser Ausruf ist Ausdruck einer Verwunderung und gibt zu erkennen, daß der Sprecher – vielleicht ein Passant – von der weiteren Entwicklung der Situation Auskünfte über diesen Dieb zu erhalten wünscht.

boxed[3]   Vor- oder Nachinformation als Kode-Bedeutung

Wenn ein Nomen weder von einem Kontext noch von einer Situation umgeben ist, so kann der Sprecher auf einen Artikel ganz verzichten. Es steht dann der Null-Artikel (vgl. 5.1.3.3). Daneben besteht aber die Möglichkeit, mit dem anaphorischen oder dem kataphorischen Artikel ausdrücklich auf den Kode der Sprache zu verweisen, der jedem Sprachspiel sowohl voraufgeht (da er ja immer schon gilt) als auch nachfolgt (da er ja weiterhin gilt). Von dieser Möglichkeit macht insbesondere die Sprache der Wissenschaft Gebrauch, wenn sie ihre Begriffe definiert oder erklärt. Denn diese Begriffe sollen in der wissenschaftlichen Sprache mit normierter («standardisierter») Bedeutung, also sowohl kontext- als auch situationsunabhängig, gebraucht werden. Auch diese Leistungen werden im wesentlichen von den Instruktionen des anaphorischen und kataphorischen Artikels erbracht.

Den anaphorischen Artikel benutzt man zu bestimmten Zwecken bei der Definition. Die Definition ist ein Sonderfall von Determination unter standardisierten kontextuellen Bedingungen. Sie legt eine Bedeutung fest, die nunmehr als Bestandteil des Kodes gelten und insofern allen weiteren Verwendungen in beliebigen Kontexten und Situationen voraufgehen soll. Der anaphorische Artikel steht daher häufig am Anfang der Definition und zeichnet dasjenige Nomen aus, das determiniert werden soll *(definiendum)*. Der definierende Kontext *(definiens)* macht dann, je nach dem Definitionstyp, vom anaphorischen oder vom kataphorischen Artikel Gebrauch. In den beiden folgenden Beispielen werden für den definierenden Kontext nur anaphorische Artikel gebraucht:

/ la topologie est la partie de la géométrie qui étudie les propriétés qualitatives et les positions relatives des êtres géométriques /   'die Topologie ist derjenige Teil der Geometrie, der die qualitativen Eigenschaften der geometrischen Gebilde und ihre Lage zueinander untersucht'
/ l'homme se distingue de l'animal par l'usage qu'il fait (et souvent ne fait pas) de la raison /   'der Mensch unterscheidet sich vom Tier durch den Gebrauch, den er vom Verstand macht (und oft auch nicht macht)'

Diese beiden Definitionen sollen bewirken, daß ihre (bekannten!) Bestimmungen fortan als Bestandteile des Kodes, und zwar des Sonder-Kodes Fachterminologie, gelten und der Bedeutung der Nomina *topologie* und *homme* als lexikalische Merkmale hinzugefügt werden. Damit werden alle zukünftigen Kontexte und Situationen im voraus normiert. Es soll durch diese Definition also beispielsweise verhindert werden, daß in den Texten der hier gemeinten Wissenschaften *topologie* etwa im Sinne einer literarischen Topik und *homme* etwa mit der Bedeutung 'Mann' gebraucht wird.

Benutzt man statt dessen im determinierenden Kontext nur den kataphorischen Artikel, so erhält man eine einordnende Definition, die nur den Klassifikationsrahmen angibt:

/ *l'article cataphorique est un morphème grammatical* /   'der kataphorische Artikel ist ein grammatisches Morphem'
/ *la linguistique textuelle est une science humaine* /   'die Textlinguistik ist eine Humanwissenschaft'

Eine vollständigere Definition des klassifizierenden Typus erhält man jedoch dann, wenn man beide Techniken der Verweisung miteinander verbindet. Diese klassische Definition determiniert daher einen Begriff zunächst mit Hilfe eines kataphorischen Artikels durch einen «gattungsbildenden» Klassifikationsrahmen («genus proximum»), der in einem zweiten Schritt, meistens mit Hilfe eines anaphorischen Artikels, durch möglichst eine einzige «artbildende» Bestimmung («differentia specifica») eingeengt wird:

/ *le mensonge est une assertion par laquelle on dit sciemment le contraire de la vérité* /   'die Lüge ist eine Behauptung (= «genus proximum»), durch die man wissentlich das Gegenteil der Wahrheit sagt (= «differentia specifica»)'
/ *la fiction est un mensonge qui utilise l'artifice* /   'die Fiktion ist eine Lüge (= «genus proximum»), die Kunstgriffe benützt (= «differentia specifica»)'

5.1.2.4   Zum Gebrauch des anaphorischen Artikels

Da der anaphorische Artikel auf die (grundsätzlich bekannte) Vorinformation verweist, steht er regelmäßig vor allen solchen Nomina, deren Bedeutung aus irgend einem Grund bekannt und somit schon unabhängig von jedem spezifischen Gebrauch eindeutig determiniert ist. Das gilt insbesondere für alle Gegebenheiten und Gewohnheiten, soweit sie aus der natürlichen Beschaffenheit der Welt und der Kreatürlichkeit des Menschen abgeleitet sind.

Natur: *le monde* 'die Welt', *la terre* 'die Erde', *la mer* 'das Meer', *le soleil* 'die Sonne', *la lune* 'der Mond', *les étoiles* 'die Sterne', *la pluie* 'der Regen', *la neige* 'der Schnee', *le temps* 'die Zeit', *le printemps* 'der Frühling', *l'automne* 'der Herbst' (...)

Mensch: *le corps* 'der Körper', *la tête* 'der Kopf', *les mains* 'die Hände', *les jambes* 'die Beine', *l'estomac* 'der Magen', *l'esprit* 'der Geist', *la mémoire* 'das Gedächtnis', *les passions* 'die Leidenschaften', *la naissance* 'die Geburt', *la vie* 'das Leben', *la mort* 'der Tod' (...)

Wenn diese und ähnliche Nomina in ihrer üblichen Geltung verwendet werden, stehen sie mit dem anaphorischen Artikel, der die Vorinformation des

277

Üblichen bestätigt. Treten sie hingegen in seltenen Fällen einmal mit dem kataphorischen Artikel auf, so kann der Hörer daraus einen Hinweis entnehmen, daß diesmal ausnahmsweise beim Verstehen dieser Nomina keine Routine angebracht ist, weil der Sprecher von ihnen etwas Besonderes zu berichten hat. Unterscheide:

DAS ÜBLICHE	DAS UNÜBLICHE
/*elle est tout à fait normale: elle aime le printemps plus que l'automne*/ 'sie ist völlig normal: sie hat den Frühling lieber als den Herbst'	/*elle est tout à fait bizarre: elle aimerait un printemps qui soit en même temps un automne*/ 'sie ist ganz sonderbar: sie hätte gern einen Frühling, der zugleich ein Herbst ist'

In Beschreibungen verwendet man also den anaphorischen Artikel immer dann, wenn Übliches und Gewöhnliches beschrieben wird, so daß man vom Hörer annehmen kann, daß er die geforderten Determinationen aus seiner Erinnerung hervorbringen kann. In dem folgenden Textstück beschreibt Albert Camus mit Hilfe zahlreicher Formen des anaphorischen Artikels die Stadt Oran als eine ganz gewöhnliche und alltägliche Stadt (Symbole: ◊ = anaphorischer Artikel, ◊ = kataphorischer Artikel):

Dans notre petite ville, est-ce l'effet du climat, tout cela se fait ensemble, du même air frénétique et absent. C'est-à-dire qu'on s'y ennuie et qu'on s'y applique à prendre des habitudes. Nos concitoyens travaillent beaucoup, mais toujours pour s'enrichir. Ils s'intéressent surtout au commerce et ils s'occupent d'abord, selon leur expression, de faire des affaires. Naturellement, ils ont du goût aussi pour les joies simples, ils aiment les femmes, le cinéma et les bains de mer. Mais, très raisonnablement, ils réservent ces plaisirs pour le samedi soir et le dimanche, essayant, les autres jours de la semaine, de gagner beaucoup d'argent. Le soir, lorsqu'ils quittent leurs bureaux, ils se réunissent à l'heure fixe dans les cafés, ils se promènent sur le même boulevard ou bien ils se mettent à leurs balcons. Les désirs des plus jeunes sont violents et brefs, tandis que les vices des plus âgés ne dépassent pas les associations de boulomanes, les banquets des amicales et les cercles où l'on joue gros jeu sur le hasard des cartes.*

---

* In unserer kleinen Stadt (ist es die Wirkung des Klimas?) macht man alles zusammen auf die gleiche hektische und unbewußte Art. Das heißt, man hat dort Langeweile, und man sieht

Die vielen Nomina dieses Textabschnitts haben – mit wenigen Ausnahmen – den anaphorischen Artikel bei sich, weil man das Erzählte alles schon kennt – aus anderen Texten, aus anderen Situationen, «aus dem Leben». In die Alltäglichkeit dieses trägen und langweiligen Lebens bricht dann allerdings alsbald ein unerhörtes Ereignis ein, die Pest. Man beachte in dem folgenden Beispiel, wie die Kette der anaphorischen Artikel brüsk mit einem kataphorischen Artikel abbricht, der das erste Auftreten einer toten Ratte begleitet (= Anfang des 2. Kapitels):

/le matin du 16 avril, le docteur Bernard Rieux sortit de son cabinet et buta sur un rat mort .../ 'am Morgen des 16. April verließ Dr. Rieux seine Praxis und stolperte über eine tote Ratte ...'

Der Leser kann nun erwarten, im weiteren Verlauf der Erzählung (die gleichzeitig mit dem Aorist der Verben *sortit* 'verließ' und *buta* 'stolperte' in den Vordergrund übergeht) noch weitere Nachrichten über Ratten zu erhalten und wird in ihnen bald ein Symbol der Pest erkennen.

Beschreibungen sind häufig Personenbeschreibungen. Auch in diesem Fall gilt, daß die vorher erwähnte Person den Bekanntheitsrahmen für die nachfolgenden Beschreibungselemente abgibt. Diese werden also grundsätzlich mit dem anaphorischen Artikel eingeführt, es sei denn, der beschreibende Sprecher will ein bestimmtes Beschreibungselement ausdrücklich herausheben. Beachte besonders die folgenden Beispiele mit Adjektiven als Prädikamenten (vgl. 3.4.1.2.2):

/elle a les yeux bleus/   'sie hat blaue Augen (wörtlich: sie hat die Augen blau)'
/il a les cheveux longs/   'er hat lange Haare'
/elle se promène le manteau ouvert/   'sie geht mit offenem Mantel spazieren'
/il a le nez rouge de froid/   'er hat vor Kälte eine rote Nase'

---

darauf, daß man Gewohnheiten annimmt. Unsere Mitbürger arbeiten viel, aber immer nur, um reicher zu werden. Sie interessieren sich vor allem für das Wirtschaftsleben, und sie kümmern sich, wie sie selber sagen, in erster Linie darum, Geschäfte zu machen. Natürlich haben sie auch Geschmack an den einfachen Freuden, sie lieben die Frauen, das Kino und das Baden im Meer. Aber höchst vernünftigerweise sparen sie sich diese Vergnügungen für den Samstagabend und den Sonntag auf und trachten an den anderen Wochentagen danach, viel Geld zu verdienen. Abends, wenn sie ihre Büros verlassen, treffen sie sich zur festgesetzten Zeit in den Wirtshäusern, sie gehen auf demselben Boulevard spazieren, oder sie setzen sich auf ihre Balkons. Die Triebe der Jüngeren sind heftig und kurz, während die Laster der Älteren über die Clubs der Boule-Spieler, die Festessen der Vereine und die Zirkel, in denen man das große Glück beim Kartenspiel sucht, nicht hinausgehen. (Albert Camus: *La peste*, I, Anfang.)

Da der anaphorische Artikel außer auf den voraufgehenden Kontext und die vorher bestehende Situation auch auf den grundsätzlich bei jedem Sprachspiel vorausgesetzten Kode der Sprache verweisen kann, findet man ihn auch bei vielen syntaktischen Gruppen der verschiedensten Art, sofern diese sich zu lexikalisierten Ausdrücken verfestigt haben. Merke besonders:

/ *le lait sent le brûlé* / 'die Milch riecht angebrannt'
/ *elle n'a pas le temps de se reposer* / 'sie hat keine Zeit, sich auszuruhen'
/ *elle a mal à la tête* / 'sie hat Kopfschmerzen'
/ *elle est malade et il ne lui fait pas la lecture* / 'sie ist krank, und er liest ihr nicht vor'
/ *il joue sans cesse du piano* / 'er spielt unaufhörlich Klavier'
/ *les autres jouent aux cartes* / 'die andern spielen Karten'
/ *elle a le cafard* / 'sie ist niedergeschlagen (trübsinnig)'
/ *elle prend la fuite* / 'sie ergreift die Flucht'

Der anaphorische Artikel (sehr selten der kataphorische Artikel) dient – meistens im Maskulin – auch zur Nominalisierung von Sprachzeichen anderer Sprachzeichenklassen:
1. Verben im Infinitiv: *le pouvoir* 'die Macht', *le savoir* 'das Wissen', *le savoir-vivre* 'die Lebensart', *au pis aller* [opizale] 'schlimmstenfalls' (...)
2. Adjektive: *le vrai* 'das Wahre', *le faux* 'das Falsche', *le beau* 'das Schöne', *le sublime* 'das Erhabene', *l'allemand* 'das Deutsche (die deutsche Sprache)', *le français* 'das Französische' (...)
3. Adverbien: *le bien* 'das Gute', *le mal* 'das Böse', *le mieux* 'das Beste' (...)
4. Morpheme verschiedener Klassen: *le moi* 'das Ich', *un rien* 'eine (winzige) Kleinigkeit', *le pour et le contre* 'das Für und Wider', *le pourquoi* 'das Warum', *le si et le mais* 'das Wenn und das Aber', *l'ailleurs* 'das Anderswo' (...)

5.1.2.5 Zum Gebrauch des kataphorischen Artikels

Am Anfang eines Textes, insbesondere bei Erzählungen, hat der Hörer einen erhöhten Informationsbedarf. Er muß sich ja in den neuen Text erst hineinfinden. Dem trägt der Sprecher gewöhnlich durch besondere Informationsanstrengungen in Gestalt einer «Exposition» Rechnung. Hier findet man Formen des kataphorischen Artikels in besonderer Häufung, so beispielsweise am Anfang eines Märchens (Kinder brauchen besonders deutliche Signale). Folgendermaßen fängt bei Perrault das Märchen *La Barbe bleue* 'Blaubart' an (Symbole: ◊ = anaphorischer Artikel, ◊ = kataphorischer Artikel):

Il était une fois un homme qui avait de belles maisons à la ville et à la campagne, de la vaisselle d'or et d'argent, des meubles en broderie et des carrosses tout dorés; mais par malheur cet homme avait la barbe bleue ...*

Im späteren Verlauf des Textes, nachdem alle diese neuen Personen und Sachen eingeführt sind, steht dann der anaphorische Artikel häufiger. (Zeitgenössische Autoren verschmähen jedoch bisweilen diese Expositionstechnik und fangen gleich mit dem anaphorischen Artikel an, «als ob» alles schon bekannt wäre. Auf diese Weise entsteht für den Leser eine Spannungs-Situation gleich am Textanfang – vgl. den Anfang des Romans *La Voie royale* von André Malraux.)

Kataphorische Artikel sind auch für Metaphern und Vergleiche charakteristisch. Metaphern und Vergleiche können, soweit sie durch Nomina ausgedrückt sind, als Quasi-Klassifikationen angesehen werden (vgl. 5.1.2.3). Sie folgen daher auch dem Muster des Artikel-Gebrauchs in klassifizierenden Definitionen. Sie appellieren an den Hörer, ein Nomen, das im Text ungenügend erklärt ist, in fremde Bezugssysteme einzuordnen und es auf diese Weise außerhalb des laufenden Textes zu klassifizieren. Metaphern und Vergleiche führen daher für einen Augenblick vom Hauptweg des Textes ab und beziehen mit Hilfe kataphorischer Artikel fremde und mehr oder weniger überraschende Elemente als Determinanten in das Sprachspiel ein («Konterdetermination»):

/*la nature est un temple où de vivants piliers* / *laissent parfois sortir de confuses paroles*/   'die Natur ist ein Tempel, wo lebende Pfeiler manchmal verwirrte Worte von sich geben' (Baudelaire)
/*l'ombre des arbres dans la rivière embrumée* / *meurt comme de la fumée*/   'der Schatten der Bäume im nebligen Fluß / stirbt wie Rauch' (Verlaine)

Aus der Aufmerksamkeit gebietenden, weil Nachinformation ankündigenden Bedeutung des kataphorischen Artikels ergibt sich ferner, daß er gut Prognosen und Prophezeiungen sowie alle Arten von Überraschung und Verwunderung ausdrücken kann:

/*un jour viendra où ...*/   'ein Tag wird kommen, da ...'
/*dans cent ans on aura une société sans classes*/   'in hundert Jahren wird man eine Gesellschaft ohne Klassen haben'
/*un miracle!*/   'ein Wunder!'

---

* Es war einmal ein Mann, der hatte schöne Häuser in der Stadt und auf dem Lande, Geschirr von Gold und Silber, Bettgarnituren mit Verzierungen und Karossen ganz aus Gold; aber zum Unglück hatte dieser Mann einen blauen Bart ... (Perrault: *Contes,* hg. von G. Rouger, Paris 1967, S. 123.)

5.1.2.6   Eine Verblüffungs-Strategie: der Artikel in Titeln und Überschriften

Der Titel eines Textes oder die Überschrift eines Teiltextes (auch die Unter-
schrift eines Bildes sowie der Titel eines Films, eines Theaterstücks usw.) bilden
gewöhnlich den absoluten Textanfang. In manchen Situationen wird der Hörer –
in diesem Fall meistens der Leser, Betrachter, Zuschauer usw. – nur mit dem
Titel konfrontiert. Er sieht etwa das Buch im Schaufenster, nimmt die Filmre-
klame wahr, liest das Theaterprogramm. Die Titel stellen sich dabei isoliert dar,
gelegentlich nur durch Illustrationen erläutert. Das ist wenig Hilfe für die Determination der Nomina, die überdies in Titeln im Verhältnis zu anderen Lexemen
besonders häufig auftreten. Es ist nun zu bemerken, daß die Nomina in den
Titeln sehr oft, wesentlich häufiger als sonst in der Sprache, von Formen des
anaphorischen und nicht des kataphorischen Artikels begleitet sind. Auch die
Mehrzahl der aus der Literatur bekannten Titel ist von dieser Art und bevorzugt
den bestimmten Artikel:

Le Cid   'Der Cid' (Corneille)
L'Avare   'Der Geizige' (Molière)
L'Ingénu   'Der Arglose' (Voltaire)
Les Illusions perdues   'Die verlorenen Illusionen' (Balzac)
Le Rouge et le Noir   'Rot und Schwarz' (Stendhal)
Les Fleurs du Mal   'Die Blumen des Bösen' (Baudelaire)
A la recherche du temps perdu   'Auf der Suche nach der verlorenen Zeit'
   (Proust)
La Jetée   'Die Mole' (Michaux)
(...)

Der Hörer (Leser) wird also – wenn am Beispiel des bekannten Gedichtbandes
von Baudelaire argumentiert werden darf – zunächst mit dem bloßen Titel *Les
Fleurs du Mal* konfrontiert. Wir wollen annehmen, daß er die Gedichte selber,
während er den Titel liest, noch nicht gelesen hat. Es ist sogar fraglich, ob er sie
überhaupt je lesen wird. Man liest ja manchen Titel, ohne das Buch zu kaufen,
geschweige denn es zu lesen. Aber der Sprecher (hier: der Autor) will offenbar,
daß man seinen Text liest, sein Buch kauft. Dazu ist das Signal des anaphorischen
Artikels ein Anreiz. Da dem anaphorischen Artikel nämlich, etwa in dem Titel
Les Fleurs du Mal, weder ein Kontext noch eine erläuternde Situation voraufgeht
und da in diesem Fall auch eine allgemeine Verweisung auf den Kode der Sprache keinen spezifischen Hinweis auf den so titulierten Text hergibt, stößt die
Determinations-Anweisung des anaphorischen Artikels ins Leere. Der verblüffte
Leser des Titels, den man sich als flüchtigen, mit vielen anderen Dingen beschäf-

tigten Passanten vorstellen muß, kann mit dem Hinweis auf die Vorinformation nichts anfangen. Der anaphorische Artikel in Titeln bringt also ein Ungenügen mit dem Informationsstand hervor und erzeugt beim Leser eine Motivation, seine offenbar mangelhafte Vorinformation durch die Nachinformation der Lektüre (der Bildbetrachtung, des Theaterbesuchs usw.) nachträglich zu verbessern.

Verhältnismäßig selten kommt auch der kataphorische Artikel in Titeln vor. Aus der französischen Literatur sind beispielsweise die folgenden Titel bekannt:

Une ténébreuse Affaire 'Eine finstere Affäre' (Balzac)
Une Vie 'Ein Leben' (Maupassant)
Une Charogne 'Ein Aas' (Baudelaire)
Une Saison en Enfer 'Eine Saison in der Hölle' (Rimbaud)
(…)

Dann gibt der kataphorische Artikel unter Verzicht auf den oben beschriebenen Verblüffungseffekt des anaphorischen Artikels und im Einklang mit seiner auch sonst geltenden Morphem-Bedeutung zu erkennen, daß das Nomen des Titels hier in einer besonderen Weise aufgefaßt werden soll. Das Leben beispielsweise, das Maupassant in seinem Roman beschreibt, ist nämlich ein ungewöhnlich einsames und melancholisches Leben, und das Aas, von dem Baudelaires Gedicht handelt, hat eine eigentümliche Schönheit an sich. Wenn also in seltenen Fällen der unbestimmte Artikel in Titeln auftaucht, so ist das ein Signal dafür, daß das Titel-Nomen abweichend von der Norm des Kodes aufgefaßt werden soll. Wie, das kann der Leser dann in dem Roman oder Gedicht genauer nachlesen.

Eine andere Möglichkeit, den Leser neugierig zu machen, ist der Informationsentzug, der im Nominalbereich dadurch verwirklicht werden kann, daß gar kein Artikel, anders ausgedrückt: ein Null-Artikel steht (vgl. 5.1.3.3), zumal in der Reihung mehrerer Nomina:

Guerre et Paix 'Krieg und Frieden' (Tolstoi)
Crime et Châtiment 'Schuld und Sühne' (Dostojewski)
(…)

5.1.3 Neutralisierungen bei den Artikelformen

Die beim Artikel auftretenden Oppositionen können unter bestimmten Bedingungen neutralisiert werden. Neutralisierbar sind in diesem Sinne die Opposition des Genus (5.1.3.1) und des Numerus (5.1.3.2), deren Morpheme mit denen des Artikels verschmolzen sind. Neutralisierbar ist aber auch die Opposition

Anaphorik vs. Kataphorik, die dem Paradigma des Artikels selber zugrunde liegt (5.1.3.3).

5.1.3.1 Genus-Neutralisierung beim Artikel

Die kontextuelle Bedingung für die Neutralisierung der Genus-Opposition Maskulin vs. Feminin (vgl. 2.1) heißt: Plural. Nur im Plural also werden die beiden Genera durch den Artikel nicht unterschieden:

NUMERUS GENUS	SINGULAR	PLURAL
MASKULIN	*le village* 'das Dorf'	*les* ⟨ *villages* ⟩ 'die' ⟨ Dörfer' ⟩
FEMININ	*la ville* 'die Stadt'	*les* ⟨ *villes* ⟩ 'die' ⟨ Städte' ⟩

Man weiß aber weiterhin aus dem Gedächtnis oder dem Wörterbuch, auch wenn keine singularische Artikelform es hörbar und sichtbar macht, daß *village(s)* maskulin, *ville(s)* feminin ist, und dieses Wissen bleibt trotz der Neutralisierung der Artikel im Plural für die Kongruenz mit dem Adjektiv bestimmend:

$$les \left\langle \begin{array}{l} beaux\ villages \\ belles\ villes \end{array} \right. \text{'die schönen} \left\langle \begin{array}{l} \text{Dörfer'} \\ \text{Städte'} \end{array} \right.$$

5.1.3.2 Numerus-Neutralisierung beim Artikel («Teilungs-Artikel»)

Auch die Numerus-Opposition Singular vs. Plural (vgl. 2.2) kann beim Artikel neutralisiert werden, jedoch nur beim kataphorischen Artikel. Als neutrale Form dient die Artikelform *du* im Maskulin, *de la* im Feminin, *de l'* in beiden Genera vor vokalischem Anlaut und «vokalischem *h-*», jeweils in Verbindung mit der Singular-Form des Nomens:

	NUMERUS-OPPOSITION	NEUTRALISIERUNG DER NUMERUS-OPPOSITION
SINGULAR	*un poisson* 'ein Fisch' *une salade* 'ein Salat'	*du poisson* 'Fisch' *de la salade* 'Salat'
PLURAL	*des poissons* 'Fische' *des salades* 'Salate'	

Die numerus-neutrale Form des kataphorischen Artikels («Teilungsartikel»)
wird dann gebraucht, wenn etwas als Kontinuum aufgefaßt werden soll, weil es
nach Elementen entweder nicht unterschieden werden kann oder nach Lage der
Dinge nicht unterschieden zu werden braucht. Ob im Einzelfall ein Nomen singularisch als gebündelte Menge (von Elementen) oder pluralisch als Vielzahl von
Elementen (einer Menge) aufgefaßt wird (vgl. 2.2.1), oder ob schließlich diese
Unterscheidung durch Neutralisierung verweigert wird, hängt grundsätzlich
davon ab, welche Verstehens-Anweisungen der Sprecher dem Hörer im Sprachspiel geben will. So kann der Hörer beispielsweise auf dreierlei verschiedene
Weise angewiesen werden, die Bedeutung des Nomens *pain* 'Brot' unter Nume-
rus-Gesichtspunkten zu verstehen:

☐1 Singular:

Der Hörer soll eine Menge gebündelt ins Auge fassen; er benutzt dazu anaphorische oder kataphorische Artikel:

/*le pain est nutritif*/   'Brot ist nahrhaft' («Gesamtmenge»!)
/*le pain de ma mère est le meilleur*/   'das Brot meiner Mutter ist das beste'
   («Teilmenge»!)
/*il me faut tout de suite un pain*/   'ich brauche sofort ein Brot' («Einermenge»!)

Anmerkung: Ob im Text eine «Gesamtmenge», eine «Teilmenge» oder eine
«Einermenge» gemeint ist, hängt von ergänzenden Informationen des Kontextes
ab und wird n i c h t durch die Morpheme des Numerus signalisiert.

☐2 Plural:

Der Hörer soll einzelne Elemente ins Auge fassen; dazu benutzt er ebenfalls
anaphorische oder kataphorische Artikel:

/*j'achète les baguettes que j'ai commandées*/   'ich kaufe die (Stangen-)Brote, die
   ich bestellt habe'
/*est-ce qu'il vous reste des croissants?*/   'haben Sie noch Hörnchen (Croissants)
   vorrätig?'

Anmerkung: Wieviele Elemente zwischen den Grenzwerten zweier und sämtli-
cher Elemente der Menge im jeweiligen Text gemeint sind, wird n i c h t durch
die Morpheme des Numerus signalisiert, sondern muß ergänzenden Informationen des Kontextes, insbesondere den Numeral-Artikeln, entnommen werden
(vgl. 5.2.3).

$\boxed{3}$ Neutralisierung des Numerus

Der Hörer sieht in einem gegebenen Sprachspiel keinen Anlaß, nach Menge und Elementen zu unterscheiden. Er kann dann die Bedeutung des Nomens numerus-neutral ins Auge fassen. Das geht aber nur beim kataphorischen Artikel:

/ *vous avez du pain frais?* /   'haben Sie frisches Brot?'

Einige Nomina bieten sich schon von ihrer Bedeutung her für eine Neutralisierung der Numerus-Opposition an, weil sie sich in der Anschauung oder der Vorstellung nur schwer nach Elementen gliedern lassen. Es handelt sich insbesondere um Nomina, die eine Masse, ein Konglomerat oder überhaupt ein schwer zu gliederndes Gebilde, auch psychischer Natur, bezeichnen *(«mass nouns»)*:

/ *j'ai bu du lait* /   'ich habe Milch getrunken'
/ *plutôt de l'eau que du lait* /   'lieber Wasser als Milch'
/ *l'eau n'est bonne qu'à faire du café* /   'Wasser taugt nur zum Kaffeekochen'
/ *il y a du vrai là-dedans* /   'es ist etwas Wahres daran'
/ *le café donne de l'esprit* /   'Kaffee macht geistreich'
/ *il faut aussi du bon sens* /   'man braucht auch gesunden Menschenverstand'
/ *de la musique avant toute chose!* /   'vor allem Musik!' (Verlaine)
/ *mais alors du Mozart!* /   'aber dann (etwas von) Mozart!'

Diejenigen Nomina, bei denen die Numerus-Opposition nach Maßgabe des Sprachspiels neutralisiert werden kann, bilden also keine semantisch einheitliche Gruppe. Gemeinsam ist diesen Nomina nur, daß es tunlich ist, bei ihnen den Gesichtspunkt der Menge und ihrer Elemente außer acht zu lassen, da sie danach nicht zu gliedern sind. Vorausgesetzt ist für die Neutralisierung des Numerus allerdings immer, daß überhaupt der kataphorische und nicht der anaphorische Artikel verwendet wird. Beim anaphorischen Artikel wird eine Neutralisierung der Numerus-Opposition nicht mit formalen Mitteln angezeigt:

/ *il avait acheté du pain et du vin, mais le pain était moisi et le vin était aigre* /   'er hatte Brot und Wein gekauft, aber das Brot war verschimmelt, und der Wein war sauer'

Das Beispiel zeigt, daß ein kataphorischer Artikel, der durch eine eigene Form *(du pain, du vin)* als neutralisiert gekennzeichnet ist, im weiteren Kontext wiederaufgenommen wird durch eine Form des anaphorischen Artikels, die nicht eigens als neutralisiert gekennzeichnet ist *(le pain, le vin)*.

Unterscheide aber bei den Formen *du, de la* (vor Vokal genus-neutral *de l'*) und *des* die unterschiedliche Bedeutung, je nachdem ob es sich um den anaphorischen Artikel in Kombination mit der Präposition *de* (vgl. 8.3.2.1) oder um numerus-neutrale Formen des kataphorischen Artikels handelt:

ANAPHORISCHER ARTIKEL MIT DER PRÄPOSITION *de* (NICHT NUMERUS-NEUTRAL)	KATAPHORISCHER ARTIKEL (NUMERUS-NEUTRAL)
/il aime parler du sport qu'il fait chaque jour/ 'er spricht gerne von dem Sport, den er täglich treibt'	*/elle aime se promener, c'est du sport pour elle/* 'sie geht gerne spazieren, das ist Sport für sie'
/il ne parle jamais de la peine que lui coûte l'entraînement continuel/ 'er spricht nie von der Mühe, die ihn das ständige Training kostet'	*/elle a de la peine à comprendre son enthousiasme/* 'es fällt ihr schwer, seine Begeisterung zu verstehen'

In den Beispielen der linken Spalte steht der anaphorische Artikel, einmal verschmolzen *(du)* und zweimal unverschmolzen *(de la, de l')* mit der Präposition *de*. In den Beispielen der rechten Spalte steht hingegen der kataphorische Artikel in seiner numerus-neutralen Form (als «Teilungsartikel»), einmal als Maskulin (*du sport* 'Sport'), einmal als Feminin (*de la peine* 'Mühe').

5.1.3.3   Der Null-Artikel

Nicht nur die mit den Formen des Artikels verschmolzenen Oppositionen des Genus und des Numerus, sondern auch die Opposition zwischen dem anaphorischen und dem kataphorischen Artikel selber kann neutralisiert werden. Als neutrale Form dient das Fehlen eines Artikels vor einem Nomen im Text. Diese Abwesenheit ist ein Null-Morphem. Wir bezeichnen es als Null-Artikel. Der Null-Artikel ist ein Signal an den Hörer, daß er eine Determination des ohne Artikel eingeführten Nomens weder von der Vorinformation noch von der Nachinformation erwarten soll. Die Determination bleibt in der Schwebe oder regelt sich von selber.

☐1   Anredeformen

Die Anrede einer Person (vgl. 9.1.2) setzt in der Regel voraus, daß diese Person in der natürlichen, gegebenenfalls aber elektronisch vergrößerten Reichweite der Kommunikationsorgane anwesend ist. Die Anrede bestätigt also eine Person in ihrer Empfänger-Rolle. Diese Rolle ist im Sprachspiel eine eindeutig fixierte Gesprächsrolle und als solche auch ohne Vor- oder Nachinformation gut bekannt. Bei der einfachen Anrede steht daher meistens der Null-Artikel:

/*bonjour, Monsieur*/   'guten Tag, Herr X'
/*bonsoir, Madame*/   'guten Abend, Frau Y'
/*vous allez écouter, chers auditeurs ...*/   'Sie hören jetzt, liebe Hörer ...'

Wenn jedoch die einfache Anrede durch ein Nomen näher spezifiziert wird, steht der anaphorische Artikel:

/*Monsieur le Président*/   'Herr Präsident'
/*Monsieur le Maire*/   'Herr (Ober-)Bürgermeister'

Auch bei einer Anrede mehrere Personen wird die Pluralform umgangssprachlich häufig durch den anaphorischen Artikel im Plural hörbar gemacht:

/*ça va bien, les amis?*/   'geht's gut, Freunde?'
/*silence, les enfants!*/   '(seid) still, Kinder!'

2   Kommentierte Wörter

Wenn man ein Nomen im Text isolieren will, um es zum Gegenstand eines metasprachlichen Kommentars zu machen, so benutzt man ebenfalls den Null-Artikel. Die Isolierung des kommentierten Wortes von seinem Kontext beruht auf einem Determinations-Verzicht:

/*le mot «menteur» est un affront*/   'das Wort «Lügner» ist eine Beleidigung'
/*le mot «menteur» a sept lettres*/   'das Wort *menteur* hat sieben Buchstaben'
/*le graphème «m» représente le phonème /m/*/   'das Graphem *m* repräsentiert das Phonem /m/'

3   Sprichwörter

Auch Sprichwörter sind ihrem jeweiligen Kontext gegenüber relativ gleichgültig, da sie unabhängig vom Kontext allgemeine Geltung beanspruchen. Sie haben für sich allein Textrang, auch wenn sie in einen Kontext eingebettet sind. Ihre Bedeutung erschöpft sich nicht in der Anwendung auf das anstehende Sprachspiel. Der Null-Artikel gehört daher zu den syntaktischen Merkmalen der Textsorte Sprichwort. Er verleiht den Sprichwörtern außerdem eine gewisse archaische Note:

/noblesse oblige/ 'Adel verpflichtet'
/comparaison n'est pas raison/ 'ein Vergleich ist (ersetzt) keine Begründung'
/araignée du matin, chagrin; araignée du soir, espoir/ 'Spinne am Morgen bringt
  Kummer und Sorgen, Spinne am Abend erquickend und labend'
/poisson sans boisson est poison/ 'Fisch ohne Getränk ist Gift'
/il faut bonne mémoire après qu'on a menti/ 'man braucht ein gutes Gedächtnis,
  nachdem man gelogen hat' (Corneille)

4 Schlagzeilen

Es handelt sich bei den Schlagzeilen der Zeitungen ebenfalls um relativ isolierte
Textsegmente, deren häufig rhetorisch gesteigerter Appellwert auch ohne Stüt-
zung durch eine Vor- oder Nachinformation den Leser erreichen soll. Der eilige
Leser soll sie auch im Vorübergehen auffassen und verstehen können:

/réunion de l'ONU ajournée/ 'Tagung der UNO verschoben'
/nouvelle hausse des prix/ 'neue Preissteigerungen'
/grève des cheminots/ 'Streik der Bahnbediensteten'

5 Telegrammstil

Der Telegrammstil ist anders, nämlich durch pure Sparsamkeit motiviert. Auf
der Post zählt auch der Artikel als ein Wort und kostet Geld. Der Absender spart
daher gerne die Artikel ein und bürdet lieber dem Empfänger eine größere Mühe
beim Verstehen auf. So erhält Meursault am Anfang des Romans *L'Étranger* von
Camus das folgende Telegramm von der Verwaltung eines Altenheims:

/Mère décédée. Enterrement demain. Sentiments distingués./ 'Mutter verstorben.
  Beerdigung morgen. Hochachtungsvoll.'

6 Prädikats-Nomina

Nominale Prädikamente des Prädikations-Verbs *être* 'sein' oder anderer Verben
mit verwandter Bedeutung stehen häufig mit dem Null-Artikel und zeigen
dadurch ihre enge Bindung an das Prädikat:

/je suis linguiste/ 'ich bin Linguist'
/j'aimerais me faire médecin de campagne/ 'ich möchte gerne Landarzt werden'
/je ne veux pas être nommé proviseur/ 'ich will nicht zum (Gymnasial-)Direktor
  ernannt werden'

Das Prädikats-Nomen kann jedoch auch durch einen spezifizierenden Zusatz erweitert werden; dann steht je nach der Kontextlage der anaphorische oder der kataphorische Artikel:

/ *il est l'avocat qui a le plus de succès* / 'er ist der erfolgreichste Rechtsanwalt'
/ *cet avocat est une pauvre créature* / 'dieser Rechtsanwalt ist ein armes Geschöpf'

7 Lexikalisierte Ausdrücke: Verb + Nomen

Während einige feste Verbindungen von Verb und Nomen den anaphorischen Artikel lexikalisiert haben (vgl. 5.1.2.4), hat eine größere Zahl solcher Verbindungen den Null-Artikel lexikalisiert. Auf diese Weise wird von dem Nomen jede Determination durch die Vorinformation oder die Nachinformation des jeweiligen Textes ferngehalten, und die Bedeutung des Nomens kann sich unabgelenkt mit der Bedeutung des Verbs zu einer neuen lexikalischen Einheit integrieren. Die folgenden Beispiele bilden nur einen kleinen Teil dieses phraseologisch verfestigten Vokabulars:

/ *j'ai faim, j'ai soif, j'ai chaud* / 'ich habe Hunger, ich habe Durst, mir ist warm'
/ *prends patience, ça prendra fin* / 'hab Geduld, das hat bald ein Ende'
/ *je perds confiance, je perds courage* / 'ich verliere das Vertrauen, ich verliere den Mut'
/ *tu me fais peur, tu me fais pitié* / 'du machst mir Angst, du tust mir leid'
/ *je te porte bonheur, tu m'en dois reconnaissance* / 'ich bringe dir Glück, du solltest mir dafür dankbar sein'
/ *je te donne raison, je te demande pardon* / 'ich gebe dir recht, ich bitte dich um Verzeihung'
(...)

Es handelt sich insbesondere um Verbindungen solcher sehr häufigen Verben wie *avoir, faire, prendre, rendre, porter, perdre* mit Nomina aus dem Bedeutungsbereich des Menschen sowohl in seinem leiblichen als auch in seinem geistigen Dasein.

Durch Einfügung eines anaphorischen oder eines kataphorischen Artikels kann jedoch diese lexikalisierte Lexem-Verbindung wieder aufgebrochen und ein spezifischer Textzusammenhang mit der Vor- oder Nachinformation hergestellt werden:

/ *j'ai faim, j'ai même une faim de loup* / 'ich habe Hunger, ich habe sogar einen Bärenhunger'
/ *tu me rendrais service, tu me rendrais vraiment le plus grand service* / 'du tätest mir einen Gefallen, du tätest mir wirklich den größten Gefallen'

⑧   Lexikalisierte Ausdrücke: Präposition + Nomen

Wenn ein Verb oder Nomen durch die Vermittlung einer Präposition mit einem
Nomen eine Junktion bildet (vgl. 8.3), so steht häufig bei diesem Nomen (dem
Adjunkt) ein Null-Artikel. Dadurch wird eine sehr enge und häufig lexikalisierte
Verbindung zwischen den Junktionsgliedern hergestellt:

/ *ne rentre pas à pied, tu n'arriveras pas à temps* /   'geh nicht zu Fuß nach Haus,
   du kommst nicht rechtzeitig an!'
/ *je suis sans voiture, et je marche avec plaisir* /   'ich bin ohne Wagen, und ich gehe
   gern zu Fuß'
/ *d'accord, si tu avais des chaussures de sport* /   'einverstanden, wenn du Sport-
   schuhe hättest'
/ *qui part de bonne heure, fait trente kilomètres par jour* /   'wer früh aufbricht,
   schafft dreißig Kilometer am Tag'

Spezifizierende Erweiterungen der lexikalisierten Junktion bringen jedoch auch
hier wieder den Artikel hervor:

/ *il regarde les voitures avec dédain, à savoir avec le dédain d'un globe-trotter* /   'er
   schaut die Autos mit Verachtung an, und zwar mit der Verachtung eines Welten-
   bummlers'

Bei der Präposition *en* (anders als bei der Präposition *dans*!) ist der Null-Artikel
die Regel (vgl. 8.3.3.2.1.3). Man sagt also: *en ville* 'in der Stadt', *en octobre* 'im
Oktober', *en bonne forme* 'in guter Form'. Eine Verbindung dieser Präposition
mit dem anaphorischen Artikel ist nur in einigen Wendungen, besonders der
Verwaltungssprache, üblich:

en l'absence de   'in Abwesenheit von' (aber: *en présence de* 'in Anwesenheit
   von')
en la personne de   'in Person (Gestalt) von'
en l'occurrence   'in diesem Fall'
en l'honneur de   'zu Ehren von'
en un sens   'in einer Hinsicht, in gewissem Sinne'
(...)

⑨   Reihungen

Reihungen von Nomina im Plural stehen meistens ohne Artikel. Der Plural ist
dann nur an der Reihung erkennbar (manchmal noch zusätzlich an einer Nume-

rus-Liaison – vgl. 2.2.6). In Verbindung mit einer Negation können Nomina auch im Singular mit dem Null-Artikel stehen:

/ *professeurs, écrivains, journalistes: tous* [tus] *se croient des intellectuels* /   'Professoren, Schriftsteller, Journalisten: alle halten sich für Intellektuelle'
/ *il n'y a ni poète ni peintre qui ne soit (pas) imaginatif* /   'es gibt keinen Dichter und auch keinen Maler, der nicht phantasiebegabt wäre'

5.1.4   Der Artikel bei Eigennamen

Eigennamen werden in einem Sprachspiel in der Regel nur dann gebraucht, wenn gesichert ist, daß die Gesprächspartner mit ihnen eine genaue Vorstellung verbinden. Daß einige Eigennamen (*Jésus-Christ* [ʒezykri], *Jérusalem* [ʒeryzaləm]) weithin, sogar über den Rahmen der Einzelsprachen hinaus, bekannt sind, andere hingegen *(Saint-Just, Château-Thierry)* nur verhältnismäßig wenigen Personen, macht keinen grundsätzlichen Unterschied für die konkreten Sprachspiele aus. Denn wenn der Sprecher je einen Eigennamen gebraucht, der dem Hörer nicht bekannt ist, so wird er sich alsbald einer Rückfrage gegenübersehen. Für Eigennamen gelten nun die folgenden Regeln bei der Verwendung des Artikels:

1   Personennamen

Personennamen bestehen, je nach den Vorinformationen eines Sprachspiels, aus einem Element oder aus mehreren Elementen. Es müssen in jedem Fall genügend viele Elemente sein, damit die gemeinte Person eindeutig identifiziert werden kann. Ist diese Bedingung erfüllt, so steht der Null-Artikel: *Homère, Jules César, François Ier* [prəmje], *George Sand* [ʒɔrʒəsɑ̃d] (vgl. 6.6.2). Reichen die Elemente des eigentlichen Personennamens für eine genaue Identifizierung der gemeinten Person nicht aus, so müssen Determinanten hinzugefügt werden, die dann meistens mit dem bestimmten Artikel eingeführt werden: *le roi Frédéric le Grand* 'König Friedrich der Große', *la femme-écrivain George Sand* 'die Schriftstellerin George Sand' usw.

Bloße Familiennamen stehen ebenfalls mit dem Null-Artikel, wenn sie durch die allgemeine Vorinformation der Tradition mit einer einzelnen Person verbunden werden *(Racine, Pascal, Robespierre, Pasteur)*. Zur Bezeichnung der Familie oder Dynastie als Gruppe von Individuen stehen sie mit dem anaphorischen Artikel im Plural (*les Hohenzollern, les Kennedy* – vgl. 2.2.3.3).

2 Ortsnamen

Namen von Ortschaften stehen meistens mit dem Null-Artikel zum Zeichen dafür, daß sie als solche keiner textuellen oder situativen Determination bedürfen: *Paris, New York, Versailles, Bellac.* Wenn aber der Ort oder gewisse Umstände des Ortes nicht allen Teilnehmern des Sprachspiels bekannt sind, muß man Determinanten hinzufügen, bei denen sich dann meistens der bestimmte Artikel findet:

le Paris du préfet Haussmann 'das Paris des Präfekten Haussmann'
le New York des grandes banques 'das New York der großen Banken'
le Versailles de Louis XIV 'das Versailles Ludwigs XIV.'
le village de Bellac célébré par Giraudoux 'das von Giraudoux gefeierte Dorf Bellac'

Einige Ortsnamen haben auch den anaphorischen Artikel lexikalisch integriert: *Le Havre* (*je vais au Havre* 'ich fahre nach Le Havre'), *Le Caire* 'Kairo' (*je viens du Caire* 'ich komme von Kairo'), *La Rochelle, La Haye* [laɛ] 'Den Haag', *La Ferté-Milon* (...).

Ländernamen, denen wir auch die Namen von Erdteilen, Provinzen und einigen größeren (nicht allen!) Inseln zurechnen wollen, stehen im Gegensatz zu den Personennamen und Namen von Ortschaften regelmäßig mit dem anaphorischen Artikel, und zwar meistens im Feminin, in einigen Fällen auch im Maskulin:

FEMININE LÄNDERNAMEN	MASKULINE LÄNDERNAMEN
la France 'Frankreich'	*le Portugal* 'Portugal'
l'Allemagne 'Deutschland'	*le Danemark* 'Dänemark'
l'Europe 'Europa'	*le Japon* 'Japan'
la Lorraine 'Lothringen'	*le Brésil* 'Brasilien'
la Sardaigne 'Sardinien'	*le Maroc* 'Marokko'
la Rhénanie 'das Rheinland'	*le Sénégal* 'Senegal'
(...)	(...)

Im einzelnen muß man das Genus der Ländernamen dem Wörterbuch entnehmen. Bei den Ländernamen mit femininem Genus (Singular) ist zu beachten, daß bei einer Verbindung mit der Präposition *en* der Artikel wegfällt (vgl. 8.3.3.2.1.6):

/*j'habite en Allemagne (en République Fédérale)* / 'ich wohne in Deutschland (in der Bundesrepublik)'
/*je vais en France* / 'ich gehe (oder: reise) nach Frankreich'

Bei den Ländernamen mit maskulinem Genus (Singular) verschmilzt die Präposition *en* mit dem anaphorischen Artikel zu der Form *au* (die historisch mit der aus *à* + *le* entstandenen Form *au* zusammengefallen ist):

/*il n'y a plus de Hamlet au Danemark*/   'es gibt keinen Hamlet mehr in Dänemark'

Bei der Präposition *de* kann der Artikel vor femininen Ländernamen (Singular) fortgelassen werden, wenn es sich um begrifflich verfestigte Junktionen handelt oder wenn ein Verb als Basis unbedingt determinationsbedürftig ist. Unterscheide:

OHNE ARTIKEL	MIT ARTIKEL
/*l'histoire de France*/ 'die französische Geschichte'	/*l'histoire littéraire de la France médiévale*/ 'die Literaturgeschichte des mittelalterlichen Frankreich'
/*l'ambassadeur d'Angleterre*/ 'der englische Botschafter'	/*la politique extérieure de l'Angleterre*/ 'die Außenpolitik Englands'
/*je viens* (oder: *j'arrive*) *d'Allemagne*/ 'ich komme aus Deutschland'	/*je viens* (oder: *j'arrive*) *du Portugal, des Pays-Bas*/ 'ich komme aus Portugal, aus den Niederlanden'

Regelmäßig mit dem anaphorischen Artikel stehen die Namen von Flüssen (*la Seine, le Rhône*), Bergen (*le mont Blanc, les Alpes*) und Gebäuden (*le Vatican, l'Elysée* [= Amtssitz des französischen Staatspräsidenten]).

3   Daten der zeitlichen Orientierung

Die Namen der Wochentage, die als Grenzfall zu den Eigennamen gehören, stehen mit dem Null-Artikel, sofern sie zum unmittelbaren Erfahrungsraum der in einem Sprachspiel besprochenen Welt gehören (vgl. 5.1.3.3):

/*je ne t'ai pas vu vendredi (dernier)*/   'ich habe dich (letzten) Freitag nicht gesehen'
/*je viendrai te trouver vendredi (prochain)*/   'ich besuche dich (nächsten) Freitag'

Der Kontext (Tempus-Perspektive!) oder die Situation regeln normalerweise, ob der Name des Wochentages auf die Vergangenheit, die Gegenwart oder die Zukunft zu beziehen ist. Ist die Eindeutigkeit nicht garantiert, so kann ein verdeutlichender Hinweis wie *dernier* oder *prochain* wie in den obigen Beispielen hinzugesetzt werden.

Wenn man die Namen der Wochentage hingegen mit dem anaphorischen oder mit dem kataphorischen Artikel verwendet, werden sie genauer determiniert, nämlich entweder von der Vorinformation (Text oder Kode) oder von der Nachinformation her:

/*je viendrai le vendredi 3 juin*/   'ich komme Freitag, den 3. Juni'
/*le professeur reçoit le vendredi*/   'der Professor hat freitags (oder: am Freitag) Sprechstunde'
/*ne venez pas me voir un vendredi parce que je vais toujours en ville ce jour-là*/   'besuchen Sie mich nicht an einem Freitag, weil ich da immer in die Stadt fahre!'
/*je me rappelle un vendredi terrible*/   'ich erinnere mich an einen schrecklichen Freitag'

Kalenderdaten stehen in der Regel mit dem anaphorischen Artikel (vgl. aber 5.2.3.4). Sie setzen die allgemeine Vorinformation des Kalendersystems voraus:

le 1er mai   'der (am) 1. Mai'
l'an 1789   'das Jahr 1789'
le XXe siècle   'das 20. Jahrhundert'
(le mois de) janvier   'der Januar'

Bei einsilbigen Monatsnamen (*mars* [mars], *mai* [mɛ], *août* [u̯(t)] ist die Voranstellung von *le mois de* die Regel:

au mois de mai   'im (Monat) Mai'

Merke aber:

Paris, le 1er mai 1984   'Paris, 1. Mai 1984'

4 Warenzeichen

Die Sprache der Werbung versucht, Bezeichnungen für Produkte so zu popularisieren, daß sie als Eigennamen empfunden werden. Als Warenzeichen verleihen sie dann dem Produkt den Marktwert eines Markenartikels. Das gilt auch für die politische Werbung, soweit sie den Bahnen der kommerziellen Werbung folgt. Die Warenzeichen der Werbesprache werden in der Regel ohne Artikel gebraucht, so als wäre der Markenname ein Personenname:

/*demandez* CLARODENT/   'verlangen Sie CLARODENT!'
/*vous redemanderez* PARTY-COLA/   'Sie werden PARTY-COLA immer wieder verlangen'
/*tout Paris lit* TELE-RAMA/   'ganz Paris liest TELE-RAMA'

Viele Firmen lassen sich die Warenzeichen ihrer Produkte gesetzlich schützen, damit sie als unverwechselbare Eigennamen gelten und nicht von anderen Firmen benutzt werden.

[5]   Metaphorisierte Personennamen

Wenn man Personennamen, die normalerweise ohne Artikel gebraucht werden, mit dem anaphorischen Artikel kennzeichnet, so wird damit die Bekanntheit des ohnehin als bekannt geltenden Eigennamens unterstrichen. Dieses Verfahren ist jedoch nur bei Frauen üblich, die damit als öffentlich bekannte Personen (manchmal mit pejorativer Nuance) charakterisiert werden:

/ *Louis XV a fait construire le château de Louveciennes pour la Du Barry* /   'Ludwig XV. hat das Schloß von Louveciennes für die Du Barry (seine bekannte Mätresse) erbauen lassen'

Anders, wenn ein Personenname mit dem kataphorischen Artikel ausgezeichnet wird. Indem dieser auf Nachinformation verweist, hebt er die Bekanntheit des Eigennamens auf. Dadurch wird der Eigenname im Text unbekannt gemacht. Der Hörer muß nun nach der Anweisung des kataphorischen Artikels den Eigennamen in einer anderen, ihm noch unbekannten Text-Bedeutung verstehen und hat zu diesem Zweck mit besonderer Aufmerksamkeit auf die Nachinformation des weiteren Kontextes oder der Situation zu achten. Und wenn diese ausbleibt, so erhält der Eigenname durch den kataphorischen Artikel eine besondere Emphase, die ihn zwischen einem Eigennamen und einem Gattungsnamen in der Schwebe hält:

/ *tous les siècles n'ont pas eu un Louis XIV* /   'nicht alle Jahrhunderte haben einen Ludwig XIV. gehabt'
/ *il me faudrait un Versailles* /   'mir täte ein Versailles not'
/ *vous vous comportez comme un Napoléon* /   'Sie benehmen sich wie ein Napoleon'
/ *vous avez besoin d'un Trafalgar et vous l'aurez* /   'Sie brauchen ein Trafalgar, und Sie werden es haben'

Die beschriebene Verwendung des kataphorischen Artikels ist nur bei bekannten Namen möglich, deren Bekanntheit auf diese Weise ins Unbekannte verschoben wird.

5.2   Der gezielte Artikel

Den einfachen Artikel haben wir als eine Suchanweisung definiert, bei der nur die Richtung angegeben ist, in der der Hörer geeignete Determinanten für das determinationsbedürftige Nomen suchen soll. Dabei waren die beiden Grundrichtungen der Vorinformation und der Nachinformation zu unterscheiden (vgl. 5.1).

Es kann nun aber die Informationslage eines Textes so beschaffen sein, daß eine allgemeine Richtungsanweisung für die Suche nach einem Determinanten für das Nomen nicht ausreicht, weil eine derartige Anweisung nicht genau genug ist. In einem solchen Fall kann der Sprecher die Artikel-Instruktion präzisieren und damit dem Hörer eine genauere Anweisung geben, in welchem Bereich der Vorinformation oder der Nachinformation er die Determinanten des Nomens suchen soll. Zu diesem Zweck gebraucht der Sprecher statt des einfachen Artikels einen gezielten Artikel. Wir unterscheiden vier Unterklassen des gezielten Artikels:

– Demonstrativ-Artikel (5.2.1)
– Possessiv-Artikel (5.2.2)
– Numeral-Artikel (5.2.3)
– Indefinit-Artikel (5.2.4)

Als fünfte Unterklasse kann man die Interrogativ- und Exklamativ-Artikel hinzurechnen, die sich unter vielen Gesichtspunkten wie gezielte Artikel verhalten. Wir behandeln sie jedoch nicht in diesem Kapitel, sondern im Kapitel 9 im Zusammenhang mit den anderen Formen der Frage und des Ausrufs (vgl. 9.3).

5.2.1   Der Demonstrativ-Artikel

Der Demonstrativ-Artikel ist ein gezielter Artikel, der dem Hörer die Anweisung gibt, für das determinationsbedürftige Nomen einen Determinanten in der Reichweite der Kommunikationsorgane einschließlich des Textgedächtnisses zu suchen. Von der Reichweite der Kommunikationsorgane und des Textgedächtnisses hängt das kommunikative Umfeld, anders gesagt die Position der syntaktischen Rollen im Sprachspiel ab. Wir beschreiben daher die Bedeutung der Demonstrativ-Artikel mit dem Merkmal ⟨POSITION⟩. Dasselbe Merkmal konstituiert auch die Klasse der Positions-Adverbien (vgl. 7.3.2) und die Bedeutung verschiedener Junktoren (vgl. 8.3.1.4.1).

Der Demonstrativ-Artikel ist mit seinen zugehörigen Nomina in Genus und Numerus kongruent. Eben an dieser Kongruenz erkennt man ihre Zusammengehörigkeit. Die folgenden Formen des Demonstrativ-Artikels sind sämtlich gebundene Formen. Sie kommen nur zusammen mit ihrem zugehörigen Nomen vor und gehen ihm meistens, wenn nicht ein Adjektiv dazwischentritt, unmittelbar voraus:

GENUS NUMERUS	MASKULIN	FEMININ
SINGULAR	*ce copain* [səkɔpɛ̃] 'dieser Freund'	*cette copine* [sɛtkɔpin] 'diese Freundin'
PLURAL	*ces jeux* [seʒø] 'diese Spiele'	*ces querelles* [sekərɛl] 'diese Streitigkeiten'

Vor vokalischem Anlaut des Nomens (orthographisch: vor Vokal oder «vokalischem *h*-») weicht die Form des Demonstrativ-Artikels ab:

GENUS NUMERUS	MASKULIN	FEMININ
SINGULAR	*cet enfant* [sɛtɑ̃fɑ̃] 'dieses Kind (dieser Junge)'	*cette enfant* [sɛtɑ̃fɑ̃] 'dieses Kind (dieses Mädchen)'
PLURAL	*ces excès* [sezɛksɛ] 'diese Exzesse'	*ces habitudes* [sezabityd] 'diese Gewohnheiten'

Aber vor «konsonantischem *h*-»:

/ *ces haricots* [seariko] / 'diese Bohnen'
/ *ce hareng* [səarɑ̃] / 'dieser Hering'

Wenn man die Bedeutung der Demonstrativ-Artikel beschreiben will, muß man zwischen einer Orientierung in der Situation und einer Orientierung im Text unterscheiden. Für die Orientierung im Text ist die Reichweite des Textgedächtnisses und – spiegelbildlich dazu – der Texterwartung maßgeblich (5.2.1.1). Der textuelle oder situative Orientierungsraum kann durch Kontrast-Morpheme in einen Nahbereich und einen Fernbereich untergliedert werden (5.2.1.2). Die Opposition dieser Kontrast-Morpheme ist wiederum neutralisierbar (5.2.1.3). Im Text verteilen sich die verschiedenen Formen des Demonstrativ-Artikels so, daß sie zusammen mit den Formen des einfachen Artikels und anderen Formen des gezielten Artikels das charakteristische Informations-Profil eines Textes bilden (5.2.1.4).

5.2.1.1   Orientierung in der Situation und im Text

Man kann sich mit den Formen des Demonstrativ-Artikels ebensowohl auf die Situation als auch auf den Kontext (oder auf beides zugleich) beziehen.

[1]   Orientierung in der Situation

Soll sich eine Form des Demonstrativ-Artikels auf die nichtsprachliche Situation beziehen, so wird dies oft durch begleitende Zeigegesten («Deixis») signalisiert. Der Bereich der situativen Orientierung ist dann mit dem Raum identisch, der durch solche Zeigegesten bezeichnet werden kann. Er wird folglich durch die (im Einzelfall unterschiedliche) Reichweite des Zeigens begrenzt. Daraus folgt gleichzeitig, daß seine Ausmaße nicht ein für allemal nach objektiven Längen-, Flächen- oder Raummaßen angegeben werden können.

Für das folgende Beispiel, einen kurzen Dialog, nehmen wir eine umgebende nichtsprachliche Situation an, in der mindestens ein Apfel und eine Birne vorhanden sind. Während die beiden Dialogpartner miteinander sprechen, zeigen sie mit Handgesten auf «diesen» Apfel und «diese» Birne:

/ *puis-je prendre cette pomme?* /   'kann ich diesen Apfel nehmen?'
/ *prends plutôt cette poire* /   'nimm lieber diese Birne!'

Die erste Person zeigt also, während sie fragt, ob sie «diesen» Apfel nehmen darf, auf den Apfel in ihrer Sicht- und Reichweite, und die zweite Person, die den Rat gibt, eher «diese» Birne zu nehmen, zeigt ihrerseits auf die Birne vor ihr. Die beiden Personen haben damit einen Bezug zwischen den geäußerten Sprachzeichen und der Situation hergestellt, und zwar im Bereich und der Reichweite ihrer leiblichen Orientierung.

Zur Orientierung in der Zeit (Zeit-Situation) gebraucht man ebenfalls den Demonstrativ-Artikel, wenn die erfahrene oder erfahrbare Zeit des Sprachspiels angezeigt werden soll. Das ist die Zeit, die man am Leibe erfahren hat oder erfahren kann. Dabei macht es keinen Unterschied, ob der unmittelbar voraufgehende oder der umgebende oder der unmittelbar folgende Zeitbereich gemeint ist. Das ergibt sich aus der Zeiterfahrung von selber, notfalls durch einen Blick auf die Uhr:

ce matin   'heute morgen'
ce midi   'heute mittag'
*cet (*oder: *cette) après-midi*   'heute nachmittag'
ce soir   'heute abend'
cette nuit   'heute nacht'
cette semaine   'diese Woche'
cette année   'dieses Jahr'

Die zeitliche Orientierung geht bei diesen Ausdrücken vom Zeitpunkt des Sprachspiels (Textzeit) aus. Zusätzliche Informationen, wie sie insbesondere in den Tempora enthalten sind, klären über die neutrale, rückschauende oder vorausschauende Perspektive auf. Es werden wegen der unmittelbaren Verweisung auf die anstehende Situation eher besprechende als erzählende Tempora mit diesen Zeitangaben kombiniert (vgl. 4.2.2.1).

2   Orientierung im Text

Für die Orientierung im Text wird der Bereich der durch die Reichweite der Kommunikationsorgane begrenzten leiblichen Orientierung durch den Bereich des Textgedächtnisses vertreten. Dieser Bereich ist ebenfalls in seiner Reichweite und Kapazität begrenzt, und zwar auf höchstens fünf bis sieben Lexeme. Der Hörer erhält also die Anweisung, für das determinationsbedürftige Nomen einen Determinanten im unmittelbar voraufgehenden, im Textgedächtnis noch gegenwärtigen Kontext zu suchen und dabei den Suchbereich (rückläufig zum Textverlauf!) nicht über sieben determinationsfähige Lexeme auszudehnen. Daraus ist zu folgern, daß der Demonstrativ-Artikel in der Regel ein anaphorischer Artikel ist, wie das folgende Beispiel zeigt:

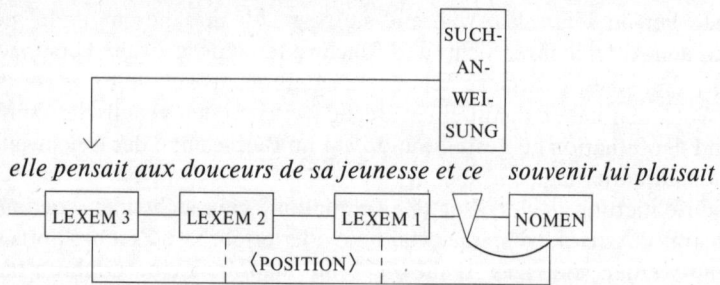

In diesem Beispiel ist dem Nomen *souvenir* (Maskulin, Singular) der kongruente Demonstrativ-Artikel *ce* (Maskulin, Singular) vorangestellt: *ce souvenir lui plaisait* 'diese Erinnerung gefiel ihr'. Durch diesen Demonstrativ-Artikel wird das

Nomen *souvenir* 'Erinnerung' als determinationsbedürftig ausgewiesen. Als der Orientierungsbereich, aus dem ein geeigneter Determinant zu holen ist, kommt hier, da von einer umgebenden Situation nichts bekannt ist, in erster Linie der Bereich des Textgedächtnisses, also der unmittelbar voraufgehende Kontext in Frage. Er lautet: *elle pensait aux douceurs de sa jeunesse* 'sie dachte an die Wonnen ihrer Jugend'. Dieser Kontext enthält drei Lexeme, nämlich (in rückläufiger Reihenfolge, wie sie bei der Suche im Textgedächtnis durchlaufen wird): *jeunesse – douceurs – pensait*. Die Bedeutungsverwandtschaft zwischen dem determinationsbedürftigen Nomen *souvenir* und der Verbform *pensait* erweist dieses Verb, das die durch den Demonstrativ-Artikel gesetzten Suchbedingungen erfüllt, als geeigneten Determinanten, wobei allerdings die durch Junktionen mit der Verbform *pensait* verbundenen Nomina *douceurs* und *jeunesse* zur Determination mit beitragen.

Im Einzelfall kann sich der für die Suche des Determinanten angegebene Orientierungsbereich auch auf den Erwartungsraum des unmittelbar folgenden Kontextes (Texterwartung) erstrecken, der spiegelbildlich dem Erinnerungsraum des Textgedächtnisses entspricht und sich etwa so weit in die erwartete Nachinformation hinein erstreckt wie dieser in die erfahrene Vorinformation. Unter diesen Umständen kann man mit einem Demonstrativ-Artikel auch auf eine unmittelbar erwartete Nachinformation verweisen, jedoch in der Regel nur dann, wenn dieser erwartete Kontext als Adjunkt einer Junktion eng an den voraufgehenden Text anschließt (vgl. Kap. 8):

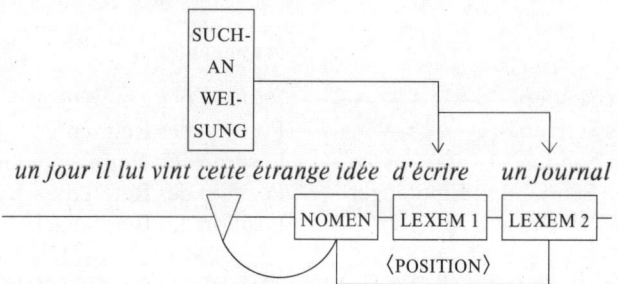

In diesem Beispiel wird das Nomen *idée* 'Vorstellung' über das determinierende Adjektiv *étrange* 'seltsam' hinweg durch den mit ihm kongruenten Demonstrativ-Artikel *cette* 'diese' als irgendwie determinationsbedürftig ausgewiesen. Der Determinant soll in der Reichweite der Kommunikationsorgane oder des Textgedächtnisses/der Texterwartung zu finden sein. Nun gibt aber der voraufgehende Kontext *un jour il lui vint* 'eines Tages kam ihr' keinen geeigneten Determinanten her. Auch von einer Situation, die geeignete Determinanten enthalten könnte, ist nichts bekannt. So bietet sich der unmittelbar anschließende Kontext, zumal er durch den Junktor *de* (hier vor Vokal verkürzt als *d'*) als Adjunkt eng an das Nomen *idée,* das die Basis der Junktion bildet, angebunden ist, für die gesuchte Determination an. Dieses Adjunkt *(d')écrire un journal* 'ein Tagebuch (zu) schreiben' wird nun also durch den Demonstrativ-Artikel als Determinant bestätigt.

5.2.1.2 Nahbereich und Fernbereich

Der Bereich der leiblichen Orientierung, der durch die Formen des Demonstrativ-Artikels anvisiert wird, ist grundsätzlich ein kommunikativer Bereich, der räumlich durch die Reichweite der Kommunikationsorgane, zeitlich durch die Kapazität des Textgedächtnisses (oder spiegelbildlich dazu der Texterwartung) begrenzt ist. Wir haben diesen Bereich generell durch das Merkmal ⟨POSITION⟩ gekennzeichnet. Dieser Orientierungsbereich kann nun noch einmal untergliedert werden, wobei die einzelnen Positionen der Gesprächsrollen für die Gliederung ausgenutzt werden. Es sind die Positionen der drei Gesprächsrollen Sender, Empfänger und Referent (vgl. 3.3). Der Kontrast wird nun grundsätzlich zur Position des Senders gebildet. Dessen Position gilt als Nahbereich. Kontrast-Merkmal ist: ⟨NÄHE⟩. Alle anderen Positionen erhalten das semantische Merkmal ⟨FERNE⟩ und bilden den Fernbereich. Es bestehen die folgenden fünf Kontrast-Möglichkeiten:

NAHBEREICH	FERNBEREICH
Position des Senders ——————	Position des Empfängers
Position des Senders ——————	Position des Referenten
Position des Senders ——————	Position von Empfänger und Referent
Position von Sender und Empfänger ——	Position des Referenten
Position von Sender und Referent ——	Position des Empfängers

Welcher Kontrast zwischen Position und Reichweite im Einzelfall gemeint ist, ergibt sich aus dem jeweiligen Kontext und/oder aus den begleitenden Zeigegesten («Deixis»).

Für die Formen des Demonstrativ-Artikels ist bei all diesen Kontrasten nur die Merkmal-Opposition ⟨NÄHE⟩ vs. ⟨FERNE⟩ relevant. Dazu dienen die Suffixe *-ci* und *-là.* Das Suffix *-ci* bezeichnet den Nahbereich, der durch die relative Nähe zur Position des Senders definiert ist, aber unterschiedlich weit ausgedehnt sein kann. Das Suffix *-là* bezeichnet den Fernbereich, der durch die relative Ferne zur Position des Senders charakterisiert ist. Ob diese relative Ferne, in objektiven Längenmaßen gemessen, einen Meter (Normalabstand zweier Gesprächspartner) oder viele Lichtjahre (Reichweite des Kommunikationsorgans Augen) beträgt, ist für die Strukturen der Sprache im Bereich der Demonstrativ-Artikel irrelevant.

Für den Gebrauch der Kontrast-Suffixe -*ci* und -*là* ist es unerläßlich, das Paradigma des Demonstrativ-Artikels nach gebundenen und freien Formen zu unterscheiden.

1 Gebundene Formen

Als gebundene Formen des Demonstrativ-Artikels werden solche Formen aufgefaßt, die nicht ohne den Kontext desjenigen Nomens, für dessen Determination sie sorgen sollen, auftreten können. Die Kontrast-Suffixe -*ci* oder -*là* werden dann dem Nomen («enklitisch») angehängt (orthographisches Zeichen: Bindestrich), so daß dieses Nomen durch den Demonstrativ-Artikel und sein zugehöriges Kontrast-Suffix eingerahmt wird. Die Demonstrativ-Artikel mit Kontrast-Suffix sind, ebenso wie diejenigen ohne Kontrast-Suffix (vgl. 5.2.1), ihrem jeweiligen Nomen in Genus und Numerus kongruent:

NUMERUS \ GENUS	MASKULIN	FEMININ
SINGULAR	*ce bureau-ci (-là)* 'dieser Schreibtisch hier (da)'	*cette armoire-ci (-là)* 'dieser Schrank hier (da)'
PLURAL	*ces fauteuils-ci (-là)* 'diese Sessel hier (da)'	*ces chaises-ci (-là)* 'diese Stühle hier (da)'

Die Suffixe -*ci* oder -*là* tragen immer den Ton:

ces jours-ci [seʒursí]   'diese Tage (hier)'
ces années-là [sezanelá]   'diese Jahre da (oder: jene Jahre)'

Der Kontrast, der durch die kontrastierenden Formen des Demonstrativ-Artikels ausgedrückt wird, kann explizit oder implizit sein:

/ *cette erreur-ci plus* [plys] *cette erreur-là ça fait deux grosses bêtises* /   'der Irrtum hier (oder: dieser Irrtum) und der Irrtum da (oder: jener Irrtum), das macht (zusammen) zwei große Dummheiten'
/ *je n'ai rien su de toute cette histoire-là* /   'ich habe von dieser ganzen Geschichte (oder: der ganzen Geschichte da) nichts erfahren'
/ *il faut connaître cet homme-là!* /   'd e n Mann muß man kennen!'

Einen impliziten Kontrast drücken auch die Zeitangaben des folgenden Typus aus:

ce jour-là 'an jenem Tag'
en ce temps-là 'in jener Zeit' (Bibelsprache)

Diese Zeitangaben sind Erzählsignale, die im Verein mit anderen Erzählsignalen, insbesondere den erzählenden Tempora (vgl. 4.2.2.2), eine erzählte Welt signalisieren können. Der implizite Kontrast besteht zur besprochenen Welt.

2   Freie Formen

Neben den gebundenen Formen verfügt der Demonstrativ-Artikel auch über freie Formen. Sie treten im Text oder in der Situation ohne die Begleitung desjenigen Nomens auf, für dessen Determination sie sorgen sollen. Man verwendet diese freien Formen, wenn das Nomen aus dem Text oder aus der Situation bereits bekannt ist und folglich nicht unbedingt wiederholt zu werden braucht. Die freie Form des Demonstrativ-Artikels vertritt dann dieses Nomen im Text und kann insofern als Demonstrativ-Pronomen aufgefaßt werden (vgl. 3.1.2). Bei den freien Morphemen des Demonstrativ-Artikels werden die Kontrast-Suffixe *-ci* und *-là* unmittelbar dem Demonstrativ-Artikel angehängt (orthographisches Zeichen: ebenfalls Bindestrich). Sie sind gleichfalls immer betont:

GENUS NUMERUS	MASKULIN	FEMININ
SINGULAR	*celui-ci (-là)* 'dieser'	*celle-ci (-là)* 'diese'
PLURAL	*ceux-ci (-là)* 'diese'	*celles-ci (-là)* 'diese'

/*je n'ai jamais vu un parc comme celui-ci*/   'ich habe nie einen Park wie diesen (hier) gesehen'
/*regarde donc ces fleurs, celles-ci sont les plus belles*/   'schau doch diese Blumen, diese hier sind die schönsten!'
/*j'ai cueilli deux brins de muguet: celui-ci pour moi et celui-là pour toi*/   'ich habe zwei Maiglöckchen gepflückt: dieses für mich und das da (oder gepflegt: jenes) für dich'
/*voilà le gardien qui arrive: qu'est-ce qu'il va encore nous dire, celui-là!*/   'da kommt der Wärter, was d e r uns wohl wieder sagen will!'

Diese Beispiele sind so gewählt, daß eine bestimmte Situation, auf die wahrscheinlich überdies durch begleitende Zeigegesten aufmerksam gemacht wird, als Umgebung des Textes plausibel ist.

Man kann mit den freien Formen des Demonstrativ-Artikels außerdem jedoch auch in Texten eine kontrastive Orientierung bewirken. Von zwei möglichen Determinanten, die im Bereich des Textgedächtnisses zur Auswahl stehen, bezieht man sich dann (rückläufig zum Textverlauf!) mit Hilfe des Suffixes *-ci* auf den letztvernommenen, mit Hilfe des Suffixes *-là* auf den vorletztvernommenen Determinanten:

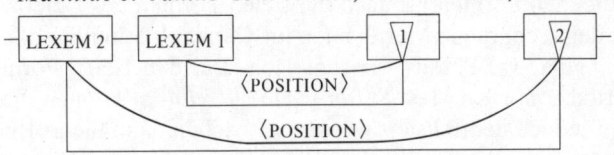

Mathilde et Janine sont venues, celle-ci riante, celle-là en pleurs

Wir hören, daß von den beiden weiblichen Personen eine lachend, die andere weinend gekommen ist. Aber wer lacht und wer weint? Das erfährt man durch die freien Formen des Demonstrativ-Artikels mit ihren Kontrast-Suffixen. Von der Textstelle aus gesehen, an der die Demonstrativ-Artikel geäußert werden, ist *Janine* der letztvernommene Name (Kontrastsignal: *-ci*), *Mathilde* der vorletztvernommene Name (Kontrastsignal: *-là*). So kommt die Gesamtbedeutung zustande: 'Mathilde und Janine sind gekommen, diese lachend, jene weinend'. Phonetische Anmerkung: Die Form *celui-là* [səlɥila] hat eine familiäre Variante in der Form [sɥila].

Während die gebundenen Formen des Demonstrativ-Artikels ebenso gut ohne Kontrast-Suffixe (*ce pays* 'dieses Land') wie mit Kontrast-Suffixen (*ce pays-ci* 'dieses Land hier' vs. *ce pays-là* 'dieses Land da') gebraucht werden können, sind die freien Formen des Demonstrativ-Artikels in der Regel von den Kontrast-Suffixen begleitet. Nur wenn sich unmittelbar Determinanten anschließen, fallen diese Suffixe fort. In den meisten Fällen handelt es sich dabei um eine präpositionale Junktion mit *de* (vgl. 8.3.2.1), um eine Partizipial-Attribution mit dem Rück-Partizip (vgl. 6.7.1) oder um eine Relativ-Junktion (vgl. 8.5):

/ *quel est le candidat de votre choix: celui de la majorité ou celui de l'opposition?* / 'welches ist der Kandidat Ihrer Wahl, der von der Mehrheit oder der von der Opposition?'
/ *la politique de l'opposition ne saurait être pire que celle pratiquée par le gouvernement actuel* / 'die Politik der Opposition kann auf keinen Fall schlimmer sein als die von der jetzigen Regierung praktizierte (Politik)'
/ *je me méfie des programmes politiques, surtout de ceux qui promettent trop* / 'ich mißtraue den politischen Programmen, zumal jenen, die zuviel versprechen'

305

Die Verbindung einer freien Form des Demonstrativ-Artikels mit einem nachfolgenden Relativ-Junktor wie in dem letztgenannten Beispiel kann auch als ein Morphem analysiert werden und ist dann als Rollen-Relativ aufzufassen (vgl. 8.5.1).

5.2.1.3   Die neutralen Formen *ceci* und *cela (ça)*

Sowohl die gebundenen Formen als auch die freien Formen des Demonstrativ-Artikels sind mit den Kongruenz-Morphemen für Genus (Maskulin vs. Feminin) und Numerus (Singular vs. Plural) verschmolzen. Bei den freien Formen des Demonstrativ-Artikels mit Kontrast-Suffix *(celui-ci, celui-là)* können diese beiden Oppositionen jedoch neutralisiert werden. Es stehen dann die in Rücksicht auf Genus und Numerus neutralen Formen *ceci* 'dies' und *cela* 'das'. Mit diesen können gewöhnlich nur Sachverhalte, nicht Personen bezeichnet werden. Die Form *cela* hat eine weitverbreitete Nebenform *ça*. Man findet die Form *cela* häufiger im Schriftkode und mit einer Register-Nuance der Gepflegtheit, die Form *ça* häufiger im Sprechkode und mit einer Register-Nuance der Lässigkeit.

Da in den neutralen Formen *ceci* und *cela (ça)* die Kongruenz-Oppositionen des Genus und des Numerus neutralisiert sind, eignen sich diese Formen des Demonstrativ-Artikels nicht so gut zur Verweisung auf einen bestimmten Determinanten. Sie beziehen sich statt dessen gewöhnlich auf ein ganzes Textsegment, das mehrere Lexeme umfaßt, oder auf eine komplexe Situation. Dabei gilt wieder das Kontrastprinzip, demzufolge die Form *ceci* auf den Nahbereich, die Form *cela (ça)* auf den Fernbereich verweist, und zwar beides wiederum sowohl in der Situation wie auch im Text. Die Form *cela (ça)* hat die höhere Frequenz in der Sprache.

Die beiden Formen *cela* und *ça* unterscheiden sich nicht durch die Bedeutung, sondern nur durch Nuancen des stilistischen Registers. Merke besonders die folgenden alltäglichen Redensarten, in denen fast nur *ça* gebraucht wird:

/ *ça va?* /   'geht's (gut)?'
/ *ça va bien* /   'es geht gut'
/ *et le travail, comment ça va?* /   'und die Arbeit, wie geht's damit?'
/ *ah ça, ça va très mal* /   'ach, damit geht's sehr schlecht'
/ *mais c'est terrible ça!* /   'aber das ist ja schrecklich!'
/ *pas tant que ça, peut-être* /   'so schlimm vielleicht auch wieder nicht'
/ *ça vous est égal?* /   'ist Ihnen das egal?'
/ *eh bien, c'est comme ça* /   'tja, so ist es eben'
/ *ça y est* [sajɛ], *ça suffit* /   'fertig, es reicht!'
/ *ça ira!* /   'es wird schon gehen!' (Refrain eines Revolutionsliedes)

Eine emotionale Nuance hat *ça,* wenn es ausnahmsweise im positiven oder (meistens) im negativen Sinne auf Personen bezogen wird:

/ *les bébés, ça crie tout le temps* /   'Babys, die schreien doch andauernd!'
/ *méfiez-vous des adultes, ça ne comprend jamais rien!* /   'traut den Erwachsenen
   nicht, d i e begreifen (doch) nie was!'

Unter bestimmten Bedingungen kann sich die Anweisung des Demonstrativ-Artikels *ceci* (nicht jedoch *cela, ça!*) auch auf den unmittelbar erwarteten Nachtext richten. Es wird dann erwartet, daß der unmittelbar anschließende Kontext die geforderte Determination sogleich leistet, und zwar in der Regel in Form einer Junktion oder einer zitierten Meinung:

/ *dans votre comportement, il y a quand même ceci de bon que vous êtes naïf* /   'Ihr
   Verhalten hat immerhin d a s Gute, daß Sie naiv sind'
/ *croyez-moi au moins ceci: je suis honnête!* /   'glauben Sie mir wenigstens dies: ich
   bin anständig!'
/ *pour finir, je vais vous dire encore ceci: ...* /   'zum Abschluß will ich ihnen noch
   dies (folgendes) sagen: ...'

Unter den beschriebenen Bedingungen (nur unter diesen!) kann also *ceci* als kataphorischer Demonstrativ-Artikel angesehen werden, und diese Form steht dann in Opposition zu der Form *cela (ça),* die immer eine anaphorische Bedeutung hat.

5.2.1.4   Das Fokus-Morphem *ce*

Wir haben das Morphem *il* 'es' als Horizont-Morphem vorgestellt und seine Bedeutung mit dem Merkmal ⟨UNAUFFÄLLIGKEIT⟩ beschrieben. Das komplementäre Morphem dazu ist das Fokus-Morphem *ce* 'das', dessen Bedeutung mit dem Merkmal ⟨AUFFÄLLIGKEIT⟩ beschrieben werden kann. Denn der Horizont als Inbegriff des Unauffälligen gibt den Hintergrund ab für die Bündelung der Aufmerksamkeit auf einen Fokus («Brennpunkt»), der sich auf diese Weise deutlich vor dem Hintergrund abhebt (vgl. 3.3.3.2).

Das Fokus-Morphem *ce* (vor Vokal und «vokalischem *h-*» apostrophiert zu *c'*) findet sich in der Regel in fester Verbindung mit anderen Sprachzeichen. Mit anderen Morphemen verschiedener Klassen bildet es eine Reihe von komplexen Konjunktionen (*à ce que, jusqu'à ce que ...* – vgl. 8.4.5) oder Rollen-Relativen (*ce qui, ce que, ce dont ...* –vgl. 8.5.1.3).

Es ist bei diesen Ausdrücken in der Regel nicht zweckmäßig, die Bedeutung des Morphems *ce* gesondert auszuweisen (vgl. auch die mit orthographisch einge-schmolzenem *ce* aus *par ce que* gebildete Form *parce que* 'weil', neben *pour ce que* 'deshalb weil').

Deutlich erkennbar und deshalb auch ohne weiteres semantisch gesondert ausweisbar ist die Bedeutung des Fokus-Morphems *ce* jedoch in verschiedenen Verbindungen mit dem Prädikations-Verb *être*, insbesondere zur Bildung des Präsentativ-Morphems (*c'est, c'était, ce sera, ce serait* ... – vgl. 3.1.4) und des Frage-Morphems der [ɛskə]-Frage (*est-ce-que, qu'est-ce que* ... – vgl. 9.3.1.2.1). In diesen Verbindungen kommt die fokusbildende Bedeutung des Morphems *ce* deutlich zur Geltung und bringt die präsentative Funktion dieser Formen hervor. Vergleiche:

/ *qu'est-ce que c'est que cela* (oder: *ça)?* /   'was ist (denn) das?'
/ *c'est moi qui dis ça* /   'das sage i c h'
/ *c'est toi qui avais tort* /   'unrecht hattest d u'
/ *c'est ma sœur qui a eu raison* /   'recht gehabt hat meine S c h w e s t e r'
/ *c'est nous qui risquerons tout* /   'alles riskieren werden (oder: tun) w i r'
/ *ce n'est pas vous qui allez gagner ici* /   'gewinnen tut i h r hier nicht'
/ *c'est* (oder: *ce sont*) *toujours les autres qui ne veulent pas* /   'es sind immer die andern, die nicht wollen'

Nur im Fall einer Kombination mit der Referenten-Rolle im Plural, wie im letzten Beispiel, ist als pluralische Variante des Präsentativ-Morphems die Form *ce sont* gebräuchlich. Diese Form *ce sont* ist um eine Stilnuance gepflegter als die Form *c'est*.

Da sich das Fokus-Morphem *ce* 'das' zum Horizont-Morphem *il* 'es' (vgl. 3.3.3.2) komplementär verhält, können beide Morpheme unter bestimmten Bedingungen im Text zusammentreten, um diesem Relief zu geben:

il me semble que c'est vous qui avez raison
'mir scheint, daß S i e recht haben'

Unterscheide:

HORIZONT-MORPHEM	FOKUS-MORPHEM
/ *il est vrai que les affaires vont mal, mais* ... / 'zwar gehen die Geschäfte schlecht, aber ...'	/ *c'est vrai que les affaires vont mal* / 'es (oder: das) ist wahr, daß die Geschäfte schlecht gehen'

Im Beispiel der linken Spalte ist die Tatsache, daß die Geschäfte schlecht gehen, nicht die eigentliche Nachricht, sondern sie gibt nur den Horizont ab für etwas, das anschließend berichtet wird und sich vor diesem Horizont sogar als gegensätzlich abhebt. In dieser Funktion ist der diskontinuierliche Ausdruck *il est vrai que ... mais* 'zwar ... aber' idiomatisiert. Im Beispiel der rechten Spalte hingegen tritt die Tatsache, daß die Geschäfte schlecht gehen, in den Brennpunkt der Nachricht. Das leistet das Fokus-Morphem *ce*.

5.2.1.5   Demonstrativ-Artikel im Text

Ebenso wie die Formen des einfachen Artikels und die Formen anderer gezielter Artikel, tragen auch die verschiedenen Formen des Demonstrativ-Artikels zur Bildung des Informations-Profils im Text bei (vgl. 5.1.2.2). Sie haben natürlich, da sie in ihren Funktionen spezialisiert sind, eine wesentlich geringere Frequenz als die Formen des einfachen Artikels.

Der folgende Text entstammt einer Rede, die der republikanische Politiker Léon Gambetta im Jahre 1873 auf einer politischen Versammlung gehalten hat. Man darf davon ausgehen, daß seinen Zuhörern die Prinzipien der Französischen Revolution sowie die Grundlagen des republikanischen Staates vertraut waren. Auf diese bekannten Vorinformationen konnte der Redner, außer durch die zahlreichen Formen des anaphorischen Artikels *(la Révolution française, la justice, la forme républicaine, l'égalité ...),* auch mit den Formen des Demonstrativ-Artikels (Symbol: ▽) zurückgreifen:

La Révolution française, c'est l'affranchissement de toutes les créatures vivantes, non seulement comme individus, mais comme membres d'une société collective. De telle sorte, Messieurs, que pour ceux qui poursuivent l'établissement de la justice, il n'y a rien en dessus ni en dehors de la Révolution française. Elle reste pour nous le dernier mot des conquêtes de l'esprit politique. (...) Aujourd'hui que nous sommes en possession de la forme républicaine qui n'est pas une solution, mais un moyen, c'est avec cet outil, avec cet instrument supérieur à tous ceux qui ont été employés jusqu'à présent que nous devons chercher (...) à faire passer, dans la législature et dans les mœurs, des idées et des doctrines depuis longtemps exprimées et, premièrement, cette grande et juste idée de l'égalité civile et politique. Je n'ai pas dit, remarquez-le bien, une égalité niveleuse, jalouse,

ambitieuse et chimérique; j'ai voulu parler de cette égalité civile et politique qui nous a été promise il y a quatre-vingts ans, qui a été inscrite au
frontispice de nos constitutions comme sur le fronton de nos édifices
publics, et qui paraît un décor de théâtre, mais que jamais on n'a fait
réellement entrer dans nos usages ni dans nos lois.*

Den Zuhörern kann die Emphase nicht verborgen geblieben sein, die der Redner
in seine Worte gelegt hat. Auch der Gebrauch des Demonstrativ-Artikels steht
hier im Dienste der Emphase. Denn «d i e s e große und gerechte Idee der bürgerlichen und politischen Gleichheit» *(cette grande et juste idée de l'égalité civile et
politique)* ist immerhin im Jahre 1873, nach dem Kalender gemessen, schon fast
ein Jahrhundert alt. Wenn der Redner das Nomen dennoch mit dem Demonstrativ-Artikel auszeichnet, so holt er damit «diese» Idee aus dem Langzeitgedächt-
nis der Nation in das Kurzzeitgedächtnis seiner Zuhörer zurück, aus dem Raum
der Geschichte in die politisch zu bewältigende Situation.

5.2.2   Der Possessiv-Artikel

Der Possessiv-Artikel gehört zur Subklasse der anaphorischen Artikel (Merkmal: ⟨BEKANNT⟩). Er verweist auf die Vorinformation. Im Vergleich zu den Formen des einfachen anaphorischen Artikels (vgl. 5.1.1) verweisen die Formen des
Possessiv-Artikels jedoch gezielt auf die Vorinformation. Sie geben dem Hörer

---

* Die Französische Revolution: das bedeutet die Befreiung aller zum Leben Erschaffenen,
nicht nur als Individuen, sondern als Angehörige einer Gesellschaft. Und zwar solcherart, meine
Herren, daß es für diejenigen, die die Durchsetzung der Gerechtigkeit betreiben, nichts über
und neben der Französischen Revolution gibt. Sie bleibt für uns das letzte Wort der Errungen-
schaften, die dem Geist der Politik zu verdanken sind. (...) Heute, da wir die republikanische
Staatsform besitzen – die keine Lösung, sondern ein Mittel ist –, müssen wir mit d i e s e m
Werkzeug, mit d i e s e m Instrument, das besser als alle diejenigen ist, die bisher benutzt worden sind, in die Gesetzgebung und in die Sitten gewisse, seit langem in Worte gefaßte Ideen und
Lehren einführen und an erster Stelle diese (oder: jene) große und gerechte Idee der bürgerlichen und politischen Gleichheit. Beachten Sie bitte, daß ich mich nicht für eine gleichmacheri-
sche, eifersüchtige, ehrgeizige und chimärische Gleichheit ausgesprochen habe; ich habe jene
bürgerliche und politische Gleichheit gemeint, die uns vor achtzig Jahren verheißen worden ist,
die auf dem Titelblatt unserer Verfassungen ebenso wie auf der Stirnwand unserer öffentlichen
Gebäude geschrieben steht und wie eine Bühnendekoration wirkt, die aber niemals wirklich in
unsere Lebensgewohnheiten und in unsere Gesetze Eingang gefunden hat. (G. Bourgin [Hg.]:
Les grands orateurs républicains, Bd. VIII, Monaco 1949/50, S. 153 f.)

eine genauere Anweisung, unter welchem Gesichtspunkt er die Vorinformation auf einen geeigneten Determinanten für das determinationsbedürftige Nomen absuchen soll. Es ist der Gesichtspunkt der Gesprächsrolle (vgl. 3.3), so daß man den Possessiv-Artikel auch einen «Gesprächsrollen-Artikel» nennen könnte. Die verschiedenen Formen des Possessiv-Artikels sind also entweder «Sender-Artikel» (zum Beispiel: *mon* 'mein', *notre* 'unser') oder «Empfänger-Artikel» (zum Beispiel: *ta* 'deine', *vos* 'eure, Ihre') oder «Referenten-Artikel» (zum Beispiel: *son* 'sein/ihr', *leur* 'ihr'). Vorausgesetzt ist dabei immer, daß die Gesprächsrolle des Possessiv-Artikels und diejenige, auf die sie im Text verweist, identisch besetzt sind. In diesem Sinne sind alle Possessiv-Artikel reflexive Morpheme (vgl. 3.4.5).

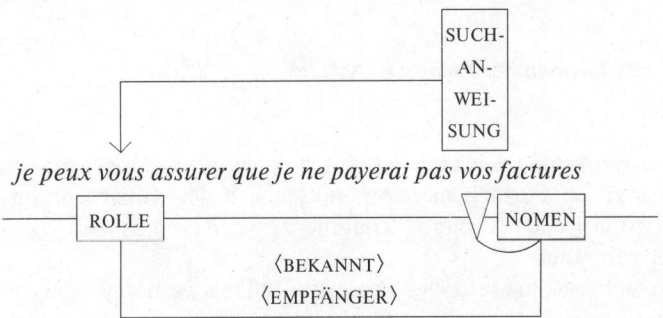

In diesem Beispiel wird das Nomen *factures* 'Rechnungen' durch den vorangestellten Possessiv-Artikel *vos* 'Ihre' als determinationsbedürftig gekennzeichnet. Da der Possessiv-Artikel ein gezielter anaphorischer Artikel ist, erhält der Hörer hier also die gezielte Anweisung, für dieses Nomen in der Vorinformation des Kontextes oder der Situation nach einer Gesprächsrolle als geeignetem Determinanten zu suchen. Das ist, da der Possessiv-Artikel *vos* das Merkmal ⟨EMPFÄNGER⟩ enthält, die identisch besetzte Gesprächsrolle des Empfängers, im Text ausgedrückt durch das Pronomen *vous* 'Ihnen'. Der übrige Kontext *je peux (...) assurer que je ne payerai pas (...)* 'ich kann (...) versichern, daß ich nicht (...) bezahlen werde' bleibt bei dem Vorgang der Possessiv-Determination außer Betracht.

Im Einzelfall kann mit Hilfe des Possessiv-Artikels auch ein Besitz- oder Eigentumsverhältnis ausgedrückt werden. Es müssen dann jedoch einige zusätzliche Bedingungen erfüllt sein. Es muß sich insbesondere um eine Determination zwischen einer Person und einer Sache handeln, und der weitere Kontext muß eine besitz- oder eigentumsbezogene Auffassung nahelegen, zum Beispiel in diesem Textsegment:

/ *j'ai vendu ma maison* /   'ich habe mein Haus verkauft'

In diesem Beispiel ist eine Sache (*maison* 'Haus') determinationsbedürftig, eine Person (*je* 'ich') determinationskräftig, und der Kontext legt mit dem Verb *vendre* eine eigentumsbezogene Textbedeutung nahe. Nur wenn Umstände dieser Art vorliegen, hat der Possessiv-Artikel etwas mit Besitz und Eigentum zu tun. Seiner grammatischen Bedeutung nach ist der Possessiv-Artikel sonst kein «besitzanzeigender» Artikel.

Die Formen des Possessiv-Artikels sind gleichzeitig Kongruenz-Signale für Genus und Numerus (5.2.2.1). Mit seinen Kongruenz-Signalen trägt der Possessiv-Artikel zur Textualität eines Textes bei (5.2.2.2). Die Formen des Possessiv-Artikels können, ebenso wie die des Demonstrativ-Artikels, miteinander kontrastieren (5.2.2.3). Sie existieren als gebundene und als freie Formen (5.2.2.4).

5.2.2.1   Die Formen des Possessiv-Artikels

Der Possessiv-Artikel zeichnet sich durch einen gewissen Reichtum an Formen aus. Diese vielen Formen dienen hauptsächlich der Kongruenz im Text. Am vollständigsten ist die Numerus-Kongruenz, weniger vollständig ist die Genus-Kongruenz entfaltet.

Die Numerus-Kongruenz des Possessiv-Artikels ist doppelseitig ausgebildet. Sie besteht einerseits vorgreifend («nach rechts») zum determinationsbedürftigen Nomen, andererseits rückgreifend («nach links») zur determinationskräftigen Gesprächsrolle. Nach beiden Richtungen hin ist die Opposition von Singular und Plural also für den Possessiv-Artikel relevant, so in dem folgenden Beispiel mit der Bedeutung 'ich spreche von meinen Geschäften':

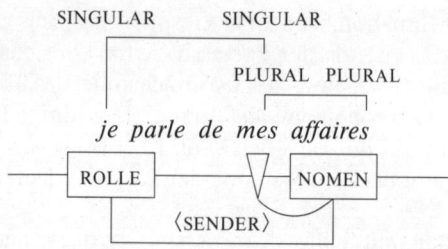

Die Form *mes* 'meine' ist rückgreifend singularisch in Kongruenz mit *je* (Opposition *mes* 'meine' vs. *nos* 'unsere') und zugleich vorgreifend pluralisch in Kongruenz mit *affaires* 'Geschäfte' (Opposition *mes* 'meine' vs. *mon/ma* 'mein'). Die Numerus-Kongruenz wirkt also nach zwei Seiten hin. In der gleichen Weise greift der Possessiv-Artikel der Empfänger-Rolle *(ton, ta, tes)* auf dieselbe

Gesprächsrolle bei einem anderen Element des Textes (oder der Situation) zurück:

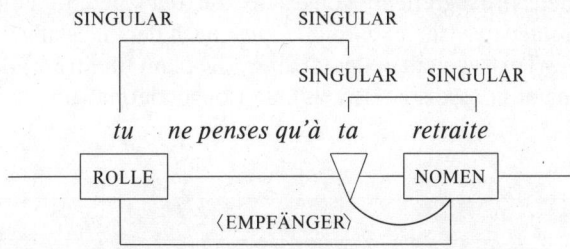

Die Form *ta* 'deine' ist rückgreifend singularisch in Kongruenz mit *tu* 'du' (Opposition *ta* 'deine' vs. *votre* 'eure') und zugleich vorgreifend singularisch in Kongruenz mit *retraite* 'Pensionierung'. Auch hier ist die Numerus-Kongruenz doppelseitig. Bedeutung: 'du denkst nur an deine Pensionierung'.

Die Genus-Kongruenz ist demgegenüber nur einseitig ausgebildet. Sie besteht nur vorgreifend («nach rechts») zu dem determinationsbedürftigen Nomen, nicht auch rückgreifend zu der determinationskräftigen Gesprächsrolle hin. Im Plural ist die Genus-Opposition überhaupt ganz neutralisiert (vgl. 5.1.3.1).

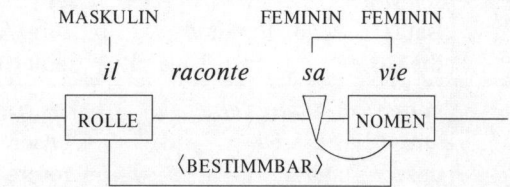

Die Form *sa* ist als Feminin nur vorgreifend kongruent mit ihrem determinationsbedürftigen femininen Nomen: *sa vie* 'sein/ihr Leben'. Sie ist nicht auch zugleich rückgreifend kongruent mit dem determinationskräftigen maskulinen Pronomen *il* 'er' und könnte auch nach dem femininen Pronomen *elle* 'sie' stehen. Das Textsegment bedeutet aber: 'er erzählt sein (!) Leben'. Anders:

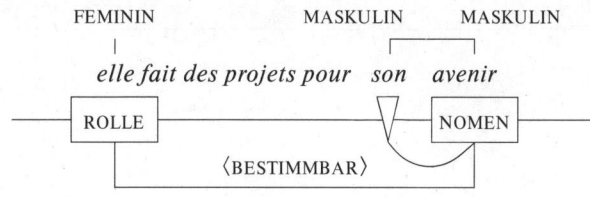

Die maskuline Form des Possessiv-Artikels *son* 'sein/ihr' ist nur vorgreifend kongruent mit dem determinationsbedürftigen maskulinen Nomen *avenir* 'Zukunft', nicht auch zugleich rückgreifend kongruent mit dem determinationskräftigen femininen Pronomen *elle* 'sie' und könnte auch nach dem maskulinen Pronomen *il* 'er' stehen. Das Textsegment bedeutet aber: 'sie plant für ihre (!) Zukunft'.

Das Paradigma des Possessiv-Artikels lautet folgendermaßen:

GESPRÄCHS-ROLLEN	VORGREI-FENDE KONGRUENZ RÜCK-GREIFENDE	SINGULAR		PLURAL
		MASKULIN	FEMININ	GENUS-NEUTRAL
SENDER		*mon vice* · 'mein Laster'	*ma vertu* 'meine Tugend'	*mes vices et mes vertus* 'meine Laster und meine Tugenden'
EMPFÄNGER	SINGULAR	*ton vice* 'dein Laster'	*ta vertu* 'deine Tugend'	*tes vices et tes vertus* 'deine Laster und deine Tugenden'
REFERENT		*son vice* 'sein/ ihr Laster'	*sa vertu* 'seine/ ihre Tugend'	*ses vices et ses vertus* 'seine/ihre Laster und seine/ihre Tugenden'
SENDER		*notre vice et notre vertu* 'unser Laster und unsere Tugend'		*nos vices et nos vertus* 'unsere Laster und unsere Tugenden'
EMPFÄNGER	PLURAL	*votre vice et votre vertu* 'euer/Ihr Laster und eure/ Ihre Tugend'		*vos vices et vos vertus* 'eure/Ihre Laster und eure/Ihre Tugenden'
REFERENT		*leur vice et leur vertu* 'ihr Laster und ihre Tugend'		*leurs vices et leurs vertus* 'ihre Laster und ihre Tugenden'

Die Matrix läßt deutlich die bloß einseitige Kongruenz im Genus (*ma vertu* vs. *mon vice*) und die doppelseitige Kongruenz im Numerus (*ma vertu* vs. *mes vertus* vs. *notre vertu* vs. *nos vertus*) erkennen. Beachte insbesondere:

il
    ⟩ *aime sa vertu*   'er ⟩ liebt ⟨ seine ⟩ Tugend'
elle   'sie   ihre

il
    ⟩ *déteste son vice*   'er ⟩ haßt ⟨ sein ⟩ Laster'
elle   'sie   ihr

Kongruenzen, die sich im Genus überkreuzen ('e r liebt i h r e Tugend', s i e haßt s e i n Laster') werden, sofern der Kontext nicht schon für eine klare Determination sorgt, durch zusätzliche Kontrast-Morpheme geklärt (vgl. 5.2.2.3).

Mit dem Possessiv-Artikel in der Referenten-Rolle («Referenten-Artikel») kann auch auf eine neutralisierte Gesprächsrolle (vgl. 3.3.3) verwiesen werden:

/ *il faut aimer son prochain* / 'man muß seinen Nächsten lieben'
/ *on doit même aimer ses ennemis* / 'man soll sogar seine Feinde lieben'

Vor vokalischem Anlaut des Nomens (orthographisch: vor Vokal oder «vokalischem *h*-») gibt es, unabhängig vom Genus des Nomens, nur eine, nämlich die maskuline Form des Possessiv-Artikels: *mon amie* [mõnami] 'meine Freundin', *ton humeur* [tõnymœr] 'deine Laune', *son histoire* [sõnistwar] 'seine/ihre Geschichte'.

In einigen Wendungen und Redensarten ist der Gebrauch des Possessiv-Artikels lexikalisch verfestigt. Das ist insbesondere bei bestimmten, sehr häufig gebrauchten Anredeformen der Fall:

Monsieur [məsjø] – *Messieurs* [mɛsjø] 'mein Herr – meine Herren'
Madame – Mesdames 'meine Dame – meine Damen'
Mademoiselle – Mesdemoiselles 'mein Fräulein – meine Damen'
Mon général – Mon commandant (nur dienstlich) 'Herr General – Herr Major'
Monseigneur 'Herr Bischof' (aber: *Seigneur* 'Herr, Herrgott')
Votre Majesté – Votre Altesse 'Eure Majestät – Eure Hoheit' (historische Anrede für französische Monarchen: *Sire*)

5.2.2.2 Possessiv-Artikel im Text

Zusammen mit den Pronomina tragen die Possessiv-Artikel wesentlich zur Bildung der Textualität eines Textes bei. Da nämlich beide Klassen Gesprächsrollen bezeichnen und durch Kongruenzsignale aufeinander bezogen sind, verknüpfen sie den verbalen und den nominalen Wortschatz im Text.

Das Vaterunser ist ein Text mit zwei Gesprächsrollen (hier: Gebetsrollen). In der Sender-Rolle finden wir die betende Gemeinde (Plural: «wir»), in der Empfänger-Rolle Gott als Vater (Singular: «du»). Die Sender-Rolle kann entweder am Verb durch Verbformen oder Pronomina (Symbol: ɹ) oder am Nomen durch Possessiv-Artikel (Symbol: ǝ) ausgedrückt werden. Das gleiche gilt für die Empfänger-Rolle. Sie kann am Verb (Symbol: ꓒ) oder am Nomen (Symbol: ⊃) ausgedrückt werden. Im letzteren Fall bedient man sich ebenfalls der Formen des Possessiv-Artikels, hier der Formen *notre* und *nos* (Sender-Plural) sowie *ton* und *ta* (Empfänger-Singular):

> Notre Père qui es aux cieux, que ton nom soit sanctifié, que ton règne vienne, que ta volonté soit faite sur la terre comme au ciel. Donne-nous aujourd'hui notre pain quotidien. Pardonne-nous nos offenses, comme nous pardonnons aussi à ceux qui nous ont offensés. Et ne nous soumets pas à la tentation, mais délivre-nous du Mal. Car c'est à toi qu'appartiennent le règne, la puissance et la gloire pour les siècles des siècles. Amen.*

Der nächste Text ist erzählender Natur. Der Autor Albert Camus erzählt in der «Er-Form» von dem Maler Jonas, der auf einmal Schulhaupt geworden ist, aber von seinen Schülern mehr geleitet wird, als daß er sie selber leitet. Wir achten jetzt nur auf die Referenten-Rolle, und zwar im Singular ebenso wie im Plural. Auch hier wird diese Textrolle einerseits durch Possessiv-Artikel ausgedrückt (Symbol: ∈), andererseits durch Nomina (Symbol: ●) und Pronomina (Symbol: ○); die redundante Kennzeichnung der Referenten-Rolle durch die Subjekt-Konjugation (vgl. 3.1.4) bleibt unbezeichnet:

> De plus, ses disciples exigeaient qu'il restât fidèle à son esthétique. Jonas, qui peinait longuement pour recevoir de loin en loin une sorte d'éclair

---

*Vater unser im Himmel, geheiligt werde dein Name, dein Reich komme, dein Wille geschehe wie im Himmel, so auf Erden. Unser tägliches Brot gib uns heute. Und vergib uns unsere Schuld, wie auch wir vergeben unsern Schuldigern. Und führe uns nicht in Versuchung, sondern erlöse uns von dem Bösen. Denn dein ist das Reich und die Kraft und die Herrlichkeit in Ewigkeit. Amen.

fugitif où la réalité surgissait alors à ses yeux dans une lumière vierge, n'avait qu'une idée obscure de sa propre esthétique. Ses disciples, au contraire, en avaient plusieurs idées, contradictoires et catégoriques; ils ne plaisantaient pas là-dessus. Jonas eût aimé, parfois, invoquer le caprice, cet humble ami de l'artiste. Mais les froncements de sourcils de ses disciples devant certaines toiles qui s'écartaient de leur idée le forçaient à réfléchir un peu plus sur son art, ce qui était tout bénéfice.*

In diesem Textabschnitt spielt die Erzählung zwischen zwei Referenten-Rollen, die im Singular den Künstler und im Plural die Schüler bezeichnen. Die Referenten-Rolle im Singular wird durch den Eigennamen *Jonas* und die Pronomina *il* 'er' und *le* 'ihn', die Referenten-Rolle im Plural durch das Nomen *les disciples* 'die Schüler' und das Pronomen *ils* 'sie' bezeichnet. Beide Referenten-Rollen werden jedoch außerdem noch durch die verschiedenen Formen des Possessiv-Artikels bezeichnet, und zwar die Rolle des Malers durch die Formen *son* 'sein', *sa* 'seine', *ses* 'seine', die Rolle der Schüler durch die Form *leur* 'ihre'. Besonders zu beachten ist der dreimal vorkommende Ausdruck *ses disciples* 'seine Schüler'. Hier ist im Sinne der doppelseitigen Numerus-Kongruenz (vgl. 5.2.2.1) eine textuelle Verbindung zwischen Jonas und den Schülern hergestellt:

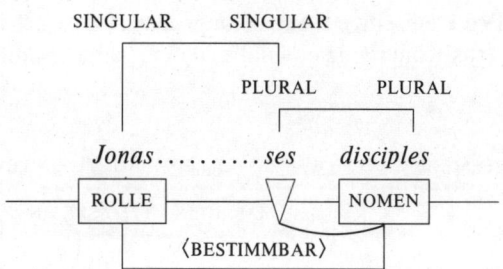

---

* Des weiteren verlangten seine Jünger, daß er seiner Ästhetik treu blieb. Jonas, der sich lange abmühte, um ab und zu blitzartig eine Art flüchtige Erleuchtung zu erfassen, in der dann die Wirklichkeit vor seinen Augen in jungfräulichem Licht erstand, hatte nur eine dunkle Vorstellung von seiner eigenen Ästhetik. Seine Schüler hatten hingegen mehrere Vorstellungen davon, widersprüchliche und kategorische; sie scherzten nicht damit. Jonas hätte manchmal gerne die Laune, diese demütige Künstlerfreundin, angerufen. Aber das Stirnrunzeln seiner Schüler vor gewissen Leinwänden zwang ihn, ein bißchen mehr über seine Kunst nachzudenken, was ihr nur zugute kam. (A. Camus: *Théâtre, Récits, Nouvelles,* Bibliothèque de la Pléiade, Paris 1962, S. 1638 f.)

Beachte auch die Bekräftigung der reflexiven Rollen-Identität durch den adjektivischen Possessiv-Artikel *propre* 'eigen' (vgl. 6.3.4.1):

/*Jonas (...) n'avait qu'une idée obscure de sa propre esthétique*/ 'Jonas hatte nur eine dunkle Vorstellung von seiner eigenen Ästhetik'

5.2.2.3 Kontrastive Possessiv-Artikel

Die Gesprächsrollen stehen in Opposition zueinander: Sender vs. Empfänger vs. Referent. Verschiedene nominale oder pronominale Besetzungen der Referenten-Rolle können darüber hinaus ebenfalls in Opposition zueinander stehen (zum Beispiel: *la vie* 'das Leben' vs. *la mort* 'der Tod'; *lui* 'er' vs. *elle* 'sie'). Diese Oppositionen können durch Kontrast-Morpheme verstärkt werden (zum Beispiel: *c'est la vie qui* ... '(gerade) das Leben ...'; *c'est moi qui* ... '(gerade) ich ...'). Der Possessiv-Artikel, der sich grundsätzlich auf Gesprächsrollen bezieht, kann solche Kontrastbildungen bei den Gesprächsrollen durch eigene Formen unterstützen. Es entstehen auf diese Weise erweiterte Possessiv-Artikel, die diskontinuierlich das kontrastiv hervorzuhebende Nomen einrahmen. Die für den Kontrast erweiterten Possessiv-Artikel erlauben insbesondere, in der Referenten-Rolle die einseitige Genus-Kongruenz (vgl. 5.2.2.1) analog zur doppelseitigen Numerus-Kongruenz ebenfalls zu einer doppelseitigen Kongruenz zu erweitern:

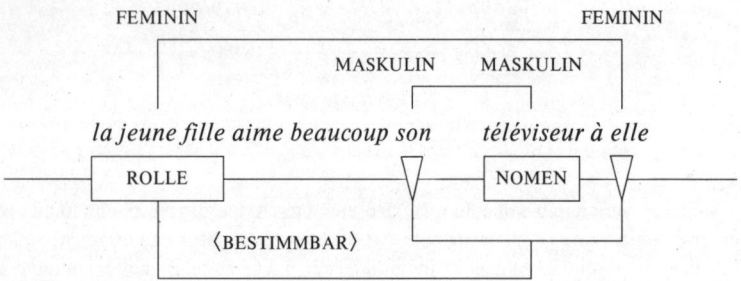

In diesem Beispiel würde das maskuline Possessiv-Pronomen *son* 'sein/ihr', das nur vorgreifend kongruent ist, mit dem determinationsbedürftigen Nomen *télévi-*

seur 'Fernseher' für sich allein keine rückgreifende Genus-Kongruenz erkennen lassen. In der Erweiterung zu der Form *son* ... *à elle* 'ihr' wird jedoch auch eine rückgreifende Kongruenz zu dem determinationskräftigen femininen Nomen *la jeune fille* 'das Mädchen' möglich, allerdings nur unter Kontrastbedingungen: 'das Mädchen liebt i h r e n (eigenen) Fernseher sehr'. Unterscheide:

POSSESSIV-ARTIKEL		POSSISSIV-ARTIKEL IM KONTRAST	
ma chambre	'mein Zimmer'	*ma chambre à moi*	'm e i n Zimmer'
votre chambre	'euer/Ihr Zimmer'	*votre chambre àvous seuls/seul*	'euer/Ihr alleiniges Zimmer'
son bureau	'sein/ihr Schreibtisch'	*son bureau à elle*	'i h r Schreibtisch'
sa cuisine	'seine/ihre Küche'	*sa cuisine à lui*	's e i n e Küche'
leur salle de gymnastique	'ihre Turnhalle'	*leur salle de gymnastique à eux seuls/ à elles seules*	'ihre alleinige Turnhalle (Männer/Frauen)'

Das Possessiv-Morphem des Typus *à moi* kann sich auch mit dem Präsentativ-Morphem *c'est* verbinden:

/ *n'y touchez pas, c'est à moi, ça* /   'rühren Sie das nicht an, das gehört m i r !'

5.2.2.4   Gebundene und freie Formen des Possessiv-Artikels

Ebenso wie es die Pronomina als gebundene und als freie Formen gibt (*je/moi* – vgl. 3.1.2), so treten auch die Formen des Possessiv-Artikels, die ja diesen Gesprächsrollen als Suchanweisungen zugeordnet sind, entweder als gebundene oder als freie Formen auf. Die gebundenen Formen des Possessiv-Artikels werden nur vor einem Nomen gebraucht. Im Unterschied zu den gebundenen Formen sind die freien Formen des Possessiv-Artikels von der textuellen Bindung an ein Nomen freigesetzt. Sie können für sich allein stehen, sogar in einem bloßen Situationskontext.

In der Kongruenz verhalten sich die freien Formen grundsätzlich ebenso wie die gebundenen Formen des Possessiv-Artikels. Es gibt also auch hier beim Genus eine einseitige, beim Numerus eine doppelseitige Kongruenz. Im Unterschied zu den gebundenen Formen ist jedoch bei den freien Formen die Genus-Opposition im Plural nicht neutralisiert (vgl. 5.2.2.1):

GESPRÄCHS-ROLLEN	VORGREIFENDE KONGRUENZ RÜCKGREIFENDE	SINGULAR		PLURAL	
		MASKULIN	FEMININ	MASKULIN	FEMININ
SENDER		*le mien* 'meiner, der meine (meinige)'	*la mienne* 'meine, die meine (meinige)'	*les miens* 'meine, die meinen (meinigen)'	*les miennes* 'meine, die meinen (meinigen)'
EMPFÄNGER	SINGULAR	*le tien* 'deiner, der deine (deinige)'	*la tienne* 'deine, die deine (deinige)'	*les tiens* 'deine, die deinen (deinigen)'	*les tiennes* 'deine, die deinen (deinigen)'
REFERENT		*le sien* 'seiner/ihrer, der seine/ihre (seinige/ihrige)'	*la sienne* 'seine/ihre, die seine/ihre (seinige/ihrige)'	*les siens* 'seine/ihre, die seinen/ihren (seinigen/ihrigen)'	*les siennes* 'seine/ihre, die seinen/ihren (seinigen/ihrigen)'
SENDER		*le nôtre* 'unserer, der unsere (unsrige)'	*la nôtre* 'unsere, die unsere (unsrige)'	*les nôtres* 'unsere, die unseren (unsrigen)'	
EMPFÄNGER	PLURAL	*le vôtre* 'euer/Ihr der eure/Ihre (eurige/Ihrige)'	*la vôtre* 'eure/Ihr, die eure/Ihre (eurige/Ihrige)'	*les vôtres* 'eure/Ihr, die euren/Ihren (eurigen/Ihrigen)'	
REFERENT		*le leur* 'ihrer, der ihre (ihrige)'	*la leur* 'ihre, die ihre (ihrige)'	*les leurs* 'ihre, die ihren (ihrigen)'	

Phonetische Anmerkung: In gepflegter Aussprache unterscheidet man *notre* [nɔtrə], *votre* [vɔtrə] von *le nôtre* [lənotrə], *le vôtre* [ləvotrə]. In einigen Regionen Frankreichs und allgemein in wenig sorgfältiger Aussprache wird die phonematische Opposition zwischen [ɔ] und [o] in diesen Formen zugunsten von [ɔ] aufgegeben.

Der freie Possessiv-Artikel wird insbesondere dann gebraucht, wenn ein Nomen nicht nach sehr kurzer Textfolge schon wieder aufgenommen werden soll:

/ elle n'est plus ton amie, c'est la mienne maintenant /   'sie ist nicht mehr deine
　　Freundin, sie ist jetzt meine'
/ elle est moins mon ennemie que la vôtre /   'sie ist weniger meine Feindin als eure'
/ mes amitiés – je parle des miennes, non des tiennes – sont durables /   'meine
　　Freundschaften – ich spreche von meinen, nicht von deinen – sind dauerhaft'

Lexikalisiert sind auch die folgenden freien Possessiv-Artikel:

/ les miens, tiens, siens /   'die Meinigen, Deinigen, Seinigen/Ihrigen'
/ à chacun le sien /   'jedem das Seine'
/ à la tienne, à la vôtre! /   'auf dein Wohl, auf Ihr Wohl (oder: Prost)!'
/ il ne distingue pas le mien du tien /   'er unterscheidet nicht zwischen Mein und
　　Dein'
/ je ne puis faire miennes vos idées /   'ich kann mir Ihre Vorstellungen nicht zu
　　eigen machen'
/ bien cordialement vôtre . . . /   'sehr herzlich Ihr . . .' (Briefschluß)

5.2.3   Numeral-Artikel (Zahlen)

Numeral-Artikel sind gezielte Artikel. Darin gleichen sie den Demonstrativ-Artikeln (vgl. 5.2.1) und den Possessiv-Artikeln (vgl. 5.2.2). Von beiden unterscheiden sie sich dadurch, daß sie auf eine quantitative Determination des Nomens zielen, was wir mit dem Merkmal ⟨ZÄHLEN⟩ ausdrücken können. Umgangssprachlich und in der algebraischen Fachsprache nennen wir die Numeral-Artikel auch Zahlen. Bei Zahlen denken wir gewohnheitsmäßig zuerst an die symbolische Notation der Zahlenreihe mittels indisch-arabischer Ziffern, erweitert durch Buchstaben: *0, 1, 2, 3, 4, 5,* (. . .) *n.* Es empfiehlt sich aber, in der Grammatik von dieser schriftlichen Notation ganz abzusehen, außer zu kontrastiven Zwecken, und sich statt dessen an die einzelsprachlichen Lautformen [zero, œ̃/yn, dø, trwa, kat(r), sɛ̃(k) (...)] oder die einzelsprachlichen Schriftformen *(zéro, un/une, deux, trois, quatre, cinq...)* der Numeral-Artikel zu halten.

Im Unterschied zu den Demonstrativ- und Possessiv-Artikeln existieren die Numeral-Artikel oder Zahlen in einem doppelten Paradigma, nämlich als anaphorische und als kataphorische Numeral-Artikel. In beiden Paradigmen setzen sie die Numerus-Opposition Singular vs. Plural (vgl. 2.2) voraus. Diese wird durch die Kardinalzahlen spezifiziert (5.2.3.1), und zwar im Singular durch Mengenzahlen (5.2.3.1.1), im Plural durch Elementarzahlen (5.2.3.1.2). Mengenzahlen und Elementarzahlen bilden zusammen die Klasse der Kardinalzahlen. Diese unterscheiden sich von den Ordinalzahlen und weiteren Subklassen von Numeral-Artikeln (5.2.3.2).

Die linguistische Zahlenlehre hat also im wesentlichen das folgende Begriffssystem:

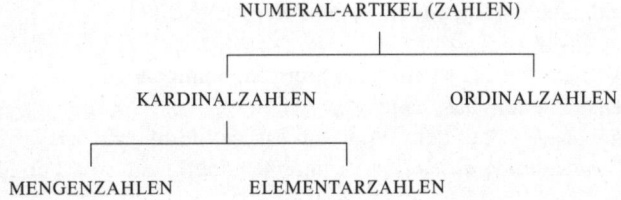

Die Funktion all dieser Numeral-Artikel zeigt sich in Texten (5.2.3.3). Auch algebraische Kalküle sind Texte im Sinne der Textlinguistik (5.2.3.4).

5.2.3.1 Kardinalzahlen

Die Algebra ordnet alle Kardinalzahlen in einer kontinuierlichen Zahlenreihe mit ansteigendem Zahlenwert von «1» bis «∞» an. Die Grammatik kann nicht ebenso verfahren, da sie die Strukturgrenze zwischen Singular (= Menge von Elementen) und Plural (= Elemente einer Menge) nicht vernachlässigen darf (vgl. 2.2.1). Wir unterscheiden daher zwischen solchen Kardinalzahlen, die mit dem Singular kombiniert werden, und solchen, die mit dem Plural kombiniert werden. Singularische Kardinalzahlen nennen wir Mengenzahlen (5.2.3.1.1), pluralische Kardinalzahlen sollen Elementarzahlen heißen (5.2.3.1.2).

5.2.3.1.1   Mengenzahlen

Mengenzahlen sind diejenigen Kardinalzahlen, die mit dem Singular (eines Nomens, Verbs oder Adjektivs) kongruent sind. Sie haben alle das semantische Merkmal ⟨BÜNDELUNG⟩. Es gibt eine anaphorische und eine kataphorische Mengenzahl. Beide haben den Zahlenwert «1».

ZAHLENWERT	VERWEISUNGS-RICHTUNG	EINFACHER ARTIKEL	NUMERAL-ARTIKEL
1	ANAPHORISCH	*le/la* 'der/die/das'	*le/la* 'der/die/das'
	KATAPHORISCH	*un/une* 'ein/eine' (vgl. engl. *a/an*)	*un/une* 'ein/eine' (vgl. engl. *one*)

Es bedarf eines Kontrastes im Text, um zwischen dem einfachen Artikel und dem Numeral-Artikel unterscheiden zu können. Dieser Kontrast kann in einer emphatischen Intonation, in einem vereinzelnden Kontext wie *seul* 'allein', *unique* 'einzig', *ne ... que* 'nur' oder in irgend einem anderen Kontrastsignal, zum Beispiel *tout court* 'schlechthin', zum Ausdruck kommen:

/ *chaque nation est une nation parmi d'autres, mais pour un nationaliste, sa nation est toujours l a nation (tout court)* /   'jede Nation ist eine Nation unter anderen,
   aber für einen Nationalisten ist seine Nation immer d i e Nation (schlechthin)'
/ *la France est une personne (Michelet), ce qui ne veut pas dire que tous les Français réagissent toujours comme un seul individu* /   'Frankreich ist eine Person (Michelet), was nicht heißt, daß alle Franzosen immer wie ein einziges Individuum
   reagieren'
/ *la France une et indivisible* /   'das eine und unteilbare Frankreich' (Maxime des
   französischen Staatsrechts)

Die Frage, ob der anaphorische oder der kataphorische Artikel gewählt wird, ist für den Mengencharakter der Menge irrelevant. Die Wahl entscheidet nur darüber, in welchem Bereich des Kontextes die Determinanten zu suchen sind, mit deren Hilfe die Menge gegebenenfalls durch Determination eingegrenzt wird, ohne deshalb aufzuhören, Menge zu sein.

5.2.3.1.2 Elementarzahlen

Während der Numeral-Artikel im Singular mit dem einfachen Artikel identisch ist, treten im Plural (Bedeutung: Elemente einer Menge) der Numeral-Artikel und der einfache Artikel auseinander. Der einfache Artikel im Plural *(les, des)* gibt dem Hörer nur zu verstehen, daß es sich um unterscheidbare Elemente einer Menge handelt. Er instruiert ihn nicht, um wieviele Elemente es sich handelt. Das leistet erst der Numeral-Artikel im Plural, der insofern als gezielter Artikel den einfachen Artikel im Plural präzisiert und mit ihm das semantische Merkmal ⟨VEREINZELUNG⟩ teilt. Wir können die Formen des Numeral-Artikels im Plural, da der Plural ja grundsätzlich die Elemente einer Menge bezeichnet, Elementarzahlen nennen. Ihre Reihe ist nach unten hin vom Zahlenwert «2» begrenzt, weil in einer Menge mindestens zwei Elemente vorhanden sein müssen, damit man diese als Elemente unterscheiden kann. Nach oben hin ist die Reihe der Elementarzahlen unbegrenzt (Zahlenwert «∞»).

Einen nach oben hin unbegrenzten Zahlenwert erreicht man mit den Elementarzahlen der natürlichen Sprache jedoch nur, wenn man zuläßt, daß sie miteinander kombiniert werden. Denn als grammatisches Paradigma ist die Reihe der einfachen Elementarzahlen, wie jedes andere grammatische Paradigma, begrenzt und überschaubar. Es besteht in der französischen Sprache aus genau 22 Formen des Numeral-Artikels. Dieses Paradigma existiert jedoch in doppelter Form, je nachdem ob es sich um anaphorische (zum Beispiel: *les deux, les trois, les quatre ...*) oder um kataphorische (zum Beispiel: *deux, trois, quatre ...*) Artikel handelt. Die Algebra kennt nur die kataphorischen Formen des Numeral-Artikels. Für die Linguistik sind die anaphorischen Formen jedoch ebenso wichtig wie die kataphorischen Formen des Numeral-Artikels.

Die anaphorischen Formen des Numeral-Artikels könnten auch als Kombination der anaphorischen Formen des einfachen Artikels im Plural mit den kataphorischen Formen des Numeral-Artikels im Plural *(les + deux, les + trois ...)* analysiert werden; doch ist diese Analyse unbefriedigend, weil sie nicht deutlich genug erklärt, daß die Formen *les deux, les trois* usw. in Texten eine eindeutig anaphorische und nicht etwa eine gemischt anaphorisch-kataphorische Funktion haben. In dem nachfolgenden Paradigma ist jedoch um einer ökonomischen Darstellung willen das Morphem *les* jeweils der kataphorischen Form des Numeral-Artikels in Klammern vorangestellt. Bei der Lautform einiger Numeral-Artikel ist zwischen der Stellung vor konsonantischem Anlaut, auch vor «konsonantischem *h-*» (zum Beispiel: *deux mois* 'zwei Monate'), und vor vokalischem Anlaut, auch vor «vokalischem *h-*» (zum Beispiel: *deux ans* 'zwei Jahre') zu unterscheiden. In der nachfolgenden Übersicht sind daher bei den Lautformen der Zahlen diese beiden Nomina als Beispiele für die unterschiedlichen Endungen je nach dem folgenden Anlaut mitangegeben. Wenn die Stellung vor Pause, das heißt, die Endstellung, wie es oft der Fall ist, der Stellung vor Konsonant entspricht, ist sie nicht eigens aufgeführt; wo sie aber abweicht, ist sie gesondert angegeben.

ELEMENTARZAHLEN			
ZAHLENWERT	SCHRIFTFORM	LAUTFORM	
		VOR KONSONANT *(mois)* ODER PAUSE	VOR VOKAL *(ans)* = LIAISON-FORM
2	*(les) deux*	[dømwa] 'zwei Monate'	[døzɑ̃] 'zwei Jahre'
3	*(les) trois*	[trwamwa]	[trwɑzɑ̃]
4	*(les) quatre*	[kat(rə)mwa]	[katrɑ̃]
5	*(les) cinq*	[sɛ̃(k)mwa] , [sɛ̃k]	[sɛ̃kɑ̃]
6	*(les) six*	[simwa] , [sis]	[sizɑ̃]
7	*(les) sept*	[sɛtmwa]	[sɛtɑ̃]
8	*(les) huit*	[ɥimwa] , [ɥit]	[ɥitɑ̃]
9	*(les) neuf*	[nœfmwa]	[nœvɑ̃]
10	*(les) dix*	[dimwa] , [dis]	[dizɑ̃]
11	*(les) onze*	[õzmwa]	[õzɑ̃]
12	*(les) douze*	[duzmwa]	[duzɑ̃]
13	*(les) treize*	[trɛzmwa]	[trɛzɑ̃]
14	*(les) quatorze*	[katɔrzmwa]	[katɔrzɑ̃]
15	*(les) quinze*	[kɛ̃zmwa]	[kɛ̃zɑ̃]
16	*(les) seize*	[sɛzmwa]	[sɛzɑ̃]
20	*(les) vingt*	[vɛ̃mwa]	[vɛ̃tɑ̃]
30	*(les) trente*	[trɑ̃tmwa]	[trɑ̃tɑ̃]
40	*(les) quarante*	[karɑ̃tmwa]	[karɑ̃tɑ̃]
50	*(les) cinquante*	[sɛ̃kɑ̃tmwa]	[sɛ̃kɑ̃tɑ̃]
60	*(les) soixante*	[swasɑ̃tmwa]	[swasɑ̃tɑ̃]
100	*(les) cent*	[sɑ̃mwa]	[sɑ̃tɑ̃]
1000	*(les) mille*	[milmwa]	[milɑ̃]

Nicht als einfache Elementarzahlen werden gebildet die Zahlen mit den Zahlenwerten 70, 80 und 90 (siehe unten).

Vor *huit* und *onze* wird der Artikel wie in der Stellung vor Konsonant behandelt; es heißt *dans les huit jours* [dãleɥiʒur] 'in acht Tagen'; *les onze mille vierges* [leõzmilvjɛrʒ] 'die elftausend Jungfrauen'.

In Belgien, der französischen Schweiz und in Teilen Ostfrankreichs ist dieses

Paradigma um zwei Elementarzahlen (70, 90), stellenweise auch um drei Elementarzahlen (70, 80, 90) erweitert:

ZAHLENWERT	SCHRIFTFORM	LAUTFORM (GLEICHBLEIBEND)
70	*(les) septante*	[sɛptɑ̃t]
80	*(les) octante/huitante*	[ɔktɑ̃t/ɥitɑ̃t]
90	*(les) nonante*	[nonɑ̃t]

Außerhalb der genannten Regionen werden diese Elementarzahlen nicht gebraucht; sie werden jedoch verstanden.

Aus den wenigen Elementarzahlen, die das Paradigma der Numeral-Artikel bilden, werden nun durch Kombinatorik die («unendlich») vielen Zahlen zusammengesetzt, die man im bürgerlichen Rechnen und in der Algebra gebraucht. Dabei gelten für die gesprochene und die in Buchstabenschrift geschriebene französische Sprache die nachfolgenden Kombinationsregeln (Achtung: In der symbolischen Notation unserer indisch-arabischen Ziffernschrift gelten andere Kombinationsregeln!):

1 Additive Kombinatorik

Folgt die kleinere Elementarzahl der größeren nach, so wird sie ihr additiv zugerechnet (*cent cinq* '105' = 100 + 5). Die mathematische Operation der Addition entspricht der syntaktischen Anweisung, Elemente zu reihen. Beispiele:

ZAHLENWERT	SCHRIFTFORM	LAUTFORM (VOR PAUSE)	KOMBINATORIK
17	*dix-sept*	[disɛt]	10 + 7
18	*dix-huit*	[dizɥit]	10 + 8
19	*dix-neuf*	[diznœf]	10 + 9
25	*vingt-cinq*	[vɛ̃tsɛ̃k]	20 + 5
70	*soixante-dix*	[swasɑ̃tdis]	60 + 10
75	*soixante-quinze*	[swasɑ̃tkɛ̃z]	60 + 15
101	*cent un/une*	[sɑ̃œ̃/sɑ̃yn]	100 + 1
120	*cent vingt*	[sɑ̃vɛ̃]	100 + 20
1060	*mille soixante*	[milswasɑ̃t]	1000 + 60

Mit dem Junktor *et* 'und' (orthographisch ohne Bindestrich) werden gebildet:

ZAHLENWERT	SCHRIFTFORM	LAUTFORM (VOR PAUSE)	KOMBINATORIK
21	*vingt et un/une*	[vɛ̃teœ̃/-yn]	20 + 1
31	*trente et un/une*	[trɑ̃teœ̃/-yn]	30 + 1
41	*quarante et un/une*	[karɑ̃teœ̃/-yn]	40 + 1
51	*cinquante et un/une*	[sɛ̃kɑ̃teœ̃/-yn]	50 + 1
61	*soixante et un/une*	[swasɑ̃teœ̃/-yn]	60 + 1
71	*soixante et onze*	[swasɑ̃teõz]	60 + 11

2 Multiplikative Kombinatorik

Geht die kleinere Elementarzahl der größeren vorauf, so wird sie ihr multiplikativ zugerechnet (*cinq cents* '500' = 5 × 100). Die mathematische Operation der Multiplikation entspricht der syntaktischen Anweisung, eine Handlung zu wiederholen. Beispiele:

ZAHLENWERT	SCHRIFTFORM	LAUTFORM (VOR PAUSE)	KOMBINATORIK
80	quatre-vingts	[katrəvɛ̃]	4 x 20
200	deux cents	[døsɑ̃]	2 x 100
900	neuf cents	[nœfsɑ̃]	9 x 100
3 000	trois mille	[trwamil]	3 x 1000
100 000	cent mille	[sɑ̃mil]	100 x 1000

3 Additiv-multiplikative Kombinatorik

In komplex kombinierten Elementarzahlen können die additive und die multiplikative Operation mehrfach nacheinander («rekurrent») ausgeführt werden, und sie können zudem miteinander kombiniert werden. Dabei muß die Anweisung der Wiederholung (Multiplikation) vor der Anweisung der Reihung (Addition) ausgeführt werden (vgl. die mathematischen Regeln: «Punktrechnung geht vor Strichrechnung» und «Zuerst die Klammern auflösen»). Beispiele:
Beachte, daß nach *cent*, *mille* und allen multiplikativ kombinierten Elementarzahlen ein additives *un/une* oder *onze* ohne den Junktor *et* 'und' angeschlossen wird. Unterscheide also:

MIT JUNKTOR

61: *soixante et un/une*
71: *soixante et onze*

OHNE JUNKTOR

101: *cent un/une*
81: *quatre-vingt-un/une*

5.2.3.1.2 Elementarzahlen

ZAHLENWERT	SCHRIFTFORM	KOMBINATORIK
81	quatre-vingt-un/une	(4 x 20) + 1
90	quatre-vingt-dix	(4 x 20) + 10
91	quatre-vingt-onze	(4 x 20) + 11
99	quatre-vingt-dix-neuf	(4 x 20) + 10 + 9
3300	trois mille trois cents	(3 x 1000) + (3 x 100)
4582	quatre mille cinq cent	(4 x 1000) + (5 x 100)
	quatre-vingt-deux	+ (4 x 20) + 2

Der Märchentitel *Les mille et une nuits* 'Tausend und eine Nacht' weicht als poetische Form von der Normalform *mille un/une* [milœ/milyn] '1001' ab.

Anmerkung: Die Elementarzahl *cent* '100' erhält bei multiplikativer Kombinatorik (200, 300 ...) ein orthographisches Plural-*s*, das in der phonetischen Liaison hörbar wird (*deux cents* '200', *trois cents enfants* [trwasãzãfã] 'dreihundert Kinder'), außer wenn die Kombinatorik weitergeht (*quatre cent cinquante-sept* '457'). Das gleiche gilt für *quatre-vingts* '80'. Die Urkundensprache kennt für *mille* die zeremonielle Schreibung *mil* (*l'an mil neuf cent quatre-vingt-deux* 'das Jahr neuzehnhundertzweiundachtzig').

Für die sehr großen Zahlen nimmt die französische Sprache keine Numeral-Artikel, sondern Numeral-Nomina, insbesondere die Nomina *million* [miljõ] 'Million' und *milliard* [miljar] 'Milliarde'. Diese können ebenfalls anaphorisch *(le million, le milliard)* oder kataphorisch *(un million, un milliard)* gebraucht werden. Sie lassen sich mit den anderen Elementarzahlen nach den genannten Kombinationsregeln additiv und/oder multiplikativ verknüpfen. Nomina werden bei direktem Anschluß an die Numeral-Nomina mit einer *de*-Junktion (vgl. 8.3.2.1) angefügt:

/ *un million de francs* /   '1.000.000 FF'
/ *deux milliards de marks* /   '2.000.000.000 DM'

Nicht verknüpfbar mit den Elementarzahlen sind demgegenüber die kollektiven Numeral-Nomina, zum Beispiel:

/ *une dizaine* /   'ungefähr zehn'
/ *une douzaine* /   'ein Dutzend'
/ *une quinzaine* /   'ungefähr fünfzehn'
/ *une vingtaine* /   'ungefähr zwanzig'
/ *des centaines* /   'hunderte'
/ *la première quinzaine des vacances* /   'die ersten beiden Ferienwochen'
(...)

Statt der anaphorischen Elementarzahl *les deux* (nicht der kataphorischen Elementarzahl *deux!*) kennt die französische Sprache auch die Variante *l'un/l'une et l'autre* 'beide'. Diese Form betont stärker die Abgeschlossenheit der zwei Elemente, die fast ein Paar bilden. Die Kongruenz kann daher mit dem Plural (das ist häufiger) oder mit dem Singular (das ist seltener) hergestellt werden:

/ *l'une et l'autre routes sont barrées* /   'beide Straßen sind gesperrt'
/ *l'une ou l'autre forme se dit* /   'beide Formen kann man (wahlweise) sagen'

Geläufiger sagt man jedoch:

/ *les deux solutions sont possibles* /   'beide Lösungen sind möglich'

Numeral-Artikel sind grundsätzlich mit anderen Formen des gezielten Artikels kombinierbar, insbesondere mit Demonstrativ-Artikeln (*ces deux mains* 'diese beiden Hände' – vgl. 5.2.1), mit Possessiv-Artikeln (*mes cinq sens* 'meine fünf Sinne' – vgl. 5.2.2) und mit verschiedenen Formen des Indefinit-Artikels (zum Beispiel: *tous les dix doigts* 'alle zehn Finger' – vgl. 5.2.4).

5.2.3.2   Ordinalzahlen

Mengenzahlen und Elementarzahlen bilden innerhalb der Klasse der Numeral-Artikel die Subklasse der Kardinalzahlen (vgl. 5.2.3.1). Eine andere Subklasse der Numeral-Artikel wird von den Ordinalzahlen gebildet. Diese setzen den Gegensatz zwischen den Begriffen Menge (von Elementen) und Elemente (einer Menge) in besonderer Weise voraus. Ordinalzahlen sind nämlich Numeral-Artikel, die aus einer Menge ein Element oder mehrere Elemente herausgreifen und deren Stellung in der Reihe bestimmen. Die Ordinalzahlen unterscheiden sich also von den Elementarzahlen vor allem durch das zusätzliche Merkmal ⟨BESTIMMEND⟩. Die Ordinalzahl mit dem Zahlenwert «1» hat eine eigene Form: *le premier* 'der erste'. Für die Ordinalzahl mit dem Zahlenwert «2» gibt es zwei Formen: *le second/le deuxième* 'der zweite'. Die letztgenannte Form und alle weiteren Ordinalzahlen werden mit Hilfe des Suffixes *-ième* [-jɛm] gebildet, das an die (in der Stellung vor Vokal und vor «vokalischem *h*-» gebräuchliche) Liaison-Form der entsprechenden Kardinalzahl angehängt wird:

KARDINALZAHL		ORDINALZAHL	
deux ans [døzã]	'zwei Jahre'	*la deuxième année* [ladøzjɛmane] 'das zweite Jahr'	
trois heures [trwazœr]	'drei Stunden'	*la troisième heure* [latrwazjɛmœr] 'die dritte Stunde'	

Orthographisch weichen ab: gegenüber *cinq* 'fünf' *le cinquième* [ləsɛ̃kjɛm] 'der fünfte' und gegenüber *neuf* 'neun' *le neuvième* [lənœvjɛm] 'der neunte'.

Das letzte Element einer Reihenfolge wird durch die Ordinalzahl *le dernier* 'der letzte', das vorletzte durch die Ordinalzahl *l'avant-dernier* 'der vorletzte' bezeichnet. Alle Ordinalzahlen können ebensowohl als gebundene Formen (*le sixième sens* 'der sechste Sinn') wie als freie Formen (*le sixième* 'der sechste') gebraucht werden.

ORDINALZAHLEN	
SYMBOLISCHE NOTATION	SCHRIFTFORM UND LAUTGESTALT
le 1er	*le premier* 'der erste'
le 2nd (oder: le 2e)	*le second* [ləzgõ] (oder: *le deuxième)* 'der zweite'
le 3^{e}	*le troisième* 'der dritte'
le 4^{e}	*le quatrième* 'der vierte'
le 5^{e}	*le cinquième* 'der fünfte'
le 10^{e}	*le dixième* 'der zehnte'
le 17^{e}	*le dix-septième* 'der siebzehnte'
le 21^{e}	*le vingt et unième* [ləvẽteynjɛm] 'der einundzwanzigste'
le 100^{e}	*le centième* 'der hundertste'
le 101^{e}	*le cent unième* [ləsãynjɛm] 'der hundertunderste'
le 1000^{e}	*le millième* 'der tausendste'

Bei der Ordinalzahl mit dem Zahlenwert «2» wird die Form *le second* bevorzugt, wenn es sich um eine zwei-elementige Menge handelt, insbesondere bei der Paarbildung. Man sagt demgegenüber eher *le deuxième,* wenn die Reihenzählung in einer Menge weiterläuft. Die Form *le second* wird wesentlich häufiger gebraucht.

Das Paradigma der Ordinalzahlen ist dreidimensional gegliedert:

1. Genus

MASKULIN		FEMININ	
le premier	'der erste'	*la première*	'die erste'
le septième	'der sieb(en)te'	*la septième*	'die sieb(en)te'

Im Plural ist die Genus-Opposition bei allen Formen mit dem Suffix *-ièmes* neutralisiert (*les quatrièmes* 'die vierten', aber: *les derniers/les dernières* 'die letzten'). Im Maskulin beachte man die Liaison-Formen *premier étage* [prəmjɛretaʒ], *dernier exemple* [dɛrnjɛrɛgzãpl(ə)].

[2] Numerus

SINGULAR

PLURAL

le premier 'der erste'
le huitième [ləʮitjɛm] 'der achte'

les premiers 'die ersten'
les huitièmes [leʮitjɛm] 'die achten'

Die Pluralformen der Ordinalzahlen werden verhältnismäßig selten gebraucht.

[3] Verweisungsrichtung (Bekannt vs. Unbekannt)

Unter bestimmten Bedingungen, jedoch im allgemeinen recht selten, werden die Ordinalzahlen mit dem kataphorischen Artikel oder mit dem Null-Artikel gebraucht:

un premier coup d'essai 'ein erster Versuch'
premier prix 'erster Preis'
second [səgõ] *chapitre* (oder: *chapitre second* [zgõ]) 'zweites Kapitel'
dernier avertissement 'letzte Warnung'

Die drei letzten Beispiele setzen einen Gebrauch in isolierender Stellung, etwa als Titel, Überschrift oder Plakatierungen voraus.

Ordinalzahlen sind – ebenso wie Elementarzahlen (vgl. 5.2.3.1.2) – grundsätzlich mit Demonstrativ-Artikeln (vgl. 5.2.1), Possessiv-Artikeln (vgl. 5.2.2) und bestimmten Indefinit-Artikeln (vgl. 5.2.4) kombinierbar. Voraussetzung ist eine gemeinsame Anaphorik oder Kataphorik:

ce troisième homme 'dieser dritte Mann'
son quatrième mari 'ihr vierter Ehemann'
chaque dernière aventure 'jedes letzte Abenteuer'

Bei regierenden Monarchen wird der erste Namensträger mit der Ordinalzahl, die weiteren Namensträger mit Kardinalzahlen angegeben:

François I^*er* [frãswaprəmje] 'Franz I.'
Napoléon III [napoleõtrwa] 'Napoleon III.'
Aber als lexikalisierte Ausnahme: *Charles-Quint* [ʃarləkɛ̃] 'Karl V.'

Wenn man die Ordinalzahlen um das Artikel-Morphem verkürzt und ihre feminine Form mit dem Suffix *-ment* erweitert, erhält man die Reihe der numeralen
Sequenz-Adverbien («Ordinal-Adverbien» – vgl. 7.3.6.1). Sie werden für Aufzählungen gebraucht:

1°: *premièrement* 'erstens'
2°: *deuxièmement* 'zweitens'
3°: *troisièmement* 'drittens'
(...)

Von der Form *second* wird kein Adverb gebildet. Fachsprachlich hört oder liest
man auch die lateinischen Adverbien *primo* [primo], *secundo* [səkõdo, səgõdo],
tertio [tɛrsjo] (...), von deren Endbuchstaben auch die symbolische Notation 1°,
2°, 3° (...) abgeleitet ist. Die Reihe der numeralen Sequenz-Adverbien kann mit
den Adverbien *finalement* 'schließlich', *en dernier lieu* 'an letzter Stelle' oder
ähnlichen Adverbien abgeschlossen werden.

Mit einer Kombination von Kardinalzahlen (für den Zähler) und Ordinalzahlen (für den Nenner) drückt man in der französischen Sprache Bruchzahlen aus.
Wenn der Zähler *un* lautet, steht der Nenner im Singular, bei allen anderen
Zählern steht er im Plural. Die Nenner mit den Zahlwerten «1», «2», «3» und «4»
haben eigene Formen:

$\dfrac{1}{1}$ *un entier* 'ein Ganzes'

$\dfrac{1}{2}$ *un demi* 'ein Halbes'

$\dfrac{2}{3}$ *deux tiers* 'zwei Drittel'

$\dfrac{3}{4}$ *trois quarts* 'drei Viertel'

$\dfrac{4}{5}$ *quatre cinquièmes* 'vier Fünftel'

$\dfrac{5}{7}$ *cinq septièmes* 'fünf Siebtel'

$\dfrac{11}{20}$ *onze vingtièmes* 'elf Zwanzigstel'

$\dfrac{1}{100}$ *un centième* 'ein Hundertstel'

$\dfrac{500}{1000}$ *cinq cents millièmes* 'fünfhundert Tausendstel'

Lexikologisches und Idiomatisches:

voyager en première/seconde (classe)   'erster/zweiter (Klasse) reisen'
un deuxième classe   'ein (gemeiner) Soldat'
en seconde/sixième   'in der zweiten/sechsten Klasse' (von oben gerechnet), 'in
  der Sekunda/Sexta'
garçon, un demi!   'Herr Ober, ein Bier!' (oder: 'ein Helles', 'ein Halbes')
un quart de (vin) rouge   'ein Schoppen (oder: ein Viertel) Roten'

5.2.3.3   Zahlen im Text

Die «reine» Mathematik gebraucht die Zahlen in der Regel abstrakt, das heißt,
ohne Konkretisierung durch ein nachfolgendes Nomen. Linguistisch gesehen,
sind die Kardinalzahlen der Algebra freie Formen des kataphorischen Numeral-
Artikels. Dieser Gebrauch ist auch von der Grammatik her zulässig, da man bei
den Elementarzahlen immer das allgemeine Nomen *éléments* 'Elemente' ergänzen kann. Die «angewandte» Mathematik kann diese gedachte Ergänzung dann
nachträglich konkretisieren. Das ist durchaus im Einklang mit der Kataphorik
der algebraischen Zahlenwerte, die ohnehin eine präzisierende Nachinformation
erwarten läßt.

Diese Konventionen gelten jedoch nicht für die natürlichen Sprachen. In ihnen
werden die Zahlen in der Regel konkret, das heißt, als Numeral-Artikel vor
wechselnden Nomina gebraucht. Dabei ist der anaphorische ebenso wichtig wie
der kataphorische Gebrauch. Das zeigt der nachfolgende Text aus dem Lukas-
Evangelium: die bekannte Geschichte von der wunderbaren Brotvermehrung.
Sie soll hier zeigen, wie anaphorische (Symbol: •) und kataphorische (Symbol:
○) Kardinalzahlen im Text gebraucht werden:

Or le jour avait commencé à baisser. Les douze, s'approchant, lui dirent:
«Renvoie la foule; qu'ils aillent dans les villages et fermes d'alentour pour
y trouver logis et nourriture, car nous sommes ici dans un endroit désert.»
Il leur répondit: «Donnez-leur vous-mêmes à manger.» – «Nous n'avons
pas plus de cinq pains et de deux poissons, reprirent-ils. A moins peut-être
d'aller nous-mêmes acheter de la nourriture pour tout ce monde.» Car il y
avait bien cinq mille hommes. Mais Jésus dit à ses disciples: »Faites-les
s'étendre par groupes d'une cinquantaine.» Ils obéirent et les firent tous

s'étendre. Prenant alors les cinq pains et les deux poissons, Jésus leva les yeux au ciel, dit sur eux la bénédiction, les rompit et les donna à ses disciples pour les distribuer à la foule. Tous mangèrent à satiété, et l'on ramassa ce qu'ils avaient eu de reste: douze couffins de morceaux!*

Der Textabschnitt beginnt mit der freien Form einer anaphorischen Elementarzahl: *les douze* 'die Zwölf'. An dem Gebrauch einer freien Form kann man ablesen, daß diesem Textabschnitt eine Vorinformation voraufgeht, die hier nicht mitgeteilt ist («Präsupposition»), nämlich die Erwählung von zwölf Jüngern zu Aposteln. Davon ist in der Vorgeschichte mittels eines kataphorischen Numeral-Artikels berichtet worden (vgl. Luk. 6, 13). Die Geschichte nun, die diesen Aposteln hier widerfährt, enthält weitere Elementarzahlen, die sämtlich – einige adverbial nuanciert – in kataphorischer Form eingeführt werden: *cinq pains* 'fünf Brote', *deux poissons* 'zwei Fische', *cinq mille hommes* 'fünftausend Mann', *une cinquantaine* 'eine Gruppe von (etwa) fünfzig Personen', *douze couffins* 'zwölf Körbe'. Die Brote und die Fische werden nach ihrer Ersterwähnung noch ein zweites Mal erwähnt. Dann steht jeweils die anaphorische Form des Numeral-Artikels: *les cinq pains* 'die fünf Brote', *les deux poissons* 'die zwei Fische', denn der Hörer oder Leser dieses biblischen Textes kann sich nun schon auf eine numerale Vorinformation zurückbeziehen. Es sind jetzt also die schon bekannten fünf Brote und die bekannten zwei Fische. Auf diese Weise haben die Numeral-Artikel dieses Textes an der Dosierung der Information und Steuerung der Determination Anteil.

Der nachfolgende Textabschnitt stammt ebenfalls aus der Bibel. Es handelt sich um das bekannte Gleichnis vom Hausvater. Dieses Gleichnis soll hier zeigen, wie singularische (Symbol: ◆) und pluralische (Symbol: ○) Ordinalzahlen im Text gebraucht werden:

---

* Aber der Tag fing an sich zu neigen. Da traten zu ihm die Zwölf und sprachen zu ihm: Laß das Volk von dir, daß sie hingehen auf die Märkte in der Umgebung und in die Dörfer, daß sie Herberge und Speise finden; denn wir sind hier in der Wüste. Er aber sprach zu ihnen: Gebt ihr ihnen zu essen. Sie sprachen: Wir haben nicht mehr als fünf Brote und zwei Fische. Es sei denn, daß wir hingehen sollen und Speise kaufen für so viel Volk (denn es waren an die fünftausend Mann). Er sprach aber zu seinen Jüngern: Laßt sie sich setzen in Reihen zu je fünfzig und fünfzig. Und sie taten also und setzten sich alle. Da nahm er die fünf Brote und zwei Fische und sah auf zum Himmel und dankte darüber, brach sie und gab sie seinen Jüngern, daß sie dem Volk vorlegten. Und sie aßen und wurden alle satt. Und es wurden aufgehoben, was ihnen an Brocken übrigblieb, zwölf Körbe. (Französischer Text: L'Évangile selon saint Luc 9, 12–17 aus: *La Sainte Bible,* éd. L'École biblique de Jérusalem, Les Éditions du Cerf, Paris 1956; Deutscher Text: Luk. 9, 12–17 in der Luther-Übersetzung, leicht modernisiert.)

Tenez, il en va du Royaume des Cieux comme d'un propriétaire qui sortit au point du jour afin d'embaucher des ouvriers pour sa vigne. Il convint avec eux d'un denier pour la journée et les envoya à sa vigne. Sorti vers la troisième heure, il en vit d'autres qui se tenaient, désœuvrés, sur la place, et il leur dit: «Allez, vous aussi, à ma vigne, et je vous donnerai un salaire équitable.» Et ils y allèrent. Sorti de nouveau vers la sixième heure, puis vers la neuvième heure, il agit de même. Vers la onzième heure, il sortit encore, en trouva d'autres qui se tenaient là et leur dit: «Pourquoi restez-vous ici tout le jour sans travailler?» – «C'est que, lui disent-ils, personne ne nous a embauchés.» Il leur dit: «Allez, vous aussi, à ma vigne.» Le soir venu, le maître de la vigne dit à son intendant: «Appelle les ouvriers et remets à chacun son salaire, en remontant des derniers aux premiers.» Ceux de la onzième heure vinrent donc et touchèrent un denier chacun. Les premiers, venant à leur tour, pensèrent qu'ils allaient toucher davantage; mais c'est un denier chacun qu'ils touchèrent, eux aussi. Tout en le recevant, ils murmuraient contre le propriétaire: «Ces derniers venus n'ont travaillé qu'une heure, et tu les a traités comme nous, qui avons porté le fardeau de la journée, avec sa chaleur.» Alors il répliqua en disant à l'un d'eux: «Mon ami, je ne te lèse en rien: N'est-ce pas d'un denier que nous sommes convenus? Prends ce qui te revient et va-t'en. Il me plaît de donner à ce dernier venu autant qu'à toi: n'ai-je pas le droit de disposer de mes biens comme il me plaît? ou faut-il que tu sois jaloux parce que je suis bon?» Voilà comment les derniers seront premiers, et les premiers seront derniers.*

---

* Das Himmelreich ist gleich einem Hausvater, der am Morgen ausging, Arbeiter einzustellen für seinen Weinberg. Und da er mit den Arbeitern eins ward um einen Groschen als Tagelohn, sandte er sie in seinen Weinberg. Und er ging hinaus um die dritte Stunde und sah andere auf dem Markt müßig stehen und sprach zu ihnen: Geht auch ihr in den Weinberg. Ich will euch geben, was recht ist. Und sie gingen hin. Abermals ging er hinaus um die sechste und neunte Stunde und tat ebenso. Um die elfte Stunde ging er nochmals hinaus und fand andere müßig stehen und sprach zu ihnen: Was steht ihr hier den ganzen Tag müßig? Sie sprachen zu ihm: Es hat uns niemand eingestellt. Er sprach zu ihnen: Geht auch ihr hin in den Weinberg, und was recht sein wird, soll euch gezahlt werden. Da es nun Abend ward, sprach der Herr des Weinbergs zu seinem Verwalter: Rufe die Arbeiter und gib ihnen den Lohn, und beginne mit den

Der Text enthält eine Grundmenge: die zwölf Stunden des (Arbeits-)Tages. Es handelt sich um eine durch ein (damals) allgemein verbreitetes Vorwissen bereits geordnete Menge, denn die Stunden als Elemente folgen in bekannter Anzahl und in gleichem Abstand aufeinander. Der Evangelist greift nun mit Hilfe von Ordinalzahlen vier Tagesstunden (*la troisième, la sixième, la neuvième, la onzième heure* 'die dritte, sechste, neunte, elfte Stunde') heraus und bestimmt auf diese Weise die neue, leicht unregelmäßige Reihenfolge der gestuften Einstellungstermine mit den Endmarkierungen *les premiers* 'die ersten' und *les derniers* 'die letzten'. Die Erntearbeiter leiten aus den abgestuften Einstellungsterminen die Erwartung ab, daß die Menge des zu verteilenden Lohnes dementsprechend auch abgestuft bestimmt wird. In dieser Erwartung werden sie enttäuscht. Der Hausvater entlohnt sie alle gleich. Sein Verteilungsprinzip heißt: Güte. Das Gleichnis endet mit der Umkehrung der erwarteten Reihenfolge von ihren Extremen her: die Letzten werden die Ersten und die Ersten die Letzten sein, spätestens im Himmelreich.

5.2.3.4 Messen und Rechnen mit Zahlen

Die Kardinalzahlen werden hauptsächlich zum Messen und Rechnen gebraucht. Dabei sind einige besondere Regeln zu beachten, die sich insbesondere im fachsprachlichen Gebrauch herausgebildet haben.

1 Uhrzeit

Die Uhrzeit wird, außer bei den runden Stunden der ersten Tageshälfte, umgangssprachlich und fachsprachlich verschieden angegeben. Unterscheide:

letzten bis hin zu den ersten. Da kamen die, die um die elfte Stunde eingestellt waren, und es empfing ein jeglicher seinen Groschen. Da aber die ersten kamen, meinten sie, sie würden mehr empfangen. Und sie empfingen auch ein jeglicher seinen Groschen. Und da sie den empfingen, murrten sie wider den Hausvater und sprachen: Diese letzten haben nur eine Stunde gearbeitet, und du hast sie uns gleich gemacht, da wir des Tages Last und die Hitze getragen haben. Er antwortet aber und sagt zu einem unter ihnen: Mein Freund, ich tue dir nicht unrecht. Bist du nicht mit mir eins geworden um einen Groschen? Nimm, was dein ist und gehe hin. Ich will aber diesem letzten geben gleich wie dir. Oder habe ich nicht die Macht zu tun was ich will mit dem Meinen? Siehst du darum scheel, daß ich so gütig bin? Also werden die letzten die ersten und die ersten die letzten sein. (Französischer Text: L'Évangile selon saint Matthieu 20, 1–6, aus: *La Sainte Bible,* éd. L'École biblique de Jérusalem, Paris 1956; deutscher Text: Matth. 20, 1–16, in der Luther-Übersetzung, leicht modernisiert.)

ZIFFERN	UMGANGSSPRACHLICH	FACHSPRACHLICH
8.00 h	*huit heures (du matin)*	*huit heures*
13.00 h	*une heure (de l'après-midi)*	*treize heures*
7.15 h	*sept heures et quart (du matin)*	*sept heures quinze*
22.30 h	*dix heures et demie (du soir)*	*vingt-deux heures trente*
16.45 h	*cinq heures moins le quart*	*seize heures quarante-cinq*
12.00 h	*midi*	*douze heures*

2 Datum

Für den ersten Tag des Monats nimmt man die Ordnungszahl *le premier,* für die übrigen Tage des Monats die Kardinalzahlen. Diese können zur Verdeutlichung die sonst nur vor Pause übliche Lautform haben:

/ *nous sommes le premier janvier* / 'wir haben den 1. Januar'
/ *nous sommes aujourd'hui le six avril* [ləsizavril] / 'wir haben heute den 6. April'
/ *c'est aujourd'hui le huit octobre* [ləɥitɔktɔbrə] / 'heute ist der 8. Oktober'

Jahreszahlen kann man auf zweierlei verschiedene Art bezeichnen; wenn man die Tausender getrennt schreibt, benutzt man statt *mille* die Form *mil*:

en mil neuf cent quatre-vingt-dix
en dix-neuf cent quatre-vingt-dix $\Big\rangle$ '(im Jahre) 1990'

Zur Bezeichnung der Jahrhunderte gebraucht man die Ordinalzahlen und schreibt sie gewöhnlich mit römischen Ziffern:

le XXe (vingtième) siècle 'das 20. Jahrhundert'
le XXIe (vingt et unième [vε̃teynjεm]*) siècle* 'das 21. Jahrhundert'

Idiomatisches:

il y a huit jours 'vor acht Tagen'
dans quinze (!) jours 'in vierzehn (!) Tagen'
il a mis trois mois 'er hat ein Vierteljahr (dafür) gebraucht'
je reviendrai d'ici six mois 'ich komme in einem halben Jahr wieder'
lundi en huit/en quinze 'Montag in acht/in vierzehn Tagen'

3̲　Maße und Gewichte

deux centimètres/mètres/kilomètres　'2 cm/m/km'
dix mètres carrés　'10 m²'
trois cent vingt-cinq mètres cubes　'325 m³'
trent-cinq litres/hectolitres　'35 l/hl'
dix-neuf milligrammes/grammes/kilogrammes　'19 mg/g/kg'
une livre　'ein Pfund'
un kilo et demi　'1,5 kg'

4̲　Temperaturen

il fait vingt-cinq (degrés au-dessus de zéro)　'es ist +25° (über Null)'
il fait moins quatre (degrés au-dessous de zéro)　'es ist −4° (unter Null)'

Beim Rechnen mit Zahlen gelten ebenfalls die Regeln der Textgrammatik. Denn auch die mathematischen Rechnungen oder Kalküle sind Texte im Sinne der Textlinguistik. Sie unterscheiden sich von anderen Texten jedoch im wesentlichen durch die folgenden Einschränkungen:

- Kalküle verwenden als Schrift nur die symbolische Ziffern-Notation, nicht die Buchstabenschrift. Sie sind daher nur in der Lautform einzelsprachlich differenziert.
- Es werden entweder überhaupt keine Nomina verwendet oder nur solche kunstsprachlichen «variablen» Nomina wie x oder y. Wenn in einem Kalkül (nur) die «Variablen» x und y vorkommen, bedeutet x 'alles Mögliche, außer y', und y bedeutet 'alles Mögliche, außer x'.
- Die übrigen Morpheme der Grammatik werden nur in beschränkter Zahl und mit formalisierter Instruktions-Bedeutung zugelassen. So bildet beispielsweise der Junktor *et* 'und' (vgl. 8.2.1), formalisiert zu dem Operator «+» (*plus* [plys]), die Operationsbasis der Addition. Für bestimmte Rechenarten werden auch vereinzelt Lexeme mit formalisierter Bedeutung zugelassen (z. B. *puissance* 'Potenz', *racine* 'Wurzel').

Die folgenden Rechenbeispiele repräsentieren mit den Grundrechenarten zugleich die Grundtypen mathematischer Texte:

deux et trois font cinq	$2 + 3 = 5$
neuf moins un font huit	$9 - 1 = 8$
quatre fois douze font quarante-huit	$4 \times 12 = 48$
quatre-vingt-dix-neuf divisé par onze font neuf	$99 : 11 = 9$
dix virgule deux moins zéro virgule cinq font neuf virgule sept	$10,2 - 0,5 = 9,7$

un quart plus trois huitièmes égalent deux huitièmes plus trois huitièmes égalent cinq huitièmes	$\frac{1}{4} + \frac{3}{8} = \frac{2}{8} + \frac{3}{8} = \frac{5}{8}$
deux un tiers plus trois un sixième égalent cinq trois sixièmes égalent cinq et demi	$2\frac{1}{3} + 3\frac{1}{6} = 5\frac{3}{6} = 5\frac{1}{2}$
huit virgule quatre moins trois virgule cinq égalent quatre virgule neuf	$8,4 - 3,5 = 4,9$
quatre-vingt-dix pour cent égalent quatre-vingt-dix sur cent égalent neuf sur dix (oder: neuf dixièmes)	$90\% = \frac{90}{100} = \frac{9}{10}$
deux au carré égalent deux fois deux égalent quatre	$2^2 = 2 \times 2 = 4$
cinq puissance trois égalent cinq fois cinq fois cinq égalent cent vingt-cinq	$5^3 = 5 \times 5 \times 5 = 125$
racine carrée de quatre-vingt-un égale neuf ou moins neuf	$\sqrt[2]{81} = 9$ oder auch -9
racine cube de vingt-sept égale trois	$\sqrt[3]{27} = 3$
sept x plus 4 y égalent six	$7x + 4y = 6$
a plus b au carré égalent a au carré plus deux ab plus b au carré	$(a + b)^2 = a^2 + 2ab + b^2$
trois x plus trois égalent deux x plus cinq	$3x + 3 = 2x + 5$
trois x plus six sur trois égalent x plus sept sur deux	$\frac{3x + 6}{3} = \frac{x + 7}{2}$
six x plus douze égalent trois x plus vingt et un	$6x + 12 = 3x + 21$
trois x égalent neuf	$3x = 9$
x égale trois	$x = 3$

Unterscheide die Ausdrucksgewohnheiten:

ALLTÄGLICHES RECHNEN	MATHEMATISCHES RECHNEN
quatre et cinq (font) neuf 'vier und fünf ist (oder: macht) neun'	*quatre plus cinq égalent neuf* 'vier plus fünf gleich neun'
trois fois sept (font) vingt et un 'drci mal sieben ist (oder: macht) einundzwanzig'	*trois multipliés par sept égalent vingt et un* 'drei mal sieben gleich einundzwanzig'
un au carré fait un 'eins hoch zwei ist (oder: bleibt) eins'	*un à la puissance deux égale un* 'eins zum Quadrat ist eins'

Alle Rechnungen, die das Gleichheitszeichen «=» (*fait/font, égale/égalent* 'gleich') enthalten, gehören der Textsorte Gleichung an.

5.2.4   Indefinit-Artikel

Indefinit-Artikel sind Formen des gezielten Artikels, die ein Nomen unter dem Gesichtspunkt der großen oder der kleinen Menge determinieren. Sie entsprechen ihrer Struktur nach den Indefinit-Adverbien, die ein Verb, ein Adjektiv oder ein Adverb unter dem Gesichtspunkt der großen oder der kleinen Intensität determinieren (vgl. 7.3.4). Zugrunde liegt die Vorstellung eines Mengenfeldes, das nach einem großen und einem kleinen Teilbereich gegliedert ist. Je nach dem Numerus (vgl. 2.2.1) wird das Mengenfeld verschieden interpretiert. Im Singular, verstanden als Menge von Elementen, ist das Mengenfeld für alle Elemente in eine große und eine kleine Teilmenge gegliedert. Im Plural hingegen, verstanden als Elemente einer Menge, ist die Gesamtzahl der Elemente im Mengenfeld nach einer großen und einer kleinen Zahl von Elementen gegliedert:

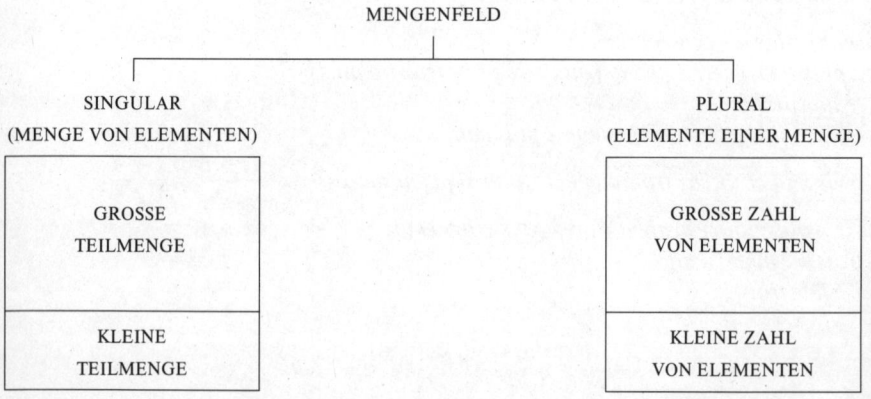

Mit dieser Gliederung des Mengenfeldes ist gleichzeitig ausgeschlossen, daß man die Elemente des Mengenfeldes nach einer kontinuierlichen Zahlenreihe durchzählt. Das unterscheidet die Indefinit-Artikel von den Numeral-Artikeln oder Zahlen (vgl. 5.2.3). Wir unterscheiden die Indefinit-Artikel nach drei Subklassen:

– Schätz-Artikel (5.2.4.1)
– Vergleichs-Artikel (5.2.4.2)
– Kode-Artikel (5.2.4.3)

5.2.4.1 Schätz-Artikel

In der Klasse der Indefinit-Artikel bilden die Schätz-Artikel eine Subklasse, deren Formen gemeinsam haben, daß sie die Bedeutung des determinationsbedürftigen Nomens einer quantitativen Schätzung unterwerfen. Diese erstreckt sich in erster Linie darauf, ob die Bedeutung des Nomens dem großen oder dem kleinen Teilbereich des Mengenfeldes zuzuordnen ist. Im Singular taxieren sie die Bedeutung also im Hinblick auf eine große oder eine kleine Teilmenge, im Plural im Hinblick auf eine große oder kleine Zahl von Elementen.

SINGULAR

/il y a beaucoup de linge à laver aujourd'hui/   'heute ist viel Wäsche zu waschen'

PLURAL

/il n'y a pas beaucoup de gens qui aiment faire la lessive/   'es gibt nicht viele Leute, die gerne Wäsche waschen'

Wir beschreiben die Bedeutung der Schätz-Artikel mit den Merkmalen ⟨VIEL⟩ oder ⟨WENIG⟩:

↓ GROSSE TEILMENGE	↓ GROSSE ZAHL VON ELEMENTEN
beaucoup de volaille 'viel Geflügel' *bien de la salade* 'recht viel Salat' *(une) quantité de pain* 'eine (ganze) Menge Brot' *pas mal de vin* 'ganz schön viel Wein' (salopp) (...)	*beaucoup de carottes* 'viele Karotten' *bien des pommes de terre* 'recht viele Kartoffeln' *quantité de fruits de mer* 'eine (ganze) Menge Meeresfrüchte (Schalentiere aus dem Meer)' *pas mal d'oranges* 'ganz schön viele Apfelsinen' (salopp) *une foule de clients* 'eine Menge Kunden' (...)
⇕ SINGULAR	⇕ PLURAL
peu de poisson 'wenig Fisch' *un peu de lait* 'etwas Milch' (...)	*peu de haricots* 'wenig Bohnen' *quelques œufs* [ø] 'einige Eier' (...)
↑ KLEINE TEILMENGE	↑ KLEINE ZAHL VON ELEMENTEN

341

Singularische Schätz-Artikel können nur vor solchen Nomina gebraucht werden, die auf Grund ihrer Bedeutung als Masse oder Abstraktum eine quantitative Schätzung als Menge zulassen. Das ist dieselbe Gruppe von Nomina, die beim einfachen kataphorischen Artikel eine Neutralisierung der Opposition Singular vs. Plural («Teilungsartikel») zulassen (vgl. 5.1.3.2). Es besteht also ein struktureller Zusammenhang zwischen Numerus-Neutralisierung und quantitativer Schätzung als Menge. Die Numerus-Neutralisierung, in der sich Gleichgültigkeit gegenüber der Alternative einer (singularischen) Betrachtung als Menge von Elementen und einer (pluralischen) Betrachtung von Elementen einer Menge ausdrückt, ist eine adäquate Basis für die quantitative Schätzung einer Menge, die sich ja auch mit dem Ungefähren begnügt.

In dem Schätz-Artikel *plusieurs* 'mehrere' (nur Plural!) ist die Opposition zwischen dem großen und dem kleinen Teilbereich des Mengenfeldes neutralisiert. Man kann mit diesem Indefinit-Artikel, je nach dem Kontext, sowohl eine große als auch eine kleine Zahl von Elementen bezeichnen:

/ *je connais plusieurs personnes qui préfèrent un marché à toute autre curiosité* /
'ich kenne mehrere Personen, die einen Markt jeder anderen Sehenswürdigkeit vorziehen'

Einzelne dieser Schätz-Artikel können durch Adjektive oder Schätz-Adverbien (vgl. 7.3.4.1) nuanciert werden:

peu de matière grasse   'wenig Fett'
bien peu de matière grasse   'recht wenig Fett'
très peu de matière grasse   'sehr (oder: ganz) wenig Fett'

Beachte, daß der Schätz-Artikel *beaucoup de* 'viel(e)' nicht durch Adverbien nuanciert werden kann. Man kann aber (mit salopper Nuance) sagen: *j'ai énormément de problèmes* 'ich habe sehr (oder: enorm) viele Probleme'.

Von einigen Schätz-Artikeln gibt es freie Formen, die ohne nachfolgendes Nomen gebraucht werden können:

/ *du thé, est-ce qu'il y en a encore?* ÷ *très peu* /   'ist wohl noch Tee da? ÷ nur ganz wenig'
/ *de la tisane, il doit y en avoir encore un peu, n'est-ce pas?* ÷ *oui, beaucoup* /
'vom Gesundheitstee dürfte noch etwas da sein, nicht wahr? ÷ ja, (ganz) viel'

Das Paradigma der Schätz-Artikel kann durch bestimmte Nomina oder Adjektive lexematisch erweitert werden. Auf diese Weise können auch anaphorische Schätzungen ausgedrückt werden, während die Schätz-Artikel sonst gewöhnlich kataphorisch sind.

la (grande) quantité de projets 'die (sehr) vielen Pläne'

les nombreuses déceptions 'die vielen (oder: zahlreichen) Enttäuschungen'

les rares (oder: *quelques) espérances* 'die wenigen Hoffnungen'

(une) quantité de projets 'eine Menge Pläne'

de nombreuses déceptions 'zahlreiche Enttäuschungen'

un soupçon d'espoir 'eine Spur Hoffnung'

Um eine Nuance der Überraschung auszudrücken, die auch suggestiv gemeint sein kann, gebraucht man die Schätz-Artikel *tant de* 'so viel/-e', *tellement de* 'so (sehr) viel/-e' und *si peu de* 'so wenig/-e' (vgl. 7.3.4.1):

/ *je connaissais tant* (oder: *tellement) d'élèves* / 'ich kannte so viele Schüler'
/ *je connais si peu d'étudiants* / 'ich kenne so wenig(e) Studenten'

Beachte: Der Schätz-Artikel *beaucoup de* kann nicht mit *si* 'so' verbunden werden.

5.2.4.2 Vergleichs-Artikel

Die Vergleichs-Artikel zeichnen sich innerhalb der Klasse der Indefinit-Artikel dadurch aus, daß sie eine (inadäquate) Erwartung voraussetzen, die sie korrigieren. Es kann sich um eine eigene Erwartung handeln, von der ein Sprecher sich abgelöst hat, oder auch um eine Erwartung des Hörers, die ein Sprecher in Rechnung stellt, sei es daß der Hörer sie ausdrücklich geäußert hat, sei es daß der Sprecher sie bei ihm nur vermuten kann («Erwartungserwartung»). Innerhalb des Mengenfeldes charakterisieren wir die korrigierte Erwartung dadurch, daß wir von einem größeren oder einem kleineren Teilbereich sprechen; das bedeutet im Singular eine im Vergleich zur Erwartung größere oder eine kleinere Teilmenge, im Plural eine im Vergleich zur Erwartung größere oder eine kleinere Zahl von Elementen. Zur Beschreibung der Bedeutung können wir daher bei den Vergleichs-Artikeln die Merkmale ⟨STEIGERUNG⟩ und ⟨MINDERUNG⟩ in Verbindung mit dem Relations-Merkmal ⟨VERGLEICH⟩ verwenden.

Wir unterscheiden die Vergleichs-Artikel – ebenso wie die Vergleichs-Adverbien (vgl. 7.3.4.2) – nach drei Stufen:

– Komparativ-Stufe (5.2.4.2.1)
– Superlativ-Stufe (5.2.4.2.2)
– Normativ-Stufe (5.2.4.2.3)

5.2.4.2.1   Komparativ-Stufe

Die Vergleichs-Artikel der Komparativ-Stufe – ebenso wie die entsprechenden Vergleichs-Adverbien (vgl. 7.3.4.2.1) – beziehen sich auf eine inadäquate Erwartung und korrigieren sie durch Überbietung oder Unterbietung. Ihre Bedeutungen können mit den Merkmalen ⟨STEIGERUNG⟩ oder ⟨MINDERUNG⟩ beschrieben werden. Wir können das Verhältnis von inadäquater Erwartung und Korrektur am Modell zweier um 180° gegeneinander gedrehter Mengenfelder erläutern. Das linke Feld repräsentiert die inadäquate Erwartung, das rechte die textuelle Korrektur. Wir wollen in diesem Schaubild annehmen, daß die Korrektur, deren Richtung durch Pfeile angegeben ist, s t a r k von der Erwartung abweicht ('mehr' vs. 'wenig'):

INADÄQUATE ERWARTUNG   KORREKTUR

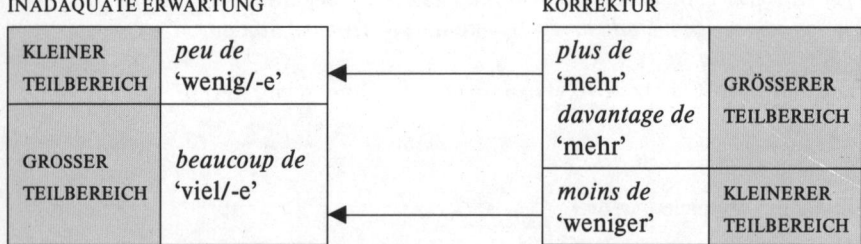

| KLEINER TEILBEREICH | *peu de* 'wenig/-e' | | *plus de* 'mehr' *davantage de* 'mehr' | GRÖSSERER TEILBEREICH |
| GROSSER TEILBEREICH | *beaucoup de* 'viel/-e' | | *moins de* 'weniger' | KLEINERER TEILBEREICH |

Weicht die Korrektur nur s c h w a c h von der Erwartung ab ('mehr' vs. 'viel'), so sagt man meistens *encore plus de/moins de* 'noch mehr/weniger'.

Die Formen des Schaubildes zeigen die gebundenen Formen des Vergleichs-Artikels der Komparativ-Stufe. Die freien Formen sind um den Junktor *de* verkürzt und lauten *plus, davantage* und *moins.* Bei den gebundenen Formen wird *plus de* wesentlich häufiger gebraucht als *davantage de;* bei den freien Formen ist *davantage* üblicher als *plus.*

Die Vergleichs-Artikel der Komparativ-Stufe können über die Konjunktion *que* 'als' Junktionen einleiten, die mit dem Vergleich zusammen auch den Vergleichsgrund angeben. Die Gültigkeit des Verbs (das ja die inadäquate Erwartung repräsentiert) wird dann in gepflegter Rede durch den Quasi-Konjunktiv *ne* (vgl. 4.5.1.3) als beeinflußbar gekennzeichnet und in diesem Sinne eingeschränkt.

/ *le code pénal a plus de paragraphes qu'on (ne) pense* /   'das Strafgesetzbuch hat
   mehr Paragraphen, als man (so) denkt'
/ *s'il y en avait moins, il faudrait plus de casuistique* /   'wenn es weniger gäbe,
   brauchte man mehr Kasuistik'

/les avocats connaissent beaucoup plus de paragraphes que les profanes/ 'die Anwälte kennen viel mehr Paragraphen als die Laien'

Bei der Form *plus de* 'mehr' ist zu beachten, daß es zu einer Homonymie mit der Negation *(ne)* ... *plus de* 'kein/-e/-en ... mehr' kommen kann, wenn nämlich das Teilmorphem *ne* in umgangssprachlicher Rede ausgelassen ist. Dieses Homonymen-Problem kann (mit salopper Nuance) wie folgt gelöst werden (vgl. 7.3.4.2.1):

NEGATION	STEIGERUNGS-ARTIKEL
/j'ai plus de chance [ʒep(l)ydʃɑ̃s]/ 'ich habe keine Chance mehr'	*/j'ai plus de chance* [ʒeplysdəʃɑ̃s] *qu'avant/* 'ich habe mehr Chancen als vorher'

Die bisher besprochenen Vergleichs-Artikel der Komparativ-Stufe setzen eine inadäquate Erwartung voraus, die dann nach oben oder nach unten hin korrigiert wird. Falls die Erwartung jedoch adäquat war, so kann sie weitergelten, und die Opposition zwischen Überbietung und Unterbietung wird neutralisiert. Dann steht die neutrale Form *autant de (...) que* 'ebensoviel/-e (...) wie' (freie Form: *autant*):

/autant de vices que de tentations/ 'ebensoviele Laster wie Versuchungen'
/mais pas autant de vertus/ 'aber nicht so viele Tugenden'

5.2.4.2.2 Superlativ-Stufe

Die Vergleichs-Artikel der Superlativ-Stufe, ebenso wie die entsprechenden Vergleichs-Adverbien (vgl. 7.3.4.2.2), beziehen sich nicht auf eine einfache Erwartung, sondern auf eine bereits (zum Größeren oder zum Kleineren hin) gesteigerte Erwartung. Diese wird nochmals überboten, so daß sich jede beliebige Erwartung, wie gesteigert sie auch sein mag, als inadäquat erweist und korrigiert werden muß. In der Bedeutungsbeschreibung fügen wir daher zu dem Merkmal ⟨STEIGERUNG⟩ oder ⟨MINDERUNG⟩ das Merkmal ⟨GANZHEIT⟩ hinzu, das den Hörer anweist, die Steigerungs- oder Minderungsmöglichkeiten ganz auszuschöpfen.

Die Teilbereiche des korrigierten Mengenfeldes gliedern sich bei den Vergleichs-Artikeln der Superlativ-Stufe in einen größten und einen kleinsten Teilbereich:

345

INADÄQUATE ERWARTUNG		KORREKTUR	
KLEINERER TEILBEREICH	*moins de* 'weniger'	*le plus de* 'der/die/das meiste' *la plupart du/de la/des* 'der/die/das meiste, die meisten'	GRÖSSTER TEILBEREICH
GRÖSSERER TEILBEREICH	*plus de* 'mehr'	*le moins de* 'der/die/das wenigste'	KLEINSTER TEILBEREICH

Die Formen *le plus de, le moins de* werden vor einem Nomen im Singular gebraucht, die Form *la plupart de* vor einem Nomen im Singular oder im Plural. Die Kongruenz mit dem Verb wird nach *la plupart de* immer im Plural gebildet:

/*la plupart des gens voudraient gagner le gros lot*/   'die meisten Leute möchten das große Los gewinnen'
/*le gros lot ne signifie pas nécessairement le plus de bonheur*/   'das große Los bedeutet nicht unbedingt (auch) das meiste Glück'
/*la plupart du temps, jouer à la loterie ne paie pas*/   'Lotterie zu spielen, zahlt sich meistens nicht aus'

Alle Vergleichs-Artikel der Superlativ-Stufe können auch als freie Formen ohne folgendes Nomen gebraucht und dann gegebenenfalls zu Relativ-Junktionen (mit dem Konjunktiv!) erweitert werden:

/*qui peut le plus* [plys] *peut le moins*/   'wer das meiste kann, kann auch das wenigste'
/*c'est bien le moins qu'on puisse faire*/   'das ist wohl das mindeste, das (oder: was) man tun kann'
/*le moins qu'on puisse dire, c'est que ...*/   'das mindeste, das man sagen kann, ist, daß ...'

5.2.4.2.3 Normativ-Stufe

Den Vergleichs-Artikeln der Normativ-Stufe – ähnlich wie den entsprechenden Vergleichs-Adverbien (vgl. 7.3.4.2.3) – liegt eine Norm zugrunde. In der Bedeutungsbeschreibung dieser Vergleichs-Artikel tritt daher zu dem Merkmal ⟨STEIGERUNG⟩ oder ⟨MINDERUNG⟩ das Norm-Merkmal ⟨GEBOT⟩ hinzu. Vor dem Hintergrund dieser Norm beurteilen diese Artikelformen ein Mengenfeld als falsch gegliedert und seine Teilbereiche entweder als zu groß oder zu klein. Wir wollen im folgenden Schaubild annehmen, daß der normbewußte Sprecher eine maximale Korrektur vornehmen will und die vorgefundene Gliederung eines Mengenfeldes umkehren will.

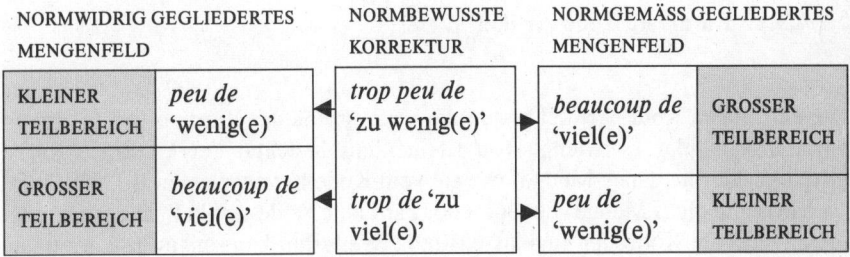

Die entsprechenden freien Formen sind um den Junktor *de* gekürzt.

/ *j'ai trop de dettes* /   'ich habe zu viel(e) Schulden'
/ *tu gagnes trop peu d'argent* /   'du verdienst zu wenig Geld'
/ *le trop de travail me fait peur* /   'das Zuviel an Arbeit macht mich bange'

Die Opposition zwischen *trop (de)* und *trop peu (de)* kann neutralisiert werden. Es steht dann als neutrale Form *assez (de)* 'genug, genügend'. Diese Form gibt an, daß die Bedeutung des nachfolgenden Nomens im Hinblick auf ihre Menge oder die Zahl ihrer Elemente als normgemäß anzusehen ist:

/ *assez d'histoires maintenant!* /   'genug Geschichten jetzt!'

5.2.4.3   Kode-Artikel

Eine weitere Subklasse der Indefinit-Artikel bilden die Kode-Artikel. Sie entspricht strukturell der Subklasse der Kode-Adverbien (vgl. 7.3.4.3). Kode-Artikel determinieren die Bedeutung eines Nomens im Hinblick auf den Kode. Sie haben daher in ihrer Bedeutung allesamt das semantische Merkmal ⟨GANZHEIT⟩ gemeinsam. Mit ihnen instruiert der Sprecher den Hörer, daß die Bedeutung des determinierten Nomens die gesamte vom Kode zugelassene Menge (im Singular) oder sämtliche vom Kode zugelassenen Elemente (im Plural) erfüllt.

Die Kode-Artikel können danach unterschieden werden, ob sie sich den Kardinalzahlen (vgl. 5.2.3.1) oder den Ordinalzahlen (vgl. 5.2.3.2) zuordnen lassen:

– Kardinale Kode-Artikel (5.2.4.3.1)
– Ordinale Kode-Artikel (5.2.4.3.2)

5.2.4.3.1 Kardinale Kode-Artikel

Die kardinalen Kode-Artikel fassen die ganze Reihe der Kardinalzahlen zusammen. Im Singular (= Menge von Elementen) bedeutet der kardinale Kode-Artikel also: 'die ganze Menge, wie sie vom Kode her zugelassen ist'. Im Plural (= Elemente einer Menge) bedeutet der kardinale Kode-Artikel: 'alle Elemente, soweit sie vom Kode her zugelassen sind'. Weiterhin kann man die kardinalen Kode-Artikel nach der Verweisungsrichtung (Anaphorik vs. Kataphorik) unterscheiden, so daß sich folgende Matrix ergibt:

NUMERUS / ARTIKEL	SINGULAR (= MENGE VON ELEMENTEN)	PLURAL (= ELEMENTE EINER MENGE)
ANAPHORISCHER KODE-ARTIKEL	*tout le temps* 'die ganze Zeit' *toute la vie* 'das ganze Leben'	*tous les gens* 'alle (oder: die ganzen) Leute' *toutes les nations* 'alle Nationen'
KATAPHORISCHER KODE-ARTIKEL	*en tout lieu* 'allerorts' *à toute heure* 'jederzeit'	*à tous égards* 'in jeglicher Hinsicht' *toutes directions* 'alle Richtungen'

Von den beiden Verweisungsrichtungen ist die Anaphorik bei den kardinalen Kode-Artikeln die häufigere. Sie vermittelt zwischen einer im Text oder in der Situation vorliegenden Vorinformation und dem Kode. Sie stellt nämlich von dieser Vorinformation fest, daß sie so vollständig ist, wie der Kode es zuläßt. Unterscheide auch:

KODE-ARTIKEL	ADJEKTIV
tout le monde 'alle Welt (oder: alle Leute)'	*le monde entier* 'die ganze Welt'

Bei dem Ausdruck *tout le monde* wird die Kongruenz zum Verb über den Singular hergestellt:

/*tout le monde est content*/ 'alle Welt ist zufrieden (oder: alle sind zufrieden)'

Lexikalisierte Kode-Artikel:

tout Paris 'ganz Paris' (= die ganze Bevölkerung der Stadt Paris)
le Tout-Paris 'alles, was in Paris Rang und Namen hat' («die oberen Zehntausend»)

Das Paradigma dieser Kode-Artikel kann durch Lexeme erweitert und nuanciert werden:

la totalité des pertes 'die Gesamtheit der Verluste'
le tout de l'économie 'das Ganze der Wirtschaft'
(...)

Kataphorik ist bei den kardinalen Kode-Artikeln wesentlich seltener. Sie vermittelt zwischen der Nachinformation und dem Kode, das heißt, sie öffnet die Erwartungen für Nachinformation weit bis zum vollen Maß dessen, was der Kode überhaupt zuläßt. Kataphorische Formen des kardinalen Kode-Artikels findet man hauptsächlich in lexikalisierten Formeln, zum Beispiel:

1̄ SINGULAR

FEMININ	MASKULIN
de toute façon 'jedenfalls'	*en tout cas* 'auf jeden Fall'
en toute occasion 'bei jeder Gelegenheit'	*à tout moment* 'jeden Augenblick'
en toute franchise 'in aller Offenheit'	*à tout hasard* [atuazar] 'auf gut Glück'
à toute vitesse 'mit vollem Tempo'	*tout homme a droit à la vie* 'jeder Mensch hat ein Recht auf Leben'
en toute hâte 'in aller Eile'	*tout travail ennoblit* 'alle Arbeit adelt'
somme toute 'alles in allem'	(...)
(...)	

$\boxed{2}$ PLURAL

FEMININ	MASKULIN
toutes sortes de gens 'alle möglichen Leute'	*travaux en tous* [tu] *genres* 'Arbeiten aller Art'
de toutes parts 'von allen Seiten'	*de tous côtés* 'von allen Seiten'
avec toutes sortes d'excuses 'mit aller Art Entschuldigungen'	*tous droits réservés* 'alle Rechte vorbehalten'
une fois pour toutes 'ein für allemal'	*exempt de tous frais* 'kostenfrei'
(...)	(...)

Kode-Artikel können sich mit anderen Formen des gezielten Artikels verbinden, und zwar mit denen des Demonstrativ-Artikels, des Possessiv-Artikels und des Numeral-Artikels:

toutes ces histoires 'alle diese (oder: diese ganzen) Geschichten'
de tout mon cœur 'von ganzem Herzen (oder: aus meinem ganzen Herzen)'
tous les dix ans 'alle zehn Jahre'
tous deux (oder: tous les deux) 'alle beide'

Der Kode-Artikel besagt in diesen Ausdrücken, daß die demonstrative, possessive oder numerale Determination voll ausgeschöpft werden soll, soweit es der jeweilige (Sub-)Kode erlaubt.

Einige Formen des Kode-Artikels können als freie Formen ohne nachfolgendes Nomen gebraucht werden. Im Singular steht dann die genus-neutrale Form *tout* 'alles', im Plural – je nach dem Genus – die feminine Form *toutes* 'alle' oder die maskuline Form *tous* 'alle'. Wenn jedoch im Plural nicht unbedingt nach dem Genus unterschieden werden muß, so gebraucht man eher die Form *tout le monde* 'alle Welt, alle (Leute)':

/ *tout va bien chez vous?* / 'ist bei Ihnen alles in Ordnung?'
/ *tout est pour le mieux dans le meilleur des mondes* / 'alles steht zum besten in der besten aller Welten' (Voltaire, *Candide*)
/ *les femmes, je les ai toutes connues* / 'die Frauen, ich habe sie alle gekannt'
/ *c'est ce qu'ils disent tous* [tus], *les hommes* / 'das sagen sie alle, die Männer'

Idiomatische Ausdrücke:

pas du tout 'gar nicht'	*malgré tout* 'trotz allem'
plus du tout 'gar nicht mehr'	*après tout* 'schließlich'
rien du tout 'gar nichts'	*le tout* 'das Ganze'

5.2.4.3.2   Ordinale Kode-Artikel

Während die bisher besprochenen Formen des Kode-Artikels den Kardinalzahlen zugeordnet werden können, kann man den Kode-Artikel *chaque* 'jeder' den Ordinalzahlen zuordnen (vgl. 5.2.3.2). Seine semantischen Merkmale sind dementsprechend ⟨GANZHEIT⟩ und ⟨BESTIMMEND⟩. Er ist der Form nach unveränderlich; die Oppositionen des Genus und des Numerus sind also bei ihm neutralisiert. Der Kode-Artikel *chaque* ist immer anaphorisch. Er bezieht sich mit seiner Bedeutung auf eine geordnete Menge von Zahlen, die man im Sinne der ordinalen Zahlenreihe (vgl. 5.2.3.2) aufzählen kann. Der ordinale Kode-Artikel bietet nun dem Hörer an, aus dieser Reihe nicht nur einzelne bestimmte Elemente, sondern jedes beliebige Element herauszugreifen, wie es der Kode nur erlaubt. Von den kardinalen Kode-Artikeln unterscheiden sich die ordinalen Kode-Artikel im Text in der gleichen Weise, wie sich Ordinalzahlen von Kardinalzahlen unterscheiden (vgl. 5.2.3.3). Unterscheide also:

KARDINALER KODE-ARTIKEL	ORDINALER KODE-ARTIKEL
tous les étudiants 'alle Studenten'	*chaque étudiant* 'jeder Student'

Der Kode-Artikel der linken Spalte *(tous les)* ist ein kardinaler Kode-Artikel, denn man kann ihn aus der kardinalen Zahlenreihe aufbauen *(deux étudiants, trois étudiants, quatre étudiants ... tous les étudiants).* Den Kode-Artikel der rechten Spalte *(chaque)* kann man hingegen nur aus der ordinalen Zahlenreihe aufbauen *(le premier étudiant, le second étudiant, le troisième étudiant ... chaque étudiant);* er ist daher als ordinaler Kode-Artikel anzusehen.

Zu der gebundenen Form *chaque* gibt es die freie Form *chacun* 'jeder, jedermann', die meistens für Personen und genus-neutral verwendet wird. Wenn jedoch das Genus textuell wichtig ist, kann man auch die feminine Form *chacune* 'jede' gebrauchen:

/ *chacun d'entre vous peut être fier* /   'jeder (einzelne) von euch kann stolz sein'
/ *la salle était pleine d'Américaines, chacune avec un superbe chapeau à fleurs* /
'der Saal war voller Amerikanerinnen, jede mit einem prächtigen Blumenhut'

Idiomatische Ausdrücke:

chacun pour soi et Dieu pour tous!   'jeder für sich und Gott für (uns) alle!'
à chacun sa chacune   'jeder Hans hat (oder: findet) seine Grete'
chacun (à) son goût   'jeder nach seinem Geschmack'

6 SYNTAX DES ADJEKTIVS

Neben dem Nomen und dem Verb bildet das Adjektiv die dritte Lexem-Klasse. Das Adjektiv dient in erster Linie dazu, ein Nomen zu determinieren, dem es in Genus und Numerus kongruent ist. Die Determination geschieht in der Weise, daß dem Nomen die Bedeutung des Adjektivs als (mindestens ein) spezifizierendes Merkmal («differentia specifica») hinzugefügt wird. Diesen Prozeß kann man selber mit einem Merkmal ausdrücken, und zwar mit dem Merkmal ⟨BESTIMMUNG⟩.

Nomen und Adjektiv bilden zusammen eine Attribution. Das Nomen ist das determinationsbedürftige Attributionsglied («*determinandum*», Merkmal: ⟨BESTIMMBAR⟩); es bildet die Basis der Attribution. Das Adjektiv ist das determinationskräftige Attributionsglied («*determinans*», Merkmal: ⟨BESTIMMEND⟩). Wir nennen es das Attribut.

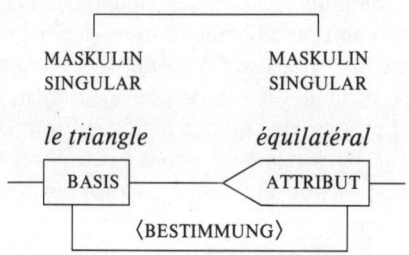

Basis der Attribution (Symbol: ☐) ist in diesem Beispiel das Nomen *le triangle* 'das Dreieck'. Seine Bedeutung kann beschrieben werden mit einer Menge von lexikalischen Merkmalen, wie sie in der schulmäßigen Definition des Dreiecks syntaktisch zusammengefaßt werden: ⟨GEOMFTRIE⟩, ⟨FIGUR⟩, ⟨2 DIMENSIONEN⟩, ⟨VIELECK⟩, ⟨3 SEITEN⟩. Attribut (Symbol: ⟨☐) ist das Adjektiv *équilatéral* 'gleichseitig', dessen Bedeutung durch die zwei lexikalischen Merkmale ⟨SEITEN⟩ und ⟨GLEICHHEIT⟩ charakterisiert werden kann. Die Attribution weist den Hörer nun an, diese beiden Merkmale dem Merkmalbestand des Nomens hinzuzufügen (wobei einzelne Merkmale zusammengelegt werden können). Der Merkmalbestand der gesamten Attribution integriert hier also die Merkmale der Basis und die des Attributs zu der Gesamtbedeutung 'das gleichseitige Dreieck'.

Dieser Determinationsprozeß setzt allerdings voraus, daß die lexikalischen Merkmale des Nomens und die des Adjektivs miteinander verträglich («kompatibel») sind. Ist das nicht der Fall, so ist zwar auch eine Attribution möglich, aber es entsteht durch sie eine Metapher. Die Metapher kommt dadurch zustande, daß das Merkmal oder die Merkmale des Attributs als des determinationskräftigen Attributionsgliedes zu dem Merkmalbestand der Basis nicht einfach hinzutreten können, sondern um der semantischen Verträglichkeit willen zuerst ein Merkmal (oder mehrere Merkmale) der Basis verdrängen, daß heißt, negieren müssen («Deletion»). Diese Art von Determination nennen wir, da sie der gewöhnlichen Erwartung im Text zuwiderläuft, Konterdetermination. Wir charakterisieren die metaphorische Konterdetermination zusätzlich mit dem für Negationen konstitutiven Merkmal ⟨EINSPRUCH⟩.

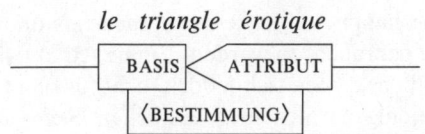

Formal gesehen, handelt es sich in diesem Beispiel um eine Attribution wie jede andere auch. Eine determinationsbedürftige Basis wird von einem determinationskräftigen Attribut her determiniert. Aber die Bedeutung des Nomens *le triangle* 'das Dreieck' verträgt sich nicht ohne weiteres mit der Bedeutung des Adjektivs *érotique* 'erotisch, Liebes-'. Da dieses nun als Attribut determinationskräftig ist, verdrängt es mit seiner Bedeutung aus der Merkmalmenge der Basis alle semantisch nicht mit ihm verträglichen Merkmale oder deutet sie um. Verdrängt werden durch den Einspruch der konterdeterminierenden Metapher die lexikalischen Merkmale ⟨GEOMETRIE⟩, ⟨2 DIMENSIONEN⟩ und ⟨VIELECK⟩. Umgedeutet werden die verbleibenden Merkmale ⟨FIGUR⟩ und ⟨3 SEITEN⟩, so daß aus dem ganzen Determinationsprozeß für die Attribution die metaphorische Gesamtbedeutung entsteht: 'das Liebesdreieck'. Mit dieser Bedeutung ist der Ausdruck kein Fachterminus der Geometrie mehr, sondern ist nun ein Begriff der (literarischen) Handlungsanalyse geworden und beschreibt eine Konfiguration dreier Personen: ein Mann zwischen zwei Frauen oder eine Frau zwischen zwei Männern.

Außer zur Attribution dienen Adjektive auch zur Prädikation (vgl. 3.4.1). Bei der Prädikation ist vorausgesetzt, daß ein Nomen die Subjekt-Rolle einnimmt und Prädikatsträger für ein Prädikat wird. Das Prädikat kann dann aus dem

Prädikations-Verb *être* 'sein' oder einem anderen, bedeutungsverwandten Prädikations-Verb und einem Adjektiv als Prädikament bestehen. Wir nennen dieses Adjektiv das Prädikats-Adjektiv. Während eine adjektivische Attribution die Determination des Nomens beiläufig vornimmt, gibt die adjektivische Prädikation dieser Determination den ausdrücklichen Charakter einer Feststellung, zu der der Gesprächspartner Stellung nehmen kann. Unterscheide:

ADJEKTIVISCHE ATTRIBUTION

/*les sciences exactes*/ 'die exakten (Natur-)Wissenschaften'

ADJEKTIVISCHE PRÄDIKATION

/*les sciences sont exactes*/ 'die (Natur-)Wissenschaften sind exakt'

Im Gegensatz zur Attribution erlaubt die Prädikation auch die adjektivische Determination eines Pronomens (in der Subjekt-Rolle):

/*elles ne sont pas toujours exactes*/ 'sie sind nicht immer exakt'

Alle Adjektive, die überhaupt zum Kode der Sprache gehören, eignen sich auch dafür, in Attributionen gebraucht zu werden. Einige Adjektive, die eine klassifizierende Bedeutung haben, eignen sich jedoch nicht für den Gebrauch in Prädikationen. Es sind diejenigen, die einen einfachen Referenz-Zusammenhang bezeichnen, wie er sonst nur durch eine Junktion mit der Präposition *de* ausgedrückt wird (vgl. 8.3.2.1). Vergleiche:

NUR ATTRIBUTIVES
ADJEKTIV

/*les données géographiques*/ 'die geographischen Gegebenheiten'
/*l'essor économique*/ 'der wirtschaftliche Aufschwung'
/*la puissance militaire*/ 'die militärische Macht'

REFERENZ-ZUSAMMENHANG
IN EINER *de*-JUNKTION

/*les données de la géographie*/ 'die Gegebenheiten der Geographie'
/*l'essor de l'économie*/ 'der Aufschwung der Wirtschaft'
/*la puissance de l'armée*/ 'die Macht der Armee'

Außer in einem kontrastiven Kontext lassen sich die adjektivischen Attributionen der linken Spalte nicht in adjektivische Prädikationen umformen.

Die adjektivische Prädikation gehört insgesamt zur Valenzlehre und insofern zur Syntax der Textrollen (Kap. 3) und wird in diesem Kapitel im folgenden nicht weiter berücksichtigt.

Adjektivische Attributionen unterscheiden sich in ihrer Determinationskraft wesentlich nach der Stellung des Adjektivs. Wir unterscheiden prädeterminierende und postdeterminierende Stellung des Adjektivs (6.1). Die postdeterminierende Stellung verleiht dem Adjektiv eine größere Determinationskraft (6.2), die*prädeterminierende Stellung begnügt sich mit einer geringeren Determinationskraft (6.3). Diese Regel gilt auch bei Eigennamen (6.4) und in der Reihung (6.5). Die Steigerung des Adjektivs, die in der französischen Sprache gewöhnlich durch Adverbien erfolgt, wird nicht in diesem Kapitel, sondern bei den (Vergleichs-)Adverbien behandelt (vgl. 7.3.4.2). Die Apposition, verstanden als nominale Attribution, weist starke Strukturähnlichkeiten mit der adjektivischen Attribution auf und wird daher diesem Kapitel zugerechnet (6.6). Auch die Partizipien weisen, insofern sie als Verbal-Adjektive gebraucht werden können, eine starke Verwandtschaft mit den eigentlichen Adjektiven auf und können wie diese Attributionen bilden (6.7).

6.1 Die Stellung des Adjektivs

Ein Adjektiv, das ein Nomen determiniert, wird diesem entweder nachgestellt (Postdetermination: Basis – Attribut) oder vorangestellt (Prädetermination: Attribut – Basis). Einige Adjektive eignen sich mehr für die postdeterminierende (Symbol: ◁▭), andere mehr für die prädeterminierende Stellung (Symbol: ▭▷). Viele Adjektive findet man sowohl in post- als auch in prädeterminierender Stellung. Vergleiche:

POSTDETERMINATION   PRÄDETERMINATION

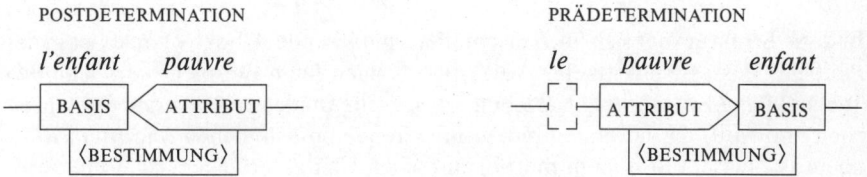

In den Beispielen beider Spalten ist das Nomen *l'enfant* 'das Kind' Basis der Attribution. Es wird in beiden Fällen determiniert durch das Attribut *pauvre* 'arm', dessen Bedeutung die Merkmalmenge des Nomens anreichert.

Dabei zeigt sich jedoch ein erheblicher Unterschied zwischen den beiden Stellungstypen. Steht das Adjektiv nämlich in postdeterminierender Stellung, so bringt es in die Attribution alle Merkmale ein, die ihm nach seiner lexikalischen Bedeutung zukommen, im Fall des Adjektivs *pauvre* also (mindestens) die lexikalischen Merkmale ⟨GÜTER⟩ und ⟨MANGEL⟩. Die Gesamtbedeutung der Attribution ist nun 'das arme (= mittellose) Kind'. Steht das Adjektiv hingegen in prädeterminierender Stellung, so bringt es von den lexikalischen Merkmalen, die ihm laut Lexikon zukommen, nur ein einziges und überdies in seiner Trennschärfe reduziertes Merkmal in die Attribution ein, im Fall des Adjektivs *pauvre* das Merkmal ⟨MANGEL⟩, reduziert zur Bedeutung jenes allgemeinen biologischen Mangels, der ein Kind in seiner Hilfsbedürftigkeit kennzeichnet. Die prädeterminierende Attribution hat daher eine im Vergleich zur postdeterminierenden Attribution abgeschwächte Bedeutung, hier: 'das arme (= bedauernswerte) Kind'.

Die unterschiedliche Determinationskraft des Adjektivs je nach der Stellung zum determinierten Nomen ist Folge einer allgemeinen Wahrscheinlichkeitsregel, nach der in der französischen Sprache Morpheme und Lexeme im Text in bestimmter Weise zusammentreten. Diese Regel besagt, daß die Morpheme meistens den Lexemen voraufgehen. Der Hörer kann also Morpheme mit wesentlich größerer Wahrscheinlichkeit in prädeterminierender als in postdeterminierender Stellung erwarten. So stehen insbesondere die Morpheme, die ein Nomen determinieren, mit großer Regelmäßigkeit vor dem Nomen, was die Lautgestalt noch deutlicher zu erkennen gibt als das Schriftbild. Man vergleiche etwa die Determinationen des Lexems *chat* [ʃa] 'Katze/Kater' durch verschiedene Morpheme:

le chat [ləʃa] 'die Katze' (einfacher Artikel)
mon chat [mõʃa] 'meine Katze' (Possessiv-Artikel)
ce chat [səʃa] 'diese Katze' (Demonstrativ-Artikel)
trois chats [trwaʃa] 'drei Katzen' (Numeral-Artikel)
quelques chats [kɛlkəʃa] 'einige Katzen' (Indefinit-Artikel)
pas de chat [pad(ə)ʃa] 'keine Katze' (Negation)

In diese Struktur fügt sich auch das prädeterminierende Adjektiv ein; es ist in der Abfolge (Possessiv-)Artikel – Adjektiv – Nomen (zum Beispiel: *mon petit chat* 'meine kleine Katze, mein Kätzchen') das zweite prädeterminierende Sprachzeichen und wird, da das erste prädeterminierende Sprachzeichen *(mon)* ein Morphem ist, diesem in seinem morphematischen Charakter angeglichen und insofern morphematisiert, das heißt, als (Quasi-)Morphem interpretiert. Da aber Morpheme sich in ihren Bedeutungen von Lexemen generell durch einen geringeren Merkmalbestand («Intension») unterscheiden, besagt Morphematisierung soviel wie Reduktion der lexikalischen Merkmale bis zu jenem semantischen Minimum, das üblicherweise den Merkmalbestand eines Morphems kennzeichnet. Vergleiche:

POSTDETERMINATION (VOLLER MERKMALBESTAND DES LEXEMATISCHEN ADJEKTIVS)	PRÄDETERMINATION (REDUZIERTER MERKMALBESTAND DES MORPHEMATISIERTEN ADJEKTIVS)
/*une famille noble*/ 'eine adelige Familie'	/*une noble famille*/ 'eine edle Familie'

/*c'est un homme grand*/ 'das ist ein großer (= hochgewachsener) Mann (Mensch)'	/*c'est un grand homme* [grɑ̃tɔm]/ 'das ist ein großer (= bedeutender) Mann (Mensch)'
/*une résolution fatale*/ 'ein schicksalhafter Entschluß'	/*une fatale résolution*/ 'ein fataler Entschluß'
/*un personnage triste*/ 'eine traurige Person'	/*un triste personnage*/ 'eine triste Gestalt'
(...)	(...)

Nur in postdeterminierender Stellung (linke Spalte) bringen hier die Adjektive *noble, grand, fatal* und *triste* ihre volle lexikalische Bedeutung in das Determinationsgefüge der Attribution ein. In prädeterminierender Stellung (rechte Spalte) bleibt von dem Merkmalbestand dieser Bedeutung nur ein Restbestand und manchmal nur ein einziges Merkmal erhalten, was die Übersetzung nur annäherungsweise wiedergeben kann. Am Beispiel des Adjektivs *noble:* Die (definitorisch nicht streng geschlossene) Liste der lexikalischen Merkmale, etwa ⟨GESELLSCHAFTSSCHICHT⟩, ⟨HERVORHEBUNG⟩, ⟨ERBLICHKEIT⟩, ⟨ETHOS⟩, ⟨PRIVILEGIEN⟩ (...), wird bei einer Voranstellung des Adjektivs auf das eine Merkmal ⟨HERVORHEBUNG⟩ oder allenfalls auf die zwei Merkmale ⟨HERVORHEBUNG⟩ und ⟨ETHOS⟩ reduziert.

Die einzelnen Adjektive des französischen Wortschatzes sind jedoch in unterschiedlicher Weise für die postdeterminierende und die prädeterminierende Stellung geeignet. Eine Faustregel besagt: Längere und seltener gebrauchte, insbesondere fachsprachliche Adjektive stehen meistens nach dem Nomen, kürzere und häufiger gebrauchte, insbesondere gemeinsprachliche Adjektive gehen ihm meistens voran. Dabei spielt allerdings auch die Länge des determinierten Nomens eine gewisse Rolle. Wenn dieses selber sehr kurz ist (Einsilber), läßt es längere Adjektive in prädeterminierender Stellung noch weniger zu, als wenn es selber schon eine gewisse Länge hat. Vergleiche:

PRÄDETERMINATION	POSTDETERMINATION
/*un bon enfant*/ 'ein gutes Kind'	/*un enfant intelligent*/ 'ein kluges Kind'
/*une belle enfant*/ 'ein schönes Kind (Mädchen)'	/*une enfant remarquable*/ 'ein bemerkenswertes Kind (Mädchen)'
/*mes chers enfants*/ 'meine lieben Kinder'	/*ces enfants extraordinaires*/ 'diese außergewöhnlichen Kinder'

Die genannte Faustregel hat indes nur einen Annäherungswert und beschreibt die Eignung der einzelnen Adjektive für die eine oder die andere Stellung nur in groben Zügen. Sie wird in den folgenden Abschnitten genauer gefaßt.

6.2 Adjektive in postdeterminierender Stellung

Die postdeterminierende Stellung (Basis – Attribut) ist diejenige Stellung, die dem Adjektiv erlaubt, seine lexikalische Bedeutung ungeschmälert in den Merkmalbestand des von ihm determinierten (oder metaphorisch konterdeterminierten – vgl. 6.1) Nomens einzubringen. Je wichtiger also ein Adjektiv für den Sinn eines Textes ist, um so wahrscheinlicher findet man es in postdeterminierender Stellung. Das ist generell der Fall bei Adjektiven, die aus fachsprachlichen Nomenklaturen stammen (6.2.1), bei erweiterten oder hervorgehobenen Adjektiven (6.2.2) und bei Adjektiven, die von Eigennamen abgeleitet sind (6.2.3).

6.2.1 Adjektive aus Nomenklaturen

Nomenklaturen sind lexikalische Paradigmen («Wortfelder»). Es sind hauptsächlich fachsprachliche Adjektive, die in Nomenklaturen organisiert sind. Ihr Platz innerhalb der Nomenklaturen ist meistens (aber nicht immer) durch Definitionen geregelt.

Wenn in einer Attribution das Adjektiv einer fachsprachlichen Nomenklatur entstammt, so gehört oft auch das determinierte Nomen der gleichen Nomenklatur an. Das begünstigt die Verträglichkeit der lexikalischen Merkmale in den beiden Attributionsgliedern.

Adjektive, die aus Nomenklaturen stammen und somit einen mehr oder weniger fachsprachlichen Status haben, stehen in der Regel in postdeterminierender Stellung:

/ *un mètre carré* / 'ein Quadratmeter'
/ *des produits chimiques* / 'chemische Produkte'
/ *une ordonnance médicale* / 'ein ärztliches Rezept'
/ *le bulletin météorologique* / 'der Wetterbericht'
/ *une réaction infantile* / 'eine kindliche Reaktion'
/ *l'Église catholique* / 'die katholische Kirche'
/ *un démenti officiel* / 'ein offizielles Dementi'
/ *la littérature romantique* / 'die romantische Literatur'
/ *l'adjectif plurisyllabique* / 'das mehrsilbige Adjektiv'
(...)

Diese Adjektive sind oft der Form nach lang. Während ihre Frequenz in der jeweiligen Fachsprache recht hoch sein kann, ist ihre gemeinsprachliche Frequenz niedrig. Unterscheide:

FACHSPRACHEN	GEMEINSPRACHE
/des racines pivotantes (tuberculeuses, aériennes)/ 'Pfahlwurzeln(Knollenwurzeln, Luftwurzeln)'	/jeter de profondes racines/ 'tiefe Wurzeln schlagen' (auch metaphorisch)
/la racine carrée (cubique)/ 'die Quadratwurzel (Kubikwurzel)'	/la petite racine/ 'die kleine Wurzel (oder: das Würzelchen)'
/mots classés d'après leurs racines indoeuropéennes/ 'Wörter, die nach ihren indogermanischen Wurzeln geordnet sind'	/les vieilles racines/ 'die alten Wurzeln'

Die Beispiele der linken Spalte lassen zugleich erkennen, daß es für den fachsprachlichen Status einer adjektivischen Attribution genügt, wenn nur das Attribut als das determinationskräftige Attributionsglied einer Nomenklatur (Botanik, Mathematik, Linguistik ...) entstammt. Dessen Determinationskraft zwingt dann auch die Basis in die fachsprachliche Nomenklatur mit hinein. Umgekehrt kann ein Nomen, das einer fachsprachlichen Nomenklatur angehört, von einem nicht-fachsprachlichen Adjektiv so determiniert werden, daß es dadurch seinen fachsprachlichen Status verliert. Das ist allerdings in den meisten Fällen zugleich eine Konterdetermination, deren Wirkung eine Metapher hervorbringt:

/un climat froid/   'ein kaltes Klima'
/le climat politique/   'das politische Klima'

Auch die Farb-Adjektive bilden miteinander eine Nomenklatur, die allerdings weniger definitorisch als vielmehr pragmatisch fixiert ist. Sie stehen daher in der Regel, obwohl sie meistens der Form nach kurz sind, in postdeterminierender Stellung:

/le linge blanc/   'die weiße Wäsche'
/la bile noire/   'die schwarze Galle'
/une jupe bleue/   'ein blauer Rock'
/le ciel azur/   'der (azur-)blaue Himmel'
/l'herbe verte/   'das grüne Gras'
/du vin rouge/   'Rotwein'
/un teint blanchâtre/   'eine fahle Gesichtsfarbe'
(...)

Kraft ihrer postdeterminierenden Stellung können die Farb-Adjektive in die Attribution ihre volle lexikalische Bedeutung einbringen. Das ist nötig, damit sie sich in ihrer Nomenklatur deutlich voneinander abheben. Im stilistisch markierten, zumal poetischen Stil können die Farb-Adjektive jedoch auch in prädeterminierender Stellung gebraucht werden. Sie werden dann, wie alle Adjektive in dieser Stellung, semantisch geschwächt und zu Quasi-Morphemen reduziert, was gelegentlich als metaphorische Nuance wahrgenommen wird. Unterscheide:

POSTDETERMINATION	PRÄDETERMINATION
/*la couleur verte*/ 'die grüne Farbe'	/*la verte jeunesse*/ 'die frische Jugend'
/*avoir les yeux noirs*/ 'schwarze Augen haben'	/*avoir des* (oder: *de*) *noirs desseins*/ 'schwarze (= schlimme) Pläne haben'

Wird das Farb-Adjektiv selber noch weiter spezifiziert, insbesondere durch ein nachfolgendes Adjektiv oder Nomen, so legt es seine Kongruenz-Morpheme (Genus, Numerus) ab (vgl. 2.2.4):

/*des vêtements bleu clair*/ 'hellblaue Kleider'
/*une jupe bleu ciel*/ 'ein himmelblauer Rock'

Ohne Kongruenz-Morpheme werden ferner einige Farb-Adjektive gebraucht, deren Herleitung von Gegenständen, die sich durch eine charakteristische Farbe auszeichnen, noch spürbar ist:

des étoffes orange 'orangefarbene Stoffe'
des chaussures marron 'braune Schuhe'

6.2.2 Erweiterte und hervorgehobene Adjektive

Adjektive werden oft durch Determinanten der verschiedensten Art erweitert und nehmen auf diese Weise im Text eine spezifischere Bedeutung an, als sie ihnen sonst für sich allein zukäme. Solche erweiterten und durch ihren Kontext determinierten Adjektive stehen in der Regel in postdeterminierender Stellung, auch wenn sie für sich alleine eher zur prädeterminierenden Stellung neigen würden. Unterscheide:

EINFACHES ADJEKTIV

/c'est un gentil garçon, il prête tous ses jouets/ 'das ist ein netter Junge, er verleiht alle seine Spielsachen'

ERWEITERTES ADJEKTIV

/c'est un garçon très gentil (et très sensible), il prête tous ses jouets/ 'das ist ein sehr netter (und sehr empfindsamer) Junge, er verleiht alle seine Spielsachen'

Es macht für die Stellung des Adjektivs keinen Unterschied, von welcher Art die Erweiterung ist (etwa Wiederholung, Adverb, Junktion …), wenn sie nur zu einer deutlich wahrnehmbaren Präzisierung der Adjektiv-Bedeutung führt:

/un restaurant petit petit/ 'ein klitzekleines Restaurant'
/une cave haute de 2 m 50/ 'ein 2,50 Meter hoher Keller'
/une cuisine incroyablement bonne/ 'eine unglaublich gute Küche'
/un chef fier de son art culinaire/ 'ein Koch, der auf seine Kochkunst stolz ist'
/une soupe à l'oignon [ɔɲõ] *impossible à oublier/* 'eine Zwiebelsuppe, die man unmöglich vergessen kann'
/une salle de restaurant toujours pleine de monde/ 'ein Gastzimmer, das immer voller Leute ist'
/des prix modestes par rapport à d'autres restaurants/ 'Preise, die im Vergleich zu anderen Restaurants bescheiden sind'

Die postdeterminierende Stellung wird meistens auch dann gewählt, wenn ein Adjektiv, ohne kontextuell erweitert zu sein, durch Ausdrucksmittel verschiedener Art im Text hervorgehoben werden soll. Das kann in mündlicher Rede durch eine besondere Aussprache oder Betonung, schließlich auch durch begleitende Gesten, in schriftlichen Texten durch eine besondere Schreibweise oder Druckauszeichnung geschehen:

/quels parents g é n é r e u x !/ 'welch g r o ß zügige Eltern!'
/un bébé ex-tra-or-di-naire/ 'ein au-ßer-ge-wöhn-li-ches Baby'
/une famille fffformidable/ 'eine TOLLE Familie'

6.2.3 Von Eigennamen abgeleitete Adjektive

Zwar sind Adjektive, die von Eigennamen abgeleitet sind, selber keine Eigennamen, doch haben sie kraft ihrer Ableitung von Eigennamen eine vergleichsweise enge und präzise Bedeutung (vgl. 1.2). Sie erlauben daher, die grundsätzlich weite und vage Bedeutung eines Gattungsnamens so zu determinieren, daß mit der Attribution ein individueller Gegenstand identifiziert werden kann. Es wird dazu die ungeschmälerte Determinationskraft des Adjektivs gebraucht, und so steht dieses, das meistens auch eine gewisse Länge hat, in aller Regel in postdeterminierender Stellung:

/ la République française /   'die Französische Republik'
/ la nation allemande /   'die deutsche Nation'
/ la Communauté européenne /   'die Europäische Gemeinschaft'
/ les guerres napoléoniennes /   'die napoleonischen Kriege'
/ la Renaissance carolingienne /   'die karolingische Renaissance'
/ l'ironie voltairienne /   'die Voltairsche Ironie'
/ la mode parisienne /   'die Pariser Mode'
/ le club [klœb] *alpin /*   'der Alpenverein'
(...)

Nur selten werden Adjektive, die von einem Eigennamen abgeleitet sind, um eines bestimmten Stileffekts willen vorangestellt. Sie verlieren dadurch, ebenso wie alle anderen Adjektive in prädeterminierender Stellung, ihre für Adjektive dieser Art charakteristische Merkmalfülle und werden semantisch auf eine relativ vage Bedeutung reduziert. Vergleiche:

POSTDETERMINATION	PRÄDETERMINATION
/ la rhétorique latine / 'die lateinische Rhetorik'	*/ sa très latine éloquence /* 'seine höchst lateinische Beredsamkeit'

Im Beispiel der linken Spalte unterscheidet das Adjektiv *latine* 'lateinisch', das in der Nachstellung seine volle lexikalische Bedeutung hat, die lateinische von der griechischen oder einer sonstigen Rhetorik. Dasselbe Adjektiv, seinem Nomen vorangestellt, ist hingegen im Beispiel der rechten Spalte nur eine Art Steigerung des Nomens und bezeichnet mit geringerer lexikalischer Genauigkeit nur eine gewisse Klassizität der Beredsamkeit.

6.3   Adjektive in prädeterminierender Stellung

Da der Hörer in prädeterminierender Stellung vor dem Nomen mit hoher Wahrscheinlichkeit Morpheme erwarten kann, interpretiert er die Adjektive, wenn sie diese Stellung einnehmen, ebenfalls als (Quasi-)Morpheme. Er morphematisiert sie. Dadurch wird die merkmalreiche Lexem-Bedeutung dieser Adjektive zu einer merkmalarmen Morphem-Bedeutung reduziert:

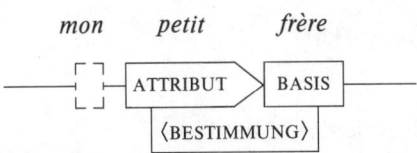

mon   petit   frère

In diesem Beispiel steht das Adjektiv *petit* 'klein', ebenso wie der Possessiv-Artikel *mon* 'mein', in prädeterminierender Stellung zu dem Nomen *frère* 'Bruder'. Die mit dieser Stellung verbundene Morphem-Erwartung veranlaßt den Hörer, das Adjektiv nicht in seiner vollen Lexem-Bedeutung, sondern mit reduzierter Morphem-Bedeutung zu verstehen. Wir übersetzen daher nicht 'der kleine Bruder', sondern 'das Brüderchen'. Es muß also nicht unbedingt ein Bruder gemeint sein, der gegenüber anderen Personen durch seine relative Kleinheit auffällt, so daß man ihn an dieser Eigenschaft identifizieren und von anderen Personen unterscheiden könnte. Es mag vielmehr genügen, daß der Sprecher dem Hörer eine vage Vorstellung von Kleinheit und Zartheit vermitteln will, was vielleicht einfach nur die Stellung in der Kinderreihe ('mein jüngerer Bruder') oder ein besonderes Gefühls- oder Fürsorgeverhältnis zu diesem Bruder ausdrückt.

Die Voranstellung eines Adjektivs kann daher in der französischen Sprache als eine besondere Art von Grammatikalisierung beschrieben werden: ein lexikalisches Sprachzeichen wird durch seine Stellung im Text («positione») zu einem grammatischen Sprachzeichen gemacht. Dafür eignen sich die einzelnen Adjektive des französischen Wortschatzes jedoch in unterschiedlichem Maße. Diejenigen Adjektive, die sehr spezifische, das heißt, besonders merkmalreiche Bedeutungen haben, eignen sich, wie oben festgestellt wurde (vgl. 6.2.1), nicht so gut für die prädeterminierende Stellung. Aber es gibt daneben im französischen Wortschatz eine ganze Reihe von Adjektiven, die weniger spezifische Bedeutungen haben. Es sind vielfach Passe-partout-Adjektive, die auf sehr viele Situationen anwendbar sind und folglich auch eine relativ hohe Frequenz in der Sprache haben. Solche Adjektive, die überdies aus ökonomischen Gründen ihrer Form nach oft kurz sind, eignen sich vorrangig für die prädeterminierende Stellung.

Da Adjektive durch ihre prädeterminierende Stellung in ihrem lexikalischen Merkmalbestand reduziert und insofern morphematisiert werden, kann man in den meisten Fällen auch angeben, welcher Morphem-Klasse sie sich jeweils eingliedern. Es sind insbesondere die folgenden grammatischen Morphem-Klassen, die durch Adjektive in prädeterminierender Stellung erweitert werden:

- Assertions-Morpheme (6.3.1)
- Diminutiv- und Augmentativ-Morpheme (6.3.2)
- Rollen-Morpheme (6.3.3)
- Artikel-Morpheme (6.3.4)
- Tempus-Morpheme (6.3.5)

6.3.1 Adjektive als Assertions-Morpheme

Die Morpheme der Assertion bilden die Opposition Affirmation vs. Negation (vgl. 9.2). Das ist ein minimales, nämlich zweigliedriges, also binäres Paradigma. Es kann durch Adjektive in prädeterminierender Stellung aufgefüllt und auf diese Weise differenziert und nuanciert werden. Die Adjektive sammeln sich entweder um den affirmativen oder um den negativen Pol.

1 Affirmation

/*un vrai mystère*/ 'ein echtes Geheimnis'
/*une véritable énigme*/ 'ein wahres Rätsel'
/*la pure vérité*/ 'die reine Wahrheit'

Die Adjektive *vrai, véritable, pur* und andere Adjektive mit synonymer Bedeutung können, wenn sie in prädeterminierender Stellung gebraucht werden, als Umschreibungen einer Affirmation aufgefaßt werden, die man auch mit dem Morphem *oui* 'ja' ausdrücken könnte:

/*un mystère, oui, un mystère*/ 'ein Geheimnis, ja, ein Geheimnis'

Eine andere Art, die Bedeutung eines Nomens durch ein vorangestelltes Adjektiv zu bestätigen, zeigt sich an dem folgenden Beispiel, wenn man es mit Attributionen durch postdeterminierende Adjektive vergleicht:

PRÄDETERMINATION

/*la haute tour*/ 'der hohe Turm'

POSTDETERMINATION

/*la tour carrée*/ 'der quadratische Turm'
/*la tour penchée (de Pise)*/ 'der schiefe Turm (von Pisa)'
/*la tour noire*/ 'der schwarze Turm (beim Schachspiel)'

Zur Bedeutung des Nomens *la tour* 'der Turm' gehört das lexikalische Merkmal ⟨HÖHE⟩. Dieses Merkmal wird von dem vorangestellten Adjektiv *haut* 'hoch' vorweggenommen und bestätigt. Im Unterschied dazu gehört es nicht zu den konventionellen lexikalischen Merkmalen des Nomens *la tour,* quadratisch, schief oder schwarz zu sein. Hier muß das Adjektiv also jeweils seine ungeschmälerte Determinationskraft in die Attribution einbringen.

Die folgenden Beispiele sind von der Art des Ausdrucks *la haute tour:*

/ *ma bonne mère* /   'meine gute Mutter'
/ *mes chers amis* /   'meine lieben Freunde'
/ *votre aimable invitation* /   'Ihre liebenswürdige Einladung'
/ *les belles vacances* /   'die schönen Ferien'
/ *quel beau soleil!* /   'welch schöner Sonnenschein!'
/ *une jolie excursion* /   'ein hübscher Ausflug'
/ *le riche banquier* /   'der reiche Bankier'
/ *un précieux cadeau* /   'ein wertvolles Geschenk'
/ *mes doux souvenirs* /   'meine lieblichen Erinnerungen'
(...)

Das vorangestellte Adjektiv bekräftigt in diesen Beispielen mit seiner Determination die konventionelle, vom Kode her schon gewußte Bedeutung des Nomens. Freunde sind normalerweise lieb, Ferien normalerweise schön, ein Bankier normalerweise reich. Die Determinationswirkung des Adjektivs beschränkt sich hier also darauf, diese Normalität und Trivialität redundant zu bestätigen.

Es ist jedoch nicht gefordert, daß die lexikalische Bedeutung des Nomens – wie in den Beispielen oben – um jeden Preis positiv bewertet, das heißt, der Erfahrung willkommen ist. Wenn ein Nomen in seiner lexikalischen Bedeutung unwillkommene oder sonstwie negativ konnotierte Merkmale umfaßt, so können auch diese durch ein vorangestelltes Adjektiv mit reduzierter Morphem-Bedeutung bestätigt werden:

/ *une folle négligence* /   'ein tolle Nachlässigkeit'
/ *un terrible accident* /   'ein schrecklicher Unfall'
/ *une basse corruption* /   'eine schäbige Korruption'
/ *une amère déception* /   'eine herbe Enttäuschung'
/ *les pauvres victimes* /   'die armen Opfer'
(...)

Auch hier kann es wieder als normal gelten, daß ein Unfall schrecklich, eine Korruption schäbig, eine Enttäuschung bitter ist. Die Determination durch die

entsprechenden Adjektive fügt der Bedeutung des Nomens kein neues und auf-
fälliges Merkmal hinzu und verbleibt vielmehr in der schwachen Determinations-
skala der Trivialität.

[2] Negation

Seltener kommt es vor, daß ein vorangestelltes Adjektiv eine syntaktische Negation ausdrückt. Denn Negationen widerrufen eine Erwartung, nicht selten sogar
eine normative Erwartung, und sie verlassen damit meistens den Bereich der
Trivialität (vgl. 9.2.2). Wenn also w i d e r E r w a r t e n eine Einladung nicht
liebenswürdig oder eine Enttäuschung nicht bitter ist, so sagt man das in der
Regel mit dem vollen Nachdruck eines postdeterminierenden Adjektivs:

/ *une invitation ironique* /   'eine ironische Einladung'
/ *une déception salutaire* /   'eine heilsame Enttäuschung'
(...)

In einigen Fällen kann man jedoch eine einfache syntaktische Negation auch
durch ein vorangestelltes Adjektiv ausdrücken, zumal wenn die «Gegen-Erwar-
tung» schon von der Situation her naheliegt:

/ *la mauvaise route* /   'der falsche Weg'
/ *un méchant compagnon* /   'ein böser Gefährte'
/ *la fausse monnaie* /   'das Falschgeld'
/ *un maigre réconfort* /   'ein schwacher Trost'
/ *ce triste plaisir* /   'dieses traurige Vergnügen'
(...)

In dieser Beispielreihe wird die Bedeutung des Nomens jeweils durch das vorangestellte Adjektiv schlicht widerrufen. Man könnte diesen Widerruf, statt durch
ein Adjektiv, auch durch das bloße Negations-Morphem ausdrücken und etwa
sagen: *ceci n'est pas la route* 'das hier ist nicht die Straße'. Aber das Adjektiv
erlaubt, diese Negation differenzierter auszudrücken, da man ja unter mehreren
(jedoch insgesamt wenigen!) Adjektiven wählen kann.

   Zu den Adjektiven, die in prädeterminierender Stellung zu (Quasi-)Morphe-
men mit affirmativer, die (positive oder negative) Bedeutung des Nomens redundant bestätigender Determination reduziert werden können, gehören auch die
Adjektive *sain* 'gesund', *saint* 'heilig' und *laid* 'häßlich'. Bei diesen Adjektiven
sind jedoch einige Gebrauchsbeschränkungen zu beachten:

– Beim Adjektiv *sain* wird wegen verschiedener Homonymien der maskulinen

Form [sɛ̃] (vgl. mit derselben Lautform: *saint* 'heilig', *sein* 'Schoß', vor Konsonant meistens auch *cinq* 'fünf') gewöhnlich nur die feminine Form [sɛn], die durch diese Homonymien nicht gefährdet ist, in prädeterminierender Stellung gebraucht:

/ *une saine expérience* /   'eine gesunde Erfahrung'

– Bei dem Adjektiv *saint* 'heilig' ist aus den gleichen Gründen die feminine Form [sɛ̃t] weniger homonymiegefährdet. Sie wird daher in prädeterminierender Stellung eher gewählt als die maskuline Form [sɛ̃], außer wenn diese vor nachfolgendem Vokal als [sɛ̃t] realisiert wird:

/ *toute la sainte journée* /   'den lieben langen Tag'

Im übrigen hat der fachsprachliche Gebrauch des Adjektivs *saint* als theologischer Titel für Personen (*saint Paul* 'der hl. Paulus') und Sachen (*la sainte Bible* 'die heilige Schrift', aber: *l'histoire sainte* 'die Heilsgeschichte') unterschiedliche Stellungsregeln festgelegt, die im einzelnen dem Wörterbuch zu entnehmen sind. Als Synonym tritt gelegentlich das Verbal-Adjektiv *sacré* ein, das je nach der Stellung eine stark unterschiedliche Bedeutung hat. Vergleiche:

POSTDETERMINATION	PRÄDETERMINATION
/ *les livres sacrés* / 'die heiligen Bücher'.	/ *ce sacré menteur!* / 'dieser verdammte Lügner!'

– Das Adjektiv *laid* [lɛ, le] 'häßlich' wird gleichfalls wegen drohender Homonymie, und zwar mit der Artikelform *les* [lɛ/le] 'die', gewöhnlich nur mit seiner femininen Form [lɛd] in prädeterminierender Stellung gebraucht. Diese Form ist durch die genannte Homonymie nicht bedroht:

/ *une laide figure* /   'ein häßliches Gesicht'

Im Maskulin gebraucht man statt dessen das synonyme Adjektiv *vilain* 'schäbig, häßlich', das durch keine Homonymie bedroht ist:

/ *un vilain temps* /   'ein schäbiges Wetter'

6.3.2   Adjektive als Morpheme der Diminution und Augmentation

Unter Diminution verstehen wir die Determination einer Bedeutung zum Kleineren hin. Von Augmentation kann gesprochen werden, wenn eine Bedeutung zum Größeren hin determiniert wird. Zur Beschreibung dieser Bedeutungen stehen die semantischen Merkmale ⟨STEIGERUNG⟩ und ⟨MINDERUNG⟩ zur Verfügung.

In der Wortbildung einiger französischer Nomina findet man noch Reste alter Diminutiv- und Augmentativ-Morpheme, die ihren Nomina als Suffixe angefügt sind. Diese Morpheme sind jedoch sämtlich lexikalisiert, wobei die Diminutiv-Morpheme öfter eine Nuance des Zarten und Zierlichen, die Augmentativ-Morpheme hingegen bisweilen eine Nuance des Groben und Grobschlächtigen angenommen haben. Vergleiche:

LEXIKALISIERTE DIMINUTION

la maisonnette 'das Häuschen' (vgl. *la maison* 'das Haus')

LEXIKALISIERTE AUGMENTATION

le rustaud 'der Flegel' (vgl. *le rustre* 'der Lümmel')

Diese Diminutionen und Augmentationen können jedoch in den Sprachspielen nicht (mehr) frei gebildet werden. Ihre Morpheme sind lexikalisierte Bestandteile derjenigen Nomina geworden, denen sie als Suffixe angehängt sind, und können nur in fester Verbindung mit ihnen gebraucht werden. Bei dem Diminutiv-Suffix *-ette* gibt es jedoch gelegentlich Neuprägungen, vor allem in der Sprache der Werbung, zum Beispiel: *la cuisinette* 'die Kochnische'.

Zum Ausgleich für diese Beschränkung in der Wortbildung können jedoch bestimmte Adjektive, wenn sie in prädeterminierender Stellung stehen und insofern morphematisiert sind, als Diminutiv- oder Augmentativ-Morpheme gebraucht werden. Auf diese Weise wird das alte Morphem-Paradigma («natura»), das durch Lexikalisierung aus der Grammatik verschwunden ist, mit anderen syntaktischen Mitteln («positione») wiederhergestellt.

Als Diminutiv-Morpheme dienen hauptsächlich die folgenden vorangestellten Adjektive:

/ *le petit prince* [ləptiprɛ̃] /   'der kleine Prinz, das Prinzchen'
/ *le jeune tambour* /   'der Trommelbub'
/ *un faible désir* /   'ein leiser Wunsch'
/ *un court moment* /   'ein kurzer Augenblick'
/ *une légère faute* /   'ein leichter Fehler'
/ *un piètre score* /   'ein kläglicher Spielstand' (beim Sport)
/ *un maigre résultat* /   'ein dürftiges Ergebnis'
/ *à bref délai* /   'kurzfristig'
(...)

In all diesen Ausdrücken bestehen zwischen den Bedeutungen der verschiedenen vorangestellten Adjektive nur Nuancen eines Bedeutungsunterschiedes. Man könnte manche dieser Adjektive gegeneinander austauschen. Es ändert sich dann häufig nur eine Konnotation der positiven oder negativen Bewertung, während die diminutive Grundbedeutung bleibt.

Bei einigen dieser «neuen» Diminutive ist es auch schon wieder zu Lexikalisierungen gekommen, insbesondere bei den vorangestellten Adjektiven *petit* 'klein' und *jeune* 'jung'.

le petit-fils 'der Enkel'	*la jeune fille* 'das Mädchen'
la petite-fille 'die Enkelin'	*le jeune homme* 'der junge Mann'
les petits-enfants 'die Enkelkinder'	*une jeune femme* 'eine junge Frau'
le petit déjeuner 'das Frühstück'	*les jeunes gens* 'die jungen Leute,
le petit pois 'die Erbse'	die Jugend'
le Petit Poucet 'der Däumling' (im	*de jeunes mariés* 'jungverheiratete
Märchen von Perrault)	Eheleute'
(...)	(...)

Im Kontrast dazu dienen die folgenden Adjektive als Augmentativ-Morpheme, vorausgesetzt, daß sie ebenfalls dem Nomen vorangestellt sind:

/ *les grandes personnes* /   'die Erwachsenen'
/ *un vaste pays* /   'ein weites Land'
/ *d'imposantes constructions* /   'gewaltige Bauten'
/ *d'importants travaux* /   'wichtige Arbeiten'
/ *les puissants efforts* /   'die gewaltigen Anstrengungen'
/ *une grosse somme* /   'eine große Summe'
/ *un rude métier* /   'ein anstrengender Beruf'
/ *dans une large mesure* /   'in weitem (Aus-)Maße'
/ *d'une forte colère* /   'mit großer Wut'
(...)

Alle diese Adjektive unterscheiden sich in ihrer Bedeutung kaum voneinander, solange sie einem Nomen vorangestellt sind. Man kann sie in dieser Stellung manchmal gegeneinander austauschen, ohne daß sich an der Bedeutung der Attribution mehr als eine Nuance ändert. Diese Nuance betrifft in vielen Fällen nur verschiedene Stufen der positiven oder negativen Bewertung, die als Konnotation der augmentativen Bedeutung beigegeben ist.

Auch bei einigen dieser «neuen» Augmentativ-Morpheme gibt es schon wieder Lexikalisierungen, insbesondere bei dem vorangestellten Adjektiv *grand*. Man kann die Lexikalisierung (außer durch das orthographische Zeichen des Bindestrichs) daran erkennen, daß dieses Adjektiv in einigen Fällen nicht die Kongruenz-Morpheme des Genus und Numerus annimmt, sondern unverändert *grand* [grɑ̃] lautet.

le grand-père, la grand-mère 'der Großvater, die Großmutter'
les grands-parents 'die Großeltern'
la grand-rue, les grand-rues 'die Hauptstraße, die Hauptstraßen'
la grand-messe 'das Hochamt (feierliche Messe)'
à grand-peine 'mit großer Mühe'
avoir grand-faim, grand-soif 'großen Hunger, großen Durst haben'
ça ne vaut pas grand-chose 'das ist nicht viel wert'

Bei dem Adjektiv *fort* 'stark' ist zu beobachten, daß es hauptsächlich mit seiner femininen Form [fɔrt] in prädeterminierender Stellung gebraucht wird. Wird eine maskuline Form zur Prädetermination benötigt, so benutzt man für gewöhnlich das Adjektiv *puissant* 'mächtig, stark':

/ *une forte pluie* / 'ein starker Regen'
/ *un puissant orage* / 'ein starkes Gewitter'

6.3.3 Adjektive als Rollen-Morpheme

Die drei Gesprächsrollen haben im Sprachspiel einen unterschiedlichen Status. Die Rollen des Senders und des Empfängers sind situativ evident und werden gewöhnlich, vom Sprecherwechsel im Dialog abgesehen, den Text hindurch konstant gehalten. Es genügt daher in den meisten Fällen, sie pronominal zu bezeichnen. Die Referenten-Rolle ist demgegenüber eine Restkategorie, die nach nominaler Auffüllung verlangt. Sie wird in der Regel von wechselnden Nomina für Personen und Sachen besetzt, die dann im Text allerdings ein Stück weit durch Pronomina fortgeführt werden können, bis eine Renominalisierung angezeigt ist (vgl. 3.2).
   In diesem Wechsel der nominalen und pronominalen Besetzung der Referenten-Rolle ist es nun für den Hörer wichtig zu erfahren, ob ein bestimmtes Nomen eine Person oder Sache bezeichnet, die im Text oder in der Situation schon einmal die gleiche Rolle besetzt hat oder besetzt haben könnte oder ob es sich um eine neue Besetzung der Referenten-Rolle handelt.
   Diesem Zweck dienen einige Adjektive, die in prädeterminierender Stellung morphematisiert werden und durch diesen Prozeß die Aufgaben von Rollen-Morphemen übernehmen können. Mit ihrer Hilfe kann die Besetzung der Refe-

renten-Rolle eindeutiger gekennzeichnet werden als durch das Nomen oder Pronomen allein. Diese Adjektive geben dem Hörer insbesondere zu erkennen, ob die Referenten-Rolle gleich (6.3.3.1), ungleich (6.3.3.2) oder ähnlich (6.3.3.3) besetzt ist.

6.3.3.1   Gleiche Rollenbesetzung *(même)*

Die gleiche Besetzung der Referenten-Rolle wird durch das Adjektiv *même* ausgedrückt, immer vorausgesetzt, daß es in prädeterminierender Stellung gebraucht wird. Zur Beschreibung seiner Bedeutung kann das semantische Merkmal ⟨GLEICH⟩ dienen. Das Adjektiv *même* geht in der Regel mit dem anaphorischen Artikel zusammen: *le même jour* 'derselbe Tag'. Der Hörer wird durch dieses Adjektiv als Rollen-Morphem angewiesen, zwei Besetzungen der Referenten-Rolle durch das Nomen *le jour* 'der Tag' oder durch eines seiner Synonyme, etwa *la journée* 'der Tag(-esverlauf)', einander gleichzusetzen. Dabei handelt es sich in vielen Fällen um eine Identifikation zwischen einer früheren und einer späteren Besetzung der Referenten-Rolle im Text (*le jour du 14 juillet ... le même jour* (oder: *la même journée)* 'der Tag des 14. Juli ... derselbe Tag'). Das Nacheinander im Text ist aber keine Bedingung für die Verwendung des Adjektivs *même* in dieser Funktion. Es kann sich auch um eine Identifikation mit einem Element in der Situation oder im Kode der Sprache handeln.

Zu beachten ist, daß dieses Adjektiv keine genaue Unterscheidung zwischen einer Identifikation nach s ä m t l i c h e n Merkmalen als Ausdruck individueller Identität ('derselbe') und einer Identifikation nach e i n i g e n Merkmalen als bloßer Ausdruck einer Familienähnlichkeit in der identischen Klasse ('der gleiche') erlaubt. Will man hier weiter präzisieren, so muß man zu fachsprachlichen Mitteln greifen und etwa die individuelle Identifikation durch das (nachgestellte) Adjektiv *identique* 'identisch' ausdrücken.

/mon frère et moi nous avons le même appareil-photo/   'mein Bruder und ich (, wir) haben den gleichen Photoapparat'
/les deux portraits représentent la même personne/   'die beiden Portraits zeigen dieselbe Person'
/les deux photos sont d'une qualité identique/   'die beiden Aufnahmen sind von gleicher Qualität'

Zusammen mit dem Nomen *chose* 'Sache' nimmt das vorangestellte Adjektiv *même* eine neutrale Bedeutung an:

6.3.3.1 Gleiche Rollenbesetzung *(même)*

/ *c'est toujours la même chose!* /   'immer dasselbe!'
/ *ce n'est pas la même chose* /   'das ist nicht dasselbe'

In postdeterminierender Stellung hat das Adjektiv *même* eine andere Bedeutung, die emphatisch die Bedeutung des voraufgehenden Nomens unterstreicht. Unterscheide:

/ *la même histoire* /   'dieselbe (oder:
die gleiche) Geschichte'

/ *l'histoire même* /   'die Geschichte
selbst (oder: selber)'

Mit dieser emphatischen Bedeutung kann das nachgestellte Adjektiv *même* auch ein Pronomen determinieren: *elle-même* 'sie selber'. Es konkurriert in dieser Emphase mit dem Adverb *même* 'selbst':

/ *même un génie* /   'selbst ein Genie'
/ *même vous* /   'selbst Sie'

Lexikalisierte Ausdrücke:

en même temps   'zur gleichen Zeit, zugleich'
du même coup   'zugleich'
de la même façon   'auf die gleiche Art (und Weise)'

6.3.3.2 Ungleiche Rollenbesetzung *(autre)*

Soll eine Referenten-Rolle zweimal durch dasselbe Nomen (oder durch zwei bedeutungsgleiche Nomina) besetzt und sollen damit dennoch verschiedene Personen oder Sachen bezeichnet werden, so signalisiert man die ungleiche Besetzung der Rolle durch das Adjektiv *autre*. Seine Bedeutung beschreiben wir mit dem semantischen Merkmal 〈UNGLEICH〉. Das Adjektiv *autre* steht ebenfalls in prädeterminierender Stellung und kann deswegen als Rollen-Morphem dienen. Es läßt sich mit dem anaphorischen Artikel (*l'autre professeur* 'der andere Lehrer/Professor') wie mit dem kataphorischen Artikel (*un autre lycée* 'ein anderes Gymnasium', Plural: *d'autres lycées* 'andere Gymnasien') verbinden.

Zusammen mit dem Nomen *chose* nimmt das Adjektiv *autre* eine neutrale Bedeutung an. In der Form *autrui* 'der andere, ein anderer, andere (Leute)' kann es auch als freies Morphem gebraucht werden. In dieser Form ist die Numerus-

Opposition Singular vs. Plural neutralisiert; mit rein pluralischer Bedeutung sagt man statt dessen *d'autres* 'andere' oder *les autres gens* 'die anderen (Leute)'.

/ *les autres trains ont tous du retard* / 'die anderen Züge haben alle Verspätung'
/ *il faut trouver une autre correspondance* / 'man muß einen anderen Anschluß finden'
/ *l'avion, ça c'est autre chose!* / 'das Flugzeug, das ist etwas (ganz) anderes!'
/ *en voyage, on dépend toujours d'autrui* / 'auf Reisen ist man immer von anderen (Leuten) abhängig'

Unterscheide:

autre part 'woanders'	*d'autre part* 'im übrigen'
l'autre jour 'neulich'	*l'autre journée* 'der andere Tag'
autrefois 'früher (einmal)'	*une autre fois* 'ein andermal'

Lexikalisierte und idiomatische Ausdrücke:

hé! bonjour vous autres! 'guten Tag, (alle) miteinander!'
*nous autres Allemands (*umgangssprachlich häufiger: *nous les Allemands)* 'wir Deutschen' (von euch aus gesehen)
*vous autres Français (*umgangssprachlich häufiger: *vous les Français)* 'ihr Franzosen' (von uns aus gesehen)
l'un et l'autre pays (meist mit folgendem Plural) 'beide Länder'
entre autres (choses) 'unter anderem'
(ça) c'est une autre chanson 'das klingt schon ganz anders'
garçon, un autre demi, s'il vous plaît! 'Herr Ober, noch ein Bier bitte!'

6.3.3.3 Ähnliche Rollenbesetzung *(tel ...)*

Zwischen gleicher und ungleicher Besetzung der Referenten-Rolle liegt ein weites Feld mit ähnlicher Besetzung. Es kann in zahlreichen Nuancen ebenfalls durch Adjektive bezeichnet werden, die in prädeterminierender Stellung und meistens in Verbindung mit dem kataphorischen oder dem Null-Artikel die Aufgaben von Rollen-Morphemen übernehmen und dem Hörer einen Vergleich nahelegen. Zur Beschreibung der Bedeutung dieser Adjektive dient das gegenüber den Merkmalen ⟨GLEICH⟩ und ⟨UNGLEICH⟩ neutrale Merkmal ⟨VERGLEICH⟩. Die Adjektive dieser Subklasse geben an, daß ein bestimmtes Nomen, das im Text vorkommt, mit einem anderen Nomen, das bereits früher vorgekommen ist oder in die anstehende Situation passen würde, bedeutungsähnlich und insofern vergleichbar ist, so daß die meisten lexikalischen Merkmale übereinstimmen:

/ *une telle affaire* / 'eine solche Affäre, so eine Affäre'
/ *en un pareil moment* / 'in einem solchen Augenblick'
/ *un semblable conseil* / 'ein solcher Rat'
/ *tel docteur dira, ... tel autre contestera ...* / 'irgend ein Arzt wird sagen, ... irgend ein anderer wird dagegen sagen ...'

Alle diese Adjektive lassen sich auch in postdeterminierender Stellung verwenden (*tel* allerdings nur mit einer Ergänzung wie *tel que* 'solch ... daß'). Dann unterscheiden sich ihre Bedeutungen genauer, etwa: *tel* 'solch', *pareil* 'gleich', *semblable* 'ähnlich'. Nur in postdeterminierender Stellung wird das Adjektiv *analogue* 'analog' verwendet:

/ *un cas tout à fait analogue* / 'ein ganz (und gar) analoger Fall'

In der prädeterminierenden Stellung, also morphematisiert, reduzieren sich die Unterschiede zwischen diesen Adjektiven zu konnotativen Nuancen, etwa: 'so ein/eine'.

6.3.4 Adjektive als gezielte Artikel

Die Paradigmen des gezielten Artikels (vgl. 5.2) bestehen zum nicht geringen Teil aus Adjektiven, die dem Nomen vorangestellt sind. Es sind Adjektive, die nur in dieser Voranstellung und im Zusammenwirken mit anderen Formen des (ebenfalls vorangestellten) Artikels die Aufgaben von gezielten Artikeln wahrnehmen, sonst aber auch ohne weiteres nachgestellt werden können und dann ihre volle lexikalische Determinationskraft entfalten. Wir unterscheiden diese Adjektive im folgenden nach den verschiedenen Subklassen des gezielten Artikels, in die sie kraft ihrer Stellung («positione») eintreten. Es sind die Klassen des Possessiv-Artikels (6.3.4.1), des Numeral-Artikels (6.3.4.2) und des Indefinit-Artikels (6.3.4.3).

6.3.4.1 Adjektivische Possessiv-Artikel

Zu den Artikel-Paradigmen, die durch morphematisierte Adjektive angereichert werden können, gehört das Paradigma der Possessiv-Artikel (vgl. 5.2.2). Es wird vor allem durch das Adjektiv *propre* aufgefüllt, das in prädeterminierender Stellung eine possessive Determination unterstreicht. Es tritt in der Regel zusammen mit den Morphemen des Possessiv-Artikels auf:

/*mon propre fils*/   'mein eigener Sohn'
/*ses propres affaires*/   'seine eigenen Angelegenheiten'
/*dans votre propre intérêt*/   'in eurem/Ihrem eigenen Interesse'

Unterscheide:

PRÄDETERMINATION	POSTDETERMINATION
/*son propre nom*/ 'sein eigener Name'	/*un nom propre*/ 'ein Eigenname'
/*c'étaient ses propres mots*/ 'das waren seine eigenen Worte'	/*cherchez toujours le mot propre*/ 'suchen Sie immer das eigentliche (oder: passende) Wort!'

Neben dem adjektivischen Possessiv-Artikel *propre* gibt es das Adjektiv *propre* 'sauber, rein', das immer nachgestellt wird:

/*une serviette propre*/   'eine saubere (frische) Serviette'

Idiomatische Wendungen:

/*j'ai écrit cela de ma propre main*/   'ich habe das eigenhändig geschrieben'
/*il a décidé cela de son propre chef*/   'er hat das auf eigene Faust entschieden' (gehobener Stil)
/*voici ce que j'ai entendu de mes propres oreilles et vu de mes propres yeux*/   'dies habe ich mit eigenen Ohren gehört und mit eigenen Augen gesehen'

6.3.4.2   Adjektivische Numeral-Artikel

Das Adjektiv *seul* 'allein' und einige synonyme Adjektive wie *unique* 'einzig' und *simple* 'einfach' behalten gleichfalls nur in postdeterminierender Stellung ihre volle Lexem-Bedeutung. In prädeterminierender Stellung werden sie zu (Quasi-) Morphemen reduziert und füllen das Paradigma der Numeral-Artikel auf. Sie sammeln sich meistens (aber nicht immer!) um die Mengenzahl und nuancieren diese Zahl zur Einermenge hin:

/ *un seul hôtel* /   'ein einziges Hotel'
/ *chambre à un (seul) lit* /   'Einzelzimmer'
/ *pas une seule salle de bains* /   'kein einziges Badezimmer'
/ *l'unique issue* /   'der einzige Ausweg (oder: Ausgang)'
/ *une simple formalité* /   'nur (oder: bloß) eine Formsache'

Unterscheide:

PRÄDETERMINATION	POSTDETERMINATION
/ *une seule solution* / 'eine einzige Lösung'	/ *cette solution seule* / '(nur) diese Lösung allein'

Idiomatische Ausdrücke:

d'un seul coup   'auf einen Schlag, auf einmal'
du seul fait que ...   'nur weil'
pour l'unique raison que ...   'aus dem einfachen (oder: einzigen) Grunde, daß (oder: weil) ...'
à cette seule fin de ...   'bloß um zu ...'
dans le seul but (oder: la seule intention) de ...   'mit der bloßen Absicht zu ...'

Zur Stellung des Adjektivs *seul* ist anzumerken, daß außer der Prädetermination (*le seul homme* 'der einzige Mann') und der Postdetermination (*une femme seule* 'eine alleinstehende Frau') auch die Spitzenstellung vor dem anaphorischen (*seul le* 'allein der') oder dem kataphorischen Artikel (*seule une* 'allein eine') möglich ist:

/ *seul l'homme peut se connaître lui-même* /   'nur der Mensch kann sich selber kennen'
/ *seules les femmes peuvent comprendre les femmes* /   'nur Frauen können Frauen verstehen'

Wenn die Form *seul* oder eine synonyme Form durch eine Relativ-Junktion weiter determiniert wird, so ist sie Konjunktiv-Auslöser für das Verb der Junktion (vgl. 4.5.3). Eine nachfolgende Infinitiv-Junktion wird mit der Verbal-Präposition *à* angeschlossen (vgl. 8.3.3.1.5):

/ *le sport est la seule (oder: l'unique) occupation qui me fasse plaisir* /   '(der) Sport ist die einzige Beschäftigung, die mir Spaß macht'
/ *les concours hippiques sont les seuls (concours) à me passionner* /   '(die) Pferderennen sind die einzigen (Rennen), die meine Leidenschaft wecken'

Die genaue Umkehrung des bisher in diesem Kapitel beschriebenen Sachverhalts liegt dann vor, wenn unter bestimmten Bedingungen die (grundsätzlich morphematischen) Numeral-Artikel (vgl. 5.2.3) nicht, wie gewöhnlich, ihrem Nomen vorangestellt, sondern ihm nachgestellt werden. Das tut man dann, wenn man einer Zählung besonderes Gewicht geben will, etwa als Überschrift oder Etikettierung:

Acte I: *Acte un*   'Erster Akt'
Scène 4:   *Scène quatre*   'Vierte Szene (oder: Szene 4)'
Chap. 9:   *Chapitre neuf*   'Kapitel 9'
§ 16:   *Paragraphe seize*   'Paragraph 16'
Livre Iᵉʳ: *Livre premier*   'Erstes Buch'
(...)

Durch die Nachstellung erhält der Numeral-Artikel (Kardinalzahl oder Ordinalzahl) deshalb ein besonderes Gewicht, weil bei Adjektiven die postdeterminierende Stellung gewöhnlich den textuell gewichtigeren Ausdrücken vorbehalten ist. Die Numeral-Artikel werden also auf diese Weise zu Quasi-Adjektiven lexematisiert.

6.3.4.3   Adjektivische Indefinit-Artikel

Das Paradigma der Indefinit-Artikel (vgl. 5.2.4) ist ebenfalls auf zusätzliche Adjektive angewiesen, die in prädeterminierender Stellung die Aufgaben dieser gezielten Artikel übernehmen. Als kataphorische Artikel geben sie dem Hörer nur einen vorläufigen Hinweis auf die gemeinte Person oder Sache und stellen eine spätere Identifizierung anheim:

/un certain délit/   'ein gewisses Delikt'
/certains avocats/   'einige (oder: gewisse) Rechtsanwälte'
/à différentes reprises/   'verschiedene Male'
/en diverses occasions/   'bei verschiedenen Gelegenheiten'

Unterscheide wieder:

PRÄDETERMINATION

/certaines économies/ 'gewisse (oder: einige) Ersparnisse'

POSTDETERMINATION

/les intérêts certains/ 'die sicheren Zinsen'

Die vorangestellte Form *un certain/une certaine* wird auch vor Eigennamen gebraucht, wenn die gemeinte Person ungenügend bekannt ist:

/*une certaine Mme Dupont*/ 'eine gewisse Frau Dupont'

Im Gegensatz zu dem indefiniten Adjektiv *certain* wird das Adjektiv *sûr* 'sicher, gewiß' nur in postdeterminierender Stellung verwendet. Auf diese Weise geht es im gesprochenen Text einer Homonymie («Homophonie») mit der (immer vorangestellten) Präposition *sur* 'auf' aus dem Wege. Fast immer nachgestellt wird auch die Form *quelconque* 'irgend einer/eine':

/*un poste sûr*/ 'ein sicherer Posten'
/*un travail quelconque*/ 'irgend eine (oder: eine beliebige) Arbeit'

6.3.5 Adjektive als Tempus-Morpheme

Die Tempus-Morpheme haben ihren eigentlichen Ort bei den Verben (vgl. Kap. 4) und Adverbien (vgl. Kap. 7). Die Tempus-Perspektive kann jedoch auch von Verbal-Adjektiven ausgedrückt werden (vgl. 6.7.3). Nomina indes haben keine grammatische Möglichkeit, durch eigene Morpheme Tempus-Oppositionen zu bezeichnen. Hier übernehmen nun wieder bestimmte Adjektive, die in prädeterminierender Stellung gebraucht werden, die Aufgabe, ein Nomen temporal zu determinieren, und zwar nach der Tempus-Perspektive, also der Opposition Rückschau vs. Vorausschau, die dadurch zugleich semantisch nuanciert wird. Es handelt sich um die Adjektive *vieux (vieil)/vieille* 'alt' und *nouveau (nouvel)/ nouvelle* 'neu' mitsamt ihren Synonymen:

/*un vieux poème*/ 'ein altes Gedicht'
/*un ancien conte*/ 'ein altes Märchen'
/*un récent ouvrage*/ 'ein jüngst erschienenes Werk'
/*la nouvelle mode*/ 'die neue Mode'
/*l'imminente parution d'un livre*/ 'das (unmittelbar) bevorstehende Erscheinen eines Buches'
/*le futur succès*/ 'der zukünftige Erfolg'
(...)

Anmerkung zum Wortgebrauch: Das Adjektiv *neuf* 'neu' wird in seiner maskulinen Form gar nicht, in seiner femininen Form *neuve* nur sehr selten prädeterminierend verwendet. Auf diese Weise wird eine Homonymie mit dem fast immer vorangestellten Numeral-Artikel *neuf* 'neun' vermieden.

Andere Adjektive gibt es in prädeterminierender Stellung, mit denen ein Sprecher einem Hörer zu verstehen gibt, daß weder eine Rückschau noch eine Vorausschau, sondern eine Neutral-Perspektive angezeigt ist, weil das Nomen einen Vorgang von gewisser Dauer bezeichnet:

/ *une longue histoire* /   'eine lange Geschichte'
/ *ma constante préoccupation* /   'meine ständige Besorgnis'
/ *ses continuelles menées* /   'seine ständigen Umtriebe'
/ *ses incessantes machinations* /   'seine unaufhörlichen Machenschaften'
/ *ces perpétuelles intrigues* /   'diese ewigen Intrigen'
/ *d'éternels ennuis* /   'ewiger Ärger'
(...)

6.4   Adjektive bei Eigennamen

Eigennamen zeichnen sich unter allen Sprachzeichen durch besonders präzise Bedeutungen aus. Sie dienen ja dazu, eine individuelle Person oder eine einmalige Sache zu identifizieren (vgl. 5.1.4). Alltägliche Namen leisten das allerdings nur in kleinen Teilgruppen der Sprachgemeinschaft, weil nur wenige Sprecher wissen, welche Person oder Sache mit einem bestimmten Namen zu verbinden ist. Es gibt aber auch viele Namen, die eine öffentliche Geltung haben und ihrem Geltungsbereich nach mit den Nomina des allgemeinen Wortschatzes wetteifern können. Sie sind daher auch in (enzyklopädischen) Wörterbüchern verzeichnet. Die Bedeutung dieser Eigennamen muß bisweilen durch Adjektive präzisiert werden, damit über die Identität und Rolle des Namensträgers kein Zweifel aufkommt.

Wenn Eigennamen also durch Adjektive determiniert werden, so gelten die gleichen Stellungsregeln wie bei der Determination anderer Nomina durch Adjektive. Das Adjektiv kann grundsätzlich sowohl vor als auch nach dem Eigennamen stehen (vgl. 6.1). In der Stellung vor dem Eigennamen wird es zum bloßen (Quasi-)Morphem reduziert. Dabei ist jedoch zu unterscheiden, ob die Eigennamen mit oder ohne Artikel gebraucht werden:

☐1   Eigennamen mit Artikel:

PRÄDETERMINATION

/ *la douce France* /   'das liebliche Frankreich'

POSTDETERMINATION

/ *la Suisse romande* /   'die französische Schweiz'

/*la vraie Lorraine*/	'das echte Lothringen'	/*les Pyrénées orientales*/	'die Ost-Pyrenäen'
/*la sainte Russie*/	'das heilige Rußland'	/*une Chine énigmatique*/	'ein rätselhaftes China'

Die Beispiele der linken Spalte (immer mit dem anaphorischen Artikel!) zeigen vorangestellte Adjektive, die ihren Namen als selbstverständliche Determinanten, oft auch bloß als schmückende Beiwörter («epitheta ornantia») beigegeben sind. Im Gegensatz dazu zeigen die Beispiele der rechten Spalte nachgestellte Adjektive, die ihren Namen um ein wichtiges Unterscheidungsmerkmal bereichern. Sofern dieses Merkmal nicht ohne weiteres zu erwarten ist, kann hier auch der kataphorische Artikel stehen.

2 Eigennamen ohne Artikel

Eigennamen, die üblicherweise ohne Artikel gebraucht werden, erhalten in der Verbindung mit prä- oder postdeterminierenden Adjektiven den Artikel, der dann immer unmittelbar vor dem Adjektiv steht und mit diesem zwischen Prädetermination und Postdetermination wandert:

PRÄDETERMINATION		POSTDETERMINATION	
/*la belle Hélène*/	'die schöne Helena'	/*Proust l'inconnu*/	'der unbekannte Proust'
/*le jeune Molière*/	'der junge Molière'	/*Louis le Germanique*/	'Ludwig der Deutsche'
/*la nouvelle Héloïse*/	'die neue Heloïse' (Rousseau)	/*Alexandre le Grand*/	'Alexander der Große'
/*le grand Meaulnes*/	'der große Meaulnes' (Alain-Fournier)	/*Dany le Rouge*/	'der rote Dany'

Auch bei dieser Gruppe von Eigennamen ist eine Determination ebenso durch vorangestellte wie durch nachgestellte Adjektive möglich. Die Prädetermination begnügt sich damit, den Eigennamen zu «schmücken», die Postdetermination determiniert ihn mit ungeschmälerter Kraft. Herrschertitel wie *Frédéric le Grand* sind nach dem Muster Fridericus Magnus lexikalisiert und gewinnen auf diese Weise den Status von Eigennamen; in freiem Stil kann man auch sagen: *le grand Frédéric* 'der große Friedrich'. Völlig zum Eigennamen ist geworden: *Charlemagne* 'Karl der Große' (Carolus Magnus).

6.5 Adjektive in der Reihung

Ein Nomen kann im Text durch mehrere Adjektive gleichzeitig determiniert werden. Diese stehen dann entweder ohne verbindendes Morphem nebeneinander, oder sie werden durch einen Junktor (meistens einen Alljunktor wie *et* 'und', *ou* 'oder' usw. – vgl. 8.2) miteinander verbunden. Die allgemeinen Regeln für die Stellung des Adjektivs (vgl. 6.1) gelten grundsätzlich auch bei gereihten Adjektiven.

$\boxed{1}$ Reihung durch Verteilung auf Prä- und Postdetermination

Es ergibt sich manchmal aus der verschiedenen Eignung der einzelnen Adjektive für die prädeterminierende oder die postdeterminierende Stellung, daß man diese Adjektive bei der Reihung zwanglos auf die eine und die andere Stellung verteilen kann. Dann übt das postdeterminierende Adjektiv, da es ja in seiner Bedeutung ungeschmälert wirksam ist, auf das Nomen die stärkere Determinationskraft aus als das prädeterminierende Adjektiv, das nur schwach, nämlich wie ein Morphem determiniert.

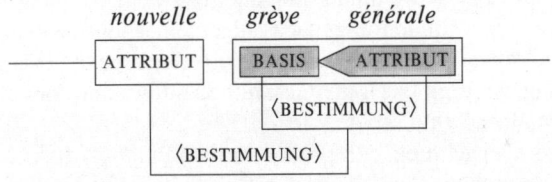

In dieser doppelten Attribution geht das nachgestellte Attribut, nämlich das Adjektiv *générale* 'allgemein, General-' mit dem Nomen *grève* 'Streik' die engere semantische Verbindung ein. Sie bilden zusammen die (getönt gezeichnete) Attribution *grève générale* 'Generalstreik'. Diese ist nun die Basis für die andere Attribution, die durch das vorangestellte und somit semantisch geschwächte Adjektiv *nouvelle* 'neu' zustande kommt. So entsteht die Gesamtbedeutung der doppelten Attribution: 'neuer Generalstreik'. Ähnlich:

/ *le seul journal indépendant* /   'die einzige unabhängige Zeitung'
/ *un grand éditorial politique* /   'ein großer politischer Leitartikel'
/ *une forte pression gouvernementale* /   'ein starker Druck von seiten der Regierung'

[2]　Reihung prädeterminierender Adjektive

Auch in ausschließlich prädeterminierender Stellung können Adjektive gereiht werden. Dann ist dasjenige Adjektiv mit seinem zugehörigen Nomen semantisch am engsten verbunden, das ihm am nächsten (und dem vorangehenden Artikel-Morphem am fernsten) steht:

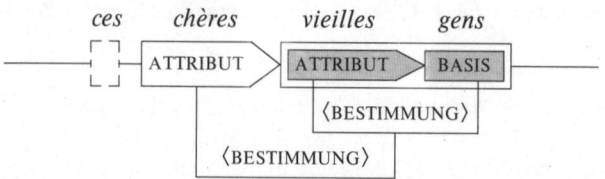

Getönt ist in dieser Zeichnung die semantisch enge Attribution *vieilles gens* 'alte Leute', die als solche auch eine hohe Frequenz in der Sprache hat, und zwar in Opposition zu der ebenfalls semantisch sehr engen Verbindung *jeunes gens* 'junge Leute'. Die Attribution *vieilles gens* 'alte Leute' verhält sich nun gleichzeitig als Basis gegenüber dem anderen Attribut, das in Gestalt des gleichfalls prädeterminierenden Adjektivs *chères* 'lieb' mit seiner Basis, dem Nomen *gens* 'Leute', eine weniger enge Verbindung eingeht. In dieser Stellung verwendet man Adjektive, die ihrer Bedeutung nach allgemeiner und daher in ihrem Gebrauch freier sind, etwa – wie in diesem Beispiel – Ausdrücke für eine gefühlsmäßige Einschätzung. So ergibt sich die Gesamtbedeutung der doppelten Attribution: 'diese lieben alten Leute'.

Die beschriebene Gewichtung der prädeterminierenden Adjektive je nach ihrer Stellung zur nominalen Basis kann durch dazwischentretende Junktoren, insbesondere durch den Alljunktor *et* 'und', verändert oder nuanciert werden, wie das letzte der nachfolgenden Beispiele zeigt:

/ *le bon vieux temps* /　'die gute alte Zeit'
/ *ces vraies bonnes mœurs* /　'diese wahren guten Sitten'
/ *une grande et noble tradition* /　'eine große und edle Tradition'

[3]　Reihung postdeterminierender Adjektive

Adjektive können auch in postdeterminierender Stellung gereiht werden. Dann gilt die Regel, daß von den beiden Attributionen, die auf diese Weise zustande kommen, diejenige die semantisch engere ist, die der nominalen Basis am nächsten steht:

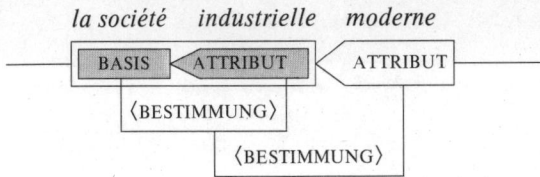

la société   industrielle   moderne

In diesem Beispiel stellt die (getönt gezeichnete) Attribution, die aus der Basis *la société* 'die Gesellschaft' und dem Attribut *industrielle* 'industriell, Industrie-' als erstem nachgestellten Adjektiv besteht, die semantisch engere Verbindung dar; wir können ihre Bedeutung im Deutschen mit einem Kompositum bezeichnen: 'die Industriegesellschaft'. Diese Verbindung ist deshalb enger, weil ihre Klassifikationsleistung in gewissem Sinne vom Nomen her erwartbar ist. Die Attribution *la société industrielle* 'die Industriegesellschaft' ist nun aber gleichzeitig die Basis für eine weitere Attribution, die das an zweiter Stelle gereihte Adjektiv *moderne* 'modern' zum Attribut hat. Dieses Adjektiv ist, da es in der Reihung nachgestellt ist, seinem zugehörigen Nomen weniger eng verbunden. In dieser Stellung gebraucht man hauptsächlich solche Adjektive, die als Attribute eines bestimmten Nomens weniger erwartbar und in ihrem Gebrauch freier sind. So kommt in unserem Beispiel die Gesamtbedeutung der doppelten Attribution zustande: 'die moderne Industriegesellschaft'.

Auch hier kann die Gewichtung der postdeterminierenden Adjektive durch dazwischentretende Junktoren anders geregelt oder in besonderer Weise nuanciert werden, wie das die beiden letzten der nachfolgenden Beispiele erkennen lassen.

/ *l'industrie métallurgique française* /   'die französische metallverarbeitende Industrie'
/ *un essor économique remarquable* /   'ein bemerkenswerter Wirtschaftsaufschwung'
/ *un pronostic optimiste (et) rassurant* /   'eine optimistische, (und) beruhigende Prognose'
/ *une réaction pessimiste, mais calme* /   'eine pessimistische, aber ruhige Reaktion'

6.6   Appositionen

Appositionen sind Nominal-Attributionen, das heißt, Attributionen, deren Attribut nicht ein Adjektiv, sondern ein Nomen ist. In den meisten Fällen ist auch die Basis der Attribution ein Nomen:

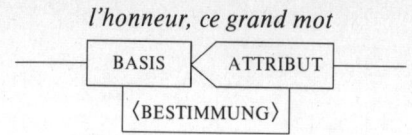

l'honneur, ce grand mot

In diesem Beispiel ist das Nomen *l'honneur* 'die Ehre' die Basis der Attribution. Das Attribut *ce grand mot* 'dieses große Wort' besteht ebenfalls aus einem Nomen (*mot* 'Wort'), das seinerseits durch ein Adjektiv (*grand* 'groß') und einen Demonstrativ-Artikel (*ce* 'dieses') determiniert wird. Die Determination durch den Demonstrativ-Artikel *ce* ist hier besonders wichtig, da dieser als anaphorischer Artikel (vgl. 5.2.1) wegen seiner normalerweise rückweisenden Kraft die Attribution als eine rückwirkende Determination mitkonstituiert. Die Anwesenheit dieses Artikels ist jedoch nicht unerläßlich, und eine Apposition kann auch durch die bloße Nebeneinanderstellung zweier Nomina konstruiert werden, vorausgesetzt allerdings, daß das Nomen des Attributs als Determination des Nomens der Basis aufgefaßt werden kann. In unserem Beispiel etwa wird die Bedeutung des Wortes *honneur* durch die einschränkende Determination des Attributs *ce grand mot* ihres sachlichen Inhalts beraubt und auf eine bloß rhetorische Bedeutung reduziert: 'die Ehre, dieses große Wort'.

Die attributive Verbindung zweier Nomina durch eine Apposition kann durch eine parallele Stimmführung zwischen Basis und Attribut unterstrichen werden. Orthographisch wird das Attribut einer Apposition bisweilen durch bestimmte Zeichen (Bindestrich, Anführungszeichen, Komma) gekennzeichnet und so als Glied einer Apposition ausgewiesen.

Die Appositionen unterscheiden sich hauptsächlich danach, wie Gattungsnamen und Eigennamen auf die Glieder einer Attribution verteilt sind. Wir behandeln nacheinander die Appositions-Typen:

– Gattungsname/Eigenname (6.6.1)
– Eigenname/Eigenname (6.6.2)
– Eigenname/Gattungsname (6.6.3)
– Gattungsname/Eigenname (6.6.4)

6.6.1   Apposition Gattungsname/Gattungsname

Als Gattungsnamen («nomina communia», «nomina appellativa») gelten alle Nomina, soweit sie nicht Eigennamen («nomina propria») sind. Von den Eigennamen unterscheiden sie sich durch eine verhältnismäßig weite Bedeutung und verweisen, für sich genommen, gewöhnlich auf eine Gattung oder Klasse von Gegenständen (vgl. 1.2). Erst durch die verschiedenen Determinationen des Kontextes wird ihre weite Kode-Bedeutung auf eine enge Text-Bedeutung festgelegt, wie sie für das Gelingen eines Sprachspiels unerläßlich ist.

In einer Apposition kann nun ein Gattungsname (als Basis) durch einen anderen Gattungsnamen (als Attribut) determiniert werden und auf diese Weise mit ihm eine Attribution bilden, die einer adjektivischen Attribution semantisch entspricht. Solche Appositionen findet man insbesondere dann, wenn das determinierende Attribut der Apposition selber reich determiniert und insofern determinationskräftig genug ist, den Gattungsnamen der Basis zu determinieren:

/ *la sociologie, science sociale par excellence, ...* /   'die Soziologie, eine Sozialwissenschaft *par excellence,* ...'
/ *les ethnologues, ces spécialistes de l'étrange, ...* /   'die Völkerkundler, diese Spezialisten des Fremdartigen, ...'

Wenn ein Demonstrativ-Artikel, der kataphorisch auf eine nahe Texterwartung vorausweist, die Nominal-Attribution mitkonstituiert (vgl. 5.2.1.1), ist in seltenen Fällen auch eine prädeterminierende Stellung des Attributs möglich:

/ *ces spécialistes de l'étrange, (à savoir) les ethnologues, ...* /   'diese Spezialisten des Fremdartigen, (nämlich) die Völkerkundler, ...'

Manche Appositionen des Typus Gattungsname/Gattungsname drücken eine knappe Charakterisierung aus:

/ *un air jésuite* /   'ein jesuitisches Gehabe'
/ *sa mine brave type* /   'sein gutmütiger Gesichtsausdruck'

Solcher Charakterisierungen bedient man sich gerne in der Sprache der Mode sowie zur fachsprachlichen Produktbeschreibung, zumal bei (ursprünglich) gegenständlichen Farbbezeichnungen. Diese Appositionen bilden keinerlei Genus- oder Numerus-Kongruenz mit dem determinierten Nomen:

/ *des yeux noisette* /   'haselnußbraune Augen'
/ *une jupe marron* /   'ein kastanienbrauner Rock'
/ *des pullovers aubergine, citron* /   'auberginenfarbene, zitronengelbe Pullover'
/ *deux yaourts* [jaur(t)] *nature* /   'zwei Joghurt ohne Geschmack'

Aber:

/ *des joues roses* /   'rote Wangen' (nur Numerus-Markierung)

Die attributive Verbindung zwischen der Basis und dem Attribut einer Apposition kann durch Lexikalisierung verfestigt werden, so daß beide Appositions-Glieder miteinander ein zusammengesetztes Nomen (Kompositum) bilden, das als solches auch im Wörterbuch verzeichnet ist. Es bleibt dabei immer die Abfolge Basis – Attribut erhalten, so daß grundsätzlich das z w e i t e Glied des zusammengesetzten Nomens das determinierende Glied der Apposition ist, von dem das erste Glied der Apposition determiniert wird. Das erste Glied der Apposition bestimmt jedoch das Genus der ganzen Apposition (zum Beispiel: *le mot-clé* 'das Schlüsselwort'). Im Numerus passen sich die beiden Glieder einer lexikalisierten Apposition immer einander an (zum Beispiel: *les mots-clés* 'die Schlüsselwörter'). In der Orthographie wird die Lexikalisierung einer Apposition oft (aber nicht immer) durch einen Bindestrich kenntlich gemacht:

la vitesse(-)record   'die Rekordgeschwindigkeit'
la carrière(-)éclair   'die Blitzkarriere'
l'homme(-)robot   'der Roboter(-Mensch)'
le cinéma(-)vedette   'das Starkino'
la ville(-)satellite   'die Satellitenstadt'
la cité(-)dortoir   'die Schlafstadt'
le déjeuner(-)colloque   'das Arbeitsessen'
l'État(-)patron   'der Staat als Unternehmer'
le célibataire(-)type   'der typische Junggeselle'
le mari modèle   'der Mustergatte'
(...)

Appositionen dieses Typus dringen vor allem über die journalistische Sprache und die Sprache der Werbung in die Umgangssprache vor. Sie können innerhalb der beschriebenen Grenzen ständig neu gebildet, aber auch schnell wieder vergessen werden, wie zum Beispiel die nach dem Muster *science-fiction* gebildeten flüchtigen Varianten: *politique-fiction, morale-fiction, éducation-fiction, médicine-fiction, cuisine-fiction.* Die lexikalisierte Apposition *science-fiction* mit ihren Varianten ist übrigens ein Anglizismus, der die in der englischen (und deutschen) Sprache in Wortzusammensetzungen übliche Stellung Attribut – Basis (= 'Wissenschaftsfiktion') in die Stellung Basis – Attribut (= 'Fiktionswissenschaft') umdeutet, wie sie in der französischen Sprache bei Appositionen üblich ist.

Die französische Sprache hat aber noch eine ganze Reihe anderer Zusammensetzungen aus der englischen Sprache übernommen und in diesen «Fremdwörtern» die englische Stellung beibehalten:

le night-club [lənajtklœb]   'der Nachtclub'
la script-girl [laskriptgœrl]   'das Script-Girl'

le baby-boom [ləbebibum] 'der Baby-Boom'
le brain-trust [ləbrɛntrœst] 'der Brain-Trust'
les mass(-)media [lemasmedja] 'die Massen-Medien'
(...)

Der vollständigen Einbürgerung dieser Appositionen steht häufig außer der fremden Lautgestalt vor allem die fremde Determinationsrichtung Attribut – Basis entgegen.

6.6.2 Apposition Eigenname/Eigenname

Eigennamen («nomina propria») haben in der Sprache einen besonderen Status. Im Vergleich zu den Gattungsnamen (vgl. 6.6.1) haben sie eine relativ enge und häufig auf einen einzigen Gegenstand (Person oder Sache) zugeschnittene Bedeutung. Wir können diese Bedeutung jedoch nicht ohne weiteres Kode-Bedeutung nennen, weil Eigennamen nicht zum festen Bestand des Wortschatzes gehören. Sie sind in der Regel nicht allen Sprechern bekannt. Oft wissen nur wenige, welche Bedeutung sie mit einem bestimmten Eigennamen verbinden sollen. Lediglich in einzelnen zu erklärenden Ausnahmefällen gelingt es einem Eigennamen, vielen oder (fast) allen Sprechern einer Sprache oder darüber hinaus eines Kulturkreises bekannt zu werden *(Socrate, Molière, Paris, Rome, le Rhin, le Nil, les Pyrénées, les Alpes ...)*. Der kodifizierte Eigenname erreicht dann ausnahmsweise ungefähr den gleichen Bekanntheitsgrad, den ein beliebiger Eigenname *(Jacques, Nicole ...)* sonst nur in eng begrenzten und sehr vertrauten Sprachspielen (Familie, Freundeskreis, Schulklasse ...) hat.

Für den öffentlichen Gebrauch reichen diese minimalen Eigennamen, dic man Vornamen nennt, nicht aus. Sie müssen, wenn sie aus den eingespielten Gesprächssituationen des engsten Lebenskreises heraustreten, genauer determiniert werden. Das geschieht nach den Konventionen (und Gesetzen!) unseres Kulturkreises durch die Apposition (mindestens) zweier Eigennamen: eines Vornamens und eines Familiennamens (Nachnamens):

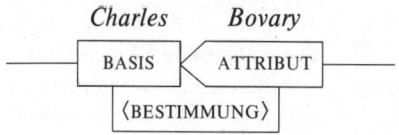

Der Familienname *Bovary* determiniert hier den Vornamen *Charles*. Als zusätzliche, verdeutlichende Determinanten sind die Familiennamen auch historisch entstanden und gesetzlich eingeführt worden: *Jean Dupont* = 'Jean, (und zwar) der von der Brücke'. In bestimmten versachlichten Sprachspielen (Verwaltung, Militär ...) kann die Abfolge der Namen auch umgekehrt werden, so daß der Familienname voraufgeht. An ihm orientiert sich nämlich die Verwaltung zuerst, und der Vorname wird nur zur Kontrolle und Unterscheidung herangezogen. Die veränderte Reihenfolge der Namen wird in der Orthographie durch ein Komma signalisiert: *Bovary, Charles.*

6.6.3 Apposition Eigenname/Gattungsname

In vielen Sprachspielen reicht weder der minimale Eigenname (*Charles* oder *Bovary*) noch die gesetzlich standardisierte Eigennamen-Apposition aus Vornamen und Eigennamen *(Charles Bovary)* aus, um den Träger des Namens genau zu identifizieren. Die Verwaltung führt dann, wiederum zum Zweck der Standardisierung, zusätzliche Determinanten ein (Wohnort, Straße, Hausnummer, Ausweisnummer, Personenkennzeichen ...). In der Umgangssprache benutzen wir statt dessen Determinanten verschiedener Art, je nach dem Gesichtspunkt, den wir für die Identifizierung des Namensträgers als wichtig ansehen. Als Determinanten verwendet der Sprecher dabei in der Regel Gattungsnamen, die er bei seinem Hörer als bekannt voraussetzen darf. Der Gattungsname (der seinerseits wieder kontextuell determiniert sein kann) wird dem determinationsbedürftigen Eigennamen in einer Apposition beigestellt:

Gustave Flaubert, romancier réaliste

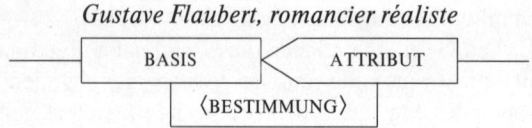

Der Eigenname *Gustave Flaubert,* der seinerseits schon als Apposition eines Vornamens und eines Familiennamens aufgefaßt werden kann (vgl. 6.6.2), wird hier für Hörer, die ihn vielleicht noch nicht kennen, durch eine weitere Apposition determiniert. Attribut ist diesmal ein (durch ein Adjektiv erweiterter) Gattungsname: *romancier réaliste* 'der realistische Romanautor'.

Da die meisten Eigennamen, insbesondere die Personennamen, ohne Artikel gebraucht werden, gleicht sich auch der determinierende Gattungsname in der Apposition häufig diesem Gebrauch an und kann selbst dann ohne Artikel stehen, wenn der Eigenname ausnahmsweise selber einen Artikel bei sich hat. Er wird auf diese Weise aus dem Verweisungszusammenhang des Textes herausgelöst und erhält eine gewisse Selbständigkeit als sprachliches Etikett, im Grenzfall sogar als fester Beiname:

/*Jean Jaurès, fondateur du Parti socialiste unifié, fut assassiné en 1914*/ 'Jean Jaurès, (der) Gründer der Vereinigten Sozialistischen Partei, wurde 1914 ermordet'
/*l'Humanité, journal quotidien, est depuis 1920 l'organe officiel du Parti communiste français*/ 'die *Humanité*, eine Tageszeitung, ist seit 1920 das offizielle Organ der Kommunistischen Partei Frankreichs'

Durch eine Apposition dieses Typus erhält ein Eigenname im Text den Kommunikationswert eines Gattungsnamens, ohne jedoch dabei den Informationswert eines Eigennamens zu verlieren. Die Apposition kann hier als die Kurzfassung eines Wörterbuch-Artikels aufgefaßt werden.

Auch die individuellen Titel eines Buches, Überschriften eines Gedichtes oder Publikationsnamen einer Zeitung oder Zeitschrift haben in der Sprache den Status von Eigennamen. Da der Sprecher (hier meistens: der Schreiber) bei diesen ebenso wie bei den anderen Eigennamen oft nicht genau weiß, ob sie dem Partner im Sprachspiel bekannt sind oder nicht, wird er sie in vielen Fällen mit Hilfe von bekannten Gattungsnamen erläutern wollen. Das geschieht auch hier mittels Appositionen, häufig in Form von erklärenden Untertiteln:

/Le *Cid, la première des tragédies classiques de Corneille, fut sévèrement critiqué par l'Académie Française*/ 'der *Cid*, die erste von Corneilles klassischen Tragödien, wurde von der Französischen Akademie scharf kritisiert'
/*Rimbaud a écrit* Le Bateau ivre, *poème de la mer, sans avoir jamais vu la mer*/ 'Rimbaud hat *Das Trunkene Schiff*, ein Gedicht von der See, geschrieben, ohne je die See gesehen zu haben'
/ *Les Rougon-Macquart. Histoire naturelle et sociale d'une famille sous le Second Empire*/ 'Die Rougon-Macquarts. Natur- und Sozialgeschichte einer Familie unter dem zweiten Kaiserreich' (Buchtitel von Zola)
/*L'Étranger. Roman*/ 'Der Fremde. Roman' (Buchtitel von Camus)
/*Le Bon Usage. Grammaire française avec des remarques sur la langue française d'aujourd'hui*/ 'Der gute Sprachgebrauch. Französische Grammatik mit Bemerkungen über das heutige Französisch' (Buchtitel von Grevisse)

Von diesen individuellen Titeln, Überschriften und Publikationsnamen müssen scharf die gesellschaftlichen Titel und Titulaturen unterschieden werden. Während die individuellen Titel, Überschriften und Publikationsnamen in der Sprache als Eigennamen gelten und wegen ihres begrenzten Bekanntheitsradius oft selber determinationsbedürftig sind, haben die gesellschaftlichen Titel und Titulaturen den Status von Gattungsnamen und dienen im Gegenteil oft gerade dazu, Eigennamen durch eine Apposition zu determinieren:

/ *Louis XVI, Roi de France* /   'Ludwig XVI., König von Frankreich'
/ *Napoléon Ier, Empereur des Français* /   'Napoleon I., Kaiser der Franzosen'

6.6.4 Apposition Gattungsname/Eigenname

Im allgemeinen hat ein Gattungsname, wenn er nicht in einer Fachsprache termi-nologisiert ist, eine weniger präzise Bedeutung als ein Eigenname. Er kann daher gut durch einen Eigennamen, der ihm in einer Apposition beigestellt wird, deter-miniert werden. Andererseits hat ein Gattungsname aber in der Regel einen höheren Bekanntheitsgrad als ein Eigenname. Da man nun für gewöhnlich nicht das Bekanntere mit dem Unbekannteren erklärt, dienen Appositionen, die einen Gattungsnamen als Basis und einen Eigennamen als Attribut haben, meistens nicht der Erklärung dieses Gattungsnamens. Vielmehr werden sie hauptsächlich dann gebraucht, wenn eine Person zunächst in ihrer öffentlichen Bedeutung eingeführt und erst danach als Individuum genannt werden soll. Man bildet dann die Basis der Attribution aus einem etikettierenden Gattungsnamen, der einen Stand, Rang, Beruf oder irgend einen anderen gesellschaftlichen Titel ausdrückt, und fügt dann den Eigennamen als individuierendes Attribut der Apposition hinzu. Auch die Verbindung von gesellschaftlichen Anredeformeln mit nachfol-genden Eigennamen kann als Apposition, das heißt, als Nominal-Attribution, aufgefaßt werden (vgl. 9.1.2).

/ *l'empereur Charles-Quint* /   'Kaiser Karl V.'
/ *le général de Gaulle* /   'General de Gaulle'
/ *le capitaine Dreyfus* /   'Hauptmann Dreyfus'
/ *le poète Gérard de Nerval* /   'der Dichter Gérard de Nerval'
/ *le professeur Michelet* /   'Professor Michelet'
/ *le docteur Rieux* /   'Dr. Rieux'
/ *Madame (Mme) Curie* /   'Frau Curie'
/ *Mademoiselle (Mlle) Julie* /   'Fräulein Julie'
/ *Monsieur (M.) Untel (un tel)* /   'Herr Soundso'

Dem Etikett bei Personennamen entsprechen bestimmte klassifizierende Gat-tungsnamen bei den Eigennamen von Örtlichkeiten, Bauwerken oder Marktpro-dukten.

/le mont Ventoux/   'der Ventoux'
/l'île Maurice/   '(die Insel) Mauritius'
/le lac Léman/   'der Genfer See'
/(le) boulevard Saint-Michel/   '(der) Boulevard Saint-Michel'
/(la) rue Réaumur/   '(die) Réaumurstraße'
/la colonne Vendôme/   'die Vendôme-Säule'
/l'hôtel Ritz/   'das Hotel Ritz'
/la (voiture) Renault, Peugeot, Citroën [sitrɔɛn]/   'der Renault, Peugeot, Ci-
    troën'
/le dentifrice Alba/   'die Zahnpasta Alba'

Die Verbindung eines etikettierenden oder klassifizierenden Gattungsnamens
mit einem Eigennamen mittels Apposition kann sich durch häufigen Gebrauch
verfestigen und wird dann lexikalisiert (*le mont Blanc* 'der Mont-Blanc', *la tour
Eiffel* 'der Eiffelturm'). Bei einer völligen Verschmelzung entsteht ein neuer
Eigenname (*Mont-Blanc, Montparnasse, Mont-Saint-Michel*).
    Auch individuellen Titeln, Überschriften und Publikationsnamen können sol-
che Gattungsnamen vorangestellt werden, wenn diese aus einem bekannten und
anerkannten Paradigma stammen. Sie geben dann wiederum einen Rahmen an,
der durch den Eigennamen des Attributs individuell ausgefüllt wird. Zusätzliche
Signale der Schrift oder des Druckes können die Apposition verdeutlichen:

/la tragédie Athalie *est la dernière pièce de Racine/*   'die Tragödie *Athalie* ist
    Racines letztes Drama'
/le quotidien Le Monde *paraît l'après-midi/*   'die Tageszeitung *Le Monde* er-
    scheint nachmittags'

Auch kürzere oder längere Zitate, sogar zitierte Einzelwörter, können auf diese
Weise als individuelle Äußerungen kenntlich gemacht werden. Sie können dann
wie Eigennamen als Adjunkt einer Apposition gebraucht werden. Als Basis der
Apposition muß wiederum ein Gattungsname aus einer etikettierenden oder
klassifizierenden Nomenklatur gewählt werden:

/la fameuse phrase «Paris vaut bien une messe» est du roi Henri IV/   'der be-
    rühmte Satz «Paris ist wohl eine Messe wert» stammt von König Heinrich IV.'
/la devise «Liberté, Égalité, Fraternité» a fait la gloire de la Révolution de 1789/
    'die Devise «Freiheit, Gleichheit, Brüderlichkeit» gereichte der Französischen
    Revolution zum Ruhm'
/le mot «démocratique» ne saurait être appliqué à un régime totalitaire/   'das Wort
    «demokratisch» läßt sich nicht auf ein totalitäres Regime anwenden'

Als Attribute einer Apposition haben also alle Individualtitel, Überschriften, Publikationsnamen, Zitate und zitierten Wörter nominalen Status, und zwar im Rang von Eigennamen, gleich welchen verschiedenen Sprachzeichenklassen sie auch sonst angehören mögen.

6.7 Partizipien

Partizipien sind nicht-finite Verbformen, die entweder als Teile finiter Verben (zum Beispiel: *j'ai voyagé* 'ich bin gereist' – vgl. 4.3.4) oder als Attribute gebraucht werden. In diesem Kapitel behandeln wir im besonderen die Partizipien, die als Attribute gebraucht werden und insofern den Adjektiven gleichen. Attributionen, deren Attribute Partizipien sind, nennen wir Partizipial-Attributionen. Die Basis einer Partizipial-Attribution ist in der Regel ein Nomen, das jedoch auch durch ein Pronomen vertreten werden kann.

Eine verbale Basis wird nicht durch eine Partizipial-Attribution, sondern durch eine Gerundial-Attribution determiniert (vgl. 7.4).

Wir unterscheiden zwei Partizipien: das Rück-Partizip (6.7.1) und das Neutral-Partizip (6.7.2). Beide können zu Verbal-Adjektiven lexikalisiert werden (6.7.3). Bezüglich der Stellungsbedingungen sind wie beim Adjektiv die postdeterminierende und die prädeterminierende Stellung zu unterscheiden (6.7.4). Im Text tragen die Partizipien und Verbal-Adjektive zu einer unter bestimmten Bedingungen wünschenswerten Verknappung des Ausdrucks bei (vgl. 6.7.5).

6.7.1 Das Rück-Partizip

Von den beiden Partizipien ist das Rück-Partizip («Partizip Perfekt») die häufigere Form. Das Rück-Partizip ist durch das Merkmal ⟨RÜCKSCHAU⟩ charakterisiert. Die Anweisung dieses Merkmals kann in verschiedener Weise ausgeführt werden.

Die Formen des Rück-Partizips unterscheiden sich im einzelnen nach den Konjugationsmustern und unregelmäßigen Verben (vgl. 3.1.4). Sie verbinden sich in den meisten Fällen, von einigen noch zu besprechenden Ausnahmen abgesehen, mit den Kongruenz-Morphemen des Genus und des Numerus:

– Konjugationsmuster «donner»:
  donné/donnée/donnés/données 'gegeben'
– Konjugationsmuster «finir»:

fini/finie/finis/finies   'beendet'
- Konjugationsmuster «rendre»:
rendu/rendue/rendus/rendues   'zurückgegeben'
- Unregelmäßige Verben, zum Beispiel:
compris/comprise/compris/comprises   'verstanden'

Die Konjugationstafeln im Anhang (vgl. 10.1) unterrichten im einzelnen über die Formen des Rück-Partizips bei den verschiedenen Konjugationsmustern und unregelmäßigen Verben.

Es hängt von verschiedenen Bedingungen ab, ob Rück-Partizipien eine aktive oder eine passive Bedeutung haben (6.7.1.1.). Die passive (6.7.1.2) ist häufiger als die aktive Bedeutung (6.7.1.3). Rück-Partizipien sind wichtige Bestandteile der Tempus-Komposition (6.7.1.4).

6.7.1.1   Aktiv und Passiv beim Rück-Partizip

Für die Unterscheidung von Aktiv und Passiv ist die jeweilige Verbvalenz grundlegend (vgl. 3.4.7). Bei der Besprechung der finiten Verben haben wir vier Verbvalenzen unterschieden:

- die Subjekt-Valenz (S-Valenz)
- die Subjekt-Objekt-Valenz (S-O-Valenz)
- die Subjekt-Partner-Valenz (S-P-Valenz)
- die Subjekt-Partner-Objekt-Valenz (S-P-O-Valenz)

Zwischen diesen vier Valenzen haben wir weiterhin eine Grenze gezogen, welche die nicht-objektwertigen («intransitiven») von den objektwertigen («transitiven») Verben trennt, wie die folgende Übersicht zeigt:

S-Valenz
S-P-Valenz   } nicht-objektwertig

S-O-Valenz
S-P-O-Valenz   } objektwertig

Diese Grenze ist auch bei der Bildung von Rück-Partizipien maßgeblich dafür, ob ein Rück-Partizip als Attribut aktive oder passive Bedeutung hat. Bei der aktiven Bedeutung ist jedoch noch ein weiterer semantischer Gesichtspunkt zu beachten. Es gelten die folgenden Regeln:

boxed[1] Alle Rück-Partizipien, die von einem objektwertigen Verb (S-O-Valenz oder S-P-O-Valenz) abgeleitet sind, haben als Attribute eine passive Bedeutung. Vergleiche:

S-O-VALENZ

perdu/*-ue*/*-us*/*-ues* 'verloren'
trouvé/*-ée*/*-és*/*-ées* 'gefunden'
(...)

S-P-O-VALENZ

promis/*-ise*/*-is*/*-ises* 'versprochen'
donné/*-ée*/*-és*/*-ées* 'gegeben'
(...)

Von reflexiven Verben (vgl. 3.4.5.2) werden jedoch keine Rück-Partizipien für den attributiven Gebrauch abgeleitet.

boxed[2] Eine aktive Bedeutung haben als Attribute alle Rück-Partizipien, die von einem Verb mit S-Valenz abgeleitet sind, sofern dieses Verb eine einfache, das heißt, qualitativ nicht markierte Veränderung des physischen oder psychischen Daseins bedeutet:

né/*née*/*nés*/*nées* 'geboren'
mort/*-te*/*-ts*/*-tes* 'gestorben'
devenu/*-ue*/*-us*/*-ues* 'geworden'
survenu/*-ue*/*-us*/*-ues* 'geschehen'
(...)

venu/*-ue*/*-us*/*-ues* 'gekommen'
arrivé/*-ée*/*-és*/*-ées* 'angekommen'
allé/*-ée*/*-és*/*-ées* 'gegangen'
parti/*-ie*/*-is*/*-ies* 'weggegangen'

Die Verben, von denen diese Rück-Partizipien abgeleitet sind, sind die gleichen, die ihr Perfekt mit einer Form von *être* 'sein' bilden (vgl. 4.1.2).

boxed[3] Von allen anderen nicht-objektwertigen Verben werden keine Rück-Partizipien für den attributiven Gebrauch gebildet, ausgenommen das von einem Verb mit S-P-Valenz, dem Verb *obéir* 'gehorchen', abgeleitete Partizip *obéi* mitsamt seinem Gegenteil *désobéi*, das wie ein von einem objektwertigen Verb abgeleitetes Rück-Partizip behandelt wird und passive Bedeutung hat:

/ *les rares parents (dés-)obéis de leurs enfants* / 'die wenigen Eltern, die bei ihren Kindern (keinen) Gehorsam finden'

Die passive Bedeutung derjenigen Rück-Partizipien, die von einem objektwertigen Verb abgeleitet sind (= Regel 1), ist die Wirkung der Rückschau-Anweisung, die allen Rück-Partizipien als syntaktisches Merkmal eingeschrieben ist. Bei objektwertigen Verben (nur bei diesen!) bewirkt diese Anweisung nämlich eine (binnen-)textuelle Rückprojektion des Objekt-Merkmals ⟨DISPONIBEL⟩ auf die im Text voraufgehende Basis der Attribution. Diese Basis wird dadurch als Objekt des nachfolgenden Partizipial-Attributs gekennzeichnet:

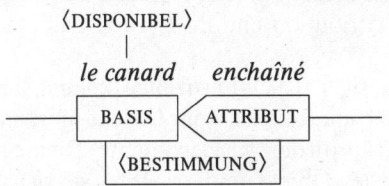

Basis dieser Attribution mit der Bedeutung 'die angekettete Ente' (= Name einer bekannten satirischen Wochenzeitung Frankreichs) ist das Nomen *le canard* 'die (Zeitungs-!)Ente'. Das Rück-Partizip *enchaîné* 'angekettet' ist von dem Verb *enchaîner* 'anketten' abgeleitet, das als Verb mit S-O-Valenz objektwertig ist. So wird nun kraft der Anweisung des Rückschau-Merkmals, das auch diesem Rück-Partizip zukommt, die Dispositionsrichtung umgekehrt, und die Ente erscheint im Hinblick auf die Handlung des Ankettens nicht als disponierendes, sondern als disponibles Wesen.

Auf die gleiche Weise kommt unter Mitwirkung von Rück-Partizipien auch die passive Bedeutung finiter Verben zustande, mit dem Unterschied nur, daß bei ihnen das Objekt-Merkmal ⟨DISPONIBEL⟩ nicht auf die Basis der Attribution, sondern auf das Subjekt des finiten Verbs textuell rückprojiziert wird (vgl. 3.4.7.1). In ihm ersetzt es dann das für die S-O-Valenz konstitutive Subjekt-Merkmal ⟨DISPONENT⟩ und verbindet sich mit dem für die überformte (und insofern von dieser Anweisung nicht berührte) S-Valenz konstitutiven Merkmal ⟨FESTSTELLBAR⟩. Unterscheide:

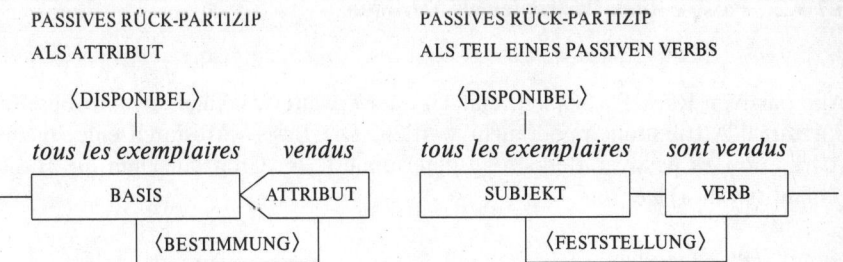

Das Beispiel der linken Spalte mit der Bedeutung 'alle verkauften Exemplare' und jenes der rechten Spalte mit der Bedeutung 'alle Exemplare sind verkauft' haben die passive Bedeutung gemeinsam. Gemeinsam ist ihnen weiterhin, daß diese Passivität in beiden Fällen durch die Rückschau-Anweisung des Rück-

Partizips *vendus* 'verkauft' zuwege gebracht wird, die das Objekt-Merkmal ⟨DISPONIBEL⟩ textuell rückprojiziert. Der Unterschied zwischen den beiden Beispielen liegt nur darin, daß diese (binnen-)textuelle Rück-Projektion im ersten Fall auf die Basis einer Attribution und im zweiten Fall auf das Subjekt eines finiten Verbs wirkt.

Bei den nicht-objektwertigen Rück-Partizipien kommt diese Wirkung nicht zustande, weil kein Objekt und folglich kein Objekt-Merkmal ⟨DISPONIBEL⟩ da ist, das auf diese Weise rückprojiziert werden könnte. Da die Rückschau-Anweisung nun also kein textuelles Objekt findet, richtet sie sich bei diesen Verben über die Textgrenze hinaus auf das Verhältnis von Textzeit und Handlungszeit, das jetzt im Sinne der Tempus-Perspektive als Rückschau von der Textzeit auf eine zeitlich voraufgehende Handlungszeit aufgefaßt wird (vgl. 4.2.1). Es wird also die Textzeit auf eine frühere Handlungszeit rückprojiziert. Rück-Partizipien dieser Valenz haben aktive Bedeutung:

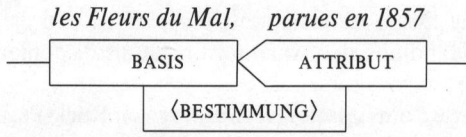

In diesem Beispiel mit der Bedeutung 'die Blumen des Bösen (= Gedichtband von Baudelaire), erschienen im Jahre 1857', verbindet die Rückschau-Perspektive des Rück-Partizips *parues* 'erschienen' das jetzt greifbare Buch mit dem damaligen Erscheinungsdatum.

6.7.1.2 Passive Rück-Partizipien als Attribute

Alle passiven Rück-Partizipien, einfach oder erweitert, können als Attribute in Partizipial-Attributionen gebraucht werden. Die Basis wird durch eine solche Attribution zu passiver Bedeutung determiniert. Im Grenzfall kann die Basis semantisch (fast) leer sein:

choses vues   'Gesehenes'
choses lues   'Gelesenes'
choses tues   'Verschwiegenes'

Das Attribut in Gestalt eines passiven Rück-Partizips kann nun seinerseits auf verschiedene Art determiniert sein, zum Beispiel:

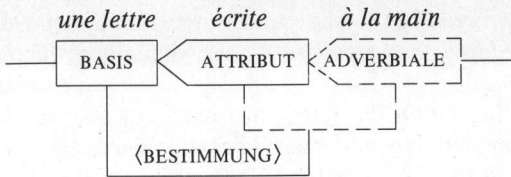

In diesem Beispiel mit der Bedeutung 'ein handgeschriebener Brief' ist die Basis *une lettre* 'ein Brief' durch das Rück-Partizip *écrite* 'geschrieben' determiniert, das seinerseits wieder adverbial determiniert ist. Da Partizipien von Verben abgeleitet sind, können sie reicher determiniert werden, als das in der Regel bei Adjektiven möglich ist. Sie lassen normalerweise jene Determinanten zu, die auch sonst bei finiten Verben zugelassen sind. Darin zeigt sich, daß Partizipien auch als Attribute immer noch (nicht-finite) Verbformen sind.

Die textuelle Determination eines Rück-Partizips mit passiver Bedeutung weicht jedoch nach den folgenden Regeln von der textuellen Determination eines finiten Verbs ab:

☐1   Da das passive Rück-Partizip das Objekt-Merkmal ⟨DISPONIBEL⟩ auf die Basis der Attribution rückprojiziert und ihr somit Objekt-Eigenschaften verleiht, kann es seinerseits kein weiteres Objekt mehr bei sich haben.

☐2   Ein passives Rück-Partizip kann die Handlungsrolle des Partners bei sich haben, im Maße wie das auch bei einem finiten Verb mit S-P-O-Valenz möglich ist. Bei einem Rück-Partizip wird die Partner-Rolle jedoch, falls pronominal besetzt, nicht durch die gebundenen Formen dieser Handlungsrolle *(me, te, lui ...)*, sondern durch ihre freien Formen *(à moi, à toi, à lui ...)* besetzt, die dem Partizip nachgestellt werden:

/ *les produits vendus à nous* /   'die uns verkauften Produkte'

☐3   Statt der zweiteiligen verbalen Negation *ne ... pas* 'nicht', *ne ... jamais* 'nie' und *ne ... nulle part* 'nirgends' werden beim passiven Rück-Partizip die einteiligen Negationen *non* 'nicht', *jamais* 'nie' und *nulle part* 'nirgends' gebraucht:

/ *bouteille non consignée* /   'Flasche ohne Flaschenpfand (Einwegflasche)'
/ *ce sont là choses jamais vues!* /   'das hat man ja noch nie erlebt!'
/ *vérités nulle part admises* /   'nirgends hingenommene Wahrheiten'

In Texten findet man Rück-Partizipien oft durch Adverbien oder Adverbialien determiniert:

/*l'injure rapidement oubliée*/   'die schnell vergessene Beleidigung'
/*le pardon accordé avec empressement*/   'die willfährig gewährte Verzeihung'

Besonders wichtig sind für die Rück-Partizipien mit passiver Bedeutung Determinationen durch Junktionen, die dazu dienen können, ein disponierendes Subjekt der Handlung zu umschreiben, und zwar nach den gleichen Regeln wie beim Passiv der finiten Verben (vgl. 3.4.6.1). Diesem Zweck dienen hauptsächlich Junktionen mit *par* (vgl. 8.3.3.3.3) oder mit *de* (vgl. 8.3.2.1.4):

/*il existe seize Polonaises composées par Chopin*/   'es existieren sechzehn von
   Chopin komponierte Polonaisen (oder: sechzehn Polonaisen, die von Chopin
   komponiert wurden)'
/*parmi les poèmes mis en musique par Claude Debussy il y a les «Cinq poèmes de
   Baudelaire»*/   'unter den von Claude Debussy vertonten Gedichten befinden
   sich die «Fünf Gedichte von Baudelaire»'
/*vous venez d'écouter la symphonie en si mineur, dite l'Inachevée, de Franz Schubert, exécutée par l'orchestre symphonique de Vienne*/   'Sie hörten soeben die
   Symphonie in h-Moll, genannt die Unvollendete, von Franz Schubert, gespielt
   von den Wiener Symphonikern'
/*le programme était composé du sixième Concerto brandebourgeois, de Bach, suivi
   de l'Art de la fugue, du même compositeur*/   'das Programm bestand aus dem
   sechsten Brandenburgischen Konzert von Bach, gefolgt von der Kunst der Fuge
   von demselben Komponisten'

Das passive Rück-Partizip kann sowohl einen Vorgang, der zu einem beliebigen Zeitpunkt abläuft («Vorgangs-Passiv»), als auch einen Zustand, der einen früheren Vorgang abschließt («Zustands-Passiv»), wiedergeben. Vergleiche:

PASSIVER VORGANG	PASSIVER ZUSTAND
/*c'est un café peu fréquenté*/ 'das ist eine wenig besuchte Gaststätte (die wenig besucht w i r d)'	/*c'est un café complètement abandonné*/ 'das ist eine völlig verlassene Gaststätte (die völlig verlassen i s t)'

Durch die Syntax ist hier nur geregelt, daß dem Rück-Partizip in beiden Beispielen eine passive Bedeutung zukommt. Die Unterscheidung zwischen dem Vorgang im Beispiel der linken Spalte ('wenig besucht w e r d e n' = andauerndes Geschehen) und dem Zustand im Beispiel der rechten Spalte ('völlig verlassen s e i n' = Abschluß eines Vorgangs) wird nicht mit syntaktischen, sondern mit lexikalischen Mitteln zustande gebracht. Das Verb *fréquenter* '(gewohnheitsmäßig) besuchen', von dem das Rück-Partizip *fréquenté* abgeleitet ist, kommt mit seiner lexikalischen Bedeutung einem andauernden Vorgang näher, während das Verb *abandonner* 'verlassen', von dem das Rück-Partizip *abandonné* abgeleitet ist, zwar mit seiner lexikalischen Bedeutung auch einen Vorgang bezeichnen könnte, in der Determination durch das Adverb *complètement* 'völlig' jedoch stärker auf einen Zustand als Abschluß eines Vorgangs festgelegt ist. Man muß also, wenn man bei einem passiven Rück-Partizip zwischen einem Vorgang und einem Zustand unterscheiden will, auf die Bedeutung der Verben und ihre Determination im Kontext achten. Die Syntax des französischen Rück-Partizips ist dieser Unterscheidung gegenüber grundsätzlich gleichgültig. Das gilt auch für die passiven Verbformen (vgl. 3.4.6.2).

In den Fachsprachen des Rechtswesens, der Verwaltung und des Handels tritt gelegentlich das Bedürfnis auf, auch bei passiven Rück-Partizipien die Tempus-Perspektive deutlich zu bezeichnen. Das kann das Rück-Partizip für sich alleine nicht leisten. Es wird daher für diesen fachsprachlichen Zweck bisweilen nach der einen oder der anderen Bedeutung hin erweitert, und zwar mit Hilfe der Form *étant* (wörtlich:) 'seiend' zur Bezeichnung der temporalen Neutral-Perspektive, oder mit der Form *ayant été* (wörtlich:) 'gewesen seiend' zur Bezeichnung der temporalen Rück-Perspektive. Die passive Bedeutung der Rück-Partizipien wird von diesen Erweiterungen nicht beeinträchtigt. Unterscheide:

TEMPORALE NEUTRAL-PERSPEKTIVE

/*je regrette beaucoup que, étant soumis à un traitement médical, je ne puisse (pas) participer au concours*/ 'da ich in ärztlicher Behandlung bin, bedaure ich sehr, an dem Wettbewerb nicht teilnehmen zu können'

TEMPORALE RÜCK-PERSPEKTIVE

/*ayant été hospitalisé pendant six semaines, je vous prie de prolonger les délais des travaux écrits*/ 'da ich sechs Wochen in stationärer Behandlung gewesen bin, bitte ich Sie, die Fristen der schriftlichen Arbeiten zu verlängern'

Merke ferner aus der Rechts- und Verwaltungssprache:

/*un nommé François Villon, accusé de meurtre*/   'ein gewisser des Mordes angeklagter François Villon'
/*je soussigné Paul Verlaine déclare (par la présente) ...*/   'ich Unterzeichneter Paul Verlaine erkläre (hiermit) ...'

Aus erweiterten Rück-Partizipien dieses Typus hat sich die Konjunktion *étant donné que* 'da (es sich so verhält, daß)' entwickelt. Sie gehört ursprünglich ebenfalls den oben genannten Fachsprachen an:

/ *étant donné que tous les billets sont déjà vendus, je ne suis pas en mesure de donner suite à votre demande* / 'da alle Eintrittskarten bereits verkauft sind, sehe ich mich nicht in der Lage, Ihrer Bestellung zu entsprechen'

6.7.1.3   Rück-Partizipien in der Tempus-Komposition (Merkmal-Analyse)

Rück-Partizipien sind wichtige Formen im Dienste der Tempus-Komposition (vgl. 4.1.1). Aus einer Verbindung von Formen der Morphem-Verben *avoir* 'haben' oder *être* 'sein' mit Rück-Partizipien bildet man die Tempora Perfekt, Plusquamperfekt, Rück-Aorist, Vor-Futur, Vor-Konditional und einige andere, seltener gebrauchte Tempora.

Im Tempus-Kapitel haben wir die Bedeutungen dieser Tempus-Kompositionen einheitlich («synthetisch») beschrieben. Hier, im Kapitel über die Partizipien, können wir dieselben Tempus-Kompositionen nach ihren Zusammensetzungen («analytisch») beschreiben. Diese Beschreibungen ergänzen sich und bestätigen sich wechselseitig. Die Bedeutung des Perfekts (und entsprechend auch der anderen Tempora dieses Kompositions-Typus) ergibt sich bei dieser Analyse aus den folgenden Regeln:

[1]   Alle Verben, die ihr Perfekt mit dem Morphem-Verb *être* bilden, übernehmen von ihrem Rück-Partizip die Rückschau-Perspektive. Diese weist den Hörer an, von der Textzeit auf eine frühere Handlungszeit zurückzuschauen. Die Verben dieser Gruppe sind sämtlich nicht-objektwertig (S-Valenz), so daß die Rückschau-Anweisung nicht (binnen-)textuell als Rückprojektion eines Objekt-Merkmals auf das Subjekt ausgeführt werden kann. Zu dieser Gruppe gehören auch die reflexiven Verben:

/ *ils sont sortis* / 'sie sind ausgegangen'
/ *elles se sont promenées* / 'sie sind spazierengegangen'

Die Rück-Partizipien dieser Perfektformen sind ihrem Subjekt im Genus und Numerus kongruent (vgl. 4.1.2).

[2]   Alle sonstigen nicht-objektwertigen («intransitiven») Verben (S-Valenz oder S-P-Valenz), die ihr Perfekt mit *avoir* bilden, leiten ebenfalls aus dem Rückschau-Merkmal ihres Rück-Partizips die Anweisung an den Hörer ab, von der Textzeit über die Textgrenze hinweg auf eine frühere Handlungszeit zurückzuschauen. Eine (binnen-)textuelle Ausführung dieser Anweisung im Sinne des Passivs ist nicht möglich, da bei diesen nicht-objektwertigen Verben kein Objekt-

Merkmal ⟨DISPONIBEL⟩ vorhanden ist, das auf das Subjekt rückprojiziert werden könnte. Die Rück-Partizipien dieser Perfektformen sind mit ihrem Subjekt nicht kongruent:

/*elles ont voyagé*/   'sie sind gereist'
/*elle n'a pas déplu*/   'sie hat nicht mißfallen'

3 Bei allen objektwertigen («transitiven») Verben (S-O-Valenz, S-P-O-Valenz – sie bilden ihr Perfekt immer mit dem Morphem-Verb *avoir*) kann die Rückschau-Anweisung, die mit jedem Rück-Partizip verbunden ist, ebenfalls nicht (binnen-)textuell ausgeführt werden. Es ist zwar ein Objekt-Merkmal ⟨DISPONIBEL⟩ vorhanden, das kraft dieser Anweisung auf das Subjekt rückprojiziert werden könnte, aber anders als bei den passiven Verbformen (vgl. 6.7.1.1), wird diese Rückprojektion gehemmt («inhibiert») durch die Bedeutung des Morphem-Verbs *avoir*. Dessen Bedeutung kann mit dem lexikalischen Merkmal ⟨DISPOSITION⟩ beschrieben werden (vgl. 3.4.2); sie impliziert also einen Übergang Disponent → Disponibles und verhindert damit die Umkehrung dieser Übergangsrichtung, wie sie sonst durch eine Ausführung der Rückschau-Anweisung zustande kommt. Auf diese Weise kann sich die latente Passivität der objektwertigen Rück-Partizipien im Text nicht auswirken, und die Verbformen des mit *avoir* gebildeten Perfekts haben auch bei objektwertigen Verben eine aktive und keine passive Bedeutung. Die Rück-Partizipien dieser Perfektformen (und entsprechend der anderen, oben genannten Tempora dieses Kompositionstypus) sind überdies nicht mit dem Subjekt kongruent, sondern mit dem Objekt, aber nur dann, wenn dieses ihnen im Text vorangeht. Denn als aktive Verbformen können sie natürlich ein Objekt bei sich haben, da sie ja ihrer Valenzklasse nach objektwertige Verben sind:

/*elle a vendu sa bicyclette*/   'sie hat ihr Fahrrad verkauft'
/*la bicyclette qu'elle a vendue*/   'das Fahrrad, das sie verkauft hat'

Da nun unter den beschriebenen Bedingungen die Rückprojektion des Objekt-Merkmals ⟨DISPONIBEL⟩ auf das Subjekt wegen der Hemmung durch die Gegen-Anweisung des Morphem-Verbs *avoir* nicht ausgeführt werden kann, bleibt die Rückschau-Anweisung des Rück-Partizips jetzt frei für eine Ausführung über die Textgrenze hinweg, also von der Textzeit auf eine frühere Handlungszeit. So entsteht die Rückschau-Perspektive des Perfekts und der anderen «zusammengesetzten» Tempora, denen diese Tempus-Perspektive als Merkmal eingeschrieben ist (vgl. 4.2.1).

Hemmung oder fehlende Hemmung der Rückprojektion des Objekt-Merkmals ⟨DISPONIBEL⟩ auf das Subjekt durch die entweder vorhandene oder nicht vorhandene Gegen-Anweisung des Morphem-Verbs *avoir* bewirkt auch den Unterschied zwischen passivem Präsens und aktivem Perfekt. Unterscheide die folgenden Beispiele, bei denen die Verbform in beiden Fällen mit dem objektwertigen Verb *lire* 'lesen' gebildet ist:

PASSIVES PRÄSENS: RÜCKPROJEKTION AUSGEFÜHRT	AKTIVES PERFEKT: RÜCKPROJEKTION GEHEMMT
/Baudelaire est beaucoup lu/ 'Baudelaire wird viel gelesen'	*/Baudelaire a beaucoup lu/* 'Baudelaire hat viel gelesen'

Kommentar und Merkmal-Analyse: Das Verb *lire* 'lesen' ist mit seiner S-O-Valenz ein objektwertiges Verb. Das von ihm abgeleitete Rück-Partizip *lu* 'gelesen' hat daher grundsätzlich passive Bedeutung, wie eine mit diesem Rück-Partizip gebildete Attribution erkennen läßt. Diese passive Bedeutung bleibt im Beispiel der linken Spalte erhalten, wo dieses Rück-Partizip in Kombination mit einer Form des Verbs *être* 'sein' eine passive Verbform bildet. Im Beispiel der rechten Spalte hingegen wird die passive Bedeutung des Rück-Partizips *lu* getilgt, weil die Bedeutung der Verbform *a* 'hat', mit der es zu einer Perfektform kombiniert ist, auf dem lexikalischen Merkmal 〈DISPOSITION〉 beruht, das die Rückprojektion des Objekt-Merkmals 〈DISPONIBEL〉 auf das Subjekt hemmt. Die Rückschau-Anweisung kann somit nicht (binnen-)textuell ausgeführt werden und wird frei, außerhalb des Textes als Rückschau-Perspektive auf eine v o r der Textzeit liegende Handlungszeit ausgeführt zu werden. So kommt die besondere Tempus-Perspektive des Perfekts zustande.

6.7.1.4 Aktive Rück-Partizipien

Von den nicht-objektwertigen Verben kann man nur dann ein Rück-Partizip für den attributiven Gebrauch ableiten, wenn zwei Bedingungen erfüllt sind:

– das Verb muß eine S-Valenz haben,
– das Verb muß eine einfache, qualitativ nicht markierte Veränderung eines physischen oder psychischen Daseins bedeuten, so daß die Formen des Perfekts oder Plusquamperfekts mit *être* und nicht mit *avoir* gebildet werden (vgl. 4.1.2).

Diese beiden Bedingungen sind zum Beispiel bei dem Verb *tomber* 'fallen' erfüllt. Leitet man nun von diesem Verb das Rück-Partizip *tombé/-ée/-és/-ées* 'gefallen' ab, so hat dieses Rück-Partizip eine aktive Bedeutung und kann, erweitert oder nicht, als Attribut einer Partizipial-Attribution gebraucht werden:

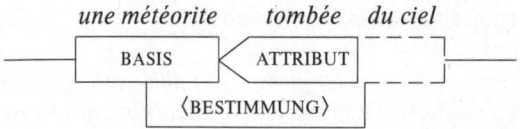

In dieser Attribution mit der Bedeutung 'ein vom Himmel gefallener Meteorit' wird die Basis *une météorite* 'ein Meteorit' durch das (erweiterte) Partizipial-Attribut *tombée (du ciel)* '(vom Himmel) gefallen' determiniert. Das Rück-Partizip *tombée* hat aktive Bedeutung, denn es gibt bei diesem nicht-objektwertigen Verb kein Objekt-Merkmal, das durch die Rückschau-Anweisung auf die Basis rückprojiziert werden und auf diese Weise eine passive Bedeutung hervorbringen könnte. So wird also die Rückschau-Anweisung textuell nicht ausgenutzt und bleibt frei dafür, daß es im Sinne der Tempus-Perspektive als Rückschau von der Textzeit auf eine zeitlich voraufgehende Handlungszeit verstanden wird. Die aktiven Rück-Partizipien dieses Typus haben daher alle eine temporale Rückschau-Perspektive: der Meteorit unseres Beispiels ist früher, das heißt, vor der Textzeit, vom Himmel gefallen.

In förmlicher Rede und in fachlichem Sprachgebrauch, besonders in der Sprache der Verwaltung, können aktive Rück-Partizipien durch die vorangestellte Form *étant* (wörtlich:) 'seiend' erweitert werden. Diese Erweiterung erlaubt auch bei reflexiven Verben eine Ableitung des Rück-Partizips:

/ *l'Allemagne, étant parvenue très tard à l'unité nationale, est devenue une nation malheureuse* /   'da Deutschland (erst) sehr spät zur nationalen Einheit gelangt
ist, ist es eine unglückliche Nation geworden'
/ *les Allemands, s'étant rendu compte des dangers du nationalisme, veulent être Européens* /   'nachdem sich die Deutschen über die Gefahren des Nationalismus
klar geworden sind, wollen sie Europäer sein'

Von allen anderen Verben, die nicht die oben genannten zwei Bedingungen erfüllen, kann man aktive Rück-Partizipien dadurch bilden, daß man die Form *ayant* (wörtlich:) 'habend' vor das Rück-Partizip setzt. Das betrifft also die Masse der Verben mit S-P-Valenz, S-O-Valenz, S-P-O-Valenz sowie alle diejenigen Verben mit S-Valenz, die nicht eine einfache, qualitativ nicht markierte Veränderung des physischen oder psychischen Daseins bedeuten. Die aktive Bedeutung kommt hier, wie sich schon bei der Analyse der Perfektformen vom Typus *j'ai vu* 'ich habe gesehen' gezeigt hat, dadurch zustande, daß die Form *ayant* 'habend' durch ihr lexikalisches Bedeutungs-Merkmal ⟨DISPOSITION⟩ eine sonst passive Bedeutung des Rück-Partizips tilgt (vgl. 6.7.1.3). Die (binnen-)textuell gehemmte Rückschau-Anweisung bleibt daher für die temporale Rückschau frei. Zu beachten ist auch, daß in diesem Fall das Rück-Partizip nicht die Kongruenz-Merkmale des Genus und Numerus annimmt:

/ *cette jeune interprète, ayant vécu longtemps en Italie, parle très bien l'italien* / 'da diese junge Dolmetscherin lange in Italien gelebt hat, spricht sie sehr gut Italienisch'
/ *ayant reçu son contrat, elle a dû faire aussitôt sa première traduction simultanée* / 'gleich nach Erhalt ihres Vertrages mußte sie ihre erste Simultan-Übersetzung machen'

Gewöhnlich macht man von den Formen des aktiven Rück-Partizips mit *ayant* nur dann Gebrauch, wenn das Partizip selber noch weiter determiniert ist. Außerdem beschränkt sich der Gebrauch des aktiven Rück-Partizips auf die förmliche Rede oder den fachlichen (auch journalistischen) Sprachgebrauch. Unterscheide in den folgenden Beispielen das aktive vom passiven Rück-Partizip:

AKTIVES RÜCK-PARTIZIP

/ *Henri IV, ayant signé l'Édit de Nantes ...* / 'als (oder: nachdem) Heinrich IV. das (Toleranz-)Edikt von Nantes unterzeichnet hatte (wörtlich: das Edikt unterzeichnet habend) ...'

PASSIVES RÜCK-PARTIZIP

/ *l'Édit de Nantes signé par Henri IV et révoqué par Louis XIV ...* / 'das von Heinrich IV. unterzeichnete und von Ludwig XIV. widerrufene Edikt von Nantes ...'

In beiden Beispielen ist davon auszugehen, daß das Rück-Partizip *signé* 'unterzeichnet', weil von einem objektwertigen Verb abgeleitet, passive Bedeutung hat. Im Beispiel der linken Spalte wird diese passive Bedeutung jedoch durch die vorangestellte Form *ayant* 'habend' kraft ihres lexikalischen Bedeutungs-Merkmals ⟨DISPOSITION⟩ getilgt, so daß die Rückschau-Anweisung des Rück-Partizips vom Hörer im Sinne einer über die Textgrenze hinausreichenden temporalen Rückschau auszuführen ist. Im Beispiel der rechten Spalte hingegen kann die Rückschau-Anweisung (binnen-)textuell ausgeführt werden und bringt durch die Rückprojektion des Objekt-Merkmals ⟨DISPONIBEL⟩ die passive Bedeutung der ganzen Partizipial-Attribution hervor. Eine temporale Rückschau ist mit dieser Attribution dann nicht notwendig verbunden und ergibt sich allenfalls, wie in diesem Beispiel, aus der Semantik der ganzen Attribution, hier insbesondere durch die gewußten historischen Daten (1598/1685).

Von den folgenden Beispielen mit verschiedenen aktiven Rück-Partizipien ist das erste poetischer Natur (aus einer bekannten Fabel von La Fontaine), die anderen beiden sind wiederum der Fachsprache der Verwaltung zuzuordnen:

/la cigale, ayant chanté tout l'été, se trouva fort dépourvue, quand la bise fut venue ... /   'als die Grille den ganzen Sommer gesungen hatte, sah sie sich, als der Winter gekommen war, in großer Not ...'
/ayant suivi pendant le semestre d'été un cours de musique vocale au Conservatoire, je demande par la présente une allocation d'alimentation pour les mois d'hiver – signé: Jacqueline Cigale/   'da ich während des Sommersemesters am Konservatorium einen Vokalmusikkurs besucht habe, beantrage ich hiermit eine Verpflegungsbeihilfe für die Wintermonate – gezeichnet: Jacqueline Cigale'
/le plus grand danger s'étant révélé (comme) non fondé, il faudra prendre des mesures d'urgence pour aider Mlle Cigale/   'nachdem sich die größte Gefahr als unbegründet herausgestellt hat, sind dringende Maßnahmen zu ergreifen, um Fräulein Cigale zu helfen'

Einige Rück-Partizipien haben sich zu Präpositionen lexikalisch verfestigt. Man findet sie vor allem in der förmlichen Sprache des Rechtswesens, der Verwaltung und des Geschäftslebens.

/vu les difficultés auxquelles il faut s'attendre, on a averti la population/   'in Anbetracht der zu erwartenden Schwierigkeiten hat man die Bevölkerung gewarnt'
/supposé une nouvelle crise alimentaire, nous serons mieux préparés/   'für den Fall einer neuen Ernährungskrise werden wir besser vorbereitet sein'

Nach der gleichen Regel werden die folgenden Präpositionen partizipialer Herkunft gebraucht: *entendu* ... 'nach Anhören'; *attendu* ... 'unter Berücksichtigung'; *approuvé* ... 'nach Billigung'; *excepté* ... 'ausgenommen' (vgl. 8.3).

6.7.2   Das Neutral-Partizip

Das Neutral-Partizip («Partizip Präsens») ist an dem Suffix *-ant* [ɑ̃] erkennbar, zum Beispiel: *lisant* 'lesend'. Es kann von allen Verben gebildet werden, auch von reflexiven Verben: *se souvenant* 'sich erinnernd'. Kongruenz-Merkmale nimmt das Neutral-Partizip normalerweise nicht an und ist somit nach Genus und Numerus invariant wie in dem folgenden Beispiel-Fächer:

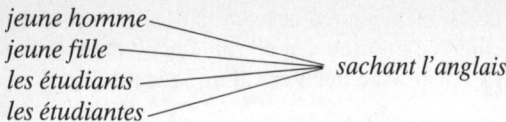

jeune homme
jeune fille
les étudiants   *sachant l'anglais*
les étudiantes

Das Neutral-Partizip mit nachfolgendem Objekt *sachant l'anglais* (wörtlich:) 'Englisch könnend' hat hier die gleiche, nach Genus und Numerus nicht markierte Form, unabhängig davon, ob das Subjekt als Maskulin Singular (*jeune homme* 'junger Mann'), als Feminin Singular (*jeune fille* 'junges Mädchen'), als Maskulin Plural (*les étudiants* 'die Studenten') oder als Feminin Plural (*les étudiantes* 'die Studentinnen') charakterisiert ist.

Im Gegensatz zum Rück-Partizip hat das Neutral-Partizip unter allen Umständen eine neutrale Tempus-Perspektive. Es lädt den Hörer weder zu einer Rückschau noch zu einer Vorausschau in der Zeit ein (vgl. 4.2.1). So ist also auch kein Merkmal vorhanden, das eine passive Bedeutung hervorbringen könnte. Das Neutral-Partizip hat immer, ohne Rücksicht auf die Valenz des Verbs, von dem es abgeleitet ist, eine aktive Bedeutung. Es kann, ebenso wie das passive oder aktive Rück-Partizip, selber vielfältig determiniert werden und insbesondere alle diejenigen Determinanten bei sich haben, die als Determinanten eines finiten Verbs auch sonst gebräuchlich sind. Im nachfolgenden Beispiel hat das Neutral-Partizip ein Objekt bei sich (was bei einem Rück-Partizip nicht möglich ist – vgl. 6.7.1.2):

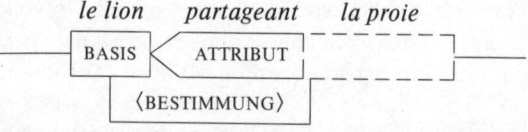

le lion   *partageant*   *la proie*

BASIS ◄ ATTRIBUT

⟨BESTIMMUNG⟩

Basis ist in dieser Attribution das Nomen *le lion* 'der Löwe'. Attribut ist das Neutral-Partizip *partageant* 'teilend', das von dem objektwertigen Verb *partager* 'teilen' abgeleitet ist. Dieses Partizip, seinerseits determiniert durch das Objekt *la proie* 'die Beute', ist das Attribut dieser Attribution mit der Gesamtbedeutung: 'der die Beute teilende Löwe (oder: der Löwe, der die Beute teilt)'.

Orthographische Anmerkung: Beim Neutral-Partizip ist die Rechtschreibung so geregelt, daß vor dem Suffix *-ant* die Lautqualität des Konsonanten, der vor den Buchstaben *e* oder *i* einfach mit den Buchstaben *c* oder *g* wiedergegeben werden kann, klar erkennbar bleibt. Vergleiche die folgenden Schreibmuster:

VERBFORMEN	NEUTRAL-PARTIZIP	VERÄNDERUNGEN
parler 'sprechen'	*parlant* 'sprechend'	keine
annoncer 'ankündigen'	*annonçant* 'ankündigend'	*-c-/-ç-*
engager 'einstellen'	*engageant* 'einstellend'	*-g-/-ge-*

Alle Attributionen mit dem Neutral-Partizip haben gemeinsam, daß sie in der mündlichen Umgangssprache möglichst gemieden werden. Dort gebraucht man statt dessen eher Relativ-Junktionen oder Konjunktional-Junktionen. Durch die Verwendung des Neutral-Partizips markiert ein Sprecher oder Schreiber seinen Stil als abweichend von der Umgangssprache. Das kann in manchen Fällen Ausdruck eines besonders gepflegten Stils sein, besonders in literarischer Prosa. Aber auch die förmlichen Fachsprachen des Rechtswesens, der Verwaltung und des Wirtschaftslebens machen vom Neutral-Partizip einen reichlichen Gebrauch, vor allem in schriftlichen Verlautbarungen und im brieflichen Geschäftsverkehr. Ferner bedient man sich des Neutral-Partizips in allen Textsorten, in denen es auf einen knappen Stil ankommt. Zu nennen sind ausdrücklich: Zeitungsanzeigen, Telegramme, Postkarten, Tagebucheintragungen, Protokolle, Bildtitel, Regieanweisungen, Notizen jeder Art.

/ *le président, prenant acte de mes objections, a dû abandonner son projet* / 'der Präsident hat meine Einwände zur Kenntnis genommen und mußte (daraufhin) sein Projekt aufgeben'
/ *se déclarant non compétent en ce qui concerne l'aspect juridique de la question, il a proposé de consulter un avocat* / 'indem er sich bezüglich der rechtlichen Seite der Frage als nicht zuständig erklärt hat, hat er (zugleich) vorgeschlagen, einen Rechtsanwalt zu konsultieren'
/ *étant président à vie, il devrait être mieux au courant des affaires* / 'als Präsident auf Lebenszeit sollte er über die Geschäfte besser auf dem laufenden sein'

Einige Formen des Neutral-Partizips haben sich zu Morphemen grammatikalisiert, darunter auch zu Junktoren anderer Art, zum Beispiel zu Präpositionen. Diese Erscheinung findet man ebenfalls vor allem in Fachsprachen:

/ *les soi-disant sociologues* / 'die sogenannten Soziologen'
/ *une enquête concernant les besoins sociaux* / 'eine Erhebung bezüglich der sozialen Bedürfnisse'
/ *une aide visant les sans-abris* / 'eine Hilfe für die Obdachlosen'

Die Voraus-Perspektive kann bei Partizipien dadurch ausgedrückt werden, daß man das Partizip von *devoir* oder *aller* mit dem Infinitiv eines Verbs verbindet. Dieses Voraus-Partizip hat aktive Bedeutung:

/ *les spectateurs, allant voir un spectacle sanglant, se promènent devant le Colisée* / 'die Zuschauer, die sogleich ein blutiges Schauspiel sehen werden, gehen vor dem Kolosseum auf und ab'
/ *les gladiateurs, devant mourir dans quelques instants, saluent le César* / 'die Gladiatoren, die in wenigen Augenblicken sterben werden, grüßen den Kaiser'

Bei passiver Bedeutung kann man ersatzweise zu einer Präpositional-Junktion mit *à* als Verbal-Präposition greifen (vgl. 8.3.3.1.5):

/après un voyage à l'étranger il y a beaucoup d'anecdotes à raconter (= qui peuvent être racontées)/ 'nach einer Auslandsreise gibt es viele Anekdoten zu erzählen'

Idiomatische Ausdrücke:

/il y a pas mal de choses à faire/ 'es gibt eine (ganze) Menge zu tun'
/ce n'est pas la mer à boire/ 'das ist nur halb so schlimm'

6.7.3 Partizipien und Verbal-Adjektive

Mit den Adjektiven haben die Partizipien gemeinsam, daß sie als Attribute gebraucht werden können. Von den Adjektiv-Attributen heben sie sich jedoch dadurch ab, daß sie, weil von Verben abgeleitet, ein ziemlich reiches Zusammenspiel mit verbalen Determinanten in die Attribution einbringen können, während ein Adjektiv nur in begrenztem Maße selber determinierbar ist. Vergleiche:

ADJEKTIV-ATTRIBUTION

/le trompeur trop habile/ 'der allzu geschickte Betrüger'

PARTIZIPIAL-ATTRIBUTION

/le trompeur heureusement trompé à la fin par lui-même/ 'der am Ende glücklicherweise von sich selber betrogene Betrüger'

Es kommt nun recht oft vor, daß ein vielgebrauchtes Partizip lexikalisiert wird und sich auf diese Weise funktional einem Adjektiv annähert. Man nennt es dann ein Verbal-Adjektiv (vgl. 6.7.5). Verbal-Adjektive werden im Wörterbuch eigens aufgeführt. Sie lassen weniger verbale Determinanten zu als die nicht lexikalisierten Partizipien und haben sich häufig auch semantisch stärker von ihrer ursprünglichen Verb-Bedeutung entfernt. Die folgenden Beispiele enthalten Verbal-Adjektive, die von Rück-Partizipien stammen:

/le chat botté/ 'der gestiefelte Kater'
/la flûte enchantée/ 'die Zauberflöte (wörtlich: die verzauberte Flöte)'

Zwischen passiven Rück-Partizipien und Verbal-Adjektiven, die aus solchen Partizipien gebildet sind, besteht jedoch im wesentlichen nur ein semantischer

Unterschied. In der Grammatik besteht daher kein dringendes Bedürfnis, zwischen diesen Formen scharf zu unterscheiden. In vielen Fällen kann man auch gar nicht scharf unterscheiden, etwa in dem Beispiel:

/ *appartement meublé* /   'möblierte Wohnung'

Das Rück-Partizip *meublé* 'möbliert' gehört zweifellos zu dem Verb *meubler* 'möblieren', und es hat eine passive Bedeutung, weil dieses Verb objektwertig ist. Dennoch sprechen viele Gründe dafür, dieses Rück-Partizip eher als Verbal-Adjektiv aufzufassen, denn es wird viel häufiger gebraucht als das zugehörige Verb, insbesondere auch ohne weitere Determinanten und bildet daher mit seinem Basis-Nomen eine fast lexikalisierte Verbindung für einen besonderen Typ Wohnung.

Sehr viel wichtiger ist die Unterscheidung zwischen dem Neutral-Partizip und dem Verbal-Adjektiv. Denn das Neutral-Partizip, das normalerweise keine Kongruenz-Morpheme annimmt, kann nicht alleine mit einem Nomen eine Partizipial-Attribution bilden. Bedingung für die Bildung einer Partizipial-Attribution mit einem (invarianten) Neutral-Partizip ist vielmehr die Spezifizierung dieses Partizips durch weitere, im Kontext nachfolgende Determinanten, vorzugsweise durch ein Objekt (vgl. 6.7.2).

Eine verhältnismäßig große Zahl von Neutral-Partizipien – darüber gibt im einzelnen das Wörterbuch Auskunft – ist jedoch zu Verbal-Adjektiven lexikalisiert. Mit dieser Lexikalisierung hat sich bisweilen auch die Bedeutung verändert, so etwa in dem folgenden Beispiel:

NEUTRAL-PARTIZIP	VERBAL-ADJEKTIV
/ *un résultat de recherche intéressant le grand public* / 'ein die große Öffentlichkeit interessierendes Forschungsergebnis (oder: das … interessiert)'	/ *un résultat de recherche intéressant (pour le grand public)* / 'ein (für die große Öffentlichkeit) interessantes Forschungsergebnis'

Insbesondere aber unterscheiden sich die Verbal-Adjektive von den Neutral-Partizipien dadurch, daß sie – wie Adjektive – die Kongruenz-Morpheme des Genus und des Numerus annehmen:

/ *un problème fascinant* /   'ein faszinierendes Problem'
/ *une question embarrassante* /   'eine unbequeme Frage'
/ *des arguments tranchants* /   'schlagende Argumente'
/ *des solutions troublantes* /   'beunruhigende Lösungen'
(…)

Man muß in jedem Einzelfall dem Sprachgebrauch, hier vertreten durch das Wörterbuch, die Entscheidung überlassen, ob es neben dem Neutral-Partizip (das man immer bilden kann) ein gleichlautendes, aber unter anderen Gebrauchsbedingungen stehendes Verbal-Adjektiv gibt. Vom Wörterbuch als Verbal-Adjektive bestätigt werden also beispielsweise:

/ *le trafic roulant* /   'der rollende Verkehr'
/ *une beauté ravissante* /   'eine hinreißende Schönheit'
/ *une rencontre bouleversante* /   'eine umwerfende Begegnung'
/ *des regards agaçants* /   'aufreizende Blicke'
/ *le pavé glissant* /   'das glatte Pflaster'
/ *la nuit tombante* /   'die hereinbrechende Nacht'
/ *une expérience décevante* /   'eine enttäuschende Erfahrung'
/ *des voisins énervants* /   'entnervende Nachbarn'
(...)

Einige Verbal-Adjektive der französischen Sprache werden auch phonetisch und/ oder orthographisch von ähnlichen Formen des Neutral-Partizips differenziert. Unterscheide:

VERBAL-ADJEKTIVE		NEUTRAL-PARTIZIPIEN	
vaillant	'tapfer'	*valant* ...	'Wert habend'
savant	'gelehrt'	*sachant* ...	'wissend, könnend'
différent	'verschieden'	*différant* ...	'sich unterscheidend'
excellent	'ausgezeichnet'	*excellant* ...	'sich auszeichnend'
fatigant	'beschwerlich'	*fatiguant* ...	'ermüdend'
négligent	'nachlässig'	*négligeant* ...	'vernachlässigend'
précédent	'vorig'	*précédant* ...	'voraufgehend'
provocant	'herausfordernd'	*provoquant* ...	'hervorrufend'
(...)		(...)	

Verbal-Adjektive brauchen als Attribute nicht unbedingt direkt neben ihrer Attributions-Basis zu stehen, sondern können im Kontext eine gewisse Unabhängigkeit der Stellung bewahren, die über die Stellungsfreiheit der Adjektive hinausgeht. Hier zwei Beispiele:

/ *hésitante, elle resta un instant devant la porte* /   'zögernd blieb sie einen Augenblick vor der Tür stehen'
/ *la voilà qui entre toute riante!* /   'da kommt sie (hellauf) lachend herein!'

Wenn das Wörterbuch in einem bestimmten semantischen Bereich kein existierendes Verbal-Adjektiv ausweist, so kann man immer ein Neutral-Partizip bilden, vorausgesetzt es muß nicht allein für sich das Attribut bilden. Wenn es aber ohnehin weitere Determinanten bei sich hat, entspricht es eher dem gemeinsprachlichen Sprachgebrauch, eine Relativ-Junktion statt einer Partizipial-Attribution zu bilden (vgl. 8.5.1.1). Unterscheide:

PARTIZIPIAL-ATTRIBUTION	RELATIV-JUNKTION
/le conducteur freinant brusquement la voiture/ 'der das Fahrzeug plötzlich bremsende Fahrer (oder besser: der Fahrer, der das Fahrzeug plötzlich bremst)'	/le conducteur qui freine/ 'der bremsende Fahrer'
/un pneu crevant à 120 kilomètres à l'heure/ 'ein bei 120 Stundenkilometern platzender Reifen'	/un pneu qui crève/ 'ein platzender Reifen'
/la voiture dérapant dans un virage/ 'das in einer Kurve schleudernde Auto'	/la voiture qui dérape/ 'das schleudernde Auto'
/les vacances commençant si mal finiront bien/ 'die so schlimm beginnenden Ferien (oder besser: Ferien, die so schlimm beginnen,) werden gut enden'	/les vacances qui commencent/ 'die beginnenden Ferien'

Idiomatisches:

/la nature en fleurs/   'die blühende Natur'
/une jeune fille endormie/   'ein schlafendes Mädchen'

6.7.4   Die Stellung des Partizips

Analog zu den Stellungsbedingungen in adjektivischen Attributionen (vgl. 6.1) kann man auch bei Partizipial-Attributionen eine postdeterminierende und eine prädeterminierende Stellung des Attributs unterscheiden. Mehr noch als bei den adjektivischen Attributionen ist jedoch in Partizipial-Attributionen die postdeterminierende Stellung die Normalstellung. Wird aber von ihr abweichend die

411

prädeterminierende Abfolge Attribut – Basis gewählt, so geht von dieser Stellung eine aufmerksamkeitssteigernde Wirkung aus (vgl. 6.3). Unterscheide:

POSTDETERMINIERENDE STELLUNG BASIS – ATTRIBUT	PRÄDETERMINIERENDE STELLUNG ATTRIBUT – BASIS
/*mes voisins partis depuis la semaine dernière ne sont toujours pas rentrés*/ 'meine seit der letzten Woche verreisten Nachbarn sind immer noch nicht zurückgekehrt'	/*partis depuis la semaine dernière, mes voisins ne sont toujours pas rentrés*/ 'obwohl sie (schon) seit der letzten Woche verreist sind, sind meine Nachbarn immer noch nicht zurückgekehrt'

Die prädeterminierende Stellung des Partizipial-Attributs ist für Textanfänge und Anfänge von Textabschnitten charakteristisch.

Orthographische Anmerkung: In postdeterminierender Stellung trennt man das Partizipial-Attribut gewöhnlich nicht durch ein Komma ab, außer wenn es sehr viele Determinanten bei sich hat. In prädeterminierender Stellung wird es jedoch gewöhnlich durch ein Komma abgetrennt, auch wenn es sehr kurz und selber nicht weiter determiniert ist.

Unabhängig von der Binnenstruktur einer Partizipial-Attribution können im Hinblick auf die Außenstruktur Partizipial-Attributionen nach der Art und Weise unterschieden werden, wie die Attribution in ihrer Gesamtheit in den weiteren Kontext eingebunden ist. Wenn die Partizipial-Attribution insgesamt als Handlungsrolle eines finiten Verbs oder als Glied einer Junktion dient, sprechen wir von einer verbundenen Partizipial-Attribution. Von einer unverbundenen Partizipial-Attribution wollen wir hingegen dann sprechen, wenn keine solche enge Anbindung an den Kontext gegeben ist. Unterscheide:

VERBUNDENE PARTIZIPIAL-ATTRIBUTION	UNVERBUNDENE PARTIZIPIAL-ATTRIBUTION
/*le marché conclu si avantageusement a été une grosse chance pour la maison*/ 'der so vorteilhaft abgeschlossene Handel ist für die Firma ein großes Glück gewesen'	/*le marché conclu, nous avons emballé la marchandise*/ 'nach Abschluß des Handels haben wir die Ware eingepackt'
/*nous avons eu beaucoup de difficultés à cause de plusieurs factures payées trop tard*/ 'wir haben wegen einiger zu spät bezahlter Rechnungen viele Schwierigkeiten gehabt'	/*(une fois) les factures payées, on a tâché de remplir les stocks*/ '(sofort) nach Bezahlung der Rechnungen haben wir versucht, das Lager aufzufüllen'

In den Beispielen der linken Spalte sind die Partizipial-Attributionen jeweils mit dem Kontext eng verbunden, und zwar die (erweiterte) Attribution *le marché conclu si avantageusement* im ersten Beispiel als Subjekt eines finiten Verbs, die (ebenfalls erweiterte) Attribution *plusieurs factures payées trop tard* im zweiten Beispiel als Adjunkt einer kausalen Junktion (vgl. 8.4.6). In den beiden Beispielen der rechten Spalte fehlt hingegen eine solche enge Anbindung, und wir nennen die beiden Partizipial-Attributionen daher unverbunden. Sie haben gegenüber ihrem Kontext ungefähr den Status von Tempus-Adverbialien (vgl. 7.3.3).

Eine besondere Form des unverbundenen Partizips findet man gelegentlich als (meistens literarische) Nuance mit Appositions-Charakter (vgl. 6.6). Unterscheide:

UNVERBUNDENES PARTIZIP	PARTIZIPIAL-ATTRIBUTION
/*le soldat, blessé, tomba*/ 'der Soldat, verwundet, fiel'	/*le soldat blessé tomba*/ 'der verwundete Soldat fiel'

Orthographisch wird das unverbundene Partizip durch einen Komma-Rahmen signalisiert.

Zu den passiven Rück-Partizipien gehört noch als Grenzfall die Formel *ci-joint* (Variante: *ci-inclus*) '(in der Anlage) beigefügt', die bei förmlichem Briefwechsel gebraucht wird. Diese Formel wird in postdeterminierender Stellung mit den Kongruenz-Morphemen des Genus und des Numerus, in prädeterminierender Stellung ohne diese Kongruenz-Morpheme gebraucht. Unterscheide:

POSTDETERMINIERENDE STELLUNG: KONGRUENZ DES ATTRIBUTS	PRÄDETERMINIERENDE STELLUNG: KEINE KONGRUENZ DES ATTRIBUTS
/*vous trouverez sur la liste ci-jointe* (oder: *ci-incluse) le nom de tous les contribuables*/ 'Sie finden auf der als Anlage beigefügten Liste die Namen aller Steuerpflichtigen'	/*vous trouverez ci-joint* (oder: *ci-inclus) une liste mentionnant le nom de tous les contribuables*/ 'Sie finden in der Anlage eine Liste mit den Namen aller Steuerpflichtigen'

Eine feste Stellung haben die folgenden idiomatischen Wendungen:

ce faisant 'dabei, indessen'
Dieu aidant 'mit Gottes Hilfe'
chemin faisant 'unterwegs'
le cœur battant 'klopfenden Herzens'
(les) bras ballants 'untätig'

séance tenante   'auf der Stelle'
de mon vivant   'zu meinen Lebzeiten'
la Belle au bois dormant   'Dornröschen' (Perrault)

Beachte auch die fehlende Genus-Kongruenz im letzten Beispiel.

6.7.5   Partizipien und Verbal-Adjektive im Text

Partizipien und Verbal-Adjektive erlauben eine beträchtliche Verknappung des Ausdrucks in Texten. Man benutzt sie daher vorzugsweise in schriftlichen Texten, bei denen ein Leser durch Beschleunigung oder Verlangsamung des Lesevorgangs das Rezeptionstempo frei wählen kann. In mündlichen Äußerungen ist demgegenüber das Tempo der Rezeption durch das Tempo der Produktion (Sprechtempo) vorgegeben.

Zeitungsanzeigen sind häufig so beschaffen, daß sie Wörter (und damit Zeilengebühren) einzusparen trachten. So findet man in vielen Zeitungsanzeigen, die man ja «studieren» soll, eine überproportional hohe Frequenz von Partizipien und Verbal-Adjektiven, zum Beispiel bei dem folgenden Stellenangebot aus einer Zeitung der französischen Schweiz:

Nous cherchons, pour une de nos sociétés affiliées (1) ayant (2) son siège à Berne, un *collaborateur qualifié* (3) de langue maternelle française avec des connaissances de l'allemand, ayant effectué (4) un apprentissage de commerce ou bénéficiant (5) d'une formation équivalente (6). Il est demandé (*7) en outre quelques années de pratique dans la banque, l'industrie ou l'administration. Âge idéal: entre 25 et 30 ans. Entrée immédiate ou à convenir. Notre collaborateur aura à exécuter des tâches variées (8). comportant (9) de nombreux contacts par écrit (10) et par téléphone avec les clients, divers offices et les autorités. Les intéressés (11) sont priés (*12) de bien vouloir faire parvenir leurs offres avec les pièces usuelles à . . . *

---

* Wir suchen für eine unserer Tochtergesellschaften mit Sitz in Bern einen *qualifizierten Mitarbeiter* mit französischer Muttersprache und Kenntnissen des Deutschen, der eine Handelslehre absolviert hat oder über eine gleichwertige Ausbildung verfügt. Verlangt werden außerdem einige Jahre Praxis im Bankwesen, in der Industrie oder in der Verwaltung. Ideales Alter: zwischen 25 und 30 Jahren. Einstellung sofort oder nach Vereinbarung. Unser Mitarbeiter hat verschiedenartige Aufgaben wahrzunehmen, zu denen auch zahlreiche schriftliche und tele-

Die Zeitungsanzeige enthält insgesamt 12 Formen, die als Partizipien oder Verbal-Adjektive zu kommentieren sind. Von diesen sind zwei Formen (die in der laufenden Zählung mit * gekennzeichnet sind) Bestandteile von Verbformen (vgl. 3.4.5.1):

(1) *affiliées* 'Tochter-, Filial-': Rück-Partizip mit passiver Bedeutung, im Genus (Feminin) und Numerus (Plural) kongruent mit dem Nomen *sociétés* 'Gesellschaften'. Mit ihm bildet es eine klassifizierende Attribution.

(2) *ayant* 'habend': Aktives Neutral-Partizip mit anschließendem Objekt *son siège* 'ihren Sitz'. Keine Kongruenz mit der Basis *une de nos sociétés affiliées* 'eine unserer Tochter-Gesellschaften'.

(3) *qualifié* 'qualifiziert': Verbal-Adjektiv, als solches ausgewiesen durch das Wörterbuch. Es steht, wie die meisten Verbal-Adjektive, in postdeterminierender Stellung zu seinem Nomen *collaborateur* 'Mitarbeiter', mit dem es in Genus und Numerus kongruent ist.

(4) *ayant effectué* 'absolviert habend': Aktives Rück-Partizip, zum objektwertigen Verb *effectuer* 'tätigen, (hier:) absolvieren' gehörig. Keine Kongruenz mit dem Basis-Nomen *collaborateur*. Das entsprechende aktive Rück-Partizip, das zu diesem Verb gehört, würde lauten *effectué/-ée/-és/-ées* 'absolviert' und wäre mit seinem Basis-Nomen kongruent. Das aktive Rück-Partizip *ayant effectué* kann, im Gegensatz zum passiven Rück-Partizip, ein Objekt bei sich haben, hier: *un apprentissage* 'eine Lehre'.

(5) *bénéficiant (de)* 'verfügend (über)': Neutral-Partizip mit aktiver Bedeutung. Es bildet durch die Vermittlung der Präposition *de* eine Junktion: *bénéficiant d'une formation* 'über eine Ausbildung verfügend' (vgl. 8.3.2.1). Keine Genus- und Numerus-Kongruenz mit dem Basis-Nomen *collaborateur*.

(6) *équivalente* 'gleichwertig': Von dem Verb *équivaloir* 'gleich viel wert sein' kann man ein aktives Neutral-Partizip *équivalant* bilden. Hier aber handelt es sich nicht um dieses Partizip, sondern um das gleichlautende, aber anders geschriebene und überdies durch seine Kongruenz-Morpheme (Feminin, Singular) von ihm abweichende Verbal-Adjektiv, als solches ausgewiesen durch das Wörterbuch. Es postdeterminiert ohne weitere Ergänzungen sein Basis-Nomen *formation* 'Ausbildung' als Attribut.

(*7) *il est demandé* 'es wird verlangt': Das Rück-Partizip *demandé* 'verlangt', gebildet von dem objektwertigen Verb *demander* 'verlangen', ist Bestandteil eines passiven Verbs (vgl. 3.4.5.2). Die Passivität des verbalen Ausdrucks kommt zustande durch die Rückprojektion des Objekt-Morphems ⟨DISPONIBEL⟩

phonische Kontakte mit den Kunden, mit verschiedenen Ämtern und mit den Behörden gehören. Interessenten werden gebeten, ihre Angebote mitsamt den üblichen Unterlagen zu senden an ... (*La Suisse*, 30. 12. 1981) auf das Subjekt, hier das Horizont-Morphem *il* 'es' (vgl. 3.3.3.2), kraft der mit diesem Rück-Partizip verbundenen Rückschau-Anweisung.

(8) *variées* 'verschiedenartig': Das Wörterbuch weist diese Form als Verbal-Adjektiv aus. Es ist postdeterminierendes Attribut für die nominale Attributions-Basis *tâches* 'Aufgaben', mit der es auch durch die Kongruenz im Genus und Numerus verbunden ist.

(9) *comportant* 'umfassend, mit sich bringend': Aktives Neutral-Partizip, ohne Kongruenz mit seiner Attributions-Basis *tâches*. Es hat das Objekt *des contacts* 'Kontakte' bei sich, das seinerseits vielfältig determiniert ist.

(10) *par écrit* 'schriftlich': Ein Adverbiale (vgl. 7.1), bestehend aus der Präposition *par* 'durch' (vgl. 8.3.3.3.3) und dem nach Genus und Numerus invarianten Rück-Partizip *écrit* 'geschrieben' (das seinerseits auch nominalisiert existiert: *l'écrit* 'das Schreiben, Schriftstück').

(11) *les intéressés* 'die Interessierten': Eine Nominalisierung im Maskulin Plural des passiven Rück-Partizips *intéressé/-ée/-és/-ées* 'interessiert'.

(*12) *sont priés* 'werden gebeten': Das passive Rück-Partizip *priés* 'gebeten', das zum objektwertigen Verb *prier* 'bitten' gehört, ist hier Bestandteil eines passiven Verbs. Die Passivität ist Folge der Rückprojektion des Objekt-Merkmals ⟨DISPONIBEL⟩ auf das Subjekt *les intéressés* kraft der Rückschau-Anweisung, die mit dem Rück-Partizip des objektwertigen Verbs verbunden ist.

7 SYNTAX DES ADVERBS

Adverbien sind Attribute, die eine nicht-nominale Basis determinieren. Sie ergänzen die Klasse der Adjektive, die als Attribute eine nominale Basis determinieren (vgl. Kap. 6). In den meisten Fällen handelt es sich bei der nicht-nominalen Basis, die für Adverbial-Attributionen gefordert ist, um ein Verb als Basis. Doch können Adverbien auch Adjektive oder andere Adverbien als Basis ihrer Attribution haben. Im nachfolgenden Beispiel ist die Basis der Attribution ein Verb:

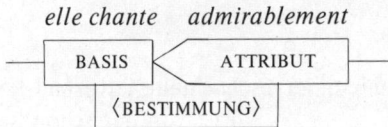

elle chante   admirablement

Die Bedeutung dieser adverbialen Attribution kann analog zur Bedeutung der adjektivischen Attribution (vgl. 6.1) analysiert werden. Basis dieser Attribution ist das finite Verb *elle chante* 'sie singt'. Attribut ist das Adverb *admirablement* 'wunderbar', das sich in seiner Form durch das Suffix *-ment* von dem gleichbedeutenden Adjektiv *admirable* unterscheidet. (Doch sind nicht alle Adverbien auf diese Weise erkennbar – vgl. 7.1.) Die Attribution weist den Hörer nun an, die Bedeutung der verbalen Basis in ihrer Merkmalmenge um die Merkmale des Attributs anzureichern: *elle chante admirablement* 'sie singt wunderbar'.

Nicht anders kommt die Bedeutung der adverbialen Attribution zustande, wenn die Basis ein Adjektiv ist:

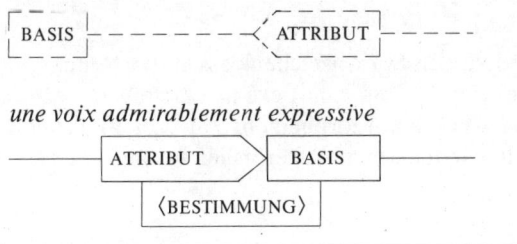

une voix admirablement expressive

Wir sehen in diesem Beispiel davon ab, daß das Adjektiv *expressive* 'ausdrucksvoll' schon in einer (adjektivischen) Attribution steht und Attribut für die nominale Basis *une voix* 'eine Stimme' ist (Symbole: ⌐ ¬ ,< ¬). Eben dieses Adjektiv *expressive* ist hier nun gleichzeitig Basis einer weiteren, nunmehr adverbialen Attribution mit dem Adverb *admirablement* 'wunderbar' als Attribut (Symbole:⌐ ▷ , ⌐ ¬). Die Bedeutung dieses Adverbs wird der Merkmalmenge, aus der die Bedeutung des Adjektivs *expressive* besteht, als ein weiteres Merkmal (oder als mehrere weitere Merkmale) hinzugefügt: 'eine wunderbar ausdrucksvolle Stimme'.

Schließlich kann in einigen Fällen auch ein Adverb in einer adverbialen Attribution durch ein weiteres Adverb determiniert werden:

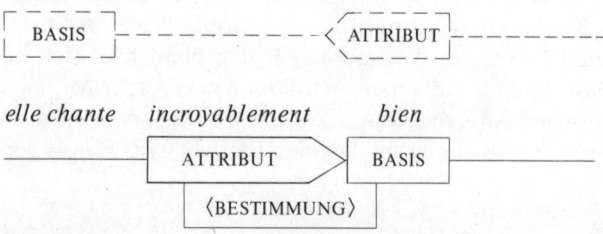

Wir haben hier zwei ineinandergeschachtelte adverbiale Attributionen vor uns. Die eine (Symbole: ⌐ ¬ , < ¬) ist von der schon besprochenen Art, daß eine verbale Basis (*elle chante* 'sie singt') durch ein Attribut determiniert wird, nämlich durch das Adverb *bien* 'gut'. Dieses wird nun seinerseits durch ein Adverb determiniert. Es bildet die Basis einer weiteren adverbialen Attribution (Symbole: ⌐ ▷ , ⌐ ¬), deren Attribut das Adverb *incroyablement* 'unglaublich' bildet: 'sie singt unglaublich gut'.

Wir können die Adverbien weiterhin nach ihrer Form (7.1), nach ihrer Stellung (7.2) und nach ihrer Bedeutung (7.3) unterscheiden.

7.1 Formen des Adverbs

Im Unterschied zu den Sprachzeichenklassen der Nomina, der Verben und der Adjektive, die sämtlich nur aus Lexemen bestehen, setzt sich die Klasse der Adverbien aus Adverbial-Morphemen, Adverbial-Lexemen und aus gemischt morphematisch-lexematischen Adverbialien zusammen.

1   Adverbial-Morpheme

peu 'wenig'	*souvent* 'oft'	*là* 'da, dort'
très 'sehr'	*enfin* 'endlich'	*plus* 'mehr'
encore 'noch'	*demain* 'morgen'	*trop* 'zuviel'
déjà 'schon'	*ici* 'hier'	*bien* 'gut, wohl'
(…)		

Diese morphematischen Adverbien sind meistens (aber nicht immer!) an ihrer kurzen Form kenntlich und haben in der Regel eine hohe Frequenz in der Sprache. Sie können auch mehrgliedrig sein, zum Beispiel: *là-bas* 'dort(-hin)'.

Zu den Adverbial-Morphemen rechnen wir auch eine Gruppe von Adverbien, die in ihrer Form mit der maskulinen Form bestimmter Adjektive identisch sind. Als Adverbien sind sie formal unveränderlich, nehmen also im Text nicht die Kongruenz-Merkmale des Genus und Numerus an. Man findet diesen Adverb-Typus hauptsächlich in mehr oder weniger lexikalisierten Wendungen. In ihnen ist die Bedeutung dieser Adverbien, verglichen mit der Bedeutung der formal entsprechenden Adjektive, stark eingeschränkt und zur Morphem-Bedeutung reduziert (vgl. 6.3):

/*parle plus fort*/   'sprich lauter!'
/*il pense tout haut*/   'er denkt laut'
/*elle parle bas*/   'sie spricht leise'
/*parlons franc*/   'sprechen wir offen (oder: frei)'
/*tu chantes faux*/   'du singst falsch'
/*je coupe court*/   'ich unterbreche'
/*cela* (oder: *ça*) *coûte cher*/   'das ist teuer (oder: kommt teuer zu stehen)'
/*j'y vois clair*/   'ich sehe klar (in der Angelegenheit)'
/*il faut marcher droit*/   'man muß aufrecht gehen'
/*que cette fleur sent bon!*/   'wie gut diese Blume (doch) riecht!'
/*cela en dit long*/   'das spricht Bände'
(…)

Neben den Adverbien dieses Typus gibt es in einigen Fällen auch noch die Bildungen auf -*ment,* die dann nicht an eine lexikalisierte Wendung gebunden sind und ihre volle Lexem-Bedeutung als Adverbial-Lexeme haben. Unterscheide:

ADVERBIAL-MORPHEM	ADVERBIAL-LEXEM
/*il l'a dit tout bas*/ 'er hat es ganz leise gesagt'	/*il a agi bassement*/ 'er hat niedrig gehandelt'

419

2 Adverbial-Lexeme

Adverbial-Lexeme sind in der Regel daran zu erkennen, daß sie gleichbedeutende Adjektive oder Partizipien neben sich haben, von deren Formen sie sich durch das Adverbial-Suffix *-ment* unterscheiden. Entsprechen die Adverbien einem Adjektiv, so wird dieses Suffix in der Regel der femininen Form des Adjektivs angehängt. Vergleiche:

ADJEKTIV	ADVERB
définitif/-ve 'endgültig'	*définitivement* 'endgültig'
courageux/-se 'mutig'	*courageusement* 'mutig'
clair/-re 'klar'	*clairement* 'klar'
rapide 'schnell'	*rapidement* 'schnell'

Endet die feminine Form eines Adjektivs auf einen gesprochenen Vokal, so fällt in den meisten Fällen das (nur orthographische) Feminin-Signal *-e* vor dem Adverb-Suffix aus. Vergleiche:

ADJEKTIV	ADVERB
poli/-ie 'höflich'	*poliment* 'höflich'
joli/-ie 'hübsch'	*joliment* 'hübsch'
vrai/-aie 'wahr'	*vraiment* 'wahrhaftig'

Merke jedoch als Ausnahmen:

ADJEKTIVE	ADVERBIEN
gentil [-i] /*-ille* [-ij] 'nett'	*gentiment* 'nett, artig'
assidu/-ue 'fleißig'	*assidûment* 'fleißig'
dû/due 'gebührend, schuldig'	*dûment* 'gebührend'
gai/gaie 'fröhlich'	*gaîment* (oder: *gaiement*) 'fröhlich'

Ebenso wie die Adjektive, deren feminine Formen auf hörbaren Vokal enden, werden auch die Formen des Rück-Partizips bei der Bildung des Adverbs auf *-ment* um ihr stummes *-e* gekürzt. Vergleiche:

RÜCK-PARTIZIP	(PARTIZIPIAL-)ADVERB
décidé/-ée 'entschieden'	*décidément* 'entschieden'
assuré/-ée 'versichert'	*assurément* 'gewiß'

Dieser Bildung schließen sich auch einige Adjektive an, die nicht auf ein Rück-Partizip zurückzuführen sind. Es sind hauptsächlich die folgenden:

précisément	'genau'	*communément*	'gemeinhin'
énormément	'enorm'	*expressément*	'ausdrücklich'
profondément	'tief'	*confusément*	'verworren'
conformément	'entsprechend'	*impunément*	'ungestraft'
(...)			

Die Adjektive auf *-ent/-ente* sowie die Verbal-Adjektive auf *-ant/-ante* (vgl. 6.7.3) bilden ihre Adverbien auf [-amã], geschrieben *-emment* bzw. *-amment*. Vergleiche:

ADJEKTIVE und VERBAL-ADJEKTIVE		ADVERBIEN	
prudent/-ente	'klug'	*prudemment*	'klug'
courant/-ante	'laufend'	*couramment*	'laufend'
constant/-ante	'beständig'	*constamment*	'ständig'
évident/-ente	'selbstverständlich'	*évidemment*	'selbstverständlich, na-
(...)			türlich'

Merke jedoch:

lentement 'langsam' (zu: *lent/lente*)
présentement 'gegenwärtig' (veraltender Ausdruck, zu: *présent/-ente*)

Die folgenden Adverbien dieses Typus haben kein zugehöriges Adjektiv. Sie werden mehr oder weniger formelhaft verwendet:

on l'a prié instamment 'man hat ihn inständig gebeten'
il nous a trompés sciemment 'er hat uns wissentlich getäuscht'
il s'est enfui précipitamment 'er ist Hals über Kopf geflohen'

[3] Adverbialien

Als Adverbialien (Singular: das Adverbiale) bezeichnen wir Morphem-Lexem-Kombinationen, die als solche zu Adverbien transferiert sind («adverbiale Bestimmungen», «Trans-Adverbien»), zum Beispiel:

en principe 'grundsätzlich, im Prinzip'
toute la journée 'den ganzen Tag'

421

*aux (*oder: *dans les) environs*   'in der Umgebung'
pour la dernière fois   'zum letztenmal'
*d'une façon (*oder: *manière) insupportable*   'auf unerträgliche Weise'
(...)

Adverbialien sind kürzere Textsegmente, die aus Morphemen und Lexemen verschiedener Sprachzeichenklassen gemischt sind und die im Text die gleichen Aufgaben wahrnehmen wie Adverbial-Morpheme oder Adverbial-Lexeme. Adverbialien können ziemlich frei gebildet werden. Viele Adverbialien werden durch Präpositionen eingeleitet und können dann ebensogut als Bestandteile von Attributionen wie auch als Bestandteile von Junktionen analysiert werden (vgl. Kap. 8).

7.2   Die Stellung des Adverbs

Die Stellungsbedingungen für das Adverb richten sich vor allem danach, ob ein Verb (7.2.1) oder ein Adjektiv/Adverb (7.2.2) determiniert wird. In beiden Fällen aber ist zu berücksichtigen, wieviel Zeichenkörper das Adverb hat. Abschließend und zusammenfassend werden wir die Adverbstellung in einem längeren Textabschnitt beobachten (7.2.3).

7.2.1   Stellung des Adverbs zum Verb

In der Stellung zum Verb ist das Adverb relativ frei, und es sind mehrere Stellungen möglich. Dabei fällt besonders stark ins Gewicht, was für einen Zeichenkörper das Adverb hat. Wie schon bei den Adjektiven, so unterscheiden wir auch bei den Adverbien grundsätzlich zwischen einer postdeterminierenden (7.2.1.1) und einer prädeterminierenden (7.2.1.2) Stellung des Adverbs im Verhältnis zum Verb. Bei beiden Stellungen sind einige Varianten zu unterscheiden. Dabei verhalten sich die semantischen Subklassen des Adverbs (vgl. 7.3) bisweilen unterschiedlich.

7.2.1.1   Postdeterminierende Adverb-Stellung

Die postdeterminierende Stellung des Adverbs, also die Stellung unmittelbar nach dem finiten Verb, bringt die Bedeutung des Adverbs als Attribut der verbalen Basis voll zur Geltung, unabhängig davon, ob es sich um Adverbial-Morpheme, Adverbial-Lexeme oder Adverbialien handelt:

/ *il travaille beaucoup* / 'er arbeitet viel'
/ *il vend énormément* / 'er verkauft enorm viel'
/ *il se plaint sans cesse* / 'er beklagt sich unentwegt'

Das finite Verb hat jedoch oft außer dem Adverb noch eine Reihe anderer Determinanten bei sich, die ihm nach den einschlägigen Stellungsregeln bald voran-, bald nachgestellt werden. Das sind insbesondere die morphematischen oder lexematischen Träger der Handlungsrollen (Subjekt, Partner, Objekt – vgl. 3.4), Junktionen aller Art (vgl. Kap. 8), die Ausdrücke der Assertion (vgl. 9.2), Frage (vgl. 9.3) sowie die verschiedenen Kontakt-Morpheme (vgl. 9.1). Sind diese Determinanten dem Verb ebenfalls nachgestellt, so muß sich das postdeterminierende Adverb mit ihnen arrangieren. Das geschieht nach den folgenden beiden Regeln:

[1] Wenn einem Verb zwei (oder mehr) postdeterminierende Elemente folgen, so ist die letzte Stellung die semantisch ausdrucksstärkere. In ihr bringt man insbesondere die neue («rhematische») Information unter. So kann man unterscheiden:

SCHWÄCHERE ADVERB-DETERMINATION («THEMATISCHES» ADVERB)	STÄRKERE ADVERB-DETERMINATION («RHEMATISCHES» ADVERB)
/ *il propose en vain sa dernière création* / 'er bietet vergebens seine letzte Kreation an'	/ *il propose sa dernière création sans aucun succès* / 'er bietet seine letzte Kreation ohne jeden Erfolg an'
/ *on connaît bien cette chanson* / 'man kennt ja dieses Lied (oder: diese Leier)'	/ *on connaît cette chanson très bien et même trop bien* / 'man kennt dieses Lied (oder: diese Leier) sehr gut und sogar zu gut'

In den Beispielen der linken Spalte ist die ausdrucksstärkere, gewöhnlich der Neuinformation vorbehaltene Endstellung von den Objekten besetzt (*sa dernière création* 'seine letzte Kreation', *cette chanson* 'dieses Lied'). In den Beispielen der rechten Spalte hingegen findet man in dieser Stellung die Adverbien (*sans aucun succès* 'ohne jeden Erfolg', *très/trop bien* 'sehr/zu gut').

[2] Bei der Stellung zweier postdeterminierter Elemente zueinander ist überdies phonetisch deren leichterer oder schwererer Zeichenkörper zu berück-

sichtigen. Ein leichterer Zeichenkörper steht gewöhnlich näher zum Verb, ein schwererer Zeichenkörper weiter von ihm entfernt. So findet man also kurze Adverbial-Morpheme meistens unmittelbar hinter dem Verb, komplexe Adverbialien hingegen lassen gerne anderen Determinanten, beispielsweise bestimmten Handlungsrollen, den Vortritt. Es kommt dabei aber ebenso auf den leichteren oder schwereren Zeichenkörper dieser anderen Determinanten an. Unterscheide:

KURZES ADVERB VOR LANGEM OBJEKT	KURZES OBJEKT VOR LANGEM ADVERB
/*il court toujours le plus grand risque possible*/ 'er geht immer das größtmögliche Risiko ein'	/*il a couru ce risque avec préméditation*/ 'er ist dieses Risiko mit Bedacht eingegangen'

Im Beispiel der linken Spalte hat das Adverbial-Morphem *toujours* phonetisch einen leichteren Zeichenkörper als das Objekt, dessen Nomen durch Adjektive und (andere) Adverbien determiniert ist und dadurch phonetisch insgesamt einen relativ schweren Zeichenkörper erhalten hat *(le plus grand risque possible)*. Im Beispiel der rechten Spalte ist demgegenüber das Nomen des Objekts *ce risque* nicht weiter determiniert; es hat daher phonetisch einen leichteren Zeichenkörper als das Adverbiale *avec préméditation*.

Die beiden genannten Regeln stehen im übrigen in einem strukturellen Zusammenhang. Für die neue («rhematische») Information, der man eine größere Aufmerksamkeit des Hörers wünscht, treibt man auch oft einen größeren Wortaufwand. Bei den Adverbien wählt man also für diesen Zweck eher ein komplexes Adverbiale als ein kurzes Adverbial-Morphem. Auf diese Weise kommen die erste (semantische) und die zweite (phonetische) Regel in vielen Fällen von selber zur Deckung.

Ist das Verb zweigliedrig, so stehen dem Adverb grundsätzlich zwei Stellungen zur Verfügung, nämlich entweder nach dem finiten Verbglied oder nach dem nicht-finiten Verbglied (Rück-Partizip oder Infinitiv). Als ausdrucksstärker kann die Stellung nach dem nicht-finiten Verbglied, also nach dem gesamten zweigliedrigen Verb gelten. Die Stellung nach dem finiten Glied ist die ausdrucksschwächere Stellung, die einigen Adverbial-Morphemen und morphematisierbaren Adverbial-Lexemen (sehr selten auch Adverbialien) zugänglich ist. Wir wollen sie, da sie Merkmale der Postdetermination (nach dem finiten Verbglied) und der Prädetermination (vor dem nicht-finiten Verbglied) miteinander verbindet, Zwischenstellung nennen. Unterscheide:

ZWISCHENSTELLUNG	NACHSTELLUNG
/*elle l'a déjà vu*/ 'sie hat ihn schon gesehen'	/*elle l'a reconnu sans hésitation*/ 'sie hat ihn ohne Zögern erkannt'

/elle n'est pas encore allée chez lui/	*/elle est restée à dessein chez elle/* 'sie
'sie ist noch nicht zu ihm gegangen'	ist absichtlich zu Hause geblieben'

In den Beispielen der linken Spalte stehen die Adverbien (*déjà* 'schon', *encore* 'noch') jeweils in der Zwischenstellung zwischen dem finiten und dem nicht-finiten Verbglied. Diese Adverbien geben hier keine neue («rhematische») Information. Sie sind daher relativ ausdrucksschwach. Dazu paßt, daß sie als Adverbial-Morpheme phonetisch einen relativ leichten Zeichenkörper haben. In den Beispielen der rechten Spalte hingegen ist die Zwischenstellung freigeblieben, und die Adverbien (*sans hésitation* 'ohne Zögern', *à dessein* 'absichtlich') stehen erst nach dem nicht-finiten Verbglied. Sie erhalten dadurch eine stärkere Ausdruckskraft, wie man sie gewöhnlich der neuen («rhematischen») Information reserviert. Dabei spielt auch eine Rolle, daß diese beiden Adverbien ihrer Form nach Adverbialien sind. Sie haben also phonetisch gesehen einen im Vergleich mit den Adverbial-Morphemen relativ schweren Zeichenkörper.

Anmerkung: Bei mehr als zweigliedrigen Verben (zum Beispiel *elle a été vue* 'sie ist gesehen worden') gilt als Zwischenstellung die Stellung nach dem finiten Verbglied (hier: *a*) und vor den beiden nicht-finiten Verbgliedern (hier: *été vue*).

Bei der Stellung des Adverbs zum zweigliedrigen und zum mehrgliedrigen Verb ist außerdem die semantische Subklasse der Adverbien (vgl. 7.3) zu beachten. Die folgenden Adverbien können, obwohl sie als Adverbial-Morpheme phonetisch einen relativ leichten Zeichenkörper haben, n i c h t die Zwischenstellung einnehmen. Es nehmen also immer die Nachstellung ein:

1   Sämtliche Positions-Adverbien (vgl. 7.3.2).

/je suis venu ici/   'ich bin hierhergekommen'
/tu es resté là/   'du bist dort geblieben'

Das Pro-Adverb *y* (vgl. 7.3.2.5) steht ebenfalls nicht in Zwischenstellung, sondern vor dem finiten Verbglied (*j'y ai été* 'ich bin dort gewesen').

2   Die Tempus-Adverbien der Perspektive (vgl. 7.3.3.1) und des Registers (7.3.3.2). Die Tempus-Adverbien des Reliefs hingegen, besonders solche, die den Hintergrund bezeichnen (vgl. 7.3.3.3), nehmen bisweilen die Zwischenstellung ein.

/vous m'avez appelé hier/   'ihr habt mich gestern (an-)gerufen'
/je vous ai écrit ce matin/   'ich habe euch heute morgen geschrieben'

Möglich ist aber zum Beispiel:

/vous devriez normalement savoir que ... / 'ihr solltet normalerweise wissen, daß ...'

3 Die Sequenz-Adverbien *avant* 'vorher' und *après* 'nachher', *(plus) tôt* 'früh(-er)' und *(plus) tard* 'spät(-er)' (vgl. 7.3.6):

/je me suis levé tôt (oder: de bonne heure) ce matin/ 'ich bin heute morgen früh aufgestanden'
/tu veux te coucher tard ce soir?/ 'willst du heute abend spät zu Bett gehen?'

Die beiden Beispiele lassen gleichzeitig erkennen, wie die Adverbien (hier: kurze Sequenz-Adverbien und längere Tempus-Adverbien) ihre relative Stellung zueinander regeln. Die Adverbien mit der gewichtigeren (weil «rhematischen») Bedeutung für das Informationsprofil des Textes und – im Strukturzusammenhang damit – die mit einem relativ schweren Zeichenkörper behafteten Adverbien stehen gewöhnlich an letzter Stelle des Textes.

Infinitive, die nicht Bestandteile eines mehrgliedrigen Verbs sind, sondern etwa von einer Verbal-Präposition (vgl. 8.3) abhängen, haben Adverbien gewöhnlich in postdeterminierender Stellung bei sich. Kurze Adverbial-Morpheme kommen auch in prädeterminierender Stellung vor:

/il faut posséder une encyclopédie pour pouvoir s'informer rapidement et exactement/ 'man muß ein Lexikon besitzen, um sich schnell und genau informieren zu können'
/beaucoup de gens aiment la lecture sans toujours distinguer (oder: sans distinguer toujours) les bons des mauvais livres/ 'viele Leute lieben das Lesen, ohne dabei allerdings immer die guten von den schlechten Büchern zu unterscheiden'

Auch hier gilt die allgemeine Regel, daß die Bedeutung des Adverbs, wenn es dem Verb nachgestellt ist, stärker hervorgehoben wird.

7.2.1.2 Prädeterminierende Adverb-Stellung

Außer in postdeterminierender Stellung kann ein Adverb auch in prädeterminierender Stellung zum Verb stehen. In prädeterminierender Stellung geht das Attribut seiner Basis vorauf. Die Determinationsanweisung, die mit dem Adverb gegeben wird, kann noch nicht sofort ausgeführt werden, da die Basis als das determinationsbedürftige Glied der Attribution noch nicht bekannt ist. Erst wenn mit dem Verb die Basis der Attribution genannt wird, kommt die Determination zustande. So ist also mit der prädeterminierenden Stellung ein gewisser Erwartungsstau verbunden, der zur Textgliederung ausgenutzt werden kann.

Prädeterminierende Stellung des Adverbs bedeutet vorzugsweise Spitzenstellung, das heißt, eine Stellung noch vor dem Subjekt, das selber gewöhnlich vor dem Verb steht. Auf diese Weise wird die Handlungsrolle des Subjekts nicht durch ein Adverb vom Verb, mit dem es durch Kongruenz verbunden ist, getrennt.

Für die Spitzenstellung eignen sich besonders die Assertions-Adverbien (vgl. 7.3.1), die Positions-Adverbien (vgl. 7.3.2), die Tempus-Adverbien (vgl. 7.3.3), die Frequenz-Adverbien (vgl. 7.3.5) und die Sequenz-Adverbien (vgl. 7.3.6), weniger die Indefinit-Adverbien (vgl. 7.3.4) und die Qualitäts-Adverbien (vgl. 7.3.7). Längere Adverbialien, die in sich selber Attributionen und Junktionen enthalten, findet man besonders oft in Spitzenstellung. Orthographisch werden solche Adverbialien manchmal durch ein Komma abgetrennt:

/ *de nos jours, les syndicats sont souvent très forts* /   'heutzutage sind die Gewerkschaften oft sehr stark'
/ *dans bien des pays industriels, les gouvernements ne peuvent soutenir aucune politique contre les syndicats* /   'in vielen Industrieländern können die Regierungen keinerlei Politik gegen die Gewerkschaften durchhalten'
/ *par contre, pour les constitutions, le pouvoir politique des syndicats n'existe pas* /   'für die Verfassungen hingegen gibt es die politische Macht der Gewerkschaften nicht'
/ *de ce fait, nous avons là aujourd'hui un gros problème pour les démocraties* [demɔkrasi] *modernes* /   'deshalb liegt darin heute ein großes Problem für die modernen Demokratien'

In den Adverbien der Spitzenstellung, zumal wenn es sich um längere Adverbialien handelt, findet man oft die örtlichen, zeitlichen oder sonstigen Rahmenbedingungen («Umstände») angegeben, in denen sich eine Handlung abspielt. Die Häufung von Adverbien in Spitzenstellung in einem Text trägt auf diese Weise zu einer besonderen Art von Reliefbildung bei, nämlich zu einem Rahmen-Inhalt-Schema.

In einigen Fällen bewirkt die Spitzenstellung des Adverbs eine Inversion von Subjekt und Verb. Eine solche Inversion ist aber nur in gepflegter Sprache üblich, insbesondere bei dem Adverb *peut-être*:

/ *peut-être les femmes ne veulent-elles pas à tout prix être égales* /   'vielleicht wollen die Frauen nicht um jeden Preis gleich sein'
/ *fréquemment éclateraient des scènes entre hommes et femmes* /   'häufig würden zwischen Männern und Frauen Szenen ausbrechen'

/*rarement ai-je lu une sottise pareille*/ 'selten habe ich eine solche Dummheit gelesen'

In weniger gepflegter Sprache, zumal in mündlicher Rede, vermeidet man die Inversion. Man schließt etwa an das Adverb in Spitzenstellung, das durch ein Präsentativ-Morphem hervorgehoben sein kann (vgl. 3.1.3), den weiteren Text mit der Konjunktion *que* 'daß' an (vgl. 8.4.11):

/*heureusement (que) la loi n'accorde plus de privilèges aux hommes*/ 'gut, daß das Gesetz den Männern keine Vorrechte mehr gewährt'
/*vivement que les garçons et les filles soient éduqués ensemble*/ 'es wird Zeit, daß Jungen und Mädchen zusammen erzogen werden'
/*il est rare que la coéducation pose des problèmes*/ 'die Koedukation wirft selten Probleme auf'
/*c'est sous peu que le problème de l'émancipation des femmes sera un problème historique*/ 'bald wird das Problem der Emanzipation der Frauen der Vergangenheit angehören'

Idiomatische Wendung:

/*toujours est-il que . . .*/ 'immerhin . . .'

Grundsätzlich können alle bedeutungsstarken Adverbien durch das Präsentativ-Morphem *c'est . . . que* in Spitzenstellung gebracht und damit zugleich hervorgehoben werden (vgl. 3.1.3):

/*c'est par là qu'il faut passer*/ ' d a müssen Sie her(-gehen)!'
/*c'est tout de suite* [tutsɥit] *qu'on vous attend*/ 'man erwartet Sie s o f o r t '
/*c'est sur-le-champ qu'il faut prendre cette décision*/ ' a u f d e r S t e l l e muß diese Entscheidung getroffen werden'

Als Variante der prädeterminierenden Stellung findet man bisweilen auch eine Stellung des Adverbs zwischen dem Subjekt und dem Verb («englische» Adverb-Stellung). Diese wird jedoch insgesamt nur selten, vorwiegend in gepflegter Rede und unter verschiedenen einschränkenden Bedingungen, gewählt. Es darf sich insbesondere nicht um Adverbien mit einem phonetisch zu schweren Zeichenkörper handeln. Besonders eignen sich für diese Stellung die Assertions-Adverbien (vgl. 7.3.1) und unter den Sequenz-Adverbien (vgl. 7.3.6) solche, die eine Abfolge im Text in einer besonderen Weise qualitativ markieren (logische Folge, Gegensatz . . .). Orthographisch werden Adverbien in dieser Stellung meistens durch Kommasetzung als «Einschübe» deklariert:

/le bonheur aujourd'hui est une activité originale/   'das Glück ist heute eine ursprüngliche Tätigkeit' (Camus)
/activité, d'ailleurs, ne veut pas dire activisme/   'Tätigkeit bedeutet übrigens nicht Aktivismus'
/le malheur, par contre, naît bien souvent d'un activisme aveugle/   'das Unglück hingegen entsteht recht oft aus einem blinden Aktivismus'
/le bon Dieu, ici et ailleurs, habite dans les détails/   'der liebe Gott – hier und woanders – wohnt im Detail'

Diese Adverb-Stellung hat gleichzeitig die Wirkung, das Subjekt durch seine Trennung vom Verb als «Thema» zu kennzeichnen. Das nachfolgende Verb wird dadurch als neuhinzukommende Information («Rhema») charakterisiert.

7.2.2   Stellung des Adverbs zum Adjektiv/Adverb

Adverbiale Attributionen müssen eine nicht-nominale Basis haben. In den meisten Fällen ist die Basis verbal (vgl. 7.2.1). Aber die Basis kann auch aus einem Adjektiv oder Adverb bestehen, die ihrerseits wieder Attribute anderer Attributionen sind. Zu den Adjektiven rechnen wir hier auch die Verbal-Adjektive (vgl. 6.2.4), die sich unter dem Gesichtspunkt der Stellung wie Adjektive verhalten. Partizipien hingegen verhalten sich unter Stellungsgesichtspunkten meistens wie Verben, zumal die Neutral-Partizipien (vgl. 6.7).

Für adverbiale Attributionen mit einem Adjektiv oder einem Adverb als Basis gilt die allgemeine Regel, daß determinierende Adverbial-Morpheme und Adverbial-Lexeme in prädeterminierender Stellung, Adverbialien hingegen in postdeterminierender Stellung stehen. Es folgen zunächst Beispiele mit einer adjektivischen Basis (ein Adverb determiniert ein Adjektiv):

/un très bon livre/   'ein sehr gutes Buch'
/un livre assez agréable/   'ein recht angenehmes Buch'
/un livre joliment spirituel/   'ein ganz schön geistreiches Buch'
/il est pourtant sérieux par endroits/   'es ist jedoch stellenweise ernst'

Im ersten Beispiel ist das Adjektiv, das die Basis der adverbialen Attribution bildet *(bon)*, selber vorangestellt, in den beiden darauf folgenden Beispielen *(agréable, spirituel)* ist es nachgestellt. Das ändert nichts an den Stellungsbedingungen für das Adverb *(très* im ersten Beispiel, *assez* und *joliment* in den folgenden Beispielen). Wohl macht es jedoch einen Unterschied aus, wenn das determinierende Adverb ein Adverbiale ist, wie im letzten Beispiel *(par endroits)*. Da wird dann das Adverbiale in der Regel nachgestellt.

Die nächsten Beispiele haben eine adverbiale Basis (ein Adverb determiniert ein Adverb):

/ *elle écrit fort bien* /   'sie schreibt sehr (äußerst) gut'
/ *elle écrit admirablement bien* /   'sie schreibt bewundernswert gut'
/ *elle écrit bien pour son âge* /   'sie schreibt gut für ihr Alter'

Es gilt hier die gleiche Stellungsregel wie für eine adverbiale Attribution mit adjektivischer Basis. Ein Adverbial-Morphem *(fort)* und ein Adverbial-Lexem *(admirablement)* werden der adverbialen Basis vorangestellt, ein Adverbiale *(pour son âge)* wird ihr nachgestellt.

Die adverbiale Determination kann Rückwirkungen auf die Stellung eines Adjektivs im Verhältnis zu seinem Nomen haben (vgl. 6.1). Wenn nämlich ein Adjektiv als Attribut in prädeterminierender Stellung zu einem Nomen steht, so erhält es dadurch, daß es selber adverbial determiniert wird, zusätzliches Gewicht und genauere Bedeutung. Es kann dann in dieser prädeterminierenden Stellung nur bleiben, wenn Adjektiv und Adverb zusammen trotzdem noch sehr kurz und wenig ausdrucksstark sind, andernfalls rücken beide in die postdeterminierende Stellung zum Nomen. Unterscheide:

KURZES ADVERB UND KURZES ADJEKTIV	LANGES ADVERB UND KURZES ADJEKTIV
PRÄDETERMINATION DES ADJEKTIVS	POSTDETERMINATION DES ADJEKTIVS
/ *un très beau film* / 'ein sehr schöner Film'	/ *un film extrêmement beau* / 'ein äußerst schöner Film'

Im Beispiel der linken Spalte ist der Ausdruck *très beau* trotz des Adverbs *très* immer noch kurz genug, um das Nomen *film* prädeterminieren zu können. Im Beispiel der rechten Spalte ist der Ausdruck *extrêmement beau* trotz der Kürze des Adjektivs zu lang und in seiner Bedeutung zu stark für die prädeterminierende Stellung.

7.2.3 Adverbien im Text

In einem Text mischen sich die verschiedenen Arten Adverbien, und sie nehmen in bezug auf ihre Determinationsbasen unterschiedliche Stellungen ein. Wir wollen diese Bedingungen zusammenfassend an einem Textabschnitt erläutern, der dem Roman *La Peste* von Albert Camus entstammt. Die 24 Adverbien dieses Textabschnitts sind numeriert. Einige dieser Adverbien sind bei ihren Nummern durch ein hinzugefügtes * als Grenzfälle charakterisiert. Die Adverbien werden im Anschluß an den Text im einzelnen kommentiert.

Sans doute (1), rien n'est plus (*2) naturel, aujourd'hui (3), que de voir des gens travailler du matin au soir (4) et choisir ensuite (5) de perdre aux cartes (*6), au café (*7), et en bavardages (*8) le temps qui leur reste pour vivre. Mais il est des villes et des pays où les gens ont, de temps en temps (9), le soupçon d'autre chose. En général (10), cela ne change pas leur vie. Seulement (11), il y a eu le soupçon et c'est toujours (12) cela de gagné. Oran, au contraire (13), est apparemment (14) une ville sans soupçons, c'est-à-dire une ville tout à fait (15) moderne. Il n'est pas nécessaire, en conséquence (16), de préciser la façon dont on s'aime chez nous (*17). Les hommes et les femmes, ou bien se dévorent rapidement (18) dans ce qu'on appelle l'acte d'amour, ou bien s'engagent dans une longue habitude à deux. Entre ces extrêmes (*19), il n'y a pas souvent (20) de milieu. Cela non plus n'est pas original. À Oran (*21) comme ailleurs (22), faute de temps et de réflexion (*23), on est bien (24) obligé de s'aimer sans le savoir.*

Grammatischer Kommentar:
(1) *sans doute* 'zweifellos': Spitzenstellung eines Adverbiale mit Assertions-Bedeutung (vgl. 7.3.1). Die Adverbien dieser Subklasse sind oft in Spitzenstellung zu finden.

---

* Zweifellos ist heutzutage nichts natürlicher, als zu sehen, wie Leute von morgens bis abends arbeiten und sich dann entschließen, die Zeit, die ihnen zu leben bleibt, beim Kartenspiel, im Wirtshaus oder beim Schwatz zu vertreiben. Aber es gibt Städte und Länder, wo die Leute von Zeit zu Zeit eine Ahnung von etwas anderem haben. Das ändert ihr Leben im allgemeinen nicht. Immerhin ist da dann die Ahnung gewesen, und das ist schon einiges wert. Oran hingegen ist anscheinend eine Stadt ohne Ahnungen, das heißt, eine ganz und gar moderne Stadt. Es ist folglich nicht nötig, genauer zu beschreiben, wie man es hierzulande mit der Liebe hält. Die Männer und die Frauen verschlingen sich entweder rasch in dem sogenannten Liebesakt, oder sie lassen sich auf eine lange Gewohnheit zu zweit ein. Zwischen diesen Extremen gibt es nicht oft einen Mittelweg. Auch das ist nicht originell. Mangels Zeit und Nachdenklichkeit muß man sich in Oran, wie auch andernorts, wohl oder übel lieben, ohne es zu wissen. (Albert Camus: *Théâtre, Récits, Nouvelles*, Bibliothèque de la Pléiade, Paris 1962, S. 1220.)

(*2) *plus* 'mehr, (natürlich)-er': In der französischen Sprache werden Adjektive durch adverbiale Determinanten «gesteigert» (vgl. 7.3.4.2.1). Man kann deshalb in der Grammatik ein eigenes Kapitel über die «Steigerung des Adjektivs» einsparen. Stattdessen behandeln wir die Form *plus* als Adverb, und zwar in der semantischen Subklasse der Intensitäts-Adverbien. Die Komparativ-Stufe der Intensitäts-Adverbien (vgl. 7.4.3.2.1) bedient sich besonders gerne des Adverbial-Morphems *plus,* das seiner adjektivischen Basis, wie es den allgemeinen Stellungsregeln für das Adverb entspricht, voraufgeht. In diesem Text bildet *plus* jedoch zusammen mit dem nachfolgenden *que* einen zweiteiligen Komparativ-Junktor *plus ... que* 'mehr, (natürlich)-er ... als'. Nur der erste Bestandteil dieses Junktors ist als Adverb analysierbar und wird deshalb hier als Grenzfall charakterisiert.

(3) *aujourd'hui* 'heute': Dieses vielgebrauchte Adverb ist trotz seiner Länge ein Adverbial-Morphem, als solches erkennbar an seiner Stellung in dem kleinen Paradigma *hier – aujourd'hui – demain* 'gestern – heute – morgen'. Semantisch gesehen, handelt es sich um ein Tempus-Adverb (vgl. 7.3.3). Es steht postdeterminierend zu dem zweiteiligen Verb *est naturel.*

(4) *du matin au soir* 'von morgens bis abends': Dieses Adverbiale hat phonetisch einen ziemlich schweren Zeichenkörper. Es steht in postdeterminierender Stellung zu seinem Verb *travailler.* Unter semantischen Gesichtspunkten liegt ein Tempus-Adverb vor (vgl. 7.3.3).

(5) *ensuite* 'dann': Dieses Adverb gehört zur Subklasse der Sequenz-Adverbien (vgl. 7.3.6), es kennzeichnet die Handlung seiner verbalen Basis *choisir* als eine Folgehandlung. Da die verbale Basis von einem Infinitiv gebildet wird und das Adverb als Adverbial-Morphem phonetisch einen relativ leichten Zeichenkörper hat, kann der Autor grundsätzlich zwischen einer postdeterminierenden und einer prädeterminierenden Stellung wählen. Er hat hier die postdeterminierende Stellung gewählt, die eine Häufung von Adverbien vor dem Verb verhindert.

(*6) *aux cartes* 'beim Kartenspiel': Man kann viele gute Gründe anführen, warum man den Ausdruck *perdre aux cartes* als eine Junktion analysieren sollte, mit dem Verb *perdre* als Basis, der Präposition *à* als Junktor und dem Nomen *les cartes* als Adjunkt (vgl. 8.3.3.1). Dann muß aber das Verb *perdre* als Verb mit S-Valenz (vgl. 3.4.1) gebraucht werden. Hier ist es jedoch als Verb mit S-O-Valenz gebraucht: *perdre aux cartes le temps.* Daher ist der Ausdruck *aux cartes* seinem Verb gegenüber ziemlich selbständig. Vom Kontext her ist also, auch wegen der späteren Ausdrücke (*19) und (*21) die Analyse als Adverb angemessen, und zwar als Positions-Adverb (vgl. 7.3.2). Das Kartenspiel ist ein Kommunikationsgeschehen, das als solches eine Analyse der Bedeutung als Positions-Bedeutung zuläßt, zumal im Kontext der folgenden Adverbien. Wenn der Ausdruck als Adverb analysiert wird, handelt es sich formal um ein Adverbiale, das in postdeterminierender Stellung zu seiner Attributions-Basis steht.

(*7) *au café* 'im Wirtshaus': Die Überlegungen unter (*6) gelten sinngemäß auch für dieses Adverbiale. Hier fällt die Anerkennung als Positions-Adverb (vgl. 7.3.2) vielleicht sogar noch leichter, da uns die Grammatik-Tradition daran gewöhnt hat, Position als eine räumliche Kategorie zu verstehen. Position ist aber im Grunde eine kommunikative Kategorie, die nur im abgeleiteten Sinn räumlich zu nennen ist.

(*8) *en bavardages* 'beim Schwatz': Es gelten auch hier die Überlegungen unter (*6) und (*7). Wenn dieser Ausdruck als Adverb analysiert wird, dann muß er als Positions-Adverb gelten (vgl. 7.3.2), und zwar im kommunikativen Sinn dieser Kategorie. Formal handelt es sich dann ebenfalls um ein Adverbiale. Es steht, wie die ganze Reihe, in postdeterminierender Stellung zu dem Infinitiv *perdre*.

(9) *de temps en temps* 'von Zeit zu Zeit': Ein Adverbiale mit temporaler Bedeutung (vgl. 7.3.3). Es steht in postdeterminierender Stellung zu seinem Verb *ont* und trennt dieses von seinem Objekt *le soupçon d'autre chose*. Dieses Objekt hat phonetisch einen ziemlich schweren Zeichenkörper, so daß es dem Adverb, obwohl dieses phonetisch auch einen ziemlich schweren Zeichenkörper hat, den Vortritt läßt. So fällt der größere Nachdruck auf das Objekt, das in dem vorliegenden Textausschnitt eine wichtige («rhematische») Neuinformation bringt. Immerhin hat der Autor bei dem Adverbiale *de temps en temps* das Gefühl eines Einschubs. Er trennt es daher durch Kommasetzung ab.

(10) *en général* 'im allgemeinen': Formal ein Adverbiale, semantisch ein Assertions-Adverb (vgl. 7.3.1). Es schränkt die Negation des nachfolgenden Verbs, zu dem es in prädeterminierender Stellung steht, so ein, daß der Hörer eine Teilaufhebung der Negation erwarten kann, wie sie dann sogleich durch ein weiteres Adverb positiv angekündigt wird.

(11) *seulement* 'nur, immerhin': Mit diesem Adverb wird nach der eingeschränkten Negation des Adverbs (10) eine Teil-Affirmation angekündigt. Es handelt sich um ein Assertions-Adverb (vgl. 7.3.1). Wir dürfen das Adverb *seulement* also nicht als Adverbial-Lexem auffassen und zu dem Adjektiv *seul* 'allein' stellen. Das Adjektiv *seul* hat kein Adverb auf -*ment* neben sich (vgl. *elle vit seule* 'sie lebt allein'). Trotz des formalen Anklangs an das Adjektiv *seul* ist das Adverb *seulement* folglich kein lexematisches Frequenz-Adverb (vgl. 7.3.5), sondern ein morphematisches Assertions-Adverb. Als solches steht es, wie für diese Subklasse charakteristisch ist, in Spitzenstellung. Es steigert die Erwartung auf die wichtige Einschränkung der voraufgehenden Negation, wie sie in dem semantisch zentralen Nomen *le soupçon* 'die Ahnung' enthalten ist.

(12) *toujours* 'immer, immer noch, immerhin': Dieses Adverbial-Morphem ist seiner Bedeutung nach meistens ein Tempus-Adverb (vgl. 7.3.3). In diesem Text aber dient es mit einer abgeschwächten Bedeutung als Assertions-Morphem (vgl. 7.3.1), das die Affirmation, die ja nur als Einschränkung einer Negation eingeführt worden ist, zum Unverbindlichen hin abgeschwächt, wie es auch der lexika-

lischen Bedeutung des Nomens *le soupçon* entspricht. Das Adverb *toujours* steht hier in semantisch schwacher Zwischenstellung zwischen dem fokusbildenden Prädikations-Verb *c'est* und dem (vagen) Prädikat *cela (de gagné)*.

(13) *au contraire* 'hingegen': Der Form nach handelt es sich um ein Adverbiale. Es hat im Text eine ähnliche Funktion wie der Junktor *mais* 'aber' (vgl. Zeile 4 des Camus-Textes). Semantisch gesehen gehört dieses Adverb zur Subklasse der Sequenz-Adverbien (vgl. 7.3.6); es signalisiert einen Knick in der Abfolge der Handlungen. Sein Gebrauch setzt einen voraufgehenden Kontext voraus, in dem von einer anderen Art Stadt die Rede ist. Solche Adverbien findet man oft in der «englischen» Variante der prädeterminierenden Stellung, also zwischen Subjekt und Verb. Das Adverb ist durch einen Komma-Rahmen als «Einschub» gekennzeichnet.

(14) *apparemment* 'anscheinend': Formal ein Adverbial-Lexem, abgeleitet von dem Adjektiv *apparent*. Wir rechnen es zur Subklasse der Assertions-Adverbien (vgl. 7.3.1). In der postdeterminierenden Zwischenstellung zwischen dem Prädikations-Verb *est* und dem Prädikats-Nomen *une ville* schränkt es die Feststellung, die in der Prädikation ausgedrückt ist, erheblich ein.

(15) *tout à fait* 'ganz (und gar)': Ein drei-elementiges Adverbial-Morphem, das als Attributions-Basis ein Adjektiv *(moderne)* hat, zu dem es in prädeterminierender Stellung steht. Seiner Bedeutung nach ist es ein Indefinit-Adverb, und zwar ein Kode-Adverb (vgl. 7.3.4.3). Es besagt, daß das Adjektiv *moderne* in seiner vollen Kode-Bedeutung («im wahrsten Sinne des Wortes») genommen werden soll.

(16) *en conséquence* 'folglich': Semantisch gesehen, handelt es sich bei diesem Adverbiale (wie es formal zu kennzeichnen ist) um ein Sequenz-Adverb (vgl. 7.3.6), das einen bestimmten («logischen») Zusammenhang in der Abfolge der Handlungen signalisiert. Es steht in postdeterminierender Stellung zu einem zweigliedrigen Verb, nämlich der Prädikation *est nécessaire*.

(*17) *chez nous* 'hierzulande': Dieser Ausdruck ist ein Grenzfall. Man kann ihn als Junktor-Adjunkt-Gefüge einer Präpositional-Junktion (vgl. 8.3.1.4.1), oder als Positions-Adverb (vgl. 7.3.2) analysieren. Sofern er als Adverb analysiert werden soll, liegt formal ein Adverbiale vor, das mittels einer Präposition ein Pronomen in ein Adverb transferiert. Semantisch handelt es sich dann um ein Positions-Adverb (vgl. 7.3.2), dessen kommunikativer Grund hier gut erkennbar ist. Das Adverbiale *chez nous* steht in postdeterminierender Stellung zu seiner verbalen Basis *on s'aime*.

(18) *rapidement* 'rasch': Dieses Adverbial-Lexem ist von dem Adjektiv *rapide* abgeleitet und gehört seiner Bedeutung nach zu den Qualitäts-Adverbien (vgl. 7.3.7). Es steht postdeterminierend zu seiner verbalen Basis *se dévorent*.

(*19) *entre ces extrêmes* 'zwischen diesen Extremen': Wieder ein Grenzfall, bei dem die Entscheidung offen ist, ob man den Ausdruck als Junktor-Adjunkt-

Gefüge in einer Präpositional-Junktion mit verbaler Basis (vgl. 8.3) oder adverbial, also als Attribut in einer Attribution mit verbaler Basis auffassen soll. Beide Analysen lassen sich gleich gut rechtfertigen. Wenn der Analyse als Adverb der Vorzug gegeben werden soll, handelt es sich formal um ein Adverbiale, semantisch um ein Positions-Adverb (vgl. 7.3.2). Dieses Adverbiale steht in Spitzenstellung. Dadurch entsteht eine kleine Spannung bei der Entzifferung des Textes, die sich erst bei dem Wort *milieu* löst.

(20) *souvent* 'oft': Ein Adverbial-Morphem, das semantisch zur Subklasse der Frequenz-Adverbien (vgl. 7.3.5) gehört und seine verbale Basis auf Wiederholbarkeit hin determiniert. Es steht in postdeterminierender Stellung zu seinem Verb. Die Negation geht ihm im Text vorauf.

(*21) *à Oran* 'in Oran': Der Ausdruck ist in diesem Text besonders deutlich als Grenzfall erkennbar. Wiederum spricht grundsätzlich nichts gegen eine Analyse als Präpositional-Junktion mit der Präposition *à* als Junktor, dem Nomen *Oran* als Adjunkt und dem Verb *on est obligé* als verbaler Junktions-Basis (vgl. 8.3.3.1). Andererseits sprechen gleich gute Gründe für eine Analyse als Adverbiale mit Positions-Bedeutung (vgl. 7.3.2). Da wir uns nicht entschlossen haben, diese Alternative grundsätzlich durch eine willkürliche Entscheidung aufzuheben, haben wir jetzt die Möglichkeit, i n   d i e s e m   T e x t der Analyse als Adverbiale entschieden den Vorzug zu geben, und zwar wegen der Funktionsgemeinschaft mit dem folgenden Adverb (22). Die Funktionsgemeinschaft ist gleichzeitig eine Stellungsgemeinschaft in der Spitzenstellung.

(22) *ailleurs* 'andernorts, anderswo': Kein Zweifel hier, daß dies ein Adverb ist, und zwar formal ein Adverbial-Morphem, semantisch ein Positions-Adverb (vgl. 7.3.2). Es hat, ebenso wie das parallel verwendete Adverbiale *à Oran*, die Spitzenstellung inne und bestätigt für das folgende Verb den thematischen Rahmen. Um so mehr Aufmerksamkeit fällt auf das nachfolgende Verb *s'aimer*.

(*23) *faute de temps et de réflexion* 'mangels Zeit und Nachdenklichkeit': Nach den zwei Adverbien in Spitzenstellung kommt immer noch nicht das Verb, sondern es kommt erst noch ein weiteres Adverb, das aber wiederum einen Grenzfall darstellt, weil es auch im Rahmen einer Präpositional-Junktion analysiert werden könnte. Als Adverb analysiert, ist es formal ein Adverbiale, semantisch ein Sequenz-Adverb mit kausaler Bedeutung (vgl. 7.3.6.2). Es steht dann ebenfalls in Spitzenstellung, dort jedoch an zweiter Stelle, und trägt dazu bei, die Determinationsspannung vor dem Verb *s'aimer* weiter zu erhöhen.

(24) *bien* 'wohl (oder übel)': Hier gibt es keinen Zweifel in der Analyse. Diese Form ist zweifellos ein Adverb, und zwar seiner Semantik nach ein Assertions-Adverb (vgl. 7.3.1). Es schwächt die Affirmation des Verbs *on est obligé* zu einer gewissen Unverbindlichkeit ab. Wir wollen dieses Adverb also nicht als Qualitäts-Adverb (vgl. 7.3.7) mit der Bedeutung 'gut' ansehen und es folglich auch nicht zu dem Adjektiv *bon* stellen. Als Qualitäts-Adverb wäre es Adverbial-

Lexem; als Assertions-Adverb ist es Adverbial-Morphem. Es steht in Zwischenstellung zwischen dem finiten Verbteil *est* und dem nicht-finiten Verbteil *obligé*. Diese Stellung ist morphematischen oder morphematisierbaren Adverbien vorbehalten (vgl. 7.2.1.1).

7.3 Semantische Subklassen des Adverbs

Die Klasse der Adverbien läßt sich nach semantischen Gesichtspunkten in Subklassen unterteilen. In sämtlichen Subklassen findet man alle drei Formtypen des Adverbs wieder, also Adverbial-Morpheme, Adverbial-Lexeme und Adverbialien. Es sind die folgenden Subklassen:

- Assertions-Adverbien (7.3.1)
- Positions-Adverbien (7.3.2)
- Tempus-Adverbien (7.3.3)
- Indefinit-Adverbien (7.3.4)
- Frequenz-Adverbien (7.3.5)
- Sequenz-Adverbien (7.3.6)
- Qualitäts-Adverbien (7.3.7)

7.3.1 Assertions-Adverbien

Wir werden sehen, daß die Assertions-Morpheme ein strenges Zweier-Paradigma bilden mit binärer Opposition der Merkmale ⟨ZUSPRUCH⟩ und ⟨EINSPRUCH⟩, im Verbalbereich realisiert durch die freien Morpheme *oui* vs. *non* oder durch die gebundenen Morpheme Null vs. *ne … pas* (vgl. 9.2). Dieses Paradigma ist auch die Bedeutungsgrundlage für die Adverb-Klasse der Assertions-Adverbien. Das strenge Paradigma der Assertions-Morpheme kann im Text durch die Assertions-Adverbien aufgelockert und verfeinert werden, insbesondere als Antwort auf eine Assertions-Frage (als *est-ce que*-Frage oder Inversions-Frage – vgl. 9.3.1). Einige der Assertions-Adverbien sind Adverbial-Morpheme (vgl. 7.1), insbesondere die folgenden:

peut-être	'vielleicht'	*à peu près*	'ungefähr'
à peine	'kaum'	*surtout*	'besonders'
presque	'beinahe, fast'	*du moins*	'wenigstens'
(…)			

Der Klasse der Assertions-Adverbien können aber auch einige Adverbial-Lexeme mit dem Suffix *-ment* (vgl. 7.1) zugeordnet werden:

sûrement   'sicher(-lich), bestimmt'
assurément   'gewiß, (ganz) bestimmt'
nécessairement   'notwendigerweise'
forcément   'selbstredend, notwendigerweise'
évidemment   'selbstverständlich, natürlich'
naturellement   'natürlich, von Natur aus'
visiblement   '(offen-)sichtlich'
apparemment   'anscheinend'
vraisemblablement   'anscheinend'
probablement   'wahrscheinlich'
certainement   'gewiß'
vraiment   'tatsächlich'
exactement   'genau'
parfaitement   'vollkommen, genau'
notamment   'insbesondere'
(...)

Schließlich kann auch eine große Zahl von Adverbialien (vgl. 7.1) dieser Klasse zugeordnet werden:

bien entendu   'selbstverständlich, natürlich'
avec évidence   'mit Evidenz'
sans faute   'unweigerlich'
en toute bonne foi   'in aller Aufrichtigkeit'
à tort ou à raison   'zu Recht oder zu Unrecht'
à cent pour cent   'hundertprozentig'
contre toute attente   'wider Erwarten'
(...)

Unterscheide:

SCHWACHE AFFIRMATION	STARKE AFFIRMATION
sans doute 'vermutlich'	*sans aucun doute* 'zweifellos'

Umgangssprachlich wird diese Unterscheidung jedoch nicht immer beachtet.
   Die Adverbien dieser Klasse stehen nicht selten in Spitzenstellung vor dem Subjekt. Sie haben dann textgliedernde Funktion:

/ *visiblement vous étiez ému après l'accident* /   'Sie waren nach dem Unfall sichtlich bewegt'
/ *bien entendu, l'accident m'a choqué, presque bouleversé* /   'natürlich, der Unfall
hat mich schockiert, fast außer Fassung gebracht'

Wenn das Adverb *à peine* 'kaum' in Spitzenstellung steht, bewirkt es eine Inversion des morphematischen Subjekts. Mit anschließendem *que* wird es zur Konjunktion der Begrenzung (vgl. 8.4.5):

/ *à peine l'ai-je vu que je me suis retourné* /   'kaum habe ich ihn gesehen, da habe
ich mich (auch schon) umgedreht'

7.3.2 Positions-Adverbien

Unter Position wollen wir das kommunikative Umfeld der Gesprächsrollen im
Sprachspiel verstehen. Es gibt drei Gesprächsrollen: Sender, Empfänger und
Referent (vgl. 3.3). So gibt es auch drei Positionen: die Sender-Position, die
Empfänger-Position und die Referenten-Position. Alle drei haben sie das semantische Merkmal ⟨POSITION⟩ gemeinsam. Als kommunikative Kategorien haben
die drei Positionen grundsätzlich zugleich eine räumliche und eine zeitliche Komponente. Die räumliche Komponente bezieht sich primär nicht auf den dreidimensionalen Raum der Physik, sondern auf den Kommunikationsraum, das
heißt, auf die Konfiguration der Gesprächsrollen im Sprachspiel, wie sie sich aus
den leiblichen Bedingungen des Miteinanderredens ergibt. Ebenso bezeichnet
die zeitliche Komponente primär nicht die gleichmäßig ablaufende Zeit der
Uhren, sondern die Kommunikationszeit, die das Miteinanderreden phasenhaft
gliedert. Die räumliche Komponente ist jedoch bei den Adverbien der Position
die mächtigere, zumal wenn sie durch einen räumlichen Kontext verstärkt wird.
   Nach der Position fragt man mit dem Frage-Morphem *où?* 'wo?, wohin?', das
durch Präpositionen nuanciert werden kann (*d'où?* 'woher?', *par où?* 'wo entlang?' ...). Die Frage kann jedoch auch durch Lexeme präzisiert werden (*à quel
étage?* 'auf welcher Etage?'). Dadurch kann bis zu einem gewissen Grad auch
gesteuert werden, welche Art Positions-Adverb die passende Antwort darstellt:

/ *où es tu? ÷ ici* /   'wo bist du? ÷ hier'
/ *dans quelle pièce? ÷ dans le couloir* /   'in welchem Zimmer? ÷ im Flur'

Bei den morphematischen Positions-Adverbien kommen die Grundpositionen des Kommunikationsraumes besonders deutlich zur Geltung. Wir besprechen sie daher vorrangig.

- Das Positions-Adverb *là* verweist auf das Umfeld des Sprachspiels schlechthin (7.3.2.1).
- Das Positions-Adverb *là-bas* verweist auf das Umfeld des Sprachspiels unter Ausschluß der Sender-Position (7.3.2.2).
- Das Positions-Adverb *ici* verweist auf das Umfeld des Sprachspiels unter ausdrücklichem Einschluß der Sender-Position (7.3.2.3).
- Verschiedene Adverbial-Lexeme und Adverbialien der Position sowie einige von ihnen abgeleitete freie Präpositionen füllen das Umfeld des Sprachspiels in unterschiedlicher Weise und interpretieren es häufig räumlich im Sinne des dreidimensionalen Raumes (7.3.2.4).
- Das Morphem *y* kann im Text die meisten Positions-Adverbien als Pro-Adverb vertreten (7.3.2.5).

7.3.2.1 Das Positions-Adverb *là*

Das Positions-Adverb *là* 'da(-hin), dort(-hin)' bezeichnet das Umfeld des Sprachspiels schlechthin. Die Opposition der drei Positionen des Senders, des Empfängers und des Referenten ist in ihm neutralisiert. Die Bedeutung dieses Adverbs kann daher mit dem semantischen Merkmal ⟨POSITION⟩ erschöpfend beschrieben werden. Es bleibt dann dem Kontext überlassen, ob die mit *là* bezeichnete Position näher aufgeklärt wird oder nicht. Für den Gebrauch dieses Adverbs macht es weiterhin keinen Unterschied, ob die Position als Zustand ('da, dort') oder als Richtung ('dahin, dorthin') verstanden werden soll; die Abkunft muß jedoch eigens gekennzeichnet werden: *de là* 'von da, von dort'.

/ tu es là? ÷ oui, je suis là, tout le monde est là / 'bist du da? ÷ ja, ich bin da, alle sind da'
/ je propose d'aller de Paris à Versailles et de là à Chartres / 'ich schlage vor, von Paris nach Versailles zu fahren und von dort nach Chartres'
/ c'est là qu'on trouve le plus bel épanouissement de l'art gothique en France / 'dort findet man die schönste Entfaltung der gotischen Kunst in Frankreich'

Da das Umfeld des Sprachspiels nicht einfach mit dem dreidimensionalen Raum gleichgesetzt werden kann, sondern aus den Positionen der drei Gesprächsrollen im Sprachspiel gebildet wird, hat es auch eine zeitliche Komponente, denn die miteinander sprechenden Personen verbringen Zeit miteinander. Aus diesem

Grund kann auch das Positions-Adverb *là* eine Position in der Zeit oder in einem mündlichen oder schriftlichen, in der Zeit verlaufenden Text bezeichnen:

/*si vous prenez vos congés en juin, vous aurez là pour votre voyage la meilleure période de l'année*/ 'wenn Sie Ihren Urlaub im Juni nehmen, haben Sie da für Ihre Reise die beste Zeit des Jahres'
/*qu'est-ce que vous me racontez là?*/ 'was erzählen Sie mir da?'

Idiomatische Ausdrücke:

d'ici là '(von jetzt an) bis dann'
je m'en tiens là 'ich belasse es dabei'
restons-en là 'lassen wir es dabei (bewendet sein)!'

Das Positions-Morphem *là* ist besonders häufig in Verbindungen wie *être là* 'da sein', *rester là* 'da bleiben', *avoir là* 'da haben', *laisser là* 'da lassen'. Es kann mit einigen Präpositionen kombiniert werden, und zwar sowohl als erstes wie als zweites Element:

PRÄPOSITION + *là*	*là* + PRÄPOSITION
jusque-là 'bis da (dann)'	*là-dessus* 'darüber (hin)'
par là 'da (entlang)'	*là-dessous* 'darunter (hin)'

Das Verb *passer* 'vorbeigehen' verbindet sich besonders gern mit *par là:*

/*je ne connais pas la cathédrale de Rouen, je ne suis jamais passé par là*/ 'ich kenne die Kathedrale von Rouen nicht, ich bin da nie vorbeigekommen'

Idiomatischer Ausdruck:

tout est là! 'das ist es ja (oder: daran liegt es eben)!'

7.3.2.2 Das Positions-Adverb *là-bas*

Das Positions-Adverb *là-bas* 'dort(-hin), dahinten(-hin)' unterscheidet sich von dem Positions-Adverb *là* dadurch, daß es das Umfeld des Sprachspiels nur insofern bezeichnet, als die Position des Senders und das entsprechende Merkmal ausdrücklich ausgeschlossen ist. Die Bedeutung dieses Morphems umfaßt also nur die Positionen des Empfängers und des Referenten. Die Empfänger-Position wird sogar durch dieses Morphem nur dann bezeichnet, wenn die Positionen des Senders und des Empfängers kommunikativ oder räumlich weiter voneinander entfernt sind, als das normalerweise bei einem Sprachspiel der Fall ist. Man verwendet also mit Bezug auf die Position des Empfängers das Morphem *là-bas* beispielsweise dann, wenn durch einen Anruf die Voraussetzung für ein Sprachspiel überhaupt erst hergestellt werden soll. Dieser Sprachgebrauch nimmt leicht eine Nuance der Unhöflichkeit an:

/*hé, vous là-bas, qu'est-ce que vous faites dans mon jardin?*/ 'he, Sie da, was machen Sie in meinem Garten?'
/*pourquoi ne me répondez-vous pas, vous là-bas?*/ 'warum antworten Sie mir nicht, (Sie) dahinten?'

Da die Position des Senders gar nicht und die des anwesenden Empfängers nur selten durch das Positions-Morphem *là-bas* bezeichnet wird, fällt in der Bedeutung dieses Morphems die zeitliche Komponente aus. Es ist gewöhnlich eine räumliche Position gemeint, oft in beträchtlicher Ferne. Dies kann, ebenso wie bei dem Morphem *là*, eine Position als Zustand ('dort') oder auch als Richtung ('dorthin') sein. Eine Position, von der man sich entfernt, wird durch *de là-bas* 'von dort' ausgedrückt:

/*si vous avez passé une année à New York, vous devez avoir pas mal d'amis là-bas*/ 'wenn Sie ein Jahr in New York verbracht haben, dürften Sie eine ganze Menge Freunde dort haben'
/*avec les gens de là-bas les amitiés se nouent assez facilement*/ 'mit den Leuten von dort(-drüben) schließt man ziemlich leicht Freundschaften'
/*je suis sûr qu'un jour vous retournerez là-bas*/ 'ich bin sicher, daß Sie eines Tages nach dorthin (nach drüben) zurückkehren werden'

7.3.2.3   Das Positions-Adverb *ici*

Das Positions-Adverb *ici* kennzeichnet den Kommunikationsraum ausdrücklich als Umfeld der Sender-Position. In seiner Bedeutung wird folglich das semantische Merkmal ⟨POSITION⟩ durch das weitere Merkmal ⟨SENDER⟩ spezifiziert. Es bleibt offen, ob die Positionen des Empfängers und des Referenten mitgemeint sind oder nicht. Das hängt vom Kontext ab. Wie bei den anderen Positions-Adverbien, so macht es auch bei diesem Positions-Adverb keinen Unterschied, ob die Position als Zustand ('hier') oder als Richtung ('hierher') gemeint ist.

Wenn die Position jedoch verlassen wird, lautet das Positions-Morphem *d'ici* 'von hier'. Da es sich immer um die Position des Senders handelt, der im Sprachspiel mit dem Empfänger Zeit verbringt, hat dieses Positions-Morphem keine ausschließlich räumliche Bedeutung. Die Position kann ebensogut zeitlich oder textuell verstanden werden:

/ *ici Paris, Radiodiffusion et Télévision Française* / 'hier (ist) Paris, Französische Rundfunk- und Fernsehanstalt'
/ *les élections en Italie n'ont suscité jusqu'ici que des commentaires très lapidaires* / 'die Wahlen in Italien haben bisher nur sehr knappe Kommentare ausgelöst'
/ *les électeurs italiens ont visiblement suivi une tout autre tendance que ceux d'ici* / 'die italienischen Wähler sind sichtlich einem ganz anderen Trend gefolgt als die hiesigen (Wähler)'
/ *il est évident que cette tendance pourra facilement passer ici* / 'es ist klar, daß dieser Trend leicht hierher überspringen kann'
/ *le porte-parole du gouvernement n'a pas hésité à se servir ici du mot «contagion»* / 'der Sprecher der Regierung hat nicht gezögert, sich hier des Wortes «Ansteckung» zu bedienen'

Wenn die Positions-Morpheme *ici* und *là-bas* im Text miteinander konfrontiert werden, bilden sie eine Opposition zwischen der Position des Senders und den übrigen Positionen. Bei einer textuellen Konfrontation der Positions-Morpheme *ici* und *là* (alte Form: *ça* und *là*) ist diese Opposition nur als Nuance spürbar:

/ *ici on ne sait jamais trop bien ce qui se passe là-bas* / 'hier weiß man nie so genau, was sich dort (dahinten) abspielt'
/ *on se contente le plus souvent de faire des suppositions ici et là (ça et là)* / 'man begnügt sich meistens damit, hier und da Vermutungen anzustellen'

Idiomatische Ausdrücke:

d'ici quinze jours 'bis in vierzehn Tagen'
par ici! 'hierher!'
les choses d'ici-bas 'die irdischen Dinge'
ici repose . . . (alte Form: *ci-gît)* 'hier ruht (in Frieden) . . .'

Zu dem Positions-Adverb *ici* gibt es die verkürzte Form *ci,* die nur als gebundene Form gebraucht wird. Sie ist zweites Element des zweigliedrigen Demonstrativ-Artikels (*ce monsieur-ci* 'dieser Herr', *celui-ci* 'dieser' – vgl. 5.2.1.2) und findet sich als erstes Element auch in einigen lexikalisierten Verbindungen der geschriebenen Kanzlei- und Geschäftssprache (vgl. 6.7.4):

/*vous trouverez ci-inclus (oder: ci-joint) une copie de ma première demande/*   'in der Anlage finden Sie eine Kopie meines ersten Antrages'
/*je vous prie de bien vouloir régler la facture ci-jointe aussitôt que possible/*   'ich bitte Sie, die beigefügte Rechnung möglichst bald begleichen zu wollen'

Diese beiden Beispiele zeigen gleichzeitig, daß die Ausdrücke *ci-inclus, ci-joint, ci-annexé* als (unveränderliche) Adverbien behandelt werden, wenn sie beim Verb stehen. Sie können jedoch auch als Partizipien behandelt werden und stehen dann in postdeterminierender Stellung beim Nomen. In diesem Fall folgen sie diesem Nomen in der Genus- und Numerus-Kongruenz (vgl. 2.1.3 und 2.2.4).

7.3.2.4   Adverbial-Lexeme und Adverbialien der Position

Während sich die Adverbial-Morpheme der Position deutlich an den drei Gesprächsrollen des Sprachspiels orientieren, füllen Adverbial-Lexeme und Adverbialien dieser Subklasse den Kommunikationsraum freier aus, häufig auch im rein räumlichen Sinn:

partout	'überall'	*par terre*	'am Boden'
ailleurs	'woanders'	*en haut*	'oben'
quelque part	'irgendwo'	*en bas*	'unten'
n'importe où	'wo auch immer'	*en avant*	'voran'
par endroits	'stellenweise'	*en arrière*	'zurück'
(...)			

Hinzu kommt die entsprechende Negation *ne ... nulle part* 'nirgends, nirgendwohin' (vgl. 9.2.2.2.3).

Das Paradigma der Positions-Adverbien kann nun fast nach Belieben mit präpositionalen Junktionen aufgefüllt werden, in denen ebenfalls ein Verb determiniert werden kann. Vorausgesetzt ist nur, daß das determinierende Nomen (= Adjunkt) einer solchen Junktion unter seinen lexikalischen Merkmalen das Merkmal ⟨POSITION⟩ aufweist. Das ist beispielsweise bei allen Ortsnamen und geographischen Maßeinheiten der Fall. Vergleiche also die alternative Analyse:

ATTRIBUTION MIT POSITIONS-ADVERB	JUNKTION MIT PRÄPOSITION UND POSITIONS-NOMEN
/*il habite ici*/ 'er wohnt hier'	/*il habite à Londres*/ 'er wohnt in London'

443

Bei den Adverbialien oder Präpositional-Junktionen mit Positions-Bedeutung ist nun weiterhin zu beachten, daß viele Präpositionen auch als freie Formen gebraucht werden können, sofern sich aus dem Kontext zweifelsfrei ergibt, welches Nomen ergänzt werden kann. Unter diesen freien Präpositionen finden sich viele, die entweder schon aus sich oder von dem stillschweigend mitgemeinten Nomen her eine Positions-Bedeutung haben. Diese können dann im Text wie Adverbial-Morpheme gebraucht werden und ein Verb adverbial determinieren, zum Beispiel: *il saute par-dessus* 'er springt darüber (hinweg)'. Nicht wenige Präpositionen kommen oft als freie Formen vor und können deshalb den Adverbialien der Position zugerechnet werden:

devant	'davor'	*autour*	'drumherum'
derrière	'dahinter'	*près*	'nahe'
dessus	'darüber'	*loin*	'fern'
dessous	'darunter'	*contre*	'dagegen, gegen(-an)'
dedans	'darin'	*en face*	'gegenüber'
dehors	'draußen'	*vis-à-vis*	'gegenüber'
à gauche	'links'	*à travers*	'hindurch'
à droite	'rechts'	*en bas*	'unten'
à côté	'daneben'	*en haut*	'oben'
(...)			

Diese freien Präpositionen können ferner durch die Kombination mit anderen Präpositionen modifiziert werden (z. B. *au-dehors* 'nach draußen, hinaus', *de loin* 'von ferne, bei weitem'). Davon ist im einzelnen bei den verschiedenen Präpositionen die Rede (vgl. 8.3). Einigen freien Präpositionen können auch die Positions-Adverbien *là-* und *ci-* (verkürzte Form von *ici*) vorangestellt werden, die dann deren Bedeutungen modifizieren. Unterscheide:

KOMBINATION MIT *là-*	KOMBINATION MIT *ci-*
/*on discute là-dessus*/ 'man diskutiert darüber'	/*voyez le tableau ci-dessous*/ 'beachten Sie die unten aufgeführte Tabelle'
/*je ne trouve rien là-dedans*/ 'ich finde nichts darin'	/*regardez aussi la photo ci-contre*/ 'schauen Sie sich auch das nebenstehende Photo an'
(...)	(...)

Die Bildungen mit *ci-* (rechte Spalte) werden fast ausschließlich von Text-Positionen gebraucht.

7.3.2.5   Das Pro-Adverb *y*

Alle Positions-Adverbien, ausgenommen das Adverb *ici* 'hier', ferner alle Junktionen mit Positions-Bedeutung können im Text durch das Pro-Adverb *y* vertreten werden. Dieses Pro-Adverb ist eine gebundene Form. Im Hinblick auf seine Stellung wird es nicht wie ein Adverb, sondern wie ein Pronomen behandelt (vgl. 3.1.2). Es ist im Text gewöhnlich unbetont und steht («proklitisch») vor dem finiten Verb. Nur beim bejahten Imperativ ist es betont und steht nach dem Verb. Unterscheide:

STELLUNG VON *y* VOR DEM VERB		STELLUNG VON *y* NACH DEM VERB	
/*vous y allez?*/	'gehen Sie hin?'	/*allez-y* [alezi]/	'gehen Sie hin!'
/*n'y va pas tout seul*/	'geh nicht ganz allein hin!'	/*vas-y* [vazi] *tout de même*/	'geh dennoch hin!'

Ist das Verb mehrgliedrig, so richtet sich die Stellung der Pro-Form *y* danach, ob das nicht-finite Glied des Verbs ein Partizip oder ein Infinitiv ist. Ist das zweite Glied ein Partizip, so steht die Form *y* vor dem finiten Glied; ist es ein Infinitiv, so steht sie vor dem Infinitiv. Das entspricht ebenfalls den Stellungsbedingungen der Pronomina sowie des Pro-Adjunkts *en* (vgl. 8.3.2.1.7):

STELLUNG VON *y* VOR DEM FINITEN GLIED		STELLUNG VON *y* VOR DEM NICHT-FINITEN GLIED	
/*elle y est déjà allée*/	'sie ist schon hingegangen'	/*tout le monde a pu y aller*/	'alle (Leute) haben hingehen können'
/*on y a tout préparé*/	'man hat dort alles vorbereitet'	/*je vais y aller moi aussi*/	'ich gehe auch hin'

Wenn das Pro-Adverb *y* mit einem Pronomen zusammentrifft, so geht dieses vorauf. Das Pro-Adjunkt *en* (vgl. 8.3.2.1.7) folgt dem Pro-Adverb *y* jedoch nach. Ein Zusammentreffen mit dem Partner-Morphem *lui* wird vermieden. Man vermeidet das Positions-Morphem *y* auch vor den mit *i-* anlautenden Futur- und Konditional-Formen des Verbs *aller*. Man läßt es dann weg oder weicht auf die freien Formen *là*, *là-bas* und *ici* aus:

/*pourriez-vous m'y conduire?*/   'könnten Sie mich dahin fahren?'
/*moi je n'y vais pas (là-bas)*/   'ich fahre gar nicht hin'
/*quand on cherche un taxi, il n'y en a jamais*/   'wenn man ein Taxi sucht, findet man nie eins'

/ *attention, il y en a un qui passe!* /   'Achtung, da kommt gerade eins vorbei!'
/ *ça y est* [sajɛ]! /   '(das wäre) geschafft!'
/ *j'irai tout seul* /   'ich gehe (oder: fahre) allein (hin)'
/ *j'y suis, j'y reste* /   'hier bin ich und hier bleibe ich'

Als Bestandteil des Präsentativ-Morphems *il y a* 'es gibt' ist die Form *y* nicht
Pro-Adverb. Es hat als Element dieses Ausdrucks keine eigene Bedeutung und
insbesondere keine Positions-Bedeutung, sondern unterstreicht die Horizont-
Bedeutung des Horizont-Morphems *il* 'es' (vgl. 3.3.3.2).

7.3.3.   Tempus-Adverbien

Wir haben die Tempus-Morpheme des Verbs nach drei Gesichtspunkten charakterisiert: Tempus-Perspektive, Tempus-Register, Tempus-Relief (vgl. 4.2). Mit
den Tempus-Morphemen des Verbs sind die Tempus-Adverbien durch ihre
gemeinsamen Tempus-Merkmale semantisch verwandt. Diese lassen sich ebenfalls nach den genannten drei Gesichtspunkten gliedern. Wir unterscheiden also
Tempus-Adverbien der Perspektive (7.3.3.1), des Registers (7.3.3.2) und des
Reliefs (7.3.3.3).

7.3.3.1   Tempus-Adverbien der Perspektive

Bei den Verbalformen umfaßt die Tempus-Perspektive die Opposition der Merkmale ⟨RÜCKSCHAU⟩ und ⟨VORAUSSCHAU⟩ und ihre Neutralisierung in einer Neutral-Perspektive. Mit dem gleichen Prinzip kann man auch die Tempus-Adverbien nach ihrer Perspektive unterscheiden.

RÜCKSCHAUENDE TEMPUS-ADVERBIEN	VORAUSSCHAUENDE TEMPUS-ADVERBIEN
hier 'gestern'	*demain* 'morgen'
avant-hier [avɑ̃tjɛr] 'vorgestern'	*après-demain* 'übermorgen'
la veille 'am Tage davor (am Vor-abend)'	*le lendemain* 'am Tage danach'
	l'année prochaine 'nächstes Jahr'
la semaine dernière 'letzte Woche'	*le mois suivant* 'im folgenden Monat'
l'autre jour 'neulich'	
récemment 'kürzlich'	*un autre jour* 'ein andermal'

il y a huit jours 'vor acht Tagen'
la nuit précédente 'in der Nacht
    davor'
autrefois 'früher, vormals'
jadis [ʒadis] 'einst(-mals)'
anciennement 'ehemals'
depuis 'seitdem'
jusqu'ici (oder: *jusqu'à maintenant*)
    'bisher'
dernièrement 'letztens'
(...)

sous peu 'binnen kurzem'
prochainement 'demnächst'
dans quinze jours 'in vierzehn
    Tagen'
à l'avenir 'in der Zukunft'
désormais 'von nun an' (meistens
    in negativem Kontext)
dorénavant 'von nun an' (meistens
    in positivem Kontext)
bientôt 'bald'
(...)

Für das Zusammenwirken der Tempus-Adverbien und der verbalen Tempusformen im Text gibt es auch unter dem Gesichtspunkt der Perspektive Affinitäten (die nicht bis zur strengen Kongruenz gehen!). Ihnen entsprechen die folgenden Beispiele, in denen jeweils Rückschau-Adverbien mit rückschauenden Tempusformen, Vorausschau-Adverbien mit vorausschauenden Tempusformen zusammengehen. Unterscheide:

RÜCKSCHAUENDER TEXT

/*avant cet événement elle n'avait pas eu beaucoup de confiance en elle-même*/ 'vor diesem Ereignis hatte sie nicht viel Vertrauen zu sich selber gehabt'
/*la semaine dernière elle a résilié son contrat*/ 'vorige Woche hat sie ihren Vertrag gekündigt'

VORAUSSCHAUENDER TEXT

/*elle songeait toujours à ce qu'elle deviendrait plus tard*/ 'sie dachte immer daran, was später aus ihr werden würde (oder: sollte)'
/*dans six mois elle ouvrira une galerie*/ 'in einem halben Jahr wird sie eine Galerie eröffnen'

Mischungen der Tempus-Perspektive dergestalt, daß rückschauende Tempus-Adverbien mit vorausschauenden Tempusformen oder vorausschauende Tempus-Adverbien mit rückschauenden Tempusformen zusammengehen, sind nicht üblich. Jedoch können Tempus-Adverbien der Voraus- oder Rück-Perspektive ohne weiteres mit Verben neutraler Tempus-Perspektive verbunden werden, wie auch umgekehrt verbale Tempusformen der einen oder der anderen Perspektive häufig mit Tempus-Adverbien der Neutral-Perspektive verbunden werden. Tempus-Adverbien mit Neutral-Perspektive sind insbesondere: *maintenant* 'jetzt', *aujourd'hui* 'heute', *alors* 'damals', *pendant ce temps-là* 'während der Zeit' (...).

/*figurez-vous: hier, j'arrive ici ...*/ 'stellen Sie sich vor: gestern komme ich hier an ...'

447

/ *notez que demain je ne suis* (häufiger jedoch: *serai*) *plus là* / 'Sie müssen wissen,
daß ich morgen nicht mehr da bin'
/ *j'ai assez travaillé maintenant* / 'ich habe jetzt genug gearbeitet'

Bei einigen Tempus-Adverbien wird erst aus dem entweder vorausschauenden
oder rückschauenden (Verbal-)Kontext klar, ob es sich um eine Voraus- oder
eine Rück-Perspektive handelt. Unterscheide:

RÜCK-PERSPEKTIVE

VORAUS-PERSPEKTIVE

/ *le télégraphiste est passé tout à l'heure* / 'der Telegrammbote ist vorhin
vorbeigekommen'
/ *un matin, il y a à peu près quinze
jours, j'ai reçu une lettre exprès qui
contenait une grosse facture* / 'eines
Morgens vor ungefähr vierzehn Tagen habe ich einen Eilbrief erhalten, der eine hohe Rechnung ent-
hielt'

/ *le facteur passera tout à l'heure* /
'der Postbote kommt gleich vorbei
(oder: wird gleich vorbeikommen)'
/ *un (beau) matin – qui sait – je recevrai un télégramme qui m'annoncera
un bel héritage* / 'eines (schönen)
Morgens – wer weiß? – werde ich
ein Telegramm erhalten, das mir
eine schöne Erbschaft ankündigt'

Nach den Tempus-Adverbien der Perspektive fragt man mit dem Interrogativ-
Adverb *quand?* 'wann?' oder anderen Frage-Morphemen mit ähnlicher, jedoch
spezifischerer Bedeutung (vgl. 9.3.4.2). In vielen Fällen enthält die Frage auch in
ihrer verbalen Tempusform bereits ein Perspektiven-Merkmal. Dadurch ist dann
für den Gesprächspartner bereits eine Vorauswahl unter den für die Antwort
geeigneten Tempus-Adverbien getroffen. Auf eine Frage also, deren Verbform
das Tempus-Merkmal ⟨RÜCKSCHAU⟩ enthält, liegt es nahe, mit einem Tempus-
Adverb zu antworten, das ebenfalls das Merkmal ⟨RÜCKSCHAU⟩ enthält. Entsprechend liegt es nahe, auf eine Frage, deren Interrogativ-Adverb bereits ein Merkmal ⟨VORAUSSCHAU⟩ enthält, mit einem Tempus-Adverb zu antworten, das ebenfalls das Merkmal ⟨VORAUSSCHAU⟩ enthält:

FRAGE

ANTWORT

/ *quand ta belle-mère est-elle arrivée?* /
'wann ist deine Schwiegermutter
(an-)gekommen?'
/ *et elle repartira quel jour?* / 'und
wann (oder: an welchem Tag) reist
sie wieder ab?'

/ *elle est arrivée il y a huit jours* / 'sie
ist vor acht Tagen gekommen'

/ *elle a dit qu'elle nous quittera bientôt* /
'sie hat gesagt, daß sie uns bald
(wieder) verlassen wird'

7.3.3.2   Tempus-Adverbien des Registers

Das Tempus-Register beruht auf der binären Opposition der Merkmale ⟨BESPRE-CHEN⟩ und ⟨ERZÄHLEN⟩. Dementsprechend sind auch einige Tempus-Adverbien tendenziell entweder als besprechende oder als erzählende Tempus-Adverbien charakterisiert.

BESPRECHENDE TEMPUS-ADVERBIEN	ERZÄHLENDE TEMPUS-ADVERBIEN
aujourd'hui 'heute'	*ce jour-là* 'an jenem Tage'
en ce moment 'in diesem Augenblick, zur Zeit'	*à ce moment(-là)* 'da, damals'
hier 'gestern'	*la veille* 'am Tag davor (am Vorabend)'
avant-hier 'vorgestern'	*l'avant-veille* 'zwei Tage davor'
demain 'morgen'	*le lendemain* 'am Tage danach'
après-demain 'übermorgen'	*le surlendemain* 'zwei Tage danach'
l'année dernière 'letztes Jahr'	*l'année précédente* 'im Jahre davor (im Vorjahr)'
la semaine prochaine 'nächste Woche'	*la semaine suivante* 'in der Woche darauf'
l'autre jour 'neulich'	*un jour* 'eines Tages'
(...)	(...)

Für das Zusammenwirken von verbalen Tempusformen und Tempus-Adverbien gibt es Affinitäten. Sie besagen, daß besprechende Tempus-Adverbien vorzugsweise im Kontext von besprechenden Tempusformen, erzählende Tempus-Adverbien vorzugsweise im Kontext von erzählenden Tempusformen auftreten. In den folgenden Beispielen ist diese Affinität der Tempusformen und Tempus-Adverbien eingehalten. Unterscheide:

BESPRECHENDER TEXT	ERZÄHLENDER TEXT
/en ce moment je me trouve un peu à court d'argent/ 'zur Zeit bin ich ein bißchen knapp bei Kasse'	*/à ce moment-là il se trouvait un peu à court d'argent/* 'damals war er ein bißchen knapp bei Kasse'
/j'ai perdu hier une grosse somme au casino de Monte Carlo/ 'ich habe gestern im Kasino von Monte Carlo eine Menge Geld verloren'	*/il avait perdu la veille une grosse somme au casino de Monte Carlo/* 'er hatte am Vortage im Kasino von Monte Carlo eine Menge Geld verloren'

/ si quelqu'un me prête mille francs au-jourd'hui, je lui en rendrai deux mille demain / 'wenn jemand mir heute tausend Francs leiht, so werde ich ihm morgen zweitausend zurück-geben'

/ il promettait de rendre deux mille francs le lendemain à quiconque lui en prêterait mille le jour même / 'er versprach, jedem, der ihm am selben Tag tausend Francs gäbe, am folgenden Tag zweitausend zurückzu-geben'

Man kann das Verhältnis der Beispiele in der rechten Spalte zu denen der linken Spalte als eine Register-Übersetzung bezeichnen, und zwar sowohl bei den verbalen Tempusformen als auch bei den ihnen nahestehenden Tempus-Adverbien.

Diese Affinität wird jedoch nicht unter allen Umständen beachtet. Man kann vielmehr gerade aus einer Mischung der Register bestimmte Wirkungen erzielen, wenn nämlich besprechende Tempus-Adverbien mit erzählenden Tempusformen oder erzählende Tempus-Adverbien mit besprechenden Tempusformen zusammengehen.

[1]   Besprechende Adverbien, erzählende Tempusformen

Wenn ein Text durch erzählende Tempusformen (Imperfekt, Aorist, Plusquamperfekt ...) durchgehend als Erzählung charakterisiert ist, so bewirken einzelne Tempus-Adverbien des besprechenden Registers in diesem Kontext eine Beglaubigung der Erzählung, meistens im Sinne einer wahren Geschichte («Vergangenheit»):

/ il se demandait souvent pourquoi, l'année dernière, personne n'osait encore penser à une crise mondiale de l'énergie / 'er fragte sich oft, warum im letzten Jahr noch niemand an eine weltweite Energiekrise zu denken wagte'

[2]   Erzählende Adverbien, besprechende Tempusformen

Ist umgekehrt ein Text durch besprechende Tempusformen (Präsens, Perfekt, Futur ...) durchgehend als besprechender Text charakterisiert, so heben einzelne Tempus-Adverbien des erzählenden Registers die Bedeutung des Textes in den Rang einer allgemeinen Erfahrung, gewonnen aus vielen Erzählungen:

/ on oublie souvent le lendemain ce que l'on a appris la veille / 'man vergißt oft am nächsten Tag, was man am Vortag gelernt hat'

In der Bedeutung des Tempus-Adverbs *maintenant* 'jetzt, nun' ist die Opposition der Register-Merkmale ⟨BESPRECHEN⟩ und ⟨ERZÄHLEN⟩ neutralisiert.

7.3.3.3   Tempus-Adverbien des Reliefs

Unter dem Gesichtspunkt des Tempus-Reliefs haben wir bei einigen Tempora, insbesondere beim Imperfekt und Aorist, die Merkmale ⟨AUFFÄLLIGKEIT⟩ und ⟨UNAUFFÄLLIGKEIT⟩ unterschieden. Mit Hilfe dieser Merkmale lassen sich diese Tempora als Vordergrund- und Hintergrund-Tempora charakterisieren (vgl. 4.2.3). Deren Opposition kann durch einige Tempus-Adverbien unterstrichen werden, die auf diese Weise nuancierend zur Reliefbildung im Text beitragen. Dementsprechend unterscheiden wir tendenziell Vordergrund-Adverbien und Hintergrund-Adverbien.

HINTERGRUND-ADVERBIEN

longtemps 'lange'
d'habitude 'gewöhnlich'
d'ordinaire 'gewöhnlich'
normalement 'normalerweise'
habituellement 'gewohnheitsmäßig'
régulièrement 'regelmäßig'
lentement 'langsam'
doucement 'langsam, sachte'
graduellement 'allmählich, stufen-
   weise'
progressivement 'zunehmend'
à l'occasion 'bei Gelegenheit'
par moments 'zeitweise'
(...)

VORDERGRUND-ADVERBIEN

soudain 'plötzlich'
tout à coup 'plötzlich, auf einmal'
brusquement 'plötzlich, unvermittelt'
subitement 'plötzlich'
tout de suite [tutsɥit] 'sofort'
immédiatement 'sofort'
sur-le-champ 'auf der Stelle'
promptement 'prompt, pünktlich'
aussitôt 'sogleich'
vite 'schnell'
hâtivement 'hastig, eilig'
(...)

Sofern diese Adverbien in Erzählungen vorkommen, zeigen sie ihre Affinität zu Tempusformen mit den gleichen semantischen Merkmalen durch eine häufige kontextuelle Nachbarschaft. So beginnt beispielsweise Maupassants Novelle *L'Âne* 'Der Esel' mit dem Hintergrund-Tempus Imperfekt in Verbindung mit dem Hintergrund-Adverb *par moments* 'zeitweise':

/ *Là-bas, de l'autre côté de la rivière, ensevelie sous le brouillard, juste en face de la Frette, un bruit léger troublait par moments le grand silence du ciel sans brise* ... /
   'Dahinten, jenseits des nebelverhüllten Flusses, La Frette [Ort an der Seine bei Paris] gerade gegenüber, versetzte ein leichtes Geräusch zeitweise das große Schweigen des windstillen Himmels in Unruhe ...'

451

Dann, nachdem die Exposition noch einige weitere Schilderungen zur Hintergrund-Situation gegeben hat, setzt die Haupthandlung der Geschichte ein. Sie wird signalisiert durch das Vordergrund-Tempus Aorist («Passé simple») in kontextueller Verbindung mit dem Vordergrund-Adverb *soudain* 'plötzlich':

/ *soudain, près de la rive, contre le village, une ombre apparut sur l'eau* /   'plötzlich erschien nahe am Ufer, zum Dorf hin, ein Schatten auf dem Wasser'

7.3.4 Indefinit-Adverbien

Die Indefinit-Adverbien entsprechen in ihrem Paradigma grundsätzlich den Indefinit-Artikeln (vgl. 5.2.4). In den meisten Fällen stimmen sogar die Formen der Indefinit-Adverbien mit den freien Formen der Indefinit-Artikel überein. Unterscheide:

INDEFINIT-ARTIKEL	INDEFINIT-ADVERB
/ *beaucoup de neige, vraiment beaucoup* / 'viel Schnee, wirklich viel'	/ *cette année, il a beaucoup neigé* / 'dieses Jahr hat es viel geschneit'

Während sich die Indefinit-Artikel an einem Mengenfeld orientieren, das nach einem großen und einem kleinen Bereich gegliedert ist (vgl. 5.2.4.1), kann man die Indefinit-Adverbien einem Intensitätsfeld zuordnen, das analog nach einer großen und einer geringen Intensität gegliedert ist. Wir unterscheiden die Indefinit-Adverbien nach drei Subklassen:

– Schätz-Adverbien (7.3.4.1)
– Vergleichs-Adverbien (7.3.4.2)
– Kode-Adverbien (7.3.4.3)

7.3.4.1 Schätz-Adverbien

Die Schätz-Adverbien bekräftigen die Bedeutung eines Verbs, eines Adjektivs oder eines Adverbs dadurch, daß sie diese nach einer entweder großen oder eine geringen Intensität einschätzen. Zur Beschreibung ihrer Bedeutungen kann man die semantischen Merkmale ⟨VIEL⟩ und ⟨WENIG⟩ heranziehen. Die Schätz-Adverbien unterscheiden sich formal nach Adverbial-Morphemen, Adverbial-Lexemen und Adverbialien:

1 Adverbial-Morpheme

GROSSE INTENSITÄT	*très* 'sehr' *beaucoup* 'viel, sehr' *bien* 'recht, wohl viel' *pas mal* 'nicht wenig' *fort* 'viel, stark, sehr' (…)
GERINGE INTENSITÄT	*peu* 'wenig' *un peu* 'ein bißchen, ein wenig' (…)

Das Schätz-Adverb *très* 'sehr' wird nur zur Determination eines Adjektivs oder Adverbs gebraucht (*très malade* 'sehr krank', *très vite* 'sehr schnell'). Will man ein Verb determinieren, so benutzt man das Schätz-Adverb *beaucoup* 'viel, sehr' (*il a beaucoup vieilli* 'er ist sehr gealtert'). Beachte jedoch im besonderen:

ADVERB *très*
BEI FESTEN VERB-GEFÜGEN

/*j'ai très* (auch: *grand*) *faim*/ 'ich habe großen Hunger'
/*j'ai très peur*/ 'ich habe große Angst'

ADVERB *beaucoup*
VOR VERGLEICHS-ADVERBIEN

/*je suis beaucoup trop pauvre*/ 'ich bin viel zu arm'
/*je suis beaucoup plus misérable*/ 'ich bin viel elender'

Die Adverbien *très* und *beaucoup* können einander nicht determinieren (daher: *je souffre énormément* 'ich leide sehr viel').

Während die Adverbien *très* und *beaucoup* ihre Attributions-Basis dadurch determinieren, daß sie die große Intensität schlicht bezeichnen, kommt bei dem Adverb *bien* eine (meistens positiv) wertende Nuance, bei *pas mal* (ohne Negations-Morphem *ne*!) eine leicht saloppe Nuance und bei *fort* eine etwas vornehme, gelegentlich ironische Nuance hinzu. Das (im übrigen recht seltene) Schätz-Adverb *fort* 'sehr, stark' ist von dem Qualitäts-Adverb *fortement* 'stark, auf starke Weise' zu unterscheiden:

/*je suis bien* (oder: *fort*) *content*/ 'ich bin recht froh (zufrieden)'
/*je suis bien aise*/ 'ich bin froh'

Die Form *bien aise* ist unveränderlich.

2   Adverbial-Lexeme

GROSSE INTENSITÄT	*énormément* 'sehr viel, enorm'
	extraordinairement 'außerordentlich'
	largement 'weit(-hin)'
	longuement 'ausgiebig, ausführlich'
	grandement 'höchst'
	considérablement 'beträchtlich'
	principalement 'hauptsächlich'
	incroyablement 'unglaublich'
	terriblement 'schrecklich'
	rudement 'mächtig, gewaltig, toll' (familiär)
	drôlement 'toll' (familiär)
	vachement 'toll, echt' (sehr familiär)
	(…)
GERINGE INTENSITÄT	*vaguement* 'ungefähr'
	légèrement 'leicht'
	faiblement 'schwach'
	(…)

Die Schätz-Adverbien, die eine große Intensität bezeichnen, sind im ganzen zahlreicher und werden um ihrer übertreibenden Wirkung willen häufiger gebraucht als die untertreibenden, eine geringe Intensität bezeichnenden Schätz-Adverbien. Sie sollen durch Intensivierung dazu beitragen, den Gesprächskontakt aufrechtzuerhalten.

3   Adverbialien

GROSSE INTENSITÄT	*dans une large mesure* 'in hohem Maße'
	à un très haut degré 'in sehr hohem Grade'
	au sens (le plus) large du mot
	'im weiten (weitesten) Sinne des Wortes'
	par excellence 'vornehmlich, par excellence'
	(…)
GERINGE INTENSITÄT	*dans une faible mesure* 'in geringem Maße'
	à grand-peine 'mit großer Mühe, kaum'
	(…)

Auch bei diesen Adverbialien stehen zur Nuancierung im Sinne einer großen Intensität mehr Formen und Ausdrücke zur Verfügung als zur Nuancierung im Sinne einer geringen Intensität.

Die folgenden Beispiele enthalten Adverbien der verschiedenen Formgruppen:

/ *on prétend que tu es très sportif* / 'man sagt von dir, daß du sehr sportlich bist'

/ *j'aime beaucoup faire du sport, mais je m'entraîne ridiculement peu* / 'ich treibe gerne Sport, aber ich trainiere lächerlich wenig'

/ *je trouve que tu t'entraînes (vraiment) à fond* / 'ich finde, daß du (wirklich) gründlich trainierst'

/ *je suis profondément déçu du principe de rendement qui règne dans mon club* [klœb] / 'ich bin tief enttäuscht über das Leistungsprinzip, das in meinem Verein herrscht'

/ *tu as raison dans une certaine mesure* / 'du hast in gewissem Sinne recht'

Die folgenden Schätz-Adverbien sind neutrale Formen:

assez 'ziemlich, genug'
suffisamment 'genug, genügend'
passablement 'hinreichend, annehmbar'
moyennement 'mittelmäßig'
à demi 'halb, zur Hälfte'
médiocrement 'mittelmäßig' (heute meistens pejorativ)
(…)

Die Opposition zwischen der großen und der geringen Intensität ist in diesen Adverbien neutralisiert. Beispiele:

/ *il est assez bien* / 'er ist ziemlich gut'
/ *non, il n'est pas assez bien* / 'nein, er ist nicht gut genug'

Die Schätzung der Intensität kann mit einer Nuance der Überraschung angereichert werden. Dazu dienen die Adverbien *tant* 'so sehr' (bei Verben) und *si* 'so' (bei Adjektiven und Adverbien). Unterscheide:

EINFACHE SCHÄTZUNG	ÜBERRASCHTE SCHÄTZUNG
/ *elle discute beaucoup* / 'sie diskutiert viel'	/ *elle discute tant!* / 'sie diskutiert so viel!'
/ *elle tricote peu* / 'sie strickt wenig'	/ *elle tricote si peu!* / 'sie strickt so wenig!'

Der Ausdruck der Überraschung steht bisweilen im Dienst der Suggestion:

/ *c'est si bon!* /   'das ist so gut!'
/ *ça va si bien!* /   'das geht so gut!'
/ *ça me plaît tant!* /   'das gefällt mir so gut!'
/ *ça me fait si mal!* /   'das tut mir so weh!'

Die Form *si* 'so' kann nicht zu der Form *beaucoup* 'viel' hinzutreten.

Zu diesen Adverbial-Morphemen treten Adverbial-Lexeme und Adverbialien, mit denen die suggestive Schätzung weiter nuanciert werden kann: *tellement* 'so, so sehr, so viel'; *d'une telle façon (manière)* 'auf eine solche Art (und Weise)'; *à un tel point* 'in solchem Maße'. Diese Adverbien können sowohl Verben als auch Adjektive und Adverbien determinieren:

/ *j'espère qu'on trouvera une table de libre, j'ai tellement faim!* /   'ich hoffe, wir finden einen freien Tisch, ich habe solchen Hunger!'
/ *et moi, j'attends surtout une chaise (de) libre, je suis tellement fatigué!* /   'und ich warte vor allen Dingen auf einen freien Stuhl, so müde bin ich!'

Adverbien dieses Typus können sich mit der Konjunktion *que* (vgl. 8.4.6) zu Konsekutiv-Junktoren verbinden:

si (bien) ... que   'so ... daß'
tant que   'so sehr daß, so viel daß'
tellement que   'so sehr daß, so stark daß'
(...)

Die Junktion motiviert dann die Suggestion oder Überraschung des Adverbs:

/ *le cancer du poumon est si affreux que rien ne saurait justifier le fait de fumer* /   'Lungenkrebs ist so grauenvoll, daß nichts das Rauchen rechtfertigen kann'
/ *tu dis cela d'un ton!* /   'du sagst das so eigenartig!'
/ *je ne veux pas que tu fumes tant* /   'du sollst nicht so viel rauchen'
/ *je ne pense pas que je fume tant que cela (ça)* /   'ich denke nicht, daß ich s o viel rauche'
/ *tu es si jeune que tu n'as pas le droit de déjà te ruiner la santé* /   'du bist so jung, daß du nicht jetzt schon deine Gesundheit zugrunde richten darfst'
/ *tu as bien raison, mais je me sens si faible devant le tabac!* /   'da hast du recht, aber ich werde bei Tabak so leicht schwach!'

Das letzte Beispiel läßt erkennen, daß auch ein Nomen *(raison)* durch ein

Adverb determiniert werden kann, wenn es Bestandteil eines mehrgliedrigen Verbs ist *(avoir raison)*.

7.3.4.2   Vergleichs-Adverbien

Vergleichs-Adverbien sind Indefinit-Adverbien, die vergleichend auf eine bestimmte Erwartung Bezug nehmen. Diese Erwartung (die nicht unbedingt von einem Gesprächspartner wirklich geäußert zu sein braucht, sondern auch bloß vermutet sein kann: «Erwartungs-Erwartung») stellt sich dem Sprecher als inadäquat dar und wird von ihm entweder nach oben oder nach unten hin durch eine neue Schätzung korrigiert. Wir unterscheiden die Vergleichs-Adverbien, die in ihren Bedeutungen das Merkmal ⟨VERGLEICH⟩ gemeinsam haben, nach drei Stufen:

- Komparativ-Stufe (7.3.4.2.1)
- Superlativ-Stufe (7.3.4.2.2)
- Normativ-Stufe (7.3.4.2.3)

7.3.4.2.1   Komparativ-Stufe

Die Vergleichs-Adverbien der Komparativ-Stufe überbieten oder unterbieten die inadäquate Erwartung durch eine neue Schätzung, die jene Erwartung korrigiert. Wir beschreiben ihre Bedeutungen (die sich im einzelnen noch durch Nuancen unterscheiden können) mit den Merkmalen des Maßes: ⟨STEIGERUNG⟩ oder ⟨MINDERUNG⟩. Man kann dieses Verhältnis mit Hilfe des Intensitätsfeldes darstellen, wenn man annimmt, daß Sprecher und Hörer ihre Intensitätsfelder um 180° gegeneinander gedreht haben (vgl. 5.2.4.2.1). Wir wollen in diesem Schaubild annehmen, daß die Korrektur (= rechtes Feld), deren Richtung durch Pfeile angegeben ist, s t a r k von der inadäquaten Erwartung (= linkes Feld) abweicht ('mehr' vs. 'wenig'):

INADÄQUATE ERWARTUNG   KORREKTUR

| GERINGE INTENSITÄT | *peu* 'wenig' | ← | *plus* 'mehr' *davantage* 'mehr' | GRÖSSERE INTENSITÄT |
| GROSSE INTENSITÄT | *beaucoup* 'viel, sehr' *très* 'sehr' | ← | *moins* 'weniger' | GERINGERE INTENSITÄT |

457

Weicht die Korrektur hingegen nur schwach von der unpassenden Erwartung ab ('mehr' vs. 'viel'), so heißt es meistens *encore plus* 'noch mehr' oder *encore moins* 'noch weniger'. Durch das Sequenz-Adverb *encore* 'noch' kommt eine Bedeutungs-Modifikation zustande, derzufolge die Steigerung nicht zu einem beliebigen Zeitpunkt, sondern «später als (vom Gesprächspartner) erwartet» zum Ziel kommt (vgl. 7.3.6.2).

/ *parmi les cadres, le nombre des femmes est moins élevé qu'il ne devrait être* /   'in den leitenden Stellungen ist die Anzahl der Frauen weniger hoch, als sie sein sollte'
/ *est-ce que les hommes sont peut-être plus intelligents que les femmes?* /   'sind die Männer vielleicht klüger als die Frauen?'
/ *je connais bien des femmes qui sont plus intelligentes que leurs maris* /   'ich kenne recht viele Frauen, die klüger sind als ihre Männer'
/ *dans pas mal de professions, une femme intelligente gagne moins qu'un homme médiocre* /   'in nicht wenigen Berufen verdient eine kluge Frau weniger als ein mittelmäßiger Mann'
/ *il faudrait évidemment qu'elles gagnent davantage* /   'sie müßten selbstverständlich mehr verdienen'

Beachte im ersten Beispiel den Quasi-Konjunktiv *ne* als Ausdruck des Interesses an der Korrektur (vgl. 4.5.1.3).
Von den Vergleichs-Adverbien der Komparativ-Stufe wird die Form *davantage* nur zur Determination von Verben (*ris davantage* 'lach mehr!') und überhaupt vergleichsweise selten gebraucht. Viel häufiger gebraucht man die Form *plus*. Bei Adjektiven (*plus haut* [plyo] 'höher') und Adverbien (*plus honnêtement* [plyzɔnɛtmã] 'ehrenhafter, anständiger') ist es die Normalform. Bei Verben kann die Form *plus* ebenfalls gebraucht werden; sie hat jedoch den strukturellen Nachteil, daß sie leicht mit dem Negations-Morphem *ne ... plus* 'nicht mehr' zu verwechseln ist, dessen Element *ne* in der gesprochenen Umgangssprache meistens fehlt. Das Adverb *plus* nimmt daher in mündlicher Rede oft zur besseren Unterscheidung von dem Negations-Morphem *(ne) ... plus* die Lautform [plys] an. Das Problem entfällt, wenn man das Adverb *davantage* gebraucht. Unterscheide:

NEGATIONS-MORPHEM

/ *mon coq (ne) chante plus* [ply] /
'mein Hahn kräht nicht mehr'
/ *je (ne) l'aime plus* [ply] /   'ich liebe ihn nicht mehr'

KOMPARATIV-MORPHEM

/ *mon coq chante plus* [plys] / . 'mein Hahn kräht mehr'
/ *je l'aime davantage* /   'ich liebe ihn (noch) mehr'

Phonetische Anmerkung: In der Umgangssprache vergrößert sich der phonetische Unterschied zwischen dem Negations-Morphem *(ne)* ... *plus* und dem Komparativ-Adverb *plus* noch weiter dadurch, daß das Negations-Morphem zu der Lautform [py] reduziert wird (umgangssprachlich: [pydkɔk] 'kein Hahn mehr').

Idiomatische Ausdrücke:

de plus en plus [dəplyzãply] 'immer mehr'
de moins en moins 'immer weniger'
plus ou moins [plyzumwẽ] 'mehr oder weniger'
ni plus ni moins 'nicht mehr und nicht weniger'
d'autant plus (moins) que 'um so mehr (weniger) als'

Einige Adjektive und Adverbien haben für den Vergleich mit einer zu korrigierenden Erwartung eigene Komparativ-Formen ausgebildet. Diese können als Verschmelzungen eines Adjektivs und eines Vergleichs-Adverbs der Komparativ-Stufe aufgefaßt werden.

1   Komparativ-Formen des Adjektivs

EINFACHES ADJEKTIV		KOMPARATIVES ADJEKTIV	
bon/bonne	'gut'	*meilleur/meilleure*	'besser'
mauvais/mauvaise	'schlecht, böse'	*plus mauvais/-se*	'schlechter'
		pire	'schlimmer'
petit/petite	'klein'	*plus petit/plus petite*	'kleiner'
		moindre	'geringer'

Die (verhältnismäßig seltenen) Formen *pire* und *moindre* haben eine abgeschwächte Morphem-Bedeutung:

/*un ami pire qu'un ennemi*/ 'ein Freund, der schlimmer ist als ein Feind'
/*de moindre qualité*/ 'von geringerer (minderer) Qualität'

Die Formen *plus mauvais/plus mauvaise* und *plus petit/plus petite* können hingegen mit voller Lexem-Bedeutung gebraucht werden:

/*un caractère plus mauvais que*.../ 'ein schlechterer Charakter als ...'
/*de plus petite taille que*.../ 'von kleinerer Gestalt als ...'

2 Komparativ-Formen des Adverbs

EINFACHES ADVERB | KOMPARATIVES ADVERB

bien 'gut'
mal 'schlecht'

mieux 'besser'
plus mal 'schlechter, schlimmer'
pis [pi] 'schlimmer'

Die Form *pis* 'schlimmer' wird nur in abgeschwächter Morphem-Bedeutung gebraucht und hat sich ausschließlich in lexikalisierten Wendungen erhalten. Auch die Form *mieux* 'besser', die allerdings sowohl in abgeschwächter (morphematischer) als auch in voller (lexematischer) Bedeutung gebraucht werden kann, findet sich in vielen lexikalisierten Wendungen:

/ *c'est mieux* / 'das ist besser (so)'
/ *tant mieux* / 'um so besser'
/ *ça va mieux (de mieux en mieux* [dəmjøzãmjø]) / 'es geht besser (immer besser)'
/ *à qui mieux mieux* / 'um die Wette'
/ *je ne demande pas mieux* / 'mehr will ich gar nicht'
/ *faute de mieux* / 'in Ermangelung eines Besseren'
/ *ça va de mal en pis* / 'das wird immer schlimmer'
/ *tant pis pour moi!* / '(macht nichts,) da habe ich Pech gehabt!'
/ *tant pis* [tãpi]! / 'macht nichts!'

Unterscheide die Komparative des Adjektivs und des Adverbs:

ADJEKTIV | ADVERB

/ *cette robe est meilleure, de meilleure qualité* / 'dieses Kleid ist besser, von besserer Qualität'

/ *cette robe est mieux, elle te va mieux au teint* / 'dieses Kleid ist besser, es paßt besser zu deinem Teint'

Beachte auch die idiomatischen Ausdrücke:

EINFACHE SCHÄTZUNG | ÜBERBIETUNG

/ *cela est bon marché* / 'das ist billig'

/ *ceci est encore meilleur marché* / 'dies ist noch billiger'

/ *je me lève de bonne heure* (oder: *tôt*) / 'ich stehe früh auf'

/ *tu te lèves encore plus tôt* / 'du stehst noch früher auf'

Als Adjektive, die mit einem Vergleichs-Adverb der Komparativ-Stufe verschmolzen sind, können auch die folgenden Formen aufgefaßt werden:

supérieur/supérieure (à)   'überlegen, ober-'
inférieur/inférieure (à)   'unterlegen, unter-'
antérieur/antérieure (à)   'früher (als), vor-'
postérieur/postérieure (à)   'später (als), nach-'
ultérieur/ultérieure   'jenseitig, zukünftig'
intérieur/intérieure (à)   'innen-, binnen-'
extérieur/extérieure (à)   'außen-'

Einige Beispiele für den Gebrauch:

/*les classes supérieures*/   'die oberen Klassen'
/*les difficultés intérieures*/   'die inneren Schwierigkeiten'
/*les révolutions postérieures à la Révolution Française*/   'die Revolutionen nach
   der Französischen Revolution'

Nur lexikalische Komparative sind:

/*ma sœur aînée/cadette*/   'meine ältere/jüngere Schwester'
/*mon frère aîné/cadet*/   'mein älterer/jüngerer Bruder'

Der Vergleich zwischen der Erwartung des Hörers und der Äußerung des Sprechers kann implizit oder explizit sein. Der Vergleich ist implizit, wenn der Sprecher mit Hilfe eines Komparativ-Adverbs die (tatsächliche oder angenommene)
Erwartung des Hörers ohne weiteres nach oben oder unten korrigiert. Von dieser
Art waren die bisher besprochenen Beispiele. In den folgenden Beispielen macht
der Sprecher den Vergleich jedoch explizit, indem er den Vergleichsgrund
anführt. Er referiert nämlich die vom Hörer geäußerte oder bei ihm angenommene Erwartung ausdrücklich in seiner eigenen Äußerung. Aus dem Vergleichs-
Adverb der Komparativ-Stufe *(plus, moins ...)* wird dann ein Vergleichs-Junktor
der Komparativ-Stufe *(plus ... que, moins ... que* – vgl. 8.2.3.2) mit der Besonderheit, daß es vor Zahlen *plus de* oder *moins de* heißt:

INADÄQUATE ERWARTUNG	KORREKTUR
/*tu es (très) fort*/ 'du bist sehr stark'	/*je suis moins fort que les autres*/ 'ich bin weniger stark als die andern'
/*tu es plus que jeune*/ 'du bist mehr als jung'	/*j'ai plus de seize ans*/ 'ich bin über sechzehn Jahre alt'
/*je pense que tu es plus dynamique que jamais*/ 'ich denke, du bist dy-namischer als je zuvor'	/*je suis moins dynamique que tu ne penses*/ 'ich bin weniger dynamisch, als du denkst'

461

Wenn, wie in dem letzten Beispiel, der Vergleichsgrund mit einem Verb ausgedrückt ist, so wird dieses mit Hilfe des Quasi-Konjunktivs *ne* in seiner Geltung eingeschränkt (*que tu ne penses* 'als du [«beeinflußbar»] denkst' – vgl. 4.5.1.3). Zur Wortstellung ist ferner zu beachten, daß eine Inversion von Subjekt und Verb eintritt, wenn in einem expliziten Vergleich das finite Verb phonetisch einen schwachen Zeichenkörper hat, beispielsweise in den nur aus einem Vokal bestehenden Verbformen *a* 'hat' und *est* 'ist':

/*une mère a plus de professions que n'en a un père*/   'eine Mutter hat mehr Berufe, als ein Vater sie hat'
/*souvent les filles sont moins ménagées que ne le sont les fils*/   'häufig werden die Töchter weniger geschont als die Söhne (wörtlich: als es die Söhne werden)'

Es kann auch so sein, daß die zwei Gesprächspartner ihre Intensitätserwartungen gleichgerichtet haben. Dann ist die Erwartung ohne weiteres übertragbar, und man bedient sich bei Verben der Form *autant* 'ebenso sehr, ebenso viel', bei Adjektiven und Adverbien der Form *aussi* 'ebenso'. Wir können diese Adverbien als neutrale Formen zwischen der Korrektur nach oben und der Korrektur nach unten hin ansehen. Gewöhnlich werden diese Adverbien zu Junktoren erweitert (*autant que* 'ebenso sehr wie', *aussi ... que* 'ebenso ... wie'):

/*Bordeaux est aussi grand que Toulouse*/   'Bordeaux ist ebenso groß wie Toulouse'
/*Bordeaux n'est pas aussi grand que Marseille*/   'Bordeaux ist nicht so groß wie Marseille'
/*est-ce que vous aimez Lille autant que Lyon?*/   'mögen Sie Lille ebenso gern wie Lyon?'
/*non, pas autant*/   'nein, nicht so sehr'

Ohne den Kontext eines nachfolgenden Adjektivs oder Adverbs dient die Form *aussi* 'auch' als Junktor (vgl. 8.2.1).

7.3.4.2.2 Superlativ-Stufe

Vergleichs-Adverbien der Superlativ-Stufe sind Adverbien der äußersten Intensität. Sie beziehen sich, ebenso wie die Vergleichs-Artikel dieser Stufe (vgl. 5.2.4.2.2), nicht auf eine einfache Erwartung, sondern auf eine bereits (zur größeren oder geringeren Intensität hin) gesteigerte Erwartung. Sogar diese wird durch die Superlativ-Stufe noch überboten. Es ist folglich gar keine Erwartung vorstellbar, die sich nicht als inadäquat erwiese und korrigiert werden müßte. Wir gliedern deshalb das korrigierte Intensitätsfeld nach einer größten und einer geringsten Intensität und beschreiben die Bedeutung dieser Adverbien mit den Merkmalen ⟨STEIGERUNG⟩, ⟨MINDERUNG⟩ und ⟨GANZHEIT⟩. In diesen Merkmalen kommt zum Ausdruck, daß die Adverbien der Superlativ-Stufe ihre Steigerungsmöglichkeiten ganz ausschöpfen.

Man bildet die Vergleichs-Adverbien der Superlativ-Stufe, indem man den komparativen Adverbien *plus* und *moins* eine Form des anaphorischen Artikels (vgl. 5.1.2) voranstellt. Es kann sich um den einfachen Artikel (zum Beispiel: *le* 'der') oder um einen gezielten Artikel (zum Beispiel: *mon* 'mein') handeln. Auch die komparativen Adjektive *meilleur, pire* und *moindre* sowie die komparativen Adverbien *mieux* und *pis* können durch eine Kombination mit Formen des anaphorischen Artikels für die Superlativ-Stufe eingerichtet werden. Für die Wahl der Artikelform gelten die folgenden Regeln:

☐1 Wird ein Verb oder ein Adverb determiniert, so gebraucht man die unveränderliche Artikelform *le* in Verbindung mit dem komparativen Adverb:

/ *c'est elle qui risque le plus* [ləplys] *dans cette affaire* /   's i e setzt in dieser Sache am meisten aufs Spiel'
/ *c'est elle qui joue le mieux de la classe* /   'am besten von der Klasse spielt s i e'

☐2 Wird ein Adjektiv determiniert, das seinerseits als Attribut ein Nomen determiniert, so bestimmt die Genus- und Numerus-Kongruenz auch den Artikelgebrauch der Superlativ-Stufe. Bei einem prädeterminierenden Adjektiv gilt der anaphorische Artikel des Nomens gleichzeitig als Superlativ-Artikel, bei einem postdeterminierenden Adjektiv wird hingegen der anaphorische Artikel des Nomens noch einmal als Superlativ-Artikel wiederholt. Ein gezielter Artikel wird jedoch bei nachgestelltem Adjektiv immer als einfacher Artikel wiederholt:

PRÄDETERMINIERENDER SUPERLATIV	POSTDETERMINIERENDER SUPERLATIV
/ *la plus dure épreuve* / 'der härteste Wettkampf'	/ *l'épreuve la plus énervante* / 'der nervenaufreibendste Wettkampf'
/ *sa plus belle victoire* / 'sein/ihr schönster Sieg'	/ *sa victoire la plus éclatante* / 'sein/ihr strahlendster Sieg'

Hat das Nomen einen kataphorischen Artikel bei sich, so ist eine Superlativ-Stufe des determinierenden Adjektivs zwar möglich, aber nur mit abgeschwächter Bedeutung, da der kataphorische Artikel ja auf eine Nachinformation verweist und der Superlativ folglich auch nicht das letzte Wort der Steigerung sein kann. Die Verbindung zwischen dem kataphorischen Artikel des Nomens und dem anaphorischen Artikel der Superlativ-Stufe wird durch die Präposition *de* hergestellt, und zwar nach den folgenden Mustern:

PRÄDETERMINIERENDER
SUPERLATIV

POSTDETERMINIERENDER
SUPERLATIV

/*un des plus grands auteurs*/ 'einer der größten Autoren'

/*un des romanciers les plus inspirés*/ 'einer der inspiriertesten Romanschriftsteller'

/*un des plus beaux romans*/ 'einer der schönsten Romane'

/*un romancier des moins connus*/ 'einer der am wenigsten bekannten Romanschriftsteller'

Das erste Beispiel der rechten Spalte charakterisiert eher den Sprachgebrauch der Standardsprache, während das zweite Beispiel dieser Spalte einen gepflegten Stil kennzeichnet. Dieses Beispiel läßt gleichzeitig erkennen, daß die genannten Regeln ebenso für den unterbietenden *(le moins)* wie für den überbietenden *(le plus)* Superlativ gelten.

Zu berücksichtigen ist allerdings, daß die Vergleichs-Adverbien der Superlativ-Stufe, da sie ja eine äußerste Intensität ausdrücken, die von ihnen determinierten Adjektive eben darum gerne in die bedeutungsstärkere postdeterminierende Stellung versetzen, auch wenn man die betreffenden Adjektive sonst eher in prädeterminierender Stellung finden würde. Unterscheide die Nuance im Nachdruck:

PRÄDETERMINATION

POSTDETERMINATION

/*le plus beau poème*/ 'das schönste Gedicht'

/*le poème le plus beau*/ 'das schönste Gedicht'

Vergleichs-Adverbien der Superlativ-Stufe können weiterhin in ihrer Entschiedenheit nuanciert werden. Verstärkt werden sie durch Zusätze wie *de tous/de toutes* 'von allen', *de loin* 'bei weitem' oder *de beaucoup* 'bei weitem', abgeschwächt durch den Zusatz *possible* 'möglichst' (der Form nach meistens unveränderlich, gelegentlich mit Plural-Kongruenz in der Graphie):

/*il est le plus riche de tous* [tus]/ 'er ist der reichste von allen'
/*elle est de loin* (oder: *de beaucoup) la moins frivole*/ 'sie ist bei weitem die am wenigsten Leichtsinnige'
/*il dépense le moins possible*/ 'er gibt so wenig wie möglich aus'

/*elle veut faire les plus grandes économies possibles*/   'sie will möglichst viel sparen'

Darüber hinaus können Adverbien der Superlativ-Stufe auch durch die Angabe des Vergleichsgrundes erweitert werden. Der Vergleichsgrund ist identisch mit der in Rechnung gestellten allgemeinen Erwartung. Dadurch wird der Vergleich explizit gemacht:

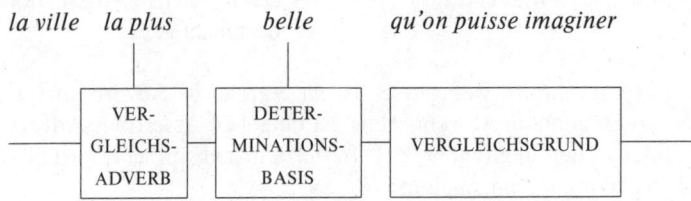

la ville   la plus   belle   qu'on puisse imaginer

| VER-GLEICHS-ADVERB | DETER-MINATIONS-BASIS | VERGLEICHSGRUND |

Das Verb des angegebenen Vergleichsgrundes steht nach einem Vergleichs-Adverb der Superlativ-Stufe im Konjunktiv (vgl. 4.5.3). Das Beispiel läßt außerdem erkennen, daß die gleichen Stellungsregeln gelten wie bei allen anderen Adverbien. Die Determinations-Basis (*belle* 'schöne') wird also von dem (kurzen, morphematischen) Adverb in prädeterminierender Stellung (*la plus* '-st') und seinem (langen, lexematischen) Vergleichsgrund in postdeterminierender Stellung (*qu'on puisse imaginer* 'die man sich vorstellen kann') eingerahmt.

/*c'est le quartier le plus pittoresque que j'aie jamais vu*/   'das ist das malerischste Stadtviertel, das ich je gesehen habe'
/*nous avons en effet le meilleur conservateur qu'on puisse trouver dans la région*/ 'wir haben (aber auch) tatsächlich den besten Denkmalpfleger, den man in der Gegend finden kann'
/*j'ai l'impression que le plus grand nombre des maisons peut être classé monument historique*/   'ich habe den Eindruck, daß die Mehrzahl der Häuser unter Denkmalschutz gestellt werden kann'
/*c'est en même temps un des plus gros problèmes pour les propriétaires*/   'das ist gleichzeitig eines der größten Probleme für die Eigentümer'
/*la meilleure solution sera d'améliorer le plus* [plys] *possible l'infrastructure de tout le quartier*/   'die beste Lösung wird sein, so viel wie möglich die Infrastruktur des ganzen Stadtviertels zu verbessern'

Idiomatische Ausdrücke:

les affaires vont pour le mieux   'die Geschäfte gehen bestens'
tout au plus [tutoplys]   'höchstens'

465

au maximum, au minimum [-mɔm]   'maximal, minimal'
extrêmement, à l'extrême   'äußerst'

Unterscheide die Formen *au moins* und *du moins:*

/il est très riche, il possède au moins cinq maisons/ 'er ist sehr reich, er besitzt wenigstens fünf Häuser'	*/s'il est vrai qu'il est riche, du moins il n'est pas avare/* 'wenn er auch (zwar) reich ist, so ist er doch zumindest nicht geizig'

Nur die Form *au moins* 'wenigstens' ist als Vergleichs-Adverb anzusehen. Die Form *du moins* 'zumindest, wenigstens' ist hingegen Assertions-Adverb mit einschränkender Bedeutung (vgl. 7.3.1). In der Umgangssprache wird diese Unterscheidung nicht immer eingehalten.

Morphologische Anmerkung: Einige wenige Adjektive bilden einen Superlativ mittels des latinisierenden Suffixes *-issime,* insbesondere die folgenden:

richissime [riʃisim]   'steinreich'
rarissime   'höchst selten'

Diese Formen werden nur in gewollt übertreibender oder ironischer Rede gebraucht.

7.3.4.2.3 Normativ-Stufe

Während die Komparativ-Stufe (vgl. 7.3.4.2.1) eine einfache Erwartung, die Superlativ-Stufe eine bereits gesteigerte Erwartung (vgl. 7.3.4.2.2) über- oder unterbietet, korrigiert die Normativ-Stufe der Vergleichs-Adverbien, ebenso wie die Normativ-Stufe der Vergleichs-Artikel (vgl. 5.2.4.2.3), eine inadäquate Erwartung vor dem Hintergrund einer Norm. Im Hinblick auf diese Norm erscheint eine erwartete Intensität als zu groß oder zu gering. Wir können daher die Bedeutung dieser Adverbien mit den Merkmalen ⟨STEIGERUNG⟩, ⟨MINDERUNG⟩ und ⟨GEBOT⟩ beschreiben.
   Die wichtigsten Vergleichs-Adverbien der Normativ-Stufe sind *trop* 'zu, zu sehr, zu viel' und *trop peu* 'zu wenig'. Unterscheide:

SUPERLATIV-STUFE

/ le député le plus affairé / 'der meist-
  beschäftigte Abgeordnete'
/ le ministre le moins renseigné / 'der
  am wenigsten unterrichtete Minister'

NORMATIV-STUFE

/ le député trop affairé / 'der viel zu
  beschäftigte Abgeordnete'
/ le ministre trop peu renseigné / 'der
  zu wenig unterrichtete Minister'

Das Adverb *trop* kann sich mit den Präpositionen *par, de* oder *en* verbinden.
Insbesondere bei Zahlen findet man die Form *de trop* oder *en trop:*

/ il y a une personne de trop ici /   'es ist eine Person zu viel hier'
/ c'est vous qui êtes en trop ici /   'S i e sind zu viel (überzählig) hier'

Die Normativ-Adverbien *(en, de) trop* und *trop peu* sind ihrer Form nach Adverbial-Morpheme. Außer diesen gibt es auf der Normativ-Stufe der Intensitäts-
Adverbien auch Adverbial-Lexeme und Adverbialien:

excessivement   'übermäßig'
démesurément   'maßlos'
insuffisamment   'ungenügend, unzureichend'
à l'excès   'im Übermaß'
d'une façon (oder: *manière*) *exagérée*   'in übertriebener Weise'
(...)

Einige Beispiele für den Gebrauch von Vergleichs-Adverbien der Normativ-
Stufe:

/ Rousseau est-il trop (oder: *excessivement*) *sévère quand il écarte d'Émile les fables
  de La Fontaine? /*   'ist Rousseau zu (oder: übermäßig) streng, wenn er La Fontaines Fabeln von Emile fernhält?'
/ vous êtes par trop pédant /   'Sie sind allzu pedantisch'

Die Opposition zwischen *trop* und *trop peu* ist neutralisierbar. Neutrale Form ist
das Adverb *assez* 'genug'. Mit dieser Form wird auch die Negation der Normativ-
Stufe *ne ... pas assez* 'nicht genug' gebildet:

*/ faut-il craindre qu'Émile, sans avoir lu les fables de La Fontaine, ne connaisse pas
  assez* (oder: *pas suffisamment*) *le monde? /*   'muß man fürchten, daß Emile, ohne
  die Fabeln La Fontaines gelesen zu haben, die Welt nicht genug (oder: nicht
  genügend) kennt?'

467

Sollen Vergleichs-Adverbien der Normativ-Stufe zu Junktionen erweitert werden, so verbinden sie sich mit der Konjunktion *pour que* (mit nachfolgendem Konjunktiv) oder mit der Verbal-Präposition *pour* (mit nachfolgendem Infinitiv):

/*ces raisins sont trop verts pour me plaire*/   'diese Trauben sind zu grün, um mir zu gefallen'
/*le renard est trop rusé pour qu'on puisse lui faire confiance*/   'der Fuchs ist zu gerissen, als daß man ihm Vertrauen schenken könnte'

Idiomatische Ausdrücke:

trop beau pour être vrai   'zu schön, um wahr zu sein'
je ne sais pas trop   'ich weiß nicht so recht'
cela n'a que trop duré   'das hat schon viel zu lange gedauert'
c'en est trop maintenant!   'nun reicht's aber!'

7.3.4.3   Kode-Adverbien

Die Kode-Adverbien sind Indefinit-Adverbien, mit denen die Intensität einer Bedeutung im Hinblick auf den Kode der Sprache gekennzeichnet wird. Sie geben an, daß die Text-Bedeutung eines Verbs, Adjektivs oder Adverbs das volle Maß dessen erreicht, was von der Kode-Bedeutung her überhaupt zugelassen ist. Ihr gemeinsames semantisches Merkmal ist ⟨GANZHEIT⟩. Der Ausdruck *tout (à fait) beau* 'ganz (und gar) schön' bedeutet also explizit: 'schön im vollen Sinn des Kodes'.
   Bei den Kode-Adverbien gibt es die folgenden Formen:

1   Die Form *tout à fait* 'ganz' ist unveränderlich. Sie wird hauptsächlich zur Determination von Prädikamenten, und zwar sowohl Prädikats-Nomina als auch Prädikats-Adjektiven, gebraucht.

/*l'enfant est tout à fait son père*/   'das Kind ist ganz der Vater'
/*c'est tout à fait vrai*/   'das stimmt ganz genau'

2   Die Form *tout* 'ganz' wird zur Determination von Adjektiven und Adverbien gebraucht. Als adverbiales Attribut von Adverbien ist die Form unveränderlich:

/*je vous dis tout franchement*/   'ich sage Ihnen ganz offen'
/*il s'en est allé tout bonnement* (oder: *simplement, bêtement*)/   'er ist ganz einfach
weggegangen'

Als adverbiales Attribut von Adjektiven ist die Form *tout* 'ganz' in beschränktem
Maße nach dem Genus (orthographisch auch nach dem Numerus) veränderlich
und stellt insofern einen Grenzfall («Semi-Adverb») zwischen Adverb und
Adjektiv dar. Dabei ist auch der unterschiedliche Anlaut des Adjektivs zu beachten, der konsonantisch (zum Beispiel: *content* 'zufrieden, froh') oder vokalisch
(zum Beispiel: *heureux* 'glücklich') sein kann:

KONGRUENZ	KONSONANTISCHER ANLAUT	VOKALISCHER ANLAUT
MASK./SING.	*tout content* [tukõtã]	*tout heureux* [tutørø]
FEM./SING.	*toute contente* [tutkõtãt]	*tout heureuse* [tutørøz]
MASK./PLUR.	*tout contents* [tukõtã]	*tout heureux* [tutørø]
FEM./PLUR.	*toutes contentes* [tutkõtãt]	*tout heureuses* [tutørøz]

Auch die folgenden Adverbial-Lexeme sind Kode-Adverbien und nuancieren
diese Subklasse der Intensitäts-Adverbien:

entièrement 'ganz'   *absolument* 'unbedingt, absolut'
complètement 'ganz, vollständig'   *totalement* 'ganz, gänzlich'
parfaitement 'ganz, vollkommen'
(...)

Bei bestimmten mehrgliedrigen Konjunktionen und Verbal-Präpositionen (z. B.
tout grand qu'il est 'so groß er auch ist') tritt das Adverb *tout* als Element auf und
trägt dem Junktor eine konzessive Bedeutung ein («was der Kode nur hergeben
kann» – vgl. 8.4.9.3).

7.3.5   Frequenz-Adverbien

Frequenz-Adverbien determinieren eine nicht-nominale Basis unter dem
Gesichtspunkt ihrer Wiederholbarkeit. Ihre hauptsächliche Bedeutungsgrundlage ist das Paradigma der Numeral-Artikel («Zahlen» – vgl. 5.2.3) in Verbindung mit dem Paradigma der Indefinit-Artikel (vgl. 5.2.4).

1 Numerale Frequenz-Adverbien

Die numeralen Frequenz-Adverbien bilden, ebenso wie die Numeral-Artikel (vgl. 5.2.3), eine Zahlenreihe. Gemeinsam ist ihnen allen das (unveränderliche) Morphem *fois* 'mal', das sich in der Kongruenz wie ein feminines Nomen verhält, bei dem Singular und Plural die gleiche Form haben. Die gemeinsame Bedeutung der Frequenz-Adverbien kann mit dem Merkmal ⟨GLEICH⟩ beschrieben werden; denn eine bestimmte Zahl von Handlungen wird in gleicher Weise gekennzeichnet.

une fois	'einmal'	*dix fois*	'zehnmal'
deux fois	'zweimal'	*cent fois*	'hundertmal'
trois fois	'dreimal'	*mille fois*	'tausendmal'
(…)			

Es verbindet sich also jeweils das quasi-nominale Morphem *fois* 'mal' mit der vorangestellten kataphorischen Kardinalzahl im Feminin. Das zugehörige Frage-Morphem lautet *combien de fois?* 'wie oft?' (vgl. 9.3.2.3).

Das Morphem *fois,* mit dem alle diese Frequenz-Adverbien gebildet werden, wird auch beim (gemeinsprachlichen) Rechnen verwendet, um die Operation der Multiplikation auszudrücken:

une fois un fait un   '$1 \times 1 = 1$'
trois fois quatre font douze   '$3 \times 4 = 12$'

In diesen Beispielen beziehen sich die Frequenz-Adverbien *une fois* 'einmal' und *trois fois* 'dreimal' auf ein nicht ausgedrücktes, weil im Kontext des Rechnens selbstverständliches Verb, das den Hörer anweist, die Operation des Multiplizierens auszuführen (etwa *prends* 'nimm!' oder *multiplie* 'multipliziere, nimm mal!'). In weniger förmlich geregelten Texten können diese Adverbien die verschiedensten Verben determinieren:

/*deux fois l'an (par an) je reçois une lettre de mon oncle*/   'zweimal im Jahr erhalte ich einen Brief von meinem Onkel'
/*et toi, combien de fois lui écris-tu?*/   'und wie oft schreibst d u ihm?'
/*je lui écris quatre fois par semaine*/   'ich schreibe ihm viermal in der Woche (pro Woche)'
/*mais alors tu écris cent fois plus que lui*/   'aber dann schreibst du (ja) hundertmal mehr als er'
/*c'est qu'il est mille fois plus riche que moi*/   'tja, er ist eben tausendmal reicher als ich'

Idiomatische Ausdrücke:

une fois, deux fois, trois fois!   'zum ersten, zum zweiten, zum dritten!' (bei Versteigerungen)
mille fois merci!   'tausend Dank!'

Besonders häufig findet man in Texten das Frequenz-Adverb *une fois* 'einmal', das im Hinblick auf den Gesichtspunkt Frequenz einen Grenzwert darstellt. Es hat oft eine abgeschwächte Bedeutung, zumal wenn es in formelhaften Wendungen auftritt:

encore une fois   'noch einmal (oder: nochmal)'
une fois de plus [plys]   'wieder einmal (oder: wiedermal)'
une fois pour toutes   'ein für allemal'
tous à la fois   'alle auf einmal'

Im Tempus-Kontext erzählender Verbformen (vgl. 4.2.2.2) ist *une fois* 'einmal' textgliederndes Erzählsignal, wenn es in Verbindung mit dem Horizont-Morphem *il* 'es' (vgl. 3.3.3.2) in Spitzenstellung vor dem Subjekt steht, zumal im Rahmen lexikalisierter Einleitungsformeln, wie sie für Märchen und alte Geschichten charakteristisch sind:

/ Il était une fois ... /   'Es war einmal ...'
/ Il y avait une fois ... /   'Es gab einmal ...'

Alle bisher genannten Frequenz-Adverbien können kataphorische Frequenz-Adverbien genannt werden. Sie verweisen den Hörer, wie an dem makro-syntaktischen Einleitungssignal *(il était) une fois* besonders deutlich wird, auf die Nachinformation (vgl. 5.1.2.5). Von dieser Art sind tatsächlich die meisten Frequenz-Adverbien. Es gibt aber auch anaphorische Frequenz-Adverbien, die den Hörer auf die Vorinformation verweisen. Sie bilden, ebenso wie das bei den Numeral-Artikeln zu beobachten ist (vgl. 5.2.3.1), eine parallel angelegte Zahlenreihe von Elementarzahlen: *les deux fois* 'beide Male', *les trois fois* 'die drei Male'.
Die (häufigeren) kataphorischen und die (selteneren) anaphorischen Frequenz-Adverbien haben gemeinsam, daß sie als Kardinalzahlen angesehen werden können (vgl. 5.2.3.1). Es gibt aber auch Frequenz-Adverbien, die den Charakter von Ordinalzahlen haben (vgl. 5.2.3.2):

la première fois   'das erste Mal'
une deuxième (seconde) fois   'ein zweites Mal'
pour la centième fois   'zum hundertsten Mal'

Beispiele für den Gebrauch anaphorischer und kataphorischer Frequenz-Adverbien:

/ on m'a dit que la dernière fois que vous avez joué à la loterie vous avez gagné le gros lot/ 'man hat mir gesagt, daß Sie das letzte Mal, als Sie Lotterie gespielt haben, das große Los gewonnen haben'
/ je n'ai jusqu'ici joué qu'une seule fois/ 'ich habe bisher nur ein einziges Mal gespielt'
/ les cent mille francs vous ont-ils rendu cent mille fois plus heureux qu'avant? / 'haben diese hunderttausend Francs Sie hunderttausendmal glücklicher gemacht?'
/ je me félicite cent fois par jour de pouvoir vivre maintenant sans plus jamais avoir besoin de jouer à la loterie/ 'ich beglückwünsche mich hundertmal am Tag, daß ich jetzt leben kann, ohne je wieder Lotterie spielen zu müssen'

[2]   Nicht-numerale Frequenz-Adverbien

Unter den nicht-numeralen Frequenz-Adverbien findet sich eine größere Gruppe, deren Bedeutungsgrundlage bei den Indefinit-Artikeln liegt (vgl. 5.2.4). Sie sind teilweise mit dem Morphem *fois* 'mal' gebildet, teilweise haben sie aber eigene Formen als Adverbial-Morpheme, Adverbial-Lexeme oder Adverbialien. In der folgenden Übersicht sind diese Adverbien ohne Rücksicht auf ihre Form annäherungsweise in einer Skala wachsender Frequenz angeordnet:

rarement   'selten'
parfois   'manchmal'
quelquefois   'manchmal'
des fois   'bisweilen'
plus d'une fois   'mehrfach'
plusieurs fois   'mehrmals'
mainte(s) fois   'vielmals'
à plusieurs reprises   'mehrfach'
bien des fois   'öfters'
(...)

Grenzfall dieser Frequenz-Adverbien ist die Negation *ne ... jamais* 'nie, niemals' (vgl. 9.2.2.2.3), die ihrerseits nuanciert werden kann (*ne ... presque jamais* 'fast nie').
   In Verbindung mit dem quasi-nominalen Morphem *fois* ist weiterhin auch eine demonstrative oder temporale Nuancierung des Frequenz-Adverbs möglich:

cette fois   'diesmal'
la prochaine fois   'nächstesmal'
(...)

7.3.6   Sequenz-Adverbien

Sequenz-Adverbien unterrichten den Hörer über die Abfolge von Handlungen. Diese Abfolge kann untereinander geordnet werden (7.3.6.1) oder sich auf eine bestimmte Erwartung des Hörers beziehen (7.3.6.2).

7.3.6.1   Abfolge und Begrenzung von Handlungen

Im Zusammenwirken mit den Instruktionen der Tempus-Perspektive (vgl. 4.2.1) verhelfen die Instruktionen der Sequenz-Adverbien dazu, eine Reihe von Handlungen nach ihrer Abfolge untereinander zu ordnen. Wir benötigen zu ihrer Beschreibung die Abfolge-Merkmale ⟨FRÜHER⟩ und ⟨SPÄTER⟩.

FRÜHER	SPÄTER
avant 'vorher'	*après* 'nachher'
tôt 'früh'	*tard* 'spät'
plus tôt 'früher'	*plus tard* 'später'
au plus tôt 'frühestens'	*au plus tard* 'spätestens'
précédemment 'vormals'	*ultérieurement* 'nachher, später'
ci-devant 'vorig'	*ci-après* 'nachfolgend'
(...)	(...)

Diese Adverbien können jeweils mit *que* zu Konjunktionen weitergebildet werden:

/ *j'arrive aujourd'hui un peu plus tôt* /   'ich komme heute ein bißchen früher'
/ *vous venez pourtant plus tard que je ne pensais* /   'Sie kommen aber später, als
   ich dachte'
/ *même si vous m'en aviez parlé avant, je n'aurais pu être ici qu'à huit heures au
plus tôt* /   'selbst wenn Sie mir vorher etwas davon gesagt hätten, hätte ich (erst)
   frühestens um acht Uhr hier sein können'
/ *je vous expliquerai après ce que j'en pense* /   'ich werde Ihnen später (hinterher)
   erklären, was ich davon halte'

473

Der Handlungsverlauf kann auch nach seiner zeitlichen Begrenzung, das heißt, nach Anfang und Ende gekennzeichnet werden. Das geschieht durch Adverbien, die bei allen unterschiedlichen Nuancen ihrer Bedeutungen entweder das semantische Merkmal ⟨ANFANG⟩ oder das Merkmal ⟨ENDE⟩ gemeinsam haben. Dies sind nämlich die beiden Merkmale der zeitlichen Begrenzung.

ANFANG	ENDE
d'abord 'zuerst'	*enfin* 'schließlich'
au début 'zu Beginn'	*finalement* 'schließlich, endlich'
au commencement 'am Anfang'	*à la fin* 'am Ende, am Schluß'
pour commencer 'um (damit) anzu-fangen'	*pour finir (terminer)* 'um zum Schluß zu kommen'
(…)	(…)

Erzählungen, die von einem Anfang über verschiedene Zwischenstufen zu einem Ende führen, machen gerne von der Möglichkeit Gebrauch, den Erzählraum zwischen Anfang und Ende zusätzlich mit narrativen Tempus-Partikeln zu füllen, um auf diese Weise der Geschichte einen Erzählfluß zu geben, zumal unter den besonderen Bedingungen des mündlichen Erzählens (vgl. 4.2.4.1).

Die Klasse der Sequenz-Adverbien kann ferner als eine genaue Skala aufgefaßt und im Rückgriff auf die Zahlenreihe numeral gegliedert werden. Die Sequenz-Adverbien dieser Skala dienen dann der genauen Aufzählung. Sie werden gebildet aus den Ordinalzahlen (vgl. 5.2.3.2) in Verbindung mit dem Adverb-Suffix *-ment*.

premièrement 'erstens'
deuxièmement 'zweitens'
troisièmement 'drittens'
dernièrement 'letztens, jüngst'
(…)

An die Stelle dieser Adverbien treten, hauptsächlich in förmlichen Texten, bisweilen die folgenden lateinischen Sequenz-Adverbien (nur diese!):

1°: *primo* 'erstens'
2°: *secundo* [səgõdo] 'zweitens'
3°: *tertio* [tɛrsjo] 'drittens'
    ultimo [yltimo] 'letztens'

In weniger förmlicher, insbesondere mündlicher Rede bevorzugt man die Sequenz-Adverbien in der Form von Adverbialien:

en premier lieu   'erstens, an erster Stelle'
en second lieu   'zweitens, an zweiter Stelle'
en troisième lieu   'drittens, an dritter Stelle'
(...)
en dernier lieu   'letztens, an letzter Stelle'

7.3.6.2   *Encore* und *déjà*

Die vielgebrauchten Adverbien *encore* 'noch' und *déjà* 'schon' kombinieren in ihren Bedeutungen die Abfolge-Merkmale (FRÜHER) und (SPÄTER) mit den Begrenzungs-Merkmalen (ANFANG) und (ENDE), und zwar kreuzweise. Die Bedeutung des Adverbs *encore* setzt sich zusammen aus den semantischen Merkmalen (SPÄTER) und (ENDE), die Bedeutung des Adverbs *déjà* hingegen aus den semantischen Merkmalen (FRÜHER) und (ANFANG). In beiden Bedeutungen ist eine inadäquate Erwartung des Hörers vorausgesetzt, die durch diese Adverbien korrigiert wird.

1   Durch das Adverb *encore* 'noch' wird eine übereilte Erwartung des Hörers korrigiert. Es wird ihm durch dieses Sprachzeichen bedeutet, daß mit einem Ende der Handlung «später als erwartet» zu rechnen ist:

/*vous pensez peut-être que vos arguments m'ont convaincu, mais je suis encore du même avis qu'avant*/ 'Sie meinen vielleicht, daß mich Ihre Argumente überzeugt haben, aber ich bin noch der gleichen Ansicht wie vorher'

Der Gesprächspartner hatte hier mit einem früheren Ende des Argumentationsprozesses gerechnet. Sein Argumentationspartner läßt sich aber später als erwartet (nämlich bis jetzt gar nicht) von den vorgebrachten Argumenten beeindrucken.

2   Das Adverb *déjà* 'schon' korrigiert eine allzu träge Erwartung des Hörers. Dieser soll, so wird ihm durch dieses Sprachzeichen bedeutet, den Anfang einer Handlung «früher als erwartet» ansetzen:

/*cessez de me raconter des histoires, j'ai déjà très bien compris ce que vous avez en vue*/ 'hören Sie auf, mir Geschichten zu erzählen, ich habe schon längst gemerkt, was Sie im Sinn haben'

Unterscheide also die optimistische und die pessimistische Perspektive:

SPÄTER ALS ERWARTET	FRÜHER ALS ERWARTET
/ *la bouteille est encore à moitié pleine* / 'die Flasche ist noch halb voll'	/ *la bouteille est déjà à moitié vide* / 'die Flasche ist schon halb leer'

Die Erwartungen können sich auch auf eine besondere Qualität erstrecken:

☐1 Jemand gibt sich rasch mit der Qualität zufrieden; aber der Gesprächspartner enttäuscht ihn in dieser allzu früh befriedigten Erwartung:

/ *il faut courir encore plus vite* /   'es muß noch schneller gelaufen werden'

☐2 Jemand gibt sich nur langsam mit der Qualität zufrieden; der Gesprächspartner jedoch enttäuscht ihn in dieser allzu spät befriedigten Erwartung:

/ *ce n'était déjà pas si mal* /   'das war schon gar nicht so übel'

Auch die Negation ist eine Enttäuschungs-Strategie (vgl. 9.2.2). Im Streitgespräch können daher auch verneinte Sequenz-Adverbien eingesetzt werden. Es entsprechen einander in der Opposition:

AFFIRMATION	NEGATION
encore 'noch'	*ne ... plus* 'nicht mehr'
déjà 'schon'	*ne ... pas encore* 'noch nicht'

Neben dem Sequenz-Adverb *encore* 'noch' gibt es mit verwandter Bedeutung das Sequenz-Adverb *toujours* 'immer noch', das ebenfalls einen Kontext voraussetzt, der durch bestimmte Erwartungen im angegebenen Sinn gekennzeichnet ist und sich dadurch von dem homonymen Tempus-Adverb *toujours* 'immer' unterscheidet. In der Negation sind die beiden homonymen Formen von *toujours* auch formal unterschieden:

/ *elle est encore là?* / 'ist sie noch da?'	/ *elle n'est pas encore là?* / 'ist sie noch nicht da?'
/ *elle est toujours là!* / 'sie ist immer noch da!'	/ *elle n'est toujours pas là!* / 'sie ist immer noch nicht da!'

In Spitzenstellung, auch in Verbindung mit einer Konjunktion, hat *encore* eine konzessive Nuance (vgl. die Konjunktion *encore que*); man stimmt 'später als erwartet' zu:

/ *lui parler, c'est difficile, et encore faut-il le trouver!* /   'ihn zu sprechen, ist schwierig, und überhaupt (oder: allemal) muß man ihn erst einmal finden!'

Finale, kausale und konzessive Verhältnisse werden sonst selten adverbial ausgedrückt. Man drückt sie eher ausführlicher in Form einer Junktion aus und
bedient sich der entsprechenden Konjunktionen oder Präpositionen. In vereinzelten Grenzfällen, zumal bei phraseologischer Verfestigung, können Präpositional-Junktionen dieser Art jedoch als Adverbialien aufgefaßt und der Unter-
gruppe der Sequenz-Adverbien zugerechnet werden:

/ *elle a fini par divorcer, et pour cause* /   'sie hat sich schließlich scheiden lassen,
und das mit gutem Grund'
/ *avec le mari qu'elle avait, c'est compréhensible, après tout* /   'bei dem Mann, den
sie hatte, ist das letzten Endes zu verstehen'

7.3.7   Qualitäts-Adverbien

Qualitäts-Adverbien determinieren ein Verb, ein Adjektiv oder ein Adverb nach
der Art und Weise. Das ist eine lexikalisch spezifizierende Attribution. Sie hat
keine Grundlage in anderen Bereichen der Syntax. In der Klasse der Qualitäts-
Adverbien finden sich daher keine Adverbial-Morpheme. Sie besteht nur aus
Adverbial-Lexemen und Adverbialien. Die meistgebrauchten Qualitäts-Adverbien sind *bien* 'gut' und *mal* 'schlecht'. (Aber: Das Adverbial-Lexem der Qualität
bien 'gut' kann im Text morphematisiert werden und wird dann zum Adverbial-
Morphem der Assertion mit der Bedeutung 'wohl' – vgl. 7.3.1.) Den Qualitäts-
Adverbien *bien* und *mal* können verschiedene andere Adverbial-Lexeme und
Adverbialien als Qualitäts-Adverbien mit nuancierender Bedeutung zugeordnet
werden, so daß sich die Subklassen der positiven und der negativen Qualität
bilden lassen:

POSITIVE QUALITÄT		NEGATIVE QUALITÄT	
heureusement	'glücklicherweise'	*malheureusement*	'unglücklicher-
gaîment (oder: gaiement)	'fröhlich'		weise, leider'
merveilleusement	'wunderbarer-	*péniblement*	'mühsam'
weise'		*misérablement*	'elend(-iglich)'
joliment	'hübsch'	*durement*	'hart'
aisément	'bequem'	*cruellement*	'grausam'
agréablement	'angenehm'	*tristement*	'traurig'
convenablement	'ordentlich'	*vainement*	'vergeblich'

477

gentiment 'nett'
soigneusement 'sorgfältig'
volontiers 'gern'
avec plaisir 'mit Vergnügen, gern'
sans défaut 'ohne Fehler'
(...)

négligemment 'nachlässig'
d'une façon dégoûtante 'auf ekel-
hafte Weise'
d'un ton impertinent 'in frechem Ton'
(...)

Die meisten Adverbial-Lexeme dieser Subklasse sind mit dem Suffix *-ment* gebildet und haben Adjektive mit gleicher Lexem-Bedeutung neben sich (z. B. *libre/librement* 'frei'). Die Adverbialien sind zum größten Teil mit Präpositionen gebildet, können also zusammen mit ihrer Basis auch als Junktionen analysiert werden.

Außer den Qualitäts-Adverbien, die einer semantischen Skala der positiven und der negativen Qualität zugeordnet werden können, gibt es viele andere Qualitäts-Adverbien, die auch außerhalb dieser Skala zahlreiche Nuancen ausdrücken und mit ihnen Verben, Adjektive oder Adverbien in verschiedener Weise determinieren können. Vorausgesetzt ist nur, daß sie eine Qualitäts-Bedeutung haben:

[1] Adverbial-Lexeme

facilement 'leicht'
difficilement 'schwer, schwierig'
profondément 'tief'
spontanément 'spontan'
franchement 'freimütig, offen'
volontairement 'freiwillig'
pratiquement 'praktisch'
courageusement 'mutig'
(...)

étroitement 'eng'
définitivement 'endgültig'
fortement 'stark'
théoriquement 'theoretisch'
curieusement 'neugierig, eigenartig'
gratuitement 'kostenlos'
ironiquement 'ironisch(-erweise)'
paradoxalement 'paradoxerweise'

[2] Adverbialien

par hasard 'durch Zufall'
malgré moi 'wider meinen Willen'
en toute liberté 'in aller Freiheit'
selon nos forces 'nach unseren Kräften'
conformément à la loi 'nach dem Gesetz'
dans l'esprit de la religion 'im Geist der Religion'
de tout mon cœur 'von ganzem Herzen'
bon gré mal gré 'wohl oder übel'
(...)

Adjektive, die keine Qualitäts-Bedeutung haben, lassen gewöhnlich keine Adverb-Bildung zu. Das gilt vor allem für die Masse der klassifizierenden Adjektive (*catholique* 'katholisch', *encyclopédique* 'enzyklopädisch', *zoologique* 'zoologisch' ...). Ausgenommen ist hier allerdings ein besonderer Kontext mit dem (unveränderlichen) Partizip *parlant* 'gesprochen':

/*scientifiquement parlant, la «maladie sacrée» s'appelle épilepsie*/ 'wissenschaftlich gesprochen, heißt die «heilige Krankheit» Epilepsie'
/*linguistiquement parlant, une lettre est un dialogue coupé en deux*/ 'ein Brief ist, linguistisch gesprochen, ein halbierter Dialog'

Wenn sonst zu einem klassifizierenden Adjektiv ein Adverb auf -*ment* gebildet wird, so nimmt dieses eben dadurch eine Qualitäts-Bedeutung an. Unterscheide:

KLASSIFIZIERENDES ADJEKTIV	QUALIFIZIERENDES ADVERB
/*la religion chrétienne*/ 'die christliche Religion'	/*il a agi chrétiennement*/ 'er hat christlich (in gut christlichem Geist) gehandelt'
/*l'art poétique*/ 'die Dichtkunst (Ars poetica)'	/*il a écrit poétiquement*/ 'er hat poetisch (mit dichterischen Qualitäten) geschrieben'

Adverbialien können von klassifizierenden Adjektiven ohne weiteres gebildet werden, wenn als Basis ein Nomen gewählt wird, das den Rahmen für eine Qualität abgeben kann (*manière, façon, genre, style, goût, ton* ...):

/*écrire d'une façon pédante*/ 'pedantisch schreiben'
/*faire un poème dans le goût baroque*/ 'im Geschmack des Barock dichten'

Von Eigennamen werden keine Adverbial-Lexeme gebildet; Adverbialien sind jedoch auch hier möglich:

peindre à la manière de Corot 'in der Manier von Corot malen'
composer dans le style de Chopin 'im Stile Chopins komponieren'
se moquer à la voltairienne 'auf Voltairesche Art spotten'
vivre à la française 'auf französische Art leben'
se divertir à la parisienne 'sich auf Pariser Art amüsieren'
filer à l'anglaise 'sich auf französisch verabschieden'
(...)

Die Bedeutungs-Unterscheidungen aller Qualitäts-Adverbien werden neutralisiert in dem Adverbial-Morphem *ainsi* 'so' und seiner umgangssprachlichen Variante *comme ça* (gelegentlich stilistisch angehoben zu *comme cela*) 'so'. Diese Formen können als Pro-Adverbien der Qualität betrachtet werden. Sie werden gebraucht, wenn sich aus dem voraufgehenden Text oder aus der Situation ergibt, welche Qualität gemeint ist:

/*c'est comme ça qu'il faut faire*/ 's o muß man es machen'
/*puisqu'il en est ainsi*.../ 'da es sich so verhält...'
/*ainsi soit-il*/ 'amen'

7.4 Das Gerundium

Das Gerundium ist eine nicht-finite Verbform, die als Attribut ein finites Verb zu determinieren vermag. Man kann es die adverbiale Form des Neutral-Partizips nennen (vgl. 6.7.2). Wie dieses ist es an dem Suffix *-ant* zu erkennen, und wie dieses wird es nicht nach den Kongruenz-Merkmalen des Genus und Numerus differenziert. Zusätzlich zu dem Suffix *-ant* hat das Gerundium (Symbol: ◁▭) ein prädeterminierendes, orthographisch selbständiges Morphem in der Form *en* bei sich, das mit der Präposition *en* 'in' (vgl. 8.3.3.2) homonym ist.

Durch dieses Morphem *en* unterscheidet sich die Form des Gerundiums *en criant* 'schreiend, unter Schreien' von der Form des Neutral-Partizips *criant* 'schreiend' (vgl. 6.7.2).

Mit dem Gerundium bildet man eine Gerundial-Attribution. Im Gegensatz zur Partizipial-Attribution, die eine nominale oder pronominale Basis hat (vgl. 6.7), ist die Basis einer Gerundial-Attribution verbal.

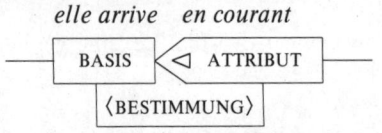

In diesem Beispiel ist das finite Verb *elle arrive* 'sie kommt an' determinationsbedürftig und insofern Basis der Attribution. Attribut ist das determinationskräftige Gerundium *en courant* 'im Laufschritt'. Die Determinanten indes, welche die Basis schon bei sich hat, werden durch die Gerundial-Attribution nicht getilgt, sondern gelten auch für das Gerundium weiter. In unserem Beispiel hat also das Gerundium dasselbe Referenten-Subjekt *elle* und dasselbe Tempus Präsens wie das finite Verb *elle arrive*. Ein Textrollen- oder Tempuswechsel zwischen der Basis und dem Attribut einer Gerundial-Attribution ist nicht möglich. Unter dem Gesichtspunkt der Stellung zum Verb kennen die Gerundial-Attributionen, ebenso wie die Partizipial-Attributionen, entweder die postdeterminierende Stellung Verb – Gerundium («Thema») oder – mit aufmerksamkeitssteigernder Wirkung – die prädeterminierende Stellung Gerundium – Verb («Rhema»):

/ *on appelle les pompiers en appuyant sur le bouton rouge* / 'man ruft die Feuerwehr, indem man auf den roten Knopf drückt'
/ *les pompiers arrivent en klaxonnant à tue-tête* / 'die Feuerwehr kommt unter ohrenbetäubendem Hupen an'
/ *ils ont finalement réussi à éteindre le feu en se servant des extincteurs* / 'es ist ihnen schließlich durch die Benutzung von Feuerlöschern gelungen, das Feuer zu löschen'
/ *en analysant les causes des grands incendies, vous découvrirez souvent de petites négligences* / 'wenn Sie die Gründe der Großfeuer analysieren, werden Sie oft kleine Nachlässigkeiten entdecken'

Je nach den Bedeutungen der Verben, die in einer Gerundial-Attribution miteinander verbunden werden, verändert sich auch die Gesamtbedeutung der Attribution. Wenn beispielsweise Basis und Attribut einer Gerundial-Attribution miteinander unverträgliche Bedeutungen haben, erhält die Attribution insgesamt einen konzessiven oder metaphorischen Sinn. Auf die Gesamtbedeutung der Gerundial-Attribution wirkt sich ferner die Art und Weise unterschiedlich aus, wie das Gerundium durch bestimmte Adverbien nuanciert wird *(tout en partant, juste en criant, toujours en riant...).*

/ *il faut savoir faire bonne mine tout en perdant au jeu* / 'man muß gute Miene machen können, wenn (obwohl) man gerade beim Spiel verliert'
/ *j'ai parfois gagné au jeu juste en faisant semblant de perdre* / 'ich habe manchmal beim Spiel gewonnen, gerade indem (weil) ich so tat, als verlöre ich'
/ *la fortune n'est pas avec ceux qui jouent en trichant* / 'das Glück ist nicht mit denen, die falsch spielen'
/ *serait-elle peut-être avec ceux qui dorment en jouant?* / 'sollte es etwa mit denen sein, die beim Spiel schlafen?'

Idiomatische Ausdrücke:

en passant 'im Vorübergehen, en passant'
en attendant 'einstweilen, fürs erste'
les prix vont (en) augmentant 'die Preise steigen ständig an'

c'est en forgeant qu'on devient forgeron   'Übung macht den Meister'
l'appétit vient en mangeant   'der Appetit kommt beim Essen'

Das letztgenannte Sprichwort weicht als (sehr seltene) Ausnahme von der oben erwähnten Regel ab, daß Basis und Attribut einer Gerundial-Attribution das gleiche Subjekt haben müssen.

8   SYNTAX DER JUNKTION

Im Text sind alle Sprachzeichen miteinander verbunden. Sie geben einander Kontext und determinieren einander. Dieser Zusammenhalt ist jedoch von verschiedener Art. Eine besondere und besonders wichtige Art textueller Verbindung nennen wir JUNKTION. Eine Junktion ist ein Determinationsgeflecht, das von einem Junktor semantisch regiert wird. Der Junktor bedeutet dem Hörer, in welchem Sinn er die Determination auffassen soll.

Nach der Anweisung des jeweiligen Junktors wird in der Junktion ein textuell determinationsbedürftiges Junktionsglied (Merkmal: ⟨BESTIMMBAR⟩) durch ein textuell determinationskräftiges Junktionsglied (Merkmal: ⟨BESTIMMEND⟩) determiniert, das heißt, in seiner Bedeutung eingegrenzt. (In einem anderen Text kann die Determination in der Gegenrichtung verlaufen; es ist also nicht durch den Kode der Sprache ein für allemal vorentschieden, welches Sprachzeichen determinationsbedürftig und welches determinationskräftig ist.) Das determinationsbedürftige Junktionsglied eines Textes wollen wir BASIS, das determinationskräftige Glied ADJUNKT der Junktion nennen. Basis und Adjunkt sind beide die semantisch regierten Glieder der Junktion. Es ist für eine Junktion unerheblich, welchen Textumfang die beiden Junktionsglieder haben. Sie können aus je einem einfachen Sprachzeichen oder aus je mehreren Sprachzeichen bestehen. Wenn sie aus mehreren Sprachzeichen bestehen, so gelten alle Sprachzeichen, welche die Basis einer Junktion bilden, als determinationsbedürftig, und die Gesamtheit der Sprachzeichen, die das Adjunkt einer Junktion bilden, gilt als determinationskräftig.

Zwischen der Basis und dem Adjunkt legt der Junktor die Determinationsrichtung fest, die vom Adjunkt zur Basis geht (Symbol: ◁).

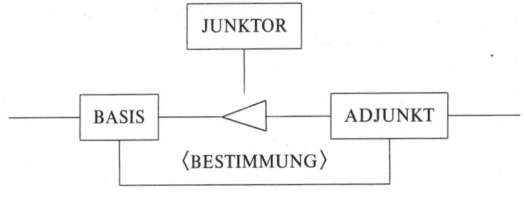

Während es eine Klasseneigenschaft aller Junktoren ist, die Determinationsrichtung vom Adjunkt zur Basis zu bestimmen, legen die einzelnen Junktoren, die dieser Klasse angehören, außerdem noch jeweils die Art und Weise fest, wie die Determination erfolgen soll («species determinationis»). Diese Spezifizierung ergibt sich aus der jeweiligen Bedeutung, wie sie im Einzelfall durch weitere semantische Merkmale beschrieben werden kann. Wir unterscheiden aber immer scharf zwischen der Einzelbedeutung, die der Junktor als einzelnes Sprachzeichen hat, und der Gesamtbedeutung, die der ganzen Junktion mitsamt Basis und Adjunkt zukommt.

Die Klasse der Junktoren kann nach verschiedenen Subklassen untergliedert werden. Diese Untergliederung richtet sich danach, aus welchen Sprachzeichenklassen die Junktionsglieder gebildet werden:

- ALLJUNKTOREN (zum Beispiel: *et* 'und', *ou* 'oder') sind Junktoren, die beliebige Sprachzeichen der gleichen Sprachzeichenklasse zu einer Junktion verknüpfen (8.2).
- PRÄPOSITIONEN (zum Beispiel: *pour* 'für', *à cause de* 'wegen') sind Junktoren, die eine beliebige Basis mit einem nominalen oder pronominalen Adjunkt verknüpfen. Einen Grenzfall bilden die Verbal-Präpositionen, die als Adjunkt einen Infinitiv haben (8.3).
- KONJUNKTIONEN (zum Beispiel: *si* 'wenn', *bien que* 'obwohl') sind Junktoren, die in der Regel eine verbale Basis mit einem ebenfalls verbalen Adjunkt verknüpfen (8.4).
- RELATIV-JUNKTOREN (zum Beispiel: *qui* 'der, die, das', *que* 'den, die, das') sind Junktoren, die eine nominale oder pronominale Basis mit einem verbalen Adjunkt verknüpfen (8.5).

Die Junktoren sind in den meisten Fällen Morpheme (zum Beispiel: *mais* 'aber', *dans* 'in', *quand* 'wenn, als'; sie können jedoch auch aus mehreren Elementen bestehen und dabei (morphematisierte) Lexeme einschließen (zum Beispiel: *de sorte que* 'so daß', *dans la mesure où* 'im Maße wie').

In allen Fällen hängt die Gesamtbedeutung der Junktion auch davon ab, welche Stellung die Junktionsglieder im Text haben. Wir behandeln daher zunächst diese Stellungsbedingungen (8.1).

8.1 Die Stellung der Junktionsglieder

In einer Junktion ist die Stellung der Junktionsglieder in gewissen Grenzen veränderlich. Diese Veränderlichkeit betrifft hauptsächlich die Stellung der Basis im

Verhältnis zum Junktor und zum Adjunkt. Die beiden letzteren Elemente ändern ihre Stellung zueinander nicht. Es sind drei Stellungstypen möglich:

– Postdeterminierende Junktion (8.1.1)
– Prädeterminierende Junktion (8.1.2)
– Interdeterminierende Junktion (8.1.3)

Diese Stellungstypen können im Text vielgestaltig verschränkt und ineinander verschachtelt werden.

8.1.1   Postdeterminierende Junktionen (Post-Junktionen)

In weitaus den meisten Junktionen (etwa 80 Prozent der Vorkommen) haben die Junktionsglieder die Abfolge Basis – Junktor – Adjunkt. Bei dieser Abfolge wird an erster Stelle die Basis als das determinationsbedürftige Junktionsglied genannt. Dann folgt der Junktor, der den Hörer anweist, auf welche besondere Art und Weise die Basis determiniert werden soll. Und an letzter Stelle wird das Adjunkt genannt, das die Determination der Basis bewirkt. Aus diesem Grund nennen wir diesen Stellungstyp postdeterminierende Junktion (Kurzform: Post-Junktion). Im nachfolgenden Beispiel ist als Junktor die Präposition *à* gewählt:

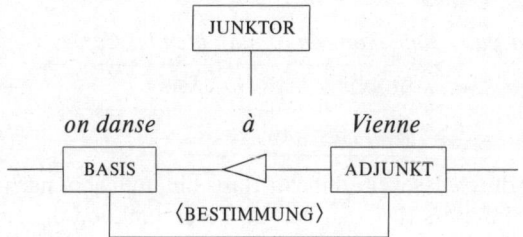

Basis ist in dieser Junktion ein (finites) Verb: *on danse* 'man tanzt'. Adjunkt ist ein Eigenname, also ein Nomen: *Vienne* 'Wien'. Die ganze Junktion mit der Gesamtbedeutung 'man tanzt in Wien' ist ein Determinationsgeflecht, das zuerst die Basis als das determinationsbedürftige Junktionsglied nennt. Deren Bedeutung wird dann im nachfolgenden Kontext durch das Adjunkt als das determinationskräftige Junktionsglied spezifiziert. Deshalb ist diese Junktion eine postdeterminierende Junktion (Post-Junktion). Diese Stellung ist für Junktionen die Normalstellung. Sie erweckt beim Hörer keine besondere Aufmerksamkeit, sondern signalisiert Routine. Alle Subklassen der Junktoren lassen diese Normalstellung zu:

/la France et l'affaire Dreyfus/ 'Frankreich und die Dreyfus-Affäre'
/l'accusation pour espionnage/ 'die Anklage wegen Spionage'
/Dreyfus fut condamné, bien qu'il fût innocent/ 'Dreyfus wurde verurteilt,
   obwohl er unschuldig war'
/on appelait «dreyfusards» les personnes qui luttaient pour la révision du procès/
   'die Personen, die für die Revision des Prozesses kämpften, nannte man Dreyfusards'

In all diesen Beispielen schreitet die Information von der Basis über den Junktor
zum Adjunkt stetig fort und präzisiert durch die Postdetermination, was vorher
weniger determiniert war.

8.1.2 Prädeterminierende Junktionen (Prä-Junktionen)

Während die meisten Junktionen die Abfolge Basis – Junktor – Adjunkt haben
und Post-Junktionen sind, findet man bei einer geringeren Zahl von Junktionen
die Stellung Junktor – Adjunkt – Basis. Wir wollen Junktionen mit dieser Stellung prädeterminierende Junktionen (Kurzform: Prä-Junktionen) nennen:

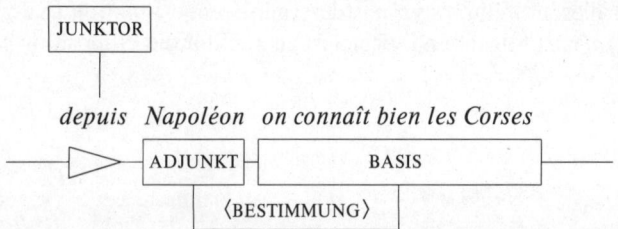

Wir drücken hier durch das weiterhin zur Basis hin, nun aber nach rechts gewendete Symbol des Junktors (▷) aus, daß in dieser Junktion die Basis nicht dem
Adjunkt voraufgeht, sondern ihm nachfolgt. Diesmal erfährt der Hörer zuerst
aus dem Junktor *(depuis* 'seit'), auf welche Art und Weise er die Determination
vollziehen soll, hier also im Sinne eines bestimmten Zeitverhältnisses. Aber er
kann die Anweisung einstweilen nicht ausführen, da ihm beide Junktionsglieder
noch unbekannt sind. Dann folgt als erstes Junktionsglied das Adjunkt *(Napoléon),* und immer weiß der Hörer noch nicht, welche Basis er mit diesem Eigennamen determinieren soll. Die von ihm verlangte Determinationsleistung muß
also einen weiteren Augenblick in der Schwebe bleiben, bis schließlich als letztes
Glied der Junktion auch die (hier mehr-elementige) Basis genannt wird *(on
connaît bien les Corses* 'man kennt die Korsen gut'). Nun erst hat der Hörer die
Gesamtbedeutung der Junktion zu seiner Verfügung: 'seit Napoleon kennt man

---

die Korsen gut'. Wir wollen eine Junktion mit dieser Stellung der Junktionsglieder eine prädeterminierende Junktion oder Prä-Junktion nennen, weil das determinationskräftige Junktionsglied dem determinationsbedürftigen Junktionsglied voraufgeht. Man beachte bei den folgenden Beispielen, wie die Stellungsbedingungen der Prä-Junktionen, indem sie die verlangte Determinationsleistung für ein paar Augenblicke suspendieren, die Aufmerksamkeit des Hörers auf das Ende hin lenken:

/*sous Louis XIV, la monarchie est devenue absolue*/ 'unter Ludwig XIV. ist die Monarchie absolut geworden'

/*tandis que Louis XIII s'était contenté de régner, Louis XIV a régné et gouverné*/ 'während Ludwig XIII. sich damit begnügt hatte, Herrscher zu sein, hat Ludwig XIV. geherrscht und regiert'

Die Nachstellung der Basis in Junktionen dieses Stellungstypus bewirkt beim Hörer einen kleinen Stau des Verstehensprozesses, da er eine Determinationsanweisung erhält, die er nicht sofort ausführen kann, sondern für einen kurzen Augenblick speichern muß. Manchmal weist der Sprecher auf diesen Stau auch seinerseits mit einer kurzen Sprechpause hin: ihr orthographisches Äquivalent ist das Komma. Der Stau des Verstehensprozesses bewirkt, daß sich die Aufmerksamkeit des dekodierenden Hörers verstärkt auf die Basis richtet.

Prä-Junktionen werden in Texten gerne verwendet, wenn die Aufmerksamkeit des Hörers für eine Textstelle besonders gefordert werden soll. So findet man beispielsweise in einem Text (von André Malraux) das folgende Segment:

/*Gandhi était alors présent dans toute l'Inde (...); pour l'Europe, il n'était déjà plus qu'un libérateur aux mains pures*/ 'Gandhi war damals in ganz Indien gegenwärtig (...); für Europa war er bereits nur noch ein Befreier mit reinen Händen'

Die erste Junktion dieses Beispiels ist postdeterminierend: *était présent dans toute l'Inde* 'war in ganz Indien gegenwärtig'. Diese Normalstellung ist plausibel: in dem ganzen Textabschnitt ist schon von Indien die Rede. Die Junktion bringt also eine in diesem Zusammenhang erwartbare Determination. Anders die mit ihr kontrastierende Junktion. Sie ist prädeterminierend: *pour l'Europe, il n'était déjà plus qu'un ...* 'für Europa (hingegen) war er nur noch ein ...'. Diese Junktion bringt einen neuen, kontrastierenden Gedanken. Um den Kontrast scharf herauszubringen, benutzt der Autor eine Prä-Junktion, die unmittelbar vor dem auszudrückenden Kontrast den Verstehensprozeß einen Augenblick staut und dadurch die Aufmerksamkeit des Hörers anregt.

In der Literatur findet man Prä-Junktionen häufig am Anfang von Texten und

Textabschnitten, wenn die Aufmerksamkeit des Hörers noch ungesichert ist. Sie dienen als Eröffner des Textes. Sartres Memoiren *Les mots* beginnen beispielsweise so:

/ *En Alsace, aux environs de 1850, un instituteur accablé d'enfants consentit à se faire épicier.* / 'Im Elsaß gab sich um 1850 ein Lehrer, der allerhand Kinder am Hals hatte, dazu her, Krämer zu werden.'

Wieder wird eine Basis (*consentit à* ... 'gab sich dazu her ...') durch mehrere, nämlich zwei Adjunkte (*en Alsace* 'im Elsaß', *aux environs de 1850* 'um 1850') determiniert, die ihr voraufgehen. Sie bilden den Orts- und Zeitrahmen der Erzählung und können insofern auch als komplexe Adverbialien (vgl. 7.1) analysiert werden. Die Aufmerksamkeit des Hörers soll aber jedenfalls nicht bei diesem Rahmen hängenbleiben, sondern sich auf die erzählte Person und ihr Handeln richten. Deshalb die aufmerksamkeitssteigernde Prä-Junktion.

Prä-Junktionen mit einer Basis, deren Verb ausgelassen ist («Ellipse»), sind charakteristisch für Sprichwörter und Redensarten:

/ *à chaque saint (,) sa chandelle* / 'jedem Heiligen (weiht man am besten) seine Kerze'
/ *après nous le déluge* / 'nach uns die Sintflut'

Mit der Inversion der Basis, durch die sich Prä-Junktionen und Post-Junktionen unterscheiden, können sich auch die Bedingungen der Pronominalisierung ändern (vgl. 3.2.1). Während normalerweise ein Pronomen seinem zugehörigen Nomen nachfolgt (vgl. 3.2.1), kann nun ein Pronomen, das zum Adjunkt gehört, seinem zugehörigen Nomen, wenn dieses zur nachfolgenden Basis gehört, voraufgehen. Man kann diese Stellung Prä-Pronominalisierung nennen und sie von der normalen (Post-)Pronominalisierung abheben. Unterscheide:

POST-PRONOMINALISIERUNG

/ *Louis XIV exprimait l'essence de l'absolutisme lorsqu'il disait «L'État c'est moi»* / 'Ludwig XIV. hat das Wesen des Absolutismus ausgedrückt, als er sagte: «Der Staat bin ich»'

PRÄ-PRONOMINALISIERUNG

/ *lorsqu'il disait «L'État c'est moi», Louis XIV exprimait l'essence de l'absolutisme* / 'als er sagte: «Der Staat bin ich», hat Ludwig XIV. das Wesen des Absolutismus ausgedrückt'

Im Beispiel der linken Spalte, einer Post-Junktion, folgt das Pronomen (*il* 'er') seinem zugehörigen Nomen (*Louis XIV*) nach; im Beispiel der rechten Spalte, einer Prä-Junktion, geht es ihm vorauf. So entsteht eine scheinbare Renominalisierung (vgl. 3.2.2).

Nicht alle Junktoren lassen jedoch eine prädeterminierende Stellung der Junktionsglieder zu. Bei den Alljunktoren ist die Prä-Junktion ganz ausgeschlossen. Bei den Präpositionen macht sie etwa 10 Prozent der Vorkommen aus, jedoch mit Schwankungen je nach der Textsorte. Insbesondere Orts- und Zeitangaben mit den Präpositionen *à* 'in, an, zu', *dans/en* 'in' und *après* 'nach' findet man in dieser Stellung. Die verschiedenen Konjunktionen lassen deutliche Vorlieben bald für die Post-Junktion und bald für die Prä-Junktion erkennen. Die Post-Junktion wird beispielsweise von den Konjunktionen *parce que* 'weil' und *d'autant plus que* 'um so mehr als' bevorzugt, die Prä-Junktion von den Konjunktionen *si* 'wenn' und *comme* 'da'. Die Relativ-Junktionen bilden in der Regel Post-Junktionen.

Diese Stellungs-Bedingungen ergeben sich aus den unterschiedlichen Bedeutungen der Junktoren, wie sie in den folgenden Abschnitten im einzelnen besprochen werden (vgl. besonders 8.3–8.5).

8.1.3   Interdeterminierende Junktionen (Inter-Junktionen)

Außer der postdeterminierenden (vgl. 8.1.1) und der prädeterminierenden Junktion (vgl. 8.1.2) gibt es auch die interdeterminierende Junktion (Kurzform: Inter-Junktion). Diese setzt voraus, daß die Basis aus mehreren diskontinuierlichen Sprachzeichen besteht, so daß Junktor und Adjunkt in die komplexe Basis eingeschoben werden können. Dabei kann die Basis selber eine (Binnen-)Junktion sein, so daß eine geschachtelte Junktion entsteht:

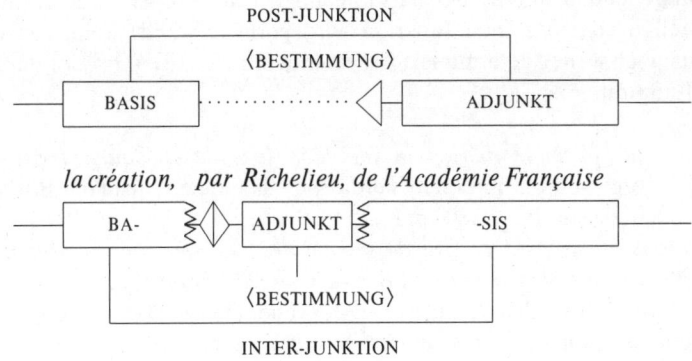

Die *de*-Junktion (*la création de l'Académie Française* 'die Schaffung der Französischen Akademie') ist in diesem Beispiel eine einfache Post-Junktion. Diese bildet nun insgesamt die textuell auseinandergelegte Basis einer umfassenderen Junktion, die dem Stellungstyp nach eine Inter-Junktion ist.

Der Junktor *par* 'durch' (Symbol hier: ◁▷) richtet die Determination, die vom Adjunkt *(Richelieu)* ausgehen soll, nach beiden Seiten, da sich die auseinandergelegte Basis auf beiden Seiten des Kontextes befindet. Die Determination ist also teils postdeterminierend (in bezug auf *la création*), teils prädeterminierend (in bezug auf *l'Académie Française*).

Besonders oft kommt es vor, daß ein Verb und sein Objekt durch eine Inter-Junktion auseinandergelegt werden. Das Verb wird dann vom Adjunkt her postdeterminiert, das Objekt von ihm prädeterminiert:

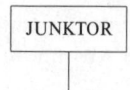

Jeanne a couronné, dans la cathédrale de Reims, un roi bien faible

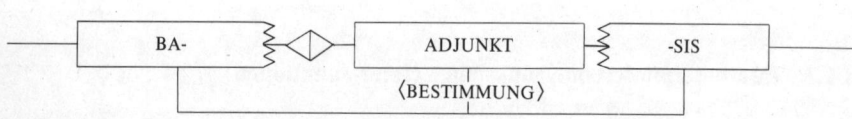

Das Verb ist hier objektwertig (S-O-Valenz). Subjekt und Verb (*Jeanne a couronné* 'Johanna hat gekrönt') bilden den ersten Teil, das Objekt (*un roi bien faible* 'einen recht schwachen König') den zweiten Teil der Basis. Zwischen beiden Teilen der Basis stehen der Junktor (*dans* 'in') und (seinerseits wieder aus einer *de*-Junktion bestehend) das Adjunkt (*la cathédrale de Reims* 'die Kathedrale von Reims'). Der Junktor bekommt hier wieder das nach beiden Seiten gewendete Symbol (◁▷), da er den Hörer anweist, mit Hilfe des Adjunkts sowohl den voraufgehenden als auch den nachfolgenden Teil der Basis zu determinieren.

Der Stellungstyp der Inter-Junktion wird gerne gewählt, wenn das Objekt seinerseits noch weiter determiniert ist, etwa durch ein Adjektiv oder durch eine Relativ-Junktion:

/*n'oublions pas, parmi les mérites de Napoléon, le Code Civil qui a été promulgué en 1804*/ 'vergessen wir unter den Verdiensten Napoleons nicht das Bürgerliche Gesetzbuch, das im Jahre 1804 in Kraft trat'
/*mentionnons aussi, dans la liste de ses mérites, les «Décrets de Moscou» par lesquels Napoléon a donné ses statuts à la Comédie Française*/ 'aus der Liste seiner Verdienste wollen wir auch die «Moskauer Dekrete» erwähnen, durch die Napoleon der Comédie Française ihre Statuten gegeben hat'

Es gibt auch Inter-Junktionen, in denen nicht Verb und Objekt, sondern Subjekt und Verb durch die Junktion getrennt werden:

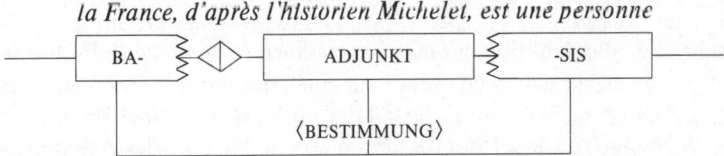

la France, d'après l'historien Michelet, est une personne

Diese Junktion hat eine prädizierende verbale Basis (*la France est une personne* 'Frankreich ist eine Person'). Diese Basis wird getrennt durch Junktor und Adjunkt (*d'après l'historien Michelet* 'dem Historiker Michelet zufolge'). Das Subjekt als voraufgehender Teil der Basis wird postdeterminiert. Auch hier, ebenso wie in Prä-Junktionen, kommt es also zu einem Stau-Effekt, der die Aufmerksamkeit des Hörers aktiviert. Auf den zweiten Teil der Basis, der das Prädikations-Verb *être* und sein Prädikats-Nomen (*une personne* 'eine Person') enthält, fällt das Hauptgewicht der Determination.

In der Orthographie wird die Trennung der Basis in der Regel durch Komma-Einrahmung bezeichnet. Diese Zeichensetzung kann gegebenenfalls eine fokus-bildende Umorganisation der Kodierung im Prozeß des Sprechens (mit oder ohne Sprechpausen) ausdrücken, wie die folgenden Beispiele zeigen:

/*l'Europe, au Moyen Age, c'était la chrétienté*/ 'Europa im Mittelalter, das war die Christenheit'
/*l'Allemagne, pour Marx, c'est-à-dire l'Allemagne de 1843, correspondait à la France de 1789*/ 'Deutschland, das heißt, das Deutschland von 1843, entsprach für Marx dem Frankreich von 1789'

Die drei beschriebenen Stellungstypen Post-Junktion, Prä-Junktion und Inter-Junktion können im Text auch mehrfach wiederholt und ineinander verschachtelt auftreten. Man findet beispielsweise Verschachtelungen der folgenden Art:

/*la construction, par l'ingénieur allemand G. Eiffel, de la tour Eiffel a perpétué, jusqu'à nos jours, le souvenir de l'Exposition universelle de 1889*/ 'die Erbauung des Eiffelturms durch den deutschen Ingenieur G. Eiffel hat die Erinnerung an die Weltausstellung von 1889 bis heute erhalten'

Wir können diese Junktions-Verschachtelung wie folgt auflösen und erhalten dann
1. zwei Post-Junktionen:
– *la construction (...) de la tour Eiffel*

– *l'Exposition universelle de 1889*
2. zwei Inter-Junktionen:
  – *la construction, par l'ingénieur allemand G. Eiffel, de la tour Eiffel*
  – *la construction (...) a perpétué, jusqu'à nos jours, le souvenir (...)*

Sosehr aber die Junktionen eines Textes auch miteinander verschachtelt sein mögen, so lassen sie sich doch immer auf einen der drei beschriebenen Stellungstypen zurückführen. Für ihre Verteilung im Text gilt dabei das Prinzip, daß immer dann eine prä- oder interdeterminierende Stellung des Adjunkts gewählt wird, wenn sich die Aufmerksamkeit des Hörers in besonderem Maße auf die Basis (in Prä-Junktionen) oder einen Basisteil (in Inter-Junktionen) richten soll.

8.2   Alljunktoren

Alljunktoren sind Junktoren, die beliebige Sprachzeichen miteinander zu einer Junktion verbinden können, unter der Voraussetzung allerdings, daß die Sprachzeichen der beiden Junktionsglieder aus der gleichen Sprachzeichenklasse gewählt sind. Es können also etwa, wie in den beiden folgenden Beispielen, zwei Nomina oder zwei Verben durch Alljunktoren zu einer Junktion verbunden werden:

/ *la guerre et la paix* /   'Krieg und Frieden'
/ *armez-vous ou désarmez-vous?* /   'rüstet ihr auf oder (rüstet ihr) ab?'

Im ersten Beispiel sind zwei Nomina *(la guerre, la paix)* durch den Alljunktor *et* 'und' miteinander verbunden. Der Alljunktor nimmt hier eine Funktion wahr, die der Funktion einer Präposition (vgl. 8.3) gleichkommt (vgl. *la guerre malgré la paix* 'der Krieg trotz des Friedens'). Im zweiten Beispiel verbindet der Alljunktor *ou* 'oder' zwei finite Verben *(armez-vous, désarmez-vous)* miteinander. Er nimmt hier also eine Funktion wahr, die sonst Konjunktionen (vgl. 8.4) zukommt (vgl. *vous armez, tandis que nous désarmons* 'ihr rüstet auf, während wir abrüsten').

Von der Bedingung, daß die durch Alljunktoren miteinander zu einer Junktion verbundenen Sprachzeichen der gleichen Sprachzeichenklasse angehören müssen, weicht der Sprachgebrauch nur in verhältnismäßig wenigen Fällen ab. Es entsteht dann ein Eindruck der Unvollständigkeit («Ellipse»), zum Beispiel:

/ *haut les mains, ou je tire!* /   'Hände hoch, oder ich schieße!'
/ *quelle journée, et personne ne se doutait de rien!* /   'welch ein Tag, und niemand
  hat etwas geahnt!'

Ob im Einzelfall mehrere Sprachzeichen der gleichen Klasse angehören, kann durch eine Kommutationsprobe festgestellt werden. Diejenigen Sprachzeichen nämlich, die bei unverändertem Kontext gegeneinander vertauschbar («kommutierbar») sind, können immer auch in Alljunktionen miteinander verbunden werden. Vergleiche:

KOMMUTATION   ALLJUNKTION

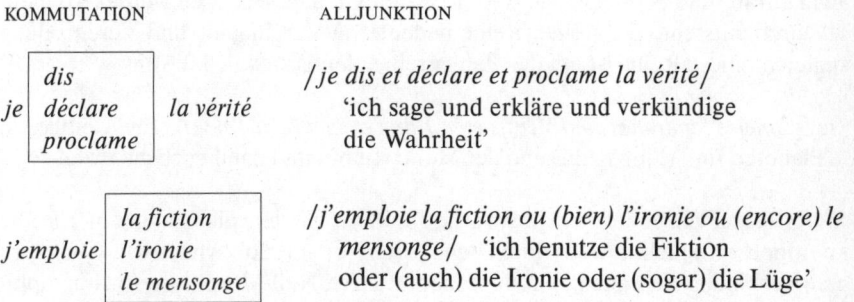

je	*dis* *déclare* *proclame*	*la vérité*	/*je dis et déclare et proclame la vérité*/ 'ich sage und erkläre und verkündige die Wahrheit'
j'emploie	*la fiction* *l'ironie* *le mensonge*		/*j'emploie la fiction ou (bien) l'ironie ou (encore) le mensonge*/ 'ich benutze die Fiktion oder (auch) die Ironie oder (sogar) die Lüge'

Im ersten Beispiel der rechten Spalte werden Verben, im zweiten Beispiel Nomina miteinander verbunden. Das macht für den Gebrauch von Alljunktoren keinen Unterschied. In der gleichen Weise können auch Sprachzeichen aller anderen Sprachzeichenklassen, sofern sie nur gegeneinander vertauschbar sind, im Text durch Alljunktoren miteinander verbunden werden.

8.2.1 Vereinzelung (Typus *et*)

Der Alljunktor *et* (gesprochen, auch vor Vokal, [e]) ist eines der häufigsten Sprachzeichen der französischen Sprache. Dieses Morphem bringt zum Ausdruck, daß der Hörer die Basis und das Adjunkt, die durch *et* verbunden sind, trotz der junktionalen Verbindung einzeln betrachten soll. Wir beschreiben daher die Bedeutung des Junktors *et* 'und' mit dem Plural-Merkmal 〈VEREINZELUNG〉.

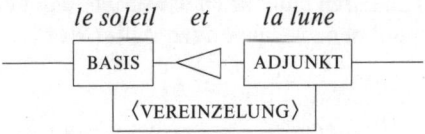

Auf diese Weise wird aus zwei Singularen (*le soleil* 'die Sonne', *la lune* 'der Mond') ein Plural, der auch in Kongruenz mit dem Plural eines Verbs gebraucht wird:

/ *le soleil et la lune sont des astres qui alternent* /   '(die) Sonne und (der) Mond sind Gestirne, die sich abwechseln'

Die Verknüpfung einer Basis mit einem Adjunkt unter den Bedingungen der Vereinzelung ist eine sehr schwache Form der Determination. Das zeigt sich auch daran, daß beliebig viele weitere Adjunkte angeschlossen werden können. Dadurch entsteht eine Reihe. Reihe bedeutet ja Vereinigung und Vereinzelung zugleich. Diese Reihe ist mit der Zahlenreihe identisch (vgl. 5.2.3):

/ *les planètes féminines sont Vénus et la Lune et encore la Terre* /   'die weiblichen Planeten sind (die) Venus und der Mond (Luna) und dann noch die Erde'

In der Regel verbindet man jedoch die Junktionsglieder, die man in einer Reihe anordnen will, nicht jeweils durch den Alljunktor *et* («polysyndetisch»), sondern man verbindet die ersten Junktionsglieder durch Null-Morpheme (orthographisches Äquivalent: Komma) und nur die beiden letzten Junktionsglieder durch den Alljunktor *et:*

/ *la vieille astronomie comptait sept planètes: le Soleil, la Lune, Mercure, Vénus, Mars, Jupiter et Saturne* /   'die alte Astronomie zählte sieben Planeten: Sonne, Mond, Merkur, Venus, Mars, Jupiter und Saturn'

Der Junktor *et* ist dann gleichzeitig Schlußsignal für die Reihe.
    Da die Determination, die durch den Alljunktor *et* zustande kommt, die beiden miteinander verknüpften Junktionsglieder vereinzelt läßt, können die beiden Junktionsglieder in *et*-Junktionen in vielen (jedoch nicht in allen!) Fällen miteinander vertauscht werden («symmetrische Relation»):

/ *le rouge et le noir* /   'Rot und Schwarz'
/ *le noir et le rouge* /   'Schwarz und Rot'

Die darin zum Ausdruck kommende Gleichrangigkeit der beiden einzelnen Junktionsglieder kann dadurch unterstrichen werden, daß man statt des eingliedrigen Alljunktors *et* 'und' den zweigliedrigen Alljunktor *et ... et* 'sowohl ... als auch' gebraucht:

/ *il trompe et les riches et les pauvres* /   'er betrügt sowohl die Reichen als auch die Armen'

Dieser Junktor wird jedoch recht selten gebraucht. Dennoch gilt auch in *et*-Junktionen die allgemeine Regel, nach der das erste Junktionsglied die Basis und das zweite Junktionsglied das Adjunkt ist. Das kann man daran sehen, daß in vielen Junktionen dieses Typus, zumal wenn es sich um lexikalisierte Formen handelt, die Reihenfolge der Junktionsglieder nicht ohne weiteres umkehrbar ist. Es hat sich dann nämlich für gewöhnlich eine geordnete Reihenfolge verfestigt, bei der das Gewöhnlichere und Vertrautere, auch das sozial Bedeutsamere an erster Stelle steht. Die Basis wird hier als «fundamental» interpretiert. Die Alljunktion mit *et* kann unter diesen Umständen eine Rangfolge ausdrücken:

/ *la vie et la mort* /   'Leben und Tod'
/ *à droite et à gauche* /   'rechts und links'
/ *le roi et la reine* /   'der König und die Königin'
/ *la belle et la bête* /   'die Schöne und das (wilde) Tier'
(...)

In dieser festen, normalerweise nicht umkehrbaren Reihenfolge kommen bestimmte Konventionen zum Ausdruck. Sie können durch Gegenkonventionen, beispielsweise die der Höflichkeit, aufgehoben werden. Vergleiche:

PRAGMATISCHE KONVENTION   HÖFLICHE KONVENTION

/ *les hommes et les femmes* /   '(die)   / *Mesdames, Mesdemoiselles, Mes-*
Männer und (die) Frauen'   *sieurs* /   'meine Damen und Herren'

Im Text kann die Ungleichrangigkeit der einzelnen Junktionsglieder einer *et*-Junktion ferner durch zusätzliche Morpheme wie *aussi* 'auch' und *encore* '(auch) noch' unterstrichen werden:

/ *la langue et aussi l'écriture* /   'die Sprache und auch die Schrift'
/ *le chinois et encore le japonais* /   'das Chinesische und (dann auch) noch das
   Japanische'

Wenn der Alljunktor *et* am Anfang eines Textes oder Textabschnitts steht, so stellt er eine Verbindung zur Situation her, in die der Text sich einfügt. Das ist gleichzeitig ein Stilmerkmal der Bibelsprache:

/ *et Dieu créa la terre* /   'und Gott schuf die Erde'
/ *et maintenant que vais-je faire?* /   'und was mache ich nun?'

Merke aus der Rechtssprache:

/ *les us et coutumes* [lezyzekutym] /   'die Sitten und Gebräuche'

495

Solche zweigliedrigen Formeln sind lexikalisierte Junktionen, in denen ein veraltetes *(us)* und ein modernes Wort *(coutumes)* zusammengekoppelt sind.

Neben der Verbindung durch den Alljunktor *et* gibt es auch die Möglichkeit, durch bloße Nebeneinanderstellung von Sprachzeichen der gleichen Sprachzeichenklasse («asyndetisch») eine Reihe zu bilden. Das gibt der Junktion dann einen lakonischen Stilwert:

/ *Liberté, Égalité, Fraternité* /   'Freiheit, Gleichheit, Brüderlichkeit'

8.2.2 Wahl (Typus *ou*)

Das Morphem *ou* 'oder', das sich von dem Frage-Morphem *où* 'wo?' lautlich nicht unterscheidet, ist gleichfalls ein Alljunktor, der Junktionsglieder beliebiger Sprachzeichen der gleichen Sprachzeichenklasse verbinden kann. Mit dem Alljunktor *ou* stellt der Sprecher dem Hörer anheim, welches Junktionsglied er wählen will. Wir beschreiben die Bedeutung dieses Junktors mit dem Merkmal ⟨WAHL⟩.

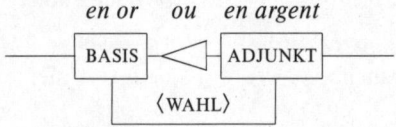

Die Wahlsituation für den Hörer wird nuanciert durch die Semantik der beiden durch *ou* verbundenen Junktionsglieder. Sind diese in ihrer Bedeutung ähnlich, so hat der Hörer eine leichtere Wahl (in der Logik: «Adjunktion», lateinisch *vel*). Handelt es sich aber um Junktionsglieder mit gegensätzlicher Bedeutung («Antonyme»), so ist die Wahl des gültigen Gliedes für den Hörer schwerer. Sie kann unter Umständen situationsentscheidend sein (in der Logik: «Disjunktion», lateinisch *aut*). Zwischen diesen beiden Polen liegen viele Nuancen im Schwierigkeitsgrad der Wahl. Sie ergeben sich jedoch grundsätzlich nicht aus der Bedeutung des Alljunktors *ou* (der immer 'Wahl' bedeutet und nichts anderes), sondern aus der Bedeutung der beteiligten Sprachzeichen und dem übrigen Kontext. Der Unterschied zwischen leichterer und schwererer Wahl betrifft also die gesamte Junktion, nicht den einzelnen Junktor.

1 Leichtere Wahl

Der Hörer hat die Wahl aus einem größeren Paradigma. Oft handelt es sich um eine bloße Frage des richtigeren Ausdrucks. Die Nuancen der Wahl werden durch solche Varianten wie *ou bien* 'oder auch', *ou alors* 'oder auch', *ou encore* 'oder auch noch', *ou plutôt* 'oder vielmehr', *ou même* 'oder sogar', *ou du moins* 'oder wenigstens' bezeichnet, ferner durch die zweigliedrigen Junktoren *soit* ... *soit* 'sei es ... sei es' (etwas steif) und *soit* ... *ou* 'sei es ... oder' (gilt als wenig korrekt). Verbale Glieder werden durch *soit que* ... *soit que* 'sei es, daß ... sei es, daß' (dieses mit nachfolgendem Konjunktiv) verbunden:

/ *je viendrai demain ou (bien) après-demain* /   'ich komme morgen oder (auch) übermorgen'
/ *envoyez-moi un télégramme ou du moins une lettre exprès* /   'schicken Sie mir ein Telegramm oder wenigstens einen Eilbrief'
/ *venez chez moi, soit en bus, soit en taxi* /   'kommen Sie zu mir nach Hause, sei es mit dem Bus, sei es mit dem Taxi'
/ *j'arrive à sept heures ou à huit heures au plus tard* /   'ich komme um 7 oder spätestens um 8 Uhr an'

Der Gebrauch des Alljunktors *ou* verlangt nicht, daß der Sprecher dem Hörer seine eigene Vorliebe bei der Wahl zu erkennen gibt. Der Hörer soll selber seine Wahl zwischen gleichrangigen Junktionsgliedern treffen. Mit dem erweiterten Junktor *ou plutôt* 'oder vielmehr' ist jedoch eine Nuance verbunden, die dem Hörer die Wahl des zweiten Gliedes empfiehlt. Dieser Junktor dient häufig als Signal für eine Korrektur, die der Sprecher selber vornimmt:

/ *votre ironie ou plutôt votre cynisme m'agace beaucoup* /   'Ihre Ironie oder vielmehr Ihr Zynismus reizt mich sehr'

2   Schwerere Wahl

Als Junktor zum Ausdruck der schwereren Wahl steht gewöhnlich nur das eingliedrige Morphem *ou* 'oder', seltener das zweigliedrige Morphem *ou* ... *ou* 'entweder ... oder' zur Verfügung. Die Schwere der Wahl («Alternative») ergibt sich aus der Bedeutung oppositiver, in einem kleinen Paradigma einander gegenüberstehender Junktionsglieder, häufig in Verbindung mit zusätzlichen Determinanten des Kontextes (etwa Parallelismus) und der Situation:

/ *la bourse ou la vie* /   'Geld oder Leben'
/ *c'est oui ou c'est non?* /   '(heißt das nun) ja oder nein?'
/ *c'est à prendre ou à laisser* /   'so oder so (Sie müssen sich entscheiden)'
/ *vous vous rendez ou pas?* /   'ergeben Sie sich oder nicht?'
/ *laissez-moi ou je vais appeler la police* /   'lassen Sie mich los, oder ich rufe die Polizei'

Zwischen der Junktion der leichteren Wahl und derjenigen der schwereren Wahl verläuft in der Umgangssprache keine scharfe Grenze. Zur Unterscheidung trägt jedoch noch bei, daß bei der leichteren Wahl die Glieder grundsätzlich gleichrangig sind («symmetrische Relation»), während bei der Junktion der schwereren Wahl die Glieder nach der Gewichtung des Textes und der Situation ungleichrangig sind («asymmetrische Relation»): Hier empfiehlt der Sprecher dem Hörer dringend, das erste Junktionsglied zu wählen (besser 'Geld geben' als 'das Leben lassen'). Mit dem zweiten Junktionsglied verbindet sich daher nicht selten die Nuance einer Drohung.

Auch *ou*-Junktionen können, ebenso wie *et*-Junktionen (vgl. 8.2.1), zu mehrgliedrigen Reihen erweitert werden, jedoch nur unter den Bedingungen der leichteren Wahl. Bei den ersten Gliedern der Reihe steht dann gewöhnlich ein Null-Junktor (orthographisches Äquivalent: Komma), und nur die beiden letzten Glieder der Reihe werden durch *ou* verbunden. Die Wahl gilt aber für die ganze Reihe:

/ *veux-tu une glace, du chocolat ou des caramels?* /   'willst du ein Eis, Schokolade oder Karamellen?'

Der Alljunktor *ou* ist hier wieder zugleich Schlußsignal.

8.2.3 Vergleich

Die vergleichenden Alljunktoren (vgl. 5.2.4.2 und 7.3.4.2) laden den Hörer ausdrücklich ein, die in der Junktion verbundenen Glieder miteinander zu vergleichen. Der Vergleich kann ergeben, daß diese Glieder als gleichrangig (8.2.3.1) oder als ungleichrangig (8.2.3.2) anzusehen sind.

8.2.3.1 Gleichrangige Junktionen (Typus *comme*)

Während in *et*- und *ou*-Junktionen die Gleichrangigkeit der Junktionsglieder implizit bleibt, wird durch einige andere Alljunktoren die Gleichrangigkeit der Glieder explizit ausgedrückt. Es handelt sich insbesondere um die folgenden Morpheme: *comme* 'wie', *ainsi que* 'so wie', *aussi bien que* 'ebenso wie', *autant que* 'ebensosehr wie', *de même que* 'wie auch'. Das nachfolgende Beispiel verwendet den Alljunktor *comme* und bedeutet: 'in Paris (ebenso) wie in London'.

à Paris comme à Londres

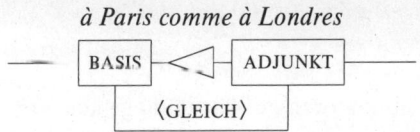

In Verbindung mit Morphemen der Negation kann umgekehrt die Gleichrangigkeit ausdrücklich verworfen werden. Dabei wird der mehrgliedrige Junktor *ne pas aussi ... que* manchmal zu *ne pas si ... que* verkürzt:

/j'admire Rubens tout comme Rembrandt/ 'ich bewundere Rubens genau wie Rembrandt'
/moi je trouve que Rubens n'est pas aussi (oder: *pas si*) *grand que Rembrandt/* 'ich finde, daß Rubens nicht so groß ist wie Rembrandt'
/la peinture hollandaise a été aussi fortement marquée par Rubens que par Rembrandt/ 'die holländische Malerei ist ebenso stark von Rubens wie von Rembrandt geprägt worden'
/y a-t-il un tableau de Rubens que vous aimez autant que la Ronde de nuit de Rembrandt?/ 'gibt es ein Gemälde von Rubens, das Sie so mögen wie Rembrandts Nachtwache?'
/il est vrai que ce tableau est beau comme tout/ 'es stimmt, dieses Bild ist wunderschön'
/oui, c'est comme ça/ 'ja, so ist es'

Die Morpheme *ainsi* (gehobene Sprache), *comme ça* (Umgangssprache, meist mündlich) und *comme cela* (geschriebene Umgangssprache, selten) sind freie Junktoren, die verwendet werden, wenn die Glieder der Junktion implizit im Text oder in der Situation enthalten sind. Am Ende eines Textes kann auf diese Weise das Einvernehmen der Kommunikationspartner bezeichnet werden.

In der Poesie dient der Vergleich (genauer: die vergleichende Junktion) häufig dazu, Bedeutungen gleichrangig zu machen, die «eigentlich», das heißt nach ihren Kode-Bezeichnungen, nicht für eine Junktion taugen. Der Vergleich gilt dann auch «nur» metaphorisch («bildlich»):

/le violon frémit comme un cœur qu'on afflige/ 'die Geige erzittert wie ein betrübtes Herz' (Baudelaire)
/l'amour s'en va comme cette eau courante/ 'die Liebe eilt davon wie dieses fließende Wasser' (Apollinaire)
/comme un mort je n'avais qu'un unique élément/ 'wie ein Toter (, so) hatte ich nur ein einziges Element' (Eluard)

8.2.3.2   Ungleichrangige Junktionen (Typus *plus ... que*)

Im Gegensatz zu den Alljunktoren der Gleichrangigkeit wird bei den folgenden Alljunktoren ausdrücklich Ungleichrangigkeit festgestellt. Wenn diese Alljunktoren mehrgliedrig sind, läßt sich die Basis gerne von ihnen einrahmen. Dabei kann diese Ungleichheit sowohl zugunsten der Basis *(plus ... que, mieux ... que, plutôt ... que ...)* als auch zugunsten des Adjunkts *(moins ... que ...)* ausschlagen. Beispielbedeutung: 'mehr in Frankreich als in Deutschland':

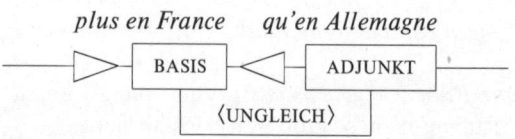

Wenn in einer Alljunktion dieses Typus das Adjunkt verbal ist, so steht vor dem finiten Verb als Vorsignal das einschränkende Morphem *ne* als Quasi-Konjunktiv (vgl. 4.5.1.3).

/est-ce que vous aimez la poésie plus que la prose?/ 'haben Sie Poesie lieber als Prosa?'

/je ne peux pas dire que j'aime moins la prose que le vers/ 'ich kann eigentlich nicht sagen, daß ich Prosa weniger gern mag als Verse'

/les vers sont souvent plus riches qu'on ne (le) pense à la première lecture/ 'die Verse sind oft reicher, als man bei der ersten Lektüre meint'

/il faudrait les lire à voix haute plutôt qu'à voix basse/ 'man sollte sie eher laut als leise lesen'

Zu beachten sind die phonetischen Varianten des Morphems *plus*. Man spricht immer dann [plys], wenn eine Verwechslung mit der Negation *(ne) ... plus* [ply] befürchtet werden muß, also vor allem bei einem voraufgehenden verbalen Kontext. In allen anderen Fällen lautet die Form vor Konsonant [ply], vor Vokal [plyz].

8.2.4   Kontrast (Typus *mais*)

Das Morphem *mais* 'aber, sondern' ist ein häufig gebrauchter Alljunktor, der dem Hörer einen mehr oder weniger starken Kontrast zwischen den beiden Junktionsgliedern signalisiert. Die durch die Basis geweckte Erwartung wird auf diese Weise durch einen Einspruch angehalten und in die Gegenrichtung gelenkt.

soigné mais ennuyeux

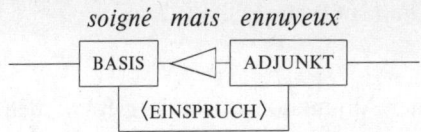

Hier weckt das Adjektiv *soigné* 'gepflegt' eine positive Erwartung. Es folgt das Adjektiv *ennuyeux* 'langweilig', das eine negative Bedeutung hat. Damit nun für den dekodierenden Hörer die beiden kontrastierenden Bedeutungen nicht unvermittelt aufeinanderprallen, wird ihm der Bedeutungssprung des Kontrastes bereits durch den Alljunktor *mais* 'aber' vorsignalisiert.

Je nach dem Text kann der Kontrast der Junktionsglieder durch den Kontext verstärkt oder geschwächt werden. Der stärkste Kontrast liegt dann vor, wenn die Junktion ausdrücklich von der Affirmation zur Negation oder von der Negation zur Affirmation übergeht. Aber der Alljunktor *mais* signalisiert nicht immer einen so starken Kontrast. Es gibt eine weite Skala dieses Kontrastes, die von der scharfen Opposition (*ne pas ... mais* 'nicht ..., sondern') über viele semantische Zwischenstufen (*ne guère ... mais* 'kaum ..., aber'; *il est vrai que ... mais* 'zwar ..., aber') bis zu dem leichten Kontrast zwischen einer einfachen Erwartung und einer unerwarteten Ergänzung (*non seulement ... mais aussi* 'nicht nur ..., sondern auch') reicht. Für diese Nuancierungen kann der Alljunktor *mais* durch eine Reihe von Adverbien erweitert werden, zum Beispiel: *mais bien* 'sondern wohl', *mais aussi* 'sondern auch', *mais encore* 'sondern auch', *mais même* 'sondern sogar', *mais enfin* 'aber schließlich'. In der Gliederung eines größeren Textes kann *mais* den bloßen Kontrast zwischen größeren Textabschnitten bezeichnen (*mais un jour ...* 'aber eines Tages ...'), und im Dialog zeigt *mais* bisweilen nur einen minimalen Kontrast des Sprecherwechsels an.

/ *mais dites-moi, vous êtes pas mal en retard aujourd'hui!* / 'aber sagen Sie (mal), Sie kommen heute ganz schön verspätet!'

/ *je suis désolé, Monsieur, mais ma voiture n'a pas voulu démarrer* / 'ich bedaure vielmals, Herr X, aber mein Wagen wollte nicht anspringen'

/ *mais non, vous me racontez des histoires!* / 'aber nein, Sie erzählen mir (da) Märchen!'

/ *mais si, Monsieur, je vous assure!* / 'aber ja doch, Herr X, ganz bestimmt!'

/ *oui, mais ... les transports en commun, alors, c'est fait pour quoi?* / 'ja, aber ... die öffentlichen Verkehrsmittel, bitte schön, wozu sind die (denn) da?'

8.2.5   Negative Junktionen (Typus *ni ... ni*)

Sollen die Glieder einer Alljunktion einzeln negiert werden, so muß das Negations-Morphem doppelt gesetzt werden, außer wenn der Kontext keinen Zweifel an der doppelten Geltung eines Negations-Morphems läßt:

/ *sans esprit et sans mémoire* /   'ohne Geist und ohne Gedächtnis'
/ *il ne pense pas et (surtout) il ne réfléchit pas* /   'er denkt nicht, und (vor allem) er
  denkt nicht nach'

Mit dem negativen Alljunktor *ni ... ni* kann jedoch die ganze Junktion vereint negiert werden. Gelegentlich fehlt das erste *ni,* zumal wenn der Kontext ein anderes Negations-Morphem *(ne, pas, personne, sans ...)* oder ein Lexem mit negativer Bedeutung enthält. Wenn die Junktionsglieder Verben sind, so erhalten diese in gepflegter Rede obligatorisch das einschränkende Vorsignal *ne.*

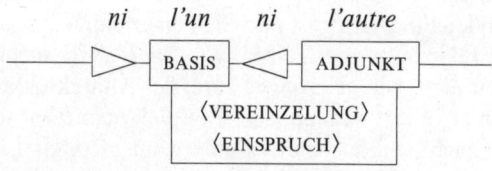

/ *il ne sait ni A ni B* /   'er weiß weder A noch B'
/ *il n'est doué ni pour les langues ni pour les sciences* /   'er ist weder für Sprachen
  noch für Naturwissenschaften begabt'
/ *le plus souvent il vient sans livre ni cahier* /   'meistens kommt er ohne Buch und
  Heft'
/ *il ne regarde ni n'écoute* /   'weder schaut er zu noch hört er zu'
/ *il ne s'en fait pas, ni moi non plus* /   'er macht sich nichts draus, und ich auch
  nicht'

8.3   Die Präpositionen

Die Präpositionen bilden eine Subklasse in der Klasse der Junktoren. Sie teilen also mit den anderen Junktoren die Funktion, eine Basis mit einem Adjunkt zu einem Determinationsgefüge zu verbinden: Zur Beschreibung dieses Determinationsgefüges in nichtspezifischer Form dient allgemein das semantische Merkmal

⟨BESTIMMUNG⟩, das der Basis das Merkmal ⟨BESTIMMBAR⟩ und dem Adjunkt das binär oppositive Merkmal ⟨BESTIMMEND⟩ zuweist:

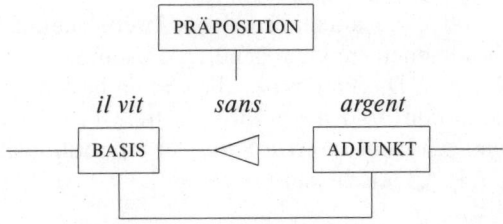

Die Präposition *sans* 'ohne' bewirkt in dieser Junktion, daß die Basis *il vit* 'er lebt' von dem Adjunkt *argent* 'Geld' her determiniert wird, und zwar im Sinne der spezifischen Bedeutung, die der Präposition *sans* 'ohne' zukommt (vgl. 8.3.2.4.2).

Junktionen, deren Junktor eine Präposition ist, wollen wir Präpositional-Junktionen nennen. Sie sind an die Bedingung geknüpft, daß das Adjunkt kein finites Verb ist. Dadurch unterscheiden sie sich von den Konjunktional-Junktionen (vgl. 8.4) und den Relativ-Junktionen (vgl. 8.5), die beide ein finites Verb als Adjunkt verlangen und insofern unter dem Begriff Verbal-Junktionen zusammengefaßt werden können.

Junktionen, deren Adjunkt von einem infiniten Verb (Infinitiv) gebildet wird (zum Beispiel: *sans se plaindre* 'ohne sich zu beklagen', *afin de survivre* 'um zu überleben'), stellen einen Grenzfall zwischen Präpositional- und Konjunktional-Junktionen dar. Ihre Junktoren wollen wir Verbal-Präpositionen nennen. Verbal-Präpositionen stimmen oft der Form nach mit ihren gleichbedeutenden Präpositionen überein. Nicht alle Präpositionen können jedoch zugleich auch als Verbal-Präpositionen gebraucht werden. Ob der Gebrauch einer bestimmten Präposition als Verbal-Präposition zulässig oder unzulässig ist, wird bei der Besprechung der einzelnen Präpositionen ausdrücklich vermerkt.

Im Gegensatz zu den oben beschriebenen Bedingungen für die Klasseneigenschaften des Adjunkts ist die Basis einer Präpositional-Junktion an keinerlei Bedingungen dieser Art gebunden. Sie kann insbesondere ohne weiteres aus einem finiten Verb bestehen. Die folgenden Beispiele lassen überdies erkennen, daß sowohl die Basis als auch das Adjunkt einer Präpositional-Junktion aus mehreren Elementen bestehen können. Sämtliche Elemente der Basis gelten dann als determinationsbedürftig, sämtliche Elemente des Adjunkts als determinationskräftig:

/ *la vie sans argent* /   'das Leben ohne Geld'
/ *je peux vivre sans ton argent* /   'ich kann ohne dein Geld leben'

/ *vivant sans ton argent ridicule* /   'ohne dein lächerliches Geld lebend'
/ *être capable de vivre sans rien du tout* /   'fähig sein, ohne irgend etwas zu leben'

Wenn der Kontext oder die Situation keinen Zweifel daran lassen, welches Adjunkt zu einer bestimmten Junktion gehört, so kann dieses Adjunkt im Text unausgesprochen bleiben. Die Präpositional-Junktion besteht dann nur aus der Basis und der Präposition, und diese wird als freie Form verwendet. Unter bestimmten Bedingungen kann die freie Form der Präposition als Adverb angesehen werden (vgl. 7.1). Unterscheide:

GEBUNDENE FORM   FREIE FORM

/ *je vis sans ressources* /   'ich lebe oh-   / *je vis sans* /   'ich lebe ohne' (salopp)
ne Mittel'

Nicht jede gebundene Form einer Präposition kann jedoch zugleich auch als freie Form gebraucht werden. Verschiedene Präpositionen haben gar keine freien Formen; andere sind in ihren gebundenen und ihren freien Formen lautlich unterschieden. Das wird jeweils bei der Besprechung der verschiedenen Präpositionen im einzelnen erwähnt.

Einige Präpositionen sind auch als Präfixe bestimmter Lexeme (Verben, Nomina, Adjektive) wiederzuerkennen. Bei anderen Lexemen können die Präfixe, da sie aus der am Lateinischen orientierten Bildungssprache stammen, nur ihrer Bedeutung, nicht jedoch ihrer Lautgestalt nach mit bestimmten Präpositionen in Verbindung gebracht werden. Vergleiche zum Beispiel:

PRÄPOSITIONEN   PRÄFIXE

contre l'attaque   'gegen den Angriff'   *contre-attaquer*   'einen Gegenangriff machen'

avant la guerre   'vor dem Krieg'   *l'avant-guerre*   'die Vorkriegszeit'
sous le terrain   'unter dem Gelände'   *souterrain*   'unterirdisch'
habiter avec les autres   'mit den an-   *cohabiter*   'zusammenwohnen'
deren wohnen'
à côté de la diplomatie [diplɔmasi]   *la para-diplomatie*   'die Nebendiplo-
'neben der Diplomatie'   matie'
l'Amérique avant Christophe Colomb   *l'Amérique pré-colombienne*   'das
'Amerika vor Columbus'   vorkolumbianische Amerika'
l'ère après Staline   'die Zeit nach   *l'ère post-stalinienne*   'die Nach-
Stalin'   Stalin-Zeit'

Die Präfixe und ihre Varianten werden bei den entsprechenden Präpositionen mitaufgeführt. Über die lexikalische Produktivität (= relative Zahl der Neubildungen) dieser Präfixe unterrichtet man sich in den Wörterbüchern, besonders in den Wörterbüchern für Neuwörter («Neologismen»).

Die französische Sprache kennt, je nach ihren Bedeutungsklassen, die folgenden drei Subklassen von Präpositionen:

- Präpositionen der Orientierung (8.3.1)
- Präpositionen der Zuordnung (8.3.2)
- Präpositionen der Handlung (8.3.3)

8.3.1   Die Präpositionen der Orientierung

Die Präpositionen der Orientierung nehmen ihre Bedeutungen von einem anthropologischen Modell, das die leiblichen Bedingungen einer Kommunikation von Angesicht zu Angesicht («face-to-face-communication») abbildet. Die Bedeutungen dieser Präpositionen können daher bestimmten Kommunikationsorganen und ihren charakteristischen Leistungen zugeordnet werden. Von ihnen aus können sie auch gegliedert werden, und zwar nach vier Gesichtspunkten:

- Gesichtskreis (8.3.1.1)
- Vertikale Orientierung (8.3.1.2)
- Seitliche Orientierung (8.3.1.3)
- Reichweite (8.3.1.4)

Alle Präpositionen der Orientierung, mit Ausnahme der Präpositionen *près (de)* 'nahe (bei)' und *loin (de)* 'fern (von)' haben gemeinsam, daß sie nicht als Verbal-Präpositionen gebraucht werden können.

8.3.1.1   Gesichtskreis

Das Gesicht ist der Sitz der wichtigsten Kommunikationsorgane: Mund, Augen und Ohren. Als Gesichtskreis bezeichnen wir denjenigen Kommunikationsraum, der von diesen Organen gut erreichbar ist, und zwar sowohl beim Sprecher als auch beim Hörer. Denn die Gesprächspartner befinden sich für gewöhnlich in einer Position, in der ihre Kommunikationsorgane einander zugewandt sind. Auch wenn sie sich etwa gemeinsam einem Gegenstand zuwenden, der nicht zwischen ihnen liegt, so haben sie dennoch in bezug auf diesen Gegenstand den

gleichen Gesichtskreis. Der Gesichtskreis ist also eine kommunikative Kategorie.
Die wichtigsten Präpositionen des Gesichtskreises sind *devant* 'vor' und *derrière* 'hinter'. Ihre Bedeutungen entsprechen einander in der Umkehrung. Die beiden Präpositionen haben jedoch eine unterschiedliche Frequenz. Die Präposition *devant* wird etwa viermal so oft gebraucht wie die Präposition *derrière*. Beide Präpositionen können auch in gleicher Lautgestalt als freie Formen verwendet werden. Sie können sich ferner mit einigen anderen Präpositionen zu komplexen Präpositionen verbinden, zum Beispiel *au devant (de)* '(vorne) vor' und *en arrière (de)* '(hinten) hinter'.

8.3.1.1.1   Vorderseite *(devant)*

Die Präposition *devant* 'vor' bezeichnet den Gesichtskreis positiv. Mit dieser Präposition erhält der Hörer die Anweisung, für die Basis der Junktion eine Determination im Gesichtskreis, also mund-, augen- und ohrenseitig (kurzgefaßt: «angesichts»), zu erwarten. Man kann diese Orientierung mit dem Merkmal ⟨ZUGÄNGLICHKEIT⟩ ausdrücken.

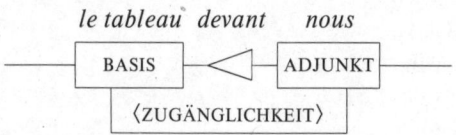

Wir können uns zur Verdeutlichung der Orientierungsleistung, die durch die Präposition *devant* erbracht wird, zwei Personen denken, die ein Bild betrachten und dabei miteinander sprechen. Der Sprecher macht nun den Hörer mit der Junktion darauf aufmerksam, daß das Bild sich im Gesichtskreis befindet. Grammatisch gesprochen: der Hörer soll die Basis *le tableau* 'das Bild' im Gesichtskreis des Adjunkts *nous* '(vor) uns', also in dem Sprecher und Hörer gemeinsamen Gesichtskreis, ins Auge fassen. Es ist den Kommunikationsorganen des Gesichts optimal zugänglich. Diese Orientierung macht dann gemeinsame Wahrnehmung und gemeinsames Handeln möglich.
   Die kommunikative Bedeutung der Präposition *devant* zeigt sich besonders deutlich in förmlicher Kommunikation, zum Beispiel vor Gericht, wo sich die Teilnehmer des Sprachspiels von Angesicht zu Angesicht gegenüberstehen:

/l'accusée comparaît devant le tribunal accompagnée de son défenseur/ 'die Angeklagte erscheint vor Gericht in Begleitung ihres Verteidigers'

/ *elle se sent intimidée devant l'opinion publique qui l'a déjà condamnée* / 'sie fühlt sich eingeschüchtert gegenüber der öffentlichen Meinung, die sie schon verurteilt hat'

/ *elle regarde droit devant elle* / 'sie schaut (starr) geradeaus'

/ *l'accusation s'écroule devant les dépositions des témoins* / 'die Anklage bricht angesichts der Zeugenaussagen in sich zusammen'

/ *acquittée, elle sourit devant les caméras des journalistes* / 'nach ihrem Freispruch lächelt sie vor den Kameras der Reporter'

Die kommunikative Bedeutung der Präposition *devant* ist nicht unbedingt eine örtliche Bedeutung. Daher kann die Präposition *devant* auch in Junktionen mit zeitlicher Bedeutung gebraucht werden. Denn die Personen, die in einem Sprachspiel räumlich beieinanderstehen, verbringen auch Zeit miteinander, nämlich Textzeit. Diese Textzeit ist im Sinne der Textfolge gerichtet und verläuft vom Sprecher zum Hörer. So «wandert» der Text. Aus diesem Grund können Zeitverläufe, insofern sie Textfolgen gleichen, durch die Präposition *devant* ebenso gegliedert werden wie Texte selber:

/ *quelle joie d'avoir six semaines de vacances devant soi!* / 'welche Freude, sechs Wochen Ferien vor sich zu haben!'

/ *les enfants ont toute la vie devant eux* / '(die) Kinder haben das ganze Leben vor sich'

/ *mettre la préposition devant le nom* / 'die Präposition dem Nomen voranstellen'

/ *«les Hollandais», à prononcer sans liaison devant le h aspiré* / '*les Hollandais*, ohne Liaison vor dem konsonantischen *h*- auszusprechen'

Die Feststellung, daß die Präposition *devant* als solche weder eine räumliche noch eine zeitliche und ebensowenig eine «objektive» oder eine «subjektive», sondern grundsätzlich eine kommunikative Bedeutung hat, ist noch zu erläutern. Solche Gegenstände nämlich, die in ihrer natürlichen oder künstlichen Beschaffenheit dem Menschen als einer kommunizierenden Person vergleichbar oder für eine Bedienung durch ihn konstruiert sind, können in einer *devant*-Junktion wie Teilnehmer eines Sprachspiels behandelt werden. Häuser beispielsweise werden meistens so gebaut, daß sie der Straße als einer gesellschaftlichen Kommunikationsfläche zugewandt sind. Man weiß daher bei ihnen «objektiv» (in Wirklichkeit ist das auch kommunikativ!), wo vorne und wo hinten ist. Ähnliches gilt für Möbel, bedienbare Geräte, Maschinen, Fahrzeuge und natürlich alle Kommunikationsmittel (Bücher, Bilder, Fernsehapparate ...). Wenn nun die Namen solcher Gegenstände in einer Junktion gebraucht werden, so kann die Orientierung mit der Präposition *devant* gegeben werden:

/ne traversez donc pas la rue juste devant ma voiture!/ 'überqueren Sie doch die Straße nicht (so) knapp vor meinem Wagen!'
/je vais voir si je peux garer la voiture devant l'hôtel/ 'ich will sehen, ob ich den Wagen vor dem Hotel parken kann'
/je passerai toute la soirée devant la télévision/ 'ich werde den ganzen Abend vor dem Fernsehen verbringen'

Sprichwort:

/il ne faut pas mettre la charrue devant (oder: *avant) les bœufs* [bø]*/* 'man soll den Pflug nicht vor den Ochsen spannen'

8.3.1.1.2 Rückseite *(derrière)*

Die Präposition *derrière* 'hinter' ist das Gegenstück zu der Präposition *devant*. Sie setzt ebenfalls das Sprachspielmodell einer Kommunikations-Situation voraus, in der ein Sprecher und ein Hörer einen gemeinsamen Gesichtskreis haben. Dieser Sprecher und dieser Hörer sind aber nicht allein auf der Welt. Während sie sich im Gespräch einander zuwenden, kehren sie vielen anderen Gegenständen den Rücken. Das kann ihnen dennoch nicht ganz verborgen bleiben. Denn die gegenläufige Kommunikationsrichtung der beiden Sprechenden macht es möglich, daß der Sprecher bisweilen wahrnimmt, was hinter dem Rücken des Hörers vorgeht, und umgekehrt. Das Wahrgenommene mag nun von der Art sein, daß auch der Gesprächspartner darauf hingewiesen werden soll, was «rückseitig», das heißt hinter seinem Rücken geschieht. Der Sprecher wird ihm dann ein Zeichen geben, sich umzuwenden, um dasjenige in seinen Gesichtskreis zu bringen, was vorher hinter seinem Rücken und somit für ihn selber unzugänglich war.

Diesem Kommunikationszweck dient die Präposition *derrière*. Wir beschreiben ihre Bedeutung mit dem Merkmal ⟨UNZUGÄNGLICHKEIT⟩.

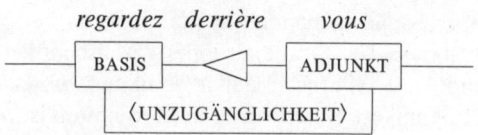

Die Bedeutung dieser Junktion lautet in ausdrücklicher Fassung: «Verbinde die Basis *regardez* 'schauen Sie' mit dem Adjunkt *vous* '(hinter) sich', und determiniere die Basis so von dem Adjunkt her, daß die Basis als rückseitige Orientierung, das heißt, in der Richtung des Rückens (rückwärts) anzunehmen ist!» Das ist also eine Anweisung, sich mit dem ganzen Körper oder wenigstens mit dem Kopf umzuwenden und das bisher Unzugängliche in den Gesichtskreis zu bringen. Die Kommunikations-Situation wird dadurch verändert.

Von dem beschriebenen Sprachspielmodell ausgehend, kann man die Präposition auf strukturgleiche («homologe») Situationen übertragen. Hindernisse, Verstecke, Heimlichkeiten und Maskierungen eignen sich besonders gut dazu, Basis einer *derrière*-Junktion und auf diese Weise Gegenstand eines besonderen Hinweises oder einer Warnung zu werden. Desgleichen haben die Gegenstände, die eine Frontseite als Ansichtsseite haben, notwendig auch eine meistens nicht funktionale Rückseite. Aus dem Kontext muß sich nun im einzelnen ergeben, ob das Merkmal der Unzugänglichkeit räumlich, zeitlich oder wie immer zu verstehen ist. Diesen Spezifikationen steht die Präposition *derrière,* genau wie die Präposition *devant* (vgl. 8.3.1.1.1), gleichgültig gegenüber. Sie selber hat also niemals eine räumliche, zeitliche oder sonstwie «modale» Bedeutung. Nur der Junktion insgesamt mit all ihren Kontextbedingungen kann eine solcherart spezifizierte Bedeutung zukommen:

/*si l'on savait toujours ce qui se passe derrière un rideau quand il est baissé!*/ 'wenn man immer wüßte, was sich hinter einem Vorhang abspielt, wenn er heruntergelassen ist!'
/*vous verriez la mélancolie qui se cache derrière le masque du bouffon*/ 'Sie würden die Melancholie sehen, die sich hinter der Maske des Clowns verbirgt'
/*quand on connaît la vie qu'il a derrière lui, on n'en est pas trop étonné*/ 'wenn man das Leben kennt, das er hinter sich hat, ist man darüber nicht allzu sehr erstaunt'
/*hélas, la vie laisse des traces derrière elle*/ 'ach ja, das Leben hinterläßt Spuren'

Idiomatischer Ausdruck:

/*qu'est-ce que tu as derrière la tête?*/ 'was führst du im Schilde?'

8.3.1.2 Vertikale Orientierung

Den Präpositionen der vertikalen Orientierung liegt ebenfalls das anschauliche Modell einer Kommunikation von Angesicht zu Angesicht zugrunde, bei dem die beiden Partner des Sprachspiels «leibhaftig» miteinander sprechen. Sie mögen dabei, je nach der Situation, verschiedene Stellungen einnehmen. Die Regel ist jedoch eine aufrechte Haltung (stehend oder sitzend), bei der sich der Kopf als Sitz der wichtigsten Kommunikationsorgane (Mund, Augen, Ohren) oben befindet. Unten befinden sich die Füße, die unter allen Kommunikationsorganen die am wenigsten wichtigen sind, da sie gewöhnlich als solche nur gebraucht werden, um eine Kommunikations-Situation herzustellen oder aufzulösen. Von diesem Modell aufrecht miteinander kommunizierender Personen, verbunden mit einer Gewichtung der Kommunikationsorgane «von oben nach unten» leiten die Präpositionen der vertikalen Orientierung ihre Bedeutungen ab, und zwar nach den Gesichtspunkten Höhe oder Auffälligkeit (8.3.1.2.1) und Tiefe oder Unauffälligkeit (8.3.1.2.2).

8.3.1.2.1   Höhe *(sur)*

Die Präposition *sur* 'auf, über' entspricht den Präfixen *sur-* (vgl. *charger* 'beladen' vs. *surcharger* 'überladen'), *super-/supra-* (vgl. *sonique* 'Schall-' vs. *supersonique* 'Überschall'-) und *hyper-* (vgl. *correct* 'richtig, korrekt' vs. *hypercorrect* 'überkorrekt, hyperkorrekt'). Die freie Form dieser Präposition lautet *dessus* 'darauf, obig', erweitert auch: *là-dessus* 'darüber', *au-dessus* 'darüber', *par-dessus* 'darüber, darüber hinweg'.

Mit der Präposition *sur* gibt der Sprecher dem Hörer die Anweisung, sich an der günstigen Lage der Kommunikationsorgane Mund, Ohren und Augen, also «kopfseitig», zu orientieren. Die aufgerichtete Stellung des Kopfes garantiert gute Wahrnehmbarkeit. Wir beschreiben daher die Bedeutung der Präposition *sur* mit dem Merkmal ⟨AUFFÄLLIGKEIT⟩:

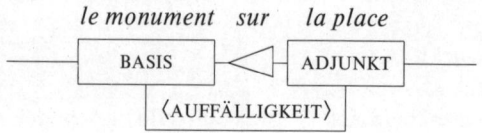

Die Bedeutung dieser Junktion ist in ausführlicher Lesart wie folgt zu verstehen: Der Hörer soll die Basis *le monument* 'das Denkmal' von dem Adjunkt *la place* '(auf) dem Platz' her determinieren, und zwar unter den Bedingungen der Auffälligkeit. Das Denkmal wird also als gut wahrnehmbar charakterisiert.

«Auf» bedeutet jedoch nicht notwendig «oben auf». Die genaue Lage im objektiv-geometrischen Raum läßt sich nicht an der Präposition *sur,* sondern allenfalls an der Gesamtbedeutung einer Junktion ablesen, wenn nämlich Junktionsglieder mit ihren räumlichen Bedeutungen zu der Gesamtbedeutung beitragen. Die Bedeutung der Präposition *sur* ist, ebenso wie die aller anderen Präpositionen, rein kommunikativ.

/*la chambre est très jolie parce qu'elle donne sur la mer*/ 'das Zimmer ist sehr hübsch, weil es zum Meer liegt'
/*que de monde sur la plage!*/ 'welch eine Menschenmenge am Strand!'
/*aucun nuage ne flotte aujourd'hui sur la mer*/ 'keine Wolke schwebt heute über dem Meer'
/*ils auront demain un beau coup de soleil sur tout le corps*/ 'sie werden morgen einen schönen Sonnenbrand auf dem ganzen Körper haben'
/*Carnac est une ville d'eau très chic, située sur les bords de l'Atlantique*/ 'Carnac ist ein sehr schicker, am Atlantik gelegener Badeort'

Die Auffälligkeit, die von der Präposition *sur* signalisiert wird, kann durch einen geeigneten Kontext auch zeitlich aufgefaßt werden:

/*elle est sur le point de passer son baccalauréat*/ 'sie steht im Begriff, ihr Abitur zu machen'

Ein bestimmter Zeitabschnitt wird hier mit Hilfe einer *sur*-Junktion auffällig gemacht.

Da der Kopf mit seinen Kommunikationsorganen auch im übertragenen Sinn ein Orientierungszentrum ist, kann die Präposition *sur* zu dieser Orientierung beitragen. Sie drückt dementsprechend eine Überlegenheit, einen Vorteil, ein Übermaß oder eine (Vorzugs-)Richtung aus. Auch geistige Tätigkeit, verstanden als Arbeit des Kopfes, richtet sich «kopfseitig» auf ihre Gegenstände und Themen. Umgekehrt, jedoch gleichermaßen strukturgemäß, verhält es sich bei den Vorgängen des Maßnehmens: hier ist das Modell unterlegt, so daß die «kopfseitige» Perspektive zugleich die Abhängigkeit vom Modell und damit minderen Rang bedeutet:

/*sur* (oder: *de) quoi discutez-vous?*/ 'worüber diskutiert ihr?'
/*histoires d'argent, que voulez-vous, il est si difficile de se mettre d'accord là-dessus*/ 'na ja, Geldgeschichten, es ist so schwer, sich darüber zu einigen'
/*mon mari insiste sur la nécessité d'économiser sur toutes choses pendant un mois ou deux*/ 'mein Mann besteht darauf, einen oder zwei Monate lang an allem zu sparen'
/*pour ce qui est de faire des économies, personne ne l'emporte sur moi*/ 'was das Sparen angeht, das kann keiner besser als ich'
/*oh oh, j'ai l'impression que tu te trompes sur ce point*/ 'oho, ich habe das Gefühl, daß du dich da wohl täuschst'
/*tu verras, je prendrai modèle sur l'Avare de Molière*/ 'du wirst (schon) sehen, ich werde an dem Geizigen von Molière Maß nehmen'

In der Umgangssprache hört man manchmal *sur le journal* statt *dans le journal* 'in der Zeitung'. Unterscheide auch:

/*je parle la langue française*/ 'ich spreche die französische Sprache'
/*je parle de la langue française*/ 'ich spreche von der französischen Sprache'
/*je parle sur la langue française*/ 'ich spreche über die französische Sprache'

Idiomatische Ausdrücke:

Paris est situé sur (les bords de) la Seine 'Paris liegt an der Seine'
passer ses vacances sur la Côte d'Azur 'seine Ferien an der Côte d'Azur verbringen'
ma sœur va sur ses vingt ans 'meine Schwester geht auf die zwanzig zu'
sur dix il n'y en a pas un de bon 'auf zehn kommt kein einziger guter'
deux sur trois ont réussi à l'examen 'zwei von dreien haben die Prüfung bestanden'
être sur terre 'auf Erden sein, leben'
être sur ses gardes 'auf der Hut sein'
sur ce (oder: *sur ces entrefaites*) 'daraufhin'
sur ces mots 'auf diese Worte hin'
croire sur parole 'aufs Wort glauben'
sur-le-champ 'auf der Stelle'

Von der freien Form *(au-, par-)dessus* bildet die französische Sprache wieder neue gebundene Formen dieser Präposition, nämlich *au-dessus de* 'über' und *par-dessus* 'über (... weg)'.

au-dessus des maisons 'über den Häusern'
par-dessus l'épaule 'über die Schulter (weg)'
par-dessus le marché '(noch) obendrein'

/*le ciel est par-dessus les toits si bleu, si calme ...*/ 'der Himmel ist über den Dächern so blau, so still ...' (Verlaine)
/*la poésie ne m'intéresse pas, je suis au-dessus de tout cela*/ 'Poesie interessiert mich nicht, ich stehe über dem allen'

Bekannter Buchtitel:
Au-dessus de la mêlée 'Über dem Kriegsgetümmel' (= Pazifismusformel des Schriftstellers Romain Rolland im 1. Weltkrieg)

8.3.1.2.2 Tiefe *(sous)*

Die Präposition *sous* 'unter' teilt sich ihre Bedeutung mit den Präfixen *sous-* (vgl. *lieutenant* 'Oberleutnant' vs. *sous-lieutenant* 'Leutnant'), *sub-* (vgl. *ordonné* 'geordnet' vs. *subordonné* 'untergeordnet') und *hypo-* (vgl. *tension* 'Spannung, (Blut-)Druck' vs. *hypotension* 'niedriger Blutdruck'). Die entsprechende freie Form lautet *dessous* 'darunter', auch kombiniert als *au-dessous* 'darunter', *par-dessous* 'darunter (her)', *en dessous* 'drunter' und *de dessous* 'von unten her'.

Die Bedeutung der Präposition *sous* kann von der leiblichen Orientierung her als «fußseitig» charakterisiert werden. Die «fußseitige» ist der «kopfseitigen» Orientierung entgegengesetzt und besagt in dieser Opposition eine niedrige oder sogar verdeckte Stellung im Verhältnis zur auffälligen Hauptsache. Wir beschreiben die Bedeutung der Präposition *sous* mit dem Merkmal ⟨UNAUFFÄLLIGKEIT⟩:

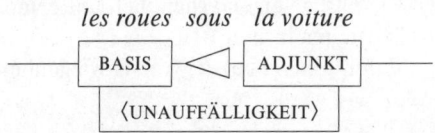

In ausdrücklicher Beschreibung sagt diese Junktion, daß der Hörer die Basis *les roues* 'die Räder' von dem Adjunkt *la voiture* '(unter) dem Wagen' her determinieren und als unauffällig auffassen soll. Das Modell braucht jedoch nicht unbedingt im leiblich-räumlichen Sinn erfüllt zu sein. Es genügt, daß die kommunikative Bedingung der Unauffälligkeit strukturgleich erfüllt ist:

/*les plus grandes richesses d'une nation se trouvent sous la terre (sous terre)*/ 'die größten Reichtümer einer Nation befinden sich unter der Erde (unterirdisch)'
/*on cherche l'or aujourd'hui sous forme de pétrole*/ 'man sucht das Gold heute in Form von Erdöl'
/*à l'âge de la crise du pétrole il ne faut pas passer sous silence l'importance de l'énergie solaire*/ 'im Zeitalter der Ölkrise darf man die Bedeutung der Sonnenenergie nicht mit Stillschweigen übergehen'

Insofern nun der Kopf als Sitz der wichtigsten Kommunikationsorgane auch im weiteren Sinne für die Kommunikation «maßgeblich» ist (vgl. 8.3.1.2.1), kann die Präposition *sous* auch eine Orientierung ausdrücken, die als «Unter»ordnung unter eine Gewalt oder Autorität zu kennzeichnen ist:

/*sous le consulat de César l'autre consul était réduit à l'inactivité*/ 'unter dem Konsulat Cäsars war der andere Konsul zur Untätigkeit verurteilt'
/*dans les années 61 à 59, les légions romaines qui étaient sous les ordres de César*

conquirent toute la Gaule/ 'in den Jahren 61–59 eroberten die römischen Legionen, die unter Cäsars Befehl standen, ganz Gallien'
/les légionnaires saluèrent sous le titre d'Imperator le futur empereur de l'Empire Romain/ 'die Legionäre grüßten mit dem Titel Imperator den zukünftigen Kaiser des Römischen Reiches'
/à la fin de la guerre civile, tout l'univers connu était sous la dictée d'un seul homme/ 'am Ende des Bürgerkrieges stand die ganze bekannte Welt unter dem Diktat eines einzigen Mannes'
/aux ides de mars, César mourut sous les poignards des conspirés/ 'an den Iden des März starb Cäsar unter den Dolchen der Verschwörer'

Idiomatische Ausdrücke:

sous peine de mort 'bei Todesstrafe'
c'est sous-entendu 'das ist stillschweigend (heimlich) mitgemeint'
rire sous cape 'sich ins Fäustchen lachen'
sous le sceau du secret 'unter dem Siegel der Verschwiegenheit'
sous peu 'in Kürze'

Abgeleitet von der freien Form *dessous*, gibt es in der französischen Sprache weitere gebundene Präpositionen mit gleicher, jedoch verstärkter Bedeutung, zum Beispiel die folgenden:

passer par-dessous la clôture 'unter dem Zaun durchkriechen'
rester en dessous de son niveau 'unter seinem Niveau bleiben'
être au dessous de tout 'eine Niete sein'
au-dessous de zéro 'unter Null (Grad Temperatur)'

Idiomatische Ausdrücke:

bras dessus bras dessous 'Arm in Arm, untergehakt'
sens dessus dessous [sãdsydsu] 'drunter und drüber'

8.3.1.3   Seitliche Orientierung

Für die Präposition der seitlichen Orientierung ist als Grundform der Kommunikation ebenfalls eine Situation vorausgesetzt, in der zwei Personen einander leibhaftig und von Angesicht zu Angesicht gegenüberstehen. In dieser Situation müssen auch die Hände als Kommunikationsorgane, ihre Tätigkeiten (Grußzeichen, Handschlag, Gestikulation . . .) als Kommunikationshandlungen angesehen werden. Dabei ist eine der beiden Hände, im Regelfall die rechte Hand, besser geeignet und folglich stärker beteiligt als die andere. Wenn sich nun zwei Personen in der beschriebenen Position gegenüberstehen, so befindet sich die jeweils «gute» Hand der beiden Personen objektiv an verschiedenen Seiten, so daß beispielsweise der Grußkontakt durch Handschlag über Kreuz geschehen muß. Daran zeigt sich, daß die Seitigkeit («Händigkeit») ein Kommunikationsproblem ist. Die Teilnehmer des Sprachspiels müssen sich über die jeweils gültige Seite verständigen. Zu diesem Zweck verfügt das grammatische Arsenal der französischen Sprache über ein Präpositionenpaar, mit dem der Sprecher dem Hörer die geeigneten Anweisungen zur seitlichen Orientierung geben kann. An ihrer femininen Form (es ist *la main* 'die Hand' zu ergänzen) ist der Bezug auf dieses Kommunikationsorgan noch deutlich erkennbar:

à droite de   'rechts (rechterhand) von'
à gauche de   'links (linkerhand) von'

Wir beschreiben die Bedeutung der Präposition *à droite de* 'rechts von' mit dem Merkmal ⟨HANDLICHKEIT⟩, die Bedeutung der Präposition *à gauche de* 'links von' mit dem Merkmal ⟨UNHANDLICHKEIT⟩:

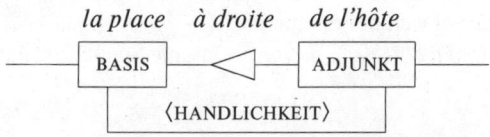

Die Anweisung, die mit dieser Junktion an den Hörer ergeht, besagt in ausdrücklicher Formulierung: Verbinde die determinationsbedürftige Basis *la place* 'der Platz' mit dem determinationskräftigen Adjunkt *l'hôte* 'der Gastgeber', und zwar so, daß die kommunikative Bedingung der Handlichkeit erfüllt ist. So entsteht die Gesamtbedeutung: 'der Platz rechts vom Gastgeber'. Beim Gebrauch der Präposition *à gauche de* 'links von' würde die Gegenanweisung ergehen.

Bei den Präpositionen *à droite de* und *à gauche de* ist der Bezug auf die leibliche Orientierung nach der kommunikativen Funktion der Hände besonders deutlich. Daraus wird einsichtig, daß diese Präpositionen auch besonders leicht als freie Formen zu gebrauchen sind: *à droite* 'rechts', *à gauche* 'links'. Aus der Leiblichkeit der Gesprächspartner kann nämlich das fehlende Adjunkt bequem ersetzt werden. Es hängt dabei jedoch von der Sprachspielstrategie des Sprechers ab, ob er seine eigene Orientierung oder die des Hörers zur Grundlage der Kommunikation macht. Daraus können sich für den Hörer Mißverständnisse ergeben, die sich aber immer durch einen Rückgriff auf die gebundenen Formen dieser Präpositionen mit ausdrücklicher Nennung der jeweiligen Adjunkte wettmachen lassen.

Die unterschiedliche Eignung der linken und der rechten Hand als Kommunikations-Organ spiegelt sich auch in der unterschiedlichen Wertung der beiden Seiten (vgl. *gauche* 'links, linkisch', *droit(e)* 'rechts, recht, rechtschaffen'). Diese Wertung schwingt manchmal als Nebenbedeutung auch bei den Präpositionen mit.

Nicht in jeder Situation ist jedoch die kommunikative Asymmetrie der Hände wichtig. Die Opposition links vs. rechts kann daher manchmal neutralisiert werden. Der Hörer kann dann zwischen Rechts und Links wählen. Die Neutralisierung bietet sich insbesondere dann an, wenn das Gespräch über Gegenstände geht, die keine asymmetrischen Seiten haben. Als neutrale Form dient die Präposition *à côté de* 'neben', die auch als freie Form auftritt: *à côté* 'daneben, nebenan':

/ *mettez-vous là, à droite de ma sœur* / 'setzen Sie sich dorthin, rechts von meiner Schwester'
/ *c'est trop d'honneur pour moi, je vais me mettre plutôt à sa gauche* / 'das ist zuviel Ehre für mich, ich will mich lieber links von ihr (oder: zu ihrer Linken) hinsetzen'
/ *ça m'est égal, tant que vous n'êtes pas gauche à côté d'elle* / 'das ist mir gleich, solange Sie nicht linkisch neben ihr sind'
/ *ma timidité n'est rien à côté de la sienne* / 'meine Schüchternheit ist nichts neben ihrer'

Außer der Präposition *à côté de* 'neben' gibt es auch die Form *du côté de* 'in der (die) Gegend von' – vgl. den bekannten Romantitel von Proust: *Du côté de chez Swann* 'In der Gegend von Swanns Haus'.

Idiomatische Ausdrücke:

de mon côté 'meinerseits'
d'un côté ... de l'autre (côté) 'einerseits ... andererseits'
de tous côtés [dətukote] 'allseitig, allerseits'
mettre de côté 'beiseite legen'

In Ortsnamen hat sich bisweilen die alte Präposition *lez*, auch in der Form *lès* oder *les*, erhalten; sie hat die Bedeutung 'bei, neben' und verbindet den Namen eines kleineren Ortes mit dem eines größeren Ortes in der Nachbarschaft: *Plessis-lez-Tours*, *Villeneuve-lès-Avignon*.

Die Präposition *autour de* 'um (... herum)' kann ebenfalls als eine neutralisierende Präposition aufgefaßt werden. Während aber die Präposition *à côté de* nur die Opposition *à gauche de* vs. *à droite de* neutralisiert, erstreckt sich der Neutralisierungsbereich der Präposition *autour de* auch auf die Opposition *devant* vs. *derrière*. Die Bedeutung dieser Präposition kann positiv durch das Merkmal ⟨UMGEBUNG⟩ angegeben werden. Die freie Form dieser Präposition lautet meistens *tout autour*, seltener *autour*:

/ *à côté des étoiles fixes il y a les étoiles filantes ou planètes* /   'neben den Fixsternen gibt es die Wandelsterne oder Planeten'
/ *les planètes gravitent autour des étoiles fixes* /   'die Planeten kreisen um die Fixsterne'
/ *la recherche des physiciens a tourné longtemps autour de la gravitation* /   'die Forschung der Physiker hat sich lange um die Gravitation gedreht'

Andere Fachsprachen haben sich für ihre besonderen Bedürfnisse der seitlichen Orientierung nach dem Muster der Umgangssprache weitere Spezial-Präpositionen geschaffen, die in gewissen Grenzen auch in die Umgangssprache eingedrungen sind. So die Sprache der Seefahrt, mit deutlicher Analogie zur leiblichen Orientierung:

à bâbord   'an Backbord'
à tribord   'an Steuerbord'

Beides sind freie Formen; es versteht sich, daß das Schiff gemeint ist. Aus der Sprache der Nautik und später der Geographie stammen auch die Präpositionen der Himmelsrichtungen, die als gebundene oder freie Formen für fachsprachliche Bedürfnisse fast beliebig verfeinert (und schließlich auch nach einer Gradeinteilung «objektiviert») werden können:

au nord de   'nördlich von'
au sud-est de   'südöstlich von'
à l'ouest-nord-ouest de   'westnordwestlich von'

In der Umgangssprache genügen in der Regel die vier Grundrichtungen Nord, Süd, West, Ost, die wiederum der leiblichen Orientierung an den Seiten des menschlichen Körpers entsprechen.

8.3.1.4 Reichweite

Entfernungen kann man messen. Damit befaßt sich die Geometrie. Für die Präpositionen der Grammatik sind die Axiome der Geometrie nicht maßgeblich. Die Präpositionen nehmen ihre Maße von den Kommunikationsorganen und deren Funktionsbedingungen. Einige Präpositionen bestimmen ihre Bedeutungen nach der Reichweite (dem «Skopus») der Kommunikationsorgane. Diese Reichweite ist grundsätzlich beschränkt. Die Grenzen sind in natürlicher mündlicher Rede insbesondere durch die Tragfähigkeit der Stimme und die Hörfähigkeit des Ohres (unterstützend auch durch die Sichtweite des Auges) bestimmt. Sie können jedoch in schriftlicher und elektronisch verstärkter Kommunikation erweitert werden. Allemal müssen aber, damit ein Sprachspiel zustande kommen kann, zwei (oder mehr) Personen in eine solche Position gebracht werden, daß sie einander Sender und Empfänger sein können. Wir unterscheiden dementsprechend:

- Position (8.3.1.4.1)
- Nähe und Ferne (8.3.1.4.2)
- Zuwendung (8.3.1.4.3)

8.3.1.4.1 Position *(chez)*

Den drei Gesprächsrollen Sender, Empfänger und Referent sind entsprechende Rollen-Positionen zugeordnet (vgl. 7.3.2). Die Reichweite der Kommunikationsorgane des Senders (= Sender-Position) entspricht der Reichweite der Kommunikationsorgane des Empfängers (= Empfänger-Position) in geeigneter Kommunikationsstellung, und nach dem gleichen kommunikativen Maß wird auch die Rollen-Position des Referenten bemessen. Position schlechthin bedeutet also soviel wie Kommunikationsraum im Sprachspiel.

In Präpositional-Junktionen wird die Position durch die Präposition *chez* '(zu Hause) bei, zu' ausgedrückt. Sie wird nur dann gebraucht, wenn als Adjunkt eine Person (vgl. 3.3.1) gemeint ist:

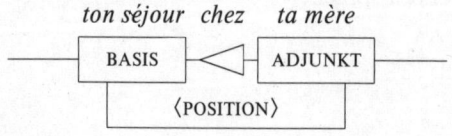

Im Beispiel dieser Junktion wird die Basis *ton séjour* 'dein Aufenthalt' von dem Adjunkt *ta mère* 'deine Mutter' her so determiniert, daß die Junktion im Sinn einer gemeinsam eingenommenen Position verstanden wird: 'dein Aufenthalt bei (oder: im Hause) deiner Mutter'. Das bedeutet: dieser Aufenthalt stellt für den Besucher geeignete Kommunikationsbedingungen mit seiner Mutter her. Die beiden Personen brauchen keine besonderen Vorkehrungen mehr zu treffen, um miteinander reden zu können. Wir beschreiben daher die Bedeutung dieser Präposition mit dem kommunikativen Merkmal (POSITION).

Gegenüber den Gesichtspunkten Ruhe ('bei') und (Hin-)Bewegung ('zu') ist die Präposition *chez* indifferent. Die Her-Bewegung wird durch die Kombination *de chez* 'von' ausgedrückt.

Häufig (jedoch nicht immer) konkretisiert sich die Positions-Bedeutung des Adjunkts in einer *chez*-Junktion darin, daß das Haus und die Familie der betreffenden Person (mit-)gemeint sind:

/ *comment ça va chez vous?* / 'wie geht's bei Ihnen?
/ *merci, pendant les vacances on se sent comme en visite chez soi* / 'danke, während der Ferien fühlt man sich wie zu Besuch bei sich (zu Hause)'

Personen, die eine Berufstätigkeit repräsentieren, insbesondere auch Amtspersonen, erhalten ebenfalls (meistens) die Präposition *chez*. Von dort kann der Gebrauch auf deren Amtssitz oder auf Institutionen übertragen werden:

chez le coiffeur 'beim, zum Friseur'
chez le docteur 'beim, zum Arzt'
Umgangssprachlich hört man auch: *aller au coiffeur, au docteur.*

8.3.1.4.2 Nähe und Ferne *(près de, loin de)*

Während unter dem Gesichtspunkt der Position die (günstige) Kommunikationsstellung der Kommunikationsorgane als gegeben angesehen wird, erscheint sie unter den Gesichtspunkten der Nähe und Ferne als problematisch. Nähe bedeutet: 'in der Reichweite der Kommunikationsorgane'. Das kann identisch sein, muß aber nicht unbedingt identisch sein mit der Kommunikationsstellung «von Angesicht zu Angesicht». Besteht diese optimale Stellung nicht, so kann sie gleichwohl unter den Bedingungen der Nähe, etwa wenn jemand in Sicht- oder Rufweite ist, leicht hergestellt werden. Nähe bedeutet also kommunikative Erreichbarkeit. Ferne bedeutet demgegenüber: 'außerhalb der Reichweite der Kommunikationsorgane'.

Je nach den kontextuellen oder pragmatischen Bedingungen des Sprachspiels kann sich die Grenze zwischen Nah und Fern im geometrischen Raum verschieben. Das kann im einzelnen durch nuancierende Begleitmorpheme, insbesondere durch Adverbien, verdeutlicht werden:

NÄHE		FERNE	
près de	'nahe (bei)'	*loin de*	'fern (von), weit von'
tout près de	'ganz nahe (bei)'	*très loin de*	'sehr weit von'
plus près de	'näher (bei)'	*si loin de*	'so weit von'

Die freien Formen lauten für die Nähe *de près* 'von nahem' oder *tout près* '(ganz) nahe', für die Ferne *loin* 'weit', *de loin* 'von weitem' und *au loin* 'weit, fern'.

Wir beschreiben die Bedeutung der Präposition *près de* mit dem semantischen Merkmal ⟨NÄHE⟩:

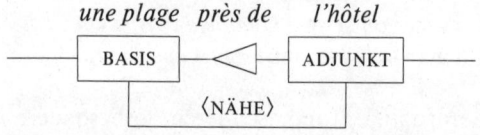

Die Bedeutung dieser Junktion gibt dem Hörer folgende Anweisung: Verbinde Basis und Adjunkt, und determiniere die Basis *une plage* 'ein Strand' von dem Adjunkt *l'hôtel* '(nahe bei) dem Hotel' her, so daß die Bedingung des Merkmals ⟨NÄHE⟩ erfüllt ist. Es muß sich also zwischen Strand und Hotel leicht eine Kommunikation herstellen lassen. Bei der Präposition *loin de* 'weit von' würde die Anweisung unter der Bedingung des Merkmals ⟨FERNE⟩ zu erfüllen sein, das heißt, es müßte schwer sein, Strand und Hotel in eine Position zu bringen, die Kommunikation möglich macht.

Die Präpositionen der Reichweite haben also, wie alle Präpositionen, leiblich-kommunikative und nicht etwa geometrisch-räumliche Bedeutung. Wenn jedoch die durch sie verbundenen Junktionsglieder räumliche Bedeutungen haben, so kann dadurch die Gesamtbedeutung der Junktion im räumlichen Sinn präzisiert werden.

/ *j'ai habité toute ma vie près de Paris* /   'ich habe mein ganzes Leben (nahe) bei Paris gewohnt'
/ *moi je préfère vivre le plus loin possible des grandes villes* /   'ich (hingegen) lebe lieber so weit wie möglich von den großen Städten entfernt'
/ *si près de ma retraite je ne déménagerai plus* /   'so nahe an meiner Pensionierung ziehe ich nicht mehr um'

Zu der Präposition *près de* gibt es die Variante *auprès de*. Sie wird hauptsächlich (jedoch nicht ausschließlich) bei Personen gebraucht. Wenn es sich um amtliche Personen oder Institutionen handelt, ist diese Variante die Regel:

/auprès de ma blonde qu'il fait bon dormir/   'bei meiner (blonden) Liebsten, wie schläft es sich da gut!' (Volkslied)
/il faut solliciter la publication des bans de mariage auprès du curé/   'man muß das Aufgebot beim Pfarrer bestellen'

Idiomatische Ausdrücke:

à peu près   'ungefähr'
à ces deux cas près   'bis auf diese beiden Fälle'
loin de là!   'weit davon entfernt, weit gefehlt!'

Schließlich kann der Sprecher auch die Grenze zwischen Nähe und Ferne besonders ins Auge fassen. Dann wird die Nähe als 'diesseits', die Ferne als 'jenseits' aufgefaßt und dem Hörer zur genaueren Orientierung mitgeteilt. Dementsprechend kennt die französische Sprache die Präposition *en deçà de (de ce côté-ci de)* 'diesseits (von)' und *au-delà de (par-delà de, de l'autre côté de)* 'jenseits (von)'.

/vérité au deçà (= ältere Sprachform für *en deçà) des Pyrénées, erreur au-delà/* 'Wahrheit diesseits der Pyrenäen, Irrtum jenseits' (Pascal)
/pour Pascal la foi commence au-delà de la philosophie/   'für Pascal beginnt der Glaube jenseits der Philosophie'

Idiomatische Ausdrücke der religiösen Sprache:

l'au-delà   'das Jenseits'
ce monde (ici-bas)   'das Diesseits'

Als einzige unter den Präpositionen der Orientierung können die Präpositionen *près de* und *loin de* auch als Verbal-Präpositionen gebraucht werden:

/la nuit était près de tomber, quand l'enfant rentra/   'fast brach die Nacht herein, da kam das Kind nach Hause zurück'
/je suis loin de le gronder/   'ich bin weit davon entfernt, es auszuschimpfen'

Sprichwort:

/loin des yeux, loin du cœur/   'aus den Augen, aus dem Sinn'

8.3.1.4.3 Zuwendung *(vers, envers)*

Wenn keine kommunikative Position gegeben ist, so kann sie gleichwohl hergestellt werden. Die Bewegung von einer beliebigen Situation auf eine kommunikative Position hin wollen wir Zuwendung nennen. Wir beschreiben daher die Bedeutung der Präposition *vers* 'nach, zu, gegen' wie auch ihre Variante *envers,* die diese Bewegung gleichfalls ausdrückt, mit dem Merkmal ⟨ZUWENDUNG⟩.

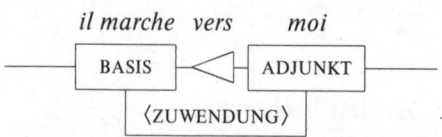

Diese Junktion bedeutet dem Hörer, daß die Bedingung der Zuwendung (aus der Umgebung) erfüllt werden soll; die (verbale) Basis *il marche* 'er geht (zu Fuß)' gibt eine Bewegung an, deren Ziel durch das Adjunkt *moi* '(zu) mir' ausgedrückt ist: es soll mit mir eine Kommunikations-Position hergestellt werden. Häufig wird die Präposition *vers* dementsprechend zum Ausdruck von Körperbewegungen, insbesondere der Mimik und Gestik, gebraucht:

/ *depuis des mois il a les yeux tournés vers elle* [vɛrɛl] / 'seit Monaten verdreht er den Kopf nach ihr'
/ *je ne sais vers quelle folie sa passion l'entraînera* / 'ich weiß nicht, zu welcher Narrheit ihn seine Leidenschaft (noch) hinreißen wird'

Abgeleitet von der kommunikativen Zuwendung, finden wir die Präposition *vers* auch in Junktionen mit räumlicher und zeitlicher Bedeutung. Die räumliche oder zeitliche Bedeutung der Junktion kommt jedoch auch hier nicht durch die Bedeutung der Präposition, sondern ausschließlich durch die entweder räumliche oder zeitliche Lexembedeutung der Junktionsglieder zustande. Entsprechend dem Merkmal der Zuwendung verbindet sich die Präposition *vers* besonders gerne mit Verben der Bewegung, und da die Reichweite der Kommunikationsorgane keine scharfen Entfernungsmaße kennt, erhält der Hörer in bezug auf den geometrischen Raum nur Annäherungswerte:

/ *la manifestation commença vers dix heures* / 'die Kundgebung begann gegen zehn Uhr'
/ *le défilé se dirigea vers la place de la République* / 'der Demonstrationszug wandte sich zum Platz der Republik'

/la police était concentrée vers les grands boulevards/ 'die Polizei war in der Gegend der großen Boulevards konzentriert'
/vers la nuit la ville finit par se calmer/ 'zur Nacht (hin) beruhigte die Stadt sich schließlich'

Die Form *envers* verhält sich zur Präposition *vers* etwa so wie die Form *auprès de* zu der Präposition *près de* (vgl. 8.3.1.4.2). Man verwendet diese Variante nur, wenn das zweite Junktionsglied eine Person oder eine Institution bezeichnet. Der Gebrauch dieser verhältnismäßig seltenen Form ist fast ganz auf Texte mit moralischer Bedeutung eingeschränkt. Kommen diese Einschränkungen nicht in Frage, so kann auch die Präposition *à l'égard de* 'hinsichtlich' verwendet werden:

/soyons sévères envers les vivants et indulgents envers les morts/ 'seien wir streng gegenüber den Lebenden und nachsichtig gegenüber den Toten'
/l'époque actuelle n'est pas juste envers l'histoire/ 'die Gegenwart ist gegenüber der Geschichte nicht gerecht'
/l'avenir montrera la même indifférence à l'égard de notre époque/ 'die Zukunft wird dieselbe Gleichgültigkeit hinsichtlich unseres Zeitalters zeigen'

Idiomatische Ausdrücke:

l'envers (oder le revers) de la médaille 'die Kehrseite (oder: die Rückseite) der Medaille'
à l'envers 'anders (falsch) herum'

8.3.2 Die Präpositionen der Zuordnung

Während sich die Präpositionen der Orientierung an das elementare Anschauungsmodell des menschlichen Leibes halten (vgl. 8.3.1), stellen die Präpositionen der Zuordnung Abhängigkeiten zwischen den Junktionsgliedern her, die am Modell des Textes mit seiner referentiellen Verknüpfung der Sprachzeichen Maß nehmen. Wir unterscheiden dabei fünf verschiedene Subklassen:

– Schlichte Zuordnung: die Präposition *de* (8.3.2.1)
– Abfolge (8.3.2.2)
– Begrenzung (8.3.2.3)
– Ergänzung (8.3.2.4)
– Begründung (8.3.2.5)

8.3.2.1 Schlichte Zuordnung: die Präposition *de*

Die Präposition *de* ist die mit weitem Abstand häufigste Präposition der französischen Sprache. Vor Vokal und «vokalischem *h*-» wird sie zu *d'* verkürzt («apostrophiert»). Bei zwei Formen des anaphorischen Artikels kommt es zu Verschmelzungen mit der Präposition *de:*

$$
\begin{array}{ll}
de + le & \rightarrow \quad du \\
de + les & \rightarrow \quad des
\end{array}
$$

Unterscheide diese verschmolzenen Formen von den Formen *du* und *des* des kataphorischen Artikels (vgl. 5.1.1):

PRÄPOSITION *de* MIT ANAPHORISCHEM ARTIKEL	KATAPHORISCHER ARTIKEL
/ *le prix du vin* / 'der Preis des Weins' (= *de*-Junktion, Singular)	/ *du vin* / 'Wein' (= numerus-neutraler Artikel)
/ *le nombre des bouteilles* / 'die Zahl der Flaschen' (= *de*-Junktion, Plural)	/ *des bouteilles* / 'Flaschen' (= pluralischer Artikel)

Beachte ferner, daß der kataphorische Artikel vor einem vorangestellten Adjektiv *de* lauten kann (vgl. 5.1.1). Diese Form des Artikels ist mit der Präposition *de* homonym.

PRÄPOSITION *de*	KATAPHORISCHER ARTIKEL
/ *elle est fière de ses aventures* / 'sie ist stolz auf ihre Abenteuer'	/ *elle a eu de belles aventures* / 'sie hat schöne Abenteuer gehabt'

Die Präposition *de* ist unter den Präpositionen der Zuordnung Ausdruck referentieller Zuordnung schlechthin. Sie bezeichnet einen Referenz-Zusammenhang, das heißt, sie bringt mit ihrem Adjunkt eine zusätzliche Information ein, deren Sinn sich im Einzelfall aus der Bedeutung der an einer *de*-Junktion beteiligten Junktionsglieder ergibt. Nur aus der Semantik des Kontextes, insbesondere der beiden Junktionsglieder, können also präzisere Vorstellungen über die Art der Zuordnung abgeleitet werden. Wenn aber die Junktionsglieder solche Auskünfte nicht hergeben, etwa in der mit Variablen gebildeten Junktion *x de y,* so kann man an dieser Junktion auch nichts anderes als eine schlichte Zuordnung eines variablen Adjunkts zu einer variablen Basis ablesen. Wir beschreiben die Bedeutung der Präposition *de* mit dem semantischen Merkmal ⟨ZUORDNUNG⟩:

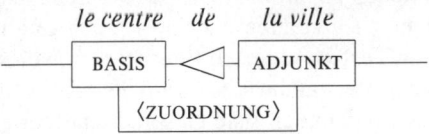

Ausführlich beschrieben, hat diese Junktion folgende Bedeutung: Der Hörer soll nach der Anweisung des Sprechers die Basis *le centre* 'das Zentrum' mit Hilfe des Adjunkts *la ville* 'die Stadt' determinieren, und zwar unter den Bedingungen der schlichten Zuordnung. Das heißt, er soll die Basis der Junktion dadurch besser verstehen, daß er das Adjunkt in einen Referenz-Zusammenhang mit ihr bringt. Das ist in diesem Fall einfach, da die Nomina beider Junktionsglieder eine räumliche Bedeutung haben: das 'Stadtzentrum' ist gemeint. Wenn diese Auskunft, etwa als Antwort auf die Frage *quel centre?* 'welches Zentrum?' nicht ausreicht, muß man das zugeordnete Referenz-Adjunkt semantisch reicher ausstatten, das heißt, es selber zur Basis für weitere Determinationen machen:

/ *quel centre?* /   'welches Zentrum?'
/ *le centre de cette ville* /   'das Zentrum dieser Stadt'
/ *le centre de cette vieille ville* /   'das Zentrum dieser alten Stadt'
/ *le centre de la ville que nous avons visitée* /   'das Zentrum der Stadt, die wir besucht haben'

Man darf sich aber durch die räumliche Gesamtbedeutung dieser verschiedenen Junktionen nicht zu der Meinung verleiten lassen, als ob die Präposition *de* für diese räumliche Bedeutung verantwortlich wäre («lokales *de*»). Das ist nicht der Fall. Eine solche Bedeutung hat die Präposition *de* weder hier noch anderswo. Sie hat nur die eine und einzige Bedeutung, die in dem Merkmal ⟨ZUORDNUNG⟩ ausgedrückt ist. Desgleichen hat sie nie für sich allein eine zeitliche oder wie immer sonst geartete «modale» Bedeutung. Vergleiche:

/ *les plaisirs de Paris* /   'die Pariser Vergnügungen'
/ *le cinéma des jeunes* /   'das Kino der Jugendlichen'
/ *la visite du metteur en scène* /   'der Besuch des Regisseurs'
/ *l'amour de l'actrice* /   'die Liebe der Schauspielerin'

Ob in diesen Beispielen die Vergnügungen von Paris gewährt oder erlebt werden, ob das Kino von Jugendlichen oder für Jugendliche gemacht wird, ob der Regisseur jemanden besucht oder selbst Besuch erhält, und ob schließlich die

Schauspielerin liebt oder geliebt wird, das alles ist nach den Regeln der französischen Sprache nicht der Präposition *de,* sondern nur der weiteren Referenz, also den Kontext-Informationen zu entnehmen. An Referenz fehlt es normalerweise nicht. Nur wenn jemand sich zufällig oder absichtlich so knapp ausdrückt, wie diese kargen, von ihren Texten isolierten Beispiele vorgetäuscht haben, entsteht eine Unklarheit für das Verständnis. Sie wird in echten Sprachspielen in der Regel sogleich beseitigt, indem der erste Gesprächspartner eine Frage stellt und der zweite sie mit einer Zusatzinformation beantwortet (vgl. 9.3).

Da die Glieder einer *de*-Junktion ihrerseits noch jeweils einzeln für sich determiniert sein können, wirkt die Bedeutungs-Anweisung der Präposition im Text so gut wie immer mit anderen Bedeutungs-Anweisungen zusammen. Besonders wichtig ist das Zusammenspiel (die «Konkomitanz») mit den folgenden Kategorien:

– Formen des Artikels (8.3.2.1.1)
– Numerus: Singular vs. Plural (8.3.2.1.2)
– Eigennamen (8.3.2.1.3)
– Valenz der Verben (8.3.2.1.4)
– Metaphern (8.3.2.1.5)

Eine besondere Betrachtung verdient die Präposition *de* in ihrer Funktion als Verbal-Präposition (8.3.2.1.6).

8.3.2.1.1   Der Artikel in *de*-Junktionen

Da Präpositionen häufig Nomina verbinden, spielen die Formen des Artikels, die ja Nominal-Morpheme sind (vgl. Kap. 5), eine besonders wichtige Rolle. Das folgende Schaubild zeigt das Zusammenwirken des Junktors *de* mit Formen des Artikels, wenn die Basis der Junktion durch einen anaphorischen, das Adjunkt durch einen kataphorischen Artikel gekennzeichnet ist:

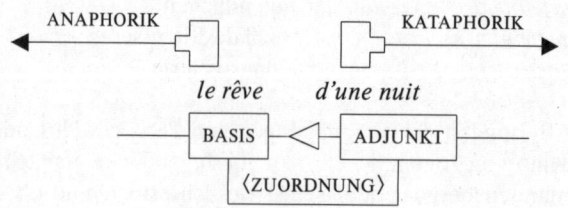

Die aus dem Zusammenwirken der Präposition *de* mit dem anaphorischen Artikel *le* und dem kataphorischen Artikel *une* («konkomitant») gebildete Anweisung der Junktion besagt: Für das Nomen *rêve* 'Traum' gibt es Determinanten in der Vorinformation, die hier weitergelten. So signalisiert es der anaphorische Artikel *le* 'der'. Aber die Information schreitet voran. So ist auch für *le rêve* 'der Traum', insofern es Basis einer Junktion ist, eine weitere Determination zu erwarten, und zwar von dem Adjunkt *une nuit* 'eine Nacht' her. Für das Nomen *nuit* dieses Adjunkts wird seinerseits durch den kataphorischen Artikel *une* 'eine' Determination in der Nachinformation angekündigt, die dann nachträglich noch der Junktion zugeschlagen werden kann. Auf diese Weise wird der Referenz-Zusammenhang, der nach der Anweisung der Präposition *de* in dieser Junktion zustande kommt, mit dem weiteren Kontext verzahnt.

In einer *de*-Junktion sind von vier theoretisch möglichen Artikel-Kombinationen drei zugelassen:

– Anaphorischer Artikel + *de* + anaphorischer Artikel:
 / *la boulangerie du village* /   'die Bäckerei des Dorfes'

– Kataphorischer Artikel + *de* + anaphorischer Artikel:
 / *une boulangerie du village* /   'eine Bäckerei des Dorfes'

– Anaphorischer Artikel + *de* + kataphorischer Artikel:
 / *la boulangerie d'un village* /   'die Bäckerei eines Dorfes'

Nicht üblich ist hingegen die Kombination zweier Formen des kataphorischen Artikels in einer *de*-Junktion; denn die Sprache macht von der Kataphorik, die immer an die Aufmerksamkeit des Hörers appelliert, grundsätzlich einen sparsamen Gebrauch, um dieses Aufmerksamkeitssignal nicht abzunutzen.

In vielen Fällen macht aber die *de*-Junktion überhaupt eine doppelte Artikel-Anweisung unnötig, und das Adjunkt steht ganz ohne Artikel. Die Anweisung des Artikels der Basis gilt dann, vom Junktor verlängert, auch für das Adjunkt. Die Junktion wird dadurch besonders eng gefügt und erscheint leicht als vollständig zu einem Kompositum lexikalisiert: *boulangerie de village* 'Dorfbäckerei'. Vergleiche auch die Komposita:

/ *le chef d'état* /   'der Staatschef'
/ *une menace de guerre* /   'eine Kriegsdrohung'
/ *une prise de position* /   'eine Stellungnahme'
/ *les conférences de presse* /   'die Pressekonferenzen'
/ *une preuve de bonne volonté* /   'ein Beweis guten Willens'
/ *des négociations d'armistice* /   'Waffenstillstandsverhandlungen'

/le traité de paix /   'der Friedensvertrag'
/trois jours de fête /   'drei Festtage'
/le feu d'artifice /   'das Feuerwerk'
(...)

Wenn die Junktion sehr eng ist, weil das Adjunkt ohne Artikel steht, gilt ein Adjektiv, das diesem Adjunkt beigestellt ist, für die ganze Junktion. Es kann dann nach den Regeln der Adjektivstellung (vgl. 6.1) der ganzen Junktion entweder vorangestellt oder nachgestellt werden. Auch wenn es der ganzen Junktion nachgestellt ist, richtet es sich aber in der Genus- und Numerus-Kongruenz (vgl. 2.1.3 und 2.2.4) nach der Basis:

/les coups de téléphone fréquents /   'die häufigen Telephonanrufe'
/les bonnes amies de jeunesse /   'die guten Jugendfreundinnen'
/les souvenirs d'enfance ensoleillés /   'die sonnigen Kindheitserinnerungen'

Es kommt vor, daß die Präposition *de* im Text mit irgend einer Form des kataphorischen Artikels zusammenstoßen müßte, die in ihrer Lautgestalt mit *de* (apostrophiert: *d'*) beginnt (vgl. 5.1.1). Wenn das zu geschehen droht, fällt die Artikelform einfach aus:

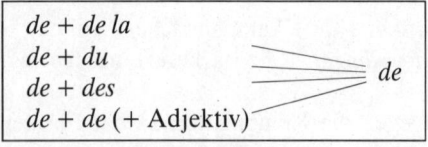

/les lions ont besoin de viande /   '(die) Löwen brauchen Fleisch'
/les mannequins se nourrissent de biscottes et de fruits /   '(die) Mannequins ernähren sich von Zwieback und Obst'
/les gourmets jouissent de bons repas /   '(die) Feinschmecker genießen gute Mahlzeiten'

Redensart:

vivre d'amour et d'eau fraîche   'von Luft und Liebe leben'

8.3.2.1.2   Numerus in *de*-Junktionen

Die Glieder einer *de*-Junktion können im Numerus unterschiedlich sein. Es sind vier Kombinationen möglich:

– Singular + *de* + Singular:
la pensée du philosophe   'das Denken des Philosophen'

– Plural + *de* + Plural:
les pensées des philosophes   'die Gedanken der Philosophen'

– Singular + *de* + Plural:
la pensée des philosophes   'das Denken der Philosophen'

– Plural + *de* + Singular:
les pensées du philosophe   'die Gedanken des Philosophen'

Da Singular Menge (von Elementen), Plural Elemente (einer Menge) bedeutet (vgl. 2.2.1), können in *de*-Junktionen unterschiedliche Mengenverhältnisse zustande kommen. Das gilt zumal für jene sehr engen *de*-Junktionen, in denen das Adjunkt ohne Artikel steht (vgl. 8.3.2.1.1).

Von besonderer Bedeutung sind solche *de*-Junktionen, deren Semantik so beschaffen ist, daß die Basis eine bestimmte Menge (Singular!) und das Adjunkt eine Teilmenge (Singular!) aus dieser Menge bezeichnet. Dann kommt es kraft der Bedeutung der Präposition *de* zu einer Zuordnung von Menge und Teilmenge, die als «Schnittmenge» interpretierbar ist:

Menge: *métier* {*avocat, coiffeur, peintre, acteur, dactylo* ...} 'Beruf {Rechts- anwalt, Friseur, Maler, Schauspieler, Schreibkraft ...}'
Teilmenge: *peintre*   'Maler'
Schnittmenge: *le métier de peintre*   'der Malerberuf'

Junktionen mit Schnittmengen-Bedeutung werden gerne zu klassifizierenden Zwecken benutzt und finden sich in vielen Fachsprachen:

/ *l'état de santé* /   'der Gesundheitszustand'
/ *un cas de pneumonie* /   'ein Fall von Lungenentzündung'
/ *un accès de fièvre* /   'ein Fieberanfall'
/ *le danger de contagion* /   'die Ansteckungsgefahr'
/ *une mesure de précaution* /   'eine Vorsichtsmaßnahme'
/ *les chances de guérison* /   'die Gesundungsaussichten'
(...)

Ähnlich zu analysieren sind die nachfolgenden *de*-Junktionen. In ihnen wird die Basis von einem Nomen gebildet, das eine formale Bedeutung hat und seman- tisch als «leeres Fach» angesehen werden kann. Diesem leeren Fach wird das

529

Adjunkt als Inhalt zugeordnet. Dieses Verfahren ist besonders beliebt in den Wissenschaften und in der Verwaltung, wo Ergebnisse in vorgegebene Begriffsfächer eingeordnet werden müssen:

/ *la quantité d'argent* /   'die Geldmenge'
/ *l'excès de profit* /   'das Übermaß an Profit'
/ *une espèce d'inflation* /   'eine Art Inflation'
/ *le degré de sécurité* /   'der Sicherheitsgrad'
/ *le taux d'intérêt* /   'der Zinssatz (Zinsfuß)'
/ *le concept de valeur* /   'der Wertbegriff'
/ *le terme d'économie* /   'der Ausdruck Ökonomie'
(…)

Nach diesem Muster werden in der französischen Sprache auch die Maße und Gewichte behandelt, einschließlich verschiedener Indefinit-Artikel (vgl. 5.2.4), die solche Maße oder Gewichte u n g e f ä h r angeben:

/ *un acre de terre* /   'ein Morgen Land'
/ *à dix kilomètres de distance* /   'in zehn Kilometer Entfernung'
/ *vingt minutes de trajet* /   'zwanzig Minuten Fahrt'
/ *dix kilos de haricots verts* /   'zehn Kilo grüne Bohnen'
/ *beaucoup de travail* /   'viel Arbeit'
/ *trop de peine* /   'zuviel Mühe'
/ *peu de succès* /   'wenig Erfolg'
/ *plus d'agriculture* /   'keine Landwirtschaft mehr'
(…)

8.3.2.1.3 Eigennamen in *de*-Junktionen

Als Basis einer *de*-Junktion kommen Eigennamen *(«nomina propria»)* im ganzen sehr selten vor; sie sind selten determinationsbedürftig. Man gebraucht sie ja in der Regel nur dann, wenn man die mit dem Eigennamen benannte Person oder Sache auch kennt: das ist immer eine starke Determination. In denjenigen Fällen jedoch, in denen ein Eigenname doch Basis einer *de*-Junktion wird, ist immer etwas Besonderes an dem Eigennamen zu verzeichnen. Das ist besonders oft bei Werktiteln der Fall, die auch den Charakter von Eigennamen haben (vgl. 6.6). Auch Adelsprädikate lassen sich als Junktionen mit einem Eigennamen als Basis auffassen; in ihnen hat sich die *de*-Junktion, in der die Besonderheit des Namens zum Ausdruck kommt, sogar zum festen Bestandteil des Namens entwickelt:

/*le Chopin des jeunes filles*/   'der Chopin der jungen Mädchen'
/*le Paris de Jacques Offenbach*/   'das (Jacques) Offenbachsche Paris'
/*le Danube de Johann Strauss*/   'die Donau des Johann Strauß'
/*la Symphonie pastorale de Beethoven*/   'die Pastoral-Symphonie von Beethoven'
/*les Quatre saisons de Vivaldi*/   'die Vier Jahreszeiten von Vivaldi'
/*Guillaume d'Aquitaine*/   'Wilhelm von Aquitanien'
/*Alfred de Musset*/   'Alfred de Musset'
(...)

Sehr viel häufiger kommen Eigennamen, da sie ja eine starke Determinationskraft haben (vgl. 1.2), als Adjunkte einer *de*-Junktion vor. Es sind solche Junktionen wie *la couronne de Charlemagne* 'die Krone Karls des Großen', durch die
zu irgend einer referentiellen Zuordnung eingeladen wird, die zwischen einer
Person und einer Sache dieser Art möglich ist (zum Beispiel: Rechtstitel, Besitz,
Interesse, Begierde, Aufmerksamkeit ...). Wenn nun die Basis der Junktion ein
Gattungsname mit Mengenbedeutung (Singular!) und das Adjunkt der Junktion
ein Eigenname ist, der als Menge mit einem einzigen Element aufgefaßt werden
kann, so entsteht aus der Junktion eine Schnittmenge, die den Wert einer Einer-
Menge hat (vgl. 5.2.3.1.1). Auf diese Weise erhält der Gattungsname in der
Junktion den Informationswert eines Eigennamens, ohne den Kommunikationswert eines Gattungsnamens zu verlieren. Junktionen dieses Typus sind besonders
für die Zwecke förmlicher Sprache geeignet, wenn sich das Allgemeine im
Besonderen zeigen soll (Rechtswesen, Verwaltung, auch Rollenverteilung in literarischen Texten ...):

/*le pays de France*/   'das Land Frankreich'
/*le royaume d'Angleterre*/   'das Königreich England'
/*la maison de Lorraine*/   'das Haus (die Dynastie) Lothringen'
/*le village de Domremy*/   'das Dorf Domremy'
/*la personne (le personnage) de Jeanne d'Arc*/   'die Person (der) Jeanne d'Arc'
/*le château de Vaucouleurs*/   'das Schloß (von) Vaucouleurs'
/*la forteresse d'Orléans*/   'die Festung Orléans'
/*le rôle de Charles VII*/   'die Rolle Karls VII.'
/*la ville de Reims*/   'die Stadt Reims'
/*le titre de «sainte» Jeanne*/   'der Titel «heilige» Johanna'
(...)

Der kataphorische Artikel ist in diesen Junktionen ausgeschlossen, so wie er
auch bei einfachen Eigennamen gewöhnlich ausgeschlossen ist (vgl. 5.1.2.5).
   Auch Schimpfwörter und (seltener) Kosewörter können als Gattungsnamen
mit Mengenbedeutung die Basis einer *de*-Junktion bilden und durch die Präposi-

tion *de* mit einem Eigennamen als Adjunkt verbunden werden. An die Stelle dieses Eigennamens kann im Text auch ein Gattungsname treten, wenn durch den Kontext oder die Situation klar ist, daß es sich um eine bestimmte Person handelt. Das wird dann meistens durch einen gezielten Artikel (vgl. 5.2) signalisiert. Durch eine Junktion dieser Art wird eine sehr enge Verbindung zwischen dem Schimpf- oder Kosewort und dem Eigennamen oder seinem Äquivalent hergestellt. Die so qualifizierte Person erscheint als Inbegriff der Eigenschaften, die mit dem Schimpf- oder Kosewort gemeint sind. Die Basis der Junktion ist daher bei diesem Junktions-Typus oft ein nominalisiertes Adjektiv von qualifizierender Bedeutung:

/*cette folle d'Aurélie*/	'diese Närrin (von) Aurelie' (Giraudoux)
/*ce cochon de Morin*/	'dieses Schwein (von) Morin' (Maupassant)
/*cet idiot de pharmacien*/	'dieser Idiot von Apotheker' (Flaubert)
/*notre imbécile de fils*/	'unser Dummkopf von Sohn'
/*quel amour de bébé!*/	'was für ein liebes Baby!'

(...)

Zwischen Schimpf- und Kosewörtern in der Schwebe bleibt das in der Umgangssprache häufig gebrauchte Adjektiv *drôle,* das nominalisiert in einer *de*-Junktion eine positiv oder negativ noch unbestimmte Gefühlsbeteiligung signalisiert:

/*quel drôle de temps!*/	'was für ein komisches Wetter!'
/*une drôle d'époque!*/	'ein merkwürdiges Zeitalter!'
/*la drôle de guerre*/	'der eigenartige Krieg' (Ausdruck für die überraschende Ruhe an der deutsch-französischen Grenze bei Kriegsbeginn 1939)

8.3.2.1.4 *De*-Junktionen mit verbaler Basis

Es kommt oft vor, daß *de*-Junktionen ein Verb als Basis haben. Dieses kann von unterschiedlicher Valenz sein (vgl. 3.4). Je nach der Valenz hat es neben dem Subjekt auch noch ein Objekt oder einen Partner oder beides bei sich. Die Handlungsrollen Subjekt, Objekt und Partner determinieren das Verb in ihrer je besonderen Weise. Diese Determination durch die Handlungsrollen kann nun durch die Determination, die von verschiedenen Junktionen ausgeht, ergänzt werden. Dabei gilt die tendenzielle Regel, daß ein Verb um so reichlicher durch Junktionen determiniert wird, je spärlicher es durch Handlungsrollen determiniert ist, und umgekehrt. *De*-Junktionen zur Determination eines Verbs findet man daher besonders zahlreich bei einwertigen Verben (8.3.2.1.4.1), seltener bei mehrwertigen Verben (8.3.2.1.4.2).

8.3.2.1.4.1   Einwertige Basis

Einwertige Verben haben eine S-Valenz (vgl. 3.4.1); sie haben nur das Subjekt bei sich. Unter den einwertigen Verben, die eine *de*-Junktion zulassen, sind durch ihre Frequenz in der Sprache besonders die folgenden wichtig:

/ *Marius est de Marseille* /   'Marius ist (stammt) aus Marseille'
/ *il vient du Midi* /   'er kommt von (aus) Südfrankreich'
/ *il parle toujours de la Provence* /   'er spricht immer von der Provence'
/ *il rêve de la Côte d'Azur* /   'er träumt von der Côte d'Azur'
/ *il joue de la guitare* /   'er spielt Gitarre'
/ *il a besoin de vin* /   'er braucht Wein'
/ *il dispose de crédit* /   'er verfügt über Kredit'
/ *il ne manque de rien* /   'ihm fehlt nichts'
/ *il ne meurt pas de faim* /   'er stirbt nicht vor Hunger'
/ *il n'a pas peur de la vie* /   'er hat keine Angst vor dem Leben'
(...)

Merke ferner die Verben:

dépendre des circonstances   'von den Umständen abhängen'
résulter d'une situation   'aus einer Situation hervorgehen'
user de tous les moyens   'alle Mittel benutzen'
témoigner de son zèle   'seinen Eifer bezeugen'
profiter de l'occasion   'eine Gelegenheit ausnutzen'
abuser de ma confiance   'mein Vertrauen mißbrauchen'
douter de sa parole   'an seinem Wort zweifeln'
médire des voisins   'schlecht von den Nachbarn reden'
ne pas démordre de ses idées   'nicht von seinen Vorstellungen ablassen'
répondre d'un ami   'für einen Freund bürgen'
protester de son innocence   'seine Unschuld beteuern'
désespérer de la justice   'an der Gerechtigkeit zweifeln'
avoir pitié de la victime   'das Opfer bedauern'
rire (sourire) d'une bêtise   'über eine Dummheit lachen (lächeln)'
triompher des difficultés   'über die Schwierigkeiten triumphieren'
jouir de ses richesses   'seine Reichtümer genießen'

approcher de la fin 'sich dem Ende nähern'
accoucher d'une fille 'eine Tochter zur Welt bringen (gebären)'
(...)

Unterscheide ferner Handlungsrollen und *de*-Junktionen:

HANDLUNGSROLLEN	*de*-JUNKTIONEN
/*nous parlons la langue française*/ 'wir sprechen die französische Sprache'	/*nous parlons de la langue française*/ 'wir sprechen von der französischen Sprache'
/*nous discutons plusieurs problèmes*/ 'wir diskutieren mehrere Probleme'	/*nous discutons de plusieurs problèmes*/ 'wir diskutieren über mehrere Probleme'
/*nous manquons une chance*/ 'wir verpassen eine Chance'	/*nous manquons de chance*/ 'wir haben kein Glück'

Unterscheide bei dem Verb *hériter* 'erben' die *de*-Junktion bei Personen und bei Sachen:

/*il a hérité de son oncle*/ 'er hat seinen Onkel beerbt'
/*il a hérité d'une fortune*/ 'er hat ein Vermögen geerbt'
/*il a hérité une fortune de son oncle*/ 'er hat von seinem Onkel ein Vermögen geerbt'

8.3.2.1.4.2 Mehrwertige Basis

Als mehrwertige verbale Basis einer *de*-Junktion kommen hauptsächlich zweiwertige Verben mit S-O-Valenz (vgl. 3.4.2) in Frage. Es handelt sich überdies zum größten Teil um reflexive Verben, bei denen die beiden Handlungsrollen Subjekt und Objekt mit derselben Person besetzt werden (vgl. 3.4.5). Ihrer Bedeutung nach sind das vielfach Verben, die innere, zumal emotionale Erfahrungen ausdrücken. Der Gegenstand der inneren Erfahrung gibt dann das Adjunkt der *de*-Junktion ab, dessen Determination zu den Determinationen durch die (identischen) Handlungsrollen hinzutritt:

/*je me souviens d'une terrible histoire*/ 'ich erinnere mich an eine schreckliche Geschichte'
/*je me doute d'une bêtise*/ 'ich ahne eine Dummheit'

/*je ne me suis même pas aperçu de l'accident*/   'ich habe den Unfall nicht einmal
   bemerkt'
/*je m'étonne de ta candeur*/   'ich wundere mich über deine Ahnungslosigkeit'
/*je me rends compte de mon insouciance*/   'ich bin mir über meine Sorglosigkeit
   im klaren'
/*j'ai vraiment à me plaindre de toi*/   'ich muß mich wirklich über dich beklagen'
/*tu te soucies trop de moi*/   'du sorgst dich zu viel um mich'
/*il faut bien s'occuper un peu de toi*/   'man muß sich ja wohl ein bißchen um dich
   kümmern'
/*comment vais-je maintenant me passer de la voiture?*/   'wie werde ich jetzt ohne
   den Wagen auskommen?'
/*tu as réussi à te priver toi-même de ton jouet*/   'du hast dich selber um dein
   Spielzeug gebracht'
/*tu te moques de moi*/   'du machst dich über mich lustig'
(...)

Merke ferner die Verben:

se repentir d'une faute   'einen Fehler bereuen'
se venger d'un ennemi   'sich an einem Feind rächen'
s'émerveiller d'un comportement particulier   'sich über ein eigentümliches Verhalten wundern'
s'abstenir de boissons alcooliques   'sich des Alkohols enthalten'
se vanter de son courage   'sich seines Mutes rühmen'
se distinguer de ses voisins   'sich von seinen Nachbarn unterscheiden'
se persuader de son innocence   'sich von seiner/ihrer Unschuld überzeugen'
s' absenter de son poste   'sich von seinem Posten entfernen'
s'approcher du feu   'sich dem Feuer nähern'
(...)

Bei dem Horizont-Morphem *il* 'es' (vgl. 3.3.3.2) wird die Aufmerksamkeit auf
das Adjunkt der *de*-Junktion gelenkt (Fokusbildung):

/*il s'agit d'un accident*/   'es handelt sich um einen Unfall'
/*il est question d'une amende*/   'es ist von einer Geldbuße die Rede'

Bei den nicht-reflexiven zweiwertigen Verben mit S-O-Valenz finden wir *de*-
Junktionen hauptsächlich dann, wenn eine Person in der Handlungsrolle des
Objekts sich mehr oder weniger passiv verhalten muß, wenn sie also «be»-han-
delt wird. Sie wird etwa beladen oder bekleidet, gelobt oder getadelt, angeklagt
oder freigesprochen, verletzt oder geheilt:

535

/ *on me traite de voyou* /   'man behandelt mich als Gauner'
/ *vous êtes accusé de vol* /   'Sie sind des Diebstahls angeklagt'
/ *cette déposition vous convaincra de mon innocence* /   'diese Aussage wird Sie von
   meiner Unschuld überzeugen'
/ *avec ce témoignage vous serez en effet absous de l'accusation* /   'mit dieser Zeugenaussage werden Sie tatsächlich von der Anklage freigesprochen werden'
/ *libérez-moi donc tout de suite de la prison* /   'lassen Sie mich also sofort aus dem
   Gefängnis frei'
/ *est-ce que je serai dédommagé de l'emprisonnement?* /   'werde ich für die Haft
   entschädigt?'
(...)

Merke ferner die Verben und Rück-Partizipien:

charger quelqu'un de devoirs   'jemanden mit Pflichten beladen'
couvrir quelqu'un de ridicule   'jemanden lächerlich machen'
décharger quelqu'un de ses fonctions   'jemanden von seinen Funktionen entbinden'
chasser quelqu'un de la maison   'jemanden aus dem Haus jagen'
protéger quelqu'un du froid   'jemanden vor der Kälte schützen'
louer quelqu'un de son adresse   'jemanden für seine Geschicklichkeit loben'
remercier quelqu'un du traitement   'jemandem für die Behandlung danken'
guéri de la bronchite   'von der Bronchitis geheilt'
couronné de succès   'erfolggekrönt'
(...)

Eine wichtige Funktion haben *de*-Junktionen auch beim erweiterten Passiv (vgl.
3.4.7). Während das einfache Passiv den Disponenten der Handlung verschweigt, führt das erweiterte Passiv den Disponenten indirekt wieder ein, und
zwar je nach der Bedeutung des Verbs mit einer *par*-Junktion oder einer *de*-
Junktion. Eine *de*-Junktion wird dann gewählt, wenn das passive Verb kraft
seiner Eigenbedeutung bereits eine referentielle Zuordnung bezeichnet. Es kann
sich dabei um eine Zuordnung durch positionelle Zusammenstellung oder auch
um eine Zuordnung durch (äußere oder innere) Wahrnehmung oder Parteinahme handeln.

[1]   Zuordnung durch positionelle Zusammenstellung:

/ *mon frère accompagné de sa femme* /   'mein Bruder, begleitet von seiner Frau'
/ *ma grand-mère entourée de ses enfants et petits-enfants* /   'meine Großmutter,
   umgeben von ihren Kindern und Enkeln'

/ *mon père suivi de son chien* /   'mein Vater, gefolgt von seinem Hund'
/ *mon oncle armé de son fusil de chasse* /   'mein Onkel, mit seinem Jagdgewehr bewaffnet'
/ *me voici, muni de mon appareil-photo* /   'hier sieht man mich (, versehen) mit meinem Photo-Apparat'
(...)

Diese Beispiele sind sämtlich mit passiven Rück-Partizipien gebildet, sie gelten jedoch auch für passive Verbformen.

2   Zuordnung durch Wahrnehmung oder Parteinahme

/ *il veut être vu de tout le monde* /   'er will von allen gesehen werden'
/ *il est connu du grand public* /   'er ist beim breiten Publikum bekannt'
/ *il est recherché des journalistes* /   'er wird von den Journalisten gesucht'
/ *il est admiré de ses amis* /   'er wird von seinen Freunden bewundert'
/ *il est aimé des jeunes filles* /   'er wird von den Mädchen geliebt'
/ *il est estimé des hommes* /   'er wird von den Männern geschätzt'
/ *il est détesté de sa femme* /   'er wird von seiner Frau verabscheut'
(...)

Diese Beispiele sind mit passiven Verbformen gebildet, sie gelten aber auch für passive Rück-Partizipien.

Verschiedene Verben lassen, je nach dem Kontext, im erweiterten Passiv sowohl eine *par*-Junktion als auch eine *de*-Junktion zu. Damit ist ein Bedeutungsunterschied verbunden. Unterscheide also:

PASSIV MIT *de*-JUNKTION	PASSIV MIT *par*-JUNKTION
/ *le médiateur n'a pas été accepté des deux partis* / 'der Vermittler wurde von beiden Parteien nicht akzeptiert'	/ *le colis suspect n'a pas été accepté par le destinataire* / 'das verdächtige Päckchen wurde vom Empfänger nicht angenommen'

Im Beispiel der linken Spalte wird das Verb *accepter* 'annehmen, akzeptieren' im Sinn einer (verweigerten) Zuordnung verstanden. Das Beispiel der rechten Spalte hingegen zeigt dasselbe Verb mit einer anderen (Text-)Bedeutung, nämlich als ein Verb des (verweigerten) Nehmens. Nach diesen unterschiedlichen (Text-)Bedeutungen richtet sich die Wahl der Präposition im erweiterten Passiv. Ein weiteres Beispiel zur Unterscheidung der Bedeutung in diesen beiden Junktionsarten:

PASSIV MIT *de*-JUNKTION

/*les motifs des terroristes ne sont plus reconnus de personne*/ 'die Motive der Terroristen werden von niemand mehr anerkannt'

PASSIV MIT *par*-JUNKTION

/*les terroristes ont été reconnus par l'otage*/ 'die Terroristen sind von der Geisel wiedererkannt worden'

Im Beispiel der linken Spalte wird das Verb *reconnaître* im Sinne einer Parteinahme verstanden (Bedeutung: 'anerkennen'), deswegen die *de*-Junktion. Eine *par*-Junktion findet man demgegenüber im Beispiel der rechten Spalte, weil dort das Verb *reconnaître* als rechtlich relevante Handlung bei der Zeugenvernehmung (also nicht als bloße sinnliche Wahrnehmung!) verstanden wird (Bedeutung: 'wiedererkennen').

8.3.2.1.5   Metaphern in *de*-Junktionen

Junktionen mit der Präposition *de* gehören zu den wichtigsten Instrumenten der Metaphern-Grammatik. Die in der Präposition *de* enthaltene Anweisung nämlich, eine Basis durch referentielle Zuordnung eines Adjunkts zu determinieren, kann vom Hörer auch dann ausgeführt werden, wenn diese Sprachzeichen semantisch nicht zueinander passen. Die Basis der Junktion wird dann durch das inkompatible Adjunkt nicht nur determiniert, sondern umdeterminiert (konterdeterminiert). Auf diese Weise entsteht eine Metapher. In der Umdetermination liegt ein Moment der Überraschung. Es kann als ästhetischer Reiz empfunden werden. In der Literatur sind Metaphern dieses Typus weit verbreitet, werden jedoch von manchen Autoren, weil zu leicht machbar, gering geachtet. Die Form der Junktion ändert sich durch den metaphorischen Charakter der Determination nicht. Einige der folgenden Metaphern sind «kühne Metaphern», wie sie die Dichter der Modernität liebten:

/*l'ivresse des questions*/ 'die Trunkenheit der Fragen' (René Char)
/*l'âme de la terre*/ 'die Seele der Erde' (Paul Claudel)
/*la syntaxe de l'éclair*/ 'die Syntax des Blitzes' (Saint-John Perse)
/*le velours trompeur de la neige*/ 'der trügerische Samt des Schnees' (Henri Michaux)
/*le beau fruit de la lumière*/ 'die schöne Frucht des Lichtes' (Guillaume Apollinaire)
/*ailé de confiance*/ 'vertrauenbeflügelt' (Paul Valéry)
/*ce troupeau grandiose et triste des hommes*/ 'diese großartige und traurige Herde der Menschen' (Louis Aragon)

In metaphorischen *de*-Junktionen sind auch Eigennamen als Basis zugelassen. Sie werden dann von dem inkompatiblen Adjunkt her umdeterminiert und bezeichnen nun einen anderen Namensträger als den, der in der Basis mit Namen genannt ist. Die Rhetorik nennt solche Junktionen Antonomasien:

/*le Napoléon des lettres*/ 'der Napoleon der Literatur' (= Balzac)
/*le Newton de la physique moderne*/ 'der Newton der modernen Physik'
   (= Einstein)
/*la Venise du Nord*/ 'das Venedig des Nordens' (= Amsterdam)

Eigennamen als Adjunkte von *de*-Junktionen bringen keine metaphorischen Bedeutungen hervor.

8.3.2.1.6 Die Verbal-Präposition *de*

Die Präposition *de* kann auch als Verbal-Präposition gebraucht werden. Sie verbindet eine Basis dann mit einem Adjunkt, das nicht aus einem Nomen, sondern aus der Infinitivform eines Verbs besteht:

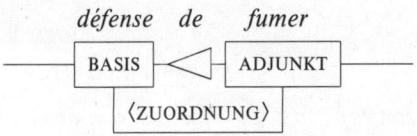

défense   de   fumer

Die Bedeutungsanweisung der Präposition *de* als Verbal-Präposition ist hier keine andere als in *de*-Junktionen mit nominalem Adjunkt. Die Zuordnung liegt bei diesem Beispiel darin, daß dem 'Verbot' *(défense)* als Basis der Junktion das 'Rauchen' *(fumer)* als Adjunkt der Junktion und Gegenstand des Verbots referentiell zugeordnet wird. Die Junktion bedeutet also: 'Rauchen verboten (wörtlich: Verbot zu rauchen)'.

Man findet die Präposition *de* als Verbal-Präposition sehr häufig nach einem Basis-Verb mit dem Horizont-Morphem *il* 'es' (vgl. 3.3.3.2). Man gebraucht solche Junktionen gerne, wenn eine Zuordnung vor einen gesellschaftlichen, situativen oder textuellen Horizont gestellt werden soll. Auf diese Weise kann man auch eine gesellschaftliche Norm aussprechen oder doch wenigstens einen persönlichen Eindruck als normgerecht ausgeben:

/*tu ne penses pas qu'il est temps de payer cette facture?*/ 'meinst du nicht, daß es
   Zeit ist, diese Rechnung zu bezahlen?'
/*il est inutile de me poser cette question*/ 'es ist überflüssig, mir diese Frage zu
   stellen'

/*il est dommage de t'entendre parler comme ça*/ 'es ist schade, dich so reden zu hören'
/*il m'est impossible de réunir l'argent nécessaire*/ 'es ist mir unmöglich, das nötige Geld aufzutreiben'
/*il n'est pas bon d'agir ainsi*/ 'es ist nicht gut, so zu handeln'
(...)

In diesen Beispielen hat jeweils die Basis der Junktion Horizont-Charakter, das Adjunkt Fokus-Charakter. Merke besonders die Wendung *la question de savoir si* 'die Frage, ob':

/*la question est toujours de savoir si la mer est polluée*/ 'die Frage ist immer, ob das Meer verschmutzt ist'
/*on ne peut négliger plus longtemps la question de savoir si et comment elle peut être protégée*/ 'man kann nicht länger der Frage ausweichen, ob und wie es geschützt werden kann'

Von den übrigen Verben können alle diejenigen eine *de*-Junktion mit dem Infinitiv bei sich haben, die auch eine *de*-Junktion mit einem Nomen oder Pronomen zulassen. Vergleiche:

PRÄPOSITION	VERBAL-PRÄPOSITION
/*je suis ravi de notre rencontre*/ 'ich bin entzückt über unser Treffen'	/*je suis ravi de vous avoir rencontré*/ 'ich bin entzückt, Sie getroffen zu haben'
/*je me souviendrai toujours de vous*/ 'ich werde mich immer an Sie erinnern'	/*je me souviendrai toujours de vous avoir connu*/ 'ich werde mich immer daran erinnern, Sie gekannt zu haben'

Die Junktionen mit *de,* die als Adjunkt n u r einen Infinitiv und kein Nomen zulassen, unterscheiden sich nach zwei Gruppen. Die erste Gruppe wird durch solche Junktionen gebildet, in denen das Subjekt weitergilt:

/*je cesse de marcher*/ 'ich höre auf zu marschieren'
/*il oublie de s'orienter*/ 'er vergißt, sich zu orientieren'
/*nous craignons de nous égarer*/ 'wir fürchten, uns zu verirren'
/*vous risquez de vous perdre*/ 'ihr riskiert, euch zu verlieren'
/*ils se dépêchent de nous rejoindre*/ 'sie beeilen sich, uns einzuholen'
(...)

Da in dieser Gruppe das Subjekt der (finiten) Basis für das (infinite) Adjunkt weitergilt, hat hier die ganze Junktion überhaupt nur ein Subjekt.

Die zweite Gruppe wird durch solche Junktionen gebildet, in denen das Subjekt der (finiten) Basis nicht auch für das (infinite) Adjunkt weitergilt. Es wird nämlich der Basis außer dem Subjekt auch ein Objekt oder ein Partner beigestellt. Der Infinitiv kann dann, je nach dem Sinn der ganzen Junktion, das Objekt oder den Partner als sein eigenes Subjekt weiterführen. Welche dieser beiden Handlungsrollen zum Subjekt des Infinitivs wird, ergibt sich aus dem Kontext, wird jedenfalls nicht von der Verbal-Präposition *de* gesteuert. Zu dieser Gruppe gehören insbesondere die folgenden Verben:

/*permettez-moi de m'asseoir*/ 'erlauben Sie mir, Platz zu nehmen!'
/*vous m'avez dit de venir*/ 'Sie haben mir gesagt, ich solle kommen'
/*je vous recommande d'écouter*/ 'ich empfehle Ihnen zuzuhören'
/*je vous conseille de vous faire assurer*/ 'ich rate Ihnen, sich versichern zu lassen'
/*je vous propose de faire un contrat*/ 'ich schlage Ihnen vor, einen Vertrag zu machen'
/*personne ne vous défend (interdit) de réfléchir*/ 'niemand verbietet Ihnen nachzudenken'
/*on ne vous presse pas de signer*/ 'wir bedrängen Sie nicht zu unterschreiben'
(...)

8.3.2.1.7 Das Pro-Adjunkt *en*

In einer *de*-Junktion mit verbaler Basis (nicht in anderen *de*-Junktionen!) können Junktor und Adjunkt zusammen durch das Pro-Adjunkt *en* 'davon, damit, dafür, darüber' vertreten werden, wenn der Kontext keinen Zweifel daran läßt, welche Bedeutung das Adjunkt im Text hat. Basis und Pro-Adjunkt bilden zusammen eine Pro-Junktion. Unterscheide:

JUNKTION MIT *de*	PRO-JUNKTION MIT *en*
/*je suis content de la journée*/ 'ich bin mit dem Tag zufrieden'	/*j'en suis content*/ 'ich bin damit zufrieden'

Wenn man annimmt, daß sich das Beispiel der rechten Spalte in einem Text auf das Beispiel der linken Spalte bezieht, so vertritt das Pro-Adjunkt *en* 'damit' den Ausdruck *de la journée* 'mit dem Tag' (= Junktor + Adjunkt).

Bei dem Pro-Adjunkt *en,* das mit der Präposition *en* 'in' homonym ist (vgl. 8.3.3.2.1), handelt es sich um eine gebundene Form, die (außer beim bejahten Imperativ – vgl. 4.4.1) unmittelbar vor dem finiten Verb oder finiten Verbteil oder auch vor dem Infinitiv steht. Sie kann daher, durch diese Voranstellung vor der Basis begünstigt, leicht eine Vorinformation aufgreifen und textuell weiter-führen, so etwa in dem folgenden Beispiel mit der Bedeutung 'er erfindet eine Menge Probleme, nur um darüber zu diskutieren' (Symbol für das Pro-Adjunkt *en:* ▷):

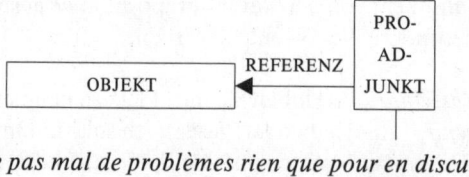

il invente pas mal de problèmes rien que pour en discuter

Das Pro-Adjunkt *en* erlaubt in diesem Beispiel, eine umständliche Wiederholung des Nomens in unmittelbarer Kontextnachbarschaft zu verhindern, etwa in der Form:

/*il invente pas mal de problèmes, rien que pour discuter de ces problèmes*/ 'er erfindet eine Menge Probleme, nur um über diese Probleme zu diskutieren'

Wie das letzte Beispiel schon gezeigt hat, ist für den Gebrauch des Pro-Adjunkts *en* grundsätzlich nicht verlangt, daß die Vorinformation, auf die sich diese Pro-Form bezieht, bereits den Charakter einer *de*-Junktion hat. Es braucht sich nicht einmal um ein Nomen zu handeln. Auch die Bedeutung eines längeren Textseg-ments kann – sogar über einen Sprecherwechsel hinweg – durch das Pro-Adjunkt *en* aufgegriffen und textuell weitergeführt werden. Vergleiche:

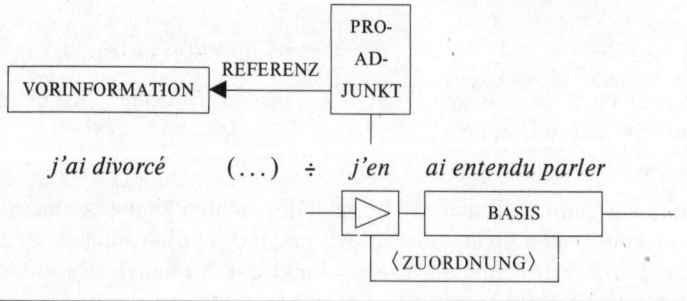

Dieses Beispiel ist eine kurze Dialog-Replik mit Sprecherwechsel. Der eine Gesprächspartner sagt: 'ich habe mich scheiden lassen', und der andere antwortet: 'davon habe ich gehört'. Zugrunde liegt eine Junktion der Zuordnung, die aber nicht durch die Präposition *de* und ausdrückliches Adjunkt, sondern durch das Pro-Adjunkt *en* ausgedrückt wird. Die ganze Pro-Junktion hat, wie es für den Gebrauch des Pro-Adjunkts *en* gefordert ist, eine verbale Basis: *j'ai entendu parler* 'ich habe reden hören'. Das Pro-Adjunkt *en* 'davon' geht unmittelbar dem finiten Verbteil *ai* 'habe' vorauf und überführt die Vorinformation, die in dem Ausdruck *j'ai divorcé* 'ich habe mich scheiden lassen' des anderen Gesprächsteilnehmers enthalten ist, in das g e w u ß t e Adjunkt der Junktion.

Hat ein finites Verb außer dem Pro-Adjunkt *en* noch andere gebundene Formen als prädeterminierende Morpheme bei sich, so gehen diese dem Pro-Junktor *en* vorauf. Das betrifft die Pronomina (vgl. 7.3.2.5) sowie das Negations-Morphem *ne* (vgl. 9.2.2.2.1). Vergleiche:

/*je vous en remercie*/   'ich danke Ihnen dafür'
/*n'en parlons plus*/   'sprechen wir nicht mehr davon!'

Nach bejahten Formen des Imperativs, jedoch nicht nach dem imperativen Konjunktiv (vgl. 4.5.4), wird das Pro-Adjunkt *en* dem Verb nachgestellt, und zwar in der Endstellung nach allen anderen gebundenen Verb-Determinanten. Vergleiche:

/*gardez-en la moitié*/   'behalten Sie davon die Hälfte!'
/*rendez-m'en l'autre moitié*/   'geben Sie mir (davon) die andere Hälfte zurück!'

Da das Adjunkt einer Junktion der Zuordnung sowohl von Personen als auch von Sachen besetzt sein kann, kann auch das Pro-Adjunkt *en* grundsätzlich bei beiden gebraucht werden. Da aber andererseits, zumal wenn das Pro-Adjunkt *en* sich auf eine längere Vorinformation bezieht, die Grenze zwischen Personen und Sachen (vgl. 3.3.3) leicht verwischt wird, bevorzugt der Sprachgebrauch eine Verwendung des Pro-Adjunkts *en* bei Sachen und Sachverhalten. Bei Personen gilt es als höflicher, eine ausdrückliche *de*-Junktion zu gebrauchen, um auf diese Weise die betreffenden Personen eindeutig personal (etwa durch einen Eigennamen oder ein Pronomen) zu bezeichnen:

de-JUNKTION BEI PERSONEN

/*Sylvie? ÷ ah, bien sûr que je me souviens d'elle!*/   'Sylvia? ÷ aber natürlich erinnere ich mich an sie!'

PRO-JUNKTION BEI SACHEN

/*les vacances en Bretagne? ÷ ah, bien sûr que je m'en souviens!*/   'die Ferien in der Bretagne? ÷ aber natürlich erinnere ich mich daran!'

Eine häufig gebrauchte Höflichkeitsformel:

/*mille mercis de* (oder: *pour*) *ce beau disque* ÷ *je vous en prie*/   'tausend Dank für diese schöne Schallplatte ÷ bitte, bitte'

Außer in der Funktion als Pro-Adjunkt wird das gebundene Morphem *en* auch als Objekt-Pronomen eines Verbs gebraucht (Pro-Objekt), wenn ein Objekt mit kataphorischem Artikel (vgl. 3.1.2) im Text vertreten werden soll. Es hat dann allerdings nur im Plural und bei neutralisiertem Numerus (vgl. 5.1.3.2) die bloße Form *en*, im Singular lautet die Form verdeutlichend *en un/une*. Unterscheide:

PRO-ADJUNKT *en*	PRO-OBJEKT *en*
/*j'ai toujours mal à la tête* ÷ *j'en suis très préoccupé*/ 'ich habe immer Kopfschmerzen ÷ darüber bin ich sehr besorgt'	/*j'ai de très bons comprimés* ÷ *merci, des comprimés, j'en ai assez*/ 'ich habe sehr gute Tabletten ÷ danke, Tabletten habe ich genug'
/*mon docteur m'a recommandé une cure* ÷ *j'en suis très content*/ 'mein Arzt hat mir eine Kur empfohlen ÷ darüber bin ich sehr froh'	/*je connais une bonne maison de santé* ÷ *merci, j'en ai déjà une*/ 'ich kenne ein gutes Sanatorium ÷ danke, ich habe schon eins'

Idiomatische Ausdrücke:

/*est-ce qu'il y en a beaucoup?*/   'sind viele da?'
/*il n'y en a presque pas*/   'es sind fast keine da'
/*j'en connais une qui va être contente!*/   'da wird sich eine aber freuen!'

In einigen lexikalischen Ausdrücken hat das Morphem *en* eine bloße Horizont-Bedeutung (vgl. 3.3.3.2), so daß es weder als Pro-Adjunkt noch als Objekt-Pronomen aufzufassen ist, zum Beispiel:

/*je ne m'en remets plus à toi*/   'ich verlasse mich nicht mehr auf dich'
/*tu n'en finis pas*/   'du findest kein Ende'
/*je t'en veux*/   'ich bin dir böse'
/*je m'en tiens là*/   'ich belasse es dabei'
/*je m'en vais*/   'ich gehe fort'
(...)

8.3.2.2   Abfolge

Ein Text ist eine Abfolge von Sprachzeichen in der Zeit, die vom jeweils früheren Sprachzeichen zum jeweils späteren Sprachzeichen voranschreitet (Textfolge). Entsprechend können wir auch an Handlungen eine Abfolge und Progression vom Früheren zum Späteren beobachten (Handlungsfolge). Wir beschreiben dieses Zeitverhältnis, das auch durch bestimmte Präpositionen zum Ausdruck gebracht wird, mit den Merkmalen ⟨FRÜHER⟩ und ⟨SPÄTER⟩ sowie, als («lineare») Abfolge vom Früheren zum Späteren, mit dem Merkmal ⟨ABFOLGE⟩. Dabei wird die Stellung Basis – Junktor – Adjunkt als die Normalstellung der Junktionsglieder zugrunde gelegt (vgl. 8.1). Wir gliedern dementsprechend die Präpositionen der Abfolge nach vier Subklassen:

- Früher (8.3.2.2.1)
- Später (8.3.2.2.2)
- Gleiche Abfolge (8.3.2.2.3)
- Entsprechende Abfolge (8.3.2.2.4)

Einen Sonderfall stellt die Präposition *il y a* 'vor' dar; sie gibt ein Maß für die Vorzeitigkeit des Früheren an (vgl. 8.3.2.2.5).

8.3.2.2.1   Früher *(avant)*

Die («normale») Abfolge vom Früheren zum Späteren wird durch die Präposition *avant* 'vor' ausgedrückt. Diese Präposition hat die gleiche Lautgestalt wie das Präfix *avant-* (vgl. *la guerre* 'der Krieg' vs. *l'avant-guerre* 'die Vorkriegszeit'). Sie hat als zugehöriges Präfix *pré-* (vgl. *valoir* 'gelten' vs. *prévaloir* 'überwiegen, mehr gelten'). Die freie Form lautet ebenfalls *avant* oder (häufiger) *auparavant* 'vorher'. Kombinierte Formen sind *en avant* 'vorwärts' (freie Form) und *en avant de* 'vorne vor' (gebundene Form). Als Verbal-Präposition dient die Form *avant de*.

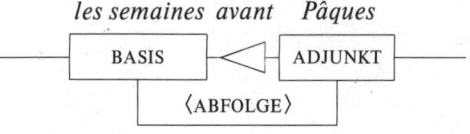

Die Anweisung dieser Junktion setzt eine (normale) Textfolge voraus, derzufolge der Hörer zuerst («früher») die Basis *les semaines* 'die Wochen', sodann («später») das Adjunkt *Pâques* 'Ostern' vernimmt. Die Präposition *avant* 'vor' zwischen der Basis und dem Adjunkt bestätigt dem Hörer nun, daß die Textfolge der Junktion in ihrer zeitlichen Abfolge Basis – Adjunkt ein Abbild der Handlungsfolge in ihrer zeitlichen Abfolge ist.

TEXTFOLGE	1 *les semaines* 2 *Pâques*
	ABFOLGE →
HANDLUNGSFOLGE	1 'die Wochen' 2 'Ostern'

Aus der Stellung der Sprachzeichen *les semaines* vor (= textuell voraufgehend) dem Sprachzeichen *Pâques* kann der Hörer also eine Vorzeitigkeit der betreffenden Wochen vor Ostern in der Handlungswelt entnehmen. So spiegelt die zeitliche Textfolge in der Junktion die zeitliche Handlungsfolge in der Welt wider.

Die Vorzeitigkeit kann sich gleichzeitig auch als Vortritt oder Voranstellung in der Reihenfolge manifestieren:

/*je veux terminer ce travail avant vendredi*/ 'ich will diese Arbeit vor Freitag fertig haben'

/*tu veux toujours passer avant les autres*/ 'du willst immer (vor den anderen) den Vortritt haben'

/*mon week-end est gâché si je n'ai pas fini au moins un jour avant*/ 'mein Wochenende ist verdorben, wenn ich nicht wenigstens einen Tag vorher fertig bin'

/*tu vas te ruiner la santé avant de jouir du week-end*/ 'du wirst dir deine Gesundheit zugrunde richten, bevor du etwas vom Wochenende hast'

Im zweitletzten Beispiel handelt es sich um die freie Form *avant* 'vorher', die aus dem Kontext leicht ergänzt werden kann zu *avant le week-end* 'vor dem Wochenende'.

Komposita und idiomatische Ausdrücke:

avant-hier 'vorgestern'
avant tout (oder: *toute chose*) 'vor allem'
aller plus (trop, bien ...) avant 'weiter (zu weit, recht weit ...) gehen' (räumlich und übertragen)
la marche avant 'der Vorwärtsgang' (beim Auto)

8.3.2.2.2 Später (après)

Die Umkehrung («Inversion») der Abfolge, derzufolge das Spätere das Frühere und das Frühere das Spätere bedeuten soll, wird durch die Präposition après 'nach' ausgedrückt. Dieser Präposition stehen das gleichlautende Präfix après- (vgl. la guerre 'der Krieg' vs. l'après-guerre 'die Nachkriegszeit') und das fachsprachliche Präfix post- (vgl. dater 'datieren' vs. postdater 'rückdatieren') zur Seite. Die freie Form lautet ebenfalls après 'nachher, danach'. Auch die Verbal-Präposition après ist gleichlautend. Sie wird im Text meistens mit dem Rück-Infinitiv (vgl. 4.6) kombiniert. Wir beschreiben die Bedeutung dieser Präposition mit dem semantischen Merkmal ⟨UMKEHRUNG⟩.

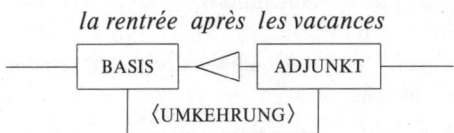

la rentrée après les vacances

Der Hörer vernimmt bei dieser Junktion zuerst («früher») die Basis la rentrée 'die Rückkehr', sodann («später») das Adjunkt les vacances 'die Ferien'. Die zwischen der Basis und dem Adjunkt stehende Präposition après 'nach' gibt ihm nun die negative Anweisung, diese zeitliche Abfolge der Junktionsglieder im Text nicht als Abbild der zeitlichen Abfolge der Handlungen in der Welt zu nehmen, sondern als Umkehrung («Inversion») dieser Abfolge. Für die Handlungswelt soll also die Abfolge Adjunkt – Basis maßgeblich sein:

TEXTFOLGE	1 la rentrée	2 les vacances
	ABFOLGE →	
HANDLUNGSFOLGE	1 'die Ferien'	2 'die Rückkehr'

Diese Umkehrung des Zeitverhältnisses zwischen der Textfolge und der Handlungsfolge ist als Nachzeitigkeit (des determinierungsbedürftigen Zeichens) interpretierbar.

/ l'argent est rare après les vacances /   'das Geld ist knapp nach den Ferien'
/ les magasins ont inventé les soldes pour courir après les clients /   'die Geschäfte
   haben den Ausverkauf erfunden, um hinter den Kunden herzulaufen'

/ *trois jours après on ne trouve plus rien* / 'drei Tage danach (später) findet man nichts mehr'

/ *les gens font la queue parce qu'ils ne sont admis que les uns après les autres* / 'die Leute stehen Schlange, weil sie nur nacheinander eingelassen werden'

/ *il y en a qui crient après le gérant* / 'es gibt welche, die hinter dem Geschäftsführer herschimpfen'

/ *après vous, Madame* / 'nach Ihnen (, meine Dame)'

/ *passez, je suis arrivée après* / 'gehen Sie nur vor, ich bin später (danach, nachher) gekommen'

Komposita und idiomatische Ausdrücke:

après-midi (Mask. und Fem.) 'Nachmittag'
après-demain 'übermorgen'
l'instant (l'année) d'après 'einen Augenblick (ein Jahr) später'
jour après jour 'Tag um Tag'
après coup 'im Nachhinein'

Mit *après* wird auch das (immer unbetonte) Kontakt-Morphem *après tout* 'schließlich' gebildet (vgl. 9.1.3):

/ *je sais ce que je sais, après tout* / 'ich weiß schließlich, was ich weiß'

8.3.2.2.3 Gleiche Abfolge *(pendant)*

Die gleiche Abfolge, unter Vernachlässigung der Opposition zwischen Früherem und Späterem, wird hauptsächlich durch die Präposition *pendant* 'während' ausgedrückt. Sie hat an ihrer Seite die selteneren Synonyme *durant* 'während', *au cours de* 'im Laufe (von)' und *lors de* 'bei (Gelegenheit von)'. Alle diese Präpositionen sind gebundene Formen.

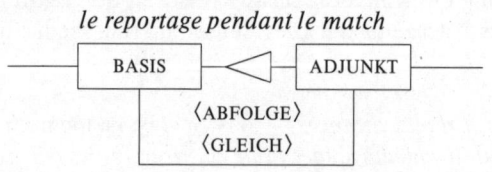

le reportage pendant le match

Aus der Tatsache, daß der Hörer in dieser Junktion zuerst («früher») die Basis *le reportage* 'die Reportage', sodann («später») das Adjunkt *le match* 'das (Kampf-) Spiel' vernimmt, soll er weder für das eine noch für das andere Junktionsglied eine zeitliche Priorität erschließen. Die beiden in den Junktionsgliedern ausgedrückten Vorgänge laufen gleichzeitig ab:

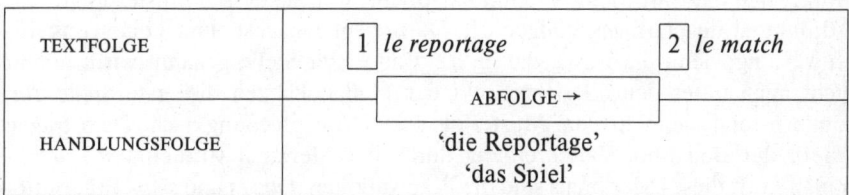

TEXTFOLGE	1 *le reportage*	2 *le match*
	ABFOLGE →	
HANDLUNGSFOLGE	'die Reportage' 'das Spiel'	

/ *on s'est connu(s) pendant l'entraînement* /   'wir haben uns während des Trainings (oder: beim Training) kennengelernt'
/ *nous avons toujours joué ensemble au cours des trois dernières années* /   'wir haben im Laufe der letzten drei Jahre immer zusammen gespielt'
/ *on a été bons copains pendant tout ce temps* /   'wir waren diese ganze Zeit hindurch dicke Freunde'
/ *malheureusement il s'est surmené lors du championnat* /   'leider hat er sich bei der Meisterschaft übernommen'

Die Präposition *lors de* findet sich besonders oft in erzählenden Texten.
Die Präposition *durant* 'während' kann auch als «Postposition», das heißt, in der Stellung hinter dem Adjunkt, gebraucht werden. Die Bedeutung ändert sich dadurch nicht. Unterscheide die Stellungen:

JUNKTOR – ADJUNKT   ADJUNKT – JUNKTOR

durant toute sa vie 'während seines   *toute sa vie durant* 'sein ganzes Le-
ganzen Lebens'   ben lang'

Das Adverb *cependant* 'jedoch, indes' dient in geeigneten Kontexten bisweilen als freie Form der Präposition *pendant* und hat dann die Bedeutung 'während dessen'. Desgleichen kann auch die Form *alors* 'da, dann' (vgl. 4.2.4.1), insbesondere im Kontext von Erzählungen, als freie Form der Präposition *lors de* aufgefaßt werden und hat dann die Bedeutung 'damals'.

Idiomatischer Ausdruck der juristischen Fachsprache:

le procès est encore pendant   'der Prozeß hängt noch an' (nämlich an der Waage der Gerechtigkeit = metaphorische Herkunft der Präposition *pendant*)

8.3.2.2.4   Entsprechung *(d'après, selon)*

Die Präpositionen *d'après* 'nach, gemäß' (nur gebundene Form) und *selon* 'gemäß, nach, je nach/je nachdem' (gebundene und freie Form) signalisieren dem Hörer, daß die Basis dem Adjunkt entspricht, weil sie dessen Muster folgt. Das Adjunkt ist für die Basis maßgeblich. Darin liegt zunächst einmal eine Umkehr-Anweisung; denn die Basis, die im Text an erster Stelle genannt wird, nimmt nicht auch unter dem Gesichtspunkt der Maßgeblichkeit die erste Stelle ein, sondern folgt vielmehr dem Muster als seiner Entsprechung nach. Dem tragen wir in der Bedeutungsbeschreibung durch das Merkmal ⟨UMKEHRUNG⟩ Rechnung. Kraft dieses Merkmals sind die Präpositionen *d'après* und *selon* Präpositionen der Abfolge. Da es sich aber im Gegensatz zur Präposition *après* 'nach' (vgl. 8.3.2.2.2) nicht um eine bloße Abfolge in der Zeit handelt, sondern zugleich um ein Verhältnis der Entsprechung (das heißt, Übereinstimmung in mindestens einem Merkmal), fügen wir als weiteres Merkmal das semantische Merkmal ⟨MASS⟩ hinzu:

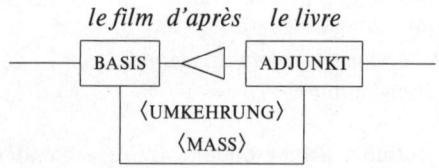

Natürlich muß zuerst das Buch da sein, wenn der Film «nach», das heißt, gemäß dem Buch gedreht werden soll. Der in der Basis gemeinte Film folgt aber dem im Adjunkt gemeinten Buch nicht nur zeitlich nach, sondern richtet sich auch der Sache nach in mindestens einem lexikalischen Merkmal nach dem Buch. So kommt die Bedeutung zustande: 'der Film nach dem Buch'.

/*d'après les journaux, il aurait provoqué un affreux accident*/   'den Zeitungen nach (oder: zufolge) soll er einen schrecklichen Unfall verursacht haben'
/*selon toute apparence, c'en est fait de son permis de conduire*/   'allem Anschein nach ist sein Führerschein hin'
/*on décidera cela d'après les résultats de l'enquête*/   'man wird das (je) nach Ausgang der Untersuchung entscheiden'
/*d'après la loi, une amende est inévitable*/   'nach dem Gesetz ist eine (Geld-)Strafe unvermeidlich'
/*c'est selon* (umgangssprachlich häufiger: *ça dépend*)/   'je nachdem, das kommt darauf an'

Neben den Präpositionen *d'après* und *selon* gibt es für den mehr oder weniger fachsprachlichen Gebrauch noch weitere Präpositionen mit verwandter Bedeutung, zum Beispiel *suivant* 'zufolge' und *conformément à* 'entsprechend'.

Idiomatische Ausdrücke:

d'après toi   'deiner Meinung nach'
d'après cela   'demnach'
peindre d'après nature   'nach der Natur malen'
à chacun selon ses mérites   'jedem nach seinen Verdiensten'
l'évangile selon saint Jean   'das Evangelium nach Johannes'
conformément aux Écritures   'gemäß der (Heiligen) Schrift'

8.3.2.2.5   Ein Sonderfall der Abfolge: *il y a* als Präposition

Die Präposition *il y a* 'vor' wird nur gebraucht, wenn die Basis der Junktion verbal ist. Weitere Kontextbedingungen für den Gebrauch dieser Präposition sind:

– Das Tempus des Verbs in der Basis darf nicht das semantische Merkmal ⟨VOR-AUSSCHAU⟩ haben. Es hat meistens das Merkmal ⟨RÜCKSCHAU⟩.
– Das Adjunkt muß eine (bestimmte oder unbestimmte) Zeitdauer angeben.

In die Bedeutung dieser Präposition gehen die semantischen Merkmale des Horizont-Morphems *il* 'es' (vgl. 3.3.3.2) und des Positions-(Pro-)Adverbs *y* ein (vgl. 7.3.2.5): es wird eine Position vor einem (unauffälligen) Zeithorizont bestimmt. Dabei wird aber der Gesichtspunkt der Abfolge vom Früheren zum Späteren respektiert, so daß wir diese Präposition mit zu den Präpositionen der Abfolge rechnen können, das heißt, die in der Basis ausgedrückte Handlung liegt früher als die im Adjunkt ausgedrückte Zeitspanne:

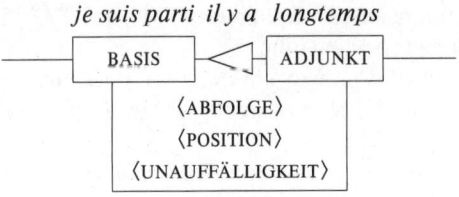

Die Basis *je suis parti* 'ich bin abgereist (weggegangen)' ist verbal; sie ist weiterhin durch das Tempus Perfekt, also durch das Merkmal ⟨RÜCKSCHAU⟩, charakterisiert (vgl. 4.2.1). Das Adjunkt *longtemps* 'lange (Zeit)' gibt eine (unbestimmte) Zeitdauer an. Da somit die oben angegebenen Kontextbedingungen erfüllt sind, kann die Präposition *il y a* 'vor' für die Handlung des Abreisens eine Position in einem weit zurückliegenden Zeithorizont angeben: 'ich bin vor langer Zeit abgereist'.

Zu der Präposition *il y a* gibt es Varianten mit anderen Tempora (nicht mit dem Vordergrund-Tempus Aorist!), insbesondere *il y avait, il y aura* und *il y aurait,* mit denen eine temporale Kongruenz zu den entsprechenden Verbformen hergestellt wird.

Während die Präposition *il y a* mitsamt ihren Varianten einen zurückliegenden Zeithorizont aufrichtet, der kraft des Horizont-Merkmals ⟨UNAUFFÄLLIGKEIT⟩ im Hintergrund der Handlung bleibt, gibt es in der Nähe dieser Präpositionen eine Reihe von Quasi-Präpositionen, die das Maß der Vorzeitigkeit unter Fokus-Bedingungen angeben (Merkmal: ⟨AUFFÄLLIGKEIT⟩). Solche fokusbildenden Quasi-Präpositionen findet man vor allem in der mündlichen Umgangssprache. Zu ihnen gehören die Form *ça fait,* die ebenfalls temporale Varianten hat, sowie die invarianten Präsentativ-Morpheme *voici* und *voilà* (vgl. 3.1.3).

Für die genannten Präpositionen und Quasi-Präpositionen gilt insgesamt, daß sie nur als gebundene Formen vorkommen. Die Präposition *il y a* nimmt in ihrer Junktion oft die Spitzenstellung ein, wobei dann meistens die Basis der Junktion mit *que* angefügt wird. Unterscheide:

NORMALE STELLUNG:

SPITZENSTELLUNG:

/*je suis parti il y a longtemps*/   'ich
  bin vor langer Zeit abgereist'

/*il y a longtemps (que) je suis parti*/
  'vor langer Zeit bin ich abgereist'

Die Spitzenstellung der Präposition *il y a* paßt gut zu ihrer horizontbildenden Funktion. Im Brennpunkt steht nun die (zeitlich situierte) Handlung.

/*ce film est vieux, je l'ai déjà vu il y a dix ans*/   'dieser Film ist alt, ich habe ihn schon vor zehn Jahren gesehen'
/*mais il y a dix ans, on te laissait déjà voir un film pareil?*/   'ließ man dich denn vor zehn Jahren schon so einen Film sehen?'
/*à ce moment-là il y avait déjà deux ans que j'avais découvert ma grande passion pour le cinéma*/   'damals hatte ich schon zwei Jahre zuvor meine große Leidenschaft für das Kino entdeckt'
/*voici* (oder: *ça fait*) *donc douze ans que tu ne fais plus rien de sérieux*/   'seit zwölf Jahren tust du also nichts Ordentliches mehr'

Wenn die Basis der Junktion nicht verbal, sondern nominal ist, wird die Präposition *il y a* zu der Form *d'il y a* erweitert:

/la crise d'il y a douze ans/   'die Krise (von) vor zwölf Jahren'

8.3.2.3   Begrenzung nach Anfang und Ende

Ein Text nimmt also den Verlauf von seinem Anfang bis zu seinem Ende. Anfang und Ende begrenzen seinen Verlauf. Bei der Betrachtung des Verlaufs kann man aber auch beide Begrenzungen gleichzeitig ins Auge fassen. Dementsprechend gliedern wir die Präpositionen, die in ihren Bedeutungen textförmige Verlaufsstrukturen signalisieren, nach folgenden Gesichtspunkten:

– Anfang (8.3.2.3.1)
– Ende (8.3.2.3.2)
– Anfang/Ende (8.3.2.3.3)

8.3.2.3.1   Anfang *(dès, à partir de, depuis)*

Zur Bezeichnung des Anfangs verfügt die französische Sprache über mehrere Präpositionen, die mit wechselnden Kontexten unterschiedliche Nuancen des Anfangs ausdrücken. Es handelt sich um die Präpositionen *dès* 'von ... an' (nur gebundene Form), *à partir de* 'ab, von ... an' (nur gebundene Form) und *depuis* 'seit, von ... aus' (gebundene und freie Form). Die letztgenannte Form kann auch als Verbal-Präposition gebraucht werden.

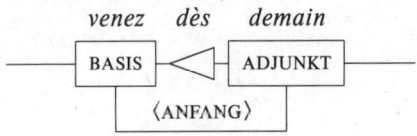

Die imperativische Basis *venez* 'kommen Sie!' soll nach der Anweisung der Präposition *dès* 'von ... an' so determiniert werden, daß das Adjunkt *demain* 'morgen' für die verlangte Handlung den Anfang ihres Verlaufs bezeichnet. Je nach dem Kontext kann die Zeitlichkeit des Anfangs mehr oder weniger stark ausgeprägt sein:

/*faites votre réservation dès lundi*/   'buchen Sie gleich am Montag!'
/*ne prenez pas de risque, car les meilleures places sont souvent prises dès le début*/ 'gehen Sie kein Risiko ein, denn die besten Plätze sind oft von Anfang an besetzt!'

Idiomatische Ausdrücke:

dès le berceau   'von der Wiege an'
dès l'enfance   'von Kindsbeinen an'
dès l'aube   'gleich bei Tagesanbruch'
dès hier [dɛjɛr]   'von gestern an'
dès à présent [dɛzaprezã]   'von jetzt an'
dès lors   'von da an'
cueillez dès aujourd'hui les roses de la vie   'pflückt gleich von heute an die Rosen des Lebens!' (Ronsard)

Eine Variante der Präposition *dès* mit synonymer Bedeutung ist die Präposition *à partir de* 'ab, von … ab, von … an'. Sie wird vorzugsweise, jedoch nicht ausschließlich, fachsprachlich gebraucht und ist weniger eng als die Präposition *dès* an einen zeitlichen Kontext gebunden:

à partir d'aujourd'hui   'ab heute'
à partir de 100 francs   'von hundert Francs an (aufwärts)'
à partir de six cylindres   'von sechs Zylindern an'

Die Präposition *depuis* 'seit, von … aus' bezeichnet den Anfang eines Verlaufs in der Rückschau. Das Perspektiven-Merkmal ⟨RÜCKSCHAU⟩, das neben dem Merkmal ⟨ANFANG⟩ die Bedeutung dieser Präposition konstituiert, schließt Verträglichkeit mit jeder Art von Vorausschau aus und verleiht der ganzen Junktion eine temporale Bedeutung:

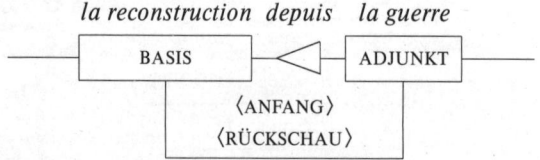

Dem Hörer wird durch diese Junktion die folgende Anweisung zuteil: Die Basis *la reconstruction* 'der Wiederaufbau' ist von dem Adjunkt *la guerre* 'der Krieg' her zu determinieren, und zwar unter den durch die Präposition *depuis* 'seit' gesetzten Determinations-Bedingungen. Der Hörer soll also auf das Ende des Krieges als den Anfang des Wiederaufbaus zurückschauen.

/*te voilà devant le poste de télévision depuis ce matin*/ 'jetzt sitzt du schon seit heute morgen vor dem Fernsehapparat'
/*ça c'est la plainte des parents depuis toujours*/ 'das ist die Klage der Eltern seit eh und je'
/*je me repens d'avoir acheté ce poste, tu ne fais plus rien de toi-même depuis*/ 'ich bereue, den Apparat gekauft zu haben, du tust seitdem nichts mehr aus eigenem Antrieb'

Beachte, daß die Präposition *depuis* (nicht *dès*!) in bestimmten telekommunikativen Kontexten eine räumliche Bedeutung annehmen kann:

/*je vous appelle depuis Paris*/ 'ich rufe Sie von Paris aus an'
/*voici un reportage en direct depuis Washington*/ 'es folgt jetzt eine Direktreportage aus Washington'

8.3.2.3.2 Ende *(jusque)*

Das Ende wird durch *jusque* 'bis' ausgedrückt. Die Form *jusque* (vor Vokal und «vokalischem *h-*»: *jusqu'*) ist jedoch unter den Präpositionen ein formaler Sonderfall. Sie ist eine unvollständige Präposition, die nur in Verbindung mit anderen Präpositionen auftritt, und zwar meistens mit der Präposition *à (jusqu'à)*, aber auch mit anderen Präpositionen, sofern deren Bedeutung kompatibel ist *(jusque dans, jusqu'en, jusque chez, jusque sur, jusqu'après ...)*. Sie ist daher auch nicht als freie Form zu finden, verbindet sich jedoch gerne mit Positions- und Tempus-Adverbien und bildet mit ihnen zusammen dann eine freie Form *(jusqu'ici* 'bis hier, bisher', *jusque-là* 'bis da, bis dort', *jusqu'alors* 'bis dahin' ...). Auch mit Frage-Morphemen ist eine Verbindung möglich: *jusqu'où?* 'bis wohin?', *jusqu'à quel point?* 'bis wohin?'. Die zugehörige Verbal-Präposition lautet *jusqu'à* 'bis (daß)'. Wir beschreiben die Bedeutung der Teil-Präposition *jusque* mit dem semantischen Merkmal ⟨ENDE⟩.

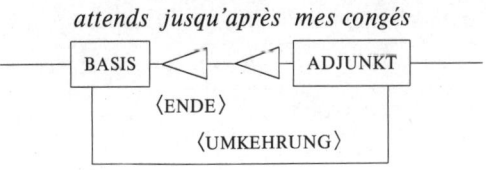

Die Basis *attends* 'warte!' wird hier von dem Adjunkt *mes congés* 'mein Urlaub' her nach zwei Merkmalen determiniert, wie es die Instruktion der doppelten

8.3.2.3.2 Begrenzung nach dem Ende *(jusque)*

Präposition *jusqu'après* 'bis nach' verlangt: das Ende des Wartens ist für die Zeit nach dem Urlaub vorgesehen.

/ *Josué conduisit les Israélites jusqu'en la Terre promise* / 'Josue führte die Israeliten bis in das Gelobte Land'
/ *Israël est resté jusqu'à nos jours la Terre promise du peuple juif* / 'Israel ist bis in unsere Zeit das Gelobte Land des jüdischen Volkes geblieben'
/ *la création de l'État d'Israël a conduit l'histoire du peuple juif jusqu'au point de non-retour* / 'die Schaffung des Staates Israel hat die Geschichte des jüdischen Volkes unwiderruflich bestimmt'
/ *beaucoup de juifs dans le monde entier vont jusqu'à se considérer comme compatriotes des Israéliens* / 'viele Juden in der ganzen Welt gehen so weit, daß sie sich als Landsleute der Israeli betrachten'

Idiomatische Ausdrücke:

jusqu'à nouvel ordre 'bis auf weiteres'
j'en ai jusque là 'ich habe die Nase (gestrichen) voll'
aller jusqu'au bout 'bis zum Äußersten gehen'
attendre jusqu'à la saint-glinglin 'bis zum Sankt-Nimmerleins-Tag warten'
élever quelqu'un jusqu'au ciel 'jemand (bis) in den Himmel heben'

8.3.2.3.3 Anfang/Ende *(de ... à, depuis ... jusque, à travers)*

Anfang und Ende eines Verlaufs können gleichzeitig ins Auge gefaßt werden. Dazu benutzt man die zweigliedrigen Präpositionen *de ... à* 'von ... bis' und *depuis ... jusque* 'von ... (an) bis (hin)'. Junktionen mit zweigliedrigen Präpositionen dieses Typus haben zwei Adjunkte, die bedeutungsverwandt sein müssen. Das erste Adjunkt begrenzt dann die Basis vom Anfang, das zweite vom Ende her:

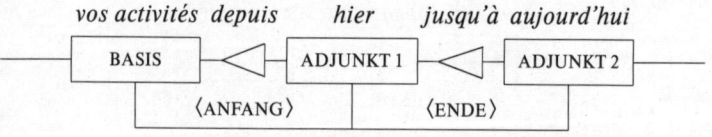

Die determinationsbedürftige Basis *vos activités* 'Ihre Tätigkeiten' wird hier von zwei determinationskräftigen Adjunkten eingegrenzt, dem ersten Adjunkt *hier* 'gestern' als Anfang und dem bedeutungsverwandten zweiten Adjunkt

556

aujourd'hui 'heute' als Ende der mit der Basis bezeichneten Handlung. Die Eingrenzung des Verlaufs muß jedoch nicht in jedem Fall zeitlich verstanden werden:

/depuis la Réforme jusqu'à la Contre-Réforme/ 'von der Reformation bis zur Gegenreformation'
/depuis Wittenberg jusqu'à Rome/ 'von Wittenberg bis nach Rom'
/depuis les catholiques les plus orthodoxes jusqu'aux protestants les plus libéraux/ 'von den strengsten Katholiken bis hin zu den liberalsten Protestanten'

Häufiger als *depuis ... jusque* gebraucht man die einfachere, ebenfalls zweigliedrige Präposition *de ... à*, die ebenfalls eine Bedeutungsverwandtschaft der beiden Adjunkte voraussetzt. In die Gesamtbedeutung dieser zweigliedrigen Präposition gehen die Bedeutungen der Präposition *de* (vgl. 8.3.2.1) und *à* (vgl. 8.3.3.1) als Teilbedeutungen ein: von einer Zuordnung als Ausgangslage nimmt eine Handlung ihren Verlauf bis an ihr Handlungsziel.

/combien de temps faut-il pour aller de Paris à Marseille?/ 'wieviel Zeit braucht man von Paris nach Marseille?'
/si vous roulez à une vitesse raisonnable, vous êtes en route du matin au soir/ 'wenn Sie mit einer vernünftigen Geschwindigkeit fahren, sind Sie von morgens bis abends unterwegs'
/quant à la vitesse, il n'y a pas de différence de vous à moi (oder: *entre vous et moi)/* 'in Sachen Geschwindigkeit gibt es zwischen Ihnen und mir keinen Unterschied'

Durch die Verbindung der Präposition *de* mit der Präposition *en* zu einer diskontinuierlichen Präposition *de ... en* entstehen gleichfalls viele lexikalisierte Wendungen, deren Junktionsglieder ebenfalls jeweils die gleiche oder mindestens eine verwandte Bedeutung haben:

de temps en temps [dətãzãtã] 'von Zeit zu Zeit'
de jour en jour 'von Tag zu Tag'
de plus en plus 'immer mehr'
de moins en moins 'immer weniger'
de mieux en mieux 'immer besser'
de mal (oder: *de pis*) *en pis* 'immer schlechter'
de ville en ville 'von Stadt zu Stadt'
de crise en crise 'von Krise zu Krise'
de haut en bas 'von oben bis unten'
(...)

Während die genannten zweigliedrigen Präpositionen Anfang und Ende gleichzeitig ins Auge fassen, bezeichnet die Präposition *à travers* 'durch (... hindurch)' einen Verlauf, der vom Anfang und vom Ende absieht. Sie bezeichnet einen Verlauf schlechthin. Wir geben ihre Bedeutung mit dem Merkmal 〈ÜBERGANG〉 an.

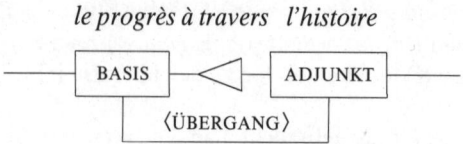

le progrès à travers   l'histoire

Die Anweisung dieser Junktion besagt in ausdrücklicher Beschreibung: Der Hörer soll den Verlauf der Basis *le progrès* 'der Fortschritt' vom Verlauf des Adjunkts *l'histoire* 'die Geschichte' her determinieren. Fortschritt und Geschichte haben den gleichen Verlauf, ohne daß Anfang und Ende eigens ins Auge gefaßt würden: 'der Fortschritt im Verlauf der Geschichte (oder: durch die Geschichte hindurch)'.

Es ist auch bei dieser Präposition nicht unbedingt verlangt, daß es sich um einen Verlauf in der Zeit handelt:

/ le prisonnier me faisait signe à travers les fils de fer barbelés /   'der Gefangene gab mir durch den Stacheldraht ein Zeichen'

Idiomatische Ausdrücke:

à travers champs   'querfeldein'
à travers les âges   'durch die Zeiten hindurch'
à tort et à travers   'blindlings, unbesonnen'
de travers   'quer, schief'

8.3.2.4   Ergänzung

Die Präpositionen der Ergänzung weisen den Hörer an, die Bedeutung der Basis von der Bedeutung des Adjunkts her zu ergänzen. Diese Anweisung kommt hauptsächlich in der Präposition *avec* 'mit' zum Ausdruck (8.3.2.4.1). Die Präposition *avec* hat als ihr Gegenstück die Präposition *sans* 'ohne' neben sich (8.3.2.4.2).

8.3.2.4.1   Die Präposition *avec*

Die Präposition *avec* 'mit' ist mit den Präfixen *con-* (vgl. *jonction* 'Verbindung, Junktion' vs. *conjonction* 'Konjunktion') und *syn-* (vgl. *chronique* 'chronisch' vs. *synchronique* 'synchronisch') bedeutungsverwandt. Die gleichlautende freie Form *avec* ist umgangssprachlich verbreitet, findet sich aber nicht in gepflegter Rede:

/ *avoir une poupée et jouer avec* /   'eine Puppe haben und damit spielen'

Die Präposition *avec* kann nicht als Verbal-Präposition gebraucht werden.

Die Bedeutung der Präposition *avec* besteht in der Anweisung an den Hörer, die Basis der Junktion als ergänzungsbedürftig und das Adjunkt als ergänzend anzusehen. Wir beschreiben die Bedeutung der Präposition dementsprechend mit dem semantischen Merkmal ⟨ERGÄNZUNG⟩.

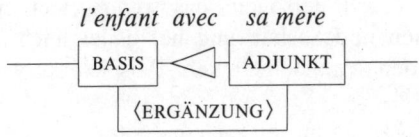

Die Bedeutung der gesamten Junktion ist: 'das Kind mit seiner Mutter'. In dieser Junktion wird die Bedeutung der nominalen Basis *l'enfant* 'das Kind' als ergänzungsbedürftig charakterisiert, und diese Ergänzung soll von dem gleichfalls nominalen Adjunkt *sa mère* 'seine Mutter' kommen. So will es die Anweisung, die der Hörer erhält, wenn er die Präposition *avec* vernimmt. Weitere Beispiele mit andersartiger Besetzung der Junktionsglieder:

/ *je ne discuterai plus avec toi* /   'ich diskutiere nicht mehr mit dir'
/ *je ne te comprends pas, ne me suis-je pas toujours mis d'accord avec toi?* /   'ich
　verstehe dich nicht, habe ich mich nicht immer mit dir geeinigt?'
/ *tu as fait cause commune avec mon pire ennemi* /   'du hast mit meinem schlimm-
　sten Feind gemeinsame Sache gemacht'
/ *mais non, je n'ai fait que jouer avec lui* /   'aber nein (nicht doch), ich habe nur
　mit ihm gespielt'
/ *c'est fini, je ne veux plus rien avoir à faire avec toi* /   'es ist aus, ich will mit dir
　nichts mehr zu tun haben'

Die Ergänzung, die dem Hörer durch eine *avec*-Junktion nahegelegt wird, kann natürlich auch zwischen Sachen zustande gebracht werden, wie die folgenden beiden Beispiele zeigen, die sich in der Umkehrung danach unterscheiden, welches das ergänzungsbedürftige und welches das ergänzende Junktionsglied ist:

/ *une lettre avec un cadeau* /   'ein Brief mit einem Geschenk'
/ *un cadeau avec une lettre* /   'ein Geschenk mit einem Brief'

In der Verteilung der Sprachzeichen auf die beiden Junktionsglieder kommt hier eine unterschiedliche semantische Gewichtung zum Ausdruck.

Besonders häufig findet man in Junktionen, die von der Präposition *avec* semantisch regiert werden, eine Verteilung, bei der die Basis der Junktion von einer Person, das Adjunkt von einer Sache oder einem Sachverhalt besetzt ist. Die Sache gibt dann häufig (als «Instrumentalis») einen bloßen Nebenumstand, eine nebensächliche Eigenschaft, ein Attribut, Mittel, Werkzeug oder Instrument an. Auf diese Weise wird das Bild der Person ergänzt durch eine Kenntnis der Sachen, mit denen diese Person umgeht. Weniger häufig findet man eine Ergänzung von Sachen durch Personen: das widerspricht einer natürlichen Gewichtung von Personen und Sachen und hat daher leicht eine lächerliche Konnotation, wie die beiden folgenden Umkehr-Beispiele zeigen:

/ *le roi avec son sceptre* /   'der König mit seinem Zepter'
/ *le sceptre avec son roi* /   'das Zepter mit seinem König'

Weitere Beispiele folgen mit unterschiedlicher Besetzung der Junktionsglieder, was für die beteiligten Personen insbesondere eine unterschiedliche Sehweise bedeutet, wer oder was hier wen oder was ergänzt:

/ *on t'a vu au café avec ma cousine* /   'man hat dich mit meiner Cousine im Café gesehen'
/ *c'est elle qui voulait à tout prix sortir avec moi* /   's i e wollte um jeden Preis mit mir ausgehen'
/ *mais tu as accepté avec un grand plaisir, j'imagine* /   'aber du hast mit großem Vergnügen angenommen, stelle ich mir vor'
/ *j'avoue qu'elle n'était pas mal avec sa nouvelle robe* /   'ich gebe zu, sie war nicht übel mit ihrem neuen Kleid'
/ *je conviens qu'avec elle on ne s'ennuie jamais* /   'ich gebe zu, daß man sich mit ihr nie langweilt'

Unter bestimmten Kontextbedingungen rückt eine mit der Präposition *avec* gebildete Ergänzungs-Junktion in die Nähe einer Subjekt-Partner-Valenz, die das Verhältnis zwischen einem Adressanten und einem Adressaten bezeichnet (vgl. 3.4.3). Dennoch ist zu unterscheiden:

ERGÄNZUNGS-JUNKTION

/*mon père a parlé avec le docteur*/
'mein Vater hat mit dem Arzt gesprochen (im Gespräch gestanden)'

SUBJEKT-PARTNER-VALENZ

/*mon père a parlé au docteur*/
'mein Vater hat mit dem Arzt gesprochen (ein Gespräch geführt)'

Das Gespräch mit dem Arzt wird in diesem Kontrastbeispiel unterschiedlich dargestellt. Im Beispiel der linken Spalte wird das Bild des Vaters dadurch ergänzt, daß er bei irgend einer Gelegenheit und vielleicht nur beiläufig mit dem Arzt gesprochen hat. Das kann auch ein Gespräch über das Wetter gewesen sein. Im Beispiel der rechten Spalte ist das Gespräch zwischen dem Vater und dem Arzt so dargestellt, daß der Vater sich an den Arzt gewandt hat, um mit ihm ein Gespräch zu führen, das eindeutig zwischen Adressant und Adressat gerichtet ist. Mit hoher Wahrscheinlichkeit (nicht jedoch mit absoluter Sicherheit!) ist anzunehmen, daß es sich dabei um eine medizinische Konsultation handelt. Unterscheide auch in den folgenden beiden Beispielen das verschiedene Maß an Förmlichkeit und Gerichtetheit:

/*parler à la foule*/   'zur Menge sprechen' (eine förmliche Ansprache halten)
/*causer avec un ami*/   'mit einem Freund plaudern'

Die Ergänzung einer Basis durch ein Adjunkt, wie sie durch die Präposition *avec* verlangt wird, ist immer dann besonders eng, wenn die Basis verbal und das Adjunkt ein abstrakter Ausdruck ist. In diesem Fall steht dieser abstrakte Ausdruck nach *avec* in der Regel ohne Artikel und kann mit dieser Präposition zusammen auch als ein Adverbiale aufgefaßt werden, welches das voraufgehende Verb determiniert (vgl. 7.1):

/*écoutez-moi avec attention*/   'hört mir aufmerksam zu!'
/*comportez-vous toujours avec dignité*/   'benehmt euch immer würdevoll!'
/*répondez-moi avec respect*/   'antwortet mir mit Respckt!'
/*suivez mes conseils avec zèle*/   'befolgt mit Eifer meine Ratschläge!'
/*c'est avec raison que vous vous méfiez de ces exhortations onctueuses*/   'diesen salbungsvollen Ermahnungen gegenüber seid ihr mit Recht mißtrauisch'

Idiomatischer Ausdruck im Gespräch:

/*venez me voir* ÷ *avec plaisir*/   'besuchen Sie mich! ÷ gern'

561

Weitere idiomatische Ausdrücke:

/ l'un avec l'autre /   'miteinander'
*avec tout cela (*oder: *ça)*   'bei alledem'
avec lui on ne sait jamais   'bei ihm weiß man nie (, woran man ist)'
avec l'âge ça lui passera   'mit den Jahren wird ihm das schon vergehen'

Neben der Präposition *avec* gibt es noch die Nebenform *d'avec,* die man dann gebraucht, wenn eine Ergänzung zur Unterscheidung, insbesondere zu einer Positiv-Negativ-Unterscheidung, benutzt wird:

discerner le bien d'avec le mal   'das Gute vom Bösen unterscheiden'
séparer l'ivraie d'avec le bon grain   'die Spreu vom Weizen trennen' (Bibelsprache)

8.3.2.4.2   Die Präposition *sans*

Die Präposition *sans* 'ohne' hat als Präfix nur die gleichlautende Form *sans-* bei sich (vgl. *la culotte* 'die Kniehose' vs. *le sans-culotte* 'der Sansculotte'*). Sie tritt sehr häufig auch als Verbal-Präposition mit dem Infinitiv auf (*sans parler* 'ohne zu sprechen'). Die freie Form lautet ebenfalls *sans* (*tu viens sans?* 'kommst du ohne?'); diese ist jedoch verhältnismäßig selten und wird in gepflegter Rede vermieden.

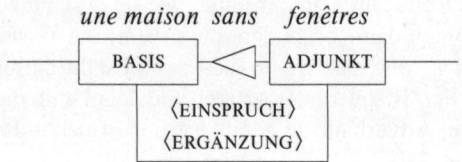

In diesem Beispiel mit der Bedeutung 'ein Haus ohne Fenster' ist eine Ergänzungs-Erwartung vorausgesetzt, die sich darauf erstreckt, daß dieses Haus, wie bei Häusern allgemein üblich, wohl Fenster hat und daß diese Ergänzung, wenn es vom Kontext her angezeigt ist, auch ausgedrückt werden könnte, und zwar in Form einer Ergänzungs-Junktion mit der Präposition *avec,* also: *une maison avec fenêtres* 'ein Haus mit Fenstern'. Gerade diese Ergänzung soll aber in diesem Fall

---

* Angehöriger des Dritten Standes während der Französischen Revolution, erkennbar an seiner langen Hose *(pantalon).* Die Kniehose *(culotte)* war ein Kleidungsstück des Zweiten Standes, das heißt, des Adels.

nicht gelten, deshalb der Einspruch, ausgedrückt in der negativen Präposition *sans*, mit deren Hilfe wir nun in dieser Junktion eine unerwartete Nachricht erhalten.

Die Bedeutung der Präposition *sans* ist also das Gegenstück zur Bedeutung der Präposition *avec* (vgl. 8.3.2.4.2). Beide Präpositionen haben das semantische Merkmal ⟨ERGÄNZUNG⟩ gemeinsam. Der semantische Unterschied und die Opposition zwischen den beiden Präpositionen besteht nur darin, daß die Präposition *sans* zu diesem Merkmal noch das weitere Merkmal ⟨EINSPRUCH⟩ in ihrer Bedeutung hat, das diese Ergänzung negiert. Es ist dabei vorausgesetzt, daß eine Ergänzungs-Erwartung bestanden hat, die nun durch den Einspruch der Negation zunichte gemacht wird (vgl. auch die privative Konjunktion *sans que* 'ohne daß' – 8.4.10). Wir beschreiben also die Bedeutung der Präposition *sans* mit den beiden genannten Merkmalen ⟨EINSPRUCH⟩ und ⟨ERGÄNZUNG⟩.

Auch in den folgenden Beispielen ist jeweils eine Ergänzungs-Erwartung anzunehmen, die durch den Einspruch der negativen Präposition *sans* durchkreuzt wird:

/ *la pollution de nos fleuves est telle qu'ils sont presque sans poissons* /   'die Verschmutzung unserer Flüsse ist so stark, daß sie fast ohne Fische sind'
/ *il y a des usines qui augmentent leur production sans se soucier des conséquences pour l'environnement* /   'es gibt Fabriken, die ihre Produktion erhöhen, ohne sich um die Folgen für die Umwelt zu kümmern'
/ *sans les usines, il faudrait baisser sensiblement le niveau de vie* /   'ohne die Fabriken müßte man empfindlich den Lebensstandard senken'
/ *un certain niveau de vie n'est pas concevable sans un environnement sain* /   'ein gewisser Lebensstandard ist ohne eine gesunde Umwelt nicht vorstellbar'
/ *cela* (oder: *ça*) *va sans dire* /   'das versteht sich von selbst'

Da die Präposition *sans* ihr Merkmal ⟨EINSPRUCH⟩ mit den Morphemen der Negation gemeinsam hat (vgl. 9.2.2), kann sie zu gleichen Rechten wie das Morphem *ne* Bestandteil einer zweigliedrigen Negation werden. Vergleiche:

NEGATION MIT *ne*	NEGATION MIT *sans*
/ *personne ne le connait* / 'niemand kennt ihn'	/ *il vit seul sans connaître personne* / 'er lebt allein, ohne jemand zu kennen'

Ebenso: *sans jamais* 'ohne je', *sans rien* 'ohne etwas'.

In vielen *sans*-Junktionen (ebenso wie in vielen *avec*-Junktionen – vgl. 8.3.2.4.1) steht das Adjunkt ohne Artikel. Die Junktion ist dann besonders eng, und das

Gefüge aus Junktor und Adjunkt kann als Adverbiale gebraucht werden, zum Beispiel: *sans espoir* 'hoffnungslos', *sans cesse* 'unaufhörlich'.

Idiomatische Ausdrücke:

*sans cela (*oder: *ça)*   'ohnedem'
sans mot dire   'ohne ein (Sterbens-)Wort zu sagen'
sans blague!   'was du nicht sagst!'
sans queue ni tête   'ohne Hand und Fuß'

8.3.2.5 Begründung

Unter den Präpositionen der Begründung ist die Präposition *à cause de* 'wegen' die wichtigste. Sie gibt in dem Adjunkt den Grund für die Basis an («Kausalität»). Wir beschreiben diese Determination mit dem Merkmal ⟨BEGRÜNDUNG⟩.

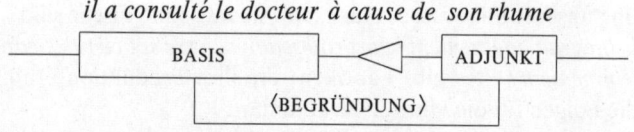

il a consulté le docteur à cause de son rhume

Die Junktion dieses Beispiels stellt eine Beziehung her, die eine tatsächliche Abfolge (philosophisch: «post hoc») in eine begründete Abfolge (philosophisch: «propter hoc») umdeutet. Das Adjunkt *son rhume* 'seine Erkältung' gibt nach der Anweisung der Präposition *à cause de* 'wegen' den Grund für die Basis *il a consulté le docteur* 'er hat den Arzt aufgesucht' an. Zu beachten ist auch, bezogen auf die normale Abfolge Basis – Junktor – Adjunkt, das Umkehrverhältnis zwischen den beiden Junktionsgliedern, das der Inversion bei den Präpositionen *après* (vgl. 8.3.2.2.2) und *d'après/selon* (vgl. 8.3.2.2.4) entspricht. Die Basis nimmt im Text die Stelle vor dem Adjunkt ein; die in ihr ausgedrückte Wirkung folgt jedoch dem im Adjunkt ausgedrückten Grund zeitlich und kausal nach.

/ *Madame Dupont est clouée au lit à cause d'une paralysie* /   'Frau Dupont ist
   wegen einer Lähmung ans Bett gefesselt'
/ *les médecins craignent pour elle à cause de sa faible constitution* /   'die Ärzte
   fürchten für sie wegen ihrer schwachen Konstitution'

Die Fachsprachen, zumal diejenigen der Philosophie und des Rechtswesens, stellen weitere Präpositionen bereit, die zwischen den verschiedenen Formen der

Kausalität deutlicher zu unterscheiden erlauben. Es sind solche speziellen Präpositionen wie *grâce à* 'dank', *en vertu de* 'kraft' und *en raison de* 'auf Grund von'. Bei entsprechenden Kontexten können diese Präpositionen auch in die Umgangssprache eingehen.

Idiomatischer Ausdruck:

/ *il était très gentil avec moi, et pour cause* /   'er war sehr nett zu mir, und er wußte
    auch, warum'

Die Präposition *à cause de* 'wegen' hat eine negative Entsprechung in Gestalt der konzessiven Präposition *malgré* 'trotz'. Diese stellt für den Handlungszug der Basis einen möglichen Grund vor, der sich n i c h t ausgewirkt hat. Die Handlung hat vielmehr gegenüber dieser Erwartung genau die Gegenrichtung eingeschlagen. Ihr tatsächlicher Grund bleibt unbekannt. Wir beschreiben die Bedeutung dieser Präposition mit den zwei Merkmalen ⟨BEGRÜNDUNG⟩ und ⟨EINSPRUCH⟩.

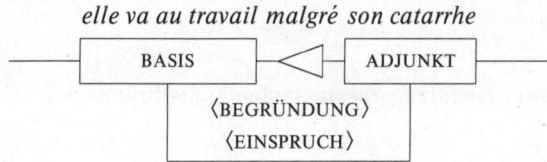

elle va au travail malgré son catarrhe

Im Beispiel dieser Junktion ist die Basis *elle va au travail* 'sie geht zur Arbeit' determinationsbedürftig hinsichtlich ihres Grundes. Das Adjunkt *son catarrhe* 'ihr Katarrh' gibt nun eine denkbare Begründung dafür, daß sie vielleicht nicht hätte zur Arbeit gehen wollen. Dieser Grund wird jedoch durch die gleiche Präposition widerrufen und wirkt sich nicht aus.

   Neben der Präposition *malgré* gibt es für den mehr oder weniger fachsprachlichen Gebrauch weitere Präpositionen mit ähnlicher Bedeutung, zum Beispiel: *en dépit de* 'trotz, zutrotz', *sans préjudice de* 'unbeschadet' (juristische Fachsprache):

/ *tu fumes malgré ta bronchite chronique?* /   'du rauchst trotz deiner chronischen
    Bronchitis?'
/ *je fume même en dépit du danger d'attraper un cancer* [kãsɛr] /   'ich rauche sogar
    trotz der Gefahr, Krebs zu bekommen'
/ *tu fumes donc malgré tout* /   'du rauchst also trotz alledem'
/ *oui, mais je fume malgré moi* /   'ja, aber ich rauche gegen meinen Willen'

Idiomatische Ausdrücke:

bon gré, mal gré   'wohl oder übel'
il la suit de mauvais gré   'er folgt ihr widerwillig'

8.3.3   Die Präpositionen der Handlung

Personen, die miteinander sprechen, handeln gewöhnlich auch miteinander. Die Sprache hat daher auch den allgemeinen Zweck, Orientierung in der Handlung zu ermöglichen. Dazu dienen in besonderem Maße einige Präpositionen, die durch ihre spezifischen Bedeutungen gewisse Junktionen als Handlungszusammenhänge konstituieren.

Ein schlichter Handlungszusammenhang wird durch die Präposition *à* hergestellt (8.3.3.1). Spezifischere Handlungszusammenhänge erhält man in Junktionen mit den Präpositionen des Ein- und Ausschlusses (8.3.3.2) und der Einstellungen (8.3.3.3).

8.3.3.1   Schlichter Handlungszusammenhang: die Präposition *à*

Die Präposition *à* bedeutet dem Hörer, die beiden Junktionsglieder miteinander im Sinne eines schlichten Handlungszusammenhangs zu verbinden. Schlicht nennen wir diesen Handlungszusammenhang deshalb, weil durch die Bedeutung der Präposition *à* nicht vorentschieden wird, um was für einen Handlungszusammenhang es in der Junktion geht. Das ergibt sich im Einzelfall erst aus dem Kontext oder der Situation, insbesondere aus der lexikalischen Bedeutung der beteiligten Junktionsglieder. Wir beschreiben die Bedeutung der Präposition *à* mit dem semantischen Merkmal ⟨MITWIRKEN⟩ und erläutern sie zunächst an einem Beispiel mit der Gesamtbedeutung 'eine Blume im Knopfloch':

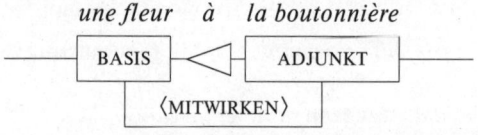

In diesem Beispiel wird, wie in jeder Junktion, die Basis vom Adjunkt her determiniert. Der Hörer soll also dem (hier ohne Kontext nicht weiter bekannten) Merkmalbestand der Blume im Text das weitere Merkmal hinzufügen, daß diese Blume sich im Knopfloch befindet. Das darf aber nicht im Sinne einer «Ortsangabe» verstanden werden, sondern ist als Handlungszusammenhang aufzufassen, das heißt, man muß sich zu dieser Junktion eine Person denken, die mit dieser Blume in einer bestimmten Weise (symbolisch) handelt und das nicht in der gleichen Weise tun könnte, wenn sich die Blume nicht im Knopfloch befände. In diesem Sinne wirkt das Knopfloch bei diesem Agieren «durch die Blume» mit.

Im einzelnen kann der (symbolische oder nicht-symbolische) Handlungszusammenhang, der durch die Präposition *à* hergestellt wird, durch weitere Determinanten im Kontext vielfältig modifiziert und nuanciert werden. Dementsprechend unterscheiden wir Handlungsprogramme (8.3.3.1.1), Handlungsorte (8.3.3.1.2), Handlungszeiten (8.3.3.1.3) und Handlungsrahmen (8.3.3.1.4). Für die Verbal-Präposition *à* gelten einige besondere Verwendungsregeln (8.3.3.1.5).

8.3.3.1.1 Handlungsprogramme

Wenn durch die Präposition *à* ohne Beteiligung eines Verbs ein Nomen mit einem anderen Nomen verbunden wird, wird der Handlungszusammenhang oft als Handlungsprogramm ausgedrückt. Das Adjunkt gibt für die Basis das Verfahren an, wie man mit ihr handelnd umgehen kann. Junktionen dieses Typus sind in der Fachsprache des Handwerks und des Handels, der Künste und der Technik sehr beliebt. Man muß nämlich wissen, wie eine Sache funktioniert, wie sie hergestellt wird oder zusammengesetzt ist, mit einem Wort: wie sie programmiert ist, wenn man mit ihr in Handlungszusammenhängen richtig umgehen will:

le moulin à café 'die Kaffeemühle'
une tasse à thé 'eine Teetasse (Tasse für Tee)'
du café au lait 'Milchkaffee'
la cuisinière à gaz 'der Gasherd'
la soupe à l'oignon [ɔɲō] 'die Zwiebelsuppe'
un gâteau aux amandes 'ein Mandelkuchen'
la chasse au lièvre 'die Hasenjagd'
la pêche à la ligne 'das Angeln'
la bière (à la) pression 'Bier vom Faß'
la machine à vapeur 'die Dampfmaschine'
la scie à métaux 'die Metallsäge'
la poudre à canon 'das Schießpulver'
la pompe à air 'die Luftpumpe'

la randonnée à bicyclette 'die Radtour'
le bateau à voile 'das Segelboot'
le moteur à quatre cylindres 'der Vierzylinder(-Motor)'
l'avion à réaction 'das Düsenflugzeug (Jet)'
la peinture à l'huile 'die Ölmalerei'
une chambre à deux lits 'ein Zweibettzimmer'

Eng verwandt mit den Junktionen dieser Gruppe sind solche *à*-Junktionen, in denen für eine Person (seltener für eine Sache) ein Kennzeichen angegeben wird. Das Kennzeichen ist ein charakteristisches Merkmal, an dem man sich für sein Handeln orientieren kann. Man kann etwa eine Person an diesem Merkmal identifizieren, um mit ihr ein Sprachspiel zu beginnen. Ein weniger handlungsrelevantes Merkmal wird demgegenüber eher mit einer *avec*-Junktion ausgedrückt (vgl. 8.3.2.4.1). Unterscheide:

à-JUNKTION	*avec*-JUNKTION
/*qui c'est là-bas, cette jeune fille au chapeau vert?*/ 'wer ist das da, dieses Mädchen mit dem grünen Hut?'	/*elle est vraiment jolie, cette jeune fille avec son chapeau vert!*/ 'sie ist wirklich hübsch, dieses Mädchen mit ihrem grünen Hut!'

Mit der Präposition *à* im Beispiel der linken Spalte gibt der Sprecher dem Hörer zu verstehen, daß der grüne Hut ein Kennzeichen ist, an dem man dieses Mädchen identifizieren kann. Dieser Hut ist ein Programm. Es handelt sich daher um ein handlungsrelevantes Merkmal. Die *avec*-Junktion im Beispiel der rechten Spalte drückt demgegenüber aus, daß man bei diesem Mädchen (unter anderem) einen grünen Hut beobachten kann, ohne daß schon eine Handlungsrelevanz zu erkennen ist. Vergleiche auch die folgenden Beispiele:

/*la jeune fille aux cheveux roux*/ 'das Mädchen mit den roten Haaren'
/*le marin aux yeux bleus*/ 'der Matrose mit den blauen Augen'
/*l'homme aux quarante écus*/ 'der Mann mit den vierzig Talern' (Titel eines Balzac-Romans)
/*le chevalier à la main de fer*/ 'der Ritter mit der eisernen Hand'

Ein Merkmal, das für eine Person an sich nicht charakteristisch ist, kann dennoch durch eine *à*-Junktion zu einem charakteristischen Merkmal erhoben werden. So kann der Sprecher insbesondere die Determination, die vom Possessiv-Artikel gegeben wird (vgl. 5.2.2), verstärken. Die Gesprächsrollen werden auf diese Weise stark hervorgehoben:

POSSESSIV-ARTIKEL MIT
UNBETONTER GESPRÄCHSROLLE

/*c'était une de ses idées*/ 'das war eine seiner/ihrer Ideen'
/*c'est mon affaire*/ 'das ist meine Sache'
/*cette voiture est la vôtre*/ 'dieser Wagen ist der Ihrige'

POSSESSIV-ARTIKEL MIT
BETONTER GESPRÄCHSROLLE

/*c'était une idée (bien) à elle*/ 'das war (so recht) eine Idee von i h r'
/*c'est mon affaire à moi*/ 'das ist m e i n e Sache'
/*cette voiture est (appartient) à vous (seul)*/ 'dieser Wagen gehört I h- n e n allein'

8.3.3.1.2 Handlungsorte

Der Handlungszusammenhang, der einem Hörer durch eine *à*-Junktion bedeutet wird, k a n n ein örtlicher Zusammenhang sein. Bedingung ist, daß die örtlichen Verhältnisse beim Handeln mitwirken. Mindestens ein Glied der Junktion muß dann räumliche Bedeutung haben. Die Präposition *à* selber nimmt dadurch keine räumliche Bedeutung an. Sie weist den Hörer auch hier nur an, die betreffende Örtlichkeit in einen Handlungszusammenhang zu stellen:

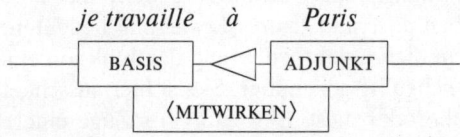

Die Anweisung der Präposition *à* ist hier keine andere als in dem Beispiel *une fleur à la boutonnière* 'eine Blume im Knopfloch' (vgl. 8.3.3.1). Es ergibt sich nur eine andere Auswirkung dieser Anweisung, weil hier Lexeme mit anderer Bedeutung verbunden werden. Die Anweisung ist ausdrücklich so zu verstehen: Verbinde die Basis *je travaille* 'ich arbeite' mit dem Adjunkt *Paris* (räumliche Bedeutung!), und determiniere die Basis im Sinne eines Handlungszusammenhangs! Die Stadt Paris interessiert folglich in dieser Junktion als Handlungsort.

Rückblickend auf die Präposition *de* (vgl. 8.3.1.4), kann man nun vergleichen und unterscheiden:

REFERENZ-ZUSAMMENHANG

/*je suis de Paris*/ 'ich bin aus Paris'
/*je viens de Paris*/ 'ich komme von Paris'

HANDLUNGSZUSAMMENHANG

/*je suis à Paris*/ 'ich bin in Paris'
/*je viens à Paris*/ 'ich komme nach Paris'

569

Die *de*-Junktionen und die *à*-Junktionen stellen einen sehr verschiedenen Zusammenhang her. Wenn jemand aus Paris ist oder von Paris kommt *(de Paris)*, so wird Paris in keinen besonderen Handlungszusammenhang hineingestellt. Die Nennung der Stadt Paris hat vielmehr (nur) einen erläuternden Wert. Diese Zuordnung gehört zum Portrait der betreffenden Person. Wenn hingegen jemand in Paris ist oder nach Paris kommt *(à Paris)*, so ist damit ein bestimmtes Handlungsfeld eröffnet.

Es ist durch die Präposition *à* nichts darüber entschieden, ob der betreffende örtliche Handlungszusammenhang durch Ruhe oder durch Bewegung ausgezeichnet ist. Diese Unterscheidung wird erst durch die Lexik der Junktionsglieder in die Junktion eingebracht und hängt nicht an der Bedeutung der Präposition *à*. Vergleiche:

RUHE

/ *je suis à Paris* / 'ich bin in Paris'

/ *je reste à la maison* / 'ich bleibe zu Hause'

BEWEGUNG

/ *je vais à Paris* / 'ich gehe (fahre) nach Paris'

/ *je rentre à la maison* / 'ich gehe wieder nach Hause'

Ob es sich um Ruhe oder Bewegung handelt, ergibt sich ausschließlich aus der Bedeutung der Junktionsglieder. Wenn, wie hier, die Verben *être* und *rester* Ruhe und die Verben *aller* und *rentrer* Bewegung bedeuten, dann gehen diese Bedeutungen auch in die Gesamtbedeutung der Junktion ein. Die Präposition *à* selber steht dem gleichgültig gegenüber. Sie ist hier ausschließlich daran interessiert, daß diese Ruhe oder diese Bewegung als Züge einer Handlung gekennzeichnet werden. Nicht weniger gleichgültig steht die Präposition *à* in diesen Junktionen der räumlichen Bedeutung der Nomina *Paris* und *maison* gegenüber. Auch hier gilt für die Präposition nur der Gesichtspunkt des schlichten Handlungszusammenhangs. In der Gesamtbedeutung der Junktion kommt jedoch auch die räumliche Bedeutung einzelner Junktionsglieder zur Geltung.

/ *nous passons toujours les vacances à la campagne* / 'wir verbringen die Ferien immer auf dem Land'
/ *nous avons une maisonnette à dix kilomètres de Vence* / 'wir haben ein Häuschen zehn Kilometer von Vence entfernt'
/ *nous habitons côte à côte avec mon frère* / 'wir wohnen Seite an Seite mit meinem Bruder'
/ *de temps en temps on passe un week-end à la plage* / 'von Zeit zu Zeit verbringen wir ein Wochenende am Strand'
/ *mon frère nous invite souvent à bord de son yacht* [jɔt] / 'mein Bruder lädt uns oft auf seine Yacht ein'

Unter den Ortsnamen werden alle Städtenamen sowie die Namen von öffentlichen Gebäuden mit der Präposition *à* (die mit einem maskulinen anaphorischen Artikel zu *au/aux* verschmilzt) eingeführt, ferner diejenigen Ländernamen, die maskulines Genus haben (Ausnahme: maskuline, singularische Ländernamen, die auf Vokal anlauten):

/ *Racine est né à La Ferté-Milon* /   'Racine wurde in La Ferté-Milon geboren'
/ *Bernardin de Saint-Pierre n'a pas vécu longtemps au Havre* /   'Bernardin de
   Saint-Pierre hat nicht lange in Le Havre gelebt'
/ *Paul Claudel a été ambassadeur de France au Japon* /   'Paul Claudel war französischer Botschafter in Japan'
/ *aux États-Unis, la littérature française est bien connue des lecteurs* /   'in den Vereinigten Staaten ist die französische Literatur den Lesern gut bekannt'
/ *les dépouilles mortelles de Victor Hugo et d'Émile Zola sont déposées au Panthéon* /   'die sterblichen Überreste von Victor Hugo und von Emile Zola sind im
   Pantheon beigesetzt'

Die anderen Ländernamen werden durch die Präposition *en* eingeführt (*en Allemagne, en France, en Israël* – vgl. 8.3.3.2.1.6).

Historische Anmerkung: Das Nebeneinander der Präpositionen *en* und *à* (letztere in der mit dem Artikel verschmolzenen Form *au/aux*) erklärt sich lautgeschichtlich aus einem Zusammenfall der Morphemfolge *en + le (> ou > au)* mit der Morphemfolge *à + le (> au)* seit dem Spätmittelalter.

Viele «spezialisierte» Präpositionen mit örtlicher Bedeutung sind mehr oder weniger grammatikalisierte Zusammensetzungen mit der einleitenden Präposition *à* (und der nachfolgenden Präposition *de*). Man merke sich:

à l'intérieur de 'innerhalb'   *au point de vue de* 'im Hinblick auf'
au milieu de 'in der Mitte von'   *au coin de* 'an der Ecke von'
au centre de 'im Mittelpunkt von'   *à l'entrée de* 'am Eingang von'
à l'extérieur de 'außerhalb'   *à la sortie de* 'am Ausgang von'
au lieu de 'anstelle von, anstatt'   *au bord de* 'am Ufer von'
au fond de 'auf dem Grund von, am   *au nord de* 'im Norden von'
   Ende von'
(...)

8.3.3.1.3 Handlungszeiten

Der Handlungszusammenhang, der durch eine *à*-Junktion hergestellt wird, k a n n auch ein zeitlicher Zusammenhang sein. Wiederum ist die Voraussetzung, daß die Zeitverhältnisse beim Handeln mitwirken, etwa zur zeitlichen Gliederung und Rhythmisierung des Handelns. Die zeitliche Bedeutung der *à*-Junktion stammt auch hier ausschließlich aus den durch die Präposition verbundenen Junktionsgliedern und nicht aus der Präposition, die für sich allein niemals zeitliche Bedeutung hat. Vergleiche und unterscheide:

REINE ZEITANGABE		HANDLUNGSZEIT	
/il est huit heures/	'es ist acht Uhr'	*/il est venu à huit heures/*	'er ist um acht Uhr gekommen'
/elle a vingt ans/	'sie ist zwanzig (Jahre alt)'	*/elle s'est fiancée à vingt ans/*	'sie hat sich mit zwanzig (Jahren) verlobt'

Bei kalendarischen Zeitangaben wird die Präposition *à* jedoch nur in Verbindung mit dem Nomen *mois* bei Monatsangaben gebraucht (*au mois de janvier, au mois de septembre ...*, sonst: *en septembre ...* – vgl. 8.3.3.1.2).

Die freien Zeitangaben jedoch, die den Zeitablauf unter Handlungsgesichtspunkten gliedern (Lebensphasen, Tagesrhythmen, Arbeitszeiten, Mahlzeiten, Festtagen ...), stehen in der Regel mit der Präposition *à*:

/est-ce que tu te lèves toujours à sonnerie du réveil?/ 'stehst du immer beim Läuten des Weckers auf?'
/qu'est-ce que tu prends au petit déjeuner?/ 'was ißt du zum Frühstück?'
/est-ce que tu arrives toujours à temps au bureau?/ 'kommst du immer rechtzeitig im Büro an?'
/qu'est-ce que tu gagnes à l'heure?/ 'wieviel verdienst du die Stunde (in der Stunde)?'
/est-ce que tu peux rentrer à midi?/ 'kannst du mittags nach Hause gehen?'
/est-ce que tu sors à huit heures?/ 'gehst du um acht Uhr aus?'
/qu'est-ce que tu feras à Noël?/ 'was machst du Weihnachten?'

Sofern die Zeit nicht als schlichte Handlungszeit, sondern unter irgend einem anderen Gesichtspunkt mitgeteilt wird, gebraucht man andere Präpositionen (zum Beispiel: *dans la matinée* 'im Laufe des Vormittags') oder gezielte Artikel (zum Beispiel: *ce matin* 'heute morgen').

8.3.3.1.4 Handlungsrahmen

Häufig ist der Handlungszusammenhang, der durch eine *à*-Junktion hergestellt wird, weder örtlich noch zeitlich aufzufassen. Dann wird der schlichte Handlungszusammenhang, auf den der Hörer mit der Präposition *à* verwiesen wird, sogar besonders deutlich. Vergleiche und unterscheide:

ORTSANGABE	HANDLUNGSZUSAMMENHANG
/*je suis dans l'école*/ 'ich bin in der Schule (im Schulgebäude)'	/*je suis à l'école*/ 'ich gehe zur Schule (bin Schüler)'
/*mets-toi près de la table*/ 'setz (oder: stell) dich (nahe) bei dem Tisch hin!'	/*mets-toi à table*/ 'setz dich zu Tisch (zum Essen)!'

Während der Sprecher mit den Präpositionen *dans* und *près de* in diesen Beispielen bestimmte Ortsangaben macht, stellt er mit der Präposition *à* Rahmenbedingungen für Handlungszusammenhänge her, im ersten Beispiel den Handlungsrahmen 'als Schüler die Schule besuchen', im zweiten Beispiel den Handlungsrahmen 'als Tischgenosse zum Essen Platz nehmen'. Daraus ergibt sich für den Hörer eine handlungsorientierte Determination der Junktion. Im ersten Beispiel der rechten Spalte braucht er das Verb *je suis*, wenn es als Basis einer *à*-Junktion mit dem Nomen *école* als Adjunkt verbunden ist, nicht als lokale «Anwesenheit» zu deuten: man ist Schüler einer Schule auch dann, wenn man sich nicht im Schulgebäude befindet. Und im zweiten Beispiel der rechten Spalte braucht der Hörer bei dem Verb *mets-toi,* wenn es als Basis einer *à*-Junktion mit dem Nomen *table* als Adjunkt verbunden ist, nicht mehr zwischen solchen Bedeutungen wie 'sich setzen' oder 'sich stellen' zu wählen; das Verb muß hier zwangsläufig 'sich setzen' bedeuten, weil man im Handlungszusammenhang einer Mahlzeit gewöhnlich bei Tisch sitzt und nicht steht.

/*pourquoi es-tu resté à la maison?*/ 'warum bist du zu Hause geblieben?'
/*j'ai la diarrhée, je dois rester au lit*/ 'ich habe Durchfall, ich soll im Bett bleiben'
/*tu ne vas donc pas au travail?*/ 'dann gehst du also nicht zur Arbeit?'
/*non, de plus, j'ai mal à l'estomac*/ 'nein, außerdem habe ich Magenschmerzen'
/*est-ce que le docteur t'a mis à la diète?*/ 'hat dich der Arzt auf Diät gesetzt?'
/*je mange à peine, je suis presque à jeun*/ 'ich esse kaum, ich bin fast nüchtern'
/*à ta place, je prendrais quelque chose de léger*/ 'an deiner Stelle würde ich (mal) etwas Leichtes essen'

Handlungszusammenhänge dieses Typus können sich auch so abspielen, daß mehrere Personen bei einer Handlung mitwirken. Dieses Handeln wird dann häufig durch Konventionen (Sitten, Gebräuche, Spielregeln, Marktlagen, Preisabsprachen ...) oder Institutionen (politische, wirtschaftliche, soziale, kulturelle Einrichtungen ...) geregelt. Geregelte Handlungszusammenhänge stellen Handlungsrahmen dar, die durch *à*-Junktionen bezeichnet werden können:

573

/*mon oncle est fonctionnaire à la Mairie*/ 'mein Onkel ist Beamter beim Bürger-
meisteramt'
/*quand on lui téléphone, il n'est jamais à son bureau*/ 'wenn man ihn anruft, ist er
nie in seinem Büro (an seinem Schreibtisch)'
/*il va tous les matins au marché*/ 'er geht jeden Morgen zum Markt'
/*est-ce qu'il joue aux cartes avec les marchands?*/ 'spielt er Karten mit den Händ-
lern?'
/*il se renseigne pour savoir à quel prix sont les marchandises*/ 'er erkundigt sich,
wie teuer die Waren sind'
/*ça c'est bien, l'autre jour j'ai acheté un kilo de porc à quarante francs*/ 'das ist
gut, neulich habe ich ein Kilo Schweinefleisch für (zu) vierzig Francs gekauft'
/*on vous l'a vendu (à) bon marché*/ 'man hat es Ihnen billig verkauft'

Auch die konventionellen Grußformeln *au revoir* 'auf Wiedersehen', *à tout à
l'heure* 'bis nachher', *à demain* 'bis morgen' beziehen sich auf einen Handlungszusammenhang; zu dem angegebenen Zeitpunkt will man sich ja wieder treffen,
um weiter miteinander umzugehen. Ähnliches gilt für die Formeln *à ta/votre santé*
'auf dein/Ihr Wohl' und *à (tout) jamais* 'auf (immer und) ewig', die einen
bestimmten Handlungszusammenhang, nämlich persönliche Verbundenheit,
durch einen Trinkspruch oder eine feierliche Beteuerung bekräftigen.

8.3.3.1.5 Die Verbal-Präposition *à*

Die Präposition *à* kann auch als Verbal-Präposition gebraucht werden. Das
Adjunkt wird dann von dem Infinitiv eines Verbs gebildet. Aus der Bedeutung
der Form *à* als Anweisung, einen Handlungszusammenhang herzustellen, ergibt
sich, daß diese Anweisung bei Verben sogar besonders leicht zu erfüllen ist,
zumal wenn die Basis des Verbs durch ein finites Verb gebildet ist.

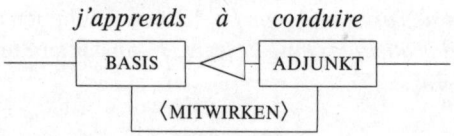

Die Tatsache, daß in dieser Junktion auch das Adjunkt, wenngleich nur als
Infinitiv, Verbbedeutung hat, ändert nichts an der Bedeutung der Präposition,
die wir hier wieder mit dem Merkmal ⟨MITWIRKEN⟩ ausgedrückt haben. Wenn
jedoch, wie in diesem Beispiel, beide Glieder der Junktion verbal sind, so
erscheint der durch die Präposition *à* bezeichnete Handlungszusammenhang oft

sogar als eine einzige, unter zwei Aspekten gesehene Handlung, nämlich als die einheitliche Handlung 'ich lerne fahren'. Dabei ist die Verteilung der Bedeutung so, daß mit der Basis ein formaler Aspekt (*j'apprends* 'ich lerne'), mit dem Adjunkt (*conduire* 'fahren') ein inhaltlicher Aspekt des Handlungszusammenhangs gekennzeichnet wird:

/ *j'ai quelque chose à te demander* /   'ich muß dich um etwas bitten'
/ *à te voir, je m'en serais douté* /   'das hätte ich mir schon bei deinem Anblick denken können'
/ *on dirait que tu te prépares déjà à dire non* /   'man hat den Eindruck, du bereitest dich schon darauf vor, nein zu sagen'
/ *je n'hésiterai pas à dire non si c'est nécessaire* /   'ich werde nicht zögern, nein zu sagen, wenn es notwendig ist'
/ *puis-je commencer quand même à t'adresser ma demande?* /   'kann ich trotzdem anfangen, meine Bitte an dich zu richten?'
/ *mais borne-toi à vouloir le possible* /   'aber beschränke dich darauf, das Mögliche zu wollen'
/ *je songe depuis longtemps à faire un voyage en Italie* /   'ich denke seit langem daran, eine Reise nach Italien zu machen'
/ *et voilà tout à coup qu'on s'est décidé à réaliser ce projet?* /   'und jetzt plötzlich hat man sich entschieden, den Plan zu verwirklichen?'
/ *si je n'y vais pas maintenant, je n'arriverai jamais à voir l'Italie* /   'wenn ich jetzt nicht fahre, bringe ich es nie so weit, Italien zu sehen'
/ *cela reste à voir* /   'das bleibt abzuwarten'
/ *je tiens tellement à faire ce voyage* /   'mir liegt so viel daran, diese Reise zu machen'
/ *eh bien, vas-y, mais mets-toi alors à faire des économies* /   'nun gut, fahr, aber dann mach dich ans Sparen!'

Weitere Verben, die einen formalen Handlungsaspekt bezeichnen und eine *à*-Junktion als inhaltliche Handlungsergänzung haben, sind beispielsweise in den folgenden Kontexten enthalten:

/ *il cherche assidûment à lui plaire* /   'er bemüht sich sehr, ihr zu gefallen'
/ *il l'invite à danser* /   'er lädt sie zum Tanz(en) ein'
/ *il pense (à) partir en vacances avec elle* /   'er gedenkt mit ihr in die Ferien zu fahren'
/ *il s'obstine à prétendre qu'elle est la femme de sa vie* /   'er behauptet steif und fest, daß sie die Frau seines Lebens ist'
/ *elle craint qu'il ne s'amuse à jouer au Don Juan* /   'sie fürchtet, daß er sich ein Vergnügen daraus macht, den Don Juan zu spielen'

/*il l'aide constamment à travailler*/   'er hilft ihr ständig bei der Arbeit (oder: beim Arbeiten)'
/*il apprend à nager à sa fille*/   'er bringt ihrer Tochter das Schwimmen bei'
/*il contribue à embellir son appartement*/   'er trägt zur Verschönerung ihrer Wohnung bei'
/*il renonce à fumer*/   'er verzichtet auf das Rauchen'
/*il s'habitue à marcher autant qu'elle*/   'er gewöhnt sich daran, genau so viel zu Fuß zu gehen wie sie'
/*il se dispose à céder à tous ses vœux*/   'er stellt sich darauf ein, all ihren Wünschen nachzugeben'
/*pourvu qu'ils s'entendent à être heureux ensemble!*/   'wenn sie sich nur darauf verstehen, miteinander glücklich zu sein!'
(...)

Junktionen mit *à* unterscheiden sich von Junktionen mit *de* (vgl. 8.3.2.1) durch die verschiedene Bedeutung der Präposition, die die Junktion regiert. Mit der Präposition *de* verweist der Sprecher auf einen Referenz-Zusammenhang, mit der Präposition *à* hingegen auf einen Handlungszusammenhang. Das gilt auch für die Infinitiv-Junktionen mit den beiden Präpositionen als Verbal-Präpositionen. Je nach der lexikalischen Bedeutung der Junktionsglieder ist dieser Unterschied schärfer oder schwächer ausgeprägt. Vergleiche:

REFERENZ-ZUSAMMENHANG	HANDLUNGSZUSAMMENHANG
/*le plaisir de boire*/ 'das Vergnügen zu trinken'	/*le vin à boire*/ 'der zu trinkende Wein'
/*le besoin de manger*/ 'das Bedürfnis zu essen'	/*la salle à manger*/ 'das Eßzimmer'

In den Junktionen der linken Spalte lädt die Verbal-Präposition *de* dazu ein, eine referentielle Zuordnung zwischen dem Vergnügen und dem Trinken, zwischen dem Bedürfnis und dem Essen herzustellen. Es werden Ordnungsbegriffe für leiblich-seelische Zustände («leere» Fächer – vgl. 8.3.2.1.2) von der Bedeutung des jeweiligen Adjunkts her inhaltlich aufgefüllt. Es könnten aber auch beliebige andere Zuordnungen sein, etwa: *le plaisir de lire* 'das Vergnügen zu lesen', *le besoin d'écrire* 'das Bedürfnis zu schreiben'. Nicht so bei den Junktionen der rechten Spalte. In ihnen weist die Verbal-Präposition *à* den Hörer an, zwischen dem Wein und dem Trinken, zwischen dem Raum und dem Essen einen naheliegenden Handlungszusammenhang herzustellen. Die Nomina *vin* und *salle* werden von den mitwirkenden Verben *boire* und *manger* so stark als Handlungen determiniert, daß sie selber nun auch, obwohl sie Nomina sind, in einen Handlungszusammenhang einbezogen werden: der Wein ist für die Handlung des Trinkens, das Zimmer für die Handlung des Essens da. Unterscheide auch:

REFERENZ-ZUSAMMENHANG	HANDLUNGSZUSAMMENHANG
/*il m'arrive de te faire rire*/ 'es passiert mir bisweilen, daß ich dich zum Lachen bringe'	/*j'arrive à te faire rire*/ 'ich schaffe es, dich zum Lachen zu bringen'

In Verbindung mit dem Horizont-Morphem *il* 'es' (vgl. 3.3.3.2) ist das («unpersönliche») Verb weiter vom Handeln entfernt als in Verbindung mit dem Pronomen *je* 'ich' als Ausdruck des Senders/Subjekts; *il* 'es' begünstigt daher in dieser Verbindung die *de*-Junktion (vgl. 8.3.2.1.6).

Lexikalisierte und idiomatische Ausdrücke:

la chambre à coucher 'das Schlafzimmer'
terrain à vendre 'Grundstück zu verkaufen'
chambre à louer 'Zimmer zu vermieten'
bonne à tout faire 'Mädchen für alles'
vin à emporter 'Wein zum Mitnehmen'
à vrai dire 'offen gesagt (oder: offen gestanden)'
à proprement parler 'genau genommen'
à tout prendre 'alles in allem'
ça reste à voir 'das wird man (noch) sehen'
c'est-à-dire 'das heißt (d. h.)'
rien à faire 'nichts zu machen'
il y a à boire et à manger là-dedans 'das hat so seine Vor- und Nachteile'
ce n'est pas la mer à boire 'das ist nur halb so schlimm'

Im Grenzfall kann der Bedeutungsunterschied zwischen Referenz-Zusammenhang und Handlungszusammenhang durch einen schwankenden Sprachgebrauch bis auf eine Nuance abgeschliffen werden. In den folgenden Beispielen sind die Junktionen der linken und der rechten Spalte ihrer Bedeutung nach kaum oder gar nicht mehr zu unterscheiden.

de-JUNKTION	*à*-JUNKTION
/*on ne continuera pas de m'exploiter*/ 'man wird mich nicht weiter ausbeuten'	/*on ne continuera pas à m'exploiter*/ 'man wird nicht fortfahren, mich auszubeuten'
/*je commence de me douter de quelque chose*/ 'ich fange an, etwas zu ahnen'	/*je commence à m'en douter*/ 'ich ahne schon etwas'

Nach *commencer* kann die *à*-Junktion als normaler Sprachgebrauch gelten.
Auch Adjektive können durch die Präposition *à* mit dem Infinitiv eines Verbs
zu einer Junktion verbunden und auf diese Weise in einen Handlungszusammenhang gestellt werden:

/*on cherche un apprenti apte à recevoir la clientèle*/   'wir suchen einen Lehrling,
   der geeignet (fähig) ist, die Kundschaft zu empfangen'
/*suis-je le seul à demander cette place?*/   'bin ich der einzige, der sich um diese
   Stelle bewirbt?'
/*vous êtes le dernier à se présenter*/   'Sie sind der letzte, der sich vorstellt'
/*je suis disposé à faire n'importe quel travail où je puisse apprendre quelque chose*/
   'ich bin bereit, jede Art Arbeit zu tun, bei der ich etwas lernen kann'
/*c'est bon (utile) à savoir*/   'das ist gut (nützlich) zu wissen'
/*je suis décidé à faire mon possible*/   'ich bin gewillt, mein Möglichstes zu tun'
/*bien, dans ce cas-là, je ne serai pas difficile à contenter*/   'gut, in dem Fall bin ich
   nicht schwer zufriedenzustellen'

Beachte auch den unterschiedlichen Gebrauch einer *à*-Junktion und einer *de*-
Junktion je nach der unterschiedlichen Besetzung der Subjekt-Rolle:

à-JUNKTION	*de*-JUNKTION
/*cet apprenti est très facile à engager*/ 'dieser Lehrling ist sehr leicht einzustellen'	/*il est très facile d'engager cet apprenti*/ 'es ist sehr leicht, diesen Lehrling einzustellen'

Der Unterschied zwischen beiden Beispielen liegt hauptsächlich darin, daß im
Beispiel der linken Spalte die Subjekt-Rolle lexikalisch gefüllt ist (*cet apprenti*
'dieser Lehrling'), während sie im Beispiel der rechten Spalte lexikalisch leer, das
heißt, nur mit dem Horizont-Morphem *il* 'es' gefüllt ist. Mit der lexikalisch
gefüllten Subjekt-Rolle kann nun (über die Vermittlung des Prädikats-Adjektivs
facile 'leicht') ein (passiver!) Handlungszusammenhang zum Verb *engager* 'einstellen' hergestellt werden, mit der leeren Subjekt-Rolle nicht.

8.3.3.2   Ein- und Ausschluß

Um die Bedeutung der Präpositionen, die zu einem Einschluß oder Ausschluß
anweisen, richtig zu verstehen, muß man sich am Kommunikations- und Hand-
lungsorgan der Hände orientieren. Die Hände (meistens: die beiden Hände)

können etwas halten. Dadurch entsteht eine anthropologische Figur, die zwischen dem, was eingeschlossen ist (Merkmal: ⟨EINSCHLUSS⟩) und dem, was ausgeschlossen ist (Merkmal: ⟨AUSSCHLUSS⟩), zu unterscheiden erlaubt. Wir behandeln nacheinander:

– Einschluß (8.3.3.2.1)
– Ausschluß (8.3.3.2.2)

8.3.3.2.1   Die Präpositionen des Einschlusses

Es gibt zwei Präpositionen, die Einschluß bedeuten, nämlich die gebundenen Formen *dans* 'in, hinein' und *en* 'in, hinein'. Sie haben die freie Form gemeinsam. Diese lautet *dedans* 'drin, (dr-)innen', kombiniert auch als *là-dedans* 'darin', *de dedans* 'von (dr-)innen' und *en dedans* '(dr-)innen' (...). Die letztere Form kann mit Hilfe der Form *de* wiederum zu einer komplexen, gebundenen Form erweitert werden: *en dedans de* 'innerhalb (von)'. Auch die zugehörigen Präfixe haben *dans* und *en* gemeinsam. Sie lauten entweder *en-* 'ein-, hinein-' (vgl. *rouler* 'rollen' vs. *enrouler* 'ein-, aufrollen' oder *in-* 'ein-, hinein-' (vgl. *fusion* 'Verschmelzung' vs. *infusion* 'Aufguß'). Das Präfix *in-* 'ein-, hinein-' ist homonym mit dem Negations-Präfix *in-* 'un-' (vgl. *égal* 'gleich' vs. *inégal* 'ungleich').

Die Präposition *en* ist selber homonym mit dem gleichlautenden Pro-Adjunkt (vgl. *j'en ai entendu parler* 'ich habe davon sprechen hören' – vgl. 8.3.2.1.7).

Die beiden Präpositionen *dans* und *en* unterscheiden sich grundsätzlich nicht in ihrer Bedeutung, sondern nur durch ihren Gebrauch in unterschiedlichen Kontexten. Die allgemeine, jedoch von einigen Ausnahmen durchkreuzte Regel ihrer Verwendung besagt, daß die Form *en* immer dann gebraucht wird, wenn das Adjunkt ohne Artikel steht. Überall dort, wo diese Regel nicht durchkreuzt wird, können die Formen *en* und *dans* als kontextuelle Varianten einer einzigen Präposition angesehen werden:

OHNE ARTIKEL   MIT ARTIKEL

vivre en paix 'in Frieden leben'   *vivre dans la paix du Christ* [krist]
                                        'im Frieden Christi leben'

Ausnahme: Eine Opposition zwischen *en* und *dans* besteht in Verbindung mit messenden Kontexten (vgl. 8.3.3.2.1.5).

In dem nachfolgenden Beispiel wird die Bedeutung der Präposition *dans/en* an der Form *dans* dargestellt. Das Beispiel ist so gewählt, daß die Bedeutung nicht im wörtlichen Sinne an tatsächlich haltenden Händen, sondern «homolog» an einer strukturgleichen Situation verwirklicht wird:

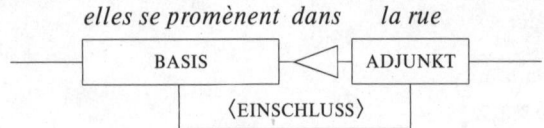

elles se promènent dans   la rue

Diese Junktion besagt in ausdrücklicher Beschreibung: Der Hörer soll die Basis *elles se promènent* 'sie gehen spazieren' vom Adjunkt *la rue* 'die Straße' her so determinieren, daß die anthropologische Figur eines Einschlusses (wie bei zwei haltenden Händen) entsteht. Tatsächlich werden die Spaziergängerinnen von den beiden Häuserzeilen der Straße wie von zwei mehr oder weniger senkrecht gestellten Händen eingeschlossen. Das (Relations-)Merkmal ⟨EINSCHLUSS⟩ besagt also in einer Junktion, daß der Basis das Merkmal ⟨EINGESCHLOSSEN⟩ und dem Adjunkt das Merkmal ⟨EINSCHLIESSEND⟩ zugesprochen werden kann.

Wir unterscheiden im folgenden, je nach dem Kontext:

– Räumlichen Einschluß (8.3.3.2.1.1)
– Zeitlichen und begrifflichen Einschluß (8.3.3.2.1.2)
– Engen Einschluß (8.3.3.2.1.3)
– Lexikalisierten Einschluß (8.3.3.2.1.4)
– Messenden Einschluß (8.3.3.2.1.5)
– Einschluß mit Eigennamen (8.3.3.2.1.6)
– Pluralischen Einschluß (*entre, parmi* – 8.3.3.2.1.7)

8.3.3.2.1.1   Die Präposition *dans:* räumlicher Einschluß

Aus dem Anschauungsmodell der einschließenden Hände ergibt sich, daß bei der Präposition *dans* die Aspekte der Ruhe und der Bewegung irrelevant sind: sowohl das, was man in die Hände nimmt (deutsch: *in* + Akkusativ) als auch das, was man in den Händen hält (deutsch: *in* + Dativ), fällt unter die Bedeutung dieser Präposition. Relevant ist hingegen die Struktur des Einschlusses durch eine (mindestens) zweiseitige Begrenzung, wie sie sich aus dem leiblichen Anschauungsmodell ergibt. Das k a n n ein allgemein räumlicher Einschluß sein:

/ les cambrioleurs entrèrent dans la boutique par un trou dans le plafond /   'durch ein Loch in der Decke gelangten die Einbrecher in den Laden'

/*tous les bijoux furent mis dans un grand sac*/ 'der ganze Schmuck wurde in einen großen Sack gesteckt'
/*pendant un mois, la police les chercha dans toute la France, mais surtout dans le midi*/ 'die Polizei suchte sie einen Monat lang in ganz Frankreich, aber vor allem im Süden (in Südfrankreich)'
/*finalement ils tombèrent dans un piège*/ 'schließlich gingen sie in eine Falle'
/*depuis lors ils rêvent, chacun dans sa cellule, d'un grand trou dans le plafond*/ 'seitdem träumen sie, jeder in seiner Zelle, von einem großen Loch in der Decke'

Unterscheide:

EINSCHLUSS	AUFFÄLLIGKEIT
dans la rue 'auf der Straße'	*sur la route* 'auf der Landstraße'

Die Stadtstraße (linke Spalte: *la rue*) ist im Gegensatz zur Landstraße (rechte Spalte: *la route*) durch die Häuserzeilen zweiseitig begrenzt und von ihnen eingeschlossen. Man kann diese Begrenzung durch eine Geste der senkrecht gestellten und nach innen gewandten Hände nachbilden (vgl. 8.3.1.2.1). Unterscheide ferner:

EINSCHLUSS	HANDLUNGSZUSAMMENHANG
dans l'école 'in der Schule'	*à l'école* 'auf der Schule'
dans l'église 'in der Kirche'	*à l'église* 'in der Kirche'
dans Paris 'in Paris'	*à Paris* 'in Paris'

Während die Präposition *à* in den Beispielen der rechten Spalte (vgl. 8.3.3.1) einen Handlungszusammenhang zum Ausdruck bringt, dergestalt daß von der Schule und der Kirche als Institution oder von der Stadt Paris als mitwirkendem Handlungsraum die Rede sein soll (vgl. 8.3.3.1.2), weist die Präposition *dans* in den Beispielen der linken Spalte auf die (mindestens zweiseitige) Begrenzung hin; es liegt nahe, bei der Schule und Kirche dabei an die begrenzenden Mauern, bei der Stadt entweder an die Grenze der Bebauung oder an die Verwaltungsgrenze zu denken.

Idiomatische Ausdrücke:

boire dans un verre 'aus einem Glas trinken'
manger dans une assiette 'von einem Teller essen'

581

8.3.3.2.1.2   Die Präposition *dans:* zeitlicher und begrifflicher Einschluß

Maß- und Zeitverhältnisse können ebenfalls die Bedingung des Einschlusses durch eine zweiseitige Begrenzung erfüllen. Das bedeutet bei Maßangaben gleichzeitig eine recht ungenaue Bezeichnung: mit z w e i Händen gibt man nicht eine genaue Stelle des Maßes, sondern eine mehr oder weniger große Strecke des Maßes an, zwischen deren Endpunkten sich dann irgendwo der genaue Meßwert befindet. Das gleiche gilt in der Regel für Zeitangaben. Mit der Präposition *dans* erhält der Hörer dann in diesen Fällen nur den verhältnismäßig ungenauen Hinweis auf eine mehr oder weniger lange Zeitstrecke. Man kann sich zur Illustration vorstellen, daß diese Zeitstrecke, wie bei einem Wettlauf, an ihrem Anfang und an ihrem Ende durch ein Handzeichen (meistens eine abwärts bewegte, senkrecht gestellte Hand) markiert wird. Auch sprachliche Texte, mündlich oder schriftlich geäußert, können in diesem Sinne als durch den Textanfang und das Textende zweiseitig begrenzt vorgestellt werden:

/ *est-ce que vous pouvez me passer un coup de fil dans la matinée?* /   'können Sie
   mich im Laufe des Vormittags anrufen?'
/ *c'est très urgent, il s'agit d'une affaire dans les dix mille francs* /   'es ist sehr
   dringlich, es handelt sich um ein Geschäft von ungefähr zehntausend Francs'
/ *essayez du moins de m'appeler, dans la mesure du possible* /   'versuchen Sie
   wenigstens im Rahmen des Möglichen, mich anzurufen!'

Durch die Präposition *dans* kann auch eine Junktion von Begriffswörtern hergestellt werden, insofern die Bedeutung dieser Begriffswörter durch mehr oder weniger scharf begrenzende Definitionen eingeschlossen und zusammengehalten wird. Denn eine Definition besteht aus mindestens zwei Elementen, mit denen der zu definierende Begriff festgestellt und gleichsam in die Zange genommen wird:

/ *le principe de la clarté est valable dans toutes les situations* /   'das Prinzip der
   Klarheit ist in allen Situationen gültig'
/ *c'est bien évident, parce que c'est dans la nature des choses* /   'das ist ganz evident, weil es in der Natur der Sache liegt'
/ *dans le langage de tous les jours on pèche souvent contre ce principe* /   'in der
   Alltagssprache sündigt man oft gegen dieses Prinzip'

Idiomatische Ausdrücke:

dans le fond   'im Grunde'

dans quel but?   'wozu?'
dans l'affirmative / dans la négative   'falls ja / falls nein'
dans le temps   'früher, seinerzeit'

Will man im Vergleich zur Bedeutungs-Anweisung der Präposition *dans* die Richtung des Einschlusses umkehren, so daß nicht die Basis in das Adjunkt, sondern umgekehrt das Adjunkt (nachträglich) in die Basis eingeschlossen wird (vgl. 8.3.3.2.2.2), so gebraucht man (allerdings vorwiegend fachsprachlich) die Präposition *y compris* 'eingeschlossen, einbegriffen':

/ *tous droits rèservés pour tous pays, y compris l'U.R.S.S.* /   'alle Rechte vorbehalten für sämtliche Länder, einschließlich der UdSSR' (Copyright-Formel)

8.3.3.2.1.3   Die Präposition *en:* enger Einschluß

Da in einer *en*-Junktion das Adjunkt meistens ohne Artikel steht, wird die Junktion insgesamt enger, als wenn das Adjunkt noch einen eigenen Artikel hätte. Der Hörer kann dann die Anweisung der Präposition *en,* also das Merkmal ⟨EINSCHLUSS⟩, noch besser erfüllen:

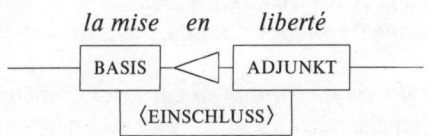

Das Fehlen eines eigenen Artikels bei dem Nomen *liberté* erlaubt dem Hörer, die Basis *la mise* 'die Setzung' mit Hilfe des Adjunkts *liberté* 'Freiheit' so eng einzugrenzen, daß (fast) eine einheitliche Bedeutung 'Befreiung (genauer: In-Freiheit-Setzung)' entsteht. Diese Engfügung ist aber ausschließlich dem fehlenden Artikel, nicht einer besonderen, gegenüber der Form *dans* abweichenden Bedeutung der Präposition *en* zuzuschreiben:

/ *quand tu pars en voyage, est-ce que tu te déplaces le plus souvent en train ou en voiture?* /   'wenn du auf Reisen gehst, fährst du dann meistens mit dem Zug oder mit dem Wagen?'
/ *quand je suis en vacances, je n'aime pas être au volant* /   'wenn ich in Ferien bin, sitze ich nicht gerne am Steuer'
/ *tu as raison, avec la voiture on est toujours un peu en danger* /   'du hast recht, mit dem Wagen ist man immer ein bißchen in Gefahr'

583

/*en principe c'est exact, mais en pratique on n'y pense pas vraiment*/ 'im Prinzip ist das richtig, aber in der Praxis denkt man gar nicht richtig daran'
/*tout serait parfait si les gens ne partaient pas en masse le premier jour des vacances*/ 'alles wäre in Ordnung, wenn die Leute (nur) nicht massenweise am ersten Ferientag losführen!'

Die enge Fügung einer einschließenden *en*-Junktion kann bis zur Teil-Identität gehen. Eine solche besteht beispielsweise zwischen einer Person und der jeweiligen Rolle, Eigenschaft, Fähigkeit oder Tätigkeit, durch die sich diese Person in einer bestimmten Hinsicht definieren (eingrenzen) läßt:

/*depuis l'âge de treize ans il a écrit en amateur des articles pour le journal local*/ 'seit seinem dreizehnten Lebensjahr hat er als Amateur für die Lokalzeitung Beiträge geschrieben'
/*on l'appelait le petit journaliste parce qu'il était toujours habillé en reporter* [rəpɔrtɛr]/ 'man nannte ihn den kleinen Journalisten, weil er immer als Reporter gekleidet war'
/*il était assez faible en mathématiques, mais très fort en lettres*/ 'in Mathematik war er ziemlich schwach, aber in Literatur sehr gut'
/*ses copains l'obligeaient souvent, en reconnaissance de son talent, à leur faire leurs rédactions*/ 'in Anerkennung seines Talents verpflichteten ihn seine Klassenkameraden oft, ihnen ihre Aufsätze zu schreiben'
/*dans ce domaine tous avaient confiance en lui*/ 'auf diesem Gebiet hatten alle Vertrauen zu ihm'
/*plus tard, de rédacteur il s'est transformé en cinéaste*/ 'später hat er sich vom Redakteur zum Filmemacher entwickelt'

Unterscheide:

EINSCHLUSS	REFERENZ-ZUSAMMENHANG
/*une tasse en porcelaine*/ 'eine Tasse aus Porzellan'	/*une tasse de porcelaine*/ 'eine Porzellantasse'
/*un sac en cuir*/ 'eine Tasche aus Leder'	/*un sac de cuir*/ 'eine Ledertasche'

Während die Präposition *de* eine einfache referentielle Zuordnung zwischen der Tasse und dem Porzellan herstellt (vgl. 8.3.2.1), gibt die Präposition *en* zu verstehen, daß die Tasse durch und durch (von einem Ende zum andern) aus Porzellan besteht. Entsprechendes gilt für die Tasche. Auch das ist eine Teil-Identität, nämlich zwischen dem Produkt und dem Material, aus dem es hergestellt ist.

Idiomatische Ausdrücke:

croire en Dieu, croire au diable   'an Gott glauben, an den Teufel glauben'
rédacteur en chef   'Chefredakteur'
étudiant en droit   'stud. jur.'
docteur ès lettres   'Dr. phil.'

Die in dem letztgenannten Beispiel verwendete Form *ès* [ɛz] ist historisch entstanden aus der Morphemfolge *en* + *les*.

In einigen Fällen kann die Präposition *en* auch dann vor einem Nomen stehen, wenn dieses durch ein (meistens vorangestelltes) Adjektiv so determiniert wird, daß eine sehr enge semantische Verbindung entsteht. Meistens tritt jedoch statt der Präposition *en* die Präposition *dans* ein, sobald ein Nomen weiter determiniert wird.

en-JUNKTION	*dans*-JUNKTION
en philosophie 'in der Philosophie'	*dans la philosophie scolastique* 'in der scholastischen Philosophie'
en bonne philosophie 'in guter (vernünftiger) Philosophie'	*dans la philosophie de Descartes* 'in der Philosophie des Descartes'

8.3.3.2.1.4   Lexikalisierte *en*-Junktionen

Vielfach geht die Präposition *en* mit einem als Adjunkt folgenden artikellosen Nomen, Adjektiv oder Adverb eine feste lexikalisierte Verbindung ein. Diese hat dann oft den Wert eines Adverbiales (vgl. 7.1), zum Beispiel:

en + NOMEN	*en* + ADJEKTIV/ADVERB
en fait 'tatsächlich'	*en général* 'im allgemeinen'
en effet 'wirklich'	*en particulier* 'im besonderen'
en revanche 'umgekehrt'	*en plus* 'darüber hinaus'
(...)	(...)

Aus diesen Adverbialien können wiederum neue, in ihrer Bedeutung spezialisierte Präpositionen hervorgehen, die (gewöhnlich mit Hilfe der Präposition *de*) für neue Junktionen verfügbar gemacht werden, zum Beispiel:

en face de	'gegenüber'	*en raison de*	'wegen'
en tête de	'an der Spitze (vorn)'	*en dépit de*	'trotz'
en marge de	'am Rande (von)'	*en matière de*	'auf dem Gebiet (von)'
en vertu de	'kraft'		
en guise de	'als'	*en opposition avec*	'im Gegensatz zu'
en manière de	'als'		
(...)		(...)	

In einigen wenigen lexikalisierten Junktionen verbindet sich die Präposition *en* auch mit dem anaphorischen oder seltener dem kataphorischen Artikel. Diese idiomatischen Ausdrücke gehören einer förmlichen Sprache an, und zwar meistens der Rechtssprache:

en l'honneur du président   'zu Ehren des Präsidenten'
en l'église de Sainte-Madeleine   'in der Kirche Sainte-Madeleine'
en la matière   'in der Angelegenheit'
en (oder: *dans) l'occurence*   'vorkommendenfalls'
en présence de, en l'absence de   'in Anwesenheit (von), in Abwesenheit (von)'
en d'autres termes   'mit anderen Worten'
en mon nom et au sien   'in meinem und (in) seinem Namen'
(...)

Im letzten Beispiel ist wieder das Nebeneinander der Präpositionen *en* und *à* zu verzeichnen, das auf eine geschichtliche Lautentwicklung der Morphemfolge *en + le (> ou > au)* zurückzuführen ist (vgl. 8.3.3.1.2).

8.3.3.2.1.5   Messende *en*-Junktionen

Am anthropologischen Anschauungsmodell der Hände kann weiterhin abgelesen werden, daß der Abstand der einschließenden Hände sich nach der Größe des von ihnen gehaltenen Gegenstandes bemißt. Die Präposition *en*, die sich an diesem Modell orientiert, kann daher das Gleichmaß der beiden in einer Junktion verbundenen Glieder zum Ausdruck bringen. In Verbindung mit Numeral-Artikeln (Zahlen – vgl. 5.2.3) und Indefinit-Artikeln (vgl. 5.2.4) eignen sich *en*-Junktionen daher für gleichsetzende Messungen, wobei in der Regel die Basis nach dem Maß des Adjunkts gemessen wird.

/ *La Fontaine a appelé ses Fables une comédie en cent actes divers* / 'La Fontaine hat seine Fabeln eine Komödie in hundert verschiedenen Akten genannt'
/ *je possède ce recueil en plusieurs exemplaires* / 'ich besitze diese Sammlung in mehreren Exemplaren'
/ *ma petite sœur a déchiré mon exemplaire en mille morceaux* / 'meine kleine Schwester hat mein Exemplar in tausend Stücke zerrissen'

Sofern es sich bei solchen Messungen um Zeitmessungen handelt, sind die Bedingungen dafür gegeben, daß die sonst bedeutungsgleichen Präpositionen *dans* und *en* ausnahmsweise in Opposition zueinander treten. Unterscheide:

JUNKTION MIT *en*

/ *j'épuise mon budget domestique en quinze jours* / 'ich bin in (oder: innerhalb von) vierzehn Tagen mit meinem Haushaltsgeld am Ende'

/ *tu pourrais faire cette traduction en un mois?* / 'könntest du diese Übersetzung in einem Monat machen?'

JUNKTION MIT *dans*

/ *j'aurai épuisé mon budget domestique dans quinze jours* / 'ich werde mit meinem Haushaltsgeld in (oder: binnen) vierzehn Tagen am Ende sein'

/ *non, je regrette, je pars en vacances dans deux jours* / 'nein, (ich) bedaure, ich gehe in zwei Tagen in die Ferien'

Diese Beispiele charakterisieren die Bedingungen, unter denen die Formen *en* und *dans,* die sonst Varianten einer einzigen Präposition sind, zueinander in Opposition treten können. In diesem Fall haben sich die Bedeutungen so spezialisiert, daß die Präposition *en* eine objektive Meßstrecke (von x bis y), die Präposition *dans* hingegen eine subjektiv-kommunikative Meßstrecke zum Ausdruck bringt, die sich in der Regel in die Zukunft hinein erstreckt, jedoch nicht unbedingt in der Gegenwart ihren Anfang nehmen muß (von jetzt/damals bis x).

In erzählenden Texten wird eine *dans*-Junktion dieser Art (nicht jedoch eine *en*-Junktion!) in das erzählende Register übersetzt (vgl. 7.3.3.2). Unterscheide:

BESPRECHENDES TEMPUS-REGISTER

/ *je crois qu'il tiendra parole* / 'ich glaube, daß er Wort halten wird'

/ *il dit qu'il reviendra dans quinze jours* / 'er sagt, daß er in vierzehn Tagen zurückkommt'

ERZÄHLENDES TEMPUS-REGISTER

/ *on a cru trop longtemps qu'il tiendrait parole* / 'man hat allzu lange geglaubt, daß er Wort halten würde'

/ *il avait pris l'habitude de dire qu'il reviendrait dix jours après (oder: plus tard)* / 'er hatte sich angewöhnt zu sagen, daß er vierzehn Tage später zurückkommen würde'

Im Beispiel der linken Spalte steht die *dans*-Junktion im Kontext besprechender Tempora (Präsens, Futur); im Beispiel der rechten Spalte hingegen verlangen die erzählenden Tempora (Plusquamperfekt, Konditional) ein anderes Register auch der Junktion, hier in Gestalt der adverbialen Ausdrücke *quinze jours après* oder *quinze jours plus tard* (vgl. 8.3.2.2.2).

Zur Unterscheidung von *en*-Junktionen und *dans*-Junktionen mit zeitlicher Bedeutung ist jedoch die folgende Ausnahme zu beachten: *dimanche en huit* 'Sonntag in acht Tagen'.

Gewisse andere Zeitangaben verwenden ebenfalls, soweit es sich um einschließende Zeitstrecken handelt, die Präposition *en*, zum Beispiel:

en 1789, en 1848 '1789, 1848'
en juillet, en février 'im Juli, im Februar'
aber: *au mois de juillet, au mois de février* 'im (Monat) Juli, im (Monat) Februar'
en été, en automne, en hiver 'im Sommer, im Herbst, im Winter'
Aber: *au printemps* 'im Frühling'

Historische Anmerkung: Die (maskuline!) Form *au printemps* ist historisch aus der Folge *en* + *le* + *printemps* entstanden. Auf der Lautstufe *au* sind die Entwicklungen aus *à* + *le* und *en* + *le* zusammengefallen (vgl. 8.3.3.1.2). Unterscheide ferner:

en-JUNKTION	*dans*-JUNKTION
en 1917 '1917'	*dans les années 80* 'in den achtziger Jahren'

Die Präposition *en* steht im Beispiel der linken Spalte vor der reinen Jahreszahl, die Präposition *dans* im Beispiel der rechten Spalte vor dem Nomen mit bestimmtem Artikel. Es gibt jedoch auch den formelhaften Ausdruck: *en l'an (de grâce) 987* 'Anno (oder: im Jahre des Heils) 987'. Unterscheide ferner:

en-JUNKTION	*à*-JUNKTION
en ce moment 'zur Zeit (jetzt)'	*à ce moment-là* 'zu diesem Zeitpunkt (damals)'

In Abhängigkeit von den verschiedenen Präpositionen und in Verbindung mit verschiedenen Tempora kann das Nomen *moment* verschieden lange Zeiträume umfassen. Mit der Präposition *en* bezeichnet es in der linken Spalte eine Zeitstrecke, die auch das Jetzt umschließt; mit der Präposition *à* hingegen bezeichnet dieses Nomen in der rechten Spalte einen nicht mit dem Jetzt zusammenfallenden Zeitpunkt, an dem eine Handlung (ein Ereignis) einsetzt. Die *à*-Junktion eignet sich besonders für Erzählungen.

8.3.3.2.1.6   *En*-Junktionen mit Eigennamen

Mit der Präposition *en* werden auch Sprachennamen und die femininen Ländernamen, zu denen auch die Namen historischer Provinzen gehören, in Junktionen eingebunden. Die betreffende Sprache und das betreffende Land werden hier als Einschluß alles dessen betrachtet, was in dieser Sprache je gesagt werden oder in diesem Land je sich abspielen kann:

en allemand, en français, en latin   'auf deutsch, auf französisch, auf lateinisch'
en langue anglaise (espagnole, russe)   'in englischer (spanischer, russischer) Sprache'
en Allemagne, en République fédérale, en R.D.A.   'in Deutschland, in der Bundesrepublik, in der DDR'
en France, en Provence   'in Frankreich, in der Provence'
en Amérique, en Amérique latine   'in Amerika, in Lateinamerika'

Maskuline Ländernamen haben statt dessen das Morphem *au/aux* bei sich, das historisch aus *en* + *le/les* entstanden ist, heute aber als Form der Präposition *à* empfunden wird (vgl. 8.3.3.1.2):

au Portugal, au Japon, au Brésil   'in Portugal, in Japan, in Brasilien'
aux États-Unis, aux Pays-Bas   'in den Vereinigten Staaten, in den Niederlanden'

Ausnahme: Wenn ein singularischer, maskuliner Ländername vokalisch anlautet, so steht die Präposition *en*, zum Beispiel: *en Israël* 'in Israel'.

Unterscheide den Gebrauch der Präpositionen *en* und *dans* je nachdem, ob ein Eigenname noch durch ein Adjektiv determiniert wird oder nicht:

en-JUNKTION	*dans*-JUNKTION
en Italie 'in Italien'	*dans l'Italie méridionale* 'in Süditalien'

en Angleterre 'in England'	*dans l'Angleterre médiévale* 'im mittelalterlichen England'
en Lorraine 'in Lothringen'	*dans la Lorraine de Jeanne d'Arc* 'in dem Lothringen der Jeanne d'Arc'

Nur vor reinen Ländernamen, wie in den Beispielen der linken Spalte, steht die Präposition *en;* wird dieser Ländername, wie in den Beispielen der rechten Spalte, durch weitere Determinanten spezifiziert, die nicht feste Bestandteile des Namens sind, so gebraucht man die Präposition *dans* in Verbindung mit dem anaphorischen Artikel.

8.3.3.2.1.7   Pluralischer Einschluß *(entre, parmi)*

Für die meisten Präpositionen, so auch für die Präpositionen *dans* und *en,* macht es keinen Unterschied, ob die Junktionsglieder im Singular oder im Plural stehen. Für die Präpositionen des pluralischen Einschlusses hingegen gilt die Regel, daß sie nur in solchen Junktionen vorkommen, in denen das Adjunkt pluralisch ist, das heißt, aus mindestens zwei Elementen besteht (vgl. 2.2.1).

Die Präposition *entre* 'zwischen, unter' ist eine solche Präposition des pluralischen Einschlusses. Wir beschreiben ihre Bedeutung mit Hilfe der beiden Merkmale ⟨EINSCHLUSS⟩ und ⟨VEREINZELUNG⟩.

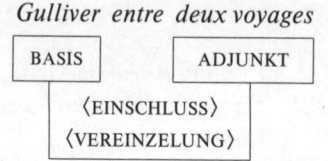

Gulliver entre deux voyages

Die Basis *Gulliver* wird in dieser Junktion von dem pluralischen Adjunkt *deux voyages* 'zwei Reisen' her determiniert, und zwar im Sinne eines Einschlusses: 'Gulliver zwischen zwei Reisen'.

Das pluralische Adjunkt, das für den Gebrauch der Präposition *entre* gefordert ist, kann entweder, wie in dem Beispiel oben, aus einem pluralischen Nomen oder auch aus zwei verschiedenen (singularischen oder pluralischen) Nomina bestehen. Für den Gebrauch mit zwei verschiedenen Nomina hat die Präposition *entre* eine Variante ausgebildet, nämlich die zweigliedrige Form *entre ... et.*

Diese zweigliedrige Form setzt voraus, daß das Adjunkt durch genau zwei Nomina besetzt ist. Diese bilden, wie bei allen zweigliedrigen Junktoren, eine Binnen-Junktion mit Alljunktor (vgl. 8.2.1), die (kraft ihres Merkmals 〈VEREIN­ZELUNG〉) mit ihren zwei Junktionsgliedern den Plural vertritt. Diese Binnen-Junktion wird dann das Adjunkt der *entre*-Junktion:

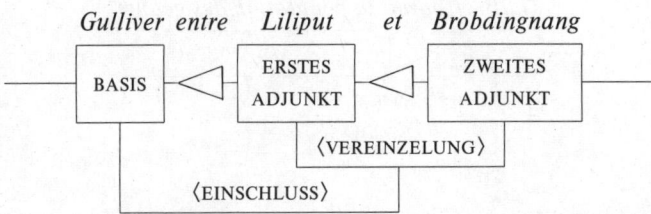

Die Junktion determiniert hier den Eigennamen *Gulliver* durch einen zweiseitigen Einschluß, gebildet aus den beiden Ortsnamen, *Liliput* und *Brobdingnang,* und bedeutet: 'Gulliver zwischen Liliput und Brobdingnang'.

Nach bestimmten gezielten Artikeln, nämlich Numeral-Artikeln (vgl. 5.2.3), Indefinit-Artikeln (vgl. 5.2.4) und Interrogativ-Artikeln (vgl. 9.3), findet man eine weitere Variante der Präposition *entre.* Sie lautet *d'entre und ist in ihrer* Verwendung unabhängig davon, ob das Adjunkt durch zwei oder durch mehr Elemente besetzt ist:

/qui d'entre vous?/   'wer von euch?'
/trois d'entre nous/   'drei von uns'
/plusieurs d'entr'eux/   'mehrere von ihnen'

Idiomatische Ausdrücke:

entre temps   'in der Zwischenzeit'
entre autres (choses)   'unter anderem'
entre quatre yeux   'unter vier Augen'
(cela) soit dit entre nous   'unter uns gesagt'
mentionner entre parenthèses   'in Klammern erwähnen'
écrire entre guillemets   'in Anführungszeichen schreiben'
entre chien et loup   'in der Dämmerung, im Zwielicht'

Das Präfix *entre-* hat eine andere Bedeutung und ist nicht an die Bedingung eines pluralischen Kontextes gebunden (vgl. *voir* 'sehen' vs. *entrevoir* 'halb sehen').

Die Präposition *parmi* 'unter, inmitten' hat eine mit der Präposition *entre* verwandte Bedeutung. Sie läßt jedoch neben einem pluralischen Adjunkt auch ein numerus-neutrales Adjunkt zu, das durch ein kollektives Nomen vertreten wird. Es wird dann ein Einschluß durch eine Umgebung signalisiert:

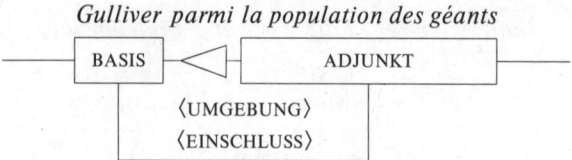

Gulliver parmi la population des géants

Die Junktion bedeutet: Der Name *Gulliver,* der die Basis bildet, soll von einem umgebenden Kollektiv her determiniert werden. Dieses wird hier durch das numerus-neutrale Adjunkt *la population des géants* 'die Riesenbevölkerung' vertreten.

/*est-ce qu'il y a des problèmes entre vous deux?*/   'gibt es Probleme zwischen (oder: unter) euch beiden?'
/*il est sympathique quand il est seul, mais je le trouve antipathique quand il est parmi ses collègues*/   'er ist sympathisch, wenn er allein ist, aber ich finde ihn unsympathisch, wenn er unter seinen Kollegen ist'
/*mais tu le comptes encore parmi tes amis?*/   'aber du zählst ihn (doch) noch zu deinen Freunden?'
/*je me trouve entre deux feux*/   'ich bin hin- und hergerissen'
/*personnellement, je souhaite l'avoir bientôt parmi nous*/   'ich persönlich möchte ihn bald wieder unter uns wissen'

8.3.3.2.2   Die Präpositionen des Ausschlusses

Die Präpositionen des Ausschlusses bilden das Gegenstück zu den Präpositionen des Einschlusses (vgl. 8.3.3.2.1). Sie sind, wie diese, auf das anthropologische Anschauungsmodell der haltenden Hände bezogen. Es ergeht jedoch bei ihnen gerade nicht die Anweisung an den Hörer, etwas in die haltenden Hände einzuschließen, sondern die Gegen-Anweisung, etwas auszuschließen. Das kann in doppelter Weise geschehen:

– Ausschluß der Basis aus dem Adjunkt (8.3.3.2.2.1)
– Ausschluß des Adjunkts aus der Basis (8.3.3.2.2.2)

8.3.3.2.2.1 Ausschluß der Basis aus dem Adjunkt *(hors de)*

Um in einer Junktion die Bedeutung der Basis aus der Bedeutung des Adjunkts auszuschließen, gebraucht man hauptsächlich die Präposition *hors de* 'außer-(halb), aus ... heraus', die man gelegentlich auch mit gleicher Bedeutung in der einfachen Form *hors* findet. Die letztgenannte Form ist weniger flexibel im Gebrauch und wird hauptsächlich in lexikalisch verfestigten Ausdrücken gebraucht. Die zugehörige freie Form lautet *dehors* 'draußen', auch kombiniert als *au-dehors* '(nach) draußen', *en dehors* 'außerhalb' und *de dehors* 'von außen, von draußen'. Die freie Form *en dehors* kann mit der Präposition *de* zu einer neuen, spezialisierten Präposition kombiniert werden, die ihrerseits wieder eine gebundene Form ist: *en dehors de* 'außerhalb (von)'. Die Präposition *hors (de)* kommt auch als Präfix vor (vgl. *œuvre* 'Werk' vs. *hors-d'œuvre* 'Beigabe, Vorspeise'). Häufiger sind die aus dem Lateinischen übernommenen Präfixe *ex-* 'heraus-' (vgl. *communication* 'Kommunikation' vs. *excommunication* 'Exkommunikation, Ausschluß aus der Gemeinschaft') und *extra-* 'außer-' (vgl. *terrestre* 'irdisch' vs. *extra-terrestre* 'außerirdisch'). Gelegentlich findet man die Präposition *hors de* auch als Verbal-Präposition mit nachfolgendem Infinitiv. Im nachfolgenden Beispiel ist das Adjunkt jedoch ein Nomen:

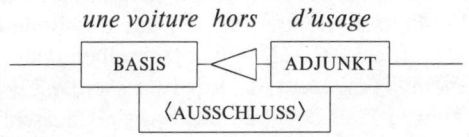

$$une\ voiture\ hors\quad d'usage$$

Basis dieser Junktion ist *une voiture* 'ein Wagen', Adjunkt ist *usage* 'Gebrauch'. Das (Relations-)Merkmal ⟨AUSSCHLUSS⟩ charakterisiert diese Basis mit dem Merkmal ⟨AUSGESCHLOSSEN⟩, dieses Adjunkt mit dem Merkmal ⟨AUSSCHLIESSEND⟩. Die Präposition *hors de,* hier vor folgendem Vokal apostrophiert zu *hors d'* 'außer', bedeutet folglich dem Hörer, daß ein Wagen als aus dem Gebrauch ausgeschlossen aufzufassen ist, und wir können übersetzen: 'ein Wagen außer Gebrauch'.

Die Präposition *hors de* ist gleichgültig gegenüber einem räumlichen, zeitlichen oder sonstigen Kontext. Sie ist ferner gleichgültig gegenüber den Aspekten Ruhe ('außer/außerhalb') und der Bewegung ('aus ... heraus'). All diese Unterscheidungen ergeben sich nur aus dem lexikalischen Kontext der Junktionsglieder und betreffen daher die Gesamtjunktion, nicht den einzelnen Junktor in seiner Eigenbedeutung:

/cette jeune fille passe sa vie hors de la maison/   'dieses Mädchen verbringt ihr
   Leben außer Haus (aushäusig)'
/je la comprends bien, elle veut être hors d'atteinte/   'ich verstehe sie gut, sie will
   außer Reichweite sein'
/je crains qu'elle ne soit comme un poisson hors de l'eau/   'ich fürchte, sie ist wie
   ein Fisch auf dem Trockenen'
/il est vrai qu'elle est souvent hors d'haleine/   'sie ist allerdings oft außer Atem'

Idiomatische Ausdrücke:

hors d'état   'außerstande'
hors de saison   'zur Unzeit, unpassend'
hors de doute   'außer Zweifel'
hors de combat   'außer Gefecht'
hors de danger   'außer Gefahr'
hors de prix   'übermäßig teuer'

8.3.3.2.2.2   Ausschluß des Adjunkts aus der Basis *(excepté, sauf, hormis, fors)*

Die Präpositionen dieser Gruppe haben als Bedeutung ebenfalls eine Ausschluß-
Anweisung. Diese Anweisung richtet sich jedoch nicht auf die Basis, sondern auf
das erwartete Adjunkt. Dessen Bedeutung soll aus der Bedeutung der Basis
ausgeschlossen werden (vgl. 8.3.3.2.1.2). Wir beschreiben daher die Bedeutung
dieser Präpositionen ebenfalls mit dem Merkmal ⟨AUSSCHLUSS⟩, jedoch mit dem
Zusatzmerkmal ⟨UMKEHRUNG⟩: es soll nun die Basis als ausschließend und das
Adjunkt als ausgeschlossen angesehen werden.
   Die wichtigsten Präpositionen mit dieser Bedeutung sind die Formen *excepté*
'außer, ausgenommen' und *sauf* 'außer, ausgenommen, vorbehaltlich'. In
bestimmten Kontexten kann auch die einfache Präposition *hors* (vgl. 8.3.3.2.2.1)
wie auch ihre gleichbedeutende archaische Variante *fors* diese inverse Bedeutung
annehmen. Das nachfolgende Beispiel bedeutet: 'alle Studenten, ausgenommen
die Anfänger':

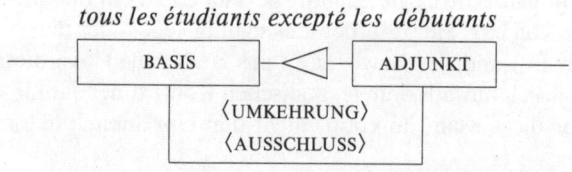

tous les étudiants excepté les débutants

In dieser Junktion wird, wie in jeder anderen Junktion auch, die Basis (hier: *tous les étudiants* 'alle Studenten') vom Adjunkt (hier: *les débutants* 'die Anfänger') her determiniert. Die Präposition *excepté* 'außer' gibt an, daß die Determination als Ausschluß-Anweisung aufgefaßt werden soll. Die gewöhnliche Richtung des Ausschlusses wäre, die Bedeutung der Basis aus der Bedeutung des Adjunkts auszuschließen, wie es mit Hilfe der Präposition *hors de* geschieht (vgl. 8.3.3.2.2.1). Hier jedoch wird diese Determinationsrichtung umgekehrt: die Anfänger (= Bedeutung des Adjunkts) sollen aus der Gruppe der gemeinten Studenten (= Bedeutung der Basis) ausgeschlossen werden. Die in ihrer Form unveränderliche und nach den Stellungsregeln für Junktionen (vgl. 8.1) gesetzte Präposition *excepté* darf nicht mit dem orthographisch veränderlichen, einem Nomen immer nachgestellten Rück-Partizip *excepté/-ée/-és/-ées* verwechselt werden, das den Ausschluß nicht syntaktisch, sondern lexikalisch bezeichnet. Unterscheide:

PRÄPOSITION

RÜCK-PARTIZIP

/ *tous, excepté les femmes* / 'alle, ausgenommen die Frauen'

/ *tous, les femmes exceptées* / 'alle,
die Frauen ausgenommen'

Die Präposition *sauf* steht häufiger in lexikalisierten Junktionen, erkennbar an dem fehlenden Artikel. Beide Präpositionen sind mit anderen Präpositionen kombinierbar, zum Beispiel: *excepté de/à/par/pour* und *sauf de/à/dans/sur*. In solchen Kombinationen treten sie auch als Verbal-Präpositionen auf, im Maße wie die mit ihnen kombinierten Präpositionen selber als Verbal-Präpositionen gebraucht werden:

/ *on peut tout expliquer, excepté (sauf) les motifs de nos actions* / 'man kann alles erklären, nur nicht die Motive unseres Handelns'
/ *tout est permis excepté de faire du mal à quelqu'un* / 'alles ist erlaubt, außer jemandem Böses anzutun'
/ *tous les genres sont bons, sauf le genre ennuyeux* / 'alle (literarischen) Gattungen sind gut, ausgenommen die langweilige Gattung' (Voltaire)

Ergänzend treten zu den genannten einfachen Präpositionen noch die komplexeren Präpositionen *à part* 'abgesehen von' (meistens in Prä-Junktionen) und *à l'exception de* 'mit Ausnahme von' (meistens in Post-Junktionen) hinzu.

Idiomatische Ausdrücke:

sauf erreur 'Irrtum vorbehalten'
sauf votre respect 'offen heraus gesagt, bei allem schuldigen Respekt'
sauf avis contraire 'bis auf Widerruf' (Amtssprache)
à part cela (oder: *ça*) 'davon abgesehen, darüber hinaus'

Die Präposition *hors* (nicht *hors de!*) ist ambivalent. Einerseits kann sie den Ausschluß der Basis aus dem Adjunkt (vgl. 8.3.3.2.2.1), andererseits aber auch (meistens vor einem Nomen mit Artikel) den Ausschluß des Adjunkts aus der Basis bezeichnen. Im letzteren Fall hat sie die Bedeutung 'ausgenommen' und ist synonym mit den Präpositionen *excepté* und *sauf,* gelegentlich auch mit der komplexen Präposition *en dehors de.* Unterscheide:

AUSSCHLUSS DER BASIS AUS DEM ADJUNKT	AUSSCHLUSS DES ADJUNKTS AUS DER BASIS
/je suis hors jeu/ 'ich bin im Abseits' (Fachsprache des Fußballs)	*/toutes les activités me sont permises, hors le jeu/* 'alle Tätigkeiten sind mir erlaubt, ausgenommen das `Spielen'

Der Kontext läßt in der Regel keinen Zweifel daran, welche Richtung des Ausschlusses gemeint ist.

Veraltet sind die Varianten *fors* und *hormis (de).* Man findet sie gelegentlich in geflügelten Worten oder lexikalisierten Ausdrücken:

tout est perdu, fors l'honneur 'alles ist verloren, außer der Ehre' (Franz I. nach der Schlacht von Pavia)
tout, hormis ceci 'alles, bloß das nicht'

Spezialisierte Präpositionen mit verwandter Bedeutung sind die Formen *à part* 'abgesehen von', *sous réserve de* 'vorbehaltlich' und die auch als Verbal-Präposition verwendete Präposition *à moins de* 'außer; es sei denn'. Man findet sie hauptsächlich in fachsprachlichen Texten. Insbesondere die Verwaltungssprache ist daran interessiert, Einzelfälle, die nicht unter eine bestimmte Kategorie fallen, ausdrücklich aus ihr auszuschließen.

Die einfache Form *hors* findet man hauptsächlich in Junktionen, deren Adjunkt keinen Artikel bei sich hat (vgl. jedoch 8.3.3.2.2.2). Diese *hors*-Junktionen sind dann wegen der fehlenden Artikel-Determination besonders eng gefügt und mehr oder weniger lexikalisiert:

hors service 'außer Betrieb'
hors série 'außer der Reihe'
hors concours 'außer Konkurrenz'
hors commerce 'nicht im Handel, vergriffen'
hors-la-loi 'vogelfrei'

8.3.3.3   Einstellungen

Das Zusammenhandeln, das in den Präpositionen der Handlung zum Ausdruck kommt, unterscheidet sich nach verschiedenen Einstellungen. Diese orientieren sich vielfach an einem elementaren Handlungsmodell «Hand in Hand», das dem elementaren Kommunikationsmodell «von Angesicht zu Angesicht» unter Handlungsgesichtspunkten entspricht.

Wir besprechen nacheinander die folgenden Präpositionen und Einstellungen:

– *pour:* Tauschen (8.3.3.3.1)
– *contre:* Engstellung (8.3.3.3.2)
– *par:* Ausweitung (8.3.3.3.3)

8.3.3.3.1   Tauschen *(pour)*

Die Präposition *pour* 'für' wird, bis auf wenige Ausnahmen (zum Beispiel in der Umgangssprache *je suis pour* 'ich bin dafür'), nur als gebundene Form gebraucht. Als verbales Präfix hat sie entweder die Form *pour-* (vgl. *voir* 'sehen' vs. *pourvoir* 'vorsorgen') oder *pro-* (vgl. *création* 'Schöpfung' vs. *procréation* 'Fortpflanzung') neben sich. Außer als Präposition (8.3.3.3.1.1) tritt die Form *pour* auch als Verbal-Präposition (8.3.3.3.1.2) auf.

8.3.3.3.1.1   *Pour* als Präposition

Die Bedeutung der Präposition *pour* 'für' kann mit dem Merkmal ⟨TAUSCH⟩ angegeben werden. Die anthropologische Basis dieses Merkmals liegt bei den Händen, die im gebenden und nehmenden Zufassen die elementare Interaktion des Tausches zwischen zwei Kommunikationspartnern vollziehen. Wie dabei die Handlungen des Gebens (Merkmal: ⟨HIN⟩) und des Nehmens (Merkmal: ⟨HER⟩) auf den Sprecher und den Hörer verteilt werden, regelt sich nach dem Kontext des Sprachspiels.

un bon prix pour une bonne marchandise

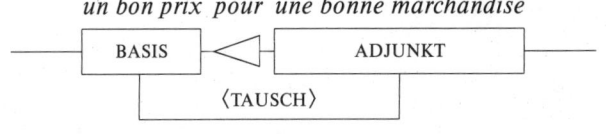

597

Durch das Beispiel dieser Junktion erfährt der Hörer, daß die Basis *un bon prix* 'ein guter Preis' und das Adjunkt *une bonne marchandise* 'eine gute Ware' in diesem Sprachspiel Elemente einer Tauschhandlung werden können. Der Hörer kann also die Ware nehmen und 'dafür' das Geld geben (oder umgekehrt). So auch in den folgenden Beispielen:

/ *je n'ai presque rien obtenu pour mes cent francs* /   'ich habe für meine hundert Francs fast nichts erhalten'
/ *voulez-vous que je fasse une réclamation pour vous?* /   'soll ich für Sie eine Reklamation machen?'
/ *je n'aime pas faire tant de bruit pour rien* /   'ich mache nicht gerne so viel Lärm um nichts'
/ *vous passerez pour un idiot si vous ne dites jamais rien* /   'man wird Sie für dumm verkaufen, wenn Sie nie etwas sagen'
/ *qu'on me prenne pour ce qu'on voudra* /   'es ist mir egal, wofür man mich hält'
/ *vous ne voulez donc pas vous plaindre, même pas pour la forme?* /   'Sie wollen sich also nicht beschweren, nicht einmal der Form halber?'
/ *une fois pour toutes: non* /   'ein für allemal: nein'

In all diesen Beispielen stellt der Hörer, wenn er der Anweisung der Präposition *pour* folgt, eine Junktion her, in der die beiden Junktionsglieder als tauschbar angesehen werden sollen. Es können sowohl Personen als auch Sachen (Waren, Werte ...) getauscht werden, sogar Personen und Sachen untereinander. Die Sprache kennt übrigens weder «objektive» (vom Sprecher und Hörer unabhängige) noch «subjektive» (nur vom Sprecher abhängige) Tauschwerte. Es gibt in der Sprache immer nur, signalisiert durch solche Sprachzeichen wie die Präposition *pour,* kommunikative Einschätzungen, die in einem Sprachspiel zwischen dem Sprecher und dem Hörer ausgehandelt werden müssen.

Ob aus der signalisierten Tauschbarkeit der Junktionsglieder tatsächlich eine Tauschhandlung folgt, bleibt von der Präposition *pour* her offen. Diese Präposition beschränkt sich darauf, mit der Tauschbarkeit zugleich eine gewisse Gleichwertigkeit festzustellen. Zu beachten ist in diesem Zusammenhang, daß auch Lohn («Ab-geltung») und Strafe («Ver-geltung») Begriffe sind, die Tauschbarkeit («Gerechtigkeit») voraussetzen. Desgleichen beruht der ganze Zeichenbegriff, einschließlich des linguistischen Zeichenbegriffs (vgl. 1.2), auf dem Prinzip der Stellvertretung und Tauschbarkeit des Gleichwertigen durch Gleichwertiges (scholastische Definition des Zeichens: *aliquid stat pro aliquo*). Vergleiche daher auch die folgenden Ausdrücke:

/ *trop d'esprit pour cette tâche* /   'zuviel Geist für diese Aufgabe'
/ *un beau nom pour une chose simple* /   'ein schöner Name für eine einfache Sache'

/*un pronom pour un nom*/   'ein Pronomen für ein Nomen'
/*une récompense pour votre gentillesse*/   'eine Belohnung für Ihre Freundlichkeit'
/*trop bon pour ce monde*/   'zu gut für diese Welt'
/*une punition pour mes fautes*/   'eine Strafe für meine Fehler'
/*œil pour œil, dent pour dent*/   'Auge um Auge, Zahn um Zahn'
/*je compte cela pour rien*/   'ich rechne das nicht'
/*pour cette fois ça va*/   '(für) dieses eine Mal mag das noch durchgehen'

Idiomatische Ausdrücke:

tant mieux pour vous   'um so besser für Sie (oder: da haben Sie Glück)'
tant pis pour moi   'um so schlimmer für mich (oder: da habe ich eben Pech)'

Bei den *pour*-Junktionen ist zu beachten, daß die Gleichwertigkeit und Tauschbarkeit dadurch verhüllt sein kann, daß die Junktionsglieder unter sonstigen
syntaktischen Gesichtspunkten nicht immer parallel konstruiert sind. Dann kann
man aber die wirkliche oder mögliche Tauschsituation leicht sinngemäß auffüllen
nach der Maßgabe, daß in der Basis das gebende oder gegebene, im Adjunkt das
nehmende oder genommene Junktionsglied erkennbar sein müssen. In dem
ersten der nachfolgenden Beispiele soll also der Kampf gegeben («hingegeben»),
das Glück genommen («erworben») werden, nicht umgekehrt. Entsprechend in
den weiteren Beispielen, auch wenn es sich in beiden Junktionsgliedern um das
gleiche Nomen handelt oder wenn (bei freier Präposition) das Adjunkt gar nicht
genannt wird, sondern aus dem Kontext erschlossen werden muß:

/*il faut lutter pour le bonheur de tous*/   'man muß für das Glück aller kämpfen'
/*nous voulons le plein emploi pour toute la population active*/   'wir wollen die
   Vollbeschäftigung für alle Werktätigen'
/*votez pour le parti du progrès et vous voterez pour le progrès*/   'stimmen Sie für
   die Partei der Fortschritts, und Sie stimmen für den Fortschritt'

Wenn das Adjunkt einer *pour*-Junktion von einer Orts- oder Zeitangabe gebildet
ist, so bezeichnet diese das Ortsziel (Bestimmungsort, Reiseziel ...) oder das
Ziel in der Zeit (Frist, Termin ...). Der in der Basis ausgedrückte Handlungszug
gibt dann eine gerichtete Bewegung im Raum oder in der Zeit wieder, die dazu
führt, daß ein Ausgangsort gegen einen Zielort, eine Ausgangszeit gegen eine
Zielzeit eingetauscht wird:

/*il faudra que mon passeport soit prêt pour vendredi*/   'mein Paß muß für (oder:
   bis) Freitag fertig sein'
/*je partirai pour New York samedi matin*/   'ich fliege Samstag morgen nach New
   York'

/ *ce sera pour longtemps, peut-être pour toujours* /   'das wird für (oder: auf) lange
Zeit sein, vielleicht für (oder: auf) immer'

Mit ihrem Bedeutungsmerkmal ⟨TAUSCH⟩ dient die Präposition *pour* oft auch als
Kommunikationssignal im Dialog. Denn die Gesprächsrollen werden im
Gespräch ständig getauscht. Der Sprecher übernimmt dann die Rolle des Hörers,
der Hörer die Rolle des Sprechers («turn taking»). Hier hat die Präposition *pour*
eine wichtige kommunikative Aufgabe. Sie kann nämlich dem Gesprächspartner
signalisieren, daß man die Gesprächsrolle oder die Handlungsrolle zu tauschen
wünscht. Wenn etwa jemand die Behauptung aufgestellt hat: *le mensonge est un
grand crime* 'die Lüge ist ein großes Verbrechen', so können seine Gesprächspartner etwa wie folgt darauf replizieren:

/ *eh bien, pour moi, je ne suis pas d'avis que le mensonge soit toujours un crime* /
'nun, was mich betrifft, so bin ich nicht der Ansicht, daß die Lüge immer ein
Verbrechen ist'
/ *pour ma part, je crois qu'il faut distinguer entre le mensonge tout court et le
mensonge officieux* /   'ich meinerseits (oder: von mir aus) glaube, daß man zwischen der Lüge schlechthin und der Notlüge unterscheiden muß'
/ *et enfin, pour ce qui est de la fiction artistique, n'en parlons pas* /   'und schließlich, was die künstlerische Fiktion angeht, davon wollen wir lieber gar nicht
reden'

Synonyme Ausdrücke für diese Funktion sind *personnellement* 'ich persönlich',
quant à moi 'was mich betrifft' und *en ce qui me concerne* 'was mich betrifft'.

8.3.3.3.1.2 *Pour* als Verbal-Präposition

Die Präposition *pour* wird häufig als Verbal-Präposition verwendet. Sie hat dann
als Adjunkt einen Infinitiv bei sich. Als Verbal-Präposition gibt die Form *pour*
dem Hörer die Anweisung, die beiden Glieder der Junktion als tauschbare Handlungen anzusehen. Alle weiteren Nuancen dieser Anweisung ergeben sich auch
hier aus dem Kontext und entsprechen denen in nominalen Junktionen:

/ *pour aller à Rome, je prendrai un chemin quelconque, ils y mènent tous!* /   'um
nach Rom zu reisen, nehme ich irgend einen Weg: alle führen (ja) dahin!'
/ *je ferai tout pour voir aussi les fouilles de Pompéi* [pōpei] /   'ich werde alles tun,
(um) auch die Ausgrabungen von Pompeji zu sehen'

/*j'attendrai encore une semaine pour rentrer*/   'ich warte noch eine Woche mit dem Heimfahren'

Da nun als Determinanten des Infinitivs einige Morpheme zugelassen sind, die bei einem Nomen nicht vorkommen können, sind bei Infinitiv-Junktionen mit *pour* verschiedene Nuancen möglich, die bei entsprechenden nominalen Junktionen nicht möglich sind. So läßt sich mit dem Infinitiv beispielsweise eine Verb-Negation verbinden. Auf diese Weise kann die Gleichwertigkeit eines positiven und eines negativen Junktionsgliedes ausgedrückt werden:

/*je trouverai un système pour ne pas (ne plus) être pris dans les embouteillages*/ 'ich werde ein System finden, um nicht (mehr) im Stau steckenzubleiben'

Wichtig für die Bedeutung der *pour*-Junktion ist aber vor allem das Zusammenwirken der Verbal-Präposition mit den Morphemen der Tempus-Perspektive. Je nachdem nämlich, ob die Verbal-Präposition sich mit einem Neutral-Infinitiv *(passer)* oder mit einem Rück-Infinitiv *(avoir passé)* verbindet, erhält die Tauschbarkeit, die von der Verbal-Präposition signalisiert wird, deutlich unterschiedliche Nuancen. Die Neutralisierung der Perspektive im Neutral-Infinitiv erlaubt nämlich oft (aber nicht immer!), eine Tauschbarkeit zwischen dem Zweck (Ziel, Bestimmung) und einer zweckentsprechenden Handlung festzustellen («Finalität»). Das Merkmal ⟨RÜCKSCHAU⟩ beim Rück-Infinitiv erlaubt hingegen oft (aber nicht immer!), die Tauschbarkeit als eine solche zwischen einem Grund (Beweggrund, Ursache) und der dadurch bewirkten Handlung zu identifizieren («Kausalität»). Unterscheide:

NEUTRAL-INFINITIV MIT *pour*

/*elle a été méchante pour ne pas être bernée*/ 'sie war böse, um nicht geprellt zu werden'

RÜCK-INFINITIV MIT *pour*

/*elle avait été bernée pour avoir été trop bonne*/ 'sie war geprellt worden, weil sie zu gut war'

Redensart:

trop beau pour être vrai   'zu schön, um wahr zu sein'

8.3.3.3.2   Engstellung *(contre)*

Die Präposition *contre* 'gegen' kann als gebundene und als freie Form gebraucht werden. Als freie Form wird sie jedoch meistens zu *ci-contre* 'hiergegen' oder *là-*

contre 'dagegen', makrosyntaktisch auch zu *par contre* 'hingegen' erweitert. Es gibt mehrere zugehörige Präfixe: *contre-* (vgl. *coup* 'Schlag' vs. *contrecoup* 'Gegenschlag'), *anti-* (vgl. *militarisme* 'Militarismus' vs. *antimilitarisme* 'Antimilitarismus'), unter bestimmten Bedingungen auch *ob-/op-* (vgl. *position* 'Stellung, Stand' vs. *opposition* 'Widerstand, Opposition') und *re-/ré-/r-* (vgl. *action* 'Handlung, Aktion, vs. *réaction* 'Reaktion'). Im Gegensatz zu der Präposition *pour* 'für' (vgl. 8.3.3.3.1.1) wird die Präposition *contre* nicht als Verbal-Präposition gebraucht.

Wir beschreiben die Bedeutung der Präposition *contre* mit dem Merkmal ⟨ENGSTELLUNG⟩. Grundlage dieses Merkmals ist, ebenso wie bei der verwandten Präposition *pour* 'für', eine Handlungssituation, die sich von der Kommunikationsstellung «von Angesicht zu Angesicht» durch eine auffällige Engstellung unterscheidet. Die Präposition *contre* sagt nichts darüber aus, ob diese Engstellung im freundlichen oder im feindlichen Sinne («Frontstellung») verstanden werden soll. Diese Unterscheidung ergibt sich erst aus dem Kontext der gesamten Junktion. In dem folgenden Beispiel ergibt sich eine Gesamtbedeutung der Junktion im Sinne von Gegnerschaft aus der semantischen Opposition zwischen den Bedeutungen der Basis und des Adjunkts:

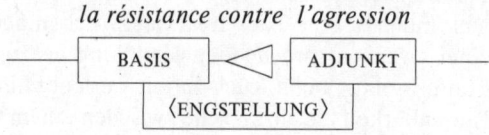

la résistance contre l'agression

Die Präposition *contre* besagt als solche nur, daß die Bedeutungen der Basis und des Adjunkts im Sinne einer Engstellung verbunden werden sollen. Daß dies eine «Feindberührung» («Stirn gegen Stirn» statt «von Angesicht zu Angesicht») sein soll, folgt erst aus den widerstreitenden Bedeutungen der Basis *la résistance* 'der Widerstand' und des Adjunkts *l'agression* 'die Aggression'. Selbst unter den Bedingungen des Kampfes («miteinander handgemein werden») ist die kommunikative Abkunft der Engstellung jedoch noch erkennbar: der Kampf kann als eine Fortsetzung der Kommunikation mit nicht-kommunikativen Mitteln oder auch als Pervertierung der Kommunikation verstanden werden. Eines seiner Ziele ist jedenfalls, die Kommunikations-Verhältnisse zu verändern: man redet hinterher anders miteinander als vorher:

/*le fascisme a essayé de nager contre le courant* (oder: *à contre-courant) de l'histoire*/ 'der Faschismus hat versucht, gegen den Strom der Geschichte zu schwimmen'
/*pendant la guerre, l'Allemagne a lutté contre presque toutes les démocraties*/ 'während des Krieges hat Deutschland gegen fast alle Demokratien gekämpft'

/ la Gestapo [gestapo] *a opprimé la moindre résistance contre la dictature du Führer /* 'die Gestapo hat (auch) den geringsten Widerstand gegen die Diktatur des Führers unterdrückt'

/ la défaite totale était l'unique remède contre la guerre totale / 'die totale Niederlage war das einzige Heilmittel gegen den totalen Krieg'

Wenn die Lexeme des Kontextes im Verhältnis zueinander jedoch keine feindselige Bedeutung haben, nimmt auch die Junktion insgesamt trotz der Präposition *contre* keinerlei Bedeutung von Feindseligkeit an. Das zeigt sich insbesondere in Situationen, in denen eine räumliche und oft leibliche Annäherung, die Berührung zweier Körper oder eine stützende Tätigkeit oder Funktion ausgedrückt wird:

/ la jeune mère serre le bébé contre son cœur / 'die junge Mutter drückt das Baby fest an ihr Herz'

/ la nuit elle a toujours le berceau contre son lit / 'nachts hat sie immer die Wiege eng neben ihrem Bett'

/ dans ses rêves elle voit son bébé déjà grand garçon et qui lance des cailloux contre les vitres / 'in ihren Träumen sieht sie ihr Baby schon als großen Jungen, der Steine gegen die Fensterscheiben wirft'

Auch in der dialogischen Argumentationskunst («Dialektik») wie auch in (Gerichts-)Verhandlungen und ähnlichen Situationen hat die Präposition *contre* einen festen Platz. Sie kann ferner zur Orientierung in merkantilen Situationen dienen, sofern in ihnen nicht, wie bei der Präposition *pour* (vgl. 8.3.3.3.1.1), die Handlung des Tauschens, sondern das (enge) Nebeneinander von Gebot und Gegengebot ins Auge gefaßt wird:

/ qu'est-ce que vous m'offrez contre l'admission de cette publicité? / 'was bieten Sie mir gegen die Zulassung dieser Werbung?'

/ j'ai écouté votre proposition, écoutez maintenant ma contre-proposition / 'ich habe Ihren Vorschlag angehört, hören Sie nun meinen Gegenvorschlag an'

/ je parie cent contre un que votre campagne publicitaire restera sans effet / 'ich wette hundert gegen eins, daß Ihr Werbefeldzug wirkungslos bleiben wird'

/ je n'y renoncerai jamais, même pas contre argent comptant / 'ich werde niemals darauf verzichten, nicht einmal gegen bares Geld'

/ moi, par contre, j'y renoncerais sur-le-champ / 'ich hingegen würde auf der Stelle darauf verzichten'

Bibelvers:

/ celui qui n'est pas avec moi est contre moi / 'wer nicht für mich ist, der ist gegen mich'

Idiomatische Ausdrücke:

contre toute attente 'wider Erwarten'
à contrecœur 'widerwillig'
le contrecoup 'der Rückschlag'
à contretemps 'zur Unzeit, ungelegen'
envoi contre remboursement 'Nachnahmesendung'

8.3.3.3.3 Ausweitung *(par)*

Die Präposition *par* 'durch, über, in, von' kommt nur als gebundenes, nicht als freies Morphem vor. Man findet die Präposition *par* jedoch auch als Bestandteil anderer, «spezialisierter» Präpositionen wie *par-dessus* 'über ... weg', *par-dessous* 'unter ... weg', *par-devant* 'vor ... her', *par(-)derrière* 'hinter ... her'. Diese Präpositionen können auch als freie Formen gebraucht werden. Die zugehörigen Präfixe lauten *par-* (vgl. *semer* 'säen' vs. *parsemer* 'übersäen') oder *per-* (vgl. *mutation* 'Mutation' vs. *permutation* 'Permutation').

Die Präposition *par* gehört ebenfalls zu den Präpositionen der Handlung. Sie gibt für eine Handlung an, daß sie (weit) auseinandergelegt werden soll («Disjunktion», «Dissoziation»). Im anthropologischen Anschauungsmodell kann man an die Handlungsfigur der im Zusammenhandeln weiterreichenden Hände denken. Wir beschreiben die Bedeutung dieser Präposition mit dem Merkmal 〈AUSWEITUNG〉.

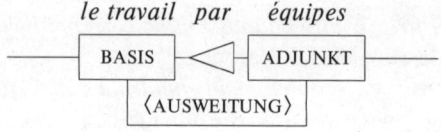

Diese Junktion ist in ausdrücklicher Beschreibung wie folgt zu lesen: Die Basis *le travail* 'die Arbeit' ist von dem Adjunkt *équipes* 'Gruppen, Teams' her so zu determinieren, daß die Handlungsfigur der Ausweitung erfüllt wird. Die Arbeit wird nämlich durch Arbeitsteilung auseinandergelegt und auf die verschiedenen Gruppen oder Teams ausgeweitet. Gesamtbedeutung der Junktion: 'Gruppenarbeit, Teamarbeit'.

Je nach dem Kontext kann die ausgeweitete Handlung unterschiedlich verstanden werden, nämlich im Sinne von Passagen oder Aufgliederungen (8.3.3.3.3.1) oder von Vermittlungen (8.3.3.3.3.2). Eine besondere Funktion hat die Präposition *par* im Zusammenhang mit dem erweiterten Passiv (8.3.3.3.3.3).

8.3.3.3.3.1 Passagen und Aufgliederungen

Es kommt nicht selten vor, daß die Glieder einer *par*-Junktion räumliche Bedeutung haben. Dann ergeht mit der Präposition *par* die Anweisung an den Hörer, eine Handlung auf bestimmte Örtlichkeiten auszuweiten, und die Gesamtbedeutung der Junktion (nicht die Einzelbedeutung der Präposition *par!*) erhält eine räumliche Komponente. Das ist besonders deutlich dann der Fall, wenn beide Junktionsglieder räumliche Bedeutung haben, zum Beispiel in der Junktion *passer par la porte* 'durch die Tür gehen'. Sowohl das Verb *passer*, das eine (Orts-) Veränderung bezeichnet, als auch das Nomen *porte*, das die Veränderungsmöglichkeit zwischen zwei (Orts-)Zuständen eröffnet, kommen der Anweisung der Präposition *par* ein gutes Stück entgegen. Insbesondere zwischen dem Verb *passer* und der Präposition *par* besteht eine erhebliche Anziehung:

/*en passant par la Lorraine avec mes sabots, j'ai rencontré trois capitaines* ...*/ 'als ich mit meinen Holzschuhen durch Lothringen wanderte, habe ich drei Hauptleute getroffen ...' (Volkslied)

Diese Kontextbedingungen können jedoch auch von anderen Verben als *passer* erfüllt werden. Meistens, jedoch nicht immer, handelt es sich dabei um Verben der Bewegung:

/*je voyage par mer*/ 'ich reise über See'
/*il marche par monts et par vaux*/ 'er wandert über Berg und Tal'
/*la route est coupée par endroits*/ 'die Straße ist stellenweise unterbrochen'
/*on entre par la porte*/ 'man tritt durch die Tür ein'
/*on sort par la fenêtre*/ 'man steigt durch das Fenster aus'
/*la nouvelle se répand par le monde entier*/ 'die Nachricht breitet sich über die ganze Welt aus'

Unterscheide die lexikalisierten Ausdrücke *par ailleurs* und *d'ailleurs*:

par-JUNKTION	*de*-JUNKTION
/*je suis de votre avis, mais je pense par ailleurs, que* .../ 'ich bin Ihrer Ansicht, aber andererseits meine ich, daß ...'	/*je ne suis d'ailleurs pas de votre avis que* .../ 'ich bin übrigens nicht Ihrer Ansicht, daß ...'

Handlungen können ferner in Grade, Ordnungen, Reihen, Rhythmen und andere Abfolgen auseinandergelegt und auf diese Weise ausgeweitet werden.

Das betrifft in vielen, jedoch nicht in allen Fällen Handlungen von einer gewissen Verlaufsdauer in der Zeit:

/ *nous avons normalement six heures de cours par jour* /   'wir haben gewöhnlich sechs Stunden (Unterricht) am Tage (oder: pro Tag)'
/ *le professeur a polycopié un texte par élève* /   'der Lehrer hat einen Text pro Schüler vervielfältigt'
/ *on analyse le texte par passages* /   'man analysiert den Text nach Abschnitten'
/ *par moments, la lecture nous fait plaisir* /   'mitunter macht uns die Lektüre Spaß'
/ *mais pas par ces beaux jours de printemps!* /   'aber nicht an diesen schönen Frühlingstagen!'

Idiomatische Ausdrücke:

multiplier par   'multiplizieren mit'
diviser par   'dividieren durch'
dix francs par (oder: le) kilo   'zehn Francs pro (oder: das) Kilo'
par milliers   'zu Tausenden'
par la suite   'im folgenden'
par trop   'allzu sehr (viel)'
par avion   'mit Luftpost'

8.3.3.3.3.2   Vermittlungen

Unabhängig von Raum und Zeit können Handlungen auch unter verschiedenen anderen Gesichtspunkten eine Ausweitung erfahren. Das liegt besonders nahe bei vermittelten Handlungen. Die Handlung wird dann auseinandergelegt in die eigentliche Handlung und ihre Vermittlung:

/ *fais-moi savoir quelque chose par téléphone* /   'laß telefonisch von dir hören!'
/ *je te répondrai par le même courrier (par retour du courrier)* /   'ich antworte dir mit gleicher Post (postwendend)'
/ *tu viendras par (oder: en) train ou par (oder: en) avion?* /   'kommst du mit dem Zug oder mit dem Flugzeug?'
/ *tâche par tous les moyens de te libérer* /   'versuche dich mit allen Mitteln freizumachen!'
/ *sinon j'irai te chercher par (la) force* /   'sonst hole ich dich mit Gewalt'
/ *je te tiens, tu me tiens par la barbichette* /   'ich halte dich, du hältst mich am Schlafittchen' (Kinderlied)

Idiomatische Ausdrücke:

par l'intermédiaire de 'durch die Vermittlung von'
par exemple 'zum Beispiel'

Schließlich kann eine Handlung auch so ausgeweitet werden, daß zusätzlich zu ihrem personalen Disponenten (vgl. 3.4.2) noch ein Mit-Disponent genannt wird, oft ein abstraktes Motiv, das von innen oder von außen, rational oder irrational über die Handlung mitverfügt:

/*c'est purement par hasard (par accident) que j'ai découvert la faute*/   'rein zufällig habe ich den Fehler entdeckt'
/*tu ne corriges donc pas tes devoirs par principe?*/ 'korrigierst du denn nicht grundsätzlich deine Aufgaben?'
/*par paresse j'y renonce assez souvent*/ 'aus Faulheit verzichte ich ziemlich oft darauf'
/*à ta place je le ferais par précaution*/ 'an deiner Stelle täte ich es aus Vorsicht'

Idiomatische Ausdrücke:

par là s'explique que... 'von daher erklärt sich, daß...'
par erreur 'irrtümlich'
par cœur 'auswendig' (Volksetymologie aus lat. *per chorum* 'im Chor')

8.3.3.3.3.3 Erweitertes Passiv mit *par*-Junktionen

Ein wichtiges Anwendungsfeld hat die Präposition *par* in Verbindung mit dem Passiv. Vom (Objekt-)Passiv haben wir gesagt (vgl. 3.4.6.1), daß es nur von objektwertigen Verben gebildet werden kann. Durch die Wirkung einer Rückschau-Anweisung wird im Subjekt passiver Verben das Subjekt-Merkmal ⟨DISPONENT⟩ durch das Objekt-Merkmal ⟨DISPONIBEL⟩ ersetzt. Der Disponent kommt dann häufig gar nicht zum Ausdruck, zum Beispiel:

/*l'Assemblée Nationale a été dissoute*/ 'die Nationalversammlung ist aufgelöst worden'

Soll indes trotz der passiven Form der Disponent irgendwie ausgedrückt werden, so kann das indirekt durch eine Junktion mit der Präposition *par* 'durch, von' geschehen, die zwischen dem Subjekt des passiven Verbs und dem verdrängten Subjekt-Merkmal ⟨DISPONENT⟩ vermittelt (vgl. 3.4.6.3):

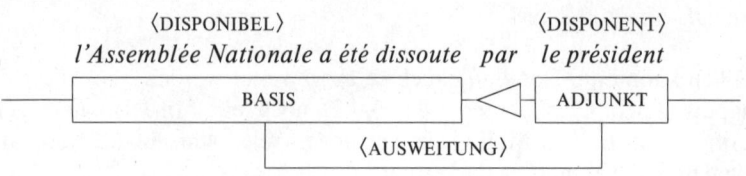

In diesem Beispiel mit der Bedeutung 'die Nationalversammlung ist vom Präsidenten aufgelöst worden' hat das Subjekt *l'Assemblée Nationale* 'die Nationalversammlung', abgesehen von seinem überformten Subjekt-Merkmal ⟨FESTSTELLBAR⟩, das Objekt-Merkmal ⟨DISPONIBEL⟩ angenommen, und zwar kraft der Rückschau-Anweisung des passiven Verbs *a été dissoute* 'ist aufgelöst worden'. Gleichzeitig bildet nun dieses Verb zusammen mit seinem Subjekt die Basis einer *par*-Junktion, die in ihrem Adjunkt *le président* 'der Präsident' indirekt doch den Disponenten der Handlung nennt. Auf diese Weise wird die Dispositions-Anweisung dieses objektwertigen Verbs weit auseinandergelegt und – umgekehrt zur aktiven Dispositions-Richtung («Inversion») – auf Basis und Adjunkt der *par*-Junktion verteilt. So kommt eine indirekte und vermittelte Disposition zum Ausdruck, die wir erweitertes («ausgeweitetes») Passiv nennen können.

Die unterschiedliche Dispositions-Richtung bei einem aktiven und einem erweiterten passiven Verb wird in Texten gerne dazu benutzt, je nach dem gewünschten Informations-Profil entweder das disponible Element (meistens eine Sache) oder das disponierende Element (meistens eine Person) in die Endstellung zu bringen, die für die Konzentration der Aufmerksamkeit günstiger ist. Es ergibt sich aus den Anschlußbedingungen des voraufgehenden und nachfolgenden Kontextes, welche Stellung jeweils die angemessenere ist. Die Entscheidung für ein (erweitertes) Passiv braucht also nichts mit einer «Passivität» des Sprechers zu tun zu haben.

Für die folgenden drei Beispiele wollen wir annehmen, daß im Textzusammenhang vorher jeweils schon von der betreffenden Nachricht, von dem betreffenden Leitartikel und von der betreffenden Schlagzeile die Rede war, so daß der Informationsfluß natürlicherweise vom Bekannteren zum Unbekannteren geht, hier also vom (disponiblen) Subjekt zum (indirekt disponierenden) *par*-Adjunkt:

/ *la nouvelle a été répandue par l'agence France-Presse* /   'die Nachricht wurde von der Agentur France-Presse verbreitet'
/ *l'éditorial est rédigé par le rédacteur-en-chef* /   'der Leitartikel wird von dem Chefredakteur verfaßt'

/*la manchette sera proposée par le service de publicité*/   'die Schlagzeile wird von der Werbeabteilung vorgeschlagen (werden)'

Unter bestimmten Kontextbedingungen findet man bei passiven Verben statt einer *par*-Junktion auch eine *de*-Junktion (vgl. 8.3.2.1.4.2). Der Unterschied ergibt sich aus der unterschiedlichen Bedeutung der Präpositionen *par* und *de*. Eine Junktion mit der Handlungs-Präposition *par* betont den Handlungscharakter des passiven Verbs allemal stärker als eine Junktion mit der Präposition *de*, die nur einen Referenz-Zusammenhang angibt. Unterscheide:

de-JUNKTION	*par*-JUNKTION
/*il était considéré de tout le monde*/ 'er war bei allen angesehen'	/*il fut considéré par tout le monde*/ 'er wurde von allen angeschaut (betrachtet)'
/*j'étais frappé de sa présence d'esprit*/ 'ich war von seiner Geistesgegenwart frappiert'	/*je fus frappé par sa présence d'esprit*/ 'seine Geistesgegenwart frappierte mich'

Die unterschiedlichen Übersetzungen der Beispiele geben die verschiedenen Junktions-Bedeutungen nur annäherungsweise wieder.

In erzählenden Texten verbindet sich die Passiv-Junktion mit *de*, die eine referentielle Zuordnung angibt, eher mit einer Tempusform des erzählten Hintergrundes, die Passiv-Junktion mit *par* hingegen, die ein Handeln auseinanderlegt, eher mit einer Tempusform des erzählten Vordergrundes (vgl. 4.2.3).

Die Präposition *par* kann nur in Verbindung mit einigen wenigen Verben als Verbal-Präposition gebraucht werden und eine Infinitiv-Junktion bilden. Es handelt sich im wesentlichen um die Verben *commencer (débuter)* und *finir (terminer)*. Vergleiche und unterscheide:

à- ODER *de*-JUNKTION	*par*-JUNKTION
/*je commence à chanter?*/ 'soll ich mit dem Singen (schon) anfangen?'	/*oui, commencez par un lied de Schumann, après vous pourrez continuer avec ...*/ 'ja, fangen Sie mit einem Schumann-Lied an, danach können Sie fortfahren mit ...'
/*elle finit de donner toujours des morceaux hors programme*/ 'sie hört (damit) auf, immer Zugaben zu geben'	/*elle finit toujours par donner des morceaux hors programme*/ 'sie gibt am Ende immer (noch) Zugaben'

8.4 Die Konjunktionen

Junktionen, in denen sowohl die Basis als auch das Adjunkt aus einem finiten Verb bestehen, werden durch besondere Junktoren gebildet, die man Konjunktionen nennt. Konjunktionen stellen Konjunktional-Junktionen her. Die finiten Verben der Basis und des Adjunkts können durch Determinanten anderer Sprachzeichenklassen erweitert sein.

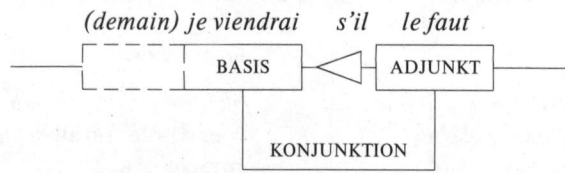

Basis dieser Junktion ist ein finites Verb: *je viendrai* 'ich werde kommen'. (Die Basis kann durch das Adverb *demain* 'morgen' erweitert werden.) Adjunkt ist ebenfalls ein finites Verb: *il le faut* 'es ist nötig'. Diese beiden verbalen Junktionsglieder werden nun durch die Junktion *si* 'wenn' miteinander verbunden, so daß die Junktion insgesamt ein Gefüge zweier Handlungen ausdrückt: 'ich werde (morgen) kommen, wenn es nötig ist'.

Durch die Bedingung, daß bei einer konjunktionalen Junktion sowohl die Basis als auch das Adjunkt von einem finiten Verb gebildet sein müssen, unterscheiden sich die Konjunktionen nicht nur von den Präpositionen, sondern auch von den Verbal-Präpositionen. Diese beiden anderen Junktor-Arten dürfen zwar als Basis ein finites Verb haben, nicht jedoch als Adjunkt. Bei den Verbal-Präpositionen ist weiterhin als Adjunkt zwar ein Verb gefordert, aber nur als infinite, nicht als finite Form. Unterscheide also:

PRÄPOSITION	VERBAL-PRÄPOSITION	KONJUNKTION
/il est parti avant mon arrivée/ 'er ist vor meiner Ankunft abgereist'	*/il ne m'a pas téléphoné avant de partir/* 'er hat mich vor seiner Abreise nicht angerufen'	*/il faut que je parte avant qu'il (ne) revienne/* 'ich muß abreisen, bevor er zurückkommt'

Auch für die durch Konjunktionen gebildeten Junktionen gelten die allgemein für Junktionen ermittelten Stellungsregeln (vgl. 8.1). Es gibt also auch bei Konjunktional-Junktionen die postdeterminierende Junktion (Kurzform: Post-Junktion), die prädeterminierende Junktion (Kurzform: Prä-Junktion) und die interdeterminierende Junktion (Kurzform: Inter-Junktion).

Post-Junktion:
/*je t'écrirai si tu veux*/ 'ich werde dir schreiben, wenn du willst'

Prä-Junktion:
/*si tu peux, tu devrais me répondre*/ 'wenn du kannst, solltest du mir antworten'

Inter-Junktion:
/*je te promets, si tu m'envoies une carte, de t'écrire une longue lettre*/ 'ich verspreche dir, wenn du mir eine Karte schickst, dir einen langen Brief zu schreiben'

Im Fall des letzten Beispiels sind Junktor und Adjunkt in die komplexe Basis mit ihrem verbalen Kern *je te promets d'écrire (...)* 'ich verspreche dir zu schreiben' eingelassen.

In ihren Bedeutungen entsprechen die Konjunktionen weitgehend den Präpositionen, denen sie bisweilen auch in der Lautform ähneln. Sie sind jedoch als Verbal-Junktoren grundsätzlich an einen verbalen Kontext gebunden. Alle nachfolgend genannten Gliederungsgesichtspunkte sind also als Nuancierungen eines verbalen Handlungsgefüges aufzufassen. Wir gliedern die Konjunktionen wie folgt:

– Bedingung oder Konditionalität (8.4.1)
– Zeitliche Bedingung oder Temporalität (8.4.2)
– Positions-Bedingung (8.4.3)
– Abfolge vom Früheren zum Späteren (8.4.4)
– Begrenzung nach Anfang und Ende (8.4.5)
– Anschluß oder Konsekutivität (8.4.6)
– Entsprechung oder Korrespondenz (8.4.7)
– Zweck oder Finalität (8.4.8)
– Begründung oder Kausalität (8.4.9)
– Mangel oder Privation (8.4.10)
– Inhalt (8.4.11)

8.4.1 Bedingung oder Konditionalität *(si)*

Die wichtigste konditionale Konjunktion ist *si* 'wenn'. Sie lautet auch vor Vokal unverändert *si* (zum Beispiel: *si elle* 'wenn sie', *si une* 'wenn eine'), außer vor dem Pronomen *il(s)*, wo *si* zu *s'* verkürzt wird (*s'il* 'wenn er/es', *s'ils* 'wenn sie'). Die Konjunktion *si* ist homonym mit dem Frage-Morphem *si* 'ob' (vgl. 9.4.2.1.3), mit dem suggestiven Schätz-Adverb *si* 'so' (vgl. 7.3.4.1) sowie mit dem Assertions-Morphem *si* 'doch' (vgl. 9.2.1.1). Zu der Konjunktion *si* 'wenn' gehört die Pro-Konjunktion *que* mit anschließendem Konjunktiv, die gebraucht wird, wenn zwei konditionale Adjunkte durch *et* 'und' aneinandergereiht werden (vgl. 8.4.11.4).

Durch eine konditionale Konjunktion wird das Determinationsgefüge einer Junktion als Bedingungs-Verhältnis charakterisiert. Die Basis als das determinationsbedürftige Junktionsglied wird als bedingt, das Adjunkt als das determinationskräftige Junktionsglied als bedingend vorgestellt. Das heißt: die Basis nimmt die Bedingung an, das Adjunkt gibt die Bedingung. Wenn das solcherart hergestellte Bedingungs-Verhältnis nicht weiter spezifiziert ist, sprechen wir von einer schlichten Bedingung und verwenden zur Beschreibung das semantische Merkmal ⟨BEDINGUNG⟩. Dieses (Relations-)Merkmal weist der Basis das Merkmal ⟨BEDINGT⟩ und dem Adjunkt das Merkmal ⟨BEDINGEND⟩ zu.

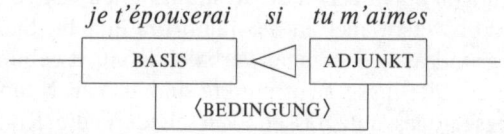

Basis ist hier die zukünftige Heiratshandlung: *je t'épouserai* 'ich heirate dich'. Die Heirat kommt aber nur unter einer Bedingung zustande, die im Adjunkt *tu m'aimes* 'du liebst mich' angegeben wird. So drückt die Junktion die schlichte Bedingung aus: 'ich heirate dich, wenn du mich liebst'.

Konditionale Junktionen, insbesondere solche mit der Konjunktion *si,* haben ebensooft prädeterminierende wie postdeterminierende Stellung. Bei Prä-Stellung wird die nachgestellte Basis oft durch das Morphem *alors* 'so, dann' eingeleitet, so daß die Konjunktion insgesamt als zweiteilig angesehen werden muß:

/ *si tu m'aimes, alors je t'épouserai* / 'wenn du mich liebst, dann heirate ich dich'

Prädeterminierende Junktionen dieses Typus, kenntlich an dem zweiteiligen Junktor *si ... alors* 'wenn ... dann', werden in der Logik schulmäßig gelehrt. Man nennt sie dort «Implikationen». Der Ausdruck besagt: das vorangestellte und mit *si* eingeleitete Adjunkt ist das implizierende (= bedingende), die durch *alors* eingeleitete nachgestellte Basis ist das implizierte (= bedingte) Junktionsglied.

Das Bedingungsverhältnis, das zwischen den Gliedern einer konditionalen Junktion besteht, kann durch das Zusammenwirken mit unterschiedlichen Tempora verschiedene Ausdruckswerte und Nuancen annehmen. Diese bleiben jedoch immer im allgemeinen Rahmen der Konditionalität. Die wichtigsten Ausdruckswerte konditionaler Junktionen sind:

– Annehmbare Bedingungen (8.4.1.1)
– Abwegige Bedingungen (8.4.1.2)
– Nuancierte Bedingungen (8.4.1.3)

8.4.1.1   Annehmbare Bedingungen (Realis)

Bedingungen sind annehmbar, wenn ebensoviel für ihre Verwirklichung wie gegen ihre Verwirklichung spricht. Junktionen mit annehmbarer Bedingung («Realis») sind an bestimmten Tempus-Kombinationen zu erkennen, die mit der Anweisung der Konjunktion *si* zusammenwirken. Besonders charakteristisch ist die Kombination zweier besprechender Tempora, und zwar eines Präsens oder Futurs in der Basis mit einem Präsens (nicht einem Futur!) im Adjunkt:

/ *elle trouve* (oder: *trouvera) facilement un mari si elle veut se marier* /   'sie findet leicht einen Mann (oder: wird leicht einen Mann finden), wenn (falls) sie heiraten will'

Unter bestimmten Kontextvoraussetzungen (zum Beispiel: Rückschau, Erzählen) sind in seltenen Fällen auch einige andere Tempus-Kombinationen zugelassen. Ausgeschlossen sind jedoch zur Bezeichnung einer annehmbaren Bedingung die Kombinationen Konditional + Imperfekt und Rück-Konditional + Plusquamperfekt (vgl. 8.4.1.2).

/ *savez-vous par hasard ce qu'on peut bien faire si la voiture ne démarre pas?* /
'wissen Sie zufällig, was man bloß machen kann, wenn (falls) der Wagen nicht anspringt'
/ *si la batterie est encore bonne, ce sont souvent les bougies qui n'allument pas* /
'wenn die Batterie noch gut ist, liegt es oft an den Kerzen, die nicht zünden (wollen)'
/ *faites-moi donc le plaisir de jeter un coup d'œil sous le capot, si vous avez un instant de libre* /   'schauen Sie doch bitte einmal unter der Haube nach, wenn Sie einen Augenblick frei sind!'
/ *volontiers, Madame, si vous me laissez deux minutes pour faire le plein de cette voiture* /   'gerne, (Frau Y,) wenn Sie mir zwei Minuten lassen, um diesen Wagen (eben) vollzutanken'

In bestimmten Kontexten, insbesondere bei zitierten Meinungen, die aus der Situation heraus verifizierbar sind, stellt sich die annehmbare Bedingung bereits als angenommene Bedingung dar:

/*si vous me dites «deux minutes», cela veut dire deux heures, je suppose*/ 'wenn Sie mir sagen «zwei Minuten», das heißt dann wohl zwei Stunden'
/*si je vous ai dit «deux minutes», c'était pour ne pas vous impatienter*/ 'wenn ich Ihnen gesagt habe «zwei Minuten», so war es, um Sie nicht ungeduldig zu machen'

Verkürzte *si*-Junktionen, die nur den Junktor und das Adjunkt umfassen und in dieser Form in Texte oder Situationen eingeblendet werden, dienen häufig als Signale der Höflichkeit. Der Sprecher gibt, wenn er sich dieser Mittel bedient, keine «unbedingten» Anweisungen. Es bleibt somit dem Hörer überlassen, ob er die Umstände («Dinge») für ausreichend ansieht, die Bedingung zu erfüllen:

si j'ose dire   'wenn ich so sagen darf'
si je ne me trompe   'wenn ich mich nicht irre'
si je ne m'abuse   'wenn ich mich nicht täusche'
si vous voulez   'wenn Sie so wollen (meinetwegen)'
si (l')on veut   'wenn man so will'
s'il vous plaît   'bitte' (wenn man sich siezt)
s'il te plaît   'bitte' (wenn man sich duzt)
si je peux me permettre   'wenn ich mir erlauben darf'
(...)

Die drei letztgenannten, vielgebrauchten Höflichkeitsformeln sind hauptsächlich auf Situationen beschränkt, in denen man etwas erbittet oder anbietet.

8.4.1.2 Abwegige Bedingungen (Irrealis)

Bedingungen sind abwegig, wenn für ihre Verwirklichung weniger spricht als für ihre Nichtverwirklichung. Junktionen mit abwegiger Bedingung («Potentialis», «Irrealis») sind am Gebrauch ausschließlich erzählender Tempora zu erkennen, und zwar in einer der beiden folgenden Kombinationen:

– Konditional in der Basis, Imperfekt im Adjunkt
– Rück-Konditional in der Basis, Plusquamperfekt im Adjunkt

Welche dieser beiden Kombinationen gewählt wird, hängt vom Tempus-Gebrauch des Kontextes ab.
    In einem besprechenden Kontext wählt man zur Bezeichnung einer abwegigen Bedingung die Tempus-Kombination Konditional + Imperfekt:

/*je vous assure qu'elle trouverait facilement un mari si elle voulait se marier*/   'ich versichere Ihnen, daß sie leicht einen Mann finden würde, wenn sie heiraten wollte'

In diesem Beispiel gibt der Ausdruck *je vous assure* 'ich versichere Ihnen' den besprechenden Kontext an. Wenn dann in scharfem Kontrast dazu («ungleicher Tempus-Übergang») erzählende Tempusformen folgen (Konditional: *trouverait*, Imperfekt: *voulait*), so verlangen diese Tempusformen den Sprung in ein anderes, stärker distanzierendes Register (vgl. 4.2.2), das im Zusammenwirken («konkomitant») mit der konditionalen Konjunktion *si* aus der annehmbaren eine abwegige Bedingung macht. Der Sprecher rechnet nämlich selber nicht damit, daß die genannte Bedingung erfüllt ist. Man könnte (besprechend!) fortfahren: *mais elle ne veut pas se marier* 'aber sie will nicht heiraten'.

Der Ausdruck der abwegigen Bedingung wird oft in die Rückschau-Perspektive verschoben. Die Tempus-Kombination der abwegigen Bedingung ist dann Rück-Konditional + Plusquamperfekt. Mit dieser Kombination ist die konditionale Konjunktion sowohl in einem besprechenden als auch in einem erzählenden Kontext verwendbar:

/*on sait* (oder: *on savait*) *bien qu'elle aurait facilement trouvé un mari si elle avait voulu se marier*/   'man weiß (oder: man wußte) wohl, daß sie leicht einen Mann gefunden hätte, wenn sie hätte heiraten wollen'

Auch in diesem Fall rechnet der Sprecher nicht damit, daß die Bedingung erfüllt ist. So bespricht oder erzählt er den Sachverhalt als einen solchen, der unter einer abwegigen Bedingung steht. Er könnte fortfahren: *mais elle ne voulait pas se marier* 'aber sie wollte nicht heiraten'.

Gelegentlich findet man die beiden Tempus-Kombinationen der abwegigen Bedingung auch gemischt: Konditional + Plusquamperfekt (statt Imperfekt) und Rück-Konditional + Imperfekt (statt Plusquamperfekt). In der Rück-Perspektive kann ferner die abwegige Bedingung, anstelle der normalen Tempus-Kombination Rück-Konditional + Plusquamperfekt, auch durch die Kombination Konjunktiv Plusquamperfekt + Konjunktiv Plusquamperfekt ersetzt werden:

/*elle eût probablement trouvé un mari, si elle eût vraiment cherché*/   'sie hätte wahrscheinlich einen Mann gefunden, wenn sie wirklich gesucht hätte'

Dieser Konjunktiv-Gebrauch ist jedoch auf eine sehr konservative Schriftsprache beschränkt und findet sich zudem fast nur in Verbindung mit der Referenten-Rolle (vgl. 4.5.1.2).

Verkürzte Junktionen, die nur aus der Konjunktion *si* und dem Adjunkt bestehen, werden auch als Ausrufe gebraucht (vgl. 9.3.6). Tempus des Adjunkts ist dann, wie auch sonst in den Junktionen der abwegigen Bedingung üblich, das Imperfekt oder Plusquamperfekt (an dessen Stelle – siehe oben – bisweilen auch der Konjunktiv Plusquamperfekt). Die Nuance der Abwegigkeit, die sich aus der Kombination der Konjunktion *si* mit einer dieser Tempusformen ergibt, äußert sich in solchen Ausrufen als Vergeblichkeit des Wunsches, den man klagend ausruft:

/ *ah! si j'avais lu avec attention les conditions du contrat d'assurance!* /   'ach, wenn ich doch aufmerksam die Bedingungen des Versicherungsvertrages gelesen hätte!'

/ *qu'est-ce que vous auriez fait, si vous aviez compris l'astuce du contrat avant de signer?* /   'was hätten Sie getan, wenn Sie die List des Vertrages vor dem Unterschreiben begriffen hätten?'

/ *si vous étiez à ma place, vous n'appelleriez pas cela une astuce, mais une fraude* /   'wenn Sie an meiner Stelle wären, würden Sie das nicht eine List, sondern einen Betrug nennen'

/ *je veux bien que ce soit une fraude, mais elle serait restée sans succès, si vous aviez montré moins de naïveté* /   'meinetwegen soll das ein Betrug sein, aber der wäre ohne Erfolg geblieben, wenn Sie weniger Arglosigkeit bewiesen hätten'

/ *si les gens n'étaient pas tous plus ou moins candides, les assurances n'auraient pas pu se construire tant de palais* /   'wenn die Leute nicht alle mehr oder weniger arglos wären, hätten die Versicherungen sich nicht so viele Paläste bauen können'

/ *eh oui, si on pouvait changer le monde!* /   'ach ja, wenn man (doch) die Welt ändern könnte!'

8.4.1.3   Nuancierte Bedingungen

Die annehmbaren ebenso wie die abwegigen Bedingungen können in vielfältiger Weise nuanciert werden. Zu diesem Zweck kann sich die Konjunktion *si* mit anderen Morphemen verbinden und mit ihnen erweiterte Konjunktionen bilden, zum Beispiel die folgenden:

si jamais   'wenn je, wenn irgend, wenn nur ein bißchen'
si seulement   'wenn nur'
seulement si   'nur wenn'
si même   'wenn sogar'
même si   'selbst wenn'

si encore   'wenn noch'
encore si   'wenn wenigstens'
excepté (sauf) si   'ausgenommen wenn'
si ce n'est   'außer wenn'
(...)

/ *si jamais tu m'aimes, épouse-moi* /   'wenn du mich nur ein bißchen liebst, heirate
   mich!'
/ *si seulement je t'aimais, je t'épouserais* /   'wenn ich dich nur liebte, würde ich dich
   heiraten'

Ausschließlich die abwegige Bedingung wird im Sinne einer Fiktion nuanciert
durch die Verbindung mit dem Morphem *comme:*

/ *comme si un songe pouvait être la vie* /   'als wenn (als ob) ein Traum das Leben
   sein könnte'
/ *comme si la vie n'avait été qu'un songe* /   'als wenn (als ob) das Leben nur ein
   Traum gewesen wäre'

Idiomatischer Ausdruck:

comme si de rien n'était (n'avait été)   'als wenn nichts wäre (gewesen wäre)'

Außer durch Erweiterungen der Konjunktion *si* kann eine konditionale Junktion
auch durch verschiedene andere Konjunktionen hergestellt werden, die sich von
der Konjunktion *si* nur durch Nuancen unterscheiden. Es sind hauptsächlich die
folgenden:

quand (bien) même (mit folgendem Konditional)   'selbst wenn' (anders *même*
   quand, vgl. 8.4.2)
dans le cas où (mit folgendem Konditional)   'im Falle daß'
au cas où (mit folgendem Konditional)   'im Falle daß'
en cas que (mit folgendem Konjunktiv – seltener gebraucht)   'falls'
à condition que (mit folgendem Konjunktiv)   'unter der Bedingung, daß'
supposé que (mit folgendem Konjunktiv)   'angenommen (, daß)'
pourvu que (mit folgendem Konjunktiv)   'vorausgesetzt (, daß)'
à moins que ... ne (mit folgendem Konjunktiv)   'es sei denn, daß'

Die Konjunktionen *à condition que* und *à moins que ... (ne)* haben die Verbal-
Präpositionen *à condition de* und *à moins de ... (ne)* zur Seite. Die Konjunktion
si wird jedoch öfter als andere Konjunktionen auch dann als Konjunktion beibe-

halten und nicht durch eine Verbal-Präposition ersetzt, wenn das Subjekt in beiden Junktionsgliedern gleich ist:

/*en gros, je me porte assez bien, si ce n'est (n'était) cet éternel mal de tête*/ 'im großen und ganzen fühle ich mich recht wohl, wenn nicht diese ewigen Kopfschmerzen wären!'
/*supposez que je vous prescrive une cure, est-ce que vous pourriez prendre congé pour si longtemps?*/ 'angenommen ich verschreibe Ihnen eine Kur, könnten Sie (dann) so lange Urlaub nehmen?'
/*je pourrai peut-être prendre un congé spécial à condition de trouver un remplaçant*/ 'ich kann vielleicht einen Sonderurlaub unter der Bedingung nehmen, daß ich einen Vertreter finde'
/*dans le cas où vous trouveriez un remplaçant, je vous conseille de vous retirer quatre semaines pour faire une cure de sommeil*/ 'für den Fall, daß Sie einen Vertreter finden, rate ich Ihnen, sich für vier Wochen zurückzuziehen, um eine Schlafkur zu machen'
/*supposé toujours que je puisse me libérer, où voulez-vous que je fasse cette cure?*/ 'immer noch angenommen, daß ich mich (überhaupt) freimachen kann, wo soll ich (dann) diese Kur machen?'
/*je connais une bonne maison de santé à moins que vous n'ayez une préférence pour une autre maison*/ 'ich weiß ein gutes Sanatorium, es sei denn, daß Sie eine Vorliebe für ein anderes Haus hätten'
/*cela m'est égal, si seulement je suis guéri de ces douleurs!*/ 'das ist mir gleich, wenn ich nur von diesen Schmerzen geheilt werde!'

Die konditionale Konjunktion *quand même* 'selbst wenn' wird, außer als gebundene Form in einer konditionalen Junktion (mit dem Tempus Konditional im Adjunkt), besonders häufig auch als freie Form und insofern als Adverb gebraucht und hat dann eine ähnliche Bedeutung wie das Adverb *tout de même* 'trotzdem, immerhin':

/*je m'en vais quand même cela te déplairait*/ 'ich gehe fort, selbst wenn dir das mißfällt (oder: mißfallen sollte)'
/*tu pourrais quand même (oder: tout de même) t'excuser*/ 'du könntest dich immerhin entschuldigen'
/*tu exagères, quand même!*/ 'jetzt übertreibst du aber!'

Im letzten dieser drei Beispiele liegt der Akzent auf dem Verb, der Ausdruck *quand même* bleibt unbetont.

8.4.2   Zeitliche Bedingung oder Temporalität *(quand, lorsque...)*

Die temporale Konjunktion *quand,* vor Konsonant gesprochen [kã], vor Vokal und vor «vokalischem *h-*» gesprochen [kãt] hat die Bedeutung 'wenn, wann immer, als'. Sie dient dazu, zwei verbale Junktionsglieder so miteinander zu verbinden, daß die Basis vom Adjunkt her zeitlich bedingt wird. Die temporalen Konjunktionen sind also mit den konditionalen Konjunktionen bedeutungsverwandt und unterscheiden sich von ihnen nur durch eine zusätzliche Spezifizierung. Während die konditionalen Konjunktionen einen schlichten Bedingungs-Zusammenhang herstellen, demzufolge die Basis der Junktion (irgendwie) bedingt und das Adjunkt (irgendwie) bedingend ist (vgl. 8.4.1), geben die temporalen Konjunktionen die zusätzliche Anweisung, diese Determination als eine zeitliche Bedingtheit zu verstehen. Unter Zeit verstehen wir dabei das Insgesamt dessen, was als Tempus-Perspektive, als Tempus-Register und als Tempus-Relief unter dem Begriff Tempus zusammengefaßt ist (vgl. 4.2). Wir beschreiben daher die Bedeutung der Konjunktion *quand* in Anlehnung an die Beschreibung der Konjunktion *si* 'wenn' (vgl. 8.4.1) mit dem semantischen Merkmal ⟨BEDINGUNG⟩ in Verbindung mit den spezifizierenden Tempus-Merkmalen ⟨PERSPEKTIVE⟩, ⟨REGISTER⟩ und ⟨RELIEF⟩.

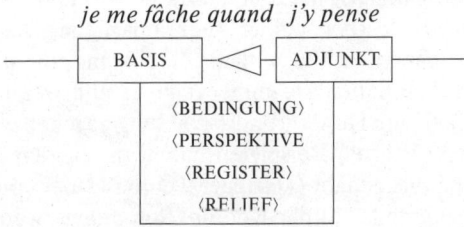

Das Schaubild ist folgendermaßen zu verstehen: In dieser Junktion mit der Bedeutung 'ich ärgere mich, wenn ich daran denke' wird nach der Anweisung der Konjunktion *quand* 'wenn, wann immer, als' die Basis *je me fâche* 'ich ärgere mich' als zeitlich bedingt und zugleich das Adjunkt *j'y pense* 'ich denke daran' als zeitlich bedingend charakterisiert. Unter dieser Bedingung erscheinen die Tempora der beiden Junktionsglieder als besonders wichtig. Es handelt sich in beiden Fällen um das Präsens. Die Bedeutung dieses Tempus ist konstituiert durch die beiden Merkmale ⟨BESPRECHEN⟩ und neutrale ⟨PERSPEKTIVE⟩ (vgl. 4.3.1). Da beide Junktionsglieder also dieses Tempus Präsens gemeinsam haben, ist die durch die Junktion gesetzte zeitliche Bedingung dann erfüllt, wenn die Verbindung zwischen dem Ärger und den ärgerlichen Gedanken ohne perspektivische Rück- oder Vorausschau besprochen wird.

Das erörterte Beispiel kann in die Tempora der erzählten Welt übersetzt werden. An der Bedeutung der Konjunktion *quand* ändert sich dadurch nichts. Es bleibt dabei, daß diese Konjunktion den Hörer anweist, die Basis der Junktion als zeitlich bedingt anzusehen, und zwar im Sinne einer Determination, die vom zeitlich bedingenden Adjunkt ausgeht. Auch hier wird die Zeitlichkeit dieser Bedingung als Insgesamt aller Tempus-Merkmale aufgefaßt:

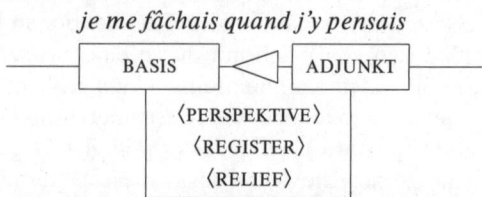

je me fâchais quand j'y pensais

In diesem Beispiel mit der Bedeutung 'ich ärgerte mich, wann immer (oder: immer wenn) ich daran dachte' ist die zeitliche Bedingtheit, die durch die Konjunktion *quand* 'wenn, wann immer, als' zwischen den beiden Junktionsgliedern hergestellt wird, nur deshalb eine andere als in dem voraufgehenden Beispiel, weil die beiden Junktionsglieder nun andere Tempora haben. Beide Verben stehen jetzt im Imperfekt. Dieses Tempus ist in seiner Bedeutung konstituiert durch die Merkmale ⟨ERZÄHLEN⟩, neutrale ⟨PERSPEKTIVE⟩ und ⟨UNAUFFÄLLIGKEIT⟩ (vgl. 4.3.2). Da also die Verben beider Junktionsglieder diese semantischen Merkmale gemeinsam haben, ist die zeitliche Bedingung, die in der Bedeutung der Konjunktion *quand* enthalten ist, immer dann erfüllt, wenn ohne besondere Rück- oder Vorausschau eine Hintergrund-Erzählung gegeben wird.

In den zwei bisher erörterten Beispielen haben die beiden Junktionsglieder jeweils das gleiche Tempus gehabt («gleicher Tempus-Übergang»). Im nachfolgenden Beispiel, das ebenfalls mit der Konjunktion *quand* 'wenn, wann immer, als' gebildet ist, haben die Junktionsglieder verschiedene Tempora («ungleicher Tempus-Übergang»):

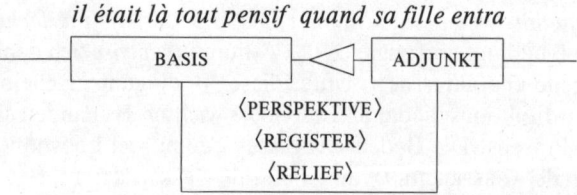

il était là tout pensif quand sa fille entra

Auch in diesem Beispiel mit der Bedeutung 'er saß ganz in Gedanken da, als seine Tochter eintrat' hat die Konjunktion *quand* keine andere Bedeutung als in den voraufgehenden Beispielen. Sie stellt auch hier einen zeitlichen Bedingungs-zusammenhang in der Junktion her, und auch hier ist die Basis das zeitlich bedingte, das Adjunkt das zeitlich bedingende Junktionsglied. Ferner soll auch hier die Zeitlichkeit als Tempus, das heißt, als Insgesamt der in den Merkmalen der Tempus-Perspektive, des Tempus-Registers und des Tempus-Reliefs ausgedrückten Bedingungen verstanden werden. Daraus folgt, daß die zeitliche Bedingung, die in dieser Junktion durch die Anweisung der Konjunktion *quand* aufgestellt wird, dann erfüllt ist, wenn ohne besondere Rück- oder Vorausschau das Erzählen vom Hintergrund zum Vordergrund übergeht, anders ausgedrückt, wenn eine Vordergrund-Handlung (Erzähltempo: Presto) in eine Hintergrund-Handlung (Erzähltempo: Lento) einschneidet («Inzidenz»). Ein geeignetes Tempus-Adverb des Vordergrunds wie beispielsweise das Adverb *tout à coup* 'plötzlich' kann die Schroffheit dieses Tempus-Übergangs noch unterstreichen: *quand, tout à coup, sa fille entra* 'als plötzlich seine Tochter eintrat'. Mit der Verschärfung durch das Relief-Adverb *tout à coup* oder ein Adverb verwandter Bedeutung wird aus der «einschneidenden» eine «hineinplatzende» Vordergrund-Handlung.

In ähnlicher Weise kommt auch bei anderen Tempuspaaren eine Koordination zustande, wenn die Konjunktion *quand* der Junktor ist. Statt dieser Konjunktion gebraucht man jedoch häufig auch die Konjunktion *lorsque* [lɔrskə], vor Vokal *lorsqu'* [lɔrsk], 'wenn, als'. Diese Konjunktion bevorzugt ungleiche Tempus-Übergänge, während die Konjunktion *chaque fois que* (Variante: *toutes les fois que*) 'jedesmal wenn' vorzugsweise bei gleichen Tempus-Übergängen gebraucht wird. Eine präzisere Bedeutung im Sinne von zeitlicher Koordination hat die Konjunktion *au moment où* 'genau wenn, gerade als' (gepflegtere Variante: *au moment que*). Sofern die beiden Junktionsglieder in der Semantik ihrer Lexeme gegensätzliche Bedeutung haben, kann die Koordination durch eine dieser Tempus-Konjunktionen eine solche Opposition verschärft zur Geltung bringen:

/ *les ouvriers contestent quand on* [kɑ̃tõ] *refuse leurs revendications légitimes* / 'die Arbeiter lassen es sich nicht gefallen, wenn man ihre berechtigten Forderungen zurückweist'
/ *ils se sont révoltés pour la première fois lorsque la direction a licencié trois mille ouvriers* / 'sie haben sich zum erstenmal aufgelehnt, als die Werksleitung dreitausend Arbeiter entlassen hat'
/ *ils demandent que le salaire soit augmenté chaque fois que le coût de la vie augmente* / 'sie verlangen, daß der Lohn immer dann erhöht wird, wenn sich die Lebenshaltungskosten erhöhen'
/ *les négociations entre les patrons et le syndicat étaient près d'aboutir quand tout à coup une grève sauvage éclata* / 'die Verhandlungen zwischen den Arbeitgebern und der Gewerkschaft standen kurz vor dem Erfolg, als plötzlich ein wilder Streik ausbrach'

/*au moment où j'écris ces lignes, on parle d'une intervention gouvernementale*/
'während (oder: im Augenblick, da) ich diese Zeilen schreibe, spricht man von
einem Eingreifen der Regierung'

8.4.3 Positions-Bedingung *(où)*

Die positionelle Konjunktion *où* 'wo, wohin' ist in ihrer Bedeutung verwandt mit
dem Interrogativ-Adverb *où? '*wo?, wohin?' (vgl. 9.3.4.1). Bloße Homonymie,
jedoch nur in der Lautung (Homophonie), besteht überdies mit dem Alljunktor
ou 'oder' (vgl. 8.2.2).

Die Konjunktion *où* charakterisiert das Determinationsgefüge einer Junktion
als ein Bedingungsverhältnis, das unter dem Gesichtspunkt der Position spezifiziert ist (vgl. 8.4.1). Unter Position haben wir den Kommunikationsraum verstanden (vgl. 7.3.2), der nicht ohne weiteres mit dem dreidimensionalen physikalischen Raum identisch ist, sondern von den Positionen der Gesprächsrollen her
strukturiert ist. Im Sinne dieses Positionsbegriffs weist die Konjunktion *où* in
einer von ihr semantisch regierten Junktion den Hörer an, die Basis dieser Junktion als positionell bedingt, das Adjunkt als positionell bedingend aufzufassen.
Das heißt: die Bedeutung der Basis soll nur gelten, insofern die von der Bedeutung des Adjunkts her gesetzten Positions-Bedingungen erfüllt sind. Wir
beschreiben das allgemeine Bedingungsverhältnis mit dem Merkmal ⟨BEDIN-
GUNG⟩, die positionelle Spezifizierung zusätzlich mit dem Merkmal ⟨POSITION⟩:

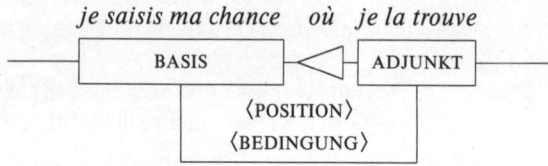

In diesem Beispiel mit der Bedeutung 'ich ergreife meine Chance, wo ich sie
finde' ist die Basis *je saisis ma chance* 'ich ergreife meine Chance' als positionell
bedingt, das Adjunkt *je la trouve* 'ich finde sie' als positionell bedingend anzusehen. Der Hörer erhält also von der Konjunktion *où* die Anweisung, die Bedeutung der Basis nur dann gelten zu lassen, wenn die angegebene Positions-Bedingung erfüllt ist, das heißt, wenn Fundorte für Chancen gegeben sind.

In den meisten Fällen – so auch in diesem Beispiel – ist die als Bedingung
gesetzte Position räumlich interpretierbar. Dafür ist allerdings vorausgesetzt, daß
die Bedeutung mindestens eines der Junktionsglieder eine räumliche Auffassung

der Junktions-Bedingung nahelegt. Ist das nicht der Fall, so ist auch eine zeitliche oder jede andere («modale») Auffassung möglich, die mit der Konfiguration des Kommunikationsraums'vereinbar ist. Daß insbesondere die Grenzen zwischen meßbarem Raum und meßbarer Zeit hier nicht scharf gezogen sind, lassen auch die kombinierten Konjunktionen *au moment où* 'gerade wenn/gerade als' (vgl. 8.4.2) und *au cas où* 'im Falle, daß' erkennen.

/*il se tait là où tous les autres parlent*/ 'er schweigt da, wo alle andern sprechen'
/*il ne va pas où les autres vont*/ 'er geht nicht dahin, wohin die andern gehen'
/*il se sourit où il se voit*/ 'er lächelt sich zu, wo er sich sieht'
/*il s'apelle Narcisse, d'où sa vanité*/ 'er heißt Narziß, daher seine Eitelkeit'

Die Beispiele lassen zugleich erkennen, daß in der Bedeutung der Konjunktion *où* nicht zwischen den Aspekten Ruhe und Hinbewegung unterschieden wird; die Herbewegung wird jedoch durch die Form *d'où* 'von wo, woher, wovon' ausdrücklich bezeichnet. Gelegentlich (so im ersten Beispiel) tritt verstärkend zu der Konjunktion *où* das Positions-Adverb *là* hinzu: *là où* 'da, wo/dahin, wo'.

8.4.4 Abfolge

Kommunikatives Grundmuster für jede Art Abfolge ist die Textfolge mit ihrem zeitlichen Nacheinander der Sprachzeichen. Jedes Sprachzeichen im Text kann im Verhältnis zu anderen Sprachzeichen als früher («voraufgehend», «vorzeitig») oder als später («nachfolgend», «nachzeitig») charakterisiert werden. Nach dem Muster der Textfolge ist auch die Abfolge von Handlungen verstehbar und als zeitliches Nacheinander früherer oder späterer Handlungen beschreibbar (vgl. 4.2.1). Aus dieser Strukturgleichheit («Homologie») ergibt sich die Möglichkeit, zwischen Text- und Handlungsabfolgen zu vergleichen. Das geschieht mit Hilfe der Konjunktionen der Abfolge *avant que* 'bevor' und *après que* 'nachdem' (8.4.4.1). Mit Hilfe der Konjunktion *pendant que* 'während' können zwei Handlungen in ihrer Abfolge synchronisiert werden (8.4.2.2).

8.4.4.1 Früher und Später *(avant que, après que)*

Die Konjunktionen *avant que* 'bevor' und *après que* 'nachdem' unterrichten den Hörer über die Handlungsfolge im Verhältnis zur Textfolge. Sie entsprechen in ihren Bedeutungen den Präpositionen *avant* 'vor' und *après* 'nach' mitsamt ihren zugehörigen Verbal-Präpositionen *avant de* 'bevor' und *après* 'nachdem' (vgl. 8.3.2.2).

Die Bedeutung der Konjunktion *avant que* ist eine Anweisung des Sprechers an den Hörer, eine Handlungsfolge als strukturgleiches («homologes») Abbild der Textfolge Basis – Adjunkt aufzufassen. Was in der textuellen Junktion früher ist, also die Basis, soll auch in der Handlungswelt als vorzeitig gelten. Dabei wird, ebenso wie bei den Präpositionen der Abfolge (vgl. 8.3.2.2), die Post-Stellung als nichtmarkierte Normalstellung der Junktionsglieder zugrunde gelegt (vgl. 8.1). Wir beschreiben die Bedeutung dieser Konjunktion mit dem (Relations-)Merkmal ⟨ABFOLGE⟩, welches der Basis das Merkmal ⟨FRÜHER⟩ und dem Adjunkt das Merkmal ⟨SPÄTER⟩ zuweist.

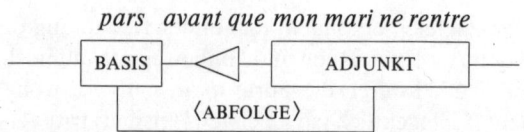

pars avant que mon mari ne rentre

Das Beispiel mit der Bedeutung 'geh fort, bevor mein Mann heimkehrt!' zeigt die (normale, dem Informationsprofil nach neutrale) Junktions-Stellung Basis – Junktor – Adjunkt. Basis ist der Imperativ *pars* 'geh fort!', Adjunkt ist die mit einem nominalen Subjekt versehene Konjunktivform *mon mari (ne) rentre* 'mein Mann kehrt heim'. Die zwischen Junktor und Adjunkt stehende Konjunktion *avant que* 'bevor' bedeutet dem Hörer nun, die Handlungsfolge Weggehen – Heimkehr nach dem Strukturmuster dieser Junktion zu verstehen: so wie im Text der Ausdruck *pars* dem Ausdruck *mon mari (ne) rentre* zeitlich voraufgeht, so soll auch in der Handlungswelt der Besucher früher weggehen, als der Mann heimkehrt.

Die Konjunktion *avant que* zieht immer den Konjunktiv nach sich, denn jede Vorausschau greift ins Ungewisse vor. Sie ist also für das Verb des Adjunkts ein Konjunktiv-Auslöser (Merkmal: ⟨INTERESSE⟩ – vgl. 4.5.3). Der durch *avant que* ausgelöste Konjunktiv kann in seiner Form durch den Quasi-Konjunktiv *ne* verstärkt werden. Die Verwendung des Quasi-Konjunktivs *ne* gilt als Zeichen für gepflegte Sprache (vgl. 4.5.1.3). Unterscheide:

EINFACHER KONJUNKTIV

/ *viens me trouver avant que je parte* /
  'besuche mich, bevor ich abreise!'

KONJUNKTIV MIT QUASI-KONJUNKTIV

/ *viens me trouver avant que je ne parte* / 'besuche mich, bevor ich abreise!'

Im Unterschied dazu zieht die Konjunktion *après que* 'nachdem', von vereinzelten Ausnahmen abgesehen, keinen Konjunktiv nach sich: die Rückschau kann an den Tatsachen nichts mehr ändern. Daher findet man nach *après que* («indikativische») Tempusformen mit einem gegenüber der Basis zusätzlichen Merkmal ⟨RÜCKSCHAU⟩. Es sind dies das Perfekt *(après qu'il a parlé)*, das Rück-Perfekt *(après qu'il a eu parlé)* und der Rück-Aorist *(après qu'il eut parlé)*. Das Plusquamperfekt, das sich vom Rück-Aorist nur durch das Hintergrund-Merkmal ⟨UNAUFFÄLLIGKEIT⟩ statt des Vordergrund-Merkmals ⟨AUFFÄLLIGKEIT⟩ unterscheidet, wird jedoch nach der Konjunktion *après que* nicht gewählt.

Durch die Konjunktion *après que* erhält der Hörer die Anweisung, die (normale) Abfolge Basis – Adjunkt für das Verständnis der Handlungswelt umzukehren: Das Frühere im Text, nämlich die Basis, bezeichnet Späteres in der Handlungswelt; das Spätere im Text, nämlich das Adjunkt, bezeichnet Früheres in der Handlungswelt («Inversion»). Wir beschreiben die Bedeutung dieser Präposition mit dem Merkmal ⟨UMKEHRUNG⟩, das der Basis das Merkmal ⟨SPÄTER⟩ und dem Adjunkt das Merkmal ⟨FRÜHER⟩ zuweist.

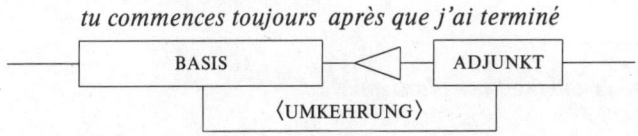

tu commences toujours après que j'ai terminé

In der Zeichenfolge des Textes vernimmt der Hörer die Basis *tu commences toujours* 'du beginnst immer' früher, das Adjunkt *j'ai terminé* 'ich habe geendet' später. Als Handlungsfolge soll jedoch die umgekehrte Abfolge («Inversion») gelten. Das signalisiert die Konjunktion *après que* 'nachdem'. Sie bedeutet dem Hörer, die in der Basis ausgedrückte Handlung in die Nachzeitigkeit der im Adjunkt ausgedrückten Handlung zu versetzen: 'du beginnst immer, nachdem ich geendet habe'. Das Zeitverhältnis zwischen den beiden aufeinanderfolgenden Handlungen wird überdies durch die verschiedenen Tempus-Perspektiven der Verben (Neutral: *tu commences*, Rückschau: *j'ai terminé*) unterstützt.

Junktionen mit *avant que* und *après que* gelten jedoch nach französischen Stilnormen als steif. Man meidet sie nach Möglichkeit und ersetzt sie bei gleichem Subjekt durch die gleichbedeutenden Verbal-Präpositionen *avant de* oder *après*:

/*prenez la cabine nº 2 avant qu'elle ne soit occupée*/ 'nehmen Sie die Telephonzelle Nr. 2, bevor sie besetzt ist!'
/*composez votre numéro après que vous avez* (oder korrekter: *aurez*) *entendu* (oder noch besser: *après avoir entendu) la tonalité*/ 'wählen Sie Ihre Nummer, nachdem Sie das Amtszeichen gehört haben!'
/*mettez vos pièces avant d'être coupé*/ 'werfen Sie Ihre Münzen ein, bevor Sie unterbrochen werden!'

/*raccrochez avant que votre correspondant (ne) s'impatiente*/   'legen Sie auf, bevor Ihr Gesprächspartner die Geduld verliert!'

Ist das Subjekt ungleich, so daß eigentlich die Verbal-Präpositionen *avant de* und *après* anstelle der Konjunktionen *avant que* und *après que* nicht gebraucht werden können, so kann man durch ein Ausweichen ins Passiv (vgl. 3.4.7) die Subjekte gleich machen und auf diese Weise dennoch den Gebrauch einer Verbal-Präposition ermöglichen. Vergleiche:

KONJUNKTION BEI UNGLEICHEM SUBJEKT (AKTIV)	VERBAL-PRÄPOSITION BEI GLEICHEM SUBJEKT (PASSIV)
/*je pars avant que vous (ne) me renvoyiez*/ 'ich gehe, bevor Sie mich entlassen'	/*je pars avant d'être renvoyé (par vous)*/ 'ich gehe, bevor ich (von Ihnen) entlassen werde'

8.4.4.2   Gleichzeitigkeit *(pendant que)*

Die Linearität der Textfolge und die Linearität der Handlungsfolge können synchronisiert, das heißt, gleichzeitig («simultan») gemacht werden. Das wird durch die Konjunktion *pendant que* 'während' signalisiert. Wir kennzeichnen ihre Bedeutung durch die Merkmale ⟨ABFOLGE⟩ und ⟨GLEICH⟩.

est-ce que tu fumes pendant que tu travailles?

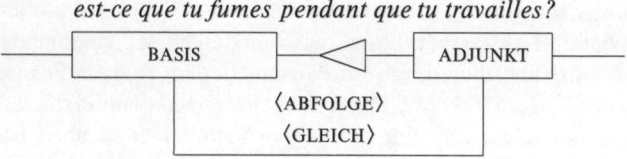

Im Beispiel dieser Junktion gilt die Basis *est-ce que tu fumes?* 'rauchst du?' als determinationsbedürftig. Sie wird nach der Anweisung der Konjunktion *pendant que* 'während' vom Adjunkt *tu travailles* 'du arbeitest' her determiniert. Das soll, entsprechend den Bedeutungsmerkmalen der Konjunktion, eine Determination im Sinne einer synchronen Abfolge sein: 'rauchst du, während du arbeitest?'. Im Sinne dieser Gleichzeitigkeit haben die Junktionsglieder einer mit der Konjunktion *pendant que* gebildeten Junktion auch meistens (jedoch nicht immer!) gleiche Tempora.

Die Bedeutung der gleichzeitigen Abfolge wird in der Konjunktion *aussi longtemps que* 'so lange ... wie, so lange ... als' und in der Konjunktion *tant que* 'solange wie, solange als, solange bis' durch zusätzliche Perspektiven-Merkmale nuanciert:

/il faut apprendre les langues pendant qu'on est jeune/ 'man muß Sprachen lernen, während (solange) man jung ist'
/je ne ferai du français que tant qu'il me plaira/ 'ich mache Französisch nur, solange es mir Spaß macht'
/espérons que le français vous plaira aussi longtemps qu'il est nécessaire pour bien le parler'/ 'hoffen wir, daß das Französische Ihnen so lange gefällt, wie nötig ist, um es gut zu sprechen'

Sprichwort:

/il faut battre le fer pendant qu'il est chaud/ 'man muß das Eisen schmieden, solange es heiß ist'

8.4.5 Begrenzung nach Anfang und Ende *(dès que, depuis que, jusqu'à ce que)*

Jeder Text hat eine Begrenzung in der Zeit. Er verläuft zwischen seinem Anfang und seinem Ende. Auch an gewissen Sachverhalten und Ereignissen der Handlungswelt kann man einen zeitlichen Anfang und ein zeitliches Ende wahrnehmen. Handlungen haben also ebenfalls eine zeitliche Begrenzung. Diese beiden Begrenzungen können zueinander in Relation gesetzt werden. Zur Beschreibung der Bedeutungen von Konjunktionen, die solche Begrenzungen zum Ausdruck bringen, benutzen wir die semantischen Merkmale ⟨ANFANG⟩ und ⟨ENDE⟩.

Die Konjunktionen *dès que* 'sobald, seit' und *depuis que* 'seitdem' sind beide in ihrer Bedeutung durch das Merkmal ⟨ANFANG⟩ charakterisiert, die Konjunktion *jusqu'à ce que* 'bis (daß)' durch das Merkmal ⟨ENDE⟩. Von den beiden erstgenannten Konjunktionen beruht die Bedeutung der Konjunktion *dès que* n u r auf dem Merkmal ⟨ANFANG⟩:

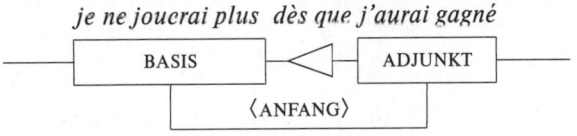

Determinationsbedürftig ist in dem Beispiel dieser Junktion die verbale Basis *je ne jouerai plus* 'ich werde nicht mehr spielen'. Determinationskräftig ist das ebenfalls verbale Adjunkt *j'aurai gagné* 'ich werde gewonnen haben'. Die Art der

627

Determination wird durch das Bedeutungsmerkmal ⟨ANFANG⟩ der Konjunktion *dès que* (hier:) 'sobald' festgelegt: das Nicht-mehr-spielen fängt zu einem bestimmten Zeitpunkt an: 'ich werde nicht mehr spielen, sobald ich gewonnen habe'.

Es ist für den Gebrauch der Konjunktion *dès que* unerheblich, durch welche Tempus-Perspektive die finiten Verben der Junktionsglieder gekennzeichnet sind, ob durch eine Rück-Perspektive ('seitdem') oder durch eine Voraus- oder Neutral-Perspektive ('sobald'). Im Unterschied dazu ist die Konjunktion *depuis que* nicht mit der Voraus-Perspektive kombinierbar. Sie setzt vielmehr im Tempus des Adjunkts das Merkmal ⟨RÜCKSCHAU⟩ voraus, das unter bestimmten Kontextbedingungen auch durch das Merkmal ⟨ERZÄHLEN⟩ ersetzt werden kann:

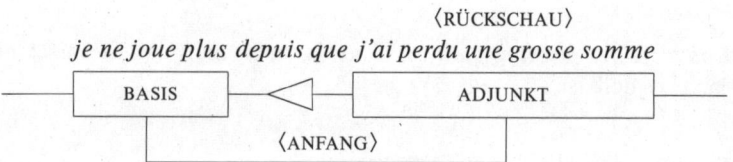

⟨RÜCKSCHAU⟩

je ne joue plus depuis que j'ai perdu une grosse somme

BASIS   ◁   ADJUNKT

⟨ANFANG⟩

Im Beispiel dieser Junktion enthält das finite Verb des Adjunkts *j'ai perdu une grosse somme* 'ich habe eine große Summe verloren' das Tempus-Merkmal ⟨RÜCKSCHAU⟩ (vgl. 4.2.1). Der Hörer kann also auf den Anfang der in der Basis ausgedrückten Handlung *je ne joue plus* 'ich spiele nicht mehr' zurückschauen: 'ich spiele nicht mehr, seitdem ich eine große Summe verloren habe'.

Im Bedeutungsbereich der Konjunktion *dès que* finden wir außerdem die folgenden erweiterten und semantisch unterschiedlich nuancierten Konjunktionen:

dès lors que   'sobald (als)'
dès l'instant où   'von dem Augenblick an, wo'
à partir du moment où   'von dem Moment an (gerechnet), wo'
une fois que   'sobald nur' (Nuance der Bedingung)
sitôt que (aussitôt que)   'sogleich nachdem' (unmittelbarer Anschluß)

Das gilt auch für die beiden zweigliedrigen Konjunktionen, deren erster Teil *(à peine* oder *ne ... pas plus tôt)* vor der Basis und deren zweiter Teil *(que)* vor dem Adjunkt steht:

à peine ... que   'kaum ..., als (da)'
ne ... pas plus tôt ... que   'noch nicht ..., da (... schon)'

Nach der Teil-Konjunktion *à peine* steht das Verb der Basis mit Inversion des Pronomens *(à peine avait-il ... que* 'kaum hatte er ..., da').

Auch die Konjunktion *depuis que* kann erweitert und auf diese Weise in Nuancen ihrer Bedeutung verändert werden: *depuis le moment* (oder: *le jour, l'année...*) *où* 'seit dem Augenblick (dem Tag, dem Jahr ...), als (wo, da)'.

In Opposition zu den Konjunktionen *dès que* und *depuis que* ist die Bedeutung der Konjunktion *jusqu'à ce que* [ʒyskaskə] 'bis (daß)' durch das Merkmal ⟨ENDE⟩ gekennzeichnet. Die Basis der Junktion wird also vom Adjunkt her unter dem Gesichtspunkt des Endes determiniert. Die Konjunktion *jusqu'à ce que* ist in der Regel gleichzeitig Konjunktiv-Auslöser (vgl. 4.5.3) für das Verb des Adjunkts:

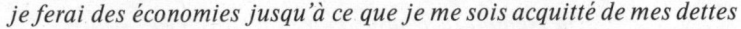

je ferai des économies jusqu'à ce que je me sois acquitté de mes dettes

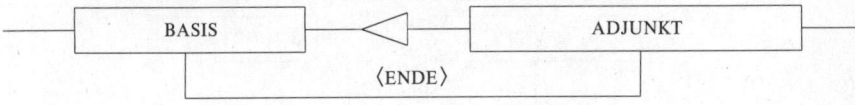

Die Basis dieser Junktion *je ferai des économies* 'ich werde sparen' bezeichnet eine Handlung, deren Ende durch das Adjunkt *je me sois acquitté de mes dettes* 'ich bin meine Schulden los' gekennzeichnet ist. Der Konjunktiv des Adjunkts gibt zusätzlich zur Bedeutung der Konjunktion *jusqu'à ce que* zu erkennen, daß es fraglich ist, ob das Ende tatsächlich erreicht wird. Der Verlauf der Handlung erscheint also im Hinblick auf sein Ende als durch mögliches Handeln beeinflußbar, so daß für die Handlung ein besonderes Interesse aufgebracht werden kann (vgl. 4.5). Soll indes der Verlauf nicht als beeinflußbar angesehen werden, so gebraucht man eine Variante dieser Konjunktion, nämlich die Form *jusqu'au moment où* 'bis (daß)', die kein Konjunktiv-Auslöser ist. Weitere Bedeutungsnuancen ergeben sich aus dem Kontext der Tempus-Übergänge.

/*il m'a dit qu'il m'a aimée depuis qu'il m'a vue pour la première fois*/ 'er hat mir gesagt, daß er mich geliebt hat, seitdem er mich zum ersten Mal gesehen hat'
/*est-ce qu'il t'a juré aussi qu'il t'aimera jusqu'au moment où la mort le frappera?*/ 'hat er dir auch geschworen, daß er dich lieben wird, bis (daß) der Tod ihn ereilt?'
/*veux-tu dire par là qu'il m'oubliera dès qu'il en aura trouvé une autre?*/ 'willst du damit sagen, daß er mich vergessen wird, sobald er eine andere gefunden hat?'
/*tu verras bien une fois que tu le connaîtras mieux*/ 'du wirst (schon) sehen, sobald du ihn (nur) besser kennst'
/*il est vrai qu'il ne m'avait pas plus tôt fait sa déclaration qu'il s'intéressait déjà à ma cousine*/ 'es stimmt: kaum hatte er mir seine Erklärung gemacht, da hat er sich schon für meine Kusine interessiert'
/*c'est bien lui, à peine voit-il une jolie femme, qu'il commence déjà à lui faire la cour*/ 'das ist ganz seine Art; kaum sieht er eine hübsche Frau, da fängt er schon an, ihr den Hof zu machen'

8.4.6 Anschluß oder Konsekutivität *(si bien que, de façon que ...)*

Von Anschluß oder Konsekutivität sprechen wir dann, wenn der Übergang vom Früheren zum Späteren (vgl. 8.4.4) zugleich der Übergang vom Anfang zum Ende einer Handlung ist (vgl. 8.4.5). Wir beschreiben die Bedeutung der konsekutiven Konjunktionen (die sich im einzelnen durch Nuancen unterscheiden) mit den Merkmalen ⟨ABFOLGE⟩ und ⟨BEGRENZUNG⟩:

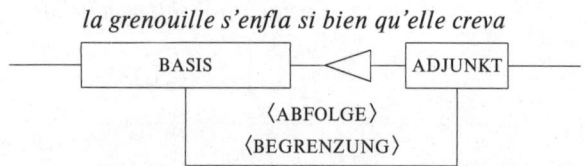

Diese Junktion hat die Bedeutung: 'der Frosch blies sich auf, so daß (bis) er platzte'. Die beiden Junktionsglieder werden durch die konsekutive Konjunktion *si bien que* 'so daß, bis' zusammengehalten. Diese Konjunktion gibt kraft ihres Merkmals ⟨ABFOLGE⟩ zunächst an, daß die Basis *la grenouille s'enfla* 'der Frosch blies sich auf' die frühere Handlung, das Adjunkt *elle creva* 'er platzte' die spätere Handlung bezeichnen soll. Dieser Übergang vom Früheren zum Späteren soll aber gleichzeitig – so bedeutet es dem Hörer das semantische Merkmal ⟨BEGRENZUNG⟩ – als ein Übergang vom Anfang zum Ende angesehen werden, das heißt, der Hörer soll in diesem Übergang ein kleines, abgeschlossenes Handlungsgefüge sehen, das sich mit diesem unmittelbaren Übergang zugleich selber begrenzt. Die wichtigsten konsekutiven Konjunktionen sind die folgenden:

si bien que   'so daß, bis'
en (oder: *de*) *sorte que*   'so daß'
de façon (oder: *de manière*) *que*   'so daß, dergestalt daß'
au (oder: *à tel, à ce*) *point que* 'so (weit) daß'

Hinzu kommt eine offene Liste von konsekutiven Konjunktionen, die ein Lexem umfassen, das durch die Verbindung mit einem suggestiven Schätz-Artikel (vgl. 5.2.4.1) einen konsekutiven Anschluß erwarten läßt:

si (oder: *tellement*) *jeune (belle, pauvre ...) que*   'so jung (schön, arm ...), daß'
une telle jeunesse (beauté, pauvreté ...) que   'eine solche Jugend (Schönheit, Armut ...), daß'
tant remarqué (admiré, plaint ...) que   'so (sehr) bemerkt (bewundert, bedauert ...), daß'

Es bleibt von der konsekutiven Konjunktion her unentschieden, ob das Verb des Adjunkts im Konjunktiv steht oder nicht. Der Konjunktiv wird gesetzt, wenn die Handlung des Adjunkts Gegenstand des Interesses werden soll. Unterscheide:

EINFACHER ANSCHLUSS

/*vous écrivez de (telle) façon qu'on peut vous comprendre*/ 'Sie schreiben so, daß man Sie verstehen kann'

INTERESSANTER ANSCHLUSS

/*écrivez de (telle) façon qu'on puisse vous comprendre*/ 'schreiben Sie so, daß man Sie verstehen kann'

Dieses Beispiel läßt gleichzeitig erkennen, daß die Grenze zwischen einer konsekutiven Konjunktion wie *de (telle) façon que* und einem suggestiv qualifizierenden Schätz-Adverb (*de telle façon* – vgl. 7.3.4.1) mit nachfolgender Inhalts-Konjunktion *(que* – vgl. 8.4.11) fließend ist.

Es gibt ferner eine Gruppe von zweigliedrigen konsekutiven Konjunktionen, die alle mit der Morphemfolge *pour que* gebildet sind. Als Muster kann die Konjunktion *assez ... pour que* 'genug (...) daß' gelten. Den ersten Teil der Konjunktion bildet ein Morphem oder auch Lexem, das ein begrenzendes Maß (oft auch ein Übermaß oder Untermaß) bedeutet. Der zweite Teil der Konjunktion besteht dann aus der Morphemfolge *pour que*. Die Konjunktionen dieser Gruppe lösen den Konjunktiv aus (vgl. 4.5.3), teilweise mit dem Quasi-Konjunktiv *ne* als Konjunktiv-Verstärker.

(pas) assez ... pour que '(nicht) genug, daß'
trop ... pour que 'zu (viel, sehr) ..., als daß'
bien ... pour que 'recht (oder: ziemlich) ..., (dafür) daß'
suffisamment ... pour que 'ausreichend ..., (dafür) daß'
à temps ... pour que 'rechtzeitig ..., daß'

/*mon chien est si bon gardien que je n'ai plus peur des cambrioleurs*/ 'mein Hund ist ein so guter Wachhund, daß ich keine Angst mehr vor Einbrechern habe'
/*je l'ai vu l'autre jour attaquer le facteur au point que je me suis demandé comment vous recevez votre courrier*/ 'ich habe ihn neulich den Briefträger angreifen sehen, so daß ich mich gefragt habe, wie Sie (bloß) Ihre Post erhalten'
/*mon chien est trop intelligent pour que le facteur soit vraiment en danger avec lui*/ 'mein Hund ist zu klug, als daß der Briefträger durch ihn ernsthaft in Gefahr geriete'
/*faites pourtant en sorte que les amis puissent venir chez vous sans risque*/ 'sehen Sie aber zu, daß die Freunde ohne Risiko zu Ihnen kommen können!'

Wenn Basis und Adjunkt das gleiche Subjekt haben oder wenn sonst schon durch die Bedeutung der Verben eine Verwechslung der Bedeutung ausgeschlossen ist, steht statt der konsekutiven Konjunktion eine konsekutive Verbal-Präposition mit dem Infinitiv. Die folgenden Konjunktionen und Verbal-Präpositionen entsprechen einander:

KONJUNKTIONEN	VERBAL-PRÄPOSITIONEN
en sorte que 'so daß'	*en sorte de* 'so daß'
de façon (manière, sorte) que 'so daß'	*de façon (manière, sorte) à* 'so daß'
au point que 'so (weit) daß'	*au point de* 'so (weit) daß'
assez ... pour que 'genug ..., (dafür) daß'	*assez ... pour* 'genug ..., (um) zu'
trop ... pour que 'zu (viel) ..., (dafür) daß'	*trop ... pour* 'zu (viel) ..., um zu'

Vergleiche:

VERSCHIEDENES SUBJEKT: KONJUNKTION	GLEICHES SUBJEKT: VERBAL-PRÄPOSITION
/*elle est assez intelligente pour que je puisse lui confier ce travail*/ 'sie ist klug genug, daß ich ihr diese Arbeit anvertrauen kann'	/*elle est assez intelligente pour faire ce travail*/ 'sie ist klug genug, (um) diese Arbeit zu tun'

Eine besondere Form der Abfolge ist die Folgerung oder Konklusion nach den Regeln der Logik. Sie bedient sich insbesondere der Konjunktion *donc* [dõk] 'also, folglich' mit ihren Synonymen *par conséquent* 'folglich' und *en conséquence* 'demzufolge'.

Mit diesen Konjunktionen signalisiert der Sprecher dem Hörer, eine bestimmte Abfolge als «folgerichtig» und zugleich als argumentativ abgeschlossen anzusehen. Von der Fachsprache der Logik und Dialektik ist diese Ausdrucksweise auch in die Gemeinsprache eingedrungen:

/*je suis jeune, donc je me divertis*/ 'ich bin jung, also amüsiere ich mich'
/*tu es jeune, par conséquent tu obéiras*/ 'du bist jung, folglich hast du zu gehorchen'

In den strengen Schlußregeln der Logik verbindet sich die Konjunktion *donc* 'folglich' mit dem Morphem *or* 'nun ... aber' zu der zweigliedrigen Konjunktion *or ... donc*. Mit Hilfe dieser zweigliedrigen Konjunktion bildet man eine Schlußfolgerung («Syllogismus»), etwa nach dem folgenden, sehr bekannten Schulbeispiel:

ERSTE PRÄMISSE («maior»)
tous les hommes sont mortels 'alle Menschen sind sterblich'

ZWEITE PRÄMISSE («minor»)
or, Socrate est un homme 'nun ist Sokrates (aber) ein Mensch'

KONKLUSION
donc, Socrate est mortel 'folglich («ergo») ist Sokrates sterblich'

Die argumentative Rhetorik kennt und empfiehlt jedoch eher das Enthymem, das sich vom Syllogismus dadurch unterscheidet, daß eine (meistens die zweite) Prämisse unausgesprochen bleibt und implizit gilt.

Zitat:

je pense donc je suis 'ich denke, also bin ich' (Descartes)

8.4.7 Entsprechung oder Korrespondenz *(à mesure que, selon que ...)*

Entsprechung heißt Übereinstimmung in mindestens einem Merkmal (vgl. 8.3.2.2.4). Der Sprecher kann dem Hörer in einer Junktion durch eine korrespondenzstiftende, das heißt Entsprechung anzeigende Konjunktion zu verstehen geben, daß die Basis sich dem Muster des Adjunkts in mindestens einem lexikalischen Merkmal anpaßt. Wir legen daher bei diesen Konjunktionen das Merkmal ⟨MASS⟩ zugrunde, das bei der Konjunktion *à mesure que* 'im Maße wie' die Anpassung der Basis an das Adjunkt bezeichnet:

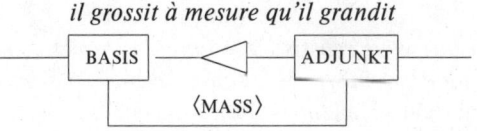

il grossit à mesure qu'il grandit

BASIS — ◁— ADJUNKT

⟨MASS⟩

Determinationsbedürftig ist in diesem Beispiel die Basis *il grossit* 'er wird dicker (oder: er nimmt zu)'. Determinationskräftig ist das Adjunkt *il grandit* 'er wird größer (oder: er wächst)'. Diese Determination soll nach der Anweisung der Konjunktion *à mesure que* 'im Maße wie' als Entsprechung aufgefaßt werden, das heißt, die Handlung des Adjunkts soll als maßgeblich für die Handlung der

Basis gelten. So kommt es zu der Gesamtbedeutung der Junktion: 'er wird dikker, im (selben) Maße wie er größer wird'.

Verwandte Bedeutungen haben die Konjunktionen *suivant que* 'je nachdem wie' und *selon que* 'dementsprechend wie', die beide auch durch den Alljunktor *ou* 'oder' zu diskontinuierlichen Konjunktionen erweitert werden können: *suivant que / selon que ... ou* 'je nachdem, ob ... oder'. Eine ähnliche Bedeutung hat gleichfalls die ursprünglich fachsprachliche, inzwischen aber in die Gemeinsprache eingedrungene Konjunktion *au fur et à mesure que* 'im gleichen Maße wie'.

Eine abweichende Bedeutung unter den Konjunktionen der Entsprechung liegt jedoch bei der Konjunktion *tandis que* 'während (doch)' vor, die zwischen den lexikalischen Merkmalen der beiden Junktionsglieder einerseits eine Entsprechung, andererseits aber einen («adversativen») Gegensatz zu erkennen gibt. Bei dieser Bedeutung wirken die Merkmale ⟨MASS⟩ und ⟨EINSPRUCH⟩ zusammen. Gleiches gilt für die synonyme Konjunktion *alors que*:

/ *il grossit tandis qu'elle* (oder: *alors qu'elle) maigrit* /　'er wird dicker, während sie dünner wird'

Zwischen den Verben der beiden Junktionsglieder besteht zunächst eine Entsprechung, die sie als körperliche Prozesse vergleichbar macht. Auf der Grundlage dieser Entsprechung wird aber durch die Konjunktionen *tandis que* oder *alors que* zugleich eine gewisse Gegensätzlichkeit der beiden Prozesse deutlich gemacht. Eine durch diese Konjunktionen angekündigte Opposition ist jedoch meistens schwächer als eine durch den Alljunktor *mais* angekündigte Opposition (vgl. 8.2.4). Schärfere Oppositionen werden durch Kontrast-Adverbien oder -Adverbialien angekündigt, die hier nach den Nuancen einer zunehmenden Verschärfung der Opposition angeordnet sind: *cependant* 'jedoch', *toutefois* 'indes', *néanmoins* 'nichtsdestoweniger', *pourtant* 'doch', *en revanche* 'zum Ausgleich, dafür', *malgré cela* 'trotzdem', *par contre* 'hingegen', *au contraire* 'im Gegenteil' (vgl. 7.3.1):

/ *comment se fait-il que vous réussissiez à faire d'énormes économies tandis que moi je dépense tout mon argent?* /　'wie kommt es bloß, daß Sie gewaltige Ersparnisse machen, während ich all mein Geld ausgebe?'
/ *il est vrai que je ne fais pas de grosses dépenses, pourtant je ne vis pas trop mal* /　'es stimmt, daß ich keine großen Ausgaben mache (zwar mache ich keine großen Ausgaben), dennoch lebe ich nicht so schlecht'
/ *quant à moi, je dépense mon salaire (au fur et) à mesure qu'il me rentre en poche* /　'was mich betrifft, so gebe ich meinen Lohn aus, im (selben) Maße wie er hereinkommt'

/vous avez tort au raison, selon que l'argent conserve sa valeur ou la perd/ 'Sie haben Recht oder Unrecht, je nachdem ob das Geld seinen Wert behält oder (ihn) verliert'
/vous réfléchissez toujours à ces problèmes-là, moi, au contraire, jamais/ 'Sie denken immer über diese Probleme nach, ich hingegen nie'

Die – positive oder adversative – Entsprechung zwischen den beiden Junktionsgliedern kann auch komparativ aufgefaßt werden, wobei wiederum sowohl eine positive Entsprechung als auch im Kontrast dazu eine negative (adversative) Entsprechung ausgedrückt werden kann. Die komparativ korrespondierenden Konjunktionen sind zweigliedrig:

plus ... (et) plus 'je mehr ..., desto (um so) mehr'
moins ... (et) moins 'je weniger ..., desto (um so) weniger'
plus ... moins 'je mehr ..., desto (um so) weniger'
moins ... plus 'je weniger ..., desto (um so) mehr'

/plus vous étudierez la musique (et) plus elle vous plaira/ 'je mehr Sie (die) Musik studieren, um so mehr wird sie Ihnen gefallen'
/plus j'étudie, moins j'ai envie de jouer/ 'je mehr ich studiere, desto weniger habe ich Lust zu spielen'
/moins il se donne de peine, (et) moins il fait de progrès/ 'je weniger Mühe er sich gibt, um so weniger Fortschritte macht er (auch)'

Zu beachten ist hier nicht nur, daß ein spezifizierendes Merkmal des Maßes, nämlich entweder ⟨STEIGERUNG⟩ oder ⟨MINDERUNG⟩, hinzutritt, sondern auch, daß die Abfolge, anders als bei den Konjunktionen *suivant que* und *selon que*, keiner Umkehr-Anweisung gehorcht. Das entsprechende Merkmal lautet also nicht ⟨UMKEHRUNG⟩, sondern ⟨ABFOLGE⟩.

8.4.8 Zweck oder Finalität *(pour que ...)*

Finale («teleologische») Konjunktionen werden gebraucht, wenn der Hörer die Bedeutung eines Adjunkts als Zweck der Bedeutung einer Basis auffassen soll. Finale Junktionen drücken also die Absicht aus, Handeln durch Handeln zu beeinflussen. Wir beschreiben die Bedeutungen der finalen Konjunktionen (die sich im einzelnen durch Nuancen unterscheiden) mit dem Merkmal ⟨INTERESSE⟩. Es hat in allen finalen Konjunktionen eine konjunktiv-auslösende Wirkung (vgl. 4.5.3).

Die wichtigste finale Konjunktion ist *pour que* 'daß, damit'. Seltener ist die finale Konjunktion *afin que* 'damit, daß', die gelegentlich zu den Formen *à cette fin que* 'zu dem Zweck, daß' oder *à seule fin que* 'zu dem einzigen Zweck, daß; nur um zu' erweitert wird. Einen zu vermeidenden Zweck (negative Finalität) geben die Konjunktionen *de peur que* 'daß nicht, damit nicht' und *de crainte que* 'daß nicht, damit nicht' an. Diese negativ finalen Konjunktionen sind ebenfalls Konjunktiv-Auslöser und haben überdies oft den Quasi-Konjunktiv *ne* bei sich (vgl. 4.5.1.3). Ihre Bedeutung beschreiben wir, außer mit dem Merkmal ⟨INTERESSE⟩, noch mit dem Negations-Merkmal ⟨EINSPRUCH⟩.

parlez plus fort pour qu'on vous entende

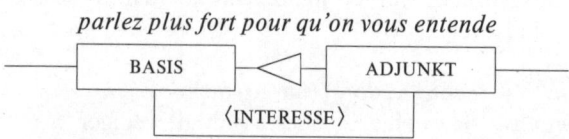

Die in der Basis *parlez plus fort* 'sprechen Sie lauter!' intendierte Handlung soll hier als Mittel zum Zweck der im Adjunkt ausgedrückten Handlung *on vous entende* (Konjunktiv) angesehen werden: 'sprechen Sie lauter, damit man Sie versteht!' Der mit dem Junktor zusammenwirkende Konjunktiv beim Verb des Adjunkts verstärkt («redundant») das Interesse an der bezweckten Handlung. Entsprechend muß man die negativ finale Konjunktion verstehen:

parlez plus bas de peur qu'on (ne) vous entende

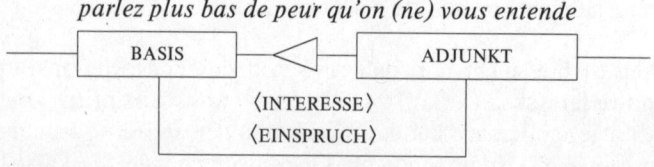

Die Bedeutung ist: 'sprechen Sie leiser, damit man Sie nicht hört!'.

Wenn Basis und Adjunkt das gleiche Subjekt haben oder wenn Mißverständnisse über die Gesprächsrolle auf andere Weise ausgeschlossen sind, werden die finalen Konjunktionen nach Möglichkeit durch die entsprechenden Verbal-Präpositionen mit dem Infinitiv (nicht mit dem Rück-Infinitiv! – vgl. 8.3) ersetzt, die stilistisch als eleganter gelten. Die folgenden Konjunktionen und Verbal-Präpositionen entsprechen einander (vgl. 8.3.3.3.1.2):

KONJUNKTIONEN	VERBAL-PRÄPOSITIONEN
pour que 'daß, damit'	*pour* 'um zu'
afin que 'daß, damit'	*afin de* 'um zu'
de peur que 'daß nicht, damit nicht'	*de* (oder: *par) peur de* 'um nicht zu'

Vergleiche:

VERSCHIEDENES SUBJEKT:	GLEICHES SUBJEKT:
KONJUNKTION	VERBAL-PRÄPOSITION

/je vais dicter pour que vous puissiez en prendre note/ 'ich diktiere jetzt, damit ihr es aufschreiben könnt'

/je vais dicter pour vous donner l'occasion d'en prendre note/ 'ich diktiere jetzt, um euch die Gelegenheit zu geben, es aufzuschreiben'

Die formale Verwandtschaft zwischen der finalen Konjunktion *pour que* 'daß, damit' (linke Spalte) und der Präposition *pour* 'für', insbesondere in ihrer Variante als Verbal-Präposition *pour* 'um zu' (rechte Spalte), legt nahe, auch ihre Bedeutungs-Merkmale auf ihre semantische Ähnlichkeit hin zu betrachten. Da wir nun die Bedeutung der finalen Konjunktionen, unter ihnen *pour que,* mit dem Merkmal ⟨INTERESSE⟩, die Bedeutung der Präposition und Verbal-Präposition *pour* hingegen mit dem Merkmal ⟨TAUSCH⟩ beschrieben haben, läuft diese Überlegung darauf hinaus, das Interesse an der beeinflußbaren Handlung als Bereitschaft zu verstehen, gewisse Mittel gegen einen bestimmten Zweck einzutauschen:

/votre rhume chronique m'inquiète, allez donc voir un spécialiste (pour) qu'il vous fasse une radio(graphie)/ 'Ihre chronische Erkältung beunruhigt mich, suchen Sie doch einen Facharzt auf, daß er von Ihnen eine Röntgenaufnahme macht!'

/je n'ose pas y aller de crainte d'apprendre quelque chose de grave/ 'ich wage nicht hinzugehen (oder: ich mag nicht hingehen), um nicht etwas Schlimmes zu erfahren'

/mais c'est absurde, il faut y aller tout de suite afin que vous n'ayez pas de mauvaise surprise/ 'aber das ist (doch) absurd, Sie müssen sofort hingehen, damit Sie nicht eine unangenehme Überraschung erleben'

/les rayons X, j'ai l'impression que c'est seulement pour gagner de l'argent/ 'ich habe den Eindruck, daß das Röntgen nur zum Geldverdienen da ist'

8.4.9 Begründung oder Kausalität

Man kann in einer Junktion eine Handlung mit einer anderen begründen. Dazu dienen die kausalen Konjunktionen. Sie determinieren eine Basis dadurch, daß sie das Adjunkt als Grund angeben. Die neutralste Konjunktion ist *parce que* 'weil' (8.4.9.1). Die Kausalität kann unter Informations-Gesichtspunkten nuanciert werden (8.4.9.2). Es kann auch («konzessiv») ein Grund angegeben werden, der wider Erwarten nicht handlungsbestimmend geworden ist (8.4.9.3).

8.4.9.1 Schlichter Grund *(parce que)*

Die kausale Konjunktion *parce que* [parsk(ə)], vor Vokal: *parce qu'*, gibt den schlichten Grund an. Die Basis ist das begründete, das Adjunkt das begründende Glied einer kausalen Junktion. Wir beschreiben die Bedeutung dieser Konjunktion mit dem Merkmal ⟨BEGRÜNDUNG⟩. Die Konjunktion *parce que* kann in seltenen Fällen und nur auf anspruchsvollem Stilniveau durch ein kurzes Morphem getrennt werden (*parce donc que* 'weil also'). Sie darf nicht mit dem RelativJunktor *par ce que* 'durch (das), was' verwechselt werden. Junktionen mit *parce que* haben fast immer postdeterminierende Stellung.

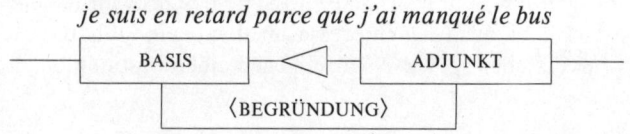

Die Basis dieser Junktion nennt die zu begründende (das heißt, durch einen Grund zu determinierende) Handlung *je suis en retard* 'ich komme zu spät'. Diesen Grund findet der Hörer dann nach der Anweisung der Konjunktion in dem Adjunkt *j'ai manqué le bus* 'ich habe den Bus verpaßt', und die Junktion stellt insgesamt eine (schlichte) Begründung dar: 'ich komme zu spät, weil ich den Bus verpaßt habe'.

Im Dialog muß man sich eine schlicht begründende Junktion mit *parce que* 'weil' oft als Antwort auf eine Frage mit *pourquoi?* 'warum?' denken (vgl. 9.3.4.4). Man kann dann bei der Antwort die Frage als Basis für die Junktion nehmen und die Antwort direkt mit Junktor und Adjunkt anschließen:

/*pourquoi es-tu encore couché? ÷ parce que je suis encore fatigué*/ 'warum liegst du noch im Bett? ÷ weil ich noch müde bin'
/*et pourquoi es-tu encore fatigué? ÷ parce que je n'ai pas dormi*/ 'und warum bist du noch müde? ÷ weil ich nicht geschlafen habe'
/*et pourquoi n'as-tu pas dormi? ÷ parce que je n'étais pas fatigué*/ 'und warum hast du nicht geschlafen? ÷ weil ich nicht müde war'

Wenn Basis und Adjunkt subjektgleich sind oder sonstwie eine Verwechslung der Handlungsrollen ausgeschlossen ist, kann man die kausale Konjunktion *parce que* durch die Verbal-Präposition *pour* ersetzen, die in Verbindung mit einem Rück-Infinitiv kausale Bedeutung hat (vgl. 8.3.3.3.1.2). Vergleiche:

KONJUNKTION

/il a été bien payé parce qu'il a fait un bon travail/ 'er wurde gut bezahlt, weil er eine gute Arbeit geleistet hat'

VERBAL-PRÄPOSITION

/il a été bien payé pour avoir fait un bon travail/ 'er wurde gut bezahlt, weil er eine gute Arbeit geleistet hat'

8.4.9.2 Bekannte und unbekannte Gründe *(puisque, comme, car)*

Von der schlicht begründenden Konjunktion *parce que* 'weil', die gegenüber dem Vorwissen indifferent ist (vgl. 8.4.9.1), unterscheiden sich die kausalen Konjunktionen *puisque* (vor Vokal: *puisqu'*) 'da ja', *comme* 'da ja' und *car* 'denn' dadurch, daß sie ein unterschiedliches Vorwissen über den anzugebenden Grund voraussetzen. Während die Konjunktionen *puisque* und *comme* einen bekannten Grund voraussetzen, setzt die Konjunktion *car* einen unbekannten Grund voraus. Wir benutzen also zur Beschreibung ihrer Bedeutungen die Zusatz-Merkmale ⟨BEKANNT⟩ und ⟨UNBEKANNT⟩. Um unter denjenigen kausalen Konjunktionen, die einen bekannten Grund angeben, noch weiter zu differenzieren, achten wir darauf, für wen dieser Grund bekannt ist. Bei der Konjunktion *puisque* handelt es sich mehr um einen Grund, der dem Gesprächspartner bekannt ist oder bekannt sein sollte (unterscheidendes Merkmal: ⟨EMPFÄNGER⟩), die Konjunktion *comme* gibt demgegenüber mehr einen Grund an, den alle Welt kennt oder kennen sollte (neutrales Merkmal: ⟨GESPRÄCHSROLLE⟩). Da beide letztgenannten Konjunktionen an eine Vorinformation anknüpfen, findet man bei *puisque* oft und bei *comme* sogar regelmäßig die prädeterminierende Stellung. Im nachfolgenden Beispiel ist jedoch zunächst eine postdeterminierende Stellung der Junktionsglieder zugrunde gelegt:

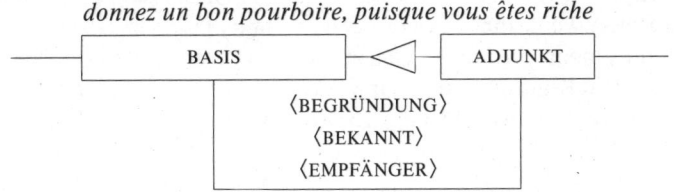

donnez un bon pourboire, puisque vous êtes riche

BASIS — ADJUNKT

⟨BEGRÜNDUNG⟩
⟨BEKANNT⟩
⟨EMPFÄNGER⟩

Die Basis dieser Junktion wird von einer Aufforderung gebildet: *donnez un bon pourboire* 'geben Sie ein gutes Trinkgeld!'. Das Adjunkt gibt dafür den Grund an, und zwar einen Grund, der dem Hörer bekannt sein dürfte: *vous êtes riche* 'Sie sind reich'. So bildet die Junktion insgesamt einen bekannten Begründungszusammenhang, an den der Partner bloß erinnert wird: 'geben Sie ein gutes Trinkgeld, da Sie doch reich sind (oder: Sie sind doch reich)!'.

Bei der Konjunktion *comme* 'da ja (bekanntlich)', die mit dem Vergleichs-Morphem und Alljunktor *comme* 'wie' homonym ist (vgl. 8.2.3.1), wollen wir in unserem Beispiel die prädeterminierende Stellung zugrunde legen:

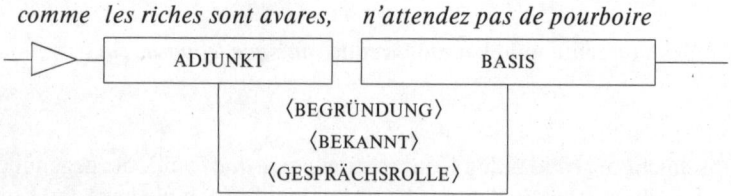

comme les riches sont avares,   n'attendez pas de pourboire

ADJUNKT   BASIS

⟨BEGRÜNDUNG⟩
⟨BEKANNT⟩
⟨GESPRÄCHSROLLE⟩

Für die (nachgestellte) Basis dieser Junktion *n'attendez pas de pourboire* 'erwarten Sie kein Trinkgeld!' wird hier nach der Anweisung der (vorangestellten) Konjunktion *comme* 'da ja (bekanntlich)' im Adjunkt *les riches sont avares* 'die Reichen sind geizig' ein Grund angegeben, der allgemein (neutrales Zusatz-Merkmal: ⟨GESPRÄCHSROLLE⟩) bekannt sein dürfte: 'da (ja bekanntlich) alle Reichen geizig sind, (so) erwarten Sie kein Trinkgeld!'

Die Konjunktion *comme* findet sich häufig in der Sprache der Wissenschaften zur Bezeichnung des Kenntnisstandes, der als allgemeine Vorinformation vorausgesetzt wird und von dem ein bestimmtes Problem seinen Ausgang nimmt: *comme l'eau bout à cent degrés,* ... 'da Wasser bekanntlich bei 100 Grad kocht, ...'. In der Sprache der Verwaltung findet man ferner die kausalen Konjunktionen *étant donné que, vu que* und *attendu que,* alle mit der Bedeutung 'da' zur Ankündigung einer nachzuholenden Vorinformation, die bereits «von Amts wegen» grundsätzlich bekannt ist oder als bekannt zu gelten hat. Die Konjunktionen *étant donné que* und *vu que* werden gelegentlich auch in der Alltagsrede gebraucht.

Im Gegensatz zu den Konjunktionen *puisque* und *comme* wird die Konjunktion *car* 'denn' immer dann gebraucht, wenn der Grund dem Hörer noch unbekannt ist. Schon wenn ihm der Grund wenigstens insoweit bekannt ist, daß er nach ihm mit einem «Warum?» fragen kann, scheidet die Konjunktion *car* als Antwort aus. Die Konjunktion *car* unterscheidet sich also dadurch von den Konjunktionen *parce que* und *comme,* daß nicht das Gedächtnis des Hörers aufgefrischt, sondern ihm ein unbekannter Grund mitgeteilt wird:

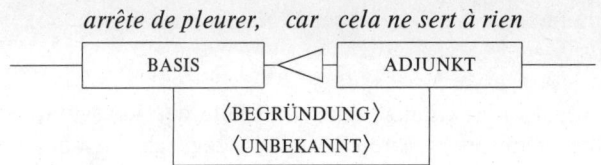

arrête de pleurer,   car   cela ne sert à rien

Die Aufforderung, die in der Basis dieser Junktion enthalten ist, scheint determinationsbedürftig zu sein. Es genügt in dieser Situation anscheinend nicht zu sagen: *arrête de pleurer* 'hör auf zu weinen!' So fügt der Sprecher eine Erklärung an, die einen in dieser Situation unbekannten Grund mitteilt: *car cela ne sert à rien* 'denn das nützt nichts'.

Da Junktionen mit *car* an keine Bekanntheit anknüpfen, haben sie immer postdeterminierende Stellung. Aus dem gleichen Grund haben sie oft auch eine gewisse Länge. Orthographisch kommt das dadurch zum Ausdruck, daß vor der Konjunktion *car* ein Komma, Strichpunkt oder Punkt steht. Als Synonyme von *car* gibt es noch die Konjunktionen *surtout que* 'zumal' und *d'autant plus* (oder: *d'autant mieux) que* 'um so mehr als'. Sie werden dann gebraucht, wenn dem Hörer der unbekannte Grund mit besonderem Nachdruck oder gesteigert mitgeteilt werden soll:

/ nous avons beaucoup de chômeurs, car notre économie est en crise /   'wir haben
    viele Arbeitslose, denn unsere Wirtschaft steckt in einer Krise'
*/ la crise n'explique pas le chômage, car la plupart des ouvriers ont été licenciés
avant /*   'die Krise erklärt die Arbeitslosigkeit nicht, denn die meisten Arbeiter
    sind vorher entlassen worden'
/ comme les patrons ont pressenti la crise, ils ont licencié quelques ouvriers /   'da
    die Arbeitgeber die Krise vorausgeahnt haben, haben sie einige Arbeiter ent-
    lassen'
*/ vu que tant d'ouvriers sont en chômage, la crise économique est inévitable, d'au-
tant plus que tous les secteurs de la vie publique en sont touchés /*   'da so viele
    Arbeiter arbeitslos sind, ist die Wirtschaftskrise unvermeidlich, um so mehr als
    alle Sektoren des öffentlichen Lebens davon betroffen sind'

Idiomatisch-literarische Ausdrücke:

la crise (puisque crise il y a)   'die Krise (da es nun einmal eine Krise gibt)'
la peste – puisqu'il faut l'appeler par son nom   'die Pest – und man muß sie wohl
    beim Namen nennen' (La Fontaine)
mais puisque je vous le dis!/   'aber wenn ich Ihnen das doch sage!'

8.4.9.3   Einräumung oder Konzessivität *(bien que, quoique)*

Die konzessiven Konjunktionen sind Grenzfälle der Kausalität. Sie geben für eine Handlung einen erwartbaren Grund an zugleich mit dem Widerruf, daß dieser Grund nicht handlungsbestimmend geworden ist. Wir beschreiben ihre Bedeutung, ebenso wie bei der konzessiven Präposition *malgré* 'trotz' (vgl. 8.3.2.5), mit den beiden Merkmalen ⟨BEGRÜNDUNG⟩ und ⟨EINSPRUCH⟩. Die meisten konzessiven Konjunktionen lösen den Konjunktiv aus (vgl. 4.5.3). So auch die Konjunktion *bien que* (vor Vokal: *bien qu'*) 'obwohl' in folgendem Beispiel:

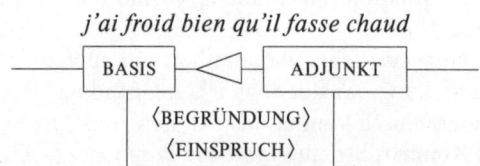

j'ai froid bien qu'il fasse chaud

Diese Junktion gibt dem Hörer die Anweisung, er solle für die Bedeutung der Basis *j'ai froid* 'ich friere' als Begründung in Rechnung stellen, was im Adjunkt ausgedrückt ist: *il fasse chaud* (Konjunktiv) 'es ist warm'. Das Merkmal ⟨EINSPRUCH⟩ in der Bedeutung der Konjunktion *bien que* 'obwohl, obschon, obgleich' bedeutet dem Hörer aber gleichzeitig, diesen Grund nicht als handlungsbestimmend anzusehen; der Sprecher verhält sich vielmehr diesem möglichen Grund zuwider: 'ich friere, obwohl es warm ist'.

Neben der Konjunktion *bien que* sind als konzessive Konjunktionen noch im Gebrauch die Formen *quoique* (hauptsächlich in gesprochener Sprache), *encore que* (hauptsächlich in gepflegter Sprache) und *malgré que* (von strengen Grammatikern als normwidrig angesehen – vgl. deutsch «trotzdem daß»), sämtlich vor Vokal mit *qu'* statt *que* und sämtlich mit der Eigenschaft, Konjunktiv-Auslöser für das Verb des Adjunkts zu sein. Bei all diesen Konjunktionen kann die Junktion sowohl postdeterminierende wie auch prädeterminierende Stellung der Junktionsglieder haben. Gelegentlich findet man konzessive Konjunktionen auch als Junktoren zwischen Adjektiven oder Partizipien mit gegensätzlicher Bedeutung:

/ *une écriture expressive bien qu'illisible* /   'eine ausdrucksvolle, wenn auch un-
leserliche Schrift'

Eine weitere Konjunktion mit ähnlicher, ebenfalls konzessiver Bedeutung ist *loin que* 'weit davon entfernt, daß', die ebenfalls den Konjunktiv auslöst. Sie weist den erwarteten falschen Grund weit zurück (Merkmal: ⟨FERNE⟩). Zu dieser Konjuntion gibt es eine Entsprechung in Form der Verbal-Präposition *loin de* mit dem Infinitiv (vgl. 8.3.1.4.2):

/*elle tape toutes ses lettres à la machine, bien que je déteste les lettres dactylographiées*/ 'sie schreibt alle ihre Briefe mit der Maschine, obwohl ich maschinengeschriebene Briefe hasse'
/*elle tape ses lettres à la machine, non (pas) qu'elle ait une mauvaise écriture, mais parce qu'elle veut se faire dactylo*/ 'sie schreibt ihre Briefe mit der Maschine, nicht daß sie (etwa) eine schlechte Handschrift hätte, sondern weil sie Stenotypistin werden will'
/*il est vrai que j'attends toujours ses lettres avec impatience, quoiqu'elles aient l'air impersonnel(les)*/ 'es stimmt allerdings, daß ich ihre Briefe immer mit Ungeduld erwarte, auch wenn sie unpersönlich aussehen'
/*cela prouve que tu es amoureux d'elle, encore que tu ne l'avoues pas*/ 'das beweist, daß du in sie verliebt bist, obschon du es nicht zugibst'
/*je suis loin de croire qu'elle m'aime aussi*/ 'ich bin weit davon entfernt zu glauben, daß sie mich auch liebt'

Wenn der vom Gesprächspartner erwartete Grund syntaktisch näher determiniert ist, so kann er auch syntaktisch präziser zurückgewiesen werden. Diese qualifiziert-konzessiven Konjunktionen mit der Bedeutung 'wie (sehr) auch ..., so doch' unterscheiden sich formal danach, ob die qualifizierte Erwartung, die sie enttäuschen müssen, durch ein Nomen oder ein Adjektiv ausdrückbar ist.

☐1 Zurückweisung eines Nomens

/*quel (*oder: *quelque) dandy* [dãdi] *qu'il soit, il fait son travail*/ 'wie sehr er auch ein Dandy sein mag, er tut seine Arbeit'
/*tout (*oder: *toute) femme fatale qu'elle est (*oder: *qu'elle soit), elle est bonne ménagère*/ 'wie sehr sie auch *femme fatale* ist (oder: sein mag), sie ist eine gute Hausfrau'

☐2 Zurückweisung eines Adjektivs oder Adverbs

/*si innocemment qu'on agisse, les gens parlent (quand même)*/ 'so unschuldig man auch handelt (oder: handeln mag), die Leute reden doch'
/*tout parfaits que son (*oder: *soient) les autres, nous restons comme nous sommes*/ 'so vollkommen die andern auch sind (oder: sein mögen), wir bleiben, wie wir sind'

Beachte, daß die Form *tout* meistens nicht die Merkmale der Genus- und Numerus-Kongruenz annimmt, sondern unverändert bleibt.

Die Einräumung kann auch durch eine (Teil-)Negation (vgl. 9.2.2) oder durch einen (Teil-)Ausschluß (vgl. 8.3.3.2.2) nuanciert werden, wie die folgenden Beispiele zeigen:

/*pour peu qu'il écrive, il est considéré comme un grand écrivain*/ 'so (oder: wie) wenig er auch schreibt (oder: schreiben mag), er wird (doch) als ein großer Schriftsteller angesehen'
/*il a peut-être de belles idées, à cela près* (oder: *excepté, sauf) qu'il ne sache* (oder: *sait) pas les exprimer*/ 'er hat vielleicht schöne Ideen, nur kann er sie nicht ausdrücken'

8.4.10   Mangel oder Privation *(sans que)*

Die wichtigste privative Konjunktion ist *sans que* (vor Vokal: *sans qu'*) 'ohne daß'. Sie drückt einen Mangel aus. Die Erfahrung eines Mangels setzt immer eine Erwartung voraus. Wenn der Kontext also für eine Junktionsbasis eine bestimmte Ergänzung erwarten läßt (vgl. 8.3.2.4), kann der Sprecher diese Erwartung mit einer privativen Junktion enttäuschen. Alle privativen Konjunktionen sind Konjunktiv-Auslöser (vgl. 4.5.3). Wir beschreiben die Bedeutung dieser Konjunktionen mit den Merkmalen ⟨ERGÄNZUNG⟩ und ⟨EINSPRUCH⟩.

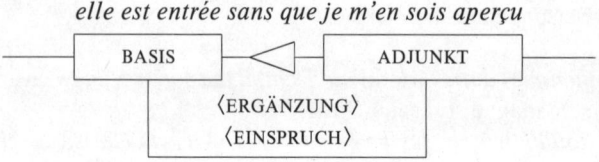

elle est entrée sans que je m'en sois aperçu

Bedeutung der Beispiel-Junktion: 'sie ist eingetreten, ohne daß ich es bemerkt habe (oder: hätte)'. Für das Verständnis des privativen Charakters dieser Junktion ist in bezug auf die Bedeutung der Basis *elle est entrée* 'sie ist eingetreten' eine Ergänzung zu erwarten, die darin besteht, daß diese Handlung wohl von einer weiteren, im Raum anwesenden Person bemerkt wird. Gerade das aber ist nicht der Fall, und insofern wird die im Adjunkt ausgedrückte Erwartung *je m'en suis aperçu* 'ich habe es bemerkt' durch Einspruch aufgehoben. Darin kommt gleichzeitig ein Interesse zum Ausdruck, das sich auf die Beeinflußbarkeit der Handlungs-Ergänzung richtet. Deshalb der durch die Konjunktion *sans que* ausgelöste Konjunktiv.
Wenn die beiden Junktionsglieder das gleiche Subjekt haben, wird die Kon-

junktion *sans que* fast immer durch die gleichbedeutende Verbal-Präposition *sans* ersetzt (vgl. 8.3.2.4.2). Unterscheide:

KONJUNKTION	VERBAL-PRÄPOSITION
/je ne peux pas allumer une cigarette sans que ma femme me regarde de travers/ 'ich kann (mir) keine Zigarette anzünden, ohne daß mich meine Frau scheel ansieht'	*/hier, j'ai passé une journée entière sans fumer/* 'gestern habe ich einen ganzen Tag ohne Rauchen (oder: ohne zu rauchen) verbracht'

Wenn die Basis der Junktion bereits eine Negation enthält, kann die Konjunktion *sans que* zu *que* mit nachfolgendem Quasi-Konjunktiv *ne* (vgl. 4.5.1.3) verkürzt werden. Dieser Sprachgebrauch ist aber auf einen sehr gepflegten Stil beschränkt, wie das dritte der anschließend zitierten Beispiele zeigt:

/je lui ai acheté une voiture sans qu'il ait le permis de conduire/ 'ich habe ihm einen Wagen gekauft, ohne daß er den Führerschein hat (oder: hätte)'
/il veut passer le permis de conduire sans avoir la moindre idée du code de la route/ 'er will den Führerschein machen, ohne (auch nur) die geringste Ahnung von der Straßenverkehrsordnung zu haben'
/il ne sortira jamais en voiture qu'il ne revienne avec une contravention/ 'er wird nie mit seinem Wagen ausfahren, ohne daß er mit einem Strafmandat zurückkommt'

8.4.11 Inhalt *(que)*

Die Konjunktion *que* (vor Vokal: *qu'*) 'daß' ist die häufigste Konjunktion der französischen Sprache. Sie ist homonym mit dem Frage-Morphem *que?* 'was?' (vgl. 9.3.3) und dem Relativ-Junktor *que* 'den, die, das' (vgl. 8.5). Sie tritt ferner als Element in vielen mehrgliedrigen Konjunktionen (und einigen anderen Morphemen) auf, beispielsweise *avant que* 'bevor', *depuis que* 'seit, seitdem', *de manière que* 'so daß', *pour que* 'daß, damit', *parce que* 'weil', *puisque* 'da ja', *lorsque* 'als' und anderen. Diese mehrgliedrigen Konjunktionen werden jedoch in der Analyse hier nicht aufgebrochen, so daß sie für die Bedeutung der Konjunktion *que* 'daß' außer Betracht bleiben.

Die Konjunktion *que* 'daß' gibt zu erkennen, daß die Basis einer Junktion in der Weise determinationsbedürftig ist, daß sie die Form für einen noch zu nennenden Inhalt abgibt. Welches dieser Inhalt ist, sagt das Adjunkt. Die Junktion bedeutet also insgesamt einen inhaltlichen Zusammenhang zweier Handlungen. Einen solchen Inhaltszusammenhang stellen wir insbesondere in solchen Sprachspielen her, in denen wir etwas mitteilen.

Wir unterscheiden den Gebrauch der Konjunktion *que* nach ihren hauptsächlichen Kontextbedingungen:

– *que* nach Verben der Mitteilung (8.4.11.1)
– *que* nach Verben der Formgebung (8.4.11.2)
– *que* in prädeterminierenden Junktionen (8.4.11.3)
– *que* als Pro-Konjunktion (8.4.11.4)

8.4.11.1   *Que* nach Verben der Mitteilung

Verben der Mitteilung (Mitteilungsverben) sind Verben mit kommunikativer Bedeutung *(«verba dicendi»)*. Sie geben die Form der Mitteilung an (vgl. 8.4.11.2). Sie thematisieren damit ausdrücklich, was sie als Sprachzeichen ohnehin sind, nämlich Mittel der Kommunikation. In diesem Sinne sind sie «metakommunikativ». Die Mitteilungsverben sind meistens S-P-O-wertig, das heißt, sie können im Text die drei Handlungsrollen Subjekt, Objekt und Partner bei sich haben (vgl. 3.4.4). Solche Mitteilungsverben finden wir sehr häufig als Basis von *que*-Junktionen. An die Stelle des sonst bei S-P-O-Verben möglichen Objekts tritt das Adjunkt der Junktion. Es füllt die kommunikative Form (das «Gefäß») des Verbs mit Inhalt an und wird mit dieser Determinationsleistung durch die voraufgehende Konjunktion *que* 'daß' angekündigt. Anders ausgedrückt: wenn ein Hörer nach einem Mitteilungsverb die Konjunktion *que* vernimmt, kann er mit hoher Wahrscheinlichkeit ein nachfolgendes Adjunkt erwarten, das den Inhalt der Mitteilung angibt. Wir beschreiben diese Erwartungs-Instruktion mit dem semantischen Merkmal ⟨INHALT⟩, das als Kürzel für die Füllung einer Form mit einem Inhalt dienen soll (Relations-Merkmal ⟨FÜLLUNG⟩).

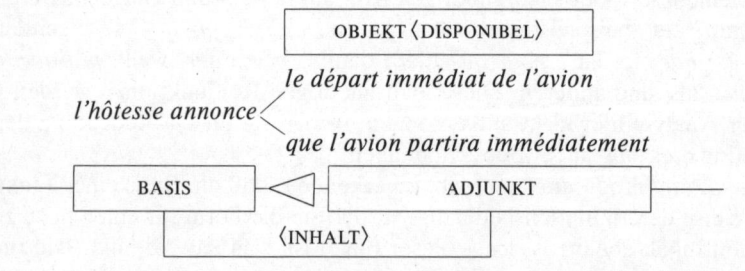

In diesem Beispiel ist der Ausdruck *l'hôtesse annonce* 'die Stewardess sagt an' allemal determinationsbedürftig. In der oberen Variante kommt diese Determination durch das Objekt zustande: 'die Stewardess sagt den sofortigen Abflug des Flugzeugs an'. Im Geltungsrahmen der Ankündigung erscheint der Abflug als disponibel. In der unteren Variante geschieht die Determination hingegen in Form einer Junktion, deren Basis ein Mitteilungsverb enthält. Im Anschluß an dieses Mitteilungsverb kündigt die Konjunktion *que* 'daß' einen nachfolgenden Inhalt an, der im Adjunkt dann auch mitgeteilt wird: 'die Stewardeß sagt an, daß das Flugzeug sofort abfliegen wird'.

Bei einigen Verben der Mitteilung, insbesondere bei dem S-P-O-wertigen Verb *dire* 'sagen', ist die Inhalts-Junktion mit *que* sehr häufig, viel häufiger als ein direktes Objekt. Demgegenüber kann das S-wertige Verb *parler* 'sprechen' überhaupt nicht durch eine *que*-Junktion determiniert werden.

Das Mitteilungsverb kann eine Bedeutung haben, die es als Konjunktiv-Auslöser einstuft (vgl. 4.5.3). An der Bedeutung der Konjunktion *que* ändert sich dadurch nichts. Sie signalisiert dem Hörer nach wie vor einen nachfolgenden Inhalt, und zwar nach einem Mitteilungsverb einen mitgeteilten Inhalt. Wenn dazu noch die Bedeutung der Konjunktiv-Form tritt, so erhält der Hörer die zusätzliche Anweisung, den nachfolgend mitgeteilten Inhalt mit Interesse aufzunehmen (vgl. 4.5):

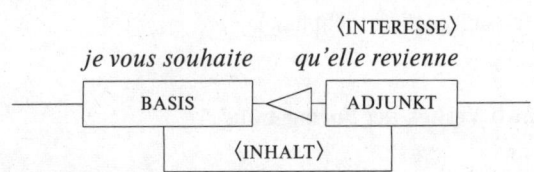

Die Basis dieser Junktion *je vous souhaite* 'ich wünsche Ihnen' enthält mit dem Mitteilungsverb *souhaiter·(à quelqu'un)* '(jemandem) wünschen' einen Konjunktiv-Auslöser. Nun gibt die Konjunktion *que* 'daß' bekannt, daß als Adjunkt der Junktion der Inhalt des Wunsches genannt wird: *elle revienne* 'sie möge zurückkommen'. Das Verb dieses Adjunkts steht im Konjunktiv; darin kommt zum Ausdruck, daß der Hörer diesen Inhalt unter dem Gesichtspunkt einer möglichen Handlung als beeinflußbar betrachten und daher mit Interesse aufnehmen soll.

/*vous m'avez écrit que vous sollicitez un poste de rédacteur*/   'Sie haben mir geschrieben, daß Sie sich um eine Stellung als Redakteur bewerben'
/*je peux dire que la profession de journaliste m'a toujours tenté*/   'ich kann sagen, daß der Journalistenberuf mich immer verlockt hat'

/*montrez-moi donc que vous savez écrire*/   'dann zeigen Sie mir, daß Sie schreiben können!'

/*je vais vous prouver que je suis capable d'écrire sur n'importe quel sujet*/   'ich beweise Ihnen gleich, daß ich in der Lage bin, über jeden beliebigen Gegenstand zu schreiben'

/*je souhaite seulement que cela ne soit pas tout à fait vrai*/   'ich wünsche nur, daß das nicht ganz wahr ist'

Sofern der textuelle Zusammenhang klar ist, kann anstelle einer Junktion mit der Konjunktion *que* auch eine Junktion mit der Verbal-Präposition *de* gebraucht werden. Der «Inhalt» ergibt sich dann aus der «Zuordnung». Unterscheide:

INHALT: KONJUNKTION *que*	ZUORDNUNG: VERBAL-PRÄPOSITION *de*
/*puis-je vous demander qu'on me laisse tranquille?*/ 'darf ich Sie bitten, daß man mich in Ruhe läßt?'	/*puis-je vous demander de me laisser tranquille?*/ 'darf ich Sie bitten, mich in Ruhe zu lassen?'

Die Konjunktion *que* wird jedoch viel seltener durch die Verbal-Präposition *de* vertreten, als das bei anderen Konjunktionen, für die eine Verbal-Präposition bereitsteht, sonst der Fall ist. Man gebraucht die Inhalts-Konjunktion also in der Regel auch dann, wenn die beiden Junktionsglieder das gleiche Subjekt haben (*il dit qu'il a raison* 'er sagt, daß er recht hat').

8.4.11.2   *Que* nach Verben der Formgebung

Zu den Verben der Formgebung rechnen wir diejenigen Verben, die ihrer Bedeutung nach eine Form bereitstellen, die dann durch einen geeigneten Inhalt gefüllt werden kann. Eine solche Formgebung kann etwa zustande kommen durch das Schema einer äußeren Erfahrung (zum Beispiel: Hören, Sehen, Riechen), einer inneren Erfahrung (zum Beispiel: Denken, Fühlen, Phantasieren), einer Strebung (zum Beispiel: Wollen, Wünschen, Hoffen) oder einer Einschätzung der Situation (zum Beispiel: Loben, Tadeln, Verurteilen). Auch die Verben der Mitteilung (vgl. 8.4.11.1) sind strenggenommen den Verben der Formgebung zuzurechnen, da sie kommunikative Formen für die Inhalte der Kommunikation bereitstellen. Wir haben sie aber gesondert vorab behandelt, weil sie für die sprachliche Kommunikation von besonderer (Meta-)Bedeutung sind. Alle Verben der Formgebung haben das semantische Merkmal ⟨FORM⟩ gemeinsam und sind damit auf einen Inhalt bezogen, der für diese («leeren») Formen zu erwarten ist. Häufig geschieht diese inhaltliche Füllung einer Form durch eine Junktion, bei der das Verb der Formgebung die Basis und der Inhalt das Adjunkt bilden. Die Verbindung zwischen beiden wird dann durch die Konjunktion *que* 'daß' hergestellt, die einen Inhalt ankündigt. Ein spezifischer Inhalt kann den Verben der Formgebung, die zu einem großen Teil Verben mit Subjekt-Objekt-Valenz sind (vgl. 3.4.2), auch auf andere Weise zugeordnet werden, beispielsweise durch ein Objekt, wenn es sich um einen disponiblen Inhalt handelt. Diese Möglichkeit wird aber, wenn der Inhalt mittels einer *que*-Junktion in allgemeiner Bedeutung angefügt wird, blockiert, so daß also ein Verb der Formgebung, wenn es die Basis einer *que*-Junktion bildet, nicht mehr gleichzeitig ein Objekt bei sich haben kann.

Wir beschreiben auch hier die Bedeutung der Konjunktion *que,* die dem Hörer bedeutet, nachfolgend einen Inhalt für die Form des Verbs zu erwarten, mit dem Merkmal ⟨INHALT⟩:

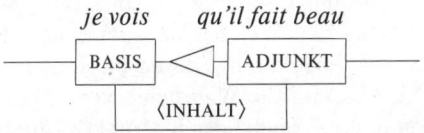

Die Sinneserfahrung des Sehens wird in der Basis dieser Junktion formal gekennzeichnet: *je vois* 'ich sehe'. Damit ist also nun eine Form (ein «Gefäß») bereitgestellt, die nach der Anweisung der Konjunktion *que* mit Inhalt gefüllt werden kann. Dieser Inhalt liegt im Adjunkt *il fait beau* 'es ist schönes Wetter'.

Auch einwertige Verben der Formgebung können durch *que*-Junktionen inhaltlich aufgefüllt werden. Eine sonst mit der Präposition *de* angebbare Zuordnung wird auf diese Weise als Inhalt einer Form bestimmt. Unterscheide:

ZUORDNUNG: JUNKTION MIT *de*	INHALT: JUNKTION MIT *que*
/*je ne doute pas de notre victoire*/	/*je ne doute pas que nous vaincrons*/
'ich zweifle nicht an unserem Sieg'	'ich zweifle nicht, daß wir siegen werden'

Der *de*-Junktion würden aber auch andere *que*-Junktionen entsprechen, etwa: *que nous avons vaincu* 'daß wir gesiegt haben', *que nous sommes restés vainqueurs* 'daß wir Sieger geblieben sind', *que les nôtres ont remporté la victoire* 'daß die Unsrigen den Sieg errungen haben'. Was durch die referentielle Zuordnung der *de*-Junktion nur in groben Zügen und schwach determiniert wird, erhält durch die *que*-Junktion in der einen oder anderen Hinsicht eine eingehendere inhaltliche Füllung. Durch sie wird eine innere Erfahrung, hier: eine 'zweifelsfreie' Gewißheit, dem Gesprächspartner gegenüber mit deutlichen Formkonturen mitteilbar.

Unter den Verben der Formgebung gibt es einige, die als Konjunktiv-Auslöser wirken. Die erfahrene oder eingeschätzte Situation erscheint dann als durch mögliches Handeln beeinflußbar (vgl. 4.5.3). Die Bedeutung der Konjunktion *que* wird davon nicht berührt; das Adjunkt erscheint jedoch durch die Kombination mit dem Konjunktiv als «interessanter Inhalt»:

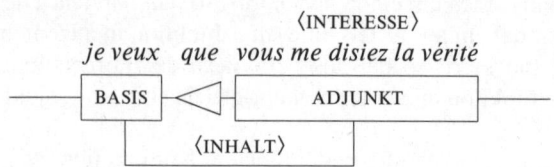

Solange ich nur sage *je veux* 'ich will', ist (für den Gesprächspartner!) dieses Wollen leer, eine bloße Form der Bekundung meines Interesses an einer durch Handeln beeinflußbaren Situation. Welches nun der Inhalt dieses Wollens ist, wird erst im Adjunkt gesagt, angekündigt durch die Inhalts-Konjunktion: *que vous me disiez la vérité* 'daß Sie mir die Wahrheit sagen'. Dieser Inhalt ist durch das begleitende («konkomitante») Signal des Konjunktivs zugleich im angegebenen Sinn interessant gemacht, denn es steht ja noch keineswegs fest, ob der Gesprächspartner sich durch das an ihn gerichtete Ansinnen beeinflussen läßt und tatsächlich die Wahrheit sagt. Die Junktion stellt jedenfalls nach der Anweisung der Konjunktion *que* zwischen Form und Inhalt einen interessanten Zusammenhang her: 'ich will, daß Sie mir die Wahrheit sagen (oder: Sie sollen mir die Wahrheit sagen)'.

Idiomatischer Ausdruck:

que voulez-vous que je (j'y) fasse? 'was soll ich (daran) tun?'

Unter den Verben der Formgebung befinden sich besonders viele «unpersönliche Ausdrücke» mit dem Horizont-Morphem *il* 'es' (vgl. 3.3.3.2) oder dem Fokus-Morphem *ce* 'das' (vgl. 5.2.1.4). Sie geben dem Hörer zu verstehen, daß eine bestimmte Form nicht nur für den Sprecher «persönlich», sondern allgemein und konventionell gilt (vgl. 3.3.3.2), und zwar entweder in unauffälliger oder in auffälliger Weise.

Die *que*-Junktion gibt dabei nun den Inhalt an, dem nach der Auffassung des Sprechers konventionelle Geltung zukommt oder zukommen soll. Dementsprechend unterscheiden sich die neutralen *que*-Junktionen danach, ob die Konjunktion *que* in der Regel den Konjunktiv auslöst oder nicht.

Keinen Konjunktiv lösen aus:

il est vrai que 'zwar'
il est certain que 'es ist sicher, daß'
il va de soi que 'es versteht sich (von selber), daß'
il est (bien) évident que 'es ist (ganz) klar, daß'
il paraît que 'es scheint, daß'
c'est vrai que 'es ist wahr (es stimmt), daß'
c'est un fait que 'es ist eine Tatsache, daß'
(…)

Konjunktiv-Auslöser sind:

il faut que 'man muß'
il se peut que 'es kann sein, daß'
il est (im-)possible que 'es ist (un-)möglich, daß'
il importe (oder: *il est important) que* 'es ist wichtig, daß'
il est bon (oder: *bien) que* 'es ist gut (richtig), daß'
il est normal que 'es ist normal, daß'
il est naturel que 'es ist (ganz) natürlich, daß'
il est douteux que 'es ist zweifelhaft, daß (ob)'
il est faux que 'es ist falsch, daß'
il est (oder: *c'est) dommage que* 'es ist schade, daß'
il est dangereux que 'es ist gefährlich, daß'
c'est un scandale que 'es ist ein Skandal, daß'
(…)

/*est-ce que vous savez déjà que le club m'a offert un poste d'entraîneur?* / 'wissen
   Sie schon, daß der Verein mir einen Posten als Trainer angeboten hat?'
/*comment voulez-vous que je le sache?* / 'wie (woher) soll ich das wissen?'
/*je pensais que c'était déjà dans le journal* / 'ich dachte, das stände schon in der
   Zeitung'
/*il est bien possible que ce soit dans le journal, mais je ne l'ai pas encore lu
aujourd'hui* / 'es ist gut möglich, daß es in der Zeitung steht, aber ich habe sie
   heute noch nicht gelesen'
/*vous trouvez que je devrais accepter?* / 'finden Sie, daß ich annehmen sollte?'
/*il me semble que le poste n'est pas sans risque* / 'mir scheint, die Stelle ist nicht
   risikolos'
/*il va de soi que je n'accepterai pas n'importe quel contrat* / 'es versteht sich (von
   selber), daß ich nicht jeden beliebigen Vertrag annehmen werde'
/*n'oubliez surtout pas qu'un entraîneur sans succès ne reste pas longtemps à son
poste* / 'vergessen Sie vor allem nicht, daß ein erfolgloser Trainer nicht lange auf
   seinem Posten bleibt'

Bei dem Verb *sembler* 'scheinen' wird meistens die (normativ erstarrte) Regel eingehalten, daß eine Konjunktiv-Form nur dann gebraucht wird, wenn das neutrale Verb ohne Partner-Angabe steht (vgl. 3.4.3 und 4.5.3). Unterscheide:

MIT PARTNER-PRONOMEN   OHNE PARTNER-PRONOMEN

/*il me semble que vous avez raison*/   /*il semble que vous ayez raison*/
  'mir scheint, Sie haben recht'   'Sie scheinen recht zu haben'

Falls der Text im Zweifel läßt, ob es sich bei dem Inhalt einer *que*-Junktion um einen formbezogenen Inhalt handelt oder nicht, kann der Inhalts-Charakter durch den verdeutlichenden Einschub *à savoir* 'nämlich' hervorgehoben werden:

/*il y a un gros problème qui se pose quant à notre projet de voyage, à savoir que tu es encore mineur*/   'es ergibt sich ein großes Problem für unser Reisevorhaben, nämlich daß du noch minderjährig bist'

Der klärende Einschub *à savoir* wird hauptsächlich dann benutzt, wenn das Adjunkt ziemlich lang ist, so daß für den Hörer Zweifel auftreten können, welches genau die Beziehung zwischen Form und Inhalt ist.

Idiomatischer Ausdruck:

il n'est pas encore majeur, que je sache   'er ist noch nicht volljährig, soviel ich weiß'

8.4.11.3 *Que*-Junktionen mit prädeterminierender Stellung

Que-Junktionen haben in weitaus den meisten Fällen postdeterminierende Stellung. Die Konjunktion steht dann zwischen der Basis und dem Adjunkt. Das liegt auch von der Bedeutung dieser Konjunktion her nahe: man erwartet zuerst eine Form, ehe sie mit einem Inhalt angefüllt werden kann.

Dennoch ist auch bei der Konjunktion *que* eine prädeterminierende Stellung der Junktion möglich. Dann wird aber diese Konjunktion, die nun an der Spitze der Junktion steht, in der Regel mit zwei Zusatzsignalen kombiniert, die keinen Zweifel an der Bedeutung der Junktion lassen. Diese beiden Zusatzsignale sind die folgenden:

– Die Konjunktion *que* löst im vorgezogenen Adjunkt meistens eine Konjunktivform aus.

– Die Basis, die jetzt ans Ende der Junktion gerückt ist, resümiert noch einmal, meistens durch ein Referenz-Morphem wie *le, ce, cela, en* oder *y,* die Bedeutung des vorgezogenen Adjunkts.

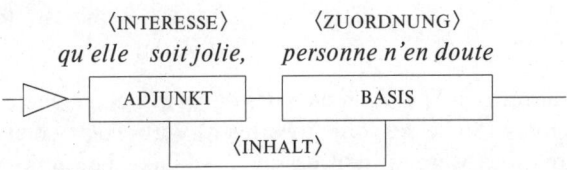

Die Spitzenstellung wird in dieser Junktion von der Konjunktion *que* eingenommen; sie kündigt einen Inhalt an. Dieser Inhalt wird gleichzeitig durch das Konjunktiv-Signal als durch Handeln beeinflußbar und insofern als interessant gekennzeichnet, da einstweilen noch gar keine Form für diesen «schwebenden» Inhalt erkennbar ist: *qu'elle soit jolie* 'daß sie hübsch ist'. Die Anweisung, mit diesem Inhalt eine Form aufzufüllen, muß für einen Augenblick gestaut und gespeichert werden. Erst die nachgestellte Basis *personne n'en doute* 'niemand zweifelt daran', die mit dem Pro-Adjunkt *en* 'daran' noch einmal den referentiellen Zusammenhang von Inhalt und Form klarstellt, erlaubt dem Hörer, die Anweisung der gesamten Junktion auszuführen: 'daß sie hübsch ist, daran zweifelt niemand'.

Durch die beiden genannten Zusatzsignale werden zwei sonst zu befürchtende Verwechslungen vermieden:

1   Die Verwendung des Konjunktivs nach einem *que* in Spitzenstellung schließt eine Verwechslung mit dem gleichfalls meistens in Spitzenstellung vorkommenden, aus dem Frage-Morphem *que?* 'was?' abgeleiteten Ausruf-Morphem *que!* 'was, wie!' aus (vgl. 9.3.6). Unterscheide:

AUSRUF	INHALTS-JUNKTION
/*que vous êtes joli! que vous me semblez beau!*/ 'was seid Ihr hübsch, wie erscheint Ihr mir schön!' (La Fontaine, *Le Corbeau et le Renard*)	/*que le corbeau et par là même l'homme soit vaniteux, nous le savons tous depuis La Fontaine*/ 'daß der Rabe und damit der Mensch eitel ist, (das) wissen wir alle seit La Fontaine'

2   Die Verwendung eines Referenz-Morphems in der jetzt nachgestellten Basis schließt eine Verwechslung mit dem gewöhnlich ebenfalls in Spitzenstellung vorkommenden imperativen Konjunktiv aus (vgl. 4.5.4). Unterscheide:

/ *qu'elle attende son tour* / 'sie soll warten, bis sie an der Reihe ist!'

/ *qu'elle attende son tour, on n'a jamais vu ça* / 'daß sie wartet, bis sie an der Reihe ist, (das) hat man (noch) nie erlebt'

Das Beispiel der rechten Spalte, in dem das durch *que* eingeleitete Adjunkt, wie meistens, die Objekt-Stelle des (objektwertigen) Verbs *voir* 'sehen' besetzt, kann auch so umformuliert werden, daß dasselbe Adjunkt die Subjekt-Stelle dieses Verbs besetzt. Dieser Unterschied ist für das Informationsprofil des Textes («Thema-Rhema-Struktur») wichtig, für die Bedeutung der Junktion als solcher jedoch unerheblich:

/ *qu'elle attende son tour, (cela) surprend tout le monde* / 'daß sie (einmal) wartet, bis sie an der Reihe ist, überrascht alle'

Im ganzen ist jedoch die prädeterminierende Stellung in der *que*-Junktion wenig üblich, zumal das Konjunktiv-Signal bei den meisten Verben nicht hörbar ist. In vielen Fällen kann indes die prädeterminierende Stellung der *que*-Junktion dadurch entlastet werden, daß die Konjunktion *que* in Spitzenstellung erweitert wird, und zwar durch ein Nomen. Dieses Nomen muß eine weite Bedeutung haben, wenn es als umfassende Form für jeden beliebigen Inhalt dienen soll. Am häufigsten verwendet man das Nomen *le fait* 'die Tatsache', so daß aus seiner Verbindung mit *que* eine neue Inhalts-Konjunktion entsteht: *le fait que* [ləfɛtkə] 'die Tatsache, daß'. Diese Konjunktion ist manchmal Konjunktiv-Auslöser, manchmal auch nicht, je nach dem Interesse, das dem Inhalt zugesprochen werden soll. Beispiele:

/ *le fait qu'un parti n'ait pas de programme détaillé prouve parfois que les dirigeants de ce parti ont le sens pratique* / 'die Tatsache, daß eine Partei kein detailliertes Programm hat, beweist manchmal, daß ihre Führer einen Sinn fürs Praktische haben'
/ *qu'il y ait un grain de vérité là-dedans, je ne veux pas le nier* / 'daß ein Körnchen Wahrheit darin liegt, (das) will ich nicht leugnen'

In der Verbindung mit bestimmten Präpositionen *(de, par, à, sur ...)* hört der Ausdruck *le fait que* auf, reine Inhalts-Konjunktion zu sein, und es entstehen Konjunktionen mit anderer Bedeutung, zum Beispiel:

/ *du fait que les radicaux modérés n'avaient pas de programme précis, beaucoup d'électeurs n'ont pas voté pour eux* / 'da die gemäßigten Radikalen kein genaues Programm hatten, haben viele Wähler nicht für sie gestimmt'

8.4.11.4 *Que* als Pro-Konjunktion und in verkürzten Junktionen

Alle Konjunktionen, mögen sie nun mit dem Element *que* gebildet sein oder nicht, können im Text durch *que* als Pro-Konjunktion vertreten und weitergeführt werden (vgl. 4.5.3). Die Pro-Konjunktion *que* bedeutet dem Hörer, daß er die Anweisung der voraufgehenden Konjunktion mit verändertem Inhalt weitergelten lassen soll. Es kann dementsprechend dieser Pro-Konjunktion auch ein Konjunktiv folgen, wenn die vertretene Konjunktion selber Konjunktiv-Auslöser ist. Auch die Konjunktion *si* 'wenn' kann durch die Pro-Konjunktion *(et) que* '(und) wenn' vertreten werden; diese ist dann immer Konjunktiv-Auslöser. Vergleiche:

PRO-KONJUNKTION *que* MIT KONJUNKTIV	PRO-KONJUNKTION *que* OHNE KONJUNKTIV
/*pour qu'il le croie et qu'il ne puisse plus en douter, donnez-le lui donc par écrit*/ 'damit er es glaubt und (damit er) nicht mehr daran zweifeln kann, (so) geben Sie es ihm doch schriftlich!'	/*puisqu'il l'a confirmé et qu'il l'a même donné par écrit, croyez-le donc*/ 'da er es ja bestätigt und (da er) es sogar schriftlich gegeben hat, so glauben Sie ihm doch!'
/*s'il ne vous croit pas et qu'il mette vos intentions en doute, donnez-le lui par écrit*/ 'wenn er Ihnen nicht glaubt und (wenn er) Ihre Absichten in Zweifel zieht, so geben Sie es ihm doch schriftlich!'	/*quand il l'aura confirmé et qu'il l'aura donné par écrit, je le croirai*/ 'wenn er es (erst) bestätigt und (wenn er es) mir schriftlich gegeben hat, werde (will) ich ihm glauben'

Einige Konjunktionen mit dem Element *que,* insbesondere die konsekutiven, finalen und kausalen Konjunktionen, können auch, ohne daß es sich um eine Wiederholung handelt, durch die Konjunktion *que* als Kurzform vertreten werden. Voraussetzung ist allerdings, daß der Kontext der Basis durch zusätzliche Determinanten, gegebenenfalls auch der Intonation, keinen Zweifel an der Bedeutung der verkürzten Konjunktion läßt. So kann etwa nach einem Imperativ die finale Konjunktion *pour que* oder *afin que* (vgl. 8.4.8), auch wenn sie nicht selber voraufgeht, durch *que* vertreten werden:

/*cours vite que tu le retiennes encore*/ 'lauf schnell, daß du ihn noch zurückhältst!'

Der Kontext, insbesondere die Kombination eines Imperativs in der Basis und eines Konjunktivs im Adjunkt, läßt keinen Zweifel an der finalen Bedeutung, die der Konjunktion *que* hier zukommt.

Nicht immer ist die Form-Inhalt-Relation, die den *que*-Junktionen zugrunde liegt, vollständig ausformuliert. Insbesondere die Basis wird häufig verkürzt, wenn sie als Form einer Mitteilung auf andere Weise als durch ein verbales Junktionsglied kenntlich gemacht wird. Man kann dann die verkürzte Form aus der Situation heraus leicht ergänzen. Das ist beispielsweise besonders in Ausrufen der Fall, die gewöhnlich nur dann geäußert werden, wenn sich Sprecher und Hörer einem bemerkenswerten Gegenstand oder Sachverhalt unmittelbar, oft leibhaftig, gegenübersehen. Das Signal des Ausrufs kann dann als die Form angesehen werden, in die der ausgerufene Inhalt einfließt:

/ *voilà que le facteur arrive* (oder: *voilà le facteur qui arrive)!* /   'da kommt (ja) der
   Briefträger!'
/ *sans doute qu'il n'a pas de lettre pour moi aujourd'hui!* /   'bestimmt hat er heute
   keinen Brief für mich!'
/ *mais bien sûr qu'il en a une pour toi!* /   'aber natürlich hat er einen für dich!'
/ *ah, certainement qu'il m'apporte une facture!* /   'ach, sicher bringt er mir eine
   Rechnung!'
/ *oh, la jolie lettre que voici n'a pas l'air d'être une facture!* /   'oh, dieser hübsche
   Brief hier sieht (mir) nicht nach einer Rechnung aus!'

Die ergänzenden Determinanten können auch in der Dialog-Situation enthalten sein, so daß ein verkürzter Dialog-Anschluß möglich ist:

possible que ça s'explique   'möglich, daß sich das erklären läßt'
pas que je sache   'nicht daß ich wüßte'
je pense que oui   'ich denke, ja'
moi, je crois que non   'ich (hingegen) glaube nicht (oder: nein)'
espérons que si!   'hoffen wir, doch!'
oh, que oui!   'oh ja!'

In familiärer Wechselrede können *que oui* 'ja doch' und *que non* 'nein doch' auch als isolierte Repliken vorkommen.

8.5   Die Relativ-Junktoren

Relativ-Junktoren (oder kurz: Relative) stehen ihrer Funktion nach zwischen den Präpositionen (vgl. 8.3) und den Konjunktionen (vgl. 8.4). Sie haben als

Basis ein Nomen oder Pronomen und als Adjunkt ein finites Verb. Die Relativ-Junktion gibt an, welche Handlungsrolle das Nomen oder Pronomen der Basis gegenüber dem finiten Verb des Adjunkts einnehmen soll. Die Basis wird also als Handlungsrolle des Adjunkts determiniert. Wir beschreiben daher die Bedeutung der einfachen Relativ-Junktoren mit dem Merkmal der jeweiligen Handlungsrolle. Je nach den verschiedenen Formen der Relativ-Junktoren wird dieses (Grund-)Merkmal durch ein oder mehrere Merkmale ergänzt, bei komplexen Relativ-Junktoren auch durch andere Merkmale ersetzt.

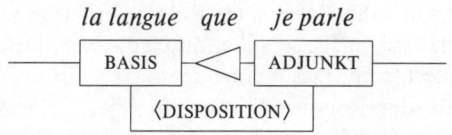

Basis dieser Relativ-Junktion ist ein Nomen: *la langue* 'die Sprache'. Adjunkt ist ein finites Verb: *je parle* 'ich spreche'. Der Relativ-Junktor *que* (hier:) 'die' stellt zwischen der nominalen Basis und dem verbalen Adjunkt eine Junktion her, die den Hörer anweist, das Nomen der Basis als Objekt für das finite Verb des Adjunkts zu nehmen. Wir beschreiben die Bedeutung dieser Relativ-Junktion mit dem Subjekt-Objekt-Merkmal ⟨DISPOSITION⟩: 'die Sprache, die ich spreche'.

Wir unterscheiden im folgenden die Relativ-Junktoren nach ihren spezifischen Merkmalen sowie nach besonderen Kombinations- und Kontextbedingungen und bilden die folgenden Gruppen:

– Rollen-Relative (8.5.1)
– Kongruenz-Relative (8.5.2)
– Präpositions-Relative (8.5.3)
– Positions- und Inhalts-Relative (8.5.4)
– Das Prädikations-Relativ *que* (8.5.5)

8.5.1   Rollen-Relative

Rollen-Relative bezeichnen schlicht die Handlungsrolle (vgl. 3.4), die dem Nomen oder Pronomen der Basis in bezug auf das finite Verb des Adjunkts zukommen soll. Die Basis wird auf diese Weise von der verbalen Bedeutung des Adjunkts her determiniert.

Die Rollen-Relative lauten für die Handlungsrollen:

SUBJEKT	PARTNER	OBJEKT
qui 'der, die, das'	*à qui* 'dem, der'	*que* (vor Vokal: *qu'*) 'den, die, das'

8.5.1.1 Relativ-Junktionen mit lexematischer Basis

In den meisten Fällen wird die Basis einer Relativ-Junktion von einem Nomen gebildet. Dieses Lexem kann im Text, außer durch die Relativ-Junktion, noch auf andere Weise determiniert sein. Das Nomen ist sogar meistens dadurch determiniert, daß es außerhalb der Relativ-Junktion für irgend ein anderes Verb des Kontextes eine bestimmte Handlungsrolle innehat. Für die Verwendung des Rollen-Relativs macht es aber keinen Unterschied, welche Handlungsrolle ein Nomen oder Pronomen außerhalb der Relativ-Junktion innehat. Vergleiche:

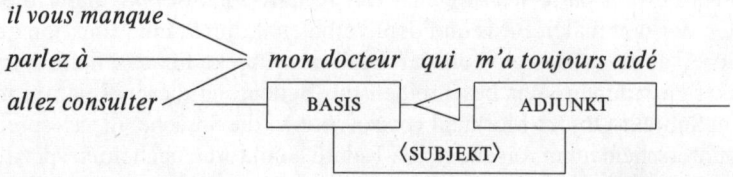

Die Relativ-Junktion lautet hier: *mon docteur qui m'a toujours aidé* 'mein Arzt, der mir immer geholfen hat'. Außerhalb dieser Junktion hat das Nomen *mon docteur,* das die Basis der Junktion bildet, schon jeweils eine Handlungsrolle inne, nämlich in den drei Varianten des Beispiels entweder die Subjekt-Rolle: *il vous manque un docteur* 'es fehlt Ihnen ein Arzt' oder die Partner-Rolle: *parlez à mon docteur* 'sprechen Sie mit meinem Arzt' oder die Objekt-Rolle: *allez consulter mon docteur* 'gehen Sie meinen Arzt fragen'. Unabhängig von diesen drei möglichen Handlungsrollen, die das Nomen *mon docteur* im übrigen Text bereits hat, soll dieses Nomen durch die Relativ-Junktion eine weitere Handlungsrolle übernehmen, nämlich für das finite Verb des Adjunkts. Das ist hier nach dem Ausweis der Form *qui* die Subjekt-Rolle. Im Gesamttext hat das Nomen *mon docteur,* vermittelt durch das Rollen-Relativ *qui,* nun zwei Handlungsrollen inne, und zwar eine der drei Rollen-Kombinationen Subjekt/Subjekt, Partner/Subjekt oder Objekt/Subjekt.

Die Form *à qui* 'dem, der' gibt demgegenüber an, daß das Nomen der Basis für das finite Verb die Handlungsrolle des Partners übernehmen soll. Wiederum ist es für den Gebrauch des Rollen-Relativs unerheblich, welche Handlungsrolle dieses Nomen im sonstigen Kontext innehat. Vergleiche:

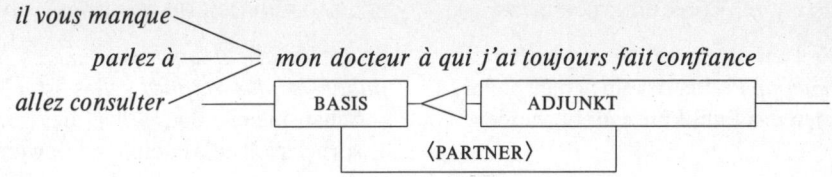

Das Adjunkt lautet hier *j'ai toujours fait confiance* 'ich habe immer Vertrauen geschenkt'. Ihm gegenüber übernimmt das Nomen der Basis *mon docteur* jetzt die Handlungsrolle des Partners, unabhängig davon, welche Handlungsrolle es sonst schon im Text innehat.

Das Rollen-Relativ *à qui* wird jedoch im allgemeinen nur bei Personen oder Institutionen gebraucht und nur sehr selten bei Tieren oder Sachen. Tatsächlich ist die Partner-Rolle meistens von Personen oder Institutionen besetzt. Wenn aber dennoch in seltenen Fällen die Partner-Rolle von Tieren oder Sachen besetzt ist, so gebraucht man meistens statt des Rollen-Relativs *à qui* ein Kongruenz-Relativ des Typus *auquel* oder *à quoi* (vgl. 8.5.2).

Durch die Form *que* schließlich wird der Hörer angewiesen, dem Nomen der Basis im Adjunkt die Handlungsrolle des Objekts zu geben:

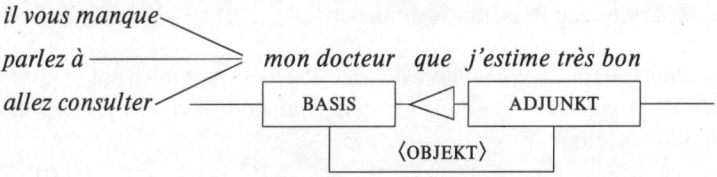

Nunmehr lautet das Adjunkt *j'estime très bon* 'ich halte für sehr gut'. Dieses finite Verb verlangt nach einem Objekt und findet es gemäß der Anweisung des Relativ-Junktors *que* 'den' in dem Nomen der Basis *mon docteur* 'mein Arzt', ohne Rücksicht auf die Handlungsrolle, die dieses Nomen für ein anderes finites Verb des Kontextes schon ausfüllt.

Wenn bei dem Objekt-Relativ *que* die Subjekt-Rolle des Adjunkts durch ein Nomen besetzt ist, so wird dieses dem Verb bisweilen nachgestellt («Inversion»). Die Entscheidung für eine Stellung des Subjekts vor dem Verb oder nach dem Verb richtet sich hauptsächlich nach der Länge des Subjekts (mitsamt seinen nicht-verbalen Determinanten) im Verhältnis zur Länge des Verbs (mitsamt seinen nicht-nominalen Determinanten). Wenn das Subjekt kürzer ist als das Verb, steht es meistens vor dem Verb. Wenn es länger ist als das Verb, steht es meistens nach dem Verb. Diese Regel ist jedoch für Abweichungen mit stilistischem Ausdruckswert offen. Unterscheide:

8.5.1.1 Relativ-Junktionen mit lexematischer Basis

RELATIV-JUNKTION OHNE INVERSION	RELATIV-JUNKTION MIT INVERSION
/*c'est un acteur que le public admire beaucoup*/ 'das ist ein Schauspieler, den das Publikum sehr bewundert'	/*c'est un acteur qu'admire même le public le plus raffiné*/ 'das ist ein Schauspieler, den selbst das anspruchsvollste Publikum bewundert'

Wir haben im Beispiel der linken Spalte ein einfaches Subjekt: *le public* 'das Publikum'. Im Beispiel der rechten Spalte ist das Subjekt hingegen so erweitert, daß gleichzeitig die Aufmerksamkeit des Hörers auf dieses Subjekt gelenkt wird: *même le public le plus raffiné* 'selbst das anspruchsvollste Publikum'. Dieser semantische Unterschied kann gleichzeitig syntaktisch unterstrichen werden, wenn der Sprecher, wie in der Gegenüberstellung dieser Beispiele, das semantisch auffällige (und damit gleichzeitig dem Lautkörper nach aufwendige) Subjekt in die zur Weckung der Aufmerksamkeit günstigere («rhematische») Stellung nach dem Verb bringt.

Wie schon diese Beispiele erkennen lassen, kann dem Nomen der Basis ein Präsentativ-Morphem, insbesondere *c'est*, voraufgehen. Wenn das Nomen der Basis durch diese Konstruktion einen Intensitäts-Akzent erhält, entsteht aus der Verbindung des Präsentativ-Morphems und der nachfolgenden (unbetonten) Relativ-Junktion eine Präsentativ-Junktion:

/*c'est la pluie* [sɛlaplчí] *qui m'agace*/ 'der R e g e n regt mich auf'
/*ce sont les cultivateurs* [səsõlekyltivatǽr] *qui l'ont réclamée*/ 'die B a u e r n haben ihn bestellt'

Das Präsentativ-Morphem kann auch als ein zweigliedriges, diskontinuierliches Morphem *c'est... qui* analysiert werden (vgl. 3.1.3).

Es ist üblich, zwischen notwendigen (obligatorischen) und nicht notwendigen (fakultativen) Relativ-Junktionen zu unterscheiden. Um eine solche Unterscheidung treffen zu können, muß jedoch in einem gegebenen Text der gesamte Kontext und eventuell auch die umgebende Situation mitsamt allem in ihr vorfindbaren enzyklopädischen Vorwissen berücksichtig werden. Wenn dementsprechend eine bestimmte Information ohne die Relativ-Junktion unvollständig ist, so ergibt sich daraus für die Relativ-Junktion, daß sie textuell obligatorisch ist. Läßt sich hingegen ein bestimmtes Textsegment auch ohne Berücksichtigung der Relativ-Junktion schon als ein (relativ) vollständiges Informationsquantum auffassen, so folgt daraus für die Relativ-Junktion, daß sie textuell fakultativ ist. Zwischen obligatorischen und fakultativen Relativ-Junktionen verläuft jedoch keine scharfe Grenze. Daher wird die Unterscheidung zwischen obligatorischen und fakultativen Relativ-Junktionen auch nicht durch besondere Relativ-Junktoren für die eine oder die andere Spielart signalisiert, sondern muß aus einer Beurteilung des gesamten Kontextes abgeleitet werden. Unterscheide im Text:

FAKULTATIVE RELATIV-JUNKTION	OBLIGATORISCHE RELATIV-JUNKTION
/pour le rôle de l'Avare, il faudrait chercher un acteur parmi les Écossais, qui sont tous avares/ 'für die Rolle des Geizigen müßte man einen Schauspieler unter den Schotten suchen, die alle geizig sind'	*/pour le rôle de l'Avare, on a trouvé un acteur écossais qui n'est pas avare du tout/* 'für die Rolle des Geizigen hat man einen schottischen Schauspieler gefunden, der überhaupt nicht geizig ist'

In diesen beiden Beispielen ist das bekannte Stereotyp von den geizigen Schotten vorausgesetzt, das ja auch in der Witztopik eine große Rolle spielt. Wenn dieses Vorurteil also vorausgesetzt werden kann, so ist die Relativ-Junktion des linken Beispiels mit dem Adjunkt *(qui) sont tous avares* '(die) alle geizig sind' für das Verständnis der textuellen Information nicht unerläßlich, sondern im Hinblick auf das Vorwissen redundant. Nicht so im Beispiel der rechten Spalte. Da ist die durch eine Relativ-Junktion mitgeteilte Tatsache, daß jener schottische Schauspieler ganz und gar nicht geizig ist, ein notwendiger, weil in der stereotypen Vorinformation nicht enthaltener Teil der textuellen Information. Zu beachten ist aber, daß die Relativ-Junktion in beiden Beispielen durch den gleichen Relativ-Junktor *qui* 'die, der' gebildet wird, der von sich aus indifferent ist gegenüber der Unterscheidung von obligatorischen und fakultativen Relativ-Junktionen. Nicht ganz so indifferent gegenüber dieser Unterscheidung sind jedoch, wie die obigen Beispiele zeigen, andere («konkomitante») syntaktische Signale, insbesondere die Verwendung des anaphorischen und des kataphorischen Artikels (vgl. 5.1.2). Der anaphorische Artikel, der ja auf die bekannte Vorinformation zurückweist, trägt häufig (nicht immer!) zur Bildung einer fakultativen Relativ-Junktion bei: *les Écossais, qui sont tous avares'* 'die Schotten, die (bekanntlich) alle geizig sind'. Im Gebrauch eines kataphorischen Artikels, der auf eine grundsätzlich unbekannte Nachinformation vorverweist, kann man in vielen (nicht in allen!) Fällen einen Hinweis auf eine obligatorische Relativ-Junktion sehen: *un acteur écossais qui n'était pas avare du tout* 'ein schottischer Schauspieler, der ganz und gar nicht geizig war'.

Anmerkung zur Interpunktion: In Relativ-Junktionen, die als fakultativ empfunden werden, werden Junktor und Adjunkt in einen Komma-Rahmen gesetzt (wenn der Text weiterläuft) oder durch ein Komma von der Basis getrennt (wenn nach dem Adjunkt ein Punkt folgt).

Weiterhin ist in einer Relativ-Junktion wichtig, ob ihr ein Konjunktiv-Auslöser voraufgeht (vgl. 4.5.3). Konjunktiv-Auslöser für das Verb des Adjunkts sind bestimmte voraufgehende Sprachzeichen, die in der Relativ-Junktion eine (unter dem Gesichtspunkt der Beeinflußbarkeit) interessante Determination verlangen. Unterscheide:

KEIN KONJUNKTIV

/*le patron a une secrétaire qui prend toutes les décisions*/ 'der Chef hat eine Sekretärin, die alle Entscheidungen trifft'

KONJUNKTIV

/*le patron cherche une secrétaire qui ne prenne pas toutes les décisions*/ 'der Chef sucht eine Sekretärin, die nicht alle Entscheidungen trifft'

Auch hier geht der Unterschied nicht von dem Relativ-Junktor *qui* aus, sondern von bestimmten Determinanten des Kontextes, hier dem Verb *chercher* 'suchen', dessen konjunktiv-auslösende Wirkung von dem Relativ-Junktor nur weitergeleitet wird.

Vom Kontext geht eine weitere Besonderheit aus. Wenn nämlich das Nomen der Basis durch ein Adjektiv determiniert ist, so gibt es zwei Möglichkeiten für den Anschluß eines Relativ-Junktors. Dieser kann einerseits ohne Berücksichtigung des Adjektivs auf die nominale Basis bezogen werden. Das ist bei vorangestelltem Adjektiv obligatorisch (*une jeune femme qui ...* 'eine junge Frau, die ...'). Bei nachgestelltem Adjektiv ist das ebenfalls zulässig, doch besteht andererseits auch die Möglichkeit, die Relativ-Junktion mit dem Adjektiv durch den Alljunktor *et* 'und' zu parallelisieren. Unterscheide die Nuance:

SELBSTÄNDIGE RELATIV-JUNKTION

/*une femme intelligente qui sait le français*/ 'eine kluge Frau, die Französisch kann'

PARALLELISIERTE RELATIV-JUNKTION

/*une femme intelligente et qui sait le français*/ 'eine kluge Frau, die (auch noch) Französisch kann'

Die Basis einer Relativ-Junktion kann im übrigen mehrere Adjunkte bei sich haben, die durch Alljunktoren (*et, ou, mais ...* – vgl. 8.2) miteinander verbunden sind. Ist diese Verbindung sehr eng, so braucht der Relativ-Junktor nicht wiederholt zu werden. Unterscheide:

WIEDERHOLUNG
DES RELATIV-JUNKTORS

/*un bébé qui boit bien mais qui mange mal*/ 'ein Baby, das gut trinkt, aber schlecht ißt'

KEINE WIEDERHOLUNG
DES RELATIV-JUNKTORS

/*un bébé qui mange et boit bien*/ 'ein Baby, das gut ißt und trinkt'

Einen besonderen Hinweis verdienen diejenigen Relativ-Junktionen, deren

Adjunkt nur aus einem finiten Verb besteht und daher sehr kurz ist. In solchen Fällen rücken die Relativ-Junktionen in ihrer Bedeutung sehr nahe an die Partizipial-Attributionen heran (vgl. 6.7.2).

les vacances qui commencent   'die beginnenden Ferien'
les cloches qui sonnent   'die läutenden Glocken'
les oiseaux qui chantent   'die singenden Vögel'
des enfants qui jouent   'spielende Kinder'
un mari qui ronfle   'ein schnarchender Ehemann'
la femme qui travaille   'die arbeitende Frau'
le diable qui rit   'der lachende Teufel'
(...)

8.5.1.2   Relativ-Junktionen mit morphematischer Basis

Statt durch ein Lexem, nämlich ein Nomen, kann die Basis einer Relativ-Junktion auch durch ein Morphem gebildet werden, wenn sich aus dem Kontext oder aus der Situation ergibt, für wen oder was dieses Morphem steht. Als Morpheme für die Basis einer Relativ-Junktion dienen die Pronomina (vgl. 3.1.3) und einige freie Formen des gezielten Artikels (vgl. 5.2).

1   Pronomina

Mit einem Pronomen als Basis werden Relativ-Junktionen für alle drei Handlungsrollen möglich. Man nimmt dafür meistens die freien Formen des Pronomens:

	SENDER	EMPFÄNGER	REFERENT
SINGULAR	*moi qui* 'ich, der/die (ich)'	*toi qui* 'du, der/die (du)'	*lui/elle qui* 'er, der/sie, die'
PLURAL	*nous (autres) qui* 'wir, die (wir)'	*vous (autres) qui* 'ihr, die (ihr)/ Sie, die Sie'	*eux/elles qui* 'sie, die'

Sehr häufig wird ein Pronomen dieser Art, ebenso wie beim Nomen zu beobachten ist (vgl. 8.5.1.1), mit dem Präsentativ-Morphem *c'est* gebraucht (vgl. 3.1.3), so daß man die Morphem-Kombination *c'est moi qui* (mit betontem *moi*) 'i c h' und ihre Entsprechungen in den anderen Gesprächsrollen auch als ein einheitliches Morphem auffassen kann, nämlich als die hervorhebende Form des Pronomens (vgl. 3.1.3).

Das Verb des Adjunkts ist dem Pronomen der Basis auch nach dem Präsentativ-Morphem *c'est* in der Gesprächsrolle kongruent. Vergleiche:

/*c'est moi* [sɛmwá] *qui suis le maître ici*/   'i c h bin der Herr hier'
/*c'est vous* [sɛvú] *en effet qui parlez le plus fort*/   'in der Tat reden S i e am
   lautesten'

In der Referenten-Rolle (und nur sehr selten auch in den anderen beiden Gesprächsrollen) sind auch die gebundenen Formen des Pronomens als Basis einer Relativ-Junktion möglich:

/*la voilà qui arrive!*/   'da kommt sie ja!'
/*je la vois déjà qui te sourit*/   'ich sehe schon, wie sie dir zulächelt'

Unterscheide die Nuance:

RELATIV-JUNKTION	INFINITIV-ANSCHLUSS
/*elle l'entend qui exulte*/ 'sie hört, wie er jubelt'	/*elle l'entend exulter*/ 'sie hört ihn jubeln'

Im Beispiel der linken Spalte richtet sich die Aufmerksamkeit mehr auf das Verb *exulter* 'jubeln', im Beispiel der rechten Spalte mehr auf das Verb *entendre* 'hören'.

[2]   Demonstrativ-Artikel

Die Basis einer Relativ-Junktion kann auch von einem Demonstrativ-Artikel gebildet werden, der dann als freie Form, jedoch in der Regel ohne die Zusatzmorpheme *-ci* oder *-là* steht (vgl. 5.2.1.2), also (wenn es sich um die Subjekt-Rolle handelt) mit diesen Formen:

	MASKULIN	FEMININ
SINGULAR	*celui qui* '(derjenige,) der'	*celle qui* '(diejenige,) die'
PLURAL	*ceux qui* '(diejenigen,) die'	*celles qui* '(diejenigen,) die'

Relativ-Junktoren dieses Typus werden hauptsächlich zur Identifizierung gebraucht:

/*j'ai applaudi celle qui a gagné le match*/   'ich habe der(-jenigen) applaudiert, die das Spiel gewonnen hat'
/*n'oublie pas celui qui l'a entraînée*/   'vergiß nicht den(-jenigen), der sie trainiert hat'
/*on ne peut pas connaître tous ceux qui ont contribué à cette victoire*/   'man kann nicht alle (diejenigen) kennen, die zu diesem Sieg beigetragen haben'

Im Grenzfall, wenn nämlich sämtliche denkbaren Personen gemeint sind, können die demonstrative Basis und der Relativ-Junktor zu einer einzigen Form zusammengezogen werden. Diese tritt fast nur in der Handlungsrolle des Subjekts auf und lautet *quiconque* [kikõk] 'wer auch immer':

/*quiconque a beaucoup vu, peut avoir beaucoup retenu*/   'wer viel erlebt (oder: gesehen) hat, kann (wohl) viel behalten haben' (La Fontaine)

Dieses *quiconque* kann wiederum zu *qui* 'wer' verkürzt oder zu *tel qui* 'einer, der' abgewandelt werden, insbesondere in altertümlicher und formelhafter (sprichwörtlicher) Rede.

/*qui s'excuse s'accuse*/   'wer sich entschuldigt, klagt sich an'
/*qui vivra verra*/   'das wird sich zeigen (abwarten und Tee trinken)'
/*qui vole un œuf vole un bœuf*/   'wer ein Ei stiehlt, stiehlt auch einen Ochsen'
/*qui se ressemble, s'assemble*/   'gleich und gleich gesellt sich gern'
/*qui ne risque rien, n'a rien*/   'wer nicht(s) wagt, der nicht(s) gewinnt'
/*qui va à la chasse, perd sa place*/   'aufgestanden, Platz vergangen'
/*sauve qui peut!*/   'rette sich, wer kann!'
/*à qui mieux mieux*/   'um die Wette'
/*tel est pris qui croyait prendre*/   'wer andern eine Grube gräbt, fällt selbst hinein'
/*tel qui rit vendredi, dimanche pleurera*/   'Hochmut kommt vor dem Fall'

3   Andere gezielte Artikel

Außer den Demonstrativ-Artikeln können auch andere gezielte Artikel mit ihren freien Formen die Basis einer Relativ-Junktion bilden. Dafür kommen vor allem die Indefinit-Artikel (vgl. 5.2.4) in Frage:

/*il y en a plusieurs qui ne s'intéressent à rien*/   'es gibt manche, die sich für nichts interessieren'
/*c'est quelque chose qui ne va pas*/   'das ist etwas, das (oder: was) nicht geht'
/*j'en connais qui t'envient*/   'ich kenne welche, die dich beneiden'
/*il n'y a là rien qui vaille*/   'das taugt alles nicht(s)'

8.5.1.3   Relativ-Junktionen mit neutraler Basis

Der Demonstrativ-Artikel (vgl. 5.2.1) als Basis einer Relativ-Junktion ist in seinen Genus- und Numerus-Oppositionen neutralisierbar. Als neutrale Form steht dann in der Basis die Form *ce* 'das', die wegen ihrer Neutralisierung nur für Sachen oder Sachverhalte gebraucht werden kann. Dieses *ce,* das mit dem Fokus-Morphem *ce* homonym ist (vgl. 5.2.1.4), kann sich gegebenenfalls auf ein längeres Textsegment oder ein Stück Situation beziehen:

/ *tu as trouvé ce que tu as toujours cherché* /   'du hast gefunden, was du immer gesucht hast'

Es bleibt in dieser Junktion eine offene Frage, worauf sich dieses *ce que* '(das) was' bezieht. Die Referenz könnte beispielsweise mit einem Nomen gegeben werden, etwa *un poste* 'eine Anstellung' oder *le bonheur* 'das Glück', aber auch mit einem längeren Textsegment, etwa: *la solution d'un problème difficile* 'die Lösung eines schwierigen Problems'. Die Konturen bleiben hier absichtlich unscharf, da alle Merkmale der Kongruenz, an denen man die Referenz identifizieren könnte, durch Neutralisierung ausgeblendet sind.

In der Handlungsrolle des Partners lautet das Relativ nach *ce* nicht *à qui,* sondern *à quoi,* so daß sich für die drei Handlungsrollen die folgenden Kombinationen ergeben:

SUBJEKT	PARTNER	OBJEKT
ce qui 'was'	*(ce) à quoi* 'wem'	*ce que* 'was'

/ *tu sais ce qui me plaît* /   'du weißt, was mir gefällt'
/ *tu n'ignores pas ce à quoi je tiens* /   'du weißt recht wohl, worauf ich halte (oder: woran ich hänge)'
/ *tu comprendras ce que je veux* /   'du wirst (noch) begreifen, was ich will'

Sprichwort:

ce que femme veut, Dieu le veut   'eine Frau hat immer recht'

In formelhaften oder altertümlichen Wendungen können gelegentlich an Stellen, wo man *ce qui* oder *ce que* erwartet, die verkürzten Formen *qui* oder *que* auftreten. Lexikalisiert sind sie in den folgenden Beispielen:

/voilà qui va bien (mal)/ 'das geht klar (schief)'
/voilà qui est fait!/ 'das hätten wir geschafft! (fertig!)'
/il est très mal élevé et, qui plus (pis, mieux) est, il semble encore en être fier [fjɛr]/
   'er ist sehr schlecht erzogen, und was die Höhe (das Schlimmste, das Beste) ist, er
   ist anscheinend (auch) noch stolz darauf'
/il ne sait que faire/ 'er weiß nicht, was er machen soll'
/il ne sait que devenir/ 'er weiß nicht, was aus ihm werden soll'
/advienne que pourra!/ 'komme, was da wolle!'

Häufiger jedoch als die genannte Verkürzung findet man eine Erweiterung der neutralen Basis durch das Morphem *tout* 'alles'. Diese Erweiterung hat weniger semantische als vielmehr phonologische Gründe. Da nämlich der vielgebrauchte Ausdruck *ce qui* 'was' (entsprechend auch *ce que* 'was') nur in überdeutlicher Aussprache [səki], sonst meistens [ski], ausgesprochen wird, gewährleistet die Kombination mit *tout*, daß die Konsonantengruppe [sk] immer nach einem Vokal steht: [tuski, tuskə]. Es entsteht keine schwere Konsonanz mit drei Konsonanten. Aus dem gleichen Grunde bleibt auch nach dieser Konsonanz immer ein Stützvokal bestehen, auch wenn dieser [ə] ist: *tout ce que tu sais* [tuskətysɛ].

Idiomatisierte Ausdrücke und Redensarten:

c'est tout ce qu'il y a de plus joli! 'hübscher geht's nicht'
tout ce qui brille n'est pas or 'es ist nicht alles Gold, was glänzt' (Sprichwort)

Neutrale («unpersönliche») Ausdrücke mit dem Horizont-Morphem *il* 'es' (vgl. 3.3.3.2) wie *il reste* 'es ist (oder: bleibt) übrig' bleiben in gepflegter Sprache auch nach *(tout) ce que (qu')* erhalten: *(tout) ce qu'il reste* '(alles) was übrig ist'. Die Kombination *(tout) ce qu'il* wird jedoch, zumal in der Stellung vor Konsonant, häufig [(tu)ski] gesprochen und ist dann für das Ohr von der gleich gesprochenen Form *(tout) ce qui* [(tu)ski] nicht zu unterscheiden: *(tout) ce qui se passe* '(alles,) was passiert'. Die Vermischung der beiden Formen ist – weniger korrekt, aber geduldet – auch in die Schrift eingedrungen. Vergleiche auch:

KORREKT	GEDULDET
/je vais vous raconter (tout) ce qu'il m'est arrivé/ 'ich will Ihnen (alles) erzählen, was mir passiert ist'	*/je vais vous raconter (tout) ce qui m'est arrivé/* 'ich will Ihnen (alles) erzählen, was mir passiert ist'

Idiomatische Redensarten, gebildet auf der Grundlage von Relativ-Junktionen mit neutraler Basis, sind weiterhin:

c'est tout ce qui (oder: ce qu'il) me reste   'mehr habe ich nicht'
tout ce que je sais c'est que je suis perdu   'eines steht fest: ich bin verloren'

Das letzte Beispiel läßt erkennen, daß eine Relativ-Junktion mit der neutralen Basis *tout ce* 'alles, was' und mit nachfolgendem Präsentativ-Morphem *c'est* auch zur Hervorhebung eines Textsegments gebraucht werden kann.

8.5.2   Kongruenz-Relative

Die Rollen-Relative unterscheiden sich in der französischen Sprache nur nach den Handlungsrollen, die das Nomen der Basis gegenüber dem finiten Verb im Adjunkt einer Relativ-Junktion einnehmen soll (vgl. 8.5.1). Die Kongruenz-Relative eröffnen darüber hinaus die Möglichkeit, auch nach Genus (Maskulin vs. Feminin) und Numerus (Singular vs. Plural) zu unterscheiden und auf diese Weise zwischen dem Nomen der Basis und dem Relativ-Junktor Kongruenz herzustellen:

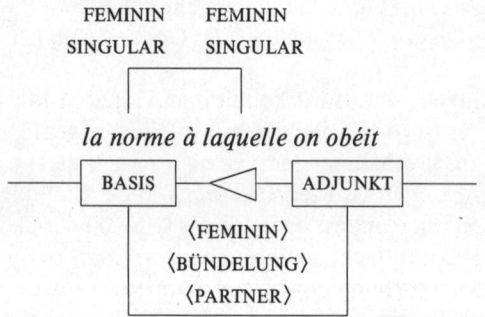

Verglichen mit der auch möglichen Junktion *la norme à qui on obéit* 'die Norm, der man gehorcht' hat die hier analysierte Junktion *la norme à laquelle on obéit* 'die Norm, welcher man gehorcht' in ihrem Relativ-Junktor *à laquelle* zwei Merkmale mehr, nämlich das Genus-Merkmal 〈FEMININ〉 und das Numerus-Merkmal 〈BÜNDELUNG〉, durch die sie zu dem Nomen der Basis Kongruenz herstellt.

In der folgenden Matrix sind die beiden zur Basis hin gewendeten Merkmale des Genus und des Numerus vertikal und das zum Adjunkt hin gewendete Merkmal der Handlungsrolle horizontal unterschieden:

KONGRUENZ		HANDLUNGSROLLEN		
GENUS	NUMERUS	SUBJEKT	PARTNER	OBJEKT
MASKULIN	SINGULAR	*lequel* 'welcher'	*auquel* 'welchem'	*lequel* 'welchen'
	PLURAL	*lesquels* 'welche'	*auxquels* 'welchen'	*lesquels* 'welche'
FEMININ	SINGULAR	*laquelle* 'welche'	*à laquelle* 'welcher'	*laquelle* 'welche'
	PLURAL	*lesquelles* 'welche'	*auxquelles* 'welchen'	*lesquelles* 'welche'

Die gleichlautenden Formen für die Handlungsrollen des Subjekts und des Objekts werden im Text danach unterschieden, ob das finite Verb des Adjunkts ein anderes Subjekt bei sich hat oder nicht. Hat es kein Subjekt, so übernimmt das Kongruenz-Relativ für das Nomen der Basis die Subjekt-Rolle; hat hingegen das Verb des Adjunkts schon ein Subjekt bei sich, so übernimmt das Kongruenz-Relativ für das Nomen der Basis die Objekt-Rolle. Unterscheide:

SUBJEKT-ROLLE DES
KONGRUENZ-RELATIVS

/*ces messieurs de la division exportation lesquels me connaissent bien*/
'diese Herren von der Exportabteilung, welche mich gut kennen'

OBJEKT-ROLLE DES
KONGRUENZ-RELATIVS

/*ces messieurs de la division exportation lesquels je connais bien*/   'diese Herren von der Exportabteilung, welche ich gut kenne'

Im Beispiel der rechten Spalte kommt die Subjekt-Rolle für das Kongruenz-Relativ *lesquels* nicht in Frage, weil diese Rolle bereits durch *je* 'ich' besetzt ist. Die Beispiele lassen gleichzeitig erkennen, daß ein Kongruenz-Relativ statt eines Rollen-Relativs hier deshalb am Platze ist, weil die Basis aus mehreren Nomina besteht (*messieurs, division, exportation*). Die nach Genus und Numerus kongruente Form *lesquels* (Maskulin, Plural) läßt nun keinen Zweifel daran, daß das Nomen *messieurs* (Maskulin, Plural) im engeren Sinne Basis der Relativ-Junktion ist.

Die Kongruenz-Relative werden nämlich grundsätzlich nur dann gebraucht, wenn der Gebrauch eines Rollen-Relativs unklar lassen würde, auf welches Nomen als Basis es sich beziehen soll. Der Bezug kann dann durch die Kongruenz-Relative mit Hilfe der Kongruenz-Merkmale des Genus und Numerus deutlich gemacht werden. Das gibt aber dem Text leicht den Anstrich der Übergenauigkeit und Pedanterie. Man verwendet Kongruenz-Relative daher nur dann, wenn es unbedingt nötig ist, zum Beispiel in Fachsprachen, wo es auf besondere Genauigkeit ankommt. Man kann schließlich ein übriges tun und das determinierte Nomen der Basis im Adjunkt noch einmal wiederholen *(la voiture ... laquelle voiture)*. Das bringt indes eine verwaltungssprachliche Stilnote in den Text. In der Partner-Rolle wird das Kongruenz-Relativ häufiger gebraucht als in den anderen Handlungsrollen; bei Sachen ist sein Gebrauch in diesem Fall die Regel, da man sich mit *à qui* fast nur auf Personen bezieht. Die bei weitem häufigste Verwendung findet man jedoch in Verbindung mit Präpositionen (etwa: *pour lequel* – vgl. 8.5.3).

Die folgenden Beispiele sind so gewählt, daß sie eher in den Kontext einer förmlichen Protokollaufnahme als eines alltagssprachlichen Gesprächs passen:

/ *j'ai vu passer la voiture de Mme Dupin, laquelle voiture a ensuite causé l'accident* /
'ich habe den Wagen von Frau Dupin vorbeifahren sehen, welcher (Wagen) dann den Unfall verursacht hat'
/ *est-ce que vous reconnaissez la voiture à laquelle vous avez mis de nouveaux freins?* / 'erkennen Sie den Wagen wieder, dem Sie neue Bremsen eingebaut haben?'
/ *c'étaient des freins auxquels on peut normalement faire confiance* / 'es waren Bremsen, auf die man sich normalerweise verlassen kann'

8.5.3 Präpositions-Relative

Sowohl die Rollen-Relative (vgl. 8.5.1) als auch die Kongruenz-Relative (vgl. 8.5.2) können in ihrer Bedeutung durch Präpositionen verändert werden. Da Präpositionen auch Junktoren sind (vgl. 8.3), analysieren wir sie nach dem gleichen Muster wie die Relativ-Junktoren. Es entstehen auf diese Weise doppelte Junktionen. Präpositions-Relative können mit allen Präpositionen gebildet werden (vgl. 8.5.3.1). Besonders häufig sind Präpositions-Relative mit der Präposition der Zuordnung (vgl. 8.5.3.2).

8.5.3.1 Doppelte Junktionen

Wenn eine Präposition mit einem Rollen-Relativ oder einem Kongruenz-Relativ zusammen eine Relativ-Junktion bildet, so erhält man eine doppelte Junktion, die von einem nach zwei Seiten gerichteten Doppel-Junktor regiert wird (Symbol: ⋈):

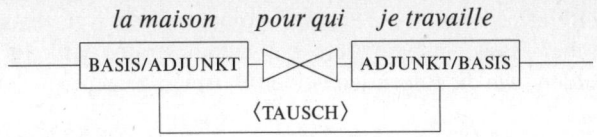

Diese Junktion mit der Bedeutung 'die Firma, für die ich arbeite' steht unter der Determinations-Anweisung des Präpositions-Relativs *pour qui* 'für die'. In diesem Präpositions-Relativ sehen wir einen Doppel-Junktor. Er stellt einerseits (mit seinem Element *qui*) eine Relativ-Junktion her (Stellung: Basis – Adjunkt) und qualifiziert andererseits (mit seinem Element *pour*) diese Junktion unter dem Gesichtspunkt des Tausches (Stellung: Adjunkt – Basis).

Man kann Junktionen, die durch Doppel-Junktoren konstitutiert werden, auch als zwei ineinander verschachtelte Junktionen, nämlich eine *pour*-Junktion und eine Relativ-Junktion, analysieren, doch ist eine solche Analyse wegen ihrer schwierigen Handhabung nicht zu empfehlen.

Die Formen des Präpositions-Relativs, im folgenden am Beispiel des mit Hilfe der Präposition *sans* 'ohne' gebildeten Präpositions-Relativs erläutert, unterscheiden sich wesentlich danach, ob es sich um Personen oder Sachen handelt. Bei Personen und Institutionen (zum Beispiel: *la maison* 'die Firma') lautet die Form meistens *sans qui* 'ohne den/die'. Es kann aber auch die mit den Merkmalen des Genus und Numerus ausgestattete Form des Kongruenz-Relativs (vgl. 8.5.2) gebraucht werden. Sie lautet, je nach Genus und Numerus: *sans lequel/laquelle/lesquels/lesquelles* 'ohne welchen/welche/welches'. Bei Sachen (zum Beispiel: *la maison* 'das Haus') kann nur das Kongruenz-Relativ gebraucht werden. Außerdem gibt es noch die neutrale Form *sans quoi* 'ohne was', mit der auf größere oder weniger deutlich konturierte Text- oder Situationssegmente verwiesen werden kann. Die Präpositionen *entre* 'zwischen' und *parmi* 'unter, zwischen' bilden Präpositions-Relative nur mit dem Kongruenz-Relativ:

/ *une entreprise dans laquelle (*oder: *où) deux cents personnes travaillaient a fait faillite* /   'ein Unternehmen, in dem zweihundert Personen arbeiteten, hat Bankrott gemacht'
/ *que deviendront alors tous ces ouvriers et employés pour qui cette entreprise signifiait l'existence?* /   'was wird nun aus all diesen Arbeitern und Angestellten, für die dieses Unternehmen die Existenz bedeutete?'
/ *on espère les placer dans quelques entreprises voisines, parmi lesquelles quelques-unes sont en plein essor, sans quoi il ne leur reste que le chômage* /   'man hofft, sie in einigen Nachbarfirmen unterzubringen, unter denen einige in vollem Aufschwung sind, sonst (ohne das) bleibt ihnen nur die Arbeitslosigkeit'

671

Präpositions-Relative können außer mit nominaler Basis (vgl. 8.5.1.1) auch mit morphematischer Basis, insbesondere bei Demonstrativ-Artikeln (vgl. 5.2.1), gebraucht werden, wie die folgenden beiden Beispiele zeigen:

/ *je réfléchis beaucoup sur ceux que je déteste et (sur) ceux qui me détestent* / 'ich denke viel über die(-jenigen) nach, die ich hasse und (über) die(-jenigen), die mich hassen'
/ *ne pense pas trop à ce que les autres pensent de toi* /   'denke nicht zu sehr darüber (oder: über dasjenige) nach, was die andern von dir halten'

Unter den Bedingungen der Hervorhebung mit dem Präsentativ-Morphem *c'est (... que)* (vgl. 3.1.3) werden keine Präpositions-Relative gebildet. Die Präposition wird vielmehr der Basis vorangestellt:

/ *c'est pour mon frère que je demande ce crédit* /   'für meinen B r u d e r beantrage ich diesen Kredit'
/ *c'est à cause du chômage que je suis à court d'argent* /   'wegen der A r b e i t s - l o s i g k e i t bin ich knapp bei Kasse'

8.5.3.2   Präpositions-Relative der Zuordnung *(dont, de qui ...)*

Die häufigsten Präpositions-Relative stellen einen Referenz-Zusammenhang her (vgl. 8.3.2.1). Für diese Funktion gibt es eine eigene Form, in der die Präposition *de* und der Relativ-Junktor miteinander verschmolzen sind, nämlich die Form *dont* 'von dem, von der, von denen, wovon'. Sie wird vor Konsonant [dõ], vor Vokal und «vokalischem *h*-» [dõt] gesprochen. Durch das Präpositions-Relativ *dont* wird, wie bei allen Präpositions-Relativen, eine Doppel-Junktion hergestellt. Die Verschmelzung der Präposition *de* und des Relativ-Junktors in der Form *dont* drücken wir wie folgt aus:

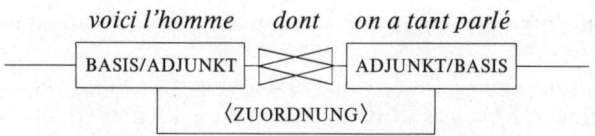

In dieser Doppel-Junktion mit der Bedeutung 'hier ist (oder: kommt) der Mann, von dem man so viel gesprochen hat' ist der (präsentierende) Ausdruck *voici l'homme* 'hier ist (oder: kommt) der Mann' kraft des in der Form *dont* eingeschmolzenen Relativ-Junktors Basis einer Relativ-Junktion mit dem Ausdruck *on a tant parlé* 'man hat so viel gesprochen' als Adjunkt. Kraft der ebenfalls in der Form *dont* eingeschmolzenen Präposition *de,* die ihrer Bedeutung nach eine Zuordnung herstellt, sind aber die Junktionsglieder umgekehrt verteilt: *voici l'homme* ist Adjunkt, und *on a tant parlé* ist Basis dieser referentiellen Junktion.

Zu beachten ist, daß eine *dont*-Junktion nichts an der Stellung des nominalen Subjekts und Objekts gegenüber dem Verb ändert. Das Subjekt steht weiterhin vor, das Objekt hinter dem Verb. Vergleiche:

SUBJEKT-STELLUNG

/la voiture dont le propriétaire m'est bien connu/ 'der Wagen, dessen Besitzer mir gut bekannt ist'

OBJEKT-STELLUNG

/la voiture dont je connais bien le propriétaire/ 'der Wagen, dessen Besitzer ich gut kenne'

Im Beispiel der linken Spalte gibt die Nebeneinanderstellung *dont le propriétaire* 'dessen Besitzer' in der Stellung vor dem Verb *est connu* 'ist bekannt' die Subjekt-Funktion zu erkennen, während man durch die Fernstellung *dont ... le propriétaire* 'dessen Besitzer' im Beispiel der rechten Spalte die Objekt-Funktion erfährt, denn das Verb *je connais* 'ich kenne' (mit Subjekt!) hat nun das Nomen *propriétaire* 'Besitzer' in der charakteristischen Objekt-Stellung hinter sich.

Nur bei (textuell) einwertigen Verben (S-Valenz) kann nach dem Präpositions-Relativ *dont* das Subjekt nachgestellt werden, vorausgesetzt es hat einen im Vergleich zum Verb relativ schweren Zeichenkörper, was meistens auch mit semantischem Nachdruck und einem bestimmten, Aufmerksamkeit weckenden Informationsprofil («Rhema») einhergeht, zum Beispiel:

/la femme dont parle l'Évangile/ 'die Frau, von der das Evangelium spricht'

Bei dieser Stellungswahl spielt immer der ganze Kontext eine entscheidende Rolle.

Unter bestimmten Kontext-Bedingungen, insbesondere im Kontext von Zahlen, kann das Präpositions-Relativ *dont* auch als reine Präposition gebraucht werden. Es braucht dann im Adjunkt nicht unbedingt ein finites Verb zu folgen:

/elle a une fortune de trois millions, dont deux en actions/ 'sie hat ein Vermögen von drei Millionen, davon zwei in Aktien'
/elle a beaucoup d'amants, dont aucun n'est amoureux d'elle/ 'sie hat viele Liebhaber, von denen keiner in sie verliebt ist'

Präpositions-Relative der Zuordnung können auch bei morphematischer Basis gebraucht werden, insbesondere in Verbindung mit dem neutralen Demonstrativ-Artikel *ce* (vgl. 8.5.1.3). Unterscheide jedoch eine Zuordnung außerhalb und innerhalb der Junktion:

ZUORDNUNG AUSSERHALB DER JUNKTION	ZUORDNUNG INNERHALB DER JUNKTION
/ *je suis content de ce que vous m'avez promis* / 'ich bin mit dem zufrieden, was Sie mir versprochen haben'	/ *vous m'avez promis bien des choses, ce dont je peux être content* / 'Sie haben mir recht viel versprochen, worüber ich zufrieden sein kann'

Das verschmolzene Präpositions-Relativ *dont* kann von Personen und von Sachen gebraucht werden. In manchen Kontexten und Situationen ist es aber zweckmäßig, in der referentiellen Zuordnung zwischen Personen und Sachen zu unterscheiden. Zu diesem Zweck kann man für Personen (und einige Institutionen) das – nicht verschmolzene – Präpositions-Relativ *de qui* 'von dem, von der, von denen' bilden, das jedoch ebenfalls nicht nach Genus und Numerus differenziert ist. Sofern nun überdies noch eine Differenzierung nach Genus und Numerus angezeigt ist, kann man das Präpositions-Relativ der Zuordnung auch mit Kongruenz-Relativen bilden und erhält dann die Formen *duquel/de laquelle/desquels/desquelles* 'von welchem/von welcher/von welchen'. Diese Formen können, ebenso wie die Form *dont,* grundsätzlich von Personen oder Sachen gebraucht werden, dienen aber vorzugsweise zur referentiellen Zuordnung von Sachen oder Sachverhalten. Für die Referenz auf größere Textabschnitte oder komplexere Situationen sowie bei unklarer Zuordnung steht außerdem die Form *de quoi* 'wovon' zur Verfügung:

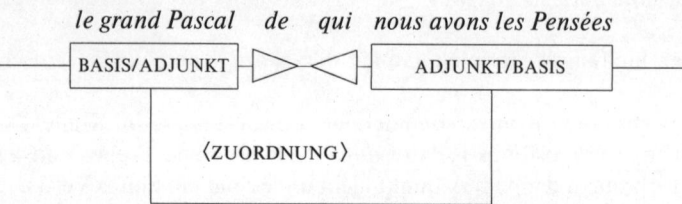

Dies ist keine einfache Junktion der Zuordnung, sondern eine solche, die gleichzeitig Relativ-Junktion ist. Der Doppel-Junktor, nämlich das Präpositions-Relativ *de qui* 'von dem', verbindet den Ausdruck *le grand Pascal* 'der große Pascal' mit dem Ausdruck *nous avons les Pensées* 'wir haben die *Pensées*' in der besonderen Weise, daß hier ein Relativ-Verhältnis gleichzeitig als ein Verhältnis der Zuordnung aufgefaßt werden soll. So entsteht die Gesamtbedeutung: 'der große Pascal, von dem wir die *Pensées* (literarisch-theologisches Werk) haben'.

Die nicht verschmolzenen Präpositions-Relative der Zuordnung werden insbesondere dann gebraucht, wenn im Kontext weitere Präpositionen im Spiel sind. Denn das verschmolzene Präpositions-Relativ *dont* ist nicht mit weiteren Präpositionen kombinierbar, auch nicht mit der Form *à* als Anzeiger der Partner-Rolle (vgl. 3.4). In den nachfolgenden Beispielen ist im ersten Fall die Präposition *pour* 'für', im zweiten Fall das Partner-Signal *à* (hier mit dem anaphorischen Artikel zu *au* verschmolzen) im Spiel:

/*voici enfin l'homme pour la voiture de qui* (oder: *duquel*) *vous avez montré un si grand intérêt*/   'hier ist endlich der Mann, für dessen Wagen Sie ein so großes Interesse gezeigt haben'
/*voici la voiture au propriétaire de laquelle vous avez écrit pour l'acheter*/   'hier ist der Wagen, an dessen Besitzer Sie geschrieben haben, um ihn zu kaufen'

In beiden Fällen ist der Gebrauch der verschmolzenen Form *dont* nicht möglich.

Idiomatischer Ausdruck:

(il n'y a) pas de quoi   'bitte, keine Ursache' (als Antwort auf eine Danksagung)

8.5.4   Positions- und Inhalts-Relative

Zwischen den Relativ-Junktoren und den Frage-Morphemen (vgl. 9.3) gibt es einen fließenden Übergang. Dazu trägt insbesondere das Positions-Relativ *où* 'wo, wohin, als' bei, das mit dem Frage-Morphem *où?* 'wo? wohin?' (vgl. 9.3.4.1) homonym und unter bestimmten Kontextbedingungen sogar synonym ist. Es ist, ebenso wie die Form *dont* (vgl. 8.5.3.2), ein verschmolzener Doppel-Junktor und wird nur bei Sachen gebraucht. Wir geben seine Bedeutung mit dem Merkmal ⟨POSITION⟩ an (vgl. 7.3.2):

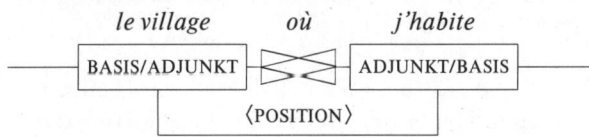

Insofern es sich hier um eine Relativ-Junktion handelt, ist die Basis dieser Junktion nominal: *le village* 'das Dorf', und das Adjunkt ist ein finites Verb: *j'habite* 'ich wohne'. Die damit verschmolzene Determinationsleistung des Positions-Relativs *où* 'wo' kehrt jedoch diese Determinationsrichtung um und sorgt dafür, daß der nominale Ausdruck *le village* 'das Dorf' nun als Positions-Adjunkt die Basis *j'habite* 'ich wohne' determiniert: *le village où j'habite* 'das Dorf, wo ich wohne'.

Das Positions-Relativ *où* ist durch die Kombination mit bestimmten Präpositionen veränderbar, insbesondere: *d'où* 'von wo', *par où* 'wo (vorbei, entlang, hindurch)', *vers où* [vɛru] 'wohin, worauf zu'.

Da die Position nicht notwendig einen dreidimensionalen Raum im Sinne der Physik bezeichnet, sondern sich prinzipiell auf eine kommunikative Konfiguration (Kommunikations-Raum) bezieht, kann das Positions-Relativ *où* ohne weiteres auch auf zeitliche und raum-zeitlich überhaupt nicht qualifizierbare Sachverhalte bezogen werden:

/ *la ville d'où il est parti* /   'die Stadt, von wo er abgefahren (weggegangen, abgereist) ist'
/ *le pays où il passe sa vie* /   'das Land, wo er sein Leben verbringt'
/ *le continent où volent ses rêves* /   'der Kontinent, wohin seine Träume fliegen'
/ *sa jeunesse où il a été si malhereux* /   'seine Jugend, wo (oder: als) er so unglücklich gewesen ist'
/ *son avenir où il rencontrera enfin le bonheur* /   'seine Zukunft, wo er endlich das Glück erhaschen wird'

Statt des Positions-Relativs *où* kann auch ein geeignetes Präpositions-Relativ (zum Beispiel: *dans laquelle, vers lequel* usw. – vgl. 8.5.3) gebraucht werden, das dann die genauere Anweisung gibt. Unterscheide die Nuance:

POSITIONS-RELATIV   PRÄPOSITIONS-RELATIV

/ *le siècle où nous sommes* / 'unser   / *le siècle dans lequel nous vivons* /
  gegenwärtiges Jahrhundert'   'das Jahrhundert, in dem wir leben'

In übertragener Bedeutung kann oft nicht genau unterschieden werden, ob ein Nomen lokal oder temporal oder gegenüber beiden Bedeutungs-Richtungen neutral zu verstehen ist:

/ *la misère où je me trouve* /   'das Elend, in dem ich mich befinde'
/ *ton existence où règne le bonheur* /   'deine Existenz, wo (oder: in der) das Glück herrscht'

In gepflegter und bisweilen etwas altertümlicher Sprache gebraucht man statt der Form *où* 'wo, als' manchmal auch die Form *que* 'da, als', insbesondere (aber nicht ausschließlich) bei zeitlichen Verhältnissen. Dieses *que* ist bedeutungsgleich mit der Inhalts-Konjunktion *que* (vgl. 8.4.11). Wir können es Inhalts-Relativ nennen. Unterscheide die Nuance:

/*le jour où je vous ai vu*/ 'der Tag,
  als (wo) ich Sie gesehen habe'

/*le jour que je vous ai vu*/ 'der Tag,
  als (da) ich Sie gesehen habe'

In formelhaften Wendungen hat sich *que* als Inhalts-Relativ stärker behauptet und findet sich auch in der Umgangssprache:

la première (dernière) fois que 'das erste (letzte) Mal, als'
chaque fois que 'jedesmal wenn'
maintenant que 'jetzt, wo (da)'
du temps que 'damals, als'
un jour que 'eines Tages, als (wenn)'
il y a trois semaines que 'vor drei Wochen'

8.5.5 Das Prädikations-Relativ *que*

Mit Hilfe der Form *que* als Inhalts-Relativ kann man überdies prädikative Relativ-Junktionen bilden, und zwar sowohl im Sinne von Prädikats-Nomina als auch im Sinne von Prädikats-Adjektiven. Man gebraucht solche prädikativen Relativ-Junktionen (oder kurz: Prädikations-Junktionen) insbesondere in bewertenden Ausdrücken, oft Ausrufen, denn eine Prädikations-Junktion unterscheidet sich von einer einfachen Prädikation vor allem durch einen emphatischen Ausdruckswert, der meistens negativ konnotiert oder sogar pejorativ zu verstehen ist, gelegentlich auch im ironischen Sinne:

/*le fasciste* [faʃist] *qu'il est toujours resté*/ 'der Faschist, der er immer geblieben
  ist'
/*méchant que vous êtes!*/ 'Sie Bösewicht!'

Wird die prädikative Relativ-Junktion mit einem Prädikats-Nomen gebildet, so kann dieses um des stärkeren Nachdrucks willen nachgestellt werden (Inversion). Unterscheide:

<table>
<tr><td>

KEINE INVERSION

/le génie que je suis/ 'genial, wie ich (nun einmal) bin'

</td><td>

INVERSION

/l'idiot qu'est notre professeur/ 'blöde, wie unser Lehrer (nun einmal) ist'

</td></tr>
</table>

Bei einer starken Situations-Determination, wie sie insbesondere bei Ausrufen gegeben ist (vgl. 9.3.6), kann die prädikative Relativ-Junktion um das finite Verb gekürzt werden. Unterscheide:

<table>
<tr><td>

PRÄDIKATIONS-JUNKTION
VOLLSTÄNDIG

/l'horreur qu'était cet examen [ɛgzamɛ̃]/ 'entsetzlich, wie diese Prüfung (nun einmal) war'

/le carcan qu'étaient les préparations!/ 'der ständige Zwang, sich vorzubereiten!'

</td><td>

PRÄDIKATIONS-JUNKTION
VERKÜRZT

/quel délice que ces vacances!/ 'wie köstlich, diese Ferien!'

/quelle détente que les plaisirs de la plage!/ 'wie entspannend, das Strandvergnügen!'

</td></tr>
</table>

In all diesen Beispielen, ob mit Verb oder ohne Verb gebildet, kündigt das Prädikations-Relativ *que*, entsprechend allen andern Verwendungsweisen des Junktors *que*, einen nachfolgenden Inhalt an, der einen vorangehenden Ausdruck mit Form-Bedeutung semantisch füllt, Wir können den Junktor *que* daher in beiden Fällen als Inhalts-Relativ bezeichnen.

9 SYNTAX DES GESPRÄCHS

Das Gespräch ist die Grundform der Kommunikation. Im Gespräch stehen zwei (oder mehr) Gesprächspartner einander von Angesicht zu Angesicht gegenüber. Sie tauschen von Zeit zu Zeit die Gesprächsrollen des Senders und des Empfängers. So verändern sich bei beiden andauernd der Informationsstand und die Handlungsbereitschaft, bis das Gespräch, wenn es geglückt ist, an seinem Ende das angestrebte Gesprächs- oder Handlungsziel erreicht hat.

Ein Gespräch kommt in der Regel nicht von allein zustande. Die möglichen Gesprächsteilnehmer suchen einander, sie stellen sodann ihre Gesprächsbereitschaft fest und nehmen zueinander eine günstige Gesprächsposition ein. Ist das Gespräch dann zustande gekommen, so bleibt es dennoch alleweil gefährdet, wieder abzureißen. Beide Gesprächsteilnehmer können aber etwas dafür tun, daß es nicht abreißt und daß es auch dann zu einem guten Ende gelangt, wenn es einmal zwischendurch Mißverständnisse gibt. Sie benutzen zu diesem Zweck die Ausdrücke des Gesprächskontaktes (vgl. 9.1). Diese erlauben darüber hinaus in vielfältiger Weise, Unterschiede und Nuancen des gesellschaftlichen Rollenverhaltens auszudrücken.

Es kann sein, daß die Gesprächspartner von Anfang an eines Sinnes sind und sich die Einhelligkeit ihrer Meinungen und Absichten auch durch den Verlauf des Gesprächs nur bestätigen wollen. Andererseits ist aber ein Gespräch gerade dann nötig, wenn man nicht oder noch nicht eines Sinnes ist. Durch das Gespräch kann Konsens entstehen. Manchmal entsteht aber auch Dissens durch ein Gespräch. Die Morpheme der Assertion (vgl. 9.2) sind dazu da, die Übereinstimmung oder Nichtübereinstimmung der Erwartungen, Meinungen und Absichten im Gespräch festzustellen und den weiteren Verlauf des Gesprächs zu steuern.

Solange einer der Gesprächsteilnehmer die Sprecher-Rolle einnimmt, ist der andere, während er die Hörer-Rolle innehat, dennoch nicht untätig. Er begleitet das Gespräch, während er der Rede seines Gesprächspartners folgt, zugleich mit seinen Erwartungen, die er durch allerhand sprachliche und nichtsprachliche Zeichen zu erkennen geben kann. Der Sprecher rechnet seinerseits mit den Erwartungen des Hörers und entwirft dementsprechend seine Redestrategie.

Wenn er dann trotzdem seine Informationen schlecht dosiert, kann sich der Hörer seinerseits zu Wort melden und – mit dem Sprecher die Rolle tauschend – zusätzliche oder nachträgliche Informationen verlangen. Dazu dienen die Morpheme von Frage und Antwort (vgl. 9.3).

Schließlich aber erschöpft sich die Sprache nicht in der Wechselrede zweier Gesprächspartner, die einander von Angesicht zu Angesicht gegenüberstehen. Es gibt viele andere Formen des Sprachgebrauchs, etwa Bericht und Erzählung. Da ist es oft nötig, in einem Bericht oder einer Erzählung ein Gespräch wiederzugeben und geäußerte Meinungen zu zitieren. Auch gedachte Meinungen können in der gleichen Weise wörtlich oder nichtwörtlich wiedergegeben werden. Zu diesem Zweck verfügt die Sprache über die Morpheme der zitierten Meinung (vgl. 9.4), die ebenfalls viele Differenzierungen und Nuancierungen zulassen.

9.1 Gesprächskontakt

Ein Gesprächskontakt besteht immer nur auf Zeit. Er wird zu bestimmten Zwecken hergestellt, für eine gewisse Dauer unterhalten und nach einer kürzeren oder längeren Weile abgebrochen, was im gegenseitigen Einvernehmen oder auch auf Initiative eines einzelnen Gesprächsteilnehmers geschehen kann. Es erfordert gewöhnlich eine kommunikative Anstrengung, einen Gesprächskontakt herzustellen, aufrechtzuerhalten und zur Zufriedenheit beider Gesprächspartner zu beenden. Wir finden daher in der Sprache eine nicht geringe Zahl von Sprachzeichen, die eigens in den Dienst des Gesprächskontakts gestellt sind. Es handelt sich zum größten Teil um Morpheme, zum kleineren Teil um morphematisierte Lexeme. Wir unterscheiden die folgenden Paradigmen:

- Grußformeln (9.1.1)
- Anredeformen (9.1.2)
- Kontakt-Morpheme (9.1.3)
- Interjektionen (9.1.4)

9.1.1 Grußformeln

Die Begrüßung ist ein kurzes Sprachspiel, durch das die Gesprächsbereitschaft festgestellt wird. Sie besteht aus einem meist formelhaften Gruß und einer meist ebenfalls formelhaften Grußantwort. Beide verbinden sich oft mit Anredeformen (vgl. 9.1.2). Gruß und Grußantwort können identisch sein:

/bonjour, Monsieur ÷ bonjour, Monsieur/ 'guten Tag, Herr X ÷ guten Tag, Herr Y'

Sie können sich jedoch auch mehr oder weniger stark unterscheiden:

/bonjour, Monsieur le Curé ÷ salut, Jacques/ 'guten Tag, Herr Pfarrer ÷ Hallo, Jacques'

Unterschiedliche Grußformeln, zumal in Verbindung mit unterschiedlichen Anredeformen, lassen darauf schließen, daß die Grüßenden das Gespräch und ihre möglichen Gesprächsrollen in diesem Gespräch als asymmetrisch einschätzen.

Manchmal endet das Sprachspiel mit dem Austausch der Grußformeln, an die sich vielleicht nur noch ebenfalls formelhafte Erkundigungen nach dem Befinden anschließen. Die Grüßenden haben dann ihre Gesprächsbereitschaft grundsätzlich bestätigt und können sie bei einer anderen Gelegenheit aktualisieren.

Das Gespräch, zu dem sich die Grüßenden bereiterklärt haben, kann sich aber auch unmittelbar an die Grußantwort anschließen. Die folgenden Grußformeln sind mögliche Gesprächseröffner:

/bonjour, papa ÷ bonjour, Catherine, comment vas-tu ce matin? ÷ très bien, merci, et toi, papa? ÷ merci, ça va/ 'guten Morgen Papa (oder: Vater, Vati …)! ÷ guten Morgen, Catherine, wie geht's dir heute morgen? ÷ danke, recht gut, und dir (, Papa)? ÷ danke, es geht so'

/bonjour, Madame ÷ bonjour, Mademoiselle, je suis très contente de vous revoir après tant d'années/ 'guten Tag (oder: guten Morgen), Frau X ÷ guten Tag, Fräulein Y, ich freue mich sehr, Sie nach so vielen Jahren wiederzusehen'

/bonsoir, Monsieur ÷ bonsoir, Hélène, te voilà donc, tu arrives bien tard aujourd'hui ÷ oui, je sais, excusez-moi, Monsieur/ 'guten Abend, Herr X ÷ guten Abend, Hélène, da bist du ja, heute kommst du (aber) recht spät ÷ ja, ich weiß, entschuldigen Sie bitte!'

/salut, les copains! ÷ salut, grand chef! ÷ ça va? ÷ ça va ÷ tout le monde est là? ÷ oui ÷ bon alors, on va commencer/ 'hallo (oder: Servus), Leute (oder: Freunde, Kameraden …)! ÷ hallo (oder: Servus), großer Häuptling! ÷ alles in Ordnung? ÷ alles in Ordnung! ÷ sind alle da? ÷ ja ÷ gut, dann fangen wir an'

Bei Tisch und zur Eröffnung eines Tischgesprächs bedient man sich der folgenden Grußformeln, die zugleich Wunschformeln sind:

/bon appétit! ÷ bon appétit à vous aussi!/ 'guten Appetit! ÷ guten Appetit (wünsche ich) Ihnen auch!'

/à votre santé! ÷ (merci) et à la vôtre!/ '(sehr) zum Wohle (oder: auf Ihr Wohl; Prost; Prosit)! ÷ zum Wohle!'

Idiomatischer Ausdruck:

/soyez le bienvenu/la bienvenue/les bienvenus/les bienvenues!/ 'seien Sie willkommen!'
/Mesdames et Messieurs, je vous souhaite la bienvenue/ 'meine Damen und Herren, ich heiße Sie willkommen'

Eine andere Gruppe von Grußformeln dient dazu, ein Gespräch zu beschließen. Damit kann sich ein freundlicher Wunsch für die vielleicht anschließende Handlung verbinden. Allemal gibt aber der Austausch von Grußformeln am Ende eines Gesprächs zu erkennen, daß die Gesprächsbereitschaft weiterbesteht und bei der nächsten Gelegenheit neu aktualisiert werden kann. Auch diese Grußformeln verbinden sich häufig mit Formen der Anrede:

/bon, alors, c'est ça, vous avez tout compris? ÷ oui oui ÷ au revoir alors, à bientôt ÷ au revoir, Monsieur, à tout à l'heure/ 'gut, das wär's (dann) also, haben Sie alles verstanden? ÷ ja ja ÷ also dann auf Wiedersehen, bis bald (oder: bis gleich)! ÷ auf Wiedersehen (Herr X), bis nachher!'
/bonne nuit, mon enfant, dors bien ÷ bonne nuit, maman/ 'gute Nacht, mein Kind, schlaf gut! ÷ gute Nacht, Mama (oder: Mutti, Mutter...)'
/adieu donc, mon ami, bonnes vacances et bon voyage! ÷ merci, et pour toi bonne chance à l'examen, adieu!/ 'also dann auf Wiedersehen, mein Freund, schöne Ferien und gute Reise! ÷ danke, und für dich alles Gute beim Examen, auf Wiedersehen!'

Unterscheide:

GESPRÄCHS-ERÖFFNUNG	GESPRÄCHS-SCHLUSS
bonjour 'guten Morgen; guten Tag!'	*bonne journée* 'alles Gute heute!'
bonsoir 'guten Abend!'	*bonne soirée* 'einen schönen Abend noch!'

Idiomatischer Ausdruck:

/amuse-toi bien/amusez-vous bien/ 'viel Vergnügen!'

Briefe (nach einer berühmten Definition als «halbierte Dialoge» aufzufassen) haben eigene Grußformeln, mit denen man den Brieftext eröffnet oder beschließt. Sie unterscheiden sich nach den Kommunikationsrollen, die von den Briefpartnern für ihren Briefwechsel gewählt werden. Die folgenden, nach ihrem Ausdruckswert charakterisierten Grußformeln stellen nur eine Auswahl dar und können je nach der Situation vielfältig variiert und nuanciert werden.

1 Briefeingang (Anrede):

Vertrautheit:
(Mon) cher ami, '(Mein) lieber Freund,'
(Ma) chère Julie, '(Meine) liebe Julie,'

Unverbindlichkeit:
Monsieur, 'Sehr geehrter Herr X,'
Madame, 'Sehr verehrte Frau Y,'
Mademoiselle, 'Sehr geehrtes Fräulein Z,'

Kollegialität:
(Monsieur et) cher collègue, 'lieber (sehr geehrter) Herr Kollege,'

Förmlichkeit:
Monsieur le Recteur, 'Sehr geehrter Herr Rektor (oder: Magnifizenz)!'
Docteur, 'Sehr geehrter Herr Dr. X,'
Madame le Ministre, 'Sehr verehrte Frau Minister,'

Verehrung:
(Cher) Maître, '(Hochverehrter) Meister,'
(...)

Orthographische Anmerkung: Nach der Anrede als Briefeingang setzt man gewöhnlich ein Komma.

2 Briefschluß

Vertrautheit:
bien à toi 'herzlich Dein(e)'

Freundschaft:
(bien) amicalement 'in Freundschaft Dein(e)'

Herzlichkeit:
(très, bien) cordialement '(sehr) herzlich'

(Glück-)Wunsch:
meilleurs vœux (pour ...) 'beste Wünsche (für ...)'

Unverbindlichkeit:
agréez, Monsieur (oder: Madame etc.), mes salutations distinguées 'mit freundlichen Grüßen'

Höflichkeit:
*veuillez agréer, Madame, l'expression de mes sentiments les meilleurs (oder: très
distingués)* 'mit freundlichen Grüßen (Ihr)'

Förmlichkeit:
veuillez agréer, Mademoiselle, l'expression de ma (plus) profonde estime 'mit
verbindlichen Empfehlungen Ihr ergebener'

Hochachtungsvoll:
veuillez agréer, Monsieur le Consul, l'expression de mon plus grand respect 'mit
dem Ausdruck meiner ausgezeichneten Hochachtung Ihr sehr ergebener'

Verehrung:
*veuillez croire, cher Maître, avec mes hommages à Madame X, à mes sentiments
les plus dévoués* 'mit verehrungsvollen Grüßen für Sie und der Bitte um eine
Empfehlung an Ihre Gattin Ihr sehr ergebener'

Die Versatzstücke, aus denen sich diese Grußformeln zusammensetzen, können
je nach dem Adressaten unterschiedlich kombiniert werden und so eine unbestimmte Zahl von Varianten und Nuancen erzeugen, die hier in der Übersetzung
nur annäherungsweise wiedergegeben werden können.

9.1.2 Anredeformen

In einem Gespräch, besonders an seinem Anfang und Ende, wird der Gesprächskontakt häufig dadurch bestätigt, daß man sich mit dem Namen anredet. Das
geschieht insbesondere in Verbindung mit den Grußformeln (vgl. 9.1.1). Am
einfachsten ist die Anrede unter den Gesprächsbedingungen der Vertrautheit;
man benutzt dann die Vornamen als Anredeformen. Sie können durch Possessiv-
Artikel und Adjektive (besonders: *cher* 'lieb') nuanciert werden. Diese Anrede
geht meistens einher mit der Verwendung des Pronomens *tu* 'du', kommt aber

gelegentlich auch bei Verwendung des höflich-distanzierenden Pronomens *vous* 'Sie' vor:

/*allô, Juliette!* ÷ *ah, c'est toi, Robert?*/   'hallo, Juliette! ÷ ach, du bist's, Robert?'
/*ah, ma chère Juliette, comme tu as été gentille hier soir!* ÷ *ce n'était pas encore mon maximum* [maksimɔm], *cher Robert!*/   'ach, meine liebe Juliette, was warst du (doch) nett gestern abend! ÷ das war noch gar nichts, lieber Robert!'

Wenn die Gesprächsbedingungen der Vertrautheit nicht bestehen, verwendet man zur Anrede eines Gesprächspartners eigene Anredeformen, die sich mit dem Familiennamen (in seltenen Fällen auch mit dem Vornamen) verbinden können. Die wichtigsten Anredeformen sind die nach dem Geschlecht, bei weiblichen Personen auch nach dem Personenstand unterschiedenen Formen *Monsieur* [m(ə)sjø] 'Herr', *Madame* 'Frau' und *Mademoiselle* 'Fräulein'. Die Pluralformen lauten: *Messieurs* [mɛsjø], *Mesdames* und *Mesdemoiselles*. In höflicher Rede verwendet man diese Anredeformen ohne den Namen, gleich ob dieser bekannt ist oder nicht. Man kann jedoch die Anredeformen im Singular auch mit dem Familiennamen kombinieren, zumal wenn einzelne Personen aus einer Gruppe heraus angeredet werden sollen. Von dieser Möglichkeit machen eher Ranghöhere als Rangniedere Gebrauch. Anredeformen werden mit großen Anfangsbuchstaben geschrieben.

/*que désirez-vous, Madame?* ÷ *eh bien, Mademoiselle, je cherche une paire de chaussures marron* ÷ *quelle pointure, Madame?* ÷ *(je fais du) trente-huit*/   'was wünschen Sie bitte? ÷ also ich suche ein Paar braune Schuhe ÷ welche (Schuh-) Größe, bitte? ÷ (ich habe) achtunddreißig'
/*ces souliers vous plaisent à vous aussi, Monsieur?* ÷ *ah, oui, Mademoiselle, je les trouve très bien*/   'gefallen Ihnen diese Schuhe auch? ÷ oh ja, ich finde sie sehr ordentlich'
/*Mademoiselle Durand?* ÷ *oui, Mademoiselle?* ÷ *pourriez-vous conduire Monsieur et Madame à la caisse, s'il vous plaît?* ÷ *oui, bien volontiers, Mademoiselle*/   'Fräulein Durand? ÷ ja bitte? ÷ könnten Sie wohl bitte die Herrschaften zur Kasse führen? ÷ ja, recht gern'
/*au revoir, Mesdemoiselles* ÷ *au revoir, Madame, merci beaucoup, au revoir, Monsieur*/   'auf Wiedersehen! ÷ danke vielmals, auf Wiedersehen (die Herrschaften)!'

Die Pluralformen der Anrede werden oft auch bei öffentlichen Ansprachen oder zur Begrüßung einer größeren Gruppe gebraucht. Sofern die angesprochene Gruppe einheitlich zusammengesetzt ist, sind die folgenden Anredeformen möglich:

Mesdames et Messieurs [mɛdamzemɛsjø]! 'meine Damen und Herren!'
Mesdames, Mesdemoiselles, Messieurs! 'meine Damen und Herren!'
(bonjour) Messieurs Dames [mɛsjødam, msjødam] 'Tag zusammen' (lässig, meistens beim Betreten eines Straßencafés)
chers collègues! 'liebe Kollegen!'
chers frères! 'liebe Gemeinde!'
camarades! '(bei einer sozialistischen Versammlung:) Genossen!; (beim Militär:) Kameraden!'

Die Anredeformen *Monsieur* und *Madame* (fast nie: *Mademoiselle*) können sich mittels eines anaphorischen Artikels (vgl. 5.1.2) mit einem Titel verbinden. Von dieser Möglichkeit macht man jedoch in Frankreich verhältnismäßig selten Gebrauch. Einige Titel werden auch ohne die Anredeform *Monsieur* oder *Madame* verwendet. Im militärischen Sprachgebrauch werden die Rangbezeichnungen der Offiziere (nicht der Unteroffiziere) als Titel verwendet und mit dem Possessiv-Artikel (vgl. 5.2.2) verbunden.

Seigneur! 'Herrgott!; Herr!'
Sire! 'Majestät!' (historischer Anredetitel des französischen Königs)
Majesté! 'Majestät!' (Anredetitel anderer Könige und Kaiser)
Monsieur le Président! 'Herr Präsident!'
Madame le Ministre! 'Frau Minister!'
Madame le Maire! 'Frau (Ober-)Bürgermeister!'
Monsieur le professeur! 'Herr Professor!'
Docteur! 'Herr Doktor!; Frau Doktor!' (nur zu Ärzten)
Garçon! 'Herr Ober!'
Mon général! 'Herr General!'
Mon lieutenant! 'Herr Leutnant!'
Sergent! 'Herr Unteroffizier!'

Verwandtschaftsnamen werden in der Anrede gleichfalls als Titel behandelt. Sie nehmen dann, ausgenommen die intimen Anredeformen *papa* 'Papa; Vati' und *maman* 'Mama; Mutti', manchmal den Possessiv-Artikel an, zumal bei Einsilbigkeit:

/écoute, (ma) mère! ÷ qu'est-ce que tu veux, mon enfant? / 'hör mal zu, Mutter!
÷ was willst du, (mein) Kind?'

Einige Verwandtschaftsnamen werden auch als geistliche Anredetitel gebraucht:

mon (oder: révérend) Père! 'Herr Pastor!; Herr Pfarrer!'
ma Sœur! 'Schwester!' (auch bei weltlichen Krankenschwestern)

Alle Anredeformen und Titel lassen sich auch auf die Referenten-Rolle anwenden. Da die Referenten-Rolle mannigfach besetzt sein kann, verbinden sich die Anredeformen dieser Rolle meistens mit dem Namen. In der Schrift werden dann die folgenden Abkürzungen gebraucht: *M. (Monsieur), MM. (Messieurs), Mme (Madame), Mlle (Mademoiselle)* – die ersten beiden Abkürzungen mit Punkt, die anderen beiden ohne Punkt zu schreiben.

/bonjour, Madame, je voudrais parler à M. Girard, est-il à la maison, s'il vous plaît? ÷ oui, mon mari est là, entrez donc/ 'guten Tag, ich möchte gerne mit Herrn Girard sprechen, ist er (wohl) zu Hause, bitte? ÷ ja, mein Mann ist da, treten Sie doch ein!'
/bonjour, Monsieur, je suis le neveu de maître Bouvier ÷ ah, bon, très bien, c'est un de mes plus chers collègues (oder: *confrères)/* 'guten Tag, ich bin der Neffe von Herrn Rechtsanwalt Bouvier ÷ ah, gut, sehr schön, das ist einer meiner liebsten Kollegen'
/mais je vous dérange peut-être, j'ai vu en entrant que Madame (oder: *Mme Girard) était sur le point de sortir ÷ non non, ça va, il n'y a que ma femme qui veut sortir/* 'aber ich störe Sie vielleicht, ich habe beim Kommen gesehen, daß Ihre Frau (oder: Ihre Gattin; Ihre Frau Gemahlin) gerade ausgehen wollte ÷ nein nein, schon gut, nur meine Frau will ausgehen'

Die unterschiedlichen Anredeformen greifen auch auf die Lexik der Verwandtschaftsbezeichnungen über. Unterscheide:

VERTRAUTHEIT	HÖFLICHKEIT/DISTANZIERTHEIT
/bonjour, Jacques, comment va ta femme?/ 'Tag, Jacques, wie geht's deiner Frau?'	*/bonjour, docteur, comment va Mme Béranger?/* 'guten Tag, Herr Dr. Béranger, wie geht es Ihrer Gattin?'
/au revoir, Annette, bien des choses à ton mari!/ 'auf Wiedersehen, Annette, viele Grüße für deinen Mann!'	*/au revoir, Madame, et mes respects à Monsieur Béranger/* 'auf Wiedersehen, Frau Béranger, und eine Empfehlung an Ihren Gatten'

Die Ausdrücke *ta femme* 'deine Frau' und *ton mari* 'dein Mann' in der linken Spalte sind nur in familiärer Rede üblich. In förmlicher Rede, wie in der rechten Spalte, entbindet die Referenten-Rolle nicht von den höflichen Anredeformen.

Formelhafte Anrede in der Verwaltungssprache:

/Messieurs les voyageurs sont priés de se munir des billets d'avance/ 'die Reisenden werden gebeten, die Fahrkarten im voraus zu lösen'

687

9.1.3   Kontakt-Morpheme

Kontakt-Morpheme («Abtönungspartikeln») sind Morpheme, mit denen mehrere Personen einander über einen herzustellenden, zu unterhaltenden oder abzubrechenden Gesprächskontakt verständigen. Die gemeinsame Bedeutung dieser Sprachzeichen drücken wir mit dem Merkmal ⟨KONTAKT⟩ aus. Die Kontakt-Morpheme können im einzelnen verschiedene Bedeutungsnuancen annehmen, die für die Steuerung der Gesprächs- und Handlungs-Erwartung wichtig sind. Wir unterscheiden bei den Kontakt-Morphemen die folgenden Bedeutungen:

– Gesprächsaufnahme (9.1.3.1)
– Gesprächsfortsetzung (9.1.3.2)
– Gesprächsende (9.1.3.3)
– Zuspruch und Widerspruch (9.1.3.4)

9.1.3.1   Gesprächsaufnahme

Ebenso wie die Grußformeln (vgl. 9.1.1) und die Anredeformen (vgl. 9.1.2), stehen auch verschiedene Kontakt-Morpheme im Dienst der Gesprächsaufnahme (Merkmale: ⟨KONTAKT⟩, ⟨ANFANG⟩). Sie stehen naturgemäß in texteinleitender Stellung. Einige dieser Morpheme setzen voraus, daß der Kommunikationskanal noch nicht so ist, wie er sein sollte, sei es, daß die Entfernung noch zu groß ist *(hé!, hé là-bas!, holà!)*, sei es, daß der herzustellende Gesprächskontakt noch durch Störgeräusche behindert wird (*chut* [ʃyt, ʃt] 'pst', *attention!* 'Achtung!', *silence!* 'Ruhe, still!').

/ *hé, vous là-bas, venez par ici un instant!* /   'he, Sie da, kommen Sie (mal) einen Augenblick her!'
/ *holà, taxi, vous êtes libre?* /   'hallo, Taxi, sind Sie frei?'
/ *psst* (oder: *pst, psitt), les enfants, on ne s'entend pas (parler)!* /   'pst, Kinder, man kann ja sein eigenes Wort nicht verstehen!'
/ *attention! c'est le proviseur qui veut vous adresser la parole* /   'Achtung (aufgepaßt), der Direktor will zu euch sprechen!'

Am Telephon, wo man den Gesprächspartner nicht sehen und seine Gesprächsbereitschaft nicht durch den Blickkontakt feststellen kann, bedarf die Herstellung des Gesprächskontaktes eines besonderen Aufwandes. Der Angerufene bedient sich dazu des Kontakt-Morphems *allô* oder (seltener) des Morphems *oui,* beide gewöhnlich mit steigender Intonation gesprochen. Erst im zweiten Gesprächszug wird, wenn nötig, der Name genannt:

/ *allô?* ÷ *allô, (c'est vous) Monsieur Moreau?* ÷ *c'est moi, (oui, qui est à l'appa-reil?)* ÷ *ici, (c'est) Jacqueline Duplessis (qui vous parle), pourrais-je parler à Marie-Anne, s'il vous plaît?* / '(hier) Moreau ÷ (hier) Jacqueline Duplessis; könnte ich bitte mit Marie-Anne sprechen?'

Aber auch wenn der Kommunikationskanal keine besonderen Schwierigkeiten bietet, kann man seine Absicht, einen Gesprächskontakt herzustellen, ausdrück-lich zu erkennen geben. Dazu dienen insbesondere das Morphem *alors* (auch: *bon alors*) und die Verben der Mitteilung *dire* und *écouter* im Imperativ, ersteres oft erweitert durch die Morpheme *donc* oder *un peu* (*dites donc* 'sagen Sie'; *dis un peu* 'sag mal'). Diese Kontakt-Signale benutzt man hauptsächlich, wenn man selber die Initiative des Gesprächs ergreifen will. Wenn jedoch die Initiative beim Gesprächspartner liegt, so daß man als zweiter in das Gespräch eingreift, gebraucht man häufig das Kontakt-Morphem *eh bien* [ebjɛ̃] oder seine lässige, gewöhnlich der mündlichen Rede vorbehaltene Variante *eh ben* [ebɛ̃], gelegent-lich: *ben* [bɛ̃]. Es signalisiert die Bereitschaft, auf den gewünschten Gesprächs-kontakt einzugehen, und wird auch gern in der Erzähl- oder Diskussionsrunde gebraucht, wenn man selber zu reden an der Reihe ist, zumal auf eine Aufforde-rung hin.

/ *dites donc, Mademoiselle, est-ce que vous avez déjà un programme pour ce soir?* / 'sagen Sie, Fräulein X, haben Sie für heute abend schon etwas vor?'
/ *eh bien non, rien du tout, et vous?* / 'nein, (ganz und) gar nichts, und Sie?'
/ *alors, la petite, dis un peu, qu'est-ce que tu as fait hier soir?* / 'na, Kleine, sag mal, was hast du (denn) gestern abend gemacht?'
/ *eh ben* [bɛ̃], *est-ce que ça te regarde peut-être?* / '(also) geht dich das vielleicht was an?'

9.1.3.2 Gesprächsfortsetzung

Die Signale der Gesprächsfortsetzung können ebenfalls von beiden Gesprächs-partnern geäußert werden. Wenn derjenige, der die Gesprächsinitiative hat, auf die Fortsetzung des Gesprächskontaktes Wert legt, wird er seinem Gesprächs-partner gelegentlich den Einklang der Gesprächserwartungen und überhaupt kommunikatives Einvernehmen signalisieren oder suggerieren wollen. Er gebraucht dann etwa die (morphematisierten) Verben *tu sais/vous savez* 'weißt du/wissen Sie', *tu vois/vous voyez* 'siehst du/sehen Sie' oder *tu comprends/vous comprenez* 'verstehst du/verstehen Sie', die oft steigende Intonation haben und an verschiedenen Stellen des Textes stehen können. Steigende Intonation hat meistens auch das Kontakt-Morphem *n'est-ce pas?* [nɛspa] 'nicht wahr?' mit der als weniger gepflegt geltenden Variante *pas vrai?* 'nicht?; stimmt's (nicht?)', die im Text meistens die Endstellung innehaben und den Gesprächspartner seinerseits einladen, seinen Willen zur Fortsetzung des Gesprächskontaktes zu bekunden (Merkmale: ⟨KONTAKT⟩, ⟨ÜBERGANG⟩).

/ *cette année, vous voyez* (oder: *voyez-vous*), *la récolte n'est pas bonne* / 'dieses Jahr, sehen Sie, ist die Ernte nicht gut'
/ *il va falloir augmenter les prix, vous savez* / 'man wird die Preise erhöhen müssen, wissen Sie'
/ *dans l'agriculture, tout dépend du temps qu'il fait, n'est-ce pas?* (oder: *pas vrai?*) / 'in der Landwirtschaft hängt alles vom Wetter ab, nicht wahr?'

Wenn der Gesprächspartner gleichen Sinnes ist und den Gesprächskontakt fortsetzen will, kann er das auch seinerseits durch Morpheme oder morphematisierte Lexeme zum Ausdruck bringen. Die Bedeutungen dieser Ausdrücke unterscheiden sich nur um Nuancen voneinander, die insgesamt eine gleitende Skala von der einfachen Aufmerksamkeit für das Gesprächsthema bis zur inneren Zustimmung zum Gesprächsinhalt (vgl. 9.1.3.4) abdecken, etwa in dieser Abstufung:

oui 'ja'		*vas-y/allez-y* 'weiter'	
ah oui 'oh ja'		*c'est ça* 'stimmt'	
oui oui 'ja ja'		*c'est vrai* 'das stimmt'	
eh bien oui 'ja doch'		*c'est bien* 'gut so'	
bien sûr 'gewiß'		*c'est bien ça* 'so ist es'	
ça bien sûr 'gewiß doch'		*très bien* (seltener: *bien*) 'gut'	
continue/continuez 'fahr fort/fahren Sie fort'		*parfait* 'ausgezeichnet'	
		(…)	

Nach Negationen gebraucht man statt *oui, ah oui, oui oui* die Kontakt-Morpheme *non* 'nein', *ah non* 'oh nein', *non non* 'nein nein', *bien sûr que non* 'natürlich nicht' (…). Alle diese Ausdrücke, deren Bedeutungsnuancen in der Übersetzung nur angenähert wiedergegeben werden können, stehen entweder isoliert als kontaktbestätigende Einwürfe in die Rede des Partners, oder sie leiten eine eigene Stellungnahme ein, die dann als Zustimmung (auch als Zustimmung zur Negation) gewertet werden kann. Die Formen *oui? (non?)* und *ah oui? (ah non?)* werden auch häufig mit steigender Intonation gesprochen; sie nehmen dadurch eine Nuance des Aufmerkens beziehungsweise des Erstaunens an (Bedeutung: 'wirklich?').

/ *voici la clef* [kle] ÷ *oui* ÷ *ne la perds pas* ÷ *non non* /   'hier ist der Schlüssel ÷ ja ÷ verlier ihn nicht! ÷ nein nein'
/ *il est très coûteux de faire refaire une clef* ÷ *ah oui (ah oui?)* ÷ *je vais peut-être la cacher sous le paillasson* ÷ *très bien* /   'es ist sehr teuer, einen Schlüssel nachmachen zu lassen ÷ ja ja (ja?) ÷ ich verstecke ihn vielleicht unter der Fußmatte ÷ ja, gut'
/ *il ne faut pas trop faciliter la chose aux cambrioleurs* ÷ *c'est ça* /   'man darf den Einbrechern die Sache nicht zu leicht machen ÷ so ist es (oder: stimmt)'

Als Grenzfälle können zu den Morphemen der Gesprächsfortsetzung auch die narrativen Tempus-Partikeln gerechnet werden, die dem Hörer signalisieren, daß der Gesprächspartner seine Sprecher-Rolle einstweilen noch halten und seinen Text fortsetzen will. Besonders die mündliche Rede, zumal in weniger gepflegter Form, ist reich und überreich an solchen Morphemen, insbesondere: *puis; et puis; et puis alors,* sämtlich mit der Bedeutung 'und da, und dann' (vgl. 4.2.4.1). Sie thematisieren den Gesprächskontakt nicht ausdrücklich, bestätigen ihn aber indirekt durch die Betonung der narrativen Abfolge. Eine ähnliche Funktion haben auch die sogenannten gefüllten Pausen, in der Schrift wiedergegeben durch *euh* oder *heu,* beide gesprochen [ə] 'äh'. Da nämlich jede Gesprächspause, die bewußt oder unbewußt – etwa aus Formulierungsschwierigkeiten – gemacht wird, bei einem ungeduldigen Gesprächspartner zu einem Wechsel der Sprecher-Rolle («turn taking») oder sogar zu einem Abbruch des Gesprächskontaktes führen kann, füllt der Sprecher gerne eine solche «Denkpause» durch eine Lautung aus, deren Vokal [ə] je nach der benötigten Zeit fast beliebig gelängt werden kann. Im Übermaß verwendet, lassen die gefüllten Pausen die Denkhemmungen jedoch allzu deutlich erkennen und gelten als Verstoß gegen die Eleganz der Rede:

/ *par suite de mon, euh, de cette histoire-là, euh, on m'a, euh, chassé, c'est-à-dire, euh, licencié* /   'infolge meines, äh, dieser Geschichte da, äh, hat man mich, äh, fortgejagt, das heißt, äh, entlassen'

9.1.3.3 Gesprächsende

Für denjenigen Gesprächspartner, der ein Gespräch (oder einen Gesprächsabschnitt) beenden will, ist das Ende des Themas oder des ganzen Gesprächskontaktes nicht so sehr als bloßer Schluß, sondern möglichst als sinnvoller Abschluß und als Zeichen des gelungenen Gesprächskontaktes interessant. Ihm muß also daran gelegen sein, das Ende des Gesprächs oder Gesprächsabschnitts vorzubereiten. Auf diese Weise läßt sich vermeiden, daß die Spannung des Gesprächs zum wichtigen Ende hin nachläßt. Diesem Kommunikationszweck dienen die Signale des Gesprächsabschlusses mit den Merkmalen ⟨KONTAKT⟩ und ⟨ENDE⟩, insbesondere die folgenden Morpheme und morphematisierten Lexeme:

bref	'kurzum'	*en somme*	'alles in allem'
bon bref	'kurz gesagt'	*pour terminer*	'zum Abschluß'
enfin	'schließlich'	*en conclusion*	'daraus ergibt sich',
(...)		*daß ...'*	

Dies sind ankündigende Signale, sie stehen kurz vor dem Ende des Textes oder Textabschnitts. Manchmal wird das Ende auch erst nachträglich durch ein Morphem des Gesprächsabschlusses markiert, etwa:

voilà	'so'	*j'ai terminé*	'ich bin am Ende'
voilà tout	'das ist/wäre alles'	*c'est fini*	'und damit Schluß'
eh bien voilà	'das wär's also'	*ça suffit (pour aujourd'hui)*	'genug (für heute)'
c'est ça	'das war's'		
(...)		*ouf*	'so, jetzt ist es raus'

Das letztgenannte Morphem der rechten Spalte markiert das Ende mit einer Nuance der Erleichterung, die zugleich komisch wirken kann. Bei allen diesen Ausdrücken und Nuancen haben die Übersetzungen aber nur Annäherungswert:

/*vous ne tenez jamais vos promesses, vous ne respectez jamais vos engagements, bref, vos paroles ne valent jamais rien*/ 'Sie halten nie Ihre Versprechungen, Sie erfüllen nie Ihre Verpflichtungen, kurzum, Ihre Worte sind nie etwas wert'
/*c'est ce que je voulais répondre à vos reproches, voilà!*/ 'das war's, was ich auf Ihre Vorwürfe antworten wollte, so!'
/*maintenant il sait ce que je pense de lui, ouf!*/ 'jetzt weiß er, was ich von ihm halte, Gott sei Dank!'

Im übrigen stehen als Signale des endgültigen Gesprächsabschlusses immer auch die Grußformeln des Abschieds zur Verfügung.

Häufig wird das Ende eines Gesprächs oder Gesprächsabschnitts vom Partner ausdrücklich bestätigt. Das kann ebenfalls durch eine Grußformel des Abschieds geschehen oder auch durch eigene Morpheme oder morphematisierte Lexeme des vorläufigen oder endgültigen Gesprächsendes, die dann nicht selten eine mehr oder weniger kräftige Zustimmung zum Gesprächsinhalt einschließen. Darin zeigt sich noch einmal, daß das Ende eines Gesprächs oder Gesprächsabschnitts unter kommunikativen Gesichtspunkten vor allem als Zeichen dafür interessant ist, ob das Sprachspiel gelungen ist oder nicht. Die folgenden Kontakt-Morpheme oder zu Kontaktzwecken morphematisierten Lexeme signalisieren daher mit dem erreichten Gesprächsende gleichzeitig den Erfolg des zu Ende gegangenen Sprachspiels:

c'est ça 'stimmt'	*(c'est) d'accord* 'einverstanden'
(c'est) bon 'gut'	*tant mieux* 'um so besser'
(c'est) entendu '(alles) klar'	*bravo* 'bravo'
(…)	*soit* [swat] 'meinetwegen'

Das Morphem *ça y est* 'das wär's!' markiert weniger das Ende eines Gesprächs oder Gesprächsabschnitts als vielmehr das Ende einer (eigenen, fremdem oder besonders häufig gemeinsamen) Tätigkeit. Das Morphem *bis* [bis] 'da capo' signalisiert im Theater den Wunsch nach einer Wiederholung oder Zugabe.

/ va chercher une échelle ÷ d'accord ÷ mais une grande ÷ entendu / 'hol eine
Leiter! ÷ (geht) in Ordnung (oder: einverstanden, okay) ÷ aber eine große! ÷
ja, klar'
/ monte là-haut et décroche le cerf-volant [sɛrvɔlɑ̃] *÷ c'est dangereux ÷ monte tout
de même ÷ bon /* 'steig da hinauf (oder: rauf), und mach den Drachen los! ÷ das
ist gefährlich ÷ steig trotzdem hinauf (oder: rauf)! ÷ gut'
/ le voilà qui est dégagé! ÷ bravo! / 'da ist er wieder frei! ÷ bravo!'

Die Intonation spielt bei all diesen Kontakt-Morphemen eine große Rolle. Vergleiche die folgenden, nur durch die steigende oder fallende Intonation unterschiedenen Kontakt-Morpheme, die gleichzeitig in Frage und Antwort zwischen den beteiligten Gesprächspartner eine einvernehmliche Handlungsbereitschaft signalisieren können:

/ compris? ÷ compris / 'verstanden? ÷ verstanden!
/ entendu? ÷ entendu / '(alles) klar? ÷ (alles) klar!'
/ d'accord? ÷ d'accord / 'einverstanden? ÷ einverstanden!

Idiomatischer Ausdruck:

/ oh! il est cassé! ÷ tant pis / 'oh (oder: och), er ist kaputt! ÷ na ja (, macht
nichts)!'

9.1.3.4 Zustimmung und Widerspruch

Ein Gespräch verläuft zwischen den Polen der Affirmation und der Negation (vgl. 9.2). Auch die Erwartungen der Gesprächspartner, wie das Gespräch wohl ablaufen wird, orientieren sich an diesen Polen. Da ist es oft auch für den Gang des Gesprächs wichtig, durch bestimmte Kontakt-Morpheme rechtzeitig dafür zu sorgen, daß die Erwartungen nicht eine andere Richtung nehmen, als sie vom weiteren Verlauf des Gesprächs bestätigt werden können. Für diesen Zweck finden wir im Repertoire der Syntax verschiedene Morpheme, mit denen ein Teilnehmer des Sprachspiels entweder die Zustimmung des Gesprächspartners hervorlocken oder seinen eigenen Widerspruch ankündigen kann. In der Bedeutung dieser Sprachzeichen wird dementsprechend das Grundmerkmal ⟨KONTAKT⟩ durch eines der Geltungsmerkmale ⟨ZUSPRUCH⟩ oder ⟨EINSPRUCH⟩ spezifiziert. Es werben um Zustimmung insbesondere die folgenden Morpheme:

hein? [ɛ̃] 'ja, nicht, was?'	*après tout* 'schließlich doch'
peut-être 'vielleicht'	*quoi* 'doch'
quand même 'immerhin'	(...)

Das Morphem *hein?* ist mit weitem Abstand das häufigste; es steht immer in Endstellung und hat meistens eine steigende Intonation. Es hat zugleich eine Nuance der Vertrautheit an sich. Die anderen Morpheme können in den Text eingeblendet werden oder am Ende stehen. Wenn sie am Ende stehen, sind sie oft unbetont.

/ *tu ne m'attendais pas encore, hein?* /   'du hast mich (wohl) noch nicht erwartet, was?'
/ *tu aurais pu m'annoncer ta visite, après tout!* /   'du hättest mir ruhig (oder: immerhin) deinen Besuch ankündigen können!'
/ *je ne suis tout de même pas un étranger pour toi, hein?* /   'ich bin doch (schließlich) kein Fremder für dich, oder?'
/ *mais enfin, ici, ce n'est pas un hôtel, quoi, tu ne peux pas te mettre ça dans la tête?* /   'aber dies hier ist doch schließlich kein Hotel, kannst du dir das nicht endlich merken?'
/ *mais tu ne vas quand même pas me renvoyer, hein?* /   'aber du wirst mich ja wohl nicht wieder wegschicken, oder?'

Man gebraucht diese Kontakt-Morpheme hauptsächlich bei strittigen Gesprächsgegenständen, bei denen es besonders wichtig ist, den Gesprächspartner zur Zustimmung zu bewegen.

Der Gesprächspartner reagiert seinerseits auf diese um Zustimmung werben-
den Kontakt-Morpheme, und zwar entweder (in Nuancen) zustimmend oder (in
Nuancen) ablehnend. Ist seine Reaktion eher zustimmend, so hören wir von ihm
vorwiegend die Kontakt-Morpheme der Gesprächsfortsetzung (vgl. 9.1.3.2). Ist
der Hörer hingegen mit einer Äußerung des Sprechers oder mit seinem Handeln
nicht einverstanden, so kann er seinen Widerspruch, ehe er ihn nach Übernahme
der Sprecher-Rolle ausdrücklich formuliert, schon mit zweifelnden oder mißbilli-
genden Kontakt-Morphemen vorab ankündigen, damit der Gesprächspartner
durch den Widerspruch nicht ganz unvorbereitet getroffen wird. Die folgenden
Kontakt-Morpheme, annäherungsweise übersetzt, kündigen bereits im voraus
einen Widerspruch an: ihre Nuancen reichen vom leisen Zweifel über Formen
der Überraschung (vgl. 9.1.3.5) bis zum lauten Protest:

hum   (auch: *hem, hom*) [m; əm]
   'hm'
qui sait? 'wer weiß!'
ça va (,ça va) '(nun mal) langsam'
(oui) bien sûr, seulement ... '(ja) gewiß, aber ...'
attention! 'Vorsicht'
mais attention! 'nun mal vorsichtig!'
ah ça par exemple! 'na sag mal, so
   was!'

ah mais! 'oh ja, aber'
non mais! 'aber aber! nana!'
ah non! 'o nein!'
ça non! 'das nicht!'
ah ça jamais (de la vie)! 'das nie (im
   Leben)'
alors là, pas question! 'also davon
   kann keine Rede sein!'
(...).

/*allons, tais-toi maintenant et prête-moi vingt francs* ÷ *mais attention, tu as peut-
être oublié que tu me dois encore cinquante francs depuis la semaine dernière*/
'also nun sei still und leih mir zwanzig Francs! ÷ nun mal langsam, du hast wohl
vergessen, daß du mir von der letzten Woche noch fünfzig Francs schuldest!'
/*ah ça, par exemple, tu m'agaces avec ta bonne mémoire!* ÷ *hm, si ma mémoire
était vraiment si bonne que ça, je me souviendrais encore d'autres sommes*/ 'also
das ist doch die Höhe, du gehst mir auf die Nerven mit deinem guten Gedächtnis!
÷ hm, wenn mein Gedächtnis wirklich so gut wäre, würde ich mich noch an
andere Summen erinnern'
/*alors bon, ça va, donne-moi dix francs seulement* ÷ *jamais de la vie!*/ 'na gut,
dann gib mir nur zehn Francs! ÷ nie im Leben!'

Ambivalent gegenüber Zuspruch und Widerspruch sind die Kontakt-Morpheme
ma foi 'na, nun ja, tja' und *eh oui* 'tja, nun ja', die gewöhnlich eine etwas
phlegmatische Reaktion eines Gesprächspartners gegenüber dem Sachverhalt,
jedoch zugleich eine mehr oder weniger einvernehmliche Gesinnung im Miteinanderreden zum Ausdruck bringen:

695

/ *nous ne pourrons pas aller au théâtre ce soir, la représentation est annulée ÷ ma* *foi, c'est bien dommage, mais tant pis!* /   'wir können heute abend nicht ins Theater gehen, die Vorstellung ist abgesagt ÷ tja, das ist schade, aber na ja!'
/ *ils jouent à guichet fermé depuis des semaines ÷ eh oui, tant mieux pour eux!* /   'sie sind seit Wochen ausverkauft ÷ nun ja, da können sie sich freuen!'

Die mit steigender Intonation gesprochenen (einfachen oder komplexen) Kontakt-Morpheme, die meistens einer Äußerung angehängt werden, sind auch als Kontaktfragen interpretierbar. Der Sprecher erwartet jedoch auf diese Kontaktfragen normalerweise keine ausdrückliche Antwort außer einem sprachlichen oder gestisch-mimischen Signal, daß der Gesprächskontakt und darüber hinaus ein gewisses Einvernehmen weiter besteht. Vergleiche außer den bereits genannten Kontakt-Morphemen die folgenden, mit steigender Intonation geäußerten Kontakt-Morpheme:

tu comprends?/vous comprenez?   'verstehst du?/verstehen Sie?'
tu m'entends?/vous m'entendez?   'verstehst du mich?/verstehen Sie mich?' (am Telephon)
tu vois/vous voyeż ce que je veux dire?   'verstehst du/verstehen Sie, was ich meine?'
tu (ne) trouves pas?/vous (ne) trouvez pas?   'findest du/finden Sie nicht?'

9.1.4   Interjektionen

Interjektionen sind vorwiegend handlungsorientierte Kontakt-Morpheme. Anders als die bisher besprochenen vorwiegend gesprächsorientierten Kontakt-Morpheme nehmen die Interjektionen stärker auf eine Handlungssituation Bezug, um diese mit einer mehr oder weniger spontanen Kontakt-Äußerung in eine Gesprächssituation einzubeziehen. Dabei kann es sich im Grenzfall auch um einen Sachverhalt oder ein (Natur-)Ereignis handeln, das selber kein Handeln darstellt, wohl aber zum (reaktiven) Handeln herausfordern könnte. Die nachfolgenden Interjektionen decken diesen im weitesten Sinne verstandenen Handlungsraum ab, vom materiellen Geschehen über körperliches und seelisches Befinden bis zum komplexesten Handlungsmodell der Interaktion. Sie bestehen zum großen Teil aus Morphemen, beziehen aber auch Lexeme mit ein. Bei den am Ende aufgeführten Interjektionen aus dem Bereich der Interaktion, die ja der

Kommunikation nahesteht (vgl. 3.4.4), ist die Grenze zu den Morphemen des Gesprächs-Kontaktes wie auch zu den Ausrufen (vgl. 9.3.6) fließend. Die Übersetzungen geben die Bedeutungen, die jeweils von der Situation her spezifiziert werden, nur annäherungsweise wieder.

Schlag und Stoß:
pan! 'bums!';   *vlan!* 'klatsch!'

Fall und Sturz:
paf! 'plumps!';   *patatras!* 'kladderadatsch!'

Krach und Lärm:
crac! 'krack!';   *pouf!* 'bums!'

Schuß und Explosion:
paf! 'paff!';   *boum!* 'bumm!'

Schmerz:
aïe!, ahi!, ouïe!   'au!, aua!'

Erleichterung:
ouf! 'hach';   *enfin!* 'endlich!';   *Dieu merci!* 'Gott sei Dank!'

Sehnsucht:
ah! 'ach!'

Warnung:
attention!   'Achtung, Vorsicht, aufgepaßt!'

Lust und Jubel:
youpi! 'juchhe!' (umgangssprachlich);   *gai gai!* 'hei' (poetisch)

Begeisterung:
(hip hip hip) hourra!   'hurra!'

Aufmunterung:
courage! 'Mut!';   *en avant!* 'voran!';   *allons!(-y) / allez(-y), va(s-y)!* 'los!'

Verachtung:
bah! 'bah!'

Abscheu und Ekel:
pouah! 'brr!';   *fi!* 'pfui!';   *fi donc!* 'pfui doch!'

Beschwichtigung:
ça va, ça va! 'na ja, schon gut!'

Bedauern:
(c'est oder: *quel) dommage!* '(wie) schade!'

Klage:
hélas [elɑs]! 'ach!'

Beeilung:
vite! 'schnell!';   *allez vite!* 'nun mal schnell!';   *allez hop* [aleɔp]! 'fix!'

Verlangsamung:
doucement! 'langsam an!';   *tout doux!* 'eins nach dem andern!';   *pas si vite (que ça)!* 'immer mit der Ruhe!'

Stop:
halte! 'halt!';   *stop* [stɔp]! 'stop!'

Hilferuf:
au secours! 'Hilfe!'

Demonstrative Übermittlung:
tiens/tenez! 'da, nimm/nehmen Sie; sieh mal/sehen Sie mal!'

Resignation:
que veux-tu/que voulez-vous! 'was soll's!'

Dank:
merci 'danke!';   *merci bien* 'danke schön';   *merci beaucoup* 'danke sehr';   *mille mercis; merci mille fois* 'tausend Dank';   *je vous (en) remercie!* 'danke vielmals!'

Antwort auf einen Dank:
de rien 'bitte';   *(il n'y a) pas de quoi* 'keine Ursache'

Entschuldigung für eine (kleinere) Belästigung:
pardon! (meistens mit einem Intensitäts-Akzent auf dem e r s t e n Vokal: [pár-dõ]) 'Entschuldigung!'
Antwort: *faites!* 'bitte'
oder: *passez!* 'gehen Sie nur vorbei/voran!'
oder auch: *je vous en prie* 'bitte' (je nach der Situation)

Entschuldigung für eine (größere) Belästigung oder ein Vergehen:
excuse-moi/excusez-moi!; pardonne-moi/pardonnez-moi! 'Verzeihung! Entschuldigung!'
Antwort: *(il n'y a) pas de mal* '(das) macht nichts'
oder: *ce n'est rien* 'das macht nichts'
oder: *c'est oublié* 'das ist vergessen' (je nach der Situation)

Besonders nuancenreich ist die Skala der Überraschung besetzt. Auf ihr verteilen sich die folgenden Interjektionen:

ah!	'oh!'	*sans blague!*	'was du nicht sagst!'
oh!	'oho!'	*incroyable!*	'kaum zu glauben!'
tiens!	'sieh mal einer an!'	*(c'est) pas vrai!*	'nicht zu glauben!'
ça (alors)!	'also so (et-)was!'	*(c'est) pas possible!*	'nicht möglich!'
dis donc!	'sag bloß!'	*bon Dieu!*	'mein Gott!'
mais ça!	'nein so (et-)was!'	*bon sang!*	'Mensch!'
(...)			

Eine besondere Nuance der Erleichterung ist mit der Interjektion *ah bon!* 'ach so!' verbunden. Nuancen einer eher unangenehmen Überraschung kann man vorwiegend mit den folgenden Interjektionen ausdrücken (wobei die deutschen Übersetzungen den Ausdrucks- und Kontaktwert wiederum nur annäherungsweise wiedergeben):

ha!	'ha!'	*oh là là!*	'o je!'
comment (ça)!	'wieso (das denn)!'	*ah ça par exemple!*	'na, so was!'
quoi!	'was denn!'	*encore!*	'auch das noch!'
oh là!	'na, nanu!'	(...)	

Alle diese mannigfaltigen Nuancen der Interjektionen können jedoch durch verschiedene Intonationskonturen verändert und im Extremfall sogar in ihr Gegenteil verkehrt werden. Darüber kann nur im Kontext oder in der Situation befunden werden, wie die folgenden Beispiele andeutungsweise erkennen lassen:

/*bon sang, je me suis fait coller au baccalauréat* (oder oft salopp: *au bac*)!/
'Mensch, ich bin im Abitur (oder: im Abi) durchgefallen!'
/*ça alors!*/ 'das hat (gerade) noch gefehlt!'
/*eh oui, cette fois il n'y avait qu'un seul examinateur en géographie* (oder: *en géo*)/
'tja, diesmal gab es nur einen einzigen Prüfer in Erdkunde (oder: in Erde)'
/*ah ça par exemple!*/ 'na so was!'
/*oh là là, quand je pense que c'est sur la dernière leçon qu'il m'a coincé!*/ 'oh je,
wenn ich daran denke, daß er mich bei der letzten Lektion erwischt hat!'
/*sans blague!*/ 'was du nicht sagst!'
/*tout ce que je n'avais pas révisé, bon Dieu!*/ 'mein Gott, was ich nicht alles
wiederholt hatte!'
/*incroyable, tout ça!*/ 'unglaublich, das alles!'

Auch Flüche können in bestimmten Situationen als Kontakt-Morpheme oder als
Interjektionen angesehen werden. Man verwendet sie zum Ausdruck und zur
Abfuhr extrem negativer Empfindungen angesichts unangenehmer Ereignisse.
Ihre starke Expressivität kommt in vielen Fällen durch den Mißbrauch eines
sakralen Ausdruckselements zustande, das jedoch auch verhüllt sein kann. Eine
andere Quelle für Flüche ist die Fäkalsprache. Daraus ergeben sich naheliegende
Gebrauchsbeschränkungen:

nom de Dieu! (verhüllt: *nom d'un chien!*) 'Jesses!' (verhüllt: Herrje! Herrje-
mine!')
diable! (verhüllt: *diantre!*) '(zum) Teufel!' (verhüllt: 'zum Donnerwetter!')
sacrebleu! (veraltend); *parbleu!* (verhüllt für *sacré* + *Dieu*) 'verdammt'
sacré menteur! 'verfluchter Lügner!'
zut [zyt]!; *zut alors!* 'verdammt (nochmal)!' (verhüllt für *Jésus*)
merde!; *merde alors!* (verhüllt: *mince!*; *mince alors!*) 'Scheiße!' (verhüllt:
'Schande!')

9.2 Assertion

Jeder Sprecher muß mit den Erwartungen seines Gesprächspartners rechnen. In
einigen Fällen werden diese Erwartungen ausdrücklich ausgesprochen. In anderen Fällen ist der Sprecher darauf angewiesen, sie aus dem nichtsprachlichen
Verhalten seines Gesprächspartners oder aus der Situation heraus zu erraten

(«Erwartungs-Erwartungen»). Allemal tut er gut daran, sich mit seiner Gesprächsstrategie auf diese Erwartungen einzustellen.

Erwartungen können insbesondere entweder bestätigt oder zurückgewiesen werden. Diesem Redezweck dienen die Morpheme der ASSERTION, deren Bedeutungen wir mit den Merkmalen der Geltung beschreiben. Sie bilden eine binäre Opposition mit den Polen AFFIRMATION («Bejahung») und NEGATION («Verneinung»), die auf den Merkmalen ⟨ZUSPRUCH⟩ und ⟨EINSPRUCH⟩ beruhen:

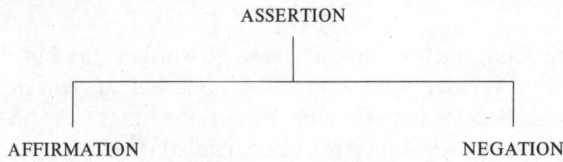

Die Paradigmen der Affirmation (vgl. 9.2.1) und der Negation (vgl. 9.2.2) bestehen jeweils aus verschiedenen Formen, die nuancierte Bedeutungen haben.

9.2.1 Affirmation

In einem Sprachspiel werden in der Regel die – ausgesprochenen oder unausgesprochenen – Erwartungen des Hörers wesentlich häufiger bestätigt als verworfen. Zur Bestätigung («Bejahung») benutzt man die Morpheme der Affirmation, deren Bedeutung wir mit dem Merkmal ⟨ZUSPRUCH⟩ charakterisieren. Wir unterscheiden die Affirmations-Morpheme nach freien (vgl. 9.2.1.1) und gebundenen Formen (vgl. 9.2.1.2).

9.2.1.1 Freie Affirmations-Morpheme

Das wichtigste freie Affirmations-Morphem ist *oui* 'ja'. Es bildet eine binäre Opposition mit dem freien Negations-Morphem *non* 'nein' (vgl. 9.2.2.1). Das Morphem *oui,* das als freies Affirmations-Morphem auch ohne sprachlichen Kontext gebraucht werden kann, gibt dem Hörer zu verstehen, daß seine Erwartung gelten soll. Wir beschreiben die Bedeutung dieses Morphems mit dem semantischen Merkmal ⟨ZUSPRUCH⟩. Man findet das freie Affirmations-Morphem besonders oft im Dialog. Es bestätigt im Wechselgespräch zwischen den Dialogpartnern, daß sich ihre Erwartungen, Äußerungen oder Absichten im

Einklang befinden. Schon die Bereitschaft zum Gespräch oder zur Übernahme einer erwarteten Gesprächsrolle kann durch das Morphem *oui* signalisiert werden:

/Monsieur Dupont! ÷ *oui* (oder: *oui?*)*/* 'Herr Dupont! ÷ ja (oder: ja?)'
/la parole est maintenant à M. Girard ÷ *oui, je voudrais seulement vous informer de ce que ...* / 'das Wort hat jetzt Herr Girard ÷ ja, ich möchte Sie nur davon in Kenntnis setzen, daß ...'

Die Erwartung kann auch explizit festgestellt werden. Sie hat dann im Dialog meistens die Form einer Assertions-Frage oder einer Alternativ-Frage. Als Alternativ-Frage bezeichnen wir eine Assertions-Frage, die das binäre Paradigma Affirmation vs. Negation ausdrücklich nennt (vgl. 9.3.1):

ASSERTIONS-FRAGE

/le connais-tu? ÷ *oui* / 'kennst du ihn? ÷ ja'

ALTERNATIV-FRAGE

/viendra-t-il, oui ou non? ÷ *oui*/ 'kommt er, oder kommt er nicht? ÷ ja (, er kommt)'

Die Form der Frage gibt in diesen Beispielen zu erkennen, daß die Feststellung noch zweifelhaft ist. Es ist nämlich fraglich, ob sie auch nach der Meinung des Gesprächspartners gelten soll oder nicht. Die Antwort *oui* 'ja' bestätigt dann: die Feststellung soll gelten.

Ist jedoch die Erwartung des Gesprächspartners selber schon negativ, so daß sie sich beispielsweise in einer verneinten Frage äußert, so lautet das Affirmations-Morphem nicht *oui*, sondern *si* 'doch, wohl', manchmal verstärkt zu *mais si* 'aber ja doch' oder *si si* 'doch doch':

/tu n'habites donc plus à la campagne? ÷ *(mais) si!*/ 'du wohnst also nicht mehr auf dem Land? ÷ (aber ja) doch!'
/mais ta femme disait toujours qu'elle ne voulait plus y rester ÷ *moi si* ÷ *pas possible!* ÷ *si si!*/ 'aber deine Frau sagte immer, sie wolle dort nicht mehr bleiben ÷ ich wohl ÷ nicht möglich! ÷ doch doch!'

Das Affirmations-Morphem *si* besagt also, daß die Vorinformation des Hörers nur insoweit gelten soll, als sie positiv ist, das heißt, ohne Berücksichtigung der negativen Erwartung, die der Hörer mit ihr verbunden hatte.

Die Affirmation kann verschieden nuanciert werden. Welche Nuance im einzelnen gewählt wird, hängt davon ab, wie ein Sprecher auf den besonderen Charakter einer Erwartung mit seiner Gesprächsstrategie reagieren will. Er kann im Einzelfall das Morphem *oui* durch zusätzliche (Kontakt-)Morpheme erweitern oder es durch andere Morpheme, vielfach Adverbien oder Adverbialien, ersetzen. Solche Nuancen der Affirmation können unter den Gesichtspunkten der Verstärkung, der Abschwächung und der Beipflichtung gruppiert werden (vgl. 9.1.3.4).

[1]   Verstärkte Affirmation

Wenn der Gesprächspartner etwa fragt: /*êtes-vous discret?*/ 'sind Sie diskret?', so kann die verstärkte Bestätigung lauten:

/*mais oui*/   'aber ja!'
/*c'est ça*/   'so ist es'
/*bien sûr (oui, bien sûr; bien sûr que oui)*/   'natürlich (ja, natürlich; natürlich ja)'
/*évidemment*/   'selbstverständlich'
/*naturellement*/   'natürlich'
/*parfaitement*/   'ganz und gar'
/*certainement* (oder: *certes*)/   'bestimmt'
/*assurément*/   'gewiß'
/*sans aucun doute*/   'zweifellos'
/*ça va sans dire* (oder: *ça va de soi*)/   '(das) versteht sich (von selber)'
/*justement* (oder: *précisément*)!/   'genau (eben)!'
(...)

[2]   Abgeschwächte Affirmation

Wir nehmen nun an, ein Gesprächspartner habe gefragt: /*est-ce qu'il est bavard?*/ 'ist er geschwätzig?' Dann kann man mit einer abgeschwächten Affirmation antworten:

/*peut-être*/   'vielleicht'
/*éventuellement*/   'gegebenenfalls, unter Umständen'
/*probablement* (oder: *vraisemblablement*)/   'wahrscheinlich'
/*sans doute*/   '(das ist) wohl anzunehmen'
/*je crois* (oder: *pense*) *que oui*/   'ich glaube (denke) ja'
(...)

[3]   Beipflichtende Affirmation

Sofern die Erwartung des Gesprächspartners explizit oder implizit mit einer Handlungsanweisung verbunden und beispielsweise als Imperativ formuliert ist (vgl. 4.4), kann die Affirmation eine ausdrücklich beipflichtende Nuance annehmen, die sich über den Geltungsbereich der Rede hinaus auch auf das Handeln erstreckt. Die Affirmation besagt dann, daß der Sprecher bereit ist, nach den Handlungsanweisungen des Gesprächspartners und im Sinne seiner Erwartungen zu handeln. Wir nehmen an, die Erwartung laute /*c'est un secret*/ 'das ist ein Geheimnis'. Darin liegt implizit eine Anweisung, das Geheimnis zu wahren. Der Angesprochene kann nun, wenn er das Geheimnis tatsächlich wahren will, etwa antworten:

/*entendu*/   'abgemacht, wird gemacht'
/*d'accord*/   'einverstanden, in Ordnung, O.K.'
/*bien* (oder: *bon, soit* [swat])/   'gut, meinetwegen, von mir aus'
/*ça va*/   'geht klar, alles klar'
(...)

Beipflichtend ist auch die Schlußformel in Gebeten:

ainsi soit-il (oder: *amen* [amɛn])   'amen'

Es gilt als höflich, den freien Affirmations-Morphemen, hier dem Morphem *oui*, eine Anrede des Gesprächspartners (vgl. 9.1.2) hinzuzufügen:

/*vous m'avez compris? ÷ oui, Monsieur*/   'haben Sie mich verstanden? ÷ ja'
/*vous êtes d'accord? ÷ bien sûr, Madame*/   'sind Sie einverstanden? ÷ natürlich'
/*tu pourrais m'apporter le journal ÷ volontiers, papa*/   'du könntest mir die Zeitung bringen ÷ gern (, Papa)'
/*donne-moi un bonbon ÷ oui, ma petite*/   'gib mir ein Bonbon! ÷ ja, Kleine'

Die Asymmetrie einer Kommunikations-Situation kann darin zum Ausdruck kommen, daß nur der rangniedere Gesprächspartner seinen affirmativen Ausdrücken eine Anrede hinzufügt.

9.2.1.2 Gebundene Affirmations-Morpheme

Es gibt in der französischen Sprache kein eigenes Morphem, das als (einfaches) gebundenes Affirmations-Morphem aufgefaßt werden könnte. Aus dem System heraus kann aber ein Null-Morphem (Notation: Ø) als gebundenes Affirmations-Morphem erschlossen werden. Vergleiche:

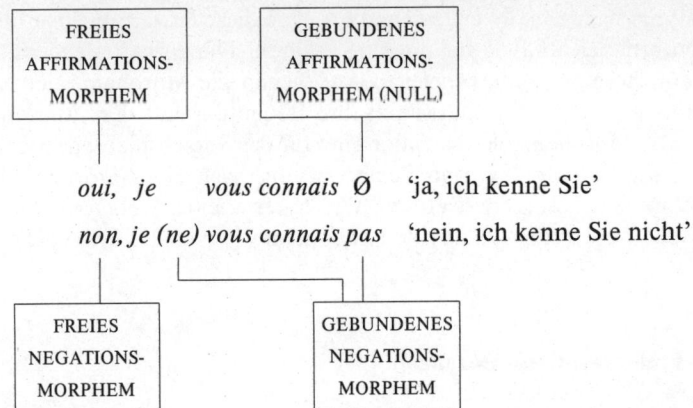

In den meisten Fällen kann man aber in der Strukturbeschreibung auf eine Notation des Null-Morphems als Zeichen der Affirmation verzichten und sich mit der bloßen Abwesenheit eines gebundenen Negations-Morphems zufriedengeben.

Es ist ein höchst ökonomischer Zeichengebrauch der Grammatik, zur Bezeichnung der überaus häufigen Affirmation im Text kein eigenes hörbares Morphem eingeführt zu haben, sondern einfach durch die Abwesenheit eines Morphems an der Stelle, wo auch ein Negations-Morphem stehen könnte, dem Hörer zu bedeuten, daß der Text seinen Erwartungen entspricht.

Das Null-Morphem als Zeichen der Affirmation kann nuanciert werden. Beim Verb (man kann sagen: zusätzlich zum Null-Morphem) steht dann jeweils n u r das die Affirmation nuancierende Morphem, das häufig ein Adverb ist, zum Beispiel:

/ *il faut absolument posséder un bon dictionnaire* /   'man muß unbedingt ein gutes Wörterbuch besitzen'
/ *je vais probablement m'en acheter un* /   'ich werde mir wahrscheinlich eines kaufen'
/ *il me reste peut-être assez d'argent* /   'ich habe vielleicht noch genug Geld übrig'

9.2.2 Negation

Vermutet der Sprecher in einem Sprachspiel zu Recht oder zu Unrecht, daß der Hörer in bezug auf den Text Erwartungen hegt, die von dem tatsächlichen Text nicht bestätigt werden können, so kann er gegen diese Erwartungen ausdrücklich Einspruch erheben und sie für ungültig erkären. Die Erwartungen des Hörers werden auf diese Weise verworfen. Dazu dienen die Morpheme der Negation («Verneinung»). Wir charakterisieren ihre Bedeutung mit dem Merkmal ⟨EIN-SPRUCH⟩. Die Morpheme der Negation sind für das Sprachspiel sehr wichtig, weil sie dafür sorgen, daß Text und Texterwartung nach einer Störung wieder in Übereinstimmung gebracht werden. Wir unterscheiden, ebenso wie bei der Affirmation, freie (vgl. 9.2.2.1) und gebundene (vgl. 9.2.2.2) Negations-Morpheme.

9.2.2.1 Freie Negations-Morpheme

Das wichtigste freie Negations-Morphem ist *non* 'nein'. Mit dem freien Affirmations-Morphem *oui* 'ja' bildet es eine binäre Opposition (vgl. 9.2.1.1). Während das Affirmations-Morphem eine Erwartung des Hörers bestätigt, ist es die Aufgabe des Negations-Morphems, gegen eine Erwartung des Hörers Einspruch zu erheben. Es gibt ihm zu verstehen, daß die Erwartung nicht gelten soll.

Wenn wir das Negations-Morphem *non* ein freies Morphem nennen, so besagt dies, daß es auch ohne sprachlichen Kontext vorkommen kann. Man kann auf eine sprachfreie Situation, beispielsweise ein gefährliches Hantieren, mit *non* reagieren. Besonders häufig kommt das freie Negations-Morphem *non* jedoch im Dialog vor. Es ist dann zwar von einem sprachlichen Kontext der Wechselrede umgeben, kann aber in einer Dialogsituation die einzige Äußerung eines Dialogpartners sein (vgl. 9.2.2.1.1). Außerdem kann das freie Negations-Morphem *non* unter bestimmten Bedingungen auch im Textfluß vorkommen (vgl. 9.2.2.1.2).

9.2.2.1.1 Die Negation *non* im Dialog

Wenn sich im Dialog die Erwartungen der Gesprächspartner auseinanderbewegen, können sie durch Negationen angehalten oder in die Textrichtung zurückgebogen werden. Dabei macht es für die Negation keinen Unterschied, ob die zu korrigierende Erwartung des Hörers explizit festgestellt worden ist oder vom Sprecher nur vermutet wird («Erwartungs-Erwartung»). Eine explizit festgestellte Erwartung hat oft die Form einer Assertions-Frage oder Alternativ-Frage (vgl. 9.3.1). Die Negation beantwortet dann die Frage eindeutig:

/ *est-ce que tu as fait insérer l'annonce? ÷ non* /   'hast du die Anzeige aufgegeben? ÷ nein'

/ mais est-ce que tu veux toujours vendre ta maison, oui ou non? ÷ non /   'aber
willst du immer noch dein Haus verkaufen, ja oder nein? ÷ nein'

In beiden Beispielen hat der Fragende eine bestimmte Erwartung, die sich auf
die Eigentumsverhältnisse des in Frage stehenden Hauses bezieht. Solange aber
seine Fragen nicht beantwortet sind, bleibt offen, ob diese Erwartung bestätigt
oder enttäuscht werden wird. Es ist also fraglich, ob die Feststellung nach der
Meinung des Gesprächspartners gelten soll oder nicht. Die Antwort *non* 'nein'
bringt dann bei beiden Fragen die Entscheidung: die Erwartung wird verworfen.

Ist die Erwartung jedoch selber bereits mit einem negativen Vorbehalt verbunden, so bezieht sich der Widerspruch des Gesprächspartners nur auf die positive
Vorinformation, nicht auf die mit ihr verbundene negative Erwartung:

/ vous ne travaillez plus à la mairie? ÷ non /   'arbeiten Sie nicht mehr auf dem
   Rathaus? ÷ nein'
/ mais on ne vous a pas licencié, je pense ÷ non /   'aber man hat Sie nicht entlassen, denke ich ÷ nein'

Aus einer auf zwei Gesprächsrollen verteilten «doppelten Negation» entsteht
also keine Affirmation (vgl. aber 9.2.2.2.4).

Die Negation kann verschiedene Nuancen annehmen. Mit ihnen kann der
Sprecher in verschiedener Weise auf die von seiner Intention abweichenden
Erwartungen seines Gesprächspartners reagieren. Die Nuancen der Negation
werden durch zusätzliche Morpheme signalisiert, die auch bisweilen für sich
allein die nuancierte Negation ausdrücken können. Diese nuancierenden Morpheme können außer mit dem freien Negations-Morphem *non* auch mit dem
Element *pas* des gebundenen Negations-Morphems *ne ... pas* (vgl. 9.2.2.2) verbunden werden.

[1]   Nuancierte Negationen mit *non* und *que non*

Eine Frage lautet etwa: */ tu m'en veux? /* 'bist du mir böse?' Auf diese Frage kann
man nuanciert antworten, zum Beispiel:

/ mais non /   'aber nein!'
/ lui oui, moi non (oder: pas) /   'er ja, ich nein (oder: nicht)'
/ moi non, lui non plus /   'ich nein (oder: nicht), er auch nicht'
/ mille fois non /   'tausendmal nein'
/ bien sûr que non /   'natürlich nicht'
/ je te dis (je t'ai déjà dit) que non /   'nein, sag ich dir (habe ich dir schon gesagt)'
(...)

2   Nuancierte Negationen mit *pas*

Eine andere Frage möge lauten: /*tu es fatigué?*/ 'bist du müde?' Es sind nun
beispielsweise die folgenden nuancierten Negationen möglich:

/*moi pas*/   'i c h nicht'
/*lui peut-être, moi pas*/   'er vielleicht, ich nicht'
/*pas du tout*/   'überhaupt nicht'
/*pas le moins du monde*/   'nicht im geringsten'
/*absolument pas*/   'ganz und gar nicht'
/*pas encore*/   'noch nicht'
/*pas maintenant*/   'jetzt nicht'
/*certainement pas*/   'bestimmt nicht'
(...)

3   Andere nuancierte Negationen

Die Frage soll jetzt lauten: /*tu fais du ski* [ski]?*/ 'läufst du Ski?' Nuancierte
negative Antworten können nun etwa lauten:

/*jamais de la vie*/   'nie im Leben'
/*aucunement* /   'keineswegs' (gehobener Stil)
/*nullement*/   'ganz und gar nicht' (gehobener Stil)
/*penses-tu* (oder: *tu parles)!*/   'das möchtest du wohl!; denkste!' (Umgangssprache)
(...)

Mehr noch als bei den Affirmations-Morphemen (vgl. 9.2.1.1), gilt es bei den
Negations-Morphemen als höflich, eine Anrede der in ihren Erwartungen ent-
täuschten Person beizufügen:

/*est-ce que j'arrive trop tôt?* ÷ *pas du tout, Mademoiselle*/   'komme ich zu früh? ÷
   ganz und gar nicht (, Fräulein X)'
/*vous ne voulez pas vous asseoir?* ÷ *non, Monsieur*/   'wollen Sie nicht Platz
   nehmen? ÷ nein'

9.2.2.1.2   Die Negation *non* im Textfluß

Unter bestimmten Bedingungen kann das Negations-Morphem *non* auch im
Textfluß gebraucht werden, nämlich dann, wenn es mit der Bedeutung 'nicht

etwa' als Korrektursignal dient. In dieser Funktion hat es die Variante *non pas*. Diese wird gelegentlich auch zu *pas* verkürzt, das mit dem aus *ne* ... *pas* verkürzten *pas* (vgl. 9.2.2.2.1) zusammenfällt. Wenn die (falsche) Erwartung durch die Negation *non (non pas, pas)* verworfen ist, kann die Richtigstellung durch den Junktor *mais* 'sondern, (wohl) aber' angekündigt werden. Zur Teilkorrektur und Veränderung einer (teilweise) falschen Erwartung dient die Verbindung *non seulement* (Variante: *pas seulement*) 'nicht nur', wobei dann die Richtigstellung durch den Junktor *mais aussi* (Variante: *mais encore*) 'sondern auch' gekennzeichnet wird (vgl. 8.2.4). Negations-Morphem und Junktor bilden dann jeweils ein diskontinuierliches Morphem:

/ *le docteur m'a conseillé non pas de prendre un tranquillisant, mais de marcher le plus possible* / 'der Arzt hat mir geraten, nicht (etwa) ein Beruhigungsmittel zu nehmen, sondern so viel wie möglich zu laufen'
/ *c'est un bon conseil, non* (oder: *pas) seulement pour vous, mais encore* (oder: *aussi) pour moi* / 'das ist ein guter Rat, nicht nur für Sie, sondern auch für mich'

Auch einzelne Lexeme können durch das Negations-Morphem *non* (manchmal geschrieben *non-*) negiert werden, insbesondere Adjektive in Attributionen (vgl. Kap. 6):

/ *de nationalité non française* / 'von nichtfranzösischer Staatsangehörigkeit'
/ *la géométrie non-euclidienne* / 'die nicht-euklidische Geometrie'

Bei anderen Sprachzeichenklassen muß die Verwendung des Negations-Morphems *non* vom Sprachgebrauch im Einzelfall autorisiert sein, zum Beispiel:

le non-sens 'der Unsinn'
le non-moi 'das Nicht-Ich'
le non-emploi 'die Nichtanwendung'
la non-violence 'die Gewaltlosigkeit'
fin de non-recevoir 'abschlägiger Bescheid' (Verwaltungssprache)
(...)

Diese negativen Ausdrücke, unter denen es viele Neubildungen gibt, ergänzen im französischen Wortschatz die (häufig älteren) Wörter mit (nuanciert) negativer Bedeutung, die an verschiedenen negativen Präfixen erkennbar sind, wie zum Beispiel: *incorrect* 'unrichtig, inkorrekt', *l'analphabétisme* 'der Analphabetismus (die Schriftunkundigkeit)', *disqualifier* 'disqualifizieren'. Im einzelnen orientiert man sich über diese Wörter im Wörterbuch.

9.2.2.2   Gebundene Negations-Morpheme

Die gebundenen Negations-Morpheme sind verbgebunden. Es sind zwei- oder mehrelementige, diskontinuierliche Morpheme, die das finite Verb einrahmen:

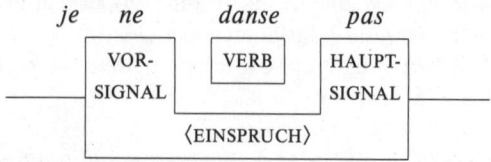

In diesem Beispiel mit der Bedeutung 'ich tanze nicht' ist das gebundene Negations-Morphem *ne ... pas* 'nicht' verwendet, das die häufigste Negationsform der französischen Sprache darstellt. Das erste Element *ne* kann als eine Art Vorsignal dieser Negation aufgefaßt werden. Es steht vor dem Verb. Das Hauptsignal folgt dann nach dem Verb in Gestalt des Elementes *pas,* welches für die Negation das eigentliche Gewicht trägt.

In der mündlichen Umgangssprache wird das Vorsignal *ne* oft weggelassen. Man sagt also vielfach, sofern man sich eine gewisse Lässigkeit im Reden erlauben kann, *je danse pas* 'ich tanze nicht'. Man schreibt jedoch in der Regel, sofern nicht mündliche Rede im Schriftbild imitiert werden soll: *je ne danse pas* 'ich tanze nicht'. Das gilt auch für alle anderen diskontinuierlichen Negations-Morpheme mit dem Vorsignal *ne.* Dieses *ne* kann also in nichtförmlicher mündlicher Rede grundsätzlich weggelassen werden und ist in diesem Sinn «fakultativ». In den nachfolgenden Beispielen wird es jedoch immer mitgeschrieben.

Eine abgeschwächte Form der Negation ist *ne ... guère* 'kaum'. Diese konkurriert mit dem synonymen Adverb *à peine* 'kaum', das im affirmativen Rahmen gebraucht wird:

/ *tu ne m'écris guère* /   'du schreibst mir kaum'
/ *tu en souffres à peine* /   'du leidest kaum darunter'

Im Negationsrahmen, der das finite Verb einschließt, können außer dem Verb auch noch andere Morpheme Platz finden, vorausgesetzt, sie gehören eng zum Verb. Das sind in der Stellung v o r dem Verb die Pronomina, die den Partner oder das Objekt bezeichnen, ferner die Pro-Morpheme *en* und *y.* Nur das Subjekt steht regelmäßig vor dem Negationsrahmen. In der Stellung n a c h dem Verb stehen im Negations-Rahmen solche Morpheme wie *donc* 'also, folglich', *peut-être* 'vielleicht' und alle sonst die Negation nuancierenden Adverbien (sofern sie nicht zu lang sind):

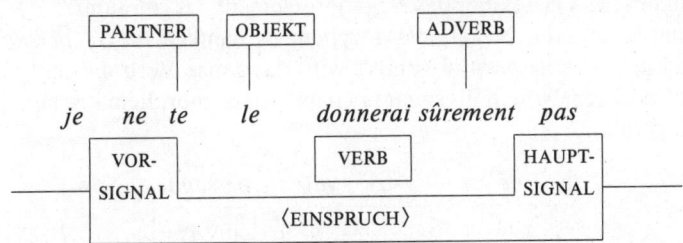

In diesem Beispiel mit der Bedeutung 'ich werde es dir sicher nicht geben' sind also die Partner- und Objekt-Pronomina sowie ein Assertions-Adverb in die weit ausgedehnte Negationsklammer eingeschlossen. In der Inversions-Frage (vgl. 9.3.1.2.2) wird auch das Subjekt-Pronomen noch mit in die Negationsklammer eingeschlossen:

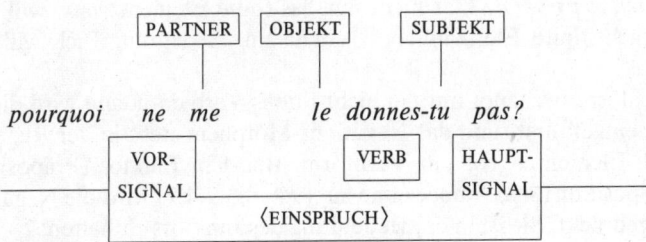

In diesem Beispiel mit der Bedeutung 'warum gibst du es mir nicht?' findet man also das finite Verb mitsamt seinen drei Handlungsrollen von der Negationsklammer umschlossen.

Besteht nun das Verb selber aus mehreren Elementen (zum Beispiel: *il a dansé* 'er hat getanzt'; *il sait danser* 'er kann tanzen'), so wird bei den meisten Negations-Morphemen (zum Beispiel: *ne ... pas* 'nicht', *ne ... rien* 'nichts') das finite Element eingerahmt, während das infinite Element außerhalb der Negationsklammer bleibt:

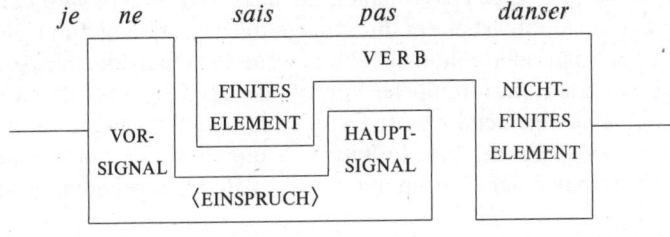

In diesem Beispiel mit der Bedeutung 'ich kann nicht tanzen' rahmt die diskontinuierliche Negation das finite Element des komplexen Verbs ein, während dieses diskontinuierliche Verb selber das Negationselement *pas* einrahmt.

Bei einigen anderen Negations-Morphemen, nämlich *ne* ... *personne* 'niemand' und *ne* ... *nulle part* 'nirgends', wird das ganze Verb mitsamt all seinen Elementen und gegebenenfalls sogar noch mit seinen morphematischen Determinanten eingerahmt:

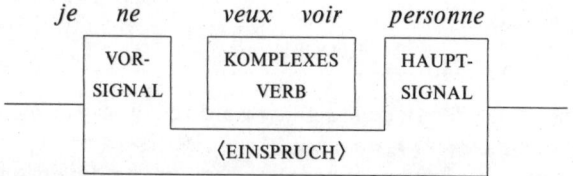

Im Unterschied zu dem voraufgehenden Beispiel rahmt die diskontinuierliche Negation *ne* ... *personne* hier nicht nur das finite Element *veux* 'will', sondern auch das nicht-finite Element *voir* 'sehen' ein. Bedeutung: 'ich will niemand sehen'.

Manchmal ist überhaupt nur ein nicht-finites Verb da. Dann wird diese Verbform nicht eingerahmt, und das Negations-Morphem steht in der Regel mit seinen beiden Elementen vor der Verbform. Bei dem Junktor (Präposition oder Verbal-Präposition) *sans* 'ohne, ohne zu' (vgl. 8.3.2.4.2) wird die Negation nicht eigens ausgedrückt. Sie ist in der Bedeutung des Junktors enthalten:

/ *elle m'a demandé de ne pas danser* /   'sie hat mich gebeten, nicht zu tanzen'
/ *je suis triste de ne pas avoir dansé* /   'ich bin traurig, weil ich nicht getanzt habe'
/ *on s'ennuie sans danser* /   'man langweilt sich, ohne zu tanzen'

Ein negierter Infinitiv wird oft zur Umschreibung eines negierten Imperativs verwendet. Zwar kann man jeden Imperativ auch unmittelbar negieren (*ne dors pas* 'schlaf nicht!'; *ne rêvez pas* 'träumen Sie nicht!'). Dadurch wird eine erwartete Handlung gestoppt. Aber ein direkt negierter Imperativ gilt in vielen Situationen als unpassend oder unhöflich, zumal wenn kein individueller Adressat da ist. Das gilt vor allem für öffentliche Verbote der Amtssprache, deren Adressat eine unbestimmte Allgemeinheit (die Gesellschaft, die Bevölkerung ...) ist. Dort findet man in der Regel negierte Infinitive als ungezielte Verbotssignale, wobei die Negation auch in einem Lexem mit negativer Bedeutung enthalten sein kann (vgl. 4.4.3):

/*ne pas marcher sur la pelouse, S.V.P (= s'il vous plaît)*/   'bitte den Rasen nicht
betreten! (oder unhöflich: 'Betreten des Rasens verboten!)'
/*(prière de) ne pas toucher la marchandise*/   '(bitte) die Ware nicht berühren!'
/*ne pas se pencher au dehors*/   'nicht hinauslehnen!' (Eisenbahn)
/*alarme – ne tirer la poignée qu'en cas de danger*/   'Notbremse – Griff nur bei
Gefahr ziehen!' (Eisenbahn)
/*défense d'afficher*/   'Plakate ankleben verboten!'
/*s'abstenir de sonner*/   '(bitte) nicht läuten'

Die gebundenen Negations-Morpheme können schwerpunktmäßig nach vier
Bedeutungsbereichen unterschieden werden:

– Schlichte Negation (9.2.2.2.1)
– Null-Negation (9.2.2.2.2)
– Adverb-Negation (9.2.2.2.3)
– Junktor-Negation (9.2.2.2.4)

Die Negations-Morpheme können überdies abgeschwächt (9.2.2.2.5) oder eingeschränkt werden (9.2.2.2.6).

9.2.2.2.1   Schlichte Negation *(ne ... pas)*

Die schlichte Negation wird mit dem Negations-Morphem *ne ... pas* 'nicht' ausgedrückt, das verbgebunden ist und als diskontinuierliches Morphem das finite
Verb einrahmt. Eine veraltete Nebenform ist *ne ... point* 'nicht'. Sie ist um eine
Nuance nachdrücklicher, wird jedoch nur regional und insgesamt sehr selten
gebraucht. Man findet sie hauptsächlich in älteren Texten. Als verstärkende
Varianten von *ne ... pas* können die Negations-Morpheme *ne ... nullement*
'keineswegs' und *ne ... aucunement* 'keinesfalls' sowie die erweiterte Form *ne ...
absolument pas* 'ganz und gar nicht, absolut nicht' angesehen werden.
   Die Negation mit *ne ... pas,* in der mündlichen Umgangssprache oft einfach
nur *pas,* ist unter allen Formen der Negation bei weitem die häufigste. Ihr Geltungsbereich («Skopus») erstreckt sich grundsätzlich auf das Verb und den Kontext seiner sämtlichen Determinanten, gegebenenfalls auch auf Sekundär-Deter-
minanten dieser Determinanten. Die Negation besagt: gegen den ganzen Informationsfluß im Determinationsbereich des Verbs soll Einspruch erhoben werden. Im Maße aber, wie die Erwartung des Gesprächspartners eine bestimmte

Richtung hatte, bezieht sich die Negation im besonderen Sinne auf diese Erwartung. Die schlichte Negation paßt sich also jeweils dem Informationsprofil des Textes an. Sie vernachlässigt dabei die bekannte Information («Thema») und konzentriert sich auf die neue Information («Rhema»). Das zeigt sich am deutlichsten in der direkten Textanalyse (vgl. 9.2.2.3).

Wird im Determinationsbereich eines Verbs (der auch durch eine umgebende Situation vertreten werden kann), das Objekt negiert, so verändert die Negation *ne .... pas* die Form des kataphorischen, nicht jedoch des anaphorischen Artikels (vgl. 5.1.2), wie die folgende Matrix zeigt:

	AFFIRMATION	NEGATION
ANAPHORISCHER ARTIKEL	*j'ai la grippe* 'ich habe die Grippe'	*je n'ai pas la grippe* 'ich habe nicht die Grippe'
KATAPHORISCHER ARTIKEL	*il y a un remède* 'es gibt ein Mittel'	*il n'y a pas de remède* 'es gibt kein Mittel'

Die Form *pas de* 'kein/keine' repräsentiert alle negierten Formen des kataphorischen Artikels, unabhängig von seiner Numerus-Struktur (vgl. 5.1.1). Vergleiche:

SINGULAR	PLURAL	NUMERUS-NEUTRAL
/je n'ai pas de collection/ 'ich habe keine Sammlung'	*/je n'ai pas de tableaux/* 'ich habe keine Bilder'	*/je n'ai pas de goût/* 'ich habe keinen Geschmack'

Soll die Aufmerksamkeit jedoch mit besonderem Nachdruck auf die Nachinformation gelenkt werden, etwa weil sie eine Korrektur enthält, so wird in bestimmten Fällen auch in der Negation der kataphorische Artikel (*un/une/des*, neutralisiert: *du/de la*) beibehalten, zum Beispiel:

/il ne boit pas du champagne, mais de l'eau minérale/ 'er trinkt keinen Champagner, sondern Mineralwasser'

Regelmäßig beibehalten wird der kataphorische Artikel nach dem negierten Prädikations-Verb *être* und verwandten Verben (vgl. 3.4.2.1):

/il n'est pas un ivrogne/ 'er ist kein Trunkenbold'
/nous ne sommes pas des anges/ 'wir sind keine Engel'

Der Numeral-Artikel *un/une* (vgl. 5.2.3.1.1) bleibt ebenfalls in der Negation unverändert:

/ dans ce village il n'y a pas un seul cinéma / 'in diesem Dorf gibt es kein einziges Kino'

In gepflegtem Stil findet man gelegentlich eine doppelte Negation mit affirmativer Bedeutung, und zwar bei komplexen Verben, die dann bei jedem ihrer verbalen Elemente eine Negation erhalten:

/ on ne peut pas ne pas remarquer que ... / 'man kann nicht umhin zu bemerken, daß ...'

Man beachte, daß die zweite Negation unter diesen Bedingungen nicht als diskontinuierliche Form gebraucht wird.

9.2.2.2.2 Null-Negation

Mit der Null-Negation bezeichnet man eine leere Menge. Damit werden gleichzeitig alle Oppositionen neutralisiert, die bei einer nicht-leeren Menge durch Numeral-Artikel (vgl. 5.2.3) oder Indefinit-Artikel (vgl. 5.2.4) angezeigt werden. Die leere Menge wird durch den Singular (definiert als Menge von Elementen – vgl. 2.2.1) in Verbindung mit bestimmten Negations-Morphemen ausgedrückt. Dabei ist die Unterscheidung von Personen und Sachen relevant (vgl. 3.3).

1 Leere Menge: Personen

Wenn es um Personen geht, wird die leere Menge durch den Singular in Verbindung mit einem Negations-Morphem bezeichnet, das sich aus dem Vorsignal *ne* und dem invarianten Morphem *personne* mit der Bedeutung 'niemand' zusammensetzt, und zwar je nach den Handlungsrollen in der folgenden Weise:

HANDLUNGSROLLEN	NUMERUS-NEGATION
SUBJEKT	*personne ne* (vor dem Verb)
OBJEKT	*ne ... personne* (das Verb einrahmend)
PARTNER	*ne ... à personne* (das Verb einrahmend)

715

Die Kongruenz des leeren Subjekts mit dem Verb wird im Singular und Maskulin gebildet:

/*personne n'est venu*/   'niemand ist gekommen'

Setzt sich das Verb selber aus mehreren Elementen zusammen, so steht das Negations-Element *personne* ganz am Ende des komplexen Verbs. In Verbindung mit dem Junktor *sans (que)* 'ohne, ohne zu, ohne daß' sowie in einigen lexikalisierten Ausdrücken steht *personne* ohne *ne*. Gleichfalls ohne *ne* steht das entsprechende freie Negations-Morphem:

/*je ne me suis intéressé à personne*/   'ich habe mich für niemand(-en) interessiert'
/*personne ne peut être mécontent de toi*/   'niemand kann mit dir unzufrieden sein'
/*je me débrouille sans que personne (ne) me vienne en aide*/   'ich schlage mich durch, ohne daß mir jemand zu Hilfe kommt'

Wenn *personne* 'niemand' ohne das Vorsignal *ne* steht, so ist es dennoch von dem Nomen *la personne* 'die Person' durch das Fehlen des Artikels und durch seine maskuline Kongruenz genügend deutlich unterschieden:

/*qui veut vivre comme toi? ÷ personne*/   'wer will leben wie du? ÷ niemand'
/*tu es plus indépendant que personne*/   'du bist unabhängiger als (sonst) irgendeiner'

[2]   Leere Menge: Sachen

Eine leere Menge von Sachen wird durch den Singular in Verbindung mit einem Negations-Morphem gebildet, das die Bedeutung 'nichts' hat und sich aus *ne* und *rien* zusammensetzt. Die Form *rien* ist, ebenso wie das Negations-Morphem *personne,* unveränderlich und stellt eine Kongruenz im Maskulin und Singular her. Auch bei dieser Negation gibt die Form in Verbindung mit der Stellung zu erkennen, welche der drei Handlungsrollen hier als leer gekennzeichnet werden soll:

HANDLUNGSROLLEN	NUMERUS-NEGATION
SUBJEKT	*rien ne* (vor dem Verb)
OBJEKT	*ne ... rien* (das Verb einrahmend)
PARTNER	*ne ... à rien* (das Verb einrahmend)

Für die Negation *ne ... rien* 'nichts' gilt eine andere Stellungsregel als für die

Negation *ne ... personne*. Die Negation *ne ... rien* rahmt als Objekt (jedoch nicht als Partner!) nur das finite Element des Verbs, nicht das ganze komplexe Verb ein. Unterscheide:

FINITES VERBELEMENT IM NEGATIONSRAHMEN	KOMPLEXES VERB IM NEGATIONSRAHMEN
/*vous n'avez rien trouvé*/ 'Sie haben nichts gefunden'	/*vous n'avez cherché personne*/ 'Sie haben niemand(-en) gesucht'

In Verbindung mit dem Junktor *sans (que)* 'ohne, ohne zu, ohne daß' sowie einigen lexikalisierten Ausdrücken steht *rien* ohne *ne*. Das gleiche gilt, wenn diese Form der Negation als freies Morphem gebraucht wird. Zur Verstärkung benutzt man die Negation *(ne ...) rien du tout* 'gar nichts':

/*rien ne vous empêche d'être heureux*/   'nichts hindert Sie (daran), glücklich zu sein'
/*il n'y a rien que vous puissiez encore désirer*/   'es gibt nichts, was Sie noch wünschen könnten'
/*voulez-vous vivre sans rien faire?*/   'wollen Sie leben, ohne etwas zu tun?'
/*cela n'a rien à voir avec le bonheur*/   'das hat nichts mit dem Glück zu tun'
/*si vous ne réussissez pas à tout avoir, qu'est-ce que vous aurez alors? ÷ rien, rien du tout*/   'wenn es Ihnen nicht gelingt, alles zu haben, was haben Sie dann? ÷ nichts, gar nichts'
/*j'ai parlé pour rien*/   'ich habe umsonst geredet'

Idiomatische Ausdrücke:

rien à faire!   'nichts zu machen!'
rien ne va plus   'nichts geht mehr' (beim Roulette)
ça ne fait rien   'das macht nichts'

In einer Frage oder einem anderen Ausdruck unsicheren Vorwissens, zum Beispiel nach *si* 'wenn', hat *rien* (ohne das Vorsignal *ne!*) die positive Bedeutung 'irgend etwas':

/*y a-t-il rien de plus étrange?*/   'gibt es irgend etwas Seltsameres?'
/*a-t-on rien vu de plus têtu?*/   'hat man je etwas Dickköpfigeres gesehen?'

Antwortformel auf einen Dank:

merci (beaucoup) ÷ de rien   'danke (vielmals) ÷ bitte' (nach einer Gefälligkeit)

③   Leere Menge: neutral

Die Opposition von Person und Sache kann bei der Bezeichnung einer leeren Menge neutralisiert werden. Die neutrale Negation wird meistens aus *ne* und dem Indefinit-Artikel *aucun/aucune* 'kein/keine' (nur Singular!) gebildet. Sie steht in der Regel vor einem Nomen, aus dessen Bedeutung klar wird, ob es sich um eine Person oder um eine Sache handelt, kann aber auch als freie Form gebraucht werden. Aus der Form und Stellung der Negation geht wiederum hervor, welche der drei Handlungsrollen als leere Menge gekennzeichnet werden soll:

HANDLUNGS-ROLLE	NEUTRALE NUMERUS-NEGATION	
	PERSON	SACHE
SUBJEKT	*aucun employé ne ...* 'kein Angestellter'	*aucun travail ne ...* 'keine Arbeit'
OBJEKT	*ne ... aucun enfant* 'kein Kind'	*ne ... aucun jeu* 'kein Spiel'
PARTNER	*ne ... à aucune amie* 'keiner Freundin'	*ne ... à aucune école* 'keiner Schule'

Beispiele für den Gebrauch dieser Formen:

/*aucune bibliothèque ne peut remplacer une bonne mémoire*/   'keine Bibliothek kann ein gutes Gedächtnis ersetzen'
/*j'en connais qui sont très intelligents, mais qui n'ont aucune mémoire*/   'ich kenne welche, die sind sehr intelligent, haben aber keinerlei Gedächtnis'

Eine seltenere Variante dieser Negation ist *ne ... nul/nulle* 'kein, keine, keinerlei'. Sie wird fast nur noch in lexikalisierten Ausdrücken verwendet:

/*nul n'est censé ignorer la loi*/   'Unwissenheit schützt nicht vor Strafe' (Maxime des Rechtswesens)

Gegenüber der Ganzheit, wie sie mit Hilfe von Kode-Artikeln ausgedrückt wird (vgl. 5.2.4.3), bildet die leere Menge (Personen oder Sachen) den konträren Gegensatz. Der bloße kontradiktorische Gegensatz zu einer Ganzheit wird durch die schlichte Negation (vgl. 9.2.2.2.1) ausgedrückt, und zwar nach folgendem Muster:

/tous les hommes ne sont pas méchants/   'nicht alle Menschen sind böse'
/tout n'est pas perdu/   'nicht alles ist verloren'

Sprichwort:

tout ce qui brille n'est pas or   'es ist nicht alles Gold, was glänzt'

9.2.2.2.3   Adverb-Negationen

Die Morpheme der Adverb-Negation sind bestimmten Adverbien zugeordnet.
Sie verwerfen die Erwartungen, die ein Hörer in bezug auf Informationen durch
Adverbien oder Adverbialien gehabt haben mag. Wir können daher die Adverb-
Negationen mit Begriffen unterscheiden, die aus der Syntax des Adverbs stam-
men (vgl. Kap. 7).

[1]   Negation von Tempus-Adverbien

Tempus-Adverbien oder -Adverbialien (vgl. 7.3.3) können global durch das
gebundene Negations-Morphem *ne ... jamais* 'nie(-mals)' negiert werden. Die
freie Form lautet *jamais,* verstärkt: *jamais de la vie* 'nie im Leben'. Für die
Frequenz-Adverbien (vgl. 7.3.5) gibt es eine eigene Negation in der Form *ne ...
aucune fois* 'keinmal'. In den meisten Fällen wird aber die Funktion dieser Negation von der Negation *ne ... jamais* mitübernommen:

/je n'ai jamais pensé à un accident/   'ich habe nie an einen Unfall gedacht'
/sauvons-nous, maintenant ou jamais!/   'retten wir uns, jetzt oder nie!'
/est-ce que tu as déjà eu peur? ÷ non, jamais (de la vie)/   'hast du schon einmal
   Angst gehabt? ÷ nein, nie (im Leben)'

Ohne das Vorsignal *ne,* insbesondere nach der Konjunktion *si* 'wenn' (vgl.
8.4.1), ist die Form *jamais* kein Negations-Morphem, sondern hat die Bedeutung
'je, irgend', durch die eine Hypothese in ihrer Wahrscheinlichkeit eingeschränkt
wird:

/si jamais tu ne trouves pas la route, appelle-moi/   'solltest du (je) die Straße nicht
   finden, so ruf mich an!'

⟨2⟩ Negation von Positions-Adverbien

Die Positions-Adverbien oder -Adverbialien (vgl. 7.3.2) können global durch das gebundene Negations-Morphem *ne ... nulle part* 'nirgends, nirgendwohin' negiert werden. Für die Herbewegung sagt man *ne ... de nulle part* '(von) nirgendwoher'. Die freie Form lautet *(de) nulle part*:

/ *je ne peux me reposer nulle part* / 'ich kann mich nirgends ausruhen'
/ *cette année, pendant les vacances, je ne vais nulle part* / 'dieses Jahr fahre ich in den Ferien nirgendwohin'
/ *il faut que je termine mon travail, ici et nulle part ailleurs* / 'ich muß meine Arbeit beendigen, hier und sonst nirgends'

Beachte bei dem ersten dieser drei Beispiele, daß die Negation das komplexe Verb *peux ... reposer* 'kann ausruhen' zur Gänze einrahmt.

⟨3⟩ Negation von Sequenz-Adverbien

Unter den Sequenz-Adverbien (vgl. 7.3.6) sind es besonders die Adverbien *encore* 'noch' und *déjà* 'schon', die durch eigene Negations-Morpheme negiert werden können. Die Adverbien *encore* und *déjà* sind nämlich in besonderer Weise erwartungsbezogen (vgl. 7.3.6.2). Das Adverb *encore* hat die explizite Bedeutung 'später als erwartet' (Korrektur einer Minus-Erwartung), das Adverb *déjà* die explizite Bedeutung 'früher als erwartet' (Korrektur einer Plus-Erwartung). Diese besonderen Erwartungskorrekturen sind nun ihrerseits bisweilen falsch und können durch einen Einspruch für ungültig erklärt werden. Dazu dienen eigene Negations-Morpheme, die den Adverbien *encore* und *déjà* wie folgt entsprechen:

AFFIRMATION	NEGATION
encore 'noch'	*ne ... plus* 'nicht mehr'
déjà 'schon'	*ne ... pas encore* 'noch nicht'

Beispiele für den Gebrauch dieser Adverbien:

/ *heureusement que tu as encore de l'argent, parce que moi je n'en ai plus* / 'gut, daß du noch Geld hast, denn ich habe keines mehr'
/ *et comment t'expliques-tu que tu as déjà tout dépensé, tandis que moi je n'en ai*

même pas encore dépensé la moitié? /   'und wie erklärst du dir, daß du schon alles ausgegeben hast, während ich noch nicht einmal die Hälfte ausgegeben habe?'

Diese Negationen sind mit anderen Negationen kombinierbar, und zwar nach folgendem Muster:

ne ... jamais 'nie' + *ne ... plus* 'nicht mehr' > *ne ... plus jamais* 'nie mehr'
ne ... rien 'nichts' + *ne ... pas encore* 'noch nicht' > *ne ... encore rien-* 'noch nichts'
ne ... pas 'nicht' + *ne ... plus* 'nicht mehr' > *ne ... pas non plus* 'auch nicht'
ne ... rien 'nichts' + *ne ... plus* 'nicht mehr' > *ne ... rien non plus* 'auch nichts'
(...)

/ *tout ce que je sais c'est que je n'ai plus rien* /   'ich weiß nur eines: ich habe nichts mehr'
/ *vraiment plus rien du tout?* /   'wirklich überhaupt nichts mehr?'

Idiomatischer Ausdruck:

n'en parlons plus   'sprechen wir nicht weiter davon (oder: basta)!'

Da in der mündlichen Umgangssprache auch bei dem Negations-Morphem *ne ... plus* oft das Element *ne* weggelassen wird, kann es unter unklaren Kontextbedingungen leicht zu einer Verwechslung mit dem Vergleichs-Adverb *plus* 'mehr' kommen (vgl. 7.3.4.2.1). Manche Sprecher weichen dieser Verwechslungsgefahr durch eine lautliche Differenzierung der beiden Formen aus. Sie sprechen umgangssprachlich das Negations-Morphem *(ne ...) plus* [p(l)y] aus, das Vergleichs-Adverb *plus* hingegen [plys], besonders in der Endstellung. Unterscheide:

NEGATIONS-MORPHEM	VERGLEICHS-ADVERB
/ *on a plus de vin* [õnaplydvɛ̃] / 'wir haben keinen Wein mehr'	/ *il faut en acheter plus* [ilfo(t)ãnaʃteplys] / 'wir müssen mehr (davon) kaufen'

Zuverlässiger wird die Verwechslungsgefahr jedoch dadurch beseitigt, daß man statt des Vergleichs-Adverbs *plus* 'mehr' das synonyme Adverb *davantage* 'mehr' wählt.

Das Adverb *toujours* kann als Tempus-Adverb mit der Bedeutung 'immer' und als Sequenz-Adverb mit der Bedeutung 'immer noch' gebraucht werden. Je nach dieser verschiedenen Bedeutung wird dieses Adverb auch verschieden negiert. Unterscheide:

	AFFIRMATION	NEGATION
TEMPUS-ADVERB	*c'est un homme qui travaille toujours* 'das ist ein Mann, der immer arbeitet'	*c'est un homme qui ne travaille pas toujours* 'das ist ein Mann, der nicht immer arbeitet'
SEQUENZ-ADVERB	*regarde-le qui travaille toujours* 'schau (dir) den an: der arbeitet immer noch!'	*regarde-le qui ne travaille toujours pas* 'schau (dir) den an: der arbeitet immer noch nicht!'

In der Negation tritt hier ein Bedeutungsunterschied zutage, der in der Affirmation latent ist und sich nur aus dem Kontext ergibt.

9.2.2.2.4 Junktor-Negationen

Der Geltungsbereich («Skopus») einer verbgebundenen Negation ist grundsätzlich der Determinationsbereich eines Verbs (vgl. 9.2.2.2.1). Er endet folglich an der Grenze zum Determinationsbereich des nächsten Verbs, der wiederum der Geltungsbereich einer anderen Negation sein kann. Verben aber können miteinander verbunden sein. Das geschieht über Junktoren (vgl. Kap. 8). Je nach dem Charakter eines verbverbindenden Junktors wird dadurch der Geltungsbereich einer Negation in unterschiedlicher Weise ausgedehnt.

1 Alljunktoren

Alljunktoren haben wir solche Junktoren genannt, die beliebige Sprachzeichen gleicher Sprachzeichenklassen verbinden können (vgl. 8.2), also auch Verben. Solche Alljunktoren können nun gleichzeitig Negationen sein. Wir nennen sie Negativ-Junktoren. Der wichtigste Negativ-Junktor ist *ni ... ni* 'weder ... noch' (vgl. 8.2.5). Sofern finite Verben an diesen negativen Junktionen beteiligt sind, werden sie durch das Vorsignal *ne* gekennzeichnet *(ne ... ni, ne ... ni ... ni, ne ... ni ne),* wie die folgenden Beispiele zeigen:

/ *ni ici ni ailleurs* / 'weder hier noch woanders'
/ *elle ne mange ni ne boit* / 'weder ißt sie noch trinkt sie'
/ *elle ne veut ni lire ni écrire* / 'sie will weder lesen noch schreiben'
/ *elle ne veut voir ni son père ni sa mère* / 'sie will weder ihren Vater noch ihre
  Mutter sehen'
/ *le docteur ne peut pas l'aider, ni moi non plus* / 'der Arzt kann ihr nicht helfen,
  und ich auch nicht'

Die Umgangssprache verzichtet manchmal auf diesen Negativ-Junktor und
behilft sich mit dem Negativ-Junktor *et . . . ne . . . pas* 'und nicht' oder *et . . . (ne . . .
pas) . . . non plus* 'und auch nicht':

/ *elle ne mange pas et (elle) ne boit pas: je n'y comprends rien* / 'sie ißt nicht, und
  sie trinkt nicht: ich verstehe das alles nicht'

2 Die Konjunktion *que*

Die Konjunktionen (vgl. 8.4) und desgleichen die Verbal-Präpositionen beeinflussen den Geltungsbereich der Negation im Prinzip nicht. Sie verbinden zwei
finite Verben miteinander, von denen jedes sowohl bejaht als auch verneint sein
kann. Es sind also vier verschiedene Kombinationen der Assertions-Morpheme
möglich.

Affirmation + Affirmation:
/ *il apprend à tricoter parce que sa femme aime tricoter* / 'er lernt stricken, weil
  seine Frau gerne strickt'

Affirmation + Negation:
/ *il apprend à tricoter parce que sa femme n'aime pas tricoter* / 'er lernt stricken,
  weil seine Frau nicht gerne strickt'

Negation + Affirmation:
/ *il n'apprend pas à tricoter parce que sa femme aime tricoter* / 'er lernt nicht
  stricken, weil seine Frau gerne strickt'

Negation + Negation:
/ *il n'apprend pas à tricoter parce que sa femme n'aime pas tricoter* / 'er lernt nicht
  stricken, weil seine Frau nicht gerne strickt'

Die Konjunktion *que* bildet eine Ausnahme von dieser Regel. Sie ist eine inhalt-
ankündigende Konjunktion (vgl. 8.4.11). Wir finden sie gewöhnlich nach Verben

der Mitteilung, der Erfahrung oder der Einschätzung einer Situation. Diese bezeichnen die formale Basis der Junktion, deren Inhalt dann mit der Konjunktion *que* im Adjunkt angeschlossen wird. Ist nun das Verb der Basis negiert, so erstreckt sich der Geltungsbereich dieser Negation auch auf den Inhalt, der im Adjunkt mitgeteilt wird. Die Inhalts-Konjunktion *que* dehnt also den Geltungsbereich der Negation von der Basis auf das Adjunkt aus. Es ist dann nicht nötig, daß das Adjunkt noch einmal durch ein eigenes Morphem negiert wird. Die Abhängigkeit des Adjunkt-Verbs als eines bloßen Inhalts-Verbs von dem negativen Form-Verb der Basis wird unter bestimmten Bedingungen (vgl. 4.5.3) oft auch dadurch kenntlich gemacht, daß das Verb des Adjunkts im Konjunktiv steht. Das ist ein zusätzliches Signal für den Hörer, den mitgeteilten Inhalt negativ beeinflußt zu verstehen.

/ *je ne pense pas que vous avez (*oder: *ayez) bien médité votre décision* / 'ich meine nicht, daß Sie Ihre Entscheidung wohl (richtig) bedacht haben'
/ *personne ne veut admettre que c'est* (oder: *que ce soit) là votre dernier mot* / 'niemand will zugeben, daß dies Ihr letztes Wort ist (sein könnte)'
/ *je ne crois pas que vous soyez vous-même votre meilleur avocat* / 'ich glaube nicht, daß Sie selber Ihr bester Anwalt sind'

Wenn jedoch außer dem Verb der Basis auch das Verb des Adjunkts negiert ist, so entsteht in der durch die Inhalts-Konjunktion *que* gestifteten Abhängigkeit der beiden Verben eine «doppelte Negation», die als Affirmation gewertet wird:

/ *je ne suis pas sûr qu'ils ne se connaissent pas* / 'ich bin nicht sicher, daß sie sich nicht kennen' (= sie kennen sich wohl)

Eine Weitergeltung der Negation für den Bereich des Adjunkts ist auch dann zu verzeichnen, wenn die Inhalts-Konjunktion *que* durch die Verbal-Präposition *de* mit der Bedeutung 'Zuordnung' (vgl. 8.3.2.1.6) vertreten oder wenn ein Infinitiv unmittelbar an ein quasi-modales Verb angeschlossen wird (vgl. 4.6.3.2):

/ *je n'ai pas envie de gaspiller mon temps avec vous* / 'ich habe keine Lust, mit Ihnen meine Zeit zu vergeuden'
/ *je ne souhaite pas (de) vous revoir* / 'ich wünsche nicht, Sie wiederzusehen'

3 Relativ-Junktoren

Auch die Relativ-Junktoren (vgl. 8.5) können den Geltungsbereich einer Negation von der Basis auf das Adjunkt ausdehnen, so daß eine eigene Negation des

Adjunkts unnötig ist. Wird dennoch das Verb des Adjunkts eigens negiert, so entsteht eine «doppelte Negation» mit affirmativer Bedeutung:

/*je ne connais pas les idées qui te passent par la tête*/   'die Gedanken, die dir durch den Kopf gehen, kenne ich nicht'
/*je ne sais jamais ce que tu penses réellement*/   'ich weiß nie, was du wirklich denkst'
/*je ne veux pas d'un ami qui ne soit pas sincère*/   'mit einem Freund, der nicht aufrichtig ist, kann ich nichts anfangen' (= nur mit einem Freund, der aufrichtig ist, kann ich etwas anfangen)

9.2.2.2.5   Die zarte Negation mit *ne*

Wir haben gesehen, daß die Negation als verbgebundene Form in fast allen Fällen durch ein diskontinuierliches Morphem ausgedrückt wird, das aus einem Vorsignal *ne* und einem Hauptsignal (zum Beispiel: *pas* oder *rien*) besteht. Die mündliche Umgangssprache läßt das Vorsignal *ne* nicht selten weg (vgl. 9.2.2.2).
Für den sehr gepflegten Stil, hauptsächlich bei schriftlichem Sprachgebrauch, ist es hingegen unter bestimmten Bedingungen charakteristisch, eine Negation nur auf der «halben Negation» *ne* beruhen zu lassen. Diese Möglichkeit ist aber nur im Kontext einiger Verben, zumal Modalverben, gegeben und verleiht dem Text oft eine Nuance der Zartheit, bisweilen auch der zeremoniellen Höflichkeit. Vielfach sind Ausdrücke mit der Negations-Partikel *ne* auch lexikalisch verfestigt und haben dann allerdings eine weitere Verbreitung. Die folgende Übersicht schöpft diese Möglichkeiten annähernd aus:

1   Höfliche Rede

/*malheureusement je ne puis vous promettre que* ...*/   'ich vermag Ihnen leider nicht zu versprechen, daß ...'
/*je ne saurais vous dire exactement cc que* ...*/   'ich wüßte Ihnen nicht genau zu sagen, was ...'
/*je n'ose prétendre que* ...*/   'ich wage nicht (eigentlich) zu behaupten, daß ...'
/*si je ne me trompe* ...*/   'wenn ich mich nicht irre (täusche)'
/*il ne cesse de se plaindre*/   'er hört nicht auf, sich zu beklagen'

Man beachte die unterschiedlich gebrauchte Negation in Verbindung mit den unterschiedlich gebrauchten Formen des Modalverbs *pouvoir* 'können':

NEUTRALER STIL

/*je ne peux pas vous garantir le délai
de livraison*/ 'ich kann Ihnen die
Lieferzeit nicht garantieren'

HÖFLICHER STIL

/*je ne puis* (oder: *je ne saurais) vous
garantir le délai de livraison*/ 'ich
bin (leider) nicht in der Lage, Ihnen
die Lieferzeit zu garantieren'

2   Feste Redewendungen

/*il y a longtemps que je ne vous ai vu*/ 'ich habe Sie lange nicht gesehen'
/*qui ne serait étonné que...*/ 'wer wäre nicht (darüber) erstaunt, daß...!'
/*prenez garde qu'on ne vous voie*/ 'passen Sie auf, daß man Sie nicht sieht!'
/*n'importe comment (où; quand)*/ 'ganz gleich wie (wo; wann)'
/*n'empêche*/ 'immerhin; das ist kein Grund!'
(...)

Von der Form *ne* als Negations-Morphem muß die Form *ne* als Quasi-Konjunktiv
(«*ne* explétif») unterschieden werden, die keine negative Bedeutung hat (vgl.
4.5.1.3).

9.2.2.2.6   Eingeschränkte Negation *(ne ... que)*

Die Opposition zwischen Affirmation und Negation kann auf vielfältige Weise
nuanciert werden. Eine Negation kann durch verstärkende Nuancen schroffer
und durch abschwächende Nuancen milder gemacht werden (vgl. 9.2.1.1 und
9.2.2.1). Sie kann auch in ihrem Geltungsbereich eingeschränkt werden. Das
geschieht durch das Morphem *ne ... que* 'nur', das eine eingeschränkte Negation
bezeichnet. Es handelt sich wieder um ein diskontinuierliches Morphem, welches
das Verb einrahmt. Besteht dieses Verb aus mehreren Elementen, so wird das
gesamte komplexe Verb eingerahmt. In der gesprochenen Umgangssprache wird
das Vorsignal *ne* ebenso wie bei den anderen gebundenen Negations-Morphemen nicht selten weggelassen.

Die eingeschränkte Negation kommt dadurch zustande, daß der durch *ne*
gesetzte Negationsrahmen durch *que* eingeschränkt wird. Es soll derjenige Verb-
determinant, der auf *que* folgt, aus der Negation ausgenommen sein. Die Bedeutung dieser Negation beschreiben wir mit den beiden semantischen Merkmalen
⟨EINSPRUCH⟩ und ⟨AUSSCHLUSS⟩:

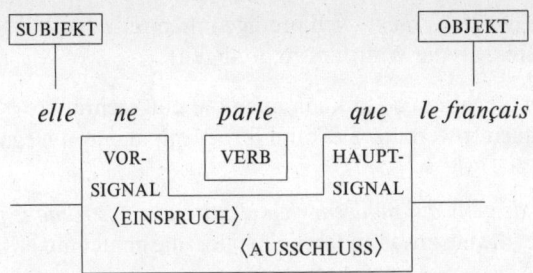

In diesem Beispiel mit der Bedeutung 'sie spricht nur französisch' ist das Objekt *le français* '(wörtlich:) das Französische', da es unmittelbar auf das einschränkende Element *que* folgt, aus der Negation ausgenommen.

Die Einschränkung der Negation durch *ne ... que* kann sich auf verschiedenartige Verbdeterminanten erstrecken:

Negation mit ausgenommenem Objekt:
/ *je ne cherche que la vérité* /   'ich suche nur die Wahrheit'

Negation mit ausgenommenem Partner:
/ *je ne m'intéresse qu'à la vérité* /   'ich interessiere mich nur für die Wahrheit'

Negation mit ausgenommenem Adverb:
/ *je ne cherche la vérité qu'ici* /   'ich suche die Wahrheit nur hier'

Negation mit ausgenommenem Adjunkt:
/ *je n'accepte la vérité que de votre bouche* /   'ich nehme die Wahrheit nur aus Ihrem Mund an'

Will man hingegen das Subjekt aus der Negation ausnehmen, so muß man es zunächst durch einen Horizont-Ausdruck (meistens: *il y a*) mit nachfolgendem Relativ-Junktor kennzeichnen. Die daran anschließende Fokusbildung kommt dann durch eine Einschränkung des «weiten» Horizontes zustande (vgl. 3.3.3.2):

/ *il n'y a que moi qui suis* (oder: *suis*) *un partisan de la vérité* /   'nur i c h bin ein Anhänger der Wahrheit'

Und soll das Verb selber aus der Negation ausgenommen werden, so ersetzt man es als finites Verb im Negationsrahmen durch ein Pro-Verb («verbum vicarium»), das heißt, durch ein Verb mit extrem weiter Bedeutung, insbesondere durch das Pro-Verb *faire* 'tun' (vgl. 9.3.3), und läßt dann erst im unmittelbaren Anschluß an *que* das Verb selber als Infinitivform folgen:

727

/*je ne fais que prêcher la vérité*/ 'ich predige immer nur die Wahrheit (oder: ich tue nichts anderes, als die Wahrheit zu predigen)'

Wie alle anderen Negationen, so kann auch die eingeschränkte Negation *ne ... que* vielfältig nuanciert werden. Sie kann ferner mit anderen Negationen kombiniert werden:

/*il y a beaucoup de gens qui ne lisent rien d'autre que des romans policiers*/ 'es gibt viele Leute, die nie etwas anderes als (oder: die immer nur) Kriminalromane lesen'

/*en classe, le plus souvent, on ne lit que les classiques*/ 'im Unterricht liest man meistens nur die Klassiker'

/*il n'est peut-être qu'un seul livre dont la lecture soit absolument indispensable: la Bible*/ 'es gibt vielleicht nur ein einziges Buch, das zu lesen absolut unerläßlich ist: die Bibel'

Auch Zeitangaben können mit der eingeschränkten Negation *ne ... que* verbunden werden. Sie hat dann die Bedeutung 'erst':

/*je ne vais pas encore me lever, il n'est que six heures*/ 'ich stehe noch nicht auf, es ist erst 6 Uhr'

Anstelle der eingeschränkten Negation *ne ... que* kann man mit der gleichen Bedeutung 'nur, erst' auch das Adjektiv *seul/seule* oder das Adverb *seulement* gebrauchen, insbesondere, wenn kein Verb da ist, das durch *ne ... que* eingerahmt werden kann (vgl. 6.3.4.3). Wenn ein Verb da ist, wird die Einschränkung mit *ne ... que* vorgezogen. Eine ausgesprochene Negation kann ferner nachträglich durch Präpositionen des Ausschlusses (zum Beispiel: *excepté* 'außer', *sauf* 'außer' und *si ce n'est* 'ausgenommen') eingeschränkt werden (vgl. 8.3.3.2.2).

9.2.2.3 Negationen im Text

Während in den meisten Texten die Mehrzahl der Äußerungen affirmativ und nur eine Minderzahl negativ ist (man kann im Durchschnitt der Textgattungen ein Verhältnis von 5:1 annehmen), ist der nachfolgende Text durch eine verhältnismäßig hohe Zahl von Negationen ausgezeichnet. Das hängt mit dem Thema zusammen. Es handelt sich um einen monologischen Sketch von Jean Cocteau, bei dem ein chronischer Lügner sich an das Publikum wendet. Der Lügner spielt mit den Erwartungen des Publikums, das zunächst auch im Theater Wahrheiten erwartet und nun einem Lügner begegnet, sodann aber von diesem Lügner Lügen erwartet, aber Wahrheiten erfährt. Diese ständigen Durchkreuzungen der

Publikums-Erwartungen bringen jene besagte hohe Frequenz der Negationen mit sich. Hier nun das (an zwei Stellen gekürzte) Textstück, mit dem Cocteaus Stück *Le Menteur* beginnt (die Negationen sind im Text durchnumeriert und werden im Anschluß kommentiert):

Je voudrais dire la vérité. J'aime la vérité. Mais elle ne m'aime pas (1). Voilà la vérité vraie: la vérité ne m'aime pas (2). Dès que je la dis, elle change de figure et se retourne contre moi. J'ai l'air de mentir et tout le monde me regarde de travers. Et pourtant, je suis simple et je n'aime pas le mensonge (3). Je le jure. (...) Je veux répondre la vérité. La vérité me démange. Mais alors, je ne sais pas ce qui se passe (4). Je suis pris d'angoisse, de crainte, de la peur d'être ridicule et je mens. Je mens. C'est fait. Il est trop tard pour revenir là-dessus. Et une fois un pied dans le mensonge, il faut que le reste passe. Et ce n'est pas commode (5), je vous le jure. C'est si facile de dire la vérité. C'est un luxe de paresseux. On est sûr de ne pas se tromper après (6) et de ne plus avoir d'embêtements (7). On a les embêtements sur place, vite, à la minute, et ensuite les choses s'arrangent. Tandis que moi! Le diable s'en mêle. Le mensonge n'est pas une pente à pic (8). Ce sont des montagnes russes qui vous emportent et qui vous coupent le souffle, qui vous arrêtent le cœur et vous le nouent dans la gorge. Si j'aime, je dis que je n'aime pas (9) et si je n'aime pas (10) je dis que j'aime. Et vous devinez les suites. Autant se tirer un coup de revolver et en finir. Non! (11) J'ai beau me sermonner, me mettre devant l'armoire à glace, me répéter: tu ne mentiras plus (12). Tu ne mentiras plus (13). Je mens. Je mens. Je mens. (...) Je ne suis pas méchant (14). Je suis même bon. Mais il suffit qu'on me traite de menteur pour que la haine m'étouffe. Et ils ont raison. Je sais qu'ils ont raison, que je mérite les insultes. Mais voilà. Je ne voulais pas mentir (15) et je ne peux pas supporter (16) qu'on ne comprenne pas (17) que je mens malgré moi et que le diable me pousse. Oh! je changerai. J'ai déjà changé. Je ne mentirai plus (18). Je trouverai un système pour ne plus mentir (19), pour ne plus vivre dans le désordre épouvantable du mensonge (20). On dirait une chambre pas faite (21), des fils de fer barbelés la nuit, des couloirs et des couloirs du rêve. Je guérirai.

J'en sortirai. Et, du reste, je vous en donne la preuve. Ici, en public, je m'accuse de mes crimes et j'étale mon vice. Et n'allez pas croire (22) que j'aime étaler mon vice et que c'est encore le comble du vice que ma franchise. Non, non (23). J'ai honte. Je déteste mes mensonges et j'irais au bout du monde pour ne pas être obligé (24) de faire ma confession. Et vous, dites-vous la vérité?*

---

* Ich möchte die Wahrheit sagen. Ich liebe die Wahrheit. Aber sie liebt mich nicht. Das ist die reine Wahrheit: die Wahrheit liebt mich nicht. Sobald ich sie sage, verändert sie ihr Gesicht und wendet sich gegen mich. Ich sehe wie ein Lügner aus, und alle Leute schauen mich scheel an. Und dabei bin ich doch ganz einfach und mag das Lügen nicht. Ich schwöre es. (...) Ich will wahrheitsgemäß antworten. Die Wahrheit juckt mich. Aber dann weiß ich nicht, was geschieht. Mich packen Beklemmung, Furcht und die Angst, mich lächerlich zu machen, und ich lüge. Ich lüge. Da haben wir's. Es ist nichts mehr daran zu ändern. Und hat man erst einmal einen Fuß in der Lüge, so muß man ganz durch. Und das ist nicht gemütlich, schwöre ich Ihnen. Es ist so leicht, die Wahrheit zu sagen. Das können sich sogar Faulpelze leisten. Man ist sicher, daß man sich hinterher nicht vertut und keinen Ärger mehr hat. Man hat seinen Ärger auf der Stelle, schnell, momentan, aber dann kommt alles wieder ins Lot. Ich hingegen! Der Teufel steckt seine Hand ins Spiel. Die Lüge ist kein Steilhang. Sie ist eine Achterbahn, auf der man atemberaubend hinauf- und hinabrast, so daß einem das Herz stehenbleibt und man einen Knoten in der Kehle hat. Wenn ich liebe, sage ich, daß ich nicht liebe, und wenn ich nicht liebe, sage ich, daß ich liebe. Und Sie können sich vorstellen, wie es weitergeht. Man kann genauso gut einen Revolver nehmen und Schluß machen. Nein! Soviel ich mir auch vorpredige, sooft ich mich vor den Spiegelschrank setze und mir vorsage: du wirst nicht mehr lügen, du wirst nicht mehr lügen – ich lüge, ich lüge, ich lüge. (...) Ich bin nicht böse. Ich bin sogar gut. Aber man braucht mich bloß als Lügner zu behandeln, und schon ersticke ich vor Haß. Und sie haben recht. Ich weiß, daß sie recht haben und daß ich den Schimpf verdiene. Aber so ist es eben. Ich wollte nicht lügen, und ich kann es nicht ertragen, daß man etwa nicht begreift, daß ich gegen meinen Willen lüge und daß mich der Teufel reitet. Oh! ich werde mich ändern. Ich habe mich schon geändert. Ich werde nicht mehr lügen. Ich werde ein System finden, um nicht mehr zu lügen, um nicht mehr in der fürchterlichen Unordnung der Lüge zu leben. Das ist ja wie ein nicht gemachtes Zimmer, wie Stacheldraht bei Nacht, Fluchten von Fluren im Traum. Ich werde wieder gesund werden. Ich werde da herauskommen. Und dafür liefere ich Ihnen übrigens den Beweis. Hier vor aller Öffentlichkeit klage ich mich meiner Verbrechen an und breite mein Laster vor Ihnen aus. Und glauben Sie nur nicht, daß ich mein Laster gern ausbreite und daß mein Laster in meinem Freimut gipfelt. Nein, nein. Ich schäme mich. Ich hasse meine Lügen, und ich würde bis ans Ende der Welt gehen, um nicht beichten zu müssen.
Und Sie, sagen Sie denn eigentlich die Wahrheit?
(Jean Cocteau: *Le Menteur*, in: *Nouveau Théâtre de poche*, Monaco 1960, S. 111 ff.)

Grammatischer Kommentar zu den Negationen im Text:

(1) *elle ne m'aime pas* 'sie liebt mich nicht': Mit seinen ersten Worten hat der Lügner beim Publikum eine Erwartung geweckt, die man etwa als «Wahrheitsliebe» zusammenfassen kann. Nun erhebt er selber, wenigstens teilweise, Einspruch gegen diese Erwartung: in der Umkehrung der Handlungsrollen Subjekt und Objekt soll die Erwartung nicht gelten. Der Einspruch wird durch den Kontrast-Junktor *mais* 'aber' angekündigt (vgl. 8.2.4).

(2) *la vérité ne m'aime pas* 'die Wahrheit liebt mich nicht': Wiederholung der Negation mit Renominalisierung des Subjekts (vgl. 3.2.2).

(3) *je n'aime pas le mensonge* 'ich mag das Lügen nicht': Es wäre falsch zu sagen, dieser Ausdruck und der in der ersten Zeile stehende Ausdruck *j'aime la vérité* hätten die gleiche Bedeutung. Man kann zwar sagen, daß das Nomen *mensonge* 'Lüge', verglichen mit dem Nomen *vérité* 'Wahrheit', eine negative Bedeutung hat und folglich mit der Negation des Verbs zusammen eine doppelte Negation bildet, von der man wiederum sagen kann, daß sie «logisch» auf das gleiche hinausläuft wie die einfache Affirmation. Aber diese Beschreibung wäre linguistisch nicht korrekt. In der linguistischen Beschreibung ist bei der Negation eine Erwartung des Hörers in Rechnung zu stellen, gegen die Einspruch erhoben wird. An dieser Stelle des Textes hat sich nämlich inzwischen beim Publikum bereits der erste Verdacht gebildet, es könne wohl einen Lügner vor sich haben. Gegen diesen Verdacht erhebt der Lügner nun Einspruch.

(4) *je ne sais pas ce qui se passe* 'ich weiß nicht, was geschieht': Hier hat der Lügner nun gerade wieder eine neue Erwartung aufgebaut, die seine Wahrheitsliebe bekräftigt. Und sogleich, abermals angekündigt durch den Kontrast-Junktor *mais* 'aber', wird diese Erwartung auch schon durchkreuzt. Da es sich hier um eine Relativ-Junktion handelt, wird die Reichweite der Negation von dem Verb der inneren Wahrnehmung *savoir* 'wissen', das die Basis der Junktion bildet, auf das Verb des Adjunkts ausgedehnt (vgl. 9.2.2.2.4).

(5) *et ce n'est pas commode* 'und das ist nicht gemütlich': Der voraufgehende Kontext hatte erwarten lassen, das Lügen sei wohl eine bequeme Ausflucht. Dieser Erwartung, von ihm selber geweckt, setzt der Lügner sogleich wieder seinen Einspruch entgegen.

(6) *ne pas se tromper après* 'sich hinterher nicht vertun': Negation eines Infinitivs mit dem ungetrennten Negations-Morphem *ne pas*. Der verneinte Infinitiv steht in einem Referenz-Zusammenhang (Präposition *de*!) mit der affirmativen Basis *on est sûr* 'man ist sicher'. Die Erwartung, die durch diese Negation enttäuscht wird, liegt weiterhin in der angeblichen Bequemlichkeit des Lügens.

(7) *de ne plus avoir d'embêtements* 'keinen Ärger mehr haben': Parallel-Konstruktion zu (6) mit dem Unterschied, daß die Negation hier *ne plus* 'nicht mehr' lautet. Bei dieser Negation wird das Sequenz-Adverb *encore* 'noch' mitnegiert.

(8) *le mensonge n'est pas une pente à pic* 'die Lüge ist kein Steilhang': Das

Beispiel läßt seiner Form nach erkennen, daß der kataphorische Artikel des Prädikats-Nomens nach dem negierten Prädikations-Verb *être* 'sein' beibehalten wird (vgl. 9.2.2.2.1). Die zugrunde liegende Erwartung kann hier etwa in dem kurz vorher erwähnten Adverb *vite* 'schnell' lokalisiert werden; sie ist hier metaphorisch modifiziert.

(9) *je n'aime pas* 'ich liebe nicht': Der Parallelismus mit dem voraufgehenden affirmativen Ausdruck *j'aime* 'ich liebe' macht die Erwartung deutlich, gegen die hier Einspruch erhoben wird.

(10) *et si je n'aime pas* 'und wenn ich nicht liebe': Fortführung des Parallelismus und der entsprechenden Gegenerwartung.

(11) *non* 'nein': Dies ist die freie Form des schlichten Negations-Morphems. Die freie, folglich vom unmittelbaren Kontext nicht näher spezifizierte Negation läßt nicht ganz eindeutig erkennen, gegen welche Erwartung sie sich richtet. Es können die allgemeinen Folgen des Lügens sein oder auch die angedeutete Lösung, diesen Schwierigkeiten durch Selbstmord zu entkommen. Man nimmt am besten die ganze verworrene Situation als ein Geflecht von Erwartungen an, gegen die sich diese Negation richtet.

(12) *tu ne mentiras plus* 'du wirst nicht mehr lügen': Einspruch gegen die ebenso bei ihm selber wie beim Publikum inzwischen bestehende Erwartung, daß der Lügner n o c h weiterlügen wird. Gegen diese Erwartung richtet sich die Negation, der überdies eine suggestive Konnotation anhaftet.

(13) *tu ne mentiras plus* 'du wirst nicht mehr lügen': Wiederholung der Negation von (12) und damit Verstärkung der mit dieser Negation verbundenen suggestiven Konnotation.

(14) *je ne suis pas méchant* 'ich bin nicht böse': Hier nimmt der Text eine Wendung in die moralische Dimension. Davon war bisher im Text noch nicht die Rede. Aber man kann in Verbindung mit dem Lügen eine kulturelle Erwartung annehmen, die das Lügen mit der Bosheit verbindet. Gegen eine solche mehr oder weniger stereotype Erwartung richtet sich diese Negation. Eingerahmt von dem diskontinuierlichen Negations-Morphem *ne ... pas* wird das finite Verb, das als Form des Prädikations-Verbs *être* 'sein' mit dem Prädikats-Adjektiv *méchant* 'böse' ein Prädikat bildet (vgl. 3.4.1.2.2).

(15) *je ne voulais pas mentir* 'ich wollte nicht lügen': Mit der Wendung in die moralische Dimension ist die Frage der bösen Absicht angeschnitten. Wenn der Lügner vom Publikum erwartet, daß es ihn für böse hält, muß er auch von ihm erwarten, daß es ihm eine böse Absicht unterstellt. Dagegen richtet sich der Einspruch dieser Negation. Das Negations-Morphem *ne ... pas* rahmt das Modalverb *vouloir* 'wollen' ein. Dieses steht im Imperfekt; dadurch wird die (vergebliche!) gute Absicht in den Hintergrund gerückt (vgl. 4.6.3.1.3).

(16) *je ne peux pas supporter* 'ich kann (es) nicht ertragen': Das Negations-Morphem *ne ... pas* rahmt hier das Modalverb *pouvoir* 'können' ein (vgl.

4.6.3.1.1). Die Erwartung bezieht sich auf die kurz vorher eingeräumte Berechtigung der gegen ihn gerichteten Beschimpfungen. Gegen diese Erwartung wendet sich, angekündigt wiederum durch das Kontrast-Morphem *mais* 'aber', die nun in den Vordergrund gerückte Ablehnung dieser Vorwürfe.

(17) *qu'on ne comprenne pas* 'daß man etwa nicht begreift': Das Verb steht im Konjunktiv. Dieser Konjunktiv ist abhängig von der voraufgehenden Negation (16), die sich damit als Konjunktiv-Auslöser erweist (vgl. 4.5.3). Seinerseits ist dieses negierte Verb im Konjunktiv wieder Basis einer Inhalts-Junktion, in der die Negation auch für den Inhalt des nachfolgenden Adjunkts gilt (vgl. 9.2.2.2.4). Die Erwartung, die mit dieser Negation durchkreuzt wird, kann vor allem an dem Ausdruck *avoir raison* 'recht haben' festgemacht werden. Gegen diesen Verstehensversuch wendet sich die Negation als Einspruch.

(18) *je ne mentirai plus* 'ich werde nicht mehr lügen': Der Erwartungs-Horizont dieser Negation kann mit dem Versuch der Selbstsuggestion im Beispiel (13) identifiziert werden.

(19) *pour ne plus mentir* 'um nicht mehr zu lügen': Negation eines Infinitivs, verschmolzen mit der Negation des Sequenz-Adverbs *encore* 'noch', als Adjunkt einer Junktion mit der Verbal-Präposition *pour* 'um zu'. Es gilt der Erwartungs-Horizont des ganzen bisher vernommenen Textes.

(20) *pour ne plus vivre dans* ... 'um nicht mehr in ... zu leben': Parallel-Konstruktion zu (19) mit lexikalischer Erweiterung, durch die der moralische Aspekt des Lügens wieder in die Argumentation einbezogen wird.

(21) *on dirait une chambre pas faite* 'das ist ja wie ein nicht gemachtes Zimmer': Das einfache Negations-Morphem *pas* negiert hier ein Rück-Partizip, das mit dem Nomen *une chambre* 'ein Zimmer' eine Partizipial-Attribution bildet. Nur für diese Attribution gilt die Negation. Sie setzt im übrigen die Argumentation des Beispiels (19) metaphorisch fort.

(22) *et n'allez pas croire* 'und glauben Sie nur nicht': Hier wird ein Imperativ negiert (vgl. 4.4), und zwar in Verbindung mit einem Grenz-Futur (vgl. 4.3.10.1). Diese Tempus-Verbindung dient zur höflichen Abschwächung des Imperativs. Der Einspruch des Imperativs richtet sich dagegen, daß eine bestimmte Erwartung, die das ganze auffällige Verhalten des Lügners «hinterfragt», zum Verdacht erhärtet wird.

(23) *non, non* 'nein, nein': Freie Form des Negations-Morphems, wiederholt. Der Lügner erhebt noch einmal nachdrücklich Einspruch gegen einen möglichen Verdacht, für den in der Erwartung des Publikums zahlreiche Verdachtsmomente sprechen dürften.

(24) *pour ne pas être obligé* 'um nicht zu müssen': Formal gesehen handelt es sich wieder um die Negation eines Infinitivs durch das nicht-diskontinuierliche Negations-Morphem *ne pas*. Daß es sich bei dem Monolog des Lügners vor dem Theater-Publikum um eine «Beichte» handelt, war vorher schon von ihm selber

in ähnlicher Form angedeutet worden. Auch von dem möglichen Verdacht, daß ihm diese Beichte vielleicht Vergnügen bereiten könnte, war schon die Rede. Dagegen erhebt der Lügner nun aufs neue Einspruch – sicherlich zum ästhetischen Vergnügen des Publikums, das sich nun aber bald, zur weiteren Verwirrung seiner Erwartungen, mit der Frage konfrontiert sieht, ob es denn selber die Wahrheit mehr liebt als jener Lügner auf der Bühne.

9.3 Frage und Antwort

Wenn am Anfang eines Sprachspiels alle Gesprächspartner, die miteinander Informationen tauschen wollen, schon über genau den gleichen Informationsstand verfügten, hätten sie wenig Anlaß, überhaupt ein Sprachspiel zu beginnen. Erst am Ende des Gesprächs, wenn das Sprachspiel geglückt ist, haben die Gesprächspartner in bezug auf das gewählte Thema einen wenn schon nicht ausgeglichenen, so doch angeglichenen Informationsstand.

In vielen Sprachspielen sind bei diesem Informationstausch beide Gesprächspartner sowohl Gebende als auch Nehmende. Wenn aber einer der Gesprächspartner von seinem allgemeinen Wissen oder von seiner besonderen Kenntnis der Situation her einen erheblichen Informationsvorsprung hat, so muß er darauf bedacht sein, seine überlegene Information sorgfältig zu dosieren. Er darf den Hörer insbesondere nicht mit seinen Neuigkeiten überfordern. Auch sollte er berücksichtigen, welche Erwartungen der Hörer in bezug auf das anstehende Sprachspiel hat oder haben mag. Wenn der Sprecher all dem Rechnung trägt und geschickt die für diese Situation geeignete Redestrategie wählt, sind keine Störungen des Austausches zu erwarten, und am Ende des Gesprächs kommt es tatsächlich zwischen den beiden Gesprächspartnern zu einem Informationsausgleich.

Wählt der Sprecher indes eine ungeeignete Strategie, weil er vielleicht das bestehende Kompetenz- und Informationsgefälle sowie die daraus abgeleiteten Erwartungen des Hörers falsch eingeschätzt hat, so braucht das Sprachspiel dennoch nicht zu scheitern. Es gibt nämlich in der Grammatik Signale, die eigens dazu dienen, Störungen im wechselseitigen Informationsfluß des Sprachspiels zu melden und zu beseitigen. Das sind in erster Linie die Morpheme der Frage («Interrogation»), die sämtlich das semantische Merkmal ⟨FRAGE⟩ gemeinsam haben. Mit ihnen kann ein informationsunterlegener Teilnehmer des Sprachspiels einem informationsüberlegenen Teilnehmer bedeuten, daß er beim Verstehen des Textes oder bei der Einschätzung der Situation Schwierigkeiten hat und wo diese Schwierigkeiten genau liegen. Er stellt also eine Frage und fordert damit seinen Gesprächspartner auf, die Gesprächs- oder Handlungsstrategie zu ändern. In der Regel wird der Sprecher, dem ja an der Fortführung und am Erfolg des Sprachspiels gelegen sein muß, auf dieses Ansinnen eingehen. Er gibt dann auf die Frage eine Antwort.

Wir unterscheiden die Fragen nach folgenden Subklassen:

- Assertionsfragen (9.3.1)
- Rollenfragen (9.3.2)
- Handlungsfragen (9.3.3)
- Umstandsfragen (9.3.4)
- Rhetorische Fragen (9.3.5)

Im Zusammenhang mit den Formen der Frage behandeln wir auch die Ausrufe, die mit den Fragen gewisse formale und inhaltliche Ähnlichkeiten aufweisen (9.3.6). Schließlich beobachten wir die Leistung verschiedener Fragetypen zusammenfassend in einem Dialogtext (9.3.7).

9.3.1   Assertionsfragen

Etwa vier von fünf Fragen sind Assertionsfragen («Entscheidungsfragen», «Totalfragen»). Sie signalisieren dem Gesprächspartner ein Informations-Defizit des Fragenden im Bereich der Assertion (vgl. 9.2). Bei diesen Fragen wird das Merkmal ⟨FRAGE⟩ durch die Merkmale der Geltung spezifiziert. Das Paradigma der Geltung oder Assertion besteht aus den Morphemen der Affirmation und der Negation, die zueinander in binärer Opposition stehen (Merkmalpaar: ⟨ZUSPRUCH⟩ vs. ⟨EINSPRUCH⟩). Bei der Antwort kommt es also auf diese Morpheme und ihre Merkmale an. Sie können entweder als freie Formen für sich allein gegeben werden, so daß die Antwort in ihrer einfachsten Form dann *oui* 'ja' oder *non* 'nein' lautet, oder sie werden als gebundene Formen dem Verb beigestellt. Der Hörer muß dann darauf achten, ob etwa ein Negations-Morphem (zum Beispiel: *ne ... pas* 'nicht') zu verstehen gibt, daß dieses Textsegment zu verneinen ist.

Der Fragende, der in einem Sprachspiel eine Assertionsfrage stellt, muß schon ziemlich viel von dem anstehenden Sachverhalt wissen. Ohne reichliche Vorinformation kann eine Assertionsfrage gar nicht gestellt werden. Es macht dabei für die Form der Frage keinen grundsätzlichen Unterschied, ob die Vorinformation aus dem voraufgehenden Text, aus der Situation oder – im Grenzfall – aus dem Kode der Sprache stammt. Jedenfalls ist diese Vorinformation in einer einzigen, freilich sehr wichtigen Hinsicht nicht ausreichend: es ist dem Fragenden noch nicht bekannt, ob seine Feststellung zu bejahen oder zu verneinen ist. Es

geht also bei einer Assertionsfrage immer darum, ob der Fragende im Sprachspiel den bekannten Feststellungen trauen darf oder ob er sie ändern soll. Darüber entscheidet dann die Antwort, die er auf seine Frage erhält.

Die französische Sprache unterscheidet zwei Arten Assertionsfragen, die sich
durch ihr Aufmerksamkeitsprofil unterscheiden («Thema-Rhema-Struktur»):

– anaphorische Assertionsfragen (9.3.1.1)
– kataphorische Assertionsfragen (9.3.1.2)

9.3.1.1 Anaphorische Assertionsfragen (Intonationsfragen)

Die Sprachzeichen eines Textes haben an einer Intonationskontur Anteil, die
meistens mehrere Zeichen («suprasegmental») umfaßt. Die Modulationen einer
solchen Intonationskontur können Träger verschiedener und vielfältig nuancierter Konnotationen werden, die ein Sprecher damit zum Ausdruck bringen will
(zum Beispiel: Freude, Jubel, Ärger, Drohung, Angst ...). Grammatisch genutzt
sind nur zwei Intonationskonturen, die fallende Intonation und die steigende
Intonation:

Fallende Intonation (Symbol: ↘): 'die Zeichenkette ist abgeschlossen'

Steigende Intonation (Symbol: ↗): 'die Zeichenkette ist nicht abgeschlossen'

Mit letzterer Bedeutung k a n n die steigende Intonation eine Frage signalisieren.
Die Zeichenkette einer Frage ist insofern nicht abgeschlossen, als die Antwort
noch aussteht. Die steigende Intonation fordert dann den Hörer zu eben dieser
Antwort heraus. Es ist möglich, eine Frage n u r durch die Intonation auszudrük-
ken, etwa in dem folgenden Beispiel:

/*tu viens avec moi?* [tyvjɛ̃avɛkmwa↗]/ 'kommst du mit mir?'

Die in diesem Ausdruck vereinfacht durch das Symbol des steigenden Pfeils
notierte Intonation der Frage gibt dem Gesprächspartner den Wunsch nach
zusätzlicher Information darüber zu erkennen, ob die Feststellung gilt oder nicht.
Es handelt sich also um eine Assertionsfrage. Wenn daraufhin die als fehlend
signalisierte Assertion gegeben wird, etwa in Form des Affirmations-Morphems
oui 'ja', dann ist diese Antwort in der Intonation nicht auf den angehobenen
Frageton, sondern auf einen gesenkten Ton abgestimmt, wie er allgemein für das
Ende einer Zeichenkette charakteristisch ist:

/*tu viens avec moi?* ÷ *oui* [tyvjẽavɛkmwa↗÷ wi↘]/ 'kommst du mit mir? ÷ ja'

Auch wenn die Feststellung mit einer längeren Zeichenkette bestätigt wird, senkt sich an ihrem Ende gewöhnlich die Stimme.

In der mündlichen Umgangssprache ist die Intonationsfrage die bei weitem häufigste Frageform. Sie nimmt auf die Vorinformation Bezug. Deshalb nennen wir sie die anaphorische Assertionsfrage. Die Vorinformation, so signalisiert es dieser Fragetypus, ist hinsichtlich der Feststellung noch unvollständig. Wenn dann die Antwort gegeben ist, darf dieses Erwartungsproblem als erledigt gelten, und der Text kann weiterhin seinen geplanten Verlauf nehmen. Häufig hat daher die anaphorische Assertionsfrage einen beiläufigen Charakter. Der Fragende gibt mit ihr vielleicht nur sein Gesprächsinteresse zu erkennen, das allerdings von verschiedenen Gefühlen getönt sein kann, vom freundschaftlichen Einvernehmen bis zum ungläubigen Erstaunen. In der Regel erwartet der Fragende bei diesem Fragetypus jedoch eher eine bejahende als eine verneinende Antwort. Wir finden daher zur Einleitung einer anaphorischen Assertionsfrage vielfach Morpheme, die den Gesprächspartner im Sinn einer affirmativen Antwort beeinflussen, beispielsweise Kontakt-Morpheme (*eh bien, enfin* ... – vgl. 9.1.3.1), Junktoren der Reihung und Abfolge (*et, donc* ... – vgl. 9.1.3.2) und affirmative Assertions-Adverbien (*vraiment, naturellement* ... – vgl. 7.3.1):

/*vous êtes donc bien arrivé ici?* ÷ *ah oui, heureusement*/ 'Sie sind also gut hier angekommen? ÷ oh ja, Gott sei Dank'
/*vous avez fait (un) bon voyage?* ÷ *oui, oui, merci*/ 'haben Sie eine gute Reise gehabt? ÷ ja, ja, danke'
/*enfin vous ne vous êtes pas trop ennuyé?* ÷ *non, ça va*/ 'so haben Sie sich also nicht zu sehr gelangweilt? ÷ nein, es geht'
/*et toute la famille va bien, j'espère?* ÷ *ah, oui, toujours, merci*/ 'und der ganzen Familie geht's hoffentlich gut? ÷ oh ja, immer, danke'

Wenn sich die Frage auf ein Nomen der Vorinformation bezieht, so wird dieses Nomen in der anaphorischen Assertionsfrage gewöhnlich nicht aufs neue genannt, sondern durch ein Pronomen vertreten. Soll dieses Nomen jedoch in der Frage noch einmal ausdrücklich genannt und somit verdeutlicht werden, so steht das Nomen entweder am Anfang oder am Ende der Frage, und zwar zusätzlich zum Pronomen. Das Nomen erhält zudem den anaphorischen Artikel:

/*vous avez parlé tout à l'heure du Bois de Boulogne; vous y allez souvent?* ÷ *oui, assez souvent*/ 'Sie haben vorhin vom Bois de Boulogne gesprochen; gehen Sie oft hin? ÷ ja, ziemlich oft'

/il vous plaît vraiment, ce bois de tout le monde? ÷ oui, excepté le dimanche/
'gefällt er Ihnen wirklich, dieser Allerweltswald? ÷ ja, außer am Sonntag'
*/elle n'a donc pas lieu le dimanche, votre promenade du dimanche? ÷ non, je ne
sors jamais le dimanche/* 'dann findet Ihr Sonntagsspaziergang also gar nicht
sonntags statt? ÷ nein, sonntags gehe ich nie aus'

Das nachfolgende Textstück entstammt dem Roman *Zazie dans le Métro* von
Raymond Queneau. Im Mittelpunkt des Romans steht die freche Göre Zazie aus
der Provinz, die bei ihren Pariser Verwandten zu Gast ist. Die Sprache des
Textes imitiert die gesprochene Umgangssprache, wobei Zazie ihre Onkel und
Tanten dadurch verblüfft, daß sie immer noch ein paar Grade ordinärer reden
kann als die Pariser selbst. In diesem Textstück findet man nun eine größere
Anzahl von Intonationsfragen. Es geht um die Frage, ob die Gastgeber, die
ihrem Besuch die Sehenswürdigkeiten der Großstadt zeigen wollen, mit ihr wie
mit einem richtigen «erwachsenen» Besuch einen Apéritif trinken gehen (Zazie
hofft: in dem – damaligen – Vergnügungsviertel Saint-Germain-des-Prés) und ob
sie dann mit ihnen essen geht. Diese Fragen werden aber vor einem Horizont des
Einverständnisses aufgeworfen, denn alle Personen sind sich natürlich einig darüber, daß Zazie die Stadt Paris (Zazie hofft: vor allem die Metro) kennen lernen
soll. Auf diesen gemeinsamen Horizont nehmen die meisten Fragen Bezug. Hier
nun der Text mit durchnumerierten Fragen, wobei diejenigen Fragen, die nicht
anaphorische Assertionsfragen sind, durch ein vorangestelltes * gekennzeichnet
sind:

– Tu veux qu'on s'arrête pour prendre l'apéro? (1) demande Charles.

– C'est une idée.

– A La Cave (*2)?

– A Saint-Germain-des-Prés? (*3) demande Zazie qui déjà frétille.

– Non mais, fillette, dit Gabriel, qu'est-ce que tu t'imagines? (*4) C'est
tout ce qu'il y a de plus démodé.

– Si tu veux insinuer que je suis pas à la page, dit Zazie, moi je peux te
répondre que tu n'es qu'un vieux con.

– Tu entends ça? (5) dit Gabriel.

– Qu'est-ce que tu veux, (*6) dit Charles, c'est la nouvelle génération.

– La nouvelle génération, dit Zazie, elle t'...

– Ça va, ça va, dit Gabriel, on a compris. Si on allait au tabac du coin? (*7)

– Du vrai coin, dit Charles.

– Oui, dit Gabriel. Et après tu restes dîner avec nous.

– C'était pas entendu? (8)

– Si.

– Alors? (9)

– Alors, je confirme.

– Y a pas à confirmer, puisque c'était entendu.

– Alors, disons que je te le rappelle des fois que t'aurais oublié.

– J'avais pas oublié.

– Tu restes donc dîner avec nous.

– Alors quoi, merde, dit Zazie, on va le boire, ce verre?* (10)

Grammatischer Kommentar zu den Fragen des Textes:

(1) *tu veux qu'on s'arrête?* 'sollen wir anhalten?': Die an diesem Dialog beteiligten Personen Zazie, Charles und Gabriel machen im Auto eine Besichtigungsfahrt durch Paris. Es ist die Stunde des Aperitifs. Daraus ergibt sich für alle

---

* Sollen wir anhalten und einen Aperitif trinken? fragt Charles.
– Das ist 'ne gute Idee.
– In der Cave?
– In Saint-Germain-des-Prés? fragt Zazie, schon ganz zappelig.
– Nicht doch, Kindchen, sagt Gabriel, was stellst du dir bloß vor? Das ist doch total aus der Mode.
– Wenn du damit sagen willst, daß ich von gestern bin, sagt Zazie, kann ich dir verraten, daß du nur ein alter Scheißkerl bist.
– Hast du Töne! sagt Gabriel.
– Was willst du da machen! sagt Charles, das ist die junge Generation.
– Die junge Generation, sagt Zazie, die sch...
– Alles klar, sagt Gabriel, schon kapiert. Wie wär's, wenn wir in die Kneipe an der Ecke gingen?
– An der richtigen Ecke, sagt Charles.
– Ja, sagt Gabriel. Und danach bleibst du noch zum Essen bei uns.
– War das nicht abgemacht?
– Doch.
– Na und?
– Also bestätigt.
– Da gibt's nichts zu bestätigen, war ja abgemacht.
– Also sagen wir mal, daß ich dich daran erinnere, falls du's vergessen haben solltest.
– Hatte's nicht vergessen.
– Also du bleibst zum Abendessen bei uns.
– Was denn nun, verdammte Scheiße, sagt Zazie, gehn wir nun endlich unser Gläschen trinken?
(Raymond Queneau: *Zazie dans le Métro,* Paris 1959, S. 17 f.)

beteiligten Personen ein gemeinsamer Erwartungs-Horizont, auf den diese Intonationsfrage als anaphorische Assertionsfrage Bezug nimmt. Die Frage selber enthält diese Vorinformation in verdichteter Form, so daß nur noch die Feststellung aussteht: ja oder nein. Die Antwort wird allerdings dadurch hinausgezögert, daß zunächst noch die Ortsfrage geklärt werden muß.

(*2) *à la Cave?* 'in der Cave?': Diese Frage bezieht sich («elliptisch») auf die vorhergehende Frage. Es handelt sich um eine ergänzende Positions-Frage (vgl. 9.3.4.1).

(*3) *à Saint-Germain-des-Prés?* 'in Saint-Germain-des-Prés?': Der Form nach nur eine Variante der Frage (*2), tatsächlich aber eine listige Insinuation: liegt die vorgeschlagene *Cave* in dem «sündigen» Stadtviertel Saint-Germain-des-Prés?

(*4) *qu'est-ce que tu t'imagines?* 'was stellst du dir bloß vor?': Diese Frage ist eine durch ihr Element *est-ce que* [ɛskə] als kataphorisch gekennzeichnete Handlungsfrage (vgl. 9.3.3). Sie weist die Insinuation der voraufgehenden Frage ab und verschiebt den Gedanken ins Abwegige: über dieses Viertel besteht kein Einverständnis.

(5) *tu entends ça?* 'hast du Töne?': Diese Intonationsfrage ist an Charles gerichtet; man kann sich einen Blick des Einverständnisses zwischen den beiden Männern dazu denken. Beide haben offenbar ein gemeinsames Vorwissen über Zazie und «diese Generation». Das Einverständnis ist so stark, daß der Fragende nicht unbedingt eine Antwort erwartet; insofern grenzt diese anaphorische Assertionsfrage an eine rhetorische Frage (vgl. 9.3.5).

(*6) *qu'est-ce que tu veux?* 'was willst du da machen?': Formelhafte Frage und mehr ein Ausruf als eine wirkliche Frage (vgl. 9.3.6). Tatsächlich bleibt eine Antwort auch aus.

(*7) *si on allait au tabac du coin?* 'wie wär's, wenn wir in die Kneipe an der Ecke gingen?': Der Form nach handelt es sich um eine indirekte Frage (vgl. 9.4.2.1.3), die um ihre Basis ('was würdet ihr meinen, wenn …') verkürzt ist («Ellipse»). Diese konturenverwischende Form wird hier gewählt, um der Frage, die ihrer direkten Bedeutung nach eine anaphorische Assertionsfrage ist (*on va au tabac du coin?* 'gehen wir in die Kneipe an der Ecke?') eine höfliche oder jedenfalls unsichere Abschwächung zu geben. Denn es muß ja nun mit den ganz andersartigen Vorstellungen unserer vergnügungssüchtigen Zazie gerechnet werden.

(8) *c'était pas entendu?* 'war das nicht abgemacht?': Negative Intonationsfrage, als Nachahmung der gesprochenen Umgangssprache ohne die Negations-Partikel *ne*. Mit dieser Frage wechselt das Thema vom Aperitif zum Essen. Die Frage bezieht sich weiterhin semantisch auf das bestehende Einverständnis über das Besuchsprogramm. Allerdings ist Zazie nun an ihren Gastgebern irre geworden. Daher vergewissert sie sich durch diese negative Frage, ob vielleicht auch

gegen das Abendessen ein Einspruch zu erwarten ist, so wie vorher ihr Wunsch nach einem Besuch von Saint-Germain-des-Prés durch einen unterschwelligen Einspruch vereitelt worden ist. Die affirmative Antwort auf diese negative Frage lautet: *si* 'doch'.

(9) *alors?* 'na und?': Der voraufgehende und der nachfolgende Kontext lassen keinen Zweifel daran, daß mit diesem («elliptischen») Frage-Morphem die Frage (8) fortgeführt wird, nun aber mit einer handlungsbezogenen Nuance. Die Antwort *je confirme* 'ich bestätige' nennt den Assertionsrahmen ausdrücklich.

(10) *on va le boire, ce verre?* 'gehn wir nun endlich unser Gläschen trinken?': Nachdem nunmehr alle Mißverständnisse ausgeräumt sind, ist das schöne Einverständnis unserer drei Helden wieder hergestellt, und dem gemeinsamen Aperitif steht nichts mehr im Wege, außer der mit dieser auffordernden Intonationsfrage eingeholten Bestätigung, daß sie nun tatsächlich gehen.

9.3.1.2   Kataphorische Assertionsfragen

Während sich die anaphorischen Assertionsfragen darauf beschränken, eine Lücke der Vorinformation auszufüllen, wollen kataphorische Assertionsfragen außerdem noch eine zusätzliche Nachinformation oder eine erwünschte Stellungnahme herauslocken. Zwar beziehen auch sie sich auf den Bereich der Assertion, so daß es auch bei ihnen darauf ankommt, ob die Antwort ein Affirmations-Morphem oder ein Negations-Morphem enthält. Das haben sie mit den Intonationsfragen oder anaphorischen Assertionsfragen gemeinsam (vgl. 9.3.1.1). Darüber hinaus aber bedeuten die kataphorischen Assertionsfragen dem Gesprächspartner, daß über das nackte Ja oder Nein hinaus eine (Nach-)Information und Stellungnahme zur Feststellung erwünscht ist. Diese Antwort kann im nachfolgenden Text mehr oder weniger ausführlich gegeben werden. Man findet kataphorische Assertionsfragen daher besonders häufig am Anfang eines Gesprächs. Als Antwort darauf kann dann ein ganzer Text folgen, der die erbetene Zusatzinformation mit allen denkbaren Nuancen abschattiert.

Die französische Sprache kennt zwei Typen von kataphorischen Assertionsfragen:

– die [ɛskə]-Frage (9.3.1.2.1)
– die Inversionsfrage (9.3.1.2.2)

9.3.1.2.1   Die [ɛskə]-Frage

Die kataphorische Assertionsfrage wird meistens durch das Frage-Morphem [ɛskə], geschrieben *est-ce que* (vor Vokal: [ɛsk], geschrieben: *est-ce qu'*) signalisiert. Es handelt sich um ein unveränderliches, gebundenes Morphem, das in der Assertionsfrage immer die Spitzenstellung einnimmt. An der Stellung der übrigen Sprachzeichen im Text ändert sich dadurch nichts:

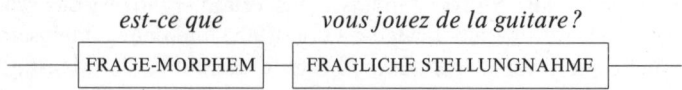

est-ce que	*vous jouez de la guitare?*
FRAGE-MORPHEM	FRAGLICHE STELLUNGNAHME

Wenn die Feststellung nicht fraglich wäre, würde der Text lauten: *vous jouez de la guitare* 'Sie spielen Gitarre'. Nun aber, da sie als fraglich bezeichnet werden soll, wird das Frage-Morphem [ɛskə] davorgesetzt, und die Bedeutung ist: 'spielen Sie Gitarre?'

Eine steigende Frage-Intonation wie bei den Intonationsfragen (vgl. 9.3.1.1) ist bei den mit dem Frage-Morphem [ɛskə] gebildeten Fragen zwar häufig zu hören, aber nicht obligatorisch. Bei der Frage *est-ce que vous jouez de la guitare?* 'spielen Sie Gitarre?' ist also sowohl steigende als auch fallende Intonation möglich:

STEIGENDE INTONATION

[ɛskəvuʒuedəlagitar↗]

FALLENDE INTONATION

[ɛskəvuʒuedəlagitar↘]

Der Bedeutungsunterschied zwischen den beiden Intonationskonturen liegt nur in einer Nuance: die steigende Intonation hat einen offeneren Fragehorizont, während die fallende Intonation mehr auf eine schematische Befragung deutet.

Auch die [ɛskə]-Frage ist eine Assertionsfrage, die eine Stellungnahme zu der mit der Prädikation gegebenen Feststellung hervorlocken will. Sie kann daher notfalls mit einem bloßen *oui* 'ja' oder *non* 'nein' beantwortet werden. Aber die Einsilbigkeit dieser Antwort würde auffallen und in manchen Situationen sogar als unhöflich gelten. Denn im Unterschied zu der mehr beiläufig gefragten anaphorischen Assertionsfrage liegt in der kataphorischen Assertionsfrage die weitergehende Aufforderung an den Gesprächspartner, etwas mehr als nur ja oder nein zu sagen und das Informations-Defizit des Fragenden nicht nur notdürftig, sondern großzügig zu beseitigen. Das kann beispielsweise geschehen, wenn das Frage-Antwort-Spiel etwa wie folgt abläuft:

/ *est-ce que vous jouez du piano?* ÷ *oui, enfin, j'ai appris à jouer comme toutes les* *jeunes filles de bonne famille, mais presque aussitôt j'ai découvert que je n'ai pas de* *talent* / 'spielen Sie Klavier? ÷ ja, nun ja, ich habe wie alle Mädchen aus gutem Hause (das) Klavierspielen gelernt, aber bald danach habe ich entdeckt, daß ich kein Talent habe'

Das ist also eine nuancierte, das Ja semantisch umkleidende Antwort, als Nach-information auf eine kataphorische Assertionsfrage gegeben. Kataphorische Assertionsfragen findet man daher besonders häufig in ausdrücklichen Anfrage- und Befragungs-Situationen, in denen die Fragen besonderes Gewicht haben. Unterscheide:

ANFRAGE

/ *est-ce que vous m'aimez, Mademoi-* *selle?* / 'lieben Sie mich, Fräulein X?'

NACHFRAGE

/ *tu m'aimes, mon petit chou?* / 'hast du mich lieb, Schätzchen?'

Die [ɛskə]-Frage steht als ausdrückliche Frage oft beim Sprecherwechsel im Dia-log und am Anfang eines neuen Textabschnitts, oft in Verbindung mit texteröff-nenden und grenzmarkierenden Junktoren wie *alors* 'also' oder *mais* 'aber; nun aber'. Auch nach einem vorangestellten temporalen oder konditionalen Adjunkt findet man häufig [ɛskə]-Fragen. Die Frage Morphem [ɛskə] kann durch einen die Frage ausdrücklich als solche kennzeichnenden («meta-kommunikativen») Einschub vom Rest der Frage getrennt werden:

/ *est-ce que, si je peux me permettre cette question, vous êtes toujours déprimé au* *mois de novembre?* / 'sind Sie, wenn ich mir diese Frage gestatten darf, im November immer depressiv?'
/ *et votre père, est-ce qu'il avait l'habitude de boire un coup de temps en temps?* / 'und Ihr Vater, hatte er (wohl) die Gewohnheit, von Zeit zu Zeit ein Gläschen zu trinken?'
/ *mais votre mère alors, est-ce qu'elle fumait beaucoup?* / 'aber nun Ihre Mutter, rauchte sie viel?'
/ *quand vous recevez une facture salée, est-ce que ça accélère votre pouls* [pu]? / 'wenn Sie eine gesalzene Rechnung erhalten, beschleunigt das dann Ihren Puls?'

Eine beiläufig gestellte Intonationsfrage kann, wenn sie nicht verstanden oder sonstwie nicht beantwortet wird, mit größerem Nachdruck als [ɛskə]-Frage wie-derholt werden:

/ *vous pouvez me prêter vingt francs?* ÷ *comment?* ÷ *est-ce que vous pouvez me prêter vingt francs? ÷ non, je n'ai pas d'argent non plus /* 'können Sie mir (mal) zwanzig Francs leihen? ÷ wie bitte? ÷ können Sie mir (wohl) zwanzig Francs leihen? ÷ nein, ich habe auch kein Geld'

9.3.1.2.2 Die Inversionsfrage

Eine kataphorische Assertionsfrage kann auch durch Inversion der Handlungsrollen ausgedrückt werden. Wir sprechen von einer Inversion der Handlungsrollen, wenn das Subjekt aus seiner prädeterminierenden Stellung (vor dem Verb) in die postdeterminierende Stellung (nach dem Verb) versetzt wird. Zwischen dem Verb und einem nachfolgenden Subjekt in der Referenten-Rolle *(il, elle, ils, elles, on)* wird der Übergangs-Konsonant [t] eingeschoben. Dieser wird bei den meisten Verben orthographisch als *-t-* bezeichnet; wenn das Verb jedoch in der Referenten-Rolle orthographisch auf *-t* oder *-d* endet, erübrigt sich das orthographische Zeichen *-t-* für den Übergangs-Konsonanten, und die Buchstaben *-t* oder *-d* werden als [t] gesprochen:

/le porte-t-il? [ləpɔrtətil] / 'trägt er es?'
/jouera-t-il? [ʒuratil] / 'wird er spielen?'
/réussit-il? [reysitil] / 'hat er Erfolg?'
/vous comprend-il? [vukõprãtil] / 'versteht er Sie?'

In den anderen Gesprächsrollen gibt es einen solchen Übergangs-Konsonanten nicht, und das Subjekt wird dem Verb einfach nachgestellt:

/veux-tu venir? [vøtyv(ə)nir] / 'willst du kommen?'
/pouvez-vous rester? [puvevurɛste] / 'könnt ihr bleiben?'

Man vermeidet jedoch die Inversion, wenn das Subjekt in der Rolle des Sender-Singulars ist, außer in einigen formelhaften Wendungen, zum Beispiel:

/ai-je rêvé? [ɛʒrɛve] / 'habe ich geträumt?'
/que sais-je? [kəsɛʒ(ə)] / 'was weiß ich!'

Gelegentlich findet man noch in alten oder konservativen Texten beim Präsens von Verben des Konjugationstypus «donner» einen Übergangsvokal [ɛ], geschrieben *-é: chanté-je?* [ʃãtɛʒ] 'singe ich?' Die letztgenannte Form wird jedoch vom heutigen Sprachgebrauch nicht mehr zugelassen, außer mit ironischer Nuance.

Die Inversionsfrage unterscheidet sich in ihrer grammatischen Bedeutung nicht von der [ɛskə]-Frage. Sie wird jedoch wesentlich seltener gebraucht und kann als stilistische Variante der [ɛskə]-Frage angesehen werden. Wir finden sie vor allem in betont gepflegter Rede. Sie gilt als Prestigeform. Man verwendet sie vorzugsweise in förmlicher Rede, zum Beispiel im Interview, Unterricht und Examen sowie bei Ratespielen. Sie gilt als besonders geeignet für das Sprechen in der Öffentlichkeit, zumal vor einem Publikum (Rede, Vortrag, Predigt ...). In der Unterrichtssprache der Schule hat die Inversionsfrage aus Tradition eine besonders starke Stellung; sie wird dort auch vielfach noch als die eigentliche und richtige Frageform gelehrt. Mit der Inversionsfrage kann man auch eine gewisse Distanz zum Gesprächspartner zu erkennen geben, und zwar ebensowohl als respektierte wie als respektierende Person. In der geschriebenen Sprache, zumal in der Literatur, hat die Inversionsfrage allgemein eine höhere Frequenz als in der gesprochenen Sprache. Der gesprochenen Umgangssprache ist sie ziemlich fremd bis auf einige lexikalisierte Wendungen, hauptsächlich in der Sprache der Höflichkeit, zum Beispiel:

/ *voulez-vous vous asseoir?* /   'wollen Sie Platz nehmen?'
/ *puis-je ouvrir la fenêtre?* /   'kann (oder: darf) ich das Fenster öffnen?'
/ *pourriez-vous m'aider?* /   'könnten Sie mir helfen?'
/ *quelle heure est-il?* /   'wie spät ist es?'

Geflügeltes Wort:

Rodrigue, as-tu du cœur?   'Rodrigo, hast du Mut? (Corneille, *Le Cid*)

Unterscheide:

INFORMATIONSFRAGE	HÖFLICHE FRAGE
/ *quand je me trouve sans argent dans un autobus, est-ce que je peux demander à un inconnu de m'offrir un ticket?* ÷ *ah oui, si tu le lui demandes poliment* / 'wenn ich mich ohne Geld in einem Autobus befinde, kann ich dann einen Unbekannten bitten, mir einen Fahrschein zu schenken? ÷ ach ja, wenn du ihn höflich darum bittest'	/ *excusez-moi, Monsieur, je n'ai pas d'argent sur moi, puis-je vous demander de m'offrir un ticket? ÷ mais oui, bien volontiers, tenez* / 'entschuldigen Sie bitte, ich habe kein Geld bei mir, kann ich (dürfte ich) Sie (wohl) bitten, mir einen Fahrschein zu schenken? ÷ aber ja, recht gerne, hier haben Sie einen'

Etwas weniger zögernd werden Inversionsfragen gebraucht, wenn eine der folgenden formalen Bedingungen erfüllt ist:

1 Eine Verbform ist mehrgliedrig und umfaßt ein finites Element, das einsilbig ist:

/est-ce vrai?/   'ist es (das) wahr?'
/a-t-on jamais vu une chose pareille?/   'hat man je so etwas gesehen?'
/sont-ils fous?/   'sind die verrückt?'
/vas-tu enfin me donner une explication?/   'willst du mir (wohl) endlich eine Erklärung abgeben?'

2 Ein Verb besteht aus einem Modalverb und einem Infinitiv:

/faut-il vraiment s'excuser?/   'muß man sich wirklich entschuldigen?'
/dois-je dire toute la vérité?/   'soll ich die ganze Wahrheit sagen?'
/ne pourrais-tu pas y aller à ma place?/   'könntest du nicht an meiner Stelle hingehen?'
/veux-tu te tirer d'affaire?/   'willst du dich aus der Affäre ziehen?'

3 Das Verb *vouloir* 'wollen' (als Vollverb) steht in einer (rhetorischen) Frage mit einem nachfolgenden Konjunktiv oder in einem Ausruf:

/comment (oder: *pourquoi) voulez-vous que je sache cela?/*   'wie (oder: warum) soll ich das wissen?'
/je ne suis pas au courant, que voulez-vous!/   'ich weiß nicht Bescheid, nichts zu machen (oder: bedaure)!'

4 Das Verb ist ein Verb der Mitteilung, der (äußeren oder inneren) Erfahrung oder der Einschätzung der Situation:

/parlez-vous français?/   'sprechen Sie Französisch?'
/comprenez-vous le russe?/   'verstehen Sie Russisch?'
/savez-vous par cœur au moins un poème français?/   'wissen Sie wenigstens ein französisches Gedicht auswendig?'
/croyez-vous au destin?/   'glauben Sie an das Schicksal?'
/s'agit-il ici peut-être d'un interrogatoire?/   'handelt es sich hier vielleicht um ein Verhör?'

Das Präsentativ-Morphem *c'est ... qui (que)* hat eine invertierte Form *est-ce ...qui (que)* als Frage-Morphem neben sich. Es muß strikt von dem Frage-Morphem *est-ce que* [ɛskə] unterschieden werden, das zur Bildung der [ɛskə]-Frage dient:

/*est-ce ton frère qui est là?*/ 'ist dein Bruder da? (wörtlich: ist es dein Bruder, der da ist?)'

/*est-ce que ton frère est là?*/ 'ist dein Bruder (wohl) da?'

Eine starke Abneigung des Sprachgebrauchs gegen die Inversionsfrage ist dann zu verzeichnen, wenn die Subjekt-Rolle von einem Nomen ausgefüllt ist. Wenn dieser Fall nicht durch eine andere Formulierung vermieden werden kann, greift man zu einer redundanten Besetzung der Subjekt-Rolle. Diese wird zugleich durch ein Referenz-Pronomen *(il, elle, ils, elles)* und durch ein vorangestelltes oder nachgestelltes Nomen besetzt:

/*les guerres sont-elles vraiment inévitables?*/ 'sind Kriege wirklich unvermeidbar?'
/*serait-elle à jamais une utopie, la paix universelle?*/ 'sollte der Weltfriede auf ewig eine Utopie sein?'

In der gesprochenen Umgangssprache kommt die Inversionsfrage mit Redundanz von Nomen und Pronomen in der Subjekt-Rolle so gut wie nicht vor.

Der nachfolgende Text ist ein Katalog von Fragen, als Lehrerfragen an Schüler gerichtet und zu finden in einer französischen Schulausgabe von Fénelons *Lettre à l'Académie* (1714/1716). Die Fragen beziehen sich auf das dritte Kapitel dieses Memorandums, in dem Fénelon der Académie Française Vorschläge unterbreitet, wie sie dazu beitragen kann, daß die französische Sprache den Reichtum ihrer Ausdrucksmöglichkeiten vermehrt. Alle Fragen sind, wie in der Schule üblich, als Inversionsfragen formuliert, also als kataphorische Assertionsfragen:

– Pensez-vous que «notre langue manque d'un grand nombre de mots et de phrases»?
– Fénelon est-il le seul à s'être plaint (...) de la pauvreté de notre langue?
– Est-il exact qu'il n'y ait point en français de synonymes?
– L'usage des circonlocutions tire-t-il son origine du fait qu'un grand nombre de mots «ne peuvent désigner suffisamment un objet»?
– Y a-t-il avantage dans une langue à avoir un mot pour désigner «chaque objet, chaque sentiment, chaque action»?
– Y a-t-il avantage à avoir plusieurs synonymes pour un seul objet?
– Est-ce là «le moyen d'éviter toute équivoque, de varier les phrases, de faciliter l'harmonie»?

– Le français vous semble-t-il pouvoir se modeler sur le grec et adopter le système de la composition pour s'enrichir? N'y a-t-il point là méconnaissance du génie de la langue française?*

Es ist nicht nötig, jede einzelne Form dieses Fragenkatalogs gesondert zu kommentieren. Sie folgen alle dem gleichen Muster. Als Assertionsfragen sind sie grundsätzlich von der Art, daß die Antwort im Prinzip «ja» oder «nein» lauten kann. Dabei ist unschwer zu erkennen, wie die entweder affirmative oder negative Antwort des Schülers schon durch die Form der Frage vorgesteuert wird. Bei diesem Fragenkatalog kann sich der Schüler ziemlich (nicht ganz!) sicher darauf verlassen, daß eine affirmativ formulierte Frage (zum Beispiel: *est-il exact que ...?* 'stimmt es, daß ...?') eine negative Antwort und eine negativ formulierte Frage (zum Beispiel: *n'y a-t-il point là méconnaissance ...?* 'heißt das nicht... verkennen?' eine affirmative Antwort als «richtige» Antworten nahelegen. Abweichend von dieser Wahrscheinlichkeitsregel ist allerdings einmal eine Alternativfrage in zwei getrennte Fragen auseinandergelegt, nämlich in die beiden Fragen, die mit dem Ausdruck *y a-t-il avantage ...?* 'ist es von Vorteil ...?' beginnen. Hier muß der Schüler erkennen, daß er nicht beide Fragen affirmativ oder beide Fragen negativ beantworten darf, wenn er sich nicht in einen Widerspruch verwickeln will. Allemal ist es aber für den kataphorischen Charakter dieser Fragen nicht so überaus wichtig, ob sie bejahend oder verneinend beantwortet werden. Ein bloßes Ja oder Nein wird dem Schüler ohnehin nicht abgenommen. Er soll nämlich durch die Fragen zu einer argumentativen Antwort bewegt werden, wobei entweder das Ja oder das Nein möglichst ausführlich zu begründen ist. Das leisten die Inversionsfragen, insofern sie kataphorische, also Nachinformationen herauslockende Fragen sind.

---

*– Meinen Sie, daß «unserer Sprache eine große Anzahl von Wörtern und Sätzen fehlt»?
– Ist Fénelon der einzige, der (...) die Armut unserer Sprache beklagt hat?
– Ist es richtig, daß es im Französischen keine Synonyme gibt?
– Ist der Gebrauch von Umschreibungen darauf zurückzuführen, daß eine große Anzahl von Wörtern «einen Gegenstand nicht zureichend bezeichnen kann»?
– Ist es in einer Sprache von Vorteil, wenn sie für «jeden Gegenstand, jedes Gefühl, jede Handlung» ein Wort hat?
– Ist es von Vorteil, mehrere Synonyme für einen einzigen Gegenstand zu haben?
– Ist das dann «das Mittel, mit dem man jede Mehrdeutigkeit vermeide, die Sätze variieren und die Harmonie fördern kann»?
– Sind Sie der Ansicht, daß das Französische sich das Griechische zum Vorbild nehmen und das System der Wortzusammensetzung übernehmen kann, um seinen Wortschatz zu bereichern? Heißt das nicht, den Geist der französischen Sprache verkennen?
(Fénelon: *Lettre à l'Académie,* Classiques Larousse, Paris 1934, S. 85.)

9.3.2 Rollenfragen

Rollenfragen sind Fragen nach den Textrollen (vgl. Kap. 3). Der Begriff Textrollen umfaßt die Gesprächsrollen (Sender, Empfänger, Referent) und die Handlungsrollen (Subjekt, Partner, Objekt). Rollenfragen sind nun grundsätzlich so beschaffen, daß die Handlungsrollen als bekannt angenommen werden und somit den Rahmen abgeben können für die in einem gegebenen Kontext noch fraglichen Gesprächsrollen (9.3.2.1). Da diese Rollen sehr unterschiedlich besetzt sein können, kann die Rollenfrage jeweils mehr oder weniger danach spezifiziert werden, welche Besetzung der erfragten Gesprächsrolle für die Antwort gewünscht wird. Dementsprechend unterscheiden wir Referenzfragen (9.3.2.2) von Fragen nach der Quantität und Frequenz (9.3.2.3).

9.3.2.1 Fragen nach der Gesprächsrolle

Die Handlungsrollen und die Gesprächsrollen sind im Text immer miteinander verschmolzen (vgl. 3.3.1). Man kann also fragen, welche Handlungsrollen mit welchen Gesprächsrollen verschmolzen sind. Das geschieht mit Hilfe von Interrogativ-Pronomina, die für diese Gesprächsrollen bestimmte Leerstellen bezeichnen, von denen der Sprecher hofft, daß sein Gesprächspartner sie mit seiner Antwort füllt.

Wären nun bei solchen Fragen nur die scharf konturierten Gesprächsrollen des Senders oder des Empfängers fraglich, so könnte die Antwort einfach mit den Pronomina der Sender-Rolle oder der Empfänger-Rolle gegeben werden: *moi* 'ich' oder *toi* 'du'. In vielen Fällen ist aber die viel weniger deutlich konturierte Referenten-Rolle fraglich. Dann genügt als Antwort in der Regel nicht, von einer bestimmten Handlungsrolle zu sagen, sie sei mit der Gesprächsrolle des Referenten verschmolzen, sondern es muß noch sehr viel aufwendigere Referenz herbeigeschafft werden, damit der Fragende genau weiß, welcher Gegenstand (Person oder Sache) in einer gegebenen Handlungsrolle gemeint ist. Dann fragt man also spezifischer nach der Rollenbesetzung, das heißt, nach der semantischen Ausfüllung der notorisch undeutlichen Restkategorie des Referenten. Zu dieser genaueren Frage nach der Rollenbesetzung bei der Gesprächsrolle des Referenten gehören auch Referenzen über Genus und Numerus, die dementsprechend bei den Interrogativ-Pronomina miterfragt werden (vgl. Kap. 2).

Im nachfolgenden Beispiel lautet das Interrogativ-Pronomen *qui* 'wer?' Dieses Interrogativ-Pronomen enthält in seiner Bedeutung eine nicht fragliche Handlungsrolle, das Subjekt. Fraglich ist hingegen die Gesprächsrolle, und fraglich sind im Zusammenhang mit ihr Genus und Numerus der Besetzung. Es wird also mit diesem Interrogativ-Pronomen zugleich nach drei fraglichen Merkmalen gefragt, während ein Merkmal außerhalb der Frage bleibt und für sie den Bekanntheitsrahmen abgibt:

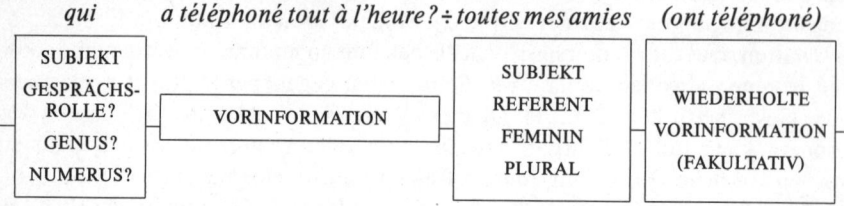

Die Frage nach der Gesprächsrolle lautet: *qui a téléphoné tout à l'heure?* 'wer hat vorhin angerufen?' Hier besteht eine Unklarheit in der Gesprächsrolle, die sich mit großer Wahrscheinlichkeit auf die notorisch unscharfe Referenten-Rolle bezieht. In diesem Fall werden syntaktisch auch die Merkmale des Genus und Numerus miterfragt. Die Antwort fällt aber für den Fragenden erst dann befriedigend aus, wenn die Gesprächsrolle nicht nur mit syntaktischen Mitteln als Textrollenbezeichnung, in unserem Beispiel also als Referent, angegeben, sondern wenn diese Gesprächsrolle außerdem auch mit lexikalischen Mitteln ausgefüllt wird, in unserem Beispiel also mit dem nominalen Ausdruck *toutes mes amies* 'alle meine Freundinnen'. Diese Antwort kann («elliptisch») für sich allein gegeben werden. Es kann aber auch die in der Frage enthaltene Vorinformation («redundant») wiederholt werden: *toutes mes amies ont téléphoné* 'alle meine Freundinnen haben angerufen'.

In der Gesprächsrolle des Referenten ist die Unterscheidung von Personen und Sachen wichtig (vgl. 3.3.3). Dementsprechend unterscheiden wir auch bei den Fragen nach der Gesprächsrolle Personenfragen und Sachfragen und stellen zunächst die Interrogativ-Pronomina für beide Arten von Fragen in einer Matrix zusammen:

HAND-LUNGSROLLEN ＼ REFERENZ	PERSON	SACHE
SUBJEKT	*qui?* 'wer?' *qui est-ce qui?*	*qu'est-ce qui?* 'was?' *qu'est-ce que c'est qui?*
PARTNER	*à qui?* 'wem?' *à qui est-ce que?*	*à quoi?* 'wem?, zu was?'
OBJEKT	*qui est-ce que?* 'wen?' *qui?*	*qu'est-ce que?* 'was?' *que?*

Anmerkung zur Phonetik: Das Interrogativ-Pronomen *qui?* 'wer?, wen?', allein-stehend oder mit anderen Morphemen kombiniert, behält auch vor Vokal und vor «vokalischem *h*-» seinen Vokal [i]. Das unterscheidet dieses Interrogativ-Pronomen deutlich von dem Interrogativ-Pronomen *que?* 'was?', das vor Vokal und vor «vokalischem *h*-» seinen Vokal [ə] abwirft, auch in der Kombination mit anderen Morphemen, wie die Matrix an verschiedenen Stellen zeigt.

Diese Formen und ihr Gebrauch werden im folgenden genauer besprochen, und zwar zunächst für die Personenfragen (vgl. 9.3.2.1.1), sodann für die Sach-fragen (vgl. 9.3.2.1.2).

9.3.2.1.1 Fragen nach einer Person

Personenfragen werden, wie alle Rollenfragen, im vorgegebenen Rahmen der Handlungsrollen gestellt. Um welche Handlungsrollen es sich handelt, muß dem Fragenden bereits bekannt sein und wird auch dem Antwortenden durch die Form des Interrogativ-Pronomens bekanntgegeben. Wir unterscheiden daher die Fragen nach einer Person danach, ob sie im Subjektrahmen, im Partnerrahmen oder im Objektrahmen gestellt werden.

|1| Fragen nach einer Subjektperson

Das Interrogativ-Pronomen lautet *qui?* 'wer?' Es kann zu der Form *qui est-ce qui* [kiɛski] 'wer?' erweitert werden und erhält damit eine kataphorische, das heißt, auf Nachinformation insistierende Bedeutungsnuance (vgl. 9.3.1.2.1).

/qui est là (oder: *qui c'est)? ÷ (c'est) moi, François/*   'wer ist da? ÷ ich (bin's), François'
/qui est-ce qui manque encore? ÷ Jean, Claudine et Martine/   'wer fehlt noch? ÷ Jean, Claudine und Martine'

|2| Fragen nach einer Partnerperson

Das Interrogativ-Pronomen lautet *à qui?* 'wem?' Im Anschluß an dieses Frage-Morphem kann das Subjekt entweder dem Verb voraufgehen (Normalstellung) oder ihm nachfolgen (Inversion). Die Normalstellung wird in der mündlichen Umgangssprache, die Inversion in gepflegter, zumal schriftlicher und literari-scher Sprache bevorzugt. In seltenen Fällen kann dieses Frage-Morphem zu der Form *à qui est-ce que* [akiɛskə] 'wem?' erweitert werden und erhält dadurch eine kataphorische Bedeutungsnuance (vgl. 9.3.1.2.1):

/ *à qui tu as passé le ballon?* ÷ *à l'ailier gauche* /   'wem hast du (den Ball) abgegeben? ÷ dem Linksaußen'
/ *à qui faut-il s'adresser pour avoir une entrée libre?* ÷ *au chef d'équipe* /   'an wen
muß man sich wenden, um freien Eintritt zu bekommen? ÷ an den Mannschafts-
kapitän'
/ *à qui est-ce que tu dois tes succès sportifs, à toi-même ou à ton entraîneur?* ÷ *avant
tout au public* /   'wem verdankst du deine sportlichen Erfolge, dir selber oder
deinem Trainer? ÷ vor allem dem Publikum'

3   Fragen nach einer Objektperson

Das Interrogativ-Pronomen lautet *qui est-ce que* [kiɛskə] 'wen?' In seltenen Fäl-
len und nur in sehr gepflegter Rede kann es auch *qui?* 'wen?' heißen. Von dem
Interrogativ-Pronomen *qui?* 'wer?' (= Personenfrage im Subjektrahmen) ist das
Interrogativ-Pronomen *qui?* 'wen?' (= Personenfrage im Objektrahmen)
dadurch unterschieden, daß bei dem letzteren Fragetypus noch ein Pronomen zur
Bezeichnung der Subjekt-Rolle da ist, und zwar in der Stellung nach dem Verb
(Inversion):

/ *qui est-ce que tu vas inviter à danser?* ÷ *le plus beau* /   'wen willst du zum Tanzen
auffordern? ÷ den Schönsten'
/ *qui désirez-vous comme voisin de table?* ÷ *le plus intelligent* /   'wen wünschen Sie
als Tischherrn? ÷ den Klügsten'

In dem letztgenannten Beispiel ist *vous* 'Sie' Subjekt in der Inversionsstellung;
dadurch ist *qui?* als Interrogativ-Pronomen im Objektrahmen festgelegt.
   Von diesen Interrogativ-Pronomina sind die Formen *qui?* und *à qui?* freie
Morpheme, während die Formen *qui est-ce qui?, à qui est-ce que?* und *qui est-ce
que?* gebundene Morpheme sind. In der mündlichen Umgangssprache können
die freien Frage-Morpheme mit aufmerksamkeitssteigernder Wirkung auch postdeterminierend am «rhematischen» Ende der Frage stehen, das Frage-Morphem
qui? 'wer?' jedoch nur nach dem Horizont-Morphem *il* 'es' (vgl. 3.3.3.2):

/ *il est venu qui?* /   'es ist w e r gekommen?'
/ *tu as écrit à qui?* /   'du hast w e m geschrieben?'
/ *je dois saluer qui?* /   'ich soll w e n grüßen?'

Bei den Fragen nach einer Partner- oder Objektperson, die eine Inversion des
Subjekts zulassen, wird das invertierte Subjekt immer durch ein Pronomen
bezeichnet. Es kann jedoch zusätzlich durch ein Nomen ausgedrückt werden.
Dieses wird in der mündlichen Sprache an den Anfang der Frage (noch vor das

Interrogativ-Pronomen) oder an das Ende der Frage gesetzt. In sehr gepflegter Rede und in der geschriebenen Sprache setzt man das Nomen manchmal auch zwischen das Interrogativ-Pronomen und das Verb, also an diejenige Stelle, wo ohne Inversion das Subjekt stände:

/ *qui a-t-il servi, le grand Hercule?* ÷ *la reine Omphale* / 'wem hat er gedient, der große Herkules (Herakles)? ÷ der Königin Omphale'
/ *mais Œdipe alors, qui épouse-t-il après avoir tué son père?* ÷ *sa mère* / 'aber nun Ödipus, wen heiratet er, nachdem er seinen Vater getötet hat? ÷ seine Mutter'
/ *à qui le genre humain doit-il le feu?* ÷ *à Prométhée* / 'wem verdankt das Menschengeschlecht das Feuer? ÷ (dem) Prometheus'

Die im letzten Beispiel auftretende Form wird vielfach als die korrekte Frageform gelehrt. Sie ist aber extrem selten und wird fast ausschließlich als sehr formelle Frage oder als didaktische Frage in Unterrichtssituationen gebraucht.

9.3.2.1.2 Fragen nach einer Sache

Nach Sachen (oder Sachverhalten) fragt man, ebenso wie nach Personen, im Rahmen der Handlungsrollen. Um nach einer Sache fragen zu können, muß der Fragende also schon wissen, um welche Handlungsrolle (Subjekt, Partner oder Objekt) es sich handelt. Nur bei den Gesprächsrollen ist noch etwas fraglich. Allerdings: da es sich um Sachen handeln soll, sind von den drei Gesprächsrollen bereits zwei ausgeschlossen: die Sender- und die Empfänger-Rolle. Denn nur die Referenten-Rolle läßt überhaupt eine Besetzung mit Sachen zu (vgl. 3.3.1). Gleichwohl ist die Frage nicht überflüssig. Die Referenten-Rolle kann ja semantisch ganz unterschiedlich besetzt sein. Überdies sind mit den Sprachzeichen der Gesprächsrollen die Morpheme des Numerus und – in der Referenten-Rolle – auch des Genus verschmolzen (vgl. Kap. 2). So bleibt, obwohl die Antwort auf die Frage nach einer Sache nur in der Referenten-Rolle gegeben werden kann, genug Verschiedenes zu antworten übrig.

Wir unterscheiden die Interrogativ-Pronomina auch bei Fragen nach einer Sache wieder nach dem Rahmen der Handlungsrollen:

1 Fragen nach einer Subjektsache

Das Interrogativ-Pronomen heißt *qu'est-ce qui?* [kɛski] 'was?' und ist eine gebundene Form. Es wird in seltenen Fällen zu der ebenfalls gebundenen Form *qu'est-ce que c'est qui?* [kɛskəsɛki] 'was (nur, bloß)?' erweitert:

/qu'est-ce qui vous déprime le plus dans la vie? ÷ l'école/ 'was bedrückt euch am meisten im Leben? ÷ die Schule'
/et qu'est-ce que c'est qui vous énerve le plus à l'école? ÷ les éternelles compositions/ 'und was fällt euch in der Schule am meisten auf die Nerven? ÷ die ewigen Klassenarbeiten'

[2] Fragen nach einer Partnersache

Das Interrogativ-Pronomen lautet *à quoi?* 'wem?, zu (oder: an) was?'. Sachfragen in diesem Rahmen sind sehr selten, weil die Partner-Rolle überhaupt nur selten von Sachen besetzt ist; verbreitet sind jedoch die Wendungen:

/à quoi ça sert? ÷ à rien du tout/ 'wozu ist das nütze? ÷ zu gar nichts'
/c'est bon à quoi? ÷ à bien des choses/ 'wozu ist das gut? ÷ zu allerlei'

Idiomatische Ausdrücke:

elle a de quoi 'sie ist (ganz schön) reich'
il n'a pas de quoi vivre 'er hat nicht genug, um zu leben'
à quoi bon! 'was soll's!'
à quoi sert de se plaindre! 'was nützt das Klagen!'

[3] Fragen nach einer Objektsache

In diesem Rahmen haben die Sachfragen die höchste Frequenz. Es gibt für sie drei Interrogativ-Pronomina. Am weitesten verbreitet ist die gebundene Form *qu'est-ce que?* [kɛskə] 'was?' Selten und nur in gepflegter Rede wird das Interrogativ-Pronomen *que?* 'was?' gebraucht, das ebenfalls eine gebundene Form ist. Während nach *qu'est-ce que* das Subjekt vor dem Verb steht (= Normalstellung), steht nach *que* das Subjekt hinter dem Verb (= Inversion).

/qu'est-ce que vous avez appris aujourd'hui? ÷ les morphèmes interrogatifs/ 'was haben Sie heute gelernt? ÷ die Frage-Morpheme'
/et que signalent les morphèmes interrogatifs? ÷ ils signalent un blanc dans l'information préalable/ 'und was signalisieren die Frage-Morpheme? ÷ sie signalisieren eine Leerstelle in der Vorinformation'

Zwischen den Fragen nach einer Objektsache und den an anderer Stelle zu erörternden Handlungsfragen ist ein fließender Übergang zu verzeichnen (vgl. 9.3.3).

9.3.2.2   Fragen nach der Referenz

Ist bei einer Rollenfrage schon bekannt, daß eine bestimmte Handlungsrolle mit der Gesprächsrolle des Referenten verschmolzen ist, und weiß man des weiteren von dieser Referenten-Rolle, daß und wie sie nominal besetzt ist, dann mögen diese Informationen vielleicht immer noch nicht ausreichen. Der Sprecher möchte seinen Kenntnisstand noch durch weitere Referenz verbessern. Dann kann er eine Frage nach der Referenz stellen. Zu diesem Zweck nennt er das betreffende Nomen, das ihm als (personale oder sächliche) Besetzung der Referenten-Rolle bereits bekannt ist und stellt diesem Nomen einen Interrogativ-Artikel zur Seite, der mit dem Nomen nach Genus und Numerus kongruent ist. Dieser Interrogativ-Artikel bezeichnet im Determinationsbereich seines Nomens jene Leerstelle, die der Sprecher durch die näher bestimmende Antwort seines Gesprächspartners ausgefüllt sehen möchte. Wir können dementsprechend die Bedeutung der Interrogativ-Artikel mit den semantischen Merkmalen 〈FRAGE〉 und 〈BESTIMMEND〉 beschreiben. Gegenüber der Opposition zwischen anaphorischen und kataphorischen Artikeln (vgl. 5.1.2) verhalten sich die Interrogativ-Artikel neutral; denn sie beziehen sich auf eine (mangelhafte) Vorinformation, um diese durch eine Nachinformation vervollständigen zu lassen.

Die folgende Matrix zeigt die Verschmelzung des Interrogativ-Artikels mit den Morphemen des Genus und des Numerus:

NUMERUS \ GENUS	MASKULIN	FEMININ
SINGULAR	*quel soulier?* 'welcher Schuh?'	*quelle botte?* 'welcher Stiefel?'
PLURAL	*quels bas?* 'welche Strümpfe?'	*quelles chaussettes?* 'welche Socken?'

Der Interrogativ-Artikel fragt nach Determinanten für sein Nomen, um genauere Referenzen über einen Gegenstand einzuholen. Die als Referenz geeigneten Determinanten können als Antwort auf die Frage in verschiedener Form gegeben werden, beispielsweise als gezielte Artikel (*mes souliers* 'meine Schuhe'), als Adjektive (*les grosses bottes* 'die dicken Stiefel') oder in Form von Junktionen (*les bas que tu m'as achetés* 'die Strümpfe, die du mir gekauft hast'). Die Antwort hat jeweils den Charakter einer Nachinformation, durch die eine Lücke in der Vorinformation ausgefüllt wird.

Die Frage nach der Referenz wird im Rahmen der Handlungsrollen gestellt, die als Vorinformation gegeben sind. Die jeweilige Handlungsrolle ist an der

Stellung zum Verb erkennbar; die Partner-Rolle wird zusätzlich durch das Morphem *à* gekennzeichnet.

- Subjekt-Rahmen:
  /*quelle bicyclette est la sienne? ÷ celle-ci*/ 'welches Fahrrad ist seines? ÷ dieses hier'

- Partner-Rahmen:
  /*à quel garçon tu as prêté* (oder gepflegt: *as-tu prêté) ton vélo? ÷ à mon ami*/ 'welchem Jungen hast du dein Rad geliehen? ÷ meinem Freund'

- Objekt-Rahmen:
  /*et quel vélo tu prends* (oder gepflegt: *prends-tu) toi-même? ÷ celui de mon père*/ 'und welches Rad nimmst du selber? ÷ das von meinem Vater'

Einige wenige Inversionsfragen mit dem Interrogativ-Artikel haben sich auch in der Umgangssprache eingebürgert und sind fast lexikalisiert:

/*quelle heure est-il* (oder: *il est)?*/ 'wieviel Uhr (oder: wie spät) ist es?'
/*quel âge avez-vous?*/ 'wie alt sind Sie?'
/*quel jour sommes-nous?*/ 'den wievielten haben wir heute?'

Der Interrogativ-Artikel *quel?* kann durch das Prädikations-Verb *être* von seinem zugehörigen Nomen getrennt werden, so daß es in Spitzenstellung steht. Der Rahmen der Handlungsrollen läßt sich dann durch Relativ-Junktionen bezeichnen:

/*quel est le parti qui a gagné les élections?*/ 'welche Partei hat die Wahlen gewonnen?
/*quel est l'homme politique à qui on a offert la présidence du conseil?*/ 'welchem Politiker hat man die Ministerpräsidentschaft angeboten?'
/*quelle est la leçon qu'on peut tirer de la campagne électorale?*/ 'welche Lehre kann man aus dem Wahlkampf ziehen?'

Die getrennte Stellung des Interrogativ-Artikels *quel?* ist deshalb so beliebt, weil sie eine stilistisch relevante Entscheidung zwischen Inversion und Nicht-Inversion überflüssig macht. Vergleiche:

INTERROGATIV-ARTIKEL VOM NOMEN GETRENNT	INTERROGATIV-ARTIKEL MIT DEM NOMEN VERBUNDEN
/*quel est le conseil que vous avez à me donner?*/ 'welchen Rat haben Sie mir zu geben?'	/*quel conseil avez-vous* (oder: *vous avez) à me donner?*/ 'welchen Rat haben Sie mir zu geben?'

Weitere Beispiele für den Gebrauch des von seinem Nomen durch das Prädikations-Verb *être* getrennten Interrogativ-Artikels:

/ *quel est votre nom?* /   'wie ist ihr Name?'
/ *quelle est votre nationalité?* /   'welche Staatsangehörigkeit haben Sie?'
/ *quelle est votre profession (oder: quel est votre métier)?* /   'was sind Sie von Beruf?'
/ *quels sont vos projets?* /   'was für Pläne haben Sie?'
/ *quelle est votre taille?* /   'wie groß sind Sie (oder: welche Größe haben Sie)?'
/ *quel en est le prix?* /   'wie teuer ist das?'
(...)

Alle diese Ausdrücke finden sich jedoch vorwiegend in gepflegter Rede. In weniger gepflegter Rede sagt man eher:

/ *vous êtes de quelle nationalité?* /   'was sind Sie für ein Landsmann?'
/ *comment vous vous appelez (oder: vous vous appelez comment)?* /   'wie heißen Sie?'
/ *combien (oder: qu'est-ce que) ça coûte?* /   'wieviel (oder: was) kostet das?'
/ *qu'est-ce que vous faites dans la vie (oder: comme métier, comme profession)?* / 'was sind Sie von Beruf?'

Der Interrogativ-Artikel *quel?/quelle?/quels?/quelles?* ist ein gebundenes, und zwar nomengebundenes Frage-Morphem. Der entsprechende freie Interrogativ-Artikel lautet: *lequel?/laquelle?/lesquels?/lesquelles?* Die freien Formen werden vorwiegend in textueller Isolierung gebraucht. Im Textfluß gebraucht man sie nur dann, wenn die Alternative klar bezeichnet ist:

/ *vous êtes au courant des mesures qu'on a prises? ÷ non, lesquelles?* /   'sind Sie über die getroffenen Maßnahmen auf dem laufenden? ÷ nein, (über) welche?'
/ *de la grève générale ou de la grève perlée, laquelle de ces deux mesures vous semble promettre le plus de succès?* /   'Generalstreik oder Bummelstreik, welche dieser beiden Maßnahmen scheint Ihnen am meisten Erfolg zu versprechen?'
/ *dans ce combat il ne pourra y avoir qu'un seul vainqueur, mais je me demande lequel ÷ on verra bien* /   'in diesem Kampf kann es nur einen Sieger geben, aber ich frage mich, welchen ÷ wir werden (ja) sehen'

Beim zweiten Beispiel, das eine Alternative nennt, ist besonders zu beachten, daß beide Seiten der Alternative mit der Referenz-Präposition *de* (vgl. 8.3.2.1) eingeführt werden.

9.3.2.3   Fragen nach der Quantität und Frequenz

Wenn hinsichtlich eines Nomens die Vorinformation quantitativ nicht ausreichend ist, kann der Sprecher seinen Wunsch nach diesbezüglich ergänzender Nachinformation durch eine Frage nach der Quantität ausdrücken. Zu diesem Zweck benutzt er als Frage-Morphem einen gezielten Interrogativ-Artikel, nämlich den numeralen Interrogativ-Artikel (vgl. 5.2.3). Dessen wichtigste Form lautet: *combien de* 'wieviele? wieviel?' Meistens wird dieses Frage-Morphem auf die Pluralform eines Nomens bezogen. Erfragt wird dann die Zahl der Elemente, die in der mit dem Nomen gemeinten Menge unterschieden werden können (vgl. 2.2.1). Dementsprechend können wir die Bedeutung dieses Frage-Morphems mit den semantischen Merkmalen ⟨FRAGE⟩ und ⟨ZÄHLEN⟩ beschreiben:

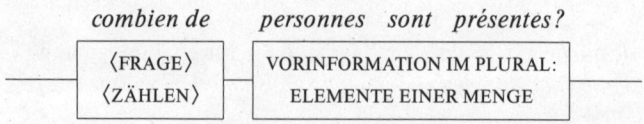

combien de   personnes   sont   présentes?

⟨FRAGE⟩   VORINFORMATION IM PLURAL:
⟨ZÄHLEN⟩   ELEMENTE EINER MENGE

Wenn auf diese Frage mit der Bedeutung 'wieviele Personen sind anwesend?' etwa geantwortet wird: *trois mille personnes (sont présentes)* 'dreitausend Personen (sind anwesend)', so zeigt diese Antwort, daß der numerale Interrogativ-Artikel *combien de* an eben der Stelle vor dem Nomen steht, wo auch der Numeral-Artikel, nämlich hier die Elementarzahl *trois mille* 'dreitausend', ihren Platz hat.

Nach einer Menge (von Elementen) fragt man nicht in der gleichen Weise, so daß beispielsweise vor dem Singular des Nomens *personne* 'Person' kein numeraler Interrogativ-Artikel dieser Art vorkommt. Ist jedoch die Opposition Singular vs. Plural bei einem Nomen neutralisiert, etwa bei dem «Massenbegriff» *eau* 'Wasser', vor dem auch der numerus-neutrale kataphorische Artikel («Teilungsartikel») stehen kann (*de l'eau* 'Wasser' – vgl. 5.1.2.5), so findet man vor ihm auch den numeralen Interrogativ-Artikel *combien d'eau?* 'wieviel Wasser?' Es wird dann nach der Masse gefragt, die in dieser Menge vereinigt ist.

Für die Frage nach der Quantität ist wieder der Rahmen der Handlungsrollen wichtig:

– Erfragter Subjekt-Numerus:
  /*combien d'argent a été payé comptant?* ÷*très peu*/ 'wieviel Geld ist bar bezahlt worden? ÷ sehr wenig'

– Erfragter Partner-Numerus:

/*à combien de banques vous avez* (oder: *avez-vous*) *demandé un crédit?* ÷ *à une seule*/   'bei wievielen Banken haben Sie einen Kredit beantragt? ÷ nur bei einer'

– Erfragter Objekt-Numerus:
/*combien vous avez d'hypothèques* (oder: *combien d'hypothèques avez-vous*) *sur votre maison?* ÷ *trois*/   'wieviele Hypotheken haben Sie auf Ihrem Haus? ÷ drei'

Das letzte Beispiel läßt gleichzeitig erkennen, daß der numerale Interrogativ-Artikel im Objekt-Rahmen (nur in diesem!) von seinem Nomen durch das Verb getrennt werden k a n n , und zwar in der Form *combien ... de* + Nomen.
   In mündlicher Rede wird das Frage-Morphem *combien (...) de* nicht selten durch das Morphem [ɛskə] (geschrieben *est-ce que*) erweitert (vgl. 9.3.1.2.1):

/*combien est-ce que vous voulez en construire encore, de ces immeubles en béton hideux, monsieur l'architecte?*/   'wieviele von diesen häßlichen Betongebäuden wollen Sie (eigentlich) noch bauen, Herr Architekt?'

Die freie Form des numeralen Interrogativ-Artikels lautet *combien?* 'wieviele/ wieviel?' In mündlicher Rede steht diese Form nicht selten auch am Ende einer Frage:

/*plusieurs invités sont déjà arrivés* ÷ *combien?* ÷ *une vingtaine*/   'mehrere Gäste sind schon eingetroffen ÷ wieviele? ÷ (so) an die zwanzig'
/*en tout nous en avons invité combien?* ÷ *quarante*/   'wieviel(e) haben wir insgesamt eingeladen? ÷ vierzig'
/*et tout ça coûte combien?* ÷ *une fortune*/   'und wieviel kostet das alles? ÷ ein Vermögen'

Neben der Stellung *ça coûte combien?*, die als Norm gilt, hört man umgangssprachlich auch oft: *combien ça coûte?* oder (was als normwidrig gilt) *combien que ça coûte?* 'was kostet das?'

Idiomatische Ausdrücke:

combien de temps?   'wie lange?'
vous êtes combien?   'wieviele seid ihr?'
ça fait (oder: *c'est*) *combien?*   'wieviel macht (oder: kostet) das?'
combien font deux et deux?   'wieviel ist zwei und zwei?'

Will man als Antwort eine Ordinalzahl haben, benutzt man die Frage-Morpheme *le/la combientième?* oder – gepflegter – *le/la quantième?*, beide mit der Bedeutung 'der/die/das wievielte?' Mit dem Frage-Morphem *le combien?* kann man das Datum erfragen.

/ *tu es arrivé le combientième de cette course?* ÷ *le premier* / 'der wievielte bist du bei diesem Lauf geworden? ÷ der erste'

/ *nous sommes le combien aujourd'hui?* ÷ *le premier avril* / 'den wievielten haben wir heute? ÷ den 1. April'

Mit dem Frage-Morphem *combien de fois?* 'wie oft?' erfragt man die Frequenz (vgl. 7.3.5):

/ *combien de fois tu as* (oder gepflegter: *as-tu*) *déjà réussi avec ce poisson d'avril?* ÷ *non, c'est sérieux, parole d'honneur* / 'wie oft hast du schon mit diesem April-scherz Erfolg gehabt? ÷ nein, das ist mein Ernst, Ehrenwort'

Idiomatischer Ausdruck:

il passe tous les combien, l'autobus? 'wie oft (oder: alle wieviel Minuten) fährt der Autobus?'

9.3.3 Handlungsfragen

Handlungen werden hauptsächlich durch Verben ausgedrückt. Wenn also Handlungen fraglich sind, muß man nach Verben fragen. Zu diesem Fragezweck benutzt man, neben einigen Interrogativ-Morphemen des bereits besprochenen Typus, eine Reihe von geeigneten Pro-Verben. Pro-Verben sind Verben mit extrem weiter Bedeutung, die im Text Verben mit engerer und somit präziserer Bedeutung vertreten können, ebenso wie Pronomina im Text Nomina vertreten und textuell fortsetzen können (Pronominalisierung – vgl. 3.2.1). Das häufigste Pro-Verb ist *faire* 'tun, machen'. Daneben findet man häufig auch die Morphem-Verben *être* 'sein' und *avoir* 'haben' als Pro-Verben gebraucht. Neutral gegenüber den Gesprächsrollen sind die Pro-Verben *il se passe* 'es geschieht, es passiert' und *il arrive* 'es kommt vor'. Bei komplexen Verben, die aus einem Modalverb und einem Infinitiv zusammengesetzt sind (vgl. 4.6.3.1), kann das Modalverb als Pro-Verb das ganze Modalgefüge vertreten.

Für die Bildung einer Handlungsfrage gilt nun die allgemeine Regel, daß der Sprecher dem Hörer einen doppelten Leerstellenhinweis gibt. Der eine besteht in einem passenden Pro-Verb (das ja als Pro-Form mit sehr weitem Bedeutungs-umfang einen relativ leeren Bedeutungsinhalt hat). Der andere Leerstellenhin-weis liegt in einem Interrogativ-Pronomen von jener Art, mit der man sonst bei einer Rollenfrage nach einer Objektsache fragen kann (vgl. 9.3.2.1.2), also der Form *qu'est-ce que?* 'was?' oder auch (auf höherem Stilniveau) *que?* 'was?', wobei noch als freie Form das Interrogativ-Morphem *quoi?* 'was?' zu ergänzen ist. Man kann sagen, daß bei Handlungsfragen die erforderlichen Frage-Mor-pheme («Interrogativ-Pro-Verben») zweiteilig zusammengesetzt werden aus bestimmten Pro-Verben und bestimmten Interrogativ-Pronomina. Diese Syn-these ist möglich, weil die beiden Formgruppen ja die semantische Eigenschaft gemeinsam haben, relativ bedeutungsleer zu sein.

In den folgenden Beispielen richtet sich die Handlungsfrage auf die Bedeutung des Verbs. Als synthetische Frage-Morpheme dienen die Interrogativ-Pronomina *qu'est-ce que?* oder *que?* in Verbindung mit den Pro-Verben *faire* 'tun, machen', *avoir* 'haben' und *(il) se passe* 'es geschieht, es ist los':

/ *qu'est-ce que tu fais là?* ÷ *je réfléchis* / 'was machst du da? ÷ ich denke nach'
/ *qu'est-ce que tu as?* ÷ *je suis déprimé* / 'was hast du? ÷ ich bin niederge-schlagen'
/ *mais qu'est-ce qui se passe (*oder sehr gepflegt: *que se passe-t-il)?* ÷ *je désespère* / 'was ist bloß los? ÷ ich verzweifle'

Nach dem gleichen Muster kann auch nach dem Prädikament einer Prädikations-Handlung gefragt werden. Das Prädikament kann dabei ein Prädikats-Nomen oder ein Prädikats-Adjektiv sein (vgl. 3.4.1.2). Als Pro-Verb dient in diesem Fall das Prädikations-Verb *être* 'sein', das sich für diese Funktion ebenfalls durch einen extrem weiten Bedeutungsumfang und entsprechend leeren Bedeutungs-inhalt anbietet:

/ *qu'est-ce que tu es dans la pièce?* ÷ *je suis le jeune amoureux* /   'was bist du in dem Stück? ÷ ich bin der jugendliche Liebhaber'
/ *qu'est-ce que tu es alors, triste ou gai?* ÷ *triste* / 'was bist du denn also, traurig oder fröhlich? ÷ traurig'

Bei den Verben, die eine Mitteilung, eine (äußere oder innere) Erfahrung oder eine Situationsbeurteilung ausdrücken («verba dicendi, putandi, sentiendi» – vgl. 8.4.11), kann der Inhalt dieser Mitteilung, Erfahrung oder Beurteilung ebenfalls durch eine Handlungsfrage erfragt werden. Dann dient dasjenige Verb, das die Form bezeichnet (und insofern relativ inhaltsleer ist) als Pro-Verb, das in Verbin-dung mit einem Interrogativ-Pronomen des besprochenen Typus eine inhaltliche Nachinformation als Antwort erbittet. Diese wird dann in der Regel mit dem

761

Inhalts-Junktor *que* 'daß' angefügt, wie die folgenden beiden Beispiele erkennen lassen:

/*qu'est-ce que vous avez dit?* ÷ *j'ai dit que j'aime beaucoup la grammaire*/ 'was haben Sie gesagt? ÷ ich habe gesagt, daß ich die Grammatik sehr liebe'
/*et qu'est-ce que vous pensez en vérité?* ÷ *que je la déteste*/ 'und was denken Sie wirklich? ÷ daß ich sie hasse'

Durch die zweiteilige Verbindung eines Interrogativ-Morphems vom Typus «Frage nach einer Objektsache» und eines Pro-Verbs im besprochenen Sinn des Wortes kann man auch nach einem komplexen Sachverhalt fragen und auf diese Weise gegebenenfalls eine ganze Geschichte herauslocken:

/*qu'est-ce que vous avez fait l'année dernière?* ÷ *eh bien, l'année dernière, j'ai fait une croisière en Grèce, mais le bateau . . .*/ 'was haben Sie letztes Jahr gemacht? ÷ ja also, letztes Jahr habe ich eine Kreuzfahrt nach Griechenland gemacht, aber das Schiff . . .'

Idiomatisierte Fragen:

qu'est-ce que c'est (que ça)? [kɛskəsɛ(ksa)] 'was ist das?'
qu'est-ce que ça veut dire? [kɛskəsavødir] 'was soll das heißen (oder: be-deuten)?'

Bei all diesen Handlungsfragen ist der Gebrauch des längeren Frage-Morphems *qu'est-ce que?* die Regel. Demgegenüber verrät man durch den Gebrauch des kurzen Frage-Morphems *que?* einen Willen zum gepflegten Stil, außer in lexikali-sierten Wendungen wie den folgenden, die auch von der Umgangssprache nicht verschmäht werden:

qu'y a-t-il? 'was gibt es (oder: was ist los)?'
que sais-je? 'was weiß ich (denn)!' (Wahlspruch Montaignes)
que voulez-vous? 'was wollen Sie?'
qu'en pensez-vous? 'was halten Sie davon?'
que veux-tu que je te dise? 'was soll ich dir (bloß) sagen!'
que voulez-vous que j'y fasse? 'was soll ich daran (bloß) ändern!'
qu'importe d'être pauvre! 'was macht es (schon), daß man arm ist!'
(. . .)

Auch vor Infinitiven findet man das Frage-Morphem *que?*:

que faire? 'was (soll man bloß) tun?'
que choisir? 'was (soll man bloß) wählen?'
que lui dire? 'was (soll man) ihm (bloß) sagen?'
que penser de tout cela? 'was soll man von all dem bloß denken?'

Die Grenze zu rhetorischen Fragen (vgl. 9.3.5) und zu Ausrufen (vgl. 9.3.6) ist in diesen Ausdrücken fließend.

Das Interrogativ-Pronomen *quoi?* 'was?', das ebenfalls in Verbindung mit einem Pro-Verb zur Bildung einer Handlungsfrage gebraucht werden kann, ist eine freie Form. Beim Gebrauch im sprachlichen Kontext stellt man sie dem Verb nach, was dem Text eine saloppe Nuance verleiht. Mit *quoi?* wird gelegentlich auch die Wiederholung eines nicht verstandenen Textabschnitts verlangt:

/*tu fais quoi au bureau?* ÷ *je tiens le registre* ÷ *quoi?* ÷ *j'ai dit que je tiens le registre*/ 'was machst du auf dem Büro? ÷ ich führe das Register ÷ was? ÷ ich habe gesagt, daß ich das Register führe'

Höflicher ist es jedoch, für die Bitte um Textwiederholung das ebenfalls freie Frage-Morphem *comment?* 'wie bitte?' zu verwenden (vgl. 9.3.4.3). Auch mit dem fragend intonierten Nomen *pardon?* 'wie bitte?' kann man sich das Verständnis durch eine Erläuterung erleichtern lassen.

9.3.4 Umstandsfragen

Umstandsfragen dienen dazu, in einer gegebenen Situation Nachinformationen zu bestimmten Aspekten der Situation zu erbitten. Um solche Fragen zu stellen, benutzt man Interrogativ-Adverbien oder Interrogativ-Junktoren. Die Antworten werden dementsprechend in Form von Adverbien/Adverbialien oder Junktionen gegeben. Mit Interrogativ-Adverbien erfragt man Umstände der Position (9.3.4.1), der Zeit (9.3.4.2) oder der Art und Weise (9.3.4.3). Mit Interrogativ-Junktoren fragt man nach dem Grund (9.3.4.4) oder nach sonstigen Umständen, die für das Sprachspiel bedeutsam sein können (9.3.4.5).

9.3.4.1 Fragen nach der Position

Unter Position haben wir den Kommunikations-Raum verstanden, der nach der Sender-Position, der Empfänger-Position und der Referenten-Position gegliedert ist. Sind diese kommunikativen Positionen neutralisiert, so versachlicht sich der Kommunikations-Raum zum dreidimensionalen physikalischen Raum (vgl. 7.3.2).

Nach der Position fragt man mit dem Interrogativ-Adverb *où?* 'wo?, wohin?', das mit der Konjunktion *où* 'wo, wohin' homonym und bedeutungsverwandt ist (vgl. 8.4.3). Wir beschreiben die Bedeutung des Interrogativ-Adverbs *où* mit den semantischen Merkmalen ⟨FRAGE⟩ und ⟨POSITION⟩. Die Position, in der man sich befindet (Bedeutung: 'wo?'), wird in der Bedeutung dieses Interrogativ-Adverbs nicht unterschieden von der Position, in die man sich begibt (Bedeutung: 'wohin?'). Nach der Herbewegung aus einer Position fragt man hingegen mit dem modifizierten Interrogativ-Adverb *d'où?* 'woher?'

Die folgenden beiden Beispiele zeigen, daß es für das Interrogativ-Adverb *où?/d'où?* keinen Unterschied macht, ob nach dem (nicht-physikalischen) Kommuni-kations-Raum oder nach dem dreidimensionalen (physikalischen) Raum gefragt wird:

/ *d'où me connaissez-vous? ÷ de vue seulement* /   'woher kennen Sie mich? ÷ nur vom Sehen'

/ *où habitez-vous maintenant? ÷ à Dijon* /   'wo wohnen Sie jetzt? ÷ in Dijon'

Im ersten Fall lockt die Positionsfrage als Antwort die Angabe einer bestimmten Kommunikationsart, im zweiten Fall eine Ortsangabe hervor.

Die Frage nach der Position kann im Hinblick auf bestimmte Antwort-Erwar-tungen semantisch präzisiert werden, häufig dann im Sinne des physikalisch-geographischen Raumes. Das geschieht durch Interrogativ-Adverbialien ver-schiedener Art, zum Beispiel: *à quel endroit?* 'an welcher/welche Stelle?', *à quelle place?* 'an welchem/welchen Platz?', *dans quelle ville?* 'in welcher/welche Stadt', *dans quel pays?* 'in welchem/welches Land?'

Bei den Fragen nach der Position treten einige Stellungsprobleme auf, die auf verschiedenen Stilebenen verschieden gelöst werden. Die folgenden Fragetypen können unterschieden werden:

[1]   Erweiterte Positionsfragen

Das Interrogativ-Adverb *où?* tritt hier in morphematisch erweiterter Form auf, insbesondere in der mündlichen Rede. Man hört die folgenden Formen: [uɛskə, uskə, usɛkə, ukə, uksɛkə]. Von diesen Formen ist jedoch nur die ersterwähnte Form *où est-ce que?* uneingeschränkt schriftfähig und stilistisch neutral. Die anderen Formen gehören der mündlichen Umgangssprache an und werden nur geschrieben, wenn diese imitativ wiedergegeben werden soll:

/ *où est-ce que vous allez?* ÷ *au marché* /   'wo gehen Sie hin? ÷ zum Markt'
/ *et toi, où que c'est que tu vas?* ÷ *à l'école* /   'und wo gehst du hin? ÷ in die Schule'

Die Wortstellung bleibt nach diesem erweiterten Interrogativ-Adverb unverändert. Ein Nomen in der Subjekt-Rolle wird jedoch häufig in die Randstellung (Spitzenstellung oder Endstellung) gebracht:

/ *où qu'il est, ton copain?* ÷ *dans la rue* /   'wo ist dein Freund (Spielkamerad)? ÷ auf der Straße'

[2]   Positionsfragen mit Inversion des Subjekts

Wenn man in einer Positionsfrage das (nicht erweiterte) Frage-Morphem in die Spitzenstellung bringt und zugleich das Subjekt dem Verb nachfolgen läßt (Inversion), gibt man mit dieser Wortwahl gleichzeitig die Absicht eines gehobenen Stils zu erkennen:

/ *où vous dirigez-vous?* ÷ *vers la gare* /   'wohin begeben Sie sich? ÷ zum Bahnhof'
/ *dans quel quartier habitez-vous?* ÷ *dans le quartier universitaire* /   'in welchem (Stadt-)Viertel wohnen Sie? ÷ im Universitätsviertel'

Ist das Subjekt durch ein Nomen bezeichnet, so kann es, falls es einfach ist, wie ein Pronomen dem Verb nachgestellt werden (Inversionsstellung). Vielfach, zumal wenn das Verb näher determiniert ist, wird das Subjekt jedoch redundant bezeichnet, nämlich durch ein Pronomen in Inversionsstellung nach dem Verb und zusätzlich durch das Nomen, das entweder in der Subjekt-Stellung vor dem Verb oder auch in der Randstellung stehen kann. Die folgenden Stellungstypen sind also möglich:

/ *où habite votre père?* /   'wo wohnt Ihr Vater?'
/ *où votre père est-il domicilié?* /   'wo ist Ihr Vater wohnhaft?'
/ *mais votre père, où veut-il se loger?* /   'aber wo will Ihr Vater denn wohnen?'
/ *et où se trouve-t-il en ce moment, votre père?* /   'und wo befindet sich Ihr Vater jetzt?'

Die ersten beiden Fragetypen werden in der geschriebenen Sprache, die beiden letzten in der mündlichen Sprache bevorzugt.

Als geflügeltes Wort wird oft zitiert:

/ *où sont les neiges d'antan?* /   'wo ist der Schnee von gestern geblieben?' (François Villon)

[3]   Positionsfragen ohne Inversion des Subjekts

In mündlicher Rede, die keine besonderen stilistischen Ansprüche erhebt, kommt die Inversionsfrage sehr selten vor. Man läßt statt dessen die Wortstellung nach dem Interrogativ-Adverb unverändert. Bei pronominalem Subjekt ist dieser Fragetypus sehr häufig:

/ *où tu vas?* ÷ *à l'usine* /   'wohin gehst du? ÷ in die Fabrik'
/ *dans quelle usine il travaille?* ÷ *chez Renault* /   'in welcher Fabrik arbeitet er? ÷ bei Renault'
/ *où ça se trouve, Renault?* ÷ *à Boulogne-Billancourt* /   'wo befindet sich Renault? ÷ in Boulogne-Billancourt'

Das letzte Beispiel zeigt, wie bei diesem Fragetyp ein Nomen in der Subjekt-Rolle behandelt wird. Man bringt es – wie in dem letzten Beispiel – in die Endstellung, kann es aber auch in die Spitzenstellung bringen. In beiden Fällen steht es in Randstellung und redundant neben dem Pronomen.

[4]   Positionsfragen mit nachgestelltem Frage-Morphem

Das Interrogativ-Adverb der Position kann in mündlicher Rede (oder wenn mündliche Rede imitativ in der Schrift festgehalten werden soll) auch dem Verb nachgestellt werden. Die übrige Wortfolge bleibt unverändert:

/ *vous venez d'où?* ÷ *de Rennes* /   'woher kommen Sie? ÷ von Rennes'
/ *Rennes, c'est dans quelle région?* ÷ *en Bretagne* /   'Rennes, in welcher Gegend liegt das? ÷ in der Bretagne'

[5]   Verkürzte Positionsfragen

Da der Infinitiv als subjektlose Verbform eine (immer stilistisch relevante) Entscheidung über Inversion oder Nicht-Inversion erübrigt, weicht man bei Fragen nach der Position gern in eine Infinitiv-Konstruktion aus. Diese ist auf allen Stilebenen unverfänglich:

/ *par où sortir?* /   'wo soll man da (he-)rauskommen?'
/ *où se réfugier?* /   'wohin soll man sich da flüchten?'
/ *je ne sais pas où donner de la tête* /   'ich weiß nicht, wo mir der Kopf steht'

Idiomatische Ausdrücke:

où en étions-nous (restés)?   'wo waren wir stehen geblieben?' (im Unterricht)
où en suis-je avec vous?   'woran bin ich mit Ihnen (= worauf kann ich mich bei
  Ihnen verlassen)?'

9.3.4.2   Fragen nach der Zeit

Fragen nach der Zeit stellt man im Tempus-Rahmen. Der Tempus-Rahmen wird
durch die Tempusform des jeweiligen Verbs gesetzt. Dieses Tempus wird also
nicht in Frage gestellt. Gefragt wird vielmehr nach der Zeit, wie sie sich in diesem
Tempus-Rahmen darstellt. Die Antwort wird mit Adverbien oder Adverbialien
gegeben. Man vergleiche die beiden folgenden Zeitfragen mit jeweils dem gleichen Interrogativ-Adverb *quand?* 'wann?', jedoch in unterschiedlichem Tempus-
Rahmen:

/*quand êtes-vous arrivé?* ÷ *(je suis arrivé) ce matin*/   'wann sind Sie angekommen? ÷ heute morgen (bin ich angekommen)'
/*quand voulez-vous repartir?* ÷ *(je partirai) à cinq heures*/   'wann wollen Sie
  wieder abreisen? ÷ um fünf Uhr (reise ich ab)'

Das erwähnte Interrogativ-Adverb *quand?* ist das wichtigste Frage-Morphem für
Fragen nach der Zeit. Es kann auch als freie Form gebraucht werden. Mit der
temporalen Konjunktion *quand* 'wenn, immer wenn, als' ist es homonym und
bedeutungsverwandt (vgl. 8.4.2). Seine Bedeutung ist zu beschreiben mit den
semantischen Merkmalen der Frage und des Tempus. Fragen nach der Zeit können im Hinblick auf bestimmte Antwort-Erwartungen semantisch präzisiert werden. Man gebraucht dann statt des Interrogativ-Adverbs verschiedene Interrogativ-Adverbialien, und die Fragen beginnen dann etwa: *à quelle heure?* 'wann? um
welche Zeit?', *quel jour?* 'wann? an welchem Tage?', *quel mois?* 'wann? in
welchem Monat?', *quelle année?* 'wann? in welchem Jahr?'
  Wenn man eine Frage nach der Zeit mit einem Interrogativ-Adverb oder
einem Interrogativ-Adverbiale beginnen will, stellt sich das Problem der Wortfolge, zumal in bezug auf die Stellung des Subjekts. Es gibt eine ganze Skala von
Möglichkeiten, eine solche Frage zu organisieren. Alle diese Möglichkeiten
unterscheiden sich in ihrem stilistischen Ausdruckswert und geben damit zu
erkennen, ob man mehr oder weniger gepflegt reden will.

---

1 Zeitfrage mit Morphem-Erweiterung

Eine Erweiterung mit [ɛskə], geschrieben *est-ce que,* gibt eine mittlere Stilhöhe zu erkennen:

/ *quand est-ce que vous vous êtes fiancé?* ÷ *au mois de mai* / 'wann haben Sie sich verlobt? ÷ im Mai'

Mit sinkender Stilhöhe treten in der mündlichen Umgangssprache auch Erweiterungen mit [sɛk(ə)] oder [ksɛk(ə)] auf, jedoch nicht allzu häufig:

/ *quand (que) c'est* [kãksɛ/kãsɛ] *que vous vous êtes séparés?* ÷ *au mois de novembre* / 'wann haben Sie sich getrennt? ÷ im November'

Durch Erweiterungen dieser Art erübrigen sich Inversionen des Subjekts.

2 Zeitfragen mit Inversion des Subjekts

Eine Inversion des Subjekts deutet immer auf einen gehobenen Stil und findet sich mit größerer Frequenz nur in der geschriebenen Sprache. In der gesprochenen Sprache findet man Inversionsfragen nach der Zeit nur bei zweigliedrigen Verben mit pronominalem Subjekt. Ist die Subjekt-Rolle hingegen von einem Nomen besetzt, so wird diese Handlungsrolle redundant bezeichnet, und zwar zuerst durch das Nomen vor dem Verb, sodann durch ein Pronomen nach dem Verb:

/ *quand allez-vous me donner votre opinion?* ÷ *tout de suite* / 'wann sagen Sie mir Ihre Meinung? ÷ sofort'
/ *et quel jour le patron nous communiquera-t-il sa décision?* ÷ *bientôt, j'espère* / 'und wann wird der Chef uns seine Entscheidung mitteilen? ÷ ich hoffe, bald'

Der durch das letztgenannte Beispiel vertretene Fragetypus ist extrem selten und kommt in mündlicher Sprache so gut wie nicht vor. Statt dessen sagt man in (immer noch gepflegter) mündlicher Rede eher:

/ *et le patron, quand donnera-t-il son opinion là-dessus?* ÷ *avec lui on ne sait jamais* / 'und der Chef, wann sagt der seine Meinung dazu? ÷ bei dem weiß man (das) nie'

---

3   Zeitfragen ohne Inversion des Subjekts

Die Interrogativ-Adverbialien des Typus *à quelle heure?* 'zu welcher Zeit (-stunde)?', *quel jour?* 'an welchem Tag?', *quel mois?* 'in welchem Monat?', *(en) quelle année?* 'in welchem Jahr?' können in einer Frage nach der Zeit die Spitzenstellung einnehmen, ohne daß es zu einer Inversion des Subjekts kommt. Diese Möglichkeit besteht jedoch für das Interrogativ-Adverb *quand* nicht, da es in dieser Stellung mit der Konjunktion *quand* verwechselt werden könnte (vgl. 8.4.2):

/*quelle semaine tu veux choisir pour tes congés?* ÷ *la semaine après Pâques*/
  'welche Woche willst du für deinen Urlaub wählen? ÷ die Woche nach Ostern'
/*à quelle heure il part, ton avion* ÷ *à six heures du matin*/   'wann (oder: um wieviel Uhr) geht dein Flugzeug? ÷ um sechs Uhr morgens'

Dieser Fragetypus ist auf die gesprochene Umgangssprache beschränkt.

4   Zeitfrage mit nachgestelltem Frage-Morphem

Nicht selten wird das Interrogativ-Adverb dem Verb nachgestellt. Ein nominales Subjekt wird dann gerne in die Randstellung (Spitzenstellung oder Endstellung) verwiesen:

/*elle est née en quelle année, votre fille?* ÷ *en 1970*/   'wann (oder: in welchem Jahr) ist Ihre Tochter geboren? ÷ 1970'
/*et votre fils (il) est né quand?* ÷ *l'année suivante*/   'und wann ist Ihr Sohn geboren? ÷ im Jahr darauf'

Zeitfragen mit nachgestelltem Interrogativ-Adverb findet man ebenfalls hauptsächlich in der gesprochenen Umgangssprache.

9.3.4.3   Fragen nach der Art und Weise

Nach der Art und Weise einer Handlung fragt man mit Interrogativ-Adverbien der Art und Weise. Das morphematische Interrogativ-Adverb lautet *comment?* 'wie?'. Seine Bedeutung kann durch die Merkmale ⟨FRAGE⟩ und ⟨ERGÄNZUNG⟩ beschrieben werden. Die erfragte Ergänzung kann semantisch präzisiert werden durch Interrogativ-Adverbialien wie:

de quelle manière (sorte, façon)?   'auf welche (Art und) Weise?'

Man antwortet auf eine Frage nach der Art und Weise häufig mit einem Qualitäts-Adverb oder -Adverbiale (vgl. 7.3.7). Nicht selten fühlt sich der nach der Art und Weise einer Handlung Befragte jedoch auch zu einer längeren Antwort herausgefordert.

Ebenso wie bei den Fragen nach der Position (vgl. 9.3.4.1) und der Zeit (vgl. 9.3.4.2) stellt sich auch für die Fragen nach der Art und Weise das Problem der Wortfolge. Die verschiedenen Lösungen dieses Problems sind gleichzeitig stilistisch relevant:

[1]   Fragen nach der Art und Weise mit Morphem Erweiterung

Eine Erweiterung des Interrogativ-Adverbs oder des Interrogativ-Adverbiales durch [ɛskə] erlaubt dem Sprecher, die normale Wortstellung beizubehalten. Das gleiche gilt für die Erweiterung durch [kə]:

/comment est-ce que vous avez appris cette nouvelle? ÷ par hasard/ 'wie haben Sie (bloß) diese Nachricht erfahren? ÷ durch Zufall'
/et comment qu'ils ont fait pour laisser passer ce secret? ÷ ils ont toujours été assez bavards/ 'und wie(-so) ist es bei ihnen (dazu) gekommen, daß sie dieses Geheimnis ausgeplaudert haben? ÷ sie sind immer ziemlich geschwätzig gewesen'

Während die Erweiterung durch *est-ce que* stilistisch neutral ist und auch in der geschriebenen Sprache gebraucht wird, gehört die Erweiterung durch bloßes *que* der weniger gepflegten mündlichen Umgangssprache an.

[2]   Frage nach der Art und Weise mit Inversion

Wird in einer Frage nach der Art und Weise das Subjekt dem Verb nachgestellt (Inversion), so gibt der Sprecher damit einen gehobenen Stil zu erkennen. Man findet diesen Fragetypus in der geschriebenen Sprache und in gepflegter mündlicher Rede.

/comment trouvez-vous l'exposition? ÷ pas mal/ 'wie finden Sie die Ausstellung? ÷ nicht übel'
/comment pouvez-vous dire ‹pas mal›, alors qu'elle est absolument extraordinaire?
÷ vous n'êtes pas assez critique/ 'wie (oder: wieso) können Sie sagen ‹nicht schlecht›, wenn sie (doch) ganz außergewöhnlich ist? ÷ Sie sind nicht kritisch genug'

Ein Nomen in der Subjekt-Rolle wird nach einem der vier folgenden Muster behandelt:

/*comment va notre ami?* /   'wie geht es unserm Freund?'
/*comment notre ami se porte-t-il?* /   'wie ist unser Freund zuwege?'
/*et notre ami, comment se sent-il?* /   'und wie fühlt sich unser Freund?'
/*comment juge-t-il aujourd'hui son état, notre ami?* /   'wie sieht unser Freund heute seinen Zustand an?'

Einige Frageformen mit Inversion sind zu festen Redensarten lexikalisiert und finden sich auch in der Umgangssprache. Es sind besonders die folgenden:

comment allez-vous? [kɔmãtalevu]   'wie geht es Ihnen?'
comment se fait-il que ...?   'wie kommt es, daß ...?'
comment voulez-vous que je le sache?   'wie (oder: woher) soll ich das wissen?'

[3]   Fragen nach der Art und Weise ohne Inversion

Vielfach wird in einer Frage nach der Art und Weise die normale Wortstellung nicht verändert. Dieser Fragetypus findet sich mit besonderer Häufigkeit in der gesprochenen Umgangssprache:

/*comment il s'appelle? ÷ Jacques Dupont* /   'wie heißt er? ÷ Jacques Dupont'
/*comment un type comme ça peut être ton ami? ÷ il n'est pas si mal que ça* /   'wie kann so ein Typ (nur) dein Freund sein? ÷ so übel ist der gar nicht'

Idiomatisierte Fragen:

comment ça va?   'wie geht's?'
comment ça se fait?   'wie kommt das?'
comment ça s'est passé?   'wie ist das passiert?'

[4]   Frage nach der Art und Weise mit Endstellung des Interrogativ-Adverbs

In mündlicher Rede kann man das Frage-Morphem auch dem Verb nachstellen und verleiht ihm damit einen besonderen Nachdruck:

/*les escargots, on les mange de quelle manière? ÷ un à un* /   'Schnecken, wie ißt man die eigentlich? ÷ eine nach der andern'
/*vous le voulez comment, le steak? ÷ bien cuit* /   'wie wollen Sie das Beefsteak? ÷ gut durchgebraten'

[5] Verkürzte Frage nach der Art und Weise

Häufig weicht man den Stellungsproblemen bei Fragen nach der Art und Weise dadurch aus, daß man dem Interrogativ-Adverb eine Form des (subjektlosen!) Infinitivs folgen läßt oder es als freie Form isoliert gebraucht:

comment donc? 'wieso?'
comment ça? 'wieso das (denn)?'
comment dire? 'wie sagt man?, wie soll ich sagen?'
comment faire? 'wie soll man das machen?'
*comment en sortir (*oder: *sortir de là)?* 'wie soll man da wieder (he-)rauskommen?'

Mit der Frage *comment?* 'wie bitte?' gibt man in höflicher Form zu verstehen, daß man den Gesprächspartner nicht verstanden hat und um eine Wiederholung des unverstandenen Textabschnitts bittet:

/*il y a beaucoup de bruit ici* ÷ *comment?* ÷ *j'ai dit qu'il y a beaucoup de bruit ici*/ 'es ist viel Lärm hier ÷ wie bitte? ÷ ich habe gesagt, daß hier viel Lärm ist'

Als unhöflich gilt in einem solchen Fall, anstelle von *comment?* mit *quoi?* 'was?' zurückzufragen (vgl. 9.3.3).

9.3.4.4 Fragen nach dem Grund

Der Grund einer Handlung wird entweder mit Hilfe einer kausalen Präposition, beispielsweise *à cause de* 'wegen' (vgl. 8.3.2.5), oder mit Hilfe einer kausalen Konjunktion, beispielsweise *parce que* 'weil' (vgl. 8.4.9.1), angegeben. In beiden Fällen hat die Begründung die Form einer Junktion (vgl. Kap. 8). Will man eine solche Begründung als Antwort auf eine Frage herauslocken, so gebraucht man als Frage-Morphem einen kausalen Interrogativ-Junktor. Als morphematischer Interrogativ-Junktor mit kausaler Bedeutung dient die Form *pourquoi?* 'warum?, weshalb?', die auch als freie Form gebraucht werden kann. Ihre Bedeutung kann mit den semantischen Merkmalen ⟨FRAGE⟩ und ⟨BEGRÜNDUNG⟩ beschrieben werden. Wenn man mit dem Interrogativ-Junktor *pourquoi?* nach einer Begründung fragt, so bezeichnet die mit diesem Frage-Morphem in der Regel verbundene Vorinformation die Basis der kausalen Junktion. Die Antwort gibt dann zu dieser Basis das fehlende Adjunkt hinzu:

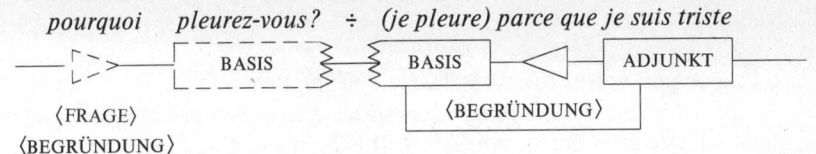

pourquoi   pleurez-vous?   ÷   (je pleure) parce que je suis triste

In diesem Beispiel mit der Bedeutung 'warum weinen Sie? ÷ (ich weine,) weil ich traurig bin' bezeichnet der Interrogativ-Junktor *pourquoi?* 'warum?' eine Leerstelle in der Kommunikation, die durch eine begründende Antwort ausgefüllt werden soll. Die mit der Frage verbundene situationsbezogene Vorinformation *vous pleurez* 'Sie weinen' kann in der Antwort (fakultativ) wiederaufgenommen werden, natürlich mit einer durch den Tausch der Dialogrollen bedingten Veränderung der Gesprächsrolle: *je pleure* 'ich weine'. Diese wiederholte Vorinformation bildet nun die Basis der Antwort-Junktion. Junktor der Antwort-Junktion ist die Konjunktion *parce que* 'weil', die dem Interrogativ-Junktor *pourquoi?* 'warum?' in der Bedeutung entspricht, abzüglich des Interrogativ-Merkmals ⟨FRAGE⟩, das die zu füllende Leerstelle bezeichnet hat. Die eigentliche Begründung schließlich liegt im Adjunkt: *je suis triste* 'ich bin traurig'.

Neben dem affirmativen Interrogativ-Junktor *pourquoi?* gibt es die negative Form *pourquoi ne ... pas?* 'warum nicht?', die als freie Form einfach *pourquoi pas?* 'warum nicht?' lautet. Die Erfragung einer Begründung kann durch Erweiterung des Interrogativ-Junktors semantisch modifiziert und nuanciert werden. Solche erweiterten Interrogativ-Junktoren sind zum Beispiel: *pour quelle raison?* 'aus welchem Grund?', *pour quel motif?* 'aus welchem Motiv heraus?' Für die Wortstellung ergeben sich hier und bei allen Fragen mit Interrogativ-Junktoren ähnliche Stellungsprobleme, wie sie auch bei Fragen mit anderen Frage-Morphemen auftreten. Die jeweiligen Lösungen dieser Stellungsprobleme sind stilistisch relevant:

1   Kausalfragen mit Morphem-Erweiterung

Die Erweiterung einer *pourquoi*-Frage durch [ɛskə], geschrieben *est-ce que* (vgl. 9.3.1.2.1), ist in mündlicher Rede stilistisch neutral. Im mündlichen Sprachgebrauch ist auch eine Erweiterung durch [kə] verbreitet; diese gilt jedoch stilistisch als wenig gepflegt:

/*pourquoi est-ce que Paris est si important pour la France? ÷ parce que la France est un pays hautement centralisé*/ 'warum ist Paris so wichtig für Frankreich? ÷ weil Frankreich ein hochzentralisiertes Land ist'

/*et les trains, pourquoi (est-ce) qu'ils passent presque tous par Paris? ÷ pour la même raison*/ 'und warum fahren (oder: gehen) fast alle Züge über Paris? ÷ aus dem gleichen Grund'

☐2 Kausalfragen mit Inversion

Dieser Fragetypus verrät grundsätzlich einen gepflegten Stil. Man findet ihn daher hauptsächlich in der geschriebenen Sprache. Das Subjekt in Inversionsstellung nach dem Verb ist immer ein (kurzes!) Pronomen. Ein zugehöriges Nomen steht korrekterweise im unmittelbaren oder mittelbaren Anschluß an das Frage-Morphem oder aber, mit umgangssprachlicher Wortstellung, in Spitzen- oder Endstellung.

/*pourquoi en France les dialectes sont-ils souvent appelés «patois»?* ÷ *parce qu'ils n'ont pas beaucoup de prestige culturel*/ 'warum werden die Mundarten in Frankreich oft «Patois» genannt? ÷ weil sie nicht viel kulturelles Ansehen haben'
/*et les écrivains, pour quelle raison se servent-ils quelquefois de l'argot?* ÷ *parce qu'ils veulent peindre un certain milieu*/ 'und aus welchem Grund machen die Schriftsteller manchmal vom Argot Gebrauch? ÷ weil sie ein bestimmtes Milieu schildern wollen'

☐3 Kausalfragen ohne Inversion

In der mündlichen Umgangssprache läßt man häufig nach dem Frage-Morphem *pourquoi* oder einem anderen kausalen Frage-Morphem die Wortstellung unverändert:

/*pourquoi tu dis ça?* ÷ *parce que j'y crois*/ 'warum sagst du das? ÷ weil ich daran glaube'
/*mais pourquoi alors tu me regardes comme ça?* ÷ *c'est que je te trouve drôle*/ 'aber warum schaust du mich dann (oder: denn) so an? ÷ weil ich dich komisch finde'

Die Endstellung eines kausalen Frage-Morphems ist weniger gebräuchlich.

9.3.4.5 Andere Umstandsfragen

Außer den Umständen der Position, der Zeit und der Art und Weise, nach denen man mit Interrogativ-Adverbien fragt (vgl. 9.3.4.1–3), und den Begründungs-Zusammenhängen, nach denen man mit Interrogativ-Junktoren fragt (vgl. 9.3.4.4), gibt es viele andere Umstände, die Gegenstand einer Frage werden können. Für solche vielgestaltigen Fragezwecke kann man grundsätzlich alle

Frage-Morpheme durch die Kombination mit verschiedenen Junktoren, insbesondere Präpositionen, so modifizieren, daß der Hörer angeregt wird, seiner Antwort die Form einer Junktion zu geben. Dafür hier einige Beispiele:

/*avec qui avez-vous passé la soirée du 22 septembre?* ÷ *avec un collègue*/ 'mit wem haben Sie den Abend des 22. September verbracht? ÷ mit einem Kollegen'
/*de quoi vous souvenez-vous en particulier?* ÷ *de rien de particulier*/ 'an was erinnern Sie sich im besonderen? ÷ an nichts Besonderes'
/*dans quel hôtel avez-vous passé la nuit?* ÷ *j'ai pris une chambre à l'Hôtel Ritz*/ 'in welchem Hotel haben Sie die Nacht verbracht? ÷ ich habe ein Zimmer im Hotel Ritz genommen'
/*à combien la chambre?* ÷ *(à) cinq cents francs*/ 'wieviel hat das Zimmer gekostet? ÷ fünfhundert Francs'
/*depuis quand pouvez-vous dépenser une telle somme pour une chambre d'hôtel?* ÷ *depuis que j'ai gagné à la loterie*/ 'seit wann können Sie eine solche Summe für ein Hotelzimmer ausgeben? ÷ seitdem ich in der Lotterie gewonnen habe'
/*jusqu'à quel point voulez-vous encore nier votre détournement d'argent?* ÷ *jusqu'au bout*/ wie lange wollen Sie noch Ihre Unterschlagung leugnen? ÷ bis ans Ende'

Weitere Bedeutungen und Bedeutungsnuancen kann man in Fragen darüber hinaus durch bestimmte Nomina erreichen, die man in Interrogativ-Adverbialien oder -Junktoren einfügt. So erhalten Fragen beispielsweise durch Nomina mit finaler oder konditionaler Bedeutung insgesamt eine finale oder konditionale Fragebedeutung und locken Antworten in Form entsprechender Junktionen heraus:

/*dans quel but* (oder: *à quelle fin*) *avez-vous* (oder: *vous avez*) *choisi Aix-en-Provence comme lieu de vos études?* ÷ *pour étudier la littérature occitane*/ 'in welcher Absicht (oder: zu welchem Zweck) haben Sie Aix-en-Provence als Studienort gewählt? ÷ um die provenzalische Literatur zu studieren'
/*à quelle condition avez-vous* (oder: *vous avez*) *reçu votre bourse?* ÷ *à condition de terminer ma thèse*/ 'unter welcher Bedingung haben Sie Ihr Stipendium erhalten? ÷ unter der Bedingung, daß ich meine Dissertation fertigstelle'

Nach diesem Muster können auch andere Umstandsfragen in vielfältiger Nuancierung gestellt und beantwortet werden. Es ist besonders für Fach- und Wissenschaftssprachen charakteristisch, daß sie häufig von dieser Frageform Gebrauch machen. Die lexikalische Spezifizierung erlaubt eine Genauigkeit, die mit grammatischen Mitteln allein nicht zu erzielen ist.

9.3.5 Rhetorische Fragen

Die rhetorischen Fragen sind eine besondere Art von Fragen. Sie werden durch Begleitinstruktionen in Gestalt von Kontakt-Morphemen (vgl. 9.1.3) oder anderen erwartungssteuernden Sprachzeichen so nuanciert, daß sich eine Antwort erübrigt, sei es, daß der Fragende seine Frage selber beantworten will, sei es, daß die Antwort als allbekannt und selbstverständlich entbehrlich ist. Dennoch wird der Gesprächspartner häufig durch diese Fragen besonders motiviert. Denn die rhetorische Frage macht ihm nicht nur den bestehenden Gesprächskontakt bewußt, sondern die erlassene Antwort suggeriert ihm überdies eine bestehende Zustimmungsbereitschaft. Das macht den «rhetorischen» Wert dieser Fragen aus. Redner machen nämlich gern von solchen rhetorischen Fragen Gebrauch, wenn sie ohne Risiko für die Aufmerksamkeit ihrer Zuhörer zu einem neuen Thema überleiten oder wenn sie für pathetische Passagen ihrer Rede eine besonders lebhafte Zustimmung der Zuhörerschaft bewirken wollen:

/ *je crois que j'ai tout dit maintenant sur notre projet de loi, ou faut-il que je revienne pour la dixième fois encore sur les objections de l'opposition?* / 'ich glaube, daß ich jetzt alles über unsere Gesetzesvorlage gesagt habe, oder muß ich noch zum zehnten Mal auf die Einwände der Opposition zurückkommen?'
/ *cette nouvelle loi, ne va-t-elle pas créer beaucoup plus d'égalité qu'auparavant?* / 'wird dieses neue Gesetz nicht viel mehr Gleichheit schaffen als vorher?'

Rhetorische Fragen verbinden sich besonders oft mit solchen Morphemen, die sich in ihren semantischen Merkmalen auf eine bestehende Erwartung des Gesprächspartners beziehen, um sie zu korrigieren. Das ist besonders beim Vergleich und bei der Negation der Fall. Eine rhetorische Frage, die bereits eine Negation oder einen Vergleich oder beides ausdrückt, kehrt die Erwartung des Gesprächspartners suggestiv um:

/ *n'y en a-t-il pas beaucoup qui sont aussi malheureux que vous? (÷ oui, il y en a beaucoup, hélas)* / 'gibt es (denn) nicht viele, die ebenso unglücklich sind wie Sie? (÷ ach ja, leider gibt es viele)'
/ *mais y a-t-il quelqu'un qui soit plus malheureux que moi? (÷ ça non, sûrement pas)* / 'aber gibt es (wohl) irgend jemand, der unglücklicher wäre als ich? (÷ das nicht, bestimmt nicht)'

Die Erwartung des Hörers kann auch durch andere syntaktische und semantische Mittel mehr oder weniger deutlich gesteuert und ins Abseits gedrängt werden:

*/qui d'autre qu'un bébé tel que toi aurait fait confiance à cet homme? (÷ personne,
naturellement)/* 'wer anders als ein Baby wie du hätte (auch) diesem Mann
vertraut? (÷ natürlich niemand)'
*/que diable pouvait-il bien chercher dans notre maison? (÷ moi je ne sais pas non
plus)/* 'was zum Teufel mochte er (wohl) in unserm Haus suchen? (÷ ich weiß
es auch nicht)'

Geflügeltes Wort:

que diable allait-il faire dans cette galère? 'was zum Teufel wollte er bloß auf dieser
Galeere machen?' (Molière)

Häufig nimmt der Fragende mit einer rhetorischen Frage ausdrücklich auf ein
angenommenes Vorwissen des Gesprächspartners Bezug. Die rhetorische Frage
gibt dann zugleich zu erkennen, daß dieses Vorwissen ganz und gar unzureichend
ist. Der Gesprächspartner, dem diese Suggestion gilt, macht daher auch in der
Regel keinen ernsthaften Versuch, die Frage seinerseits zu beantworten, sondern
regt nur mit einer kurzen Kontaktreaktion den Fragenden an, selber die Antwort
zu geben. Im Grenzfall kann der Fragende mit einer rhetorischen Frage auch auf
sein eigenes unzureichendes Vorwissen Bezug nehmen. Dann sollen sich beide
Gesprächspartner wenigstens darin einig sein, daß die Frage nicht beantwortbar
ist:

/savez-vous ce que j'ai fait cet été? (÷ eh bien? ÷) je suis resté chez moi/ 'wissen
Sie, was ich diesen Sommer gemacht habe? (÷ ja? ÷) ich bin zu Hause geblieben'
*/est-ce que je sais, moi, combien d'argent un jeune homme peut dépenser en trois
semaines de vacances? (÷ impossible de le savoir)/* 'weiß ich (vielleicht), wieviel
Geld ein junger Mann in drei Wochen Urlaub ausgeben kann? (÷ man kann es
unmöglich wissen)'
/croyez-vous que je sois fou? (÷ non, on ne peut pas croire ça)/ 'glauben Sie
(vielleicht), ich bin verrückt? (÷ nein, das kann man nicht glauben)'

Rhetorische Fragen setzen das Verb gerne in den Infinitiv, wenn die Situation
genügend Elemente enthält, die diesen Infinitiv determinieren. Diese subjektlose Verbform erspart überdies eine (immer stilistisch relevante) Entscheidung
darüber, ob eine Inversion des Subjekts gemacht werden soll oder nicht.

/que (oder: *quoi*) *faire dans cette situation?/* 'was tun in dieser Situation?'
/à qui demander secours?/ 'wen soll (oder: sollte) man um Hilfe bitten?'
/où se sauver?/ 'wohin soll (oder: sollte) man fliehen?'

Zugleich entbindet der Infinitiv von der Notwendigkeit, als Subjekt entweder den Sprecher oder den Hörer zu nennen, und vergrößert damit den Spielraum der Suggestion, die ja dem Hörer eine Gemeinsamkeit des Denkens mit dem Sprecher nahelegen soll.

9.3.6 Ausrufe

Weicht ein Sachverhalt sehr stark von unseren Erwartungen ab, so reagieren wir bisweilen mit einem Ausruf («Exklamation»), der unsere Überraschung ausdrückt. In ihrer grammatischen Struktur lassen sich viele Ausrufe beschreiben als Antworten, welche die Form von Fragen haben. Diese Doppelstruktur bringt die Funktion der Ausrufe im Sprachspiel recht deutlich zum Ausdruck: sie sind Antworten, insofern man mit ihnen auf überraschende Situationen und Sachverhalte reagiert, und sie sind Fragen, insofern sie ein Bedürfnis nach zusätzlichen Klärungen über den als merkwürdig empfundenen Sachverhalt zu erkennen geben.

In den meisten Fällen werden Ausrufe durch Exklamativ-Morpheme eingeleitet, die mit ihren gleichlautenden Interrogativ-Morphemen auch bedeutungsgleich sind. Auch Morpheme der indirekten Frage werden als Exklamativ-Morpheme verwendet (vgl. 9.4.2.1.3). Hinzu kommen das Präsentativ-Morphem *voilà* sowie einige andere, seltenere Morpheme. Ausrufe verbinden sich gerne mit Interjektionen (vgl. 9.1.4). Sie haben oft eine besondere und je nach der Situation höchst variable Intonation, werden jedoch in der Regel allemal mit einem besonderen Nachdruck («Emphase») hervorgebracht und oft, aber nicht immer, tatsächlich «ausgerufen». Das wird in der Schrift durch das Interpunktionszeichen (!) ausgedrückt, das deshalb Ausrufezeichen *(point d'exclamation)* heißt.

1 Verbale Ausrufe

In den meisten Ausrufen richtet sich der Nachdruck auf das Verb. Doch auch wenn sich der Nachdruck auf ein Adjektiv richtet, so bildet dieses dennoch als Prädikats-Adjektiv zusammen mit einem Prädikations-Verb (gewöhnlich *être*) eine verbale Prädikation (vgl. 3.4.1.2.2), so daß wir Ausrufe dieses Typus ebenfalls zu den verbalen Ausrufen rechnen können. Das gleiche gilt für Ausrufe, die sich auf ein Adverb beziehen. Sie sind mit diesem zusammen auf das Verb bezogen und können daher ebenfalls zu den verbalen Ausrufen gerechnet werden. Exklamativ-Morpheme sind zum Beispiel: *comme!* (nicht: *comment*) 'wie!', *que! (Varianten: ce que!, qu'est-ce que!)* 'was!', *si!* 'und ob!'. Auch die

Inversion des Subjekts nach den Regeln, wie sie für die Inversions-Frage gelten
(vgl. 9.3.1.2.2), hat exklamativen Ausdruckswert und kann insofern als Stel-
lungs-Morphem angesehen werden:

/ *comme je vous connais bien!* /　'wie gut ich Sie kenne!'
/ *que c'est beau!* /　'wie ist das (doch) schön!'
/ *que cette robe est jolie!* /　'wie ist dieses Kleid (doch) hübsch!'
/ *ah, ce que j'ai bien mangé aujourd'hui!* /　'oh, was habe ich heute gut gegessen!'
/ *tu es drôle, ah! ce que tu es drôle!* /　'du bist komisch, ach, was bist du komisch!'
/ *qu'est-ce qu'il a grandi, ce garçon, dis donc!* /　'was ist der Junge groß geworden,
　sag bloß!'
/ *et si j'ai grandi!* /　'und ob ich groß geworden bin!'
/ *suis-je bête!* /　'bin ich dumm!'

Während Ausrufe mit *comme!*, *que!* und *si!* stilistisch neutral sind, findet man
Ausrufe mit *ce que!* und *qu'est-ce que!* eher in lässiger, besonders mündlicher
Sprache. Ausrufe mit Inversion hingegen, die bei nominalem Subjekt sehr selten
sind, findet man eher in gepflegter, besonders schriftlicher Sprache. Das Exklamativ-Morphem *ce que!* [s(ə)kə] wird im absoluten Anlaut vermieden; man läßt
ihm gewöhnlich eine Form mit Vokal als Stützvokal voraufgehen. Dafür eignen
sich besonders die Interjektionen (vgl. 9.1.4), vor allem *ah ce que!* [askə] 'oh
wie!'. Das Exklamativ-Morphem *que!* verbindet sich in gepflegter Rede gerne
mit der zarten Negation *ne* (vgl. 9.2.2.2.5) und bedeutet dann 'was nicht!, warum
nicht!'.

/ *que n'ai-je attendu plus longtemps!* /　'warum habe ich nicht (noch) länger ge-
　wartet!'

[2]　Nominale Ausrufe

Bei den nominalen Ausrufen richtet sich der Nachdruck auf ein Nomen, und
zwar entweder mit qualitativer oder mit quantitativer Nuance. Dafür stehen der
Exklamativ-Artikel *quel/quelle/quels/quelles!* 'welch (ein/eine)!, was für ein/eine!'
mit seinen demonstrativen Varianten *(ah) ce/cette/ces!* '(oh) dieser/diese/dieses!'
und dem Präsentativ-Morphem *voilà!* 'da sieht man!' sowie der numerale Exklamativ-Artikel *combien de!* 'wieviel/wieviele!' mit seinen indefiniten Varianten
que de! 'wieviel/wieviele!' und *tant de (tellement de)* 'soviel/soviele!' zur Verfügung.

/ *quel malheur!* /　'welch ein Unglück!'
/ *quel choc pour lui, (que) sa retraite!* /　'welch ein (oder: was für ein) Schock für
　ihn, seine Pensionierung!'

/quelle n'était pas sa déception!/   'was war er (doch) enttäuscht!'
/ah! ces collègues!/   'oh, diese Kollegen!'
/voilà ce que c'est que des promesses!/   'da sieht man (mal), was Versprechungen
   wert sind (oder: bedeuten)!'
*/combien de fois le patron lui avait dit (oder: ne lui n'avait-il pas dit) qu'il était
irremplaçable!/*   'wievielmal (oder: wie oft) hatte ihm der Chef doch gesagt
   (oder: nicht gesagt), daß er nicht zu ersetzen wäre!'
/que de peine perdue!/   'wieviel verlorene (Liebes-)Mühe!'

In lässiger mündlicher Rede hört man auch die Morpheme *qu'est-ce que* und
comme zu einem diskontinuierlichen Exklamativ-Morphem für nominale Ausrufe kombiniert:

/qu'est-ce que j'ai eu comme difficultés!/   'was ich (alles an) Schwierigkeiten
   gehabt habe!'

9.3.7   Fragen im Text

Abgesehen von ausdrücklichen Frage-Katalogen, wie sie beispielsweise für
Unterrichtszwecke gebraucht werden (vgl. 9.3.1.2.2), treten Fragen im Text
gewöhnlich nur gelegentlich auf, nur dann nämlich, wenn eine Unklarheit entstanden ist, die durch zusätzliche Information beseitigt werden kann. Sie bilden
dann zusammen mit den erbetenen Antworten Frage-Antwort-Sequenzen, die
aufeinander bezogen sind. Natürlich kann eine Frage, über den Ausgleich eines
Informationsdefizits hinaus, auch die Absicht haben, einen Sachverhalt, eine
Gewohnheit, ein Recht oder ein Privileg «in Frage zu stellen», so daß als Antwort eine bloße Informationsabgabe nicht ausreichend ist. Als Beispiel diene der
Anfang des Artikels *Égalité* 'Gleichheit' in Voltaires *Dictionnaire philosophique:*

Que doit un chien à un chien, et un cheval à un cheval? Rien, aucun animal
ne dépend de son semblable; mais, l'homme ayant reçu le rayon de la
Divinité qu'on appelle *raison,* quel en est le fruit? C'est d'être esclave dans
presque toute la terre.*

---

* Was schuldet ein Hund einem Hund und ein Pferd einem Pferd? Nichts, kein Tier hängt
von seinesgleichen ab; aber beim Menschen, dem jener Strahl der Göttlichkeit zuteil geworden
ist, den man V e r n u n f t nennt, was ist dabei herausgekommen? Herausgekommen ist, daß er
fast auf der ganzen Erde versklavt ist. (Voltaire: *Dictionnaire philosophique,* s.v. Égalité.)

Es ist unschwer zu erkennen, daß diese Fragen ein Stück Aufklärung darstellen. Es ist jedoch nicht an der grammatischen Form einer Frage erkennbar, ob sie mit einer zusätzlichen Information oder mit einer Rechtfertigung zu beantworten ist. Daher können wir von dieser notwendigen Unterscheidung hier absehen und uns bei der Beschreibung der grammatischen Frageformen an der Informationsfrage orientieren.

Unter den Textsorten nun, die durch ein bestimmtes Frageverhalten konstituiert werden, ist die Textsorte Interview von der Art, daß möglichst informative Antworten erwartet werden. Als Beispiel nehmen wir ein Interview, das mit der französischen Schriftstellerin Marguerite Duras geführt worden ist. Es geht dabei um einige Besonderheiten des literarischen Stils, die an der Schreibweise dieser Schriftstellerin zu beobachten sind, etwa in ihrem Roman *L'Amour*. Die zugrunde gelegte Druckfassung des Interviews, das auf Tonband aufgenommen wurde, behält zahlreiche Eigenarten der mündlichen Argumentationssprache bei. Auch die zahlreichen Wiederholungen, Verbesserungen, Lücken und andere «Mängel» des Textes sind absichtlich nicht beseitigt, übrigens mit der erklärten Absicht, auf diese Weise den ästhetischen Wert der «Leerstellen» (das ist das eigentliche Thema des ausgewählten Abschnittes) auch in der Form des Interviews zur Geltung zu bringen. Man darf also in dem nachfolgenden Text nicht in jeder Hinsicht eine zuverlässige Transkription mündlicher Rede sehen, sondern muß es selber als ein Stück journalistischer Prosa nehmen, das sich mit den Merkmalen der Mündlichkeit schmückt. Die in dem Textabschnitt auftretenden Fragen sind durchnumeriert und werden im Anschluß grammatisch kommentiert:

– Comment est-ce qu'on peut commencer? (1)

– Qu'est-ce que je dis là? (2)

– Disons, sur la façon dont le langage s'organise dans vos textes, probablement d'une façon très différente de celle dont il s'organise dans les textes d'hommes.

– Je ne m'occupe jamais du sens, de la signification. S'il y a sens, il se dégage après. En tout cas, c'est jamais un souci.

– En fait, c'était pas du sens que je parlais. Comment est-ce que ça se dispose, le langage, dans le livre, sur le papier? (3)

– Le mot compte plus que la syntaxe. C'est avant tout des mots, sans articles d'ailleurs, qui viennent et qui s'imposent. Le temps grammatical suit, d'assez loin.

– Je pensais … sans articles. Dans «l'Amour» – on commence par la fin –, un moment où vous dites: «Ne sait pas être regardée.» Il n'y a même plus de pronom personnel – c'est «elle» –, et puis c'est négatif: «Ne sait pas» et puis, «être regardée», c'est passif. Je me demandais s'il n'y avait pas une espèce de retrait, de reprise du sens grammatical habituel. (4)

– Elle n'est pas consciente. C'est des blancs, si vous voulez, qui s'imposent. Ça se passe comme ça: je vous dis comment ça se passe, c'est des blancs qui apparaissent, peut-être sous le coup d'un rejet violent de la syntaxe, oui, je pense, oui, je reconnais quelque chose là.

– Et quand vous dites «blancs», c'est aussi creux, ou manques? (5)

– Quelqu'un a dit le mot: anesthésie, des suppressions.

– Je me demandais si, ça, ce ne serait pas quelque chose de femme, vraiment de femme, blanc. (6) S'il y a, par exemple, une chaîne grammaticale, s'il y a un blanc dedans, est-ce que ce ne serait pas là que serait la femme? (7)

– Qui sait? (8)*

---

*– Wie können wir anfangen?

– Was sage ich da?

– Sagen wir, über die Art und Weise, wie die Sprache sich in Ihren Texten organisiert, wahrscheinlich ganz anders als in den Texten von Männern.

– Ich kümmere mich nie um den Sinn, um die Bedeutung. Wenn Sinn da ist, kommt er später raus. Jedenfalls ist das nie eine Sorge für mich.

– Nun, vom Sinn wollte ich eigentlich nicht sprechen. Wie ist das mit der Sprache, wie ordnet die sich im Buch, auf dem Papier an?

– Es kommt mehr auf das Wort als auf die Syntax an. Zu allererst tauchen Wörter auf, ohne Artikel übrigens, und drängen sich auf. Das Tempus folgt mit ziemlichem Abstand.

– Ich dachte so . . . ohne Artikel. In dem Roman «Die Liebe» – wir fangen von hinten an – sagen Sie an einer Stelle: «Versteht nicht angesehen zu werden.» Es gibt nicht einmal mehr ein Personalpronomen – das müßte «sie» sein –, und außerdem ist das verneint: «Versteht nicht«, und dann «angesehen zu werden», das ist überdies Passiv. Ich habe mich gefragt, ob hier nicht eine Art Zurücknahme oder Wiederaufnahme des gewöhnlichen grammatischen Sinnes vorliegt.

– Bewußt nicht. Da drängen sich, ich will mal sagen, Leerstellen auf. Das passiert folgendermaßen: ich sage Ihnen: wie das passiert, es erscheinen Leerstellen, vielleicht bewirkt durch eine heftige Zurückdrängung der Syntax, ja, ich glaube, ja, ich erkenne da so etwas.

– Und wenn Sie «Leerstellen» sagen, sind das dann auch Hohlräume, oder Mängel?

– Jemand hat dafür das Wort Anästhesie gebraucht, Auslassungen.

– Ich habe mich gefragt, ob das nicht etwas Weibliches, etwas typisch Weibliches wäre, diese Leerstellen. Wenn beispielsweise in einer grammatischen Verknüpfung, wenn da eine Leerstelle drin ist, wäre das dann nicht etwas, wo die Frau drin steckt?

– Wer weiß!

(Marguerite Duras/Xavière Gauthier: *Les Parleuses*, Paris 1974, S. 11 f.)

Grammatischer Kommentar zu den Fragen im Text:

(1) *comment est-ce qu'on peut commencer?* 'wie können wir anfangen?': Mit dieser Frage der Journalistin beginnt das Interview. Es handelt sich um eine Umstandsfrage, mit der nach der Art und Weise gefragt wird (vgl. 9.3.4.3). Das Interrogativ-Adverb *comment?* 'wie?' ist durch das Element *est-ce que,* hier vor Vokal zu *est-ce qu'* «apostrophiert», erweitert. Dadurch wird die Umstandsfrage als kataphorisch charakterisiert. In der Tat wird ja eine lange Nachinformation erwartet, nämlich das ganze mehrtägige Interview.

(2) *qu'est-ce que je dis là?* 'was sage ich da?': Semantische Variante der Frage (1), nun von der Interviewten geäußert, die offenbar mit der allzu weit gestellten Eröffnungsfrage der Journalistin zunächst nichts anzufangen weiß und ihr die Initiative wieder zuspielt. Diese Frage zeigt zugleich, daß man auf eine Frage mit einer Gegenfrage oder Rückfrage antworten kann. Der Bedeutung nach handelt es sich um eine Handlungsfrage mit synthetischem Frage-Morphem, das aus dem Interrogativ-Pronomen *qu'est-ce que?* 'was?' und dem Pro-Verb *dire* 'sagen' zusammengesetzt ist (vgl. 9.3.3). Die erweiterte Form des Interrogativ-Pronomens *qu'est-ce que?* (statt *que?*) paßt einerseits zu dem ungezwungenen Sprechstil des Interviews, andererseits zu dem weiterhin kataphorischen Charakter des Fragespiels.

(3) *comment est-ce que ça se dispose, le langage?* 'wie ordnet die sich an, die Sprache?': Kataphorische Umstandsfrage der Art und Weise wie (1), nun aber semantisch präzisiert. Das Subjekt der Frage, *le langage* 'die Sprache', ist als Nachtrag nachgestellt und wird vorab durch das neutrale Demonstrativ-Pronomen *ça* 'das' prä-pronominalisiert (vgl. 3.2.2). Dies ist eines der Merkmale spontaner Mündlichkeit, die in der Druckfassung absichtlich nicht geglättet worden sind.

(4) *je me demandais s'il n'y avait pas …* 'ich habe mich gefragt, ob nicht vorliegt …': Indirekte Assertionsfrage, als zitierte Selbstfrage syntaktisch abhängig von dem Zitiersignal *je me demandais* 'ich habe mich gefragt' (vgl. 9.4.2.1.3). Der Frage-Inhalt selbst hat negative Form. Das suggeriert der Interviewten eine affirmative Antwort. Statt dessen lesen wir eine formal negative Antwort: *elle n'est pas consciente* 'sie ist nicht bewußt', doch handelt es sich dabei nur um eine Teil-Negation, die gleichzeitig eine gewisse Affirmation des Ganzen voraussetzt oder wenigstens in der Schwebe läßt.

(5) *c'est aussi creux, ou manques?* 'sind das auch Hohlräume, oder Mängel?': Es handelt sich diesmal um eine Intonationsfrage, die als solche nicht mehr kataphorischen, sondern anaphorischen Charakter hat (vgl. 9.3.1.1). In der Tat bezieht sie sich deutlich auf eine Vorinformation, nämlich auf einen vorerwähnten Ausdruck: *quand vous dites «blancs»* 'wenn Sie «Leerstellen» sagen'. Es wird daher auch nicht, anders als am Anfang, eine ausführliche Antwort erwartet, sondern nur eine kurze Bestätigung der geäußerten Vermutung. Allerdings hat

die Fragestellerin ihrer Assertionsfrage nachträglich noch einen Anhang gegeben (*ou manques?* 'oder Mängel?'), der die Assertionsfrage in eine Alternativfrage verwandelt (vgl. 8.2.2). Daher kann die Interviewte nicht mit ja oder nein antworten, sondern wird durch die Frage aufgefordert, sich für eines dieser beschreibenden Wörter zu entscheiden. Sie weicht allerdings dieser Alternative aus und schlägt selber zwei neue Wörter zur Beschreibung des fraglichen Sachverhalts vor.

(6) *je me demandais si ça, ce ne serait pas ...* 'ich habe mich gefragt, ob das nicht ... wäre': Indirekte Frage als Selbstzitat wie (4), gleichfalls in negativer Form. Der interviewten Schriftstellerin wird damit eine affirmative Antwort als Bestätigung des von der Journalistin geäußerten Interpretationsvorschlags suggeriert. Die Antwort ist ausweichend.

(7) *qui sait?* 'wer weiß!': Dies ist die ausweichende Antwort der Schriftstellerin. Sie hat selber den Charakter einer Rollenfrage, und zwar als Frage nach einer Person (die diesen gewagten Interpretationsfall entscheiden kann – vgl. 9.3.2.1.1). Man kann diese Frage, auf die keine Antwort zu erwarten ist, aber ebenso gut als Kontakt-Morphem auffassen, das einen leisen Zweifel ausdrückt und dadurch den bestehenden Gesprächskontakt zwischen Zuspruch und Widerspruch skeptisch in der Schwebe hält (vgl. 9.1.3.4).

9.4   Zitierte Meinungen

In einem Gespräch sagt man seine Meinung, und man erfährt die Meinung des Gesprächspartners. Es kann jedoch außerdem auch noch eine Meinung zitiert werden. Das ist dann meistens die Meinung eines Dritten. Es kann sich jedoch auch um die Meinung des Gesprächspartners handeln oder aber um die eigene Meinung, die man selber zitiert. In all diesen Fällen gibt der Zitierende durch ein ausdrückliches Zitiersignal zu erkennen, daß er eine Meinung als Zitat wiederzugeben wünscht. Als Zitiersignal dient meistens ein Verb der Mitteilung. Die verschiedenen Verben der Mitteilung, die es in der französischen Sprache gibt, lassen mit ihren unterschiedlichen Lexem-Bedeutungen gleichzeitig erkennen, ob die zu zitierende Meinung gesagt, gefragt, geantwortet, gewünscht, gehofft, befürchtet, geflüstert, gerufen, bekräftigt, bezweifelt oder in welcher anderen Form und Modalität sonst geäußert worden ist. Auch wenn eine Meinung nur gedacht oder geglaubt und nie gesagt worden ist, wird sie eben dadurch, daß sie zitiert wird, zu einem Gegenstand der Mitteilung. Wir können daher unter Zitatbedingungen außer den «Verben des Sagens» *(verba dicendi)* auch die «Verben des Denkens» *(verba putandi)* und die «Verben des Fühlens» *(verba sentiendi)* und überhaupt viele Verben der Formgebung den Verben der Mitteilung zurechnen (vgl. 8.4.11.1–2). Das häufigste Verb der Mitteilung ist das Verb *dire* 'sagen', ein *verbum dicendi*, das in der Form *se dire* 'sich sagen' auch als *verbum putandi* oder *verbum sentiendi* gebraucht werden kann.

Als Zitiersignal kann indes, jedoch seltener, auch ein Nomen oder irgend ein anderes Sprachzeichen verwendet werden, das ein Textstück erkennbar als zitierte Meinung kennzeichnet. Es muß dann ebenfalls eine Bedeutung des Mitteilens haben, wie zum Beispiel:

/voici sa réponse: . . . / 'hier (ist, haben Sie) seine Antwort: . . .'
/ alors moi, tout bas: . . . / 'darauf ich ganz leise (scil. sprechend): . . .'
/ lui, à l'oreille de sa femme: . . . / 'er, seiner Frau ins Ohr flüsternd: . . .'

Die zitierte Meinung kann von unterschiedlicher Länge sein. Das Minimum liegt bei einem Sprachzeichen, das Maximum bei einem ganzen Text. Wichtiger als dieser quantitative Unterschied sind jedoch die qualitativen Unterschiede, die dadurch entstehen, daß eine Meinung mehr oder weniger gefärbt wiedergegeben wird. Mit der zitierten Meinung kann sich nämlich – offen oder versteckt – eine Stellungnahme des Zitierenden verbinden. Die Formen der zitierten Meinung unterscheiden sich deshalb vor allem danach, ob eine Meinung mehr oder weniger genau mit den eigenen Worten desjenigen wiedergegeben wird, der sie gehegt oder geäußert hat, oder ob sie in veränderter Form mit den Worten desjenigen wiedergegeben wird, der sie zitiert. Das erstere nennt man direkte Rede (vgl. 9.4.1), das letztere indirekte Rede (vgl. 9.4.2):

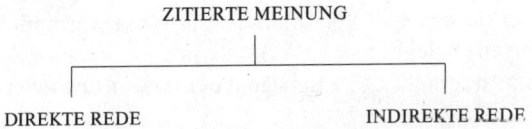

Direkte Rede bedeutet: wörtlich zitierte Meinung, indirekte Rede bedeutet: nichtwörtlich zitierte Meinung; für den Gebrauch dieser Begriffe ist also nicht gefordert, daß diese Meinungen auch tatsächlich laut (als «Rede») geäußert worden sind. Auch gedachte Meinungen kann man also, wenn sie zitiert werden, entweder als direkte oder als indirekte Rede bezeichnen.

9.4.1 Direkte Rede

In der direkten Rede wird eine Meinung mehr oder weniger wörtlich zitiert. Das Zitiersignal steht meistens vor der direkten Rede. In der geschriebenen Sprache stehen ferner als orthographische Zusatzsignale die Interpunktionszeichen Doppelpunkt (:) und Anführungszeichen («...») zur Verfügung.

/ le téléphone a sonné et une voix inconnue m'a demandé: «Madame, est-ce que vous connaissez déjà le super-marché Alpha?»/ 'das Telefon hat geschellt, und eine unbekannte Stimme fragte mich: «Frau X, kennen Sie schon den Supermarkt Alpha?»'

Wenn es sich um eine längere direkte Rede handelt, wird das Zitiersignal gerne wiederholt oder variiert. Es unterbricht dann die direkte Rede oder beschließt sie:

/«je déteste les super-marchés, ai-je répondu, et j'ai en horreur qu'on me dérange par téléphone»/ '«ich hasse Supermärkte», habe ich geantwortet, »und ich verabscheue es, telefonisch gestört zu werden»'

Schließlich kann das Zitiersignal auch (zusätzlich oder ausschließlich) am Ende einer direkten Rede stehen. Diese wird dann manchmal erst nachträglich als solche identifiziert:

/«excusez-moi, Madame» – après ces mots, clac, on a raccroché/ '«entschuldigen Sie bitte» – nach diesen Worten wurde, klack, aufgelegt'

In förmlicher Rede und in der wissenschaftlichen Literatur gibt es ausdrückliche Zitierregeln, deren Beachtung die Wörtlichkeit der zitierten Meinungen garantiert. Man spricht in diesem Fall von Zitaten. Sie müssen grundsätzlich belegt werden oder wenigstens belegbar sein. Wenn es sich um kürzere Zitate handelt, reicht meistens das orthographische Zitatsignal der Anführungszeichen aus.

/on sait que Louis XIV a identifié sa personne avec l'État: «L'État c'est moi»/ 'man weiß, daß Ludwig XIV. seine Person mit dem Staat identifiziert hat: «Der Staat bin ich»'
/le ministre de la défense a exigé une augmentation de son budget pour pouvoir sauvegarder «l'honneur des forces armées»/ 'der Verteidigungsminister hat eine Erhöhung seines Haushalts gefordert, um «die Ehre der Streitkräfte» wahren zu können'

Das letzte Beispiel läßt erkennen, daß eine wörtlich zitierte Meinung, die der Zitierende ja nicht zu verantworten hat, gleichzeitig Ausdruck einer distanzierenden Ironie sein kann.

Verben der Mitteilung als Zitiersignale werden häufig durch Adverbien oder Adverbialien nuanciert:

/ soudain il me dit: . . . /   'plötzlich sagt(e) er zu mir: . . .'
/ il a dit en français: . . . /   'er sagte auf französisch: . . .'
/ il dira sans doute: . . . /   'er wird bestimmt sagen: . . .'
/ il me disait avec un sourire crispé: . . . /   'er sagte mir mit einem verkrampften
   Lächeln: . . .'

Im Grenzfall können diese Adverbien oder Adverbialien auch allein für sich als Zitiersignale stehen, wenn sie ein zu ergänzendes Verb der Mitteilung genügend deutlich suggerieren.

Wenn das Zitiersignal in die direkte Rede eingeschoben wird und diese nur kurz unterbrechen soll, verwendet man gewöhnlich nur die geläufigsten Verben der Mitteilung (*dire* 'sagen'; *demander* 'fragen'; *répondre* 'erwidern, antworten'; *penser* 'denken, meinen' . . .). Auch das Pro-Verb *faire* kann in dieser Funktion gebraucht werden und bedeutet dann 'sagen, antworten'. In gepflegter Rede und in geschriebenen Texten ist das Zitiersignal in der Regel durch Inversion gekennzeichnet *(. . ., dit-il, . . .)*. In nachlässiger Rede unterbleibt die Inversion *(. . ., il dit, . . .)*, doch wird das Zitiersignal dann vielfach durch den Junktor *que* eingeleitet *(. . ., qu'il dit, . . .)*. Das eingeschobene Zitiersignal soll zwar, um die Rede nicht allzu lange zu unterbrechen, kurz sein, es muß jedoch mindestens zweisilbig sein und wird nötigenfalls durch ein Pronomen ergänzt *(. . ., lui dis-je* [lɥidiʒ], . . .; . . ., *je lui dis* [ʒəlɥidi], . . .)*. Wenn das Verb *dire* als Zitiersignal verwendet wird, kann man in den Formen *dis, dit* nicht zwischen den Tempora Präsens und Aorist unterscheiden. Sie eignen sich daher besonders für Texte, bei denen Zitiersignale zwischen einem erzählenden Rahmen und einer eingeschobenen wörtlichen Rede zu vermitteln haben.

/ le chocolat, pensent les enfants, a un goût de revenez-y /   'Schokolade, denken
   die Kinder, schmeckt nach mehr'
/ le chocolat, disent pourtant les dentistes, fait mal aux dents /   'Schokolade, sagen
   jedoch die Zahnärzte, schadet den Zähnen'
/ «ouvre ta bouche, (qu')il me dit, il faut voir ce qu'il t'a fait, le chocolat» /   '«mach
   den Mund auf!» sagt(e) er, «ich muß sehen, was sie bei dir angerichtet hat, die
   Schokolade!»'
*/ «et vous, (que) je lui ai répondu, n'oubliez pas de faire surveiller vos poumons
pour voir ce qu'elles vous ont fait, les cigarettes» /*   '«und Sie,» hab(e) ich ihm
   geantwortet, «vergessen Sie (bloß) nicht, Ihre Lungen überwachen zu lassen, um
   zu sehen, was sie Ihnen angetan haben, die Zigaretten!»'

Orthographische Anmerkung: Wenn eine direkte Rede orthographisch durch Anführungszeichen ausgezeichnet ist, so wird nach den Regeln der französischen Interpunktion diese Auszeichnung für das eingeschobene Zitiersignal nicht ausgesetzt, wie die beiden letzten Beispiele erkennen lassen.

9.4.2 Indirekte Rede

In der indirekten Rede wird eine Meinung nichtwörtlich zitiert. Der Zitierende gibt vielmehr die Meinung des Zitierten mit seinen eigenen Worten wieder. Er kann dabei mehr oder weniger «treu» zitieren, das heißt, sich unterschiedlich weit vom Wortlaut der zitierten Meinung entfernen und dabei mehr oder weniger von seiner eigenen Auffassung in die zitierte Meinung einfließen lassen. Da sind viele Nuancen möglich. Schon der Wechsel zwischen direkter Rede und indirekter Rede kann die eigene Auffassung des Zitierenden durchscheinen lassen.

Eine zitierte Meinung, die in indirekter Rede wiedergegeben wird, paßt sich grundsätzlich an die textuelle Umgebung an. Sie wird dadurch in verschiedenen Textualitätsmerkmalen verändert. Diese Veränderungen betreffen hauptsächlich die Syntax des Verbs, und zwar besonders die Textrollen (vgl. Kap. 3) und die Tempora (vgl. Kap. 4), zusätzlich auch gewisse Adverbien (vgl. Kap. 7) und Junktionen (vgl. Kap. 8).

Wir unterscheiden die Formen der indirekten Rede danach, ob die zitierte Meinung in syntaktischer Abhängigkeit von einem Zitiersignal bleibt oder ob sie sich aus solcher Abhängigkeit löst. Im ersten Fall sprechen wir von gebundener indirekter Rede (vgl. 9.4.2.1), im zweiten Fall von freier indirekter Rede oder «erlebter Rede» (vgl. 9.4.2.2).

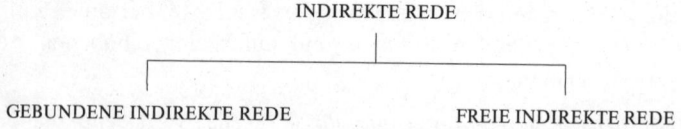

INDIREKTE REDE

GEBUNDENE INDIREKTE REDE   FREIE INDIREKTE REDE

9.4.2.1 Gebundene indirekte Rede

In gebundener indirekter Rede wird eine Meinung in nichtwörtlicher Fassung und in syntaktischer Abhängigkeit von einem Zitiersignal zitiert. Diese Form der zitierten Meinung ist insbesondere für kürzere Meinungswiedergaben geeignet. Will man längere Meinungsäußerungen in gebundener indirekter Rede wiedergeben, so muß nach einer gewissen Textzeit das Zitiersignal wiederholt oder ein neues Zitiersignal eingeführt werden, von dem dann die Fortsetzung der indirekten Rede wieder syntaktisch abhängig gemacht werden kann. Wenn der Sprecher das nicht tut, verliert der Hörer den Faden der Rede.

Auch Gebote und Fragen können in gebundener indirekter Rede zitiert werden. Wir wollen im folgenden danach unterscheiden, ob die gebundene indirekte

Rede die Form einer Feststellung (9.4.2.1.1), eines Gebots (9.4.2.1.2) oder einer Frage (9.4.2.1.3) hat.

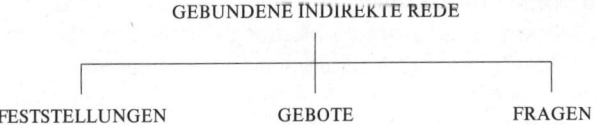

9.4.2.1.1 **Feststellungen in gebundener indirekter Rede**

Feststellungen in gebundener indirekter Rede kann man danach unterscheiden, ob sie von einem verbalen Zitiersignal (zum Beispiel: *il disait que c'était* ... 'er sagte, es sei ...') oder von einem verbfreien Zitiersignal (zum Beispiel: *à son avis c'était* ... 'seiner Meinung nach war das ...') syntaktisch abhängig sind. Im ersten Fall wird die zitierte Meinung in der Regel mit der Konjunktion *que* 'daß' angeschlossen, die den Inhalt ankündigt (vgl. 8.4.11). Gelegentlich, zumal in erzählenden Texten, findet man nach einem Zitiersignal auch die Konjunktion *comme* 'wie'. Zitiersignal und Zitat bilden dann zusammen eine konjunktionale Junktion. Nominale (oder allgemein nichtverbale) Zitiersignale bilden in der Regel mit der zitierten Meinung auf andere Weise eine Junktion: sie enthalten bereits einen Junktor, meistens eine Präposition. Eine Konjunktion folgt dann nicht mehr.

1 Verbales Zitiersignal (Verb der Mitteilung):

/*le boulanger a dit que le pain augmentera encore la semaine prochaine*/ 'der Bäcker hat gesagt, daß das Brot in der nächsten Woche noch teurer wird'
/*je pense souvent que la hausse des prix fait du bien à tous, sauf au consommateur*/ 'ich denke oft, daß die Preissteigerung allen gut tut, außer dem Verbraucher'

2 Nominales Zitiersignal

/*au dire des experts, la situation n'est pourtant pas décourageante*/ 'nach den Aussagen der Fachleute ist die Situation dennoch nicht entmutigend'
/*à mon avis, les experts devraient aller plus souvent acheter du pain eux-mêmes*/ 'meiner Meinung nach sollten die Fachleute öfter selber Brot einkaufen gehen'

Sowohl bei verbalen als auch bei nominalen Zitiersignalen verlangt die gebundene indirekte Rede eine syntaktische Anpassung der zitierten Meinung an die

Zitatquelle. Diese Anpassung betrifft hauptsächlich die Merkmale der Gesprächsrolle (9.4.2.1.1.1) und des Tempus-Registers, und zwar sowohl bei den verbalen Tempora als auch bei den Tempus-Adverbien (9.4.2.1.1.2). Alle anderen Merkmale der zitierten Meinung können unverändert bleiben, insbesondere alle Merkmale der lexikalischen Bedeutung, so daß die inhaltliche Übereinstimmung der indirekt zitierten mit der tatsächlich geäußerten Meinung nicht beeinträchtigt zu werden braucht.

9.4.2.1.1.1 Anpassung der Gesprächsrollen

Die Gesprächsrollen (Sender, Empfänger, Referent) innerhalb der zitierten Meinung werden an die Gesprächsrolle, die im Zitiersignal als Zitatquelle genannt wird, angepaßt, und zwar nach den folgenden drei Regeln:

1️⃣   Zitatquelle ist der Sender

Wird im Zitiersignal der Sender («1. Person») als Quelle eines an den Empfänger («2. Person») gerichteten Zitats genannt («Selbstzitat»), so bleiben in der indirekten Rede alle Gesprächsrollen unverändert (Regel der Rollenkonstanz). Vergleiche:

WÖRTLICHE MEINUNG DES SENDERS	(SELBST-)ZITIERTE MEINUNG
/ *«je connais très bien votre situation»* / '«ich kenne Ihre Lage sehr gut»'	/ *je vous ai déjà dit que je connais très bien votre situation* / 'ich habe Ihnen schon gesagt, daß ich Ihre Lage sehr gut kenne'
/ *«nous ne vous laisserons pas tomber»* / '«wir werden Sie nicht fallen lassen»'	/ *je viens de vous promettre que nous ne vous laisserons pas tomber* / 'ich habe Ihnen soeben versprochen, daß wir Sie nicht fallen lassen werden'

2️⃣   Zitatquelle ist der Empfänger

Wird der Empfänger als Quelle eines an den Sender gerichteten Zitats genannt, so werden in der indirekten Rede die Gesprächsrollen des Senders und des Empfängers vertauscht. Die Referenten-Rolle bleibt unverändert (Regel des Rollentausches). Vergleiche:

WÖRTLICHE MEINUNG DES EMPFÄNGERS	ZITIERTE MEINUNG DES EMPFÄNGERS
/*«je vais m'occuper de vous»*/ '«ich kümmere mich schon um Sie»'	/*vous voulez vraiment me faire croire que vous allez vous occuper de moi?*/ 'wollen Sie mich wirklich glauben machen, daß Sie sich um mich kümmern wollen?'
/*«vous êtes le seul responsable de mon bonheur»*/ '«Sie allein sind für mein Glück verantwortlich»'	/*d'après vous je suis donc le seul responsable de votre bonheur*/ 'Ihnen zufolge bin ich allein also für Ihr Glück verantwortlich'

Das letzte Beispiel zeigt, daß die Regel des Rollentausches auch für die Possessiv-Artikel (= «Rollen-Artikel», vgl. 5.2.2) gilt.

3　Zitatquelle ist ein Referent

Wird eine Person in der Referenten-Rolle («3. Person») als Zitatquelle genannt, so wird sowohl die Sender-Rolle als auch die Empfänger-Rolle in die Referenten-Rolle übersetzt. Die Referenten-Rolle selber bleibt unverändert (Regel der Rollen-Anpassung). Vergleiche:

WÖRTLICHE MEINUNG DES REFERENTEN	ZITIERTE MEINUNG DES REFERENTEN
/*«je suis à court d'argent»*/ '«ich bin knapp bei Kasse»'	/*il dit à tout le monde qu'il est à court d'argent*/ 'er sagt allen Leuten, daß er knapp bei Kasse ist (oder: er sei knapp bei Kasse)'
/*«vous avez plus de chance que personne (, Mademoiselle)»*/ '«Sie haben mehr Glück als sonst jemand»'	/*il lui a dit qu'elle a plus de chance que personne*/ 'er hat ihr gesagt, daß sie mehr Glück als sonst jemand hat'

9.4.2.1.1.2   Anpassung des Tempus-Registers

Das Tempus-Register umfaßt die Opposition zwischen besprechenden und erzählenden Tempora (vgl. 4.2.2). Soll nun eine Meinung (die entweder besprechend oder erzählend sein kann) als indirekte Rede in einem Text von einer Zitatquelle (die ihrerseits entweder besprechend oder erzählend sein kann) abhängig gemacht werden, so wird das Tempus-Register der indirekten Rede an das Tempus-Register des Kontextes (genauer: der Zitatquelle) angepaßt, und zwar nach den folgenden drei Regeln:

$\boxed{1}$ Besprechender Kontext – besprechendes oder erzählendes Zitat

In einem besprechenden Kontext (= Zitatquelle) bleibt das Tempus-Register der zitierten Meinung unverändert, gleich ob dieses selber besprechend oder erzählend ist (Regel der Registerkonstanz). Vergleiche:

WÖRTLICHE MEINUNG	ZITIERTE MEINUNG
BESPRECHEND ODER ERZÄHLEND	IN BESPRECHENDEM KONTEXT
/«*il faut être membre du syndicat*»/ '«man muß Mitglied der Gewerkschaft sein»'	/*on entend souvent dire qu'il faut être membre du syndicat*/ 'man hört oft sagen, daß man Mitglied der Gewerkschaft sein muß (oder: man müsse Mitglied der Gewerkschaft sein)'
/«*j'ai parfois songé à m'y inscrire*»/ '«ich habe manchmal daran gedacht, da Mitglied zu werden»'	/*je peux vous dire que j'ai parfois songé à m'y inscrire*/ 'ich kann Ihnen sagen, daß ich manchmal daran gedacht habe, da Mitglied zu werden'
/«*quand j'étais encore manœuvre, je n'avais qu'un seul but: (de) me qualifier*»/ '«als ich noch Hilfsarbeiter war, hatte (oder: kannte) ich nur ein Ziel: Facharbeiter zu werden»'	/*n'oubliez pas que, quand j'étais encore manœuvre, je n'avais qu'un seul but: (de) me qualifier*/ 'vergessen Sie nicht, daß ich, als ich noch Hilfsarbeiter war, nur ein Ziel hatte (oder: kannte): Facharbeiter zu werden'

Bei dieser Regel ist zu beachten, daß das Perfekt unter bestimmten Bedingungen, zumal in mündlicher Rede, Bestandteil eines erzählenden Kontextes sein kann (vgl. 4.2.4.1).

$\boxed{2}$ Erzählender Kontext – besprechendes Zitat

Wird eine mit besprechendem Tempus-Register zitierte Meinung von einem erzählenden Kontext (= Zitatquelle) abhängig gemacht, so werden die besprechenden Tempora der wörtlichen Meinung in erzählende Tempora der zitierten Meinung übersetzt (Regel der Registerübersetzung), und zwar wie folgt:

BESPRECHENDE TEMPORA		ERZÄHLENDE TEMPORA
Präsens	$\longrightarrow$	Imperfekt
Perfekt	$\longrightarrow$	Plusquamperfckt
Futur	$\longrightarrow$	Konditional
Vor-Futur	$\longrightarrow$	Vor-Konditional
Grenz-Futur	$\longrightarrow$	Grenz-Konditional

Der Aorist («Passé simple») wird in der indirekten Rede nicht verwendet; so daß man umgekehrt am Vorkommen des Aorists in einem Text zuverlässig ablesen kann, daß es sich nicht um eine indirekte Rede handelt. Da der Aorist also in der indirekten Rede gar nicht vorkommt, gehört jede indirekte Rede dem Hintergrund des Textes an:

WÖRTLICHE MEINUNG: BESPRECHENDES TEMPUS-REGISTER	ERZÄHLENDER KONTEXT: BESPRECHENDE ZITAT-TEMPORA IN ERZÄHLENDE TEMPORA ÜBERSETZT
/«*je n'ai jamais été en danger d'être licencié*»/ '«ich bin nie in Gefahr gewesen, entlassen zu werden«'	/*il disait qu'il n'avait jamais été en danger d'être licencié*/ 'er sagte, er sei (oder: wäre) nie in Gefahr gewesen, entlassen zu werden'
/«*vous n'avez pas le droit de vous plaindre des conditions de travail*»/ '«Sie dürfen sich nicht über die Arbeitsbedingungen beklagen»'	/*on lui répondait qu'il n'avait pas le droit de se plaindre des conditions de travail*/ 'man antwortete ihm, daß er sich nicht über die Arbeitsbedingungen beklagen dürfe (oder: er dürfe sich nicht über die Arbeitsbedingungen beklagen)'
/«*pour me convaincre il faudra des arguments plus forts*»/ '«um mich zu überzeugen, sind stärkere Argumente nötig (wörtlich: werden stärkere Argumente nötig sein)»'	/*il répétait toujours que, pour le convaincre, il faudrait des arguments plus forts*/ 'er wiederholte immer, daß, um ihn zu überzeugen, stärkere Argumente nötig seien (oder: wären)'

Nach einer alten Grammatikerregel ist es jedoch in der indirekten Rede gestattet, bei Aussagen, für die allgemeine und immerwährende Geltung beansprucht wird (insbesondere bei den sogenannten «ewigen Wahrheiten»), auf eine Anpassung im Tempus-Register zu verzichten. Es sind also in dem nachfolgenden Beispiel beide Varianten der indirekten Rede möglich:

BESPRECHENDES ZITAT AN DEN ERZÄHLENDEN KONTEXT IM TEMPUS-REGISTER ANGEPASST	BESPRECHENDES ZITAT AN DEN ERZÄHLENDEN KONTEXT IM TEMPUS-REGISTER NICHT ANGEPASST
/*le délégué prétendait que les syndicats représentaient les intérêts de la classe ouvrière*/ 'der Delegierte behauptete, die Gewerkschaften verträten die Interessen der Arbeiterklasse'	/*le délégué prétendait que les syndicats représentent les intérêts de la classe ouvrière*/ 'der Delegierte behauptete, daß die Gewerkschaften die Interessen der Arbeiterklasse vertreten'

Im Beispiel der rechten Spalte gibt der Sprecher durch die Beibehaltung des besprechenden Tempus (hier: Präsens) in der indirekten Rede zu erkennen, daß er selber die zitierte Meinung für richtig hält. Die Verwendung des Imperfekt als Anpassung an das erzählende Tempus-Register der Zitatquelle im Beispiel der linken Spalte bedeutet jedoch nicht unbedingt, daß der Sprecher die zitierte Meinung selber für falsch hält, sondern nur, daß er die eigene Auffassung hinter der Auffassung der Zitatquelle zurücktreten lassen will.

[3]   Erzählender Kontext – erzählendes Zitat

Wird eine zitierte Meinung mit erzählendem Tempus-Register von einer Zitatquelle abhängig gemacht, die selber einen erzählenden Kontext bildet, so nehmen die erzählenden Tempora der wörtlichen Meinung in der zitierten Meinung zusätzlich das Merkmal der Rück-Perspektive an, soweit sie es nicht schon haben (Regel der Rück-Perspektive). Dabei entstehen folgende Tempus-Übersetzungen:

Imperfekt ⟶
Aorist ⟶ Plusquamperfekt
Konditional ⟶ Rück-Konditional
Plusquamperfekt ⟶
Rück-Aorist ⟶ Plusquamperfekt

Es werden also sowohl das Imperfekt als auch der Aorist durch das Hintergrund-Tempus Plusquamperfekt wiedergegeben. Aber dieses Tempus muß außerdem noch das Plusquamperfekt selber und den Rück-Aorist wiedergeben. Dadurch werden natürlich viele Unterscheidungen eingeebnet. Und auch hier gilt, daß die Opposition des Tempus-Reliefs (Vordergrund vs. Hintergrund) aufgegeben ist; alle indirekte Rede bildet den Hintergrund des erzählenden Textes. Vergleiche und unterscheide:

WÖRTLICHE MEINUNG:
ERZÄHLENDES TEMPUS-REGISTER

ERZÄHLENDER KONTEXT:
ERZÄHLENDES TEMPUS-REGISTER
MIT ZUSÄTZLICHER RÜCK-PERSPEKTIVE

/«*à l'âge de seize ans, j'avais l'idée d'émigrer*»/ '«mit sechzehn (Jahren) hatte ich im Sinn, auszuwandern»'

/*il nous disait souvent qu'à* (oder: *comme à*) *l'âge de seize ans il avait eu l'idée d'émigrer*/ 'er sagte uns oft, daß (oder: wie) er mit sechzehn (Jahren) im Sinn gehabt hatte, auszuwandern (oder: mit sechzehn habe/hätte er im Sinn gehabt …)'

/«*après six mois d'attente je n'avais toujours pas obtenu mon visa*»/ '«nach einem halben Jahr Wartezeit hatte ich immer noch nicht mein Visum bekommen»'

/*il nous expliquait qu'après six mois d'attente il n'avait toujours pas obtenu son visa*/ 'er erklärte uns, daß er nach einem halben Jahr Wartezeit immer noch nicht sein Visum bekommen hatte (oder: nach einem halben Jahr Wartezeit habe/hätte er immer noch nicht …)'

/«*si je n'étais pas si bien payé, je partirais tout de suite*»/ '«wenn ich nicht so gut bezahlt würde, ginge ich sofort weg»'

/*plus tard il nous avouait que, s'il n'avait pas été si bien payé, il serait tout de suite parti*/ 'später gestand er uns, daß er sofort weggegangen wäre, wenn er nicht so gut bezahlt worden wäre (oder: er wäre sofort weggegangen, wenn er nicht …)'

Das letzte Beispiel läßt erkennen, daß die Tempus-Anpassung an die Zitatquelle auch in konditionalen Junktionen nötig ist, wenn diese mittels erzählender Tempora eine abwegige Bedingung (Irrealis) signalisieren (vgl. 8.4.1.2).

Andere syntaktische Signale können unterstützend mitwirken, um eine zitierte Meinung als solche zu kennzeichnen, spielen jedoch bei der gebundenen indirekten Rede eine geringere Rolle als bei der freien indirekten Rede (vgl. 9.4.2.2). Regelmäßig wird jedoch eine Anpassung des Tempus-Registers bei Tempus-Adverbien vorgenommen, wenn diese für das Tempus-Register sensibel sind und nicht aus dem Zitat ausgenommen werden sollen (vgl. 7.3.3.2). Unterscheide:

WÖRTLICHE MEINUNG:
BESPRECHENDES TEMPUS-ADVERB

ZITIERTE MEINUNG:
ERZÄHLENDES TEMPUS-ADVERB

/«*hier, j'ai été insupportable*»/ '«gestern bin ich unausstehlich gewesen»'

/*il avouait que la veille il avait été insupportable*/ 'er gab zu, daß er am Vortag unausstehlich gewesen war'

/*«demain, je serai tout à fait gentil»*/ '«morgen werde ich ganz nett sein»'	/*il promettait que le lendemain il serait* *tout à fait gentil*/ 'er versprach, am nächsten Tag ganz nett zu sein'

9.4.2.1.2   Indirekte Gebote

Für Gebote (und Verbote) in der direkten Rede bedient man sich hauptsächlich des Imperativs (vgl. 4.4). Zusätzlich stehen auch Formen des Konjunktivs (vgl. 4.5.4) und verschiedene Modalverben (vgl. 4.6.3.1) zur Verfügung. In der indirekten Rede wird der Imperativ nicht gebraucht. Man ersetzt ihn durch Formen des Infinitivs, des Konjunktivs oder durch Modalverben *(devoir, falloir ...)*. Welche dieser Formen im Einzelfall gewählt wird, hängt von den beteiligten Gesprächsrollen und von der angestrebten Nuancierung ab. Besonders die Modalverben lassen eine mannigfaltige Nuancierung zu.

Wenn die Zitatquelle den Adressaten des Gebots ausdrücklich nennt, kann der Imperativ der wörtlichen Meinung leicht in einen einfachen Infinitiv der zitierten Meinung übersetzt werden. Das ergibt eine sehr ökonomische Form des indirekten Gebots. Die Verwendung von Modalverben mit anschließendem Infinitiv ist jedoch auch möglich. Modalverben *(devoir, falloir ...)* machen das indirekte Gebot nuancierter, aber auch umständlicher. Sie müssen nämlich mit ihren Gesprächsrollen und ihrem Tempus-Register an die Zitatquelle angepaßt werden. Dafür gelten die sechs Anpassungsregeln der Aussagen in gebundener indirekter Rede (vgl. 9.4.2.1.1).

WÖRTLICHES GEBOT

ZITIERTES GEBOT

/*«mange ta soupe»*/ 'iß deine Suppe!»'	/*je lui ai déjà dit mille fois de manger* *sa soupe*/ 'ich habe ihm schon tausendmal gesagt, daß er seine Suppe essen soll (oder: er soll/solle seine Suppe essen)'
/*«bois ton lait»*/ '«trink deine Milch!»'	/*je te dis pour la dernière fois que tu* *dois boire ton lait*/ 'ich sage dir zum letztenmal, daß du deine Milch trinken sollst'

In beiden Fällen wird der Adressat des Gebots in der Zitatquelle ausdrücklich genannt *(lui, te)*.

Wird hingegen der Adressat des Gebots in der Zitatquelle nicht ausdrücklich genannt, so wird in der indirekten Rede der Infinitiv gewöhnlich nicht gebraucht, und man verwendet zur indirekten Wiedergabe des Gebots entweder Formen des Konjunktivs oder aber Modalverben. Beide werden in den Gesprächsrollen und im Tempus-Register der Zitatquelle angepaßt. Bei den Formen des Konjunktivs sind jedoch die Einschränkungen zu beachten, die für den Gebrauch des erzählenden Konjunktivs gelten (vgl. 4.5.1.2).

WÖRTLICHES GEBOT	ZITIERTES GEBOT
/*«laisse-moi tranquille»*/ '«laß mich in Ruhe!»'	/*quand on lui demandait quelque chose, elle répétait toujours qu'on devait la laisser tranquille*/ 'wenn man sie um etwas bat, antwortete sie immer, daß man sie in Ruhe lassen solle (oder: man solle sie in Ruhe lassen)'
/*«sois sage»*/ '«sei artig!«'	/*ses idées pédagogiques culminaient dans le désir que son enfant fût (oder häufiger: soit) sage*/ 'ihre Vorstellungen von Erziehung gipfelten in dem Wunsch, daß ihr Kind artig wäre (oder: ihr Kind solle artig sein)'
/*«qu'on ne me parle plus de pédagogie»*/ '«man komme mir nicht mehr mit Pädagogik!»'	/*elle avait strictement défendu à son mari de lui parler encore de pédagogie*/ 'sie hatte ihrem Mann streng verboten, ihr noch einmal mit Pädagogik zu kommen'

Das letzte Beispiel läßt erkennen, daß bei Verboten (= negativen Geboten) die Negation in die Lexik der Zitatquelle verlegt werden kann (*défendre* 'verbieten'). Sie gilt dann für die zitierte Meinung weiter, so daß folglich auch das Morphem *ne ... plus* 'nicht mehr' durch *encore* 'noch' ersetzt wird, damit keine doppelte Negation zustande kommt.

9.4.2.1.3   Indirekte Fragen

Neben Feststellungen und Geboten werden oft auch Fragen in indirekter Rede zitiert. Diese werden dann ebenfalls in den Gesprächsrollen und im Tempus-Register an die Zitatquelle angepaßt. Sie haben immer fallende Intonation.

797

Durch die Frage-Morpheme bleiben sie aber weiterhin als Fragen erkennbar. Die Opposition zwischen anaphorischen und kataphorischen Fragen (vgl. 9.3.1) ist bei indirekten Fragen neutralisiert. Alle indirekten Fragen beziehen sich anaphorisch auf die Zitatquelle.

Indirekte Assertions-Fragen (vgl. 9.3.1) sind an dem Interrogativ-Junktor *si* 'ob' erkennbar. Dieser ist homonym mit der konditionalen Konjunktion *si* 'wenn' (vgl. 8.4.1) und dem Assertions-Morphem *si* 'doch' (vgl. 9.2.1.1). Im Gegensatz zu der Konjunktion *si* 'wenn' ist der Interrogativ-Junktor *si* 'ob' mit dem Futur und dem Konditional kombinierbar. Die Form *si* 'ob' ist neutral gegenüber der Opposition Affirmation vs. Negation; sie läßt ebenso gut eine bejahende wie eine verneinende Antwort erwarten. Anders verhält es sich bei dem intensivierenden Interrogativ-Junktor *combien* 'wie sehr', der in indirekten Assertions-Fragen an die Stelle des neutralen Interrogativ-Junktors *si* 'ob' treten kann; bei der Form *combien* ist die Erwartung auf die Affirmation festgelegt. Umgekehrt erweckt die (seltenere) Form *combien peu* 'wie wenig' beim Gesprächspartner die Erwartung einer Negation.

WÖRTLICHE FRAGE	ZITIERTE FRAGE
/«*est-ce que je m'occupe peut-être trop de moi-même?*»/ '«beschäftige ich mich vielleicht zuviel mit mir selber?»'	/*je me suis parfois demandé si je m'occupe peut-être trop de moi-même*/ 'ich habe mich manchmal gefragt, ob ich mich vielleicht zuviel mit mir selber beschäftige'
/«*aurez-vous jamais la force de résister aux tentations du bien-être?*»/ '«werden Sie je die Kraft haben, den Versuchungen des Wohllebens zu widerstehen?»'	/*le psychiatre m'a posé la question embarrassante de savoir si j'aurais jamais la force de résister aux tentations du bien-être*/ 'der Psychiater hat mir die unangenehme Frage gestellt, ob ich (wohl) je die Kraft haben würde (oder: hätte), den Versuchungen des Wohllebens zu widerstehen'
/«*je n'ai pas envie de devenir clochard*» '«ich habe keine Lust, ein Stadtstreicher zu werden»'	/*si vous saviez combien j'ai peu envie de devenir clochard*/ 'wenn Sie wüßten, wie wenig Lust ich habe, ein Stadtstreicher zu werden'

Idiomatische Wendung:

/*la question de savoir si . . .*/   'die Frage, ob . . .'

Bei den anderen Fragetypen werden die Frage-Morpheme der direkten Rede auch in der indirekten Rede beibehalten, jedoch immer ohne das Morphem [ɛskə] (geschrieben: *est-ce que*). Im Paradigma der Fragen zur Rollenbesetzung (vgl. 9.3.2.1) sind allerdings zwei Ausnahmen zu verzeichnen. Es werden beim Übergang von der direkten in die indirekte Frage die beiden folgenden Interrogativ-Pronomina transponiert:

qu'est-ce qui?	'was?' (Subjekt)	⟶	*ce qui*	'was'
qu'est-ce que?; que?	'was?' (Objekt)	⟶	*ce que*	'was'

In nachlässigerer Rede hört man manchmal, daß diese Transposition unterbleibt, was jedoch als fehlerhaft gilt.

WÖRTLICHE FRAGE

/*«qu'est-ce qui vous inquiète?»*/ '«was beunruhigt Sie?»'

/*«quand est-ce que vous êtes né?»*/ '«wann sind Sie geboren?»'

/*«quel est votre lieu de naissance?»*/ '«welches ist Ihr Geburtsort?»'

/*«comment allez-vous?»*/ '«wie geht es Ihnen?»'

/*«qu'est-ce qu'on me reproche?»*/ '«was wirft man mir vor?»'

ZITIERTE FRAGE

/*je veux savoir ce qui vous inquiète*/ 'ich will wissen, was Sie beunruhigt'

/*l'agent me demandait d'abord quand j'étais né*/ 'der Polizist fragte mich zuerst, wann ich geboren sei (oder: wäre)'

/*sa seconde question était de savoir quel était* (oder: *est*) *mon lieu de naissance*/ 'seine zweite Frage war, welches mein Geburtsort sei (oder: wäre)'

/*il aurait pu au moins me demander comment j'allais*/ 'er hätte mich wenigstens fragen können, wie es mir ging (oder: geht)'

/*je ne comprenais pas du tout ce qu'on me reprochait*/ 'ich verstand überhaupt nicht, was man mir vorwarf'

In den meisten Fragetypen kann die indirekte Frage zum Infinitiv verkürzt werden. Voraussetzung dafür ist, daß die Zitatquelle und die zitierte Meinung in der Handlungsrolle des Subjekts übereinstimmen. Das Frage-Morphem steht dann unmittelbar vor dem Infinitiv. Wenn das Frage-Morphem jedoch nicht eindeutig als solches zu identifizieren ist, etwa weil es mit einem anderen Morphem homonym ist (zum Beispiel *si* 'ob/wenn', *combien* 'wieviel/wie sehr', *quand* 'wann/wenn/als' ...), vermeidet man meistens die Verkürzung zum Infinitiv:

/je me demande comment me débrouiller/   'ich frage mich, wie ich mich durch-
schlagen soll'
/je ne sais plus que (oder weniger gepflegt: *quoi) faire/*   'ich weiß nicht mehr, was
ich machen soll'
/je ne sais où m'adresser/   'ich weiß nicht, wohin ich mich wenden soll'

Die Beispiele lassen erkennen, daß die indirekte Frage in der Infinitiv-Form in
der Regel eine vorausschauende Tempus-Perspektive hat und einem Futur oder
Konditional entspricht.
    Bei Fragen nach der Rollen-Referenz (vgl. 9.3.2.2) kann der Interrogativ-
Artikel *quel?* 'welcher?' auch in der indirekten Frage beibehalten werden. Häufiger jedoch wird die indirekte Frage statt dessen in eine Relativ-Junktion transponiert (vgl. 8.5). Vergleiche:

WÖRTLICHE REFERENZ-FRAGE

ZITIERTE REFERENZ-FRAGE
ODER RELATIV-JUNKTION

/«quelle heure est-il?»/   '«wieviel
Uhr ist es?»'

*/puis-je vous demander l'heure qu'il
est* (oder: *quelle heure il est)?/*   'darf
ich Sie fragen, wieviel Uhr es ist?'

/«quel train voulez-vous prendre?»/
'«welchen Zug wollen Sie nehmen?»'

*/dites-moi le train que vous voulez
prendre* (oder: *quel train vous voulez
prendre)/*   'sagen Sie mir, welchen
Zug Sie nehmen wollen!'

Da in der indirekten Frage die Opposition zwischen der anaphorischen und der
kataphorischen Frageform neutralisiert ist, fällt in ihr neben dem [ɛskə]-Mor-
phem auch die Inversion als Frage-Signal aus. Tritt in einer indirekten Frage
Inversion des Subjekts auf, so hat sie nur stilistischen Wert im Dienste des
Informationsprofils. Sie dient dann dazu, ein gewichtigeres Element in die Endstellung zu bringen. Vergleiche:

INDIREKTE FRAGE OHNE INVERSION

INDIREKTE FRAGE MIT INVERSION

*/je suis inquiet de savoir où elle peut
bien être/*   'ich bin besorgt, wo sie
wohl sein mag'

*/je suis inquiet de savoir où peut bien
être la nouvelle vendeuse/*   'ich bin
besorgt, wo wohl die neue Verkäuferin sein mag'

Im Beispiel der linken Spalte sind das Subjekt *(elle)* und das Verb *(être)* in der
Lautgestalt ungefähr gleich gewichtig. Im Beispiel der rechten Spalte hingegen ist
das Subjekt *(la nouvelle vendeuse)* in seiner Lautgestalt und im Zusammenhang

damit in seiner Bedeutungsfülle viel gewichtiger als das Verb *(être)*. Die Inversion des Subjekts führt nun dazu, daß dieses phonetisch und semantisch gewichtigere Element die für das Informationsprofil interessantere Endstellung einnimmt. In mündlicher Rede würde man jedoch, wenn man nicht sehr gepflegt sprechen will, diese Inversion eher vermeiden und statt dessen eine Redundanz in Kauf nehmen:

/ *je suis inquiet de savoir où elle peut bien être, la nouvelle vendeuse* /   'ich bin
besorgt, wo sie wohl sein mag, die neue Verkäuferin'

9.4.2.2   Freie indirekte Rede

Auch für die freie indirekte Rede gilt, daß der Textrahmen ein Zitiersignal enthalten muß, an dem sie als zitierte Meinung zu erkennen ist. Im Gegensatz zur gebundenen indirekten Rede (vgl. 9.4.2.1) ist jedoch bei der freien indirekten Rede die zitierte Meinung syntaktisch nicht von der Zitatquelle abhängig. Sie eignet sich daher besonders gut für längere Meinungswiedergaben.

Mit der gebundenen indirekten Rede hat die freie indirekte Rede gemeinsam, daß die zitierte Meinung nicht wörtlich wiedergegeben wird. Sie wird, wie jene, in den Gesprächsrollen und im Tempus-Register an die Zitatquelle angepaßt. Hier gelten die Anpassungsregeln der gebundenen indirekten Rede (vgl. 9.4.2.1.1.1–2) auch für die freie indirekte Rede. Mit der direkten Rede hat die freie indirekte Rede die syntaktische Unabhängigkeit gemeinsam, das heißt, sie bildet für gewöhnlich nicht mit der Zitatquelle zusammen eine Junktion. Aus der direkten Rede übernimmt sie ferner häufig verschiedene syntaktische und semantische Signale der Direktheit und Spontaneität, die als zusätzliche Zitiersignale dienen. Man kann daher sagen, daß die freie indirekte Rede strukturell zwischen der gebundenen indirekten Rede und der direkten Rede steht.

Wie bei der gebundenen indirekten Rede, so bedeutet auch bei der freien indirekten Rede der Ausdruck «Rede» nicht, daß laut gesprochen werden muß. Jede Art innerer Erfahrung kann mit gleichem Recht wie eine lautbare Äußerung in freier indirekter Rede wiedergegeben werden. Sinneswahrnehmungen und seelische Erlebnisse werden sogar mit einer gewissen Vorliebe in freier indirekter Rede («erlebter Rede») wiedergegeben, besonders in literarischen Prosatexten.

Der folgende Textabschnitt stammt aus dem Roman *Madame Bovary* von Gustave Flaubert. Er handelt von der jungverheirateten Emma Bovary, die sich zum erstenmal klar macht, daß sie den falschen Mann geheiratet hat. Die zur Markierung des Textes verwendeten Symbole bedeuten: z = Zitiersignal, ● =

direkte Rede, ◦ = indirekte Rede, □ = freie indirekte Rede. Markiert sind jeweils die Verben.

Puis ses idées peu à peu se fixaient, et, assise sur le gazon, qu'elle fouillait à petits coups avec le bout de son ombrelle, Emma se répétait:
– Pourquoi, mon Dieu, me suis-je mariée?
Elle se demandait s'il n'y aurait pas eu moyen, par d'autres combinaisons du hasard, de recontrer un autre homme; et elle cherchait à imaginer quels eussent été ces événements non survenus, cette vie différente, ce mari qu'elle ne connaissait pas. Tous, en effet, ne ressemblaient pas à celui-là. Il aurait pu être beau, spirituel, distingué, attirant, tels qu'ils étaient sans doute, ceux qu'avaient épousés ses anciennes camarades de couvent. Que faisaient-elles maintenant? A la ville, avec le bruit des rues, le bourdonnement des théâtres et les clartés du bal, elles avaient des existences où le cœur se dilate, où les sens s'épanouissent. Mais elle, sa vie était froide comme un grenier dont la lucarne est au nord, et l'ennui, araignée silencieuse, filait sa toile dans l'ombre à tous les coins de son cœur. Elle se rappelait les jours de distribution de prix, où elle montait sur l'estrade pour aller chercher ses petites couronnes. (…) Comme c'était loin, tout cela! comme c'était loin!*

---

* Dann nahmen ihre Gedanken allmählich feste Formen an, und während sie auf dem Rasen saß, in dem sie mit der Spitze ihres Sonnenschirms herumstocherte, fragte Emma sich immer wieder: «Mein Gott, warum habe ich bloß geheiratet!» Sie fragte sich auch, ob nicht bei anderen Zufallsfügungen die Möglichkeit bestanden hätte, einem anderen Mann zu begegnen; und sie versuchte sich vorzustellen, wie sie wohl gewesen sein würden, jene nicht geschehenen Ereignisse, jenes andere Leben, jener Ehemann, den sie nicht kannte. Denn es waren bestimmt nicht alle Männer wie ihrer. Er hätte ja ohne weiteres auch schön, geistreich, vornehm, anziehend sein können, so wie die andern es bestimmt waren, mit denen sich ihre ehemaligen Mitschülerinnen von der Klosterschule verheiratet hatten. Was die jetzt wohl machten? Die führten bestimmt in der Stadt, im Gelärm der Straßen, im Trubel der Theater und im Strahlenglanz der Bälle ein Leben, wo einem das Herz weit wird und die Sinne aufblühen. Sie selber aber, ihr Leben war so kalt wie eine Dachkammer mit dem Fenster nach Norden, und in allen Ecken ihres Herzens spann die Verdrossenheit, diese lautlose Spinne, dunkel ihr Netz. Sie erinnerte sich an die Tage der Preisverteilung, wo sie auf das Podium steigen durfte, um ihre Ehrenkränzchen abzuholen. (…) Wie weit lag das doch alles zurück! Wie weit!
(Gustave Flaubert: *Madame Bovary,* Kap. I,7; Ed. Bibliothèque de la Pléiade, Paris 1951, S. 365f.)

Der ausgewählte Textabschnitt wird beherrscht durch einen Textrahmen von mehreren Zitiersignalen, die über den ganzen Text verteilt sind. Von den beiden ersten Zitiersignalen *(ses idées se fixaient; Emma se répétait)* ist eine direkte Rede abhängig, die nach den Anweisungen der Zitiersignale als stilles Selbstgespräch aufzufassen ist *(«pourquoi, mon Dieu, me suis-je mariée?»)*. Dann folgen zwei weitere Zitiersignale *(elle se demandait; elle cherchait à imaginer)*, von denen jeweils eine gebundene indirekte Rede abhängig ist. Die Zitiersignale sind Verben der inneren Erfahrung, die – wie meistens in Romanen – als Gesprächsrollen den Referenten (hier: *elle*) und als Tempus-Register erzählende Tempora (hier: Imperfekt) haben. Die indirekte Rede paßt sich dieser Gesprächsrolle und diesem Tempus-Register an, letzterem im Vor-Konditional oder im Konjunktiv *(aurait eu, eussent été* – vgl. 4.3.9). Danach (beginnend mit *tous, en effet ...*) macht sich die indirekte Rede syntaktisch unabhängig und wird freie indirekte Rede. Sie währt bis zum Ende des Textabschnitts, wird jedoch durch ein eingeblendetes Zitiersignal *(elle se rappelait)* unterbrochen, das noch einmal ein kurzes Stück indirekter Rede syntaktisch an sich bindet.

Die freie indirekte Rede dieses Textabschnitts ist, ebenso wie die voraufgehende und die eingeblendete gebundene indirekte Rede, in der Gesprächsrolle an die Zitatquelle angepaßt; sie hat nur Formen der Referenten-Rolle, die freilich in sich syntaktisch nach dem Genus und Numerus und weiterhin semantisch auf vielfältige Weise differenziert sind *(tous, celui-là, il, ils, ceux que, elles, elle, cela, ses anciennes camarades ...)*. Sie hat ferner, der Zitatquelle entsprechend, ebenfalls in der Mehrzahl erzählende Tempora mit dem Tempus-Relief des Hintergrunds, freilich mit verschiedener Tempus-Perspektive *(ressemblaient, étaient, avaient épousés, faisaient, avaient, était froide, filait, c'était)*. Besprechende Tempusformen sind drei Formen des Präsens, die (nach Emma Bovarys Meinung) immer gültige Wahrheiten aussprechen *(où le cœur se dilate, où les sens s'épanouissent)* oder im Innern eines Vergleichs stehen *(comme un grenier dont la lucarne est au nord)*.

Trotz dieser vielen Signale ist es äußerstenfalls denkbar, daß ein Leser diese freie indirekte Rede dennoch nicht als zitierte Meinung erkennt und sie für einen Bericht des Erzählers hält, der sich ja manchmal gegenüber den Romanpersonen das Attribut der Innenschau und Allwissenheit zulegt. Tatsächlich finden wir auch manchmal zwischen der freien indirekten Rede und dem Erzählerbericht verschwimmende Grenzen. Wenn diese Grenzen nicht verschwimmen sollen, kann die freie indirekte Rede durch sekundäre Zitiersignale verschiedener Art mehr oder weniger deutlich als zitierte Meinung gekennzeichnet werden. Als sekundäre Zitiersignale dienen grundsätzlich solche Sprachzeichen, die uns als Merkmale direkter, spontaner und häufig auch mündlicher Rede bekannt sind. Sie können daher als Zeugnisse der Wörtlichkeit angesehen und in dieser Eigenschaft als zusätzliche Zitiersignale in die freie indirekte Rede eingeblendet werden. Der ausgewählte Textabschnitt macht von diesen Ausdrucksmitteln reichlich Gebrauch. Es sind, in der Reihenfolge ihres Auftretens im Text, die folgenden sekundären Zitiersignale:

- ein Assertions-Adverbiale mit beglaubigender Nuance, wie man es oft in die mündliche Rede einfließen läßt *(tous, en effet, ne ressemblaient pas...)*;
- ein Demonstrativ-Artikel mit pejorativer Nuance statt des Eigennamens, den Emma Bovary bei ihren Gedanken an den Ehemann nicht zu verwenden pflegt *(celui-là)*;
- assoziative Reihung ohne Schließung der Reihe durch ein abschließendes «und» *(beau, spirituel, distingué, attirant)*;
- ein Assertions-Adverbiale mit hypothetischer Nuance, hier als Signal für zitierte Gedanken *(sans doute)*;
- eine Frage, wie sie im Kontext einer angepaßten Gesprächsrolle und eines angepaßten Tempus-Registers immer ein besonders starkes Signal für freie indirekte Rede darstellt und daher als sekundäres Zitiersignal besonders gern verwendet wird *(que faisaient-elles?)*;
- eine Korrektur des Subjekts als Signal für eine spontane Fassung des Gedankens *(mais elle, sa vie était...)*;
- Ausrufe, die ebenso wie Fragen in Verbindung mit den Merkmalen der angepaßten Gesprächsrolle und des angepaßten Tempus-Registers zu den verläßlichsten und beliebtesten unter den sekundären Zitiersignalen gehören, da sie besonders leicht als Ausdruck von Direktheit und Spontaneität gelten können *(comme c'était loin!)*;
- eine Redundanz, die ebenfalls als Zeichen von Spontaneität gelten kann *(comme c'était loin, tout cela!)*.

Zu den hier verzeichneten syntaktischen Signalen, die als sekundäre und zusätzliche Zitiersignale dienen, kommen noch semantische Signale hinzu. Ein solches liegt bei unserem Flaubert-Text beispielsweise in den trivialen Vergleichen vor, die Emma Bovary durch den Kopf gehen *(sa vie était froide comme un grenier...; l'ennui, araignée silencieuse, filait sa toile...)*. Es ergibt sich aus dem größeren Kontext unseres Textabschnitts, daß Vergleiche solcher Art eher dieser romantisch versponnenen Romanperson als dem kritisch-intellektuellen Erzähler des Romans zuzuschreiben sind. Ähnlichen Zwecken dienen in anderen Texten oft Klischees und Gemeinplätze, Redensarten und Sprichwörter, die einer Person als Zitate in den Mund geschoben oder als Gedanken in den Sinn gelegt werden. Der Hörer oder Leser kann dann die betreffende Person an solchen Leitmotiven erkennen, und er wird bei dieser Gelegenheit gleichzeitig unterrichtet, daß es sich nicht um die Meinung des Autors, sondern um eine zitierte Meinung in freier indirekter Rede handelt.

Der ausgewählte Text von Gustave Flaubert enthält zwar viele der leistungsfähigsten und gebräuchlichsten sekundären Zitiersignale, die zur Kennzeichnung der freien indirekten Rede verwendet werden. Das ganze Repertoire solcher Signale, das höchst nuancenreich ist, ist damit jedoch nicht erschöpft. In der gesprochenen Sprache kommen insbesondere noch mannigfaltige Nuancen der Intonation hinzu, mit denen ein Zitierender die Stimme und Ausdrucksweise einer zitierten Person nachahmen kann, um auf diese Weise die freie indirekte Rede als «erlebte Rede» zu versinnlichen.

10 ANHANG

10.1. Konjugationstafeln

Konjugation bedeutet Formenvielfalt beim Verb. Diese Formenvielfalt richtet sich einerseits nach den unterschiedlichen syntaktischen Funktionen, die von den Verben wahrgenommen werden, und beruht andererseits auf morphologischen Eigengesetzlichkeiten, die sich nur teilweise in Regeln fassen lassen.

Unter dem Gesichtspunkt der syntaktischen Funktionen haben wir zwischen der Subjekt-Konjugation und der Tempus-Konjugation unterschieden. Die Subjekt-Konjugation (vgl. 3.1.1) bildet die mit dem Subjekt verschmolzenen drei Gesprächsrollen (Sender, Empfänger, Referent) mitsamt ihrem Numerus (Singular, Plural) in den Verbformen ab. In den Konjugationstafeln werden diese Rollen in der folgenden Ordnung aufgeführt: Sender-Singular, Empfänger-Singular, Referenten-Singular, Referenten-Plural, Sender-Plural, Empfänger-Plural. Die Genus-Opposition (Maskulin, Feminin) ist aus Platzmangel nicht abgebildet; es möge dem Verfasser verziehen werden, daß er in den Konjugationstafeln nur die maskulinen Formen verzeichnet hat. Wenn bestimmte Formen eine geringere Frequenz in der Sprache haben, wird nur die Referenten-Rolle im Singular und Plural aufgeführt.

Die Tempus-Konjugation (vgl. Kap. 4.1.1) drückt an den Verben die verschiedenen Tempora aus. Die häufiger gebrauchten Tempora erhalten in den Konjugationstafeln große Kästchen, die seltener gebrauchten Tempora kleine Kästchen. Die Formen des Konjunktivs sind durch Kästchen mit abgerundeten Ecken gekennzeichnet. Das Tempus-System hat in der französischen Sprache eine dreidimensionale Struktur. Ihr liegen die Merkmale der Perspektive (Rückschau, Neutral-Perspektive, Vorausschau), des Tempus-Registers (Besprechen, Erzählen) und des Reliefs (Vordergrund, Hintergrund) zugrunde. Da die Seiten eines Buches nur die Darstellung zweier Dimensionen zulassen, sind die Konjugationstafeln so angelegt, daß sie in ihrer Fläche nur die Dimensionen der Tempus-Perspektive und des Tempus-Registers wiedergeben. Die drei Spalten der Konjugationstafeln bedeuten also, von links nach rechts gelesen: Rück(schau)-Perspektive, Neutral-Perspektive, Voraus(schau)-Perspektive. Von oben nach unten gelesen bedeuten sie, getrennt durch einen erläuternden Balken: Besprechen (oben), Erzählen (unten). Der schlichte Konjunktiv («Konjunktiv-Präsens») steht zwischen diesen beiden Strukturen, wenigstens solange ein konservativer Sprachgebrauch nicht zwischen den Formen des besprechenden und des erzählenden Konjunktivs unterscheidet (vgl. 4.5.1)

Die dritte Dimension des Tempus-Systems, das Tempus-Relief (Vordergrund, Hintergrund) kann auf der zweidimensionalen Buchseite nur dadurch abgebildet werden, daß die Vordergrund-Tempora Aorist («Passé simple») und Rück-Aorist («Passé antérieur») jeweils ü b e r den Hintergrund-Tempora Imperfekt und Plusquamperfekt aufgeführt sind.

Die Formen des Partizips, des Imperativs und des Infinitivs sind in Ellipsen eingeschrieben, die jeweils am Kopf der Konjugationstafeln stehen. Sie sind bei der Grenzziehung zwischen den besprechenden Tempora (oben auf der Seite) und den erzählenden Tempora (unten auf der Seite) nicht mitzuberücksichtigen. Am Kopf der Konjugationstafeln sind sie deshalb angeordnet, weil sie vielen Tempusformen als Elemente zugrunde liegen. Der Imperativ kann im Sinne der Instruktions-Linguistik als diejenige Form angesehen werden, die unmittelbar oder mittelbar a l l e n Konjugationsformen zugrunde liegt.

In den einzelnen Konjugationstafeln sind jeweils mehrere Ellipsen und Kästchen durch *gestrichelte* Linien miteinander verbunden. Diese Linien drücken morphologische Solidaritäten aus. Wir verstehen unter morphologischen Solidaritäten bestimmte Ähnlichkeiten der Konjugationsformen, die (etwa beim Erlernen dieser Formen) einen Übergang in der einen oder in der anderen Richtung nahelegen.

In den Konjugationstafeln findet man jedoch nicht sämtliche morphologischen Solidaritäten eingezeichnet, die überhaupt verzeichnet werden können, sondern nur diejenigen, die für ein bestimmtes Tempus jeweils naheliegen. Fernerliegende Solidaritäten können aber jeweils indirekt über eine oder mehrere Zwischenstufen erreicht werden.

Zur Erläuterung werden im folgenden am Beispiel des regelmäßigen Konjugationsmusters «donner» die morphologischen Solidaritäten beschrieben, und zwar zunächst für die mittlere Spalte, sodann für die linke Spalte und schließlich für die rechte Spalte.

I. Mittlere Spalte (Neutral-Perspektive)

[1]   Der IMPERATIV ist durch morphologische Solidarität mit dem Neutral-Partizip *(donne – donnant)*, dem (Neutral-)Infinitiv *(donne – donner)* und den Formen des Präsens *(donne – il donne)* verbunden. Wir wollen diese Art morphologischer Solidarität, die zwischen zwei Lexemen oder ihren Prä- und Suffixen besteht, eine p r i m ä r e morphologische Solidarität nennen.

[2] Das PRÄSENS ist mit dem Imperativ *(il donne – donne)* und dem schlichten Konjunktiv *(il donne – qu'il donne)* in ähnlicher Weise durch primäre morphologische Solidaritäten verbunden. Von der gleichen Art ist die morphologische Solidarität mit dem Futur, sofern man die gesprochene Form zugrunde legt ([ildɔn] – [ildɔnra] – vgl. aber unten III [1]). Die morphologische Solidarität, die zwischen dem Präsens und dem Perfekt besteht, ist von anderer Art. Sie beruht darauf, daß das Perfekt mit den Präsensformen des Morphem-Verbs *avoir* gebildet wird *(il donne – il a donné)*. Wir wollen eine morphologische Solidarität, die zwischen einem Lexem (mitsamt seinen Prä- und Suffixen) und dem Morphem-Verb einer zusammengesetzten Form besteht, eine s e k u n d ä r e morphologische Solidarität nennen.

[3] Der schlichte KONJUNKTIV («Konjunktiv Präsens») ist mit dem Präsens durch primäre morphologische Solidarität *(qu'il donne – il donne)* verbunden. Allerdings zeigen die Formen des Sender-Plurals und des Empfänger-Plurals, was in den nachfolgenden Konjugationstafeln durch Verbindungslinien n i c h t bezeichnet wird, morphologische Solidarität mit dem Imperfekt *(que nous donnions – nous donnions; que vous donniez – vous donniez)*, nicht mit dem Präsens. Durch sekundäre morphologische Solidarität ist der schlichte Konjunktiv mit dem Konjunktiv Perfekt verbunden *(qu'il donne – qu'il ait donné)*.

[4] Der KONJUNKTIV IMPERFEKT ist mit dem Aorist durch primäre morphologische Solidarität verbunden *(qu'il donnât – il donna)*. Bei dem Konjunktiv Plusquamperfekt erstreckt sich die Solidarität auf die Form *eût*, also auf eine Form des Morphem-Verbs *avoir;* es handelt sich folglich um eine sekundäre morphologische Solidarität *(qu'il donnât – qu'il eût donné)*.

[5] Der AORIST («Passé simple») ist mit dem Konjunktiv Imperfekt durch primäre morphologische Solidarität *(il donna – qu'il donnât)* und mit dem Rück-Aorist («Passé antérieur») durch sekundäre morphologische Solidarität verbunden *(il donna – il eut donné)*.

[6] Das IMPERFEKT ist mit dem Konditional durch primäre morphologische Solidarität *(il donnait – il donnerait)* und mit dem Plusquamperfekt durch sekundäre morphologische Solidarität *(il donnait – il avait donné)* verbunden. Die Imperfektformen des Sender-Plurals und des Empfänger-Plurals sind überdies, was in den nachfolgenden Konjugationstafeln durch Verbindungslinien nicht eigens bezeichnet wird, solidarisch mit den entsprechenden Formen des schlichten Konjunktivs, und zwar in primärer morphologischer Solidarität *(nous donnions – que nous donnions; vous donniez – que vous donniez)*.

II. Linke Spalte (Rück-Perspektive)

1 Das RÜCK-PARTIZIP («Partizip Perfekt») ist mit dem Perfekt durch primäre morphologische Solidarität verbunden *(donné – il a donné);* denn das Rück-Partizip geht als Element der Tempus-Komposition in die zusammengesetzten Formen des Perfekts ein. Das gleiche gilt für die Verbindung mit dem Rück-Infinitiv; auch hier handelt es sich um eine primäre morphologische Solidarität *(donné – avoir donné).*

2 Das NEUTRAL-PARTIZIP («Partizip Präsens») ist mit dem Imperativ in primärer morphologischer Solidarität verbunden *(donnant – donne, donnez;* vgl. auch bei dem Konjugationsmuster «finir»: *finissant – finis, finissez).*

3 Das PERFEKT («Passé composé») hat fünf morphologische Solidaritäten. Von diesen sind vier primär, da sie das Lexem konstant halten. Das gilt in erster Linie für das Rück-Partizip, das ein Element dieser Tempus-Komposition bildet *(il a donné – donné).* In den morphologischen Solidaritäten mit drei weiteren Tempora bleibt dieses Lexem in der Form des Rück-Partizips konstant, und nur das Morphem-Verb wird zur Bildung des jeweiligen Tempus variiert; auch diese Art Verbindung wollen wir zur primären morphologischen Solidarität rechnen. Sie besteht zum Plusquamperfekt *(il a donné – il avait donné),* zum Konjunktiv Perfekt *(il a donné – qu'il ait donné)* und zum Vor-Futur *(il a donné – il aura donné).* Die Solidarität mit dem Präsens ist hingegen sekundär, da sie zwischen dem Morphem-Verb und dem Lexem besteht *(il a donné – il donne).*

4 Der KONJUNKTIV PERFEKT hat zwei primäre morphologische Solidaritäten, und zwar mit dem Perfekt *(qu'il ait donné – il a donné)* und dem Konjunktiv Plusquamperfekt *(qu'il ait donné – qu'il eût donné),* ferner eine sekundäre Solidarität mit dem schlichten Konjunktiv *(qu'il ait donné – qu'il donne).*

5 Der KONJUNKTIV PLUSQUAMPERFEKT verzeichnet drei morphologische Solidaritäten. Zwei sind primär, und zwar mit dem Konjunktiv Perfekt *(qu'il eût donné – qu'il ait donné)* und dem Rück-Aorist *(qu'il eût donné – il eut donné).* Eine morphologische Solidarität ist sekundär, und zwar mit dem Konjunktiv Imperfekt *(qu'il eût donné – qu'il donnât).*

6 Beim RÜCK-AORIST («Passé antérieur») sind ebenfalls drei morphologische Solidaritäten zu verzeichnen. Es sind die zwei primären Solidaritäten mit dem Konjunktiv Plusquamperfekt *(il eut donné – qu'il eût donné)* und dem Plusquamperfekt *(il eut donné – il avait donné),* ferner die sekundäre Solidarität, die dieses Tempus mit dem Aorist («Passé simple») verbindet *(il eut donné – il donna).*

[7]   Für das PLUSQUAMPERFEKT verzeichnen die Konjugationstafeln drei primäre morphologische Solidaritäten, nämlich mit dem Perfekt *(il avait donné – il a donné)*, dem Rück-Aorist *(il avait donné – il eut donné)* und dem Vor-Konditional *(il avait donné – il aurait donné)*. Hinzu kommt eine sekundäre morphologische Solidarität mit dem Imperfekt *(il avait donné – il donnait)*.

III. Rechte Spalte (Voraus-Perspektive)

[1]   DER NEUTRAL-INFINITIV, auch einfach Infinitiv genannt, ist durch primäre morphologische Solidarität mit dem Imperativ verbunden *(donner – donne)*. Das gleiche gilt für die Verbindung zum Futur, mit dem jedoch nur dann eine primäre morphologische Solidarität besteht, wenn man die orthographische Form berücksichtigt *(donner – il donnera –* vgl. aber oben I [2]).

[2]   Der RÜCK-INFINITIV («Infinitiv Perfekt») ist mit dem Rück-Partizip, das er als Element zu seiner Bildung benutzt, durch primäre morphologische Solidarität verbunden *(avoir donné – donné)*.

[3]   Das FUTUR ist mit dem Infinitiv, wie schon unter III [1] besprochen, orthographisch *(il donnera – donner)* und mit dem Präsens, wie unter I [2] besprochen, phonetisch ([ildɔnra] – [ildɔn]) durch primäre morphologische Solidarität verbunden. Eine gleichfalls primäre morphologische Solidarität verbindet es mit dem Konditional *(il donnera – il donnerait)*, eine sekundäre morphologische Solidarität mit dem Vor-Futur, dessen Morphem-Verb aus einer Futurform besteht *(il donnera – il aura donné)*.

[4]   Das VOR-FUTUR («Futur antérieur») ist durch primäre morphologische Solidarität mit dem Perfekt *(il aura donné – il a donné)* und mit dem Vor-Konditional *(il aura donné – il aurait donné)* verbunden. Mit dem Futur verbindet es eine sekundäre morphologische Solidarität *(il aura donné – il donnera)*.

[5]   Das VOR-KONDITIONAL («Conditionnel antérieur») ist durch primäre morphologische Solidarität an das Vor-Futur *(il aurait donné – il aura donné)* und an das Plusquamperfekt *(il aurait donné – il avait donné)* angeschlossen. Zum Konditional besteht eine sekundäre morphologische Solidarität *(il aurait donné – il donnerait)*. Das Vor-Konditional hat im Gegensatz zum Vor-Futur in den nachfolgenden Konjugationstafeln ein großes Kästchen, weil es – zumal in konditionalen Junktionen – eine relativ hohe Frequenz in der Sprache hat.

[6]   Das KONDITIONAL ist mit dem Futur *(il donnerait – il donnera)* und dem Imperfekt *(il donnerait – il donnait)* durch primäre morphologische Solidarität

verbunden. Mit dem Vor-Konditional verbindet es eine sekundäre morphologische Solidarität *(il donnerait – il aurait donné)*.

Die hier erläuterten morphologischen Solidaritäten sind für die meisten Verben identisch, und die Linien, die sie in den Konjugationstafeln repräsentieren, stimmen daher in den meisten Fällen überein. Bei einigen Verben weichen sie jedoch von dieser Regelmäßigkeit ab. Eben darin besteht unter anderem die Unregelmäßigkeit dieser Verben. Bei dem unregelmäßigen Verb *être* 'sein' beispielsweise besteht keine morphologische Solidarität zwischen dem Präsens und dem Konjunktiv, weil die Formen unähnlich sind *(il est – qu'il soit)*. In diesem Fall ist die Linie, die in den meisten Konjugationstafeln die Kästchen des Präsens und des Konjunktivs verbindet, für das Verb *être* einfach weggelassen. Für die Konjunktivformen dieses unregelmäßigen Verbs ist andererseits charakteristisch, daß sie den Formen des Imperativs ähnlich sind *(que tu sois – sois)*. Es ist daher bei diesem Verb, abweichend von den regelmäßigen Konjugationstafeln, das Kästchen des schlichten Konjunktivs mit der Ellipse des Imperativs durch eine Linie verbunden, die hier eine von der Regelmäßigkeit abweichende morphologische Solidarität anzeigt. Diese Linie ist zur Verdeutlichung *punktiert* gezeichnet.

Die nicht auf unterschiedlichen syntaktischen Funktionen beruhende, sondern nur morphologisch bedingte Formenvielfalt der Verben spiegelt sich in der Abfolge der einzelnen Konjugationstafeln wider. Diese sind wie folgt angeordnet:

– Die (ziemlich) regelmäßigen Konjugationsmuster «donner», «finir» und «rendre» (10.1.1)
– Die Morphem-Verben «être» und «avoir» (10.1.2)
– Die Modalverben in alphabetischer Reihenfolge: «devoir», «falloir», «pouvoir», «savoir» und «vouloir» (10.1.3)
– Die übrigen unregelmäßigen Verben in alphabetischer Reihenfolge (10.1.4).

Da die unregelmäßigen Verben in vielen Fällen selber auch das Konjugationsmuster für eine begrenzte Gruppe weiterer Verben abgeben, sind diese Verben, die jeweils dem Konjugationsmuster eines unregelmäßigen Verbs folgen, im Anschluß an die Konjugationstafeln und mit Verweisung auf diese im einzelnen aufgeführt (10.1.5). Für die Erwähnung und Reihenfolge dieser unregelmäßigen Verben sind Frequenz-Gesichtspunkte maßgeblich gewesen, die dem *Frequency Dictionary of French Words* von Juilland/Brodin/Davidovitch (Den Haag 1970) entnommen sind. Die Reihenfolge der verzeichneten Verben, die dem Konjugationsmuster eines unregelmäßigen Verbs folgen, entspricht also einer abnehmenden Frequenz in der französischen Gemeinsprache (Schriftsprache). Verben, die in dem genannten Frequenz-Wörterbuch gar nicht auftauchen, werden in den Konjugationstafeln dieser Grammatik nicht berücksichtigt.

10.1.1 Die regelmäßigen Konjugationsmuster *donner, finir, rendre*

① *donner* 'geben'

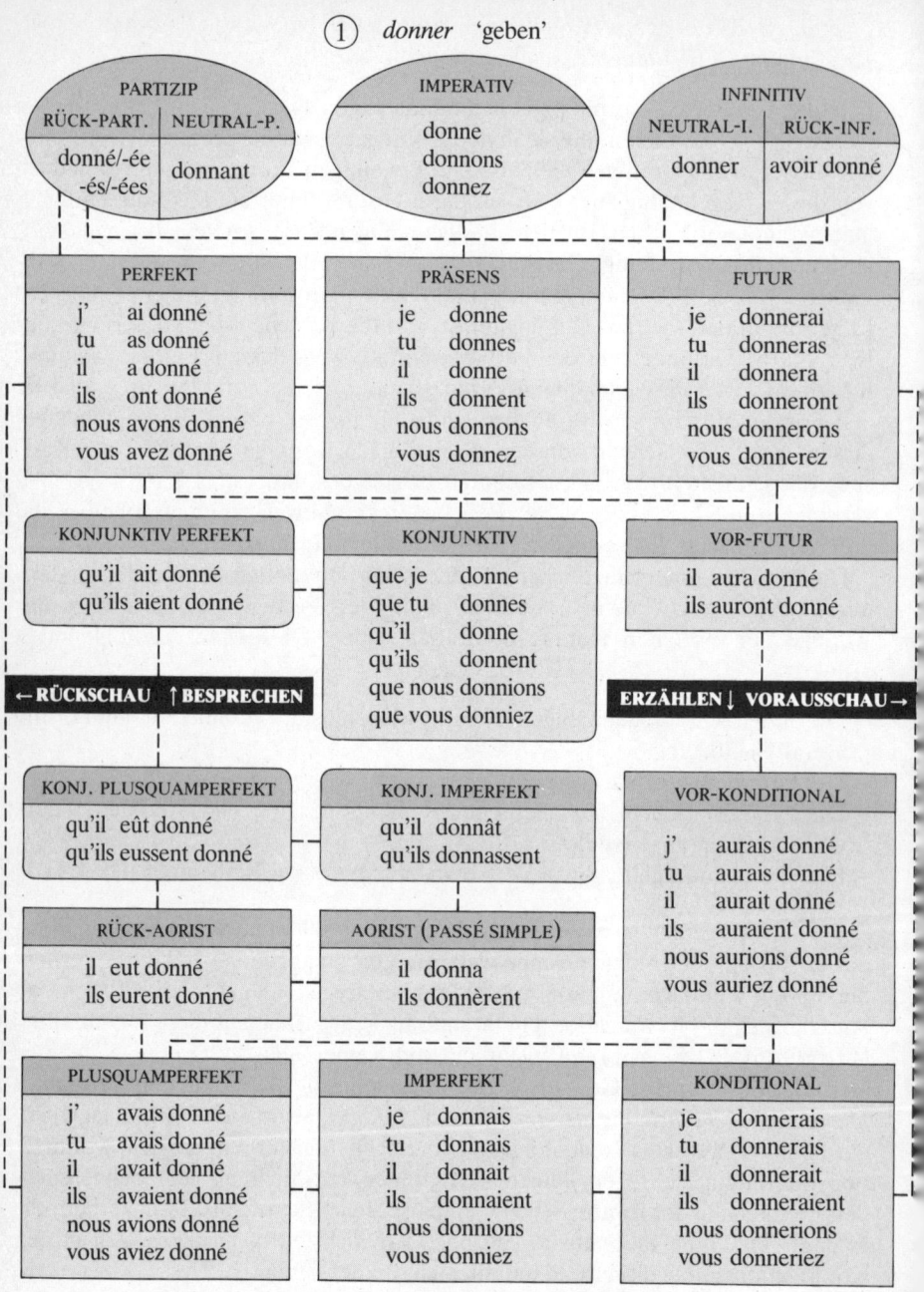

PARTIZIP	
RÜCK-PART.	NEUTRAL-P.
donné/-ée -és/-ées	donnant

IMPERATIV

donne
donnons
donnez

INFINITIV	
NEUTRAL-I.	RÜCK-INF.
donner	avoir donné

PERFEKT

j'	ai donné
tu	as donné
il	a donné
ils	ont donné
nous	avons donné
vous	avez donné

PRÄSENS

je	donne
tu	donnes
il	donne
ils	donnent
nous	donnons
vous	donnez

FUTUR

je	donnerai
tu	donneras
il	donnera
ils	donneront
nous	donnerons
vous	donnerez

KONJUNKTIV PERFEKT

qu'il	ait donné
qu'ils	aient donné

KONJUNKTIV

que je	donne
que tu	donnes
qu'il	donne
qu'ils	donnent
que nous	donnions
que vous	donniez

VOR-FUTUR

il	aura donné
ils	auront donné

← RÜCKSCHAU ↑BESPRECHEN

ERZÄHLEN↓ VORAUSSCHAU→

KONJ. PLUSQUAMPERFEKT

qu'il	eût donné
qu'ils	eussent donné

KONJ. IMPERFEKT

qu'il	donnât
qu'ils	donnassent

VOR-KONDITIONAL

j'	aurais donné
tu	aurais donné
il	aurait donné
ils	auraient donné
nous	aurions donné
vous	auriez donné

RÜCK-AORIST

il	eut donné
ils	eurent donné

AORIST (PASSÉ SIMPLE)

il	donna
ils	donnèrent

PLUSQUAMPERFEKT

j'	avais donné
tu	avais donné
il	avait donné
ils	avaient donné
nous	avions donné
vous	aviez donné

IMPERFEKT

je	donnais
tu	donnais
il	donnait
ils	donnaient
nous	donnions
vous	donniez

KONDITIONAL

je	donnerais
tu	donnerais
il	donnerait
ils	donneraient
nous	donnerions
vous	donneriez

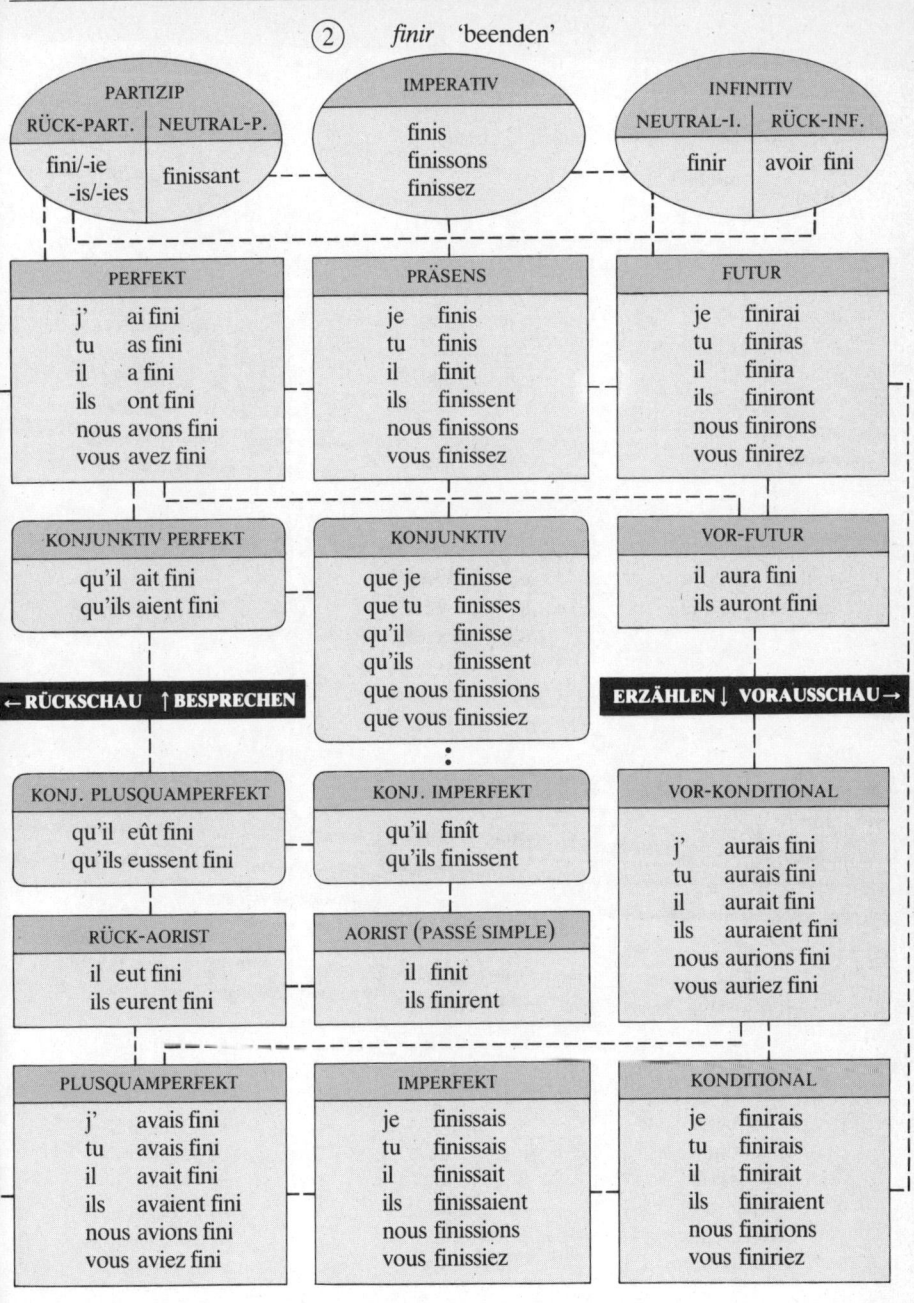

② *finir* 'beenden'

PARTIZIP		IMPERATIV	INFINITIV	
RÜCK-PART.	NEUTRAL-P.	finis	NEUTRAL-I.	RÜCK-INF.
fini/-ie -is/-ies	finissant	finissons finissez	finir	avoir fini

PERFEKT

j'   ai fini
tu   as fini
il   a fini
ils   ont fini
nous avons fini
vous avez fini

PRÄSENS

je   finis
tu   finis
il   finit
ils   finissent
nous finissons
vous finissez

FUTUR

je   finirai
tu   finiras
il   finira
ils   finiront
nous finirons
vous finirez

KONJUNKTIV PERFEKT

qu'il ait fini
qu'ils aient fini

KONJUNKTIV

que je   finisse
que tu   finisses
qu'il   finisse
qu'ils   finissent
que nous finissions
que vous finissiez

VOR-FUTUR

il aura fini
ils auront fini

← RÜCKSCHAU ↑ BESPRECHEN   ERZÄHLEN ↓ VORAUSSCHAU →

KONJ. PLUSQUAMPERFEKT

qu'il eût fini
qu'ils eussent fini

KONJ. IMPERFEKT

qu'il finît
qu'ils finissent

VOR-KONDITIONAL

j'   aurais fini
tu   aurais fini
il   aurait fini
ils   auraient fini
nous aurions fini
vous auriez fini

RÜCK-AORIST

il eut fini
ils eurent fini

AORIST (PASSÉ SIMPLE)

il finit
ils finirent

PLUSQUAMPERFEKT

j'   avais fini
tu   avais fini
il   avait fini
ils   avaient fini
nous avions fini
vous aviez fini

IMPERFEKT

je   finissais
tu   finissais
il   finissait
ils   finissaient
nous finissions
vous finissiez

KONDITIONAL

je   finirais
tu   finirais
il   finirait
ils   finiraient
nous finirions
vous finiriez

813

③ *rendre* 'zurückgeben'

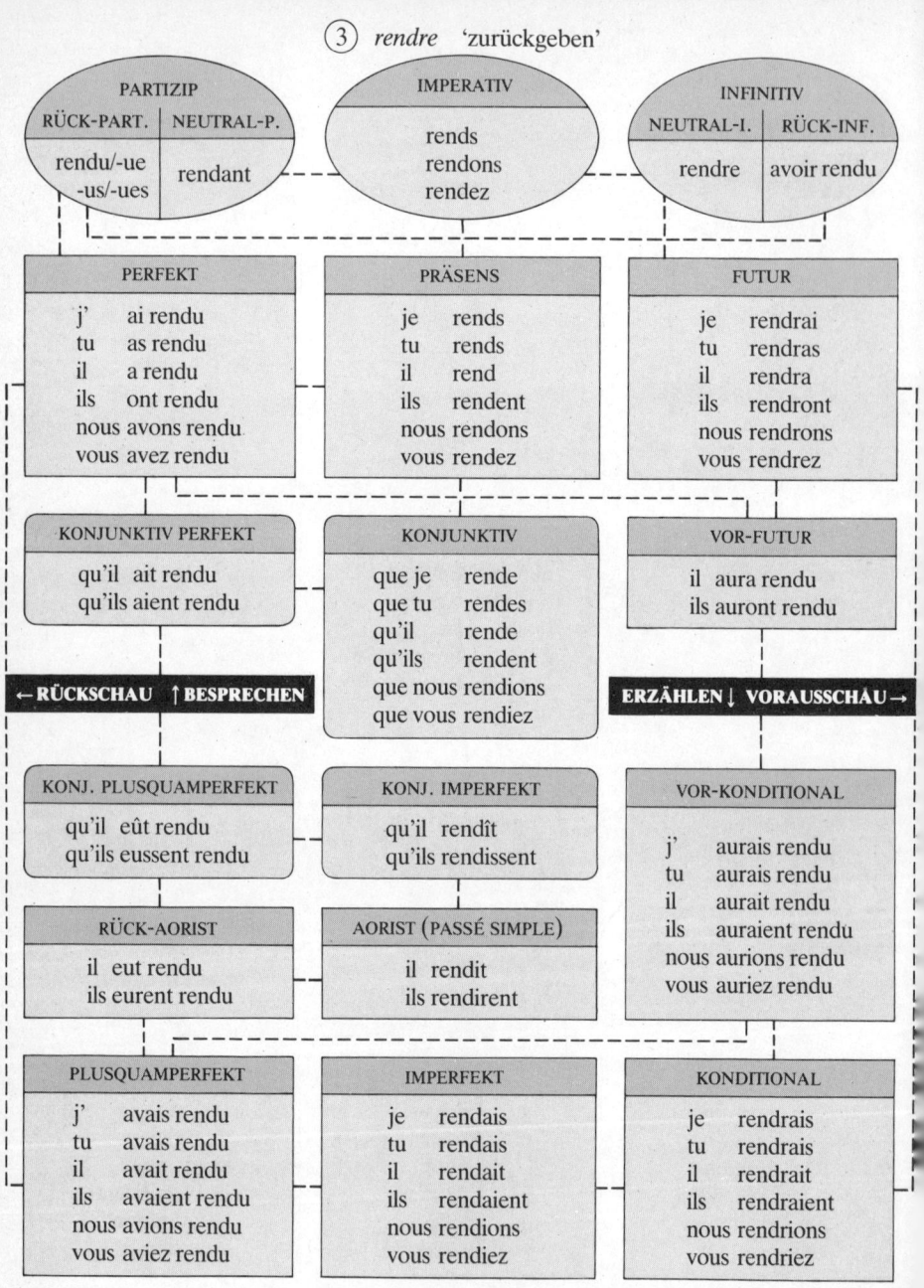

PARTIZIP	
RÜCK-PART.	NEUTRAL-P.
rendu/-ue -us/-ues	rendant

IMPERATIV

rends
rendons
rendez

INFINITIV	
NEUTRAL-I.	RÜCK-INF.
rendre	avoir rendu

PERFEKT

j' ai rendu
tu as rendu
il a rendu
ils ont rendu
nous avons rendu
vous avez rendu

PRÄSENS

je rends
tu rends
il rend
ils rendent
nous rendons
vous rendez

FUTUR

je rendrai
tu rendras
il rendra
ils rendront
nous rendrons
vous rendrez

KONJUNKTIV PERFEKT

qu'il ait rendu
qu'ils aient rendu

KONJUNKTIV

que je rende
que tu rendes
qu'il rende
qu'ils rendent
que nous rendions
que vous rendiez

VOR-FUTUR

il aura rendu
ils auront rendu

← **RÜCKSCHAU** ↑ **BESPRECHEN**

ERZÄHLEN ↓ **VORAUSSCHAU** →

KONJ. PLUSQUAMPERFEKT

qu'il eût rendu
qu'ils eussent rendu

KONJ. IMPERFEKT

qu'il rendît
qu'ils rendissent

VOR-KONDITIONAL

j' aurais rendu
tu aurais rendu
il aurait rendu
ils auraient rendu
nous aurions rendu
vous auriez rendu

RÜCK-AORIST

il eut rendu
ils eurent rendu

AORIST (PASSÉ SIMPLE)

il rendit
ils rendirent

PLUSQUAMPERFEKT

j' avais rendu
tu avais rendu
il avait rendu
ils avaient rendu
nous avions rendu
vous aviez rendu

IMPERFEKT

je rendais
tu rendais
il rendait
ils rendaient
nous rendions
vous rendiez

KONDITIONAL

je rendrais
tu rendrais
il rendrait
ils rendraient
nous rendrions
vous rendriez

10.1.2. Konjugation der unregelmäßigen Morphem-Verben *être* und *avoir*

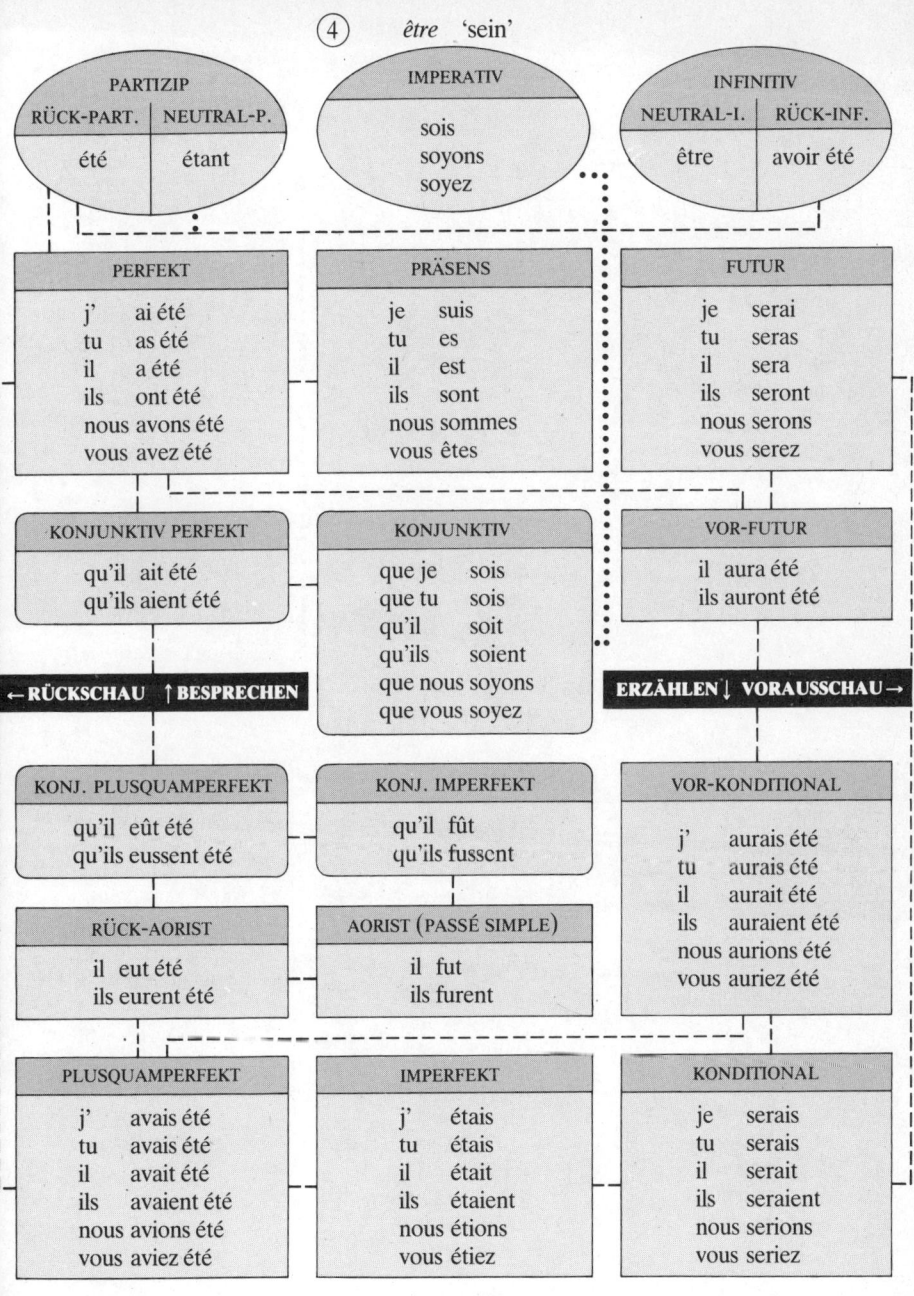

④ *être* 'sein'

PARTIZIP	
RÜCK-PART.	NEUTRAL-P.
été	étant

IMPERATIV
sois
soyons
soyez

INFINITIV	
NEUTRAL-I.	RÜCK-INF.
être	avoir été

PERFEKT
j'   ai été
tu   as été
il   a été
ils   ont été
nous avons été
vous avez été

PRÄSENS
je   suis
tu   es
il   est
ils   sont
nous sommes
vous êtes

FUTUR
je   serai
tu   seras
il   sera
ils   seront
nous serons
vous serez

KONJUNKTIV PERFEKT
qu'il   ait été
qu'ils aient été

KONJUNKTIV
que je   sois
que tu   sois
qu'il   soit
qu'ils   soient
que nous soyons
que vous soyez

VOR-FUTUR
il aura été
ils auront été

← RÜCKSCHAU ↑ BESPRECHEN   ERZÄHLEN ↓ VORAUSSCHAU →

KONJ. PLUSQUAMPERFEKT
qu'il   eût été
qu'ils eussent été

KONJ. IMPERFEKT
qu'il   fût
qu'ils fussent

VOR-KONDITIONAL
j'   aurais été
tu   aurais été
il   aurait été
ils   auraient été
nous aurions été
vous auriez été

RÜCK-AORIST
il eut été
ils eurent été

AORIST (PASSÉ SIMPLE)
il fut
ils furent

PLUSQUAMPERFEKT
j'   avais été
tu   avais été
il   avait été
ils   avaient été
nous avions été
vous aviez été

IMPERFEKT
j'   étais
tu   étais
il   était
ils   étaient
nous étions
vous étiez

KONDITIONAL
je   serais
tu   serais
il   serait
ils   seraient
nous serions
vous seriez

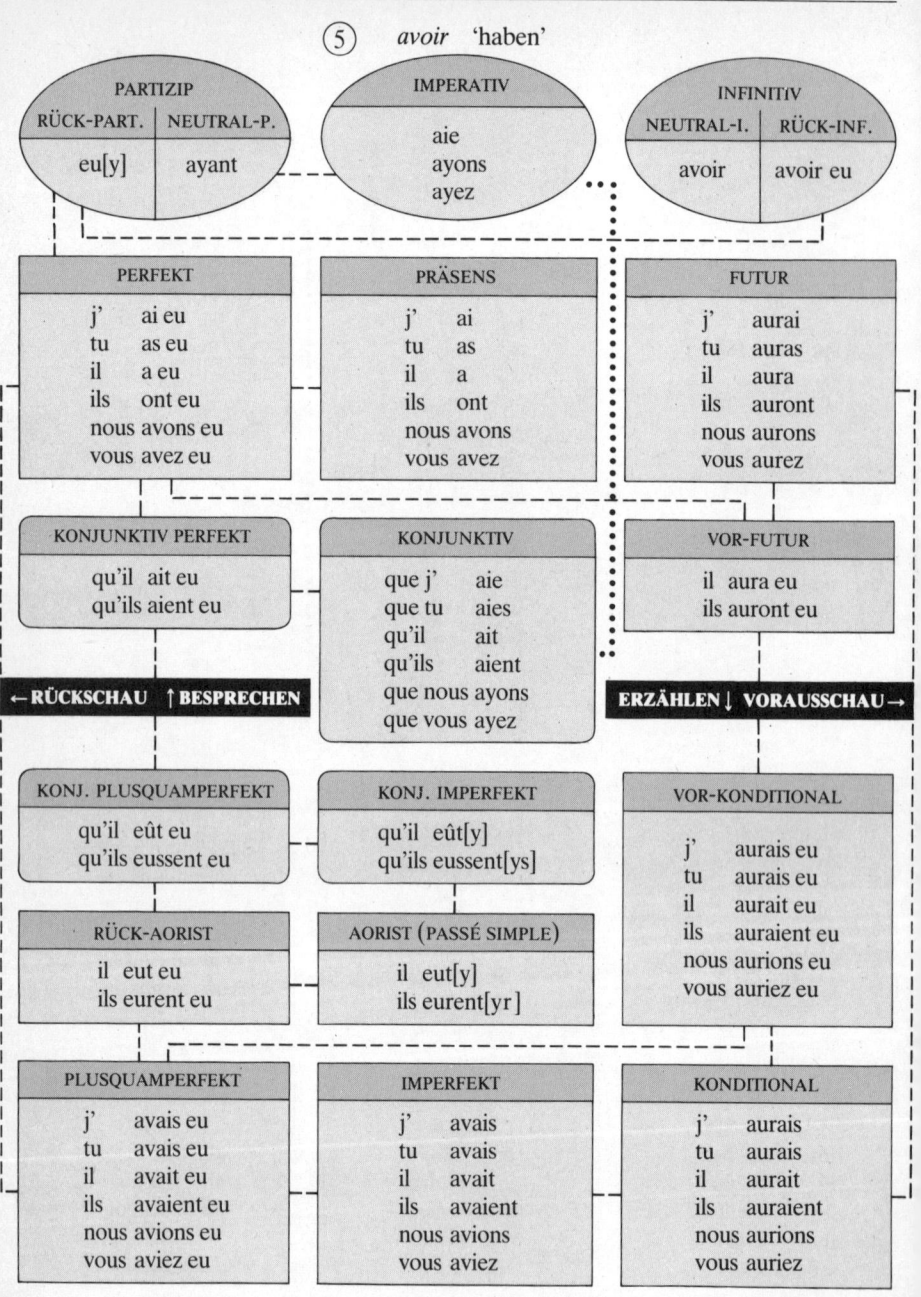

⑤ *avoir* 'haben'

PARTIZIP

RÜCK-PART.	NEUTRAL-P.
eu[y]	ayant

IMPERATIV

aie
ayons
ayez

INFINITIV

NEUTRAL-I.	RÜCK-INF.
avoir	avoir eu

PERFEKT

j'   ai eu
tu   as eu
il   a eu
ils   ont eu
nous avons eu
vous avez eu

PRÄSENS

j'   ai
tu   as
il   a
ils   ont
nous avons
vous avez

FUTUR

j'   aurai
tu   auras
il   aura
ils   auront
nous aurons
vous aurez

KONJUNKTIV PERFEKT

qu'il   ait eu
qu'ils aient eu

KONJUNKTIV

que j'   aie
que tu   aies
qu'il   ait
qu'ils   aient
que nous ayons
que vous ayez

VOR-FUTUR

il aura eu
ils auront eu

←**RÜCKSCHAU** ↑**BESPRECHEN**

ERZÄHLEN ↓ **VORAUSSCHAU** →

KONJ. PLUSQUAMPERFEKT

qu'il   eût eu
qu'ils eussent eu

KONJ. IMPERFEKT

qu'il   eût[y]
qu'ils eussent[ys]

VOR-KONDITIONAL

j'   aurais eu
tu   aurais eu
il   aurait eu
ils   auraient eu
nous aurions eu
vous auriez eu

RÜCK-AORIST

il eut eu
ils eurent eu

AORIST (PASSÉ SIMPLE)

il eut[y]
ils eurent[yr]

PLUSQUAMPERFEKT

j'   avais eu
tu   avais eu
il   avait eu
ils   avaient eu
nous avions eu
vous aviez eu

IMPERFEKT

j'   avais
tu   avais
il   avait
ils   avaient
nous avions
vous aviez

KONDITIONAL

j'   aurais
tu   aurais
il   aurait
ils   auraient
nous aurions
vous auriez

10.1.3. Die Konjugation der unregelmäßigen Modalverben *devoir, falloir, pouvoir, savoir, vouloir*

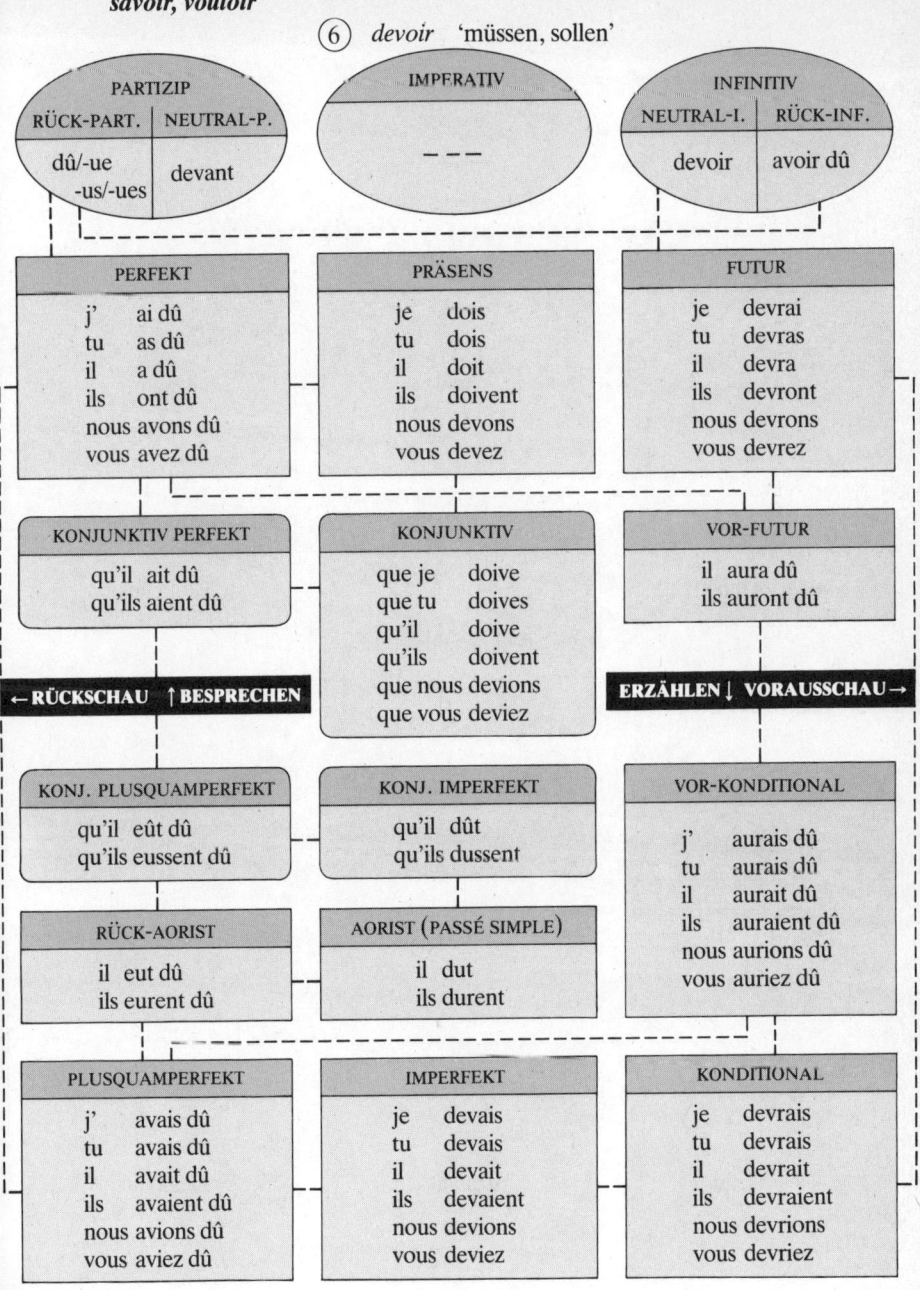

⑥ *devoir* 'müssen, sollen'

PARTIZIP		IMPERATIV	INFINITIV	
RÜCK-PART.	NEUTRAL-P.		NEUTRAL-I.	RÜCK-INF.
dû/-ue -us/-ues	devant	– – –	devoir	avoir dû

PERFEKT

j'   ai dû
tu   as dû
il   a dû
ils   ont dû
nous avons dû
vous avez dû

PRÄSENS

je   dois
tu   dois
il   doit
ils   doivent
nous devons
vous devez

FUTUR

je   devrai
tu   devras
il   devra
ils   devront
nous devrons
vous devrez

KONJUNKTIV PERFEKT

qu'il ait dû
qu'ils aient dû

KONJUNKTIV

que je   doive
que tu   doives
qu'il   doive
qu'ils   doivent
que nous devions
que vous deviez

VOR-FUTUR

il aura dû
ils auront dû

← RÜCKSCHAU ↑ BESPRECHEN   ERZÄHLEN ↓ VORAUSSCHAU →

KONJ. PLUSQUAMPERFEKT

qu'il eût dû
qu'ils eussent dû

KONJ. IMPERFEKT

qu'il dût
qu'ils dussent

VOR-KONDITIONAL

j'   aurais dû
tu   aurais dû
il   aurait dû
ils   auraient dû
nous aurions dû
vous auriez dû

RÜCK-AORIST

il eut dû
ils eurent dû

AORIST (PASSÉ SIMPLE)

il dut
ils durent

PLUSQUAMPERFEKT

j'   avais dû
tu   avais dû
il   avait dû
ils   avaient dû
nous avions dû
vous aviez dû

IMPERFEKT

je   devais
tu   devais
il   devait
ils   devaient
nous devions
vous deviez

KONDITIONAL

je   devrais
tu   devrais
il   devrait
ils   devraient
nous devrions
vous devriez

⑦ *falloir* 'müssen'

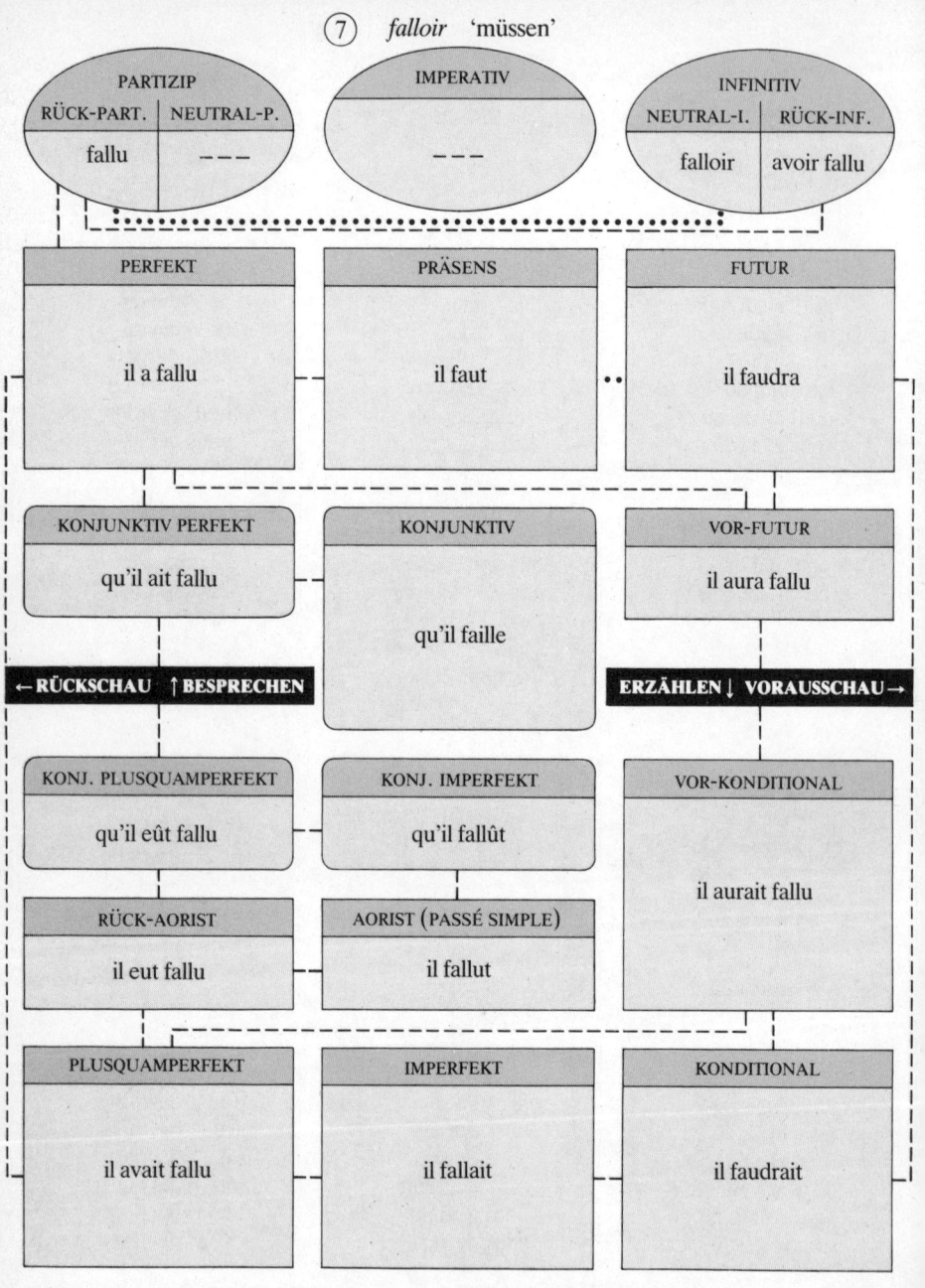

PARTIZIP		IMPERATIV	INFINITIV	
RÜCK-PART.	NEUTRAL-P.		NEUTRAL-I.	RÜCK-INF.
fallu	– – –	– – –	falloir	avoir fallu

PERFEKT	PRÄSENS	FUTUR
il a fallu	il faut	il faudra

KONJUNKTIV PERFEKT	KONJUNKTIV	VOR-FUTUR
qu'il ait fallu	qu'il faille	il aura fallu

← RÜCKSCHAU ↑ BESPRECHEN   **ERZÄHLEN ↓ VORAUSSCHAU →**

KONJ. PLUSQUAMPERFEKT	KONJ. IMPERFEKT	VOR-KONDITIONAL
qu'il eût fallu	qu'il fallût	il aurait fallu

RÜCK-AORIST	AORIST (PASSÉ SIMPLE)	
il eut fallu	il fallut	

PLUSQUAMPERFEKT	IMPERFEKT	KONDITIONAL
il avait fallu	il fallait	il faudrait

⑧ *pouvoir*   'können, dürfen'

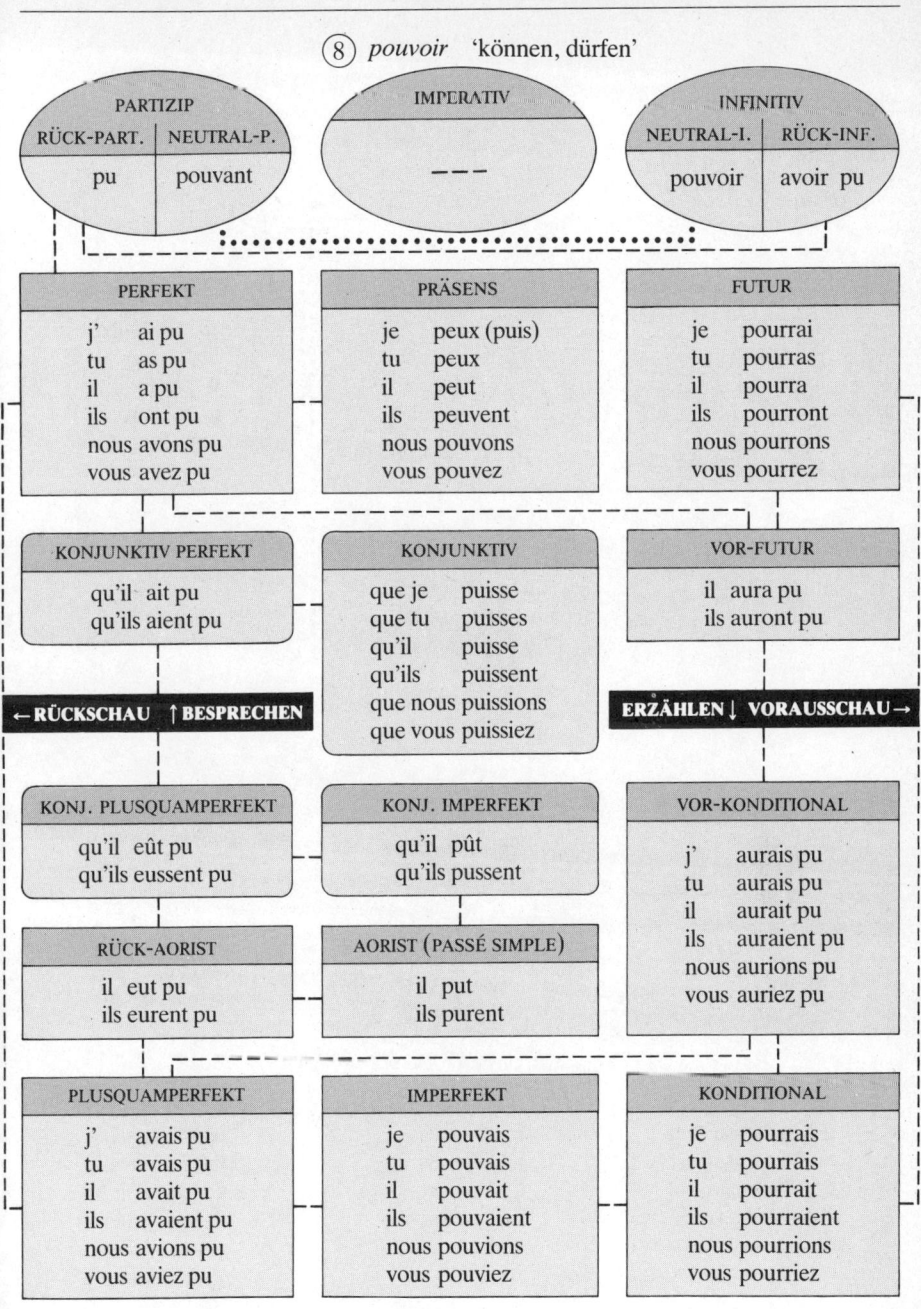

PARTIZIP		IMPERATIV	INFINITIV	
RÜCK-PART.	NEUTRAL-P.		NEUTRAL-I.	RÜCK-INF.
pu	pouvant	— — —	pouvoir	avoir pu

PERFEKT

j'   ai pu
tu   as pu
il   a pu
ils   ont pu
nous avons pu
vous avez pu

PRÄSENS

je   peux (puis)
tu   peux
il   peut
ils   peuvent
nous pouvons
vous pouvez

FUTUR

je   pourrai
tu   pourras
il   pourra
ils   pourront
nous pourrons
vous pourrez

KONJUNKTIV PERFEKT

qu'il ait pu
qu'ils aient pu

KONJUNKTIV

que je   puisse
que tu   puisses
qu'il   puisse
qu'ils   puissent
que nous puissions
que vous puissiez

VOR-FUTUR

il aura pu
ils auront pu

← RÜCKSCHAU   ↑ BESPRECHEN

ERZÄHLEN ↓ VORAUSSCHAU →

KONJ. PLUSQUAMPERFEKT

qu'il eût pu
qu'ils eussent pu

KONJ. IMPERFEKT

qu'il pût
qu'ils pussent

VOR-KONDITIONAL

j'   aurais pu
tu   aurais pu
il   aurait pu
ils   auraient pu
nous aurions pu
vous auriez pu

RÜCK-AORIST

il eut pu
ils eurent pu

AORIST (PASSÉ SIMPLE)

il put
ils purent

PLUSQUAMPERFEKT

j'   avais pu
tu   avais pu
il   avait pu
ils   avaient pu
nous avions pu
vous aviez pu

IMPERFEKT

je   pouvais
tu   pouvais
il   pouvait
ils   pouvaient
nous pouvions
vous pouviez

KONDITIONAL

je   pourrais
tu   pourrais
il   pourrait
ils   pourraient
nous pourrions
vous pourriez

⑨ *savoir* 'wissen, können'

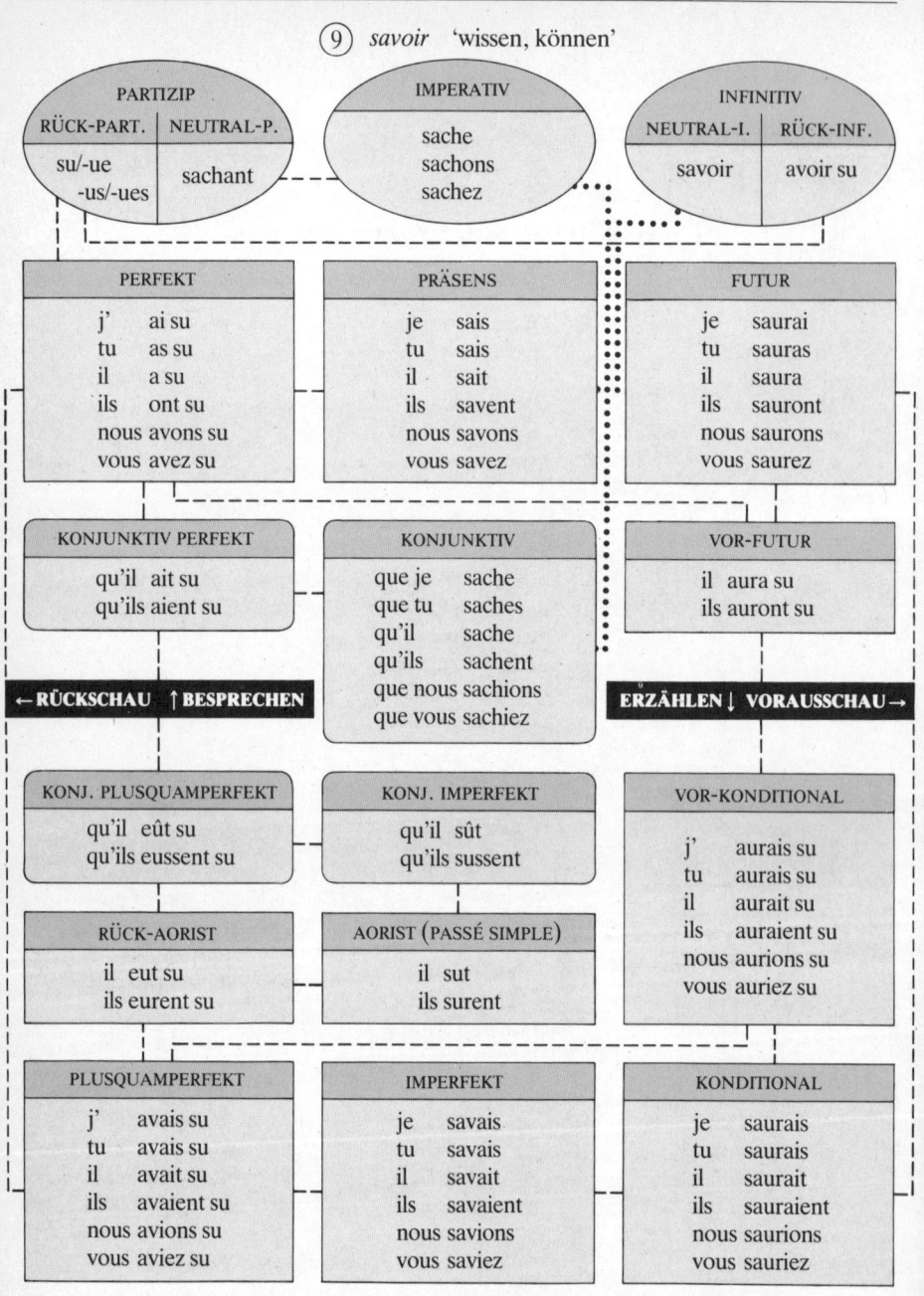

PARTIZIP		IMPERATIV	INFINITIV	
RÜCK-PART.	NEUTRAL-P.		NEUTRAL-I.	RÜCK-INF.
su/-ue -us/-ues	sachant	sache sachons sachez	savoir	avoir su

PERFEKT	PRÄSENS	FUTUR
j' ai su	je sais	je saurai
tu as su	tu sais	tu sauras
il a su	il sait	il saura
ils ont su	ils savent	ils sauront
nous avons su	nous savons	nous saurons
vous avez su	vous savez	vous saurez

KONJUNKTIV PERFEKT	KONJUNKTIV	VOR-FUTUR
qu'il ait su	que je sache	il aura su
qu'ils aient su	que tu saches	ils auront su
	qu'il sache	
	qu'ils sachent	
	que nous sachions	
	que vous sachiez	

← RÜCKSCHAU ↑ BESPRECHEN　　　**ERZÄHLEN ↓ VORAUSSCHAU →**

KONJ. PLUSQUAMPERFEKT	KONJ. IMPERFEKT	VOR-KONDITIONAL
qu'il eût su	qu'il sût	j' aurais su
qu'ils eussent su	qu'ils sussent	tu aurais su
		il aurait su
		ils auraient su
		nous aurions su
		vous auriez su

RÜCK-AORIST	AORIST (PASSÉ SIMPLE)
il eut su	il sut
ils eurent su	ils surent

PLUSQUAMPERFEKT	IMPERFEKT	KONDITIONAL
j' avais su	je savais	je saurais
tu avais su	tu savais	tu saurais
il avait su	il savait	il saurait
ils avaient su	ils savaient	ils sauraient
nous avions su	nous savions	nous saurions
vous aviez su	vous saviez	vous sauriez

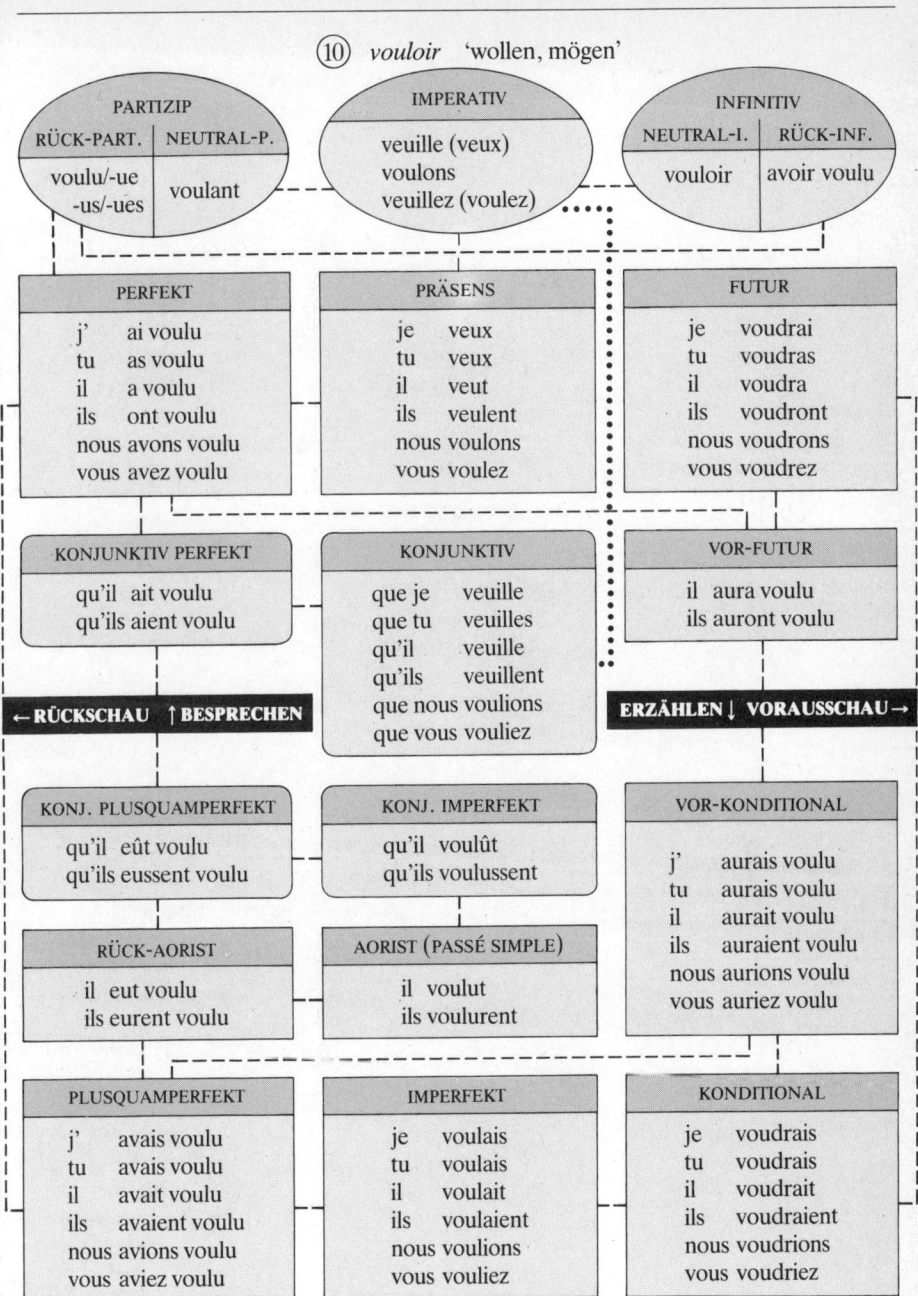

⑩ *vouloir* 'wollen, mögen'

PARTIZIP

RÜCK-PART.	NEUTRAL-P.
voulu/-ue -us/-ues	voulant

IMPERATIV

veuille (veux)
voulons
veuillez (voulez)

INFINITIV

NEUTRAL-I.	RÜCK-INF.
vouloir	avoir voulu

PERFEKT

j'	ai voulu
tu	as voulu
il	a voulu
ils	ont voulu
nous	avons voulu
vous	avez voulu

PRÄSENS

je	veux
tu	veux
il	veut
ils	veulent
nous	voulons
vous	voulez

FUTUR

je	voudrai
tu	voudras
il	voudra
ils	voudront
nous	voudrons
vous	voudrez

KONJUNKTIV PERFEKT

qu'il ait voulu
qu'ils aient voulu

KONJUNKTIV

que je	veuille
que tu	veuilles
qu'il	veuille
qu'ils	veuillent
que nous	voulions
que vous	vouliez

VOR-FUTUR

il aura voulu
ils auront voulu

← **RÜCKSCHAU** ↑ **BESPRECHEN**

ERZÄHLEN ↓ **VORAUSSCHAU** →

KONJ. PLUSQUAMPERFEKT

qu'il eût voulu
qu'ils eussent voulu

KONJ. IMPERFEKT

qu'il voulût
qu'ils voulussent

VOR-KONDITIONAL

j'	aurais voulu
tu	aurais voulu
il	aurait voulu
ils	auraient voulu
nous	aurions voulu
vous	auriez voulu

RÜCK-AORIST

il eut voulu
ils eurent voulu

AORIST (PASSÉ SIMPLE)

il voulut
ils voulurent

PLUSQUAMPERFEKT

j'	avais voulu
tu	avais voulu
il	avait voulu
ils	avaient voulu
nous	avions voulu
vous	aviez voulu

IMPERFEKT

je	voulais
tu	voulais
il	voulait
ils	voulaient
nous	voulions
vous	vouliez

KONDITIONAL

je	voudrais
tu	voudrais
il	voudrait
ils	voudraient
nous	voudrions
vous	voudriez

10.1.4. Die Konjugation der unregelmäßigen Verben in alphabetischer Reihenfolge

⑪ *acquérir* 'erwerben'

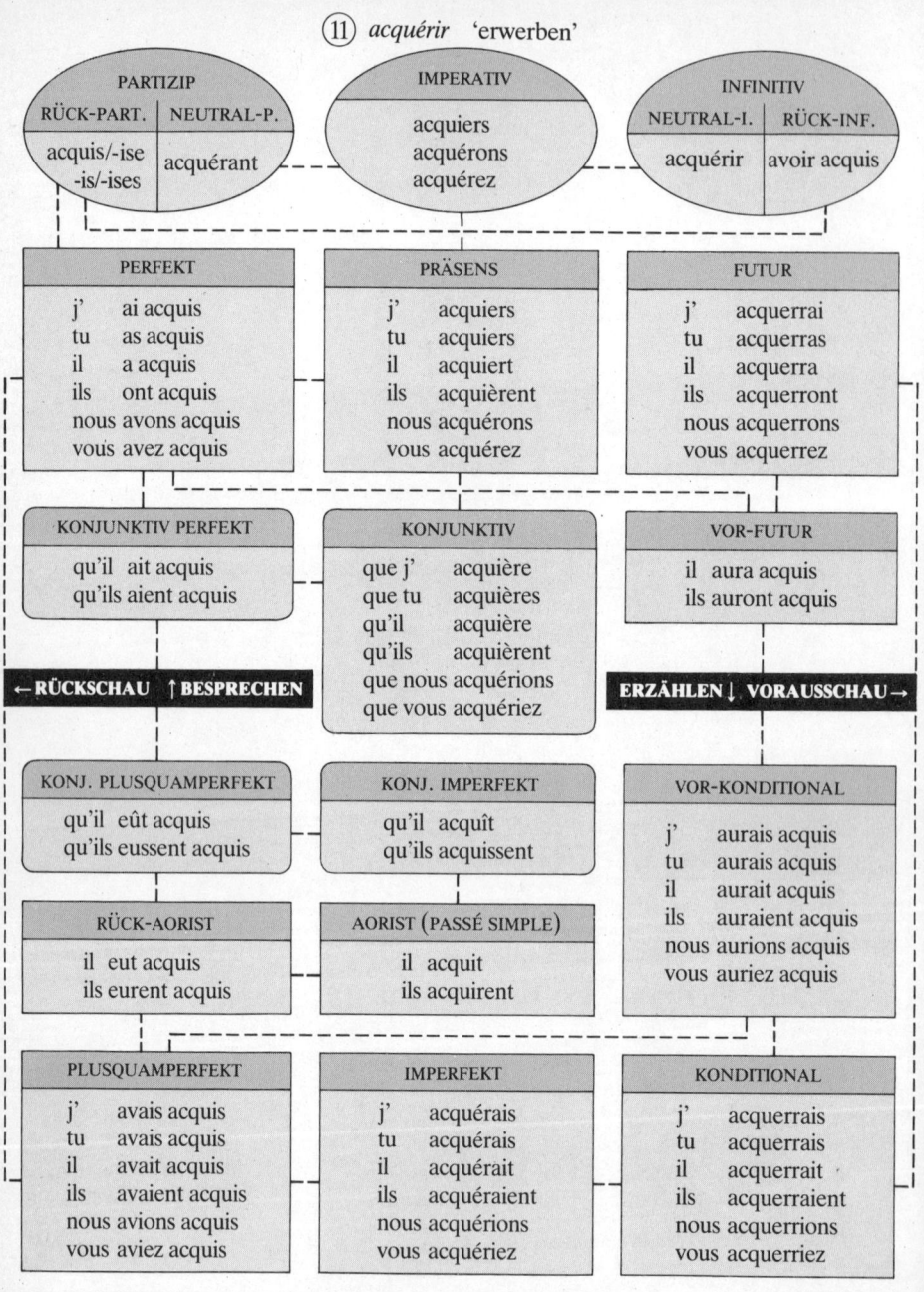

PARTIZIP		IMPERATIV	INFINITIV	
RÜCK-PART.	NEUTRAL-P.	acquiers	NEUTRAL-I.	RÜCK-INF.
acquis/-ise -is/-ises	acquérant	acquérons acquérez	acquérir	avoir acquis

PERFEKT

j' ai acquis
tu as acquis
il a acquis
ils ont acquis
nous avons acquis
vous avez acquis

PRÄSENS

j' acquiers
tu acquiers
il acquiert
ils acquièrent
nous acquérons
vous acquérez

FUTUR

j' acquerrai
tu acquerras
il acquerra
ils acquerront
nous acquerrons
vous acquerrez

KONJUNKTIV PERFEKT

qu'il ait acquis
qu'ils aient acquis

KONJUNKTIV

que j' acquière
que tu acquières
qu'il acquière
qu'ils acquièrent
que nous acquérions
que vous acquériez

VOR-FUTUR

il aura acquis
ils auront acquis

← RÜCKSCHAU ↑ BESPRECHEN   ERZÄHLEN ↓ VORAUSSCHAU →

KONJ. PLUSQUAMPERFEKT

qu'il eût acquis
qu'ils eussent acquis

KONJ. IMPERFEKT

qu'il acquît
qu'ils acquissent

VOR-KONDITIONAL

j' aurais acquis
tu aurais acquis
il aurait acquis
ils auraient acquis
nous aurions acquis
vous auriez acquis

RÜCK-AORIST

il eut acquis
ils eurent acquis

AORIST (PASSÉ SIMPLE)

il acquit
ils acquirent

PLUSQUAMPERFEKT

j' avais acquis
tu avais acquis
il avait acquis
ils avaient acquis
nous avions acquis
vous aviez acquis

IMPERFEKT

j' acquérais
tu acquérais
il acquérait
ils acquéraient
nous acquérions
vous acquériez

KONDITIONAL

j' acquerrais
tu acquerrais
il acquerrait
ils acquerraient
nous acquerrions
vous acquerriez

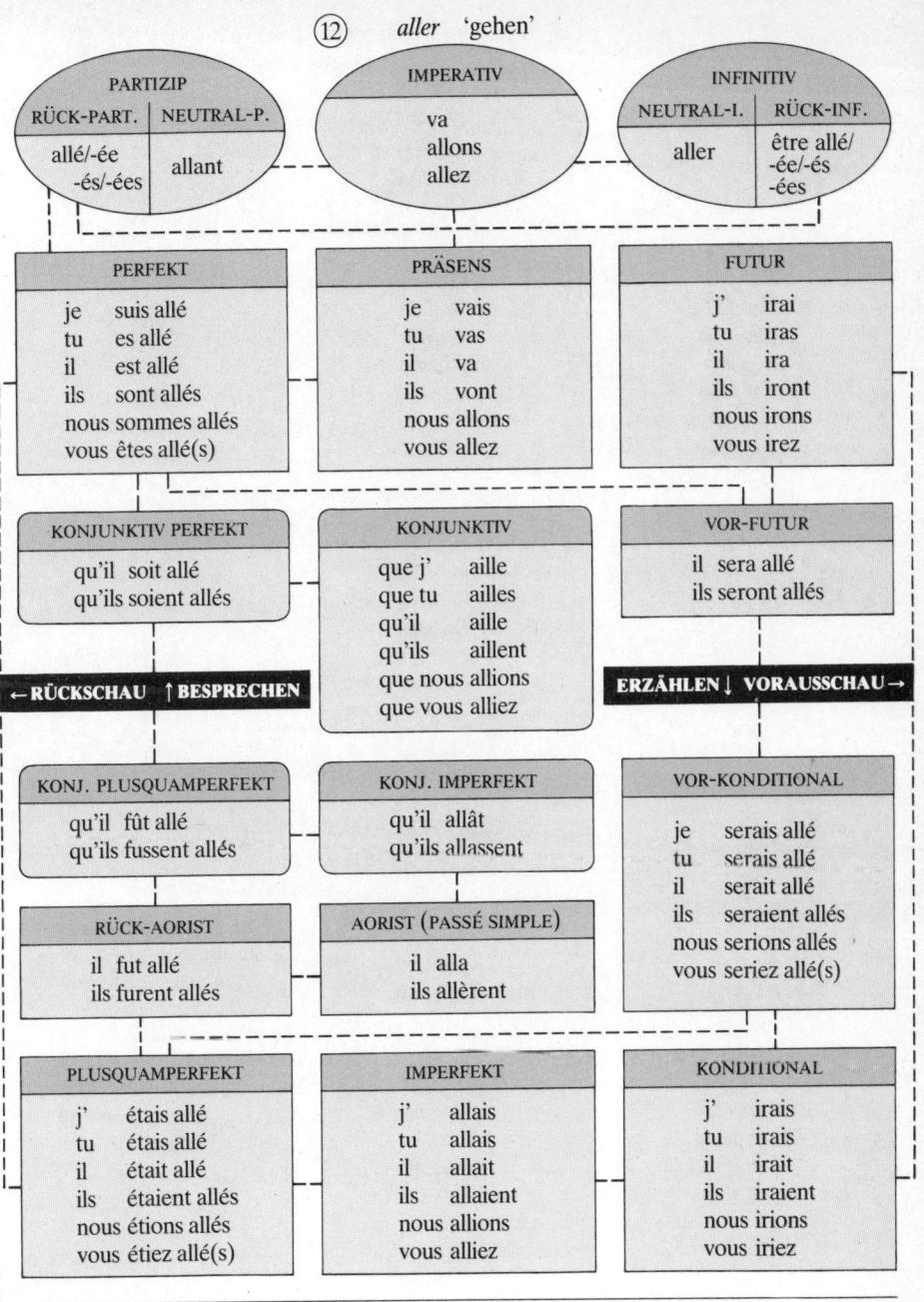

⑫ *aller* 'gehen'

PARTIZIP

RÜCK-PART.	NEUTRAL-P.
allé/-ée -és/-ées	allant

IMPERATIV

va
allons
allez

INFINITIV

NEUTRAL-I.	RÜCK-INF.
aller	être allé/ -ée/-és -ées

PERFEKT

je suis allé
tu es allé
il est allé
ils sont allés
nous sommes allés
vous êtes allé(s)

PRÄSENS

je vais
tu vas
il va
ils vont
nous allons
vous allez

FUTUR

j' irai
tu iras
il ira
ils iront
nous irons
vous irez

KONJUNKTIV PERFEKT

qu'il soit allé
qu'ils soient allés

KONJUNKTIV

que j' aille
que tu ailles
qu'il aille
qu'ils aillent
que nous allions
que vous alliez

VOR-FUTUR

il sera allé
ils seront allés

←RÜCKSCHAU ↑BESPRECHEN

ERZÄHLEN↓ VORAUSSCHAU→

KONJ. PLUSQUAMPERFEKT

qu'il fût allé
qu'ils fussent allés

KONJ. IMPERFEKT

qu'il allât
qu'ils allassent

VOR-KONDITIONAL

je serais allé
tu serais allé
il serait allé
ils seraient allés
nous serions allés
vous seriez allé(s)

RÜCK-AORIST

il fut allé
ils furent allés

AORIST (PASSÉ SIMPLE)

il alla
ils allèrent

PLUSQUAMPERFEKT

j' étais allé
tu étais allé
il était allé
ils étaient allés
nous étions allés
vous étiez allé(s)

IMPERFEKT

j' allais
tu allais
il allait
ils allaient
nous allions
vous alliez

KONDITIONAL

j' irais
tu irais
il irait
ils iraient
nous irions
vous iriez

⑬ *s'asseoir* 'sich setzen'

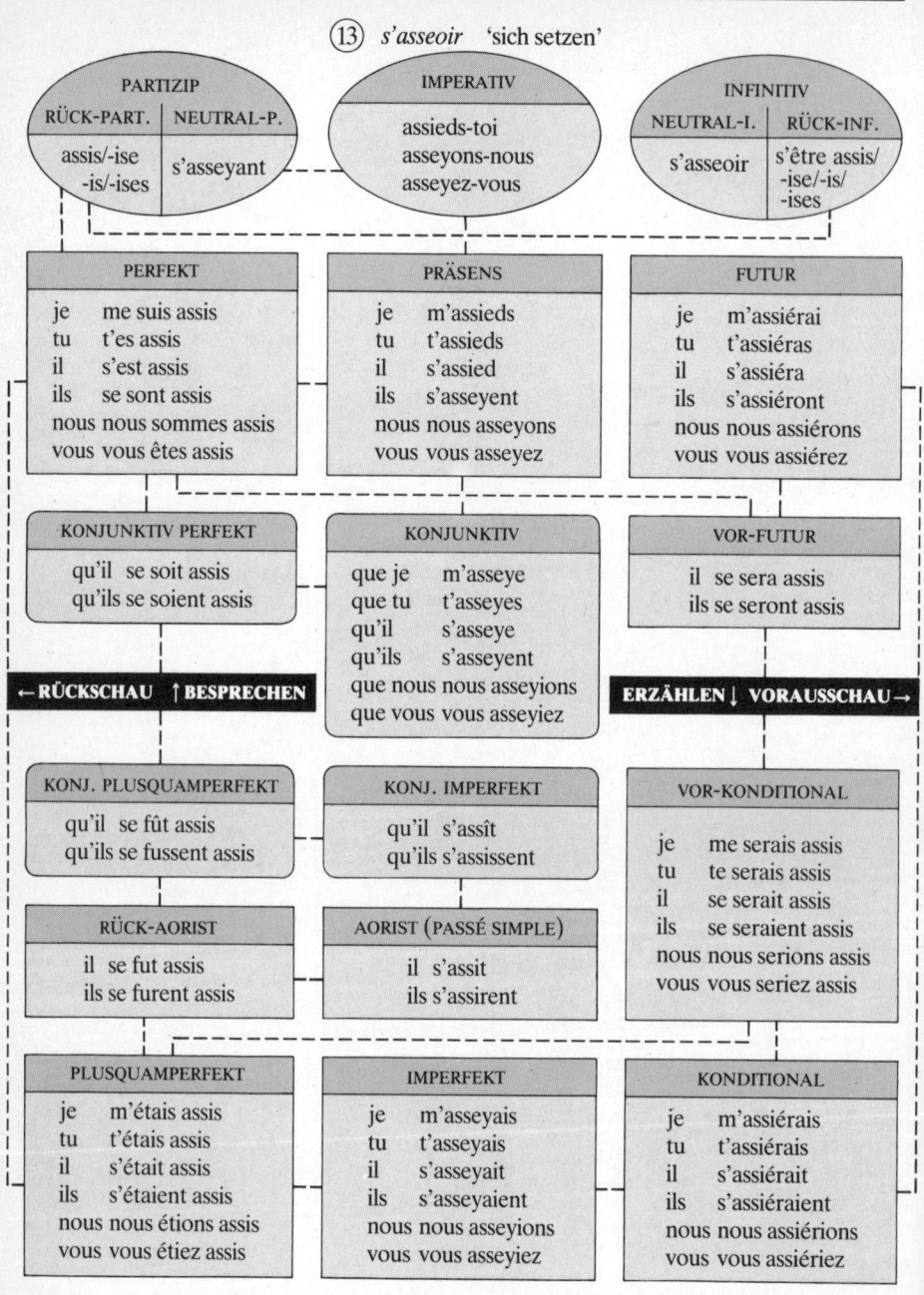

PARTIZIP		IMPERATIV	INFINITIV	
RÜCK-PART.	NEUTRAL-P.		NEUTRAL-I.	RÜCK-INF.
assis/-ise -is/-ises	s'asseyant	assieds-toi asseyons-nous asseyez-vous	s'asseoir	s'être assis/ -ise/-is/ -ises

PERFEKT

je	me suis assis
tu	t'es assis
il	s'est assis
ils	se sont assis
nous	nous sommes assis
vous	vous êtes assis

PRÄSENS

je	m'assieds
tu	t'assieds
il	s'assied
ils	s'asseyent
nous	nous asseyons
vous	vous asseyez

FUTUR

je	m'assiérai
tu	t'assiéras
il	s'assiéra
ils	s'assiéront
nous	nous assiérons
vous	vous assiérez

KONJUNKTIV PERFEKT

qu'il	se soit assis
qu'ils	se soient assis

KONJUNKTIV

que je	m'asseye
que tu	t'asseyes
qu'il	s'asseye
qu'ils	s'asseyent
que nous	nous asseyions
que vous	vous asseyiez

VOR-FUTUR

il	se sera assis
ils	se seront assis

←**RÜCKSCHAU ↑BESPRECHEN**   **ERZÄHLEN↓ VORAUSSCHAU→**

KONJ. PLUSQUAMPERFEKT

qu'il	se fût assis
qu'ils	se fussent assis

KONJ. IMPERFEKT

qu'il	s'assît
qu'ils	s'assissent

VOR-KONDITIONAL

je	me serais assis
tu	te serais assis
il	se serait assis
ils	se seraient assis
nous	nous serions assis
vous	vous seriez assis

RÜCK-AORIST

il	se fut assis
ils	se furent assis

AORIST (PASSÉ SIMPLE)

il	s'assit
ils	s'assirent

PLUSQUAMPERFEKT

je	m'étais assis
tu	t'étais assis
il	s'était assis
ils	s'étaient assis
nous	nous étions assis
vous	vous étiez assis

IMPERFEKT

je	m'asseyais
tu	t'asseyais
il	s'asseyait
ils	s'asseyaient
nous	nous asseyions
vous	vous asseyiez

KONDITIONAL

je	m'assiérais
tu	t'assiérais
il	s'assiérait
ils	s'assiéraient
nous	nous assiérions
vous	vous assiériez

(14) *atteindre* 'erreichen'

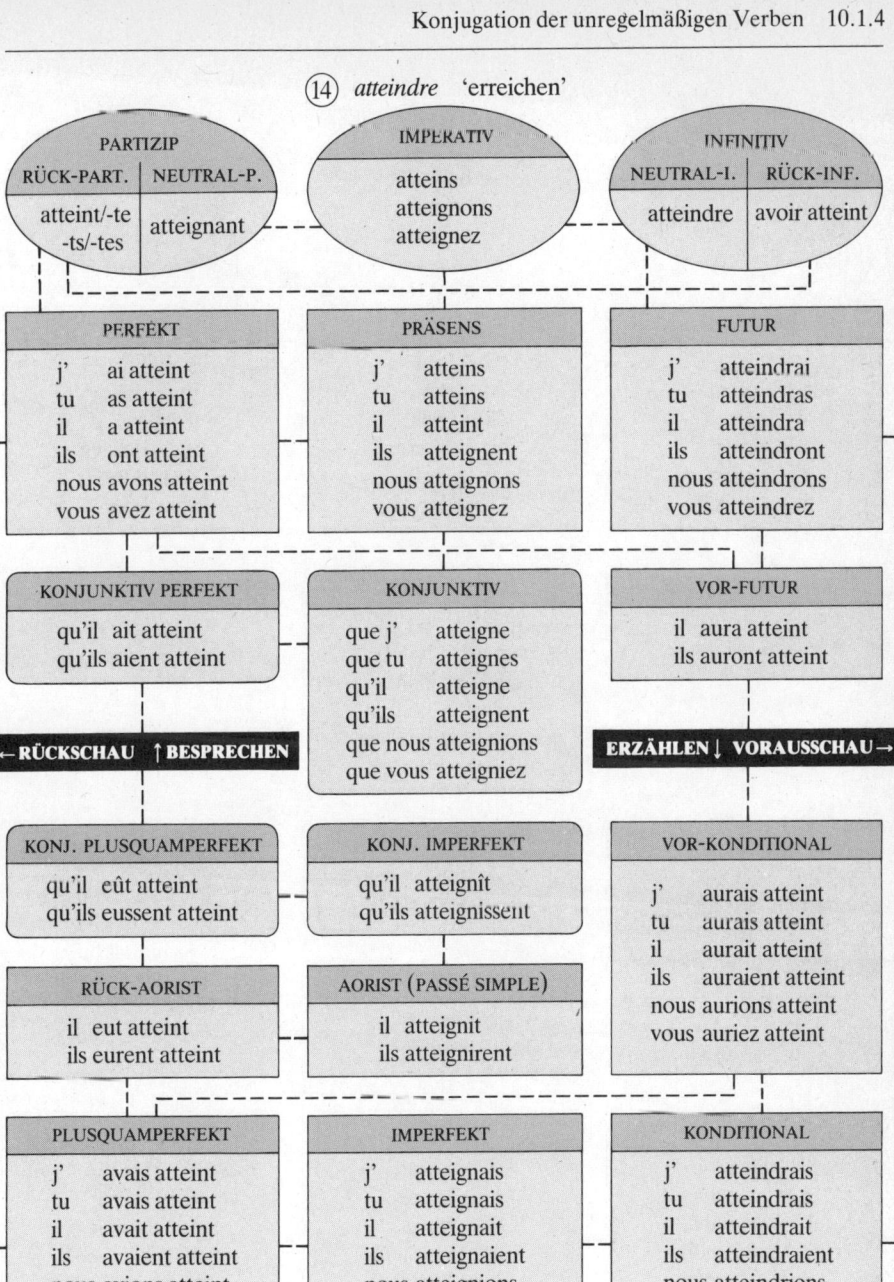

PARTIZIP	
RÜCK-PART.	NEUTRAL-P.
atteint/-te -ts/-tes	atteignant

IMPERATIV

atteins
atteignons
atteignez

INFINITIV	
NEUTRAL-I.	RÜCK-INF.
atteindre	avoir atteint

PERFEKT

j'	ai atteint
tu	as atteint
il	a atteint
ils	ont atteint
nous	avons atteint
vous	avez atteint

PRÄSENS

j'	atteins
tu	atteins
il	atteint
ils	atteignent
nous	atteignons
vous	atteignez

FUTUR

j'	atteindrai
tu	atteindras
il	atteindra
ils	atteindront
nous	atteindrons
vous	atteindrez

KONJUNKTIV PERFEKT

qu'il ait atteint
qu'ils aient atteint

KONJUNKTIV

que j'	atteigne
que tu	atteignes
qu'il	atteigne
qu'ils	atteignent
que nous	atteignions
que vous	atteigniez

VOR-FUTUR

il aura atteint
ils auront atteint

← RÜCKSCHAU   ↑ BESPRECHEN

ERZÄHLEN ↓ VORAUSSCHAU →

KONJ. PLUSQUAMPERFEKT

qu'il eût atteint
qu'ils eussent atteint

KONJ. IMPERFEKT

qu'il atteignît
qu'ils atteignissent

VOR-KONDITIONAL

j'	aurais atteint
tu	aurais atteint
il	aurait atteint
ils	auraient atteint
nous	aurions atteint
vous	auriez atteint

RÜCK-AORIST

il eut atteint
ils eurent atteint

AORIST (PASSÉ SIMPLE)

il atteignit
ils atteignirent

PLUSQUAMPERFEKT

j'	avais atteint
tu	avais atteint
il	avait atteint
ils	avaient atteint
nous	avions atteint
vous	aviez atteint

IMPERFEKT

j'	atteignais
tu	atteignais
il	atteignait
ils	atteignaient
nous	atteignions
vous	atteigniez

KONDITIONAL

j'	atteindrais
tu	atteindrais
il	atteindrait
ils	atteindraient
nous	atteindrions
vous	atteindriez

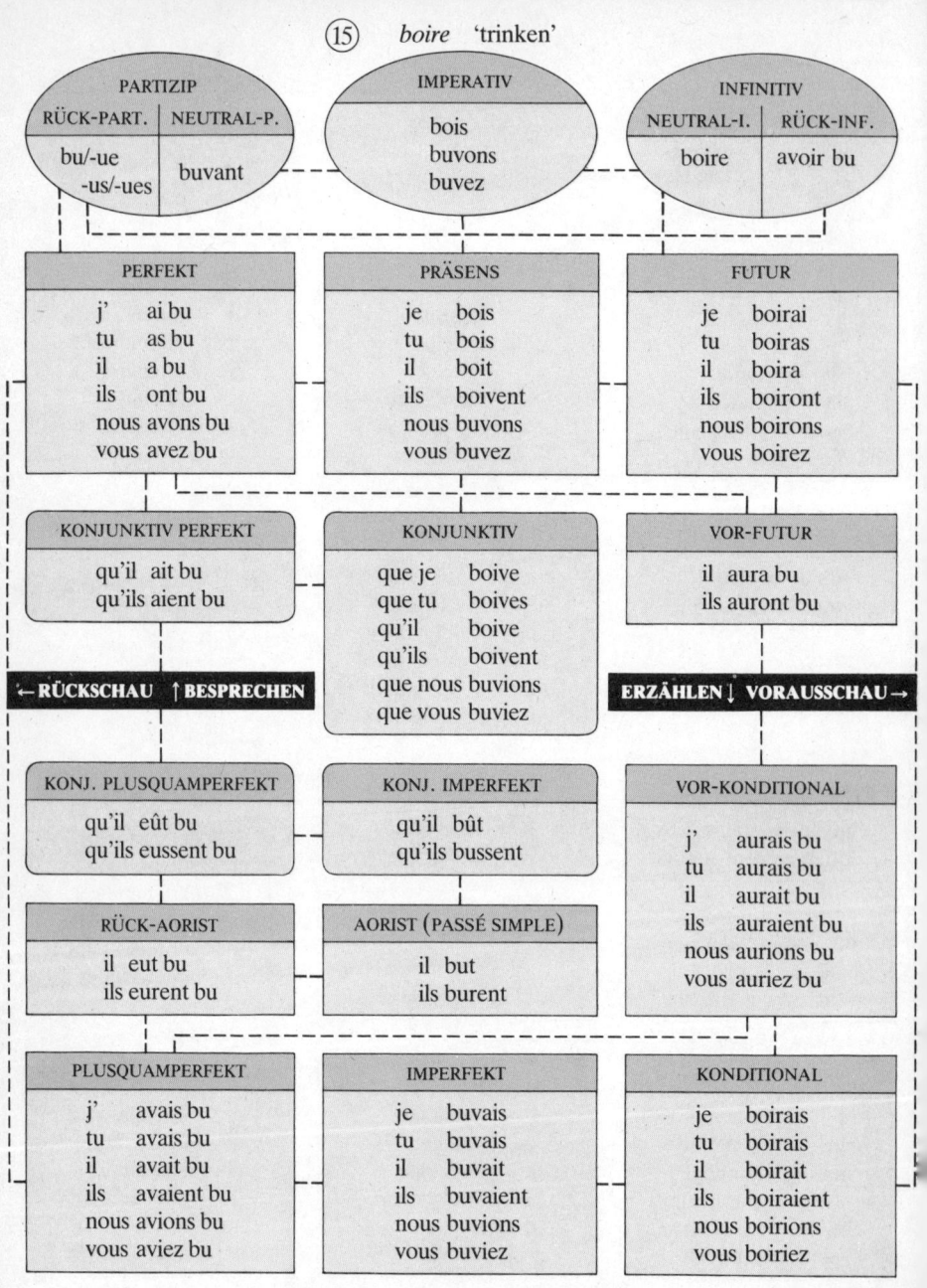

(15) *boire* 'trinken'

PARTIZIP	
RÜCK-PART.	NEUTRAL-P.
bu/-ue -us/-ues	buvant

IMPERATIV

bois
buvons
buvez

INFINITIV	
NEUTRAL-I.	RÜCK-INF.
boire	avoir bu

PERFEKT

j'   ai bu
tu   as bu
il   a bu
ils   ont bu
nous avons bu
vous avez bu

PRÄSENS

je   bois
tu   bois
il   boit
ils   boivent
nous buvons
vous buvez

FUTUR

je   boirai
tu   boiras
il   boira
ils   boiront
nous boirons
vous boirez

KONJUNKTIV PERFEKT

qu'il ait bu
qu'ils aient bu

KONJUNKTIV

que je   boive
que tu   boives
qu'il   boive
qu'ils   boivent
que nous buvions
que vous buviez

VOR-FUTUR

il aura bu
ils auront bu

←RÜCKSCHAU ↑BESPRECHEN   ERZÄHLEN↓ VORAUSSCHAU→

KONJ. PLUSQUAMPERFEKT

qu'il eût bu
qu'ils eussent bu

KONJ. IMPERFEKT

qu'il bût
qu'ils bussent

VOR-KONDITIONAL

j'   aurais bu
tu   aurais bu
il   aurait bu
ils   auraient bu
nous aurions bu
vous auriez bu

RÜCK-AORIST

il eut bu
ils eurent bu

AORIST (PASSÉ SIMPLE)

il but
ils burent

PLUSQUAMPERFEKT

j'   avais bu
tu   avais bu
il   avait bu
ils   avaient bu
nous avions bu
vous aviez bu

IMPERFEKT

je   buvais
tu   buvais
il   buvait
ils   buvaient
nous buvions
vous buviez

KONDITIONAL

je   boirais
tu   boirais
il   boirait
ils   boiraient
nous boirions
vous boiriez

(16) *connaître* 'kennen'

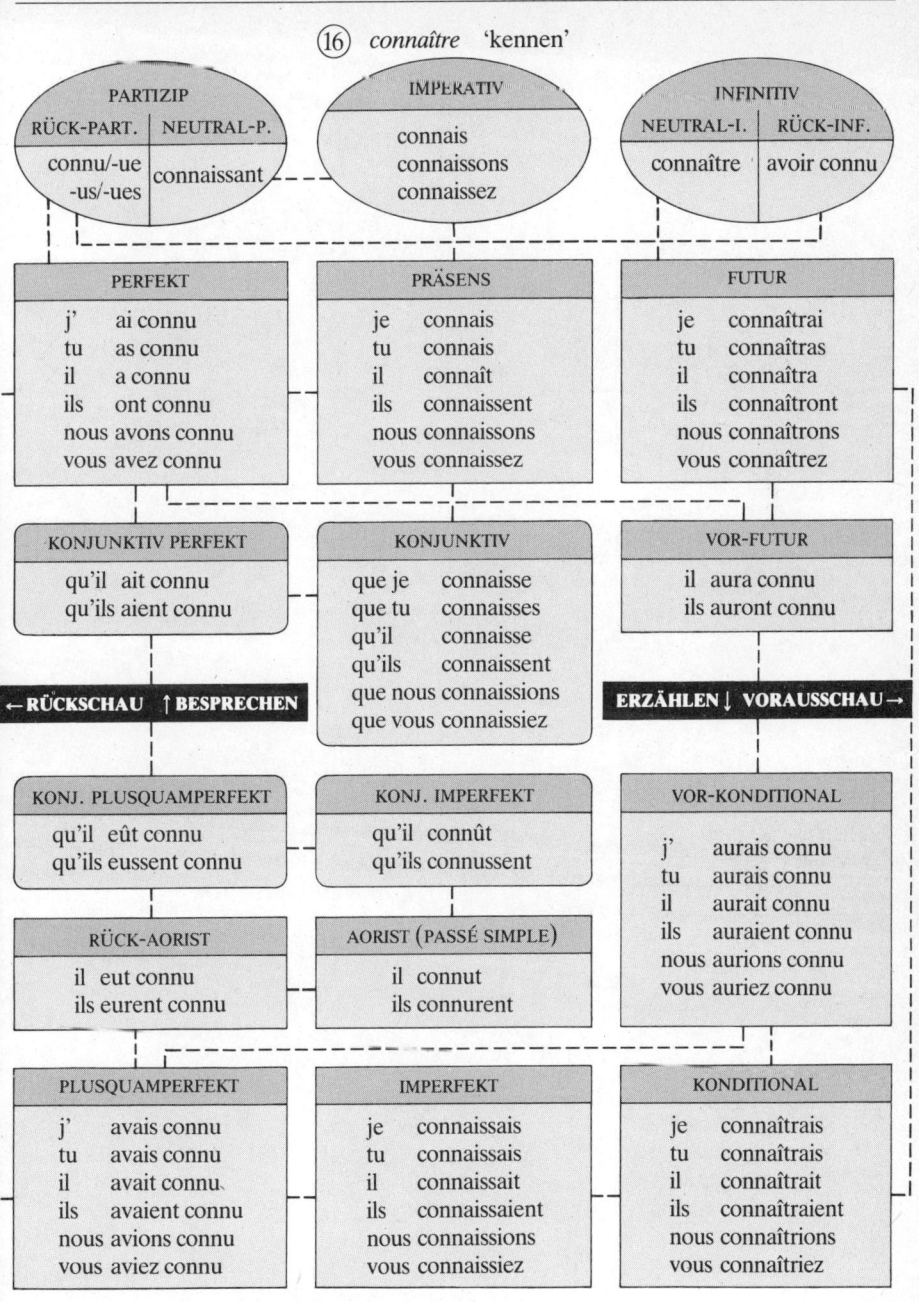

PARTIZIP	
RÜCK-PART.	NEUTRAL-P.
connu/-ue -us/-ues	connaissant

IMPERATIV

connais
connaissons
connaissez

INFINITIV	
NEUTRAL-I.	RÜCK-INF.
connaître	avoir connu

PERFEKT

j'	ai connu
tu	as connu
il	a connu
ils	ont connu
nous	avons connu
vous	avez connu

PRÄSENS

je	connais
tu	connais
il	connaît
ils	connaissent
nous	connaissons
vous	connaissez

FUTUR

je	connaîtrai
tu	connaîtras
il	connaîtra
ils	connaîtront
nous	connaîtrons
vous	connaîtrez

KONJUNKTIV PERFEKT

qu'il ait connu
qu'ils aient connu

KONJUNKTIV

que je	connaisse
que tu	connaisses
qu'il	connaisse
qu'ils	connaissent
que nous	connaissions
que vous	connaissiez

VOR-FUTUR

il aura connu
ils auront connu

←RÜCKSCHAU ↑ BESPRECHEN

ERZÄHLEN ↓ VORAUSSCHAU→

KONJ. PLUSQUAMPERFEKT

qu'il eût connu
qu'ils eussent connu

KONJ. IMPERFEKT

qu'il connût
qu'ils connussent

VOR-KONDITIONAL

j'	aurais connu
tu	aurais connu
il	aurait connu
ils	auraient connu
nous	aurions connu
vous	auriez connu

RÜCK-AORIST

il eut connu
ils eurent connu

AORIST (PASSÉ SIMPLE)

il connut
ils connurent

PLUSQUAMPERFEKT

j'	avais connu
tu	avais connu
il	avait connu
ils	avaient connu
nous	avions connu
vous	aviez connu

IMPERFEKT

je	connaissais
tu	connaissais
il	connaissait
ils	connaissaient
nous	connaissions
vous	connaissiez

KONDITIONAL

je	connaîtrais
tu	connaîtrais
il	connaîtrait
ils	connaîtraient
nous	connaîtrions
vous	connaîtriez

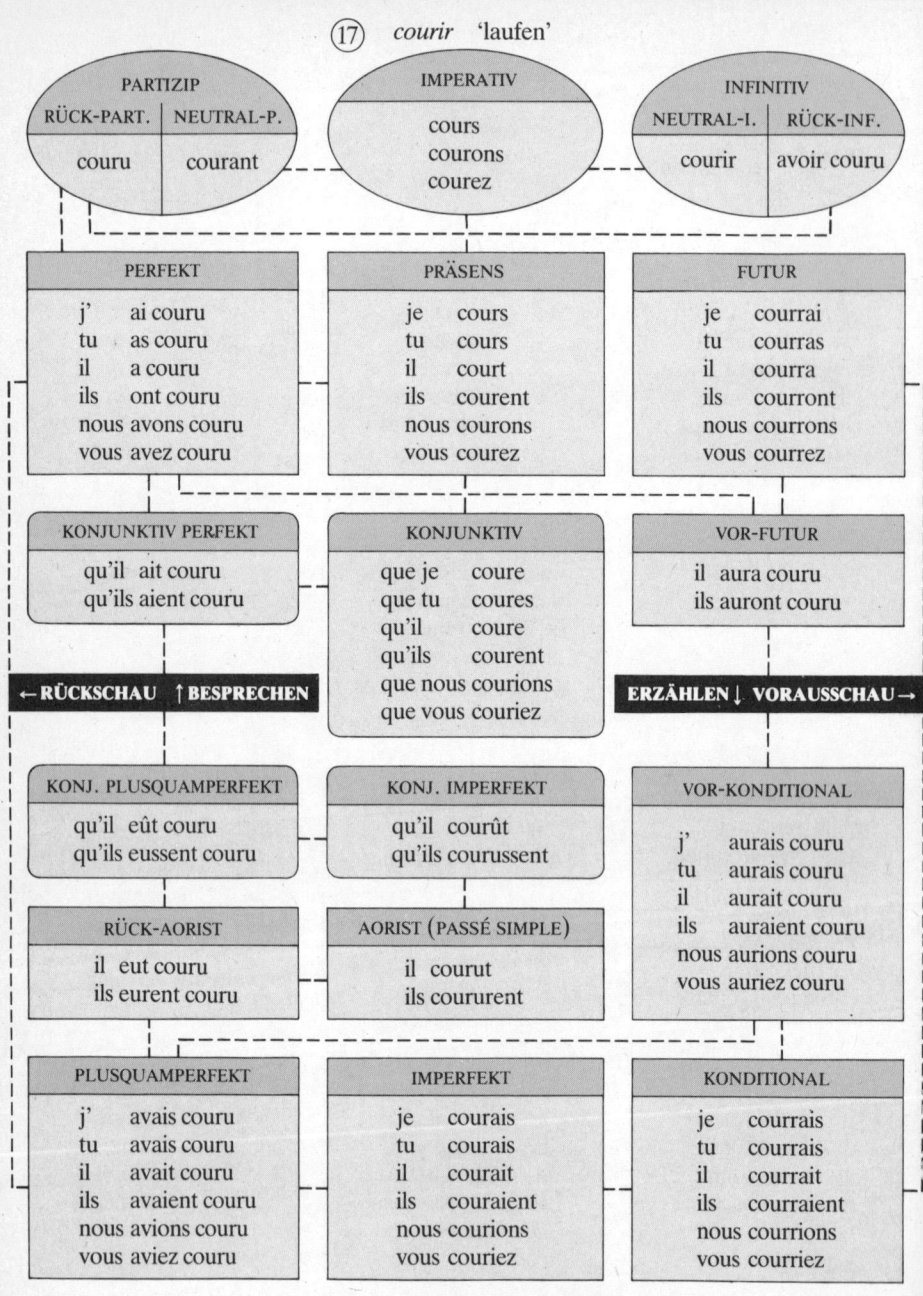

(17) *courir* 'laufen'

PARTIZIP	
RÜCK-PART.	NEUTRAL-P.
couru	courant

IMPERATIV

cours
courons
courez

INFINITIV	
NEUTRAL-I.	RÜCK-INF.
courir	avoir couru

PERFEKT

j'	ai couru
tu	as couru
il	a couru
ils	ont couru
nous	avons couru
vous	avez couru

PRÄSENS

je	cours
tu	cours
il	court
ils	courent
nous	courons
vous	courez

FUTUR

je	courrai
tu	courras
il	courra
ils	courront
nous	courrons
vous	courrez

KONJUNKTIV PERFEKT

qu'il ait couru
qu'ils aient couru

KONJUNKTIV

que je	coure
que tu	coures
qu'il	coure
qu'ils	courent
que nous	courions
que vous	couriez

VOR-FUTUR

il aura couru
ils auront couru

← RÜCKSCHAU ↑ BESPRECHEN

ERZÄHLEN ↓ VORAUSSCHAU →

KONJ. PLUSQUAMPERFEKT

qu'il eût couru
qu'ils eussent couru

KONJ. IMPERFEKT

qu'il courût
qu'ils courussent

VOR-KONDITIONAL

j'	aurais couru
tu	aurais couru
il	aurait couru
ils	auraient couru
nous	aurions couru
vous	auriez couru

RÜCK-AORIST

il eut couru
ils eurent couru

AORIST (PASSÉ SIMPLE)

il courut
ils coururent

PLUSQUAMPERFEKT

j'	avais couru
tu	avais couru
il	avait couru
ils	avaient couru
nous	avions couru
vous	aviez couru

IMPERFEKT

je	courais
tu	courais
il	courait
ils	couraient
nous	courions
vous	couriez

KONDITIONAL

je	courrais
tu	courrais
il	courrait
ils	courraient
nous	courrions
vous	courriez

18   *croire* 'glauben'

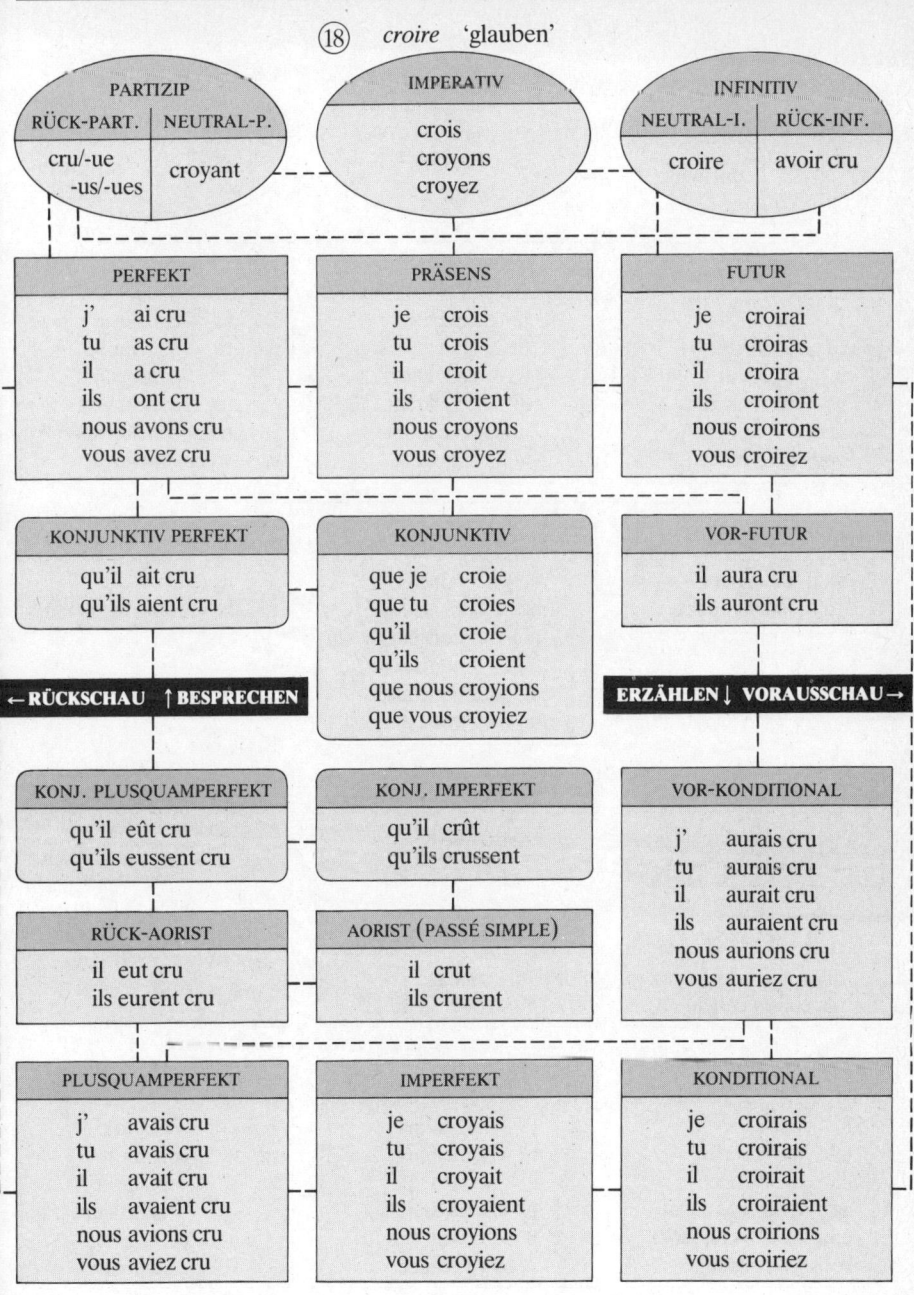

PARTIZIP	
RÜCK-PART.	NEUTRAL-P.
cru/-ue -us/-ues	croyant

IMPERATIV
crois croyons croyez

INFINITIV	
NEUTRAL-I.	RÜCK-INF.
croire	avoir cru

PERFEKT
j'   ai cru
tu   as cru
il   a cru
ils   ont cru
nous avons cru
vous avez cru

PRÄSENS
je   crois
tu   crois
il   croit
ils   croient
nous croyons
vous croyez

FUTUR
je   croirai
tu   croiras
il   croira
ils   croiront
nous croirons
vous croirez

KONJUNKTIV PERFEKT
qu'il ait cru
qu'ils aient cru

KONJUNKTIV
que je   croie
que tu   croies
qu'il   croie
qu'ils   croient
que nous croyions
que vous croyiez

VOR-FUTUR
il aura cru
ils auront cru

← **RÜCKSCHAU** ↑ **BESPRECHEN**

ERZÄHLEN ↓ **VORAUSSCHAU** →

KONJ. PLUSQUAMPERFEKT
qu'il eût cru
qu'ils eussent cru

KONJ. IMPERFEKT
qu'il crût
qu'ils crussent

VOR-KONDITIONAL
j'   aurais cru
tu   aurais cru
il   aurait cru
ils   auraient cru
nous aurions cru
vous auriez cru

RÜCK-AORIST
il eut cru
ils eurent cru

AORIST (PASSÉ SIMPLE)
il crut
ils crurent

PLUSQUAMPERFEKT
j'   avais cru
tu   avais cru
il   avait cru
ils   avaient cru
nous avions cru
vous aviez cru

IMPERFEKT
je   croyais
tu   croyais
il   croyait
ils   croyaient
nous croyions
vous croyiez

KONDITIONAL
je   croirais
tu   croirais
il   croirait
ils   croiraient
nous croirions
vous croiriez

⑲ *conclure* 'schließen, folgern'

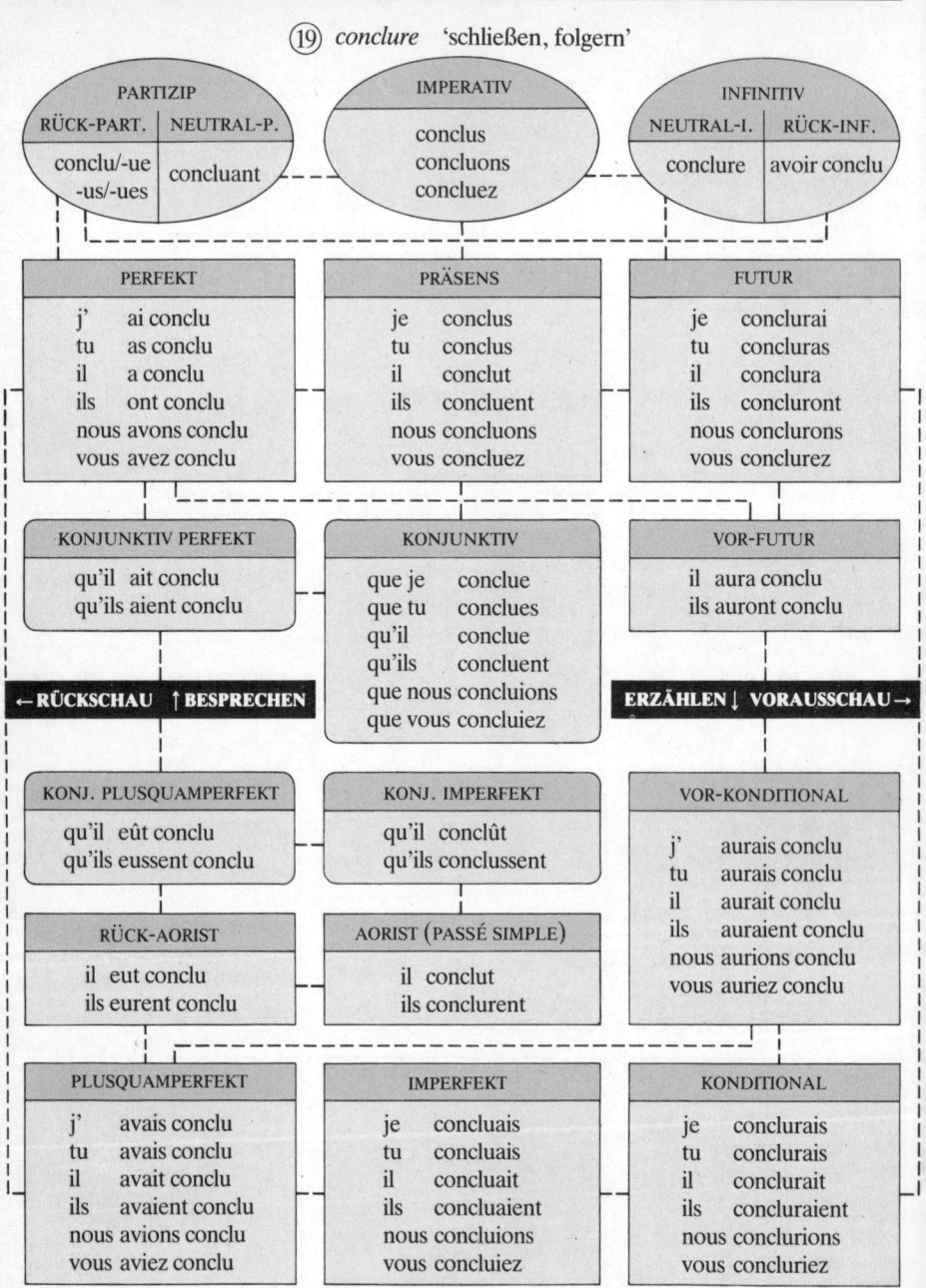

PARTIZIP	
RÜCK-PART.	NEUTRAL-P.
conclu/-ue -us/-ues	concluant

IMPERATIV

conclus
concluons
concluez

INFINITIV	
NEUTRAL-I.	RÜCK-INF.
conclure	avoir conclu

PERFEKT
j'   ai conclu
tu   as conclu
il   a conclu
ils   ont conclu
nous avons conclu
vous avez conclu

PRÄSENS
je   conclus
tu   conclus
il   conclut
ils   concluent
nous concluons
vous concluez

FUTUR
je   conclurai
tu   concluras
il   conclura
ils   concluront
nous conclurons
vous conclurez

KONJUNKTIV PERFEKT
qu'il   ait conclu
qu'ils aient conclu

KONJUNKTIV
que je   conclue
que tu   conclues
qu'il   conclue
qu'ils   concluent
que nous concluions
que vous concluiez

VOR-FUTUR
il aura conclu
ils auront conclu

←RÜCKSCHAU ↑BESPRECHEN

ERZÄHLEN↓ VORAUSSCHAU→

KONJ. PLUSQUAMPERFEKT
qu'il   eût conclu
qu'ils eussent conclu

KONJ. IMPERFEKT
qu'il   conclût
qu'ils conclussent

VOR-KONDITIONAL
j'   aurais conclu
tu   aurais conclu
il   aurait conclu
ils   auraient conclu
nous aurions conclu
vous auriez conclu

RÜCK-AORIST
il eut conclu
ils eurent conclu

AORIST (PASSÉ SIMPLE)
il conclut
ils conclurent

PLUSQUAMPERFEKT
j'   avais conclu
tu   avais conclu
il   avait conclu
ils   avaient conclu
nous avions conclu
vous aviez conclu

IMPERFEKT
je   concluais
tu   concluais
il   concluait
ils   concluaient
nous concluions
vous concluiez

KONDITIONAL
je   conclurais
tu   conclurais
il   conclurait
ils   concluraient
nous conclurions
vous concluriez

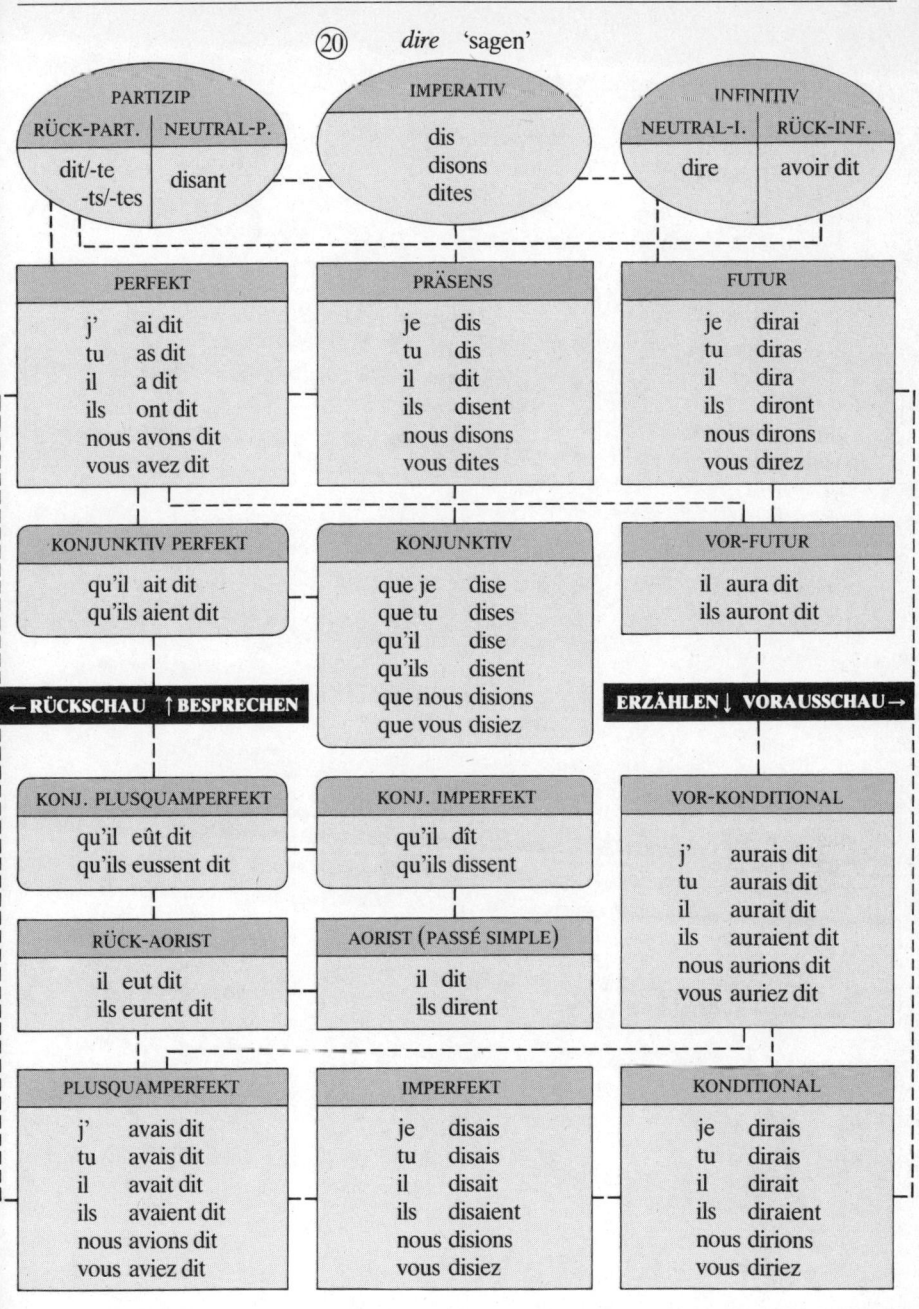

⟨20⟩   *dire* 'sagen'

PARTIZIP

RÜCK-PART.	NEUTRAL-P.
dit/-te -ts/-tes	disant

IMPERATIV

dis
disons
dites

INFINITIV

NEUTRAL-I.	RÜCK-INF.
dire	avoir dit

PERFEKT

j'   ai dit
tu   as dit
il   a dit
ils   ont dit
nous avons dit
vous avez dit

PRÄSENS

je   dis
tu   dis
il   dit
ils   disent
nous disons
vous dites

FUTUR

je   dirai
tu   diras
il   dira
ils   diront
nous dirons
vous direz

KONJUNKTIV PERFEKT

qu'il ait dit
qu'ils aient dit

KONJUNKTIV

que je   dise
que tu   dises
qu'il   dise
qu'ils   disent
que nous disions
que vous disiez

VOR-FUTUR

il aura dit
ils auront dit

←RÜCKSCHAU   ↑BESPRECHEN

ERZÄHLEN↓ VORAUSSCHAU→

KONJ. PLUSQUAMPERFEKT

qu'il eût dit
qu'ils eussent dit

KONJ. IMPERFEKT

qu'il dît
qu'ils dissent

VOR-KONDITIONAL

j'   aurais dit
tu   aurais dit
il   aurait dit
ils   auraient dit
nous aurions dit
vous auriez dit

RÜCK-AORIST

il eut dit
ils eurent dit

AORIST (PASSÉ SIMPLE)

il dit
ils dirent

PLUSQUAMPERFEKT

j'   avais dit
tu   avais dit
il   avait dit
ils   avaient dit
nous avions dit
vous aviez dit

IMPERFEKT

je   disais
tu   disais
il   disait
ils   disaient
nous disions
vous disiez

KONDITIONAL

je   dirais
tu   dirais
il   dirait
ils   diraient
nous dirions
vous diriez

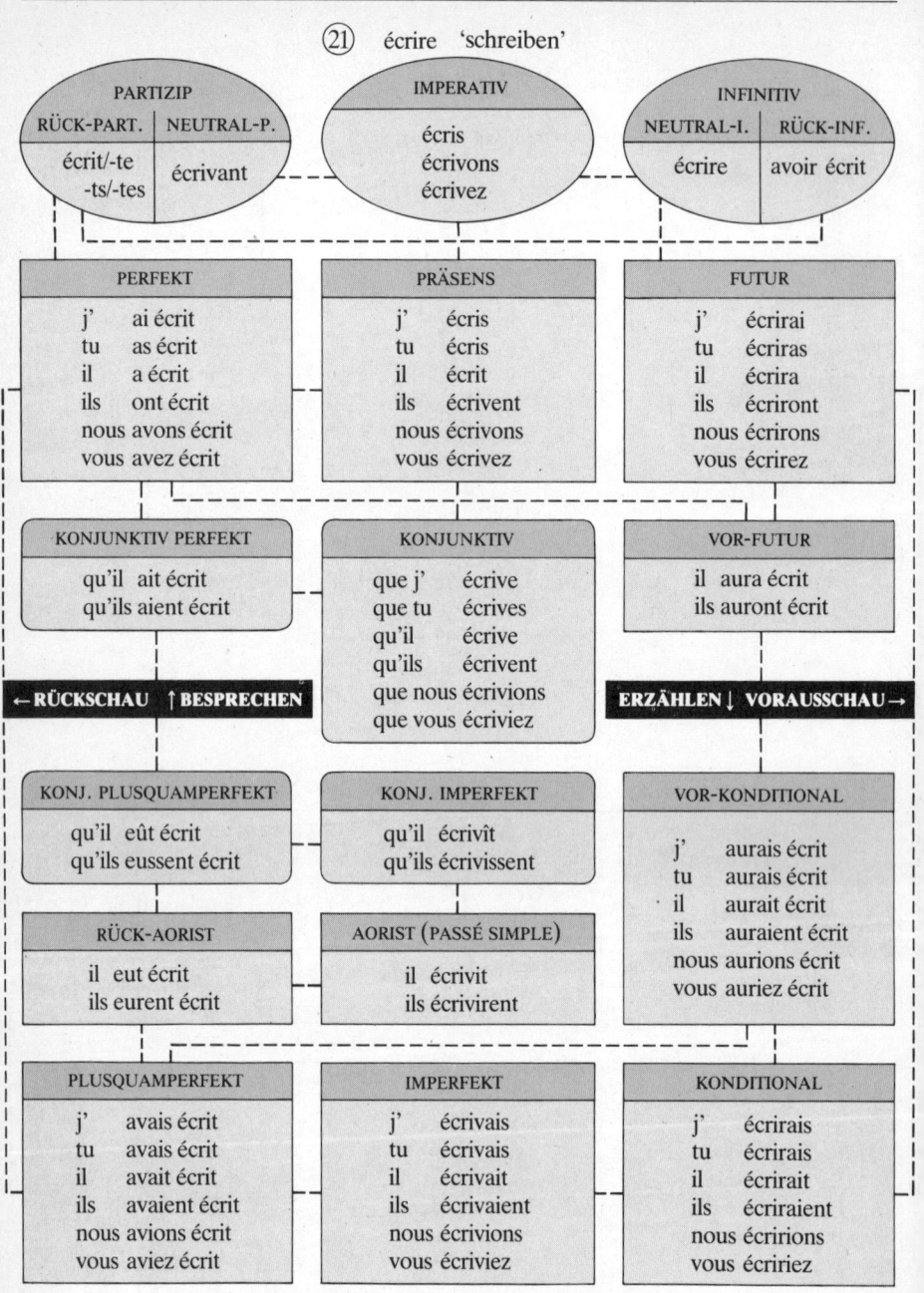

(21) écrire 'schreiben'

PARTIZIP		IMPERATIV	INFINITIV	
RÜCK-PART.	NEUTRAL-P.	écris	NEUTRAL-I.	RÜCK-INF.
écrit/-te -ts/-tes	écrivant	écrivons écrivez	écrire	avoir écrit

PERFEKT
j'   ai écrit
tu   as écrit
il   a écrit
ils   ont écrit
nous avons écrit
vous avez écrit

PRÄSENS
j'   écris
tu   écris
il   écrit
ils   écrivent
nous écrivons
vous écrivez

FUTUR
j'   écrirai
tu   écriras
il   écrira
ils   écriront
nous écrirons
vous écrirez

KONJUNKTIV PERFEKT
qu'il ait écrit
qu'ils aient écrit

KONJUNKTIV
que j'   écrive
que tu   écrives
qu'il   écrive
qu'ils   écrivent
que nous écrivions
que vous écriviez

VOR-FUTUR
il aura écrit
ils auront écrit

←RÜCKSCHAU ↑BESPRECHEN

ERZÄHLEN↓ VORAUSSCHAU→

KONJ. PLUSQUAMPERFEKT
qu'il eût écrit
qu'ils eussent écrit

KONJ. IMPERFEKT
qu'il écrivît
qu'ils écrivissent

VOR-KONDITIONAL
j'   aurais écrit
tu   aurais écrit
il   aurait écrit
ils   auraient écrit
nous aurions écrit
vous auriez écrit

RÜCK-AORIST
il eut écrit
ils eurent écrit

AORIST (PASSÉ SIMPLE)
il écrivit
ils écrivirent

PLUSQUAMPERFEKT
j'   avais écrit
tu   avais écrit
il   avait écrit
ils   avaient écrit
nous avions écrit
vous aviez écrit

IMPERFEKT
j'   écrivais
tu   écrivais
il   écrivait
ils   écrivaient
nous écrivions
vous écriviez

KONDITIONAL
j'   écrirais
tu   écrirais
il   écrirait
ils   écriraient
nous écririons
vous écririez

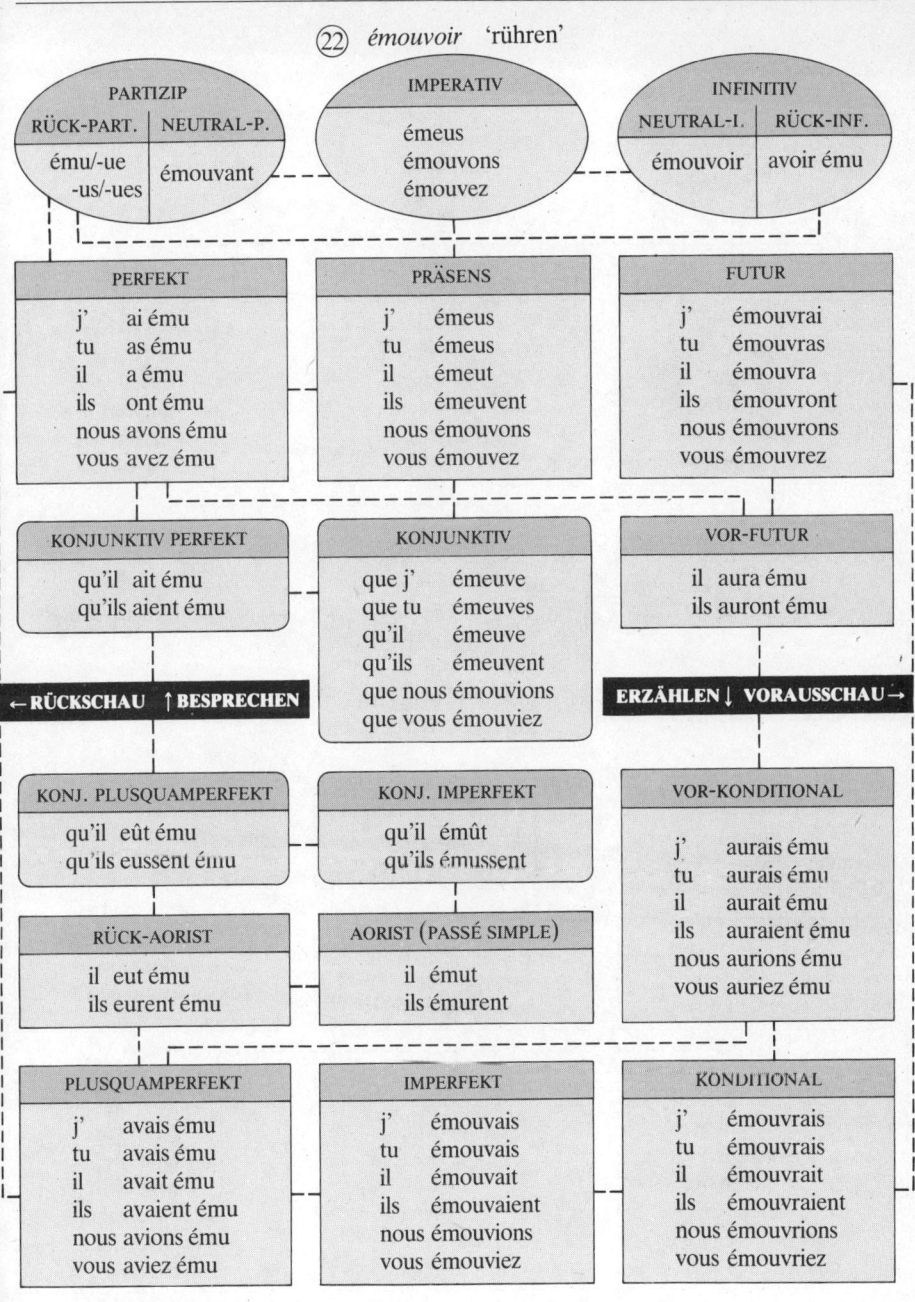

㉒   *émouvoir* 'rühren'

PARTIZIP		IMPERATIV	INFINITIV	
RÜCK-PART.	NEUTRAL-P.	émeus	NEUTRAL-I.	RÜCK-INF.
ému/-ue -us/-ues	émouvant	émouvons émouvez	émouvoir	avoir ému

PERFEKT

j'   ai ému
tu   as ému
il   a ému
ils ont ému
nous avons ému
vous avez ému

PRÄSENS

j'   émeus
tu   émeus
il   émeut
ils émeuvent
nous émouvons
vous émouvez

FUTUR

j'   émouvrai
tu   émouvras
il   émouvra
ils émouvront
nous émouvrons
vous émouvrez

KONJUNKTIV PERFEKT

qu'il ait ému
qu'ils aient ému

KONJUNKTIV

que j'   émeuve
que tu   émeuves
qu'il   émeuve
qu'ils   émeuvent
que nous émouvions
que vous émouviez

VOR-FUTUR

il aura ému
ils auront ému

← RÜCKSCHAU ↑ BESPRECHEN

ERZÄHLEN ↓ VORAUSSCHAU →

KONJ. PLUSQUAMPERFEKT

qu'il eût ému
qu'ils eussent ému

KONJ. IMPERFEKT

qu'il émût
qu'ils émussent

VOR-KONDITIONAL

j'   aurais ému
tu   aurais ému
il   aurait ému
ils auraient ému
nous aurions ému
vous auriez ému

RÜCK-AORIST

il eut ému
ils eurent ému

AORIST (PASSÉ SIMPLE)

il émut
ils émurent

PLUSQUAMPERFEKT

j'   avais ému
tu   avais ému
il   avait ému
ils avaient ému
nous avions ému
vous aviez ému

IMPERFEKT

j'   émouvais
tu   émouvais
il   émouvait
ils émouvaient
nous émouvions
vous émouviez

KONDITIONAL

j'   émouvrais
tu   émouvrais
il   émouvrait
ils émouvraient
nous émouvrions
vous émouvriez

(23) *envoyer* 'schicken'

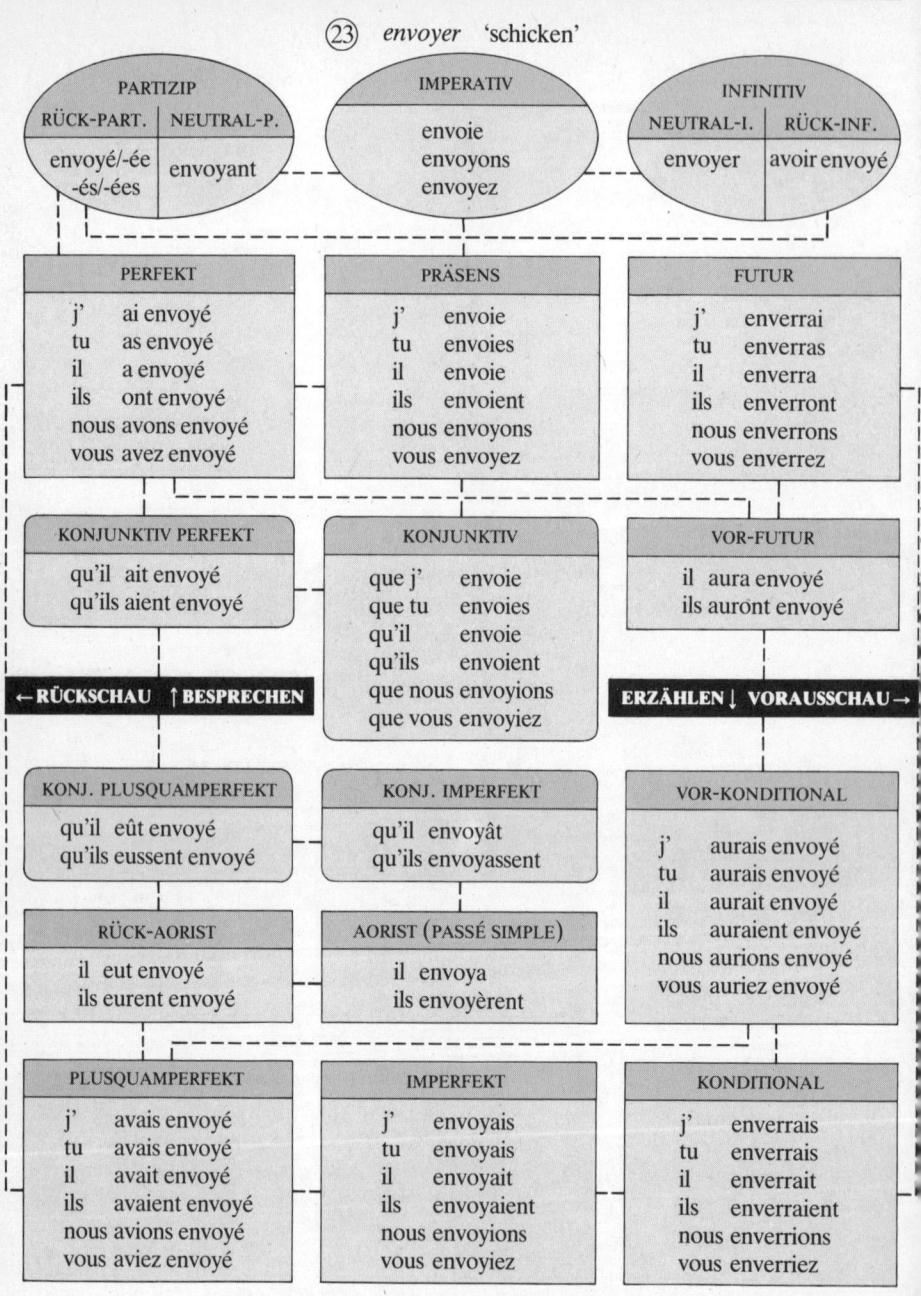

PARTIZIP	
RÜCK-PART.	NEUTRAL-P.
envoyé/-ée -és/-ées	envoyant

IMPERATIV

envoie
envoyons
envoyez

INFINITIV	
NEUTRAL-I.	RÜCK-INF.
envoyer	avoir envoyé

PERFEKT

j'   ai envoyé
tu   as envoyé
il   a envoyé
ils   ont envoyé
nous avons envoyé
vous avez envoyé

PRÄSENS

j'   envoie
tu   envoies
il   envoie
ils   envoient
nous envoyons
vous envoyez

FUTUR

j'   enverrai
tu   enverras
il   enverra
ils   enverront
nous enverrons
vous enverrez

KONJUNKTIV PERFEKT

qu'il ait envoyé
qu'ils aient envoyé

KONJUNKTIV

que j'   envoie
que tu   envoies
qu'il   envoie
qu'ils   envoient
que nous envoyions
que vous envoyiez

VOR-FUTUR

il aura envoyé
ils auront envoyé

← RÜCKSCHAU ↑ BESPRECHEN

ERZÄHLEN ↓ VORAUSSCHAU →

KONJ. PLUSQUAMPERFEKT

qu'il eût envoyé
qu'ils eussent envoyé

KONJ. IMPERFEKT

qu'il envoyât
qu'ils envoyassent

VOR-KONDITIONAL

j'   aurais envoyé
tu   aurais envoyé
il   aurait envoyé
ils   auraient envoyé
nous aurions envoyé
vous auriez envoyé

RÜCK-AORIST

il eut envoyé
ils eurent envoyé

AORIST (PASSÉ SIMPLE)

il envoya
ils envoyèrent

PLUSQUAMPERFEKT

j'   avais envoyé
tu   avais envoyé
il   avait envoyé
ils   avaient envoyé
nous avions envoyé
vous aviez envoyé

IMPERFEKT

j'   envoyais
tu   envoyais
il   envoyait
ils   envoyaient
nous envoyions
vous envoyiez

KONDITIONAL

j'   enverrais
tu   enverrais
il   enverrait
ils   enverraient
nous enverrions
vous enverriez

㉔ *extraire* '(her-)ausziehen, entnehmen'

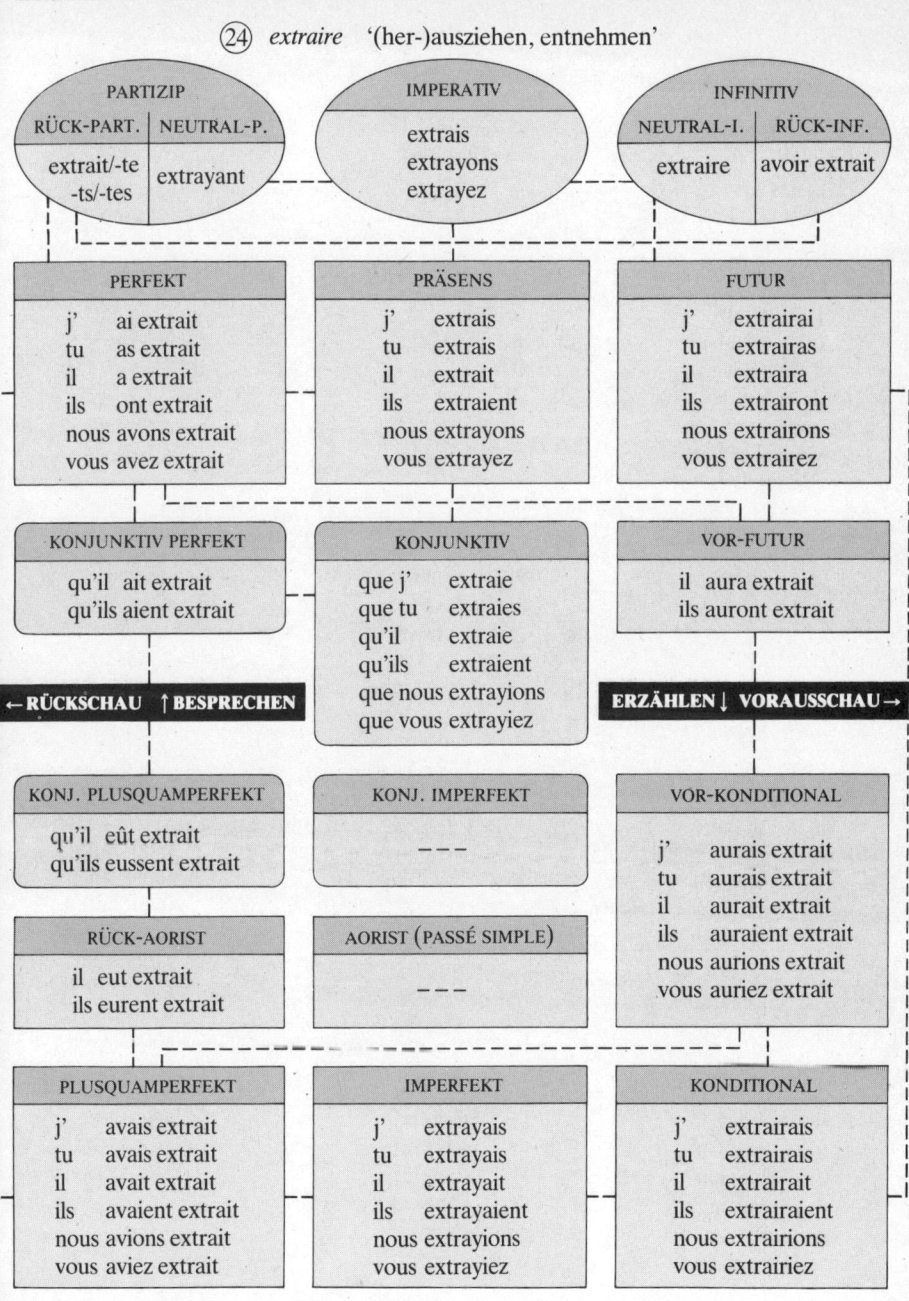

PARTIZIP	
RÜCK-PART.	NEUTRAL-P.
extrait/-te -ts/-tes	extrayant

IMPERATIV

extrais
extrayons
extrayez

INFINITIV	
NEUTRAL-I.	RÜCK-INF.
extraire	avoir extrait

PERFEKT

j'   ai extrait
tu   as extrait
il   a extrait
ils   ont extrait
nous avons extrait
vous avez extrait

PRÄSENS

j'   extrais
tu   extrais
il   extrait
ils   extraient
nous extrayons
vous extrayez

FUTUR

j'   extrairai
tu   extrairas
il   extraira
ils   extrairont
nous extrairons
vous extrairez

KONJUNKTIV PERFEKT

qu'il ait extrait
qu'ils aient extrait

KONJUNKTIV

que j'   extraie
que tu   extraies
qu'il   extraie
qu'ils   extraient
que nous extrayions
que vous extrayiez

VOR-FUTUR

il aura extrait
ils auront extrait

←RÜCKSCHAU ↑BESPRECHEN

ERZÄHLEN ↓ VORAUSSCHAU→

KONJ. PLUSQUAMPERFEKT

qu'il eût extrait
qu'ils eussent extrait

KONJ. IMPERFEKT

– – –

VOR-KONDITIONAL

j'   aurais extrait
tu   aurais extrait
il   aurait extrait
ils   auraient extrait
nous aurions extrait
vous auriez extrait

RÜCK-AORIST

il eut extrait
ils eurent extrait

AORIST (PASSÉ SIMPLE)

– – –

PLUSQUAMPERFEKT

j'   avais extrait
tu   avais extrait
il   avait extrait
ils   avaient extrait
nous avions extrait
vous aviez extrait

IMPERFEKT

j'   extrayais
tu   extrayais
il   extrayait
ils   extrayaient
nous extrayions
vous extrayiez

KONDITIONAL

j'   extrairais
tu   extrairais
il   extrairait
ils   extrairaient
nous extrairions
vous extrairiez

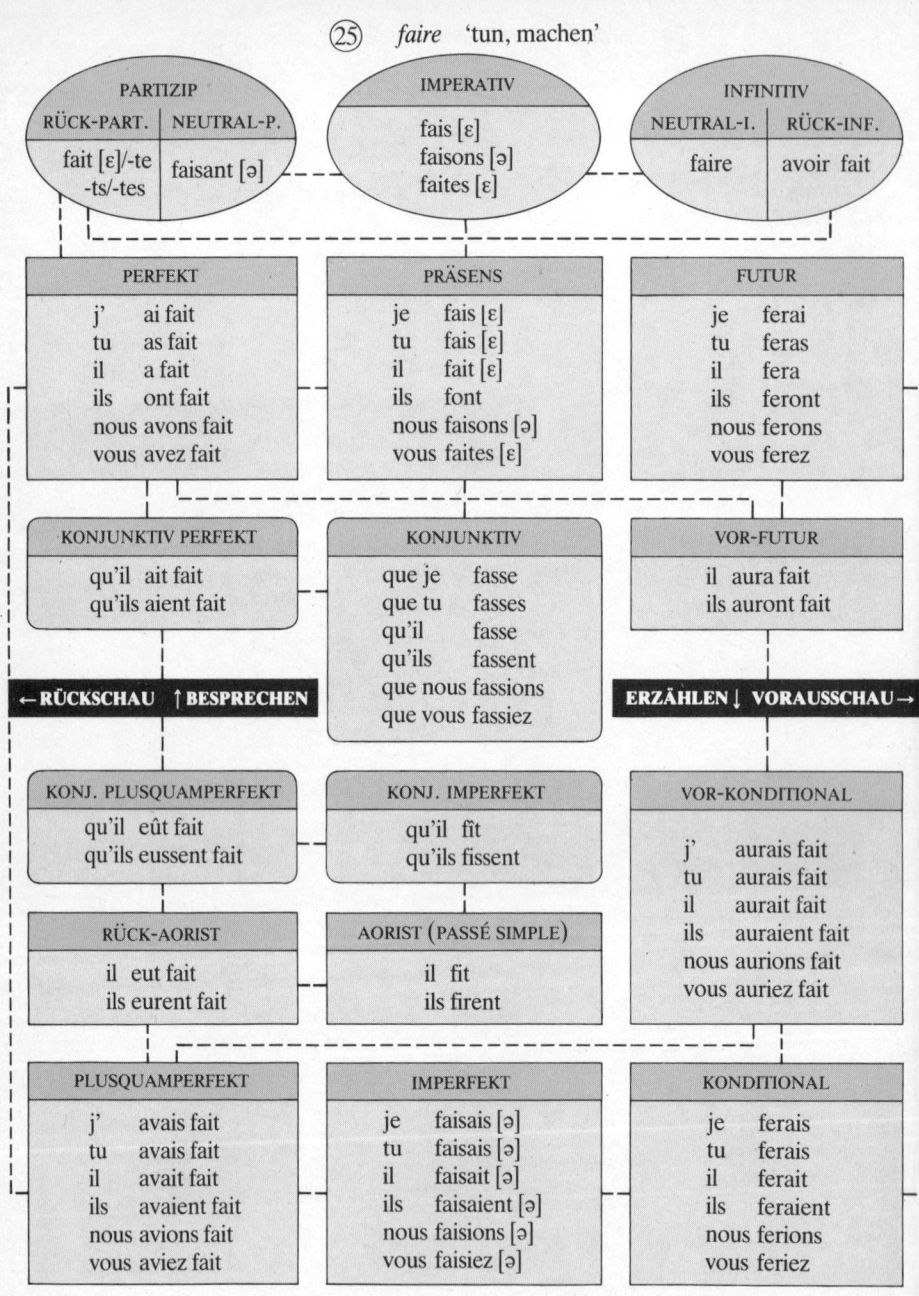

25 *faire* 'tun, machen'

PARTIZIP	
RÜCK-PART.	NEUTRAL-P.
fait [ɛ]/-te -ts/-tes	faisant [ə]

IMPERATIV

fais [ɛ]
faisons [ə]
faites [ɛ]

INFINITIV	
NEUTRAL-I.	RÜCK-INF.
faire	avoir fait

PERFEKT

j'   ai fait
tu   as fait
il   a fait
ils   ont fait
nous avons fait
vous avez fait

PRÄSENS

je   fais [ɛ]
tu   fais [ɛ]
il   fait [ɛ]
ils   font
nous faisons [ə]
vous faites [ɛ]

FUTUR

je   ferai
tu   feras
il   fera
ils   feront
nous ferons
vous ferez

KONJUNKTIV PERFEKT

qu'il   ait fait
qu'ils aient fait

KONJUNKTIV

que je   fasse
que tu   fasses
qu'il   fasse
qu'ils   fassent
que nous fassions
que vous fassiez

VOR-FUTUR

il aura fait
ils auront fait

←RÜCKSCHAU ↑BESPRECHEN

ERZÄHLEN ↓ VORAUSSCHAU→

KONJ. PLUSQUAMPERFEKT

qu'il   eût fait
qu'ils eussent fait

KONJ. IMPERFEKT

qu'il   fît
qu'ils fissent

VOR-KONDITIONAL

j'   aurais fait
tu   aurais fait
il   aurait fait
ils   auraient fait
nous aurions fait
vous auriez fait

RÜCK-AORIST

il eut fait
ils eurent fait

AORIST (PASSÉ SIMPLE)

il fit
ils firent

PLUSQUAMPERFEKT

j'   avais fait
tu   avais fait
il   avait fait
ils   avaient fait
nous avions fait
vous aviez fait

IMPERFEKT

je   faisais [ə]
tu   faisais [ə]
il   faisait [ə]
ils   faisaient [ə]
nous faisions [ə]
vous faisiez [ə]

KONDITIONAL

je   ferais
tu   ferais
il   ferait
ils   feraient
nous ferions
vous feriez

㉖   *fuir* 'fliehen'

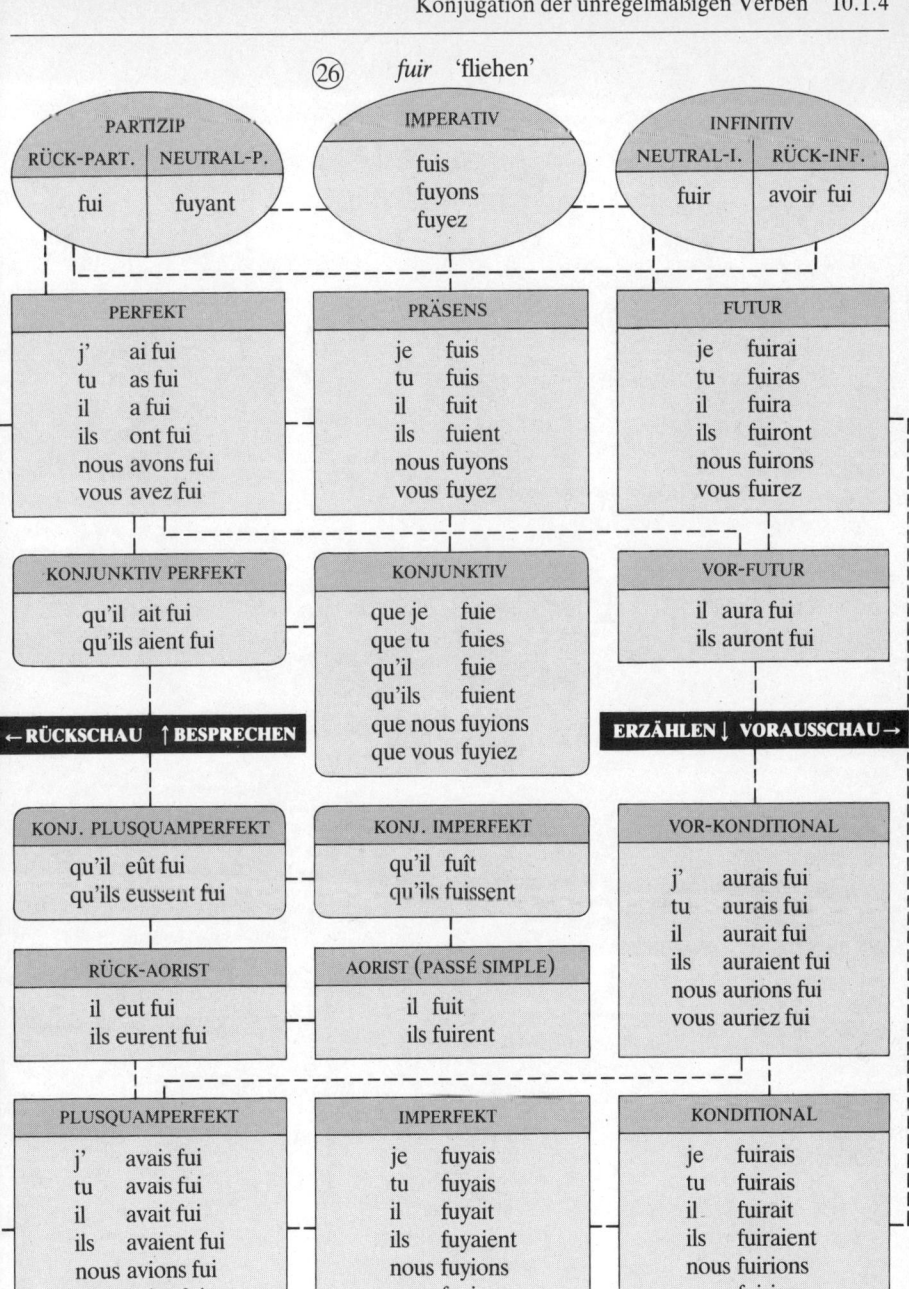

PARTIZIP	
RÜCK-PART.	NEUTRAL-P.
fui	fuyant

IMPERATIV

fuis
fuyons
fuyez

INFINITIV	
NEUTRAL-I.	RÜCK-INF.
fuir	avoir fui

PERFEKT	PRÄSENS	FUTUR
j' ai fui	je fuis	je fuirai
tu as fui	tu fuis	tu fuiras
il a fui	il fuit	il fuira
ils ont fui	ils fuient	ils fuiront
nous avons fui	nous fuyons	nous fuirons
vous avez fui	vous fuyez	vous fuirez

KONJUNKTIV PERFEKT	KONJUNKTIV	VOR-FUTUR
qu'il ait fui	que je fuie	il aura fui
qu'ils aient fui	que tu fuies	ils auront fui
	qu'il fuie	
	qu'ils fuient	
	que nous fuyions	
	que vous fuyiez	

←RÜCKSCHAU ↑ BESPRECHEN

ERZÄHLEN ↓ VORAUSSCHAU→

KONJ. PLUSQUAMPERFEKT	KONJ. IMPERFEKT	VOR-KONDITIONAL
qu'il eût fui	qu'il fuît	j' aurais fui
qu'ils eussent fui	qu'ils fuissent	tu aurais fui
		il aurait fui

RÜCK-AORIST	AORIST (PASSÉ SIMPLE)	ils auraient fui
il eut fui	il fuit	nous aurions fui
ils eurent fui	ils fuirent	vous auriez fui

PLUSQUAMPERFEKT	IMPERFEKT	KONDITIONAL
j' avais fui	je fuyais	je fuirais
tu avais fui	tu fuyais	tu fuirais
il avait fui	il fuyait	il fuirait
ils avaient fui	ils fuyaient	ils fuiraient
nous avions fui	nous fuyions	nous fuirions
vous aviez fui	vous fuyiez	vous fuiriez

837

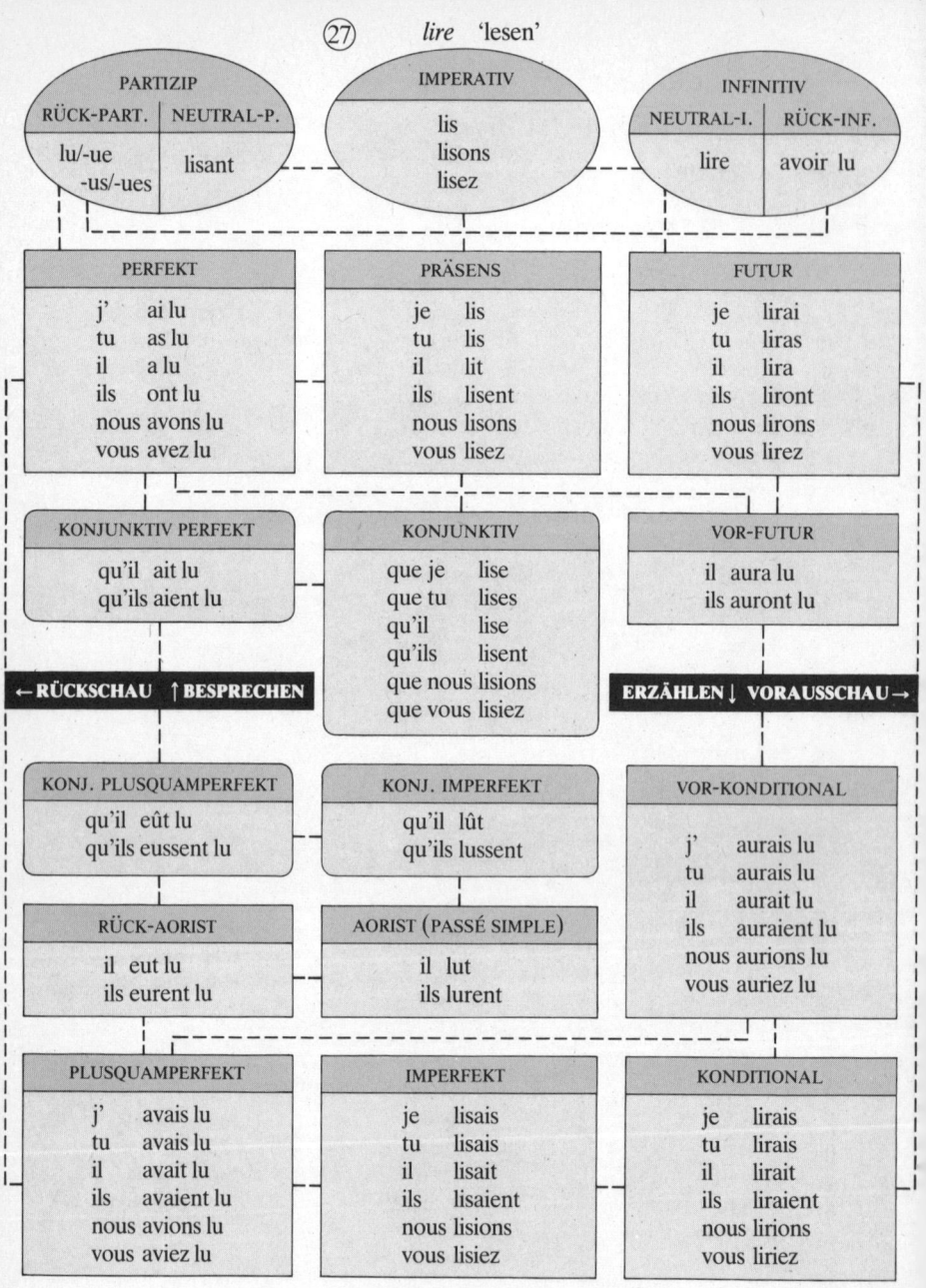

(27)   *lire* 'lesen'

PARTIZIP		IMPERATIV	INFINITIV	
RÜCK-PART.	NEUTRAL-P.	lis	NEUTRAL-I.	RÜCK-INF.
lu/-ue -us/-ues	lisant	lisons lisez	lire	avoir lu

PERFEKT

j'   ai lu
tu   as lu
il   a lu
ils   ont lu
nous avons lu
vous avez lu

PRÄSENS

je   lis
tu   lis
il   lit
ils lisent
nous lisons
vous lisez

FUTUR

je   lirai
tu   liras
il   lira
ils liront
nous lirons
vous lirez

KONJUNKTIV PERFEKT

qu'il ait lu
qu'ils aient lu

KONJUNKTIV

que je   lise
que tu   lises
qu'il   lise
qu'ils   lisent
que nous lisions
que vous lisiez

VOR-FUTUR

il aura lu
ils auront lu

←RÜCKSCHAU ↑BESPRECHEN   ERZÄHLEN↓ VORAUSSCHAU→

KONJ. PLUSQUAMPERFEKT

qu'il eût lu
qu'ils eussent lu

KONJ. IMPERFEKT

qu'il lût
qu'ils lussent

VOR-KONDITIONAL

j'   aurais lu
tu   aurais lu
il   aurait lu
ils   auraient lu
nous aurions lu
vous auriez lu

RÜCK-AORIST

il eut lu
ils eurent lu

AORIST (PASSÉ SIMPLE)

il lut
ils lurent

PLUSQUAMPERFEKT

j'   avais lu
tu   avais lu
il   avait lu
ils   avaient lu
nous avions lu
vous aviez lu

IMPERFEKT

je   lisais
tu   lisais
il   lisait
ils lisaient
nous lisions
vous lisiez

KONDITIONAL

je   lirais
tu   lirais
il   lirait
ils liraient
nous lirions
vous liriez

㉘   *mettre*   'setzen, stellen, legen'

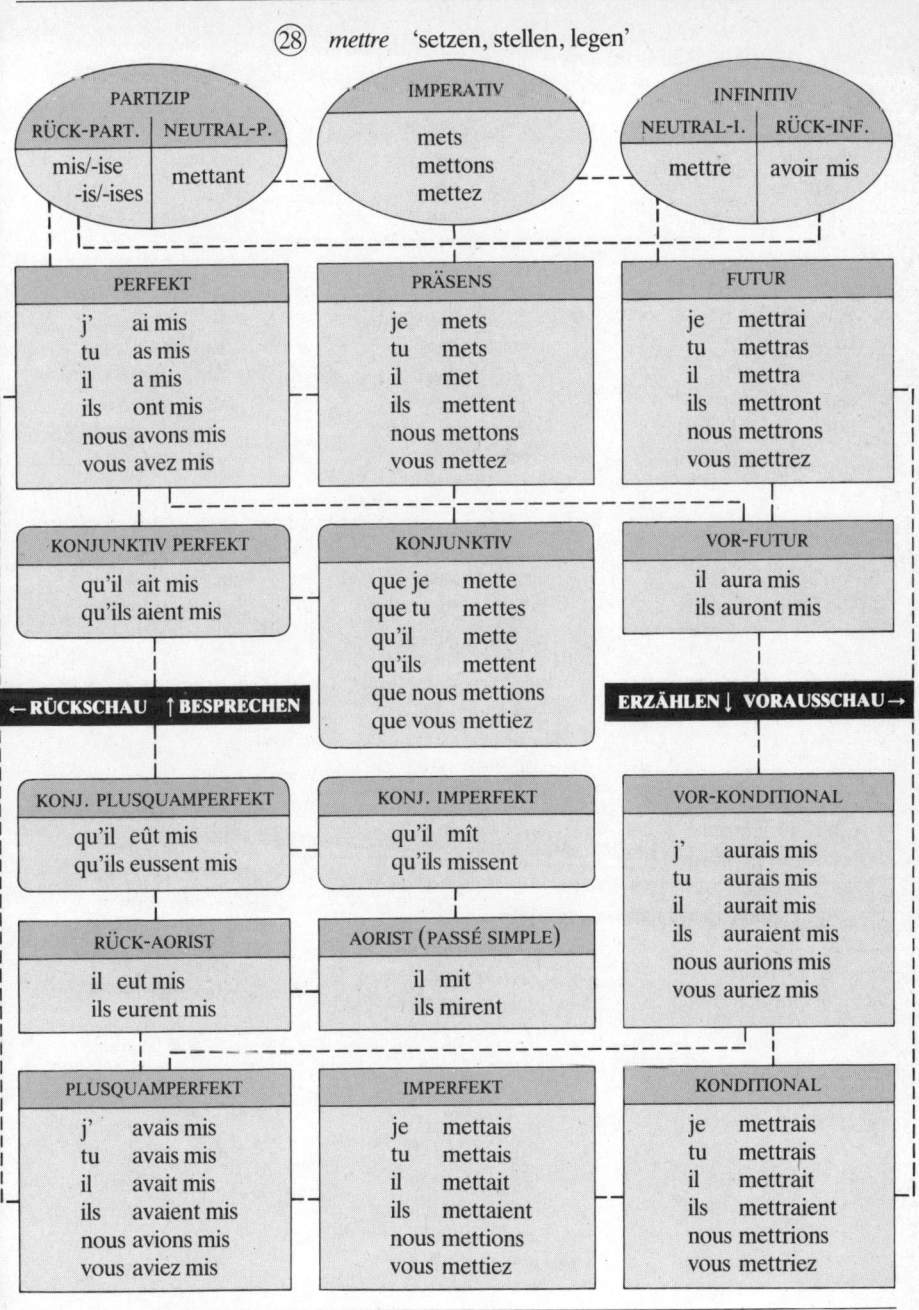

PARTIZIP

RÜCK-PART.	NEUTRAL-P.
mis/-ise -is/-ises	mettant

IMPERATIV

mets
mettons
mettez

INFINITIV

NEUTRAL-I.	RÜCK-INF.
mettre	avoir mis

PERFEKT

j'	ai mis
tu	as mis
il	a mis
ils	ont mis
nous	avons mis
vous	avez mis

PRÄSENS

je	mets
tu	mets
il	met
ils	mettent
nous	mettons
vous	mettez

FUTUR

je	mettrai
tu	mettras
il	mettra
ils	mettront
nous	mettrons
vous	mettrez

KONJUNKTIV PERFEKT

qu'il   ait mis
qu'ils aient mis

KONJUNKTIV

que je	mette
que tu	mettes
qu'il	mette
qu'ils	mettent
que nous	mettions
que vous	mettiez

VOR-FUTUR

il   aura mis
ils auront mis

← RÜCKSCHAU   ↑ BESPRECHEN

ERZÄHLEN ↓   VORAUSSCHAU →

KONJ. PLUSQUAMPERFEKT

qu'il   eût mis
qu'ils eussent mis

KONJ. IMPERFEKT

qu'il   mît
qu'ils missent

VOR-KONDITIONAL

j'	aurais mis
tu	aurais mis
il	aurait mis
ils	auraient mis
nous	aurions mis
vous	auriez mis

RÜCK-AORIST

il   eut mis
ils eurent mis

AORIST (PASSÉ SIMPLE)

il   mit
ils mirent

PLUSQUAMPERFEKT

j'	avais mis
tu	avais mis
il	avait mis
ils	avaient mis
nous	avions mis
vous	aviez mis

IMPERFEKT

je	mettais
tu	mettais
il	mettait
ils	mettaient
nous	mettions
vous	mettiez

KONDITIONAL

je	mettrais
tu	mettrais
il	mettrait
ils	mettraient
nous	mettrions
vous	mettriez

(29) *mourir* 'sterben'

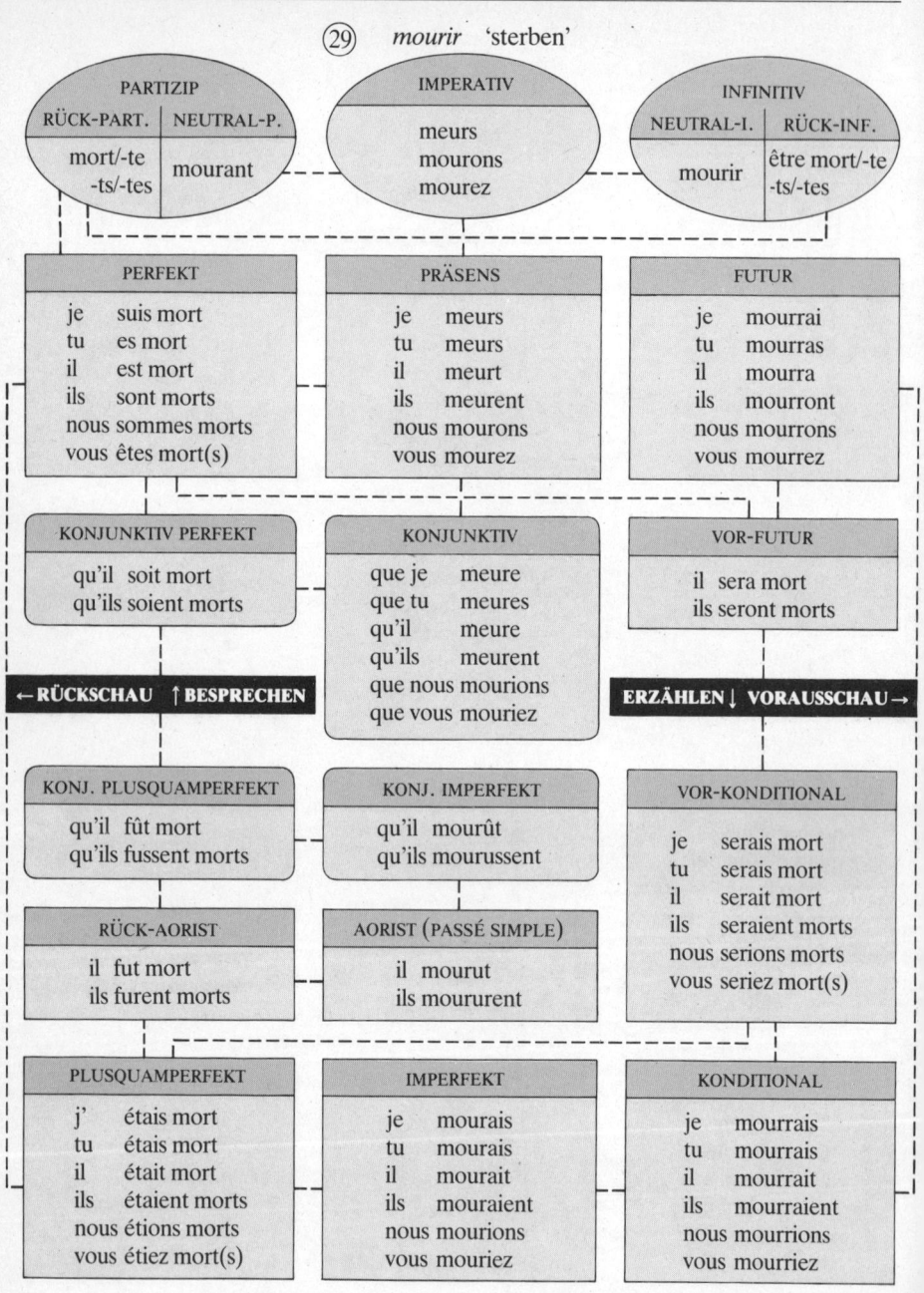

PARTIZIP		IMPERATIV	INFINITIV	
RÜCK-PART.	NEUTRAL-P.	meurs	NEUTRAL-I.	RÜCK-INF.
mort/-te -ts/-tes	mourant	mourons mourez	mourir	être mort/-te -ts/-tes

PERFEKT

je suis mort
tu es mort
il est mort
ils sont morts
nous sommes morts
vous êtes mort(s)

PRÄSENS

je meurs
tu meurs
il meurt
ils meurent
nous mourons
vous mourez

FUTUR

je mourrai
tu mourras
il mourra
ils mourront
nous mourrons
vous mourrez

KONJUNKTIV PERFEKT

qu'il soit mort
qu'ils soient morts

KONJUNKTIV

que je meure
que tu meures
qu'il meure
qu'ils meurent
que nous mourions
que vous mouriez

VOR-FUTUR

il sera mort
ils seront morts

←RÜCKSCHAU ↑BESPRECHEN

ERZÄHLEN↓ VORAUSSCHAU→

KONJ. PLUSQUAMPERFEKT

qu'il fût mort
qu'ils fussent morts

KONJ. IMPERFEKT

qu'il mourût
qu'ils mourussent

VOR-KONDITIONAL

je serais mort
tu serais mort
il serait mort
ils seraient morts
nous serions morts
vous seriez mort(s)

RÜCK-AORIST

il fut mort
ils furent morts

AORIST (PASSÉ SIMPLE)

il mourut
ils moururent

PLUSQUAMPERFEKT

j' étais mort
tu étais mort
il était mort
ils étaient morts
nous étions morts
vous étiez mort(s)

IMPERFEKT

je mourais
tu mourais
il mourait
ils mouraient
nous mourions
vous mouriez

KONDITIONAL

je mourrais
tu mourrais
il mourrait
ils mourraient
nous mourrions
vous mourriez

30 *naître* 'geboren werden'

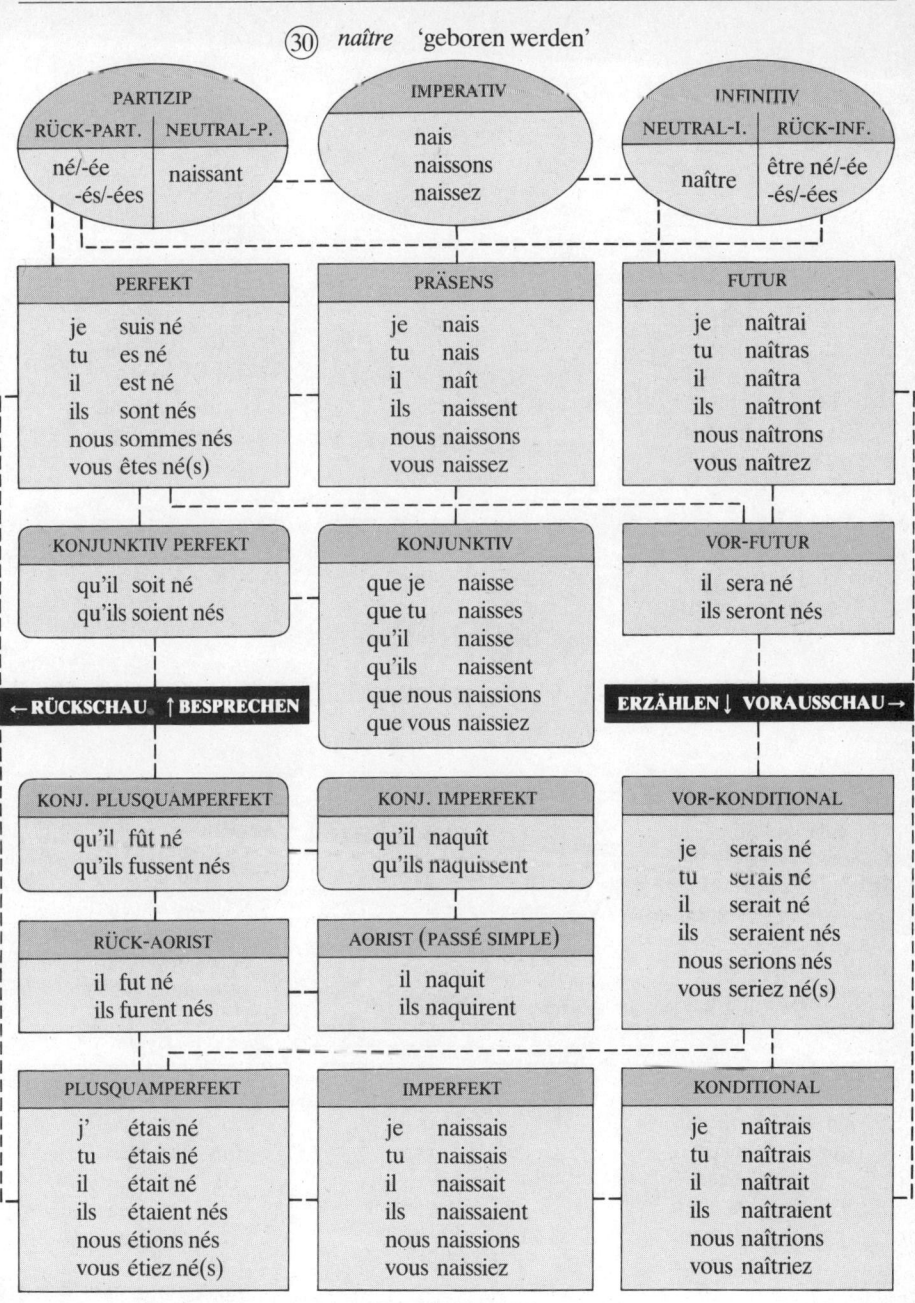

PARTIZIP		IMPERATIV	INFINITIV	
RÜCK-PART.	NEUTRAL-P.		NEUTRAL-I.	RÜCK-INF.
né/-ée -és/-ées	naissant	nais naissons naissez	naître	être né/-ée -és/-ées

PERFEKT

je suis né
tu es né
il est né
ils sont nés
nous sommes nés
vous êtes né(s)

PRÄSENS

je nais
tu nais
il naît
ils naissent
nous naissons
vous naissez

FUTUR

je naîtrai
tu naîtras
il naîtra
ils naîtront
nous naîtrons
vous naîtrez

KONJUNKTIV PERFEKT

qu'il soit né
qu'ils soient nés

KONJUNKTIV

que je naisse
que tu naisses
qu'il naisse
qu'ils naissent
que nous naissions
que vous naissiez

VOR-FUTUR

il sera né
ils seront nés

← RÜCKSCHAU ↑ BESPRECHEN   ERZÄHLEN ↓ VORAUSSCHAU →

KONJ. PLUSQUAMPERFEKT

qu'il fût né
qu'ils fussent nés

KONJ. IMPERFEKT

qu'il naquît
qu'ils naquissent

VOR-KONDITIONAL

je serais né
tu serais né
il serait né
ils seraient nés
nous serions nés
vous seriez né(s)

RÜCK-AORIST

il fut né
ils furent nés

AORIST (PASSÉ SIMPLE)

il naquit
ils naquirent

PLUSQUAMPERFEKT

j' étais né
tu étais né
il était né
ils étaient nés
nous étions nés
vous étiez né(s)

IMPERFEKT

je naissais
tu naissais
il naissait
ils naissaient
nous naissions
vous naissiez

KONDITIONAL

je naîtrais
tu naîtrais
il naîtrait
ils naîtraient
nous naîtrions
vous naîtriez

(31) *offrir* 'anbieten, schenken'

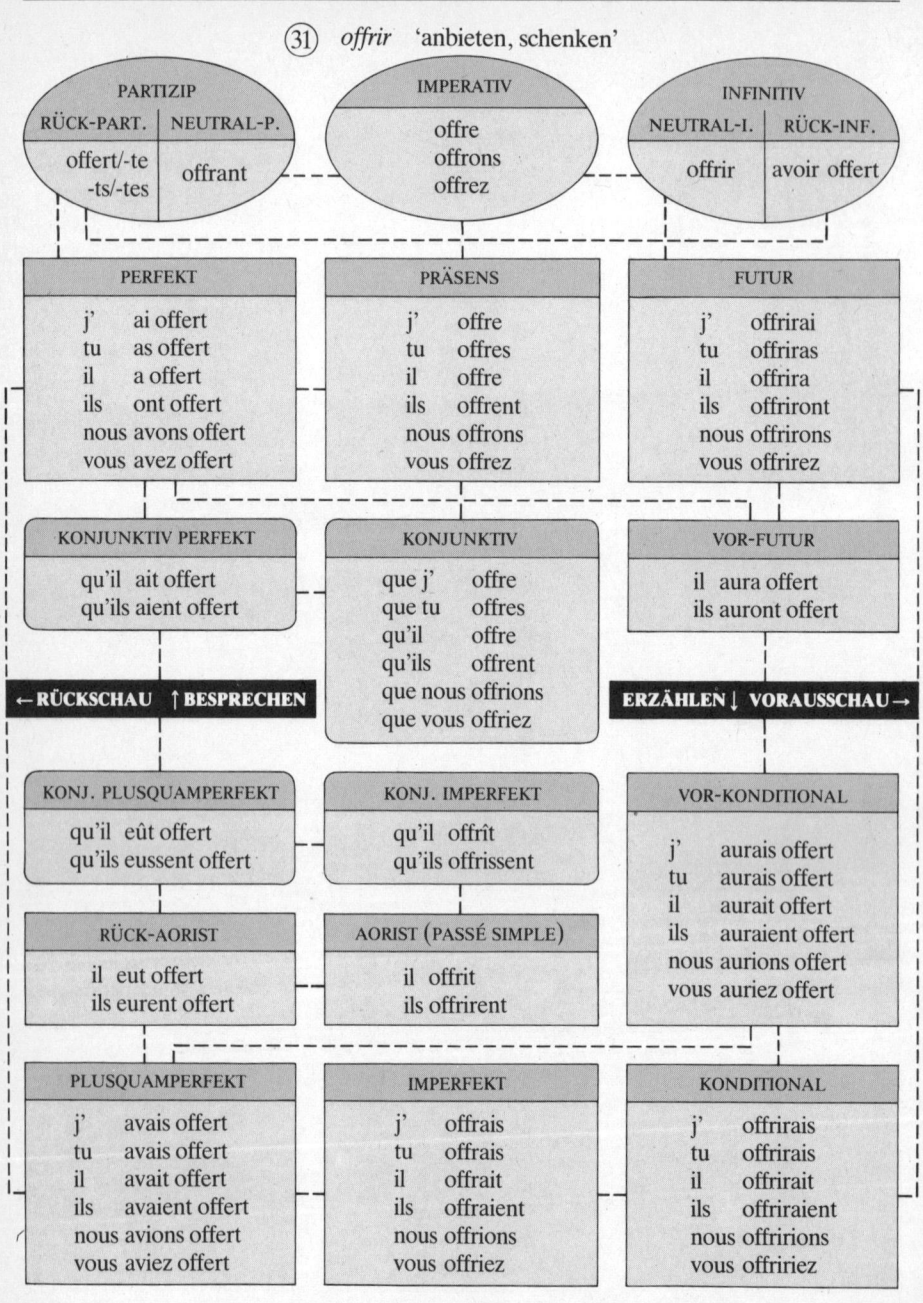

PARTIZIP		IMPERATIV	INFINITIV	
RÜCK-PART.	NEUTRAL-P.	offre	NEUTRAL-I.	RÜCK-INF.
offert/-te -ts/-tes	offrant	offrons offrez	offrir	avoir offert

PERFEKT	PRÄSENS	FUTUR
j' ai offert	j' offre	j' offrirai
tu as offert	tu offres	tu offriras
il a offert	il offre	il offrira
ils ont offert	ils offrent	ils offriront
nous avons offert	nous offrons	nous offrirons
vous avez offert	vous offrez	vous offrirez

KONJUNKTIV PERFEKT	KONJUNKTIV	VOR-FUTUR
qu'il ait offert	que j' offre	il aura offert
qu'ils aient offert	que tu offres	ils auront offert
	qu'il offre	
	qu'ils offrent	
	que nous offrions	
	que vous offriez	

←**RÜCKSCHAU** ↑**BESPRECHEN**   **ERZÄHLEN** ↓ **VORAUSSCHAU**→

KONJ. PLUSQUAMPERFEKT	KONJ. IMPERFEKT	VOR-KONDITIONAL
qu'il eût offert	qu'il offrît	j' aurais offert
qu'ils eussent offert	qu'ils offrissent	tu aurais offert
		il aurait offert
		ils auraient offert

RÜCK-AORIST	AORIST (PASSÉ SIMPLE)	nous aurions offert
il eut offert	il offrit	vous auriez offert
ils eurent offert	ils offrirent	

PLUSQUAMPERFEKT	IMPERFEKT	KONDITIONAL
j' avais offert	j' offrais	j' offrirais
tu avais offert	tu offrais	tu offrirais
il avait offert	il offrait	il offrirait
ils avaient offert	ils offraient	ils offriraient
nous avions offert	nous offrions	nous offririons
vous aviez offert	vous offriez	vous offririez

③② *plaire* 'gefallen'

PARTIZIP		IMPERATIV	INFINITIV	
RÜCK-PART.	NEUTRAL-P.	plais	NEUTRAL-I.	RÜCK-INF.
plu	plaisant	plaisons	plaire	avoir plu
		plaisez		

PERFEKT	PRÄSENS	FUTUR
j' ai plu	je plais	je plairai
tu as plu	tu plais	tu plairas
il a plu	il plaît	il plaira
ils ont plu	ils plaisent	ils plairont
nous avons plu	nous plaisons	nous plairons
vous avez plu	vous plaisez	vous plairez

KONJUNKTIV PERFEKT	KONJUNKTIV	VOR-FUTUR
qu'il ait plu	que je plaise	il aura plu
qu'ils aient plu	que tu plaises	ils auront plu
	qu'il plaise	
	qu'ils plaisent	
	que nous plaisions	
	que vous plaisiez	

← **RÜCKSCHAU** ↑ **BESPRECHEN**   **ERZÄHLEN** ↓ **VORAUSSCHAU** →

KONJ. PLUSQUAMPERFEKT	KONJ. IMPERFEKT	VOR-KONDITIONAL
qu'il eût plu	qu'il plût	j' aurais plu
qu'ils eussent plu	qu'ils plussent	tu aurais plu
		il aurait plu

RÜCK-AORIST	AORIST (PASSÉ SIMPLE)	ils auraient plu
il eut plu	il plut	nous aurions plu
ils eurent plu	ils plurent	vous auriez plu

PLUSQUAMPERFEKT	IMPERFEKT	KONDITIONAL
j' avais plu	je plaisais	je plairais
tu avais plu	tu plaisais	tu plairais
il avait plu	il plaisait	il plairait
ils avaient plu	ils plaisaient	ils plairaient
nous avions plu	nous plaisions	nous plairions
vous aviez plu	vous plaisiez	vous plairiez

843

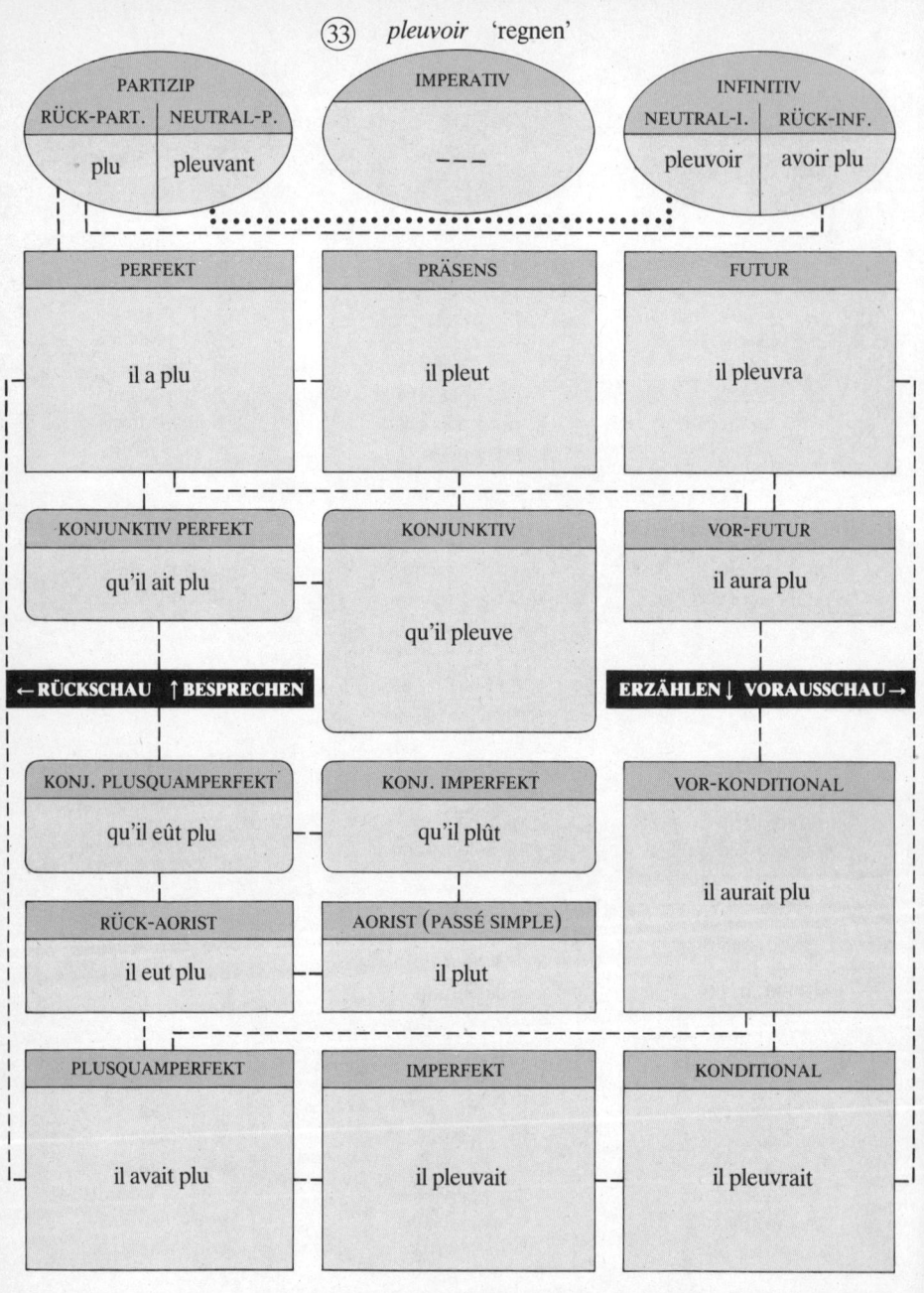

③ *pleuvoir* 'regnen'

㉞ *prendre* 'nehmen'

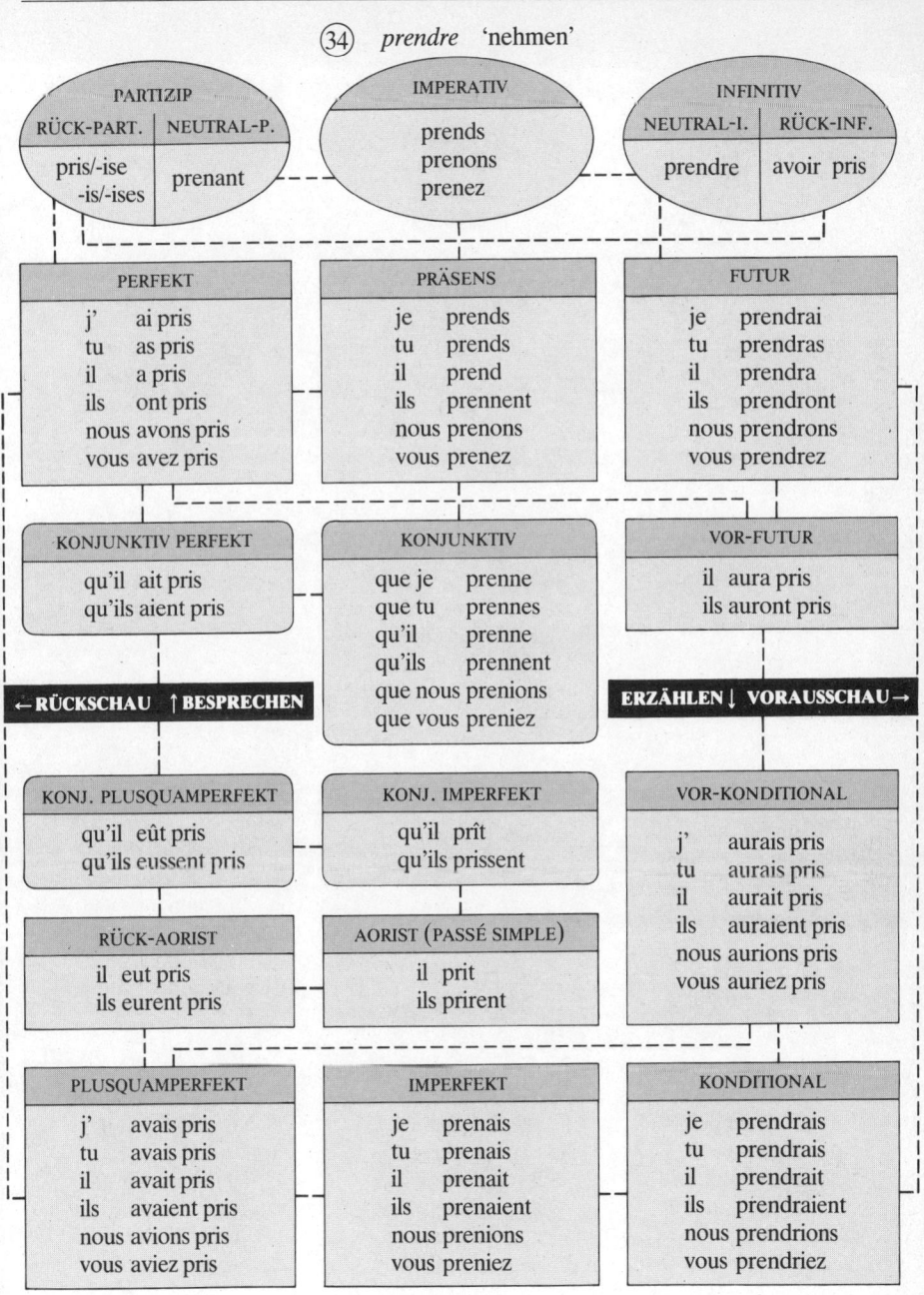

PARTIZIP	
RÜCK-PART.	NEUTRAL-P.
pris/-ise -is/-ises	prenant

IMPERATIV

prends
prenons
prenez

INFINITIV	
NEUTRAL-I.	RÜCK-INF.
prendre	avoir pris

PERFEKT

j'	ai pris
tu	as pris
il	a pris
ils	ont pris
nous	avons pris
vous	avez pris

PRÄSENS

je	prends
tu	prends
il	prend
ils	prennent
nous	prenons
vous	prenez

FUTUR

je	prendrai
tu	prendras
il	prendra
ils	prendront
nous	prendrons
vous	prendrez

KONJUNKTIV PERFEKT

qu'il ait pris
qu'ils aient pris

KONJUNKTIV

que je	prenne
que tu	prennes
qu'il	prenne
qu'ils	prennent
que nous	prenions
que vous	preniez

VOR-FUTUR

il aura pris
ils auront pris

←RÜCKSCHAU ↑BESPRECHEN ERZÄHLEN↓ VORAUSSCHAU→

KONJ. PLUSQUAMPERFEKT

qu'il eût pris
qu'ils eussent pris

KONJ. IMPERFEKT

qu'il prît
qu'ils prissent

VOR-KONDITIONAL

j'	aurais pris
tu	aurais pris
il	aurait pris
ils	auraient pris
nous	aurions pris
vous	auriez pris

RÜCK-AORIST

il eut pris
ils eurent pris

AORIST (PASSÉ SIMPLE)

il prit
ils prirent

PLUSQUAMPERFEKT

j'	avais pris
tu	avais pris
il	avait pris
ils	avaient pris
nous	avions pris
vous	aviez pris

IMPERFEKT

je	prenais
tu	prenais
il	prenait
ils	prenaient
nous	prenions
vous	preniez

KONDITIONAL

je	prendrais
tu	prendrais
il	prendrait
ils	prendraient
nous	prendrions
vous	prendriez

③⑤ *produire* 'herstellen, erzeugen'

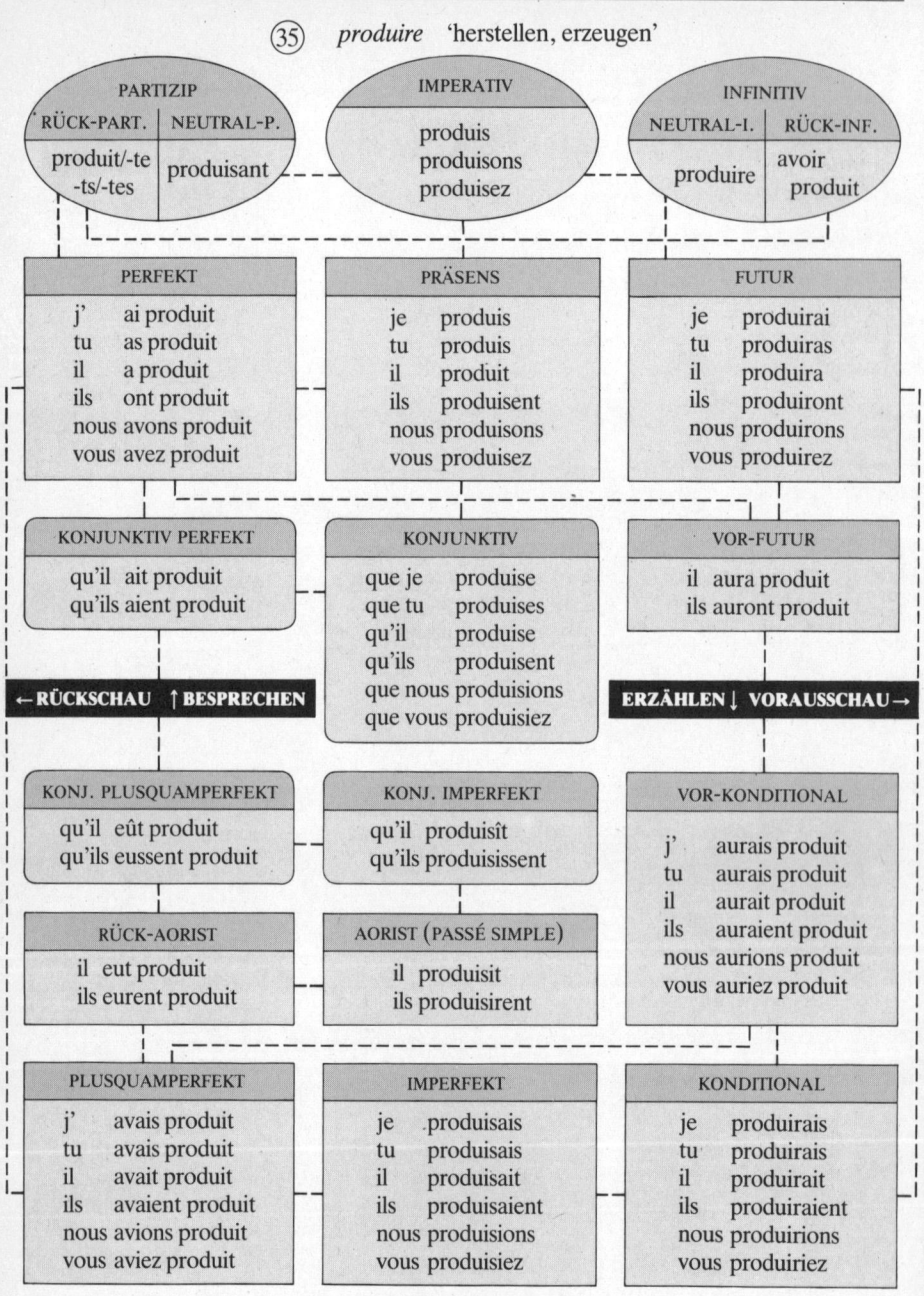

PARTIZIP		IMPERATIV	INFINITIV	
RÜCK-PART.	NEUTRAL-P.		NEUTRAL-I.	RÜCK-INF.
produit/-te -ts/-tes	produisant	produis produisons produisez	produire	avoir produit

PERFEKT

j'	ai produit
tu	as produit
il	a produit
ils	ont produit
nous	avons produit
vous	avez produit

PRÄSENS

je	produis
tu	produis
il	produit
ils	produisent
nous	produisons
vous	produisez

FUTUR

je	produirai
tu	produiras
il	produira
ils	produiront
nous	produirons
vous	produirez

KONJUNKTIV PERFEKT

qu'il ait produit
qu'ils aient produit

KONJUNKTIV

que je	produise
que tu	produises
qu'il	produise
qu'ils	produisent
que nous	produisions
que vous	produisiez

VOR-FUTUR

il aura produit
ils auront produit

←RÜCKSCHAU ↑BESPRECHEN   ERZÄHLEN↓ VORAUSSCHAU→

KONJ. PLUSQUAMPERFEKT

qu'il eût produit
qu'ils eussent produit

KONJ. IMPERFEKT

qu'il produisît
qu'ils produisissent

VOR-KONDITIONAL

j'	aurais produit
tu	aurais produit
il	aurait produit
ils	auraient produit
nous	aurions produit
vous	auriez produit

RÜCK-AORIST

il eut produit
ils eurent produit

AORIST (PASSÉ SIMPLE)

il produisit
ils produisirent

PLUSQUAMPERFEKT

j'	avais produit
tu	avais produit
il	avait produit
ils	avaient produit
nous	avions produit
vous	aviez produit

IMPERFEKT

je	produisais
tu	produisais
il	produisait
ils	produisaient
nous	produisions
vous	produisiez

KONDITIONAL

je	produirais
tu	produirais
il	produirait
ils	produiraient
nous	produirions
vous	produiriez

(36)   *recevoir*   'erhalten, bekommen'

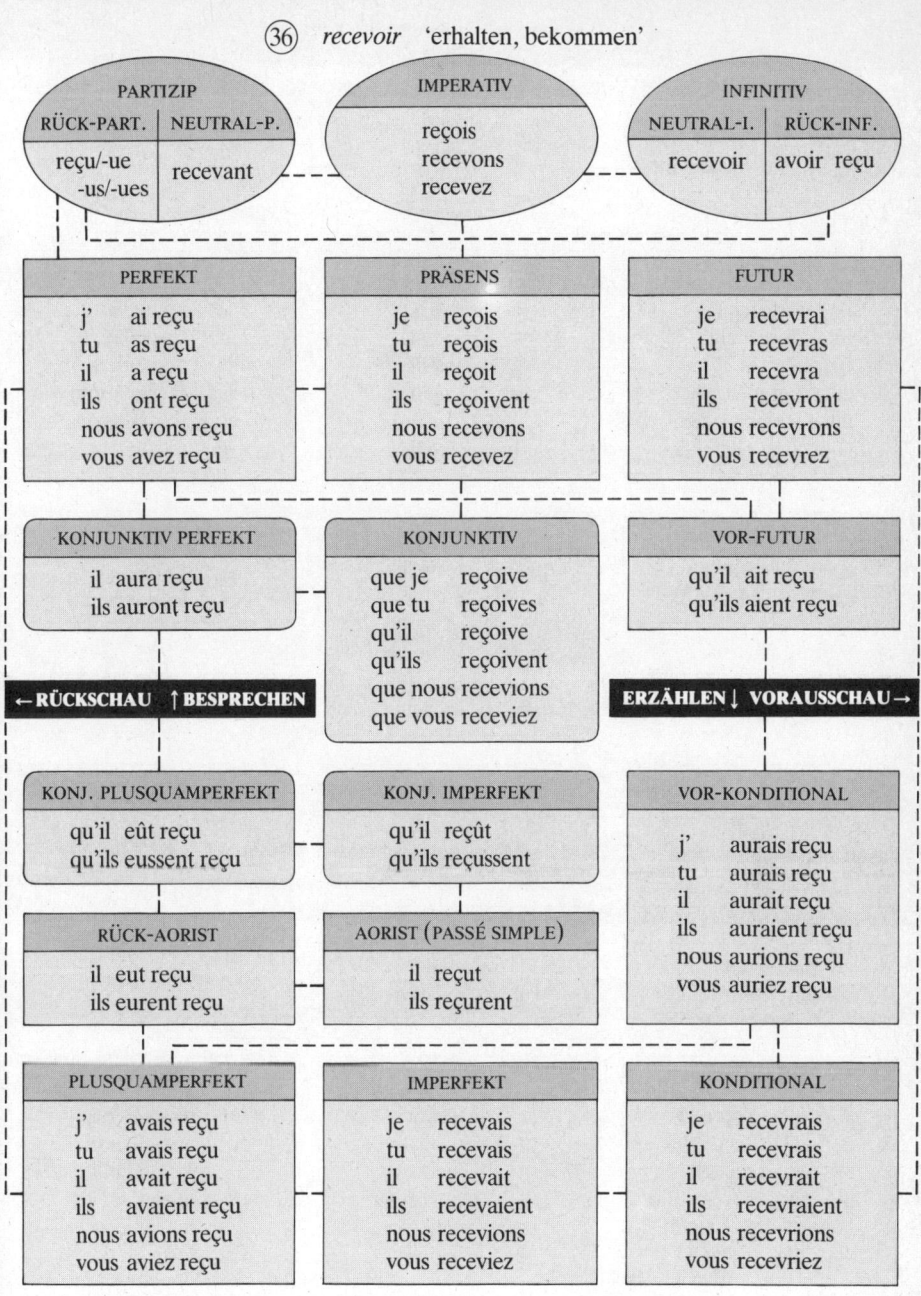

PARTIZIP		IMPERATIV	INFINITIV	
RÜCK-PART.	NEUTRAL-P.	reçois	NEUTRAL-I.	RÜCK-INF.
reçu/-ue -us/-ues	recevant	recevons recevez	recevoir	avoir reçu

PERFEKT

j'   ai reçu
tu   as reçu
il   a reçu
ils   ont reçu
nous avons reçu
vous avez reçu

PRÄSENS

je   reçois
tu   reçois
il   reçoit
ils   reçoivent
nous recevons
vous recevez

FUTUR

je   recevrai
tu   recevras
il   recevra
ils   recevront
nous recevrons
vous recevrez

KONJUNKTIV PERFEKT

il   aura reçu
ils auront reçu

KONJUNKTIV

que je   reçoive
que tu   reçoives
qu'il   reçoive
qu'ils   reçoivent
que nous recevions
que vous receviez

VOR-FUTUR

qu'il   ait reçu
qu'ils aient reçu

← RÜCKSCHAU ↑ BESPRECHEN

ERZÄHLEN ↓ VORAUSSCHAU →

KONJ. PLUSQUAMPERFEKT

qu'il   eût reçu
qu'ils eussent reçu

KONJ. IMPERFEKT

qu'il   reçût
qu'ils reçussent

VOR-KONDITIONAL

j'   aurais reçu
tu   aurais reçu
il   aurait reçu
ils   auraient reçu
nous aurions reçu
vous auriez reçu

RÜCK-AORIST

il   eut reçu
ils eurent reçu

AORIST (PASSÉ SIMPLE)

il   reçut
ils reçurent

PLUSQUAMPERFEKT

j'   avais reçu
tu   avais reçu
il   avait reçu
ils   avaient reçu
nous avions reçu
vous aviez reçu

IMPERFEKT

je   recevais
tu   recevais
il   recevait
ils   recevaient
nous recevions
vous receviez

KONDITIONAL

je   recevrais
tu   recevrais
il   recevrait
ils   recevraient
nous recevrions
vous recevriez

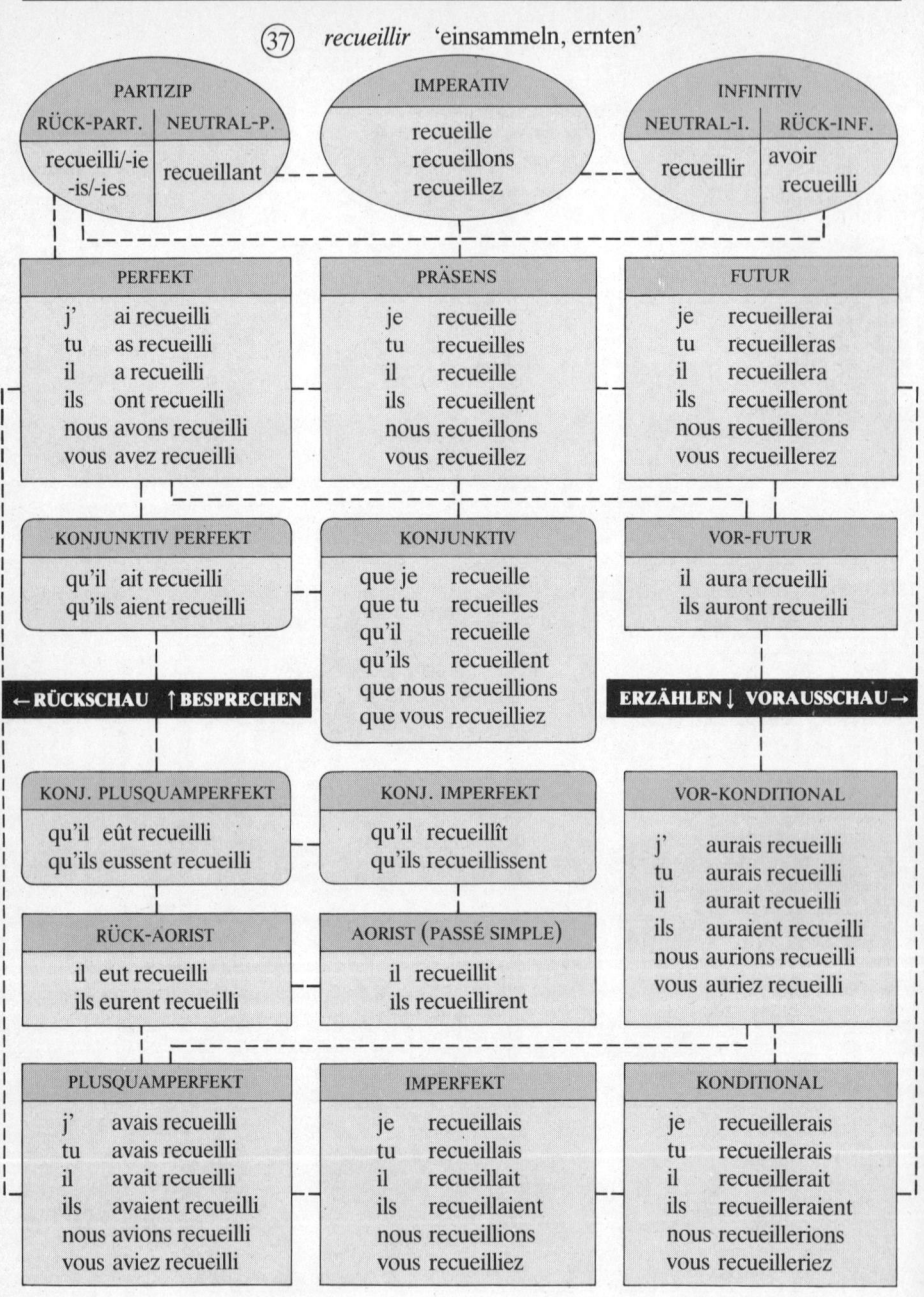

(37) *recueillir* 'einsammeln, ernten'

PARTIZIP	
RÜCK-PART.	NEUTRAL-P.
recueilli/-ie -is/-ies	recueillant

IMPERATIV
recueille
recueillons
recueillez

INFINITIV	
NEUTRAL-I.	RÜCK-INF.
recueillir	avoir recueilli

PERFEKT	PRÄSENS	FUTUR
j' ai recueilli	je recueille	je recueillerai
tu as recueilli	tu recueilles	tu recueilleras
il a recueilli	il recueille	il recueillera
ils ont recueilli	ils recueillent	ils recueilleront
nous avons recueilli	nous recueillons	nous recueillerons
vous avez recueilli	vous recueillez	vous recueillerez

KONJUNKTIV PERFEKT	KONJUNKTIV	VOR-FUTUR
qu'il ait recueilli	que je recueille	il aura recueilli
qu'ils aient recueilli	que tu recueilles	ils auront recueilli
	qu'il recueille	
	qu'ils recueillent	
	que nous recueillions	
	que vous recueilliez	

←RÜCKSCHAU ↑BESPRECHEN   ERZÄHLEN ↓ VORAUSSCHAU→

KONJ. PLUSQUAMPERFEKT	KONJ. IMPERFEKT	VOR-KONDITIONAL
qu'il eût recueilli	qu'il recueillît	j' aurais recueilli
qu'ils eussent recueilli	qu'ils recueillissent	tu aurais recueilli
		il aurait recueilli
		ils auraient recueilli
		nous aurions recueilli
		vous auriez recueilli

RÜCK-AORIST	AORIST (PASSÉ SIMPLE)
il eut recueilli	il recueillit
ils eurent recueilli	ils recueillirent

PLUSQUAMPERFEKT	IMPERFEKT	KONDITIONAL
j' avais recueilli	je recueillais	je recueillerais
tu avais recueilli	tu recueillais	tu recueillerais
il avait recueilli	il recueillait	il recueillerait
ils avaient recueilli	ils recueillaient	ils recueilleraient
nous avions recueilli	nous recueillions	nous recueillerions
vous aviez recueilli	vous recueilliez	vous recueilleriez

(38) *résoudre* 'lösen'

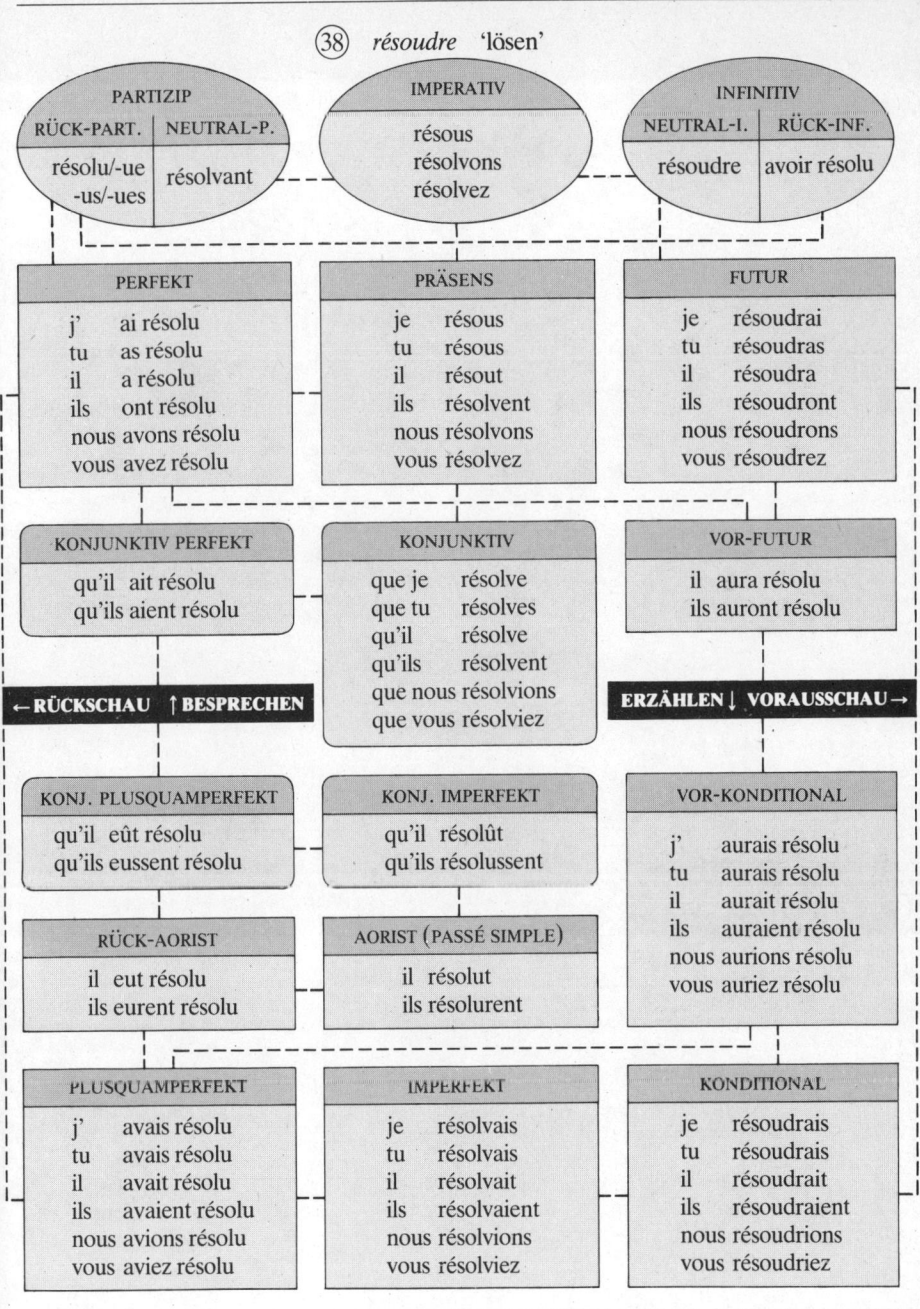

PARTIZIP	
RÜCK-PART.	NEUTRAL-P.
résolu/-ue -us/-ues	résolvant

IMPERATIV

résous
résolvons
résolvez

INFINITIV	
NEUTRAL-I.	RÜCK-INF.
résoudre	avoir résolu

PERFEKT

j'	ai résolu
tu	as résolu
il	a résolu
ils	ont résolu
nous	avons résolu
vous	avez résolu

PRÄSENS

je	résous
tu	résous
il	résout
ils	résolvent
nous	résolvons
vous	résolvez

FUTUR

je	résoudrai
tu	résoudras
il	résoudra
ils	résoudront
nous	résoudrons
vous	résoudrez

KONJUNKTIV PERFEKT

qu'il ait résolu
qu'ils aient résolu

KONJUNKTIV

que je	résolve
que tu	résolves
qu'il	résolve
qu'ils	résolvent
que nous	résolvions
que vous	résolviez

VOR-FUTUR

il aura résolu
ils auront résolu

← **RÜCKSCHAU** ↑ **BESPRECHEN**

ERZÄHLEN ↓ **VORAUSSCHAU** →

KONJ. PLUSQUAMPERFEKT

qu'il eût résolu
qu'ils eussent résolu

KONJ. IMPERFEKT

qu'il résolût
qu'ils résolussent

VOR-KONDITIONAL

j'	aurais résolu
tu	aurais résolu
il	aurait résolu
ils	auraient résolu
nous	aurions résolu
vous	auriez résolu

RÜCK-AORIST

il eut résolu
ils eurent résolu

AORIST (PASSÉ SIMPLE)

il résolut
ils résolurent

PLUSQUAMPERFEKT

j'	avais résolu
tu	avais résolu
il	avait résolu
ils	avaient résolu
nous	avions résolu
vous	aviez résolu

IMPERFEKT

je	résolvais
tu	résolvais
il	résolvait
ils	résolvaient
nous	résolvions
vous	résolviez

KONDITIONAL

je	résoudrais
tu	résoudrais
il	résoudrait
ils	résoudraient
nous	résoudrions
vous	résoudriez

(39) *rire* 'lachen'

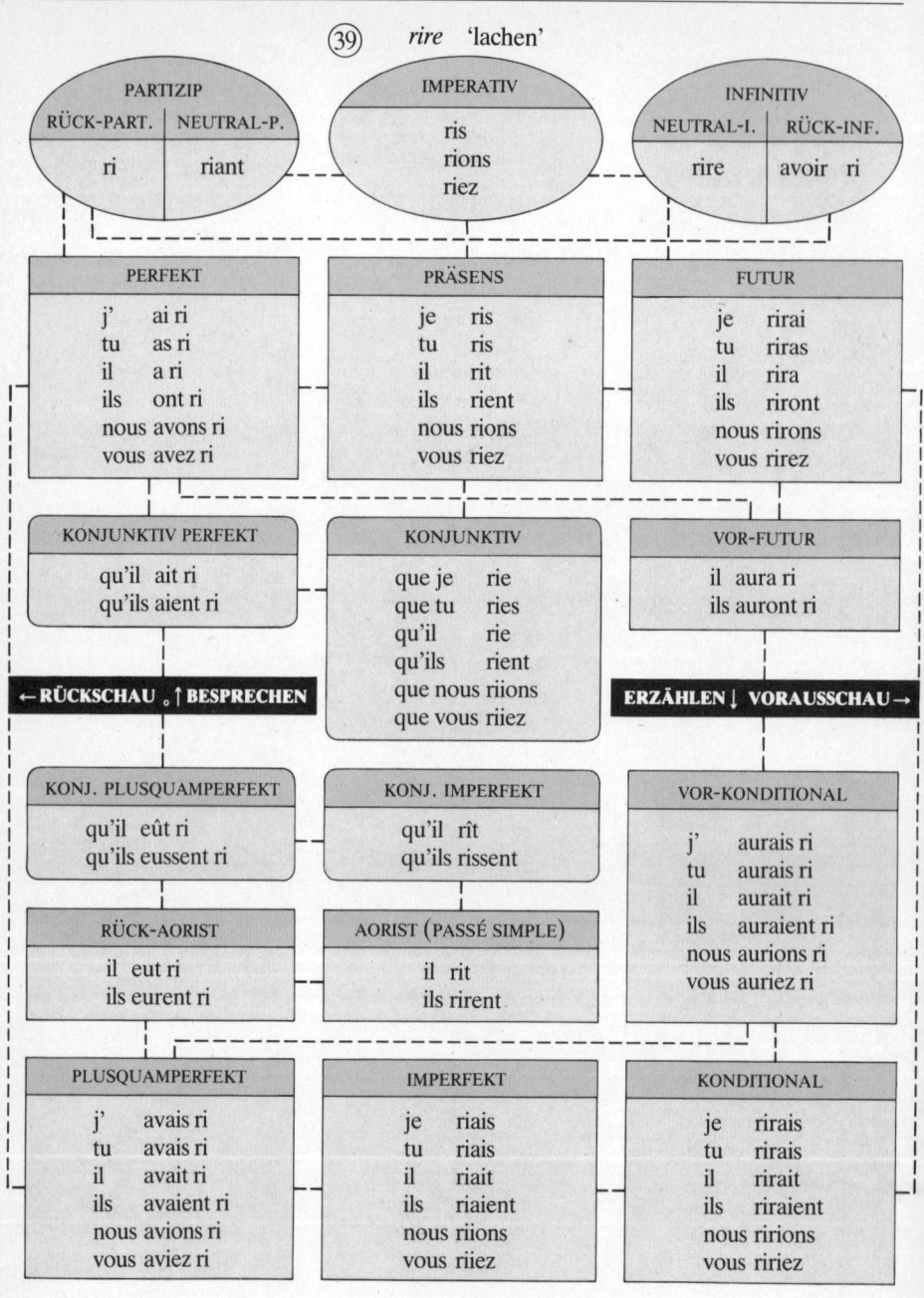

(40)   *sentir*   'fühlen, riechen'

PARTIZIP

RÜCK-PART.	NEUTRAL-P.
senti/-ie -is/-ies	sentant

IMPERATIV

sens
sentons
sentez

INFINITIV

NEUTRAL-I.	RÜCK-INF.
sentir	avoir senti

PERFEKT

j'	ai senti
tu	as senti
il	a senti
ils	ont senti
nous	avons senti
vous	avez senti

PRÄSENS

je	sens
tu	sens
il	sent
ils	sentent
nous	sentons
vous	sentez

FUTUR

je	sentirai
tu	sentiras
il	sentira
ils	sentiront
nous	sentirons
vous	sentirez

KONJUNKTIV PERFEKT

qu'il ait senti
qu'ils aient senti

KONJUNKTIV

que je	sente
que tu	sentes
qu'il	sente
qu'ils	sentent
que nous	sentions
que vous	sentiez

VOR-FUTUR

il aura senti
ils auront senti

←RÜCKSCHAU   ↑BESPRECHEN

ERZÄHLEN↓ VORAUSSCHAU→

KONJ. PLUSQUAMPERFEKT

qu'il eût senti
qu'ils eussent senti

KONJ. IMPERFEKT

qu'il sentît
qu'ils sentissent

VOR-KONDITIONAL

j'	aurais senti
tu	aurais senti
il	aurait senti
ils	auraient senti
nous	aurions senti
vous	auriez senti

RÜCK-AORIST

il eut senti
ils eurent senti

AORIST (PASSÉ SIMPLE)

il sentit
ils sentirent

PLUSQUAMPERFEKT

j'	avais senti
tu	avais senti
il	avait senti
ils	avaient senti
nous	avions senti
vous	aviez senti

IMPERFEKT

je	sentais
tu	sentais
il	sentait
ils	sentaient
nous	sentions
vous	sentiez

KONDITIONAL

je	sentirais
tu	sentirais
il	sentirait
ils	sentiraient
nous	sentirions
vous	sentiriez

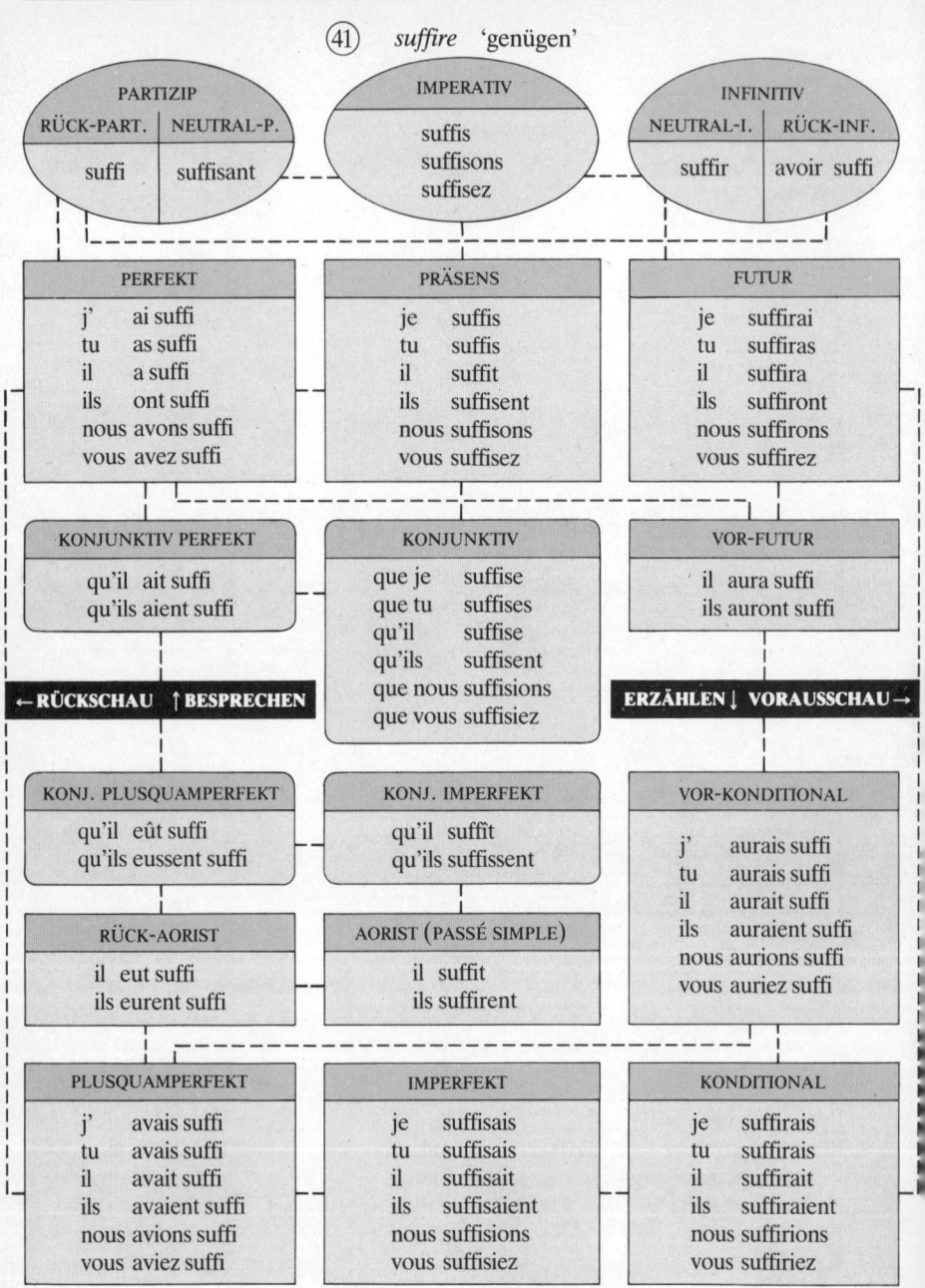

(41) *suffire* 'genügen'

PARTIZIP
RÜCK-PART.	NEUTRAL-P.
suffi	suffisant

IMPERATIV
suffis
suffisons
suffisez

INFINITIV
NEUTRAL-I.	RÜCK-INF.
suffir	avoir suffi

PERFEKT
j'   ai suffi
tu   as suffi
il   a suffi
ils   ont suffi
nous avons suffi
vous avez suffi

PRÄSENS
je   suffis
tu   suffis
il   suffit
ils   suffisent
nous suffisons
vous suffisez

FUTUR
je   suffirai
tu   suffiras
il   suffira
ils   suffiront
nous suffirons
vous suffirez

KONJUNKTIV PERFEKT
qu'il ait suffi
qu'ils aient suffi

KONJUNKTIV
que je   suffise
que tu   suffises
qu'il   suffise
qu'ils   suffisent
que nous suffisions
que vous suffisiez

VOR-FUTUR
il aura suffi
ils auront suffi

←RÜCKSCHAU ↑BESPRECHEN

ERZÄHLEN↓ VORAUSSCHAU→

KONJ. PLUSQUAMPERFEKT
qu'il eût suffi
qu'ils eussent suffi

KONJ. IMPERFEKT
qu'il suffît
qu'ils suffissent

VOR-KONDITIONAL
j'   aurais suffi
tu   aurais suffi
il   aurait suffi
ils   auraient suffi
nous aurions suffi
vous auriez suffi

RÜCK-AORIST
il eut suffi
ils eurent suffi

AORIST (PASSÉ SIMPLE)
il suffit
ils suffirent

PLUSQUAMPERFEKT
j'   avais suffi
tu   avais suffi
il   avait suffi
ils   avaient suffi
nous avions suffi
vous aviez suffi

IMPERFEKT
je   suffisais
tu   suffisais
il   suffisait
ils   suffisaient
nous suffisions
vous suffisiez

KONDITIONAL
je   suffirais
tu   suffirais
il   suffirait
ils   suffiraient
nous suffirions
vous suffiriez

suivre 'folgen'

PARTIZIP		IMPERATIV	INFINITIV	
RÜCK-PART.	NEUTRAL-P.		NEUTRAL-I.	RÜCK-INF.
suivi/-ie -is/-ies	suivant	suis suivons suivez	suivre	avoir suivi

PERFEKT

j'	ai suivi
tu	as suivi
il	a suivi
ils	ont suivi
nous	avons suivi
vous	avez suivi

PRÄSENS

je	suis
tu	suis
il	suit
ils	suivent
nous	suivons
vous	suivez

FUTUR

je	suivrai
tu	suivras
il	suivra
ils	suivront
nous	suivrons
vous	suivrez

KONJUNKTIV PERFEKT

qu'il	ait suivi
qu'ils	aient suivi

KONJUNKTIV

que je	suive
que tu	suives
qu'il	suive
qu'ils	suivent
que nous	suivions
que vous	suiviez

VOR-FUTUR

il	aura suivi
ils	auront suivi

← RÜCKSCHAU ↑ BESPRECHEN

ERZÄHLEN ↓ VORAUSSCHAU →

KONJ. PLUSQUAMPERFEKT

qu'il	eût suivi
qu'ils	eussent suivi

KONJ. IMPERFEKT

qu'il	suivît
qu'ils	suivissent

VOR-KONDITIONAL

j'	aurais suivi
tu	aurais suivi
il	aurait suivi
ils	auraient suivi
nous	aurions suivi
vous	auriez suivi

RÜCK-AORIST

il	eut suivi
ils	eurent suivi

AORIST (PASSÉ SIMPLE)

il	suivit
ils	suivirent

PLUSQUAMPERFEKT

j'	avais suivi
tu	avais suivi
il	avait suivi
ils	avaient suivi
nous	avions suivi
vous	aviez suivi

IMPERFEKT

je	suivais
tu	suivais
il	suivait
ils	suivaient
nous	suivions
vous	suiviez

KONDITIONAL

je	suivrais
tu	suivrais
il	suivrait
ils	suivraient
nous	suivrions
vous	suivriez

(43) *valoir* 'wert sein'

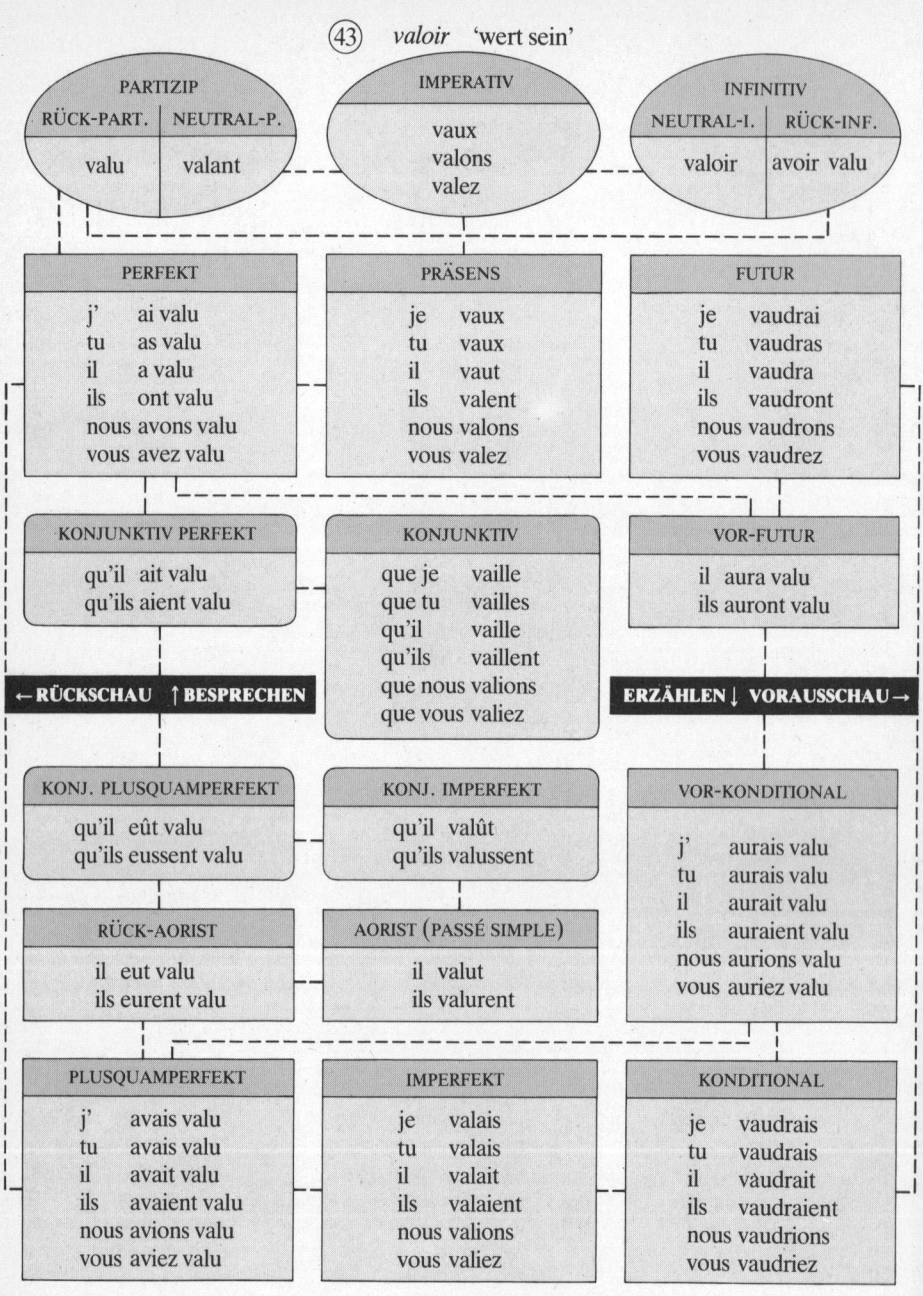

PARTIZIP	
RÜCK-PART.	NEUTRAL-P.
valu	valant

IMPERATIV

vaux
valons
valez

INFINITIV	
NEUTRAL-I.	RÜCK-INF.
valoir	avoir valu

PERFEKT

j'	ai valu
tu	as valu
il	a valu
ils	ont valu
nous	avons valu
vous	avez valu

PRÄSENS

je	vaux
tu	vaux
il	vaut
ils	valent
nous	valons
vous	valez

FUTUR

je	vaudrai
tu	vaudras
il	vaudra
ils	vaudront
nous	vaudrons
vous	vaudrez

KONJUNKTIV PERFEKT

qu'il ait valu
qu'ils aient valu

KONJUNKTIV

que je	vaille
que tu	vailles
qu'il	vaille
qu'ils	vaillent
que nous	valions
que vous	valiez

VOR-FUTUR

il aura valu
ils auront valu

←RÜCKSCHAU ↑BESPRECHEN   ERZÄHLEN↓ VORAUSSCHAU→

KONJ. PLUSQUAMPERFEKT

qu'il eût valu
qu'ils eussent valu

KONJ. IMPERFEKT

qu'il valût
qu'ils valussent

VOR-KONDITIONAL

j'	aurais valu
tu	aurais valu
il	aurait valu
ils	auraient valu
nous	aurions valu
vous	auriez valu

RÜCK-AORIST

il eut valu
ils eurent valu

AORIST (PASSÉ SIMPLE)

il valut
ils valurent

PLUSQUAMPERFEKT

j'	avais valu
tu	avais valu
il	avait valu
ils	avaient valu
nous	avions valu
vous	aviez valu

IMPERFEKT

je	valais
tu	valais
il	valait
ils	valaient
nous	valions
vous	valiez

KONDITIONAL

je	vaudrais
tu	vaudrais
il	vaudrait
ils	vaudraient
nous	vaudrions
vous	vaudriez

(44) *venir* 'kommen'

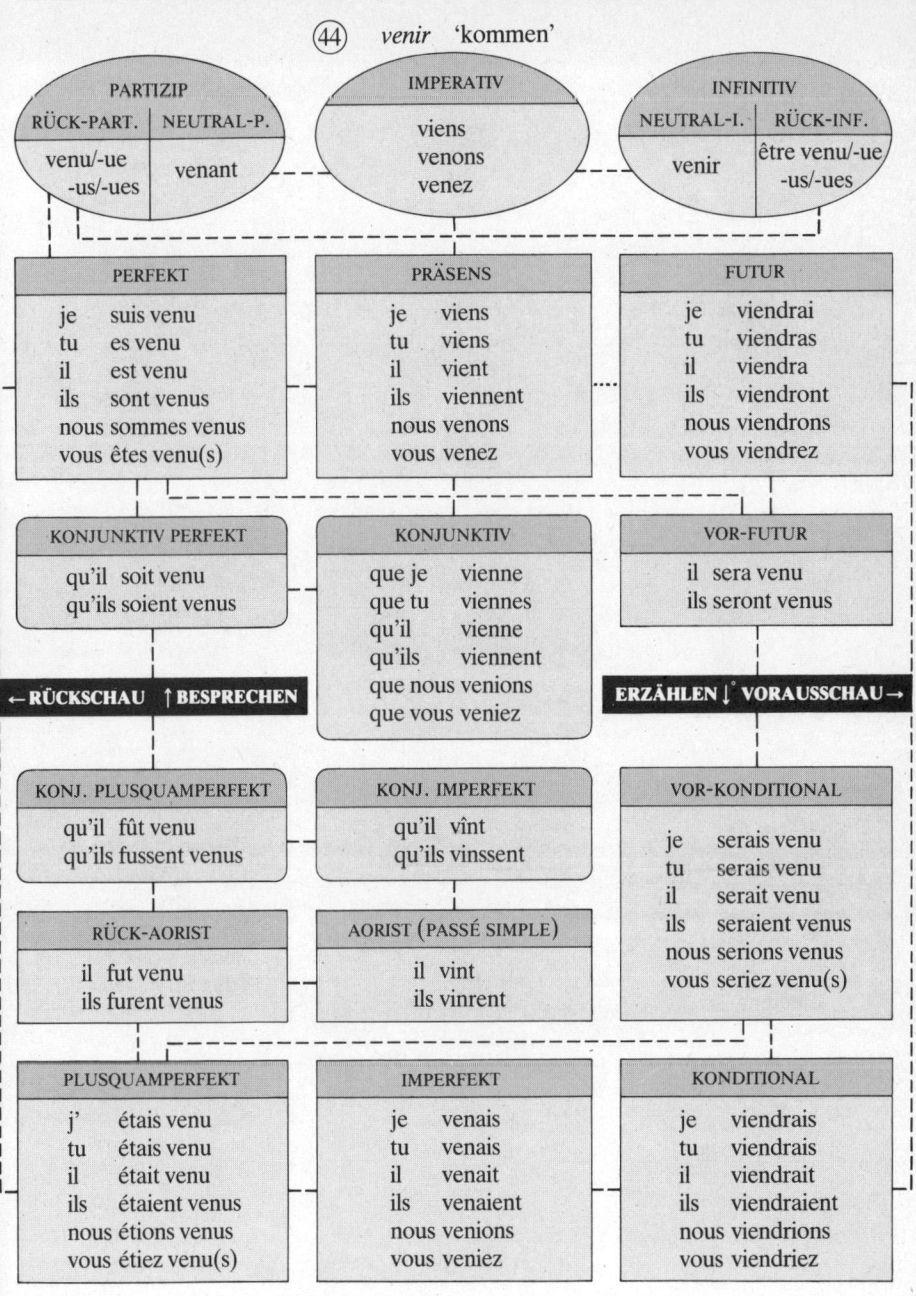

PARTIZIP		IMPERATIV	INFINITIV	
RÜCK-PART.	NEUTRAL-P.		NEUTRAL-I.	RÜCK-INF.
venu/-ue -us/-ues	venant	viens venons venez	venir	être venu/-ue -us/-ues

PERFEKT

je suis venu
tu es venu
il est venu
ils sont venus
nous sommes venus
vous êtes venu(s)

PRÄSENS

je viens
tu viens
il vient
ils viennent
nous venons
vous venez

FUTUR

je viendrai
tu viendras
il viendra
ils viendront
nous viendrons
vous viendrez

KONJUNKTIV PERFEKT

qu'il soit venu
qu'ils soient venus

KONJUNKTIV

que je vienne
que tu viennes
qu'il vienne
qu'ils viennent
que nous venions
que vous veniez

VOR-FUTUR

il sera venu
ils seront venus

← RÜCKSCHAU ↑ BESPRECHEN

ERZÄHLEN ↓° VORAUSSCHAU →

KONJ. PLUSQUAMPERFEKT

qu'il fût venu
qu'ils fussent venus

KONJ. IMPERFEKT

qu'il vînt
qu'ils vinssent

VOR-KONDITIONAL

je serais venu
tu serais venu
il serait venu
ils seraient venus
nous serions venus
vous seriez venu(s)

RÜCK-AORIST

il fut venu
ils furent venus

AORIST (PASSÉ SIMPLE)

il vint
ils vinrent

PLUSQUAMPERFEKT

j' étais venu
tu étais venu
il était venu
ils étaient venus
nous étions venus
vous étiez venu(s)

IMPERFEKT

je venais
tu venais
il venait
ils venaient
nous venions
vous veniez

KONDITIONAL

je viendrais
tu viendrais
il viendrait
ils viendraient
nous viendrions
vous viendriez

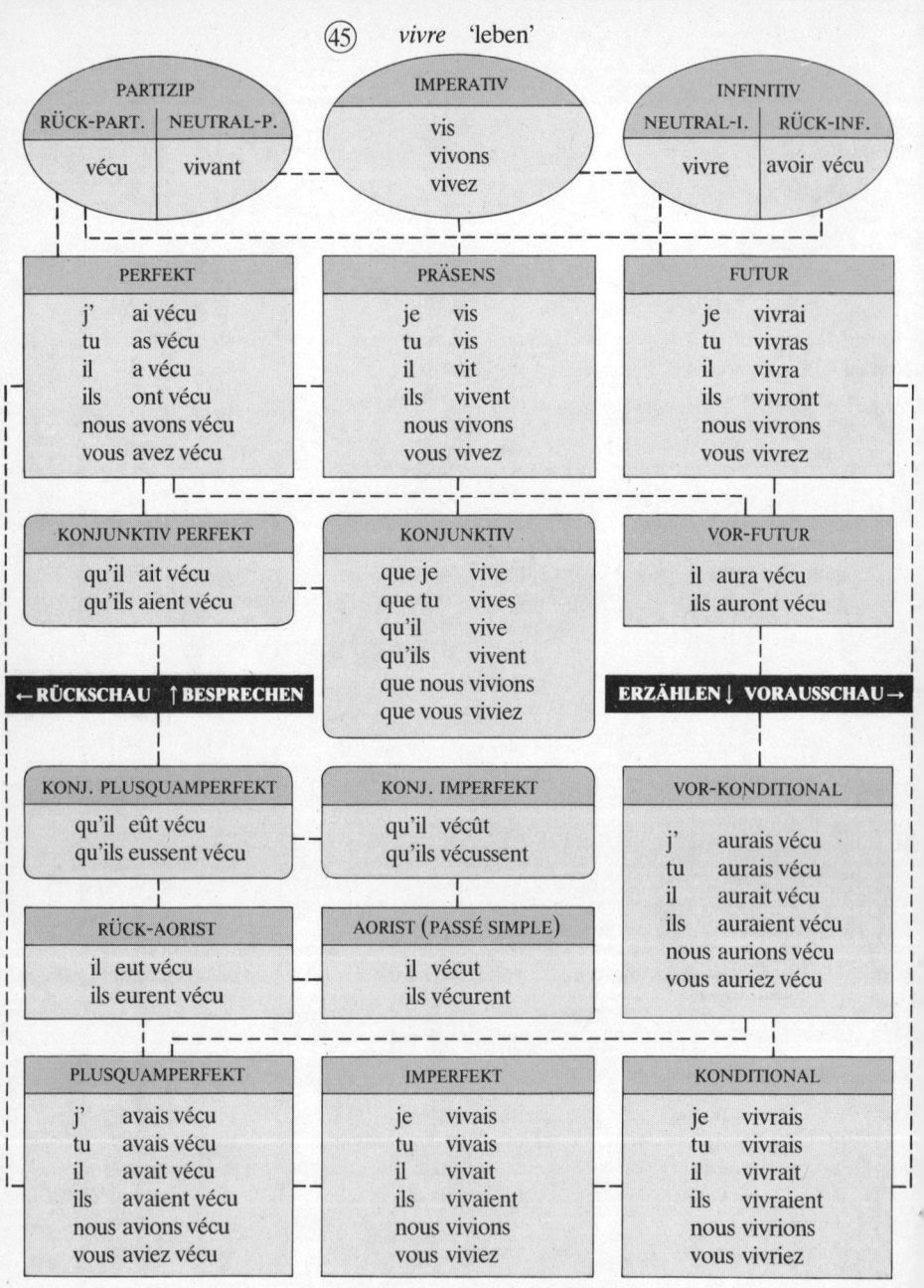

45 *vivre* 'leben'

PARTIZIP
RÜCK-PART. | NEUTRAL-P.
vécu | vivant

IMPERATIV
vis
vivons
vivez

INFINITIV
NEUTRAL-I. | RÜCK-INF.
vivre | avoir vécu

PERFEKT
j' ai vécu
tu as vécu
il a vécu
ils ont vécu
nous avons vécu
vous avez vécu

PRÄSENS
je vis
tu vis
il vit
ils vivent
nous vivons
vous vivez

FUTUR
je vivrai
tu vivras
il vivra
ils vivront
nous vivrons
vous vivrez

KONJUNKTIV PERFEKT
qu'il ait vécu
qu'ils aient vécu

KONJUNKTIV
que je vive
que tu vives
qu'il vive
qu'ils vivent
que nous vivions
que vous viviez

VOR-FUTUR
il aura vécu
ils auront vécu

← RÜCKSCHAU ↑ BESPRECHEN

ERZÄHLEN ↓ VORAUSSCHAU →

KONJ. PLUSQUAMPERFEKT
qu'il eût vécu
qu'ils eussent vécu

KONJ. IMPERFEKT
qu'il vécût
qu'ils vécussent

VOR-KONDITIONAL
j' aurais vécu
tu aurais vécu
il aurait vécu
ils auraient vécu
nous aurions vécu
vous auriez vécu

RÜCK-AORIST
il eut vécu
ils eurent vécu

AORIST (PASSÉ SIMPLE)
il vécut
ils vécurent

PLUSQUAMPERFEKT
j' avais vécu
tu avais vécu
il avait vécu
ils avaient vécu
nous avions vécu
vous aviez vécu

IMPERFEKT
je vivais
tu vivais
il vivait
ils vivaient
nous vivions
vous viviez

KONDITIONAL
je vivrais
tu vivrais
il vivrait
ils vivraient
nous vivrions
vous vivriez

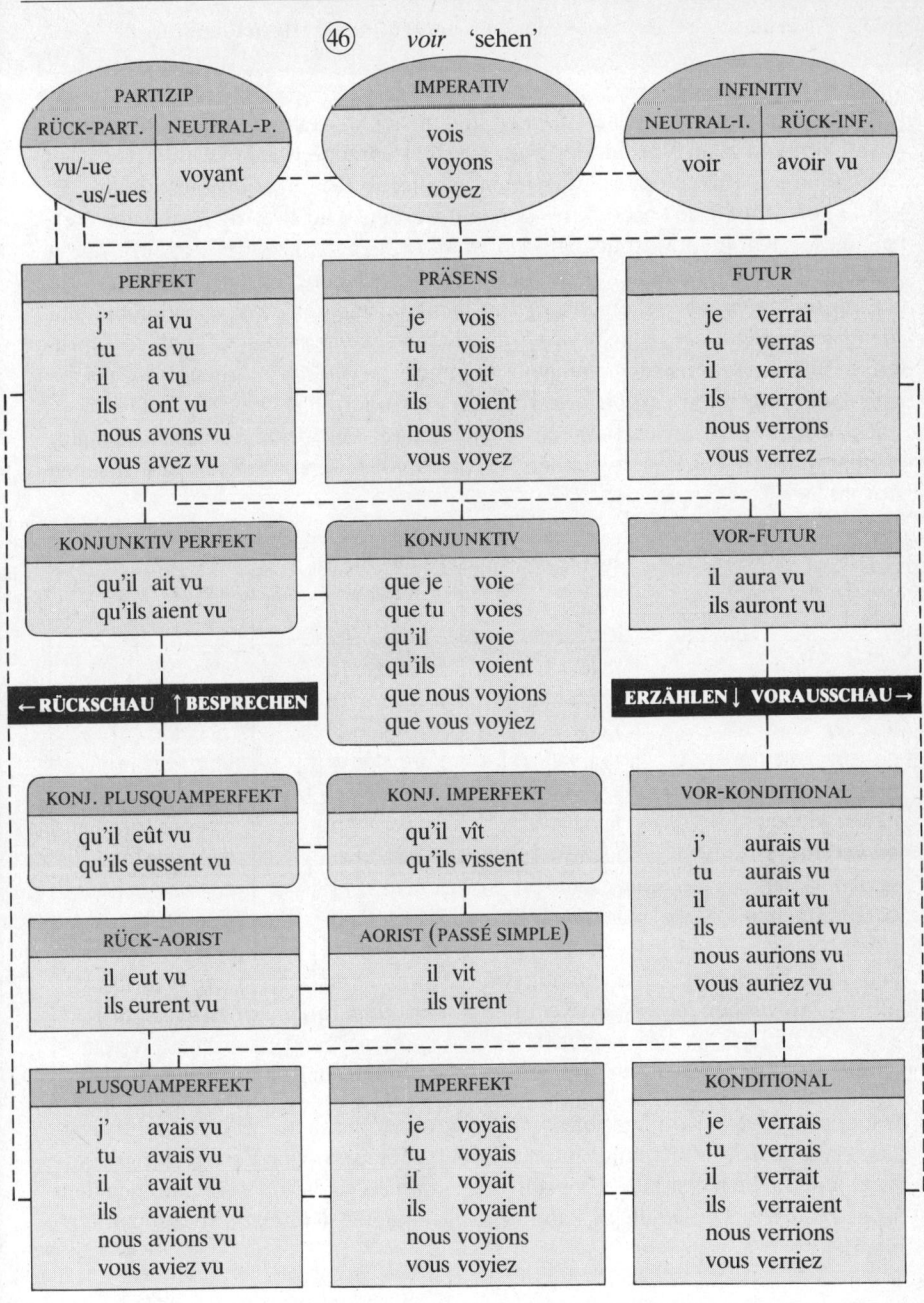

⑯   *voir* 'sehen'

PARTIZIP		IMPERATIV	INFINITIV	
RÜCK-PART.	NEUTRAL-P.	vois	NEUTRAL-I.	RÜCK-INF.
vu/-ue -us/-ues	voyant	voyons voyez	voir	avoir vu

PERFEKT

j'   ai vu
tu   as vu
il   a vu
ils   ont vu
nous avons vu
vous avez vu

PRÄSENS

je   vois
tu   vois
il   voit
ils   voient
nous voyons
vous voyez

FUTUR

je   verrai
tu   verras
il   verra
ils   verront
nous verrons
vous verrez

KONJUNKTIV PERFEKT

qu'il ait vu
qu'ils aient vu

KONJUNKTIV

que je   voie
que tu   voies
qu'il   voie
qu'ils   voient
que nous voyions
que vous voyiez

VOR-FUTUR

il aura vu
ils auront vu

← RÜCKSCHAU ↑ BESPRECHEN   ERZÄHLEN ↓ VORAUSSCHAU →

KONJ. PLUSQUAMPERFEKT

qu'il eût vu
qu'ils eussent vu

KONJ. IMPERFEKT

qu'il vît
qu'ils vissent

VOR-KONDITIONAL

j'   aurais vu
tu   aurais vu
il   aurait vu
ils   auraient vu
nous aurions vu
vous auriez vu

RÜCK-AORIST

il eut vu
ils eurent vu

AORIST (PASSÉ SIMPLE)

il vit
ils virent

PLUSQUAMPERFEKT

j'   avais vu
tu   avais vu
il   avait vu
ils   avaient vu
nous avions vu
vous aviez vu

IMPERFEKT

je   voyais
tu   voyais
il   voyait
ils   voyaient
nous voyions
vous voyiez

KONDITIONAL

je   verrais
tu   verrais
il   verrait
ils   verraient
nous verrions
vous verriez

10.1.5   Verben, die den verschiedenen Konjugationsmustern folgen

①Dem Konjugationsmuster *donner* folgen bei weitem die meisten, nämlich etwa neun von zehn Verben der französischen Sprache. Auch fast alle verbalen Neubildungen («Neologismen») treten in dieses Konjugationsmuster ein. Es kann in diesem Sinne «produktiv» genannt werden. Die zwanzig häufigsten Verben dieses Konjugationsmusters sind: *donner* 'geben', *trouver* 'finden', *parler* 'sprechen', *rester* 'bleiben', *laisser* 'lassen', *passer* 'vorübergehen', *demander* 'fragen, bitten', *sembler* 'scheinen', *penser* 'denken, meinen', *arriver* 'ankommen', *chercher* 'suchen', *aimer* 'lieben', *porter* 'tragen', *montrer* 'zeigen', *appeler* 'anrufen, nennen', *commencer* 'anfangen, beginnen', *regarder* 'ansehen', *jouer* 'spielen', *entrer* 'eintreten', *rappeler* 'zurückrufen, erinnern'.

Zu beachten ist der Vokalwechsel (phonetisch und orthographisch oder nur orthographisch) bei den folgenden Verben und anderen Verben des gleichen morphologischen Typus:

WORTAKZENT — VERBEN	HAUPTTONIG – x́ – ↑	NEBENTONIG – x̀ (x) x́ – ↑	UNBETONT – x x́ – ↑
lever 'erheben'	*je lève* [ɛ]	*je lèverai* [ɛ]	*je levais* [ə]
jeter 'werfen'	*je jette* [ɛ]	*je jetterai* [ɛ]	*je jetais* [ə]
acheter 'kaufen'	*j'achète* [ɛ]	*j'achèterai* [ɛ]	*j'achetais* [ə]
appeler 'anrufen'	*j'appelle* [ɛ]	*j'appellerai* [ɛ]	*j'appelais* [ə]
modeler 'formen'	*je modèle* [ɛ]	*je modèlerai* [ɛ]	*je modelais* [ə]
peser 'wiegen'	*je pèse* [ɛ]	*je pèserai* [ɛ]	*je pesais* [ə]
mener 'führen'	*je mène* [ɛ]	*je mènerai* [ɛ]	*je menais* [ə]
semer 'säen'	*je sème* [ɛ]	*je sèmerai* [ɛ]	*je semais* [ə]
céder 'weichen'	*je cède* [ɛ]	*je céderai* [e]	*je cédais* [e]
siéger 'tagen'	*je siège* [ɛ]	*je siégerai* [e]	*je siégeais* [e]
employer 'beschäftigen'	*j'emploie* [wa]	*j'emploierai* [wa]	*j'employais* [waj]
essuyer 'abwischen'	*j'essuie* [ɥi]	*j'essuierai* [ɥi]	*j'essuyais* [ɥij]
payer 'bezahlen'	*je paie* [ɛ(j)]	*je paierai* [pɛre]	*je payais* [ɛj]
oder seltener:	*je paye* [ɛj]	*je payerai* [pɛjre]	*je payais* [ɛj]

Anmerkung: Dem Konjugationstypus *jeter* folgen die meisten Verben auf *-eter*, dem Typus *acheter* nur wenige dieser Verben. Ebenso folgen dem Konjugationstypus *appeler* die meisten Verben auf *-eler*, nur wenige dieser Verben folgen dem Typus *modeler*. Der Laut [ə] kann unter geeigneten Kontextvertretungen ausfallen.

Zu beachten ist des weiteren die orthographische Anpassung zur Erhaltung des Stammkonsonanten bei den folgenden Verben und anderen Verben des gleichen morphologischen Typus:

1. Typus   *placer* 'hinlegen, hinstellen': Erhaltung des Lautes [-s-]

Vor orthographischem *e: -c-*, zum Beispiel: *je place, j'ai placé*
Vor orthographischem *a* oder *o: -ç-*, zum Beispiel: *je plaçais, nous plaçons*

2. Typus   *manger* 'essen': Erhaltung des Lautes [ʒ]

Vor orthographischem *e: -g-*, zum Beispiel: *on mange, mangez*
Vor orthographischem *a* oder *o: -ge-*, zum Beispiel: *il mangea, mangeons.*

②Dem Konjugationsmuster *finir* folgen rund 300 Verben. Die zehn häufigsten unter ihnen sind: *agir* 'handeln', *finir* 'beenden', *saisir* 'ergreifen', *établir* 'einrichten', *choisir* 'wählen', *réussir* 'Erfolg haben', *fournir* 'liefern', *réfléchir* 'nachdenken', *subir* 'erleiden, auf sich nehmen' und *réunir* 'vereinigen'. Diesem Konjugationsmuster folgt auch das Verb *haïr* 'hassen', ausgenommen die abweichenden Formen *je hais* [ʒəɛ], *tu hais* [tyɛ], *il hait* [ilɛ] – vgl. dagegen regelmäßig: *nous haïssons* [nuaisõ].

Zu unterscheiden von dem Konjugationsmuster *finir* ist das nur durch die fehlende Stammerweiterung *-iss-* abweichende Muster des insofern unregelmäßigen Verbs *sentir* und seiner morphologischen Gruppe (vgl. 10.1.4).

③Dem (ziemlich regelmäßigen) Konjugationsmuster *rendre* folgen etwa 50 weitere Verben. Wir gliedern die häufigsten unter ihnen nach sechs morphologischen Typen und Verbfamilien:

1. Verben auf *-endre* und *-andre*:
entendre 'hören, verstehen', *attendre* 'warten', *descendre* 'hinuntergehen', *tendre* 'strecken, spannen', *prétendre* 'behaupten', *défendre* 'verteidigen', *étendre* 'ausbreiten', *vendre* 'verkaufen', *dépendre* 'abhängen', *pendre* 'hängen', *suspendre* 'aufhängen', *répandre* 'verbreiten'.

2. Verben auf *-ondre*:
répondre 'antworten', *correspondre* 'entsprechen', *confondre* 'verwirren', *fondre* 'schmelzen'.

3. Verben auf *-erdre* und *-ordre*:
perdre 'verlieren', *mordre* 'beißen'.

4. Die Verbfamilie *rompre*:
interrompre 'unterbrechen', *rompre* 'brechen'.

5. Die Verbfamilie *battre:*

battre 'schlagen', *débattre* 'debattieren', *combattre* 'kämpfen', *abattre* 'nieder-schlagen, totschlagen', *rabattre* 'niederschlagen, herunterlassen'. Zu beachten ist bei dieser Verbfamilie die Schreibung mit einfachem Konsonanten bei den Formen *je bats, tu bats, il bat.*

6. Die Verbfamilie *vaincre:*

vaincre 'siegen', *convaincre* 'überzeugen'. Zu beachten ist bei den Verben dieser Verbfamilie die orthographische Variation bei der Graphie für den Konsonanten [k] oder für Null; man schreibt *-qu-* vor allen Vokalen außer *u (nous vainquons, vous vainquez ...)* und *-c-* vor allen Konsonanten und vor *u (je vaincs, vaincu).*

(7) Das Modalverb *falloir* wird nur in Verbindung mit dem Horizont-Morphem *il* 'es' gebraucht («unpersönliches Verb»).

(11) Dem Konjugationsmuster *acquérir* folgt auch das Verb *conquérir* 'erobern'.

(12) Das Verb *aller* ist das zweithäufigste der unregelmäßigen Verben. Seine Formen dienen auch als Morphem-Verben zur Bildung der Grenz-Tempora (Typus *je vais partir* 'ich reise gleich ab').

(13) Dem Konjugationsmuster *s'asseoir* folgt auch das Verb *se rasseoir* 'sich wieder setzen'. Beide Verben werden auch, jedoch nur selten, nicht-reflexiv gebraucht. Ebenfalls seltene Nebenformen sind: *je m'assois, je m'assoyais* und analoge Formen mit *-oi-* oder *-oy-.*

(14) Dem Konjugationsmuster *atteindre* folgen weitere Verben, insbesondere: *éteindre* '(aus-)löschen', *peindre* 'malen', *feindre* 'vortäuschen, fingieren', *restreindre* 'einschränken', *étreindre* 'zusammendrücken, -schnüren'; ferner mit der Graphie *-ain-*: *craindre* 'fürchten', *(se) plaindre* '(sich be-)klagen', *contraindre* 'zwingen'. Mit dem Nasal-Diphthong *-oin-*: *(re-)joindre* 'wieder treffen'.

(16) Dem Konjugationsmuster *connaître* folgen mit gleichem Stamm die Verben *reconnaître* 'wiedererkennen' und *méconnaître* 'verkennen'. Mit anderem Stamm: *paraître* 'scheinen', *apparaître* 'erscheinen', *disparaître* 'verschwinden' und *réapparaître* 'wiedererscheinen'. Mit einem Diphthong im Stamm: *croître* 'wachsen' und *accroître* 'anwachsen'.

Anmerkung: Alle Formen der beiden letztgenannten Verben, die mit Formen des Verbs *croire* 'glauben' verwechselt werden könnten, nehmen in der Schrift einen Zirkumflex an, vgl. *crû* 'gewachsen' vs. *cru* 'geglaubt'.

(17) Dem Konjugationsmuster *courir* folgen die Komposita dieses Verbs, insbe-

sondere *parcourir* 'durchlaufen', *recourir (à)* 'seine Zuflucht nehmen (zu)', *accourir* 'herbeieilen'.

(18) Die Formen des Verbs *croire* 'glauben' unterscheiden sich oft nur um ein geringes von den Formen des (seltenen) unregelmäßigen Verbs *croître* 'wachsen' (s. oben Nr. 16).

(19) Dem Konjugationsmuster *conclure* folgt das Verb *exclure* 'ausschließen'.

(20) Dem Konjugationsmuster *dire* folgt in allen Formen nur das (seltene) Kompositum *redire* 'weitersagen, ausplaudern'. Die anderen Komposita, insbesondere *interdire* 'untersagen', haben im Empfänger-Plural des Präsens die Form *vous interdisez* und im Imperativ Plural entsprechend die Form *interdisez*.

(21) Dem Konjugationsmuster *écrire* folgen die Komposita dieses Verbs, unter ihnen insbesondere *décrire* 'beschreiben', *inscrire* 'einschreiben' und *souscrire* 'unterschreiben'.

(22) Dem Konjugationsmuster *émouvoir* (= Kompositum) folgt auch das Verb *mouvoir* 'bewegen' (= Simplex). Dieses nimmt jedoch im Unterschied zu jenem im Rück-Partizip Maskulin Singular einen Zirkumflex an: *mû* 'bewegt'.

(23) Dem Konjugationsmuster *envoyer* folgt auch das Verb *renvoyer* 'zurückschicken'.

(24) Dem Konjugationsmuster *extraire* folgt auch das Verb *distraire* 'zerstreuen'.

(25) Dem Konjugationsmuster *faire* folgen die zugehörigen Komposita, insbesondere *satisfaire* 'zufriedenstellen', *refaire* 'noch einmal machen, umarbeiten' und *défaire* 'auseinandernehmen'.

(26) Dem Konjugationsmuster *fuir* folgt das reflexive Kompositum *s'enfuir* 'entfliehen'.

(27) Dem Konjugationsmuster *lire* folgen die Komposita dieses Verbs, insbesondere *relire* 'wiederlesen' und *élire* 'auswählen, auslesen'.

(28) Dem Konjugationsmuster *mettre* folgen die Komposita dieses Verbs, insbesondere: *permettre* 'erlauben', *remettre* 'übergeben', *admettre* 'zugeben', *commettre* 'begehen', *promettre* 'versprechen', *soumettre* 'unterwerfen', *transmettre* 'übermitteln', *compromettre* 'bloßstellen, kompromittieren', *émettre* 'aussenden'.

(31) Dem Konjugationsmuster *offrir* folgt das Verb *ouvrir* 'öffnen' mitsamt seinem Kompositum *rouvrir* 'wieder öffnen', ferner das Verb *découvrir* 'entdecken' mit seinem Simplex *couvrir* 'bedecken' und dem weiteren Kompositum *recouvrir* '(wieder) zudecken', schließlich das Verb *souffrir* 'leiden'.

(32) Dem Konjugationsmuster *plaire* folgen die Komposita *déplaire* 'mißfallen' und *complaire* 'willfahren' sowie das Verb *se taire* 'schweigen' mitsamt seiner nicht-reflexiven Form *taire* 'verschweigen'.

(33) Das Verb *pleuvoir* wird nur in Verbindung mit dem Horizont-Morphem *il* 'es' gebraucht («unpersönliches Verb»).

(34) Dem Konjugationsmuster *prendre* folgen auch die Komposita dieses Verbs, insbesondere *comprendre* 'verstehen', *reprendre* 'wiedernehmen, tadeln', *apprendre* 'lernen', *surprendre* 'überraschen', *entreprendre* 'unternehmen', *se méprendre* 'sich irren'.

(35) Dem Konjugationsmuster *produire* folgen mit gleichem Stamm vor allem die Verben *conduire* 'fahren, lenken', *réduire* 'zurückführen, reduzieren', *introduire* 'einführen', *traduire* 'übersetzen', *reproduire* 'reproduzieren', *séduire* 'verführen' und *déduire* 'ableiten, deduzieren'. Mit anderem Stamm: *détruire* 'zerstören', *construire* 'aufbauen, konstruieren', *instruire* 'unterweisen, instruieren', *nuire* 'schaden'.

(36) Dem Konjugationsmuster *recevoir* folgen auch die vom gleichen Stamm gebildeten Verben *apercevoir* 'bemerken, wahrnehmen', *concevoir* 'empfinden, konzipieren', *percevoir* 'einnehmen, wahrnehmen' und *décevoir* 'täuschen'.

(37) Dem Konjugationsmuster *recueillir* folgt auch *accueillir* 'empfangen'.

(38) Dem Konjugationsmuster *résoudre* folgt auch das Verb *dissoudre* 'auflösen', das jedoch keinen Aorist und keinen Konjunktiv Imperfekt bildet und im Rück-Partizip die folgenden Formen hat: *dissous/-oute/-ous/-outes* 'aufgelöst'.

(39) Dem Konjugationsmuster *rire* folgt auch das Kompositum *sourire* 'lächeln'.

(40) Dem Konjugationsmuster *sentir* folgen viele Verben, insbesondere seine Komposita *ressentir* 'spüren', *consentir* 'einwilligen', *pressentir* 'vorahnen', ferner das Verb *partir* 'abreisen' mit seinem Kompositum *repartir* 'wieder abreisen', das Verb *servir* 'dienen', das Verb *sortir* 'hinausgehen' mit seinem Kompositum *ressortir* '(zuständigkeitshalber) gehören zu', das Verb *dormir* 'schlafen' sowie das Verb *mentir* 'lügen' mit seinem Kompositum *démentir* 'dementieren'.

(42) Dem Konjugationsmuster *suivre* folgt auch *poursuivre* 'verfolgen'.

(43) Dem Konjugationsmuster *valoir* folgt auch das Kompositum *prévaloir* 'überlegen sein, vorwiegen', das jedoch in vier Formen des Konjunktivs abweicht: *que je prévale, que tu prévales, qu'il prévale, qu'ils prévalent.*

(44) Dem Konjugationsmuster *venir* folgen die zahlreichen Komposita dieses Verbs, insbesondere *devenir* 'werden' mit *redevenir* 'wieder werden', *revenir* 'zurückkommen', *convenir* 'übereinkommen', *se souvenir* 'sich erinnern', *parvenir* 'gelangen', *intervenir* 'intervenieren', *prévenir* 'zuvorkommen', *provenir* 'herkommen', *advenir* 'geschehen', *survenir* 'sich ereignen'. Ferner das Verb *tenir* 'halten' mit zahlreichen Komposita, insbesondere *obtenir* 'erhalten', *retenir* 'zurückhalten', *appartenir* 'gehören', *maintenir* 'aufrechterhalten', *contenir* 'enthalten', *soutenir* 'unterstützen', *entretenir* 'unterhalten'.

(45) Dem Konjugationsmuster *vivre* folgen auch die Komposita *survivre* 'überleben' und *revivre* 'wiederaufleben'.

(46) Dem Konjugationsmuster *voir* folgen auch die Komposita *revoir* 'wiedersehen' und *entrevoir* 'flüchtig sehen'. Das Verb *prévoir* 'vorhersehen' folgt diesem Muster bis auf die abweichenden Formen des Futurs und Konditionals *(je prévoirai, je prévoirais ...* Die gleiche Abweichung zeigt das Verb *pourvoir* 'versorgen', das außerdem noch im Aorist *(je pourvus)* und im Konjunktiv Imperfekt *(qu'il pourvût)* abweicht.

10.2.   Verzeichnis der semantischen Merkmale

Soweit es sich nicht um linguistische Grundbegriffe handelt (vgl. 1.2), sind die Begriffe dieser Grammatik aus semantischen Merkmalen gebildet, die einen quasi-universalen Charakter haben. Quasi-universal werden diese Merkmale deshalb genannt, weil sie auch für andere Sprachen zur Bildung ihrer grammatischen Begriffe herangezogen werden können, aber nicht notwendig allesamt j e d e r Grammatik zugrunde liegen. Es ist jedoch anzunehmen, daß die Begriffe aller Grammatiken immer aus einer verhältnismäßig kleinen Zahl von elementaren semantischen Merkmalen gewonnen werden können. Wir sehen die semantischen Merkmale daher als die Bausteine der Grammatik an.

Die semantischen Merkmale der Grammatik sind als Bedeutungselemente einfache («atomare») Anweisungen, die der Sprecher dem Hörer im Sprachspiel
erteilt und die aus der Evidenz der Gesprächssituation von Angesicht zu Angesicht leicht erfaßbar sind. Wir beschreiben sie, wie alle Bedeutungen, in Form
von Imperativen. Diese sind in der Grammatik immer in der Weise zu verstehen,
daß ein Sprecher sich in einem Sprachspiel an einen Hörer wendet, um auf
dessen Verständnisbemühungen bei der Rezeption eines Textes hilfreichen Einfluß zu nehmen. Da es aber zu umständlich wäre, die einzelnen semantischen
Merkmale der Grammatik jeweils ausführlich als Imperative aufzuführen, werden dafür im folgenden verschiedene Kürzel vorgeschlagen, die den Charakter
von Nomina, Adjektiven, Verben oder Adverbien haben können. Die grammatische Form dieser («metasprachlichen») Kürzel ist relativ gleichgültig, da im
Zweifelsfall ohnehin immer nur die explizite Form gilt, nämlich die (imperativische) Anweisung, die der Sprecher dem Hörer im Sprachspiel gibt.

Alle semantischen Merkmale, die zur Bildung grammatischer Begriffe benutzt
werden, sind paarig. Zwischen ihnen besteht eine zweigliedrige (binäre) Opposition. Wir beschreiben daher die Bedeutung dieser Merkmale in expliziter Form
jeweils als Anweisung und Gegenanweisung. Deren Opposition ist grundsätzlich
neutralisierbar. Zu jedem Merkmalpaar gehört daher als seine neutralisierte
Form ein neutraler Oberbegriff, der in vielen Fällen ein relationaler Begriff ist.

Bei der Beschreibung der einzelnen grammatischen Erscheinungen und ihrer
textuellen Aufgaben werden die semantischen Merkmale jeweils verschieden
kombiniert. Da jedes Merkmal seiner Bedeutung nach eine einfache Anweisung
repräsentiert, erhält der Hörer in der Regel, wenn er ein Morphem vernimmt,
ein kleines Bündel von gleichzeitigen Anweisungen. Diese müssen, wenn ihnen
ebenso gleichzeitig entsprochen werden soll, miteinander verträglich («kompatibel») sein, das heißt, sie dürfen einander nicht widersprechen.

Die semantischen Merkmale der Grammatik findet man auch bei der Analyse
von vielen Lexem-Bedeutungen wieder. In dieser Funktion nennen wir sie dann
lexikalische Merkmale. In den Lexem-Bedeutungen gehen sie jedoch in der
Regel komplexere Verbindungen mit anderen, insbesondere rein lexikalischen
Merkmalen ein. Die semantischen Merkmale der Grammatik können indes auch
im Bereich der Lexik als die fundamentalen lexikalischen Merkmale gelten. Eine
bestimmte Wechselwirkung zwischen den semantischen Merkmalen der Grammatik und den (rein) lexikalischen Merkmalen des weiteren Wortschatzes kann
auch in einzelnen Kapiteln dieser Grammatik beobachtet werden.

Der Syntax der französischen Sprache liegen die folgenden, hier etwa in der
Reihenfolge ihres Auftretens in dieser Grammatik angeordneten semantischen
Merkmale zugrunde:

⟨1⟩ ⟨MASKULIN⟩ VS. ⟨FEMININ⟩

Anweisung: Bilde eine textuelle («syntagmatische») Kongruenz nur mit solchen Sprachzeichen, die im Kode der Sprache ebenfalls als maskulin und nicht als feminin gekennzeichnet sind!

Gegenanweisung: Bilde eine textuelle Kongruenz nur mit solchen Sprachzeichen, die im Kode der Sprache nicht als maskulin, sondern als feminin gekennzeichnet sind!

Neutrales Merkmal: ⟨GENUS⟩

⟨2⟩ ⟨BÜNDELUNG⟩ VS. ⟨VEREINZELUNG⟩

Anweisung: Bündele alles, was unter die Bedeutung des zugehörigen Sprachzeichens fällt, und bilde daraus eine Menge (von Elementen)!

Gegenanweisung: Nimm alles, was unter diese Bedeutung fällt, einzeln für sich und sieh darin zählbare Elemente (einer Menge)!

Neutrales Merkmal: ⟨ZÄHLEN⟩

⟨3⟩ ⟨SENDER⟩ VS. ⟨EMPFÄNGER⟩

Anweisung: Stelle eine Beziehung zur Gesprächsrolle des Sprechers oder Schreibers her!

Gegenanweisung: Stelle eine Beziehung zur Gesprächsrolle des Hörers oder Lesers her!

Neutrales Merkmal: ⟨POSITION⟩

⟨4⟩ ⟨FESTSTELLBAR⟩ VS. ⟨FESTSTELLEND⟩

Anweisung: Laß die Bedeutung eines Sprachzeichens im Text durch die Zuschreibung («Prädikation») einer anderen Bedeutung textuell feststellen, so daß der Gesprächspartner dazu Stellung nehmen kann!

Gegenanweisung: Schreibe die Bedeutung eines Sprachzeichens im Text der (feststellbaren) Bedeutung eines anderen Sprachzeichens zu, um dessen Bedeutung textuell so festzustellen, daß man dazu Stellung nehmen kann!

Neutrales Merkmal: ⟨FESTSTELLUNG⟩

⟨5⟩ ⟨DISPONENT⟩ VS. ⟨DISPONIBEL⟩

Anweisung: Betrachte die Bedeutung eines Sprachzeichens unter dem Gesichtspunkt der Verfügung über etwas anderes!

Gegenanweisung: Betrachte diese Bedeutung unter dem Gesichtspunkt der Verfügbarkeit für etwas anderes!

Neutrales Merkmal: ⟨DISPOSITION⟩

6 ⟨ADRESSANT⟩ vs. ⟨ADRESSAT⟩
Anweisung: Betrachte die Bedeutung des zugehörigen Sprachzeichens als auf eine andere Instanz bezogen!
Gegenanweisung: Betrachte diese Bedeutung als Bezugsinstanz für eine andere Bedeutung!
Neutrales Merkmal: ⟨ADRESSE⟩

7 ⟨RÜCKSCHAU⟩ vs. ⟨VORAUSSCHAU⟩
Anweisung: Greife mit der Bedeutung des zugehörigen Sprachzeichens auf etwas Vorzeitiges im Text oder in der Situation zurück!
Gegenanweisung: Nimm mit dieser Bedeutung etwas Nachzeitiges im Text oder in der Situation vorweg!
Neutrales Merkmal: ⟨PERSPEKTIVE⟩

8 ⟨BESPRECHEN⟩ vs. ⟨ERZÄHLEN⟩
Anweisung: Nimm eine Bedeutung in gespannter Rezeptionshaltung auf, denn sie kann dein Handeln unmittelbar betreffen!
Gegenanweisung: Rezipiere eine Bedeutung mit Gelassenheit und in entspannter Haltung, dein Handeln ist nicht unmittelbar gefordert!
Neutrales Merkmal: ⟨REGISTER⟩

9 ⟨AUFFÄLLIGKEIT⟩ vs. ⟨UNAUFFÄLLIGKEIT⟩
Anweisung: Ordne die Bedeutung des zugehörigen Sprachzeichens dem Vordergrund (Fokus) der Aufmerksamkeit zu!
Gegenanweisung: Ordne diese Bedeutung dem Hintergrund (Horizont) der Aufmerksamkeit zu!
Neutrales Merkmal: ⟨RELIEF⟩

10 ⟨ANFANG⟩ vs. ⟨ENDE⟩
Anweisung: Betrachte die Bedeutung des zugehörigen Sprachzeichens als Anfang eines Prozesses in der Zeit!
Gegenanweisung: Betrachte diese Bedeutung als das Ende (Schluß) eines Prozesses in der Zeit!
Neutrales Merkmal: ⟨BEGRENZUNG⟩

11 ⟨GEBOT⟩ vs. ⟨INTERESSE⟩
Anweisung: Betrachte die Bedeutung des zugehörigen Sprachzeichens als Anweisung, die Situation handelnd zu verändern!
Gegenanweisung: Zeige mit der Bedeutung dieses Sprachzeichens Aufmerksamkeit dafür, daß die Situation durch Handeln beeinflußbar ist!
Neutrales Merkmal: ⟨MITWIRKEN⟩

12 ⟨BEKANNT⟩ VS. ⟨UNBEKANNT⟩

Anweisung: Sieh die Bedeutung des zugehörigen Sprachzeichens als bereits von der Vorinformation her bekannt an und greife daher auf den Speicher des Gedächtnisses zurück («retrieval»)!

Gegenanweisung: Erwarte zum Verständnis des zugehörigen Sprachzeichens keine Hilfen von der Vorinformation, sondern richte deine Erwartung auf eine mögliche Nachinformation!

Neutrales Merkmal: ⟨REFERENZ⟩

13 ⟨ZEIGEN⟩ VS. ⟨NENNEN⟩

Anweisung: Lenke die Aufmerksamkeit (gegebenenfalls in Verbindung mit «deiktischen» Zeigegesten) auf ein Stück Text oder Situation, das eine Rekodierung (= Umorganisation der Kodierung) mit sich bringt!

Gegenanweisung: Verzichte auf solche Signale und verlaß dich darauf, daß ein Sprachzeichen den Gegenstand bereits deutlich genug bezeichnet!

Neutrales Merkmal: ⟨AUSWAHL⟩

14 ⟨NÄHE⟩ VS. ⟨FERNE⟩

Anweisung: Richte deine Aufmerksamkeit auf einen Bedeutungsbereich, der in guter Reichweite («Skopus») der Kommunikationsorgane oder des Textgedächtnisses liegt!

Gegenanweisung: Berücksichtige auch einen Bedeutungsbereich, der für die Kommunikationsorgane schwer erreichbar ist oder außerhalb des Textgedächtnisses liegt!

Neutrales Merkmal: ⟨REICHWEITE⟩

15 ⟨VIEL⟩ VS. ⟨WENIG⟩

Anweisung: Schätze die Bedeutung eines Sprachzeichens quantitativ ab und nimm eine große Quantität an!

Gegenanweisung: Nimm bei dieser Schätzung eine kleine Quantität an!

Neutrales Merkmal: ⟨SCHÄTZUNG⟩

16 ⟨GLEICH⟩ VS. ⟨UNGLEICH⟩

Anweisung: Vergleiche die Bedeutung des zugehörigen Sprachzeichens mit einer anderen Bedeutung und achte dabei auf gemeinsame Merkmale!

Gegenanweisung: Vergleiche diese Bedeutung mit einer anderen Bedeutung und achte dabei auf unterschiedliche Merkmale!

Neutrales Merkmal: ⟨VERGLEICH⟩

<u>17</u>   ⟨STEIGERUNG⟩   VS.   ⟨MINDERUNG⟩

Anweisung: Verstärke oder vergrößere die Bedeutung des zugehörigen Sprachzeichens («Augmentation»)!

Gegenanweisung: Schwäche diese Bedeutung ab oder schränke ihre Geltung ein («Diminution»)!

Neutrales Merkmal: ⟨MASS⟩

<u>18</u>   ⟨BESTIMMBAR⟩   VS.   ⟨BESTIMMEND⟩

Anweisung: Betrachte die Bedeutung des zugehörigen Sprachzeichens als determinationsbedürftig und laß sie durch Determinanten im Text oder in der Situation näher bestimmen!

Gegenanweisung: Betrachte diese Bedeutung als determinationskräftig und benutze sie als Kennzeichen, um damit eine bestimmte Bedeutung textuell näher zu bestimmen!

Neutrales Merkmal: ⟨BESTIMMUNG⟩

<u>19</u>   ⟨ZUGÄNGLICHKEIT⟩   VS.   ⟨UNZUGÄNGLICHKEIT⟩

Anweisung: Situiere die Bedeutung des zugehörigen Sprachzeichens in der Richtung der Kommunikationsorgane (vor, vorne)!

Gegenanweisung: Suche diese Bedeutung in schlechter Erreichbarkeit durch die Kommunikationsorgane (hinter, hinten)!

Neutrales Merkmal: ⟨ZUWENDUNG⟩

<u>20</u>   ⟨HANDLICHKEIT⟩   VS.   ⟨UNHANDLICHKEIT⟩

Anweisung: Orientiere dich für das Verständnis des zugehörigen Sprachzeichens an der Leistungsfähigkeit der «guten» Hand, die für die Tätigkeiten des Grüßens, Schreibens, Arbeitens usw. die tauglichere ist!

Gegenanweisung: Orientiere dich an der geringeren Leistungsfähigkeit der «schlechten» Hand, die für diese Tätigkeiten weniger tauglich ist!

Neutrales Merkmal: ⟨UMGEBUNG⟩

<u>21</u>   ⟨TEIL⟩   VS.   ⟨GANZHEIT⟩

Anweisung: Betrachte die Bedeutung des zugehörigen Sprachzeichens als unvollständig und insofern auf eine Vervollständigung hin angelegt!

Gegenanweisung: Betrachte diese Bedeutung als Ganzheit im Sinne des Kodes und insofern als vollständig!

Neutrales Merkmal: ⟨ZUORDNUNG⟩

22 ⟨ÜBERGANG⟩ vs ⟨UMKEHRUNG⟩

Anweisung: Nimm die lineare Abfolge der Sprachzeichen im Text als gleichsinniges Abbild der Handlungsfolge!

Gegenanweisung: Kehre das Nacheinander der Sprachzeichen um (Inversion), dann hast du die Handlungsfolge!

Neutrales Merkmal: ⟨VERLAUF⟩

23 ⟨FRÜHER⟩ vs. ⟨SPÄTER⟩

Anweisung: Verbinde mit der Bedeutung eines Sprachzeichens eine relative Zeitvorstellung, derzufolge diese Bedeutung einer anderen voraufgeht!

Gegenanweisung: Verbinde mit einer Bedeutung die relative Zeitvorstellung, daß sie einer anderen nachfolgt!

Neutrales Merkmal: ⟨ABFOLGE⟩

24 ⟨ERGÄNZUNGSBEDÜRFTIG⟩ vs. ⟨ERGÄNZEND⟩

Anweisung: Der Bedeutung eines Sprachzeichens fehlt noch etwas, so schau nach einer Ergänzung aus!

Gegenanweisung: Betrachte die Bedeutung eines Sprachzeichens als geeignet, bei der Bedeutung eines anderen Sprachzeichens als Ergänzung hinzuzutreten!

Neutrales Merkmal: ⟨ERGÄNZUNG⟩

25 ⟨EINSCHLIESSEND⟩ vs. ⟨EINGESCHLOSSEN⟩

Anweisung: Schließe mit der Bedeutung des zugehörigen Sprachzeichens etwas anderes ein!

Gegenanweisung: Betrachte diese Bedeutung als in etwas anderem eingeschlossen!

Neutrales Merkmal: ⟨EINSCHLUSS⟩

26 ⟨AUSSCHLIESSEND⟩ vs. ⟨AUSGESCHLOSSEN⟩

Anweisung: Betrachte die Bedeutung dieses Sprachzeichens als so beschaffen, daß sie eine andere ausschließen kann!

Gegenanweisung: Betrachte die Bedeutung des Sprachzeichens als von etwas anderem ausgeschlossen!

Neutrales Merkmal: ⟨AUSSCHLUSS⟩

27 ⟨HIN⟩ vs. ⟨HER⟩

Anweisung: Verbinde die Bedeutung des zugehörigen Sprachzeichens mit dem («deiktischen») Gestus einer Hinbewegung!

Gegenanweisung: Verbinde diese Bedeutung mit dem Gestus einer Herbewegung!

Neutrales Merkmal: ⟨TAUSCH⟩

28 ⟨ENGSTELLUNG⟩ VS. ⟨AUSWEITUNG⟩

Anweisung: Stelle für die Bedeutung des zugehörigen Sprachzeichens eine enge und unmittelbare Kontaktstellung her!

Gegenanweisung: Lege diese Bedeutung weit auseinander und laß ihr Spielraum!

Neutrales Merkmal: ⟨KONTAKT⟩

29 ⟨FORM⟩ VS. ⟨INHALT⟩

Anweisung: Sieh die Bedeutung des zugehörigen Sprachzeichens als Form an, die durch einen Inhalt zu füllen ist!

Gegenanweisung: Sieh die Bedeutung als Inhalt an, der zur Füllung einer Form geeignet ist!

Neutrales Merkmal: ⟨FÜLLUNG⟩

30 ⟨BEGRÜNDBAR⟩ VS. ⟨BEGRÜNDEND⟩

Anweisung: Betrachte die Bedeutung des zugehörigen Sprachzeichens als einer Begründung bedürftig!

Gegenanweisung: Betrachte diese Begründung als geeignet, eine andere Bedeutung zu begründen!

Neutrales Merkmal: ⟨BEGRÜNDUNG⟩

31 ⟨BEDINGT⟩ VS. ⟨BEDINGEND⟩

Anweisung: Betrachte die Bedeutung des zugehörigen Sprachzeichens als von einer Bedingung abhängig!

Gegenanweisung: Betrachte diese Bedeutung als Bedingungsrahmen für eine andere Bedeutung!

Neutrales Merkmal: ⟨BEDINGUNG⟩

32 ⟨ZUSPRUCH⟩ VS. ⟨EINSPRUCH⟩

Anweisung: Die Bedeutung des zugehörigen Sprachzeichens entspricht der Erwartung; so gib durch Zuspruch zu erkennen, daß der Text weiterlaufen kann!

Gegenanweisung: Die Erwartungen sind inadäquat; so erhebe also mit einem Haltzeichen Einspruch, damit sie korrigiert werden können!

Neutrales Merkmal: ⟨FRAGE⟩

10.3 Bibliographie in Auswahl
(mit besonderer Berücksichtigung der Textlinguistik)

Adler, Dorothea: Textanalyse – linguistisch. Einige Überlegungen zu Texttheorien, zur Didaktik und zur Unterrichtspraxis. Praxis Deutsch H. 23 (1977), 9–14.

Antoine, Gérald: La coordination en français. 2 Bde. Paris 1958/1962.

Barrera-Vidal, Albert: Un chapitre de grammaire didactique. Zielsprache Französisch 2 (1972), 16–24.

de Beaugrande, Robert: Text, Discourse, and Process. Towards a multidisciplinary science of texts. Norwood, N. J., 1980.

de Beaugrande, Robert/Wolfgang Dressler: Introduction to Text Linguistics. London 1979. Dt. Übers.: Einführung in die Textlinguistik. Tübingen 1981. (= Konzepte der Sprach- und Literaturwissenschaft. 28)

Behnstedt, Peter: Viens-tu? Est-ce que tu viens? Tu viens? Formen und Strukturen des direkten Fragesatzes im Französischen. Tübingen 1973. (= Tübinger Beiträge zur Linguistik. 41)

Benveniste, Émile: Problèmes de linguistique générale. 2 Bde. Paris 1966/1974. Dt. Übers.: Probleme der allgemeinen Sprachwissenschaft. Frankfurt 1977.

Bersbart, Ortwin/Edeltraud Dobnig-Jülch/Hans-Werner Eroms/Gerhard Koß: Textlinguistik und ihre Didaktik. Donauwörth 1976.

Blinkenberg, Andreas: L'ordre des mots en français moderne. 2 Bde. Kopenhagen 1928/1933. (= Det Kgl. Danske Videnskabernes Selskab. Historisk-filologiske Meddelelser XVII, 1/XX, 1)

– Le problème de l'accord en français moderne. Essai d'une typologie. Kopenhagen 1950. (= Det Kgl. Danske Videnskabernes Selskab. Historisk-filologiske Meddelelser. XXXIII, 1)

– Le problème de la transitivité en français moderne. Essai syntactico-sémantique. Kopenhagen 1960. (= Det Kgl. Danske Videnskabernes Selskab. Historisk-filologiske Meddelelser. 38, 1)

Blumenthal, Peter: Zur Logik des Konzessivsatzes am Beispiel des Französischen. Vox Romanica 32 (1973), 272–280.

– La syntaxe du message. Application au français moderne. Tübingen 1980. (= Beihefte zur Zeitschrift für romanische Philologie. 180)

– Eine Grammatik des Dialogs am Beispiel des Französischen. Zeitschrift für französische Sprache und Literatur 91 (1981), 97–132.

de Boer, C.: Syntaxe du français moderne. Leyden 1947, ²1954.

Brinker, Klaus: Aufgaben und Methoden der Textlinguistik. Kritischer Überblick über den Forschungsstand einer neuen linguistischen Teildisziplin. Wirkendes Wort 21 (1971), 217–237.

Brinkmann, Hennig: Die deutsche Sprache. Gestalt und Leistung. Düsseldorf 1962, [2]1971.

– Der Satz und die Rede. Wirkendes Wort 16 (1966), 376–390.

Brøndal, Viggo: Le concept de 'personne' en grammaire. In Ders.: Essais de linguistique générale. Kopenhagen 1943, S. 98–104.

Bühler, Karl: Sprachtheorie. Die Darstellungsfunktion der Sprache (1934). Stuttgart [2]1965. Taschenbuch-Ausgabe: Stuttgart 1982. (= UTB 1159)

Burr, Isolde: Das Lob des 'on'. Zum ironischen Encomium grammatikalischer Phänomene im Französischen. Romanische Forschungen 91 (1979), 1–23.

Busse, Winfried/Jean-Pierre Dubost: Französisches Verblexikon. Die Konstruktion der Verben im Französischen. Stuttgart 1977.

Caput, J./J.-P. Caput: Dictionnaire des verbes français. Préf. de R. L. Wagner. Paris 1969.

Carlsson, Lennart: Le degré de cohésion des groupes subst. + de + subst. en français contemporain, étudié d'après la place accordée à l'adjectif épithète. Avec examen comparatif des groupes correspondants de l'italien et de l'espagnol. Uppsala 1966. (= Acta Universitatis Upsaliensis. 3)

Chevalier, Jean-Claude/Claire Blanche-Benveniste/Michel Arrivé/Jean Peytard: Grammaire Larousse du français contemporain. Paris 1964.

Christmann, Hans Helmut: Das Französische der Gegenwart: zu seiner Norm und seiner «défense». In: Romania historica et Romania hodierna. Festschrift für Olaf Deutschmann. Frankfurt 1982. S. 259–281.

Confais, Jean-Paul: Grammaire explicative. Schwerpunkte der französischen Grammatik für Leistungskurs und Studium. München 1978.

Conte, Maria-Elisabeth (Hg.): La linguistica testuale. Mailand 1977. (= SC/10 Readings. 4)

Coseriu, Eugenio: Lexikalische Solidaritäten. Poetica 1 (1967), 293–303. – Auch in Werner Kallmeyer et al. (Hg.): Lektürekolleg zur Textlinguistik. Bd. 2: Reader. Frankfurt [3]1980, 74–86.

Damourette, Jacques/Édouard Pichon: Des Mots à la pensée. Essai de grammaire de la langue française, 7 Bde., Paris 1911–1940. (= Bibliothèque du français moderne)

Daneš, František/Dieter Viehweger (Hg.): Probleme der Textgrammatik. 2 Bde. Berlin 1976/1977. (= Studia grammatica. 11 und 17)

– Satzsemantische Komponenten und Relationen im Text. Prag 1981. (= Linguistica. 1)

Dausendschön-Gay, Ulrich: «Ah oui? tu connais pas un tel?» Textlinguistische Untersuchungen zum französischen Indefinitartikel. Frankfurt 1977. (= Forum Linguisticum. 17)

Dittkrist, Jörg: Probleme der Textlinguistik. Linguistik und Didaktik H. 26 (1976), 113–121.

Dressler, Wolfgang: Einführung in die Textlinguistik. Tübingen 1972. (= Konzepte der Sprach- und Literaturwissenschaft. 13)

– (Hg.): Current Trends in Textlinguistics. Berlin 1978. (= Research in Text Theory. 2)

– (Hg.): Textlinguistik. Darmstadt 1978. (= Wege der Forschung. 427)

Dressler, Wolfgang/Siegfried J. Schmidt: Textlinguistik. Kommentierte Bibliographie. München 1973.

Dubois, Jean: Grammaire structurale du français. 3 Bde. Paris 1965–1969.

Eroms, Hans-Werner: Die Arbeit am Text mit sprachwissenschaftlichen Methoden. Linguistik und Didaktik H. 34/35 (1978), 129–144.

Eschmann, Jürgen: Die Numerusmarkierung des Substantivs im gesprochenen Französisch. Tübingen 1976. (= Beihefte zur Zeitschrift für romanische Philologie. 158)

Foley, James: Theoretical Morphology of the French Verb, Amsterdam 1979.

Französische Grammatik, von einem Autorenkollektiv unter der Leitung von Aribert Schlegelmilch. Leipzig ³1968.

Fries, Udo: Textlinguistik. Linguistik und Didaktik H. 2 (1971), 219–234.

Garavelli Mortara, Bice: Aspetti e problemi della linguistica testuale. Introduzione a una ricerca applicata. Con un'appendice di C. Marello. Turin 1974.

Gauger, Hans-Martin: Wort und Sprache. Sprachwissenschaftliche Grundfragen. Tübingen 1970. (= Konzepte der Sprach- und Literaturwissenschaft. 3)

Geckeler, Horst: Probleme des französischen Adjektivs. In: K. Braunmüller/W. Kürschner (Hg.): Grammatik. Akten des 10. Linguistischen Kolloquiums. Tübingen 1975, Bd. 2., Tübingen 1976. S. 103–115.

Geffroy, R.: La conjugaison orale des verbes français. Paris 1978.

Gougenheim, Georges: Système grammatical de la langue française (1928). Paris ²1969. (= Bibliothèque du français moderne)

Gougenheim, Georges/R. Michéa/P. Rivenc/A. Sauvageot: L'élaboration du français fondamental (1er degré). Étude sur l'établissement d'un vocabulaire et d'une grammaire de base. Paris 1956, ²1967.

Greive, Artur: Neufranzösische Formen der Satzfrage im Kontext. Mainz 1974. (= Akademie der Wissenschaften und der Literatur, Mainz, Abhandlungen der Geistes- und Sozialwissenschaftlichen Klasse. Jahrgang 1974, Nr. 3.)

– Zur Linguistik des gesprochenen Französisch. Archiv für das Studium der neueren Sprachen und Literaturen 215 (1978), 33–48.

Grevisse, Maurice: Le bon usage. Grammaire française avec des remarques sur la langue française d'aujourd'hui. Gembloux und Stuttgart ¹¹1980.

Grevisse, Maurice/André Goosse: Nouvelle grammaire française. Paris/Gembloux 1980. Stuttgart 1981

Gülich, Elisabeth: Makrosyntax der Gliederungssignale im gesprochenen Französisch. München 1970. (= Structura. 2)

Gülich, Elisabeth/Klaus Heger/Wolfgang Raible: Linguistische Textanalyse. Überlegungen zur Gliederung von Texten. Hamburg ²1979. (= Papiere zur Textlinguistik/Papers in Textlinguistics. 8)

Gülich, Elisabeth/Wolfgang Raible (Hg.): Textsorten. Differenzierungskriterien aus linguistischer Sicht. Frankfurt 1972. (= Athenäum Skripten Linguistik. 5)

– Linguistische Textmodelle. Grundlagen und Möglichkeiten. München 1977. (= UTB. 130)

Gülich, Elisabeth/Käthe Henke: Sprachliche Routine in der Alltagskommunikation. Die neueren Sprachen 78 (1979), 513–530; 79 (1980), 1–33.

Guiraud, Pierre: La syntaxe du français. Paris 1962. (= Que sais-je? 984)

Halliday, M. A. K./Rugaiya Hasan: Cohesion in English. London 1976, ²1977. (= English Language Series. 9)

Happ, Heinz: Grundfragen einer Dependenz-Grammatik des Lateinischen. Göttingen 1976.

Harweg, Roland: Pronomina und Textkonstitution. München 1968, ²1979. (= Beihefte zu Poetica. 2)

Hausmann, Franz Josef: Gesprochenes und geschriebenes Französisch. Romanistisches Jahrbuch 26 (1975), 19–45.

Heger, Klaus: Die Bezeichnung temporaldeiktischer Begriffskategorien im französischen und spanischen Konjugationssystem. Tübingen 1963. (= Beihefte zur Zeitschrift für romanische Philologie. 104)

Helbig, Agnes: Bibliographie zur Textlinguistik. Deutsch als Fremdsprache 13 (1976), 312–319; 14 (1977), 61–63; 15 (1978), 188–191, 251–255.

Henne, Helmut/Helmut Rehbock: Einführung in die Gesprächsanalyse. Berlin 1979, ²1982. (= Sammlung Göschen. 2212)

Hilty, Gerold: Langue française. Phonétique, Morphologie, Syntaxe, Différences de structure entre le français et l'allemand. Zürich 1974.

Holtus, Günter/Max Pfister: 'Code parlé' und 'code écrit' im Französischen. Zeitschrift für romanische Philologie 93 (1977), 57–96.

Hunnius, Klaus: Der Ausdruck der Konditionalität im modernen Französisch. Bonn 1960. (= Romanistische Versuche und Vorarbeiten. 6)

– Der Modusgebrauch nach den Verben der Gemütsbewegung im Französischen. Heidelberg 1976. (= Sammlung Romanischer Elementar- und Handbücher. Fünfte Reihe: Untersuchungen und Texte. Bd. 11)

Imbs, Paul: Le subjonctif en français moderne. Essai de grammaire descriptive. Straßburg 1953.

– Les temps du verbe français. Paris 1959, ²1960.

– L'emploi des temps verbaux en français moderne. Essai de grammaire descriptive. Paris 1960. (= Bibliothèque française et romane. Série A, I)

Jakobson, Roman: Aufsätze zur Linguistik und Poetik, hg. v. W. Raible. München 1974. (= Sammlung Dialog. 71)

Jelitte, Herbert (Hg.): Sowjetrussische Textlinguistik, 2 Bde., I: Themen und Methoden. II: Übersetzte Originalbeiträge. Frankfurt 1976. (= Beiträge zur Slavistik. I 1/2)

Juilland, Alphonse/Dorothy Brodin/Catherine Davidovitch: Frequency Dictionary of French Words. Den Haag, Paris 1970. (= The Romance Languages and their Structures. First Series. F. 1)

Kallmeyer, W./W. Klein/R. Meyer-Hermann/K. Netzer/H. J. Siebert (Hg.): Lektürekolleg zur Textlinguistik, 2 Bde., Frankfurt 1974, [3]1980. (= Fischer Taschenbücher. 2050/51)

Kallmeyer, Werner/Fritz Schütze: Konversationsanalyse. Studium Linguistik 1 (1976), 1–28.

Kallmeyer, W./R. Meyer-Hermann: Textlinguistik. In: H. P. Althaus/H. Henne/ H. E. Wiegand (Hg.): Lexikon der Germanistischen Linguistik. Tübingen 1973, [3]1980, S. 242–258.

Kalverkämper, Hartwig: Textlinguistik im Deutschunterricht. Zwei Aspekte: Textualität, Tempus. Praxis Deutsch H. 23 (1977), 54–60.

– Textlinguistik der Eigennamen. Stuttgart 1978.

– Orientierung zur Textlinguistik. Tübingen 1981. (= Linguistische Arbeiten. 100)

– Das Hierarchieproblem in der Verbalsyntax von Tesnières Dependenzgrammatik. In: Logos semantikos. Studia linguistica in honorem E. Coseriu, Bd. IV, Berlin 1981, S. 249–266.

Klare, Johannes: Entstehung und Entwicklung der konzessiven Konjunktionen im Französischen. Berlin 1958. (= Deutsche Akademie der Wissenschaften in Berlin. Veröffentlichungen des Instituts für Romanische Sprachwissenschaft Nr. 13)

Klein, Hans-Wilhelm: Phonetik und Phonologie des heutigen Französisch. München 1963, [5]1976.

Klein, Hans-Wilhelm/Fritz Strohmeyer: Französische Sprachlehre. Stuttgart 1968, [26]1982. (Études françaises)

Klein, Hans-Wilhelm/Hartmut Kleineidam: Französische Grundgrammatik für Schule und Weiterbildung. Stuttgart 1979.

Klein, Wolfgang: Linguistik und Didaktik der Kindersprache im Grundschulalter. Paderborn 1978.

Klum, Arne: Verbe et adverbe. Étude sur le système verbal indicatif et sur le système de certains adverbes de temps à la lumière des relations verbo-adverbiales dans la prose du français contemporain. Stockholm 1961. (= Studia Romanica Upsaliensia. 1)

Lagane, René/Jacqueline Pinchon: La syntaxe. Paris 1969. (= Langue française 1/ 1969)

Le Bidois, Georges/Robert Le Bidois: Syntaxe du français moderne. Ses fondements historiques et psychologiques (1967), 2 Bde., Paris ²1971.

Lepschy, Giulio C.: Die strukturale Sprachwissenschaft. Eine Einführung. Mit einem ergänzenden Kapitel von H. Stammerjohann: Die strukturale Sprachwissenschaft in Deutschland. München ³1975. (= Sammlung Dialog. 28)

Lorian, Alexandre: L'expression de l'hypothèse en français moderne. Antéposition et postposition. Paris 1964. (= Langues et styles. 3)

Lundquist, Lita: La cohérence textuelle: Syntaxe, sémantique, pragmatique. Kopenhagen 1980.

Martinet, André: Éléments de linguistique générale. Paris 1960. (= Collection Armand Colin. 349). Dt. Übers.: Grundzüge der Allgemeinen Sprachwissenschaft. Stuttgart 1963, ³1969. (= Urban Bücher. 69)

– Studies in Functional Syntax/Études de syntaxe fonctionnelle. München 1975.

– Grammaire fonctionnelle du français. Paris 1979.

Mok, Quirinus Ignatius Maria: Contribution à l'étude des catégories morphologiques du genre et du nombre dans le français parlé actuel. Den Haag 1968.

Müller, Bodo: Das Französische der Gegenwart: Varietäten, Strukturen, Tendenzen. Heidelberg 1975.

Pinchon, Jacqueline: Les pronoms adverbiaux *en* et *y.* Problèmes généraux de la représentation pronominale. Genf 1972. (= Publications romanes et françaises. CXIX)

Pottier, Bernard: Systématique des éléments de relation. Étude de morphosyntaxe structurale romane. Paris 1962. (= Bibliothèque française et romane, Série A: Manuels et Études linguistiques. 2)

Raasch, Albert: Französische Mindestgrammatik. Inventar grammatischer Grundstrukturen. München 1975, ³1978.

Raether, Martin: Untersuchungen über die Konstruktion «Verb + Infinitiv» im Französischen. Diss. Köln 1968.

Raible, Wolfgang: «Thema» und «Rhema» im französischen Satz. Zeitschrift für französische Sprache und Literatur 81 (1971), 208–224.

– Satz und Text. Untersuchungen zu vier romanischen Sprachen. Tübingen 1972. (= Beihefte zur Zeitschrift für romanische Philologie. 132)

– Langer Rede dunkler Sinn. Zur Verständlichkeit von Texten aus der Sicht der Sprachwissenschaft. In: Grammatik und Deutschunterricht. Jahrbuch 1977 des Instituts für deutsche Sprache, Mannheim. Düsseldorf 1978, S. 316–337. (= Sprache der Gegenwart. 44)

Rohrer, Christian: Die Wortzusammensetzung im modernen Französisch. Diss. Tübingen 1967. (= Tübinger Beiträge zur Linguistik. 78)

Rothe, Wolfgang: Strukturen des Konjunktivs im Französischen. Tübingen 1967. (= Beihefte zur Zeitschrift für romanische Philologie. 112)

– Phonologie des Französischen. Einführung in die Synchronie und Diachronie des französischen Phonemsystems. Berlin 1972, ²1978. (= Grundlagen der Romanistik. 1)

de Saussure, Ferdinand: Cours de linguistique générale. Publié par Ch. Bally et A. Sechehaye (1916). Avec la collaboration de A. Riedlinger. Édition critique préparée par T. de Mauro. Paris 1972. Dt. Übers.: Grundfragen der Allgemeinen Sprachwissenschaft, übersetzt v. H. Lommel, mit neuem Register u. einem Nachwort v. P. v. Polenz. Berlin ²1967.

Sauvageot, Aurélien: Analyse du français parlé. Paris 1972.

Schecker, Michael/Peter Wunderli (Hg.): Textgrammatik. Beiträge zum Problem der Textualität. Tübingen 1975. (= Konzepte der Sprach- und Literaturwissenschaft. 17)

Scherner, Maximilian: Wie Texte das Verstehen steuern. Eine Einführung in die Textlinguistik für die Sekundarstufe I. Text- und Arbeitsheft. Dortmund 1975.

Schmidt-Knäbel, Susanne: Die Syntax der *-ant*-Formen im modernen Französisch. «Adjectif verbal», «Participe présent» und «Gérondif». Diss. Köln 1969. Bensberg 1971. (= Romanistik 1)

Schmidt-Radefeldt, Jürgen: Fremdsprachenunterricht, Dialoggrammatik und Sprecherwechselregeln des Französischen. Linguistik und Didaktik H. 18 (1974), 98–109.

Schmitt Jensen, Jørgen: Subjonctif et hypotaxe en italien. Une esquisse de la syntaxe du subjonctif dans les propositions subordonnées en italien contemporain. Odense 1970.

– Observations sur le pronom *lui*. Revue romane 5 (1970), 205–222.

Schwarze, Christoph: Suppletion und Alternanz im Französischen. Linguistische Berichte 6/1970, S. 21–34.

Söll, Ludwig: Gesprochenes und geschriebenes Französisch. 2., revidierte und erweiterte Auflage bearbeitet von F. J. Hausmann. Berlin 1980. (= Grundlagen der Romanistik. 6)

Spang-Hanssen, Ebbe: Les prépositions incolores du français moderne. Kopenhagen 1963.

Spillner, Bernd: Linguistik und Literaturwissenschaft. Stilformen, Rhetorik, Textlinguistik. Stuttgart 1974.

Stammerjohann, Harro: Strukturen der Rede. Beobachtungen an der Umgangssprache von Florenz. Studi di filologia italiana 28 (1970), 295–397.

– Kohärenz und Delimitation: Zur Struktur des Absatzes (am Beispiel von Camus' Le Mythe de Sisyphe). Folia Linguistica 9 (1976), 367–392.

– Französisch für Lehrer. Linguistische Daten für Studium und Unterricht. München 1982.

Stempel, Wolf-Dieter (Hg.): Beiträge zur Textlinguistik. München 1971. (= Internationale Bibliothek für allgemeine Linguistik. 1)

Sten, Holger: Les Temps du verbe fini (indicatif) en français moderne. Kopenhagen 1952. (= Det Kongelige Danske Videnskabernes Selskab. Historisk-filologiske Meddelelser XXXIII, 3)

Tesnière, Lucien: Éléments de syntaxe structurale. Préf. de Jean Fourquet. Paris 1959, ³1976. (dt.: Grundzüge der strukturalen Syntax, hg. von U. Engel. Stuttgart 1980)

Togeby, Knud: Grammaire française, publiée par M. Berg, G. Merad et E. Spang-Hanssen, Vol. I: Le Nom, Kopenhagen 1982.

Wagner, R. L.: À propos de grammaires. Éloges, critiques, aveux. Le français dans le monde n° 40 (1966), 14–22.

Wandruszka, Mario: Sprachen, vergleichbar und unvergleichlich. München 1969.

Wandruszka, Ulrich: Probleme der neufranzösischen Wortbildung. Tübingen 1976. (= Romanistische Arbeitshefte. 16)

Weinrich, Harald: Tempus. Besprochene und erzählte Welt. Stuttgart 1964, 2., völlig neubearbeitete Aufl. 1971, ³1977. (= Sprache und Literatur. 16) Frz. Übers.: Le temps, üb. von. M. Lacoste. Paris 1973.

– Linguistik der Lüge. Heidelberg 1966, ⁴1970.

– Zur Textlinguistik der Tempusübergänge. Linguistik und Didaktik H. 1 (1970), 222–227.

– Literatur für Leser. Essays und Aufsätze zur Literaturwissenschaft. Stuttgart 1971. (= Sprache und Literatur. 68)

– Artikel «Anapher», «Text», «Textlinguistik» und «Übergang» in H. Stammerjohann (Hg.): Handbuch der Linguistik. München 1975.

– Sprache in Texten. Stuttgart 1976.

– Für eine Grammatik mit Augen und Ohren, Händen und Füßen – am Beispiel der Präpositionen. Opladen 1976. (= Rheinisch-Westfälische Akademie der Wissenschaften. Geisteswissenschaften. Vorträge. G 217)

– L'antropologia delle preposizioni italiane. Studi di grammatica italiana 7 (1978), 255–279.

– Preposizioni incolori? Sulle preposizioni franc. *de* e *à*, ital. *da*. Lingua e Stile 13 (1978), 1–40.

– Vers la constitution d'une compétence interrogative. Zielsprache Französisch, erscheint 1982.

– Vom Zusammenhalt der Sprache im Sprechen. Jahrbuch der Akademie der Wissenschaften in Göttingen 1981, Göttingen 1982, S. 33–47.

Weydt, Harald: Abtönungspartikel. Die deutschen Modalwörter und ihre französischen Entsprechungen. Bad Homburg 1969. (= Linguistica et Litteraria. 4)

Winkelmann, Otto: Artikelwahl, Referenz und Textkonstitution in der französischen Sprache. Frankfurt 1978. (= Mannheimer Studien zur Linguistik. 1)

Wunderli, Peter: Modus und Tempus. Beiträge zur synchronischen und diachronischen Morphosyntax der romanischen Sprachen. Tübingen 1976. (= Tübinger Beiträge zur Linguistik. 62)
– Die Prosätze 'oui' und 'si'. Zeitschrift für französische Sprache und Literatur 86 (1976), 193–220.
Wunderli, Peter/K. Benthin/A. Karasch: Französische Intonationsforschung. Kritische Bilanz und Versuch einer Synthese. Tübingen 1978. (= Tübinger Beiträge zur Linguistik. 92)
Zemb, Jean-Marie: Vergleichende Grammatik Französisch-Deutsch. Comparaison de deux systèmes. Teil 1. Mit Beiträgen von Monica Belin, Jean David, Jean Janitra, Hans-Ludwig Scheel. Mannheim 1978. (= Duden Sonderreihe. Vergleichende Grammatiken. Erster Band, Teil 1)

10.4 Register der grammatischen Begriffe und Ausdrücke

Die Zahlen geben die Seiten an. Die Abkürzungen f./ff. bezeichnen eine Folgeseite bzw. zwei Folgeseiten. Kursiv gedruckt sind die Zahlen derjenigen Seiten, die Definitionen der Begriffe enthalten.

10.5 Verbregister

Die Zahlen hinter den Verben bezeichnen die zugehörigen Konjugationsmuster.

compromettre 28
concevoir 36
conclure 19
conduire 35
confondre 3
connaître 16
conquérir 11
consentir 40
construire 35
contenir 44
contraindre 14
convaincre 3
convenir 44
correspondre 3
craindre 14
croire 18
croître 16
courir 17
couvrir 31

débattre 3
décevoir 36
découvrir 31
décrire 21
déduire 35
défaire 25
défendre 3
demander 1
démentir 40
dépendre 3
déplaire 32
descendre 3
détruire 35
devenir 44
dire 20
disparaître 16
dissoudre 38
distraire 24
donner 1
dormir 40

écrire 21
élire 27
émettre 28
émouvoir 22
employer 1
s'enfuir 26
entendre 2
entreprendre 34
entrer 1
entretenir 44
entrevoir 46
envoyer 23
essuyer 1
établir 2
éteindre 14
étendre 3
étreindre 14
exclure 19
extraire 24

faire 25
falloir 7
feindre 14
finir 2
fondre 3
fournir 2
fuir 26

haïr 2

inscrire 21
instruire 35
interdire 20
interrompre 3
intervenir 44
introduire 35

jeter 1
joindre 14
jouer 1

laisser 1
lever 1
lire 27

manger 1
maintenir 44
méconnaître 16
mener 1
mentir 40
se méprendre 34
mettre 28
modeler 1
montrer 1
mordre 3
mouvoir 22

nuire 35

obtenir 44
offrir 31
ouvrir 31

paraître 16
parcourir 17
parler 1
partir 40
parvenir 44
passer 1
payer 1
peindre 14
pendre 3
penser 1
percevoir 36
perdre 3
permettre 28
peser 1
placer 1
(se) plaindre 14
plaire 32
pleuvoir 33
porter 1

poursuivre 42
pourvoir 46
prendre 34
pressentir 40
prétendre 3
prévaloir 43
prévenir 44
prévoir 46
produire 35
promettre 28
provenir 44

rabattre 3
rappeler 1
se rasseoir 13
réapparaître 16
recevoir 36
reconnaître 16
recourir 17
recouvrir 31
recueillir 37
redevenir 44
redire 20
réduire 35
refaire 25
réfléchir 2
regarder 1
rejoindre 14
relire 27

remettre 28
rendre 3
renvoyer 23
répandre 3
repartir 40
répondre 3
reprendre 34
reproduire 35
résoudre 38
ressentir 40
ressortir 40
rester 1
restreindre 14
retenir 44
réunir 2
réussir 2
revenir 44
revivre 45
revoir 46
rire 39
rompre 3
rouvrir 31

saisir 2
satisfaire 25
séduire 35
sembler 1
semer 1
sentir 40

servir 40
siéger 1
sortir 40
souffrir 31
soumettre 28
sourire 39
souscrire 21
soutenir 44
se souvenir 44
subir 2
suivre 42
surpendre 34
survenir 44
survivre 45
suspendre 3

(se) taire 32
tendre 3
tenir 44
traduire 35
transmettre 28
trouver 1

vaincre 3
valoir 43
vendre 3
venir 44
vivre 45
voir 46

DANKSAGUNG

Diese Grammatik hat viele Helfer gehabt. An erster Stelle habe ich der Deutschen Forschungsgemeinschaft zu danken, die das Projekt in seiner Anfangsphase, nämlich in den Jahren 1969 bis 1972, großzügig unterstützt hat. Ich danke den Mitarbeitern meiner damaligen Kölner Arbeitsstelle, der in verschiedenen Arbeitsabschnitten Günter Berger, Ulrich Dausendschön, Kurt Gottwald, Helga Kallmeyer, Hartmut Klinger, Ulrich Krafft, Johannes Kramer, Wolfgang Stenke, Astrid Stolle und Ruth Wilke angehörten. Sodann sind meine Mitarbeiter an der Universität Bielefeld zu nennen, insbesondere Catherine Kurek, Klaus Seemann und Frieda Tuschke. An der Universität München haben mir insbesondere Inge Bethke, Nora Deeg, Chantal Estran-Goecke, Christine de Graat, Bernd Gregor, Rainald Laurer und Ilse Anne Wolf-Hartmann geholfen. Ihnen allen sage ich meinen herzlichen Dank. Für Rat und Kritik bei der Durchsicht des Manuskripts danke ich ferner besonders herzlich Hans-Werner Blaasch, Herbert Christ, Elisabeth Gülich, Theodor Ickler, Hartwig Kalverkämper, Ulrich Krafft, William Moulton, Fritz Mundzeck, Michel Petit, Wolfgang Raible, Harro Stammerjohann, Franz-Rudolf Weller und Ottomar Willeke. Im Verlag ist die Grammatik von Adolf Dieckmann, Bernd Engel, Barbara Huter und Ingrid Schüßler hervorragend betreut worden. All diesen Helfern ist zuzuschreiben, daß die Grammatik viele Mängel, die ihr in der langen Phase ihres Entstehens anhafteten, jetzt nicht mehr enthält. Für diejenigen Mängel aber, die ihr auch jetzt noch anhaften, trage ich natürlich allein die Verantwortung. Schließlich stehe ich selbstverständlich auch in umfassender Dankesschuld bei allen Kolleginnen und Kollegen, die in ihren Publikationen den gegenwärtigen Forschungsstand der Linguistik und besonders der Textlinguistik zur französischen Sprache geschaffen haben. Um die Grammatik übersichtlich zu halten, habe ich bei der Darstellung auf eine Auseinandersetzung mit der Forschung und auf einzelne bibliographische Referenzen grundsätzlich verzichtet. Der Diskussion mit der Forschung habe ich zum Ausgleich an anderer Stelle reichlich Raum gegeben, nämlich in meinen anderen Büchern und Aufsätzen, die diesem Themenbereich gewidmet und in der Auswahl-Bibliographie erfaßt sind. Sie ergänzen in diesem Sinne die vorliegende Textgrammatik der französischen Sprache.

Französische Grammatiken

Nouvelle grammaire française

Von Maurice Grevisse/André Goosse
Klettbuch 5229
Die »Nachfolgerin« des Précis de
Grammaire française ist eine systematische Darstellung des heutigen Französisch für Lehrer und Studenten. Die
Grammatik berücksichtigt die neuere
linguistische Forschung, ohne sich einer
bestimmten Schule zu verschreiben.

Grammatik des heutigen Französisch

Von W.-H. Klein und H. Kleineidam
Klettbuch 52172, ersch. April 1983
Diese Grammatik wendet sich an die
Sekundarstufe II und an die Anfangs-
semester der Universitäten. Sie berücksichtigt die neueren linguistischen Entwicklungen in adressatengerechter Form:
zahlreiche Beispielsätze für alle Sprach-
niveaus, übersichtliche graphische
Anordnung, Einsatz von Farben, vorwiegend traditionelle Terminologie auf
Französisch und Deutsch.

Etudes Françaises
Französische Sprachlehre

Von H.-W. Klein und F. Strohmeyer
Klettbuch 5211
Diese Grammatik ist neben jedem Lehr-
buch verwendbar. Die Beispiele sind
einfach und typisch. Die Regeln wurden
knapp und klar formuliert.

Französische Grundgrammatik

Von W.-H. Klein und H. Kleineidam
Klettbuch 5217
Diese systematische Nachschlag- und
Wiederholgrammatik wendet sich vor
allem an die Französischlernenden der
Sekundarstufe I sowie an die Eingangs-
kurse der Sekundarstufe II und an die
Kurse der Volkshochschulen.

Französisches Verblexikon

Die Konstruktion der Verben im
Französischen
Von W. Busse und J.-P. Dubost
2. verbesserte Auflage
Klettbuch 52082, ersch. April 1983
Dieses Nachschlagewerk bietet einen
lückenlosen Überblick über die syntaktischen Möglichkeiten aller geläufigen
Verben des Französischen. Es ist daher
für den Lehrer ein wertvolles Hilfsmittel,
besonders bei der Korrektur von Klassen-
und Prüfungsarbeiten.

**Ernst Klett Verlag
Postfach 809
7000 Stuttgart 1**

Erde unser lieber Stern

Erde
unser
lieber Stern

Ein Lesebuch
für
Waldorfschüler

Herausgegeben
von
Hedda Kubiessa

Verlag Freies Geistesleben

3. Auflage 1997, gemäß der Rechtschreibreform überarbeitet.
Illustrationen: Ulrich Mastaglio,
Margit und Ernst Amelung, Gesche Tietjens-Janssen

© Verlag Freies Geistesleben 1996
Gesetzt aus der Baskerville
Gesamtherstellung: Clausen & Bosse, Leck
ISBN 3-7725-1157-0

Der Sonne Licht durchflutet
Des Raumes Weiten,
Der Vögel Singen durchhallet
Der Luft Gefilde,
Der Pflanzen Segen entkeimet
Dem Erdenwesen,
Und Menschenseelen erheben
In Dankgefühlen
Sich zu den Geistern der Welt.

Rudolf Steiner

Der Sonnengesang

Höchster, allmächtiger, guter Herr,
Dein ist das Lob,
der Ruhm und die Ehre
und jeglicher Dank!
Dir allein, Höchster,
gebühren sie,
und kein Mensch ist würdig,
Dich zu nennen.

Gelobt seist Du, mein Herr,
mit allen Deinen Geschöpfen,
vor allem mit der Schwester Sonne,
der edlen Herrin,
die uns den Tag und das Licht schenkt.
Schön ist sie und strahlend in großem Glanze,
Dein Gleichnis ist sie, Höchster!

Gelobt seist Du, mein Herr,
durch Bruder Mond und die Sterne.
Am Himmel formtest Du sie,
leuchtend und schön!

Gelobt seist Du, mein Herr,
durch Bruder Wind
und die Luft und die Wolken
und jegliches Wetter.
Durch sie gibst Du
Deinen Geschöpfen Gedeihen.

Gelobt seist Du, mein Herr,
durch Schwester Quelle.
Wie nützlich ist sie,
wie demütig, köstlich und rein!

Gelobt seist Du, mein Herr,
durch Bruder Feuer,
durch den Du die Nacht uns erleuchtest.
Wie schön ist es,
wie fröhlich und stark und gewaltig!

Gelobt seist Du, mein Herr,
durch unsere Schwester,
die Mutter Erde,
die uns erhält und ernährt,
vielerlei Früchte trägt
und bunte Blumen und Kräuter.

Gelobt seist Du, mein Herr,
durch alle, die aus Liebe zu Dir vergeben
und Schwachheit und Kummer geduldig
ertragen.
Selig, die harren in Frieden.
Du, Höchster, wirst sie einst krönen.

Gelobt seist Du, mein Herr,
durch unsern Bruder, den leiblichen Tod.
Ihm kann kein Mensch entrinnen.
Wehe denen, die in Sünde sterben!
Selig, die er in Deinem heiligsten Willen findet,
denn der zweite Tod kann ihnen kein Leides tun.

Lobet und preist meinen Herrn!
Danket und dienet ihm
in großer Demut!

Franz von Assisi

Das Lied der Sonne

Ich bin die Mutter Sonne und trage
Die Erde bei Nacht, die Erde bei Tage.
Ich halte sie fest und strahle sie an,
Dass alles auf ihr wachsen kann.
Stein und Blume, Mensch und Tier,
Alles empfängt sein Licht von mir.
Tu auf dein Herz wie ein Becherlein,
Denn ich will leuchten auch dort hinein!
Tu auf dein Herzlein, liebes Kind,
Dass wir ein Licht zusammen sind!

Christian Morgenstern

GOTT DER HERR
    schuf den Himmel
    mit der Sonne
    mit dem Mond
    mit den Sternen

GOTT
    schuf die Erde
    mit den Steinen
    mit den Pflanzen
    mit den Tieren

GOTT
    schuf den Menschen

Im Urbeginne schuf Gott Himmel und Erde. Aber die Erde war noch wüst und leer. Sie war noch ganz mit tiefem Gewässer bedeckt. Es war noch ganz finster. Da schwebte der Geist Gottes über dem Gewässer, und Gott sprach: »Es werde Licht!« Sogleich war es licht und hell. Das war der erste Tag.

Am zweiten Tage sprach Gott: »Es werde das Firmament!« Im Augenblick war das schöne blaue Gewölbe des Himmels.

Am dritten Tage sprach Gott: »Das Wasser, das unter dem Himmel ist, fließe an einem Ort zusammen, und es erscheine trockenes Land!« Es geschah. Gott nannte das trockene Land Erde, das zusammengeflossene Wasser aber nannte Er Meer. Er sprach ferner: »Die Erde bringe hervor Gras, Kräuter und fruchtbare Bäume!« Auch dies geschah. Die Erde war auf einmal wie im Frühlinge schön grün und mit tausenderlei Blumen und blühenden Bäumen geziert.

Am vierten Tage sprach Gott: »Es sollen Lichter werden am Himmel, dass sie die Erde erleuchten und die Tage und Jahre anzeigen!« Kaum hatte Er es gesagt, so waren sie schon da. Es brannte jetzt am Himmel ein großes Licht, um den Tag zu erleuchten, und ein kleineres Licht, um die Nacht zu erhellen; dazu funkelten noch unzählige Sterne.

Am fünften Tage sprach Gott: »Es sollen Fische werden im Wasser und Vögel in der Luft!« Da wimmelte das Wasser von Fischen und die Luft von Vögeln aller Art.

Am sechsten Tage endlich sprach Gott: »Die Erde bringe Tiere aller Art hervor!« Auch dies geschah sogleich. Zuletzt schuf Gott noch den Menschen, für den alles da ist.

Und Gott sah alles, was Er gemacht hatte, und es war sehr gut.

Am siebenten Tage aber ruhte Er, und Er segnete und heiligte diesen Tag.

Das erfragte ich unter den Menschen
Als der Wunder größtes,
Dass die Erde nicht war,
Noch der Himmel oben,
Noch ein Baum, noch ein Berg
Nicht war, noch irgendetwas.
Noch die Sonne nicht schien,
Noch der Mond nicht leuchtete,
Noch der herrliche See.
Als da nichts nicht war,
Enden noch Wenden,
War dennoch da der eine
Allmächtige Gott,
Der Männer mildester,
Und da waren auch manche
Mit ihm göttliche Geister.

Aus dem Wessobrunner Gebet

Die Erschaffung Adams

Aus acht Teilen machte Gott den Menschen.
Von der Erde nahm er das Gerippe,
vom Meer – das Blut,
von der Sonne – die Schönheit,
von den Wolken – die Gedanken,
vom Winde – den Atem,
vom Stein – die Gnade und Stärke,
vom Licht – die Demut,
vom Geist – die Weisheit.
Und als Gott den Menschen erschaffen hatte,
war noch kein Name für ihn.

Die Himmelshöhe ist der Vater,
der Erdkreis – der Sohn,
die Meerestiefe – der Heilige Geist.

Aber das Geschöpf Gottes hat noch keinen
Namen.
Und Gott rief die vier Engel:

Michael
Gabriel
Uriel
Raphael.

Und Gott sagte den Engeln:
Gehet aus, dem Menschen den Namen zu
suchen.

Michael ging nach Osten und traf den Stern,
dessen Name Anathos heißt,
nahm von ihm das
A
Und brachte es Gott.
Gabriel ging nach Westen, sah den Stern,
dessen Name Disis heißt,
nahm von ihm das
D
Und brachte es Gott.
Uriel wandte sich gen Mitternacht, sah den
Stern namens Aratus,
nahm von ihm das
A
Und brachte es Gott.
Raphael wanderte gen Mittag, begegnete dem
Stern mit Namen Mebrie,
nahm das
M
Und brachte es Gott.
Und Gott befahl Michael das Wort
auszusprechen: den Namen des Menschen.
Und Michael sprach:
A D A M
Und Adam war der erste Mensch auf der Erde.

Russische Legende

Loblied

Kein Tierlein ist auf Erden
Dir, lieber Gott, zu klein.
Du ließt sie alle werden,
Und alle sind sie dein.

Zu dir, zu dir,
Ruft Mensch und Tier.
Der Vogel dir singt,
Das Fischlein dir springt,
Die Biene dir summt,
Der Käfer dir brummt,
Auch pfeifet dir das Mäuslein klein,
Herr Gott, du sollst gelobet sein.

Das Vöglein in den Lüften
Singt dir aus voller Brust.
Die Schlange in den Klüften
Zischt dir in Lebenslust.

Die Fischlein, die da schwimmen,
Sind, Herr, vor dir nicht stumm.
Du hörest ihre Stimmen,
Vor dir kommt keines um.

Vor dir tanzt in der Sonne
Der kleine Mückenschwarm.
Zum Dank für Lebenswonne
Ist keins zu klein und arm.

Sonn', Mond gehn auf und unter
In deinem Gnadenreich,
Und alle deine Wunder
Sind sich an Größe gleich.

Kein Sperling fällt vom Dache
Ohn' dich, vom Haupt kein Haar.
O teurer Vater, wache
Bei uns in der Gefahr.

Zu dir, zu dir,
Ruft Mensch und Tier.
Der Vogel dir singt,
Das Fischlein dir springt,
Die Biene dir summt,
Der Käfer dir brummt,
Auch pfeifet dir das Mäuslein klein,
Herr Gott, du sollst gelobet sein.

Clemens Brentano

Das Tröpflein

        Tröpflein muss zur Erde fallen,
muss das zarte Blümlein netzen,
muss mit Quellen weiter wallen,
muss das Fischlein auch ergötzen,
muss im Bach die Mühle schlagen,
muss im Strom die Schiffe tragen.
        Und wo wären denn die Meere,
wenn nicht erst das Tröpflein wäre?

Johann Wolfgang Goethe

Ein alter Mann pflanzte kleine Apfelbäumchen. Da lachten die Leute und sagten zu ihm: »Warum pflanzt du diese Bäume? Viele Jahre werden vergehen, bis sie Früchte tragen, und du selbst wirst von diesen Bäumen keine Äpfel mehr essen können.«

Da antwortete der Alte: »Ich selbst werde keine ernten. Aber wenn nach vielen Jahren andere die Äpfel von diesen Bäumen essen, werden sie mir dankbar sein.«

Leo Tolstoi

Der Himmel

Wie hoch mag wohl der Himmel sein?
Das will ich dir gleich sagen:
Wenn du, schnell wie ein Vögelein,
die Flügel könntest schlagen
und stiegest auf und immer auf
in jene blaue Ferne
und kämest endlich gar hinauf
zu jenem schönen Sterne
und fragtest dort ein Engelein:
Wie hoch mag wohl der Himmel sein? –
Dann sei gewiss, das Englein spricht:
Mein Kind, ich weiß es selber nicht;
doch frag' einmal dort drüben an,
Ob jener Stern dir's sagen kann!
Du brauchst indes nicht sehr zu eilen,
es sind nur zehn Millionen Meilen.
Und flögst du nun zum Sternlein dort,
man sagt dir doch dasselbe Wort,
und flögst du weiter, fort und fort,
von Stern zu Stern, von Ort zu Ort,
es weiß doch niemand dir zu sagen,
du wirst doch stets vergeblich fragen:
Wie hoch mag wohl der Himmel sein? –
Denn, Kind, das weiß nur Gott allein!

Rudolf Löwenstein

Die Tulpe

Dunkel
war alles und Nacht.
In der Erde tief
die Zwiebel schlief,
die braune.

Was ist das für ein Gemunkel,
was ist das für ein Geraune,
dachte die Zwiebel,
plötzlich erwacht.
Was singen die Vögel da droben
und jauchzen und toben?

Von Neugier gepackt
hat die Zwiebel einen langen Hals gemacht
und um sich geblickt
mit einem hübschen Tulpengesicht.
Da hat ihr der Frühling entgegengelacht.

Josef Guggenmos

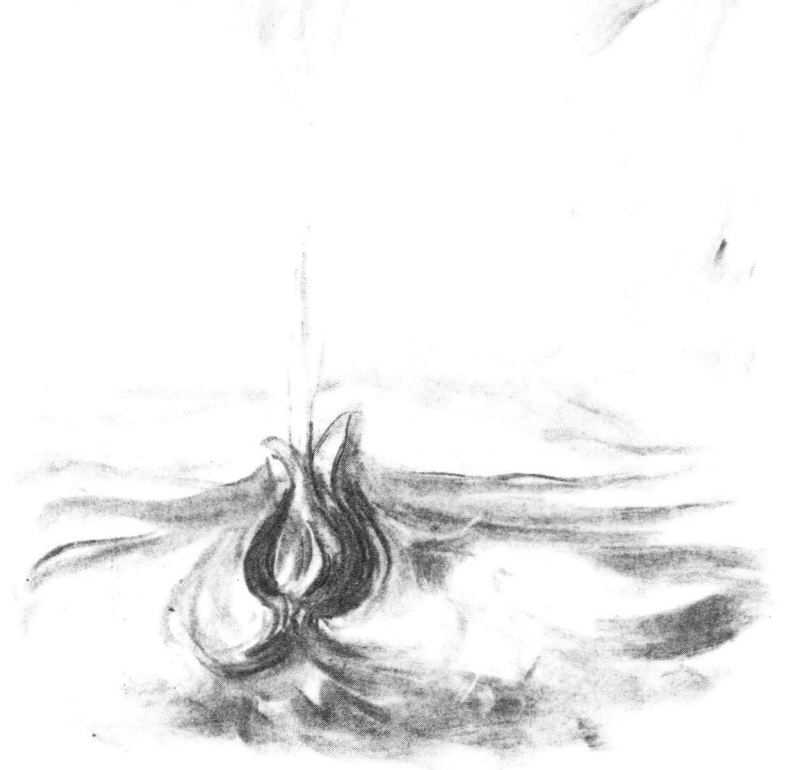

Die Igel

Wie die Frau des Schäfers den Komposthaufen auseinanderstößt, findet sie darin fünf kleine, rosige, weißstachelige Igelchen. In einem Haufen welken Grases hat ihnen die alte Igelin ein Nest gekratzt und sie warm zugedeckt. Da säugt sie tagsüber; aber nachts treibt sie sich im Garten umher und frisst sich an Schnecken und Würmern dick, scharrt Mäusenester aus und fängt junge Frösche.

Eines Abends, als der Schäfer vor der Türe sitzt und seine Pfeife raucht, raschelt es hinter dem Brennholz. Schnaubend und prustend kommt erst die Igelin angetippelt. Hinter ihr wackeln die fünf Kleinen. Da muss der Schäfer lachen. Es sieht zu putzig aus, wie die kleinen Dinger hinter der Alten herbummeln. Sie kratzen und scharren überall und stecken ihre Nasen in alle Löcher am Boden. Hastig rennen sie zur Mutter hin, denn diese hat einen tüchtigen Wurm bloßgescharrt und lässt ihn sich von den Kleinen fortnehmen. So geht es eine Zeit.

Mittlerweile sind die kleinen Igel immer größer geworden. Sie halten sich auch nicht mehr zu der Alten, sondern gehen ihre eigenen Wege: der eine in die Heidberge, der andere in die Eichen, der dritte in den Wiesenbusch, noch einer in das Dorf und der letzte nach dem Immenzaun. Und wenn der Schäfer einen von ihnen trifft, freut er sich und spricht zu den Leuten: »Das ist einer von meinem Hofe.«

Hermann Löns

Im Häuslein
mit fünf Stübchen
da wohnen
braune Bübchen
nicht Tür noch Tor
führt ein und aus
wer sie besucht
verzehrt das Haus

Volksgut

Der Ursprung der Rose

Den Rosenzweig benagt ein Lämmchen auf
        der Weide,
Es tut's nur sich zur Lust, es tut's nicht ihm
        zuleide.
Dafür hat Rosendorn dem Lämmchen abgezwackt
Ein Flöckchen Wolle nur, es ward davon nicht nackt.
Das Flöckchen hielt der Dorn in scharfen Fingern fest,
Da kam die Nachtigall und wollte baun ihr Nest.
Sie sprach: »Tu auf die Hand und gib ein Flöckchen
        mir,
Und ist mein Nest gebaut, sing ich zum Danke dir.«
Er gab, sie nahm und baut', und als sie nun gesungen,
Da ist am Rosendorn vor Lust die Ros' entsprungen.

Friedrich Rückert

Die Pflasterer

Die Pflasterer sind ein uralter Stand, denn alle Straßen laufen nicht nur nach Rom, sondern von dort aus viel, viel weiter bis an die Tür des Paradieses. Ob das Paradies selbst gepflastert war, vermag keine Wissenschaft zu bestätigen.

Mein Vater war Pflasterer, und ich hätte Pflasterer werden können: es ist ein sauberes Handwerk. Alte ausgetretene, ausgefahrene Wege ein für allemal mit schweren Steinen festzurammen, dass Mensch und Tier trockenen Fußes darüber hinschreiten können, das ist schon was! Der Menschen Lebenswandel sozusagen verbessern, das ist doch was! Immer in der frischen Luft sein können, mit der Schippe eine Grube in lockeren Sand schlagen, einen dicken Basaltstein hineinsetzen, und nun mit dem Hammer, der aus der Schippe herauswächst, oben draufschlagen, dass Stahl und Stein zu klingen anheben: wie schön ist das! Und wenn gar sieben Pflasterer da nebeneinander im Sand hocken, und wenn die Hämmer die sieben Töne in sich bergen, die alle Musik dieser Erde ausmachen, dann hat, was ein rechter Pflasterer ist und ein Mensch voller Lieder, allzeit, was er um sich braucht.

Freilich, so immer gebückt im Sand hocken, das ist nicht gerade das Schönste für einen, der gern aufrecht geht, und die Sonne brennt manchmal auf den herabgewölbten Rücken oder der Regen prasselt darauf, wie er Lust hat. Aber dann, wenn ein Sträßlein gepflastert ist, werden die Hammerschippen beiseite geworfen und die einbeinigen Stühle, und es kommen die sieben gebückten Männer aufrecht daher, tragen den schweren Stößer auf der Schulter, stellen ihn sich zwischen die dicken Schuhe und gucken, bevor sie zu stoßen beginnen, einmal straßauf und straßab, ob man weithin an den Fenstern steht und weiß, was nun geschieht! Denn nun fängt erst recht die

Musike an! Jeder Stein wird gerammt: auf jeden Stein fällt der Stößer mit seinem halben Zentnergewicht so lange nieder, bis der Stein festsitzt und bis der Stein so hoch und so tief in seiner Reihe sitzt wie der andere. Da kann der Erdmesser mit der Wasserwaage kommen und prüfen! Da kann das Tiefbauamt seine schwersten Wagen herschicken, ob das Pflaster nachgibt: es gibt keinem Druck und keinem Stoß mehr nach, und es hält an die hundert Jahre. Es nimmt lächelnd den Wettbewerb auf mit jeder Errungenschaft unserer Zeit: mit Holz und Zement und erst recht mit dem zusammengebackenen Straßengewalz. Mein Vater hat in Schaffhausen gepflastert, in Dinkelsbühl und in Bamberg. Mein Vater hat sämtliche Bahnhöfe der Schwarzwaldbahn gepflastert. Was er vor nunmehr dreißig Jahren mit eigener Hand gepflastert hat, das hält heute noch! Jawohl!

In Nürnberg sah ich einmal drei Pflasterer stehen, die stößerten elektrisch. Die hielten die alten Stößer genau wie mein Vater zwischen den Knien, aber an jedem Stößer war eine elektrische Kabelschnur eingesteckt, die aus einem hundert Kilometer entfernten Werk die Kraft herbeiholte, den schweren Rammpflock zu heben. Der Pflasterer drückte mit dem Daumen, und der Pflock brauste nieder. Schier ein Kind hätte diese Maschine bedienen können, allein der mörderische Lärm hätte das Kind umgeworfen. So laut, so ratterisch, so stählern ging das zu, dass von dem festern Aufschlag der Stößer nichts zu hören war. Die Leute hielten sich die Ohren zu und flohen, und doch bleiben sie sonsthin bei Pflasterern, die mit der eigenen Kraft ein süßes Geläut in die Straßen stampfen, so gerne stehen.

In Dinkelsbühl an der Neckarstraße ist der Bürgersteig mit blauen, roten und weißen Basaltsteinen gepflastert. Da sieht man Vierecke, Sterne und Kreise im Kleinpflaster, aber vor dem Haus Nr. 53 liegt – hast du nicht gesehen – plötzlich statt des Kreises ein volles Herz vor deinem Fuß. Das hat mein Vater eingeschmuggelt, als ich unterwegs war auf die Erde. –

Mein Vater hat auch das Erbseneck gepflastert; da stecken die dickköpfigen Steine von vorn bis hinten. Wenn ich drüber schreite, seh' ich, meiner Treu, meinen Vater noch auf dem einbeinigen Stuhl sitzen!

Wer heute sein heimatliches Sträßlein hat und es ist gut gepflastert, der soll zufrieden sein.

Nikolaus Schwarzkopf

Am Waldessaume träumt die Föhre,
am Himmel weiße Wölkchen nur;
es ist so still, dass ich sie höre,
die tiefe Stille der Natur.

Rings Sonnenschein auf Wies' und Wegen,
die Wipfel stumm, kein Lüftchen wach,
und doch, es klingt, als strömt' ein Regen
leis tönend auf das Blätterdach.

Theodor Fontane

28

Gefunden

Ich ging im Walde
So für mich hin,
Und nichts zu suchen,
Das war mein Sinn.

Im Schatten sah ich
Ein Blümchen stehn,
Wie Sterne leuchtend,
Wie Äuglein schön.

Ich wollt' es brechen,
Da sagt es fein:
»Soll ich zum Welken
Gebrochen sein?«

Ich grub's mit allen
Den Würzlein aus:
Zum Garten trug ich's
Am hübschen Haus.

Und pflanzt' es wieder
Am stillen Ort;
Nun zweigt es immer
Und blüht so fort.

Johann Wolfgang Goethe

Vom Bäumlein,
das andere Blätter hat gewollt

Es ist ein Bäumlein gestanden im Wald
in gutem und schlechtem Wetter;
das hat von unten bis oben
nur Nadeln gehabt statt Blätter,
die Nadeln, die haben gestochen,
das Bäumlein, das hat gesprochen:

All die Bäumlein um mich her
prangen in ihrer Blätter Zier,
dürft ich wünschen was ich wollt,
wünscht ich mir Blätter aus lauterem Gold.

Wie 's Nacht ist, schläft das Bäumlein ein,
und früh ist 's wieder aufgewacht;
da hat es goldene Blätter fein,
die leuchten in herrlicher Pracht!
Das Bäumlein spricht: Nun bin ich stolz;
kein Baum hat goldene Blätter im Holz.

Wie der Tag sich aber neigt,
schleicht ein Räuber durch's Gezweig
mit großem Sack und großem Bart,
sieht er die gold'nen Blätter bald:
er steckt sie ein, geht eilends fort,
und lässt das leere Bäumlein dort.

Das Bäumlein spricht mit Grämen:
Die goldnen Blättlein dauern mich;
ich muss vor den anderen mich schämen,
sie tragen so schönes Laub an sich;
dürft ich wählen ein zweites Mal,
wünscht ich mir Blätter aus feinem Kristall.

Nun schlief das Bäumlein wieder ein,
und früh ist's wieder aufgewacht;
da hat es gläserne Blätter fein,
wie hat ihm da das Herz gelacht.
Das Bäumlein spricht: Nun bin ich froh;
kein Baum im Walde glitzert so.

Da kam ein wilder Wirbelwind
mit grollendem Gewitter,
der fährt durch alle Bäum' geschwind,
und zaust die gläsernen Blätter;
da lagen zerbrochen im Gras
die zierlichen Blätter von Glas.

Das Bäumlein spricht mit Trauern:
Mein Glas liegt in dem Staub,
die andern Bäume dauern
mit ihrem grünen Laub;
wenn ich mir noch was wünschen soll,
wünscht ich mir grüne Blätter wohl.

Da schlief das Bäumlein wieder ein
und früh ist's wieder aufgewacht;
da hat es grüne Blätter fein.
Das Bäumlein lacht,
und spricht: Nun hab ich grüne Blätter auch,
dass ich mich nicht zu schämen brauch.

Da kommt von fern ein Schaf gesprungen,
das sucht sich Gras für seine Jungen.
Es sieht das Laub und fragt nicht viel
und frisst es ab mit Stumpf und Stiel.

Da war das Bäumlein wieder leer,
es sprach nun zu sich selber:
Ich begehr' nun keine Blätter mehr,
weder grüne, noch rote, noch gelbe!
Hätt' ich nur meine Nadeln,
ich wollte sie nicht tadeln.

Und traurig schlief das Bäumlein ein,
und traurig ist es aufgewacht;
da sieht es sich im Sonnenschein
und lacht, und lacht!
Warum hat's Bäumlein denn gelacht,
warum die Kameraden?
Es hat bekommen in einer Nacht
wieder alle seine Nadeln!

Geh' raus, sieh's selbst, doch rühr's nicht an!
Warum denn nicht! –
Weil's sticht!

Friedrich Rückert

Espenlaub

Einst war der Heiland auf seiner Wanderung in einen Wald gekommen. Die Bäume erkannten ihn sogleich und neigten sich ehrfürchtig zum Gruße. Alle taten das, bis auf die Espe. Die allein blieb gleichgültig und beugte sich nicht.

Jesus hieß die Leute, die ihm nachgefolgt waren, sich lagern. Er selbst trat auf einen kleinen Hügel und begann zu predigen. Eine gewaltige Predigt mit herrlichen Gleichnissen vom Himmelreich hielt er dem lauschenden Volk. Der Wald war dabei still wie ein Dom. Kein Vöglein rührte sich. Die Bäume standen feierlich. Alle Bäume, bis auf die Espe. Die allein flatterte und zappelte mit ihren Blättern, als gäbe es nichts zu hören und zu stören.

Als Jesus seine Rede beschlossen hatte, verweilte er noch ein wenig und richtete den Blick ernst und streng gegen die Espe. Dann sprach er zu ihr: »Du hattest keine Lust, ein Stündlein stillezuhalten und zuzuhören, nicht wahr? Und du mochtest dich auch nicht beirren lassen durch das Beispiel aller deiner Gefährten im Wald? Gar so eilig und wichtig hattest du es, hin und her zu flattern mit deinen Blättern gerade jetzt! – Nun gut. So sei dir denn befohlen, zu flattern und zu zittern von nun an immerzu! Immerzu, bis du durch dein eigenes friedloses Leben verstehen lernst die Sehnsucht der Menschen nach Stille und Herzensfrieden, die meine Predigt ihnen hat bringen wollen, die du so gern gestört hättest, sofern du es nur vermöchtest. Dir geschehe nach meinem Wort!«

Damit verließ er den Wald.

Auf die Espe war eine Furcht gefallen von jener Stunde an. Immerfort sah man sie seitdem beben und zittern, und das tut sie bis heute noch.

Michael Bauer

Warum die Äste mancher Fichten nach abwärts stehen

Einmal ging Jesus mit seinen Jüngern über Land. Der Wind hatte an diesem Tage besonders gut ausgeschlafen und machte sich ein Vergnügen daraus, die Wolken recht rasch am Himmel dahin zu jagen. Schlimm wäre das nun gerade nicht gewesen, dass die Wanderer bald im Sonnenschein, bald im Wolkenschatten gehen mussten; aber es blieb nicht ganz dabei. Es kam schließlich statt des Schattens auch einmal ein tüchtiger Regenguss. Große, schwere Tropfen. Und die weichten rasch durch. Ein Haus war nicht in der Nähe. Nur ein einziger hoher Baum, eine Fichte, stand auf einem Hügel am Wege. Petrus wies darauf hin und sprach: »Der kommt ja wie erwünscht. Unter den wollen wir uns doch stellen!«

Der Herr aber, der sehen mochte, dass für alle doch nicht Schutz darunter wäre, meinte: »Wer den Regen so rasch geschickt hat, der wird auch bald wieder Sonne schicken!« Dabei ging er ohne Zaudern weiter, und seine Jünger folgten.

Nur Petrus wollte ein wenig recht haben, lief den Hügel hinauf und stellte sich unter das ziemlich tief herabreichende Geäst.

Der Baum, der den Herrn schon von weitem hatte kommen sehen und ihn erkannte, verwunderte sich, dass Petrus schier klüger sein wollte als der Herr oder doch nicht verstanden hatte, weshalb dieser im Regen weiterwanderte. Er ärgerte sich geradezu über Petrus.

Als Petrus sich daher kaum an den Stamm gestellt hatte, wo er vor dem Regen gesichert zu sein glaubte, da fingen die Äste des Baumes an, sich zu bewegen und nach unten zu schlagen, fast so wie der Gockelhahn auf dem Zaun mit seinen Flügeln schlägt. Treffen konnten die Zweige den Petrus ja nicht, sie hingen doch eine Spur zu hoch; aber die Regentropfen prasselten nur so auf ihn herab, noch ganz anders als im Freien. Petrus wurde nass bis auf die Haut. Als er den anderen endlich wieder nachgekommen war – der Regen hörte draußen früher auf als unter dem Baum –, da hatte gerade er am meisten davon erwischt.

Dem Willen Jesu zufolge behielt der Fichtenbaum zur Erinnerung an diesen Tag seine Äste für immer nach unten gerichtet. Und alle, die von ihm abstammen, tragen sie ebenso.

Michael Bauer

Das bucklige Männlein

Will ich in mein Gärtlein gehn,
Will mein' Zwiebeln gießen:
Steht ein bucklicht Männlein da,
Fängt als an zu niesen.

Will ich in mein Küchel gehn,
Will mein Süpplein kochen:
Steht ein bucklicht Männlein da,
Hat mein Töpflein brochen.

Will ich in mein Stüblein gehn,
Will mein Müslein essen:
Steht ein bucklicht Männlein da,
Hat's schon selber gessen.

Will ich auf mein' Boden gehn,
Will mein Hölzlein holen:
Steht ein bucklicht Männlein da,
Hat's mir halb gestohlen.

Setz' ich mich ans Rädlein hin,
Will mein Fädel drehen:
Steht ein bucklicht Männlein da,
Lässt mir's Rad nicht gehen.

Geh' ich in mein Kämmerlein,
Will mein Bettlein machen:
Steht ein bucklicht Männlein da,
Fängt als an zu lachen.

Wenn ich an mein Bänklein knie,
Will ein bissle beten:
Steht ein bucklicht Männlein da,
Fängt als an zu reden:

»Liebes Kindlein, ach, ich bitt',
Bet' fürs bucklicht Männlein mit!«

aus: »Des Knaben Wunderhorn«

35

Von Sankt Christoff

Der heilige Sankt Christofferus war ein Heide und war zwölf Ellen lang und hatte einen starken Leib und große Glieder und ein großes Antlitz. Und war gar fröhlich gestaltet, und ehe er getauft war, hieß er Offerus. Und da er wuchs zu voller Kraft, da gedachte er bei sich: Ich will wandern und fragen nach dem größten Herrn. Da wies man ihn zu einem großen Herrn, der war gewaltig über viel Land und Leute. Zu dem kam er und gelobte ihm zu dienen treulich. Da empfing ihn der König schön und war seiner Stärke froh. Und da er etliche Zeit bei ihm war, da sang ein Spielmann vor dem König und nannte dabei den Teufel. Da segnete sich der König und machte ein Kreuz vor sich, denn er war ein Christ. Da wusste Offerus nicht um das Zeichen und wunderte sich sehr und fragte ihn, was er damit meine. Da antwortete der König: »So will ich dir die Wahrheit sagen: Wenn man den Teufel nennt vor mir, so segne ich mich mit dem Zeichen, dann flieht er. Das tu ich darum, dass er keine Gewalt über mich gewinne.« Da sprach Offerus: »Fürchtest du dich vor ihm und ist seine Kraft so groß, dass sie dir schaden mag? So will ich ihn suchen, bis ich ihn finde. Und will dem dienen, der gewaltig über dich ist.«

Darnach ging Offerus und suchte den Feind überall, und eines Tages ging er in einer großen Wildnis und sah eine große Ritterschaft reiten. Und unter denen sah er einen schwarzen, gräulichen Ritter, der ritt mit großer Gewalt und sprach zu Offerus: »Wen suchest du?« Da sprach er: »Ich suche den Teufel, denn ich wär gern sein Knecht.« Da sprach der Feind: »Das bin ich.« Da gelobte ihm Offerus seinen Dienst. Da führte der Feind seinen Knecht mit sich.

Nun kamen sie einstmals auf eine Straße, da stand ein Kreuz bei einem breiten Weg. Da sah der Feind das Kreuz und bog halb nach der Seite ab und wagte den Weg nicht zu reiten. Das sah Offerus wohl und wunderte sich sehr darüber und sprach zu dem Feind: »Sag mir, warum du den krummen Weg reitest.« Das hätte ihm der Feind gern verschwiegen. Da sprach Offerus: »Du sollst mir die Wahrheit sagen.« Da sprach der Feind: »Da stand des Kreuzes Zeichen an dem Weg, daran Christus gehangen ward. Das Zeichen fürcht ich sehr und muss es allezeit fliehen.« Da sprach Offerus: »Da du sein Zeichen fliehen musst, so ist er auch größer denn du. So will ich Urlaub nehmen und will Christus suchen, weil du nicht aller Dinge gewaltig bist.« Und ging von dem Feinde fort und wollte ihm nicht mehr dienen.

Darnach fragt er überall, wo der Herr Jesus Christus wäre. Und kam durch den Willen Gottes zu einem guten Einsiedel, der hörte, dass er Christus dienen wollte. Da sagte er ihm, was für ein großer, mächtiger König er wäre und ein Herr über alle

Dinge und wie großen Lohn er seinen Freunden gäbe. Und lehrte ihn Christenglauben mit so viel weiser Lehre, dass er ihn dazu brachte, zu sagen, er wolle Christus fortan dienen mit großem Fleiß. Da sprach der Einsiedel: »So sollst du gerne fasten und wachen durch seinen Willen. Dein Gott begehrt dazu, dass du viel betest.« Da sprach Offerus: »Ich mag weder wachen, fasten noch beten. Weise mich an ein anderes, dass ich ihm diene.« Da sprach der Einsiedel: »Da fließt ein Wasser, darüber ist weder Brücke noch Steg. Willst du die Menschen darüber tragen durch Gottes Willen, so gefällst du deinem Herrn mit dem Dienste wohl. Denn du bist lang und stark und magst es wohl tun.« Da sagte Offerus: »Das will ich alles gern tun durch Gott.« Und baute sich selbst ein Gemach bei dem Wasser. Und hatte einen großen Stab in der Hand und tat die Arbeit Tag und Nacht.

Eines Nachts war Offerus müde und legte sich nieder und schlief. Da rief ihn ein Kind; da stand er bald auf und suchte das Kind überall bei dem Wasser. Und da er niemand fand, legte er sich wieder nieder und schlief. Da schrie abermals ein Kind: »Offerus!« Da lief er wieder heraus und fand niemand. Da legte er sich wieder nieder, da rief es zum dritten Mal. Da ging er heraus und fand das Kind und nahm es auf seine Arme und nahm seinen Stab in die Hand und ging in das Wasser. Und das Wasser wuchs sehr über sich, und ward das kleine Kind so schwer, als ob es Blei wäre. Und ward je länger je schwerer, und ward das Wasser so groß, dass er fürchtete, er werde ertrinken. Und da er mitten in das Wasser kam, da sprach er: »Eia, Kind, wie gar schwer bist du. Mir ist, als ob ich alle diese Welt auf mir trüge.« Da sprach das Kind: »Du trägst nicht allein die Welt. Du trägst auch den, der Himmel und Erde erschaffen hat.« Und das Kind drückte Offerus unter das Wasser und sprach zu ihm: »Ich bin Jesus Christus, dein König und dein Gott, durch den du arbeitest.« Und sprach zu ihm: »Ich taufe dich in meinem Vater und in seinem Sohn in mir und in dem Heiligen Geist. Vorher hießest du Offerus, nun sollst du Christofferus heißen nach mir. Und du sollst deinen Stab in die Erde pflanzen, daran wirst du meine Gewalt erkennen. Denn der Stab wird morgen blühen und Früchte bringen.« Damit verschwand es.

Da ward Christofferus froh und dankte unserm Herrn für seine Gnade, die er ihm getan hatte. Und pflanzte den dürren Stab in die Erde. Da ward er in einer Nacht zu einem Baum und blühte und brachte Früchte. Da Christofferus das große Wunder sah, da gewann er große Treue und Liebe zu Gott und dankte ihm für die Gnade, die er ihm angetan hatte.

Die Befreiung

Aus dem Indischen

Ein morgenländischer Fürst fiel bei seinem König in Ungnade und wurde zur Strafe in einen sehr hohen, einsamen Turm zum Verhungern eingeschlossen. An ein Entkommen durch Tür oder Mauern war nicht zu denken. Er konnte wohl innen im Turm in die Höhe und bis auf die freie Plattform gelangen, aber von hier aus hinunterzuspringen hätte einen noch schrecklicheren, wenn auch rascheren Tod bedeutet. Da stand er und blickte in das Weite; die Wolken zogen über ihm hin, der Wind flog an ihm vorbei, Schwalben jagten in den Lüften, in der Ferne sah er eine Karawane mit Pferden und Kamelen – alle erfreuten sich der goldenen Freiheit –, und er, er stand frei an Arm und Fuß und dennoch gefesselt zum Sterben. – Er sann und sann.

Die Nacht mit den Sternen kam heran. Ringsum wurde es stille. Immer noch stand er auf der Höhe des Turmes. Da hörte er seinen Namen leise rufen in der Tiefe. Es war finster und schwarz am Fuße des Turms, und sein Auge konnte nichts unterscheiden. Und dennoch wusste er, wer ihn gerufen; er kannte die Stimme nur zu gut; sein treues Weib hatte sich aus der Stadt heimlich heraus zu ihm geschlichen und fragte ihn, was sie für ihn tun könne. »Bringe morgen gegen Mitternacht eine Strickleiter, ein starkes Seil, ein Knäuel Schnur, einen langen Seidenfaden, eine Maikäfer und eine Tropfen Honig!« rief er ihr hinab. Das gute Weib glaubte, als ihr Mann diese seltsamen Dinge verlangt, er sei durch seine elende Lage wahnsinnig geworden, und ging traurig nach Hause. Dennoch brachte sie in der folgenden Nacht alles Verlangte getreulich zum Turme. »Knüpfe den Seidenfaden an einen Fuß des Maikäfers!« rief er; »setze den Käfer mit dem Kopf nach oben an die Turmwand und träufle ihm ein wenig Honig auf die Fühler!«

Die Frau tat, wie ihr befohlen war. Der Käfer, der den Honig über sich witterte, krabbelte aufwärts, geduldig weiter und weiter, immer dem süßen Geruch nach, und dabei zog er den leichten Seidenfaden mit in die Höhe.

Mit verhaltenem Atem wartete oben der Gefangene; mit angstvoller Spannung lauschte unten das Weib. Endlich war der Käfer oben angelangt. »Binde die Schnur an den Seidenfaden!« kam es von oben herab. »Nun das Seil an die Schnur! – Jetzt die Strickleiter an das Seil!« –

Der Mann band oben mit dem Seile die Strickleiter fest, stieg herab und entkam mit seinem treuen Weibe in ein anderes Land.

Michael Bauer

38

Der Fuchs und der Storch

Der Fuchs lud den Storch zum Abendbrot ein. Es gab Suppe, die auf einem Teller gereicht wurde. Der Storch mit seinem langen Schnabel bekam nicht einen Tropfen von der Suppe. Der Fuchs schlapperte den Teller mit seiner langen Zunge leer.

Kurz darauf bat der Storch den Fuchs zum Abendbrot. Der Fuchs war hungrig und gierte nach dem Essen, dessen Duft ihm schon die Nase kitzelte. Das Gericht aber wurde in einer Vase mit sehr engem Hals gereicht. Der Storch konnte mit seinem langen Schnabel mühelos die Brocken herausfischen. Der Fuchs aber musste mit knurrendem Magen nach Hause gehen.

Jean de Lafontaine

Verkehrte Welt

Des Abends,
wenn ich früh aufsteh’,
des Morgens,
wenn ich zu Bette geh’,
dann krähen die Hühner,
dann gackert der Hahn.
Geht schlafen, ihr Kinder,
die Arbeit fängt an!

Die Kuh,

die saß im Schwalbennest
mit sieben jungen Ziegen,
die feierten ihr Jubelfest
und fingen an zu fliegen.

Der Esel

zog Pantoffeln an,
ist übers Haus geflogen,
und wenn das nicht
die Wahrheit ist –
so ist es halt gelogen.

Gustav Falk

Der Bub und der Teufel

Es war einmal ein Bub, der war unterwegs und knackte dabei Nüsse auf. Just als er eine wurmstichige in der Hand hatte, begegnete ihm der Teufel.

»Ist das wahr«, fragte der Bub, »was die Leute sagen, dass der Teufel sich so klein machen kann, wie er nur will, so dass er sogar durch ein Nadelöhr geht?«

»Ja«, antwortete der Teufel.

»O lass mich das sehen«, sagte der Bub, »kriech einmal durch dies Wurmloch in die Nuss!« Der Teufel tat es. Und als er drinnen war, pflöckte der Bub das Loch rasch zu. »Jetzt hab ich dich aber!« sagte er und steckte die Nuss in die Tasche.

Als er ein Stück gegangen war, kam er zu einem Schmied; der legte die Nuss auf den Amboss, nahm seinen kleinsten Hammer und klopfte darauf. Aber die Nuss zersprang nicht. Er nahm einen etwas größeren Hammer, der war auch nicht schwer genug. Er nahm einen viel größeren, aber die Nuss gab immer noch nicht nach. Jetzt wurde er zornig. Er packte seinen größten Zuschlaghammer. »Dich will ich wohl kleinkriegen«, rief er, holte nach Leibeskräften aus und schlug zu. Und die Nuss fuhr entzwei. So gewaltig, dass das halbe Dach wegflog und dass es krachte, als wolle die ganze Hütte einfallen.

»Man sollte glauben, der Teufel wär in dieser Nuss«, meinte der Schmied.

»War er auch«, sagte der Bub.

Michael Bauer

Kommst du um acht
nach Amsterdam

Kommst du um acht nach Amsterdam,
kannst du auf einem Wellenkamm
die Haifischflosse sehn.
Und schaust du dich genauer um,
kannst du auch Käptn Krakabum,
bekannt auf aller Welt herum,
auf seinem Schiffchen stieflig gehn
und durch sein Fernrohr sehen sehn.

Kommst du um zehn nach Uppsala,
ist Krakabum wohl auch schon da
mit hopsa- und mit hupsala.
Bullauge dreht das Steuerrad
um hundertzweiundneunzig Grad,
da liegt das Schiffchen vor dem Wind,
dass wir um zwölf in Grönland sind.

Kommst du um zwölf in Grönland an,
steht da ein Fass voll Lebertran,
das wird an Bord gerollt.
Der Eskimo, das Pelzgesicht,
versteht nicht, was man zu ihm spricht,
und was er spricht, versteht man nicht:
sein Seehund rollt und tollt.

Kommst du um zwei nach Reykjavik,
siehst du gleich auf den ersten Blick
die Haifischflosse vor der Stadt.
Und Bullauge, der Steuermann,
weil er gerade Ausgang hat,
geht langsam durch die Innenstadt
und sieht sich alles an.

Er kauft sich einen neuen Schlips
und auch ein Pony, doch aus Gips,
das trägt er nun an Bord.
Schon sind die Segel windgebauscht,
das Wasser schäumt und braust und rauscht,
sogar das Pony staunt und lauscht –
schon sind sie wieder fort!

Kommst du um vier nach Helgoland,
liegt dort am Limonadenstand
die Haifischflosse schon.
Die Möwe kurvt und kreischt und schaut
und fängt das Brot im Flug und kaut:
da zieht das Schiff davon.

Kommst du um sechs in Husum an,
wird grad das Fass mit Lebertran
von einem großen blauen Kran
hoch übers Meer geschwenkt.
Ein Junge staunt das Pony an,
da hat es ihm der Steuermann
samt seinem Schlips geschenkt.

Kommst du um acht nach Amsterdam,
kannst du auf einem Wellenkamm
die Haifischflosse sehn.
Und schaust du dich genauer um,
kannst du auch Käptn Krakabum,
bekannt auf aller Welt herum,
auf seinem Schiffchen stieflig gehn
und durch das Fernrohr sehen sehn.

Die Sonne taucht ins Wasser ein,
gleich muss das Schiff im Hafen sein:
schon wird es festgemacht.
Rauch steigt aus dem Kombüsenschlot,
Bullauge bringt das Abendbrot –:
bald sagt man Gute Nacht.

Rudolf Stibill

Upstahn

De Dag, de graut,
de Katt, de maut,
de Klock, de sleit,
de Hahn, de kreiht,
de Hund, de bellt,
de Köksche schellt,
de Höhner, de kakelt,
un all de Vageln in'n Bom spektakelt.

Klaus Groth

Fink und Frosch

Im Apfelbaume pfeift der Fink
sein »Pinkepink!«
Ein Laubfrosch klettert mühsam nach
bis auf des Baumes Blätterdach
und bläht sich auf und quakt: »Ja, ja,
Herr Nachbar, ick bin och noch da!«

Und wie der Vogel frisch und süß
sein Frühlingslied erklingen ließ,
gleich muss der Frosch in rauhen Tönen
den Schusterbass dazwischen dröhnen.
»Juchheija heija!« spricht der Fink
»fort flieg' ich flink!«
Und schwingt sich in die Lüfte hoch.

»Wat!« – ruft der Frosch – »dat kann ick och!«
Macht einen ungeschickten Satz,
fällt auf den harten Gartenplatz,
ist platt, wie man die Kuchen backt
und hat für ewig ausgequakt.

Wenn einer, der mit Mühe kaum
geklettert ist auf einen Baum,
schon meint, dass er ein Vogel wär',
so irrt sich der.

Wilhelm Busch

Ein Abenteuer auf der Eisenbahn

Die Geschichte, die ich euch heute erzählen möchte, hat sich einmal vor Jahren in einer kleinen Stadt abgespielt, die oben zwischen den Bergen liegt. Auf dem Bahnhof war es, wo die Kinder am liebsten spielten – sie durften es ja nicht –, aber der alte Weichensteller, der da in dem kleinen Bahnwärterhäuschen wohnte, konnte die flinken Jungen doch nicht kriegen. Und wenn er einmal hinter ihnen her gewesen war, dann konnten sie's schon gar nicht lassen – sie mussten wieder hin und auf dem Bahnhof spielen. Warum auch nicht, denn es kamen ja den Tag über nur zehn oder zwölf Züge, und davor wollten sie schon aufpassen.

Aber an eine Gefahr hatten sie nicht gedacht, und in dieser Gefahr wäre beinahe eine ganze Gesellschaft umgekommen. Denn in den Bergen liegen die Schienen meistens nicht eben, sondern sie sind schräg – steigen langsam an – oder fallen langsam – wie man will. Und die Wagen können sich selbst auf den Schienen nicht halten, sondern kommen ins Rollen, wenn sie nicht festgebremst werden. Und das wussten die Jungen nicht.

»Alles einsteigen!« schrie gerade der Anführer, der, mit einer Tasche um den Leib, auf dem lockeren Kies herumstolzierte – und der wilde Haufen kletterte an allen Ecken hinauf. Es war einer von den Güterwagen, die auch zugleich oben ein Wärterhäuschen haben, und in den Wagen kletterten sie, in dem sie nun dichtgedrängt herumsprangen – jauchzend und schreiend und sich stoßend – wie eben eine solche wilde Gesellschaft sich anstellen kann. Und der Bahnwärter war auf seinen Acker gegangen – das wussten sie –, und das machte sie nur noch ausgelassener.

»Alle einsteigen!« schrie wieder der Zugführer, und dann kletterte er selbst hinauf. »He! Weg da von der Treppe!« schrie er die Jungen an, »ich muss oben im Bremserkasten sitzen«, und dann flötete er mit dem Munde, und sie fuhren ab – richtig? – o nein – sie trampelten nur mit den Füßen. Und dann schrie eine helle Stimme: »O du Dummkopf, du musst auch die Bremsen losdrehen!« – Ach, das hatte der Herr Zugführer wirklich ganz vergessen, und er drehte ganz hastig die Bremsen auf.

Aber, als ob er einen Schreck bekommen hätte, so war er auch gleich mit einem raschen Satz von der Treppe herunter und sprang in den Kies hinein. »Kommt schnell 'raus!« rief er den andern zu, »das dürfen wir nicht!« – aber die grinsten und schrien ihn an und hatten weniger als je Lust auszusteigen; denn der Wagen setzte sich wirklich in Bewegung – und das Hurraschreien der Jungen wollte kein Ende nehmen, als der Wagen immer rascher in Gang kam.

O, wie ging das schön! Der Wagen bog sogar ganz richtig bei

der nächsten Weiche ab auf ein anderes Geleise, als wenn eine Lokomotive davor wäre. Das war ja ganz herrlich. Und nun, wie er aus dem Rangiergeleise auf das Hauptgeleise gekommen war, und nun ging es auch noch schneller als zuvor. Sieh, da war das Bahnwärterhäuschen – wie rasch war es vorbei, dann der letzte Signalmast – vorbei.

Und es wurde schneller und schneller, und die Kinder wurden leiser und leiser. »O, wenn wir nur erst wieder anhielten«, dachten sie schon – aber der Wagen dachte nicht daran, der fing sogar immer toller an; denn nun kam eine lange, lange schräge Strecke, aus den Bergen heraus in das weite, flache Land hinein. Und dann musste seine Geschwindigkeit immer größer werden. Ach, du liebe Zeit, wenn sie nur die Bremse wieder festdrehen könnten! Aber sie konnten ja nicht draußen entlang klettern und die Treppe erreichen – ach, es konnte ihnen niemand helfen, und der Wagen fuhr immer schneller, und die Kinder fingen jetzt ein entsetzliches Geschrei an. Aber wer wollte ihnen helfen?

Da kam gerade das Wärterhäuschen Nummer zwei. Herr Eisenmann wohnte drin. Ja, der hatte schon von weitem das Rollen und Schreien vernommen und stand nun vor der Tür und starrte entsetzt den sausenden Wagen an. Was sollte er tun? Doch in dem Augenblick stob auch schon der Wagen vorbei, und das Geschrei der jammernden Kinder verhallte im Winde.

Aber jeder Bahnwärter kann telefonieren, nach beiden Seiten hin – und Herr Eisenmann konnte sprechen nach der Station, wo der Wagen weggelaufen war, und dahin, wo der Wagen nun bald in rasendem Galopp angestürmt kommen musste. Herrgott, wohin sollte er sprechen – nach oben, dass sie den Wagen wieder holten, nach unten, dass sie dem Wagen entgegenliefen? Er konnte gar nicht denken, so entsetzlich hallte ihm das Geschrei der Kinder noch in den Ohren. Die waren ja verloren, die mussten ja unten auf einen Zug rennen, und dann musste der Wagen in tausend Fetzen auseinanderspritzen.

Und mit einem Satz war er am Telefon – umdrehen – noch mal – noch mal – noch mal – endlich hörte er eine Stimme in dem Hörer: »Herrgott, was ist denn los, was haben Sie denn so grässlich zu klingeln?« – Und »Bahn frei!« schrie der Wärter hinein, »den linken Schienenstrang frei, ein Wagen hat sich losgemacht, sitzt ganz voller Kinder!«

Man kann sich den Stationsvorsteher denken, denn der war am anderen Ende des Fernsprechers. Da waren ja nur noch ein paar Minuten frei, und er lief, dass sich die Leute, die, schon auf den nächsten Zug wartend, auf dem Bahnsteig auf und ab wandelten, mit Gelächter nach ihm umsahen. Aber der Stationsvorsteher hatte nur einen Gedanken: wenn der Wagen auf dem linken Strang herunterjagte, dann musste er ja unrettbar auf den nächsten Zug, der sogleich von unten

heraufkam, aufrennen, und nur eine einzige Weiche konnte
ihn retten. Aber die hatte er jetzt auch gepackt, und fest warf
er sie hinüber, so dass nun der linke Strang in schwachem
Bogen zum rechten Strang hinüberführte. »Nun ist die
Bahn frei«, dachte er, »nun wollen wir den Ausreißer schon
kriegen.«

Ach, da kam er auch schon angesaust, und die Weiche
krachte, als wollte sie zerbrechen, aber sie leitete den Wagen
doch sicher auf den rechten und richtigen Strang. – Hu, was
die Leute die Augen aufrissen, als das Ungetüm durch den
Bahnhof schoss; denn noch immer gingen die Schienen
langsam bergab, und die Schnelligkeit musste noch größer
werden.

Aber der Stationsvorsteher wusste nun guten Rat. Men-
schenkräfte konnten den rasenden Zug nicht aufhalten; da
war nur eine Kraft, die helfen konnte, dieselbe Kraft, die die
schnellsten Züge zur Ruhe bringen konnte: eine Lokomotive musste her. Und das telefonierte der Stationsvorsteher
denn auch nach der nächsten Station.

Zum Glück war dort gerade eine Lokomotive angeheizt worden, und der Dampf fing an, unter den Rädern herauszu-
puffen, als ein Bahnbeamter über die Schienen herangelau-
fen kam und dem jungen Heizer – der Lokomotivführer war
noch gar nicht gekommen – die Schreckensnachricht mit-
teilte, die ihm von der Bergstation heruntertelefoniert worden war. Aber der Heizer war frisch bei der Hand und führte
die Maschine auf das Streckengeleise.

Und dann kam der Wagen herangeflogen, und alles sprang
vor dem Ungetüm aus dem Wege. Auch die Lokomotive begann zu fliehen, immer schneller, immer schneller. Der
Wagen holte sie ein und schob sie vor sich her – doch da fing
die Lokomotive an zu bremsen, immer stärker, immer stärker, und der flüchtige Wagen kam zum Stehen.

Und die Kinder werden von diesem Abenteuer ihr ganzes
Leben lang erzählen.

Fritz Gansberg

49

Das Lied vom Jockel

Der Herr, der schickt den Jockel aus,
er soll den Hafer schneiden.
Der Jockel schneidt den Hafer nicht
und kommt auch nicht nach Haus.

Da schickt der Herr den Pudel aus,
er soll den Jockel beißen.
Der Pudel beißt den Jockel nicht,
der Jockel schneidt den Hafer nicht
und kommt auch nicht nach Haus.

Da schickt der Herr den Prügel aus,
er soll den Pudel schlagen.
Der Prügel schlägt den Pudel nicht,
der Pudel beißt den Jockel nicht,
der Jockel schneidt den Hafer nicht
und kommt auch nicht nach Haus.

Da schickt der Herr das Feuer aus,
es soll den Prügel brennen.
Das Feuer brennt den Prügel nicht,
der Prügel schlägt den Pudel nicht,
der Pudel beißt den Jockel nicht,
der Jockel schneidt den Hafer nicht
und kommt auch nicht nach Haus.

Da schickt der Herr das Wasser aus,
es soll das Feuer löschen.
Das Wasser löscht das Feuer nicht,
das Feuer brennt den Prügel nicht,
der Prügel schlägt den Pudel nicht,
der Pudel beißt den Jockel nicht,
der Jockel schneidt den Hafer nicht
und kommt auch nicht nach Haus.

Da schickt der Herr den Ochsen aus,
er soll das Wasser saufen.
Der Ochse säuft das Wasser nicht,
das Wasser löscht das Feuer nicht,
das Feuer brennt den Prügel nicht,
der Prügel schlägt den Pudel nicht,
der Pudel beißt den Jockel nicht,
der Jockel schneidt den Hafer nicht
und kommt auch nicht nach Haus.

Da schickt der Herr den Schlächter aus,
er soll den Ochsen schlachten.
Der Schlächter schlacht' den Ochsen nicht,
der Ochse säuft das Wasser nicht,
das Wasser löscht das Feuer nicht,
Das Feuer brennt den Prügel nicht,
der Prügel schlägt den Pudel nicht,
der Pudel beißt den Jockel nicht,
der Jockel schneidet den Hafer nicht
und kommt auch nicht nach Haus.

Da schickt der Herr den Henker aus,
er soll den Schlächter hängen.
Der Henker hängt den Schlächter nicht,
der Schlächter schlacht den Ochsen nicht,
der Ochse säuft das Wasser nicht,
das Wasser löscht das Feuer nicht,
das Feuer brennt den Prügel nicht,
der Prügel schlägt den Pudel nicht,
der Pudel beißt den Jockel nicht,
der Jockel schneidet den Hafer nicht
und kommt auch nicht nach Haus.

Da schickt der Herr den Teufel aus,
er soll den Henker holen.
Der Teufel holt den Henker nicht,
der Henker hängt den Schlächter nicht,
der Schlächter schlacht den Ochsen nicht,
der Ochse säuft das Wasser nicht,
das Wasser löscht das Feuer nicht,
das Feuer brennt den Prügel nicht,
der Prügel schlägt den Pudel nicht,
der Pudel beißt den Jockel nicht,
der Jockel schneidet den Hafer nicht
und kommt auch nicht nach Haus.

Da geht der Herr nun selbst hinaus
und macht gar bald ein End' daraus.
Der Teufel holt den Henker nun,
der Henker hängt den Schlächter nun,
der Schlächter schlacht' den Ochsen nun,
der Ochse säuft das Wasser nun,
das Wasser löscht das Feuer nun,
das Feuer brennt den Prügel nun,
der Prügel schlägt den Pudel nun,
der Pudel beißt den Jockel nun,
der Jockel schneidet den Hafer nun
und kommt auch gleich nach Haus.

Das Mostbad

Des Großvaters Sohn war der Vater, der außer seinem Acker und den zwei Kühen eine ganze Stube voll Uhren hatte. Er war ein fröhlicher Bauer und ein nachdenklicher Mann, dem es nicht wohl war, wenn ihm nicht zwanzig Uhren im Hause tickten.

Woher ihm diese Lust kam, wusste niemand zu sagen. Sie fuhr in ihn, kurz nachdem er das Mostbad genommen hatte. Als er nämlich sieben Jahre alt war, beteiligte er sich in der Herbstzeit mit Eifer am väterlichen Mosten, indem er sein Becherlein an den Auslauf der Obstpresse hielt und den Saft auffing. Auch verfolgte er die übrige Hantierung mit Aufmerksamkeit, wenn der Vater einen großen Butten voll Most schöpfte und in eine ferner stehende gewaltige Kufe goss, wo er zum Gären verblieb. Es mag den Buben gelüstet haben, auch einmal aus dem großen Zuber zu schöpfen; sicher ist nur, dass der Vater ihn vermisste, irgendwo pflundern hörte und, als er zum Zuber lief, bloß noch zwei Rohrstiefelein aus dem süßen Most herausstehen sah, die er flugs ergriff, da sie ihm wohlbekannt waren. In diesen Stiefeln steckte denn auch sein Sohn, den er nur durch eine ausgiebige Bearbeitung seines Hinterteils wieder zum Leben brachte. Es hat ihm weiter nichts geschadet; aber als er nachher in der Stube saß und sich trocknete, war er ganz still und in sich gekehrt.

Am Abend fragte er mit großen Augen den Vater: »Vater, was wär's gewesen mit mir, wenn du meine Stiefele net noch herausgezogen hätt'st?«

»Dann wärst vertrunken, Jaköble«, sagte der Vater.

»Wär' ich dann nimmer bei dir und der Mutter gewesen?«

Statt aller Antwort stand der Vater auf, ging mit hartem Schritt auf die einzige Wanduhr zu und hielt den Pendel an.

»So wär's gewesen.«

Als nun die Uhr an der Wand, die immer fleißig und rechtschaffen gegangen war, mit einem Male stund, erschrak der Jaköble an der Stille zu Tode und fing an aufzuschluchzen. So jung er war, er hatte verstanden, dass ihn ein rauher Finger mitten ins fromme Uhr- und Tagewerk hatte angefasst.

Da stand die Mutter auf und führte das Büblein zur Uhr hin.

»Wisch deine Tränle ab, Jakob, musst net greinen; guck, so hat's der Vater mit dir gemacht!« Damit stieß sie den Pendel frisch an und gab dem Ührlein wieder Leben.

Seither schlossen sich alle Geheimnisse des Lebens für Jaköble in der Uhr ein. Er bekam das Recht, sie am frühen Morgen aufzuziehen, und verstand bald die stille und treue Arbeit des Gewichts, das an der Kette zog, solange es ziehen konnte, und damit die Zähne zwang, einen um den andern, sich zu bewegen und die Räder zu treiben.

Ludwig Finckh

Wieviel Monat hat ein Jahr?
Wieviel Stücke hat ein Paar?
Wieviel Viertel hat die Stund?
Wieviel Füße hat der Hund?
Wieviel Flügel hat ein Pfau?
Alles dies weiß ich genau!

Wieviel Gräslein hat die Wiese?
Wieviel Meter misst ein Riese?
Wieviel Tropfen hat ein Eimer?
Wieviel Träume hat ein
                    Träumer?
Wieviel Federn hat ein Kissen?
Alles dies kann ich nicht wissen!

Zungenspäße

Kein kleines Kind kann Kirschkerne knacken.

Bierbrauer Braun braut braunes Bier.

Bäcker, backe braunes Brot und braune Brezeln!

Hasen haben Hasenhaare, Hasenhaare haben Hasen.

Drei trillernde Lerchen trillern drei trillernde Lieder.

Zwischen zwei Zwetschenzweigen saßen zwei
zwitschernde Schwalben

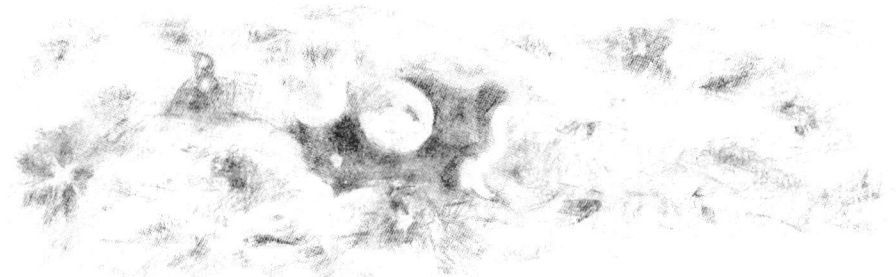

Rätsel

Auf einer großen Weide gehen
viel tausend Schafe silberweiß,
wie wir sie heute wandeln sehen,
sah sie der allerältste Greis.

Sie altern nie und trinken Leben
aus einem unerschöpften Born,
ein Hirt ist ihnen zugegeben
mit schön gebognem Silberhorn.

Er treibt sie aus zu goldnen Toren,
er überzählt sie jede Nacht
und hat der Lämmer keins verloren,
so oft er auch den Weg vollbracht.

Ein treuer Hund hilft sie ihm leiten,
ein muntrer Widder geht voran.
Die Herde, kannst du sie mir deuten?
Und auch den Hirten zeig mir an!

Friedrich Schiller

55

Auf braunen Sammetschuhen geht
der Abend durch das müde Land,
sein weiter Mantel wallt und weht,
und Schlummer fällt von seiner Hand.

Mit stiller Fackel steckt er nun
der Sterne treue Kerzen an.
Sei ruhig, Herz! Das Dunkel kann
dir nun kein Leid mehr tun.

Christian Morgenstern

O unbesiegter Gottesheld
Sankt Michael!
Komm uns zur Hilf. Zieh mit ins Feld.
Hilf uns hie kämpfen,
Die Feinde dämpfen,
Sankt Michael.

Du bist des Himmels Bannerherr,
Sankt Michael!
Die Engel sind dein Königsheer.
Hilf uns hie kämpfen,
Die Feinde dämpfen,
Sankt Michael.

Groß deine Macht, groß ist dein Heer,
Sankt Michael.
Groß auf dem Lande, groß auf dem Meer.
Hilf uns hie kämpfen,
Die Feinde dämpfen,
Sankt Michael.

Altes Kirchenlied

Am Abend

Der Mond ist aufgegangen,
die güldnen Sternlein prangen
am Himmel hell und klar;
der Wald steht schwarz und schweiget,
und aus den Wiesen steiget
der weiße Nebel wunderbar.

Wie ist die Welt so stille
und in der Dämmrung Hülle
so traulich und so hold!
Als eine stille Kammer,
wo ihr des Tages Jammer
verschlafen und vergessen sollt.

Seht ihr den Mond dort stehen?
Er ist nur halb zu sehen,
und ist doch rund und schön!
So sind wohl manche Sachen,
die wir getrost belachen,
weil unsre Augen sie nicht sehn.

So legt euch denn, ihr Brüder,
in Gottes Namen nieder;
kalt ist der Abendhauch.
Verschon' uns, Gott, mit Strafen,
und lass uns ruhig schlafen,
und unsern kranken Nachbar auch!

Matthias Claudius

Der Erzengel Michael

Und Satanael sah, dass Gott der Herr von allen Engeln verehrt und gepriesen wurde. Er wurde neidisch und beschloss, Gott gleich zu werden. Er dachte in seinem Stolz: Ich werde meinen Thron im Himmel auf die Wolken setzen und dem Allmächtigen gleich werden. Gott der Herr erriet seine Gedanken und wollte ihn aus den Himmeln hinunterstürzen samt seinen tückischen Scharen. Und Gott sandte den Erzengel Michael zu Satanael. Michael ging zu ihm. Da versengte Satanael Erzengel Michael mit seinem Feuer. Michael ging zu Gott und sagte zu ihm: »Ich habe getan, was du mir befohlen hast, aber Satanael hat mich mit Feuer versengt.« Gott der Herr gab Michael eine höhere Würde, und Michael, der bis dahin Miche hieß, wurde Michael genannt. Satanael aber hieß von nun ab nur Satan. Und Gott der Herr befahl dem Erzengel Michael, mit Gottes Zepter Satanael auf die Schulter zu schlagen und ihn samt seinen bösen Scharen vom Himmel zu stürzen. Und Gott der Herr schickte Michael von Neuem zu Satanael, doch es gelang Michael nicht, sich dem Thron Satans zu nahen, und er wurde abermals versengt. Doch Michael ermannte sich und schlug ihn mit dem Zepter mit allen Kräften und stürzte ihn in die Tiefe mit seinen Scharen. Diese flogen drei ganze Tage und drei Nächte durch die Lüfte wie Regentropfen, und am dritten Tag versammelten sich die Engel im Himmel, und Michael wurde von Gott zum Führer der himmlischen Heerscharen auserwählt. Und die Tore der Himmel wurden verschlossen. Die gestürzten Engel aber blieben draußen. Manche blieben an Bergen hängen, manche stürzten in Abgründe, andere blieben in den Lüften, wieder andere kamen bis zur Erde, um die Menschen zu verführen, jeder wie er eben konnte, und bis heute bleiben sie noch immer dort.

Altbulgarische Legende

Was sich die Bauern in der Normandie über Michael erzählen

Sankt Michael und der Teufel wohnten nahe beieinander. Als sie an einem Winterabend so beisammen saßen, gerieten sie in Streit: Satan behauptete, dass seine Macht keine Grenzen habe, Michael aber sagte, Gott allein sei allmächtig.

»Nun, so rufe Gott zu Hilfe und baue ein Schloss«, sagte der Teufel, »ich werde auch eines bauen und wir werden ja sehen, welches das schönste sein wird.« Sankt Michael war einverstanden. Bald darauf schickte der Satan eine ganze Schar kleiner Teufel aus; sie sollten große Granitblöcke aus allen Himmelsrichtungen zusammentragen. Dann ging es an die Arbeit, und bald erhob sich auf einer Insel, die von Meereswogen umbrandet und von Stürmen heimgesucht war, ein ungeheures Schloss. Immer mehr Blöcke schleppten die Teufel herbei, so dass sich ein ganzes Gebirge aus Granit aus dem Meer auftürmte. Der Teufel war stolz über sein Werk. Sankt Michael ließ es sich nicht so viel Mühe kosten: Aus Eiskristallen errichtete er am Strand durchscheinende Mauern und kühne Türme, die mit zierlichen Säulen geschmückt waren. Dieses lichtfunkelnde Schloss, das weithinaus seinen diamantenen Schein warf, überstrahlte die düsteren Granitmassen. Der stolze Teufel musste zugeben, dass er besiegt war, und kleinlaut zog er sich zurück. Doch der Neid ließ ihn nicht mehr schlafen. Als er es gar nicht mehr aushielt, fragte er Sankt Michael, ob sie nicht tauschen wollten; und dem war es recht. Doch als der Sommer kam, zerschmolz der Eispalast des Teufels unter den heißen Sonnenstrahlen, die Burg Michaels aber steht noch heute, es ist der Mont-Saint-Michel.

Nun musste der Teufel in einer einfachen Hütte an der Meeresküste wohnen, aber er besaß fruchtbare Felder, reich bewässerte Wiesen, Hügel, die mit großen Bäumen bepflanzt waren, und grünende Täler. Michael aber nannte nur Sanddünen sein eigen, und ohne Beten wäre er verhungert. Als einige entbehrungsreiche Jahre vergangen waren, war Sankt Michael aber dieses Zustandes überdrüssig und er suchte den Teufel auf und sagte: »Ich will dir einen Vorschlag machen: Überlasse mir alle deine Ländereien, ich werde sie aufs beste bebauen, und wir wollen dann die Ernte teilen!« Der Teufel war einverstanden, und Michael fuhr fort: »Ich möchte nicht, dass du dich hinterher über mich beklagst; wähle selbst, was dir lieber ist, das, was über der Erde wächst oder was darunter.« Da rief der Teufel:

»Das, was darüber wächst!« – »Gut«, sagte Michael. Sechs Monate später sah man in dem ungeheuer weiten Gebiet des Teufels nichts als Kohlrüben, Karotten und Zwiebeln angepflanzt. Satan erntete nichts; er beklagte sich heftig und wollte den Vertrag rückgängig machen. Aber Sankt Michael hatte Freude am Ackerbau gefunden und ließ sich nicht darauf ein. »Zur Entschädigung sollst du dieses Jahr all das haben, was unter der Erde reift«, sagte er. Da war der Teufel schon voller Freude. Im kommenden Frühjahr aber waren alle Felder voll Korn, Hafer, Gerste und gelbem Raps. Der Teufel bekam wieder nichts und wurde vor Ärger krebsrot. Als er eben ausholen wollte, um Sankt Michael zu schlagen, versetzte ihm dieser solch einen gewaltigen Stoß ins Kreuz, dass er wie eine Kugel durch den Weltenraum geschleudert wurde. Noch heute sieht man die Spuren seiner Hörner und Krallen in den Felsen von Mortain, wo er wieder zur Erde kam. Auf immer zerschlagen, zerschunden hinkend stand er auf und blickte zu dem verhängnisvollen Berge hinüber. Dort war ein Stärkerer als er; ihm überließ er seine Felder, Wiesen und Wälder und suchte sich anderswo sein Reich.

Legende aus der Normandie

Tischgebet

Es keimen die Pflanzen in der Erde Nacht,
Es sprossen die Kräuter durch der Luft Gewalt,
Es reifen die Früchte durch der Sonne Macht.
So keimet die Seele in des Herzens Schrein,
So sprosset des Geistes Macht im Lichte der
                                        Welt,
So reifet des Menschen Kraft in Gottes Schein.

Rudolf Steiner

Spruch

Erde, die uns dies gebracht,
Sonne, die es reif gemacht:
Liebe Sonne, liebe Erde,
Euer nie vergessen werde!

Christian Morgenstern

Spruch vom Brote

Das Brot vom Korn,
Das Korn vom Licht,
Das Licht aus Gottes
Angesicht.
Die Frucht der Erde
Aus Gottes Schein
Lass Licht auch werden
Im Herzen mein.

Martin Tittmann

Auf einem Acker wuchsen Ähren, die einen stolz und aufrecht, die anderen demütig und mit gebeugten Spitzen. Da sagten die stolzen, aufrechten: »Seht euch mal diese Dümmlinge an. Die sind nicht einmal imstande, gerade zu stehen!«

Darauf vermochten die anderen nichts zu entgegnen. Denn sie wussten nicht, was sie gebeugt hatte.

Aber die Menschen, die vorbei kamen, wussten es. Sie sagten: »Die stolzen, aufrechten Ähren sind leicht an der Spitze. Sie werden schlechtes Korn geben. Aber jene, die sich demütig bücken, sind schwer von guter Frucht. Sie werden Menschen und Tiere ernähren.«

Norwegische Legende

Der Bauer und sein Sohn

Der Bauer steht vor seinem Feld'
und zieht die Stirne kraus in Falten:
»Ich hab' den Acker wohl bestellt,
auf reine Aussaat streng gehalten;
nun seh mir eins das Unkraut an!
Das hat der böse Feind getan.«

Da kommt sein Knabe hochbeglückt,
mit bunten Blüten reich beladen;
im Felde hat er sie gepflückt,
Kornblumen sind es, Mohn und Raden.
Er jauchzt: »Sieh, Vater, nur die Pracht!
Die hat der liebe Gott gemacht!«

Julius Sturm

Drei Kranzkuchen und ein Kringel

Ein Bauer hatte einen Wolfshunger. Er kaufte einen großen Kranzkuchen und aß ihn auf. Er hatte immer noch Hunger. Er kaufte noch einen Kranzkuchen und aß auch den. Und immer noch hatte er Hunger. Er kaufte einen dritten und aß ihn ebenfalls. Und auch jetzt war sein Hunger nicht gestillt. Da kaufte er einen Kringel. Und kaum hatte er den gegessen, war er satt.

Der Bauer schlug sich an den Kopf und sagte: »Was bin ich doch für ein Narr! Nun habe ich ganz umsonst das Geld für die Kranzkuchen hinausgeschmissen. Mit dem einen Kringel hätte ich anfangen sollen.«

Leo Tolstoi

69

Säerspruch

Bemesst den Schritt! Bemesst den
　　　　　　　　Schwung!
Die Erde bleibt noch lange jung!
Dort fällt ein Korn, das stirbt und ruht.
Die Ruh ist süß. Es hat es gut.
Hier eins, das durch die Scholle bricht.
Es hat es gut. Süß ist das Licht.
Und keines fällt aus dieser Welt
und jedes fällt, wie's Gott gefällt.

Conrad Ferdinand Meyer

Wie aus Korn Brot wurde

»Als das Gras so schöne Ähren bekommen hatte, ließ es zum Dank aus jedem Korn einen Strahl hinaufwachsen, so dass es aussah wie lauter kleine längliche Sonnen. Die Körner wuchsen und wurden schwer. Da neigten sich die Ähren zur Erde und sprachen: ›Liebe Erde, wir haben das Licht vom Himmel und den Stoff von dir bekommen. Unsere Strahlen haben wir zum Dank dem Himmel entgegengesandt, unsere Körner neigen wir jetzt zu dir.‹ ›Ihr freut euch jetzt an euren vollen Ähren, aber ihr werdet noch viel erleiden müssen‹, sagte die Erde. ›Seid nicht verzagt, am Ende werdet ihr weiß sein wie das himmlische Licht und werdet einen neuen Leib bekommen, rund und braun wie eine kleine Erde.‹ Die Ähren hörten aufmerksam auf die Worte der Erde.

Dann kam der Bauer und schnitt die Halme ab. Er schlug mit dem Dreschflegel so fest auf sie ein, dass die Körner aus den Hülsen sprangen. ›Das ist das Leiden, von dem die Erde sprach‹, dachten sie. ›Das muss sein, damit wir so weiß wie das Licht und so rund und braun wie die Erde werden.‹

Als das Dreschen vorüber war, wurden die Körner in Säcke gefüllt. Darin war es dunkel und eng. Der Bauer nahm den Sack auf die Schulter und trug ihn in die Mühle. Bei jedem Schritt rieben die Körner aneinander, und sie sehnten sich heraus aus dem dunklen Sack. ›Es ist so eng und dunkel hier‹, klagten sie.

Da wurde der Sack geöffnet, die Körner sprangen heraus, aber sie gelangten nicht ins Licht, sondern in einen dunklen Trichter. In der Mühle wurde das Korn gemahlen und verlor seine Gestalt. Aber immer dachte es an die Worte der Erde und hielt das alles aus. So wurde es in Mehl verwandelt, weiß wie Himmelslicht.

Dann kam die Bäuerin, nahm das Mehl, mischte Wasser, Hefe und Salz dazu und formte aus dem Teig einen runden Laib. Den schob sie in den Feuerofen. Dort bekam er eine feste Kruste und sah aus wie eine kleine Erde, rund und braun. So erfüllte sich für das Korn, was die Erde ihm verheißen hatte, als es noch auf dem Felde stand.«

Irene Johanson

Warum das Korn sterben muss

»Nicht alle Körner machten diese Verwandlung durch, vom Korn zum Mehl und vom Mehl zum Brot. Einige Säcke mit Getreide behielt der Bauer zurück, brachte sie nicht in die Mühle.

Als der Frühling kam, nahm er sie und streute sie aus in seinen Acker. Da lagen nun in vielen Furchen die Körner nebeneinander. Die braune Erde bedeckte sie, und sie schliefen. Im Frühling schickte die Sonne ihre Strahlen und bohrte sie wie spitze Pfeile durch die hartgefrorene Erdkrume, bis jeder Strahl ein Korn traf. Die Körner erwachten und sprangen auf. Nach unten streckten sich kleine Wurzeln, nach oben zarte Keimlinge. Die Wurzel befestigte sich in der Erde, die Keimlinge folgten dem Sonnenstrahl, durchbrachen die Erdkrume und wuchsen aufwärts, bis sie richtige Halme wurden.

Je mehr aber die Wurzel nach unten und die Halme nach oben wuchsen, um so mehr fühlte das Korn in der Ackerfurche seine Kräfte schwinden. Es musste sterben, damit aus ihm ein Bündel neuer Halme hervorwachsen konnte. Wenn das Korn nicht in die Erde gelegt wird und stirbt, kann es keine Ähren mit vielen Körnern hervorbringen, und wenn die Körner nicht zerrieben werden, kann es kein Mehl und kein Brot für die Menschen geben.«

Irene Johanson

Der Schuster braucht das Leder,
der Schreiber braucht die – –,
der Schlosser braucht die Feile,
der Holzhacker die – –,
der Schmied, der braucht das Feuer,
der Schiffer steht am – –,
der Jäger bläst ins Horn,
der Reiter braucht den –,
der Koch braucht Fett und Butter,
das Vieh im Stall frisst – –,
der Maurer braucht den Sand,
und du brauchst jetzt die –
und setzt am rechten Ort
genau das rechte Wort.

Die Heinzelmännchen

Wie war zu Köln es doch vordem
mit Heinzelmännchen so bequem!
Denn war man faul, man legte sich,
hin auf die Bank und pflegte sich.
Da kamen bei Nacht,
eh' man's gedacht,
die Männlein und schwärmten
und klappten und lärmten
und rupften und zupften
und hüpften und trabten
und putzten und schabten –
und eh' ein Faulpelz noch erwacht',
war all sein Tagewerk bereits gemacht.

Beim Bäckermeister war nicht Not,
die Heinzelmännchen backten Brot.
Die faulen Burschen legten sich,
die Heinzelmännchen regten sich
und ächzten daher
mit Säcken schwer
und kneteten tüchtig
und wogen es richtig
und hoben und schoben
und fegten und backten
und klopften und hackten.
Die Burschen schnarchten noch im Chor,
da rückte schon das Brot, das neue, vor.

Beim Fleischer ging es just so zu:
Gesell' und Bursche lag in Ruh'.
Indessen kamen die Männlein her
und hackten die Schwein' die Kreuz und Quer.
Das ging so geschwind
wie die Mühl' im Wind.
Die klappten mit Beilen,
die schnitzten an Speilen,
die spülten und wühlten
und mengten und mischten
und stopften und wischten.
Tat der Gesell' die Augen auf,
wapp, hing die Wurst schon da zum Ausverkauf.

Einst hatt' ein Schneider große Pein:
Der Staatsrock sollte fertig sein.
Warf hin das Zeug und legte sich
hin auf das Ohr und pflegte sich.

Da hüpften sie frisch an den Schneidertisch
und schnitten und rückten
und nähten und stickten
und fassten und passten
und strichen und guckten
und zupften und ruckten.
Und eh' mein Schneiderlein erwacht',
war Bürgermeisters Rock bereits gemacht.

Neugierig war des Schneiders Weib
und macht sich diesen Zeitvertreib:
Streut Erbsen hin die andre Nacht.
Die Heinzelmännchen kommen sacht.
Eins fähret nun aus,
schlägt hin im Haus.
Die gleiten von Stufen
und plumpsen in Kufen,
die fallen mit Schallen,
die lärmen und schreien
und vermaledeien.
Sie springt hinunter auf den Schall
mit Licht: Husch, husch, husch, husch! – verschwinden all.

O weh, nun sind sie alle fort,
und keines ist mehr hier am Ort.
Man kann nicht mehr wie sonsten ruhn;
man muss nun alles selber tun.
Ein jeder muss fein
selbst fleißig sein
und kratzen und schaben
und rennen und traben
und schniegeln und bügeln
und klopfen und hacken
und kochen und backen.
Ach, dass es noch wie damals wär'!
Doch kommt die schöne Zeit nicht wieder her.

August Kopisch

Wer ist Lehrling?
Jedermann!
Wer Geselle?
Der was kann!
Wer ist Meister?
Der's ersann!

Johann Wolfgang Goethe

Pflaumenregen

Es steht ein Baum im Garten
von Pflaumen voll und schwer.
Die Kinder drunten warten
und lauschen rings umher:
Ob nicht der Wind ihn rüttelt
und all die Pflaumen schüttelt,
dass alle purzeln kreuz und quer.

Da horcht, wie's rauscht und rappelt.
Im Wald wacht auf der Wind.
Schon zischelt er und zappelt
und trappelt her geschwind
und wiegt und biegt die Äste,
dass schier in ihrem Neste
die Finken nimmer sicher sind.

Nun fällt ein Pflaumenregen,
der aber macht nicht nass.
Im Gras herum zu fegen
ist ja der größte Spaß.
O Wind, o Wind, o rüttle,
o Wind, o Wind, o schüttle,
wir krapsen ohne Unterlass.

Friedrich Güll

Vom schlafenden Apfel

Im Baum im grünen Bettchen
hoch oben sich ein Apfel wiegt,
der hat so rote Bäckchen –
man sieht's dass er im Schlafe liegt.

Ein Kind steht unterm Baume,
das schaut und schaut und ruft hinauf:
»Ach, Apfel, komm herunter!
Hör endlich doch mit Schlafen auf!«

Es hat ihn so gebeten –
glaubt ihr, der wäre aufgewacht?
Er rührt sich nicht im Bette,
sieht aus, als ob im Schlaf er lacht.

Da kommt die liebe Sonne
am Himmel hoch daherspaziert.
»Ach, Sonne, liebe Sonne,
mach du, dass sich der Apfel rührt!«

Die Sonne spricht: »Warum nicht?«
und wirft ihm Strahlen ins Gesicht,
küsst ihn dazu so freundlich;
der Apfel aber rührt sich nicht.

Nun schau! Da kommt ein Vogel
und setzt sich auf den Baum hinauf.
»Ei, Vogel, du mußt singen;
gewiss, gewiss, das weckt ihn auf.«

Der Vogel wetzt den Schnabel
und singt ein Lied so wundernett,
und singt aus voller Kehle;
der Apfel rührt sich nicht im Bett.

Und wer kam nun gegangen?
Es war der Wind, den kenn' ich schon,
der küsst nicht und der singt nicht,
der pfeift aus einem andern Ton.

Er stemmt in beide Seiten
die Arme, bläst die Backen auf
und bläst und bläst, und richtig –
der Apfel wacht erschrocken auf
und springt vom Baum herunter
grad' in die Schürze von dem Kind;
das hebt ihn auf und freut sich
und ruft: »Ich danke schön, Herr Wind!«

Robert Reinicke

Der Großvater und sein Enkel

Es war einmal ein steinalter Mann, dem waren die Augen trüb geworden, die Ohren taub, und die Knie zitterten ihm. Wenn er nun bei Tische saß und den Löffel kaum halten konnte, schüttete er Suppe auf das Tischtuch, und es floss ihm auch etwas wieder aus dem Munde. Sein Sohn und dessen Frau ekelten sich davor, und deswegen musste sich der alte Großvater endlich hinter den Ofen in die Ecke setzen, und sie gaben ihm sein Essen in ein irdenes Schüsselchen und noch dazu nicht einmal satt. Da sah er betrübt nach dem Tische, und die Augen wurden ihm nass. Einmal konnten seine zitterigen Hände das Schüsselchen nicht festhalten; es fiel zur Erde und zerbrach. Die junge Frau schalt, er sagte aber nichts und seufzte nur. Da kaufte sie ihm ein hölzernes Schüsselchen für ein paar Heller, daraus musste er nun essen. Wie sie einst da so sitzen, so trägt der kleine Enkel von vier Jahren auf der Erde kleine Brettlein zusammen. »Was machst du da?« fragte der Vater. »Ich mache ein Tröglein«, antwortete das Kind, »daraus sollen Vater und Mutter essen, wenn ich groß bin.« Da sahen sich Mann und Frau eine Weile an, fingen endlich an zu weinen, holten sofort den alten Großvater an den Tisch und ließen ihn von nun an immer mitessen, sagten auch nichts, wenn er ein wenig verschüttete.

Brüder Grimm

Die drei Spatzen

In einem leeren Haselstrauch,
da sitzen drei Spatzen, Bauch an Bauch.

Der Erich rechts und links der Franz
und mitten drin der freche Hans.

Sie haben die Augen zu, ganz zu,
und oben drüber da schneit es, hu!

Sie rücken zusammen dicht an dicht,
so warm wie der Hans hats niemand nicht.

Sie hör'n alle drei ihrer Herzlein Gepoch,
und wenn sie nicht weg sind, so sitzen sie noch.

Christian Morgenstern

Will sehen, was ich weiß
vom Büblein auf dem Eis

Gefroren hat es heuer
noch gar kein festes Eis.
Das Büblein steht am Weiher
und spricht so zu sich leis:
»Ich will es einmal wagen;
das Eis, es muss doch tragen!« –
Wer weiß?

Das Büblein stampft und hacket
mit seinem Stiefelein.
Das Eis auf einmal knacket,
und krach! schon bricht's hinein.
Das Büblein planscht und krabbelt
als wie ein Krebs und zappelt
mit Schrei'n:

»O helft, ich muss versinken
in lauter Eis und Schnee!
O helft, ich muss ertrinken
im tiefen, tiefen See!«
Wär nicht ein Mann gekommen,
der sich ein Herz genommen –
o weh!

Der packt es bei dem Schopfe
und zieht es dann heraus.
Vom Fuße bis zum Kopfe
wie eine Wassermaus;
das Büblein hat getropfet;
der Vater hat's geklopfet
zu Haus.

Friedrich Güll

Rätsel

Kennst du die Brücke ohne Bogen
und ohne Joch, von Diamant,
die über breiter Ströme Wogen
errichtet eines Greises Hand?

Er baut sie auf in wenig Tagen,
geräuschlos, du bemerkst es kaum;
doch kann sie große Lasten tragen
und hat für hundert Wagen Raum.

Doch kaum entfernt der Greis sich wieder,
da hüpft ein Knabe froh daher;
der reißt die Brücke eilig nieder,
du siehst auch ihre Spur nicht mehr.

Johann Friedrich Kind

BAUERNREGELN

JANUAR

Neujahrsnacht still und
klar,
deutet auf ein gutes Jahr.

Knarrt im Januar Eis und
Schnee,
Gibt's zur Ernt' viel Korn
und Klee.

Anfang und Ende vom
Januar
zeigen das Wetter fürs
ganze Jahr.

Jänner muss vor Kälte
knacken,
wenn der Bauer gut soll
sacken.

FEBRUAR

Sonnt sich die Katze im
Februar,
so friert sie im März trotz
Pelz und Haar.

Der Februar muss
stürmen und blasen,
soll das Vieh im Lenze
grasen.

MÄRZ

Soviel im Märzen Nebel
steigen,
soviel im Sommer sich
Wetter zeigen.

Märzenstaub
bringt Gras und Laub.
Märzenschnee
tut den Früchten weh.

APRIL

Heller Mondschein im
April,
schadet den Blüten viel.

April windig und trocken,
macht alles Wachstum
stocken.

MAI

Grünt die Eiche vor der
Esche,
hält der Sommer große
Wäsche.
Grünt die Esche vor der
Eiche,
hält der Sommer große
Bleiche.

Scheint auf Himmelfahrt
die Sonne,
bringt der Herbst uns
große Wonne.

Viel Gewitter im Mai,
singt der Bauer »Juchhei!«

Mai, kühl und nass,
füllt dem Bauern Scheuer und Fass.

JUNI

Wenn kalt und nass der
Juni war,
verdirbt er meist das
ganze Jahr.

Menschensinn und
Juniwind
ändern sich oft sehr
geschwind.

Der Abend rot, der Morgen grau,
gibt das schönste Tagesblau.

JULI

Im Juli muss vor Hitze braten,
was im September soll geraten.

AUGUST

Weht im August der Wind
aus Nord,
ziehen die Schwalben
noch lange nicht fort.

Hat der August viel
Regen,
gibt es keinen Erntesegen.

SEPTEMBER

Donnert's im September
noch,
liegt der Schnee um
Weihnacht hoch.

Wenn im September viel
Spinnen kriechen,
sie den nahen Winter
riechen.

Wenn Michaelis der Wind kalt weht,
ein harter Winter zu erwarten steht.

OKTOBER

Wenn das Laub am
Baume bleibt,
ist der Winter noch recht
weit.

NOVEMBER

Blühen im November die
Bäume aufs Neu,
währet der Winter bis
zum Mai.

Hat Sankt Martin einen
weißen Bart,
wird der Winter lang und
hart.

DEZEMBER

Regnet's an Sankt
Nikolaus,
wird der Winter streng
und kraus.

Wenn dunkel der
Dezember war,
so rechne auf ein gutes
Jahr.

Ist es grün zur
Weihnachtsfeier,
fällt der Schnee auf
Ostereier.

Ist's windig in den
Weihnachtstagen,
werden die Bäume viel
Früchte tragen.

Ist die Weihnacht kalt und klar,
folgt ein höchst gesegnet Jahr.

Wenn es Winter wird

Der See hat eine Haut bekommen,
so dass man fast drauf gehen kann,
und kommt ein großer Fisch geschwommen,
so stößt er mit der Nase an.
Und nimmst du einen Kieselstein
und wirfst ihn drauf, so macht es klirr
und titscher – titscher – titscher – dirr.
Heißa, du lustiger Kieselstein!
Er zwitschert wie ein Vögelein
und tut als wie ein Schwälblein fliegen –
doch endlich bleibt mein Kieselstein
ganz weit, ganz weit auf dem See draußen liegen.
Da kommen die Fische haufenweis
und schaun durch das klare Fenster von Eis
und denken der Stein wär etwas zum Essen;
doch so sehr sie die Nase ans Eis auch pressen
das Eis ist zu dick, das Eis ist zu alt,
sie machen sich nur die Nasen kalt.
Aber bald, aber bald
werden wir selbst auf eigenen Sohlen
hinausgehn können und den Stein wieder holen.

Christian Morgenstern

Die Frösche

Ein großer Teich war zugefroren,
die Fröschlein, in der Tiefe verloren,
durften nicht ferner quaken und springen,
versprachen sich aber, im halben Traum,
fänden sie nur da oben Raum,
wie Nachtigallen wollten sie singen.
Der Tauwind kam, das Eis zerschmolz,
nun ruderten sie und landeten stolz
und saßen am Ufer weit und breit
und quakten wie vor alter Zeit.

Johann Wolfgang Goethe

Das fremde Kind

Durch den Schnee und durch die Tannen des Schwarzwaldes kommt abends am 5. Dezember 1807 ein achtjähriges Mägdlein halb barfuß, halb nackt vor das Häuslein eines armen Taglöhners im Gebirge und gesellt sich mir nichts, dir nichts zu den Kindern des armen Mannes, die vor dem Hause waren, und gaukelt mit ihnen, geht mit ihnen mir nichts, dir nichts in die Stube und denkt weiter nimmer ans Fortgehen. Nicht anders als ein Schäflein, das sich von der Herde verlaufen hat und in der Wildnis herumirrt, wenn es wieder zu seinesgleichen kommt, so hat es keinen Kummer mehr. Der Taglöhner fragt das Kind, wo es herkomme. »Oben ab vom Gutenberg.« – »Wie heißt dein Vater?« – »Ich habe keinen Vater.« – »Wie heißt deine Mutter?« – »Ich habe keine Mutter.« – »Wem gehörst du denn sonst an?« – »Ich gehöre niemand an.« – Aus allem, was er fragte, war nur so viel herauszubringen, dass das Kind von den Bettelleuten sei aufgelesen worden, dass es mehrere Jahre mit Bettlern und Gaunern sei herumgezogen, dass sie es zuletzt in St. Peter haben sitzen lassen, und dass es allein über St. Märgen gekommen sei und jetzt da sei. Als der Taglöhner mit den Seinigen zu Nacht aß, setzte sich das fremde Kind auch an den Tisch. Als es Zeit war zu schlafen, legte es sich auf die Ofenbank und schlief auch, so den andern Tag, so den dritten. Denn der Mann dachte: Ich kann das arme Kind nicht wieder in sein Elend hinausjagen, so schwer es mich ankommt eins mehr zu füttern. Aber am dritten Tage sagte er zu seiner Frau: »Frau, ich will's doch auch dem Herrn Pfarrer anzeigen.« Der Pfarrherr lobte die gute Denkungsart des armen Mannes, der Hausfreund auch. »Aber das Mägdlein«, sagte der Pfarrer, »soll nicht das Brot mit Euren Kindern teilen, sonst werden die Stücklein zu klein. Ich will ihm einen Vater und eine Mutter suchen.« Also ging der Pfarrherr zu einem wohlhabenden und gutdenkenden Mann in seinem Kirchspiel, der selber wenig Kinder hat, und der Hausfreund weiß just nicht, wie er's dem Manne sagte: »Peter«, sagte er,

»wollt Ihr ein Geschenk annehmen?« – »Nachdem's ist«, sagte der Mann. – »Es kommt von unserm lieben Herrgott.« – »Wenn's von dem kommt, so ist's kein Fehler.« – Also bot ihm der Pfarrherr das verlassene Mägdlein an und erzählte ihm die Geschichte dazu, so und so. Der Mann sagte: »Ich will mit meiner Frau reden. Es wird nicht fehlen.« Der Mann und die Frau nahmen das Kind mit Freuden auf. »Wenn's gut tut«, sagte der Mann, »so will ich's erziehen, bis es sein Stücklein Brot selber verdienen kann. Wenn's nicht gut tut, so will ich's wenigstens behalten bis ins Frühjahr. Denn dem Winter darf man keine Kinder anvertrauen.« Jetzt hat er's schon viermal überwintert und viermal übersommert auch. Denn das Kind tat gut, ist folgsam und dankbar und fleißig in der Schule, und Speise und Trank ist nicht der größte Gotteslohn, den das fromme Ehepaar an ihm ausübt, sondern die christliche Zucht, die väterliche Erziehung und die mütterliche Pflege. Wer das fremde Töchterlein unter den andern in der Schule sieht, sollt' es nicht erkennen, so gut sieht es aus und so sauber ist es gekleidet. So etwas tut dem Hausfreund wohl und er könnte den braven Taglöhner und die braven Pflegeeltern des Kindes mit Namen nennen, wer sie sind und wie sie heißen. Aber über seinen Mund kommt's nicht.

Johann Peter Hebel

Die Flöte des Hirtenknaben

In der Nacht, da der Heiland geboren ward, ging ein armer Hirtenknabe auf den Höhen unweit Bethlehems, um eines seiner Schafe zu suchen. So kam es, dass er sich nicht unter jenen Hirten befand, von denen wir im Evangelium hören.

Dieser Knabe diente einem strengen Herrn – wer weiß, vielleicht sogar bei einem der Wirte Bethlehems. Käme er nach Haus und hätte seine Herde nicht beisammen, würde es Schläge geben. Darum achtete er kaum auf die wundersamen Dinge, die da um ihn geschahen. Nicht wurde er gewahr, wie der Wind sich legte, nicht hörte er, wie die Vögel zu singen begannen, nicht sah er, wie auf einmal alle Sterne mit doppeltem Glanz leuchteten. Den Berg aufwärts führte ihn sein Weg, hinter jedem Busch suchte er, bis er zuletzt oben auf der Höhe stand. Von dort konnte er weit und breit über die Felder schauen bis hin zur Stadt Bethlehem.

Wie er da oben stand, geschah es, dass die Himmel sich öffneten, die Nacht hell wurde wie der Tag. Es erschien eine ungezählte Engelschar, und ein Lobgesang ging über die Erde. Wie groß das Wunder war, das in dieser Nacht geschah, hat bis zum heutigen Tag kaum ein Mensch begriffen. So mag es auch verziehen sein, wenn ein armer Hirtenjunge die Botschaft nicht sofort verstand. Er dachte an das Schaf, das ihm durchgegangen war, und wollte weiter suchen. Da stand auf einmal auch vor ihm ein Engel, der da sprach: »Trage keine Sorge wegen deines Schäfleins. Zu dieser Stunde ist ein größerer Hirte geboren. Lauf schnell nach Bethlehem, wo das Christkind, der Erlöser der Welt, in der Krippe liegt.«

»Vor den Erlöser der Welt«, sagte der Junge, »vor Ihn darf ich doch nicht hintreten, wenn ich Ihm kein Geschenk bringen kann.«

»Hier, nimm diese Flöte und spiele dem Kind ein Lied vor«, sagte der Engel, gab ihm eine Flöte und war sogleich entschwunden. Sieben Töne hatte die Flöte, und als der Knabe sie an die Lippen setzte, spielte sie wie von selber. Dankbar und fröhlich lief er nun den Berg hinab. Als er aber über einen Bach springen wollte, da stolperte er und lag auf einmal zwischen den Kieseln, so lang er war. Die Flöte fiel ihm aus der Hand und dabei entschlüpfte ihm ein Wort, das unter Hirten vorkommen mag. Schön war es nicht. Und als er die Flöte in der Hand hielt, war ein Ton verlorengegangen.

Noch waren aber sechs Töne ganz. Zum Weinen langte die Zeit nimmer, der Weg war jetzt besser, also lief er weiter, was er nur konnte. Auf einmal blieb er stehen. Mitten vor ihm saß ein großer Wolf, der Lämmerfresser selbst, mit gefletschten Zähnen. Da geriet der Junge in Wut. »Pack dich weg!« rief er, und unversehens hatte er die Flöte dem schon fliehenden Wolf nachgeworfen. Als er sie wieder fand, konnte sie nur noch fünf Töne hervorbringen.

Jetzt war er auf die Ebene gekommen, wo die Herde weilte. Alle Tiere ruhten, es herrschte tiefe Stille. Nur ein Schaf lief blökend herum. Der Junge wollte es in den Pferch bringen, rannte ihm nach, und da es auswich, schmiss er, was er gerade in der Hand hatte, dem Schaf in die Beine. Es war die Flöte, die nun wiederum einen Ton verlor.

Wo waren aber die andern Hirten? Dass sie schon vor dem Kind im Stalle knieten, wusste er ja nicht. Er glaubte sie vielmehr bei einem Krug Bier im Wirtshaus, und er sollte wohl als der Jüngste wiederum die Wache halten? Verdrossen stieß er mit dem Fuß an einen Wasserkrug, der nahe am Feuer stand. Da war es, als hätte eine unsichtbare Macht ihm die Flöte aus der Hand geschlagen, und als er sie wieder aufhob, hatte sie nur noch drei Töne. Nun lief er weiter gen Bethlehem. Alles ging gut, bis er durchs Stadttor wollte. Da sah er sich auf einmal von einem Haufen Straßenjungen umringt, die wollten ihm die Flöte abnehmen. Er aber mochte sie nicht hergeben; also gab es geballte Fäuste und Hiebe. Die Flöte hat er zwar behalten, ein Ton ist aber dabei verlorengegangen. Immerhin, jetzt stand er draußen vor dem Stall. Hoch über dem Dach leuchtete der Wunderstern, in der Krippe lag der Erlöser der Welt.

Und doch sollte es geschehen, dass die Flöte nur noch einen einzigen Ton hatte, als er hineintrat. Denn wie er an der Haustür vorbeiging, stürzte der bissige Hund des Wirtes auf ihn los. Da wusste er sich nicht anders zu wehren als mit dem, was er in der Hand hielt, und das war die Flöte.

Da stand er nun unten an der Türe und traute sich nicht hin zu dem Kind. Er schämte sich zutiefst, dass so wenig von seinem Geschenk übrig war.

In seiner Einfalt hat er nicht gewusst, dass eben aller Menschen Weg zum Erlöser der Welt so beschaffen ist.

Doch die Muttergottes winkte ihn heran, leise trat der Knabe aus seiner Ecke hervor und spielte seinen letzten, einzigen Ton. Der war gar wundersam schön. Es lauschte das Kind, es lauschte alles, was im Stalle war, Maria und Josef, Ochs und Esel. Das Christkind aber streckte seine göttliche Hand aus und berührte die Flöte. Und siehe da, im selben Augenblick ist sie wieder ganz geworden, hat heil und herrlich getönt, wie sie es vom Himmel her tat.

Norwegische Legende

Die Katze vom Dovre

Vor Jahren lebte in Finnmark ein Mann, der hatte einen großen Eisbären gefangen und wollte ihn dem König von Dänemark bringen. Als er zum Dovre kam, war es Weihnacht geworden. Er kam zur Hütte eines Mannes, der Halvor hieß, und bat ihn um Obdach für sich und den Bären.

»Barmherziger Himmel!« sagte Halvor. »Wir können jetzt niemand Obdach gewähren, denn an jedem Weihnachtsabend kommen so viele Trolle zu uns, dass unseres Bleibens hier nicht ist und dass wir selbst kein Dach über dem Kopf haben.«

»Ach, für uns hast du sicher noch Platz«, sagte der Mann. »Mein Bär kann unter dem Ofen liegen, und für mich ist das Kämmerchen gut genug.«

Und er bat so lange, bis er die Erlaubnis bekam. Danach verließen alle das Haus. Der Tisch aber war für die Trolle gedeckt, da standen Rahmgrütze, Fische, Wurst und andere Herrlichkeiten, mit denen man Gäste bei großen Festen bewirtet.

Und es dauerte nicht lange, da stellten die Trolle sich ein. Einige von ihnen waren groß und einige klein, einige hatten lange Schwänze und einige keine, und viele hatten lange, lange Nasen. Und sie aßen und tranken und ließen keine Speise unversucht.

Plötzlich aber entdeckte einer der kleinen Trolle den Eisbären, der unter dem Ofen lag, nahm ein Stück Wurst, steckte es auf eine Gabel, briet es, schwänzelte durch die Stube und hielt es so dicht unter die Nase des Bären, dass er ihn brannte. »Mieze, willst du 'ne Wurst?« rief er. Brummend erhob sich der Bär und jagte das ganze Gesindel mit Sack und Pack zur Tür hinaus.

Ein Jahr später war Halvor am Nachmittag des Heiligen Abends wieder im Wald, um für die Weihnachtszeit Holz zu holen, denn er erwartete wieder die Trolle.

Als er am Holzhacken war, hörte er eine Stimme im Walde rufen: »Halvor, Halvor!«

»Ja«, sagte Halvor.

»Hast du deine große Mieze noch?«

»Ja, die liegt zu Hause unter dem Ofen«, sagte Halvor, »nun hat sie auch noch sieben Junge bekommen, und die sind noch stärker und böser als sie.«

»Dann kommen wir niemals wieder zu dir!« rief der Troll aus dem Wald. Und seit der Zeit haben die Trolle nie mehr ihr Weihnachtsessen bei Halvor im Dovregebirge verzehrt.

Norwegisches Märchen

Der Weihnachtsabend
eines norwegischen Pferdes

Schwarz und klein war das Pferd, und darum hieß es »Mohrle«. Vier flinke Beine und zwei sanfte Augen hatte es und seine eigene merkwürdige Geschichte. Aber das will freilich nicht viel bedeuten; denn gerade in Norwegen gibt es viele schwarze, kleine Pferde mit flinken Beinen und sanften Augen; und eine merkwürdige Geschichte hat eigentlich auch jedes Pferd, wenn sie nur aufgeschrieben wäre.

Aber Mohrle hatte eben doch etwas Besonderes. Das war sein letzter Weihnachtsabend. Einen solch fröhlichen Weihnachtsabend hatte kein anderes Pferd auf der ganzen Welt.

Onkel Jens behauptete das wenigstens.

Und es ging so zu: Mohrle hatte einen schweren Dienst. Während des ganzen Winters war es sechs Tage von jeder Woche im Wald. Und es war wirklich mühselig, die schweren Stämme zu Tal zu bringen auf schlechten, glatten, gefährlichen Wegen. Und auch die Nächte waren zu dieser kalten Zeit in der Waldhütte nicht angenehm. Aber wie überall auf Erden, so gab es auch oben im Gebirge jede Woche einen Samstagnachmittag. Da ging es fröhlich heimzu. Und das war Mohrles Freudentag. So gewiss der Samstag im Kalender kam, so gewiss kamen dem Mohrle in der Nähe des Hofes jedesmal die vier Kinder des Bauern entgegen, jedes mit einem Stück Brot in der Hand. Mit einem Stück Brot für das Mohrle natürlich. Und das ist nicht überall so auf der Welt.

Woche um Woche war so vergangen und nun der Weihnachtsabend herangekommen.

Die Dämmerung lag schon auf dem Land. Die Kirchenglocken ringsherum waren verklungen. Der Christbaum war angezündet, und die Kinder hatten ihre kleinen Gaben erhalten. Eine Weile war es dann sehr vergnügt im Hause zugegangen; wie es oft zuzugehen pflegte, wenn Onkel Jens daheim war. Denn der hatte stets irgendeinen Spaß bereit.

Der Vater war eben aus dem Stall gekommen, wo er dem Mohrle eine Extraportion Hafer zu Ehren des Christabends gereicht hatte. Die Kinder knabberten ein wenig am Weihnachtsgebäck herum und knackten Nüsse auf. Vater und Onkel hatten sich die Pfeifen gestopft und setzten sich zur Mutter ins Nebenstüblein. Und nun plauderten sie von allerlei: vom vorigen Weihnachten, von der Holztrift im Sommer, von Onkels Geschäften in der Stadt.

Auf einmal sagte die Mutter: »Wie das so still in der Stube draußen ist!« – Und es war nicht bloß in der Stube so still, auch in der Küche und überall.

»Aha!« lachte Onkel Jens, »die Schelme haben sich versteckt!« Und gleich kniete er sich auf den Boden und lugte unter das Bett. Da war aber nichts. Er griff unter die Bettdecke. Da war auch nichts. Im Holzkasten – unter dem Waschzuber – nirgends was.

»Wart!« sagte der Onkel, »ich will die Füchslein schon aus dem Bau herauslocken! Wau, wau, wau!« bellte er wie ein kleiner, zorniger Hund. Und dabei fuhr er im Haus herum.

Aber kein Füchslein rührte sich. Füchse sind ja besonders schlau und lassen sich nicht gern erwischen, das kannst du dir denken. Nun waren sie diesmal freilich unmöglich herauszulocken; denn sie hatten sich gar nicht versteckt. Sie waren bei einem lieben Freund auf Besuch.

Der Vater hatte vergessen, das Licht im Stall auszulöschen, und die Kinder hatten es bemerkt. Sie hatten Mohrle losgebunden, und das stand nun bei ihnen auf dem Gang. Gottlieb war hinaufgeklettert, hatte die Arme um Mohrles Hals geschlungen und drückte seine Wange auf die kurze Mähne. Ingeborg steckte ihm fort und fort kleine Stückchen Christstollen zwischen die Zähne, Hansi versorgte ihn mit Malzzucker, und Marile hielt ihm eine große Haselnuss unter die weiche Nase.

Die Gaben Ingeborgs und Hansis ließ sich Mohrle gut schmecken. Aber an der Nuss Mariles schnupperte er sehr misstrauisch herum. So was hatte er noch nicht gesehen, noch versucht. Das sah ja aus wie ein Stein, und Steine wollte er nicht essen. So schnell gab aber Marile nicht nach. Sie wusste, wie gut eine Nuss war, und außerdem wollte sie durchaus nicht zurückstehen und dem Mohrle auch was schenken. Sie steckte ihm die Nuss von vorn und von der rechten und von der linken Seite her ins Maul; aber Mohrle schüttelte nur immer den Kopf. Klein genug war ja das Mohrle; aber Kleinmarile war halt noch viel kleiner und konnte Mohrle nicht zwingen. Da schob sie die Unterlippe vor und fing zu weinen an und zog sich gekränkt in eine Ecke zurück. Die Hand mit der Nuss hielt sie aber immer noch ausgestreckt.

Und nun tat Mohrle etwas, was man nie hätte glauben sollen, dass ein Pferd das tun könnte. Wie Marile schluchzend zurücktrat, spitzte Mohrle die Ohren, wandte den Kopf und ging ihr Schritt um Schritt nach. Und als Gottlieb, der noch immer auf dem Pferd lag, aufmunternd rief: »Hopsa, hopsa!« – da nahm Mohrle die Nuss aus Mariles Hand. Und – sei es nun Stein oder Stock oder was immer – brachte die Nuss zwischen die Zähne, daß es nur so krachte. Da gab's ein fröhliches Hallo im Stall, und Kleinmarile lachte auch mit. In diesem Augenblick tat sich die Stalltür auf, und Vater und Mutter und Onkel Jens standen da.

Als sie die ganze Gesellschaft so einträchtig beisammen sahen und hörten, dass das Mohrle eben Haselnüsse esse, mussten sie auch herzhaft lachen. Und als Mohrle von all der Fröhlichkeit angesteckt wurde, fing es nun an, wie ein Zicklein im Stall herumzubockeln. Da war es, dass Onkel Jens sagte: »Ja unser Mohrle, unser Mohrle! Einen solch fröhlichen Weihnachtsabend hat kein anderes Pferd auf der ganzen Welt!«

Als sie später alle zum Abendessen in die Stube gegangen waren, stand Mohrle wieder allein auf seinem Platz im düsteren Stall. Aber es blinzelte doch sehr vergnügt mit seinen sanften Augen; denn es hatte einen süßen Geschmack auf der Zunge und heitere Bilder in seinem Kopf.

Denn wisse: wenn es auch nur ein Pferd ist – auch ein Pferd kann heitere Bilder träumen.

Michael Bauer

Ihr Hirten

Ihr Hirten, ihr Hirten,
uns ist was geschehn,
wir haben die Engel
im Himmel gesehn.

War einer, der glänzte
wie Sonnenlicht klar;
der stand auf den Wolken
inmitten der Schar.

Die sangen von Freuden,
von Frieden und Ehr,
und dass Gott bei den Menschen
ein Kindelein wär.

Im Stall, in der Krippen
beim Esel und Rind,
daselbst man's gewickelt
in Windeln befind.

Ihr Hirten, ihr Hirten,
so kommt von der Hut,
und seht, wie es lächelt
und schaut, wie es ruht.

Doch seid mir hübsch leise,
stör keiner das Kind,
die Reise war weit,
und nun schlummert's gelind!

Rudolf Alexander Schröder

Das quellende Silber

In der Gegend von Quedlinburg schickte einst ein armer Bauer seine Tochter in den Wald, Brennholz aufzulesen. Das Mädchen nahm dazu einen Tragkorb und einen Handkorb mit. Als es beide angefüllt hatte und nach Haus gehen wollte, trat ein weißgekleidetes Männlein zu ihm hin und fragte: »Was trägst du da?« – »Aufgelesenes Holz«, antwortete das Mädchen, »zum Heizen und Kochen.« – »Schütte das Holz aus«, sprach weiter das Männlein, »nimm deine Körbe und folge mir! Ich will dir etwas zeigen, das besser und nützlicher ist als das Holz.« Er nahm es dabei an der Hand, führte es zurück an einen Hügel und zeigte ihm einen Platz, wo kleine und große Münzen von lauterem Silber, mit einem Bild darauf gleich einer Maria, in großer Menge gleichsam aus der Erde hervorquollen. Da entsetzte sich das Mägdlein und wich zurück, wollte auch nicht seinen Handkorb voll Holz ausschütten. Hierauf tat's das weiße Männlein selbst, füllte ihn mit dem Geld, gab ihn dem Mägdlein und sprach: »Das wird dir besser sein als Holz.«

Das Mädchen nahm den Korb voll Bestürzung, und als das Männlein begehrte, es solle auch seinen Tragkorb ausschütten und Silber hineinfassen, wehrte es ab und meinte, es müsse auch Holz mit heimbringen, denn es seien kleine Kinder daheim, die müssten eine warme Stube haben, und dann müsse auch Holz zum Kochen da sein. Damit war das Männlein zufrieden und sprach: »Nun, so ziehe hin damit!« und verschwand darauf.

Das Mädchen brachte den Korb voll Silber nach Haus und erzählte, was ihm begegnet war. Nun liefen die Bauern haufenweis mit Hacken und anderen Geräten in das Wäldchen und wollten sich ihren Teil von dem Schatz holen; aber niemand konnte den Ort finden, wo das Silber hervorgequollen war.

Brüder Grimm

Der Rote Hauberg

In Eiderstede, im Friesischen, stand oder steht – das kann ich nicht sagen, denn ich bin lange nicht in jener Gegend gewesen – ein großer schöner Hof, der Rote Hauberg genannt. Jedermann in der Umgebung weiß, daß dieses Gehöft neunundneunzig Fenster hat. Wobei das Wort Fenster nicht das meint, was wir als Fenster bezeichnen, sondern seine einzelnen Scheiben.

An diesem Hofe haftet eine Geschichte, die weit in jene Vergangenheit zurückreicht, in der an der Stelle des Roten Haubergs nur ein kleines, kümmerliches Haus stand, in dem ein armer junger Mann wohnte. Er war in die Tochter seines Gegenübers verliebt, der ein reicher Schmied war. Das Mädchen war dem jungen Mann gleichfalls von Herzen gut, und auch die Schmiedefrau mochte ihn gern und hätte ihn mit Freuden als Schwiegersohn genommen. Nur der Schmied wollte nichts davon wissen. Nicht, weil er irgend etwas gegen den Jüngling einzuwenden hatte, sondern nur, weil der arm war. Denn der Schmied war der Ansicht, Geld wolle zu Geld und Reich und Arm vertrügen sich nicht auf die Länge. »Verdiene mir so viel«, hatte er zu dem jungen Mann gesagt, »dass du dir ein Haus mit hundert Fenstern bauen kannst, dann sollst du meine Tochter auf der Stelle haben.«

Aber woher sollte der Bursche wohl ein so prächtiges Haus bekommen! Wenn er auch noch so arbeitsam war, hätte er wohl an hundert Jahre schaffen müssen, um das Geld für den Hausbau zusammenzubringen. Jetzt zählte er ungefähr zwanzig Jahre. Er würde also hundertundzwanzig sein, wenn er sein Ziel erreicht hätte. Doch wie jedermann weiß, hat ein Mensch in diesem Alter keine Lust mehr zum Heiraten!

Eines Nachts nun, als der junge Mann mit Trauer und Sehnsucht an das Mädchen dachte, das nur die Dicke zweier Mauern und die Breite der Straße von ihm trennte, rührte sich etwas unter dem Fenster und begann zu sprechen. Das war kein anderer als der Teufel. »Wenn du mir deine Seele verschreibst, baue ich dir noch in dieser Nacht das Haus mit hundert Fenstern, das der Schmied von dir verlangt«, versprach er. Und da das Verlangen des jungen Mannes gar so groß war, willigte er endlich in den bösen Pakt. Der sah folgendermaßen aus: Der Teufel baut das Haus mit hundert Fenstern bis zum ersten Hahnenschrei. Schafft er es, ist ihm die Seele des jungen Mannes verfallen. Schafft er es nicht, so behält dieser, was der Teufel bis dahin gebaut hat, und geht im übrigen frei aus.

Sofort hieß der Teufel den jungen Mann aufstehen und das Haus verlassen, damit er ungehindert bauen könne. Und nun ging es los mit Scharwerken und Einreißen der Mauern, dass dem Jüngling vom bloßen Zusehen der blanke Schweiß aus allen Poren trat.

Wo eben noch das kleine elende Häuschen gestanden hatte, wuchsen die neuen Mauern stattlich aus dem Boden. Eben noch war der junge Mann so zuversichtlich gewesen, denn er hatte geglaubt, der Teufel würde unmöglich in einer Nacht schaffen können, wozu zehn Maurer hundert Tage oder mehr nötig hatten. Aber nun wurde ihm angst und bange, und noch ängstlicher klopfte ihm das Herz, als die Ziegel geradezu auf das Dach flogen und sich sauber und ordentlich dahin legten, wohin sie gehörten.

Als auch die Rahmen der Fenster in das Mauerwerk geflutscht waren, packte den Bauherrn kaltes Grausen, und vor lauter Verzweiflung krähte er wie ein Hahn. Ich glaube, sogar die Hühner dachten, daß ein richtiger Hahn gekräht hätte, so gut machte er seine Sache. Aber der Teufel fiel auf die Finte nicht herein. Er lachte bloß und sagte: »Willst mich wohl dumm machen? Dafür bin ich zu schlau, mein Lieber!« Und schon begann er, die erste Fensterscheibe einzusetzen.

Der junge Mann zitterte wie Espenlaub. Hurtig rannte er über die Straße und klopfte an das Fenster seiner Liebsten. »Weck sofort deine Mutter, ich muß euch etwas gestehen«, raunte er, als das Mädchen das Fenster geöffnet hatte. Und dann erzählte er den beiden Frauen, der alten wie der jungen, von dem Pakt, den er aus lauter Liebe und Verzweiflung geschlossen hatte. »Ich wollte euch reinen Wein einschenken«, sagte er endlich unter bitteren Tränen, »damit ihr euch nicht wundert, wenn mich früher oder später der Teufel holt. Aber nun sehe ich die Dinge anders an als zuvor. Lieber will ich auf meine Braut verzichten, als dass sie die Frau eines Teufelsbratens werden soll. Verzeiht mir also und vergesst mich.«

»Halt!« rief die Frau des Schmieds. »Immer langsam mit den jungen Pferden! Die kosten schließlich auch Geld. Wer sagt dir denn, dass der Teufel seine Wette gewinnen muss?« Sprach's, lief, wie sie war, in Hemd und Nachtjacke und Zipfelmütze, in den Hühnerstall, griff den Hahn und schüttelte ihn solange, bis das gequälte Tier hellwach war und in ein gellendes Kikeriki ausbrach.

Das geschah in letzter Minute, denn an dem prächtigen Bau des Roten Haubergs fehlte nur noch die hundertste Fensterscheibe.

Wütend fuhr der Teufel durch dieses Loch hinaus, schnurstracks in die Hölle.

Als dann am Morgen der Schmied das schöne Haus sah, konnte er nichts mehr wider die Heirat seiner Tochter einwenden und gab sie dem jungen Manne, der sie so innig liebte, dass er um ihretwillen sogar seine Seele hingeben wollte. Aber die hundertste Scheibe konnte niemand in das Haus einsetzen. Sooft man es auch versuchte, zerbrach sie in der folgenden Nacht.

Sage aus Friesland

Der Zwerg und die Gerstenähre

Ein wohlhabender Bauer stand in seiner Scheune und schaute behaglich den mächtigen Segen an, den ihm ein günstiger Sommer gebracht hatte. Bis an den Giebel hinan waren alle Fächer gefüllt mit goldenen Garben und das nicht allein – auf dem Felde standen noch einige stattliche Schober, die keine Unterkunft mehr hatten finden können; so reich war die Ernte gewesen. Dabei war das Stroh so lang, und die Ähren waren so voll wie noch nie; ja, der Hafer hatte sogar das dritte Korn, während sonst an den einzelnen Stielchen seiner Ähre nur zwei wie kleine Kanarienvögel sitzen. Als er nun so stand und an das Dreschen im Winter dachte und an die Wagen, mit dicken Kornsäcken beladen, die er in die Stadt und an den Müller liefern würde, und im Geiste schon die vielen blanken Taler in seinem Kasten klingen hörte, da raschelte es ganz leise in einem Haufen Stroh, der auf der Tenne lag. Der Bauer glaubte, es sei eine Maus, und packte seinen Stock noch fester, um ihr den Garaus zu machen; allein er verwunderte sich fast, da statt eines solchen Tierchens ein Etwas, so leuchtendrot wie Klatschmohn, aus dem Stroh hervorkam. Nun arbeitete es sich ganz zum Vorschein und stand da, nicht größer als eine Maus, die auf zwei Beinen geht. Es war ein Zwerg in grauer Kleidung, mit einem roten Käppchen auf dem Haupte. Dieses lüftete der kleine Wicht gar höflich und sprach mit seinem winzigen Stimmlein: »Herr Bauer, ich habe ein großes Anliegen an Euch!« –

»Nun, was willst du denn, kleiner Mann?« fragte dieser.

Das Zwerglein sprach: »Reichtum und Fülle ist bei Euch eingekehrt. Wolltet Ihr nun die große Güte haben, mir alltäglich um diese Zeit von Eurem Überfluss eine Gerstenähre zu schenken, so soll dies nicht zu Eurem Schaden sein.«

Der Bauer, der wohl wusste, dass man gut daran tut, sich das kleine Volk freundlich zu erhalten, sprach: »Gewiss, das soll geschehen; kommt nur allezeit um die Mittagsstunde, so soll Euch werden, was Ihr begehrt.«

Damit ging er an das Fach, zog eine schöne Gerstenähre hervor und reichte sie dem Männlein hin. Dieses wendet sich aber mit trübseliger Gebärde gegen das Häuflein Stroh, aus dem es hervorgekommen war, und sprach: »Ihr habt diesen großen Berg vor unsere Höhle getürmt. So er dort liegen bleibt, vermag ich nicht mit Eurer freundlichen Gabe unsere Wohnung zu gewinnen.«

»Nun, wenn's weiter nichts ist!« sagte der Bauer und schob mit dem Fuße das Stroh beiseite. Es zeigte sich nun an der Wand eine Öffnung wie ein großes Mauseloch. Das Wichtlein lüftete wieder sein Mützchen und sprach seinen Dank aus. Sodann wuchtete es unter großem Schnaufen die Gerstenähre auf seine Schulter und schleppte seine Last unter ziemlichem Gestöhne von dannen. Den sperrigen Halm in das Loch hineinzubringen, ward ihm auch nicht leicht; man sah an dem Zappeln der Ähre, wie das Männlein inwendig zerrte, und wohl eine halbe Minute dauerte es, bis der letzte Zipfel in der Öffnung verschwunden war.

Der Bauer ging von nun an alle Mittage in die Scheune und gab dem Männlein seine Gerstenähre, und von dieser Zeit ab gedieh sein Vieh auf eine wunderbare Art, obwohl es weniger Pflege und Futter verlangte als sonst. Es war eine Lust, diese runden, glänzenden Schweine zu betrachten, die so fett waren, dass sie kaum aus den Augen sehen konnten und sich nur mit Mühe an ihren Futtertrog schleppten. So blanke Kühe wie auf diesem Hofe fanden sich bald weit und breit nicht. Sie gaben ohne Ende fette, sahnige Milch aus ihren strotzenden Eutern, und um die Butter, die die Bäuerin in die Stadt schickte, rissen sich die Leute; denn sie war frisch wie Morgentau und süß wie Nusskern. Obwohl die Pferde des Bauern alltäglich nur einige Hände voll Hafer und ein wenig Heu verzehrten, waren sie doch glänzend und schön und fromm und feurig zugleich, schafften vor dem Pfluge oder dem Wagen doppelt so viel als früher. Auch mit den Hühnern war es ein seltsames Ding. Sie legten und legten fast das ganze Jahr hindurch, jegliches alltäglich ein großes, rundes Staatsei, zuweilen gar mit zwei Dottern, und niemals geschah es, wenn eine Glucke angesetzt wurde, dass sich auch nur eines von den untergelegten Eiern faul erwies oder dass später von den Küchlein der Habicht eines erwischte. Dies alles gefiel dem Bauern und der Bäuerin gar wohl, und da sie recht gut wussten, wem sie diesen Segen zu verdanken hatten, so priesen sie das kleine Männlein alle Tage, und niemals war die herkömmliche Gabe versäumt.

Eines Tages im Winter aber, als es bei hellem Sonnenschein so recht Stein und Bein fror und die Eiszapfen wie gläserne Keulen von den Dächern hingen, saß der Bauer recht behaglich in seinem Sorgenstuhl am warmen Ofen und wartete auf sein Mittagessen. Es gab sein Lieblingsgericht, Schweinsrippenbraten mit Pflaumen und Äpfeln gefüllt, und süße Düfte dieses köstlichen Gerichtes wehten jedesmal, wenn die Türe geöffnet wurde, verheißungsvoll aus der Küche hervor. Da er nun in der Erwartung des Guten so behaglich in der Wärme saß, empfand er eine Abneigung, hinauszugehen in den eisigen Wintertag und die kalte Scheune, nur um der kleinen Gerstenähre willen. Er rief deshalb den Knecht und sagte ihm, was er tun solle. Dieser, ein vorwitziger Gesell, hatte schon lange Begehren getragen, das sonderbare Männlein zu sehen, und ging eilfertig in die Scheune, wo er das Wichtlein schon wartend antraf. Als er ihm den Halm nun darreichte, konnte er sich nicht enthalten, das kleine Geschöpf wie zufällig ein wenig mit den spitzen Grannen der Ähre ins Gesicht zu kitzeln, also dass es sehr prustete und wunderliche Gesichter zog. Darüber wollte sich der Knecht vor Lachen innerlich ausschütten. Als er nun aber sah, wie der kleine Mann mit schwerem Gestöhn den

Halm auf die Schulter wuchtete und unter Schnaufen davonschleppte, da erschien ihm solches dermaßen lächerlich, dass er sich nicht enthalten konnte, zu rufen: »Nun sieh einer das kleine Ding, wie es sich plagt, als wenn der Halm ein Wiesbaum wäre!« Sodann schlug er mit den Händen auf die Knie seiner Lederhosen und lachte unbändig. Zwischendurch aber rief er, wie die Zimmerleute tun, wenn sie schwere Balken bewegen: »He ruck! He ruck!« und höhnte das Männlein auf alle Weise. Dieses aber ward im Gesichte blutrot wie seine Mütze und warf zornig funkelnde Blicke um sich. Es schleppte, so rasch es vermochte, den Halm in das Loch hinein.

Am andern Tage, als der Bauer selbst kam, um dem Wichtlein die Gerstenähre zu geben, wartete er vergebens; es erschien niemand. Er rief es mit schmeichlerischen Worten und gab ihm die schönsten Namen; allein alles war umsonst. Auch am folgenden Tage kam es nicht, und so oft auch der Bauer um die Mittagszeit noch sein Heil versuchte, das Männlein war und blieb verschwunden.

Wie oft hat es der Bauer noch bereut, dass er damals nicht selbst gegangen ist und seinem Knecht vertraut hat; denn von nun ab ging alles schief. Das Vieh stand an den Raufen und fraß Berge von Futter in sich hinein, und wenn alles verschlungen war, sah es sich mit glühenden, hungrigen Augen nach mehr um. Dabei ward es jedoch immer rauher und magerer, die Kühe gaben wenig dünne und blaue Milch, und den Pferden standen die Hüftknochen also vor, dass der Knecht seinen Hut hätte anhängen können. Die Schweine wurden hochbeinig und dünn, und wenn sie einmal aus dem Stall gelassen wurden, da rannten sie wie die Windhunde auf dem Hofe herum. Und mit den Hühnern war's auch vorbei. Sie kriegten den Pips und legten Windeier, und wenn sie mal ein ordentliches zustande brachten, so fraßen sie es auf.

Als der Bauer nun sah, wie alles rückwärts ging, verlor er ganz die Lust an seinem Anwesen, und als er ein gutes Angebot erhielt, verkaufte er es. Er ist dann weit fortgezogen.

Heinrich Seidel

Eulenspiegelstreiche

Wie Eulenspiegel in einem Bienenkorb schlief

Als Till größer geworden war, ging seine Mutter eines Tages mit ihm in ein nahes Dorf auf einen Jahrmarkt. Da war es lustig und gab es viel zu sehen und zu hören. Da war ein Bär, der tanzte, und ein lebendiges, wirkliches Kamel, auf dem ein Affe in einer bunten Jacke ritt. Till guckte sich fast die Augen aus. Als er sich aber nach seiner Mutter umsehen wollte, war sie im Gedränge verschwunden. Da lief er allein weiter, bis der Markt zu Ende war und er seine Füße vor Müdigkeit nicht mehr weiterkriegen konnte.

Hinter einem Zaun bei einem Bauernhause sah er Bienenstöcke stehen. Einer war leer. Da kroch er hinein und schlief bald fest. Um Mitternacht hörte er etwas knacken, ward munter und horchte. »Wir müssen den schwersten Korb nehmen«, sagte eine tiefe Männerstimme, »darin ist am meisten Honig.« – »Pst!« sagte der andere Kerl, »sprich nicht so laut, damit uns der Bauer nicht hört oder sein alter Hund.«

Eulenspiegel saß mäuschenstill und hörte, wie die beiden Diebe einen Korb nach dem andern anhoben, um den schwersten herauszufinden. Endlich kamen sie auch an seinen Korb. »Dieser hier ist der schwerste«, sagte der eine Dieb. »Du hast recht«, sagte der andere. Und sie hoben den Korb mit Eulenspiegel darin auf zwei kurze Hölzer, schulterten sie und schlichen mit ihrer Beute davon. Es war aber eine stockfinstere Nacht.

»Wartet, euch sollen die Immen stechen!« dachte Eulenspiegel, langte aus seinem Korb heraus und zauste den vorderen Dieb tüchtig in seinem Haarschopf. »Au«, schrie der, »was soll das?« – »Was ist denn los?« sagte der andere, »träumt dir?« – »Du hast mich am Haar gerissen!« – »Wie soll ich dich am Haar reißen? Ich habe doch mit beiden Händen genug zu schleppen.«

Eulenspiegel aber lachte heimlich. Er wartete, bis sie eine Ackerlänge weitergegangen waren. Dann riss er den, der hinten ging, so hart an den Haaren, dass er auffuhr und zornig sagte: »Nun bist du es gewesen, der mich gerissen hat, und wenn ich auch keine Hand vor Augen sehen kann!« – »Das lügst du dir in den Hals!« schrie der vordere, »freu' ich mich doch, wenn ich nur den Weg erkennen kann und nicht in den Graben laufe.«

Also trugen sie beide weiter und zankten sich. Endlich zog Eulenspiegel den Vordermann so stark, daß er seinen Kopf gegen den Bienenkorb stieß. Da ließ er die Hölzer los und schlug in der Finsternis auf seinen Diebsgenossen mit beiden Fäusten ein. Der ließ vor Schreck auch die Trage fallen, dass der Korb

mit Eulenspiegel in den Graben flog. Sie dachten aber beide
nicht mehr an ihren gestohlenen Honig, sondern prügelten
blindlings aufeinander ein, bis sie sich in der Dunkelheit verloren. Da kroch Eulenspiegel wieder in seinen Bienenkorb und
schlief aus, bis die Sonne hineinschien und ihn aufweckte.

Wie Eulenspiegel auf dem Seil tanzte

Als Till aus der Schule gekommen war, zeigte er gar keine Lust,
ein Handwerk zu erlernen. Er begann aber, sich im Seiltanzen
zu üben. Da seine Mutter ihm mit Schlägen drohte – sein Vater
war schon früh gestorben –, so schlich sich Till auf den Dachboden, wohin ihm die Mutter nicht so leicht nachkam, und übte
dort seine Kunststücke.

Das Haus, in dem sie wohnten, lag am Ufer der Saale. Eines
Tages spannte Till sein Seil vom Dachfenster seines Hauses
über die Saale hinweg nach dem Giebel eines Hauses, das gegenüber am anderen Ufer des Flusses lag. Bald wurden die
Jungen und die Mädchen ihn gewahr und blieben neugierig
stehen. Auch alte Leute kamen herzu.

Als nun Till mitten über der Saale auf dem Seile spazierte,
ward ihn auch seine Mutter gewahr, griff nach ihrem Küchen-
messer, lief schnell auf den Dachboden hinauf und – rips! –
schnitt sie das Seil entzwei. Platsch! lag Till im Wasser der
Saale und zappelte. Und alle großen und kleinen Zuschauer
lachten und lachten und konnten gar nicht wieder aufhören,
ihn auszulachen.

Nass wie ein Pudel lief Till in sein Haus zurück. »Wartet«,
dachte er bei sich, »ich kriege euch schon!«

Kurze Zeit darauf zog er das Seil von einem anderen Hause
schräg über den Fluss, und wieder blieb Groß und Klein stehen
und wartete, was da werden sollte. Eulenspiegel kam auch zum
Vorschein und rief herab, jeder möge ihm seinen linken Schuh
hinauflangen, er wolle ihnen dann ein lustiges Stücklein zum
Besten geben. Die Jungen und Mädchen und auch ein paar
große Leute besannen sich nicht lange, und bald hatte Eulenspiegel an hundert Schuhe. Die zog er alle auf eine Schnur und
stieg damit richtig auf das Seil. Kaum war er aber über der
Mitte angelangt, als er plötzlich das eine Ende der Schnur los-
ließ und alle Schuhe auf die Straße hinunterkollerten.

»Sucht nur jeder euren richtigen wieder heraus!« rief Eulenspiegel herab. Das gab ein Geschrei und ein Geraufe, denn jeder wollte seinen Schuh rechtzeitig erwischen. »Dieser Schuh
ist mein!« rief einer. »Nein, meiner ist's!« – »Du lügst!« – »Doch
ist es meiner! Lass los!« Und sie gingen einander in die Haare
und verprügelten sich und rissen einander das Zeug vom Leibe.

Eulenspiegel aber saß oben auf seinem Seile und lachte.

Als Eulenspiegel nach Braunschweig kam, sprach ihn auf der
Herberge ein Bäckermeister an, was er für ein Geselle wäre.
»Ich bin Bäcker«, sagte Eulenspiegel. Da sprach der Bäcker:
»Ich habe keinen Knecht. Willst du mir dienen?« Eulenspiegel
sagte: »Ja, gerne.«

Als er nun zwei Tage bei ihm gewesen war, sagte der Bäckermeister: »Backe heute Abend allein! Ich muss ausschlafen.« –
»Meister«, fragte Eulenspiegel, »was soll ich denn backen?« Da
sah der Meister ihn spöttisch an und sagte: »Du willst ein Bäk-
kergesell sein und weißt nicht, was du backen sollst? Eulen und
Meerkatzen!« Und damit ging er lachend auf seine Kammer
und legte sich schlafen.

Eulenspiegel aber ging in die Backstube, formte den ganzen
Teig zu lauter Eulen und Meerkatzen und buk sie.

Des Morgens kam der Meister in die Tür und sprach: »Was
hast du da gebacken, Gesell?«

»Was ihr mich geheißen habt, Meister: Eulen und Meerkatzen. Und ich denke, sie sind gut gelungen.«

Da ward der Meister zornig und schlug mit der Faust auf den
Tisch und rief: »Die Ware ist unnütz. Ich kann sie nicht zu Geld
machen. Du musst mir den Teig bezahlen, Bursche!« Und er
würgte Eulenspiegel am Halse.

»Ich will euch den Teig gern bezahlen«, sagte Eulenspiegel,
»aber die Ware muss mir gehören.« Der Meister willigte ein.
Eulenspiegel sammelte die Ware in einen großen Korb und
ging damit auf den Markt. Es war aber gerade Sankt-Nikolaus-
Tag, und viele Leute gingen bei den Buden am Markt hin und
her.

»Eulen und Meerkatzen, frisch gebacken!« rief Eulenspiegel
und bot seine seltene Ware an. Da lachten die Leute und zahl-
ten ihm viel mehr, als er für richtige Weißbrote bekommen
hätte. Und bald war sein Korb leer.

Als der Bäckermeister davon hörte, lief er schnell auf den
Markt und wollte Eulenspiegel von dem Erlös das Backgeld
abziehen. Aber Eulenspiegel war längst auf und davon.

Nach den alten Schelmengeschichten

Fritz und der Kobold

Fritz war der Knecht eines Bauern in Fahrland. Allwöchentlich brachte er Korn in die Stadt, um es dort auf dem Markt feilzubieten.

So war es auch an einem Tag, da er die Pferde zur Rast und ausgiebigen Abfütterung in den Stall des Bierbrauers führte. Er schüttete ihnen Hafer in die Krippe und warf ein Bündel Heu in die Raufe. Dabei entdeckte er eine schwarzglänzende Katze, die zusammengerollt auf einem Strohhaufen lag.

So eine Katze könntest du gut für deinen Pferdestall gebrauchen, dachte er. Sie scheint keinem zu gehören. Wenn ich sie beim Einspannen noch vorfinde, nehme ich sie mit.

Fritz hatte das Korn verkauft, in einer Wirtschaft gegessen und getrunken und wollte sich nun auf den Heimweg machen. Er spannte die Pferde vor den Wagen und guckte nach der Katze. Sie lag noch immer im Stroh. Da trat er heran, um sie zu greifen.

»Was willst du?« fragte es aus dem Strohhaufen. »Weshalb störst du mich im Schlaf?«

Dem Fritz blieb vor Schreck das Herz stehen. Seit wann sprechen denn Katzen? dachte er.

»Hast du dir Gedanken über mich gemacht?« fragte die Katze.

»Gewiss, gewiss«, stotterte Fritz. »Im Pferdestall meines Bauern gibt es Unmengen von Mäusen und Ratten. Sie lassen weder mich noch die Pferde zur Ruhe kommen. Du wirst uns von der Plage befreien...«

Die Katze lachte, dass ihr die kleinen Ohren wackelten und die Barthaare zitterten.

Fritz fühlte sich auf einmal gar nicht wohl in seiner Haut.

»Seit wann nährt sich ein Kobold von Mäusen?« wollte die Katze wissen.

»Ein Kobold?« fragte Fritz staunend.

»Ja, das bin ich«, sagte die Katze. »Aber ich habe mich entschlossen, mit dir zu gehen. Du gefällst mir.«

Fritz war es gar nicht recht, dass er dem Kobold gefiel. Er wäre nun gern ohne die Katze heimgefahren. Doch er wagte nicht, davon zu sprechen.

»Ich will dir dienen«, versprach die Katze weiter. »Aber auch du sollst etwas für mich tun.«

»Und das wäre?« fragte Fritz ängstlich.

»Mir stets ein gutes Nachtlager bereiten, Milch geben und mich nicht stören, wenn ich einmal Schabernack treibe«, erklärte die Katze.

»Das kannst du jederzeit bei mir haben«, antwortete Fritz erleichtert.

»Dann setz mich in deinen Wagen«, sagte die Katze.

Fritz ergriff sie nicht ohne Scheu und brachte sie in einem weichen Heubündel unter. Sie rollte sich zusammen und schlief ein.

Der Wagen rumpelte aus der Stadt und über die Wege dahin bis nach Fahrland. Die ersten Sterne blinzelten der Nacht zu, da erreichte Fritz den heimischen Hof. Er spannte die Pferde aus, mischte ihnen Häcksel und Hafer in ihre Krippen und richtete sein Lager. Der Katze auf dem Wagen dauerte es zu lange. »Willst du mich unter freiem Himmel übernachten lassen?« rief sie.

»Nein, nein«, stammelte Fritz. »Du sollst an meinem Kopfende im Heu schlafen.«

Zaghaft nahm er die Katze und trug sie in den Stall auf seine Schlafstatt. Da habe ich mir etwas Rechtes eingehandelt, dachte er. Doch er sagte nichts, blies die Rübsamlampe aus und wollte einschlafen, denn er war rechtschaffen müde.

Kaum hatte er die Augen geschlossen, hörte er die Katze sagen: »Sonderbare Sitten hier bei euch! Wir haben uns immer eine gute Nacht gewünscht.«

»Gute Nacht, gute Nacht«, stöhnte Fritz.

»Gute Nacht«, schnurrte die Katze.

Dann schliefen die beiden, bis die Sonne und der Bauer sie weckten.

»Was für ein Vieh hast du da mitgebracht?« fragte er ungehalten.

»Eine Katze für die Mäuse«, sagte Fritz entschuldigend. Er fürchtete, vom Bauern Schelte zu bekommen.

»Gut«, meinte der Bauer. »Doch lass sie mir nicht ins Haus. Ich mag Katzen nicht. Soll sie im Stall bleiben.«

»Ich will aber nicht«, sagte da die Katze.

Dem Bauern fiel die lange Pfeife aus dem Mund. Was zum Teufel war das für ein Tier? Er rieb sich die Augen, um sie besser besehen zu können. Derweil verwandelte sich die Katze in den Kobold, der sie eigentlich war. Und als der Bauer die Augen gewischt hatte, stand ein kniehohes Männchen in bunten Kleidern vor ihm.

Der Bauer erkannte gleich, welchen Gast er im Hause hatte. »Du sollst es gut bei mir haben«, versprach er ihm. »Und schlafen kannst du auf meinem Kopfkissen, solange es dir behagt.«

»Das läßt sich hören«, meinte das Männchen. »Und ich darf auch meinen Spaß haben?«

»Soviel du willst.«

So blieb der Kobold auf dem Hof. Tagsüber schlief er auf dem breiten Kissen des Bauern, und nachts neckte er die Mädchen, wenn sie von der Spinnte heimwärts gingen, oder die Männer, wenn sie aus der Schenke kamen. Konnte er nicht genug Schabernack mit ihnen treiben, so besuchte er Fritz und zog ihn an den Haaren.

Punkt Mitternacht aber saß er auf dem Kissen des Bauern und hörte sich seine Wünsche an. Einmal musste er ihm Säcke voll Korn anschleppen, ein andermal Rappen in den Stall treiben. Bald sollten es Silberlinge sein, dann wieder Golddukaten. Der Kobold schaffte alles heran.

Doch nach geraumer Zeit begannen die Dorfbewohner über den zunehmenden Reichtum des Bauern zu tuscheln. Einige munkelten auch, er sei schuld daran, dass kein Mensch sich mehr aus dem Hause wagen könne, sobald die Dämmerung eintrete. Er solle den Kobold aus seinem Hause weisen.

Endlich musste sich der Bauer dazu bequemen. Er hat mir ja so viel herbeigeschafft, dass ich's mein Leben lang nicht verbrauchen kann, dachte er. Soll ihn der Knecht getrost fortschaffen.

So sagte er am nächsten Tage zu Fritz: »Der Kobold muss aus dem Haus. Er hetzt mir die Nachbarn auf den Hals. Sorge dafür, dass er nächste Woche nicht mehr auf dem Hof ist. Hast du verstanden?«

»Ja«, sagte Fritz. Bei sich dachte er: Was soll ich mit dem Tier in der Welt herumirren? Mag es doch der Bauer fortbringen. Nur er hatte Gutes von ihm. Ich werde morgen in aller Frühe meinen Dienst verlassen und anderswo einen suchen. Soll er zusehen, wie er ihn los wird.

Als er auf den Hof trat, erblickte er am Brunnen den Kobold, der in einem Zuber rührte. »Was machst du?« fragte Fritz erstaunt.

»Wir wollen doch morgen in der Frühe fort«, sagte der Kobold unschuldig. »Da wasche ich meine Kleider. Man soll nicht schmutzig zu fremden Leuten kommen.«

Du meine Güte, dachte Fritz, den werde ich nicht los. Niedergeschlagen begab er sich an seine Arbeit. Abends richtete er sein mageres Ränzel her und legte sich ins Heu.

Als die Sonne vorsichtig über die Baumwipfel guckte, war er wieder wach. Er ging zum Brunnen und wusch sich. Dann nahm er sein Bündel und verließ den Hof. Schon wollte er glauben, der Kobold habe verschlafen und er könne allein von dannen ziehen, da sah er auf dem Torpfosten die Katze sitzen.

»Guten Morgen«, sagte sie. »Ein wunderbarer Tag zum Wandern.«

»Guten Morgen«, brummte Fritz.

»Wohin soll es denn gehen?« fragte die Katze.

»Immer der Nase nach«, beschied sie ärgerlich Fritz.

»Das ist wohl das Allerbeste«, sagte die Katze und sprang auf das Bündel des Burschen.

Grad als Fritz den Fuß über die Gemarkung von Fahrland setzte, zog ein unheimliches Gewitter herauf. Es wurde so dunkel, als hätten sich Sonne, Mond und Sterne zur Ruhe gelegt. Doch bald war es über ihn hinweg und mitten in Fahrland. Ein feuerheller Blitz schlug aus den Wolken und in das Gehöft seines Bauern hinein. Im gleichen Augenblick flammten Ställe,

Scheune und Haus auf. Sie brannten bis auf den Grund nieder.

Fritz schritt eilig davon. Er musste lange laufen, um für sich eine neue Stelle und für den Kobold einen Platz zu finden. Bei den Fischern an der Dahme, längs der Müggelberge, war's.

Die Fischer hatten dort eine einsame Kate, in der sie nach ihrer beschwerlichen Arbeit schliefen. Sie nahmen Fritz und die Katze auf.

Anfangs waren die Fischer es sehr zufrieden, gute Gehilfen gefunden zu haben. Hatten sie doch nie zuvor einen so reichlichen Fang gemacht. Es schien ihnen bald, als riefe der Kobold, der auf der Spitze des ersten Kahnes saß, die Fische herbei und weise ihnen den geraden Weg in die Netze hinein.

Aber bald gefiel ihnen der Kobold gar nicht mehr. Während sie abends wie zerschlagen die Schlafstatt aufsuchten, begann für den Kobold das Leben erst richtig. Es sagte ihm nämlich nicht zu, dass die Fischer nicht in einer geraden Reihe schliefen. Einer hatte den Kopf weit oben, der andere weit unten. Mancher hatte die Gewohnheit, seinen Kopf seitwärts zu halten, dem anderen gefiel es, sich aufs Gesicht zu legen.

So fasste der Kobold den Zweiten bei den Haaren und zerrte seinen Kopf auf die Höhe des Ersten. Der Dritte lag auch nicht richtig. Er zog ihn zurecht und nahm sich danach das ganze Dutzend Fischer vor, um sie in gerader Reihe schlafen zu lehren.

Als auch der Letzte nicht eine Haaresbreite aus der Reihe lag, beguckte der Kobold wohlgefällig sein Werk. Wie erschrak er aber, als er feststellen musste, dass die Beine der Fischer verschieden lang waren. Um das auszugleichen, fing er an, die Fußreihe in die richtige Linie zu bringen. Der Zweite musste an den Beinen gezerrt werden, und so ging es wiederum das ganze Dutzend durch, bis er zufrieden seine Arbeit betrachtete. Doch voll Erstaunen stellte er nun fest, dass die Köpfe nicht in einer Reihe lagen. Also begann seine Arbeit von vorn. Er rückte den Fischern die Köpfe zurecht und danach wiederum die Beine, die durcheinandergeraten waren.

Aus diesem Grunde hatte der Kobold von abends bis frühmorgens zu tun. Aber aus dem gleichen Grunde kamen die Fischer nicht zur Ruhe. Mit der Zeit wurden sie sehr böse. Und so geschah es, dass sie Fritz und den Kobold fortjagten.

Einige Tage darauf gelangten die beiden in den Fläming. Dort bekam Fritz endlich wieder einen Dienst. Eigentlich hätte er auch ohne das auskommen können, denn der Kobold sorgte reichlich für Essen und Trinken. Alles, was sich Fritz nur wünschte, war im nächsten Augenblick schon da. Aber ihm behagte es gar nicht, sein Brot von einem Kobold zu erhalten.

Bei einer zänkischen Frau, deren Mann gestorben war und die, trotz eines reichen Anwesens, keinen anderen bekam, konnte er bleiben.

Bereits am nächsten Tag merkte sie, welche Bewandtnis es

mit der Katze hatte. Sie umschmeichelte und umlobte Fritz. Der wurde ganz verlegen. War er doch Knecht und sie die Herrin. Ihm wurde bei diesem Getue ganz unbehaglich zumute. Sicher wollte sie etwas von ihm? Wahrhaftig. Schon am Abend kam sie damit heraus.

»Überlass mir die Katze«, bat sie Fritz. »Ich habe gern Katzen um mich.«

»An dieser werdet Ihr keine Freude haben«, warnte Fritz.

»Es ist doch ein schönes Tier«, meinte die Bäuerin hinterhältig, »ihr Fell glänzt sehr schön, und sie ist gut im Futter. Ich will sie dir gern bezahlen.«

»An mir soll es nicht liegen«, sagte Fritz. »Ihr könnt die Katze gern haben, aber sie wird nicht wollen.«

»Wie das?« tat die Bäuerin erstaunt.

»Sie ist ein Kobold«, belehrte sie Fritz, der glaubte, alle Leute seien so offen und frank wie er.

»Da wird sie wohl nicht gern Mäuse und Ratten fangen?« erkundigte sich die Frau scheinheilig.

»Gar keine«, gab Fritz zu bedenken.

»Und gerade deshalb wollte ich sie besitzen.«

»Dann habt Ihr Euch geirrt, Bäuerin«, antwortete Fritz. »Und nun lasst uns zur Ruhe kommen. Der morgige Tag liegt in der Ernte.«

Mit diesem Ausgang wollte sich die Bäuerin aber nicht zufriedengeben. Sie druckste herum und redete hin und her und sagte endlich: »Ich werde mir die Katze erziehen. Überlass sie mir. Das andere soll meine Sorge sein.

Indem kam auch der Kobold in die Stube. Er schnurrte behaglich, kroch zu Fritz auf den Schoß und rollte sich ein.

»Fragt ihn«, sagte Fritz der Bäuerin.

»Katze, gefällt es dir bei mir?« fragte sie ohne Umschweife.

»Nicht übel«, antwortete die Katze. »Nicht übel. Ihr versteht, guten Brei zu kochen. Nie in meinem Leben habe ich besseren gegessen.«

»Möchtest du nicht jeden Tag solche Leckerbissen haben?« schmeichelte sie.

»Das wäre etwas für mich«, meinte die Katze.

»Dann bleib doch.«

»Was hältst du davon?« fragte der Kobold den Fritz. »Du musst mich freisprechen, denn du hast mich vom letzten Herrn genommen.«

»An dir soll es liegen«, sagte Fritz.

· »So lassen wir es dabei«, meinte der Kobold. »Bäuerin, ich bleibe bei Euch. Tag und Nacht. Alles, was Ihr wünscht, werde ich herbeischaffen. Dafür darf ich meinen Spaß haben. Seid Ihr damit zufrieden?«

»So soll es sein«, antwortete die Bäuerin.

»Dann kann ich mir wohl einen neuen Dienst suchen?«

fragte Fritz. »Ihr werdet Euch bestimmt ohne mich zu behelfen wissen.«

»Ganz gewiss«, bekräftigte schadenfroh die Bäuerin. »Lass dich nicht aufhalten. Wir werden dich nicht sehr vermissen.«

Fritz verließ die Stube, legte sich im Stall aufs Heu und schlief behaglich bis in den Morgen. Dann warf er sein Ränzlein über und verließ frohgemut das Dorf. Er war manche Meile gewandert und hatte viele Dörfer durchmessen, als er am dritten Tag vernahm, wie etwas keuchend hinter ihm herkam. Nanu, dachte er. Was mag das sein? Er drehte sich um und spähte umher. Aber eine dichte Staubwolke verdeckte ihm die Sicht. Erwartest sie im Straßengraben, meinte er und setzte sich nieder.

Nach einer Weile war die Staubwolke bei ihm und darin der Kobold.

»Du bist wieder da?« stöhnte Fritz ergeben.

»Ja«, hauchte der Kobold. »Ja.«

»Und du willst wieder mit mir gehen?«

»Wie gern täte ich das. Aber ich darf niemandem zweimal dienen, auch keinem so guten Gesellen, wie du es bist«, sagte er traurig.

»Wohin willst du nun?« erkundigte sich Fritz, dem der Kobold auf einmal leid tat.

»Ich werde mich vor dem nächsten Dorf in den Straßengraben legen. Vielleicht findet sich jemand, der mit mir seinen Reichtum vermehren will. Gern wäre ich bei dir geblieben, denn du hast nie danach gestrebt.«

»Weshalb nur«, sagte Fritz, »hast du deine gute Stelle bei der Bäuerin verlassen?«

»Frag nicht danach«, seufzte der Kobold. »Sie ist keine Bäuerin, sie ist ein Drache. Den ersten Tag fand ich's noch erträglich bei ihr, am zweiten begann sie schon zu streiten, am dritten hörte ich nur noch ihr Gekeife. Ich konnte mein Maul aufsperren, so weit ich wollte, ihre Stimme übertönte ich nie.«

»Armer Kobold«, bedauerte ihn Fritz.

»Lass mich nun laufen«, sagte der. »Dort kommt ein Kutschwagen angefahren, dem will ich mich vor dem Dorf in den Weg legen.« Er preschte davon, als wären hundert Hunde hinter ihm.

Fritz warf sein Ränzlein über und machte sich wieder auf den Weg. Bald überholte ihn der Wagen und fuhr rasselnd vorbei. Nach einer halben Meile sah er die Kutsche stehen und erkannte, wie jemand sich um eine Katze bemühte. Er nahm sie auf den Schoß und raste davon.

Nun hat der Kobold einen neuen Herrn, dachte Fritz traurig. Möge er es gut bei ihm haben.

Und damit beginnt die Geschichte wieder von vorn. Wir aber wollen's dabei bewenden lassen.

Sage aus Brandenburg

Der Schatz in der Wiese

In Lerbach war's, vor langer, langer Zeit, da träumte dem Bauern Bockler, er könne auf seine alten Tage noch wohlhabend werden.

So etwas träumte man gern, glaubte aber nicht recht daran, denn ein geträumter Taler war noch lange kein harter Taler. Als aber dem Bockler in der nächsten und auch in der übernächsten Nacht die gleichen Vorstellungen kamen, wollte er doch sehen, was daran sei.

Er ging am frühen Morgen hinaus zu seiner mageren Wiese, auf der das Gras gedieh wie Haare auf einer Speckschwarte, und grub an der unfruchtbarsten Stelle zwei Spaten tief.

Obschon er bis Mittag ein reichliches Stück umgegraben hatte, war ihm noch kein Schatz begegnet. Wohl aber hatte er manchen Tropfen Schweiß vergossen.

»Wie soll hier auch ein Schatz zu finden sein?« brummte er missmutig. »Es wagt sich nicht einmal etwas Gras hervor. Das ist ein elendes Geschäft, womit ich mich abgebe.« Er schulterte den Spaten und trampelte heimwärts.

Nachts, kaum war er eingeschlafen, träumte er, ein langbärtiges Männchen stehe vor ihm. Aus einem Beutel von Ziegenleder schüttete es ein Häufchen Dukaten auf den Tisch, und danach verschwand es.

Der Bauer Bockler blieb daheim.

In der folgenden Nacht erschien ihm im Traum wiederum das Männchen mit einem Häufchen Dukaten. »Es ist für den Flachs«, sagte es und ging davon.

Vielleicht versuchst du auf diese Weise, den Schatz zu heben, überlegte der Bauer am nächsten Morgen. Er nahm ein Säckchen voll Leinsamen und ging hinaus zu der tiefgelockerten Wiese. Dort säte er gleichmäßig und pfleglich den Lein aus.

Bald stand der Flachs in leuchtendblauer Blüte, und nicht lange danach gab es eine reiche Ernte.

Im nächsten Frühjahr grub der Bauer die ganze Wiese um und vertraute ihr den Lein an. Die Ernte überraschte ihn und alle anderen. Niemand hätte zuvor geglaubt, dass auf dieser mageren Wiese so üppiger Flachs gedeihen könne.

Bockler grub nun Jahr um Jahr in seiner Wiese und säte Lein aus. Und dabei wurde er zusehends wohlhabend. Als er starb, hinterließ er seinen Kindern ein reichliches Vermögen und die Leinwiese. Er trug ihnen auf, fleißig den Schatz zu suchen.

Aber die Kinder fanden keinen Gefallen daran. Das Vermögen verschwendeten sie, und den Spaten ließen sie verrosten. Bald war aus dem Leinacker ein Unkrautfeld geworden, das nichts mehr von seinem Schatz hergab.

Sage aus dem Harz

Von den Schildbürgern

Die Schildbürger holen sich Bauholz

Ein neues Rathaus zu errichten, zogen die Schildbürger samt und sonders einmütig miteinander ins Holz, das jenseits des Berges in einem Tal gelegen war, und fingen an, nach dem Rat ihres Bauherrn das Bauholz zu fällen. Als es ordentlich zugerichtet war, wünschten sie, nichts andres zu haben als eine Armbrust, auf der sie es heimschießen könnten; durch solches Mittel, meinten sie, würden sie unsäglicher Müh und Arbeit überhoben sein. So aber mussten sie die Arbeit selbst verrichten und schleppten die Bauhölzer, nicht ohne viel Schnaufen und Atemholen, den Berg hinauf und jenseits wieder mit vieler Mühe hinab; alle bis auf eins, das nach ihrer Ansicht das letzte war. Dieses fesselten sie gleich den andern auch an, brachten es mit Heben, Schieben und Stoßen vor und hinter sich, rechts und links den Berg hinauf und auf der andern Seite zur Hälfte hinab. Sei es nun aber, dass sie es übersehen hatten oder dass Stricke und Seile zu schwach waren: kurz, das Holz entging ihnen und fing an, von selbst fein allgemach den Berg hinabzurollen, bis es zu den andern Hölzern kam und stillhielt. Die Schildbürger hatten nicht gedacht, dass das grobe Holz so viel Verstand haben könnte, und standen lange verwundert da.

»Sind wir doch alle«, sprach endlich einer unter ihnen, »rechte Narren, dass wir uns solche Mühe geben, bis wir die Bäume den Berg hinabgebracht; und erst dieser Klotz musste uns lehren, dass sie von selbst besser hinuntergehen können!«

»Nun, dem ist Rat zu schaffen«, sagte ein anderer; »wer sie hinabgetan hat, der soll sie auch wieder hinauftun! Darum, wer mit mir dran ist, spute sich! Wenn wir erst die Hölzer wieder hinaufgeschoben, so können wir sie alle miteinander wieder hinunterrollen lassen; dann haben wir mit Zusehen unsere Lust und werden für unsere Mühe ergötzt!«

Dieser Rat gefiel allen Schildbürgern über die Maßen wohl; sie schämten sich einer vor dem andern, dass er nicht selbst so witzig gewesen, und wenn sie zuvor, als sie das Holz den Berg hinabgebracht, unsägliche Mühe gehabt hatten, so hatten sie jetzt gewiss dreifache Arbeit, bis sie es wieder hinaufbrachten. Nur das eine Holz, das von selber die Hälfte des Berges hinabgerollt war, zogen sie nicht wieder hinauf, um seiner Klugheit willen. Nachdem sie sich so angestrengt hatten und alle Hölzer wieder oben waren, ließen sie sie allmählich eins nach dem andern den Berg hinabtaumeln, standen droben und ließen sich den Anblick wohl gefallen. Ja, sie waren ganz stolz auf die erste Probe ihrer Narrheit, zogen fröhlich heim und saßen im Wirtshaus, wo sie kein kleines Loch in den Beutel der Stadt hineinzehrten.

Das Bauholz war gefügt und gezimmert, Stein, Sand, Kalk herbeigeschafft, und so fingen die Schildbürger einmütig ihren Bau mit solchem Eifer an, dass, wer nur immer zusah, gestehen musste, es sei ihr bitterer Ernst gewesen. In wenig Tagen hatten sie die drei Hauptmauern von Grund aus aufgeführt; denn weil sie etwas Besonderes haben wollten, so sollte das Haus dreieckig werden.

Auch aller Einbau war wohlvollendet, doch ließen sie an einer Seite ein großes Tor in der Mauer offen, um, wie sie dachten, das Heu, das der Gemeinde zuständig wäre und dessen Erlös sie miteinander vertrinken durften, hineinzubringen. Dies Tor kam denn auch – woran sie nicht gedacht – ihrem Herrn Schultheißen wohl zustatten; sonst hätte dieser, samt Gerichts- und Ratsherren, wenn sie in den Rat gehen wollten, über das Dach hineinsteigen müssen, was zwar ihrer Narrheit ganz angemessen, aber doch allzu unbequem und halsbrechend gewesen wäre.

Hierauf machten sie sich an das Dach. Dieses wurde nach den drei Ecken des Baues dreifach abgeteilt, der Dachstuhl auf die Mauer gesetzt und so das ganze Werk nach ihrer Meinung bis auf den Giebel untadelig hinaufgeführt. Das Dach zu decken, verschoben sie auf den folgenden Tag und eilten dem Wirtshause zu. Am andern Morgen war jedem Schildbürger verboten, an die Arbeit zu gehen, bis die Glocke das Zeichen gegeben. Da strömten alle Schildbürger zusammen, stiegen auf den Dachstuhl und fingen an, ihr Rathaus zu decken.

So standen sie alle hintereinander, die einen zuoberst auf dem Dache, die andern unten, wo sie an den Latten besserten, etliche noch auf der Leiter, wieder andere auf der Erde zunächst der Leiter und so fort bis zu dem Ziegelhaufen, der einen guten Steinwurf vom Rathause entfernt war. Auf diese Weise ging jeder Ziegel durch aller Schildbürger Hände, vom Ersten, der ihn aufhob, bis auf den Letzten, der ihn auf seine Statt legte, dass ein Dach daraus würde. Wie man aber willige Rosse nicht übertreiben soll, so hatten sie die Anordnung gemacht, dass zu einer gewissen Stunde die Glocke geläutet würde, zum Zeichen des Ausruhens. Sowie nun derjenige, der zunächst dem Ziegelhaufen war, den ersten Streich der Glocke hörte, ließ er den Ziegel, den er eben aufgehoben hatte, fallen und lief dem Wirtshause zu. So geschah es, dass diejenigen, die zuletzt ans Werk gekommen waren, die Ersten im Wirtshause und die Obersten hinter dem Tische wurden. Dasselbe taten auch die Zimmerleute. Sowie ihrer einer den ersten Glockenschlag hörte, ließ er die Axt, die er schon zum Streich aufgehoben, fallen und lief dem Trunke zu, was alles zur Narrheit der Schildbürger vortrefflich passte.

Endlich, nach vollendetem Werke, wollten sie in ihr Rathaus gehen, um es zu aller Narren Ehre einzuweihen und in aller

Narren Namen zu versuchen, wie es sich darin raten ließe. Kaum aber waren sie in Ehrbarkeit eingetreten – siehe, da war es finster, so finster, dass einer den andern nicht sehen konnte! Darüber erschraken sie nicht wenig und konnten sich nicht genugsam verwundern, was doch die Ursache sein möchte, ob vielleicht irgendwo ein Fehler beim Bauen gemacht worden, wodurch das Licht aufgehalten worden. So gingen sie denn zu ihrem Heutor wieder hinaus, um zu sehen, wo sich der Mangel befinde. Da standen alle drei Mauern gar vollkommen da, das Dach saß ordentlich darauf, auch an Licht mangelte es draußen nicht. Sobald sie aber wieder hineinkamen, zu forschen, ob der Fehler drinnen liege, da war es wieder finster wie zuvor. Die wahre Ursache aber war, dass die Fenster im Rathause vergessen waren.

Die Schildbürger tragen das Licht hinein

Als der festgesetzte Ratstag gekommen, stellten sich die Schildbürger zahlreich ein und suchten ihre Plätze. Einer von ihnen hatte einen brennenden Lichtspan mitgebracht und ihn, nachdem sie sich niedergesetzt, auf seinen Hut gesteckt, damit sie in dem finstern Rathaus einander sehen könnten, auch der Schultheiß bei der Umfrage einem jeden seinen Titel und Namen zu geben imstande wäre.

Hier ließen sie nun über den vorgefallenen Handel gar widersprechende Meinungen hören. Die Mehrheit schien sich dahin zu neigen, dass man den ganzen Bau wieder bis auf den Boden abbrechen und aufs Neue aufführen solle. Da trat einer hervor, der, wie er früher unter allen der Allerweiseste gewesen,

so jetzt sich als einer der Allertörichtsten zeigen wollte, und sprach: »Wer weiß, ob das Licht oder der Tag sich nicht in einem Sack tragen lässt, gleich wie das Wasser in einem Eimer getragen wird. Unser keiner hat es jemals versucht. Darum, wenn es euch gefällt, so wollen wir drangehen. Gerät's, so haben wir's um so besser und werden als Erfinder dieser Kunst großes Lob erjagen.« Dieser Rat gefiel allen Schildbürgern dermaßen, dass sie beschlossen, ihm in aller Eile nachzugeben.

Deswegen kamen sie nachmittags, als die Sonne am besten schien, bei ihrem Eide gemahnt, alle vor das neue Rathaus, ein jeder mit einem Geschirr, in das er den Tag zu fassen gedachte, um ihn hineinzutragen. Einige brachten auch Schaufeln und Gabeln mit, damit nichts verabsäumt werde.

Sobald nun die Glocken eins geschlagen, da konnte man Wunder sehen, wie sie zu arbeiten anfingen. Viele hatten lange Säcke; darein ließen sie die Sonne scheinen bis auf den Boden. Dann knüpften sie den Sack eilends zu und rannten damit in das Rathaus, den Tag auszuschütten. Andere taten dasselbe mit verdeckten Gefäßen, wie Hafen, Kesseln, Zubern, was dergleichen ist. Einer lud den Tag mit einer Strohgabel in einen Korb, der andere mit einer Schaufel. Eines Schildbürgers soll besonders gedacht werden, der den Tag in einer Mausefalle zu fangen gedachte und ihn so, mit List bezwungen, ins Haus tragen wollte. Jeder verhielt sich, wie es sein Narrenkopf ihm eingab.

Und solches trieben sie den langen lieben Tag, so lange wie die Sonne schien, mit solchem Eifer, dass sie vor Hitze fast erlechzten und vor der Müdigkeit erlagen. Sie richteten aber so wenig damit aus als vorzeiten die Riesen, da sie Berge aufeinandertürmten, um den Himmel zu erstürmen. Darum sprachen sie zuletzt: »Nun, es wäre doch eine feine Kunst gewesen, wenn es geraten wäre!« Und darauf zogen sie ab und hatten doch so viel gewonnen, dass sie auf gemeinsame Kosten zum Weine gehen und sich so wieder erquicken und erlaben durften.

Wie die Schildbürger ihre Glocke versenkten

Eines Tages verbreitete sich im Land das Gerücht von einem großen Krieg. Die Schildbürger wurden für ihre Habe besorgt, sie möchte ihnen von den Feinden weggeführt werden. Besonders angst war ihnen für eine Glocke, die auf dem Rathause hing. Auf diese, dachten sie, könnte das Kriegsvolk ein besonderes Auge haben und Büchsen daraus gießen wollen. So wurden sie denn nach langem Ratschlagen einig, die Glocke bis zum Ende des Krieges in den See zu versenken, um sie, wenn der Feind abgezogen wäre, wieder herauszuziehen und aufzuhängen.

Sie bestiegen also ein Schiff und fuhren mit der Glocke auf den See hinaus. Als sie aber die Glocke hineinwerfen wollten, fiel es einem unter ihnen ein, zu fragen, wie sie denn den Ort wiederfinden könnten, wo sie die Glocke ausgeworfen hätten.

»Da lass dir keine grauen Haare darüber wachsen!« sagte der Bürgermeister und schnitt mit dem Messer eine Kerbe in das Schiff, an dem Ort, wo sie die Glocke in den See versenkten. »Hier bei dem Schnitt«, sprach er, »wollen wir den Platz wiederfinden.« So ward die Glocke hinausgeworfen und versenkt.

Lange nachher, als der Krieg vorüber war, fuhren sie wieder auf den See, um ihre Glocke zu holen. Den Kerbschnitt an dem Schiff fanden sie richtig wieder, aber den Ort, wo die Glocke war, zeigte er ihnen nicht an. So waren sie fortan ohne Rathausglocke.

Nach Gustav Schwab

Herr von Ribbeck auf Ribbeck im Havelland

Herr von Ribbeck auf Ribbeck im Havelland,
ein Birnbaum in seinem Garten stand,
und kam die goldene Herbsteszeit
und die Birnen leuchteten weit und breit,
da stopfte, wenn's Mittag vom Turme scholl,
der von Ribbeck sich beide Taschen voll,
und kam in Pantinen ein Junge daher,
so rief er: »Junge, wiste 'ne Beer?«
Und kam ein Mädel, so rief er: »Lütt Dirn,
kumm man röwer, ik hebb 'ne Birn.«

So ging es viele Jahre, bis lobesam
der von Ribbeck auf Ribbeck zu sterben kam.
Er fühlte sein Ende. 's war Herbsteszeit,
wieder lachten die Birnen weit und breit;
da sagte von Ribbeck: »Ich scheide nun ab.
Legt mir eine Birne mit ins Grab.«
Und drei Tage drauf aus dem Doppeldachhaus
trugen von Ribbeck sie hinaus,
alle Bauern und Büdner mit Feiergesicht
sangen »Jesus, meine Zuversicht«,
und die Kinder klagten, das Herze schwer,
»He is dod nu. Wer giwt uns nu 'ne Beer?«

So klagten die Kinder. Das war nicht recht –
ach, sie kannten den alten Ribbeck schlecht;
der neue freilich, der knausert und spart,
hält Park und Birnbaum strenge verwahrt.
Aber der alte, vorahnend schon
und voll Misstrauen gegen den eigenen Sohn,
der wusste genau, was damals er tat,
als um eine Birn ins Grab er bat,
und im dritten Jahr aus dem stillen Haus
ein Birnbaumsprössling spross heraus.

Und die Jahre gehen wohl auf und ab,
längst wölbt sich ein Birnbaum über dem Grab,
und in der goldenen Herbsteszeit
leuchtet's wieder weit und breit.
Und kommt ein Jung übern Kirchhof her,
so flüstert's im Baume: »Wiste ne Beer?«
Und kommt ein Mädel, so flüstert's: »Lütt Dirn,
kumm man röwer, ick gew di 'ne Birn.«

So spendet Segen noch immer die Hand
des von Ribbeck auf Ribbeck im Havelland.

Theodor Fontane

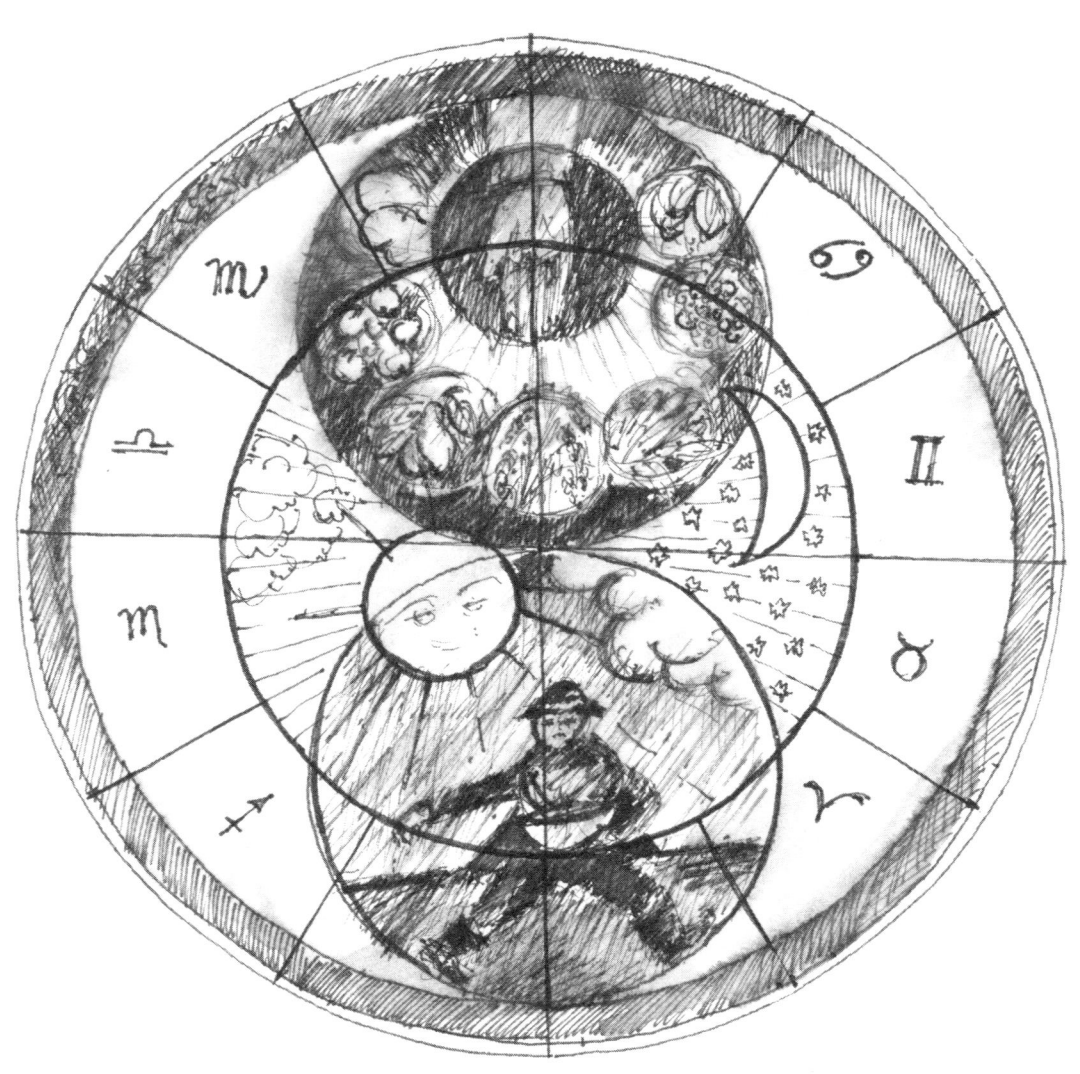

Bauernlied

Wir pflügen, und wir streuen
den Samen auf das Land,
doch Wachstum und Gedeihen
steht in des Himmels Hand;
der tut mit leisem Wehen
sich mild und heimlich auf
und träuft, wenn heim wir gehen,
Wuchs und Gedeihen drauf.

Er sendet Tau und Regen
und Sonn- und Mondenschein
und wickelt seinen Segen
gar zart und künstlich ein
und bringt ihn dann behende
in unser Feld und Brot:
es geht durch unsre Hände,
kommt aber her von Gott.

Was nah ist und was ferne,
von Gott kommt alles her,
der Strohhalm und die Sterne,
das Sandkorn und das Meer.
Von ihm sind Büsch und Blätter
und Korn und Obst, von ihm
das schöne Frühlingswetter
und Schnee und Ungestüm.

Er lässt die Sonn aufgehen,
er stellt des Mondes Lauf;
er lässt die Winde wehen
und tut die Wolken auf.
Er schenkt uns Vieh und Freude,
er macht uns frisch und rot,
er gibt den Kühen Weide
und unsern Kindern Brot.

Alle gute Gabe
kommt her von Gott, dem Herrn;
drum dankt ihm, dankt,
drum dankt ihm, dankt
und hofft auf ihn!

Matthias Claudius

Ach wer doch das könnte!

Gemäht sind die Felder, der Stoppelwind weht;
hoch droben in Lüften mein Drache nun steht,
die Rippen von Holze, der Leib von Papier,
zwei Ohren, ein Schwänzlein sind all seine Zier,
und ich denk: So drauf liegen im sonnigen Strahl,
ach, wer doch das könnte, nur ein einziges Mal!

Da guckt' ich dem Storch in das Sommernest dort;
»Guten Morgen, Frau Störchin, geht die Reise bald fort?«
Ich blickt' in die Häuser zum Schornstein hinein:
»Papachen, Mamachen, wie seid ihr so klein!«
Tief unter mir säh ich Fluss, Hügel und Tal. –
Ach, wer doch das könnte, nur ein einziges Mal!

Und droben, gehoben auf schwindelnder Bahn,
da fasst' ich die Wolken, die segelnden, an;
ich ließ' mich besuchen von Schwalben und Krähn
und könnte die Lerchen, die singenden, sehn.
Die Englein belauscht' ich im himmlischen Saal. –
Ach, wer doch das könnte, nur ein einziges Mal!

Victor Blüthgen

Der Bauer als Wettermacher

Gott kann alles. Nur das kann er nicht, das Wetter so lenken, dass es dem Bauern recht ist.

Da lebte vorweilen ein Neunmalkluger, der prahlte, man möge ihm nur einen Sommer lang die himmlische Herrschaft überlassen und er würde eine Ernte aus der Erde zaubern wie in den sieben fetten Jahren zu Ägypten. Und dem Herrgott und seinem Knecht Peter würde er es einmal zeigen, wann man den Schnee über das Dorf legen und wann man die Felder wärmen und feuchten solle. Unser Herrgott aber hat feine Ohren und er hörte diese hoffärtige Rede und nahm sich vor, der Prahler drunten solle seinen Willen haben.

Und am selbigen Tag noch klopfte einer mit einem langen krummen Stecken dem Bauern an das Tor, und der tut auf und sieht einen Pilgersmann mit breitem Feuerbart und einem goldenen Ring um den Kopf, und der Pilger ist der heilige Peter gewesen.

»Veitel«, sagt er, »wie magst du morgen das Wetter haben?« Und der Veitel bläht sich und sagt: »Das Korn soll schießen. Drum lass es fein regnen, Peter, Tröpflein um Tröpflein, eins um das andere, nicht zu hastig und hübsch langsam und ausgiebig. Und warm!« – »Gut«, sagt Sankt Peter und er schickt eine graue Wolke aus und lässt fein lau und nicht zu jäh das Wasser daraus rieseln.

Am Abend hernach fragt er wieder bei dem Veitel an: »Und wie magst du es morgen haben?« – »Morgen?« sagt der Veitel. »Morgen lass die Sonne herfür! Das Korn will es warm haben. Feucht und warm soll der Erdgrund sein, dann trinken die Würzlein doppelt so gern. Und mittags kannst du dreimal den Donner schlagen lassen. Aber ja nicht öfter!« – »Gut«, sagt Sankt Peter und er hängt die Sonne aus und rüttelt zu Mittag dreimal den Donner und nicht öfter.

Und so hat er Tag für Tag bei dem Veitel angeklopft, und der hat das Wetter anbefohlen und Sonne und Regen nach Herzenslust wechseln lassen, und die Saat ist wunderschön aufgegangen, und das Korn hat in Fülle geblüht und ist langsam golden geworden.

Der Veitel hat geschmunzelt: »Freilich stünde es besser um die Welt, wenn der Herrgott von uns Bauern allweil einen guten Rat annähme!«

Aber wie sie hernach das goldene Korn schneiden, potztausend! da reißt der Veitel die Augen auf; denn in den tausend und abertausend Halmen steckt kein einziges Körnchen. Nur Stroh haben sie geschnitten, leeres Stroh. Und wie am Feierabend der Sankt Peter wieder am Zaun vorübergeht, schreit der Veitel ihm nach: »Jetzt sag mir, warum das Korn missraten ist! Hast du es verhext?« Der Heilige streicht sich den Bart: »Eines hast du vergessen, Veitel. Du hast den Wind nicht wehen lassen. Drum ist keine Frucht geworden.«

Da schreit der Veitel voller Zorn: »Das hättest du mir auch zur rechten Zeit sagen können!« Der heilige Peter aber lacht: »Ja, wer darf denn einem Bauern etwas dreinreden!« Und er hat den Stecken weitergesetzt. Seit der Zeit hat der Veitel nicht mehr übers Wetter gesprochen und ist zufrieden damit gewesen, wie es unser Herrgott gemacht hat.

Hans Watzlik

Rätsel

Du siehst es stets bei Sonnenschein;
am Mittag ist es kurz und klein,
und wächst bei Sonnenuntergang,
und wird gar wie ein Baum so lang.

———————

Ohne Füße eil ich Tag und Nacht
fort im schnellen Lauf
und komm doch nicht aus meinem Bett.

———————

Ich steh an einsamem Rain,
hab meinen Magen voll lauter kleine Stein,
hab ein rotes Röcklein auf
und ein schwarzes Käpplein drauf.

———————

Der arme Tropf,
hat einen Hut und keinen Kopf,
und hat dazu
nur einen Fuß und keinen Schuh.

———————

Alle Tage geh ich aus,
bleibe dennoch stets zu Haus.

———————

Mich pflanzt und pflegt der Bauer,
jeder kocht mich, wie's ihm gefällt,
bald süß, bald sauer,
ich bin bald grün und rot,
der Hase liebt mich bis zum Tod.

———————

Zwei sind's, die nebeneinanderstehen,
und alles ganz und deutlich sehen,
doch immer eins das andere nicht,
und wärs beim hellsten Tageslicht.

Der Gute Gerhard

Vor vielen hundert Jahren lebte einmal in Deutschland ein mächtiger Fürst. Der war so hoch geachtet, dass alle anderen Herrscher ihn zu ihrem Kaiser wählten. Er hieß Otto, und weil seine Klugheit, Mut und Reichtum die aller anderen Mächtigen überragten, nannte man ihn Otto den Großen.

Mit sicherer Hand regierte er sein großes Reich, und mutige Ritter beschützten dessen Grenzen gegen heranstürmende Feinde. Er handelte gerecht gegen Arm und Reich und war darüber hinaus ein frommer Christ. Neben prächtigen Städten und Kirchen baute er gewaltige Klöster und wollte damit Gott dienen und dessen Gnade empfangen. Alle Menschen waren voll des Lobes über ihren Kaiser. So gut verstand er es, ihre Nöte zu befriedigen, dass er selbst auf dem rechten Pfad Gottes zu gehen glaubte, und oft dachte er bei sich, welchen Lohn ihm Gott wohl einst für seine Guttaten zuteil werden ließe.

Eines frühen Morgens hatte er einen seltsamen Traum. Ihm war, als sei ihm ein Engel erschienen, der zu ihm sprach: »Gott hat dir das Leben geschenkt und in seiner Gnade Macht und großes Ansehen in der Welt verliehen. Du hast von deinem Reichtum abgegeben und viel zu seinen Ehren hingespendet. Daran hast du recht getan, denn du empfängst den Ruhm der Welt.

Nun wisse: Vor Gott selbst erscheinen alle Taten, die je von Menschenhand getan. Doch fangen unter ihnen nur die zu leuchten an, die frei von Ruhmsucht sind und Dankerwartung. So freue dich des Dankes, den dir die Menschen geben.

Zu Himmelsehren gelangen deine Taten nicht, denn alle sind durchtränkt von deiner Lust nach einem späteren Lohn. Vor Gott zählt nicht die Größe einer Tat. Die Reinheit ist's der Herzen, die seine Liebe findet, mag sie von einem Fürsten oder auch nur von einem Kaufmann rühren. Wie jener gute Mann aus Köln, der wahrlich selbstlos handelt, dass man ihn überall den Guten Gerhard nennt!«

Da erwachte der Kaiser und fühlte sich beschämt in seiner Seele. Es verlangte ihn, nach Köln zu reisen und jenen Kaufmann kennenzulernen. Er wollte ihn fragen, was er an guten Taten vollbracht hatte, dass selbst der Bote Gottes sie vor seinen eigenen pries.

Er machte sich also auf die Reise, und als er mit wenigen Begleitern in Köln eingetroffen war und sich durch die Stadt gefragt hatte, begegnete er schließlich dem Kaufmann, den man den Guten Gerhard nannte. Dieser war ein schlanker, hoch aufgewachsener Mann mit edlen Gesichtszügen. Sein Haar war weiß geworden, und sein schöner Bart gab der Erscheinung einen vornehmen Ausdruck.

Als der Kaiser sein Anliegen erklärt hatte und nun begierig auf den Bericht des Kaufmanns wartete, versuchte dieser auf jede nur denkbar höfliche Weise dem Wunsch seines Herrschers zu entkommen; er fiel auf die Knie und flehte: »Herr, nehmt tausend Gulden, aber erlasst es mir, über meine Guttaten zu sprechen.«

Allein des Kaisers Verlangen wurde immer größer, dass es zuletzt kein Entrinnen gab und er mit gefalteten Händen Gott bat, es nicht als Ruhmsucht anzusehen, wenn er Folgendes aus seinem Leben erzählte.

So erfuhr denn der Kaiser, wie vor Jahren der Gute Gerhard eine Handelsreise unternommen hatte, um für seinen Sohn, den er sehr lieb hatte, seinen Reichtum zu vermehren. Sie führte ihn bis zu den Städten Bagdad und Ninive. Alles war nach Wunsch gegangen. Für seine Schiffsladung von Zobelpelzen, die er in den kalten Nordländern Preußen und Estland erstanden hatte, waren wertvolle Stoffe des Orients, feine Gewürze, Gold und Edelsteine in seinen Besitz gelangt. Über den damit erreichten Gewinn konnte er mehr als zufrieden sein. –

Auf der Heimreise jedoch geriet sein Schiff in einen heftigen Sturm, der zwölf Tage und Nächte tobte, so dass alle glauben mussten, ihr Ende sei gekommen. Am dreizehnten Tag aber legte sich der Sturm, und sie sahen vor sich ein gebirgiges Land auftauchen. Hinter dem Gebirge gewahrten sie eine wohlgebaute, mächtige Stadt, die mit hohen Mauern, zahlreichen Türmen und Zinnen in der Sonne glänzte. Der Kaufmann ließ sein Schiff an der Küste dieses unbekannten Landes entlang fahren, bis er den Hafen der Stadt gefunden hatte. Dort ging er vor Anker.

Schnell versammelten sich Schaulustige und palaverten in ihrer Sprache wild durcheinander, die der Gute Gerhard nicht verstand. Da sah er in der Ferne einen reich gekleideten Mann auf sich zukommen, begleitet von Knappen und Rittern. Der schritt würdig einher, und alle Neugierigen machten ihm ehrerbietig Platz, als er an das Schiff herantrat. Er fragte den Kaufmann in französischer Sprache, wer er sei und warum er in seine Stadt gekommen. Da gab der Ankömmling seinen Namen kund und erklärte, er führe eine Menge der schönsten Waren mit sich und wolle diese auf dem Markt der Stadt feilbieten. Als der Stadtfürst obendrein erfuhr, dass der Gute Gerhard und seine Begleiter Christen waren, bot er ihnen bereitwillig an, zu bleiben und ganz nach ihrem Willen zu handeln. Er sorgte für ihre Herberge und ebenso für Essen und Trinken in so reichem Maße, dass nach kurzer Zeit jeder Wunsch der Reisenden erfüllt war.

Am anderen Tag erschien der Stadtfürst, der den Namen Stranmur trug, und bot dem Guten Gerhard etwas zu zeigen an. Nun stellte sich heraus, warum er die Christen so bereitwillig in seine Stadt aufgenommen hatte.

Er führte seinen Gast in ein Haus mit starken Mauern und Türen aus dicken Holzbohlen, und als sie ihre Augen an das Dämmerlicht darin gewöhnt hatten, enthüllte sich ein wahrlich jammervoller Anblick. Da waren zwölf junge Ritter, je zwei mit Ketten zusammengebunden, die auf dem Steinboden kauerten und in stummer Geduld die Eintretenden anschauten. Der Gute Gerhard war entsetzt und wollte Stranmur nach dem Grund dieses menschlichen Elends fragen, als dieser ihm mit einer Gebärde zu verstehen gab, ihm in einen zweiten Raum zu folgen. Da krampfte sich dem Kaufmann das Herz zusammen, als er zwölf edle alte Männer am Boden liegen sah, ebenso wie jene Jünglinge gefesselt, die verzweifelt ihren Blick auf die Eingetretenen richteten. Wieder wollte der Gute Gerhard zu fragen anheben, als ihm sein Führer bedeutete, ihm zu einem dritten Raum zu folgen.

Was er nun hier zu sehen bekam, übertraf bei weitem alles zuvor Erlebte. Wie durchfuhr es ihm die Seele, als er fünfzehn schöne Jungfrauen gewahrte, die wegen ihrer Gefangenschaft den Blick traurig zu Boden richteten. Unter ihnen war eine, die alle anderen an Schönheit und Anmut übertraf. Ihr Schicksal ging dem Guten Gerhard besonders tief zu Herzen. So gänzlich wurde er ergriffen, dass es ihm die Kehle zuschnürte und seine Fragen im Halse stecken blieben.

Wieder mit Stranmur allein, erklärte dieser: »Ich habe dir einen Handel anzubieten. Willst du meine Gefangenen freikaufen, so erhältst du sie, wenn du mir alle Waren, die du auf deinem Schiff hast, dafür entbietest.« Da fragte der Gute Gerhard, wer diese Menschen seien und nach den näheren Umständen, die sie in ihre traurige Lage versetzt hätten. Stranmur berichtete:

»Es sind Schiffbrüchige aus England, die einst den jungen König William auf seiner Brautfahrt nach Norwegen begleitet hatten, auf welcher er Irene, die Tochter des Königs Raimund, zur Hochzeit nach England führen wollte. – Sie ist unter den Jungfrauen die schönste, und gewiss ist sie dir vor allen anderen aufgefallen. – Auf der Rückfahrt waren sie in einen Sturm geraten und auf weite fremde Meere getrieben worden. William und seine Braut Irene waren, wie es die Sitte vorschrieb, auf verschiedenen Schiffen gesegelt und haben sich vermutlich auf immer verloren. Nur Irenes Schiff ist in unseren Hafen getrieben, von dem des William hat keiner mehr etwas gesehen noch gehört. – Das Lehnsrecht, das ich von meinem Herrn, dem König von Marokko, erhalten habe, erlaubt mir, alle Schiffe, die ohne besonderen Vertrag in meinen Hafen treiben, als mein Eigentum anzusehen. Diese Engländer sind also meine Sklaven, und ich verkaufe sie gegen gutes Lösegeld. – Du wirst von ihren Angehörigen ein Vielfaches an Belohnung von dem erhalten, was du an Warenwert eingesetzt hast.«

Erneut fragte Stranmur den Guten Gerhard, ob er in den vorgeschlagenen Handel einwilligen wolle. Letzterem war nicht wohl bei dem Gedanken. Noch nie hatte er einen derartigen Handel abgeschlossen, und so erbat er sich Zeit, die Sache zu bedenken.

Er ging zurück zu seiner Herberge und sann den ganzen Tag darüber nach, was er tun sollte. Als die Sonne unterging und sich der Himmel über dem Meer blutrot färbte, war er noch zu keinem Entschluss gekommen, und immer größere Unruhe beschlich seine Seele. Da rief er in seiner Not zu Gott, er möge ihm den Weg aus seinen Zweifeln zeigen. Danach schlief er bald ein. –

Im Schlaf trat ein Engel zu ihm und rief ihn zweimal beim Namen:

»Gerhard, Gerhard! Dein Zweifel ist nur Unrecht gegen Gott. Als Christus noch auf Erden ging, sprach er: ›Was ihr einem Armen tut in meinem Namen, das habt ihr mir getan!‹ So lass dein Zweifeln sein, eine gute Tat sei ohne Sinn. Keine Guttat, die im Denken an Gott geschieht, kann je verloren gehen. – In welcher Gesinnung du die Armen aus ihrer Not erlöst, in dem Sinne wird dir dein Tun vergolten werden. Kaufst du sie los des Geldes willen, wirst du mit Geld entlohnt werden; ist es des Lobes und der Ehre willen, so wirst du Lob und Ehre ernten; tust du es aber aus Liebe zu Gott, so wird dir die Krone des Lebens gereicht werden.«

Als der Gute Gerhard am anderen Morgen erwachte, war sein Herz stark und entschlossen, die armen Gefangenen aus ihrer erbärmlichen Lage zu befreien. Er ging zu Stranmur und teilte ihm seinen Entschluss mit. Bevor der Handel aber vollzogen werden sollte, bestand der Gute Gerhard darauf, die betroffenen jungen und alten Ritter und die Jungfrauen selbst zu befragen, ob sie mit seinem Plan einverstanden wären.

Nachdem man ihnen die Ketten abgenommen hatte, vertraute er ihnen an, wer er sei und wie er durch den Willen Gottes in diesen Hafen gekommen sei, um hier seine reichen Handelsgüter feilzubieten. Er erzählte von dem Anerbieten Stranmurs und von seiner Bereitschaft, alle seine Waren für ihre Erlösung hinzugeben, wenn sie ihm nur versprechen wollten, nach ihrer Heimkehr den Wert für das, was er hingegeben, zu ersetzen.

Da weinten sie vor Freude und fielen auf ihre Knie, beteten zu Gott und dankten dem Guten Gerhard für seinen guten Willen.

Nun konnte sogleich der ungewöhnliche Handel vollzogen werden. Der Gute Gerhard ließ alle seine Güter in die Vorratshäuser der Stadt tragen, und Stranmur befahl, das Schiff der Erlösten reisefertig zu machen, gab ihnen und auch den Freunden des Guten Gerhards reichlich Trinkwasser und Proviant. Nach wenigen Stunden standen Hunderte von

Menschen an der Hafenmauer und winkten den beiden stolzen Schiffen nach, die majestätisch dahinglitten und deren windgebauschte Segel in der späten Mittagssonne glänzten. Unter den Schaulustigen stand auch Stranmur, der sich im Stillen über den Edelmut dieses christlichen Kaufmanns wunderte.

Der Wind stand günstig und die Schiffe erreichten nach sieben Tagen jenes Meer, in dem sich einst der furchtbare Sturm erhoben und alle Not ihren Anfang genommen hatte. Der Steuermann erkannte die Küste, welche zur Rheinmündung führte. Hier nun mussten sie sich von einander trennen und jeder in eine andere Richtung weitersegeln: der Gute Gerhard nach Süden, den Rhein aufwärts nach Köln, und die erlösten Ritter, die ja Engländer waren, nach Norden in ihre Heimathäfen.

Der edle Kaufmann nahm herzlich Abschied von den Freunden. Ihm reichte ihr Versprechen, das Lösegeld baldmöglichst zu vergüten. Er nehme Prinzessin Irene und zwei ihrer Begleiterinnen auf sein Schiff, um sie zu behüten, denn alle hofften, ihr Bräutigam sei noch am Leben und komme eines Tages zu ihr zurück. So bat er die bisherigen Beschützer, für den Fall, daß König William vor ihnen zurückgekehrt sei, ihm auszurichten, seine Braut werde in Köln beschützt und erhalte alles, was einer Königin gebührt. – Das versprachen die Edelmänner und segelten gen Norden. Der Gute Gerhard hatte seine Ankunft in Köln durch Boten vorbereiten lassen. Seiner Frau ließ er ausrichten, er käme froh und reich wie nie zuvor nach Hause.

Als das Schiff den Fluss hinauf gefahren kam, stand sie mit dem Sohn und vielen Freunden am Hafen. Wie strahlten ihre Augen in der Erwartung der Goldschätze und Juwelen, die sie gleich zu sehen glaubte, und wie erkalteten ihre Züge vor Enttäuschung, als sie statt dessen wertlose Ballaststeine in dem Schiffsrumpf liegen sah. Fassungslos schaute sie auf ihren Mann, der freudig auf sie zuschritt und eine schöne Jungfrau an seiner Hand führte. Fast glaubte sie, er wolle einen Spott mit ihr treiben, doch da erzählte er ausführlich, was ihm begegnet sei und wie sich alles zugetragen habe. Er sei ganz sicher, die Prinzessin, der er das Leben retten durfte, sei das kostbarste Handelsgut, das er jemals erworben habe. Freudig pflichtete ihm zuerst sein Sohn bei, aber dann auch seine Frau, erkannte sie doch, wie wunderbar die Rettung geschehen war und dass Gott selbst ihren Mann wohl geschickt hatte.

Sie bereitete den edlen Frauen eine angenehme Unterkunft in ihrem Hause und ließ ihnen jede Bequemlichkeit zuteil werden, die sie nur ermöglichen konnte. Dankbar antwortete die Prinzessin mit kunstvollen Handarbeiten, reich verzierten, mit Perlen besetzten Gürteln, die sie in Mußestunden mit ihren Frauen anfertigte, um sie ihren Gastgebern zu schenken. Sie lebten alle freudig miteinander, und die Handelsgeschäfte des Guten Gerhard nahmen einen so günstigen Verlauf wie nie zuvor.

Schon war ein Jahr vergangen, als noch immer keine Botschaft eingetroffen war. Weder von ihrem Bräutigam noch von ihrem Vater aus Norwegen erreichte die Prinzessin irgendein Lebenszeichen. Auch die Freunde aus England ließen nichts von sich hören, so dass der Gute Gerhard annehmen musste, William sei doch umgekommen und auch ihr Vater sei gestorben. Anderenfalls wäre wohl von einem der beiden ein Bote erschienen, um sich nach der jungen Königin zu erkundigen.

Seine Sorge wuchs, als er gewahrte, wie sie in einsamen Stunden die Wehmut überfiel und sie dann oft und immer öfter weinte. – Da fasste er sich Mut und sprach zu ihr: »Liebe, edle Frau! Seit langem bewegt mich ein Gedanke. Ich kann nun kaum mehr hoffen, dass Euer Geliebter noch am Leben ist. Unser Warten und sehnliches Hoffen verging, ohne dass auch nur das geringste Lebenszeichen von ihm erschien. Wir müssen uns wohl da hineinschicken und seinen Tod gewiss sein lassen. –

Wer aber soll für Eure Zukunft sorgen, wenn einst das Alter mich selbst daran hindern wird? Euch einem anderen König zuzuführen, fehlen mir die Mittel, Eure Mitgift zu beschaffen. – Ich biete Euch aber an, in den ehrbaren Stand der Kaufleute zu treten. Ihr kennt meinen Sohn. Er wird bereits als Kaufmann in aller Welt geachtet. Er würde wohl als Euer Gemahl jedwede Not für alle Zeiten von Euch wenden.«

Prinzessin Irene hatte ihm aufmerksam zugehört und antwortete nach kurzem Besinnen: »Ich kann Euch von Herzen zustimmen, und auch Euer Sohn ist mir stets als liebenswerter Mann begegnet, der wohl in seinem Leben höchstes Glück verdient. Ich bin bereit, die Ehe mit ihm einzugehen, doch bitte ich um ein Jahr Wartefrist. Kommt in dieser Zeit mein William nicht zurück, so will auch ich an seinem Tod nicht länger zweifeln.«

Vater und Sohn willigten freudig ein, und ein weiteres Jahr verging, doch derjenige, dem sich die junge Königstochter einst versprochen hatte, kehrte nicht zurück. So wurde die Hochzeit des jungen Gerhard im ganzen Land verkündet. Von überall her trafen Botschaften von Rittern und Edelleuten ein, sie nahmen gern die Einladung an und kamen freudig zum Hochzeitsfest.

Der Erzbischof von Köln erklärte sich bereit, dem jungen Gerhard den Ritterschlag zu geben und ihn in den Adelsstand zu heben. So erhielt er neben seiner Gemahlin einen angemessenen Rang. Der große Tag kam, und Hunderte von Menschen waren herbeigeströmt. Der Gute Gerhard hatte alle Bürger von Köln mit ihren Frauen eingeladen. Da war ein Jubel, wie man ihn in dieser Stadt noch nie zuvor gehört hatte. Ritterliche Kampfspiele wurden dem Hochzeitspaar zu Ehren abgehalten, und die Langtische bogen sich unter den Lasten der köstlichsten Speisen, wie Braten, Geflügelpasteten, feines Brot und wunderbare süße Früchte. Dazu gab es erlesene Weine. Gaukler und Akrobaten führten ihre Späße und Kunststücke vor. Alle Gäste waren fröhlicher Stimmung und genossen sich in ihrem Glück.

Der Gastgeber ließ es sich nicht nehmen, durch die Reihen der Gäste zu gehen, um sich selbst davon zu überzeugen, dass es niemandem an etwas fehle.

Da sah er einen Mann am Rande des Festplatzes stehen, der im Gegensatz zu allen anderen wie ein Wanderer gekleidet war und obendrein ein sorgenvolles Antlitz trug. Der Gute Gerhard gesellte sich zu ihm und führte ihn zum weiteren Gespräch in seine Kammer. Dort erfuhr er, wer dieser betrübte Pilger war. Drei Jahre lang war er nach einem Schiffsuntergang als einziger Geretteter durch alle Länder Europas gewandert, um seine geliebte Braut zu finden, die durch den gleichen Sturm von ihm getrennt worden war. Nach all den Qualen und Mühen habe er sie heute gefunden, um sie zugleich für immer zu verlieren. Denn sie sei im Begriff, sich mit dem Sohne des Kaufmannes zu vermählen. Bei diesen Worten traten dem Geschundenen die Tränen in die Augen, deren er sich auch als junger König von England, der er ja war, nicht schämte.

Der Gute Gerhard schaute den Ankömmling lange an. Wie unerklärlich waren doch die Wege Gottes! Hatte er selbst nicht alles getan, um das junge Königspaar sich wieder finden zu lassen? Und nun, da alle Hoffnung auf diesen Augenblick dahin geschwunden war, steht der junge König leibhaftig da und erzählt von seinem entsagungsvollen Weg des Suchens und des Herumirrens. Wie müsste das Herz der Braut Irene jubeln, wenn sie gleich von König Williams Ankunft erfahre. – Dann aber durchfuhr ihn großer Schmerz, als er im nächsten Augenblick an seinen Sohn dachte, der gerade auf der Höhe seiner Freude das wohl größte Opfer seines bisherigen Lebens zu bringen hatte.

Das Wiedersehen der beiden Getrennten ging allen Menschen tief zu Herzen. Sie waren so ergriffen, dass sie vor Freude weinen mussten. Der junge Gerhard aber wurde vom Schmerz übermannt. Behutsam öffnete ihm sein Vater die Augen, indem er sprach: »Gott prüft die Menschen, die er über allen anderen lieb hat. Nur diejenigen, die seine Ehre höher halten als alles menschliche Glück, bestehen seine Prüfungen. Ihnen hat er besondere Aufgaben zugedacht.«

Da fand der Enttäuschte seinen Mut wieder. Er wusste nun, dass Gott bereits seinen Vater geprüft hatte, als er jene unglücklichen Gefangenen erlöste und dabei nicht der Versuchung unterlegen war, sich dabei zu bereichern. So wollte auch er stark sein und den Willen Gottes bejahen, der sich in der wunderbaren Wiederkunft des jungen William zeigte. Auf sein Geheiß wurde das Hochzeitsfest erneuert und zu Ehren des hohen Paares gefeiert. Es dauerte sieben Tage, und der Gute Gerhard und sein Sohn saßen an der Tafel dem König und der Königin zur Seite. Sie blieben enge Freunde auch späterhin und bereiteten gemeinsam die Heimreise nach England vor. Auf herzliches Bitten der Neuvermählten erklärten sich der Gute Gerhard und sein Sohn bereit, die Reisenden nach England zu begleiten. Das war in der Tat ein guter Entschluss, denn in diesem königlosen Lande war unter den Fürsten ein heilloser Streit ausgebrochen, wer nun nach dem vermeintlichen Tod des Thronfolgers die Königswürde erhalten sollte, glaubten sie doch ebenso wenig an die Rückkehr Williams, wie der Gute Gerhard und die Seinen daran geglaubt hatten. Im Hin und Her ihrer lange andauernden Beratungen hatten sie es schmählich vergessen, ihrem einstigen Retter das Lösegeld zurückzuzahlen, das er für sie ja aufgebracht hatte. Nun, da er lebendig vor ihnen stand, kam ihnen ihr Versäumnis wieder in den Sinn. Es schien, als sei alles von Gott gefügt, um ihnen zu zeigen, wer nun der rechte König sein sollte.

So war er es, den sie freudig als ihren einstigen Retter erkannten und begrüßten. Einmütig erklärten sie ihn für würdig, die Macht in England zu übernehmen. Der Gute Gerhard aber lehnte dieses Anerbieten bescheiden ab, konnte er doch die Echtheit des zurückgekehrten Königs für alle unzweifelhaft bezeugen.

Durch diesen Beistand gelangte William auf den Thron, und der Jubel war im Lande groß.

Als der Gute Gerhard mit seiner Erzählung geendet hatte, erhob sich Kaiser Otto und war tief bewegt. Lange schaute er den Kaufmann an, ohne ein Wort zu sagen. Er hatte verstanden, was Gott ihm durch seinen Boten im Traum hatte sagen wollen, und er begann, sich für seine eitlen Gedanken zu schämen. Er ging auf den greisen Erzähler zu und umarmte ihn zum Abschied.

Dem mittelhochdeutschen Epos des
Rudolf von Ems nacherzählt von
Rainer Kubiessa

Das Hirtenbüblein

Es war einmal ein Hirtenbüblein, das war wegen seiner weisen Antworten, die es auf alle Fragen gab, weit und breit berühmt. Der König des Landes hörte auch davon, glaubte es nicht und ließ das Bübchen kommen. Da sprach er zu ihm: »Kannst du mir auf drei Fragen, die ich dir vorlegen will, Antwort geben, so will ich dich ansehen wie mein eigen Kind, und du sollst bei mir in meinem königlichen Schlosse wohnen.« Sprach das Büblein: »Wie lauten die drei Fragen?«

Der König sagte: »Die erste lautet: Wieviel Tropfen Wasser sind in dem Weltmeer?« Das Hirtenbüblein antwortete: »Herr König, lasst alle Flüsse auf der Erde verstopfen, damit kein Tröpflein mehr daraus ins Meer läuft, das ich nicht erst gezählt habe, so will ich Euch sagen, wieviel Tropfen im Meere sind.«

Sprach der König: »Die andere Frage lautet: Wieviel Sterne stehen am Himmel?« Das Hirtenbüblein sagte: »Gebt mir einen großen Bogen weißes Papier!« Und dann machte es mit der Feder so viele feine Punkte darauf, dass sie kaum zu sehen und fast gar nicht zu zählen waren und einem die Augen vergingen, wenn man darauf blickte. Darauf sprach es: »So viel Sterne stehen am Himmel, wie hier Punkte auf dem Papier; zählt sie nur!« Aber niemand war dazu imstande. –

Sprach der König: »Die dritte Frage lautet: Wieviel Sekunden hat die Ewigkeit?« Da sagte das Hirtenbüblein: »In Hinterpommern liegt der Demantberg, der hat eine Stunde in die Höhe, eine Stunde in die Breite und eine Stunde in die Tiefe. Dahin kommt alle hundert Jahre ein Vögelein und wetzt sein Schnäbelein daran, und wenn der ganze Berg abgewetzt ist, dann ist die erste Sekunde von der Ewigkeit vorbei.«

Sprach der König: »Du hast die drei Fragen aufgelöst wie ein Weiser und sollst fortan bei mir in meinem königlichen Schlosse wohnen, und ich will dich ansehen wie mein eigenes Kind.«

Brüder Grimm

er Wolkendurchleuchter:
Er durchleuchte,
Er durchsonne,
Er durchglühe,
Er durchwärme
Auch uns.

Rudolf Steiner

Nachwort

Die Idee, dieses Buch zu machen, entstand auf einem Elternabend unserer 3. Klasse. Die Anwesenden hörten, dass die Art, wie und wodurch ein Kind lesen lernt, entscheidenden Einfluss auf sein zukünftiges kulturelles Interesse nimmt. Das befeuerte sie in der Frage nach einem geeigneten Buch. Gleichzeitig wurde man gewahr, wie wenig überzeugende Lesetexte heute zur Verfügung stehen. Für die Zehnjährigen, so musste man den Eindruck haben, ist schon lange nichts mehr geschrieben worden, was eine echte Lebenshilfe sein kann. Die jahrzehntelang bewährten Bücher der Waldorfschulen sind in vielen ihrer Texte unverändert wertvoll geblieben, gleichwohl atmen sie den Geist des Jahrhundertanfangs und sind für heutige Kinder und Erwachsene in ihrem Charakter notwendigerweise einseitig geworden. – Die Erkenntnis hierüber ließ zwischen Eltern und Lehrerin den Entschluss reifen, selbst schöpferisch tätig zu werden. Begeistert ging man auf die Suche und trug zusammen, was einem wertvoll erschien. Eien rege Aussprache schloss sich an über den zu bildenden Charakter des neuen Buches. Es sollte ein Lesebuch für die zweite bis vierte Klasse werden. Dem Entwicklungsstand dieser Altersgruppe entsprechend würden sich »himmlische« und »irdische« Texte die Waage halten müssen. Aus dieser Ebenbürtigkeit ergab sich der Titel »Erde unser lieber Stern«. – Letztlich war es nicht eine vorgedachte Linie, die man diesem Buch aufprägen wollte, sondern eine vielseitige Sammlung von Texten, zu denen Eltern und Lehrerin von Herzen ja sagen konnten, sollte den Inhalt frei bestimmen. Dabei ist es nun erstaunlich und erfreulich zugleich, dass eine so große Anzahl von Vorschlägen eingegangen ist. Die vorliegende Form stellt nur eine Auswahl dar.

Zum anderen ist es nicht zu übersehen, dass der überwiegende Teil des Buches gerade aus alten und gut bekannten Texten besteht. Ob dies einen Mangel unserer Zeit bedeutet oder ein Gegenwartsproblem der Erwachsenen ist und wofür die Tatsache überhaupt ein Symptom sein kann, muss hier als Frage offen bleiben. Sicher ist, dass jeder Text neu durchdacht, durchfühlt und abgewogen wurde und damit einen Bezug zur Gegenwart hat.

Die vorliegende zweite Auflage hat eine gründliche Bearbeitung erfahren. Dabei war die Absicht leitend, mehr Texte hereinzunehmen, welche die spezielle Entwicklungsstufe der Neun- und Zehnjährigen möglichst helfend begleiten können, andere dagegen herauszunehmen, die nicht so deutlich diesem Ziel zu entsprechen schienen. Ebenso sind manche Illustrationen zu einer Neugestaltung gelangt. Hier wurde angestrebt, einen möglichst harmonisch-geschlossenen Stil anzuwenden, um so den kleinen Lesern den Übergang von der bildhaften Anschauung der frühen Kindheit zur eigenen schöpferischen Vorstellung im abstrahierenden Lesen zu erleichtern. Ulrich Mastaglio hat in zehn neuen Zeichnungen dem Lesebuch einen heiteren und das Gemüt anregenden Rahmen verliehen.

Die vorgenommenen Veränderungen haben sich teilweise aus Anregungen ergeben, die aus der Wahrnehmung im Unterricht entstanden sind. Für die helfenden Hinweise sei hier herzlich gedankt!

Dieses ursprünglich aus der Zusammenarbeit von Eltern und Lehrern entstandene Buch hat inzwischen seinen großen Leserkreis gefunden. Man sieht ihm an, mit welcher Liebe es hervorgebracht wurde. Möge diese Liebe die Kraft sein und bleiben, welche die Kinder auf ihrem Weg in eine abstrakter werdende Welt begleitet.

Rainer Kubiessa

Inhalt nach Überschriften und Anfängen

Autorenverzeichnis und Quellenangaben